2024 최신개정판

경찰공무원 채용 시험대비

조인성
경찰학
기본서
Ver 1.0

- 최신 개정 법령 및 핵심 판례 수록
- 지문 별 기출표시로 중요도 체크
- 단권화 최적화 교재

동영상 강의 www.kfs119.co.kr

/ 편저 조인성 /

PREFACE
이 책의 머리말

경찰 시험제도의 개편으로 경찰학은 합격을 위해서 너무도 중요한 과목이 되었습니다. 40문제 출제로 문항 수도 증가하고, 수험생들이 학습해야 할 분량도 많아지고, 범위도 넓어졌습니다.

방대한 출제범위로 인해 수험생들이 어느 부분을 얼마만큼 공부를 해야 할지, 고민이 많은 과목이기도 합니다.

수험생들의 이러한 고민을 조금이라도 줄여드리기 위해 시문마다 기출표시를 하여 수험생 스스로 어느 부분에서 출제가 되었는지 확인할 수 있고, 나아가 출제빈도까지 알 수 있도록 하였습니다.

경찰학은 암기할 분량이 많은 과목임은 부정할 수 없습니다. 하지만 최근 출제경향을 살펴보면 폭넓은 사고와 이해력을 묻는 방향으로 출제가 되고 있습니다. 이제는 암기위주의 학습법만으로는 한계가 있다는 것을 뜻합니다.

따라서 너무 얇은 요약서로는 수험대비가 충분하지 못할 가능성이 있으므로 기본서의 기능을 충실히 할 수 있도록 내용은 되도록 부족한 부분이 없도록 빠짐없이 수록하되, 간결하게 정리하려고 노력하였습니다.

계속 반복해야 하는 경찰학의 특성에 맞추어 단권화를 위해 기출지문을 충실히 반영하였으며, 기본서로 최적의 수험서가 되도록 정리하였습니다.

2024 경찰채용, 경찰승진, 경찰간부시험 대비 기본서

조인성 경찰학 Ver 1.0

이 책의 특징

첫째, 최근 시험경향을 분석하여 기출문제를 기본서에 완벽하게 반영하여 기본서이면서 기출 문제집을 겸용할 수 있는 효과를 보실 수 있도록 구성하였습니다.

둘째, 최근 행정법 파트의 비중이 높아짐에 따라 수록된 내용만으로도 충분한 대비가 가능하도록 경찰직렬 지문 외에 타 직렬의 행정법 기출지문들 중에서 경찰학에서 출제 가능한 것들을 선별하여 수록하였습니다.

[예시]
기출 지문 - 허가 관련

> ① 허가를 받은 후에 할 수 있는 행위를 허가를 받지 아니하고 행하면 일반적으로 행정 상강제집행 또는 행정벌이 가해지며 경우에 따라서는 무효가 되기도 한다. 13 국회 8급
> ② 대물적 허가의 성질을 갖는 석유판매업이 양도된 경우, 양도인에게 허가를 취소할 위법사유가 있다면 이를 이유로 양수인에게 제재조치를 취할 수 있다.(양도인의 귀책 사유는 양수인에게 그 효력이 미친다.) 13 경행, 15 3차 경행
> ③ 허가의 요건은 법령으로 규정되어야 하며, 법령의 근거 없이 행정권이 독자적으로 허가요건을 추가하는 것은 허용되지 아니한다. 15 3차 경행

셋째, 과거 출제비중을 나타낸 기출표시를 보시면서 중요부분을 학습하실 수 있고, 스스로 강·약 조절을 하실 수 있습니다.

[예시]

> **4. 형식적 의미의 경찰과 실질적 의미의 경찰** 06·10·12·14·15·20·23 1차, 07·17 2차, 08 3차, 09·13·14·20 경간, 10·14·15·16·17·19·21 승진, 13·14·21·23 경찰특공대, 18 법학, 20 경채, 23 승진
> ① 형식적 의미의 경찰개념은 경찰관서에서 하는 일체의 경찰작용을 의미하며, 10 승진, 역사적, 제도적으로 발전되어 온 것으로, 각국의 실정법의 범위는 각자의 전통과 현실적 환경에 따라 다르다.

PREFACE
이 책의 머리말

넷째, 2023년 9월 기준으로 최신 개정법령을 반영하였고, 8월 19일에 시행된 경찰채용 2차시험과 9월 2일에 시행된 경력경쟁 채용시험 지문까지 반영하였습니다.

다섯째, 최근 지엽적인 이론문제와 법조문 문제가 출제되는 경향이 있습니다. 이를 반영하여 출제가능성이 있는 핵심법령을 최대한 수록하려고 노력하였고, 과거에 한번 정도 출제 되었거나, 자주 출제되기 힘든 심화적인 내용은 [참고]로 표시하여 정리하였습니다.

[예시]

> ▶ **[참고] 인권이 지니는 특성** 12 승진
> ① **정당성 판단의 기준** – 인권은 법률 및 관습의 정당성을 판단하는 기준이 되어 근본적으로는 국가권력을 제한한다.
> ② **상호의존성** – 어떤 특수한 입장에 있는 개인이나 집단의 권리는 다른 사람의 권리나 공동의 이익을 위하여 필요한 만큼만 제한되어야 한다는 것을 말한다. (상호독립성X)
> ③ **보편성** – 인권은 모든 장소의 모든 인간이 평등하게 향유하는 것이어야 한다. 따라서 인권은 '특권'의 개념과는 반대된다.
> ④ **불가분성** – 인권은 그 내재된 권리 중 일부의 구현으로는 보장될 수 없고, 전체가 실현될 때만 완전히 보장된다고 할 수 있다.

여섯째, 중요부분은 볼드 처리하여 어느 부분이 핵심적인 내용인지 알 수 있도록 정리하였고, 자주 함정을 파놓아 틀리게 출제하는 부분들은 오답도 함께 표시해 놓았습니다.

2024 경찰채용, 경찰승진, 경찰간부시험 대비 기본서
조인성 경찰학 Ver 1.0

출제경향분석

20문제가 출제되던 시절의 기출분석은 이제는 크게 의미가 없어졌습니다. 출제비율도 지금과 다르며, 출제범위도 40문제 출제인 지금이 훨씬 넓어졌습니다.

(1) 경찰채용시험 VS 경찰간부시험 VS 경찰승진시험의 특징 비교

경찰채용시험과 경찰간부시험의 출제범위와 출제 문항의 수는 40문제로 같습니다. 다만, 출제스타일과 단원별 출제비중이 조금 다릅니다.

간부시험에서는 개수문제의 출제비중이 채용시험보다 높은 편이기에 지문마다 정확하게 옳고 그름을 판단하는 것이 중요합니다.

최근 채용시험에서는 개수문제 출제는 조금 줄어들고 있는 반면에 두문자로 빠르게 해결할 수 있는 암기 문제 대신 내용의 이해를 묻는 방향으로 문제가 출제되고 있는 특징이 있습니다. 순수 행정법 문제 지문이 간혹 출제되기도 하므로 이에 대한 대비도 필요할 것으로 보입니다. 간부시험은 조금 더 지엽적인 부분을 묻는 문제들도 있기 때문에 비교경찰론 파트의 문제가 한 문제씩 출제되고 있지만, 채용시험에서는 비교경찰론 파트가 출제가 잘되지 않고 있습니다. 승진시험은 총론(50%)과 각론(50%)의 비중이 골고루 출제되고 순수 행정법 부분의 출제가 되지 않는 특징이 있습니다.

여기서 드리고 싶은 말씀은 중복되는 범위 안에서는 변형되어 출제 가능한 소중한 지문들이므로 모두 꼼꼼하게 공부하셔야 한다는 것입니다.

(2) 각 시험별 출제비율

따라서 최근 22년도부터 출제경향을 분석하여 출제방향을 예측하는 것이 가장 현명한 방법입니다. 22년 1차 채용시험은 난이도가 평이했기 때문에 기존의 기본서와 기출문제집만으로도 충분한 성과를 거두었을 것입니다.

이 중에서 특히 올해 23년에 출제된 시험을 주의 깊게 볼 필요가 있습니다. 7월에 시행된 경찰간부시험이 8월에 시행된 채용시험에 영향을 많이 주었습니다. 바로 직전 시험의 기출 문제들도 경향을 살펴보고, 해당 시험을 대비하는 데에 중요하다는 것을 알 수 있습니다.

PREFACE
이 책의 머리말

1) 22년 2차 채용시험

역대급 난이도에 출제비율 배분도 좀 아쉬웠던 출제분석이 무의미한 어려운 시험이었습니다. 앞으로 단순 암기사항을 측정하지 않고, 사고력과 이해력을 묻는 문제를 출제하겠다고 선언한 시험이며, 수험생들이 행정법 파트를 깊이 있게 공부를 하게 만든 계기가 되었습니다.

2) 23년 1차 채용시험

22년 2차 채용시험이 어렵게 출제되어 23년 1차 채용시험은 어렵지 않게 출제될 것이라는 것이 어느 정도 예상되었고, 그 예상에 맞게 쉽게 출제되었습니다. 출제비율을 지켜 출제되었지만, 변별력에서 좀 아쉬운 시험이었습니다.

● **총론**

경찰학의 기초이론 (범죄학 및 지역사회경찰포함) [12문제 내외]	한국경찰사	비교경찰론	경찰행정법 [14문제 내외]	경찰행정학 [6문제 내외]	합계
13	1	1	14	5	34

● **각론**

생활안전경찰	수사경찰	경비경찰	교통경찰	정보경찰	안보경찰	외사경찰	합계
1	2	1	1	X	1	X	6

3) 23년 시행 73기 경찰간부시험

● **총론**

경찰학의 기초이론 (범죄학 및 지역사회경찰포함) [12문제 내외]	한국경찰사	비교경찰론	경찰행정법 [14문제 내외]	경찰행정학 [6문제 내외]	합계
10	2	1	14	7	34

2024 경찰채용, 경찰승진, 경찰간부시험 대비 기본서
조인성 경찰학 Ver 1.0

● 각론

생활안전경찰	수사경찰	경비경찰	교통경찰	정보경찰	안보경찰	외사경찰	합계
2	2	1	X	X	1	X	6

4) 23년 2차 채용시험(이론: 13문제, 법령: 20문제, 판례: 7문제)

● 총론

경찰학의 기초이론 (범죄학 및 지역사회경찰포함) [12문제 내외]	한국경찰사	비교경찰론	경찰행정법 [14문제 내외]	경찰행정학 [6문제 내외]	합계
11	1	X	15	6	33

● 각론

생활안전경찰	수사경찰	경비경찰	교통경찰	정보경찰	안보경찰	외사경찰	합계
2	1	1	1	1	X	1	7

5) 각 단원별 총론, 각론 출제비율 비교

[총론 기출 분석표]

	경찰학의 기초이론	한국경찰사	비교경찰론	경찰행정법	경찰행정학
23년 1차	13	1	1	14	5
23년 경찰간부	10	2	1	14	7
23년 2차	11	1	0	15	6
출제 비중	28.3%	3.3%	1.6%	35.8%	15%

[각론 기출 분석표]

	생활안전경찰	수사경찰	경비경찰	교통경찰	정보경찰	안보경찰	외사경찰
23년 1차	1	2	1	1	0	1	0
23년 경찰간부	2	2	1	0	0	1	0
23년 2차	2	1	1	1	1	0	1
출제 비중	4.1%	4.1%	2.5%	1.6%	0.8%	1.6%	0.8%

PREFACE
이 책의 머리말

2023년 시행된 시험을 살펴보면 출제비율은 지켜가며 출제를 하고 있는 것 같습니다. 다만, 박스형 개수문제의 출제비율은 낮아지고, 기존의 이론과 법령의 출제비율과 비교해서 판례의 출제비율이 다소 높아졌으며, 사례형의 문제도 출제가 되고 있다는 점이 특징입니다.

또한 출제비율을 보시면 총론의 비율이 85% 정도로 절대적이라고 할 수 있습니다.

그렇다고 해서 각론을 소홀히 하시면 안 됩니다. 오히려 각론의 학습량을 조절하기 위해서도 기본서와 기출문제집은 필수이고, 여러분이 꼭 보셔야 하는 이유입니다.

각론은 각 파트별로 1 ~ 2문제가 출제되기 때문에 너무 깊게 학습하실 필요는 없으며, 기본서와 기출문제집에 나와 있는 정도만 공부해 주셔도 충분하다고 생각합니다.

좀 더 자세한 내용 및 수험정보 등은 당사 홈페이지 (www.kfs119.co.kr) 참조

2024 경찰채용, 경찰승진, 경찰간부시험 대비 기본서

조인성 경찰학 Ver 1.0

학습전략

1. 조인성 경찰학 1.0 기본서의 파트별 학습방법

경찰학 시험에서 문제출제는 크게 이론 + 법령 + 판례로 이루어집니다.

첫째, 이론파트입니다.
이론은 암기보다는 이해위주로 공부하셔야 합니다. 이해를 하면 어떠한 표현으로 변형이 되더라도 그 요지를 파악할 수 있습니다.
최근에는 기존에 기출된 지문 그대로 출제를 하기 보다는 다소 생소한 표현들을 사용하여 그 이론을 이해하고 있는 지를 묻는 방향으로 출제가 되고 있습니다. 이를 위해서는 이론이 잘 정리되어 있어야 하며, 강의를 통해 요점을 잘 이해하셔야 합니다.
이론은 법령과 달리 개정되는 것은 아니기 때문에 오래전에 출제되었던 부분도 다시 출제될 가능성이 있습니다. 따라서 출제 가능한 이론을 최대한 책에 반영하였으므로 학습해 주시기 바랍니다.

둘째, 법령파트입니다.
흔히 법조문이라고 표현합니다. 법조문은 취지를 이해하고, 시험에서 어떤 부분에 함정을 파는 지를 빠르고 정확하게 파악할 수 있어야 합니다.
물론 법령은 암기할 부분이 많지만, 암기와 동시에 법령의 취지를 먼저 생각해보는 학습법이 바람직합니다.
최근에는 단순한 법조문을 나열하고 틀린 부분을 찾는 출제를 넘어서 사례형으로 법조문의 내용을 파악하고 있는 지를 묻고 있으므로 먼저 이해를 한 후에 암기를 권합니다.
그 다음으로 기존에 자주 기출 되었던 조문들 외에 지엽적인 조문에서 출제되는 경향이 있다는 점을 말씀드리고 싶습니다.
특히 23년도에 실시되었던 모든 경찰관련 시험들이 그렇습니다. 이러한 경향에 대비하기 위하여 출제가능성이 있는 법조문들을 생략하지 않고 최대한 추가하였습니다.

PREFACE
이 책의 머리말

법률뿐만 아니라 하위법령도 우리 시험에 출제 가능한 부분들을 교재에 추가하여 법령에 대한 완벽대비가 가능하도록 준비하였습니다.

셋째, 판례파트입니다.
기존에는 판례는 경찰학에서는 출제비중이 그리 높지 않았습니다. 시험제도 개편 이후 판례 출제가 늘고 있습니다. 최근 시행된 경찰간부시험과 경찰채용시험에서 그러한 경향이 두드러졌습니다.
이에 따라 수험생 여러분들도 이에 대한 대비가 필요합니다.
조인성 경찰학 1.0 기본서에서는 출제 가능한 판례들을 대폭 추가하여 판례에 대한 고민을 하지 않으시도록 최대한 교재에 반영하였습니다.

2. 조인성 경찰학 1.0 기본서의 단계적 활용방법

강의를 통한 기본서의 내용 이해
↓
기본서에 표시된 부분의 핵심정리
↓
암기와 반복

(1) 1단계 - 기본개념 및 정리

① 첫 단계에서는 해당 강의를 통해 경찰학 이해에 필요한 기본용어 설명과 기초 개념을 정립합니다. 다양한 사례를 통한 배경설명이 혼자 읽어서는 어려운 문장들을 쉽게 이해할 수 있도록 도와줍니다.

② 경찰학은 과목의 특성 상 방대하고 복잡합니다. 처음 공부하는 수험생에게는 힘들게 느껴지는 것이 당연하므로 1회독으로 모든 내용을 이해하고, 암기하겠다는 생각은 금물입니다.

③ 기본강의를 2회독에서 3회독을 하면서 기본서에 충실하게 내용을 보완하고 표시해 놓으셔서 나중에 무한 반복할 수 있는 나만의 무기로 만들어 놓으세요.

(2) 2단계 - 문제풀이

① 이 단계는 기출문제집을 병행하면서 공부하는 단계입니다. 기출문제 풀이는 시험에 합격하기 위한 필수적인 부분이므로 객관식의 특성에 맞게 실전에 대응하는 능력을 기르고, 응용력을 키워야 합니다.

② 기본서로 평면적인 공부를 했던 내용들을 4지 선다로 구성된 입체적인 내용으로 확인합니다.

먼저 각 문장들을 O,X로 어느 부분이 틀렸는지 생각해봅니다.

O,X로만 공부하다보면 정확하게 공부하게 되는 장점은 있지만, 단정적으로 생각하기 쉽습니다. 가장 적절한 것과 가장 옳지 못한 것을 고르기 어려워 질 수 있으므로 전체적으로 4개 지문 중 어느 것이 가장 적합한 답인지 생각해보는 연습도 함께 하시기 바랍니다.

③ 경찰학에서 기출문제는 중요하지만, 문제은행식으로 돌아가며 그대로 출제되지는 않습니다. 문제풀이 수업을 통해 기출된 부분 이외에 다른 부분도 어떻게 변형되어 출제가 가능한 지 강의를 통해 기본서와 기출문제집에 표시를 해드리겠습니다. 바로 그것이 예상문제가 되는 겁니다.

④ 기출문제를 풀면서 기본서는 반드시 병행하여 옆에 항상 놓으시고 학습하는 습관을 가지셔야 합니다.

(3) 3단계 - 암기와 반복을 통한 마무리

① 1단계와 2단계를 충실하게 학습했다면, 3단계는 실전모의고사를 통해 부족한 부분을 보완하고 오답노트를 통해 실력을 공고히 하는 과정입니다. 여기서 틀리거나 기억이 나지 않는 부분은 반드시 기본서로 돌아와서 확인하시기 바랍니다.

② 마지막으로 개정법령을 정리하고, 핵심 암기사항들을 암기하고 반복하셔서 최종정리하는 단계입니다.

다만, 여기서 주의할 것은 시험이 다가올수록 너무 지엽적인 내용에 집착하지 말고, 기본서에 있는 내용위주로 지금까지 공부했던 것들은 절대 틀리지 않겠다는 마음가짐과 자신감이 중요합니다.

PREFACE
이 책의 머리말

끝으로 드리는 말씀

여러분이 어려워하시고, 어디까지 공부해야 하는 지 궁금해 하시는 학습 범위는 기본서와 기출문제집에 정해져 있습니다. 그 범위만 충실하게 공부해주시면 합격하실 수 있습니다.

무엇이 중요한지, 어떻게 학습해야 하는지 등 여러 가지 드리고 싶은 말씀은 많으나 여기서 다 이야기 하지 못한 내용은 수업을 통해 전달하도록 하겠습니다.

추후 개정법령과 정오 및 추록 사항은 조인성 경찰학 블로그에서 확인하실 수 있습니다.

이 책을 보시는 모든 수험생 여러분의 합격에 조금이라도 기여할 수 있도록 앞으로 수험 생활에 도움이 되는 강의와 교재로 보답하겠습니다.

끝으로, 교재출간에 도움을 주신 이패스 코리아 관계자 분들에게 이 기회를 빌려 진심으로 감사하다는 말씀을 전하면서 글을 마치도록 하겠습니다.

편저자 조인성 드림

2024 경찰채용, 경찰승진, 경찰간부시험 대비 기본서

조인성 경찰학 Ver 1.0

PART 01 총론

CHAPTER 01. 경찰학의 기초이론 ································ 20
  01 경찰의 개념 ··· 20
  02 경찰의 분류 ··· 26
  03 경찰의 기본적 임무 및 수단 ································ 28
  04 경찰활동의 기초 및 관할 ····································· 34
  05 경찰의 기본이념 ··· 36
  06 경찰윤리 ··· 48
  07 경찰청 공무원 행동강령 ······································· 59
  08 부정청탁 및 금품등 수수의 금지에 관한 법률(약칭: 청탁금지법) ··· 67
  09 공직자 이해충돌방지법 ·· 76
  10 적극행정 및 소극행정 ·· 86

CHAPTER 02. 한국경찰의 역사와 제도 ······················ 95
  01 갑오개혁 이전 경찰 ·· 95
  02 갑오개혁 이후 경찰 ·· 97
  03 일제 식민지 시대 경찰 ··· 99
  04 임시정부경찰 ·· 99
  05 미군정시기 경찰(1945 ~ 1948) ·························· 101
  06 정부수립이후(1948 ~ 1991)년 이전의 경찰의 특징 ··· 101
  07 경찰 조직의 연혁 ·· 104
  08 한국경찰사에 길이 빛날 자랑스러운 표상 ········· 105

CHAPTER 03. 비교경찰론 ·· 107
  01 영국경찰 ··· 107
  02 미국경찰 ··· 113
  03 독일경찰 ··· 116

CONTENTS
이 책의 차례

    04 프랑스경찰 ·· 119
    05 일본경찰 ·· 123

CHAPTER 04. 경찰행정법 ······························ 129
    01 경찰행정법의 기초 ································· 129
    02 경찰조직법 ·· 149
    03 경찰공무원법 ·· 174
    04 경찰작용법 ·· 242
    05 경찰행정작용 ·· 319
    06 경찰구제법 ·· 348

CHAPTER 05. 경찰행정학 ······························ 372
    01 경찰관리 ·· 372
    02 경찰조직관리 ·· 374
    03 경찰인사관리 ·· 377
    04 경찰예산관리 ·· 383
    05 기타관리 ·· 389
    06 경찰홍보 ·· 408
    07 경찰통제 ·· 414
    08 한국경찰의 향후과제 ···························· 441

CHAPTER 06. 범죄학 ······································· 443
    01 범죄의 개념과 원인 ······························ 443
    02 범죄의 통제(예방) ································ 449

CHAPTER 07. 지역사회 경찰활동 ················ 455
    01 지역사회 경찰활동의 개관 ··················· 455
    02 전통적 경찰활동과 지역사회 경찰활동의 비교 ··· 456
    03 지역사회 경찰활동의 프로그램 ··········· 457
    04 순찰 ··· 460

2024 경찰채용, 경찰승진, 경찰간부시험 대비 기본서
조인성 경찰학 Ver 1.0

PART 02 각론

CHAPTER 01. 생활안전경찰 ··········· 464
- 01 생활안전경찰의 개념과 특성 ··········· 464
- 02 지역경찰활동 ··········· 464
- 03 생활질서업무 ··········· 487

CHAPTER 02. 수사경찰 ··········· 542
- 01 수사의 개념 ··········· 542
- 02 수사기관 ··········· 544
- 03 수사행정 ··········· 547
- 04 수사절차 ··········· 553
- 05 수사 활동 ··········· 559
- 06 통신제한조치(통신비밀보호법) ··········· 563
- 07 성폭력 사건 수사 ··········· 567
- 08 가정폭력범죄 및 아동학대범죄 수사 ··········· 576
- 09 스토킹범죄 ··········· 592
- 10 학교폭력예방 및 대책에 관한 법률 ··········· 602
- 11 마약류 수사 ··········· 607
- 12 범죄피해자보호법 ··········· 609
- 13 디지털 증거 처리 등에 관한 규칙 ··········· 614
- 14 사이버범죄 수사 ··········· 616

CHAPTER 03. 경비경찰 ··········· 618
- 01 경비경찰 일반론 ··········· 618
- 02 경비경찰의 근거와 한계 ··········· 619
- 03 경비경찰의 조직 및 수단 ··········· 622
- 04 경비경찰의 주요대상 ··········· 624

CONTENTS
이 책의 차례

    05 경찰작전 ·· 647
    06 청원경찰 ·· 655

CHAPTER 04. 교통경찰 ··· **660**
    01 교통경찰의 정의 ·· 660
    02 도로교통법 상 용어정리 ··· 660
    03 교통규제 ·· 665
    04 통행방법 ·· 674
    05 운전면허 및 운전면허 행정처분 ·· 687
    06 교통사고처리 ·· 696
    07 교통경찰 판례 ·· 703

CHAPTER 05. 정보경찰 ··· **719**
    01 정보의 개관 ·· 719
    02 정보의 순환 ·· 724
    03 신원조사 ·· 730
    04 집회 및 시위에 관한 업무 – 집회 및 시위에 관한 법률 ········ 732

CHAPTER 06. 안보경찰 ··· **756**
    01 안보경찰의 일반 ··· 756
    02 방첩활동 ·· 757
    03 공작활동 ·· 760
    04 국가보안법 ·· 763
    05 보안관찰법 ·· 771
    06 남북교류협력에 관한 법률 ··· 779
    07 북한이탈주민의 보호 및 정착지원에 관한 법률 ···················· 782

CHAPTER 07. 외사경찰 ··· **788**
    01 외사경찰 일반 ·· 788
    02 외사경찰의 대상 ··· 792

03 외교사절 ··· 808
04 주한미군지위협정(SOFA) ·· 809
05 국제형사경찰기구(인터폴) ·· 811
06 국제형사사법공조법 ·· 814
07 범죄인 인도법 ··· 817

최단기 합격으로 가는 길
https://kfs119.co.kr

2024 경찰채용, 경찰승진, 경찰간부시험 대비 기본서

조인성 경찰학 Ver 1.0

PART 01

총론

CHAPTER 01. 경찰학의 기초이론
CHAPTER 02. 한국경찰의 역사와 제도
CHAPTER 03. 비교경찰론
CHAPTER 04. 경찰행정법
CHAPTER 05. 경찰행정학
CHAPTER 06. 범죄학
CHAPTER 07. 지역사회 경찰활동

CHAPTER 01 경찰학의 기초이론

01 경찰의 개념

> ▶ [참고] 목적에 따른 행정의 분류
> ① 국가목적적 행정 – 군사행정, 사법행정, 재무행정, 외무행정
> ② 사회목적적 행정(= 내무행정)
>   ···→ 소극적 질서유지 행정(= 보안경찰 + 협의의 행정경찰)
>   ···→ 적극적 복지증진 행정

1. 경찰개념의 역사적 변천과정

① 경찰개념은 **시대성·역사성**을 반영, 일률적 정의가 곤란한 **다의적** 개념이다. 14.승진, 22 2차
② [국정전반 → 내무행정 → 질서행정(위험방지) → 보안경찰] → 경찰권 발동범위 **축소과정**이었다. 19.승진
③ 경찰개념은 역사적으로 발전되고 형성된 개념이므로, 근대국가에서의 일반적인 경찰개념을 '공공의 안녕과 질서유지를 위한 권력작용'이라고 할 경우, 이는 각국의 실정법상 경찰개념과 반드시 일치한다고는 할 수 없다. 23 2차

(1) 대륙법계 경찰개념 17 경간, 19 승진

1) 고대경찰 – 경찰과 행정의 미분화

경찰이라는 용어는 그리스어 Politeia, 라틴어(영어X) Politia에서 **유래**하였고, 모든 국가작용(행정), 일체의 정치, 가장 이상적인 상태인 **헌법**을 의미하였다. → 정치를 제외한X 06 1차, 09 승진, 08·18 경간, 23 1차

2) 중세경찰 – 경찰과 행정의 미분화

① **14세기말** 프랑스 경찰개념은 라 폴리스(La Police)라는 단어에 의해 대표 되었는데, 이 단어의 뜻은 초기에는 '**공동체의 질서 있는 상태**'를 의미했다가 나중에는 '**국가목적, 국가작용, 국가의 평온한 질서 있는 상태**'를 의미하였다. 06 1차, 09 승진, 20 경채, 08·22 경간
② **15세기 말 프랑스**의 경찰개념이 **독일**에 계수되어 양호한 질서를 포함한 국가행정 전반을 포괄하는 의미로 사용되었다. → 독일의 개념이 프랑스로 계수X 10 승진, 20 경채
③ **중세말기(16세기)**에 이르러 독일 **제국경찰법(1530)**에 의해 **교회행정을 제외(포함X)**한 일체의 국가행정을 의미하였다. 08·11·24 경간, 08·10·19 승진, 20·23 경채

3) 경찰국가시대(절대군주시대) - 경찰과 행정의 분화시작

① 17세기에 국가 활동의 확대와 복잡화로 국가작용의 분화현상이 나타나 경찰개념이 **국가목적적 행정인 외교·군사·재정·사법을 제외한 내무행정 전반**을 의미하였다. 12·14·19 승진, 18·24 경간, 23 1차

② **내무행정(사회목적적 행정)에는 소극적 질서유지(위험방지) + 적극적 복지증진을 위한 강제력의 행사도 경찰의 개념에 포함**되었다. → 소극목적에 한정X, 적극적인 공공복지증진을 위한 강제력을 행사할 수 없었다X 08 1차, 08·09 승진, 11·18 경간, 12 2차

③ **군주주권론, 왕권신수설**을 사상적 기초로 하여 경찰은 무제한 국가권력으로 **절대주의 국가권력의 기초**가 되었다. → 계몽철학을 사상적 기초로X

④ 관료는 국왕의 절대적인 권력에 복종하지만, **포괄적 권한에 근거**하여 재판통제도 받지 않고 일방적으로 국민의 권리관계에 간섭할 수 있었다. 08 경간

⑤ **경찰과 사법의 분리: 베스트팔렌조약(1648)**으로 사법이 국가의 특별한 작용으로 인정되었다. 07·22 2차

⑥ 유스티(Justi)의 저서 '경찰학의 원리'에서는 경찰학을 절대주의 국가의 목적을 달성하기 위한 것으로 관방학으로 지칭하였다.

4) 법치국가시대(18세기)

① **계몽주의 철학과 천부인권사상**의 영향으로 군주도 법의 제약을 받게 되면서 인권이 존중되고, 경찰권의 객체에 불과했던 시민이 주체성을 회복하게 되었다.

② **자연법 사상에 기초한 권력분립주의와 법치주의**가 대두되어 **적극적인 복리증진작용이 경찰개념에서 제외**되고, 소극적인 질서유지와 위험방지에 한정되었다. 06 1차, 08 2차, 08·11·24 경간, 20 경채

③ 요한 쉬테판 퓌터가 자신의 저서인 독일공법제도에서 주장한 **"경찰의 직무는 임박한 위험을 방지하는 것이다. 복리증진은 경찰의 본래 직무가 아니다."**라는 내용은 경찰국가시대를 거치면서 확장된 경찰의 개념을 제한하기 위한 노력의 일환으로 볼 수 있다. 22 1차

④ 18~19세기에 등장한 법치국가는 절대주의적 경찰국가에 대항하는 의미에서 자유주의적 법치국가의 성격을 띠었고, 이와 같은 법치국가적 경찰개념이 처음으로 법제화된 경우로는 1794년의 '프로이센 일반란트법'을 들 수 있다. 23 2차

5) 현대국가시대

① **제2차(1차X) 세계대전 후 보안경찰을 제외(포함X)한 협의의 행정경찰사무** 즉 영업경찰, 건축경찰, 보건경찰 등의 경찰사무를 **다른 행정관청의 분장사무로 이관하는 비경찰화(비범죄화X)**가 이루어졌다. 06·08승진, 08 1차, 11·17 경간, 12·14·19 승진, 12·22 2차, 15 3차, 18 3차

② 경찰의 임무가 **보안경찰로 한정**되었으며, **풍속경찰은 보안경찰에 해당하므로 비경찰화 대상이 아니다.** 즉, 비경찰화의 대상은 협의의 행정경찰사무이다.

  cf. 비범죄화는 범죄로 인정되던 행위를 법이 개정되면서 범죄에서 제외되는 것을 말한다. (예 간통죄의 폐지)

기출지문

① 15세기 말 프랑스에서 독일로 도입된 경찰권이론은 '국민의 공공복리를 위해 강제력을 동원할 수 있는 통치자의 권한'으로 인정되어 **절대적 국가권력의 기초를 제공**하였다. 22 경간

② 프랑스에서 경찰권이론은 14세기에 등장하였는데, 이 이론에 따르면 군주는 개인 간의 결투와 같은 자구행위를 억제하기 위하여 공동체의 원만한 질서를 보호할 권리와 의무를 갖고 있으며, 이를 위한 필수불가결한 조치를 경찰권에 근거하여 갖고 있다고 보았다. 22 경간

③ 독일의 경우, 15세기부터 17세기에 이르기까지 경찰은 공동체의 질서정연한 상태 또는 공동체의 질서정연한 상태를 창설하고 유지하기 위한 활동으로 이해되었고, 이러한 공동체의 질서정연한 상태를 창설·유지하기 위하여 신민(臣民)의 거의 모든 생활영역이 포괄적으로 규제될 수 있었다. 22 1차

(2) 18C ~ 19C 법치국가시대경찰권 축소에 관련된 법률, 판결(순서와 내용암기) 14 경간, 19 2차

프로이센 일반란트법 (1794)	"경찰관청은 공공의 평온, 안녕 및 질서를 유지하고, 또한 공중 및 그의 개개 구성원들에 대한 **절박한 위험을 방지**하기 위하여 필요한 기관이다."라고 규정하였다. 10·19 승진, 12 2차, 18 3차, 18 법학, 20·21 경간
프랑스 죄와 형벌법전(1795)	① 18조에서 **행정경찰과 사법경찰을 최초로 구분**하여 법제화하였다. 24 경간 "행정경찰은 공공의 질서유지, 범죄예방을 목적으로 하고, 사법경찰은 범죄의 수사, 체포를 목적으로 한다." ② 16조에서 "경찰은 공공의 질서, 자유, 재산 및 개인의 자유와 재산 및 **안전**을 유지하는 것을 임무로 한다."고 규정하였다. 09·19 승진, 18 3차, 19 2차, 20·21 경간
크로이쯔베르크 판결(1882)	**1882년 프로이센 고등행정법원**은 크로이쯔베르크 판결을 통해 경찰관청이 일반적 수권조항에 근거하여 법규명령을 발할 수 있는 분야는 **소극적 위험방지** 분야에 한정된다고 판시하여 경찰작용의 **목적축소에 기여하였다.** → 목적확대X 17·18·20·23 경간, 19 2차, 22·23 1차 Kreuzberg 판결은 1882년 독일의 프로이센 고등행정법원이 베를린의 크로이쯔베르크 언덕에 있는 전승기념비 조망을 확보하기 위하여 주변 토지에 대한 건축물의 높이를 제한한 베를린 경찰청장의 명령에 대하여 그러한 명령은 심미적 이유로 내려진 것으로 복지의 증진을 목적으로 하는 것이므로 무효라고 함으로써 "경찰의 임무는 위험방지에 한정된다"고 하는 사상이 법해석상 확정되는 계기를 만든 판결이다.] 06·08·12·18 승진, 09·11·21 경간
프랑스 지방자치법전 (1884)	"자치체 경찰은 공공의 질서, 안전 및 **위생**을 확보함을 목적으로 한다."라고 규정하여 **협의의 행정경찰 사무를 포함**(제외X)하고 경찰의 직무를 소극목적에 한정하였다. 10 승진, 17·20 경간, 19 2차
프로이센 경찰행정법 (1931)	"경찰관청은 현행법의 범위 내에서 **의무에 합당한 재량**에 따라 필요한 조치를 취하지 않으면 안된다."라고 규정하였다. 18 경간 - 1931년 제정된 「프로이센 경찰행정법」 제14조 제1항은 "경찰행정청은 현행법의 범위 내에서 공공의 안녕 또는 공공의 질서를 위협하는 위험으로부터 공중이나 개인을 보호하기 위하여 필요한 조치를 의무에 적합한 재량에 따라 취하여야 한다."라고 규정하여 크로이츠베츠크 판결(1882)에 의해 발전된 실질적 의미의 경찰개념을 성문화시켰다. 22 1차

기출지문

① 독일 프로이센 고등행정법원의 크로이쯔베르크 판결을 계기로 경찰의 권한은 소극적 위험방지 분야로 한정하게 되었으며, 비로소 이 취지의 규정을 둔 「경죄처벌법전」(죄와형벌법전)이 제정되었다. (X) 22 2차
→ 1882년 프로이센 고등행정법원은 **크로이쯔베르크 판결**을 통해 경찰관청이 일반적 수권조항에 근거하여 법규명령을 발할 수 있는 분야는 **소극적 위험방지** 분야에 한정된다고 판시하였고, **프랑스**의 **경죄처벌법전(죄와형벌법전)은 1795년에 제정**된 것으로 크로이쯔베르크 판결 이전의 일이다.

② 프로이센 경찰행정법(1931년)은 경찰의 직무를 적극적 복리증진으로 규정했다. (X) 24 경간
→ 프로이센 경찰행정법(1931년)은 "경찰관청은 현행법의 범위 내에서 **의무에 합당한 재량**에 따라 필요한 조치를 취하지 않으면 안된다."라고 규정하여 경찰의 직무를 **소극적 위험방지분야에 한정**하였다.

(3) 그 외 주요판결

띠톱판결	**경찰개입청구권**을 최초로 인정한 판결 09·21·23 경간, 18 승진
블랑코 판결 (Blanco)	베를린 시민이 국영담배공장 운반차에 부상을 당하여 민사법원에 손해배상 청구소송을 제기한 사실관계에 기초하여, **손해가 공무원에 의하여 발생한 것이라는 이유에서 관할이 행정재판소로 옮겨지게 된 판결 (국가배상을 최초로 인정)** 18 승진
Mapp 판결	**위법수집증거 배제법칙**이 확립된 판결 23 경간
Escobedo 판결	**변호인의 접견교통권**을 침해하여 얻은 자백의 증거능력을 부정한 판결 09·23 경간
Miranda 판결	**진술거부권, 변호인선임권, 접견교통권**을 고지하지 않은 상태에서의 자백의 증거능력을 부정한 판결 09 경간
인구조사판결(1983)	국가에 의한 개인정보수집의 기본권 침해를 인정한 판결

2. 대륙법계와 영미법계 경찰의 비교 07·08 채용, 12·19 승진, 18 3차, 18 경간

(1) 대륙법계 경찰개념은 **일반통치권**에 기초하여 **발동범위와 성질**을 중심으로 형성된 것으로, **행정법학자**들에 의해 주장되었으며, **공공의 안녕과 질서유지**를 위하여 국민에게 **명령, 강제**함으로써 경찰과 국민의 관계를 **수직적** 측면에서 바라본 개념이다.

(2) 영미법계 경찰개념은 **행정학자**들에 의해 주장되었고, 주권자인 시민으로부터 위임받은 **자치권**을 바탕으로 **비권력적인 서비스 작용**을 강조한다. **경찰활동은 무엇인가**에 중점을 두고 **기능과 역할을 중시**한 것으로 경찰과 국민과의 관계를 **수평적**이고, 동반자적 관계로 설정한 개념이다. 12 2차, 23 1차

구분	대륙법계(전통적 경찰개념)	영미법계(현대적 경찰개념)
개념	경찰권 **발동범위와 성질**을 기준 **경찰이란 무엇인가**에 중점	경찰의 **기능과 역할**을 기준 **경찰활동은 무엇인가**에 중점 10 승진
임무	공공의 안녕과 질서유지	국민의 생명·신체·재산 보호에 중점
경찰권	**일반통치권**	**자치권**
수단	**권력적 수단**을 중시	**비권력적 수단** 중시
시민과 관계	**대립적 관계(수직적)**	**대등적 관계(동반자적, 수평적)**
행정·사법	행정경찰과 사법경찰을 **구분**함	행정경찰과 사법경찰을 **구분하지 않음**
과정	축소	확대
학자	행정법학자	행정학자

3. 우리나라 경찰 개념의 형성과정

(1) 대륙법계 영향

① 프랑스(죄와형벌법전) → 독일 → 일본(행정경찰규칙) → 우리나라(행정경찰장정, 1894) →**경찰관직무집행법**(1953) - 경찰관직무집행법의 원전은 프랑스의 죄와 형벌법전이라 할 수 있다.

② '**행정경찰**'이라는 용어는 삼권분립사상이 투철했던 **프랑스**(독일X, 영국X)의 죄와 형벌법 전(18조)에서 행정경찰과 사법경찰을 **구분**하였다. 07 채용, 13 경간, 14 승진, 21 경채

(2) 영미법계 영향

1945년 일본의 제2차 세계대전 패전으로 미군정이 실시되면서 **영미법계(미군정기) 영향**으로

① '**국민의 생명·신체·재산의 보호**'라는 민주적 이념이 도입되었고, 이를 최초로 규정한 것은 「경찰관 직무집행법」이다. 09 승진

② 우리나라는 행정경찰과 사법경찰을 구분하지 않는다.
  - 현재 우리나라 경찰은 **대륙법계와 영미법계** 영향을 모두 받았음
  - **영미법계**(대륙법계X) 국가에서 수사 활동은 당연히 경찰의 고유한 임무로 취급 08 채용

(3) 우리나라에서는 보통경찰기관이 행정경찰 및 사법경찰 업무를 구분하지 않고 양자 모 두 담당함 12 1차, 21 2차

4. 형식적 의미의 경찰과 실질적 의미의 경찰 06·10·12·14·15·20·23 1차, 07·17 2차, 08 3차, 09·13·14·20 경간, 10·14·15·16·17·19·21 승진, 13·14·21·23 경찰특공대, 18 법학, 20 경채, 23 승진

① 형식적 의미의 경찰개념은 경찰관서에서 하는 일체의 경찰작용을 의미하며, 10 승진 역사적, 제도적으로 발전되어 온 것으로, 각국의 실정법의 범위는 각자의 전통과 현실적 환경에 따라 다르다.

② **실질적 의미의 경찰개념은 독일의 행정법학**에서 유래한 것으로 **이론적, 학문적**으로 발전해 왔으며, 일반조항의 존재를 근거로 경찰행정관청에 대한 포괄적 수권과 법치국가적 요청을 조화시키기 위하여 구성된 도구개념이다.

③ 실질적 의미의 경찰을 보안경찰과 협의의 행정경찰로 구분하는 것이 일반적 견해라고 할 때, 보안경찰은 독립적인 경찰기관이 관할하지만, 협의의 행정경찰은 각종의 일반행정기관이 함께 그것을 관장하는 경우가 많다. 23 2차

구분	형식적 의미의 경찰	실질적 의미의 경찰(소극목적)
의의	**실정법상 보통경찰기관**에 분배되어 있는 임무를 달성하기 위하여 행해지는 모든 경찰활동 (경직법 2조에 규정)	사회공공의 안녕과 질서를 유지하기 위해 **일반통치권**에 의거해 국민에게 **명령·강제**하는 **권력 작용(타인의 자유와 권리를 제한하는 작용)** 23 승진, 23 경채
내용	① **조직중심** ② **제도적(실무상개념)**의미의 경찰 ③ 국가목적, 사회목적작용 가리지 않음 ④ 권력적, 비권력적 활동 모두 포함 23 승진 ⑤ 다른 행정기관은 형식적의미의 경찰을 못함 ⑥ 나라마다 활동범위에 차이가 있음 06 1차, 19·23 승진	① **작용중심**, 학문상 의미의 경찰 08 2차 ② **권력적 작용만을 의미함**(비권력적X) ③ **사회목적작용**에 한정됨(국가목적작용X) ④ 학문적·이론적 개념(실무상개념X) 17 2차 ⑤ 다른 행정기관도 실질적 의미의 경찰활동 가능 ⑥ **독일**(프랑스X)**의 행정법학**(행정학X)에서 유래 23 승진, 24 경간
종류	**사법, 수사경찰, 정보, 안보**(대공), **서비스** 등 07·08 채용, 20 경간, 23 승진, 24 경간	건축, 영업, 위생, 산림, 공물, 철도, 경제, 산업경찰 등(협의의 행정경찰) 10 승진 → 공물경찰은 실질적 의미의 경찰에 해당한다. 24 경간
양자의 관계	① 양자는 서로 **포함하거나 일치하는 개념이 아니다.**(동일개념, 상위 개념도 아님) 11 1차, 24 경간 ▶ 형식적 의미의 경찰은 모두 실질적 의미의 경찰에 포함된다(X) 14 1차, 17 2차, 23 승진 ② 형식적 의미의 경찰이 위험방지라는 실질적 의미의 경찰작용을 할 때 양자가 일치함 ③ 일반행정기관에서도 '경찰기능'을 담당한다고 할 때의 '경찰기능'은 일반행정기관이라는 **작용적** 측면에서 바라본 **실질적 의미의 경찰**개념을 말함 14 승진 ④ 형식적의미의 경찰이면서 실질적의미의 경찰 → 경찰하명, 경찰허가, 즉시강제, 강제집행, 생활안전, 교통, 경비경찰, 풍속경찰, **불심검문(견해대립 있음)** 등 ⑤ **의원경찰과 법정경찰**은 일반통치권을 전제로 하지 않고, 내부질서 유지를 목적으로 하는 것이므로 형식적의미의 경찰에도 실질적의미의 경찰에도 해당되지 않음 ⑥ **일반행정기관도 실질적 의미의 경찰작용을 하는 경우가 있으나, 형식적 의미의경찰작용을 하는 경우는 없음** 14 경찰특공대, 15 승진, 17 2차, 20 경찰 ⑦ 경찰관직무집행법 3조에 의한 **불심검문**은 경찰상 즉시강제의 권력작용이라는 측면에서 **실질적 의미의 경찰에 해당**하고(명령·강제하는 권력적 작용으로 볼 때만), 실정법에서 경찰행정관청에 그 권한을 맡기고 있다는 측면에서 **형식적의미의 경찰에도 해당**한다. 06 채용, 14 승진 ⑧ **행정경찰**은 주로 **현재** 또는 **장래의 상황"에** 대하여 발동되는 반면, "**사법경찰**은 주로 **과거의 상황에**" 대하여 발동하게 된다. 13 경간 ⑨ 실질적 의미의 경찰개념은 사회 질서유지와 봉사활동과 같은 현대 경찰의 핵심적인 기능을 수행하는 경찰을 의미한다.(X) → **봉사활동과 같은 비권력적 서비스 활동은 실질적 의미의 경찰에 해당하지 않는다.** 20 경채 ⑩ 사무를 기준으로 하였을 때 우리나라 자치경찰은 형식적 의미의 경찰과 실질적 의미의 경찰 모두에 해당한다. 24 경간

⑪ 실질적 의미(형식적 의미X)의 경찰개념은 경찰작용의 성질에 따른 것으로서 보건·산림·세무·의료·환경 등을 담당하는 국가기관(특별사법경찰기관)의 권력작용을 포함하여 지방자치단체(특별시, 광역시, 시·군·구)의 권력작용도 경찰로 간주된다. 23 경채

> **[참고] 형식적·실질적 의미의 입법·사법·행정의 구분**
>
> ① 형식적 의미의 입법·사법·행정이란?
>   형식적이라는 것은 **누가 하는 지가 중요**하므로, 입법부인 국회에서 하는 것은 형식적 의미의 입법, 사법부인 법원에서 하는 것은 형식적 의미의 사법, 행정부에서 하면 형식적 의미의 행정으로 볼 수 있는 것이다.
>
> ② 실질적 의미의 입법·사법·행정이란?
>   실질적이라는 것은 **작용(내용)이 중요**하므로, 누가 하는 지는 상관없이 법을 제정하면 실질적 의미의 입법, 법을 판단하는 내용이면 실질적 의미의 사법, 법을 집행하는 내용이면 실질적 의미의 행정으로 볼 수 있는 것이다.
>
> ● 사례연습
>   1. 대통령령의 제정 – 형식적 의미의 행정, 실질적 의미의 입법
>   2. 국회사무총장의 직원 임명 – 형식적 의미의 입법, 실질적 의미의 행정
>   3. 행정심판의 재결 – 형식적 의미의 행정, 실질적 의미의 사법
>   4. 지방공무원 임명 – 형식적 의미의 행정, 실질적 의미의 행정
>   5. 통고처분은 형식적 의미의 행정이며 실질적 의미의 사법이다. 22 2차

02 경찰의 분류 12 3차, 16·18·23 1차, 21·23 경간

1. 경찰의 목적(3권 분립)에 따른 구분에 따른 구분 13·16 승진, 18 3차, 19 승진

프랑스는 행정경찰과 사법경찰을 지금도 엄격히 구분하고 있다.

행정경찰	사법경찰
사회공공의 안녕과 질서 유지 목적	**범죄수사, 체포** 목적
주로 **현재, 장래**의 상황에 대하여 발동 **경찰행정법규**에 의해 작용	주로 **과거**의 상황에 대하여 발동 **형사소송법**에 의하여 권한행사
실질적 의미의 경찰과 범위 같음	**형식적 의미의 경찰**에 포함
국가사무: 경찰청장의 지휘, 감독 자치경찰사무: 시·도자치경찰위원회 지휘, 감독 협의의 행정경찰사무: 주무장관의 지휘, 감독	국가수사본부장의 지휘, 감독(예외 있음)

2. 업무의 독자성에 따른 구분 06·07·11·12 1차, 13 승진, 18 3차, 18 법학특채, 21 2차, 21·23 경채, 22 경간

(이론상, 강학상)보안경찰	협의의 행정경찰
① 다른 행정작용 동반하지 않고 오로지 경찰작용만으로 독립하여 행하는 작용 – **생활안전, 풍속, 교통, 경비경찰** 등 ② **형식적 의미의 경찰**이면서 **실질적 의미의 경찰**에도 해당함	① 다른 행정작용과 결합하여 특별한 사회적 이익보호를 목적으로 하며 그 부수작용으로서 사회공공의 안녕과 질서를 유지하는 경찰작용 – **건축, 산림, 위생, 공물, 경제, 철도경찰** 등 ② **형식적 의미의 경찰X, 실질적 의미의 경찰O** ③ 협의의 행정경찰은 오늘날 제도적으로 경찰이라고 불리지 않는다. 21 경채

3. 경찰권 발동시점에 따른 구분 13 승진, 18 3차, 20 특채, 21 2차

국가경찰과 자치경찰의 조직 및 운영에 관한 법률 제3조와 경찰관 직무집행법 제2조에서의 **진압은 예방과도 관련된 개념**이다.

예방경찰	진압경찰
범죄나 위험의 발생을 사전에 예방하기 위한 것으로 행정경찰보다는 범위가 좁은 개념으로 **주로 비권력적 수단**을 사용 → 권력적 수단도 사용함	이미 발생된 범죄나 위해의 제거를 위한 것으로 **주로 권력적 수단**을 사용, 사법경찰과 범위가 일치
총포화약류 취급제한, 위해를 끼칠 우려가 있는 정신착란자 보호조치, 순찰활동 등 11 1차	위해를 주는 정신착란자 보호, 사람을 공격하는 멧돼지 사살, 범죄의 수사, 피의자 체포 등

4. 위해정도와 적용법규 및 담당기관에 따른 구분 08·22 경간

평시경찰	비상경찰
평시에 **보통경찰기관**이 행하는 경찰작용	국가비상사태 시에 계엄법에 따라 **군대**가 경찰작용을 수행

5. 경찰활동의 질과 내용(강제력 사용 유무)에 따른 구분

→ 형식적 의미의 경찰로 구분 시에만 의미가 있음 12 1차, 13 경찰특공대, 18 3차, 19 승진, 21 2차, 22 경간

질서경찰	봉사경찰
강제력을 수단으로 사회공공의 안녕과 질서를 유지 위한 법집행을 주로 하는 경찰활동	서비스, 계몽, 지도 등을 통해 비강제적 수단을 통하여 직무를 수행하는 경찰활동
권력적인 명령·강제 – 범죄수사, 다중범죄 진압, 통고처분 08 경간	**비권력적인 서비스** – 방범지도, 청소년선도, 교통정보제공, 방범순찰, 수난구호 등

6. 국가경찰과 자치경찰

→ <u>권한과 책임의 소재</u>에 따른 구분 08·18·23 경간, 10·19 승진, 10·16·23 1차, 16 2차, 18 법학, 20 1차, 22 경채

	국가경찰	자치경찰
장점	① 타 행정기관 간 협조, 조정이 용이 ② 전국적 균등한 서비스 제공 ③ 통일적 운영이 가능하며, 능률성, 기동성 발휘 가능 ④ 통계자료의 정확성 ⑤ 전국적, 광역 범죄에 효과적 대응가능	① 경찰조직 개혁이 용이 ② 각 지방의 특성에 맞는 경찰행정가능 ③ 주민의 지지 받기 용이함 ④ 정치적 중립성·민주성 확보에 용이 ⑤ 비권력적 수단 통해 국민의 생명, 신체, 재산 보호 ⑥ 지역 주민에 대해 책임의식이 높음
단점	① 지방의 특수성, 창의성 저해 ② 관료화로 국민 위한 봉사의식 희박 ③ 정부 특정정책 수행에 이용되어 본연의 임무에서 벗어날 우려가 있음	① 타 기관과 협조 곤란 ② 통일성, 능률성, 기동성 저하 ③ 통계자료 부정확 ④ 전국적, 광역범죄에 대처 미흡 ⑤ 지방세력의 간섭으로 인하여 정실주의에 대한 우려 23 1차

7. 보호법익에 따른 구분

- 프랑스에서 보통경찰과 고등경찰을 구별한 것에서 유래 22 경간

보통경찰	고등경찰
일반사회의 안녕과 질서유지를 목적 (범죄예방 및 진압, 교통, 풍속경찰)	국가의 존립과 유지를 보장하기 위한 활동 (언론, 사상, 집회, 결사의 자유에 대한 정보 수집 및 단속 등)

03 경찰의 기본적 임무 및 수단 11·21 승진, 21 경간

(1) 경찰의 임무는 국가경찰과 자치경찰의 조직 및 운영에 관한 법률 3조와 경찰관 직무집행법 2조에 명시되어 있으며, 경찰활동의 궁극적인 목적은 공공의 안녕과 질서의 유지이다.
  → 공공의 안녕과 질서에 대한 위험의 방지 + 범죄수사 + 각종 치안서비스 활동
  → 형사소송법은 임의수사를 원칙으로 하고, 강제수사를 예외적으로 허용하고 있다. 19 1차

(2) 경찰강제에는 **강제집행**(대집행, 강제징수, 집행벌, **직접강제** 등)과 **즉시강제**로 구분하며, **강제집행은 의무의 불이행을 전제로 한다는 점에서 즉시강제**와 구별된다. 19 1차

(3) 오늘날 복지국가적 행정을 요구하고 있는 시대적 요청에 따라 경찰행정 분야에서도 각 개인이

경찰권의 발동을 요청할 수 있는 권리인 **경찰개입청구권**을 인정하기에 이르렀는데 이는 '재량권의 0 으로의 수축이론'과 관련이 있다.(관련판결 - 김신조 무장공비사건)

1. 실정법상 경찰의 임무

- 공공의 안녕과 질서유지가 상위개념 15 지능, 15 3차, 19 1차, 21 2차, 23 경간

국가경찰과 자치경찰의 조직과 운영에 관한 법률 제3조)	경찰관 직무집행법(제2조)
1. 국민의 생명·신체 및 재산의 보호 2. 범죄의 예방·진압 및 수사 3. 범죄**피해자** 보호**(피의자보호X)** 4. 경비·요인경호 및 대간첩·대테러 작전수행 5. **공공안녕에 대한 위험의 예방과 대응을 위한 정보의 수집·작성 및 배포** 6. 교통의 단속과 **위해의 방지(질서유지X)** 7. 외국 정부기관 및 국제기구와의 국제협력 8. 그 밖의 공공의 안녕과 **질서유지(위해방지X)**	1. 국민의 생명·신체 및 재산의 보호 2. 범죄의 예방·진압 및 수사 2의2. 범죄**피해자** 보호**(피의자보호X)** 3. 경비·주요 인사 경호 및 대간첩·대테러 작전수행 4. **공공안녕에 대한 위험의 예방과 대응을 위한 정보의 수집·작성 및 배포** 5. 교통의 단속과 **위해의 방지(질서유지X)** 6. 외국 정부기관 및 국제기구와의 국제협력 7. 그 밖의 공공의 안녕과 **질서유지(위해방지X)**

2. 경찰의 사무

(1) 국가경찰사무

국가경찰과 자치경찰의 조직 및 운영에 관한 법률 제3조에서 정한 경찰의 임무를 수행하기 위한 사무. 다만, 제2호의 자치경찰사무는 제외한다.

(2) 자치경찰사무

> 2. 자치경찰사무: 제3조에서 정한 경찰의 임무 범위에서 관할 지역의 **생활안전·교통·경비·수사** 등에 관한 다음 각 목의 사무
>   가. 지역 내 주민의 **생활안전 활동**에 관한 사무
>   1) 생활안전을 위한 순찰 및 시설의 운영
>   2) 주민참여 방범활동의 지원 및 지도
>   3) 안전사고 및 재해·재난 시 긴급구조지원
>   4) 아동·청소년·노인·여성·장애인 등 사회적 보호가 필요한 사람에 대한 보호 업무 및 가정폭력·학교폭력·성폭력 등의 예방
>   5) 주민의 일상생활과 관련된 사회질서의 유지 및 그 위반행위의 지도·단속. 다만, 지방자치단체 등 다른 행정청의 사무는 제외한다.
>   6) 그 밖에 지역주민의 생활안전에 관한 사무
>   나. 지역 내 **교통활동**에 관한 사무
>   1) 교통법규 위반에 대한 지도·단속
>   2) 교통안전시설 및 무인 교통단속용 장비의 심의·설치·관리

    3) 교통안전에 대한 교육 및 홍보
    4) 주민참여 지역 교통활동의 지원 및 지도
    5) 통행 허가, 어린이 통학버스의 신고, 긴급자동차의 지정 신청 등 각종 허가 및 신고에 관한 사무
    6) 그 밖에 지역 내의 교통안전 및 소통에 관한 사무
  다. 지역 내 **다중운집 행사 관련 혼잡 교통 및 안전 관리**
  라. 다음의 어느 하나에 해당하는 **수사사무**
    1) 학교폭력 등 소년범죄
    2) 가정폭력, 아동학대 범죄
    3) 교통사고 및 교통 관련 범죄
    4) 「형법」제245조에 따른 공연음란 및 「성폭력범죄의 처벌 등에 관한 특례법」제12조에 따른 성적 목적을 위한 다중이용장소 침입행위에 관한 범죄
    5) 경범죄 및 기초질서 관련 범죄
    6) 가출인 및 「실종아동등의 보호 및 지원에 관한 법률」제2조제2호에 따른 실종아동등 관련 수색 및 범죄
② **제1항제2호가목부터 다목까지의 자치경찰사무**에 관한 구체적인 사항 및 범위 등은 대통령령으로 정하는 기준에 따라 **시·도조례**로 정한다.
③ **제1항제2호라목의 자치경찰사무**에 관한 구체적인 사항 및 범위 등은 **대통령령**으로 정한다.

3. 경찰의 기본적 임무 – 공공의 안녕과 질서에 대한 위험방지(궁극적 목적) 17 2차

(1) 공공의 안녕

공공의 안녕은 법질서의 불가침성, 국가존립과 기능성의 불가침성, 개인의 권리와 법익의 보호로 구성되며, 경찰은 사회공공과 관련하여 국가의 존립과 기능을 보호할 의무가 있다. 10·20 2차, 11 승진, 19 법학특채, 24 경간

① 법질서, 개인의 권리와 법익, 국가 등 공권력 주체의 기관과 집행의 불가침성을 의미하는 것으로 **성문규범**의 총체이다.
② 공공의 안녕은 **개인**과 **국가** 등 집단을 내포하는 **이중적** 개념이다.
③ 공공의 안녕은 **국민의 생명·신체·재산보호**를 포함하는 **상위** 개념이다.

법질서의 불가침성	① **공공의 안녕의 1요소** 11 승진, 17 2차, 19 법학특채, 20 2차, 23 경채 ② **공법규범에 대한 위반**은 일반적으로 공공의 안녕에 대한 위험으로 취급되어 **경찰권 발동의 대상**이 된다. 21 2차 ③ **사법**질서 위반 시 경찰의 **개입이 허용되지 않으나** 예외적으로 경찰 원조없이는 법을 실현시키는 것이 불가능 하거나 사실상 어려워 질 때는 개입이 허용됨(**보충성의 원칙**) 이 경우에도 경찰은 **잠정적 조치(최종적 판단X)**만 가능 23 경채 ④ 침해가 **객관적**으로 존재하는지 판단(**주관적 고려X**) ⑤ 오늘날 재량권 0으로 수축 및 반사적 이익의 보호이익화가 논의되면서 경찰개입청구권을 인정하는 추세에 있다. 14 승진

국가의 존립과 기능성의 불가침성	① 경찰은 공공과 관련하여 국가의 존립을 보호할 임무가 있음 ② 국회, 정부, 법원, 자치단체 등 정상적 운영을 위한 국가기관의 기능성 보호 ③ 경찰활동은 형법적 **가벌성의 범위 내에 이르지 않았더라도** 국민의 자유와 권리를 침해하지 않는 범위 내에서 **수사, 정보, 안보, 외사** 활동이 **가능** 10 2차, 23 경채 ④ **명예훼손이나 폭력성이 없는 국가 기관에 대한 비판은 경찰이 개입할 수 없음**
개인의 권리와 법익의 불가침성	① 인간의 개인법익 뿐만 아니라 **사유 재산적 가치 또는 무형의 권리도** 보호대상이다. 10 2차, 11 승진, 23 경간 ② 경찰의 원조는 **잠정적 보호에 국한**되어야 하고, 최종적인 보호는 법원에 의해 구제되어야 한다. 21 경간

(2) 공공의 질서

① 공공질서라 함은 당시의 지배적인 윤리와 가치관을 기준으로 판단할 때 그것을 준수하는 것이 시민으로서 원만한 국가 공동체생활을 영위하기 위한 불가결적 전제조건이 되는 각개인의 행동에 대한 **불문규범**의 총체로 시대에 따라 개념이 변화하는 **상대적, 유동적** 개념이다. 09 승진, 15 경간, 19·23 1차, 20·21 2차, 21 경간

② 오늘날 거의 모든 생활영역에 대한 법적 전면규범화 추세로 공공질서 개념이 사용되는 분야가 점점 **축소(증가X)**되고 있다. 09·11 승진, 15 경간, 17·20 2차, 21 경간, 23 1차

③ 통치권의 집행을 위한 개입의 근거로 사용될 수 있으므로 **엄격한 합헌성이 요구되며, 의무에 합당한 재량 행사가 요구된다.** 09 승진, 15 경간, 23 1차

④ 공공질서와 관련하여 경찰이 개입할 것인가의 여부는 경찰의 결정에 맡겨져 있더라도 헌법상 과잉금지원칙이 준수되어야 한다. 24 경간

(3) 위험

① 경찰상 위험이란 가까운 장래에 공공의 안녕에 **손해가 나타날 가능성이 개개의 경우에 충분히 존재**하는 상태를 말한다. 12 승진, 15·16 경간, 17 승진, 21 2차

② 위험이 현실화 된 때를 경찰위반의 상태라고 한다.

③ **손해(위험X)**란 보호받는 법익에 관한 **정상적 상태의 객관적 감소**를 뜻하고, 보호법익에 대한 **현저한 침해행위가 있어야 한다.** (단순한 성가심, 불편함은 개입 대상X) 17·18 승진, 19 경간

④ 사전배려의 원칙이 적용되지 않는다.

⑤ 위험의 **현실성** 여부에 따라 **추상적 위험**과 **구체적 위험**으로 구분하며, 경찰 개입은 **구체적 위험**과(가까운 장래에 손해발생 가능성이 충분히 존재하는 상태), **추상적 위험**(위험이 예견가능 할 때)이 예상되는 때 **가능하다.** 12·17 승진, 17 2차, 19 경간, 20·21차, 23 경찰특공대, 23 경채

⑥ 손해발생의 충분한 가능성(개연성)에 대한 판단은 **사전적(사후적X) 관점**(구체적인 상황 하에서 경찰공무원이 현재의 인식상황에 따라서 판단하는 것)에서 행해져야 한다.

⑦ 손해발생의 정도가 중요하면 손해발생의 개연성 정도가 낮아도 위험을 긍정할 수 있고, 손해의 정도가 중요하지 않으면 발생의 개연성 정도가 커야 위험이 존재한다고 판단함(**손해**

발생의 정도와 손해발생의 개연성은 반비례관계)

⑧ 경찰개입의 대상이 되는 위험은 행위책임에 기인한 것일 수도 있고 상태책임에 기인한 것일 수도 있다. 23 2차

⑨ 위험은 경찰개입의 전제요건이나, 경찰권의 발동에는 **위험이 보호받을 법익에 대해 구체적으로 존재해야 하는 것은 아니다.** 24 경간

구체적 위험	가까운 장래에 손해발생의 **충분한 가능성**이 존재하는 경우로 위험이 개개의 경우에 실제로 존재하는 경우를 의미한다. → **권력적 경찰개입도 가능** – 구체적 위험은 개별사례에서 실제로 또는 최소한 경찰관의 사전적 시점에서 사실관계를 합리적으로 평가하였을 때, 가까운 장래에 공공의 안녕이나 공공의 질서에 대한 손해가 발생할 충분한 개연성이 있는 상황과 관련이 있다. 22 1차
추상적 위험	위험에 대한 **예상가능성**이 존재하는 것으로 가설적이고 상상적인 위험을 의미한다. → **비권력적 경찰개입에 한정됨** – 경찰의 범죄예방 및 위험방지 행위의 준비는 추상적 위험이 존재하는 경우에도 가능하다. 23 2차

⑩ 위험에 인식에 따른 구분 16·19 경간, 23 경찰특공대

위험에 대한 인식	외관적 위험	① 경찰이 의무에 합당한 **사려 깊은 판단**을 했음에도 불구하고 위험을 잘못 인식한 경우를 말한다. 11 승진, 15 경간, 20 2차, 22 1차 ② 외관적 위험에 대한 경찰권 발동은 경찰상 위험에 해당하는 **적법한 개입**이므로 경찰관에게 **민·형사상 책임**을 물을 수 없다. 단, 경찰개입으로인한 피해가 '**공공필요에 의한 특별한 희생**'에 해당 하는 경우에는 국가의 **손실보상** 책임은 발생할 수 있다. (손해배상X, 손실보상O) 18 승진, 21 경간, 23 2차 예 심야에 경찰관이 살려달라는 소리를 듣고 출입문을 부수고 들어갔는데 실제로는 노인에 켜놓은 TV소리였던 경우 16 경간
	오상 위험	① 이성적이고 객관적으로 판단할 때 위험의 **외관 또는 혐의가 정당화되지않음**에도 불구하고 경찰이 위험의 존재를 잘못 추정한 경우(**추정적 위험**)를 말한다. 18 승진, 19 경간, 19 법학 ② 위법한 경찰개입으로 인정되어 경찰관 개인에게는 **민·형사상 책임**을 물을 수 있고, 국가에게는 손해배상 책임이 발생할 수 있다. 15·16 경간, 22 1차
	위험 혐의	① 경찰이 의무에 합당한 사려 깊은 판단을 할 때 실제로 **위험 가능성은 예측**되나 **실현이 불확실**한 경우를 말한다. 19 법학 ② 위험의 존재여부가 명백해 질 때까지 예비적 조치에 국한되며, **위험조사차원의 개입이 정당화 된다.** 15 경간, 18 승진, 22 1차, 23 2차 예 공항에 폭발물이 설치되어 있다는 제보를 받은 경우
		① 경찰권의 발동에는 **위험이 보호받을 법익에 대해 필수적으로 존재해야 하는 것은 아님** 10 2차, 17 승진 → 보행자의 통행이 거의 없는 밤 시간에 횡단보도 보행자 신호등이 녹색등일 때 정지하지 않고 진행한 경우에도 통행한 운전자는 경찰 책임자가 된다.(법질서의 불가침성을 침해했기 때문)21 경간 ② 위험의 인식은 **주관적 추정을 포함**하지만 객관화 이루는 사전판단을 요함 15 경간

> **[참고] 명백하고 현존하는 위험의 원칙**
>
> 명백·현존 위험의 원칙(rule of clear and present danger)은 미국에서 언론·출판 등의 자유를 제한하는 표준으로 채택된 원칙으로, **언론과 출판이 국가기밀을 누설하거나 타인의 명예 또는 사생활의 비밀을 침해하려고 하는 경우에 법원이나 관계기관이 정지명령 등으로 이를 억제하려 할 때 사용하는 기준**을 말한다. 미국의 셴크 판결(Schenck v. United States, 1919)에서 홈즈 대법관에 의해 처음 사용되었다. 홈즈 대법관은 존 스튜어트 밀의 위해원칙(Harm principle)을 기초로 하여 명백하고 현존하는 위험의 원칙을 만들었다.
>
> 헌법재판소는 국가보안법 제7조 제1항 및 제5항의 규정은 각 그 소정의 행위가 국가의 존립·안전을 위태롭게 하거나 자유민주적 기본질서에 위해를 줄 **명백한 위험이 있을 경우에만** 축소적용 되는 것으로 해석한다면 헌법에 위반되지 아니한다.(1990. 4. 2. 89헌가113 - 한정합헌결정) → **현존성 요구X, 명백성 요구O**
>
> 대법원은 미신고집회에 대한 해산명령의 적법요건으로 '**공공의 안녕질서에 대한 직접적인 위험이 명백하게 초래된 경우**'에 한하여 허용되어야 할 것이다. 라고 판시하였다. (대판 2010도6388) → **현존성 요구X, 명백성 요구O**
>
> 대법원은 위해성 경찰장비인 살수차와 물포는 필요한 최소한의 범위에서만 사용되어야 하고, 특히 인명 또는 신체에 위해를 가할 가능성이 더욱 커지는 직사살수는 타인의 법익이나 공공의 안녕질서에 직접적이고 **명백한 위험이 현존하는 경우**에 한해서만 사용이 가능하다고 보아야 한다. 라고 판시하였다.(대판 2015다236196) → **현존성 요구O, 명백성 요구O**

(4) 범죄수사

① **사법경찰작용으로서**「국가경찰과 자치경찰의 조직 및 운영에 관한 법률」제3조와「경찰관직무집행법」제2조에서 범죄수사를 경찰의 임무로 규정하고 있다.

② **경찰작용은** 편의주의 원칙 상 **재량행위**로 인정되고, 사법경찰작용인 **범죄수사는** 일반법인 **형사소송법**에 근거하여 법정주의 원칙에 따라 **기속행위**로 재량권이 없다는 점에 차이가 있으나 경찰의 범죄 수사업무는 위험을 방지하는 것과도 상호 연관이 되어 있다는 점에 의미가 있다.

③ **과범죄화**(예전에 관습으로 규제하던 것을 법률로서 규제하는 것 **예** 경범죄처벌법)와 **신범죄화**(산업화, 도시화 등으로 인한 신종범죄 **예** 환경, 경제, 컴퓨터범죄)로 인해 **경찰의 수사 활동분야가 증가하고 있다.**

④ 범죄수사에 있어서 범죄피해자를 위한 사법경찰권의 적극적인 개입을 인정하는 입법례가 증가하는 추세이다. **24 경간**

(5) 치안서비스

① 오늘날 경찰활동은 소극적인 위험방지를 위한 작용과 같은 법집행업무 뿐만 아니라 **적극적으로 교통정보 제공, 순찰 등 범죄예방활동과 같은 치안서비스 제공도 요구되고 있다.**

② 현대 사회적 법치국가에서는 국민의 자유와 권리를 보호하며, 사회문제를 해결하기 위해 국가가 적극 개입하는 것을 인정한다.

04 경찰활동의 기초 및 관할

1. 경찰활동의 기초

→ 광의의 경찰권 = 협의의 경찰권 + 수사권 + 서비스

협의의 경찰권	의의	① 협의의 경찰권이란 **사회공공의 안녕과 질서를 유지하기 위하여 일반통치권에 근거 국민에게 명령·강제하는 권한**을 의미한다. 따라서 경찰작용은 **국가와 국민사이의 일반통치관계를 전제**로 하는 것이다.(= 실질적 의미의 경찰과 동일) ② 국회의장의 국회경호권, 법원의 법정경찰권 등은 부분사회의 내부질서유지를 목적으로 하는 경우로 협의의 경찰권 대상에서 제외된다.
	발동 대상	① 특별한 규정이 없는 한 일반통치권에 복종하는 모든 자를 의미하며, 자연인, 법인, 내국인·외국인 상관없이 경찰권의 대상이 된다. 예외적으로 외교사절 등은 특례가 인정되는 경우가 있음 ② 다른 행정기관이 경찰 의무에 위반하는 경우 해당기관의 기능에 침해가 되지 않는 범위 내에서 경찰권 발동이 가능하다고 보는 것이 통설이다.
수사권	의의	수사권이란 국가 형벌권을 행사하기 위해 형사소송법에 의거하여 경찰에게 부여되는 권한으로서, 범죄의 혐의 유무를 명백히 하여 공소제기와 유지여부를 결정하기 위하여 범인을 발견·확보하고, 증거를 수집·보전하는 수사기관의 활동을 말한다.
	발동 대상	① 원칙적으로 자연인(내국인, 외국인 포함)은 발동 대상이 되며, 법인에게는 압수·수색과 같은 예외적인 경우에는 가능하다. ② 외교사절이나 공무집행 중의 미군(SOFA 협정에 의거), 대통령(불소추특권), 국회의원(불체포특권, 면책특권)에게는 발동에 제약이 따른다. ③ 협의의 경찰권에 의해서는 일반처분이 가능하고, 경찰책임자 이외의 비책임자에게도 권한이 발동될 수 있으나 수사권의 경우에는 수사상의 단서가 존재해야 하고 피의자, 참고인 등 형사소송법에서 규정된 관계자이외에는 발동될 수 없다.

2. 경찰의 관할

(1) 사물관할(=경찰권의 발동범위를 설정) 21 경찰특공대, 23 1차

① 경찰이 처리할 수 있고, 처리해야 하는 **사무내용의 범위**를 말하며(=**직무범위**) 17 승진, 20 2차

② **영미법계 영향**을 받아 **범죄수사에 관한 임무**가 사물관할로 인정되었고, 작용법인 **경찰관직무집행법 제2조에 조직법적 임무규정이 포함되어 있다.** 15·17 경간, 17 1차 경기북부여경,23 1차

(2) 인적관할

① 경찰권이 발동될 수 있는 인적범위를 말하는 것으로, **국가의 일반통치권에 복종하는 모든 사람**이 경찰권의 대상이 된다. 17 경간

② **광의의 경찰권(협의의 경찰권X)**이 어떤 사람에게 적용되는가의 문제이다. 23 1차

③ **대통령, 외교사절 국회의원, 공무집행 중의 미군범죄는 인적관할 적용의 예외**에 해당한다.

→ 「헌법」상 대통령은 내란 또는 외환의 죄를 범한 경우를 제외하고는 재직 중 형사상의 소추를 받지 아니한다. 22·23 1차

(3) 지역관할(=토지관할)

대한민국 영역 내에서 **광의의 경찰권**이 발동될 수 있는 지역적 범위를 말한다.

→ '지역관할(사물관할 X)'이란 경찰권이 발동될 수 있는 지역적 범위를 말하고, 대한민국의 영역 내 모든 범위에 적용되는 것이 원칙이다. 22 1차

국회	① 국회의 경호권한은 국회의장에게 있으며, 국회의장은 필요한 때 **국회운영위원회(국가경찰위원회X)**의 동의를 얻어 **정부**에 국가경찰공무원의 파견을 요구할 수 있다. 16 2차, 17 승진, 19 경간 ② 파견된 국가경찰공무원은 국회의장의 지휘를 받아 **회의장 건물 밖**에서만 경호가능하며, 증원이 필요한 경우 **국회사무처와 협의**해야 한다. 14·16 2차 ③ 국회 안에 현행범인이 있을 때에는 경찰관은 **체포한 후 의장의 지시**를 받아야함. 다만, **현행범이 의원인 경우 회의장 안에서는 의장의 명령 없이 체포할 수 없다.** (회의장 안에 있는 국회의원은 의장의 명령 없이 체포할 수 없다.) 14·16 2차, 15·17·19 경간, 17 1차 경기북부여경, 20 2차, 21 경찰특공대, 22 1차, 23 경간 ④ 경위는 회의장 건물 안에서, **파견된 경찰관은 회의장 건물 밖에서만** 경호한다. 09 채용, 17 승진
법원	① 법원에서 경찰권은 재판장에게 있으며, 질서 유지를 위해 필요시 **개정 전후를 불문**하고 관할 **경찰서장**에게 파견을 요구할 수 있고, 파견된 경찰관은 **재판장(경찰서장X)**의 지휘를 받아 **법정 내·외**의 질서유지를 하여야 한다. 17 경간, 17 승진, 19·23 경간, 22 1차
치외법권	① 원칙적으로 외교사절의 **공관**이나 **개인주택** 및 **교통수단(승용차, 보트, 비행기등도 불가침의 대상)**에 대해서는 **외교사절의 동의 없이 출입할 수 없다.** 19 경간 다만, 예외적으로 **화재나 전염병 발생** 등과 같이 **긴급을 요하는 경우는 동의없이 들어갈 수 있다.**(국제관례상 인정됨, 외교공관도 상태책임에는 해당됨) 09·14·20 2차, 15 경간, 21 경찰특공대
미군 영내	① 미군 내부의 경찰권은 미군 당국이 갖지만, 미군 당국이 **동의**한 경우나 중대범죄를 짓고 도주하는 **현행범인을 추적**하는 경우에는 **대한민국 경찰도 시설 및 구역 내에서 범인을 체포할 수 있다.** 09·20 2차, 15 경간, 21 경찰특공대 ② 미군 당국의 동의가 없으면 시설 및 구역 내에서 사람이나 재산에 관하여 또는 시설 및 구역 내외를 불문하고 미국 재산에 대해 압수, 수색, 검증을 할 수 없다. 다만, 합중국의 관계 군 당국이 대한민국 당국의 이러한 사람이나 재산에 압수, 수색 또는 검증에 동의한 때에는 그러하지 아니하다.

05 경찰의 기본이념 (기본이념 중에 활동주의는 없음)

경찰작용은 그 침익적 성격으로 인해 법치주의의 엄격한 적용을 받지만, 순전한 **임의(비권력적)** 활동의 경우라면 개별적 수권규정이 없이도 가능하다. 단 이 경우에도 조직법적 근거는 있어야 하므로 직무범위 내에서 행해져야 한다. 11 승진

1. 민주주의 11 승진

- 헌법과 경찰관 직무집행법, 국가경찰과 자치경찰의 조직 및 운영에 관한 법률에 근거한 것으로 **경찰권은 국민으로부터 나오는 것을 의미한다.**
- 헌법 제1조 제2항에서는 "대한민국 주권은 국민에게 있고, 모든 권력은 국민으로부터 나온다."라고 규정하고 있다. 22 2차
- 경찰의 이념 중 민주주의 이념은 **대국민과의 관계**에서만이 아니라 **조직 내부의 관계**에서도 중요하다.

(1) 대외적 민주화 방안 21 경간

국가경찰위원회, 국민감사청구제도, 공공기관의 정보공개에 관한 법률, 경찰책임의 확보, 행정절차법을 통한 절차참여 등이 있다.

(2) 대내적 민주화 방안

경찰 내부의 적절한 권한분배, 경찰 개인의 민주적 의식 확립 등이 있다.

2. 법치주의

국민의 자유와 권리에 대한 제한이나 국민에게 새로운 의무부과는 국회에서 제정한 **법률(법령X)**에 근거하여야 한다는 원칙을 말하며, 이 경우에도 자유와 권리의 본질적인 내용은 침해할 수 없다. 11 승진 21 경간 경찰의 활동은 사전에 상대방에게 의무를 과함이 없이 행사되는 **즉시강제**와 같은 경우가 많기 때문에 법치주의 원리가 강하게 요구된다. 11 승진

3. 정치적 중립주의 11 승진

경찰은 특정 정당 기타 정치단체의 이익이나 이념을 위해 활동해서는 안 되며, 오로지 주권자인 전체 국민과 국가의 이익을 위해 활동해야 한다는 원칙 (**헌법 제7조, 국가경찰과 자치경찰의 조직 및 운영에 관한 법률 제5조, 국가공무원법 제65조 정치운동금지의무**에 법적근거가 있음) → 3.15 부정선거에 대한 경찰의 반성으로 정치적 중립을 요구

> 「국가공무원법」 제65조 제1항에서는 "공무원은 정당이나 그 밖의 정치단체의 결성에 관여하거나 이에 가입할 수 없다"라고 규정하고 있다. 22 2차

4. 인권존중주의 11 승진

① **헌법(제10조)**에서는 '국가는 개인이 가지는 불가침의 기본적 인권을 확인하고 이를 보장할 의무를 진다'고 규정하고 있다.

> **헌법 제37조 제1항**에서는 "국민의 자유와 권리는 헌법에 열거되지 아니한 이유로 경시되지 아니한다." 라고 규정하고 있다. 22 2차

② 국가는 직무를 수행함에 있어 헌법과 법률에 따라 국민의 자유와 권리를 존중할 의무가 있다는 것으로 **국가경찰과 자치경찰의 조직 및 운영에 관한 법률 5조에 인권존중주의에 대한 언급이 있다.** 21 경간 피의자 등을 대면하는 과정에서 수사경찰에게 요구된다고 할 수 있는 경찰 이념은 인권존중주의이다. 경찰의 이념 중 **수사경찰에게 가장 중요한 이념이다.**

③ **경찰관 직무집행법에 인권과 관련한 규정이 있다.** 경찰관직무집행법 제1조 제2항에서는 '이법에 규정된 경찰관의 직권은 그 직무 수행에 필요한 최소한도에서 행사되어야 하며 남용되어서는 아니 된다'고 규정하고 있다. (**경직법과 관련된 규정은 아직 없다X**)

경찰 인권보호규칙 - 경찰청 훈령

제1조(목적) 이 규칙은 경찰청과 그 소속기관에서 인권보호 업무를 하는 데 필요한 사항을 규정함으로써 모든 사람의 기본적 인권을 보호함을 목적으로 한다. 22 1차

제2조(정의) 이 규칙에서 사용하는 용어의 정의는 다음과 같다.
1. "**경찰관등**"이란 경찰청과 그 소속기관의 경찰공무원, 일반직공무원, **무기계약근로자 및 기간제근로자, 의무경찰**을 의미한다. 22 경간
2. "**인권침해**"란 **경찰관등**이 직무를 수행하는 과정에서 **모든 사람**에게 보장된 인권을 침해하는 것을 말한다. 22 경간
3. "**조사담당자**"란 인권침해를 내용으로 하는 진정을 조사하고 이에 따른 구제 업무 등을 수행하는 경찰청과 그 소속기관에 근무하는 공무원을 말한다. 22 경간

제3조(설치) 경찰 활동 전반에 걸친 민주적 통제를 구현하여 경찰력 오·남용을 예방하고, 경찰 행정의 인권지향성을 높여 인권을 존중하는 경찰 활동을 정립하기 위해 경찰청장 및 시·도경찰청장의 **자문기구**로서 각각 **경찰청 인권위원회, 시·도경찰청 인권위원회**(이하 "위원회"라 한다)를 설치하여 운영한다. 20 경채, 22 1차, 22·23 경간

제4조(업무) 위원회는 다음 각 호의 사항에 대한 권고 또는 의견표명을 할 수 있다.
1. 인권과 관련된 경찰의 제도·정책·관행의 개선
2. 경찰의 인권침해 행위의 시정
3. 국가인권위원회·국제인권규약 감독 기구·국가별 정례인권검토의 권고안 및 국가인권정책기본계획의 이행
4. 인권영향평가 및 인권침해 사건 진상조사단(이하 '진상조사단'이라 한다)에 관한 사항

제5조(구성) ① 위원회는 **위원장 1명을 포함하여 7명 이상 13명 이하**의 위원으로 구성한다. 이때, **특정 성별이 전체 위원 수의 10분의 6을 초과하지 아니해야 한다.** 18 3차, 19 1차, 24 경간, 23 경채

② 위원장은 위원회에서 호선하며, 위원은 당연직 위원과 위촉 위원으로 구분한다. 23 경채
③ 당연직 위원은 경찰청은 감사관, 시·도경찰청은 청문감사인권담당관으로 한다. 23 2차
④ 위촉 위원은 인권 분야에 전문적인 지식과 경험이 있고 아래 각 호의 어느 하나에 해당하는 사람 중에서 경찰청장 또는 지방경찰청장이 위촉한다. 이때, **각 호에 해당하는 사람이 반드시 1명 이상 포함되어야 한다.**
 1. 판사·검사 또는 변호사로 3년 이상의 경력이 있는 사람
 2. 교원 또는 교직원으로 3년 이상 근무한 경력이 있는 사람
 3. **인권 분야에 3년 이상 활동한 경력**이 있거나 그러한 단체로부터 인권위원으로 위촉되기에 적합하다고 추천을 받은 사람
 4. 그 밖에 사회적 약자 등 다양한 사회 구성원의 목소리를 반영할 수 있는 사람

제6조(위촉 위원의 결격사유) ① 다음 각 호의 어느 하나에 해당하는 사람은 위원이 될 수 없다.
 1. 선거에 후보자로 등록한 사람
 2. 「공직선거법」에 따라 실시하는 선거에 의하여 취임한 공무원이거나 그 직에서 **퇴직한 날부터 3년이 지나지 아니한 사람**
 3. **경찰의 직에 있거나 그 직에서 퇴직한 날부터 3년이 지나지 아니한 사람** 23 2차, 24 경간, 23 경채
 4. 「공직선거법」에 따른 선거사무관계자 및 「정당법」에 따른 정당의 당원
② 위촉 위원이 제1항 각 호의 어느 하나에 해당하게 된 때에는 당연히 퇴직한다.

제7조(임기) ① 위원장과 위촉 위원의 임기는 **위촉된 날로부터 2년**으로 하며 **위원장의 직은 연임할 수 없고, 위촉 위원은 두 차례만 연임할 수 있다.** 18 3차, 19 1차, 20 경채, 23 2차, 24 경간
② 위촉 위원에 결원이 생긴 경우 새로 위촉할 수 있고, 이 경우 새로 위촉된 위원의 임기는 **위촉된 날**(다음날 X)부터 기산한다. 18 3차, 20 경채

제8조(위원의 해촉) 다음 각 호의 어느 하나에 해당하는 경우에는 **청장은 위원회의 의견을 들어 위원을 해촉할 수 있다.** 23 경채
 1. 입건 전 조사·수사 중인 사건에 청탁 또는 경찰 인사에 관여하는 행위를 하거나 기타 직무 관련 비위 사실이 있는 경우 24 경간
 2. 위원회의 명예를 실추시키거나 위원으로서의 품위를 손상시키는 행위를 한 경우
 3. **특별한 사유 없이 연속으로 정기회의에 3회 불참 등 직무를 태만히 한 경우** 23 경채
 4. 위원 스스로 직무를 수행하는 것이 곤란하다고 의사를 밝힌 경우
 5. 그 밖에 부득이한 사유로 업무를 수행할 수 없는 경우

제9조(위원의 제척·기피·회피) ① 위원은 다음 각 호의 어느 하나에 해당하는 경우에는 위원회의 회의에서 제척된다.
 1. 위원 또는 그 배우자나 배우자였던 자가 해당 사안의 당사자인 경우
 2. 위원이 해당 사안의 당사자와 친족 관계에 있거나 있었던 경우
 3. 위원이 해당 사안에 증언, 감정, 법률자문을 한 경우
 4. 위원이 해당 사안에 감사, 수사 또는 조사, 재판 등을 한 경우
 5. 위원이 해당 사안의 당사자의 대리인이거나 대리인이었던 경우
② 해당 사안의 당사자는 다음 각 호의 어느 하나에 해당하는 경우에는 위원장에게 해당 위원에 대한 기피 신청을 할 수 있다.
 1. 제1항 각 호의 어느 사유가 발생한 경우
 2. 위원에게 공정을 기대하기 어려운 특별한 사정이 있는 경우
③ 위원이 제2항 각 호의 어느 하나의 사유에 해당하는 경우에는 회피하여야 한다.

④ 위원회는 특정 위원에 대해 제1항 각 호의 어느 하나에 해당하는 사유가 있거나 제2항에 따른 기피신청이 있는 경우 당해 위원의 제척사유 유무, 기피사유 유무에 대해서 심사한다. 이 경우 제척사유가 있거나 기피 신청 대상이 된 위원은 심사권을 행사하지 못한다.

제10조(위원장의 직무 등) ① 위원장은 위원회를 대표하며, 위원회의 업무를 총괄한다.

② 위원장이 일시적인 사유로 그 직무를 수행할 수 없을 경우에는 위원 중에서 **위촉 일자가 빠른 순으로 그 직무를 대행한다.** 다만, 위촉 일자가 같을 때에는 **연장자 순**으로 대행한다.

③ 위원장이 직무를 계속하여 수행할 수 없는 사유가 발생하거나 직무를 수행할 수 없다는 의사 표시를 한 경우에는 제2항의 대행자는 그 사유가 발생하거나 의사를 표시한 날로부터 **30일 이내에 회의를 개최하여 위원장을 선출하여야 한다.** 단, 위원장의 잔여 임기가 6개월 미만일 때에는 위원장을 선출하지 않을 수 있다.

④ 제3항에 따라 **선출된 위원장의 임기는 전임 위원장의 잔여 임기로 한다.**

제11조(회의) ① 위원회의 회의는 **정기회의**와 **임시회의**로 구분하며, **재적위원 과반수의 출석으로 개의하고, 출석위원 과반수의 찬성으로 의결한다.** 18 3차, 23 경채

② 정기회의는 **경찰청은 월 1회, 시·도경찰청은 분기 1회** 개최한다. 18 3차, 23 2차

③ 임시회의는 **위원장이 필요**하다고 인정하거나 **청장 또는 재적위원 3분의 1 이상이 소집을 요구하는 경우** 위원장이 소집한다.

제12조(분과위원회) ① 위원회의 활동을 효율적으로 수행하기 위하여 3명 이상 5명 이하의 위원으로 구성하는 분과위원회를 둘 수 있다.

② 분과위원회의 위원장 및 위원은 위원장이 지정한다.

③ 분과위원회는 분과위원회 위원장이 필요하다고 인정하거나 위원장 또는 분과위원회 위원 2명 이상의 요청이 있는 경우에 개최한다.

④ 분과위원회의 회의는 구성위원 3명 이상의 출석과 출석위원 과반수의 찬성으로 의결한다.

⑤ 분과위원회의 구성 및 그 밖에 운영에 필요한 사항은 위원회의 의결을 거쳐 위원장이 정한다.

제13조(간사) ① 간사는 의안에 대한 자료 수집, 조사 연구, 각 위원과의 연락, 회의의 소집 통지, 개최 준비, 회의록 작성 및 그 밖에 위원회의 운영에 관한 사무를 총괄한다.

② 간사는 다음 각 호와 같이 정한다.
  1. 경찰청 : 인권보호담당관
  2. 시·도경찰청 : 피해자보호계장 또는 소관 업무 계장

제14조(권고 또는 의견표명에 대한 조치) ① 제4조에 따라 권고 또는 의견표명(이하 '권고등'이라고 한다)을 받은 청장은 그 권고 등 사항을 존중하고 이행하기 위하여 노력하여야 한다.

② 청장은 권고등의 내용을 이행할 경우, 구체적인 이행 계획을 권고등을 받은 날로부터 30일 이내에 위원회에 서면으로 제출해야 하며, 권고등의 내용을 이행하지 않을 경우 그 이유를 위원회에 서면으로 제출하여야 한다.

③ 위원회는 제2항에 따라 제출 받은 서면을 토대로 이행 계획 또는 불수용 이유의 타당성 등을 검토하여 청장에게 의견표명을 할 수 있다. 지정한다.

③ 분과위원회는 분과위원회 위원장이 필요하다고 인정하거나 위원장 또는 분과위원회 위원 2명 이상의 요청이 있는 경우에 개최한다.

④ 분과위원회의 회의는 구성위원 3명 이상의 출석과 출석위원 과반수의 찬성으로 의결한다.

⑤ 분과위원회의 구성 및 그 밖에 운영에 필요한 사항은 위원회의 의결을 거쳐 위원장이 정한다.

제18조(경찰 인권정책 기본계획의 수립) ① **경찰청장**은 국민의 인권보호와 증진을 위하여 **경찰 인권정책 기**

본계획(이하 "기본계획"이라 한다)을 5년마다 수립해야 한다.
② 기본계획에는 다음 각 호의 사항이 포함돼야 한다.
1. 경찰 인권정책의 기본방향과 추진목표
2. 추진목표별 세부과제 및 실행계획
3. 인권취약계층에 대한 인권보호 방안
4. 인권에 관한 교육 및 홍보 등 인권의식 향상을 위한 시책
5. 인권보호 및 증진에 관한 협력체계 구축 방안
6. 그 밖에 국민의 인권보호 및 증진에 필요한 사항

제18조의2(경찰 인권교육계획의 수립) ① **경찰청장**은 경찰관등(경찰공무원으로 신규 임용될 사람을 포함한다. 이하 이 조, 제20조, 제20조의2 및 제20조의3에서 같다)이 근무하는 동안 지속적·체계적으로 교육을 받을 수 있도록 **3년 단위**로 다음 각 호의 사항을 포함한 **인권교육종합계획을 수립하여 시행해야 한다.**
19·22 1차, 20 경채, 21 승진, 23 경간
1. 경찰 인권교육의 기본방향과 추진목표
2. 인권교육 전문강사 양성 및 지원
3. 경찰 인권교육 실태조사·평가
4. 교육기관 및 대상별 인권교육 실시
5. 그 밖에 경찰관등의 인권 보호와 향상을 위하여 필요한 사항
② **경찰관서의 장**은 제1항의 내용을 반영하여 **매년 인권교육 계획을 수립하여 시행하여야 한다.** 19 1차

제19조(인권교육의 방법) 경찰관등은 대면 교육, 사이버 교육 등 다양한 방법을 통해 교육을 이수할 수 있고, 학습자의 능동적인 학습권을 보장하기 위해 토론식, 참여식 교육을 권장한다.

제20조(인권교육의 실시) ① 경찰관등은 인권의식을 함양하고 인권친화적 경찰활동을 위해 인권교육을 이수해야 한다.
② 경찰관서의 장은 소속 경찰관등에게 다음 각 호의 내용을 포함하여 인권교육을 실시한다.
1. 인권의 개념 및 역사의 이해
2. 인권보장의 필요성, 경찰과 인권의 관계
3. 인권보호 모범 및 침해 사례
4. 인권 관련 법령, 정책 및 제도의 이해
5. 그 밖에 경찰관서의 장이 인권교육에 필요하다고 인정하는 내용

제20조의2(교육대상) 인권교육은 다음 각 호의 구분에 따라 실시한다.
1. 신규 임용예정 경찰관등에 대한 인권교육
2. 재직경찰관등에 대한 인권교육
3. 경찰관서의 장(지역경찰관서의 장과 기동부대의 장을 포함한다)에 대한 인권교육
4. 교육기관에 입교한 경찰관등에 대한 인권교육
5. 인권 강사 경찰관등에 대한 인권교육

제20조의3(교육시기 및 이수시간) 경찰관등에 대한 인권교육은 교육대상에 따라 다음 각 호와 같이 실시해야 한다.
1. **신규 임용예정 경찰관등: 각 교육기관 교육기간 중 5시간 이상**
2. **경찰관서의 장(지역경찰관서의 장과 기동부대의 장을 포함한다) 및 각 경찰관서 재직 경찰관등: 연 6시간 이상**

3. 교육기관에 입교한 경찰관등: 보수·직무교육 등 교육과정 중 1시간 이상
4. 인권 강사 경찰관등: 연 40시간 이상

제21조(인권영향평가의 실시) ① **경찰청장**은 인권침해를 예방하고, 인권친화적인 치안 행정이 구현되도록 다음 각 호의 사항에 대하여 **인권영향평가를 실시하여야 한다.** 21 경간

제23조(평가 절차) ① 경찰청장은 다음 각 호의 구분에 따른 기한 내에 인권영향평가를 실시하여야 한다.
1. 제21조제1항제1호: **해당 안건을 경찰위원회에 상정하기 60일 이전**
2. 제21조제1항제2호: 해당 사안이 확정되기 이전
3. 제21조제1항제3호: **집회 및 시위 종료일로부터 30일 이전**

② 제1항에도 불구하고 제1항 각 호의 기한에 평가를 실시할 수 없는 부득이한 사유가 발생한 경우에는 기한에 관계없이 평가를 실시할 수 있다.
③ 경찰청장은 인권영향평가를 실시하는 경우에 경찰청 인권위원회에 자문 할 수 있다.
④ 경찰청장은 제3항에 따라 경찰청 인권위원회가 제시한 의견을 존중하여야 한다

제24조(점검) 인권보호담당관은 반기 1회 이상 인권영향평가의 **이행 여부를 점검**하고, 이를 **경찰청 인권위원회에 제출하여야 한다.** 21·22 승진, 23 경간

제25조(진단사항) 인권보호담당관은 인권침해를 예방하고 제도를 개선하기 위해 **연 1회 이상** 다음 각 호의 사항을 진단하여야 한다. 22 1차
1. 인권 관련 정책 이행 실태
2. 인권교육 추진 현황
3. 경찰청과 소속기관의 청사 및 부속 시설 전반의 인권침해적 요소의 존재 여부

제26조(방법) 진단은 대상 경찰관서를 방문하여 관찰, 서류 점검, 면담, 설문 등의 방법으로 실시하되, 방문 진단이 곤란하다고 인정하는 경우에는 서면으로 할 수 있다.

제28조(진정의 접수 및 처리) ① 인권침해 진정은 문서(우편·팩스 및 컴퓨터 통신에 의한 것을 포함한다. 이하 같다)나 전화 또는 구두로 접수 받으며, 담당 부서는 경찰청 인권보호담당관실로 한다.
② 경찰청 인권보호담당관실은 진정이 제기되지 아니하였더라도 경찰청장이 직접 조사를 명하거나 중대하고 긴급한 조치가 필요하다고 판단한 사안 또는 인권침해의 단서가 되는 사실을 알게 되었을 경우에는 직접 조사할 수 있다.
③ 제1항에도 불구하고 사건의 내용을 확인하여 처리 관서 또는 부서가 특정되거나 「경찰청 사무분장 규칙」에 따른 사무가 확인될 경우에는 경찰청 인권보호담당관실에 접수된 진정을 이첩할 수 있다.

제29조(진정의 각하) ① 경찰청 및 그 소속기관의 장은 다음 각 호의 어느 하나에 해당할 경우에는 그 **진정을 각하할 수 있다.**
1. 진정 내용이 인권침해에 해당하지 아니하는 것이 명백한 경우
2. 진정 내용이 명백히 사실이 아니거나 이유가 없다고 인정되는 경우
3. 피해자가 아닌 사람이 한 진정으로서 피해자가 조사를 원하지 않는다는 의사표시를 명백하게 한 경우
4. **진정의 원인이 된 사실이 공소시효, 징계시효 및 민사상 시효 등이 모두 완성**된 경우
5. 진정의 원인이 된 사실에 관하여 법원이나 헌법재판소의 재판, 수사기관의 수사 또는 그 밖에 법률에 따른 권리 구제절차가 진행 중이거나 종결된 경우(기간의 경과 등 형식 요건을 제대로 갖추지 못하여 종결된 경우는 제외한다)
6. 진정이 익명이나 가명으로 제출된 경우
7. **진정인이 진정을 취소한 경우**

8. 기각 또는 각하된 진정과 동일한 내용으로 다시 진정한 경우
9. 진정 내용이 추상적이거나 관계자를 근거 없이 비방하는 등 업무를 방해할 의도로 진정한 것으로 판단되는 경우
10. 진정의 취지가 그 진정의 원인이 된 사실에 관한 법원의 확정 판결이나 헌법재판소의 결정에 반대되는 경우
11. 국가인권위원회에서 진정서의 내용과 같은 사실을 이미 조사 중이거나 조사한 사실이 확인된 경우(진정인의 진정 취소를 이유로 각하 처리된 사건은 제외한다)

제32조(물건 등의 보관 등) ① 조사담당자는 사건 조사 과정에서 진정인·피진정인 또는 참고인 등이 **임의로 제출한 물건 중 사건 조사에 필요한 물건은 보관할 수 있다.** 23 승진
② 조사담당자는 제1항에 따라 제출받은 물건의 목록을 작성하여 제출자에게 내주고 사건기록에 그 물건 등의 번호·명칭 및 내용, 제출자 및 소유자의 성명과 주소를 적고 서명 또는 기명날인하게 하여야 한다.
③ 조사담당자는 제출받은 물건에 사건번호와 표제, 제출자 성명, 물건 번호, 보관자 성명 등을 적은 표지를 붙인 후 봉투에 넣거나 포장하여 안전하게 보관하여야 한다. 23 승진
④ 조사담당자는 **제출자가 보관 중인 물건의 반환을 요구하는 경우에는 반환하여야 하며,** 다음 각 호의 어느 하나에 해당하는 경우에는 **제출자가 요구하지 않더라도 반환할 수 있다.** 21 승진
 1. 진정인이 진정을 취소한 사건에서 진정인이 제출한 물건이 있는 경우 23 승진
 2. **사건이 종결되어 더 이상 보관할 필요가 없는 경우** 22 승진
 3. 그 밖에 물건을 계속 보관하는 것이 적절하지 않은 경우

제33조(사건의 분리 및 병합) 조사담당자는 필요하다고 인정하는 경우에는 진행 중인 사건들을 분리하거나 병합하여 처리할 수 있다.

제35조(조사중지) ① 조사담당자는 인권침해 사건을 조사하는 과정에서 다음 각 호의 어느 하나에 해당하는 사유로 **사건 조사를 진행할 수 없는 경우에는 조사를 중지할 수 있다. 다만, 확인된 인권침해 사실에 대한 구제 절차는 계속하여 이행할 수 있다.** 23 경간, 23 승진
 1. 진정인이나 피해자의 소재를 알 수 없는 경우
 2. **사건 해결과 진상 규명에 핵심적인 중요 참고인의 소재를 알 수 없는 경우**
 3. 그 밖에 제1호 또는 제2호와 유사한 사정으로 더 이상 사건 조사를 진행할 수 없는 경우
 4. **감사원의 조사, 경찰·검찰 등 수사기관에서 조사 또는 수사가 개시된 경우**
② 조사중지 사유가 해소된 경우에는 조사담당자는 별지 제4호 서식의 사건 표지에 새롭게 사건을 재개한 사유를 적고 즉시 조사를 다시 시작하여야 한다.

제36조(진정의 취소) ① 진정인은 진정을 취소하려는 경우에는 그 뜻을 분명히 밝힌 취소장(전자우편 등 전자문서 형식의 취소장을 포함한다. 이하 같다)을 제출하여야 한다. 다만, 진정인이 경찰관등에게 구두로 진정의 취소의사를 표시하는 경우에는 직원 등이 대신 작성하여 진정인의 서명이나 날인을 받은 취소조서를 취소장으로 갈음할 수 있으며, 전화로 진정취소 의사를 밝힌 경우에는 담당 직원의 전화통화 보고서를 취소장으로 갈음할 수 있다.
② 진정인 또는 피해자가 유치인이거나 기타 시설 수용자인 경우에 진정을 취소하거나 조사를 원하지 않는다는 뜻을 표시하려면 진정인 또는 피해자가 취소장을 작성하고 서명 및 날인(손도장을 포함한다)하여 제출하여야 한다.

제37조(진정의 기각) 경찰청 및 그 소속기관의 장은 진정 내용을 조사한 결과 다음 각 호의 어느 하나에 해당하는 경우에는 그 **진정을 기각할 수 있다.** 21 2차
 1. **진정 내용이 사실이 아니거나 사실 여부를 확인하는 것이 불가능한 경우**

2. 진정 내용이 이미 피해회복이 이루어지는 등 따로 구제조치가 필요하지 아니하다고 인정되는 경우
3. 진정 내용은 사실이나 인권침해에 해당하지 아니하는 경우

제38조(인용 및 구제조치) ① 경찰청 및 그 소속기관의 장은 조사 결과 인권침해 사실이 인정되는 경우 다음 각 호의 조치를 하거나 관련 부서에 그 조치를 하도록 지시할 수 있다.
1. 조사 결과 인권침해 행위의 내용이 범죄행위에 해당하고 형사처벌이 필요하다고 인정되는 경우 고발 또는 수사의뢰
2. 인권침해 행위 중지 및 기타 적절한 조치
3. 피해자의 권리구제를 위하여 필요하다고 인정되는 경우 국가배상이나 법률구조 등 안내
4. 인권침해 행위를 한 당사자나 책임자에 대한 관계 법령에 따른 징계의결 요구
5. 인권침해 사실과 관련된 제도 개선

제42조 (진상조사단의 구성) ① **경찰청장**은 경찰의 법 집행 과정에서 사람의 **사망 또는 중상해** 그 밖에 사유로 인하여 **중대한 인권침해의 의심**이 있는 경우 이를 조사하기 위하여 **진상조사단을 구성할 수 있다.** 이 경우에 경찰청 인권위원회는 진상조사단 구성에 대하여 권고 또는 의견표명을 할 수 있다.
② 진상조사단은 경찰청 차장 직속으로 두고 **진상조사팀, 실무지원팀, 민간조사자문단**으로 구성하여 운영한다.
③ **단장**은 경찰청 소속 **경무관급 공무원** 중에서 **국가경찰위원회의 추천**을 받아 **경찰청장이 임명**한다.
④ 단장은 진상조사단의 업무를 총괄하고 팀장 및 팀원을 지휘·감독한다.

제43조 (진상조사팀의 구성 및 임무) ① **팀장**은 경찰청 소속 **총경급** 중에서 **단장의 의견을 들어 경찰청장이 임명**한다.

제44조 (실무지원팀의 구성 및 임무) ① **팀장은 경찰청 인권보호담당관**으로 하고, 팀원은 경찰청 인권보호담당관실 소속 직원으로 한다.
② 실무지원팀은 진상조사단의 원활한 운영을 위하여 진상조사단 및 진상조사팀의 업무를 지원한다.

제45조 (민간조사자문단의 구성 및 임무) ① **민간조사자문단**은 '인권분야 전문가 인력풀'에 포함된 사람 중에서 경찰청 인권위원회의 심의를 거쳐 경찰청장이 위촉한다.
② 제1항의 '인권분야 전문가 인력풀'은 인권 분야에 전문적인 지식과 경험이 있고 아래 각 호에 해당하는 사람 중에서 경찰청장이 구성한다.
1. 사회학·법학 등 인권분야에 관한 박사학위를 가진 사람
2. 판사·검사 또는 변호사로 3년 이상의 경력이 있는 사람
3. 그 밖에 조사대상 사건에 대해 전문성이 있다고 인정되는 사람
③ 위촉 단원의 결격, 해촉 및 제척·기피·회피에 관하여는 제6조, 제8조, 제9조의 규정을 준용한다.
④ 민간조사자문단은 조사팀의 조사현장에 참여할 수 있으며, 조사과정을 모니터링하고 조사팀의 조사활동 및 그 결과에 대하여 의견을 제시할 수 있다.
⑤ 제4항의 조사활동 등에 참여한 자문단원에게는 예산의 범위 안에서 수당 또는 여비를 지급할 수 있다.

제46조 (운영기간) 진상조사단은 원칙적으로 구성된 날로부터 **2개월 내에 조사를 완료하여야 한다.** 다만 필요한 경우에는 **경찰청장의 승인을 받은 후 기간을 연장할 수 있다.**

경찰관 인권행동강령 - 경찰청 훈령

제1조(인권보호 원칙) 경찰관은 국민이 국가의 주인임을 명심하고 모든 사람의 인권과 인간으로서의 존엄과 가치를 존중하고 보호할 책임이 있다.

제2조(적법절차 준수) 경찰관은 헌법과 법령에 의하여 적법절차에 따라 공정하고 객관적으로 직무를 수행하여야 하며, 권한을 남용하거나 그 권한의 범위를 넘어서는 아니 된다.

제3조(비례 원칙) 경찰권 행사는 그 목적을 달성하는 데 필요한 한도에 그쳐야 하며 이로 인한 사익의 침해가 경찰권 행사가 추구하는 공익보다 크지 아니하여야 한다. 특히 물리력 행사는 법령에 정하여진 엄격한 요건을 충족하는 경우에 한하여 필요 최소한의 범위 내에서 이루어져야 한다.

제4조(무죄추정 원칙 및 가혹행위 금지) 경찰관은 누구든지 유죄가 확정되기 전에는 유죄로 간주하는 언행이나 취급을 하여서는 아니 되고, 직무를 수행하는 과정에서 고문을 비롯한 비인도적인 신체적·정신적 가혹 행위를 하여서도 아니 되며, 이러한 행위들을 용인하여서도 아니 된다.

제5조(부당 지시 거부 및 불이익 금지) 경찰관은 인권을 침해하는 행위를 하도록 지시받거나 강요받았을 경우 이를 거부해야 하고, 법령에 정한 절차에 따라 이의를 제기할 수 있으며, 이를 이유로 불이익한 처우를 받지 아니한다.

제6조(차별 금지 및 약자·소수자 보호) 경찰관은 직무를 수행하는 과정에서 합리적인 이유 없이 성별, 종교, 장애, 병력(病歷), 나이, 사회적 신분, 국적, 민족, 인종, 정치적 견해 등을 이유로 누구도 차별하여서는 아니 되고, 신체적·정신적·경제적·문화적인 차이 등으로 특별한 보호가 필요한 사람의 인권을 보호하여야 한다.

제7조(개인 정보 및 사생활 보호) 경찰관은 직무를 수행하는 과정에서 취득한 개인 정보와 사생활의 비밀을 보호하고, 명예와 신용이 훼손되지 않도록 유의하여야 한다.

제8조(범죄피해자 보호) 경찰관은 범죄피해자의 명예와 사생활의 평온을 보호하고, 추가적인 피해 방지와 신체적·정신적·경제적 피해의 조속한 회복 및 권익증진을 위하여 노력하여야 한다.

제9조(위험 발생의 방지 및 조치) 경찰관은 사람의 생명·신체에 위해를 끼치거나 재산에 중대한 손해를 끼칠 우려가 있는 때에는 이를 방지하기 위한 필요한 조치를 하여야 한다. 특히 자신의 책임 및 보호하에 있는 사람의 건강 보호를 위해 노력하여야 하며, 필요한 경우 지체 없이 응급조치, 진료의뢰 등 보호받는 사람의 생명권 및 건강권을 보장하기 위한 조치를 하여야 한다.

제10조(인권교육) 경찰관은 인권 의식을 함양하고 인권 친화적인 경찰 활동을 할 수 있도록 인권교육을 이수하여야 하며, 경찰관서의 장은 정례적으로 소속 직원에게 인권교육을 하여야 한다.

국가인권위원회법

제2조(정의) 1. "인권"이란 「대한민국헌법」 및 법률에서 보장하거나 대한민국이 가입·비준한 국제인권조약 및 국제관습법에서 인정하는 **인간으로서의 존엄과 가치 및 자유와 권리**를 말한다.

2. "구금·보호시설"이란 다음 각 목에 해당하는 시설을 말한다.

   가. 교도소·소년교도소·구치소 및 그 지소, 보호감호소, 치료감호시설, 소년원 및 소년분류심사원

   나. 경찰서 유치장 및 사법경찰관리가 직무 수행을 위하여 사람을 조사하고 유치하거나 수용하는 데에 사용하는 시설

다. 군 교도소(지소·미결수용실을 포함한다)
라. 외국인 보호소
마. 다수인 보호시설(많은 사람을 보호하고 수용하는 시설로서 대통령령으로 정하는 시설을 말한다)

제3조(국가인권위원회의 설립과 독립성) ① 이 법에서 정하는 인권의 보호와 향상을 위한 업무를 수행하기 위하여 국가인권위원회(이하 "위원회"라 한다)를 둔다.
② 위원회는 그 권한에 속하는 업무를 독립하여 수행한다.

제4조(적용범위) 이 법은 **대한민국 국민과 대한민국의 영역에 있는 외국인**에 대하여 적용한다.

제5조(위원회의 구성) ① 위원회는 **위원장 1명과 상임위원 3명을 포함한 11명**의 인권위원(이하 "위원"이라 한다)구성한다.
③ 위원은 인권문제에 관하여 전문적인 지식과 경험이 있고 인권의 보장과 향상을 위한 업무를 공정하고 독립적으로 수행할 수 있다고 인정되는 사람으로서 다음 각 호의 어느 하나에 해당하는 자격을 갖추어야 한다.
 1. 대학이나 공인된 연구기관에서 **부교수** 이상의 직이나 이에 상당하는 직에 **10년** 이상 있거나 있었던 사람
 2. 판사·검사 또는 변호사의 직에 **10년** 이상 있거나 있었던 사람
 3. 인권 분야 비영리 민간단체·법인·국제기구에서 근무하는 등 인권 관련 활동에 **10년** 이상 종사한 경력이 있는 사람
 4. 그 밖에 사회적 신망이 높은 사람으로서 시민사회단체로부터 추천을 받은 사람
④ 국회, 대통령 또는 대법원장은 다양한 사회계층으로부터 후보를 추천받거나 의견을 들은 후 인권의 보호와 향상에 관련된 다양한 사회계층의 대표성이 반영될 수 있도록 위원을 선출·지명하여야 한다.
⑤ 위원장은 위원 중에서 대통령이 임명한다. 이 경우 위원장은 국회의 인사청문을 거쳐야 한다.
⑥ 위원장과 상임위원은 정무직공무원으로 임명한다.

제7조(위원장 및 위원의 임기) ① 위원장과 위원의 임기는 **3년**으로 하고, **한 번만 연임할 수 있다.**

제13조(회의 의사 및 의결정족수) ① 위원회의 회의는 위원장이 주재하며, 이 법에 특별한 규정이 없으면 **재적위원 과반수의 찬성**으로 의결한다.
② 상임위원회 및 소위원회의 회의는 구성위원 3명 이상의 출석과 3명 이상의 찬성으로 의결한다.

제19조(업무) 위원회는 다음 각 호의 업무를 수행한다.
 1. 인권에 관한 법령(입법과정 중에 있는 법령안을 포함한다)·제도·정책·관행의 조사와 연구 및 그 개선이 필요한 사항에 관한 권고 또는 의견의 표명
 2. 인권침해행위에 대한 조사와 구제
 3. 차별행위에 대한 조사와 구제
 4. 인권상황에 대한 실태 조사
 5. 인권에 관한 교육 및 홍보
 6. 인권침해의 유형, 판단 기준 및 그 예방 조치 등에 관한 지침의 제시 및 권고
 7. 국제인권조약 가입 및 그 조약의 이행에 관한 연구와 권고 또는 의견의 표명
 8. 인권의 옹호와 신장을 위하여 활동하는 단체 및 개인과의 협력
 9. 인권과 관련된 국제기구 및 외국 인권기구와의 교류·협력
 10. 그 밖에 인권의 보장과 향상을 위하여 필요하다고 인정하는 사항

제20조(관계기관등과의 협의) ① 관계 국가행정기관 또는 지방자치단체의 장은 인권의 보호와 향상에 영향을 미치는 내용을 포함하고 있는 **법령을 제정하거나 개정하려는 경우 미리 위원회에 통지하여야 한다.**

② 위원회는 그 업무를 수행하기 위하여 필요하다고 인정하면 국가기관, 지방자치단체, 그 밖의 공사(公私)단체(이하 "관계기관등"이라 한다)에 협의를 요청할 수 있다.
③ 제2항에 따른 요청을 받은 관계기관등은 정당한 사유가 없으면 이에 성실히 협조하여야 한다.

제22조(자료제출 및 사실 조회) ① 위원회는 그 업무를 수행하기 위하여 필요하다고 인정하면 관계기관등에 **필요한 자료 등의 제출이나 사실 조회를 요구할 수 있다.**
② 위원회는 그 업무를 수행하기 위하여 필요한 사실을 알고 있거나 전문적 지식 또는 경험을 가지고 있다고 인정되는 사람에게 출석을 요구하여 그 진술을 들을 수 있다.
③ 제1항에 따른 요구를 받은 기관은 지체 없이 협조하여야 한다.

제24조(시설의 방문조사) ① 위원회(상임위원회와 소위원회를 포함한다. 이하 이 조에서 같다)는 필요하다고 인정하면 그 의결로써 구금·보호시설을 방문하여 **조사할 수 있다.**
② 제1항에 따른 방문조사를 하는 위원은 필요하다고 인정하면 소속 직원 및 전문가를 동반할 수 있으며, 구체적인 사항을 지정하여 소속 직원 및 전문가에게 조사를 위임할 수 있다. 이 경우 조사를 위임받은 전문가가 그 사항에 대하여 조사를 할 때에는 소속 직원을 동반하여야 한다.
③ 제2항에 따라 방문조사를 하는 위원, 소속 직원 또는 전문가(이하 이 조에서 "위원등"이라 한다)는 그 권한을 표시하는 증표를 지니고 이를 관계인에게 내보여야 하며, 방문 및 조사를 받는 구금·보호시설의 장 또는 관리인은 즉시 방문과 조사에 편의를 제공하여야 한다.
④ 제2항에 따라 방문조사를 하는 위원등은 구금·보호시설의 직원 및 구금·보호시설에 수용되어 있는 사람(이하 "시설수용자"라 한다)과 면담할 수 있고 구술 또는 서면으로 사실이나 의견을 진술하게 할 수 있다.
⑤ 구금·보호시설의 직원은 위원등이 시설수용자를 면담하는 장소에 참석할 수 있다. 다만, 대화 내용을 녹음하거나 녹취하지 못한다.
⑥ 구금·보호시설에 대한 방문조사의 절차와 방법 등에 관하여 필요한 사항은 대통령령으로 정한다.

제25조(정책과 관행의 개선 또는 시정 권고) ① 위원회는 인권의 보호와 향상을 위하여 필요하다고 인정하면 **관계기관등에 정책과 관행의 개선 또는 시정을 권고하거나 의견을 표명할 수 있다.** 21 경간
② 제1항에 따라 권고를 받은 관계기관등의 장은 그 권고사항을 존중하고 이행하기 위하여 노력하여야 한다.
③ 제1항에 따라 권고를 받은 관계기관등의 장은 권고를 받은 날부터 **90일 이내**에 그 권고사항의 이행계획을 위원회에 통지하여야 한다.
④ 제1항에 따라 권고를 받은 관계기관등의 장은 그 권고의 내용을 이행하지 아니할 경우에는 그 이유를 위원회에 통지하여야 한다.
⑤ 위원회는 제1항에 따른 권고 또는 의견의 **이행실태를 확인·점검할 수 있다.**
⑥ 위원회는 필요하다고 인정하면 제1항에 따른 위원회의 권고와 의견 표명, 제4항에 따라 권고를 받은 관계기관등의 장이 통지한 내용 및 제5항에 따른 이행실태의 확인·점검 결과를 공표할 수 있다.

제30조(위원회의 조사대상) ① 다음 각 호의 어느 하나에 해당하는 경우에 인권침해나 차별행위를 당한 사람(이하 "피해자"라 한다) 또는 그 사실을 알고 있는 사람이나 단체는 위원회에 그 내용을 진정할 수 있다.
  1. 국가기관, 지방자치단체, 「초·중등교육법」 제2조, 「고등교육법」 제2조와 그 밖의 다른 법률에 따라 설치된 각급 학교, 「공직자윤리법」 제3조의2제1항에 따른 공직유관단체 또는 구금·보호시설의 업무 수행(국회의 입법 및 법원·헌법재판소의 재판은 제외한다)과 관련하여 「대한민국헌법」 제10조부터 제22조까지의 규정에서 보장된 인권을 침해당하거나 차별행위를 당한 경우
  2. 법인, 단체 또는 사인(私人)으로부터 차별행위를 당한 경우
③ 위원회는 제1항의 **진정이 없는 경우에도 인권침해나 차별행위**가 있다고 믿을 만한 상당한 근거가 있고 그 내용이 중대하다고 인정할 때에는 **직권으로 조사할 수 있다.** 22 2차

제31조(시설수용자의 진정권 보장) ① 시설수용자가 위원회에 진정하려고 하면 그 시설에 소속된 공무원 또는 직원(이하 "소속공무원등"이라 한다)은 그 사람에게 즉시 진정서 작성에 필요한 시간과 장소 및 편의를 제공하여야 한다.
② 시설수용자가 위원 또는 위원회 소속 직원 앞에서 진정하기를 원하는 경우 소속공무원등은 즉시 그 뜻을 위원회에 통지하여야 한다.
③ 소속공무원등은 제1항에 따라 시설수용자가 작성한 진정서를 즉시 위원회에 보내고 위원회로부터 접수증명원을 받아 이를 진정인에게 내주어야 한다. 제2항의 통지에 대한 위원회의 확인서 및 면담일정서는 발급받는 즉시 진정을 원하는 시설수용자에게 내주어야 한다.
④ 제2항에 따라 통지를 받은 경우 또는 시설수용자가 진정을 원한다고 믿을 만한 상당한 근거가 있는 경우 위원회는 위원 또는 소속 직원으로 하여금 구금·보호시설을 방문하게 하여 진정을 원하는 시설수용자로부터 구술 또는 서면으로 진정을 접수하게 하여야 한다. 이때 진정을 접수한 위원 또는 소속 직원은 즉시 접수증명원을 작성하여 진정인에게 내주어야 한다.
⑤ 제4항에 따른 위원 또는 소속 직원의 구금·보호시설의 방문 및 진정의 접수에 관하여는 제24조제3항 및 제4항을 준용한다.
⑥ 시설에 수용되어 있는 진정인(진정을 하려는 사람을 포함한다)과 위원 또는 위원회 소속 직원의 면담에는 **구금·보호시설의 직원이 참여하거나 그 내용을 듣거나 녹취하지 못한다. 다만, 보이는 거리에서 시설수용자를 감시할 수 있다.**
⑦ 소속공무원등은 시설수용자가 위원회에 제출할 목적으로 작성한 **진정서 또는 서면을 열람할 수 없다.**
⑧ 시설수용자의 자유로운 진정서 작성과 제출을 보장하기 위하여 구금·보호시설에서 이행하여야 할 조치와 그 밖에 필요한 절차와 방법은 대통령령으로 정한다.

제35조(조사 목적의 한계) ① 위원회는 조사를 할 때에는 국가기관의 기능 수행에 지장을 주지 아니하도록 유의하여야 한다.
② 위원회는 개인의 사생활을 침해하거나 계속 중인 재판 또는 수사 중인 사건의 소추에 부당하게 관여할 목적으로 조사를 하여서는 아니 된다.

제37조(질문·검사권) ① 위원회는 제36조의 조사에 필요한 자료 등이 있는 곳 또는 관계인에 관하여 파악하려면 그 내용을 알고 있다고 믿을 만한 상당한 이유가 있는 사람에게 **질문하거나** 그 내용을 포함하고 있다고 믿을 만한 상당한 이유가 있는 서류와 그 밖의 물건을 **검사할 수 있다.**

▶ **[참고] 인권이 지니는 특성** 12 승진

① **정당성 판단의 기준** – 인권은 법률 및 관습의 정당성을 판단하는 기준이 되어 근본적으로는 국가권력을 제한한다.
② **상호의존성** – 어떤 특수한 입장에 있는 개인이나 집단의 권리는 다른 사람의 권리나 공동의 이익을 위하여 필요한 만큼만 제한되어야 한다는 것을 말한다. (상호독립성X)
③ **보편성** – 인권은 모든 장소의 모든 인간이 평등하게 향유하는 것이어야 한다. 따라서 인권은 '특권'의 개념과는 반대된다.
④ **불가분성** – 인권은 그 내재된 권리 중 일부의 구현으로는 보장될 수 없고, 전체가 실현될 때만 완전히 보장된다고 할 수 있다.

> **[참고] 인권시책의 흐름**
> ① 1970년대 이전 - 인권보다 검거율 제고 우선
> ② 1970년대 - 인권구호는 등장하나, 구체적인 인권시책 미흡
> ③ 1980년대 - 인권보다 사회안정 우선
> ④ 1990년대 - 국민의 인권의식 향상에 비해 인권경찰 만족도 미흡
> ⑤ 2000년대 - 인권중심으로 직무패러다임 시급
> ⑥ 2010년대 이후 - 경찰청 인권보호센터를 수사국에서 감사관실로 이관하는 내용의 직제조정

5. 경영주의

능률성과 효과성을 넘어 국민에게 감동을 주는 경영 차원에서의 조직 운영이 필요하다는 원칙이며, **성과급제도,** 11 승진 21 경간 **민원일괄처리제도, 원격서비스제도** 등이 있다. (가용경력 최대 동원X)

06 경찰윤리

1. 경찰활동의 사상적 토대

(1) 사회계약설

국가성립이전의 자연상태에서는 사회가 불완전하여 개인에게 자유가 있어도 안전이 확보되지 못하였기 때문에 국가와 계약을 하고, 이를 대행하는 정부를 구성하여 개인의 생명과 재산을 보호받고자 하였다.

이러한 사회계약설을 통해 경찰활동의 사상적 토대를 찾을 수 있다. **홉스, 로크, 루소**에 의해 주장된 **사회계약**이라는 개념을 통해서 제도나 정부형태, 법체제 등이 조직되는 원리를 도출하고 있다. 따라서 사회계약설에서 **경찰활동의 기준**을 찾아볼 수가 있다.

홉스(저서 리바이어던) 12·17 승진
① 홉스는 자연상태를 '**만인에 대한 만인의 투쟁**', '**약육강식의 투쟁상태**'로 보았다. ② 홉스는 **자연권의 전면적 양도 및 국왕의 통치에 절대 복종**해야 한다고 보았다. ③ **혁명(저항권 행사)은 절대불가** ④ **폭력보다는 평화와 협력을 강조함**

로크(저서 시민정치 2론) 12·17 승진, 14 경간
① 로크는 자연상태에서 처음에는 자유롭게 평등하며 정의가 지배하는 사회였다가 인간관계가 확대됨에 따라 자연권의 유지가 불안해진다고 보았다. ② 로크는 자연상태에서도 인간은 자연법의 제한을 받으며 자신의 권리가 침해되었을 때 스스로의 자위권을 발동할 수 있다고 주장하였다.

③ 로크는 **자연상태에서는 시비를 판단할 합의된 기준이 없다**고 보았다.
④ **자연권 일부 양도** 주장
⑤ **제한군주정치**
⑥ **저항권(혁명권) 유보**

루소(저서 사회계약론) 12·17 승진, 14·24 경간
① 루소는 자연상태에서 처음에는 자유·평등이 보장되는 **목가적 상태**에서 점차 강자와 약자의 구별이 생기고 불평등관계가 성립한다고 보았다. ② 루소가 고안한 "**일반의지**"라는 개념은 모호한 개념으로 모든 사람의 의지를 통합한 **일반의지라는 미명하에 독재가 가능하다는 비판**을 받는다. ③ **직접민주제** 주장 ④ **국민주권발동**으로 불평등관계 시정 ⑤ 공동체의 구성원 전체가 개별적인 의지를 초월하는 일반의지에 따를 것을 약속함으로써 국가가 탄생하였으며 일반의지의 표현이 법이고 일반의지의 행사가 주권이 된다. ⑥ 사회계약은 개인들이 문명사회의 현실을 벗어나 하나의 새로운 사회질서를 창출하는 공동행위이다. ⑦ 공동체 구성원은 사회계약을 통해서 자연적 자유대신에 사회적 자유를 얻게 된다.

(2) 사회계약설에서 도출되는 경찰활동의 기준 11 2차, 17 경간, 23 2차

코헨과 펠드버그는 사회계약설적 접근을 통해 경찰활동이 지향해야 할 5가지 기준을 제시하였다.

1) 생명과 재산의 안전보호 11 승진

의의	사회계약의 목적은 **생명과 재산의 안전**이고, 법집행 자체는 수단에 불과한 것이며, 궁극적인 목적은 아님 08·12 3차, 14 승진
사례	① 경찰의 과도한 추격으로 인한 불법오토바이 운전자의 사망은 생명과 재산의 안전보호에 위배됨 10·13 승진 ② 도로에 쓰러져 있는 사람의 목숨을 구하는 것이 교통법규의 준수보다 우선함 ③ 은행강도가 어린소녀를 인질로 잡고 차량도주를 하고 있다면, 경찰은 주위 시민들의 안전에 대한 위험에도 불구하고 추격을 해야 한다.(잠재적인 위험보다 현재위험 우선보호) 21 경간

2) 공공의 신뢰확보

의의	시민들이 자신들을 보호할 권리를 경찰에게 맡긴 것으로 경찰은 자의적으로 권한을 행사해서는 안 되며, 시민들의 **신뢰에 합당한 방식으로 권한을 행사**해야 함(**법집행시 최소한의 물리력을 사용**해야 함) 09 경간, 10·14 승진, 12 3차
사례	① **자력구제 원칙적 금지** 21 경간 **피해자가 용의자를 직접 체포하지 않고, 수사기관에 신고해서 체포하는 경우** (1주일간 출장을 마치고 집에 돌아온 A는 자신의 TV가 없어진 것을 발견하였다. 그래서 여기저기 찾아보던 중에 평소부터 사이가 좋지 않은 옆집의 B가 A의 TV를 몰래 훔쳐가 사용 중인 것을 창문 너머로 확인하였다. 이때 A는 몽둥이를 들고 가서 직접 자기의 TV를 찾아오려다가 그만두고, 경찰에 신고하여 TV를 되찾았다.)

② **사적이익 추구금지**
  시민들은 경찰이 **사적이익을 위해 공권력을 사용하지 않을 것**으로 믿고 있음(뇌물수수)
③ **엄격한 법집행**
  경찰이 반드시 법집행을 할 것이라고 시민들은 **신뢰함**(경찰이 강도가 무서워 도망가게 내버려 둔 경우) 13 승진
④ **최소한의 강제력 사용**
  법집행 시 **신뢰에 합당한 방식**으로 권한을 행사해야 함(절도범 추격 중 달아나는 범인의 등에 총을 발사해 사망시킨 것) 11·13 승진,21 경간

3) 협동과 역할한계

의의	경찰에게 주어진 범위 내에서는 **기관 간, 개인 간 상호협력**을 통해 업무를 수행하여야 함 08 채용
사례	범인을 단독검거 하려다 실패(협동위배) 10·13 승진, 23 2차 유무죄의 판단은 법원의 권한인데, 형사가 스스로 판단한 경우(역할한계의 오류) 탈주범이 관내에 있다는 첩보를 입수할 경우, 형사과직원이 동료직원들과 임무와 역할을 분담하여 검거작전에 나서는 것은 '협동'에 충실한 것이지만, 다른 행정기관과 협조하는 것에 대해서도 코헨과 펠드버그는 설명하고 있다. 11 승진, 12 3차, 21 경간

4) 공정한 접근보장 08 채용, 11·12 승진

의의	① 경찰은 사회 전체의 필요에 의해 생겨난 기구로서 경찰 서비스에 대한 **공정한 접근을 허용**해야 함 09 경간, 12·14 승진 ② 법 집행과정에서 성별, 나이, 전과유무, 종교 등에 대한 **차별은 금지**되며 해태, 무시, 편들기도 금지됨 12 승진
사례	① 가난한 구역 순찰 누락, 사회적 약자 무시(해태, 무시) 11 승진, 21 경간 ② 음주단속을 하던 경찰이 동료경찰관을 적발하고도 동료라는 이유로 눈감아 주었다면 편들기에 해당함 10 승진, 12 3차 ③ 순찰 시 달동네는 안가고 부자동네만 하려한 경우(차별), 장애인과 비장애인에 대한 치안서비스 제공에 차별을 두는 행위 11 승진

5) 냉정하고 객관적인 자세

의의	① 경찰은 **사회 전체의 이익**을 위해 감정에 치우치지 않고 냉정하고 객관적인 자세로 업무 수행해야함 09 경간, 10·14·19 승진 ② 경찰의 **과도한 개입**(편견, 지나친 관여)이나 냉소주의는 모두 금지됨 08 3차 ③ 객관성이 너무 지나칠 경우 냉소주의로 흐를 가능성이 있다. 12 승진
사례	① 부친의 가정폭력을 경험한 경찰관이 사건 처리 과정 중 가정문제가 모두 남편의 잘못이라고 생각하는 경우 21 경간 ② 도둑맞은 경험이 있는 경찰관이 절도범을 검거하였는데 과거의 생각이 떠올라 피의자에게 욕설과 가혹행위를 하는 경우 10 승진, 21 경간

2. 경찰윤리강령 12 승진

경찰윤리강령은 추상성·이념성·관념성이 있어 여러 문제점이 있지만 경찰인의 업무 수행 시 윤리적 고려의 준거를 제공하는 데 취지가 있다.

시민이 바라는 윤리표준에 맞는 행동규범을 정하여 조직구성원들이 따르게 하기 위해 **추상적 행동규범을 문서화한 것으로 법적 효력은 없다.**

(1) 대외적 기능 14 승진

서비스 수준의 보장, 국민과의 신뢰관계 형성, 과도한 요구에 대한 책임제한

(2) 대내적 기능 14 승진

경찰공무원 개인적 기준 설정, 경찰조직의 기준제시, 경찰조직에 대한 소속감 고취, 조직구성원에 대한 교육 자료 제공

(3) 경찰헌장 08·10 1차, 14·15·21·23 승진, 16·23 경간

제정과정	경찰**윤리**헌장(1966) → **새**경찰신조(1980) → 경찰**헌**장(1991) → 경찰**서**비스헌장(1998) 14 승진
경찰헌장 (1991)	① 우리는 모든 사람의 인격을 존중하고 누구에게나 따뜻하게 **봉사**하는 **친절한**경찰이다. ② 우리는 **정의**의 이름으로 진실을 추구하며 어떠한 **불의**나 불법과도 타협하지 않는 **의로운** 경찰이다. ③ 우리는 국민의 **신뢰**를 바탕으로 오직 **양심**에 따라 법을 집행하는 **공정한** 경찰이다. ④ 우리는 건전한 상식 위에 전문지식을 갈고 닦아 맡은 바 일을 **성실**하게 수행하는 **근면한** 경찰이다. ⑤ 우리는 **화합**과 **단결** 속에 항상 규율을 지키며 **검소**하게 생활하는 **깨끗한** 경찰이다.
윤리강령 문제점 14 승진	① 실행가능성의 문제(강제력 부족) 23 경채 　**법적 강제력이 없기** 때문에 위반 시 제재할 방법이 미흡함 ② 냉소주의의 문제 23 경채 　자발적 참여가 아니라 **상부에서 일방적으로 하달**한 것으로 비자발성 조장 ③ 최소주의의 위험 14 경찰특공대, 19 승진, 23 경채 　강령의 내용을 행위의 울타리로 삼아 강령에 제시된 바람직한 행위 그 이상의 자기희생을 하지 않으려는 경향강령에 규정된 수준으로만 근무하려는 **근무수준의 최저화** 경향 ④ 비진정성의 조장 12·21 승진 　자발적인 행동이 아닌 외부로부터 요구된 **타율성**으로 진정한 봉사가 이루어지지 않음 ⑤ 우선순위 미결정 12 승진 　무엇을 먼저 할 지 **우선순위를 결정하는 기준**이 되지 못함 ⑥ 행위중심적 성격 23 경채 　강령이 특정행위를 중심적으로 규정되어 있어 행위 이전의 **의도나 동기를 소홀히 함**

cf. 경찰서비스헌장(1998) 12 경간

① 범죄와 사고를 철저히 예방하고 법을 어긴 행위는 단호하고 엄정하게 **처리하겠습니다.**
② 국민이 필요로 하면 어디든지 바로 달려가 **도와 드리겠습니다.**

③ 모든 민원은 친절하고 신속·공정하게 **처리하겠습니다.**
④ 국민의 안전과 편의를 제일 먼저 생각하고 성실히 직무를 **수행하겠습니다.**
⑤ 인권을 존중하고 권한을 남용하는 일이 없도록 **하겠습니다.**
⑥ 잘못된 업무는 즉시 확인하여 바로 **잡겠습니다.**

3. 경찰윤리교육의 목적(존 클라이니히) 21 경채, 24 경간

도덕적 결의의 강화	경찰관이 실무에서 내부 및 외부로부터의 여러 압력과 유혹에도 굴복하지 않고 **자신의 소신과 직업의식에 따라 일을 처리하는 것**이다. 예 A형사에게 사건관련자가 돈 100만원을 주면서 잘 처리해 달라고 하자 처음에는 거절하다가 결국은 돈을 받았다면 도덕적 결의가 약해진 것
도덕적 감수성의 배양	실무에서 경찰이 다양한 계층의 사람들에게 모두 **인간으로서 존중하고 공평하게 봉사하는 것**을 말한다. 예 지구대에 거지가 찾아왔을 때 상황근무 중인 A경찰이 욕설과 험담을 하면서 거지를 쫓아냈다면 도덕적 감수성이 부족한 것
도덕적 전문능력 함양	경찰이 비판적이고 반성적인 사고방식을 배양하여 **조직 내에 관습적으로 내려오는 관행을 비판적으로 검토하고 수용하는 것.** 경찰윤리교육에 있어서 **가장 중요한 목적**이다.

4. 바람직한 경찰모델과 전문직업화

(1) 바람직한 경찰의 역할 모델

1) '범죄와 싸우는 경찰' 모델(the crime fighter model) 21 법학, 21 경채
   ① **범법자 제압측면을 강조한 모델**로 범인을 제압하는 것이 경찰의 주된 임무라고 인식한다.
   ② 장점은 경찰의 역할을 뚜렷하게 인식시켜 **전문직화에 기여한다. 단점**은 전체경찰의 임무를 포괄하는 것은 불가능하며, 법 집행에 있어서 **범죄자는 적이고 경찰은 정의롭다는 흑백논리에 따른 이분법적 오류에 빠질 수 있고, 인권침해의 우려가 있다.** 결국수사업무가 주된 업무가 되고, 다른 업무는 등한시할 염려가 있다.

2) '치안서비스 제공자로서의 경찰' 모델(service worker model) 21 법학, 21 경채
   ① 치안서비스란 **경찰활동의 전 부분을 포괄하는 용어로 가장 바람직한 모델**이며, **범죄와의 싸움도 치안서비스의 한 분야에 불과**하고, 시민에 대한 **서비스 활동과 사회봉사활동의측면을 강조해야** 한다.
   ② **대역적 권위에 의한 활동**: 여러 사회영역에서 공식적이고 명백한 권한의 근거가 없는 경우에도 **비공식적으로 또는 관행적으로 사회봉사활동에 관여**하는 것을 의미한다. 그러나 이러한 활동은 **일시적이고 임시방편적**이어서, **법적근거를 가진 사회봉사기관의 활동 내에서 이루어져야** 하고, 이 범위를 넘어서는 안 된다.
   ③ **비권력적 치안서비스의 적극제공**
   ④ **사회적 갈등 해결 및 갈등발생의 개연성 최소화**

3) 바람직한 경찰모델의 선정

경찰 업무 전체를 포괄하기 위해서는 시민에 대한 서비스 활동과 사회봉사활동 측면을 강조하는 **치안서비스 모델이 바람직하다**. 경찰은 강제력을 사용하기 때문에 권위를 인정받기보다는 사회의 진정한 봉사자로서, 치안서비스의 제공자로서 그 권위를 인정받아야 할 것이다.

※ 보충개념 - 사회 이념에 따른 경찰의 역할

보수주의	① 범죄원인은 개인의 의지로 선택하여 발생 ② **엄격한 법집행**을 통한 범죄를 해결을 주장함
진보주의	① 범죄원인은 가정파괴, 교육결핍, 차별 등 사회적 요인으로 범죄가 발생 ② **다이버전**은 처벌보다는 지역사회의 보호 및 관찰로 대치하여 범죄를 예방 ③ **회복적 사법**을 통한 참여와 대화를 통해 회복과 개선에 중점을 둠

(2) 경찰의 전문직업화의 장점과 문제점 12 승진, 11·15 승진, 22 경간

경찰의 높은 사회적 지위를 확보하기 위하여 **오거스트 볼머**(August Vollmer)등에 의해 **경찰의 전문직업화 운동**이 추진되었다.

1) 전문직업화의 장점

① 사회적 위상제고와 긍지를 불러일으키게 된다.

② 경찰의 인적 자원의 질이 향상된다.

③ 자율적이고 효율적인 업무수행으로 치안서비스 질의 향상을 기대할 수 있다.

2) 전문직업화의 문제점 18 승진, 22 경간, 22 2차

전문직업화에 따라 차별 등의 윤리적 문제가 발생할 수 있다.

부권주의	아버지가 자식의 문제를 결정하듯 **전문가가 우월한 지식에 근거**하여 비전문가의 판단을 전혀 고려하지 않고 자신의 판단을 우선시함 → **치안서비스의 질을 저하시킬 수 있음(향상X)**
차별	경제적·교육적 약자에게 경찰에의 접근을 **차단**하는 현상이 발생한 것으로 **가난한 사람이 전문가가 되는 기회를 상실하는 것** 19 승진 예 순경공채의 학력조건을 대졸 이상으로 제한하는 것
소외	전문가가 **자신의 국지적 분야만 보고 전체적인 맥락을 보지 못하는 것** 예 사회복지정책 전문직 공무원 甲은 복지정책을 결정하면서 정부정책의 기본 방침을 고려하지 않고, 자신이 속한 보건복지부 입장만 고려해서 정책결정
사적인 이익을 위한 이용	전문직들이 그들의 힘을 때때로 공익보다는 사적인 이익을 위해서 이용하기도 하는 것

▶ **[참고] 고전적 전문직의 특징**

공공서비스 제공	전통적인 법, 의학, 건축, 교육 등의 전문직업인은 사회에 가치 있는 공공서비스를 제공함
윤리강령제정	전문직업인들은 윤리강령을 제정하여 자신을 스스로 통제하고 수혜자로부터 신뢰를 획득하기 위하여 서비스를 개선시키려고 노력함
전문지식과 전문기술	전문직 종사자는 길고 험난한 학습과정을 통하여 자신의 분야에서 특수한 전문지식과 전문기술을 가짐
고등교육의 이수	전문직의 직위는 대학이나 대학원의 성공적인 이수를 요구함. 전문직은 이러한 고등교육을 통하여 전문지식과 기술을 습득함
자율적 자기통제	전문직 종사자들은 자신들이 제공하는 서비스의 품질을 보장하기 위하여 스스로 기준을 만들어 놓고 통제함

5. 악법에 대한 법철학적 논쟁 12·15 승진

① 공동체에서 법의 제정은 객관적 윤리질서를 완벽하게 반영하는 정치적 메커니즘의 미비 또는 인위적인 조작 등으로 객관적 윤리질서가 왜곡된 형태로 나타날 소지가 있다.
② 민주주의 사회에서도 다수결의 원리에 의하여 객관적 윤리질서가 왜곡되어 나타날 수 있다.
③ 악법이란 공동체가 가치로 승인한 '객관적 윤리질서'를 내용으로 하지 못할 때 악법이 되는 것이다.
④ 구체적으로 악법의 징표로는 인간의 존엄성을 부정하는 법, 평등의 원칙을 부정하는 법이 있으며, 자유와 생명을 부정하는 법 등이 악법에 해당한다.

(1) 법실증주의자의 입장

개인이나 사회보다는 국가의 우월성을 강조하며, **실정법의 우월함을 강조**한다. **자연법을 부정**하고, 공동체가 추구하는 객관적 윤리질서 보다는 **법적 안정성을 강조**하는 입장으로 정당한 절차를 거쳐 제정된 법이면 **악법도 따라야 할 법**이라고 주장한다.

(2) 자연법론자의 입장

자연법에 위배되는 **실정법의 구속력을 부정**한다. 공동체가 추구하는 **객관적 윤리질서에 반하는 악법은 따르지 않아도 된다고 주장한다.**
→ 경찰이 악법에 대하여 자연법론적 관점을 가지면 악법에 대한 저항을 어느 정도 묵인하는 태도를 취하게 될 수 있다. 11 승진

(3) 저항권에 대한 경찰에 대응

실정법이 객관적 윤리질서에 반하는 것이 명백하고, 정상적인 제도적 채널로 해결이 어려운 경우에는 경찰은 공권력을 행사할 수 없고, 실정법이 객관적 윤리질서에 위배되는 지 불분명할 때 공권력을 집행해야 한다.

6. 경찰의 문화

(1) 냉소주의와 회의주의 10·11·14 승진, 11 1차

구분	냉소주의	회의주의
대상	**불특정** 대상	**특정**대상
의심	합리적 근거 없이 의심	합리적 의심
개선의지	개선의지X	개선의지O
해결방안	Y이론에 따른 조직관리, 의사결정이나 대화에 **참여** **커뮤니케이션** 과정의 개선	
공통점	모두 **불신**을 바탕으로 함	

① 인간관 중 **Y이론**은 인간이 책임감 있고 정직하여 **민주적**인 관리를 해야 한다는 이론이고, X이론은 인간을 게으르고 부정직한 것으로 보아 **권위적**으로 관리해야 한다는 이론으로, **맥그리거의 Y이론**에 의한 관리가 냉소주의를 극복하는 방안이 된다. 18 승진, 23 2차

② 니더호퍼(Niederhoffer)는 사회체계에 대한 기존의 신념체제가 붕괴된 후 새로운 신념체제에 의해 **대체되지 아니할 때(대체될 때X)** 냉소주의가 나타날 수 있다고 하였다. 23 2차

③ 조직 내 팽배한 냉소주의는 경찰의 전문직업화를 저해하는 기제로 작동할 수 있다. 23 2차

7. 경찰의 일탈과 부패의 원인

(1) 경찰부패의 원인가설 10·15·17·18·20·22 2차, 11·12 승진, 13·14·17 1차, 13·18 경간, 18 법학, 20·21 1차, 22 경간

전체 사회 가설	① 윌슨은 시카고 시민이 경찰을 부패시켰다고 주장하며, **시민사회의 경찰부패에 대한 묵인·조장이 원인**이라고 보는 입장으로 **미끄러지기 쉬운 경사로 이론과 유사하다.**(사회전체의 부패 → 경찰조직의 부패) 23 1차 **예** 관내 경찰과 지역주민들이 어울려 도박을 하는 관행이 있었던 경우 신임경찰도 함께 도박을 하게 되는 경우 11 승진 **예** 주류판매로 단속된 노래연습장 업주가 담당경찰관 C에게 사건무마를청탁하며 뇌물수수를 시도함 20 2차 ② 전 뉴욕시경국장 패트릭 머피는 "봉급을 제외한 깨끗한 돈이란 없다."라고 주장하였고, 윌슨은 "경찰은 어떤 작은 호의, 심지어 공짜커피도 받도록 허용되어서는 안된다."라고 주장하였다. ③ 공짜 피로해소음료 등 작은 호의에 길들어져 나중에는 명백한 부정부패에 빠져들게 된다는 '미끄러지기 쉬운 경사로 이론'과 유사하다. 23 경찰특공대
구조 원인 가설	① 니더호퍼, 로벅, 바커 등이 주장한 가설로 **선배경찰의 조직적 부패 전통속에서 신임경찰이 사회화되어 부패한다는** 이론 23 1차, 23 경채 ② 부패의 원인은 **조직의 체계적 문제(개인X)** 23 경채 ③ 법규 및 예산과 현실의 괴리 현상이 발생(1명이 출장가면서 2명의 출장비 수령) ④ 구조화된 조직적 부패의 관행이 **침묵의 규범**으로 받아들여져 묵시적인 관행으로 이어짐(**경찰조직의 부패 → 경찰개인의 부패**) 23 경채 **예** 정직하고 청렴한 신임형사가 자신의 선배로부터 관내 유흥업소를 소개받고, 선배가 유흥업소업

	자들로부터 돈을 받는 것을 보고 그대로 답습하면서 돈을 갈취하는 요령을 터득하고 부패의 길로 접어드는 경우 23 경채 예 경찰관 A는 동료경찰관들이 유흥업소 업주들로부터 접대를 받은 사실을 알고도 모른 체했다.
썩은 사과 가설	① 부패가능성이 있는 경찰을 모집단계에서 배제하지 못하여 유입됨으로써 전체가 부패할 가능성이 높다는 이론 ② 부패의 원인을 **개인적 결함**으로 보고, 신임경찰 채용단계의 중요성을 강조한다.(**조직의 체계적 원인X, 경찰개인의 부패 → 경찰조직의 부패**) 예 음주운전으로 징계처분을 받은 적이 있는 B가 다시 음주운전으로 적발되어 징계위원회에 회부됨

기출지문

1. 'Dirty Harry 문제'는 도덕적으로 선한 목적을 위해 윤리적, 정치적, 혹은 법적으로 더러운 수단을 동원하는 것이 적절한가와 관련된 딜레마적 상황이다. 22 1차
2. 윤리적 냉소주의 가설(Ethical cynicism hypothesis)은 경찰에 대한 외부통제기능을 수행하는 정치권력, 대중매체, 시민단체의 부패는 경찰의 냉소주의를 부채질하고 부패의 전염효과를 가져온다고 한다. 22 경간
3. 대의명분 있는 부패(noble cause corruption)와 Dirty Harry 문제는 부패의 개념적 징표를 개인적 이익 추구를 넘어 조직 혹은 사회적 차원의 이익 추구로 확대하고자 하는 시도라고 볼 수 있다. 23 2차

(2) 작은 호의에 대한 논의와 미끄러지기 쉬운 경사로 이론(셔먼)

1) 작은 호의와 뇌물의 구별

작은 호의는 감사와 애정의 표시로 경찰권 행사에 대한 자발적 보상의 성격이 있고, 뇌물은 직무와 관련하여 정당한 의무를 그르치거나 의무의 불이행을 감행하게끔 하는 정도의 이익을 말하므로 양자 간에는 개념적 구별은 되나, 현실적으로 구별이 용이하지 않음

2) 작은 호의에 대한 찬반론

허용론	• 비록 자신이 해야 할 일을 하는 경우이지만 고마움을 표시하는 것은 당연함(당연성) • 작은 사례나 호의는 강제된 것이 아니라 자발적으로 이루어짐(자발성) • 작은 호의를 받더라도 경찰관은 편파적으로 업무를 처리하지 않음 • 순찰구역에서 경찰은 작은 호의를 통하여 지역주민들과 친밀해질 수 있음(사회형성재 이론) • 공짜 커피와 같은 것은 뿌리 깊은 관행으로서 완전히 불식시키는 것은 불가능함(관행성) • **펠드버그의 견해** • **형성재 이론**은 작은 사례나 호의는 시민과의 **긍정적**인 사회관계를 만들어주는 형성재라는 것으로, 작은 호의 **긍정적(부정적X)**효과를 강조 16 경간, 18 법학
금지론	• 심지어 작은 선물일지라도 그것이 정례화되면 준 사람에 대한 의무감이나 신세를 가지고 있다는 생각을 가지게 되어 불공정하게 처리할 수 있음

	• 작은 호의를 받아들이는 사람들은 점점 더 멈추기 어려운 부패의 '미끄러운 경사로' 위에 있는 사람들임(바늘도둑이 소도둑 된다는 논리) • 대부분의 경찰관들이 뇌물과 작은 호의를 구별할 수 있어도 일부는 양자를 구별할 능력이 없고 특권의식이 형성될 수 있음 • 공짜 커피를 제공하는 사람들은 대개 불순한 의도를 가지고 경찰인에게 어떤특별한 대우를 받기를 원함
	작은 호의 금지론 주장한 학자 • **윌슨** – '경찰은 어떤 작은 호의, 심지어 한 잔의 공짜 커피도 받도록 허용되어서는 안된다.' 라고 주장하였다. 23 경간 • **델라트르** – 작은 호의를 금지해야 한다고 주장함 • **셔먼** – 미끄러지기 쉬운 경사로 이론

3) 미끄러지기 쉬운 경사로 이론 08·17 2차, 11·12 승진, 12·13·15·21 경간, 13·17·20 1차, 15 2차, 18 법학, 22·23 1차

의의	① 셔먼이 주장한 이론으로 **부패에 해당하지 않는(해당하는X)** 작은 호의가 습관화될 경우 미끄러운 경사로를 내려오듯이 점점 더 큰 부패와 범죄(**결과적으로 선한 후속행위를 하는 상황X**)로 빠진다는 가설(**델라트르는 모든 작은 호의를 금지해야 한다고 주장**) 18·23 경간, 23 2차 – 셔먼(1985)의 미끄러운 경사(slippery slope) 개념은 작은 호의를 받는 것에 익숙해진 경찰관들이 결국 부패에 연루될 수 있음을 경고한다. ② **공짜커피 한 잔은 부패에 해당하지 않음**, but 부패에 해당하지 않는 공짜커피라도 주고 받지 않아야 한다고 주장
사례	지구대에 근무하는 경찰관 A는 순찰 도중 동네 슈퍼마켓 주인으로부터 음료수를 얻어 마시면서 친분을 유지하다가 나중에는 폭행사건처리 무마 청탁을 받고 큰돈까지 받게 되었다면 '미끄러지기 쉬운 경사로이론'의 한 예로 볼 수 있다.
비판	**펠드버그는 작은 호의를 받았다고 해서 반드시 경찰이 큰 부패를 범하는 것은 아니며**, 이는 경찰관의 지능에 대한 모독이라고 비판함 23 경간

(3) 경찰부패에 대한 내부(외부X)고발론(클라이니히) 10 2차, 10 승진, 12·13 경간, 14·15 승진, 15·16·21 경간

의의	경찰관이 동료나 상사의 부정부패에 대하여 감찰이나 **외부의 언론매체에 공표**하는 것을 의미(= Whistle Blowing, Deep Throat), **침묵의 규범과 반대되는 개념** 18 경간
요건	적절한 **도덕적 동기** 필요, 위반사항이 **중대하고 급박**해야 함, 어느 정도 **성공가능성** 있어야 함, 공표하기 전 **모든 내부적 채널을 사용**했어야 함(**처음부터 외부에 공개X**)

> ➕ **용어 정리**
> - **비지바디니스** – 남의 비행에 대해 일일이 도덕적 충고를 하는 것 10 승진, 20 1차
> - **침묵의 규범** – 동료의 부패에 대해 눈감아 주는 것
> - **모럴해저드** – 도덕적 가치관이 붕괴되어 동료의 부패를 부패라고 인식하지 못하는 것을 의미 cf. 동료의 부패를 인식하고 있지만 모르는 척하는 침묵의 규범과 다름 20 1차

- **예기적 사회화 과정**
  경찰이 되고자 하는 예비 경찰관이 경찰에 대한 정보 등을 통해 경찰에 대해 미리 알아가는 과정을 의미함(경찰수험카페에 가입하여 정보 수집, 검색 활동)
  - 개인적 성향과 조직 내 사회화 과정은 상호보완적 관계에 있음 22 경간
  - 경찰공무원의 사회화는 경찰이 되기 전의 가치관에 의해 영향을 받음 22 경간
  - 경찰공무원은 공식적 사회화 과정보다 비공식적 사회화 과정의 영향을 더 많이 받음 22 경간

- **내부고발의 원인(엘리스톤)**
  ① 행위를 수행하는 개인은 조직의 현재 또는 과거의 구성원이다.
  ② 개인은 정보를 공표하기 위하여 의도된 일련의 행동을 수행한다.
  ③ 정보는 공적인 기록사항으로 된다.
  ④ 정보는 조직 내에서 발생이 가능한 잘못, 현실적인 잘못, 사소하지 않은 잘못에 관한것이다.

(4) 학술상 부정부패의 개념 정의(하이덴하이머의 분류)

1) 부패의 정의 22 경채

관직중심적 정의	부패는 뇌물수수행위와 특히 결부되어 있지만 **반드시 금전적인 형태일 필요가 없는 사적인 이익에 대한 고려의 결과로 권위를 남용하는 경우를 포괄하는** 용어이다.
시장중심적 정의	고객들은 잘 알려진 위험을 감수하고 원하는 이익을 받는 것을 확실히 하기 위하여 높은 가격(뇌물)을 지불하려고 하여 부패가 일어난다. 23 2차
공익중심적 정의	관직을 가진 사람이 **법적으로 규정되어 있지 않은 금전적인 또는 다른 형태의 보수에 의하여** 그런 보수를 제공하는 사람들에게 이로운 행위를 함으로써 공중의 이익에 손해를 가져올 때 부패가 일어난다.

① 부패행위는 돈, 재화, 서비스뿐만 아니라 지위, 영향력, 위신, 장래의 지원 등의 목적을위해 행해짐
② 부패행위로부터의 이익은 행위자, 행위자와 동일시할 수 있는 사람, 조직 등에 귀속됨
③ 부패행위는 권위의 남용뿐만 아니라 권위의 적절한 사용의 형태로도 이루어짐

2) 부패의 유형

백색부패	이론상 일탈행위로 규정될 수 있으나, **구성원의 다수가 어느 정도 용인하는 선의의 부패 또는 관례화된 부패** 예 경기가 밑바닥 상태인데도 국민들의 동요나 기업 활동의 위축을 방지하기 위해서 경기가 살아나고 있다고 관련 공직자가 거짓말을 한 경우
회색부패	사회구성원 가운데 **일부집단은 처벌을 원하지만, 다른 일부집단은 처벌을 원하지 않는 경우의 부패**를 말한다. 백색부패와 흑색부패의 중간에 위치하는 유형으로서 얼마든지 **흑색부패로 발전할 수 있는 잠재성을 지닌 것** 예 정치권에 대한 후원금, 떡값 같은 적은 액수의 호의표시나 선물 또는 순찰 경찰관에게 주민들이 제공하는 음료수나 과일
흑색부패	**사회 전체에 심각한 해를 끼치는 부패**로 구성원 모두가 인정하고 처벌을 원하는 부패 예 업무와 관련된 대가성 있는 뇌물수수

3) 경찰의 부패화 과정

1단계	대부분의 신임경찰은 경찰직을 사회에 봉사하려는 수단으로 사명감을 가지고 경찰에 입직
2단계	낮은 봉급, 경찰에 대한 낮은 사회인식, 승진좌절 등에 대한 한계의식으로 현실의 벽을 느끼고 좌절
3단계	경찰역할이 무의미해져 냉소적으로 되면서 체념
4단계	경찰직을 사익과 안락을 추구하는 수단으로 이용하면서 부패화

07 경찰청 공무원 행동강령 - 경찰청 훈령

제1조(목적) 이 규칙은 「**부패방지 및 국민권익위원회의 설치와 운영에 관한 법률**」제8조 및 공무원 행동강령에 따라 **경찰청**(소속기관, 시·도경찰청, 경찰서를 포함한다. 이하 같다)**소속 공무원**(이하 "공무원"이라 한다)이 **준수하여야 할 행동기준을 규정**하는 것을 목적으로 한다.

제2조(정의) 1. "**직무관련자**"란 공무원의 **소관 업무와 관련되는 자**로서 다음 각 목의 어느 하나에 해당하는 **개인**[공무원이 사인(私人)의 지위에 있는 경우에는 개인으로 본다] 또는 **법인·단체**를 말한다.

  가. 다음의 어느 하나에 해당하는 민원을 신청하는 중이거나 신청하려는 것이 명백한 개인 또는 법인·단체
    1) 「민원 처리에 관한 법률」 제2조제1호가목1)에 따른 법정민원(장부·대장 등에 등록·등재를 신청 또는 신고하거나 특정한 사실 또는 법률관계에 관한 확인 또는 증명을 신청하는 민원은 제외한다)
    2) 「민원 처리에 관한 법률」 제2조제1호가목2)에 따른 질의민원
    3) 「민원 처리에 관한 법률」 제2조제1호나목에 따른 고충민원
  나. 인가·허가 등의 취소, 영업정지, 과징금 또는 과태료의 부과 등으로 이익 또는 불이익을 직접적으로 받는 개인 또는 법인·단체
  다. 수사, 감사(監査), 감독, 검사, 단속, 행정지도 등의 대상인 개인 또는 법인·단체
  라. 재결(裁決), 결정, 검정(檢定), 감정(鑑定), 시험, 사정(査定), 조정, 중재 등으로 이익 또는 불이익을 직접적으로 받는 개인 또는 법인·단체
  마. 징집·소집·동원 등의 대상인 개인 또는 법인·단체
  바. 국가 또는 지방자치단체와 계약을 체결하거나 체결하려는 것이 명백한 개인 또는 법인·단체
  사. 장부·대장 등에의 등록·등재의 신청(신고)중에 있거나 신청(신고)하려는 것이 명백한 개인이나 법인·단체
  아. 특정한 사실 또는 법률관계에 관한 확인 또는 증명의 신청중에 있거나 신청하려는 것이 명백한 개인이나 법인·단체
  자. 법령해석이나 유권해석을 요구하는 개인이나 법인·단체
  차. 경찰관서에 복무중인 전투경찰순경·의무경찰의 부모·형제자매
  카. 시책·사업 등의 결정 또는 집행으로 이익 또는 불이익을 직접적으로 받는 개인 또는 법인·단체
  타. 그 밖에 경찰관서에 대하여 특정한 행위를 요구중인 개인이나 법인·단체

2. "**직무관련공무원**"이란 공무원의 직무수행과 관련하여 이익 또는 불이익을 직접적으로 받는 다른 공무원(기관이 이익 또는 불이익을 받는 경우에는 그 기관의 관련 업무를 담당하는 공무원을 말한다) 중 다음 각 목의 어느 하나에 해당하는 공무원을 말한다.
   가. 상급자와 직무상 지휘명령을 받는 **당해 업무의 하급자**
   나. 인사·감사·상훈·예산·심사평가업무 담당자와 해당업무와 **직접 관련된 다른 공무원**
   다. 행정사무를 위임·위탁한 경우 위임·위탁사무를 관리·감독하는 공무원과 그 사무를 담당하는 공무원
   라. 그밖에 특별한 사유로 경찰청장이 정하는 경우
3. "**금품등**"이란 다음 각 목의 어느 하나에 해당하는 것을 말한다.
   가. 금전, 유가증권, 부동산, 물품, 숙박권, 회원권, 입장권, 할인권, 초대권, 관람권, 부동산 등의 사용권 등 **일체의 재산적 이익**
   나. 음식물·주류·골프 등의 **접대·향응** 또는 교통·숙박 등의 **편의 제공**
   다. 채무 면제, 취업 제공, 이권(利權) 부여 등 그 밖의 **유형·무형의 경제적 이익**
4. "**경찰유관단체**"란 경찰기관에서 **민관 치안협력** 또는 민간전문가를 통한 **치안자문활동 목적으로 조직·운영하고 있는 단체**를 말한다.

제3조(적용범위) 이 규칙은 **경찰청 소속 공무원과 경찰청에 파견된 공무원에게 적용**한다.

제4조(공정한 직무수행을 해치는 지시에 대한 처리) ① 공무원은 상급자가 자기 또는 타인의 부당한 이익을 위하여 공정한 직무수행을 현저하게 해치는 지시를 하였을 때에는 **별지 제1호 서식 또는 전자우편 등의 방법으로 그 사유를 상급자에게 소명하고 지시에 따르지 아니하거나**, 별지 제2호 서식 또는 전자우편 등의 방법으로 제23조에 따라 지정된 행동강령에 관한 업무를 담당하는 공무원(이하 "**행동강령책임관**"이라 한다)과 상담할 수 있다(하여야 한다X). 11·12 승진, 15·23 1차
② 제1항에 따라 지시를 이행하지 아니하였는데도 **같은 지시가 반복**될 때에는 즉시 행동강령책임관과 **상담하여야 한다**.
③ 제1항이나 제2항에 따라 상담 요청을 받은 행동강령책임관은 지시 내용을 확인하여 지시를 취소하거나 변경할 필요가 있다고 인정되면 소속 기관의 장에게 보고하여야 한다. 다만, 지시 내용을 확인하는 과정에서 **부당한 지시를 한 상급자가 스스로 그 지시를 취소하거나 변경하였을 때에는 소속 기관의 장에게 보고하지 아니할 수 있다**.
④ 제3항에 따른 보고를 받은 **소속 기관의 장은 필요하다고 인정되면 지시를 취소·변경하는 등 적절한 조치를 하여야 한다**. 이 경우 공정한 직무수행을 해치는 지시를 제1항에 따라 이행하지 아니하였는데도 같은 **지시를 반복한 상급자에게는 징계 등 필요한 조치를 할 수 있다**.

제4조의2(부당한 수사지휘에 대한 이의제기) ① 공무원은 「범죄수사규칙」 제30조에 따른 경찰관서 내 수사지휘에 대한 이의제기와 관련하여 행동강령책임관에게 **상담을 요청할 수 있다(하여야 한다X)**. 17·18 1차, 19 승진, 19·23 경간, 22 1차
② 제1항의 상담요청을 받은 행동강령책임관은 해당 지휘의 취소·변경이 필요하다고 인정되면 소속기관장에게 보고하여야 한다.

제5조의2(수사·단속 업무의 공정성 강화) ① 공무원은 수사·단속의 대상이 되는 업소 중 경찰청장이 지정하는 유형의 업소 관계자와 **부적절한 사적 접촉을 하여서는 아니 되며,** 공적 또는 사적으로 접촉한 경우 경찰청장이 정하는 방법에 따라 **신고하여야 한다**. 17·23 1차
② **공무원은 수사 중인 사건의 관계자**(해당 사건의 처리와 법률적·경제적 이해관계가 있는 자로서 경찰청장이 지정하는 자를 말한다)와 **부적절한 사적접촉을 해서는 아니 되며, 소속 경찰관서 내에서만 접촉하여야 한다**. 다만, 현장 조사 등 공무상 필요한 경우 외부에서 접촉할 수 있으며, 이 경우에는 수사서류 등 **공문서에 기록하여야 한다**.

제6조(특혜의 배제) 공무원은 직무를 수행함에 있어 **지연·혈연·학연·종교 등을 이유로 특정인에게 특혜를 주어서는 아니 된다.** 13 경간, 15 승진

제7조(예산의 목적 외 사용 금지) 공무원은 여비, 업무추진비 등 공무 활동을 위한 **예산을 목적 외의 용도로 사용하여 소속 기관에 재산상 손해를 입혀서는 아니 된다.**

제8조(정치인 등의 부당한 요구에 대한 처리) ① 공무원은 **정치인**이나 **정당** 등으로부터 부당한 직무수행을 강요받거나 청탁을 받은 경우에는 별지 제9호 서식 또는 전자우편 등의 방법으로 **소속 기관의 장(소속상관X)에게 보고하거나 행동강령책임관과 상담하여야 한다.** 11·19·24 경간, 17 승진

② 제1항에 따라 보고를 받은 소속 기관의 장이나 상담을 한 **행동강령책임관**은 그 공무원이 공정한 직무수행을 할 수 있도록 **적절한 조치를 하여야 한다.**

제8조의2(경찰유관단체원의 부정행위에 대한 처리) 경찰유관단체원이 다음 각 호의 어느 하나에 해당하는 행위를 한 경우 행동강령책임관은 해당 경찰유관단체 운영 부서장과 협의하여 소속기관장에게 경찰유관단체원의 해촉 등 필요한 조치를 건의하여야 하며, 보고를 받은 소속기관장은 적절한 조치를 취하여야 한다. 24 경간

1. 경찰 업무와 관련하여 금품을 수수 또는 경찰관에게 금품을 제공하거나, 이를 알선한 경우
2. 경찰 업무와 관련하여 부당한 청탁 또는 알선을 한 경우
3. 이권 개입 등 경찰유관단체원의 지위를 부당하게 이용한 경우
4. 직무와 관련하여 알게 된 비밀을 누설한 경우
5. 그 밖에 경찰유관단체원으로서 부적절한 처신 등으로 경찰과 소속 단체의 명예를 훼손한 경우

제9조(인사 청탁 등의 금지) ① 공무원은 자신의 임용·승진·전보 등 인사에 부당한 영향을 미치기 위하여 타인으로 하여금 인사업무 담당자에게 청탁을 하도록 해서는 아니 된다.

② 공무원은 직위를 이용하여 다른 공무원의 임용·승진·전보 등 인사에 부당하게 개입해서는 아니 된다. 15 승진, 17 1차

제10조(이권 개입 등의 금지) 공무원은 자신의 직위를 직접 이용하여 부당한 이익을 얻거나 타인이 부당한 이익을 얻도록 해서는 아니 된다.

제10조의2(직위의 사적이용 금지) 공무원은 직무의 범위를 벗어나 사적 이익을 위하여 소속기관의 명칭이나 직위를 공표·게시하는 등의 방법으로 이용하거나 이용하게 하여서는 아니 된다.

제11조(알선·청탁 등의 금지) ① 공무원은 자기 또는 타인의 부당한 이익을 위하여 다른 공직자(「부패방지 및 국민권익위원회의 설치와 운영에 관한 법률」 제2조제3호가목 및 나목에 따른 공직자를 말한다. 이하 같다)의 **공정한 직무수행을 해치는 알선·청탁 등을 해서는 아니 된다.**

② 공무원은 직무수행과 관련하여 자기 또는 타인의 부당한 이익을 위하여 직무관련자를 다른 직무관련자나 공직자에게 소개해서는 아니 된다.

③ 공무원은 자기 또는 타인의 부당한 이익을 위하여 자신의 직무권한을 행사하거나 지위·직책 등에서 유래되는 사실상 영향력을 행사하여 공직자가 아닌 자에게 다음 각 호의 어느 하나에 해당하는 알선·청탁 등을 해서는 아니 된다.

1. 특정 개인·법인·단체에 투자·예치·대여·출연·출자·기부·후원·협찬 등을 하도록 개입하거나 영향을 미치도록 하는 행위
2. 채용·승진·전보 등 인사업무나 징계업무에 관하여 개입하거나 영향을 미치도록 하는 행위
3. 입찰·경매·연구개발·시험·특허 등에 관한 업무상 비밀을 누설하도록 하는 행위
4. 계약 당사자 선정, 계약 체결 여부 등에 관하여 개입하거나 영향을 미치도록 하는 행위
5. 특정 개인·법인·단체에 재화 또는 용역을 정상적인 관행에서 벗어나 매각·교환·사용·수익·점유·제공

등을 하도록 하는 행위
6. 각급 학교의 입학·성적·수행평가 등의 업무에 관하여 개입하거나 영향을 미치도록 하는 행위
7. 각종 수상, 포상, 우수기관 또는 우수자 선정, 장학생 선발 등에 관하여 개입하거나 영향을 미치도록 하는 행위
8. 감사·조사 대상에서 특정 개인·법인·단체가 선정·배제되도록 하거나 감사·조사 결과를 조작하거나 또는 그 위반사항을 묵인하도록 하는 행위
9. 그 밖에 경찰청장이 공직자가 아닌 자의 공정한 업무 수행을 저해하는 알선·청탁 등에 해당한다고 판단하여 정하는 행위

제12조(직무 관련 정보를 이용한 거래 등의 제한) ① **공무원은 직무수행 중 알게 된 정보를 이용하여** 유가증권, 부동산 등과 관련된 **재산상 거래 또는 투자를 하거나 타인에게 그러한 정보를 제공하여 재산상 거래 또는 투자를 돕는 행위를 해서는 아니 된다.** 23 1차

제12조의2(가상자산 관련 정보를 이용한 거래 등의 제한) ① 공무원은 다음 각 호의 어느 하나에 해당하는 행위를 해서는 아니된다.
1. 직무수행 중 알게 된 가상자산과 관련된 정보(이하 "가상자산 정보"라 한다)를 이용한 재산상 거래 또는 투자 행위
2. 가상자산 정보를 타인에게 제공하여 재산상 거래나 투자를 돕는 행위

② 제1항제1호의 직무란 다음 각 호의 어느 하나에 해당하는 것을 말한다.
1. 가상자산에 관한 정책 또는 법령의 입안·집행 등에 관련되는 직무
2. 가상자산과 관련된 수사·조사·검사 등에 관련되는 직무
3. 가상자산 거래소의 신고·관리 등과 관련되는 직무
4. 가상자산 관련 기술 개발 지원 및 관리 등에 관련되는 직무

③ 제2항 각 호의 직무를 수행하는 부서와 직위는 경찰청장이 정한다.
④ 제3항의 부서와 직위에서 직무를 수행하는 공무원은 가상자산을 신규 취득하여서는 아니되며, 보유한 경우에는 별지 제10호의2서식에 따라 소속기관의 장에게 신고해야 한다.
⑤ 제4항의 신고를 받은 소속기관의 장은 해당 공무원의 공정한 직무수행을 저해할 수 있다고 판단되는 경우에는 직무 배제 등 필요한 조치를 해야 한다.

제13조의2(사적 노무 요구 금지) 공무원은 자신의 직무권한을 행사하거나 지위·직책 등에서 유래되는 사실상 영향력을 행사하여 **직무관련자 또는 직무관련공무원으로부터 사적 노무를 제공받거나 요구 또는 약속해서는 아니 된다. 다만, 다른 법령 또는 사회상규에 따라 허용되는 경우에는 그러하지 아니하다.** 12 승진, 24 경간

제13조의3(직무권한 등을 행사한 부당 행위의 금지) 공무원은 자신의 직무권한을 행사하거나 지위·직책 등에서 유래되는 사실상 영향력을 행사하여 다음 각 호의 어느 하나에 해당하는 부당한 행위를 해서는 안 된다.
1. 인가·허가 등을 담당하는 공무원이 **그 신청인에게 불이익(이익X)을 주거나 제3자에게 이익 또는 불이익을 주기 위하여** 부당하게 그 신청의 접수를 지연하거나 거부하는 행위
2. 직무관련공무원에게 **직무와 관련이 없거나 직무의 범위를 벗어나 부당한 지시·요구를 하는 행위**
3. 공무원 자신이 소속된 기관이 체결하는 물품·용역·공사 등 계약에 관하여 직무관련자에게 자신이 소속된 기관의 의무 또는 부담의 이행을 부당하게 전가하거나 자신이 소속된 기관이 집행해야 할 업무를 부당하게 지연하는 행위
4. 공무원 자신이 소속된 기관의 소속 기관 또는 산하기관에 자신이 소속된 기관의 업무를 부당하게 전가

하거나 그 업무에 관한 비용·인력을 부담하도록 부당하게 전가하는 행위
5. 그 밖에 직무관련자, 직무관련공무원, 공무원 자신이 소속된 기관의 소속 기관 또는 산하기관의 권리·권한을 부당하게 제한하거나 의무가 없는 일을 부당하게 요구하는 행위

제14조(금품등을 받는 행위의 제한) – 부정청탁금지법 8조와 같음
① 공무원은 직무 관련 여부 및 기부·후원·증여 등 **그 명목에 관계없이 동일인으로부터 1회에 100만원 또는 매 회계연도에 300만원을 초과하는 금품등을 받거나 요구 또는 약속해서는 아니 된다.** 18 1차
② 공무원은 직무와 관련하여 **대가성 여부**를 불문하고 제1항에서 정한 **금액 이하의 금품 등을 받거나 요구 또는 약속해서는 아니 된다.**
③ 제15조의 외부강의 등에 관한 사례금 또는 다음 각 호의 어느 하나에 해당하는 금품등은 제1항 또는 제2항에서 **수수를 금지하는 금품 등에 해당하지 아니한다.**
  1. 소속 기관의 장등이 소속 공무원이나 파견 공무원에게 지급하거나 상급자가 **위로·격려·포상 등의 목적**으로 하급자에게 제공하는 금품등 12·14 승진
  2. 원활한 직무수행 또는 사교·의례 또는 부조의 목적으로 제공되는 **음식물·경조사비·선물** 등으로서 별표 1의 가액 범위 내의 금품등 12·14 승진

※음식물·경조사비·건물 등의 가액범위※

1. **음식물**(제공자와 공직자등이 함께 하는 식사, 다과, 주류, 음료, 그 밖에 이에 준하는 것을 말한다): **3만원**
2. **경조사비: 축의금·조의금은 5만원.** 다만 축의금·조의금을 대신하는 **화환·조화는 10만원**
3. **선물**: 금전, 유가증권, 제1호의 음식물 및 제2호의 경조사비를 제외한 일체의 물품,그밖에 이에 준하는 것은 **5만원**. 다만, 「농수산물 품질관리법」에 따른 **농수산물 및농수산 가공품**(농수산물을 원료 또는 재료의 **50퍼센트** 넘게 사용하여 가공한 제품만 해당)은 **10만원**(「부정청탁 및 금품등 수수의 금지에 관한 법률 시행령」 제17조제2항에 따른 기간 중에는 20만원) → 청탁금지법 개정으로 추후에 농수산물 품질관리법」에 따른 **농수산물 및농수산 가공품**(농수산물을 원료 또는 재료의 **50퍼센트** 넘게 사용하여 가공한 제품만 해당)은 **15만원**(「부정청탁 및 금품등 수수의 금지에 관한 법률 시행령」 제17조제2항에 따른 기간 중에는 30만원)으로 개정될 예정임
가. 제1호, 제2호 본문·단서 및 제3호 본문·단서의 각각의 가액 범위는 각각에 해당하는것을 모두 합산한 금액으로 한다.
나. 제2호 본문의 축의금·조의금과 같은 호 단서의 화환·조화를 함께 받은 경우 또는제3호 본문의 선물과 같은 호 단서의 농수산물·농수산가공품을 함께 받은 경우에는각각 그 가액을 합산한다. 이 경우 가액 범위는 10만원으로 하되, 제2호 본문 또는단서나 제3호 본문 또는 단서의 가액 범위를 각각 초과해서는 안된다.
다. 제1호의 음식물, 제2호의 경조사비 및 제3호의 선물 중 2가지 이상을 함께 받은 경우에는 그 가액을 합산한다. 이 경우 가액 범위는 함께 받은 음식물, 경조사비 및선물의 가액 범위 중 가장 높은 금액으로 하되, 제1호부터 제3호까지의 규정에 따른 가액 범위를 각각 초과해서는 안된다.

  3. **사적 거래(증여는 제외한다)**로 인한 **채무의 이행** 등 정당한 권원(權原)에 의하여 제공되는 금품등 17 승진
  4. 공무원의 **친족**(「민법」 제777조에 따른 친족을 말한다)이 제공하는 금품등
  5. 공무원과 관련된 직원상조회·동호인회·동창회·향우회·친목회·종교단체·사회단체 등이 정하는 기준에 따라 구성원에게 제공하는 금품등 및 그 소속 구성원 등 공무원과 **특별히 장기적·지속적인 친분관계를 맺고 있는 자**가 질병·재난 등으로 어려운 처지에 있는 공무원에게 제공하는 금품등
  6. 공무원의 직무와 관련된 공식적인 행사에서 주최자가 참석자에게 통상적인 범위에서 **일률적으로 제**

공하는 교통, 숙박, 음식물 등의 금품등 12·14 승진
7. **불특정(특정X)** 다수인에게 배포하기 위한 **기념품 또는 홍보용품** 등이나 경연·추첨을 통하여 받는 보상 또는 상품 등 12·14 승진
8. 그 밖에 사회상규에 따라 허용되는 금품등

④ 공무원은 제3항제5호에도 불구하고 같은 호에 따라 **특별히 장기적·지속적인 친분관계를 맺고 있는 자가 직무관련자 또는 직무관련공무원으로서 금품등을 제공한 경우**에는 그 수수 사실을 별지 제10호 서식에 따라 소속 기관의 장에게 신고하여야 한다.

⑤ 공무원은 자신의 배우자나 직계 존속·비속이 자신의 직무와 관련하여 제1항 또는 제2항에 따라 공무원이 받는 것이 금지되는 금품등(이하 "수수 금지 금품등"이라 한다)을 받거나 요구하거나 제공받기로 약속하지 아니하도록 하여야 한다.

⑥ 공무원은 다른 공무원에게 또는 그 공무원의 배우자나 직계 존속·비속에게 수수 금지 금품등을 제공하거나 그 제공의 약속 또는 의사표시를 해서는 아니 된다.

제14조의2(감독기관의 부당한 요구 금지) ① 감독·감사·조사·평가를 하는 기관(이하 이 조에서 "**감독기관**"이라 한다)에 **소속된 공무원**은 자신이 소속된 기관의 출장·행사·연수 등과 관련하여 감독·감사·조사·평가를 받는 기관(이하 이 조에서 "**피감기관**"이라 한다)에 다음 각 호의 어느 하나에 해당하는 **부당한 요구**를 해서는 안 된다.
1. 법령에 근거가 없거나 예산의 목적·용도에 부합하지 않는 금품등의 제공 요구
2. 감독기관 소속 공무원에 대하여 **정상적인 관행을 벗어난 예우·의전의 요구**

② 제1항에 따른 부당한 요구를 받은 **피감기관 소속 공직자는 그 이행을 거부해야 하며, 거부했음에도 불구하고 감독기관 소속 공무원으로부터 같은 요구를 다시 받은 때**에는 그 사실을 별지 제11호의 서식에 따라 **피감기관의 행동강령책임관에게 알려야 한다**. 이 경우 행동강령책임관은 그 요구가 제1항 각 호의 어느 하나에 해당하는 경우에는 **지체 없이 피감기관의 장에게 보고해야 한다.**

③ 제2항 후단에 따른 **보고를 받은 피감기관의 장은** 제1항 각 호의 어느 하나에 해당하는 경우에는 그 사실을 해당 감독기관의 장에게 알려야 하며, 그 사실을 **통지받은 감독기관의 장은** 해당 요구를 한 소속 공무원에 대하여 **징계 등 필요한 조치를 해야 한다.**

제15조(외부강의등의 사례금 수수 제한) ① 공무원은 **자신의 직무와 관련**되거나 그 지위·직책 등에서 유래되는 사실상의 영향력을 통하여 요청받은 교육·홍보·토론회·세미나·공청회 또는 그 밖의 회의 등에서 한 강의·강연·기고 등(이하 "**외부강의등**"이라 한다)의 대가로서 별표 2에서 정하는 **금액을 초과하는 사례금을 받아서는 아니 된다.**

※ 외부강의 등 사례금 상한액 ※

1. 사례금 상한액 18 승진

구분	치안총감	치안정감 ~ 총경	경정이하
상한액	직급 구분 없이 40만원		

2. 적용기준
가. 제1호의 상한액은 강의 등의 경우 **1시간당**, 기고의 경우 1건당 상한액으로 한다.
나. **1시간을 초과하여 강의 등을 하는 경우**에도 사례금 총액은 강의시간에 관계없이 1시간 상한액의 **100분의 150에 해당하는 금액을 초과하지 못한다.**
다. 상한액에는 강의료, 원고료, 출연료 등 **명목에 관계없이 외부강의 등 사례금 제공자가 외부강의 등과 관련하여 공무원에게 제공하는 일체의 사례금을 포함한다.**

라. 다목에도 불구하고 공무원이 소속 기관에서 교통비, 숙박비, 식비 등 여비를 지급받지 못한 경우에는 「공무원 여비 규정」의 기준 내에서 **실비수준**으로 제공되는 **교통비, 숙박비, 및 식비**는 제1호의 **사례금에 포함되지 않는다.**

② 공무원은 **사례금을 받는 외부강의등**을 할 때에는 외부강의등의 요청 명세 등을 별지 제12호서식의 외부강의등 신고서에 따라 소속 기관의 장에게 그 **외부강의등을 마친 날부터 10일 이내에 신고하여야 한다.** 다만, **외부강의등을 요청한 자가 국가나 지방자치단체인 경우에는 그러하지 아니하다.** 18 승진, 19·24 경간

③ 공무원은 제2항에 따른 신고를 할 때 신고사항 중 상세 명세 또는 사례금 총액 등을 제2항의 **기간 내에 알 수 없는 경우에는 해당 사항을 제외한 사항을 신고한 후 해당 사항을 안 날부터 5일 이내에 보완하여야 한다.** 18 승진

④ 공무원이 대가를 받고 수행하는 외부강의등은 **월 3회를 초과할 수 없다.** 12 승진, 19 경간
국가나 지방자치단체에서 요청하거나 겸직 허가를 받고 수행하는 외부강의등은 그 횟수에 포함하지 아니한다. 12 승진, 19·23 경간

⑤ 공무원은 제4항에도 불구하고 **월 3회를 초과**하여 대가를 받고 외부강의등을 하려는 경우에는 **미리 소속 기관의 장의 승인을 받아야 한다.** 12 승진

제15조의2(초과사례금의 신고등) ① 공무원은 제15조제1항에 따른 금액을 **초과하는 사례금**(이하 "초과사례금"이라 한다)을 받은 경우에는 그 사실을 안 날로부터 **2일 이내**에 별지 제13호 서식으로 **소속기관의 장에게 신고하여야 하며, 제공자(소속기관장X)에게 그 초과금액을 지체 없이 반환하여야 한다.** 18 승진

② 제1항에 따른 **신고를 받은 소속 기관의 장은 초과사례금을 반환하지 아니한 공무원에 대하여 신고사항을 확인한 후 7일 이내에 반환하여야 할 초과사례금의 액수를 산정하여 해당 공무원에게 통지하여야 한다.** 18 승진

③ 제2항에 따라 통지를 받은 공무원은 지체 없이 초과사례금(신고자가 초과사례금의 일부를 반환한 경우에는 그 차액으로 한정한다)을 **제공자에게 반환**하고 그 사실을 소속 기관의 장에게 알려야 한다.

④ 공무원은 제1항 또는 제3항에 따라 **초과 사례금을 반환한 경우에는 증명자료를 첨부하여 그 반환 비용을 소속 기관의 장에게 청구할 수 있다.**

제16조의2(직무관련자에게 협찬 요구 금지) 공무원은 직무관련자에게 직위를 이용하여 행사 진행에 필요한 직·간접적 경비, 장소, 인력, 또는 물품 등의 협찬을 요구하여서는 아니 된다. 23 경간

제16조의3(직무관련자와 골프 및 사적여행 제한) ① 공무원은 직무관련자와는 **비용 부담 여부와 관계없이 골프를 같이 하여서는 아니 된다.** 다만, 다음 각 호와 같은 부득이한 사정에 따라 골프를 같이 하는 경우에는 소속관서 **행동강령 책임관에게 사전에 신고하여야 하며** 사전에 신고하기 어려운 특별한 사유가 있는 경우에는 사후에 즉시 신고하여야 한다. 22 1차

제16조의4(직무관련자와 사행성 오락 금지) 공무원은 직무관련자와 마작, 화투, 카드 등 우연의 결과나 불확실한 승패에 의하여 금품 등 경제적 이익을 취할 목적으로 하는 사행성 오락을 같이 하여서는 아니 된다.

제17조(경조사의 통지 제한) 공무원은 직무관련자나 직무관련공무원에게 경조사를 알려서는 아니 된다. 다만, 다음 각 호의 어느 하나에 해당하는 경우에는 **경조사를 알릴 수 있다(알려서는 아니 된다X).** 11 경간, 22 1차

1. 친족(「민법」 제767조에 따른 친족을 말한다)에게 알리는 경우
2. 현재 근무하고 있거나 과거에 근무하였던 기관의 소속 직원에게 알리는 경우
3. 신문, 방송 또는 제2호에 따른 **직원에게만 열람이 허용되는 내부통신망** 등을 통하여 알리는 경우
4. 공무원 자신이 소속된 **종교단체·친목단체 등의 회원**에게 알리는 경우 17 승진

제18조(위반 여부에 대한 상담) ① 공무원은 알선·청탁, 금품등의 수수, 외부강의등의 사례금수수, 경조사의

통지 등에 대하여 이 규칙을 **위반하는 지가 분명하지 아니할 때에는** 행동강령책임관과 상담한 후 처리하여야 하며 행동강령책임관은 별지 제15호서식에 따라 **상담내용을 관리하여야 한다.**
② 행동강령책임관은 제1항에 따른 상담이 원활하게 이루어질 수 있도록 해당 기관의 규모등 여건을 고려하여 전용전화·상담실 설치 등 필요한 조치를 취할 수 있다.

제19조(위반행위의 신고 및 확인) ① **누구든지** 공무원이 이 규칙을 위반한 사실을 알게 되었을 때에는 그 공무원이 소속된 기관의 장, 그 기관의 행동강령책임관 또는 국민권익위원회에 **신고할 수 있다.**
② 제1항에 따라 **신고하는 자는** 별지 제16호 서식의 **위반행위신고서에 본인과 위반자의 인적 사항과 위반 내용을 구체적으로 제시해야 한다.**
③ 제1항에 따라 위반행위를 신고받은 소속 기관의 장과 행동강령책임관은 신고인과 신고내용에 대하여 비밀을 보장하여야 하며, 신고인이 신고에 따른 불이익을 받지 아니하도록 하여야 한다.
④ 행동강령책임관은 제1항에 따라 신고된 위반행위를 확인한 후 해당 공무원으로부터 받은 소명자료를 첨부하여 소속 기관의 장에게 보고하여야 한다.

제20조(징계 등) 제19조제4항에 따른 보고를 받은 소속기관의 장은 해당 공무원을 징계하는 등 필요한 조치를 할 수 있다.

제21조(수수 금지 금품등의 신고 및 처리) ① 공무원은 다음 각 호의 어느 하나에 해당하는 경우에는 소속 기관의 장에게 지체 없이 별지 제17호서식에 따라 서면 신고하여야 한다.
  1. 공무원 자신이 수수 금지 금품등을 받거나 그 제공의 약속 또는 의사표시를 받은 경우
  2. 공무원이 자신의 배우자나 직계 존속·비속이 수수 금지 금품등을 받거나 그 제공의 약속 또는 의사표시를 받은 사실을 알게 된 경우
② 공무원은 제1항 각 호의 어느 하나에 해당하는 경우에는 금품등을 제공한 자(이하 이 조에서 "제공자"라 한다) 또는 제공의 약속이나 의사표시를 한 자에게 그 제공받은 금품등을 지체 없이 반환하거나 반환하도록 하거나 그 거부의 의사를 밝히거나 밝히도록 하여야 한다.
③ 공무원은 제2항에 따라 금품등을 반환한 경우에는 별지 제18호서식에 따라 그 반환 비용을 소속 기관의 장에게 청구할 수 있다.
④ 공무원은 제2항에 따라 반환하거나 반환하도록 하여야 하는 금품등이 다음 각 호의 어느 하나에 해당하는 경우에는 소속 기관의 장에게 인도하거나 인도하도록 하여야 한다.
  1. 멸실·부패·변질 등의 우려가 있는 경우
  2. 제공자나 제공자의 주소를 알 수 없는 경우
  3. 그 밖에 제공자에게 반환하기 어려운 사정이 있는 경우
⑤ 소속 기관의 장은 제4항에 따라 금품등을 인도받은 경우에는 즉시 사진으로 촬영하거나 영상으로 녹화하고 별지 19호서식으로 관리하여야 하며, 다른 법령에 특별한 규정이 있는 경우를 제외하고는 다음 각 호에 따라 처리한다.
  1. 수수 금지 금품등이 아닌 것으로 확인된 경우: 금품등을 인도한 자에게 반환
  2. 수수 금지 금품등에 해당하는 것으로 확인된 경우로서 추가적인 조사·감사·수사 또는 징계 등 후속조치를 위하여 필요한 경우: 관계 기관에 증거자료로 제출하거나 후속조치가 완료될 때까지 보관
  3. 제1호 및 제2호에도 불구하고 멸실·부패·변질 등으로 인하여 반환·제출·보관이 어렵다고 판단되는 경우: 별지 제20호서식에 따라 금품등을 인도한 자의 동의를 받아 폐기처분
  4. 그 밖의 경우: 세입조치 또는 사회복지시설·공익단체 등에 기증하거나 경찰청장이 정하는 기준에 따라 처리
⑥ 소속 기관의 장은 제3항에 따라 처리한 금품등에 대하여 별지 제21호서식으로 관리하여야 하며, 제3항에 따른 처리 결과를 금품등을 인도한 자에게 통보하여야 한다.

⑦ 소속 기관의 장은 금지된 금품등의 신고자에 대하여 인사우대·포상 등의 방안을 마련하여 시행할 수 있다.

제22조(교육) ① **경찰청장**(소속기관장, 지방경찰청장, 경찰서장 등을 포함한다)은 소속 공무원에 대하여 이 규칙의 준수를 위한 교육계획을 수립·시행하여야 하며, **매년 1회 이상 교육을 하여야 한다.**

② 경무인사기획관은 신임 및 경사, 경위, 경감, 경정 기본교육과정에 이 규칙의 교육을 포함시켜 시행하여야 한다.

제23조(행동강령책임관의 지정) ① 경찰청, 소속기관, 시·도경찰청, 경찰서에 이 규칙의 시행을 담당하는 행동강령책임관을 둔다.

② 경찰청에 감사관, 시·도경찰청에 청문감사인권담당관, 경찰서에 청문감사인권관을 행동강령책임관으로 한다.(소속기관 및 청문감사관제 미운영 관서는 감사 업무를 담당하는 부서장으로 한다)

③ 행동강령책임관은 소속기관의 공무원에 대한 이 규칙의 교육·상담, 준수여부에 대한 점검 및 위반행위의 신고접수·조사처리에 관한 업무를 담당한다.

④ 행동강령책임관은 이 규칙과 관련하여 상담한 내용에 대하여 비밀을 누설해서는 아니된다.

⑤ 행동강령책임관은 상담내용을 별지 제15호서식의 행동강령책임관 상담기록관리부에 기록·관리하여야 한다.

제24조(행동강령 세부운영 지침) 소속기관장 및 시·도경찰청장은 이 규칙의 운영에 필요한 세부사항을 따로 정하여 시행할 수 있다.

08 부정청탁 및 금품등 수수의 금지에 관한 법률(약칭: 청탁금지법) 21 승진

제1조(목적) 이 법은 **공직자 등**에 대한 부정청탁 및 공직자 등의 금품 등의 수수(收受)를 금지함으로써 공직자 등의 공정한 직무수행을 보장하고 공공기관에 대한 국민의 신뢰를 확보하는 것을 목적으로 한다.

제2조(정의) 이 법에서 사용하는 용어의 뜻은 다음과 같다.

1. "공공기관"이란 다음 각 목의 어느 하나에 해당하는 기관·단체를 말한다. 18 승진

   가. 국회, 법원, 헌법재판소, **선거관리위원회**, 감사원, 국가인권위원회, 고위공직자범죄수사처, 중앙행정기관(**대통령 소속 기관과 국무총리 소속 기관을 포함**한다)과 그 소속 기관 및 **지방자치단체 (선거관리위원회는 해당하지 않는다X)** 21 2차

   나. 「공직자윤리법」 제3조의2에 따른 공직유관단체

   다. 「공공기관의 운영에 관한 법률」 제4조에 따른 기관

   라. 「초·중등교육법」, 「고등교육법」, 「유아교육법」 및 그 밖의 다른 법령에따라 설치된 각급 학교 및 **사립학교법**」에 따른 **학교법인** 18 승진, 19 법학

   마. 「언론중재 및 피해구제 등에 관한 법률」 제2조제12호에 따른 **언론사 (대기업 임원X)**

2. "공직자등"이란 다음 각 목의 어느 하나에 해당하는 공직자 또는 공적 업무 종사자를 말한다.**(변호사 자격이 있는 자X)** 18 승진

   가. 「국가공무원법」 또는 「지방공무원법」에 따른 공무원과 그 밖에 다른 법률에 따라 그 자격·임용·교육훈련·복무·보수·신분보장 등에 있어서 공무원으로 인정된 사람

나. 제1호나목 및 다목에 따른 공직유관단체 및 기관의 장과 그 임직원
다. 제1호라목에 따른 **각급 학교의 장과 교직원 및 학교법인의 임직원**
라. 제1호마목에 따른 **언론사의 대표자와 그 임직원** 18 승진
3. "금품등"이란 다음 각 목의 어느 하나에 해당하는 것을 말한다.
    가. 금전, 유가증권, 부동산, 물품, 숙박권, 회원권, 입장권, 할인권, 초대권, 관람권, 부동산 등의 사용권 등 일체의 재산적 이익
    나. 음식물·주류·골프 등의 접대·향응 또는 교통·숙박 등의 편의 제공
    다. 채무 면제, 취업 제공, 이권(利權) 부여 등 그 밖의 유형·무형의 경제적 이익
4. "소속기관장"이란 공직자등이 소속된 공공기관의 장을 말한다.

제3조(국가 등의 책무) ① 국가는 공직자가 공정하고 청렴하게 직무를 수행할 수 있는 근무 여건을 조성하기 위하여 노력하여야 한다.
② 공공기관은 공직자등의 공정하고 청렴한 직무수행을 보장하기 위하여 부정청탁 및 금품등의 수수를 용인하지 아니하는 공직문화 형성에 노력하여야 한다.
③ 공공기관은 공직자등이 위반행위 신고 등 이 법에 따른 조치를 함으로써 불이익을 당하지 아니하도록 적절한 보호조치를 하여야 한다.

제4조(공직자등의 의무) ① 공직자등은 사적 이해관계에 영향을 받지 아니하고 직무를 공정하고 청렴하게 수행하여야 한다.
② 공직자등은 직무수행과 관련하여 공평무사하게 처신하고 직무관련자를 우대하거나 차별해서는 아니 된다.

제5조(부정청탁의 금지) ① **누구든지 직접 또는 제3자를 통하여 직무를 수행하는 공직자등에게 다음 각 호의 어느 하나에 해당하는 부정청탁을 해서는 아니 된다.**
 1. **인가·허가·면허·특허·승인·검사·검정·시험·인증·확인 등** 법령(조례·규칙을 포함한다. 이하 같다)에서 일정한 요건을 정하여 놓고 직무관련자로부터 신청을 받아 처리하는 직무에 대하여 법령을 위반하여 처리하도록 하는 행위
 2. 인가 또는 허가의 취소, 조세, 부담금, 과태료, 과징금, 이행강제금, 범칙금, 징계 등 각종 행정처분 또는 형벌부과에 관하여 법령을 위반하여 감경·면제하도록 하는 행위
 3. **채용·승진·전보 등 공직자등의 인사에 관하여 법령을 위반하여 개입하거나 영향을 미치도록 하는 행위**
 4. 법령을 위반하여 각종 심의·의결·조정 위원회의 위원, 공공기관이 주관하는 시험·선발 위원 등 공공기관의 의사결정에 관여하는 직위에 선정 또는 탈락되도록 하는 행위
 5. 공공기관이 주관하는 각종 수상, 포상, 우수기관 선정 또는 우수자 선발에 관하여 법령을 위반하여 특정 개인·단체·법인이 선정 또는 탈락되도록 하는 행위
 6. 입찰·경매·개발·시험·특허·군사·과세 등에 관한 직무상 비밀을 법령을 위반하여 누설하도록 하는 행위
 7. 계약 관련 법령을 위반하여 특정 개인·단체·법인이 계약의 당사자로 선정 또는 탈락되도록 하는 행위
 8. 보조금·장려금·출연금·출자금·교부금·기금 등의 업무에 관하여 법령을 위반하여 특정 개인·단체·법인에 배정·지원하거나 투자·예치·대여·출연·출자하도록 개입하거나 영향을 미치도록 하는 행위
 9. 공공기관이 생산·공급·관리하는 재화 및 용역을 특정 개인·단체·법인에게 법령에서 정하는 가격 또는 정상적인 거래관행에서 벗어나 매각·교환·사용·수익·점유하도록 하는 행위
 10. 각급 학교의 입학·성적·수행평가 등의 업무에 관하여 법령을 위반하여 처리·조작하도록 하는 행위
 11. 병역판정검사, 부대 배속, 보직 부여 등 병역 관련 업무에 관하여 법령을 위반하여 처리하도록 하는 행위
 12. 공공기관이 실시하는 각종 평가·판정 업무에 관하여 법령을 위반하여 평가 또는 판정하게 하거나 결

과를 조작하도록 하는 행위
13. 법령을 위반하여 행정지도·단속·감사·조사 대상에서 특정 개인·단체·법인이 선정·배제되도록 하거나 행정지도·단속·감사·조사의 결과를 조작하거나 또는 그 위법사항을 묵인하게 하는 행위
14. **사건의 수사·재판·심판·결정·조정·중재·화해 또는 이에 준하는 업무를 법령을 위반하여 처리하도록 하는 행위**
15. 제1호부터 제14호까지의 부정청탁의 대상이 되는 업무에 관하여 공직자등이 법령에 따라 부여받은 **지위·권한을 벗어나 행사하거나 권한에 속하지 아니한 사항을 행사하도록 하는 행위**

② 제1항에도 불구하고 다음 각 호의 어느 하나에 해당하는 경우에는 **이 법을 적용하지 아니한다.**
　1. 「청원법」, 「민원사무 처리에 관한 법률」, 「행정절차법」, 「국회법」 및 그 밖의 다른 법령·기준(제2조제1호나목부터 마목까지의 공공기관의 규정·사규·기준을 포함한다. 이하 같다)에서 정하는 절차·방법에 따라 권리침해의 구제·해결을 요구하거나 그와 관련된 법령·기준의 제정·개정·폐지를 제안·건의하는 등 특정한 행위를 요구하는 행위
　2. **공개적으로 공직자등에게 특정한 행위를 요구하는 행위**
　3. **선출직 공직자, 정당, 시민단체 등이 공익적인 목적**으로 제3자의 **고충민원을 전달**하거나 법령·기준의 제정·개정·폐지 또는 정책·사업·제도 및 그 운영 등의 개선에 관하여 제안·건의하는 행위
　4. 공공기관에 직무를 법정기한 안에 처리하여 줄 것을 신청·요구하거나 그 진행상황·조치결과 등에 대하여 확인·문의 등을 하는 행위
　5. 직무 또는 법률관계에 관한 확인·증명 등을 신청·요구하는 행위
　6. 질의 또는 상담형식을 통하여 직무에 관한 법령·제도·절차 등에 대하여 설명이나 해석을 요구하는 행위
　7. 그 밖에 **사회상규에 위배되지 아니하는 것으로 인정되는 행위** 19 법학

제6조(부정청탁에 따른 직무수행 금지) 부정청탁을 받은 공직자등은 그에 따라 직무를 수행해서는 아니 된다.

제7조(부정청탁의 신고 및 처리) ① 공직자등은 **부정청탁을 받았을 때에는 부정청탁을 한 자에게 부정청탁임을 알리고 이를 거절하는 의사를 명확히 표시하여야 한다.** 19 승진, 19 법학, 22 2차, 23 경간
② 공직자등은 제1항에 따른 조치를 하였음에도 불구하고 **동일한 부정청탁을 다시 받은 경우에는 이를 소속기관장에게 서면**(전자문서를 포함한다. 이하 같다)**으로 신고하여야 한다.**
④ **소속기관장**은 부정청탁이 있었던 사실을 알게 된 경우 또는 제2항 및 제3항의 부정청탁에 관한 신고·확인 과정에서 해당 직무의 수행에 지장이 있다고 인정하는 경우에는 부정청탁을 받은 공직자등에 대하여 **다음 각 호의 조치를 할 수 있다.**
　1. **직무 참여 일시중지**
　2. **직무 대리자의 지정**
　3. **전보**
　4. 그 밖에 국회규칙, 대법원규칙, 헌법재판소규칙, 중앙선거관리위원회규칙 또는 대통령령으로 정하는 조치
⑤ **소속기관장**은 공직자등이 다음 각 호의 어느 하나에 해당하는 경우에는 **제4항에도 불구하고** 그 공직자등에게 **직무를 수행하게 할 수 있다.** 이 경우 제20조에 따른 소속기관의 담당관 또는 다른 공직자등으로 하여금 그 공직자등의 공정한 직무수행 여부를 주기적으로 확인·점검하도록 하여야 한다.
　1. 직무를 수행하는 공직자등을 **대체하기 지극히 어려운 경우**
　2. 공직자등의 직무수행에 **미치는 영향이 크지 아니한 경우**
　3. 국가의 안전보장 및 경제발전 등 **공익증진을 이유로 직무수행의 필요성이 더 큰 경우**
⑥ 공직자등은 제2항에 따른 신고를 감독기관·감사원·수사기관 또는 국민권익위원회에도 할 수 있다.
⑦ **소속기관장**은 다른 법령에 위반되지 아니하는 범위에서 부정청탁의 내용 및 조치사항을 **해당 공공기관**

의 인터넷 홈페이지 등에 공개할 수 있다.

⑧ 제1항부터 제7항까지에서 규정한 사항 외에 부정청탁의 신고·확인·처리 및 기록·관리·공개 등에 필요한 사항은 **대통령령**으로 정한다.

제8조(금품등의 수수 금지) ① 공직자등은 직무 관련 여부 및 기부·후원·증여 등 그 **명목에 관계없이** 동일인으로부터 1회에 100만원 또는 매 회계연도에 300만원을 초과하는 **금품등을 받거나** 요구 또는 약속해서는 아니 된다. 19 승진, 19 1차, 19 법학, 21 2차, 23 경간, 23 2차

② 공직자등은 **직무와 관련하여 대가성 여부를 불문하고** 제1항에서 정한 금액 이하의 금품등을 받거나 요구 또는 약속해서는 아니 된다. 19 승진

③ 제10조의 외부강의등에 관한 사례금 또는 다음 각 호의 어느 하나에 해당하는 금품등의 경우에는 제1항 또는 제2항에서 수수를 금지하는 금품등에 해당하지 아니한다.

1. 공공기관이 소속 공직자등이나 파견 공직자등에게 지급하거나 상급 공직자등이 **위로·격려·포상 등의 목적**으로 하급 공직자등에게 제공하는 금품등

2. 원활한 직무수행 또는 사교·의례 또는 부조의 목적으로 제공되는 **음식물·경조사비·선물 등**으로서 대통령령으로 정하는 가액 범위 안의 금품등 19 1차 다만, 선물 중 「농수산물 품질관리법」 제2조제1항제1호에 따른 농수산물 및 같은 항 제13호에 따른 농수산가공품(농수산물을 원료 또는 재료의 50퍼센트를 넘게 사용하여 가공한 제품만 해당한다)은 대통령령으로 정하는 **설날·추석을 포함한 기간**에 한정하여 그 가액 범위를 두배로 한다.

> **부정청탁 및 금품등 수수의 금지에 관한 법률 시행령 – 대통령령**
>
> **제17조(사교·의례 등 목적으로 제공되는 음식물·경조사비 등의 가액 범위 등)** ② 법 제8조제3항제2호 단서에서 "대통령령으로 정하는 설날·추석을 포함한 기간"이란 **설날·추석 전 24일부터 설날·추석 후 5일까지**(그 기간 중에 우편 등을 통해 발송하여 그 기간 후에 수수한 경우에는 그 수수한 날까지)를 말한다.
>
> ※ **음식물·경조사비·선물 등의 가액 범위(제17조제1항 관련)** ※
>
> 1. 음식물(제공자와 공직자등이 함께 하는 식사, 다과, 주류, 음료, 그 밖에 이에 준하는 것을 말한다): **3만원**
> 2. 경조사비: 축의금·조의금은 **5만원**. 다만, 축의금·조의금을 대신하는 화환·조화는 **10만원**으로 한다.
> 3. 선물: 다음 각 목의 금품등을 제외한 일체의 물품, 상품권(물품상품권 및 용역상품권만 해당하며, 이하 "상품권"이라 한다) 및 그 밖에 이에 준하는 것은 **5만원**. 다만, 「농수산물 품질관리법」 제2조제1항제1호에 따른 농수산물(이하 "농수산물"이라 한다) 및 같은 항 제13호에 따른 농수산가공품(농수산물을 원료 또는 재료의 **50퍼센트**를 넘게 사용하여 가공한 제품만 해당하며, 이하 "농수산가공품"이라 한다)과 농수산물·농수산가공품 상품권은 **15만원**(제17조제2항에 따른 기간 중에는 **30만원**)으로 한다.
>   가. 금전
>   나. 유가증권(상품권은 제외한다)
>   다. 제1호의 음식물
>   라. 제2호의 경조사비

3. **사적 거래(증여는 제외한다)**로 인한 **채무의 이행** 등 정당한 권원(權原)에 의하여 제공되는 금품등 19 1차, 23 경간

4. 공직자등의 **친족**(「민법」 제777조에 따른 친족을 말한다)**이 제공**하는 금품등
5. 공직자등과 관련된 직원상조회·동호인회·동창회·향우회·친목회·종교단체·사회단체 등이 정하는 기준에 따라 구성원에게 제공하는 금품등 및 그 소속 구성원 등 공직자등과 특별히 **장기적·지속적인 친분관계를 맺고 있는 자**가 질병·재난 등으로 어려운 처지에 있는 공직자등에게 제공하는 금품등 19 승진
6. 공직자등의 직무와 관련된 공식적인 행사에서 주최자가 참석자에게 **통상적인 범위에서 일률적으로 제공**하는 교통, 숙박, 음식물 등의 금품등 19 승진
7. **불특정 다수인**에게 배포하기 위한 기념품 또는 홍보용품 등이나 경연·추첨을 통하여 받는 보상 또는 상품 등
8. 그 밖에 다른 **법령·기준 또는 사회상규에 따라 허용**되는 금품등 19 1차

④ 공직자등의 배우자는 공직자등의 직무와 관련하여 제1항 또는 제2항에 따라 공직자등이 받는 것이 금지되는 금품등(이하 "수수 금지 금품등"이라 한다)을 받거나 요구하거나 제공받기로 약속해서는 아니 된다.

> 1. 청탁금지법의 적용대상인 배우자에는 법률상 배우자만 해당한다.(사실혼 배우자X)
> 2. 금품등을 직접 수수한 배우자에 대해서는 청탁금지법상 제재규정은 없다.

⑤ 누구든지 공직자등에게 또는 그 공직자등의 배우자에게 수수 금지 금품등을 제공하거나 그 제공의 약속 또는 의사표시를 해서는 아니 된다.

제9조(수수 금지 금품등의 신고 및 처리) ① 공직자등은 다음 각 호의 어느 하나에 해당하는 경우에는 **소속기관장에게 지체 없이 서면으로 신고하여야 한다.** 21 2차
1. **공직자등 자신이 수수 금지 금품등을 받거나 그 제공의 약속 또는 의사표시를 받은 경우**
2. **공직자등이 자신의 배우자가 수수 금지 금품등을 받거나 그 제공의 약속 또는 의사표시를 받은 사실을 안 경우**

② 공직자등은 자신이 수수 금지 금품등을 받거나 그 제공의 약속이나 의사표시를 받은 경우 또는 자신의 배우자가 수수 금지 금품등을 받거나 그 제공의 약속이나 의사표시를 받은 사실을 알게 된 경우에는 이를 제공자에게 지체 없이 반환하거나 반환하도록 하거나 그 거부의 의사를 밝히거나 밝히도록 하여야 한다. 다만, 받은 금품등이 다음 각 호의 어느 하나에 해당하는 경우에는 **소속기관장에게 인도하거나 인도하도록 하여야 한다.**
1. 멸실·부패·변질 등의 우려가 있는 경우
2. 해당 금품등의 제공자를 알 수 없는 경우
3. 그 밖에 제공자에게 반환하기 어려운 사정이 있는 경우

③ 소속기관장은 제1항에 따라 신고를 받거나 제2항 단서에 따라 금품등을 인도받은 경우 수수 금지 금품등에 해당한다고 인정하는 때에는 반환 또는 인도하게 하거나 거부의 의사를 표시하도록 하여야 하며, 수사의 필요성이 있다고 인정하는 때에는 그 내용을 지체 없이 수사기관에 통보하여야 한다.
④ 소속기관장은 공직자등 또는 그 배우자가 수수 금지 금품등을 받거나 그 제공의 약속 또는 의사표시를 받은 사실을 알게 된 경우 수사의 필요성이 있다고 인정하는 때에는 그 내용을 지체 없이 수사기관에 통보하여야 한다.
⑤ 소속기관장은 소속 공직자등 또는 그 배우자가 수수 금지 금품등을 받거나 그 제공의 약속 또는 의사표시를 받은 사실을 알게 된 경우 또는 제1항부터 제4항까지의 규정에 따른 금품등의 신고, 금품등의 반환·인도 또는 수사기관에 대한 통보의 과정에서 직무의 수행에 지장이 있다고 인정하는 경우에는 해당 공직자등에게 제7조제4항 각 호 및 같은 조 제5항의 조치를 할 수 있다.
⑥ 공직자등은 제1항 또는 같은 조 제2항 단서에 따른 신고나 인도를 감독기관·감사원·수사기관 또는 국민권익위원회에도 할 수 있다.

⑦ 소속기관장은 공직자등으로부터 제1항제2호에 따른 신고를 받은 경우 그 공직자등의 배우자가 반환을 거부하는 금품등이 수수 금지 금품등에 해당한다고 인정하는 때에는 그 공직자등의 배우자로 하여금 그 금품등을 제공자에게 반환하도록 요구하여야 한다.

⑧ 제1항부터 제7항까지에서 규정한 사항 외에 수수 금지 금품등의 신고 및 처리 등에 필요한 사항은 대통령령으로 정한다.

제10조(외부강의등의 사례금 수수 제한) ① 공직자등은 자신의 직무와 관련되거나 그 지위·직책 등에서 유래되는 사실상의 영향력을 통하여 요청받은 교육·홍보·토론회·세미나·공청회 또는 그 밖의 회의 등에서 한 강의·강연·기고 등(이하 "**외부강의등**"이라 한다)의 대가로서 대통령령으로 정하는 **금액을 초과하는 사례금을 받아서는 아니 된다.** 20 경간

※ 외부강의 등 사례금 상한액 ※

> 1. 공직자등별 사례금 상한액
>   가. 법 제2조제2호가목 및 나목에 따른 공직자등(같은 호 다목에 따른 각급 학교의 장과 교직원 및 같은 호 라목에 따른 공직자등에도 해당하는 사람은 제외한다): **40만원**
>   나. 법 제2조제2호다목 및 라목에 따른 공직자등: **100만원**
>   다. 가목 및 나목에도 불구하고 국제기구, 외국정부, 외국대학, 외국연구기관, 외국학술단체, 그 밖에 이에 준하는 외국기관에서 지급하는 외부강의등의 사례금 상한액은 사례금을 지급하는 자의 지급기준에 따른다.
> 2. 적용기준
>   가. 제1호의 상한액은 강의 등의 경우 **1시간당**, 기고의 경우 1건당 상한액으로 한다.
>   나. **1시간을 초과하여 강의 등을 하는 경우**에도 사례금 총액은 강의시간에 관계없이 1시간 상한액의 **100분의 150에 해당하는 금액을 초과하지 못한다.**
>   다. 상한액에는 강의료, 원고료, 출연료 등 **명목에 관계없이 외부강의 등 사례금 제공자가 외부강의 등과 관련하여 공무원에게 제공하는 일체의 사례금을 포함한다.**
>   라. 다목에도 불구하고 공무원이 소속 기관에서 교통비, 숙박비, 식비 등 여비를 지급받지 못한 경우에는 「공무원 여비 규정」의 기준 내에서 **실비수준**으로 제공되는 **교통비, 숙박비, 및 식비**는 제1호의 **사례금에 포함되지 않는다.**

→ [경찰청에서 근무하는 甲총경은 A전자회사의 요청으로 시간 당 30만 원의 사례금을 약속받고 A전자회사의 직원을 대상으로 자신의 직무와 관련된 3시간짜리 강의를 월 1회, 총 3개월간 진행하였다. 이 경우 甲총경이 지급받을 수 있는 최대사례금 총액은 180만 원이다.] 23 2차

② 공직자등은 사례금을 받는 외부강의등을 할 때에는 대통령령으로 정하는 바에 따라 외부강의등의 요청 명세 등을 소속기관장에게 그 **외부강의등을 마친 날부터 10일 이내에 서면으로 신고하여야 한다.** 다만, **외부강의등을 요청한 자가 국가나 지방자치단체인 경우에는 그러하지 아니하다.** 19 승진, 20·23 경간, 21 2차, 23 2차

→ [사례금을 받지 않는 외부강의는 신고대상이 아님]

> **제26조(외부강의등의 신고)** ② 제1항에 따른 신고를 할 때 상세 명세 또는 사례금 총액 등을 **미리 알 수 없는 경우에는 해당 사항을 제외한 사항을 신고한 후 해당 사항을 안 날부터 5일 이내에 보완하여야 한다.**
> **제27조(초과사례금의 신고방법 등)** ① 공직자등은 법 제10조제1항에 따른 금액을 초과하는 사례금

> (이하 "초과사례금"이라 한다)을 받은 경우에는 법 제10조제5항에 따라 초과사례금을 받은 사실을 **안 날부터 2일 이내**에 다음 각 호의 사항을 적은 서면으로 **소속기관장에게 신고하여야 한다.** 23 2차
> 1. 제26조제1항에 따른 신고사항
> 2. 초과사례금의 액수 및 초과사례금의 반환 여부
> ② 제1항에 따른 신고를 받은 소속기관장은 초과사례금을 반환하지 아니한 공직자등에 대하여 신고사항을 확인한 후 7일 이내에 반환하여야 할 초과사례금의 액수를 산정하여 해당 공직자등에게 통지하여야 한다.
> ③ 제2항에 따라 통지를 받은 공직자등은 지체 없이 초과사례금(신고자가 초과사례금의 일부를 반환한 경우에는 그 차액으로 한정한다)을 제공자에게 반환하고 그 사실을 소속기관장에게 알려야 한다.

④ 소속기관장은 제2항에 따라 공직자등이 신고한 외부강의등이 **공정한 직무수행을 저해할 수 있다고 판단하는 경우에는 그 공직자등의 외부강의등을 제한할 수 있다.** 20 경간

⑤ 공직자등은 제1항에 따른 금액을 **초과하는 사례금을 받은 경우에는** 대통령령으로 정하는 바에 따라 **소속기관장에게 신고하고, 제공자에게 그 초과금액을 지체 없이 반환하여야 한다.** 22 2차

제11조(공무수행사인의 공무 수행과 관련된 행위제한 등) ① 다음 각 호의 어느 하나에 해당하는 자(이하 "공무수행사인"이라 한다)의 공무 수행에 관하여는 제5조부터 제9조까지를 준용한다.
1. 「행정기관 소속 위원회의 설치·운영에 관한 법률」 또는 다른 법령에 따라 설치된 각종 위원회의 위원 중 공직자가 아닌 위원
2. 법령에 따라 공공기관의 권한을 위임·위탁받은 법인·단체 또는 그 기관이나 개인
3. 공무를 수행하기 위하여 민간부문에서 공공기관에 파견 나온 사람
4. 법령에 따라 공무상 심의·평가 등을 하는 개인 또는 법인·단체

② 제1항에 따라 공무수행사인에 대하여 제5조부터 제9조까지를 준용하는 경우 "공직자등"은 "공무수행사인"으로 보고, "소속기관장"은 "다음 각 호의 구분에 따른 자"로 본다.
1. 제1항제1호에 따른 위원회의 위원: 그 위원회가 설치된 공공기관의 장
2. 제1항제2호에 따른 법인·단체 또는 그 기관이나 개인: 감독기관 또는 권한을 위임하거나 위탁한 공공기관의 장
3. 제1항제3호에 따른 사람: 파견을 받은 공공기관의 장
4. 제1항제4호에 따른 개인 또는 법인·단체: 해당 공무를 제공받는 공공기관의 장

제13조(위반행위의 신고 등) ① **누구든지** 이 법의 위반행위가 발생하였거나 발생하고 있다는 사실을 알게 된 경우에는 다음 각 호의 어느 하나에 해당하는 기관에 **신고할 수 있다.** 19 승진
1. 이 법의 위반행위가 발생한 **공공기관 또는 그 감독기관**
2. **감사원 또는 수사기관**
3. **국민권익위원회**

② 제1항에 따른 신고를 한 자가 다음 각 호의 어느 하나에 해당하는 경우에는 이 법에 따른 보호 및 보상을 받지 못한다.
1. 신고의 내용이 거짓이라는 사실을 알았거나 알 수 있었음에도 신고한 경우
2. 신고와 관련하여 금품등이나 근무관계상의 특혜를 요구한 경우
3. 그 밖에 부정한 목적으로 신고한 경우

③ 제1항에 따라 신고를 하려는 자는 자신의 인적사항과 신고의 취지·이유·내용을 적고 서명한 문서와 함께 신고 대상 및 증거 등을 제출하여야 한다.

제13조의2(비실명 대리신고) ① 제13조제3항에도 불구하고 같은 조 제1항에 따라 신고를 하려는 자는 **자신의 인적사항을 밝히지 아니하고 변호사를 선임하여 신고를 대리하게 할 수 있다.** 이 경우 제13조제3항에 따른 신고자의 인적사항 및 신고자가 서명한 문서는 변호사의 인적사항 및 변호사가 서명한 문서로 갈음한다.
② 제1항에 따른 신고는 국민권익위원회에 하여야 하며, 신고자 또는 신고를 대리하는 변호사는 그 취지를 밝히고 신고자의 인적사항, 신고자임을 입증할 수 있는 자료 및 위임장을 국민권익위원회에 함께 제출하여야 한다.
③ 국민권익위원회는 제2항에 따라 제출된 자료를 봉인하여 보관하여야 하며, 신고자 본인의 동의 없이 이를 열람하여서는 아니 된다.

제14조(신고의 처리) ① 제13조제1항제1호 또는 제2호의 기관(이하 "조사기관"이라 한다)은 같은 조 제1항에 따라 신고를 받거나 제2항에 따라 **국민권익위원회로부터 신고를 이첩받은 경우**에는 그 내용에 관하여 **필요한 조사·감사 또는 수사를 하여야 한다.**
② **국민권익위원회가** 제13조제1항에 따른 신고를 받은 경우에는 그 내용에 관하여 신고자를 상대로 사실관계를 확인한 후 대통령령으로 정하는 바에 따라 **조사기관에 이첩하고, 그 사실을 신고자에게 통보하여야 한다.**
③ **조사기관은** 제1항에 따라 **조사·감사 또는 수사를 마친 날부터 10일 이내에 그 결과를 신고자와 국민권익위원회에 통보**(국민권익위원회로부터 이첩받은 경우만 해당한다)하고, 조사·감사 또는 수사 결과에 따라 공소 제기, 과태료 부과 대상 위반행위의 통보, 징계 처분 등 필요한 조치를 하여야 한다.
④ **국민권익위원회는** 제3항에 따라 조사기관으로부터 조사·감사 또는 수사 결과를 통보받은 경우에는 **지체 없이 신고자에게 조사·감사 또는 수사 결과를 알려야 한다.**
⑤ 제3항 또는 제4항에 따라 조사·감사 또는 수사 결과를 통보받은 **신고자는 조사기관에 이의신청을 할 수 있으며,** 제4항에 따라 조사·감사 또는 수사 결과를 통지받은 신고자는 **국민권익위원회에도 이의신청을 할 수 있다.**
⑥ **국민권익위원회는** 조사기관의 조사·감사 또는 수사 결과가 충분하지 아니하다고 인정되는 경우에는 조사·감사 또는 수사 결과를 통보받은 날부터 **30일 이내에** 새로운 증거자료의 제출 등 합리적인 이유를 들어 **조사기관에 재조사를 요구할 수 있다.**
⑦ 제6항에 따른 재조사를 요구받은 **조사기관은** 재조사를 종료한 날부터 **7일 이내에** 그 **결과를 국민권익위원회에 통보하여야 한다.** 이 경우 국민권익위원회는 통보를 받은 즉시 신고자에게 재조사 결과의 요지를 알려야 한다.

제15조(신고자등의 보호·보상) ① 누구든지 다음 각 호의 어느 하나에 해당하는 신고 등(이하 "신고등"이라 한다)을 하지 못하도록 방해하거나 신고등을 한 자(이하 "신고자등"이라 한다)에게 이를 취소하도록 강요해서는 아니 된다.
  1. 제7조제2항 및 제6항에 따른 신고
  2. 제9조제1항, 같은 조 제2항 단서 및 같은 조 제6항에 따른 신고 및 인도
  3. 제13조제1항에 따른 신고
  4. 제1호부터 제3호까지에 따른 신고를 한 자 외에 협조를 한 자가 신고에 관한 조사·감사·수사·소송 또는 보호조치에 관한 조사·소송 등에서 진술·증언 및 자료제공 등의 방법으로 조력하는 행위
② 누구든지 신고자등에게 신고등을 이유로 불이익조치(「공익신고자 보호법」 제2조제6호에 따른 불이익조치를 말한다. 이하 같다)를 해서는 아니 된다.
③ 이 법에 따른 위반행위를 한 자가 위반사실을 자진하여 신고하거나 신고자등이 신고등을 함으로 인하여 자신이 한 이 법 위반행위가 발견된 경우에는 그 위반행위에 대한 형사처벌, 과태료 부과, 징계처분, 그

밖의 행정처분 등을 감경하거나 면제할 수 있다.
④ 제1항부터 제3항까지에서 규정한 사항 외에 신고자등의 보호 등에 관하여는 「공익신고자 보호법」 제11조부터 제13조까지, 제14조제4항부터 제6항까지, 제16조부터 제20조까지, 제20조의2, 제21조 및 제22조부터 제25조까지의 규정을 준용한다. 이 경우 "공익신고자등"은 "신고자등"으로, "공익신고등"은 "신고등"으로, "공익신고자"는 "신고자"로, "공익침해행위"는 "이 법의 위반행위"로 본다.
⑤ 국민권익위원회는 제13조제1항에 따른 신고로 인하여 공공기관에 재산상 이익을 가져오거나 손실을 방지한 경우 또는 공익의 증진을 가져온 경우에는 그 신고자에게 포상금을 지급할 수 있다.
⑥ 국민권익위원회는 제13조제1항에 따른 신고로 인하여 공공기관에 직접적인 수입의 회복·증대 또는 비용의 절감을 가져온 경우에는 그 신고자의 신청에 의하여 보상금을 지급하여야 한다.
⑦ 국민권익위원회는 제13조제1항에 따라 신고를 한 자, 그 친족이나 동거인 또는 그 신고와 관련하여 진술·증언 및 자료제공 등의 방법으로 신고에 관한 감사·수사 또는 조사 등에 조력한 자가 신고 등과 관련하여 다음 각 호의 어느 하나에 해당하는 피해를 입었거나 비용을 지출한 경우에는 신청에 따라 구조금을 지급할 수 있다.
  1. 육체적·정신적 치료 등에 소요된 비용
  2. 전직·파견근무 등으로 소요된 이사비용
  3. 제13조제1항에 따른 신고 등을 이유로 한 쟁송절차에 소요된 비용
  4. 불이익조치 기간의 임금 손실액
  5. 그 밖의 중대한 경제적 손해(인가·허가 등의 취소 등 행정적 불이익을 주는 행위 또는 물품·용역 계약의 해지 등 경제적 불이익을 주는 조치에 따른 손해는 제외한다)

제15조의2(이행강제금) ① 국민권익위원회는 제15조제4항에 따라 준용되는 「공익신고자 보호법」 제20조제1항에 따른 보호조치결정을 받은 후 그 정해진 기한까지 보호조치를 취하지 아니한 자에게는 3천만원 이하의 이행강제금을 부과한다. 다만, 국가 또는 지방자치단체는 제외한다.
② 제1항에 따른 이행강제금의 부과 기준, 절차 및 징수 등에 필요한 사항은 「공익신고자 보호법」 제21조의2 제2항부터 제7항까지의 규정을 준용한다.

제16조(위법한 직무처리에 대한 조치) 공공기관의 장은 공직자등이 직무수행 중에 또는 직무수행 후에 제5조, 제6조 및 제8조를 위반한 사실을 발견한 경우에는 해당 직무를 중지하거나 취소하는 등 필요한 조치를 하여야 한다.

제17조(부당이득의 환수) 공공기관의 장은 제5조, 제6조, 제8조를 위반하여 수행한 공직자등의 직무가 위법한 것으로 확정된 경우에는 그 직무의 상대방에게 이미 지출·교부된 금액 또는 물건이나 그 밖에 재산상 이익을 환수하여야 한다.

제18조(비밀누설 금지) 다음 각 호의 어느 하나에 해당하는 업무를 수행하거나 수행하였던 공직자등은 그 업무처리 과정에서 알게 된 비밀을 누설해서는 아니 된다. 다만, 제7조제7항에 따라 공개하는 경우에는 그러하지 아니하다.
  1. 제7조에 따른 부정청탁의 신고 및 조치에 관한 업무
  2. 제9조에 따른 수수 금지 금품등의 신고 및 처리에 관한 업무

제19조(교육과 홍보 등) ① 공공기관의 장은 공직자등에게 부정청탁 금지 및 금품등의 수수 금지에 관한 내용을 정기적으로 교육하여야 하며, 이를 준수할 것을 약속하는 서약서를 받아야 한다.
② 공공기관의 장은 이 법에서 금지하고 있는 사항을 적극적으로 알리는 등 국민들이 이 법을 준수하도록 유도하여야 한다.
③ 공공기관의 장은 제1항 및 제2항에 따른 교육 및 홍보 등의 실시를 위하여 필요하면 국민권익위원회에

지원을 요청할 수 있다. 이 경우 국민권익위원회는 적극 협력하여야 한다.

제20조(부정청탁 금지 등을 담당하는 담당관의 지정) 공공기관의 장은 소속 공직자등 중에서 다음 각 호의 부정청탁 금지 등을 담당하는 담당관을 지정하여야 한다.
1. 부정청탁 금지 및 금품등의 수수 금지에 관한 내용의 교육·상담
2. 이 법에 따른 신고·신청의 접수, 처리 및 내용의 조사
3. 이 법에 따른 소속기관장의 위반행위를 발견한 경우 법원 또는 수사기관에 그 사실의 통보

제21조(징계) 공공기관의 장 등은 공직자등이 이 법 또는 이 법에 따른 명령을 위반한 경우에는 **징계처분을 하여야** 한다.

제22조(벌칙) ① 명목에 관계없이 동일인으로부터 1회에 100만원 또는 매 회계연도에 300만원을 초과하는 **금품등을 받거나 요구 또는 약속한 자는 3년 이하의 징역 또는 3천만원 이하의 벌금**에 처한다.
② 부정청탁을 받고 그에 따라 직무를 수행한 공직자 등은 2년 이하의 징역 또는 2천만원 이하의 벌금에 처한다. 19 승진

제23조(과태료 부과) ① 제3자를 위하여 다른 공직자등에게 부정청탁을 한 공직자등에게는 3천만원 이하의 과태료를 부과한다.
② 제3자를 위하여 공직자등에게 부정청탁을 한 자에게는 2천만원 이하의 과태료를 부과한다.
③ 제3자를 통하여 공직자등에게 부정청탁을 한 자에게는 1천만원 이하의 과태료를 부과한다.
④ 외부강의 등 사례금 수수제한에 따른 신고 및 반환 조치를 하지 아니한 공직자등에게는 500만원 이하의 과태료를 부과한다.

09 공직자 이해충돌방지법

제1장 총칙

제1조(목적) 이 법은 **공직자의 직무수행과 관련한 사적 이익추구를 금지**함으로써 **공직자의 직무수행 중 발생할 수 있는 이해충돌을 방지**하여 공정한 직무수행을 보장하고 공공기관에 대한 국민의 신뢰를 확보하는 것을 목적으로 한다.

제2조(정의) 이 법에서 사용하는 용어의 뜻은 다음과 같다.
1. "**공공기관**"이란 다음 각 목의 어느 하나에 해당하는 기관·단체를 말한다.
   가. 국회, 법원, 헌법재판소, 선거관리위원회, 감사원, 고위공직자범죄수사처, 국가인권위원회, 중앙행정기관(대통령 소속 기관과 국무총리 소속 기관을 포함한다)과 그 소속 기관
   나. 「지방자치법」에 따른 **지방자치단체의 집행기관 및 지방의회**
   다. 「지방교육자치에 관한 법률」에 따른 **교육행정기관**
   라. 「공직자윤리법」 제3조의2에 따른 **공직유관단체**
   마. 「공공기관의 운영에 관한 법률」 제4조에 따른 **공공기관**
   바. 「초·중등교육법」, 「고등교육법」 또는 그 밖의 다른 법령에 따라 설치된 **각급 국립·공립 학교**

① 「사립학교법」에 따른 학교법인은 「공직자 이해충돌방지법」상 공공기관에는 포함되지 아니한다.
② 언론사의 경우 「공직자 이해충돌방지법」상 공공기관에는 포함되지 아니한다.

2. "공직자"란 다음 각 목의 어느 하나에 해당하는 사람을 말한다.
   가. 「국가공무원법」 또는 「지방공무원법」에 따른 공무원과 그 밖에 다른 법률에 따라 그 자격·임용·교육훈련·복무·보수·신분보장 등에 있어서 공무원으로 인정된 사람 22 2차
   나. 제1호라목 또는 마목에 해당하는 공공기관의 장과 그 임직원
   다. 제1호바목에 해당하는 각급 국립·공립 학교의 장과 교직원

3. "고위공직자"란 다음 각 목의 어느 하나에 해당하는 공직자를 말한다.
   아. 치안감 이상의 경찰공무원 및 특별시·광역시·특별자치시·도·특별자치도의 시·도경찰청장 22 경채

4. "이해충돌"이란 공직자가 직무를 수행할 때에 자신의 사적 이해관계가 관련되어 공정하고 청렴한 직무수행이 저해되거나 저해될 우려가 있는 상황을 말한다. 22 경채

5. "직무관련자"란 공직자가 법령(조례·규칙을 포함한다. 이하 같다)·기준(제1호라목부터 바목까지의 공공기관의 규정·사규 및 기준 등을 포함한다. 이하 같다)에 따라 수행하는 직무와 관련되는 자로서 다음 각 목의 어느 하나에 해당하는 개인·법인·단체 및 공직자를 말한다.
   가. 공직자의 직무수행과 관련하여 일정한 행위나 조치를 요구하는 개인이나 법인 또는 단체
   나. 공직자의 직무수행과 관련하여 이익 또는 불이익을 직접적으로 받는 개인이나 법인 또는 단체
   다. 공직자가 소속된 공공기관과 계약을 체결하거나 체결하려는 것이 명백한 개인이나 법인 또는 단체 24 경간
   라. 공직자의 직무수행과 관련하여 이익 또는 불이익을 직접적으로 받는 다른 공직자. 다만, 공공기관이 이익 또는 불이익을 직접적으로 받는 경우에는 그 공공기관에 소속되어 해당 이익 또는 불이익과 관련된 업무를 담당하는 공직자를 말한다.

6. "**사적이해관계자**"란 다음 각 목의 어느 하나에 해당하는 자를 말한다.
   가. **공직자 자신 또는 그 가족**(「민법」 제779조에 따른 가족을 말한다. 이하 같다) 23 승진
   나. **공직자 자신 또는 그 가족**이 임원·대표자·관리자 또는 사외이사로 재직하고 있는 법인 또는 단체
   다. **공직자 자신이나 그 가족**이 대리하거나 고문·자문 등을 제공하는 개인이나 법인 또는 단체
   라. **공직자로 채용·임용되기 전 2년 이내에 공직자 자신**이 재직하였던 법인 또는 단체
   마. **공직자로 채용·임용되기 전 2년 이내에 공직자 자신**이 대리하거나 고문·자문 등을 제공하였던 개인이나 법인 또는 단체 24 경간
   바. **공직자 자신 또는 그 가족이 대통령령으로 정하는 일정 비율 이상의 주식·지분 또는 자본금 등을 소유하고 있는 법인 또는 단체**
      1. 공직자 자신이나 그 가족(「민법」 제779조에 따른 가족을 말한다. 이하 같다)이 단독으로 또는 합산하여 **발행주식 총수의 100분의 30 이상을 소유**하고 있는 법인 또는 단체
      2. 공직자 자신이나 그 가족이 단독으로 또는 합산하여 **출자지분 총수의 100분의 30 이상을 소유**하고 있는 법인 또는 단체
      3. 공직자 자신이나 그 가족이 단독으로 또는 합산하여 **자본금 총액의 100분의 50 이상을 소유**하고 있는 법인 또는 단체
   사. 최근 2년 이내에 퇴직한 공직자로서 퇴직일 전 2년 이내에 제5조제1항 각 호의 어느 하나에 해당하는 직무를 수행하는 공직자와 국회규칙, 대법원규칙, 헌법재판소규칙, 중앙선거관리위원회규칙 또는 대통령령으로 정하는 범위의 부서에서 **같이 근무하였던 사람**
   아. 그 밖에 공직자의 사적 이해관계와 관련되는 자로서 국회규칙, 대법원규칙, 헌법재판소규칙, 중앙

선거관리위원회규칙 또는 대통령령으로 정하는 자
7. "소속기관장"이란 공직자가 소속된 공공기관의 장을 말한다.

제3조(국가 등의 책무) ① 국가는 공직자가 공정하고 청렴하게 직무를 수행할 수 있는 근무 여건을 조성하기 위하여 노력하여야 한다.
② 공공기관은 공직자가 사적 이해관계로 인하여 공정하고 청렴한 직무수행에 지장을 주지 아니하도록 이해충돌을 효과적으로 확인·관리하기 위한 조치를 하여야 한다.
③ 공공기관은 공직자가 위반행위 신고 등 이 법에 따른 조치를 함으로써 불이익을 당하지 아니하도록 적절한 보호조치를 하여야 한다.

제4조(공직자의 의무) ① 공직자는 사적 이해관계에 영향을 받지 아니하고 직무를 공정하고 청렴하게 수행하여야 한다.
② 공직자는 직무수행과 관련하여 공평무사하게 처신하고 직무관련자를 우대하거나 차별하여서는 아니 된다.
③ 공직자는 사적 이해관계로 인하여 공정하고 청렴한 직무수행이 곤란하다고 판단하는 경우에는 직무수행을 회피하는 등 이해충돌을 방지하여야 한다.

제2장 공직자의 이해충돌 방지 및 관리

제5조(사적이해관계자의 신고 및 회피·기피 신청) ① 다음 각 호의 어느 하나에 해당하는 직무를 수행하는 **공직자는 직무관련자**(직무관련자의 대리인을 포함한다. 이하 이 조에서 같다)가 사적이해관계자임을 안 경우 안 날부터 14일 이내에 소속기관장에게 그 사실을 서면(전자문서를 포함한다. 이하 같다)으로 신고하고 회피를 신청하여야 한다.
1. 인가·허가·면허·특허·승인·검사·검정·시험·인증·확인, 지정·등록, 등재·인정·증명, 신고·심사, 보호·감호, 보상 또는 이에 준하는 직무
2. 행정지도·단속·감사·조사·감독에 관계되는 직무
3. 병역판정검사, 징집·소집·동원에 관계되는 직무
4. 개인·법인·단체의 영업 등에 관한 작위 또는 부작위의 의무부과 처분에 관계되는 직무
5. 조세·부담금·과태료·과징금·이행강제금 등의 조사·부과·징수 또는 취소·철회·시정명령 등 제재적 처분에 관계되는 직무
6. 보조금·장려금·출연금·출자금·교부금·기금의 배정·지급·처분·관리에 관계되는 직무
7. 공사·용역 또는 물품 등의 조달·구매의 계약·검사·검수에 관계되는 직무
8. 사건의 수사·재판·심판·결정·조정·중재·화해 또는 이에 준하는 직무 22 경채
9. 공공기관의 재화 또는 용역의 매각·교환·사용·수익·점유에 관계되는 직무
10. 공직자의 채용·승진·전보·상벌·평가에 관계되는 직무
11. 공공기관이 실시하는 행정감사에 관계되는 직무
12. 각급 국립·공립 학교의 입학·성적·수행평가에 관계되는 직무
13. 공공기관이 주관하는 각종 수상, 포상, 우수기관 선정, 우수자 선발에 관계되는 직무
14. 공공기관이 실시하는 각종 평가·판정에 관계되는 직무
15. 국회의원 또는 지방의회의원의 소관 위원회 활동과 관련된 청문, 의안·청원 심사, 국정감사, 지방자치단체의 행정사무감사, 국정조사, 지방자치단체의 행정사무조사와 관계되는 직무
16. 그 밖에 국회규칙, 대법원규칙, 헌법재판소규칙, 중앙선거관리위원회규칙 또는 대통령령으로 정하는 직무
② 직무관련자 또는 공직자의 직무수행과 관련하여 직접적인 이해관계가 있는 자는 해당 공직자에게 제1항에 따른 신고 및 회피 의무가 있거나 그 밖에 공정한 직무수행을 저해할 우려가 있는 사적 이해관계가 있

다고 판단하는 경우에는 그 공직자의 소속기관장에게 기피를 신청할 수 있다.
③ 다음 각 호의 어느 하나에 해당하는 경우에는 **제1항 및 제2항을 적용하지 아니한다.**
  1. 제1항 각 호에 해당하는 **직무와 관련하여 불특정다수를 대상으로 하는 법률이나 대통령령의 제정·개정 또는 폐지를 수반하는 경우**
  2. 특정한 사실 또는 법률관계에 관한 **확인·증명을 신청하는 민원에 따라 해당 서류를 발급하는 경우**
④ 제1항 각 호에 해당하는 직무와 관련된 다른 법령·기준에 제척·기피·회피 등 이해충돌 방지를 위한 절차가 마련되어 있어 공직자가 그 절차에 따른 경우, 제1항에 따른 신고·회피 의무를 다한 것으로 본다.
⑤ 제1항 및 제2항에 따른 신고 및 회피·기피의 절차와 방법, 신고·회피·기피의 기록·관리 등에 필요한 사항은 국회규칙, 대법원규칙, 헌법재판소규칙, 중앙선거관리위원회규칙 또는 대통령령으로 정한다.

제6조(공공기관 직무 관련 부동산 보유·매수 신고) ① **부동산을 직접적으로 취급하는 대통령령으로 정하는 공공기관의 공직자는** 다음 각 호의 어느 하나에 해당하는 사람이 **소속 공공기관의 업무와 관련된 부동산을 보유하고 있거나 매수하는 경우 소속기관장에게 그 사실을 서면으로 신고하여야 한다.** 22 2차
  1. 공직자 자신, 배우자
  2. 공직자와 생계를 같이하는 직계존속·비속(배우자의 직계존속·비속으로 생계를 같이하는 경우를 포함한다)
② 제1항에 따른 공공기관 외의 공공기관의 공직자는 **소속 공공기관이 택지개발, 지구 지정 등 대통령령으로 정하는 부동산 개발 업무를 하는 경우** 제1항 각 호의 어느 하나에 해당하는 사람이 **그 부동산을 보유하고 있거나 매수하는 경우 소속기관장에게 그 사실을 서면으로 신고하여야 한다.**
③ 제1항 및 제2항에 따른 **신고는 부동산을 보유한 사실을 알게 된 날부터 14일 이내, 매수 후 등기를 완료한 날부터 14일 이내에 하여야 한다.**
④ 제1항 및 제2항에 따른 신고 내용·절차 및 방법 등에 필요한 사항은 대통령령으로 정한다.

제7조(사적이해관계자의 신고 등에 대한 조치) ① 제5조제1항에 따른 신고·회피신청이나 같은 조 제2항에 따른 기피신청 또는 제6조에 따른 **부동산 보유·매수 신고를 받은 소속기관장은** 해당 공직자의 직무수행에 지장이 있다고 인정하는 경우에는 다음 각 호의 어느 하나에 해당하는 **조치를 하여야 한다.**
  1. 직무수행의 일시 중지 명령
  2. 직무 대리자 또는 직무 공동수행자의 지정
  3. 직무 재배정
  4. 전보
② 소속기관장은 제1항에도 불구하고 다음 각 호의 어느 하나에 해당하는 경우에는 해당 공직자가 계속 그 직무를 수행하도록 할 수 있다. 이 경우 제25조에 따른 이해충돌방지담당관 또는 다른 공직자로 하여금 공정한 직무수행 여부를 확인·점검하게 하여야 한다.
  1. 직무를 수행하는 공직자를 대체하기가 지극히 어려운 경우
  2. 국가의 안전보장 및 경제발전 등 공익 증진을 위하여 직무수행의 필요성이 더 큰 경우
③ 소속기관장은 제1항 또는 제2항에 따른 조치를 하였을 때에는 그 처리 결과를 해당 공직자와 기피를 신청한 자에게 통보하여야 한다.
④ 제6조제1항 및 제2항에 따른 부동산 보유 또는 매수 신고를 받은 소속기관장은 해당 부동산 보유·매수가 이 법 또는 다른 법률에 위반되는 것으로 의심될 경우 지체 없이 수사기관·감사원·감독기관 또는 국민권익위원회에 신고하거나 고발하여야 한다.
⑤ 제1항부터 제4항까지의 규정에 따른 조치·확인·점검·통보, 신고·고발의 기록·관리 및 절차와 방법 등에 필요한 사항은 국회규칙, 대법원규칙, 헌법재판소규칙, 중앙선거관리위원회규칙 또는 대통령령으로 정한다.

제8조(고위공직자의 민간 부문 업무활동 내역 제출 및 공개) ① 고위공직자는 그 직위에 임용되거나 임기를 개시하기 전 3년 이내에 민간 부문에서 업무활동을 한 경우, 그 활동 내역을 그 직위에 임용되거나 임기를 개시한 날(다음날X)부터 30일 이내에 소속기관장에게 제출하여야 한다. 24 경간
② 제1항에 따른 업무활동 내역에는 다음 각 호의 사항이 포함되어야 한다.
 1. 재직하였던 법인·단체 등과 그 업무 내용
 2. 대리, 고문·자문 등을 한 경우 그 업무 내용
 3. 관리·운영하였던 사업 또는 영리행위의 내용
③ 소속기관장은 제1항에 따라 제출된 업무활동 내역을 보관·관리하여야 한다.
④ 소속기관장은 다른 법령에서 정보공개가 금지되지 아니하는 범위에서 제2항의 **업무활동 내역을 공개할 수 있다.**
⑤ 제1항부터 제4항까지에서 규정한 사항 외에 업무활동 내역 제출, 보관·관리 및 공개에 필요한 사항은 대통령령으로 정한다.

제9조(직무관련자와의 거래 신고) ① 공직자는 자신, 배우자 또는 직계존속·비속(배우자의 직계존속·비속으로 생계를 같이하는 경우를 포함한다. 이하 이 조에서 같다) 또는 **특수관계사업자**(자신, 배우자 또는 직계존속·비속이 대통령령으로 정하는 일정 비율 이상의 주식·지분 등을 소유하고 있는 법인 또는 단체를 말한다. 이하 같다)가 공직자 자신의 **직무관련자**(「민법」 제777조에 따른 친족인 경우는 제외한다)**와** 다음 각 호의 어느 하나에 해당하는 행위를 한다는 것을 사전에 안 경우에는 안 날부터 14일 이내에 소속기관장에게 그 사실을 서면으로 신고하여야 한다. 23 승진
 1. **금전을 빌리거나 빌려주는 행위 및 유가증권을 거래하는 행위.** 다만, 「금융실명거래 및 비밀보장에 관한 법률」에 따른 금융회사등, 「대부업 등의 등록 및 금융이용자 보호에 관한 법률」에 따른 대부업자등이나 그 밖의 금융회사로부터 통상적인 조건으로 금전을 빌리는 행위 및 유가증권을 거래하는 행위는 제외한다.
 2. 토지 또는 건축물 등 부동산을 거래하는 행위. 다만, 공개모집에 의하여 이루어지는 분양이나 공매·경매·입찰을 통한 재산상 거래 행위는 제외한다. 23 승진
 3. 제1호 및 제2호의 거래 행위 외의 물품·용역·공사 등의 계약을 체결하는 행위. 다만, 공매·경매·입찰을 통한 계약 체결 행위 또는 거래관행상 불특정다수를 대상으로 반복적으로 행하여지는 계약 체결 행위는 제외한다.
② 공직자는 제1항 각 호에 따른 행위가 있었음을 사후에 알게 된 경우에도 안 날부터 14일 이내에 소속기관장에게 그 사실을 서면으로 신고하여야 한다.
③ 소속기관장은 제1항 또는 제2항에 따라 공직자가 신고한 행위가 직무의 공정한 수행을 저해할 수 있다고 판단되는 경우에는 해당 공직자에게 제7조제1항 각 호 또는 같은 조 제2항의 **조치를 할 수 있다.**
④ 제1항부터 제3항까지에서 규정한 사항 외에 거래 신고의 기록·관리 등에 필요한 사항은 대통령령으로 정한다.

제10조(직무 관련 외부활동의 제한) 공직자는 다음 각 호의 행위를 하여서는 아니 된다. 다만, 「국가공무원법」 등 다른 법령·기준에 따라 허용되는 경우는 그러하지 아니하다. 23 승진
 1. **직무관련자에게 사적으로 노무 또는 조언·자문 등을 제공하고 대가를 받는 행위** 23 승진
 2. 소속 공공기관의 소관 직무와 관련된 지식이나 정보를 타인에게 제공하고 대가를 받는 행위. 다만, 「**부정청탁 및 금품등 수수의 금지에 관한 법률**」 제10조에 따른 외부강의등의 대가로서 사례금 수수가 허용되는 경우와 소속기관장이 허가한 경우는 제외한다.
 3. 공직자가 소속된 공공기관이 당사자이거나 직접적인 이해관계를 가지는 사안에서 자신이 소속된 공공기관의 상대방을 대리하거나 그 상대방에게 조언·자문 또는 정보를 제공하는 행위

4. 외국의 기관·법인·단체 등을 대리하는 행위. 다만, 소속기관장이 허가한 경우는 제외한다.
5. **직무와 관련된 다른 직위에 취임하는 행위.** 다만, 소속기관장이 허가한 경우는 제외한다.

제11조(가족 채용 제한) ① 공공기관(공공기관으로부터 출연금·보조금 등을 받거나 법령에 따라 업무를 위탁받는 산하 공공기관과 「상법」 제342조의2에 따른 자회사를 **포함**한다)은 다음 각 호의 어느 하나에 해당하는 **공직자의 가족을 채용할 수 없다.**

1. 소속 고위공직자
2. 채용업무를 담당하는 공직자
3. 해당 산하 공공기관의 감독기관인 공공기관 소속 고위공직자
4. 해당 자회사의 모회사인 공공기관 소속 고위공직자

② 다음 각 호의 어느 하나에 해당하는 경우에는 제1항을 적용하지 아니한다.
 1. 「국가공무원법」 등 다른 법령(제2조제1호라목 또는 마목에 해당하는 공공기관의 인사 관련 규정을 포함한다. 이하 이 조에서 같다)에서 정하는 공개경쟁채용시험 또는 경력 등 응시요건을 정하여 같은 사유에 해당하는 다수인을 대상으로 하는 채용시험에 합격한 경우
 2. 「국가공무원법」 등 다른 법령에 따라 다수인을 대상으로 시험을 실시하는 것이 적당하지 아니하여 다수인을 대상으로 하지 아니한 시험으로 공무원을 채용하는 경우로서 다음 각 목의 어느 하나에 해당하는 경우
  가. 공무원으로 재직하였다가 퇴직한 사람을 퇴직 시에 재직한 직급(고위공무원단에 속하는 공무원은 퇴직 시에 재직한 직위와 곤란성과 책임도가 유사한 직위를 말한다. 이하 이 호에서 같다)으로 재임용하는 경우
  나. 임용예정 직급·직위와 같은 직급·직위에서의 근무경력이 해당 법령에서 정하는 기간 이상인 사람을 임용하는 경우
  다. 국가공무원을 그 직급·직위에 해당하는 지방공무원으로 임용하거나, 지방공무원을 그 직급·직위에 해당하는 국가공무원으로 임용하는 경우
  라. 자격 요건 충족 여부만이 요구되거나 자격 요건에 해당하는 다른 대상자가 없어 다수인을 대상으로 할 수 없는 경우

③ 제1항 각 호의 어느 하나에 해당하는 공직자는 제1항을 위반하여 자신의 가족이 채용되도록 지시·유도 또는 묵인을 하여서는 아니 된다.
④ 제1항 및 제3항에도 불구하고 다른 법률에서 이 법의 적용을 받는 공공기관이 제1항 각 호의 어느 하나에 해당하는 공직자의 가족을 채용할 수 있도록 허용하고 있는 경우에는 그 법률의 규정에 따른다.

제12조(수의계약 체결 제한) ① 공공기관(공공기관으로부터 출연금·보조금 등을 받거나 법령에 따라 업무를 위탁받는 산하 공공기관과 「상법」 제342조의2에 따른 자회사를 포함한다)은 다음 각 호의 어느 하나에 해당하는 자와 물품·용역·공사 등의 수의계약(이하 "수의계약"이라 한다)을 체결할 수 없다. 다만, 해당 물품의 생산자가 1명뿐인 경우 등 대통령령으로 정하는 불가피한 사유가 있는 경우에는 그러하지 아니하다.

1. 소속 고위공직자
2. 해당 계약업무를 법령상·사실상 담당하는 소속 공직자
3. 해당 산하 공공기관의 감독기관 소속 고위공직자
4. 해당 자회사의 모회사인 공공기관 소속 고위공직자
5. 해당 공공기관이 「국회법」 제37조에 따른 상임위원회의 소관인 경우 해당 상임위원회 위원으로서 직무를 담당하는 국회의원
6. 「지방자치법」 제41조에 따라 해당 지방자치단체 등 공공기관을 감사 또는 조사하는 지방의회의원

7. 제1호부터 제6호까지의 어느 하나에 해당하는 공직자의 배우자 또는 직계존속·비속(배우자의 직계존속·비속으로 생계를 같이하는 경우를 포함한다. 이하 이 조에서 같다)
8. 제1호부터 제7호까지의 어느 하나에 해당하는 사람이 대표자인 법인 또는 단체
9. 제1호부터 제7호까지의 어느 하나에 해당하는 사람과 관계된 특수관계사업자

② 제1항제1호부터 제6호까지의 어느 하나에 해당하는 공직자는 제1항을 위반하여 같은 항 각 호의 어느 하나에 해당하는 자와 수의계약을 체결하도록 지시·유도 또는 묵인을 하여서는 아니 된다.

제13조(공공기관 물품 등의 사적 사용·수익 금지) 공직자는 공공기관이 소유하거나 임차한 물품·차량·선박·항공기·건물·토지·시설 등을 사적인 용도로 사용·수익하거나 제3자로 하여금 사용·수익하게 하여서는 아니 된다. 다만, 다른 법령·기준 또는 사회상규에 따라 허용되는 경우에는 그러하지 아니하다.

제14조(직무상 비밀 등 이용 금지) ① 공직자(**공직자가 아니게 된 날부터 3년이 경과하지 아니한 사람을 포함**하되, 다른 법률에서 이와 달리 규정하고 있는 경우에는 그 법률에서 규정한 바에 따른다. 이하 이 조, 제27조제1항, 같은 조 제2항제1호 및 같은 조 제3항제1호에서 같다)는 **직무수행 중 알게 된 비밀 또는 소속 공공기관의 미공개정보**(재물 또는 재산상 이익의 취득 여부의 판단에 중대한 영향을 미칠 수 있는 정보로서 불특정 다수인이 알 수 있도록 공개되기 전의 것을 말한다. 이하 같다)를 **이용하여 재물 또는 재산상의 이익을 취득하거나 제3자로 하여금 재물 또는 재산상의 이익을 취득하게 하여서는 아니 된다.** `22 경채`

② 공직자로부터 직무상 비밀 또는 소속 공공기관의 미공개정보임을 알면서도 제공받거나 부정한 방법으로 취득한 자는 이를 이용하여 재물 또는 재산상의 이익을 취득하여서는 아니 된다.

③ 공직자는 직무수행 중 알게 된 비밀 또는 소속 공공기관의 미공개정보를 사적 이익을 위하여 이용하거나 제3자로 하여금 이용하게 하여서는 아니 된다.

제15조(퇴직자 사적 접촉 신고) ① **공직자는 직무관련자인 소속 기관의 퇴직자**(공직자가 아니게 된 날부터 **2년이 지나지 아니한 사람만 해당한다**)**와 사적 접촉**(골프, 여행, 사행성 오락을 같이 하는 행위를 말한다)**을 하는 경우 소속기관장에게 신고**하여야 한다. 다만, 사회상규에 따라 허용되는 경우에는 그러하지 아니하다. `23 승진`

② 제1항에 따른 신고 내용 및 신고 방법, 기록 관리 등 필요한 사항은 국회규칙, 대법원규칙, 헌법재판소규칙, 중앙선거관리위원회규칙 또는 대통령령으로 정한다.

제16조(공무수행사인의 공무수행과 관련된 행위제한 등) ① 다음 각 호의 어느 하나에 해당하는 자(이하 "공무수행사인"이라 한다)의 공무수행에 관하여는 제5조, 제7조, 제14조, 제21조(제5조 및 제14조에 관한 사항에 한정한다. 이하 이 조에서 같다), 제22조제1항·제3항 및 제25조제1항을 준용한다.
1. 「행정기관 소속 위원회의 설치·운영에 관한 법률」 또는 다른 법령에 따라 설치된 각종 위원회의 위원 중 공직자가 아닌 위원
2. 법령에 따라 공공기관의 권한을 위임·위탁받은 개인이나 법인 또는 단체(법인 또는 단체에 소속되어 위임·위탁받은 권한에 관계되는 업무를 수행하는 임직원을 포함한다)
3. 공무를 수행하기 위하여 민간부문에서 공공기관에 파견 나온 사람
4. 법령에 따라 공무상 심의·평가 등을 하는 개인이나 법인 또는 단체(법인 또는 단체에 소속되어 심의·평가 등을 하는 임직원을 포함한다)

② 제1항에 따라 공무수행사인에 대하여 제5조, 제7조, 제14조, 제21조, 제22조제1항·제3항 및 제25조제1항을 준용하는 경우 "공직자"는 "공무수행사인"으로, "소속기관장"은 다음 각 호의 구분에 따른 자로 본다.
1. 제1항제1호에 따른 위원회의 위원: 그 위원회가 설치된 공공기관의 장
2. 제1항제2호에 따른 개인이나 법인 또는 단체: 감독기관 또는 권한을 위임하거나 위탁한 공공기관의 장
3. 제1항제3호에 따른 사람: 파견을 받은 공공기관의 장
4. 제1항제4호에 따른 개인이나 법인 또는 단체: 해당 공무를 제공받는 공공기관의 장

제3장 이해충돌 방지에 관한 업무의 총괄 등

제17조(공직자의 이해충돌 방지에 관한 업무의 총괄) 국민권익위원회는 이 법에 따른 다음 각 호의 사항에 관한 업무를 관장한다.
  1. 공직자의 이해충돌 방지에 관한 제도개선 및 교육·홍보 계획의 수립 및 시행
  2. 이 법에 따른 신고 등의 안내·상담·접수·처리 등
  3. 제18조제1항에 따른 신고를 한 자(이하 "신고자"라 한다) 등에 대한 보호 및 보상
  4. 제1호부터 제3호까지의 업무 수행에 필요한 실태조사 및 자료의 수집·관리·분석 등

제18조(위반행위의 신고 등) ① **누구든지** 이 법의 위반행위가 발생하였거나 발생하고 있다는 사실을 알게 된 경우에는 다음 각 호의 어느 하나에 해당하는 기관에 **신고할 수 있다.**
  1. 이 법의 위반행위가 발생한 **공공기관 또는 그 감독기관**
  2. **감사원 또는 수사기관**
  3. **국민권익위원회**
② 신고자가 다음 각 호의 어느 하나에 해당하는 경우에는 이 법에 따른 **보호 및 보상을 받지 못한다.**
  1. 신고의 내용이 **거짓**이라는 사실을 알았거나 알 수 있었음에도 불구하고 신고한 경우
  2. 신고와 관련하여 금품이나 근로관계상의 **특혜**를 요구한 경우
  3. 그 밖에 **부정한 목적**으로 신고한 경우
③ 제1항에 따라 신고를 하려는 자는 **자신의 인적사항과 신고의 취지·이유·내용을 적고 서명한 문서**와 함께 신고 대상 및 증거 등을 제출하여야 한다.

제19조(위반행위 신고의 처리) ① 제18조제1항제1호 또는 제2호의 기관(이하 "**조사기관**"이라 한다)은 같은 조 제1항에 따라 **신고를 받거나** 이 조 제2항에 따라 **국민권익위원회로부터 신고를 이첩받은 경우에는** 그 내용에 관하여 필요한 **조사·감사 또는 수사를 하여야 한다.**
② **국민권익위원회가** 제18조제1항에 따른 **신고를 받은 경우에는** 그 내용에 관하여 신고자를 상대로 사실관계를 확인한 후 대통령령으로 정하는 바에 따라 **조사기관에 이첩하고, 그 사실을 신고자에게 통보하여야 한다.**
④ **조사기관은** 제1항에 따른 **조사·감사 또는 수사를 마친 날부터 10일 이내에** 그 결과를 신고자와 국민권익위원회에 **통보**(국민권익위원회로부터 이첩받은 경우만 해당한다)하고, 조사·감사 또는 수사 결과에 따라 공소 제기, 과태료 부과 대상 위반행위의 통보, 징계처분 등 필요한 조치를 하여야 한다.
⑤ **국민권익위원회는** 제4항에 따라 **조사기관으로부터 조사·감사 또는 수사 결과를 통보받은 경우에는** 지체 없이 신고자에게 조사·감사 또는 수사 결과를 통보하여야 한다.
⑥ 제4항 또는 제5항에 따라 조사·감사 또는 수사 결과를 통보받은 **신고자는** 대통령령으로 정하는 바에 따라 **조사기관에 이의신청을 할 수 있으며,** 제5항에 따라 조사·감사 또는 수사 결과를 통보받은 **신고자는 국민권익위원회에도 이의신청을 할 수 있다.**
⑦ **국민권익위원회는** 조사기관의 조사·감사 또는 수사 결과가 충분하지 아니하다고 인정되는 경우에는 **조사·감사 또는 수사 결과를 통보받은 날부터 30일 이내에** 새로운 증거자료의 제출 등 합리적인 이유를 들어 **조사기관에 재조사를 요구할 수 있다.**
⑧ 제7항에 따른 **재조사를 요구받은 조사기관은 재조사를 종료한 날부터 7일 이내에 그 결과를 국민권익위원회에 통보하여야 한다.** 이 경우 국민권익위원회는 통보를 받은 즉시 신고자에게 재조사 결과의 요지를 통보하여야 한다.

제20조(신고자 등의 보호·보상) ① 누구든지 다음 각 호의 어느 하나에 해당하는 신고 등(이하 "신고등"이라 한다)을 하지 못하도록 방해하거나 신고등을 한 자(이하 "신고자등"이라 한다)에게 이를 취소하도록

강요하여서는 아니 된다.
1. 제18조제1항에 따른 신고
2. 제1호에 따른 신고에 관한 조사·감사·수사·소송 또는 보호조치에 관한 조사·소송 등에서 진술·증언 및 자료제공 등의 방법으로 돕는 행위

② 누구든지 신고자등에게 신고등을 이유로 불이익조치(「공익신고자 보호법」 제2조제6호에 따른 불이익조치를 말한다. 이하 같다)를 하여서는 아니 된다.

③ 이 법의 위반행위를 한 자가 위반사실을 자진하여 신고하거나 신고자등이 신고등을 함으로 인하여 자신이 한 이 법의 위반행위가 발견된 경우에는 그 위반행위에 대한 형사처벌, 과태료 부과, 징계처분, 그 밖의 행정처분 등을 **감경하거나 면제할 수 있다.**

⑤ 국민권익위원회는 제18조제1항에 따른 신고로 인하여 공공기관에 재산상 이익을 가져오거나 손실을 방지한 경우 또는 공익을 증진시킨 경우에는 그 신고자에게 **포상금을 지급할 수 있다.**

⑥ 국민권익위원회는 제18조제1항에 따른 신고로 인하여 공공기관에 직접적인 수입의 회복·증대 또는 비용의 절감을 가져온 경우에는 그 신고자의 신청에 의하여 **보상금을 지급하여야 한다.**

⑦ 신고자등과 그 친족(「민법」 제777조에 따른 친족을 말한다) 또는 동거인은 신고등과 관련하여 다음 각 호의 어느 하나에 해당하는 피해를 입었거나 비용을 지출한 경우 국민권익위원회에 **구조금의 지급을 신청할 수 있다.**
1. 육체적·정신적 치료 등에 든 비용
2. 전직·파견근무 등에 따른 이사비용
3. 원상회복 관련 쟁송절차에 든 비용
4. 불이익조치 기간의 임금 손실액
5. 그 밖에 중대한 경제적 손해(「공익신고자 보호법」 제2조제6호아목 및 자목에 따른 손해는 제외한다)

제21조(위법한 직무처리에 대한 조치) 소속기관장은 공직자가 제5조제1항, 제6조, 제8조제1항·제2항, 제9조제1항·제2항, 제10조, 제11조제3항, 제12조제2항, 제13조, 제14조 또는 제15조를 **위반한 사실을 발견한 경우에는 해당 공직자에게 위반사실을 즉시 시정할 것을 명하고 계속 불이행할 경우 해당 공직자의 직무를 중지하거나 취소하는 등 필요한 조치를 하여야 한다.**

제22조(부당이득의 환수 등) ① **소속기관장은 공직자가** 제5조의 신고 및 회피 의무 또는 제6조의 **신고 의무를 위반하여** 수행한 직무가 위법한 것으로 확정된 경우에는 그 직무를 통하여 공직자 또는 제3자가 얻은 **재산상 이익을 환수하여야 한다.**

② 소속기관장은 공직자가 제13조의 공공기관 물품 등의 사적 사용·수익 금지 의무를 위반한 경우에는 공직자 또는 제3자가 얻은 **재산상 이익을 환수하여야 한다.**

③ 제1항 또는 제2항에도 불구하고 다른 법률에서 공직자 또는 제3자가 얻은 부당이득의 몰수, 환수 등에 대하여 규정하고 있는 경우에는 그 법률에 따른다.

제23조(비밀누설 금지) 다음 각 호의 어느 하나에 해당하는 업무를 수행하거나 수행하였던 공직자는 재직 중은 물론 퇴직 후에도 그 업무처리 과정에서 알게 된 비밀을 누설하여서는 아니 된다. 다만, 제2호의 업무로서 제8조제4항에 따라 공개하는 경우에는 그러하지 아니하다.
1. 제5조부터 제7조까지의 규정에 따른 사적이해관계자의 신고 및 회피·기피 신청 또는 부동산 보유·매수 신고의 처리에 관한 업무
2. 제8조에 따른 고위공직자의 업무활동 내역 보관·관리에 관한 업무
3. 제9조에 따른 직무관련자와의 거래 신고 및 조치에 관한 업무
4. 제15조에 따른 퇴직자 사적 접촉 신고 및 조치에 관한 업무

제24조(교육 및 홍보 등) ① 공공기관의 장은 공직자에게 이해충돌 방지에 관한 내용을 **매년 1회 이상 정기적으로 교육하여야 한다.**
② 공공기관의 장은 이 법에서 금지하고 있는 사항을 적극적으로 알리는 등 국민들이 이 법을 준수하도록 유도하여야 한다.
③ 공공기관의 장은 제1항 및 제2항에 따른 교육 및 홍보 등을 하기 위하여 필요하면 국민권익위원회에 지원을 요청할 수 있다. 이 경우 국민권익위원회는 적극 협력하여야 한다.

제25조(이해충돌방지담당관의 지정) ① 공공기관의 장은 소속 공직자 중에서 다음 각 호의 업무를 담당하는 **이해충돌방지담당관을 지정하여야 한다.**
  1. 공직자의 이해충돌 방지에 관한 내용의 교육·상담
  2. 사적이해관계자의 신고 및 회피·기피 신청, 부동산 보유·매수 신고 또는 직무관련자와의 거래에 관한 신고의 접수 및 관리
  3. 사적이해관계자의 신고 및 회피·기피 신청 또는 부동산 보유·매수 신고에도 불구하고 그 직무를 계속 수행하게 된 공직자의 공정한 직무수행 여부의 확인·점검
  4. 고위공직자의 업무활동 내역 관리 및 공개
  5. 퇴직자 사적 접촉 신고의 접수 및 관리
  6. 이 법에 따른 위반행위 신고·신청의 접수, 처리 및 내용의 조사
  7. 이 법에 따른 소속기관장의 위반행위를 발견한 경우 법원 또는 수사기관에 그 사실의 통보
② 이 법에 따라 소속기관장에게 신고·신청·제출하여야 하는 사람이 **소속기관장 자신인 경우**에는 해당 신고·신청·제출을 **이해충돌방지담당관에게 하여야 한다.**

제4장 징계 및 벌칙

제26조(징계) 공공기관의 장은 소속 공직자가 이 법 또는 이 법에 따른 **명령을 위반한 경우에는 징계처분을 하여야 한다.**

제27조(벌칙) ① 제14조제1항을 위반하여 직무수행 중 알게 된 비밀 또는 소속 공공기관의 미공개정보를 이용하여 재물 또는 재산상의 이익을 취득하거나 제3자로 하여금 재물 또는 재산상의 이익을 취득하게 한 공직자(제16조에 따라 준용되는 공무수행사인을 포함한다. 이하 이 조 및 제28조제2항제1호에서 같다)는 7년 이하의 징역 또는 7천만원 이하의 벌금에 처한다.
② 다음 각 호의 어느 하나에 해당하는 자는 **5년 이하의 징역 또는 5천만원 이하의 벌금에 처한다.** 22 경채
  1. 제14조제2항을 위반하여 **공직자로부터 직무상 비밀 또는 소속 공공기관의 미공개정보임을 알면서도 제공받거나 부정한 방법으로 취득하고 이를 이용하여 재물 또는 재산상의 이익을 취득한 자**
  2. 제20조제4항에 따라 준용되는 「공익신고자 보호법」 제12조제1항을 위반하여 신고자등의 인적사항이나 신고자등임을 미루어 알 수 있는 사실을 다른 사람에게 알려 주거나 공개 또는 보도한 자
③ 다음 각 호의 어느 하나에 해당하는 자는 **3년 이하의 징역 또는 3천만원 이하의 벌금에 처한다.**
  1. 제14조제3항을 위반하여 직무수행 중 알게 된 비밀 또는 소속 공공기관의 미공개정보를 사적 이익을 위하여 이용하거나 제3자로 하여금 이용하도록 한 공직자
  2. 제20조제2항을 위반하여 신고자등에게 「공익신고자 보호법」 제2조제6호가목에 해당하는 불이익조치를 한 자
  3. 제20조제4항에 따라 준용되는 「공익신고자 보호법」 제21조제2항에 따라 확정되거나 행정소송을 제기하여 확정된 보호조치결정을 이행하지 아니한 자
  4. 제23조를 위반하여 그 업무처리 과정에서 알게 된 비밀을 누설한 사람

④ 다음 각 호의 어느 하나에 해당하는 자는 **2년 이하의 징역 또는 2천만원 이하의 벌금**에 처한다.
  1. 제20조제1항을 위반하여 신고등을 방해하거나 신고등을 취소하도록 강요한 자
  2. 제20조제2항을 위반하여 신고자등에게 「공익신고자 보호법」 제2조제6호나목부터 사목까지의 어느 하나에 해당하는 불이익조치를 한 자
⑤ 제1항 및 제2항제1호의 경우 징역과 벌금은 병과(倂科)할 수 있다.
⑥ 제1항 및 제2항제1호의 죄를 범한 자(제1항의 경우 그 정을 아는 제3자를 포함한다)가 제1항 및 제2항제1호의 죄로 인하여 취득한 재물 또는 재산상의 이익은 몰수한다. 다만, 이를 몰수할 수 없을 때에는 그 가액을 추징한다.

제28조(과태료) ① 다음 각 호의 어느 하나에 해당하는 자에게는 **3천만원 이하의 과태료**를 부과한다.
  1. 제11조제3항을 위반하여 자신의 가족이 채용되도록 지시·유도 또는 묵인을 한 공직자
  2. 제12조제2항을 위반하여 같은 조 제1항 각 호의 어느 하나에 해당하는 자와 수의계약을 체결하도록 지시·유도 또는 묵인을 한 공직자
  3. 제20조제4항에 따라 준용되는 「공익신고자 보호법」 제19조제2항 및 제3항(같은 법 제22조제3항에 따라 준용되는 경우를 포함한다)을 위반하여 자료 제출, 출석, 진술 또는 진술서 제출을 거부한 자
② 다음 각 호의 어느 하나에 해당하는 자에게는 **2천만원 이하의 과태료**를 부과한다.
  1. 제5조제1항을 위반하여 사적이해관계자를 신고하지 아니한 공직자
  2. 제6조제1항 또는 제2항을 위반하여 부동산 보유·매수를 신고하지 아니한 공직자
  3. 제9조제1항 또는 제2항을 위반하여 거래를 신고하지 아니한 공직자
  4. **제10조(직무와 관련된 다른 직위에 취임하는 행위)를 위반하여 직무 관련 외부활동을 한 공직자** `24 경간`
  5. 제13조를 위반하여 공공기관의 물품 등을 사적인 용도로 사용·수익하거나 제3자로 하여금 사용·수익하게 한 공직자
  6. 제20조제4항에 따라 준용되는 「공익신고자 보호법」 제20조의2의 특별보호조치결정을 이행하지 아니한 자
③ 다음 각 호의 어느 하나에 해당하는 자에게는 **1천만원 이하의 과태료**를 부과한다.
  1. 제8조제1항을 위반하여 업무활동 내역을 제출하지 아니한 고위공직자
  2. 제15조제1항을 위반하여 직무관련자인 소속 기관의 퇴직자와의 사적 접촉을 신고하지 아니한 공직자
④ 소속기관장은 제1항부터 제3항까지의 과태료 부과 대상자에 대하여서는 그 위반사실을 「비송사건절차법」에 따른 과태료재판 관할법원에 통보하여야 한다.

10 적극행정 및 소극행정

(1) 적극행정

1) 목적 및 의의

> **헌법 제7조** ① 공무원은 국민전체에 대한 봉사자이며, 국민에 대하여 책임을 진다.

> **적극행정운영규정 - 대통령령**
>
> **제1조(목적)** 이 영은 「행정기본법」 제4조 및 「국가공무원법」 제50조의2에서 위임된 사항과 그 시행에 필요한 사항을 규정하여 행정부 소속 국가공무원의 적극행정을 장려하고 소극행정을 예방·근절하는 등 국민에게 봉사하는 공직문화를 조성함으로써 국가 경쟁력의 강화와 국민의 삶의 질 향상에 이바지함을 목적으로 한다.
>
> **제2조(정의)** 이 영에서 사용하는 용어의 뜻은 다음과 같다.
> 1. "**적극행정**"이란 공무원이 불합리한 규제를 개선하는 등 **공공의 이익을 위해 창의성과 전문성을 바탕으로 적극적으로 업무를 처리하는 행위**를 말한다. 23 승진, 24 경간

> **경찰청 적극행정 면책제도 운영규정 - 경찰청 훈령**
>
> **제2조(정의)** 이 규정에서 사용하는 용어의 뜻은 다음과 같다.
> 1. "**적극행정**"이란, 경찰청 및 그 소속기관의 공무원 또는 산하단체의 임·직원(이하 "경찰청 소속 공무원 등"이라 한다)이 국가 또는 공공의 이익을 증진하기 위해 성실하고 능동적으로 업무를 처리하는 행위를 말한다. 23 2차

2) 근거규정

> **1. 국가공무원법**
>
> **제45조의3(채용 비위 관련자의 합격 등 취소)** ① 시험실시기관의 장 또는 임용권자는 누구든지 **공무원 채용과 관련하여** 대통령령등으로 정하는 **비위를 저질러 유죄판결이 확정된 경우**에는 그 비위행위로 인하여 **채용시험에 합격하거나 임용된 사람에 대하여** 대통령령등으로 정하는 바에 따라 **합격 또는 임용을 취소할 수 있다.** 이 경우 **취소 처분을 하기 전에 미리 그 내용과 사유를 당사자에게 통지하고 소명할 기회를 주어야 한다.**
> ② 제1항에 따른 취소 처분은 합격 또는 임용 당시로 소급하여 효력이 발생한다.
>
> **제50조의2(적극행정의 장려)** ① 각 기관의 장은 소속 공무원의 **적극행정(공무원이 불합리한 규제의 개선 등 공공의 이익을 위해 업무를 적극적으로 처리하는 행위**를 말한다. 이하 이 조에서 같다)을 장려하기 위하여 대통령령등으로 정하는 바에 따라 인사상 우대 및 교육의 실시 등에 관한 **계획을 수립·시행할 수 있다.**
> ② 적극행정 추진에 관한 다음 각 호의 사항을 심의하기 위하여 각 기관에 **적극행정위원회를 설치·운영할 수 있다.**
>   1. 제1항에 따른 계획 수립에 관한 사항
>   2. 공무원이 불합리한 규제의 개선 등 공공의 이익을 위해 업무를 적극적으로 추진하기 위하여 해당 업무의 처리 기준, 절차, 방법 등에 관한 의견 제시를 요청한 사항
>   3. 그 밖에 적극행정 추진을 위하여 필요하다고 대통령령등으로 정하는 사항
> ③ **공무원이 적극행정을 추진한 결과에 대하여 해당 공무원의 행위에 고의 또는 중대한 과실이 없다고 인정되는 경우**에는 대통령령등으로 정하는 바에 따라 이 법 또는 다른 공무원 인사 관계 법령에 따른 **징계 또는 징계부가금 부과 의결을 하지 아니한다.** 23 2차
> ④ **인사혁신처장**은 각 기관의 적극행정 문화 조성을 위하여 필요한 사업을 발굴하고 추진할 수 있다.
> ⑤ 적극행정위원회의 구성·운영 및 적극행정을 한 공무원에 대한 인사상 우대 등 적극행정을 장려하

기 위하여 필요한 사항은 **대통령령등으로 정한다.**

2. 행정기본법

제4조(행정의 적극적 추진) ① 행정은 공공의 이익을 위하여 적극적으로 추진되어야 한다.
② 국가와 지방자치단체는 소속 공무원이 공공의 이익을 위하여 적극적으로 직무를 수행할 수 있도록 제반 여건을 조성하고, 이와 관련된 시책 및 조치를 추진하여야 한다.
③ 제1항 및 제2항에 따른 행정의 적극적 추진 및 적극행정 활성화를 위한 시책의 구체적인 사항 등은 대통령령으로 정한다.

3. 공무원 징계령 시행규칙 – 총리령

제3조의2(적극행정 등에 대한 징계면제) ① 제2조에도 불구하고 징계위원회는 **고의 또는 중과실에 의하지 않은 비위**로서 다음 각 호의 어느 하나에 해당되는 경우에는 **징계의결 또는 징계부가금 부과 의결**(이하 "징계의결등"이라 한다)을 하지 아니한다.
  1. 불합리한 규제의 개선 등 공공의 이익을 위한 정책, 국가적으로 이익이 되고 국민생활에 편익을 주는 정책 또는 소관 법령의 입법목적을 달성하기 위하여 필수적인 정책 등을 수립·집행하거나, 정책목표의 달성을 위하여 업무처리 절차·방식을 창의적으로 개선하는 등 성실하고 능동적으로 업무를 처리하는 과정에서 발생한 것으로 인정되는 경우
  2. **국가의 이익이나 국민생활에 큰 피해가 예견되어 이를 방지하기 위하여 정책을 적극적으로 수립·집행하는 과정에서 발생한 것으로서** 정책을 수립·집행할 당시의 여건 또는 그 밖의 사회통념에 비추어 적법하게 처리될 것이라고 기대하기가 극히 곤란했던 것으로 인정되는 경우
② 징계위원회는 징계등 혐의자가 다음 각 호의 사항에 모두 해당되는 경우에는 해당 비위가 고의 또는 중과실에 의하지 않은 것으로 추정한다.
  1. 징계등 혐의자와 비위 관련 직무 사이에 사적인 이해관계가 없을 것 **23 승진**
  2. 대상 업무를 처리하면서 중대한 절차상의 하자가 없었을 것 **23 승진**

3) 내용

적극행정운영규정 – 대통령령

제7조(적극행정 실행계획의 수립 등) ① **중앙행정기관의 장**은 다음 각 호의 사항을 포함하는 적극행정 실행계획을 **매년 수립·시행해야 한다.**
  1. 적극행정 추진 과제의 발굴 및 시행에 관한 사항
  2. 적극행정 우수공무원 선발 및 우대에 관한 사항
  3. 적극행정 관련 교육 및 확산에 관한 사항
  4. 제5조제1항 및 제2항에 따른 의견의 제시(이하 "사전컨설팅"이라 한다)와 제16조·제17조에 따른 적극행정 면책제도의 운영에 관한 사항
  5. 소극행정 예방, 근절 및 점검에 관한 사항
  6. 그 밖에 적극행정 장려를 위해 필요한 사항
② **인사혁신처장은** 중앙행정기관의 장에게 적극행정 실행계획과 그 성과에 관한 **자료의 제출을 요구할 수 있다.**
③ **인사혁신처장은** 중앙행정기관의 적극행정 추진사항을 **정기적으로 평가하고**, 평가 결과에 따라 우

수기관 또는 우수공무원에 대해 표창을 수여하거나 포상금을 지급할 수 있다.
④ **인사혁신처장은** 제3항에 따른 **평가 결과를 국무회의에 보고해야 한다.**
⑤ **인사혁신처장은** 제3항에 따른 평가 결과를 바탕으로 공직사회의 적극행정 문화를 조성하기 위한 교육과 홍보 사업을 추진할 수 있다.

제8조(적극행정 관련 교육) ① 중앙행정기관의 장은 소속 공무원을 대상으로 **적극행정 관련 교육을 연 1회 이상 실시해야 한다.**

제10조(적극행정 법제 지원) 법제처장은 중앙행정기관이 적극행정을 추진하는 과정에서 법령의 입안, 정비 및 해석 등에 관하여 자문이나 상담, 교육 등을 요청하는 경우에는 **신속하게 필요한 지원을 해야 한다.**

제11조(적극행정위원회) ① 「국가공무원법」 제50조의2제2항에 따라 적극행정 추진에 관한 사항을 심의하기 위하여 **각 중앙행정기관에 적극행정위원회**(이하 "위원회"라 한다)**를 둔다.**
② 「국가공무원법」 제50조의2제2항제3호에서 "대통령령등으로 정하는 사항"이란 다음 각 호의 사항을 말한다.
  1. 제14조에 따른 적극행정 우수공무원 선발 및 우수사례 선정에 관한 사항
  2. 제16조제4항에 따른 면책 건의에 관한 사항
  3. 자체감사 대상기관의 장이 제5조제1항에 따라 의견 제시를 요청한 내용이 국민생활에 미치는 영향이 크거나 여러 이해관계자와 관련되는 등 신중한 검토가 필요하여 감사기구의 장이 자문한 사항
  4. 그 밖에 적극행정 과제 발굴 등 적극행정 관련 정책의 수립·추진에 관한 사항

제12조(위원회의 구성 및 운영) ① 위원회는 **위원장 1명을 포함하여 9명 이상 45명 이하의 위원으로 성별을 고려하여 구성한다.** 이 경우 **위원의 2분의 1 이상은 민간위원으로 한다.**
② 위원회의 **위원장은** 해당 중앙행정기관의 **차관급 공무원**(해당 중앙행정기관의 장이 차관급 공무원인 경우에는 부기관장인 고위공무원단에 속하는 일반직공무원 또는 이에 상당하는 공무원을 말한다) 또는 민간위원 중에서 중앙행정기관의 장이 정한다.
③ 위원회의 위원은 해당 중앙행정기관의 업무에 대한 전문지식과 경험이 풍부한 사람 및 관계 공무원 중에서 중앙행정기관의 장이 임명하거나 위촉하며, 감사기구의 장을 포함해야 한다.
④ 위원회의 회의는 **위원장과 위원장이 회의마다 지정하는 8명 이상의 위원으로 구성한다.** 이 경우 위원의 성별을 고려해야 하며, **위원의 2분의 1 이상은 민간위원으로 한다.**
⑤ 위원회의 회의는 제4항에 따른 구성원 **과반수의 출석으로 개의하고, 출석위원 과반수의 찬성으로 의결한다.**
⑥ 위원회는 다른 중앙행정기관 또는 지방자치단체와 관련된 현안을 심의하는 등 필요한 경우 관계기관의 위원회(지방자치단체의 경우에는 「지방공무원 적극행정 운영규정」 제10조의 적극행정위원회를 말한다)와 합동으로 회의를 개최할 수 있다.
⑦ 위원장은 심의를 위해 필요하다고 인정하는 경우 이해관계자를 위원회의 회의에 출석하게 하여 의견을 청취하거나 관련 자료 또는 의견을 제출하게 할 수 있다.
⑧ 제1항부터 제7항까지에서 규정한 사항 외에 위원회의 구성 및 운영에 필요한 사항은 인사혁신처장이 정한다.

제13조(위원회에 대한 의견 제시 요청) 공무원은 인가·허가·등록·신고 등과 관련한 **규제나 불명확한 법령 등으로 인해 업무를 적극적으로 추진하기 곤란한 경우에는** 위원회에 직접 해당 업무의 처리 방향 등에 관한 **의견의 제시를 요청할 수 있다.**

제14조(적극행정 우수공무원 선발 등) ① 중앙행정기관의 장은 **반기별**로 위원회의 심의를 거쳐 다음 각 호의 어느 하나에 해당하는 **공무원을 적극행정 우수공무원으로 선발해야 한다.**
  1. 적극적으로 업무를 추진하여 성과를 창출한 공무원
  2. 창의적·도전적인 정책을 추진하고 성과 달성을 위해 노력한 공무원
  3. 그 밖에 적극적인 업무태도로 소속 공무원에게 모범이 되는 공무원
② 인사혁신처장은 매년 적극행정 우수사례 경진대회를 개최하고, 이를 통해 선정된 우수기관에 **표창을 수여하거나 포상금을 지급할 수 있다.**
③ 인사혁신처장은 적극행정으로 모범적인 성과를 창출한 공로가 있는 공무원을 선발하여 **포상하거나 포상금을 지급할 수 있다.**
④ 제1항에 따른 우수공무원의 선발, 제2항에 따른 우수사례 경진대회의 실시 및 제3항에 따른 적극행정 유공공무원 선발 등에 관한 사항은 **인사혁신처장이 정한다.**

제16조(징계요구 등 면책) ① 공무원이 적극행정을 추진한 결과에 대해 그의 행위에 **고의 또는 중대한 과실이 없는 경우**에는 「감사원법」 제34조의3 및 「공공감사에 관한 법률」 제23조의2에 따라 **징계요구 또는 문책 요구 등 책임을 묻지 않는다.** 23 승진
② 공무원이 **사전컨설팅 의견대로 업무를 처리한 경우**에는 제1항에 따른 **면책 요건을 충족한 것으로 추정한다.** 다만, 공무원과 대상 업무 사이에 사적인 이해관계가 있거나 감사원이나 감사기구의 장이 사전컨설팅을 하는 데 필요한 정보를 충분히 제공하지 않은 경우에는 그렇지 않다.
③ 공무원이 제13조에 따라 **위원회가 제시한 의견대로 업무를 처리**한 경우에는 「공공감사에 관한 법률」 제23조의2에 따른 **면책 요건을 충족한 것으로 추정한다.** 다만, 해당 공무원과 대상 업무 사이에 사적인 이해관계가 있거나 위원회가 심의하는 데 필요한 정보를 충분히 제공하지 않은 경우에는 그렇지 않다.
④ **위원회는** 공무원이 적극행정을 추진한 결과에 대해 「감사원법」에 따른 **감사원 감사를 받게 되는 경우**에는 해당 공무원의 요청에 따라 **감사원에** 같은 법 제34조의3에 따른 **면책을 건의할 수 있다.**

제17조(징계 등 면제) ① 공무원이 적극행정을 추진한 결과에 대해 그의 행위에 **고의 또는 중대한 과실이 없는 경우**에는 징계 관련 법령에 따라 **징계의결 또는 징계부가금 부과의결**(이하 "징계의결등"이라 한다)**을 하지 않는다.**
② 공무원이 **사전컨설팅 의견대로 업무를 처리한 경우**에는 징계 관계 법령에 따라 **징계의결등을 하지 않는다.** 다만, 공무원과 대상 업무 사이에 사적인 이해관계가 있거나 감사원이나 감사기구의 장이 사전컨설팅을 하는 데 필요한 정보를 충분히 제공하지 않은 경우에는 그렇지 않다.
③ 공무원이 제13조에 따라 **위원회가 제시한 의견대로 업무를 처리한 경우에는 징계의결등을 하지 않는다.** 다만, 공무원과 대상 업무 사이에 사적인 이해관계가 있거나 위원회가 심의하는 데 필요한 정보를 충분히 제공하지 않은 경우에는 그렇지 않다.
④ 「공무원 징계령」 제2조제1항에 따른 징계위원회(특정직공무원의 경우에는 해당 징계 관련 법령에 따른 징계위원회를 말한다)는 징계의결등이 요구된 공무원이 적극행정 추진에 따라 발생한 비위임을 주장할 경우에는 징계 관계 법령에 따라 이를 고려하여 심의하고 그 결과를 징계 및 징계부가금(이하 "징계등"이라 한다) 의결서에 구체적으로 밝혀야 한다.

제18조(적극행정 추진 공무원에 대한 지원) ① 중앙행정기관의 장은 「국가를 당사자로 하는 소송에 관한 법률 시행령」 제12조제1항에 따라 구상권행사 여부에 대한 의견을 제출할 때에는 해당 공무원의 적극행정 추진에 따른 결과인지 여부를 명시해야 한다.
② 중앙행정기관의 장은 공무원이 다음 각 호의 어느 하나에 해당하는 경우에는 변호사 등 법률전문가의 도움을 받을 수 있도록 **필요한 지원을 할 수 있다.**

1. 징계의결등의 요구를 받아 제17조에 따른 징계등 면제 요건 충족 여부 등에 대해 소명이 필요한 경우
2. 적극행정 추진에 따른 행위로 형사 고소·고발 등을 당해 기소 전 수사 단계에 있는 경우

③ **중앙행정기관의 장은** 소속 공무원이 적극행정 추진으로 인해 민사상 책임과 관련된 소송을 수행할 경우에는 소송대리인 선임 등 **소송수행에 필요한 지원을 할 수 있다.**

④ 「공무원 징계령」 제7조제1항에 따라 징계의결등의 요구권을 가진 사람(특정직공무원의 경우에는 해당 징계 관련 법령에 따라 징계의결등 요구권을 가진 사람을 말하며, 이하 "징계의결등 요구권자"라 한다)은 공무원 징계의결등 요구서 사본을 징계등 혐의자에게 송부하는 경우로서 **징계의결등의 대상 행위가 적극적인 규제개선을 위한 직무집행으로 인해 발생한 경우에는** 「중소기업기본법」 제23조제4항에 따라 **중소기업 옴부즈만이 징계 감경 또는 면제를 건의할 수 있다는 사실을 징계등 혐의자에게 안내해야 한다.**

제18조의2(적극행정국민신청) ① 법령이 없거나 법령이 명확하지 않다는 사유로 다음 각 호의 어느 하나에 해당하는 **통지를 받은 사람은 소관 중앙행정기관의 장에게 해당 업무를 적극적으로 처리해 줄 것을 신청(이하 "적극행정국민신청"이라 한다)할 수 있다.**

1. 「민원 처리에 관한 법률」 제27조제1항에 따라 **민원**[같은 법 제2조제1호가목4)의 기타민원은 제외한다]의 **내용을 거부하는 통지**
2. 「국민 제안 규정」 제10조제1항에 따라 **국민제안이 채택되지 않았다는 통지**

② 적극행정국민신청은 「부패방지 및 국민권익위원회의 설치와 운영에 관한 법률」 제12조제16호에 따른 온라인 국민참여포털을 통해 해야 한다.

③ **국민권익위원회는** 제2항에 따라 **접수된 적극행정국민신청의 내용에 상당한 이유가 있다고 인정되는 경우에는 의견을 첨부하여 소관 중앙행정기관의 장에게 보내야 한다.**

④ 중앙행정기관의 장은 소속 공무원으로 하여금 적극행정국민신청의 내용을 검토한 후 제5조 또는 제13조에 따른 의견 제시 요청 등을 활용하여 적극적으로 업무를 처리하도록 해야 한다.

⑤ **중앙행정기관의 장은** 제4항에 따라 **소속 공무원이 업무를 처리한 경우 그 결과를 국민권익위원회에 통보해야 한다.**

⑥ 제1항부터 제5항까지에서 규정한 사항 외에 적극행정국민신청의 방법·절차·처리기준, 처리결과 통보, 사후관리, 그 밖에 필요한 사항은 국민권익위원회가 정한다.

● **경찰청 적극행정 면책제도 운영규정 - 경찰청 훈령**

제2조(정의) 이 규정에서 사용하는 용어의 뜻은 다음과 같다.

2. "**면책**"이란, 적극행정 과정에서 발생한 부분적인 절차상 하자 또는 비효율, 손실 등과 관련하여 그 업무를 처리한 경찰청 소속 공무원 등에 대하여 다음 각 목의 어느 하나에 해당하는 **책임을 묻지 않거나 감면하는 것**을 말한다. 24 경간
   가. 「경찰청 감사규칙」 제10조제1호부터 제3호까지 및 제6호
   나. 「경찰공무원 징계령」에 따른 징계 및 징계부가금
3. "감사 책임자"란, 현장에서 감사활동을 지휘하는 자를 말하여 감사단장 등 현장 지휘자가 없을 경우에는 감사담당관 또는 감찰담당관을 말한다.
4. "**사전컨설팅 감사**"란 불합리한 제도 등으로 인해 적극적인 업무 수행이 어려운 경우, 해당 업무의 수행에 앞서 업무 처리 방향 등에 대하여 미리 감사의견을 듣고 이를 업무처리에 반영하여 **적극행정을 추진하는 것**을 말한다. 24 경간
5. "사전컨설팅 대상 기관 및 대상 부서의 장"이란 각 시·도경찰청장, 부속기관의 장, 산하 공직유관

단체의 장 및 경찰청 관·국의 장을 말한다.

제5조(적극행정 면책요건) ① 자체 감사를 받는 사람이 적극행정면책을 받기 위해서는 다음 각 호의 요건을 모두 갖추어야 한다.
1. 감사를 받는 사람의 업무처리가 불합리한 규제의 개선, 공익사업의 추진 등 공공의 이익을 위한 것일 것
2. 감사를 받는 사람이 대상 업무를 적극적으로 처리한 결과일 것
3. **감사를 받는 사람의 행위에 고의나 중대한 과실이 없을 것**

② 제1항제3호의 요건을 적용하는 경우 자체감사를 받는 사람이 다음 각 호의 요건을 모두 갖추어 업무를 처리한 것으로 인정되는 경우에는 그 행위에 고의나 중대한 과실이 없는 경우에 해당하는 것으로 추정한다. 23 2차
1. 자체감사를 받는 사람과 대상 업무 사이에 사적인 이해관계가 없을 것
2. 대상 업무를 처리하면서 중대한 절차상의 하자가 없었을 것

제6조(면책 대상 제외) 제5조에도 불구하고 업무처리과정에서 기본적으로 지켜야 할 의무를 다하지 않았거나 **다음 각 호에 해당하는 경우에는 면책대상에서 제외한다.**
1. 금품을 수수한 경우
2. 고의·중과실, 무사안일 및 업무태만의 경우
3. **자의적인 법 해석 및 집행으로 법령의 본질적인 사항을 위반한 경우** 23 승진
4. 위법·부당한 민원을 수용한 특혜성 업무처리를 한 경우
5. 그 밖에 위 각 호에 준하는 위법·부당한 행위를 한 경우

제15조(사전컨설팅 감사의 대상) ① 사전컨설팅 대상 기관등의 장은 다음 각 호의 어느 하나에 해당하는 업무를 수행하기 전에 감사관에게 사전컨설팅 감사를 신청할 수 있다.
1. 인가·허가·승인 등 규제관련 업무
2. **법령·행정규칙 등의 해석에 대한 이견 등으로 인하여 능동적인 업무처리가 곤란한 경우** 24 경간
3. 그 밖에 적극행정 추진을 위해 감사관이 필요하다고 인정하는 경우

② 행정심판, 소송, 수사 또는 타 기관에서 감사 중인 사항, 타 법령에서 정하고 있는 재심의 절차를 거친 사항 등은 사전컨설팅 감사 대상에서 제외한다.

(2) 소극행정

1) 의의 및 내용

제2조(정의) 2. "**소극행정**"이란 공무원이 **부작위 또는 직무태만** 등 소극적 업무행태로 국민의 권익을 침해하거나 국가 재정상 손실을 발생하게 하는 행위를 말한다.

제18조의3(소극행정 신고) ① **누구든지** 공무원의 소극행정을 소속 중앙행정기관의 장이나 제3항에 따른 **(국민권익위원회가 운영하는) 소극행정 신고센터에 신고할 수 있다.** 23 2차

② 중앙행정기관의 장은 제1항에 따른 신고의 내용에 상당한 이유가 있다고 인정되는 경우에는 사실관계 확인을 위한 조사를 하여 신속한 업무처리를 하는 등 **적절한 조치를 하고, 그 처리결과를 신고인에게 알려야 한다.**

③ **국민권익위원회는** 중앙행정기관 소속 공무원의 소극행정 예방 및 근절을 위해 소극행정 신고센터

를 운영하고, 중앙행정기관의 장에게 제1항에 따른 신고사항에 대해 **적절한 조치를 하도록 권고할 수 있다.**
④ 제3항에 따른 소극행정 신고센터의 운영과 신고사항의 처리 절차 등에 관한 세부 사항은 국민권익위원회가 정한다.

제19조(소극행정 예방 및 근절) 징계의결등 요구권자는 소속 공무원의 **소극행정이 발생한 경우** 징계 관계 법령에 따라 징계의결등을 요구하는 등 **필요한 조치를 해야 한다.**

제20조(소극행정 예방 지원) ① **인사혁신처장과 국민권익위원회는** 중앙행정기관의 장에게 소극행정 예방 및 근절을 위해 취한 조치 및 이와 **관련된 자료의 제출을 요구할 수 있다.**
② 인사혁신처장과 중앙행정기관의 장은 소극행정 예방 및 근절 등을 위한 교육과 홍보 사업을 추진할 수 있다.
③ 국민권익위원회는 중앙행정기관이 소극행정의 예방 및 근절 등을 위해 자문하거나 상담, 교육 등을 요청하는 경우에는 신속하게 필요한 지원을 해야 한다.

▶ **[참고] 경찰청 규제심사위원회**

제1조(목적) 이 규칙은 「행정규제기본법」 제7조제3항 및 「적극행정 운영규정」 제11조의 취지에 따라 경찰청 규제심사위원회 구성과 운영 등에 필요한 사항을 규정함을 목적으로 한다.

제2조(위원회의 설치) 경찰청 소관 규제의 신설 또는 강화 및 적극행정 정책의 수립·추진에 관한 사항에 대한 자체심사 업무를 수행하기 위하여 경찰청에 규제심사위원회(이하 "위원회"라 한다)를 둔다.

제3조(구성) ① 위원회는 공동위원장 **2인을 포함한 15인 이내의 위원**으로 구성하되, 전체위원 중 **민간위원을 과반수 이상**으로 한다.
② 공동위원장 1인은 **경찰청 차장**이 되고, 다른 공동위원장 1인은 민간위원 중에서 위원들이 호선한다.
③ 민간위원은 경찰청 소관 규제업무와 관련된 지식과 경험이 풍부한 인사 중에서 전문분야 및 여성비율 등을 고려하여 경찰청장이 위촉한다.
④ 정부위원은 **경찰청 국장급 공무원 중에서 경찰청장이 지명**한다.
⑤ 「공직선거법」에 따라 실시하는 선거에 후보자(예비후보자 포함)로 등록한 사람, 「공직선거법」에 따른 선거사무관계자 및 선거에 의하여 취임한 공무원, 「정당법」에 따른 정당의 당원은 위원이 될 수 없다.
⑥ 위원이 제5항에 해당하게 된 때에는 당연 해촉된다.

제4조(임기) ① 민간위원의 임기는 **2년**으로 하며 연임할 수 있다.
② 결원에 의하여 새로 위촉되는 민간위원의 임기는 **전임 위원의 잔임기간**으로 한다.

제5조(위원장의 직무) ① 위원장은 위원회를 대표하며 위원회의 업무를 총괄한다.
② 위원장이 모두 사고가 있을 때에는 위원장이 미리 지명한 위원이 그 직무를 대행한다.

제6조(기능) 위원회는 다음 각 호의 사항에 대하여 심사한다.
　1. 경찰청에서 발령 또는 시행한 규제의 개선 사항
　2. 경찰청 소관 규제의 신설 및 강화에 대한 사항
　3. 규제 정부입증책임제(정부가 규제 신설 또는 존치 필요성을 입증하고 그렇지 못한 경우 규제를 개선하는 제도를 말한다)에 관한 사항
　4. 적극행정과 관련된 다음 각 목의 사항
　　가. 「적극행정 운영규정」 제7조에 따른 적극행정 실행계획의 수립에 관한 사항

나. 소속 공무원이 인가·허가·등록·신고 등과 관련한 규제나 불명확한 법령 등으로 인해 업무를 적극적으로 추진하기 곤란하여 위원회에 직접 의견 제시를 요청한 사항
　　다. 「적극행정 운영규정」 제5조제1항에 따라 의견 제시를 요청한 내용이 국민생활에 미치는 영향이 크거나 여러 이해관계자와 관련되는 등 신중한 검토가 필요하여 감사관이 자문을 요청한 사항
　　라. 적극행정 우수공무원 선발 및 우수사례 선정에 관한 사항
　5. 그 밖에 규제개혁 및 적극행정과 관련하여 경찰청장이 필요하다고 인정하여 위원회에 부의하는 사항

제7조(운영) ① 위원회는 안건이 있는 경우 경찰청장 또는 위원장의 요청에 의하여 회의를 개최한다.
② 위원회의 회의는 **재적위원 과반수의 출석과 출석위원 과반수의 찬성**으로 의결한다.
③ 위원회는 심사를 위하여 필요한 경우 경찰청 소속 공무원으로 하여금 출석하여 의견을 진술하게 하거나 자료의 제출을 요구할 수 있다.
④ 위원회의 운영 및 사무처리를 위해 규제개혁법무담당관과 혁신기획조정담당관을 간사로 두고, 규제심사 관련 위원회의 운영 및 사무는 규제개혁법무담당관, 적극행정 관련 위원회의 운영 및 사무는 혁신기획조정담당관이 각각 처리한다.
⑤ 위원회의 운영과 관련하여 이 규칙에서 정하지 아니한 내용 중 규제심사 관련 사항은 「행정규제기본법시행령」 제7조 제2항의 규정에 의하여 대통령 소속 규제개혁위원회에서 작성한 지침, 적극행정 관련 사항은 「적극행정 운영규정」 제12조제5항의 규정에 의하여 인사혁신처장이 정한 지침을 따른다.

제8조(비밀보호) 위원은 위원회 활동과 관련하여 지득한 경찰청 업무관련 비밀을 누설하여서는 아니된다.

제9조(수당) 위원회에 참석하는 민간위원에 대해서는 예산의 범위안에서 수당 또는 여비를 지급할 수 있다.

CHAPTER 02 | 한국경찰의 역사와 제도

01 갑오개혁 이전 경찰 - 중국의 영향

1. 부족국가시대 ~ 조선시대 경찰제도

부족국가시대 (기능분화X) 14 승진, 15 경간	① 고조선 : 8조금법(살인-사형, 상해-곡물배상, 절도-노비로 삼고,(스스로 속하려는 자는 50만전을 내야 함)을 통해 **인간생명의 존중 사상, 사유재산의 보호** 등을 엿볼 수 있었다. (손괴X) → 현재 3조목만이 전해지고 있음 08 채용, 14 승진,15 경간 ② 한사군 경의 유요는 순찰과 도적을 막는 일을 담당하였다. 09 채용 한사군시대 때에는 문관과 무관으로 나누어져 있었다. 06 채용 행정체제가 만들어져 경찰기능은 어느 정도 정비되었다. 08 채용 ③ 부여 살인(사형, 가족은 노비), 간음·투기(사형), 절도(1책 12법), 17 경간 제천행사인 영고를 행할 때에는 형옥을 중단하고 죄인들을 석방하였다. ④ 고구려 : 뇌옥(감옥은 없었음), 1책 12법→ 부여와 고구려에는 절도범에게 12배의 배상을 하도록 하는 **일책십이법**이 있었다. 07 채용, 14 승진, 15 경간 ⑤ 동예 : 각 읍락마다 경계가 설정되어 있어서 서로 경계를 침범하는 일이 있으면 노예나 소와 말로써 배상하는 '**책화제도**'가 존재 09·13·16 경간, 10·12 승진 ⑥ 삼한 : 제정분리(천군이 관할하는 소도라는 지역이 존재하여 죄인이 도망하여도 잡지 못하였다.) 14 승진, 15·16 경간
삼국시대 (경찰권의 기능분화X) 10 승진 중앙집권적 체제 09 경간부	① 고구려 신분관제로 **14관등** 체계를 갖추고, 지방을 **5부**로 나누어 **욕살**이라는 지방장관을 두었고, 경찰권도 이들 지배세력에 의하여 행사되었다. 반역죄·절도죄·살인행겁죄·전쟁에서 패하거나 항복한 죄·가축살상죄 등이 전해진다. 08·11·13·17 경간, 08 채용 12 승진 ② 백제 신분관제로 **16관등** 체계를 갖추고, 백제는 **수도**에 **5부**를 두어 **달솔**로 하여금 다스리게 하고, **지방에는 5방제**를 두어 **방령**으로 하여금 지방행정과 치안책임을 담당하게 하였다. 08·11 경간, 08 채용, 10 승진 백제는 **처음으로 관인수재죄를 처벌**함으로써 공무원에 해당하는 관인을 처벌하였다. 08·09 채용, 17 경간 ③ 신라 **17관등** 체계를 갖추고, 지방을 **5주(군주), 2소경(사신)**으로 나눔. 품주(재정담당O, 경찰기관X)
통일신라시대	① 중앙 **이방부, 사정부**(감찰), **병부** 등에서 경찰업무를 수행하였으며, 특히 이방부는 좌이방부, 우이방부로 나누어 범죄의 수사와 집행을 맡아보았다. 11·13 경간, 12 승진→ **품주(재정담당)와 창부는 경찰조직이 아니다.** 13 승진

	② **지방** 08 경간 9주 5소경을 두었고, 지방장관에는 **총관**을 두고 소경에는 **사신**을 두었다. ③ **왕권보호**범죄: 모반죄, 모대역죄, **지역**사불고언죄 06·07·08·09 채용, 10 승진 ④ **관리직무관련**범죄: 불휼국사죄, 배공영사죄 09 채용, 10 승진, 11 경간 ⑤ 형의 종류도 세분화되고 집행방법도 잔인하게 변화되었다.
고려시대	① **중앙경찰조직 - 2성 6부제** 　- **어사대**는 풍속교정 및 관리의 비위를 규탄하는 풍속경찰의 임무를 수행. 08 경간, 22 2차 　- 수도의 경찰업무는 중앙군인 2군 6위 중 **금오위**(수도경찰업무, 포도금란, 비위예방)가 담당하였다. 08 채용 　- 형부와 병부가 경찰업무 담당함 22 2차 　- **순마소**(순군만호부)는 **방도금란**, 왕권 보호를 위한 **정치경찰** 역할 수행→ 순군만호부로 확대개편 됨 11·12 승진, 13·14·17 경간 ② **지방경찰조직** 　- 5도의 **안찰사**(관찰사X)가 경찰업무를 포함하여 행정, 사법, 군사 등의사무를 통합적으로 처리하였다. 10 승진 　- **양계**에는 **병마사**, **현위**(경찰서장)를 장으로 하는 **위아**라는 기관(현재 경찰서)이 존재하였다. 09·14·17 경간 ③ 고려시대에는 모반·대역죄, 살인죄, 절도죄 등 전통적 범죄 외에 사회발달에 따른 범죄인 공무원범죄, 문서훼손죄, 무고죄, 도주죄, 방화죄, 성범죄, 도박죄, 유기죄, 인신매매죄, 장물죄 등이 **새롭게 처벌되었다.** 09·11 경간, 10 승진 　→ 고려시대 때에는 각 지방의 장이 행정, 사법, 군사, 경찰 등의 사무를 그 관할구역 내에서 통합적으로 처리하였다. 06 채용
조선시대	① **중앙경찰조직** 　- 의금부는 고려 순군만호부가 개칭된 것으로 왕명을 받들고 국사범이나 왕족 관련범죄 등 중요한 특별범죄를 관장하였다. 21 경간 　- **사헌부**(감찰, 풍속업무), 수성금화사(소방), 한성부(수도치안업무담당) 　- 형조는 법률, 형사처벌, 소송 등의 업무를 관장하였다. 21 경간 　→ 조선시대의 **사헌부**는 본래 시정을 논집하고 백관을 감찰함이 본분이나 동시에 풍속경찰을 주관하고 민정을 살펴 이를 구정에 반영케 하고 권력남용을 금지하는 등 행정경찰의 업무도 아울러 행사하였다. 21 경간 **포도청**: 우리나라 최초의 전문적·독립된 경찰기관으로 **성종 2년 '포도장제'에서 기원** 09 경간 명칭은 **중종치세기에 포도청이라는 명칭 처음 사용**, 08 채용한양과 경기지방관할(**전국X**)하며, 도적을 잡고 야간 순찰을 함, 12 2차, 21 경간 **경찰권이 포도청에 집중되어 있었음** 07 채용 **다모**: 여자관비로 여성범죄나 양반가의 수색 등을 담당, **갑오개혁(1894)**때 경무청이 설치되면서 **폐지** 07 채용, 21 경간 ② **지방** **관찰사**는 행정경찰과 사법경찰의 임무를 모두 담당하였다. 08 채용 ③ **암행어사**: **정보경찰 활동**을 주로 수행했으며, 이후에는 지방관리에 대한감찰이나 민생을 암암리에 조사하여 국왕에게 보고하는 등 주로 감독·감찰기관으로서의 업무도 동시에 수행하였다. 21 경간 ④ **장예원**: 노비업무, **전옥서**: 감옥과 죄수사무담당

⑤ 직수아문

각 관청이 소관사무 관련 범죄자를 체포·구금할 수 있는 권한, **갑오개혁 이후** 직수아문 제도는 **폐지**됨 → 조선시대 때에는 **경찰권은 일원화되지 못하고**, 각 관청이 소관사무와 관련하여 직권에 의하여 위법자를 체포하여 구금하였다. 06·08 채용, 11 승진

⑥ 경찰관련 → 오가작통법, 토포사(조선시대에 도적을 수색, 체포) 12 경간

02 갑오개혁 이후 경찰(일본의 영향)

1. 갑오개혁 이후 근대경찰

우리나라에 근대적 의미의 경찰개념이 도입된 것은 1894년 갑오개혁 이후이며, 이 시기에 처음으로 경찰이라는 용어를 사용하였다. 23 경채 이때의 경찰의 직무범위는 광범위(위생, 영업, 소방, 감옥 사무 포함)하였다. 07·14 승진, 11 경간

→ 한국의 경찰이 **조직법적, 작용법적 근거를 가지고 근대적인 경찰**로 태어나게 된 직접적인 계기가 되었던 사건은 **갑오경장**이다. 07 승진

→ **외형상 근대 국가적 경찰체제가 갖추어졌다**고 볼 수 있으나, 일본 경찰체제 이식을 통한지배전략의 일환이라는 한계를 가졌다. 13 1차, 14 승진

① 1894년 일본각의의 결정에 따라 '각 아문관제'에서 처음 경찰이라는 용어사용, 18 3차, 18 경간, 19 승진 경찰을 **법무아문 소속**으로 창설하기로 하였으나 **내무아문 소속으로 변경**하였다. 09 채용,13 1차,12·13 승진, 15·21·22 경간

② 1894년 갑오개혁을 통해 **조직법인「경무청관제직장」**과 **작용법인「행정경찰장정」**을 제정하였다. 07 승진, 09 채용, 11·13·14·16 경간, 12 2차

③ '**경무청관제직장**'에 의해 당시의 좌우포도청을 합하여 **경무청을 신설**하였다.(한성부 내의 경찰·감옥사무를 일체의 사무를 담당하여 수도 경찰적 성격에 그쳤다.) 09 채용, 10·14·19 승진, 12·22 경간,18 3차

→ 경찰권은 전제주의적 수준에 머물렀고, 결국 철저히 일본 경찰화되는 과정이었다. 09 승진

④ 1896년 일본은 한성과 부산의 **군용전신선의 보호를 명목으로 헌병경찰 주둔시킴**

→ 헌병은 사법경찰뿐만 아니라 군사경찰·행정경찰을 겸하였다. 08·15·18 경간, 14 승진

경무청 관제직장	① 경무청관제직장에 의해 좌·우 포도청을 합쳐 **한성부(전국X)**에 **경무청(경부X)**을 신설하여 한성부 내의 일체 사무를 관장하였고,13 1차,13 승진, 18 2차 경무청의 장은 **경무사**, 09 채용, 18 경간 경찰지서의 장은 **경무관**을 두고, 09 채용 최초로 한성부 5부 안에 **경찰지서**가 설치되었다. 09·22 경간 ② 조직법인 경무청관제직장은 일본의 경시청관제를 모방하였다. 22경간
행정경찰장정	① 일본의 **행정경찰규칙과 위경죄즉결례**를 혼합하여 제정, 14 2차 경찰이 경영·시장·회사 및 소방·위생·결사·집회·신문잡지 등 **광범위한 사무를 담당** 08 채용, 13 1차, 13·19 승진, 18 법학특채, 17·20 경간 → **경찰업무와 일반행정 미분화**

	② 「행정경찰장정」은 최초의 경찰작용법으로서 행정경찰의 업무와 목적, 과잉단속 엄금, 순검 채용과 징계 등의 내용으로 구성되어 있다. 24 경간 ③ 「순검직무세칙」(1896. 2. 6)에서는 **순검의 임무와 임용(치료비와 장례비X)** 등을 구체적으로 규정하고 있다. 24 경간
경부(1900) 〈이원적 체제〉 11 경간	① 광무개혁에 따라 **1900년** 내부에 소속이던 경무청을 독립시켜 **경부**로 격상시켰으며, **한성 및 개항시장**의 경찰업무와 **감옥업무**를 수행하였다. 19 승진 ② 궁내경찰서와 한성부 내 5개 경찰서, 3개 분서를 두고, 이를 지휘하는 **경무감독소(경부감독소X)**를 두며, 한성부 이외의 각 관찰부에 총순 등을 둘 것을 정하였다. 12 승진, 18 법학특채, 20 경간 ③ 1900년 경부 신설 이후 잦은 대신 교체 등으로 문제가 많아 **1년만에 실패**하고 **내부소속**의 경무체제로 환원됨(1902) 08 채용,20 경간 → 신경무청시대(전국을 관할하는 오늘날 경찰청의 원형)

● '내부관제'(1895년)의 제정을 통해 내부대신의 경찰에 대한 지휘감독권이 정비되었으며, '지방경찰규칙'이 제정(1896)되어 지방경찰의 작용법적 근거가 마련됨 12 승진, 20 경간

2. 한국경찰권의 상실과정

(1) 신경무청시대(1902)

구경무청은 한성부만을 관할로 하였지만, **신경무청은 전국을 관할**하였다는 점에서 오늘날 경찰청의 원형으로 볼 수 있다.

(2) 통감부 경무부(1905)

통감부에 의한 통감정치가 시작되면서 **통감부 산하에 경무부를 설치**하고, **경무청을 한성부 내의 경찰로 축소(전국관할X)**시키는 한편 통감부 산하에 별도의 경찰조직을 설립, 직접 지휘하였다. 12·19 승진

(3) 경시청시대(1907)

경무청 → 경시청으로 명칭을 변경하고, 한국경찰을 일본화 시킴

● 한국경찰권 상실과정 12·14·18 2차, 21 경간

경찰사무에 관한 취극서	**재한국 일본인**에 대한 경찰사무 지휘, 감독권을 일본 관헌의 지휘, 감독을 받도록 이양
재한국 외국인에 대한 경찰에 관한 한일 협정	**재한국 외국인**에 대한 경찰사무 지휘, 감독권을 일본관헌의 지휘, 감독을 받아 일본계 한국경찰관이 행사하도록 이양
사법 및 감옥사무 위탁에 관한 각서	한국의 사법경찰권을 포함하는 **사법과 감옥사무**를 일본에 위탁
경찰사무 위탁에 관한 각서 07 승진	한국경찰권이 **완전히** 일본에게 넘어감

03 일제 식민지 시대 경찰

헌병 경찰시대 (1910)	① 1910년 일본은 통감부에 경무총감부를, 각 도에 경무부를 설치하여 경찰사무를 관장, 서울과 황궁의 경찰사무는 경무총감부의 직할로 하였다. 19 경간 ② **조선주차헌병조령(1910)**으로 헌병경찰의 **법적근거 마련(법적근거없이 시행X)**, 사법경찰뿐만 아니라 군사경찰·행정경찰을 겸하는 등 **광범위한 업무**를 수행 13 승진, 18 법학특채, 19 경간 ③ **헌병경찰은 군사상 필요한 지역**이나 의병출몰지역에 배치되었고, **보통경찰은 개항장이나 도시에 배치**하여 광범위한 업무수행, 보안법, 집회단속에 관한 법률, 신문지법, 출판법 악법을 제정함 08·19 경간, 13 승진 ④ 일제강점기 헌병경찰의 임무는 첩보수집·의병토벌뿐만 아니라 민사소송 조정·집달리 업무·국경세관업무·일본어보급·부업장려 등 광범위하였으며, 특히, 지방에서는 한국민의 생사여탈권을 쥐고 있었다. 13·21 경간 ⑤ 「범죄즉결례」는 일상생활과 관련된 **87개(97개X)**의 행위를 처벌하는 조항으로 이루어져 있다. 24 경간
보통 경찰시대	① 1919년 3·1운동을 계기로 **헌병경찰제도에서 보통경찰제도로의 전환**은 이루어졌으나, **일본에서 제정된 「치안유지법」**을 우리나라에 적용하는 등 일제의 탄압적 지배체제가 강화되었다. 08 채용, 11·22 1차, 14·15·19·23 경간 ② 경무총감부와 경무부를 폐지하고 총독부 직속으로 경무국을 신설함 19 경간 ③ 경찰 조직은 축소되었지만, 직무와 권한에 변화가 없었고, 08·17 경간, 21 경채 치안업무 외에 각종 민사쟁송조정사무, 집달리 사무 등도 경찰이 계속 맡아수행함 09 승진, 11 1차 ④ **정치범 처벌법(3·1운동 계기로 우리나라에서 제정)**, 치안유지법(일본에서 제정) 19·24 경간, 예비검속법을 통해 **단속을 강화함** 13·19 승진, 14·15 경간, 18 3차 ⑤ 중일전쟁 이후(1937)에는 경찰업무가 사상경찰, 외사경찰, 경제경찰까지 확대됨 09 승진

① **총독에게 주어진 제령권**과 **경무총장·경무부장의 명령권**을 통해 경찰권의 전제주의적·제국주의적 경찰권 행사가 가능 13 승진, 18 3차, 19 경간, 19 법학특채
② 경찰이념은 일본의 식민지배를 공고히 하는데 있었음 → 경찰에 대한 국민의 불신의 풍토가 축적된 시기

04 임시정부경찰

1. 임시정부 경찰의 의의

1919년 3·1운동을 계기로 대한민국 임시정부가 탄생하였고, 대한민국 임시정부의 정식 치안조직으로 민주경찰의 효시이자, 경찰의 뿌리라고 할 수 있다.

2. 임시정부 경찰 조직

임시정부경찰은 임시정부를 수호하고 일제 밀정을 방지하는 임무를 통해서, 임시정부의 항일투쟁을 수행하는데 핵심적 역할을 수행하였다. 22 경채

(1) 상해시기(1919 ~ 1932) 20·21 경채

상해임시정부는 1919년 4월 25일 **대한민국임시정부장정에 의해 내무부에 경무국을 두었으며, 초대 경무국장인 김구를 임명하였다.**(1919년 11월 대한민국임시관제를 제정) 22 경간

경무국	① 초대 경무국장 백범 김구선생 임명 ② 대한민국 임시장정 공포로 설치 ③ 정식예산 편성, 월급 지급 22 경채 ④ 경무국의 소관사무는 행정경찰에 관한 사항, 고등경찰에 관한 사항, 도서출판 및 저작권에 관한 사항, 일체 위생에 관한 사항 등으로 규정되었음
의경대	상해 교민단 산하에 의경대 설치, 교민사회 질서유지, 풍기단속, 호구조사, 밀정 색출 임무를 담당 22·23 경간
연통제 (국내)	군자금 확보 등을 위한 연락업무 수행, 각 도에는 지방행정기관으로 독판부를 두었으며, 독판부 산하에 경무사를 설치 22 경간

(2) 이동시기(1932 ~ 1940)

1932년 윤봉길 의사 의거가 있은 후 일제의 탄압으로 인해 고난의 이동시기를 겪으며, 제대로 된 경찰조직을 유지할 수 없었던 시기였다.

(3) 중경(충칭)시기(1940 ~ 1945) 21 경채, 22 경간

경무과	① 1943년 제정된 대한민국 잠행관제에 따라 경무과 설치 ② 내무부 하부조직으로 일반 경찰사무, 인구조사, 징병 및 징발, 국내정보 및 적 정보수집 등 임무수행
경위대	1941년 설치, 임시정부 요인 경호와 청사 방호 등 임시정부 수호, 통상 경위대장은 경무과장이 겸임함

3. 임시정부경찰 주요인물

김석 선생	윤봉길 의사 의거 지원
김철 선생	의경대 심판 역임
김용원 열사	제2대 경무국장
나석주 의사	식산은행, 동양척식주식회사에 폭탄 투척, 의경대, 경위대 단원 20 2차

05 미군정시기 경찰(1945 ~ 1948)

영미법계의 영향을 받아 경찰의 이념 및 제도에 **민주적 요소가 도입**되었다. 14 1차

① 국방사령부 경무국에서 → **경무부로 승격**
② 1945년 **정치범 처벌법, 치안유지법, 예비검속법 폐지, 경찰검을 경찰봉으로 대체** 20 경채
   1948년 **보안법 가장 늦게 폐지** 19 법학
③ 일제 강점기 경찰조직을 그대로 유지하였고, 경찰제도와 인력은 개혁이 이루어지지 아니하였으며, 경찰은 민주적으로 개혁할 기회를 갖지 못하였고 이로 인해 독립 이후에도 국민의 경찰에 대한 부정적 태도는 유지되었다. 12 승진, 14 2차, 19 법학
④ 신설 - **정보경찰(신설), 여자경찰**(1946년 여자경찰제도를 신설하여 14세 미만의 소년범죄와 여성관련 업무 등을 담당하게 하였다.) 12 경간, 14 1차, 22 경채
⑤ 폐지 - **경제경찰, 고등경찰, 사법경찰** 08 채용, 14·18·21 경간
   이관 - **소방, 위생업무** 등 11·14 1차, 18 2차
   - 미군정기에 고등경찰제도가 폐지되었으며, 경찰에 정보업무를 담당하는 정보과와 경제사범단속을 위한 경제경찰이 신설되었다.(X) → 경제경찰은 폐지됨 22 1차
⑥ **조직법적·작용법적 정비가 이루어짐, 비경찰화** 과정을 통해 경찰영역이 축소됨 12·19 승진, 14 1차, 16·23 경간, 23 경채 → 정보경찰은 비경찰화 대상이 아니었음
⑦ **6인으로 구성된 중앙경찰위원회 설치**했으나 경찰의 민주적 개혁에 성공하지 못함 09·12·19 승진, 11·14 1차, 13·14·16·18·21 경간
⑧ 상당수 많은 독립운동가 출신들이 경찰에 채용됨 23 경간
⑨ 미군정 시기 「법무국 검사에 관한 훈령 제3호」로 '**수사는 경찰, 기소는 검사**' 체제가 도입되어 경찰의 독자적 수사권이 인정되었다. 21 경채, 23 경간

06 정부수립이후(1948 ~ 1991)년 이전의 경찰의 특징

1. 서설

① 종래 식민지배에 이용되거나 또는 군정통치로 주권이 없는 상태에서 활동하던 경찰이 비로소 주권국가 대한민국의 존립과 안녕, 대한민국 국민의 생명과 신체 및 재산의 보호라는 경찰 본연의 임무를 수행하였다. 12 승진, 20 경간
② 경찰의 부정선거 개입 등으로 정치적 중립이 경찰에 대한 국민의 요청이었던 바, 그 연장선상에서 경찰의 기구독립이 조직의 숙원이었다. 12 승진, 20 경간

(1) 치안국시대(1948 ~ 1974) - 중앙경찰위원회 설치X 10 2차

1948년 대한민국 정부수립 시 중앙경찰조직으로 치안국, 지방경찰조직으로 시·도경찰국을 두었음 20 경채

① 최초로 자주적인 입장에서 경찰을 운용하였던 시기였음 12 승진, 20 경간
② 1953년 **경찰관직무집행법(작용법)**을 제정함(당시 **조직법은 경찰법X, 정부조직법O**) 12·18 승진, 19법학특채, 20·23 경간, 22 1차
  → 국민의 생명·신체·재산의 보호라는 영미법적인 사고가 반영되었다. 12·18 2차, 20 1차
  → 경찰법이 제정될 때까지 경찰체제의 근거가 되는 법률은 **정부조직법**이었다. 18·23 경간
③ 법률 제1호인 **정부조직법에서 기존의 경무부를 내무부의 일국인 치안국에서 인수하도록함으로써 경찰조직은 '부'에서 '국'으로 격하되었다.** '국' 체제는 치안본부 개편(1975) 후 1991년 경찰청(내무부 외청)이 독립할 때까지 유지되었다. 13 승진
④ **경무부에서 → 치안국으로 축소함**(이유: 과거 행정조직을 모방했기 때문, 식민경찰시대에 대한 반감, 좌익의 경찰권 약화기도) 11 1차, 15 경간
⑤ **경찰국장은 보조기관일 뿐 행정관청의 지위를 갖지 못함**, 다만 이시기에도 **경찰서장은 행정관청의 지위를 가짐**
⑥ 해양경찰업무와 전투경찰업무가 정식으로 경찰의 업무범위에 추가되었으나, 20 경간 **소방업무는 경찰의 업무에서 배제되었다.** 12 승진, 22 2차

(2) 치안본부시대(1975 ~ 1990)

1974년 문세광 사건을 계기로 치안국을 **치안본부**로 확대 개편함

(3) 경찰법 제정 이후(1991~)

경찰의 기본조직 및 직무범위 기타 필요한 사항을 규정하였다. 09 1차

① 1991년 경찰법 제정으로 내무부의 보조기관이었던 치안본부가 내무부의 외청인 경찰청으로 분리·승격되었다. **경찰청장과 지방경찰청장의 독립관청화**가 이루어짐 11·18 승진, 19 2차
  → 「경찰법」 제정 이전에 경찰서장만이 경찰에서 유일한 **행정관청의 지위**를 가지고 있었다. 12·14차 다만 경찰은 선거부처로부터 완전히 독립시키지 못하여 **정치적 중립을 확보하지 못한 한계가 있다.** 09 1차, 15 지능범죄특채
② 경찰에 대한 민주적 통제를 보장하고자 **내무부** 소속으로 **경찰위원회**를 신설하고, 09 채용, 15 지능범죄특채 지방에는 **시도지사** 소속으로 **치안행정협의회**를 설치함
③ 2020년 경찰위원회 → 국가경찰위원회로 명칭변경, 시도자치경찰위원회와 국가수사본부 신설
④ 수사권 조정으로 인해 수사는 경찰, 기소는 검찰이라는 대등한 수사구조 실현

2. 6.25 전쟁 중 주요 전투

① 춘천내평전투
  노종해 경감 등은 10여명의 인력으로 북한군 1만 명을 1시간 이상 지연시킨 후 전사함

② 다부동전투
  낙동강 방어의 중요한 전술적 요충지인 경북 칠곡 다부동에서 치열한 전투 끝에 방어선을 사수했고, **경찰만이 끝까지 남아 대구를 사수함**

③ 함안전투
  독립운동가 출신 **최천 경무관**이 활약함

④ 장진호전투
  한국경찰관 부대를 통칭하는 **화랑부대가 장진호 전투에서 뛰어난 전공을 거둠**

● 보도연맹사건과 안종삼 서장 22 2차
  좌익사범들을 전향시키기 위해 국민보도연맹이라는 관변단체를 조직한 후 6.25 전쟁이 발발하자 이들에게 사살 명령이 내려짐, **구례경찰서 안종삼 서장**은 총살명령이 내려오자 예비검속자 앞에서 '**내가 죽더라도 방면하겠으니 국가를 위해 충성해 달라**'며 전원 방면하여 구명하였다.(구례경찰서에 동상이 제작됨)

● 전투상황 관련인물

김해수	① 1948년 간부후보생 3기로 입직 ② **영월화력발전소 탈환작전** 도중 적을 사살하고 전사
라희봉	① **1949년 순경으로 입직하였고, 순창서 쌍치지서장**으로 재직하면서 다수의 공비를 토벌 ② 1952년 11월 700여명에 달하는 공비와 전투하던 중 24세의 나이로 전사
권영도	① 경남경찰 산하 **서하특공대에 입대**, 작전 선봉으로 나서 공비 사살 ② 1951년 순경으로 입직하였고, 1952년 7월 26세 나이로 전사

3. 제1공화국 ~ 제5공화국 경찰

1공화국	① 경무부 → 내무부 **치안국으로 격하됨** ② 경찰국장과 시도경찰국장은 시도지사의 보조기관에 불과했음, 다만 이 시기에도 **경찰서장**은 행정관청의 지위를 가짐 ③ 1953년 경찰관 직무집행법 제정으로 경찰작용에 관한 기본법이 만들어지고, 국민의 생명, 신체 재산 보호라는 **영미법적 사고가 최초로 반영됨** ④ 3.15 부정선거와 4.19 혁명으로 **경찰의 정치적 중립 제도화 추진**
2공화국	① 경찰의 정치적 중립화 헌법에 규정 ② 검사의 영장청구 독점 조항을 헌법에 신설
3공화국	① 경찰의 경호기능 → 대통령 **경호실의 지휘통제**를 받게 됨 ② 1968년 무장공비침투사건으로 경찰기구 확대방안추진(전투경찰대 설치) ③ 1969년 경찰공무원법 제정으로 경정, 경장 2계급이 신설됨, 경감(경정X)이상의 계급정년제

	도입 22 1차 ④ 검사의 영장청구 독점조항 명시하여 **수사경찰의 검찰의 종속이 강화됨** ⑤ 중앙정보부에서 경찰의 정보, 보안, 외사 업무 등을 조정, 감독
4공화국	① 1974년 영부인 저격사건을 계기로 **치안본부로 격상** ② 1975년 소방업무가 경찰업무에서 배제(치안본부 소방과 → 내무부 소방국) ③ 1976년 용역경비법(현 경비업법)이 제정됨 ④ 1974년 22특별경비대 창설, 1976년 101경비단 증설 ⑤ 1979년 경찰대학설치법 제정, 1981년 신입생 선발
5공화국	1987년 6월 항쟁이후 경찰 내부에서 정치적 중립을 지키지 못한 과오를 반성하고, **경찰의 중립화를 요구하는 성명 발표 등** 자성의 목소리가 나옴 20 1차

07 경찰 조직의 연혁 13·17 2차, 11·18 1차, 10·12·18 승진, 09·11·12·18·19·20·22 경간, 20 경채, 21 2차

미군 정기	1945	• **국립경찰창설** 탄생 시 경찰의 이념적 좌표가 된 경찰 정신은 **영미법계의 영향을 받은 '봉사와 질서'**이다. 21 승진
	1946	• 경무국 → **경무부** 승격　　• **여자경찰신설**
	1947	• **중앙경찰위원회(6인)** 22 경채
치안국	1948	• 내무부 산하에 **치안국** 설치
	1949	• **경찰병원**설치
	1953	• **경찰관 직무집행법** 제정(미군정하에서 제정X, 정부수립 후O) • **해양경찰대** 설치
	1954	• 경범죄 처벌법 제정
	1955	• **국립과학수사연구소** 설치 23 경찰특공대
	1966	• **경찰 해외주재관 제도** 신설 • **경찰윤리헌장** 선포
	1968	• 시·도에 **전투경찰대** 설치(김신조 사건 계기)
	1969	• **경찰공무원법** 제정(**경정·경장 2계급 신설**, 2급지 서장을 경감에서 경정으로 격상, **경감 이상의 계급정년제 도입**) → 그 동안 「국가공무원법」에 의거하던 경찰공무원채용이 처음으로 특별법에 의해 이루어지게 되었다. 23 경간, 23 경찰특공대
	1970	• 전투경찰대 설치법
치안 본부	1974	• 내무부 치안국을 **치안본부**로 개편(문세광 저격 사건 계기)
	1975	• **소방업무**가 민방위본부로 **이관**
	1976	• **정풍운동, 용역경비업법**(현재 경비업법)
	1979	• **경찰대학** 설치법 제정, 공포(1981년 개교)

	1982	• 의무경찰제도 도입
	1990	• 범죄와의 전쟁 선포
경찰청	1991	• 경찰법 제정으로 **치안본부 → 경찰청 승격**, 지방경찰국의 지방경찰청으로의 승격 23 2차, 23 경찰특공대 • **경찰헌장** 제정, **경찰위원회, 치안행정협의회** 설치(시·도지사 소속)
	1996	• 해양경찰청을 해양수산부로 이관
	1998	• 경찰서비스헌장 제정 23 2차
	1999	• 경찰서에 **청문감사관제** 도입 • **운전면허시험관리단** 신설(청장직속)
	2000	• **사이버테러대응센터** 신설 23 2차
	2005	• 경찰청 생활안전국에 **여성청소년과** 신설 • **경찰병원을 책임운영기관화**(특별회계)
	2006	• 경찰청 외사관리관을 외사국으로 개편 • **제주특별자치도 '자치경찰단'** 창설 23 2차 • 경찰청 수사국에 **인권보호센터** 신설
	2020	• 경찰법 전면개정 → **국가경찰과 자치경찰의 조직 및 운영에 관한 법률**, 경찰사무를 국가경찰사무와 자치경찰사무로 분리
	2021	• **국가수사본부신설** 23 2차 • **시·도자치경찰위원회** 설치 23 경찰특공대

08 한국경찰사에 길이 빛날 자랑스러운 표상 21 승진, 23 1차, 24 경간

백범 김구	1919년 상하이에서 수립한 **대한민국 임시정부 초대 경무국장** 19 법학특채, 18 승진, 19 2차
최규식 경무관 정종수 경사	1968년 무장공비 침투사건(1·21사태) 당시 무장공비를 막고 순국함으로써 청와대를 사수하고, 대한민국을 위기에서 건져 올린 **호국경찰의 표상** 16·21 경간, 18 승진, 19 2차, 20 1차
차일혁 경무관	빨치산 토벌의 주역이며 **구례 화엄사 등 문화재를 수호한 인물**로 '보관문화훈장'을 수여받은 **호국경찰의 영웅이자 인본경찰·인권경찰·문화경찰의 표상** 18·19 승진, 19 2차, 21 경간
안병하 치안감	5·18 광주 민주화운동 당시 전남도경국장으로서, 과격한 진압을 지시했던 군과 달리 '분산되는 자는 너무 추격하지 말 것, 부상자 발생치 않도록 할 것' 등과 '연행과정에서 학생의 피해가 없도록 유의하라'고 지시하여 비례의 원칙에 입각한 경찰권 행사 및 인권보호를 강조함. **민주·인권경찰의 표상** 18 승진, 19·20 2차, 20 1차, 21 경간
이준규 총경	1980년 5·18 당시 **목포경찰서장**으로 재임. 안병하 국장의 방침에 따라 경찰 총기 대부분을 군부대 등으로 사전에 이동시켰으며, 자체 방호 위해 가지고 있던 소량의 총기마저 격발할 수 없도록 **방아쇠 뭉치 모두 제거**해 시민들과 충돌을 피하도록 조치하여 목포에서는 사상자가 거의 나오지 않음. **민주·인권경찰의 표상** 20 1차, 21 경간

안맥결 총경	도산 안창호 선생의 조카딸이며, 1946년 5월 미군정하 제1기 **여자경찰간부로 임용**되며 국립경찰에 투신하였고 1952년부터 2년간 **서울여자경찰서장을 역임**하며 풍속·소년·여성보호 업무를 담당(**독립운동가 출신 여성 경찰관**), 한국경찰사 주요 인물 중 1936년 임시정부 군자금 조달 혐의로 5개월간 구금된 인물은 도산 안창호 선생의 조카딸인 안맥결 총경(안종삼X)이다. 20 2차, 23 경채
문형순 경감	신흥무관학교를 졸업한 독립군 출신, **제주 4·3사건 당시 모슬포 서장**으로 100여명의 좌익 주민들을 전원 훈방함, 성산포 경찰서장 재직 시 예비검속자들 총살명령을 '부당함으로 불이행'한다고 거부한 **민주·인권경찰의 표상** 20 2차
최중락 총경	재직 중 1,300여 명의 범인을 검거하는 등 **63·68·69 치안국 포도왕(검거왕)** 수사경찰의 상징적인 존재임. 1970~1980년대 **MBC 드라마 '수사반장'의 실제모델, 수사경찰의 표상**
김학재 경사	1991년 순경으로 경찰에 투신하였고, 경장으로 승진하였다. 형사로 중요범인검거 유공표창을 받는 등 7회 표창을 받았다. 경기부천남부서 김학재 경사는 강도강간피해 신고를 받고 출동하여 범인을 검거하던 과정에서 흉기에 좌측 가슴부위를 찔렸다. 부상을 입은 상태에서도 격투를 벌여 범인에게 치명상을 입혔고, 도주하던 범인은 주민의 신고로 검거되었다. 피를 많이 흘린 채 구급차에 실려 후송 중에 순직하였다. 경사로 특진 추서되었고, 2018년 경찰청 올해의 경찰영웅으로 선정되었다.
박재표 경위	1956년 8월 13일 제2대 지방의원 선거 당시 정읍 소성지서에서 순경으로 근무하던 중 투표함을 바꿔치기 하는 부정선거를 목격하고 이를 기자회견을 통해 세상에 알리는 양심적 행동을 하였다. 24 경간

> ▶ **[참고] 한국경찰의 근대화 – 유길준** 22 경간
> ① 유길준은 경찰의 기본 업무로 **치안에 집중할 것을 강조**하면서 '위생'을 경찰업무에서 **포함** 할 것을 주장하였다. (제외할 것을 주장X)
> ② 유길준은 서유견문(1895년) '제10편 순찰의 규제'를 통해 경찰제도개혁을 주장하였다.
> ③ 유길준은 대륙법계 경찰개념의 영향을 받아 경찰 제도를 **행정경찰과 사법경찰로 구분**할 것을 주장하였다.
> ④ 김옥균, 박영효 등이 일본의 경찰제도로부터 영향을 받은 반면, 유길준은 영국의 경찰제도로부터 영향을 받아 영국 경찰을 근대화 시킨 로버트 필경을 소개하고 높이 평가하였다.

CHAPTER 03 | 비교경찰론

01 영국경찰

1. 영국경찰의 역사

(1) 고대경찰 → 집단안전체제(앵글로색슨시대)

10인조 제도 (tything)	치안의 책임을 각 마을이 담당하였으며, 10인으로 구성된 치안조직을 구성하였다. 이렇게 구성된 10인 조합은 연대책임을 지도록 하여 치안을 유지하였다.
100인 조합	10인조가 모여 100인 조합을 형성하였고, 관리책임자로 1명의 Constable을 주민들이 임명하였다.(Constable이 오늘날 영국경찰의 기원)
샤이어 (Shire)	① 100인 조합이 합쳐져서 하나의 샤이어(Shire)가 되었고, 오늘날의 군(County)의 기원이다. ② 국왕이 임명한 귀족인 Shire Reeve가 해당지역에서 조세를 징수하고 치안을 유지하며 재판권을 행사하였고, 오늘날 보안관의 기원인 Sheriff가 되었다. ③ 1066년 노르만족에 의한 점령 이후 샤이어에 국왕이 직접 임명하여 Sheriff를(ConstableX) 파견하였다.

* 프랭크 플래지 제도 Frank – Pledge System(10인 상호보증제도)
→ 영국경찰이 자치경찰제도를 유지하는 데 기틀이 되었다.
① 앵글로색슨 시대에 '국왕의 평화'(King's Peace)를 달성하기 위한 제도
② 법집행의 보장과 침입부족으로부터 지역사회를 보호하기 위한 제도
③ 12세 이상의 모든 자유민은 10인조의 구성원이 되어 평화유지의 책임을 짐

(2) 중세경찰

① 11C 노르만정복시대에 범죄를 개인이나 집단이 아닌 국가가 처벌하여야 한다는 개념이 출현하였다. → 헨리법전에서 **국왕에게 살인, 강도, 강간 등의 범죄에 대한 재판권을 부여함**

② 이후 치안유지의 공동책임단위가 장원으로 바뀌어갔으며, 장원의 영주는 통치하는 데 필요한 경찰관(Constable)과 지방관리를 선출(임명)하였고, 13C 말에는 이 경찰관(Constable)의 지위가 국왕에 의해서 인정되기에 이르렀다.

| 윈체스터법 (에드워드 1세) | ① 범죄증가 등으로 인해 10인 조합으로 사회질서유지가 어려워지자, **지방도시의 치안유지를 강화하기 위하여 제정** → 1829년 로버트 필경에 의해 '수도경찰청법'이 제정될 때까지 약 600여년 동안 영국경찰의 조직과 활동을 규율함
② 중소도시에 **야경인(Watchman)제도를 도입**하여 경찰관(Constable)의 임무를 보좌함
→ 주·야간 감시제도(Watch and Ward) |

	③ 모든 주민에게 **치안조력의무**(Hue and Cry- 범죄자 추적의무)부과를 명문화 하였다. ④ **15세 이상 ~ 60세 사이의 남자들**에게 신분계급에 따라 **일정한 무기와 장비를 보유**할 수 있게 하였다. ⑤ 중요범인의 체포, 공공도로의 단속 등에 관하여 규정
교구경찰 (Parish Constable)	교회지역의 사회단위인 교구에서 경찰관을 임명하였는데 처음에는 윤번으로 근무하는 무보수의 봉사직으로 최고의 직위 중 하나였으나, 이후 중상주의의 영향으로 점차 부유한 상업가 계층이 대가를 지급하고 대리인으로 하여금 경찰직을 수행토록 하면서부터 17C 말부터 도시지역을 중심으로 급격히 쇠퇴하기 시작하여 근본적인 개혁이 요구되었다.

이후 **헨리 필딩 법관**에 의해 **직업경찰관인 Bow Street Runner(보우가의 주자)**가 만들어졌고, **절도체포대, 기마순찰대, 도보순찰대를 창설**하여 이후 **수도경찰청의 기본**이 되었다.

(3) 근대 산업혁명 이후 경찰

산업혁명으로 인구증가에 따른 범죄와 무질서 등 치안수요가 급증하자 이에 대응하기 위해 내무부장관이었던 **로버트 필경**(Sir Robert Peel)이 **1829년 수도경찰법에 따라 내무부장관의 관리를 받는 수도경찰청**(Metropolitan Police Service)**을 창설**하면서 범인검거 뿐 아니라 **범죄예방에도 중점을 두었고, 경찰관 임용 및 승진에서 정치적 요소를 배제**하였다. **지방경찰조직을 통·폐합**하였으며, 경찰의 계급과 제도 및 정복착용 등의 개혁을 통하여 **근대 영국경찰의 기초를 확립**하였다. 그 외에 아래와 같은 **지방경찰제도의 법률 제정 등을 통하여 정비**가 이루어졌다.

① 1829년 '군경찰법'(County Police Act) 제정 → 농촌지역에 인구 1천명당 1명의 경찰관을 임용하도록 함
② 1835년 도시자치법 제정 → 시·군경찰위원회(Watch Committee)를 발족하는 등 전국 경찰의 표준화작업 실시
③ 1856년 '군 및 특별시 경찰법'(County and Borough Police Act) 제정 → 자치경찰에 대한 내무부장관의 감독권과 통제권을 강화

(4) 현대경찰

① 1931년 치안총수가 된 **트렌챠드의 경찰개혁활동** → 순찰제도의 개선, 경찰 설비의 확충
② 1942년 **긴급국방조례**를 통해 2차 세계대전 중 경찰임무 증가로 경찰기관을 대대적으로 합병하고, **1946년의 경찰법**에 의해 **지방경찰이 합병되어 경찰기관의 수가 축소됨**
③ 1960년 왕립 경찰개혁위원회의 보고서

경찰의 부패와 비능률에 따른 개혁의 요구가 높아지면서 1960년 왕립 경찰개혁위원회(Royal Commission on the Police)가 발족되어 개혁에 대한 다음과 같은 보고서가 제출됨

㉠ 지방경찰의 난립에 따른 조직과 권한행사의 불통일 시정
㉡ 경찰관의 근무조건 개선

ⓒ 효율성을 극대화하기 위하여 프랑스식 국가경찰체제의 도입을 제안했지만, 자유주의적 전통에 익숙한 영국민의 반대로 실현되지 못하였고 그 대신 1964. '경찰법(Police Act)' 을 제정함

④ 1964년 '경찰법'(Police Act) 제정

ⓐ 내무부장관에게 경찰본부 합병권 부여 되어 **183개의 지방경찰청들을 52개의 경찰청으로 통폐합**

ⓑ **수도경찰청과 런던시경찰청을 제외(포함X)**한 모든 경찰본부의 관리기구를 각 지방의 경찰위원회로 통일

ⓒ 경찰의 관리와 운영에 있어서 **내무부장관과 경찰위원회, 경찰청장간의 3원 체제를 규정함**

ⓓ 1980년대 이후 치안상황의 악화로 인해 3원 체제에서 내무부장관의 영향력이 강화되면서 중앙집권화 경향을 보임

ⓔ 중앙집권화 된 3원 체제에 대한 비판으로 2011년 지방경찰제도로의 회귀현상이 나타나 2012년에 지역치안위원장, 지역치안평의회, 지방경찰청장, 내무부장관으로 구성되는 4원체제로 변경함

2. 영국경찰의 조직 – 잉글랜드와 웨일즈 경찰(43개)

① 영국은 잉글랜드, 스코틀랜드, 웨일즈, 북아일랜드로 구성된 연방국가로 **상호간에 지휘·감독이나 통제를 받지 않는 분권화된 경찰구조**를 가지고 있지만, **내무부장관이 경찰을 관리하는 등 중앙정부에도 권한이 많이 집중**되어 있는 형태로 **절충형 경찰체제**로 볼 수 있다.

② 일반경찰 외에 군대·하천·대학 등과 관련된 특수목적의 수행을 위한 특별경찰이 있다.

(1) 수도경찰청(Metropolitan Police Service) – 1829년 로버트 필에 의해 창설

계기	산업혁명에 따른 도시인구 집중화문제에 대응하기 위해 창설되었으며, 내무부장관이 직접 관리하는 형태로 출발하였지만, 2000년대부터 자치경찰화 되었다.
경찰청장	① 전국의 고위경찰간부나 민간인 중에서 **내무부장관의 추천으로 국왕이 임명** ② 수도경찰청장은 선서함으로써 **치안법관의 자격**을 가진다. → **법정에 출정하여 재판할 수는 없다.** ③ 내무부장관의 관리를 제외하고는 **대외적으로 독립한 지위**를 갖는다.
업무	① 중요강력사건의 수사 및 지방자치경찰에 대한 수사지원 ② 왕궁 및 의사당의 경비 ③ 국가안전에 관한 범죄수사 등 국제적 정치·금융·문화·외교의 중심지인 런던을 보호하기 위해 창설되어 런던 중요시설 및 요인경호, 대테러 업무 등을 담당

(2) 런던시경찰청(City of London Police Service)

특징	① 수도경찰청과는 **독립된 자치체경찰**로 운영되고 있다. ② 런던시경찰의 관리권은 **시의회**가 가지고 있다.
경찰청장	① 런던시의회가 국왕의 승인을 얻어 임명 ② 수도경찰청장과 동일한 직급으로서 인선에서도 동격의 사람이 임명
시의회	① 경찰예산의 의결과 조례·규칙제정권 등을 가지며, 입법기관이자 집행기관임 ② 실제 경찰업무의 집행은 **런던시 경찰청장**이 행한다. ③ 런던시의회의 질의에 경찰위원회에서 서명 또는 출석으로 답변하고 경찰청장의 출석을 요구하지 못한다. ④ 경찰사무에 대한 질의 및 답변을 요구할 수 있다. ⑤ 경찰의 지휘·운영에 관여할 수 없다.

(3) 지방경찰

→ 지역치안위원장, 지역치안평의회, 내무부장관, 지방경찰청장의 4원 체제 22 경간

내무부
장관
	① 내무부 지원예산(50%)에 대한 감사권(지방경찰 50% 예산편성권)
	② 국가적인 조직범죄 대응에 관련하여 지역경찰에 대한 임무부여 및 조정
	③ 지방경찰청장 중에서 1명을 **국립범죄청장으로 임명**
	④ 전략적 경찰활동 요구 권한
	  - 내무부장관은 경찰을 지휘하거나 명령할 권한을 가지고 있지 않다.
	    내무부장관은 수도경찰청장 제청권을 가지고 있고, 지방경찰청장 임명에 관하여 의견을 제시할 수 있다.

지역치안 위원장	① **지역주민의 선거에 의해 선출** ② 종전 경찰위원회의 임무를 대체하여 **지방경찰청장, 차장의 임면권을 행사** ③ 지방경찰의 **예산 및 재정을 총괄** ④ **지역치안계획을 수립**
지역치안 평의회	① **지역치안위원장의 견제기구**로서 각 지방자치단체에서 파견된 **선출직 대표와 독립위원으로 구성** ② 지역경찰의 **예산지출에 대한 감사권** ③ **지방경찰청장** 임명과 관련하여 **인사청문회 개최** ④ **지역치안위원장**에 대한 정보와 **출석요구권** ⑤ **지역치안위원장**의 **직권남용 조사의뢰 및 주민소환투표실시**
지방경찰 청장	① 관할 경찰에 대한 **독자적인 지휘, 운영** ② **차장 이외의 모든 경찰에 대한 인사권** ③ 예산운용권

(4) 국립범죄청(중앙경찰기구)

순서	① 1992년 내무부장관 직속으로 **국립범죄정보국(NCIS)** → 1997년 **국립범죄수사국(NCS)**을 창설 하였고, ② 이후 국립범죄정보국(NCIS)과 국립범죄수사국(NCS)이 통합하여 → **2006년중대조직범죄청(SOCA)이 창설됨** → 아동착취 및 온라인 아동범죄 대응센터(CEOPC)를 흡수하여 → **2013년 국립범죄청(NCA)이 설립됨** 23 1차
업무	① **강력범죄에 대한 정보수집 및 수사권, 체포권은 직접 행사**할 수 있다. ② **마약밀매, 약물범죄, 아동범죄, 조직범죄, 인신매매**, 불법밀입국, 여권과 화폐위조범죄, 대테러범죄 등을 다룬다. ③ 미국의 FBI와는 달리 범죄정보를 수집·분석하고 지방경찰의 활동을 지원하는 범죄정보기관의 성격을 가지고 있다.
특징	① 내무부의 지원을 받지만, **활동은 내무부로부터 독립**되어 있다. ② 지방경찰청장 중 1명을 **내무부장관이 국립범죄청장으로 임명**한다.

(5) 스코틀랜드 경찰과 북아일랜드 경찰

스코틀랜드 경찰	① 스코틀랜드 경찰법으로 근대적 경찰제도가 확립되었고, 기본적으로 자치경찰체제를 취하고 있으며, 8개의 지방경찰청이 있다. ② **치안법관제도는 상대적으로 발달되지 못하였고**, 전통적인 **보안관이 치안법관의 역할을 대신 수행함**
북아일랜드 경찰	① **내무부장관 직속으로 강력한 국가경찰제도를 운영**하고 있다. ② 신·구교도간의 분쟁이 계속되고 있고, 북아일랜드공화국(IRA)의 각종 테러로 인해 치안유지에 어려움이 많다. ③ 무장반란과 폭동업무를 진압하는 헌병대 조직을 보유하고 있다.

3. 영국경찰의 수사구조와 권한

업무와 권한	① 조직상 **행정경찰과 사법경찰의 구분이 없으며**, 범죄예방, 질서유지와 생명, 재산 업무 외에도 **소방, 위생, 영업** 등에 관한 행정경찰업무도 수행 ② 경찰관은 독립한 공무수행자로서 **단독관청의 지위**를 가진다. ③ 경찰은 **규칙을 제정할 수 있는 권한이 없으며**, 구류·과료 등의 **즉결처분권이 없어 거의 집행기관에 불과**하다. ④ 모든 수사는 원칙적으로 **경찰이 담당하며, 광범위한 재량권**을 가지고 있다. ⑤ 경찰은 불심검문권, 압수·수색권, 체포·구금권, 피의자신문권 등을 가진다. ⑥ 경찰은 직접 법관에게 영장을 청구할 수 있다.
수사구조	① **잉글랜드와 웨일즈** 경찰은 독자적 수사권과 수사종결권을 가지고 있고, **검사는 기소권**을 가지며, 수사에 대해 직접 **지휘·감독을 할 수 없다**. 양자는 독립적이며, **대등·협력** 관계이다. ② **스코틀랜드와 북아일앤드** **검사가 수사주재자**이며 기소권을 가지고, **경찰은 수사보조자로서 지휘·감독을 받으며**, 양자는 **상명하복관계**이다.

기소제도	전통적으로 피해자가 법관에게 소추를 하는 **사인소추주의**였으나, 1829년 수도경찰청 창설 이후 기소업무는 경찰의 독점적 권한이었다. 1985년 범죄기소법의 제정으로 국립검찰청(CPS)이 창설된 이후 기소권은 검찰에 이전되어 **검찰이 기소를 전담**하게 되었고, 경찰은 기소여부에 관한 1차적 판단권을 가지며, 검찰은 경찰이 기소결정을 한 사건에 대한 2차적 판단권 및 공소유지권을 가진다. 검찰은 경찰의 기소결정에 구속되지 않는다.

4. 로버트 필경의 12개 경찰개혁안 20 1차, 22·23 경간

1. 경찰은 안정되고, 능률적이고, **군대식으로 조직화되어야 한다.**
2. 경찰은 정부의 통제 하에 있어야 한다.
3. 경찰의 능률성은 범죄의 부재(absence of crime)에 의해 가장 잘 나타날 것이다.
4. 범죄발생사항은 반드시 전파되어야 한다.(**모방범죄 예방을 위해 범죄정보는 유출되어서는 안 된다X**)
5. 시간과 지역에 따른 경찰력 배치가 필요하다.
6. 자기감정을 조절할 줄 아는 것이 가장 중요한 경찰관의 자질이다.
7. 단정한 외모가 시민의 존중을 산다.
8. 적임자를 선발하여 적절한 **훈련을 시키는 것이 능률성의 근간이다.**
9. 공공의 안전을 위해 모든 경찰관에게는 식별할 수 있도록 번호가 부여되어야 한다.
10. 경찰서는 시내중심지에 위치하여야 하며, 주민의 접근이 용이해야 한다.
11. 경찰은 반드시 시보기간을 거친 후에 채용되어야 한다.
12. 경찰은 항상 기록을 남겨 차후 경찰력 배치를 위한 기준으로 삼아야 한다.

5. 로버트 필경의 9가지 경찰원칙

1. 경찰은 군대의 폭압이나 엄한 법적 처벌이 이루어지지 않도록, **미연에 범죄와 무질서를 방지하기 위해 노력해야 한다.**
2. 경찰임무를 수행하기 위한 필요한 힘은 **시민의 지지와 승인 및 존중에 전적으로 의존한다**는 것을 결코 잊어서는 안 된다.
3. 경찰에 대한 시민의 지지와 승인 및 존중을 확보한다는 것은 법을 지키는 경찰의 업무에 대한 **시민의 적극적인 협력 확보를 의미한다**는 것을 인식해야 한다.
4. **시민의 협력을 확보하는 만큼** 경찰 목적달성을 위한 **강제와 물리력 사용의 필요성이 감소한다는 점을 명심해야 한다.**
5. 시민의 지지와 승인은 결코 여론에 영합해 얻어지는 것이 아니라 **지속적으로 공정하고 결코 치우침 없는 법 집행을 통해 확보된다.**
6. 경찰 물리력은 반드시 자발적 협력을 구하는 **설득과 조언과 경고가 통하지 않을 때만 사용해야 하며**, 그때도 필요 최소한 정도에 그쳐야 한다.
7. **경찰이 곧 시민이고 시민이 곧 경찰이라는 인식을** 바탕으로 **경찰과 시민 간 협력관계를 유지해야 한다.** 경찰은 공동체의 복지와 존재의 이익을 위해 봉사하는 임무를 수행하고자 보수를 받는 **공동체의 일원일 뿐이다.**
8. 언제나 **경찰은 법을 집행하는 역할**이라는 점을 잊어서는 안 되며, **유무죄를 판단해 단죄하는 사법부의 권한을 행사하는 것처럼 보여서는 아니 된다.**
9. 언제나 **경찰의 효율성은 범죄나 무질서의 감소나 부재로 판단되는 것**이지, 범죄나 무질서를 **진압하는 가시적인 모습으로 인정받는 것은 아니라는 점을 명심해야 한다.**

02 미국경찰

1. 미국경찰의 역사

미국은 영국경찰제도의 영향을 받았고, 작은 정부를 지향하는 사상에 의해 **분권화된 경찰체제**를 유지하고 있다.

식민지 시대	지역적 환경에 의한 영향으로 **남부** 농촌지역에는 치안유지를 위해 **영국의 보안관(Sheriff)** 제도가 발달하였고, **북부** 도시지역에는 **영국의 치안관(Constable), 야경인** 제도가 발달하여 치안을 담당하였다.
근대경찰 (19C 정치적 시대)	① 도시화, 산업화, 및 이민자 증가로 인해 범죄가 증가하였고, 경찰이 제 기능을 발휘하지 못했으며 이로 인해 근대적 경찰개혁이 이루어졌다. **도시경찰의 설립 순서: 보스턴** 경찰(1838) → **뉴욕** 경찰(1845) → **필라델피아** 경찰(1848), **최초의 제복경찰관 등장** ② **보스턴시의 경찰개혁**: 1838년 미국 최초로 **시경찰국을 창설**, 보스턴 시 야경제도는 도시경찰의 시초 ③ 비전문적이고 **부패와 비능률**이 지배하였으며, **지나친 분권화**와 **정치적영향**으로 효과적인 범죄대처 곤란 → **각 주별로 경찰기관을 재조직** → 1835년 텍사스주에서 최초로 **주경찰을 창설**(Texas Ranger) → 이후 **메사추세츠주, 펜실베니아주** 등 다른 주에서도 주경찰 창설 ④ 일반적인 치안유지는 각 주와 지방자치단체가 담당하였고, 주간 통상·화폐위조·도량형 표준화·우편사무 등 전국적 통일성을 요하는 부문에서 연방경찰기관의 필요성이 대두되었으나 미국인들의 작은 정부 지향사상으로 인해 제대로 성립되지 못하였다.
1920년 이후 경찰개혁	① 1908년에 루즈벨트 대통령의 지시로 설치된 수사국이 **1935년 연방범죄수사국(FBI)으로 개편됨** 24 경간 ② '**경찰로부터의 정치 분리와 정치로부터의 경찰 분리**'를 기본목표로 리차드 실베스타와 오거스트 볼머(버클리 서장, **미국경찰의 아버지**) 등에 의해 **경찰의전문직화가 추진**되었다. 22 경채 → 오거스트 볼머(August Vollmer)는 경찰관 선발을 지원하기 위해서 지능·정신병·신경학 검사를 도입했다. 24 경간 ③ 1908년 버클리시에 최초로 경찰학교가 신설되는 등 전국에 **경찰학교 설립** ④ 1957년 **멜로리 판결**, 1961년 **Mapp 판결**, 1964년 **에스코베도 판결**, 1966년**미란다 판결** 등 20C 중반 이후 **경찰업무수행에 적법절차의 원리를 강조**하는연방대법원의 판결 확립 23 경간 ⑤ **윌슨의 경찰개혁** ㉠ **조직구조혁신**을 통한 전문 직업 경찰제도 확립 ㉡ **자동차를 이용한 순찰(도보순찰X) 및 1인 순찰제** 24 경간 → 순찰운용의 효율성 추구 22 경채 ㉢ **무선통신의 효율성**을 통한 경찰업무의 혁신과 전문직화를 주장 ㉣ **담당구역**의 주기적 변경 및 신고에 대한 **즉응체제** 구축 ⑥ **워커샘위원회(Wickersham Commssion)보고서** - 후버 대통령이 형사사법제도를 연구하기 위하여 설치(오거스트 볼머가 참여), 미국 형사사법제도의 실태와 문제점을 조사함 - 위커샴 위원회(WickershamCommission) 보고서에서는 경찰전문성 향상을 위해 경찰관 채용기준 강화, 임금 및 복지개선, 교육훈련 증대의 필요성이 제기되었다. 24 경간

	→ 1931년 '경찰의 준법 및 법집행에 대한 실태조사보고서' 내용 ㉠ 경찰에 대한 **정치적 간섭의 배제** ㉡ 경찰관의 **근무조건의 개선** ㉢ **경찰채용기준 및 교육 강화**를 통한 **기술혁신** 등을 제시하여 직업경찰제도의 확립을 추진
1960년 이후 (20C)	**전통적인 사후의 범죄통제 중심의 경찰활동으로부터 사전 범죄예방에 중점을 두고**, 지역주민의 안전 및 복지를 위하여 주민에게 봉사하는 **지역사회 경찰활동을 지향**하며, 이를 위해 도보순찰의 강화, 문제해결 지향적인 근무, 권한의 하부위임, 시민들과의 협조체제를 통한 치안유지를 강조함

2. 미국의 경찰조직

지방정부에 비해 연방정부는 완만한(빠른X) 속도로 경찰을 정비

특징	① **연방경찰과 주경찰, 지방경찰로 분권화**되어 있으며, 각각 **독립적으로 운용**하며(시·군 자치경찰이 주경찰의 지휘를 받는다X), **대등·협력**관계에 있다. ② 우리나라의 경찰청처럼 **전국의 경찰을 일원적으로 지휘하는 제도나 기구가 없으며**, 민간경비가 발달하여 공경비와 협력적인 관계를 유지한다.

연방경찰	① 헌법상 경찰권이 없으나 헌법이 부여한 과세권이나 주간의 통상 규제권 등으로 사실상 경찰권을 행사함 → 연방정부의 경찰권이 최근 **확대·강화**되는 경향이 있다.
	② 연방경찰기관의 권한은 **국가적 범죄 및 주(州)간의 범죄** 등 **연방법 집행에 한정**되고, 주법이나 지방자치단체의 법을 집행하지 못한다.
	③ **법무부 소속**
	  1. **연방범죄수사국(FBI)**: 연방범죄수사, 범죄감식·범죄통계의 작성, 지방경찰직원의 **교육훈련**, 특정공무원의 신원조사, 대테러업무, 국내 공안정보수집 등 2001년 9·11테러 이후 테러예방과 수사에 많은 역량을 집중시키고 있다. **23 1차**
	    - 1908년 법무부 산하 수사국으로 설치
	      루즈벨트(F.D.Roosevelt) 대통령의 지시로 1908년 최초의 연방수사 기구가 법무부(재무부X)에 창설되었다. **24 경간**
	    - 1935년 수사국이 연방수사국으로 정식출범
	    - 1926년 Hoover 국장은 수사국의 역할과 영향력이 민간인에게도 행사되도록 지시하는 등 획기적인 발전을 가져옴
	    - 연방수사국은 모든 연방범죄와 타 기관에서 관할하지 않는 모든 범죄를 수사하고 있음 (기능은 점차 축소되고 있다X)
	  2. **연방보안관실(U.S Marshals Service)**: 체포영장의 집행, 연방범죄피의자 호송, 증인의 신변안전보호 등
	  3. **마약단속국(DEA)**: 불법마약제조와 판매단속
	    인터폴(국제형사경찰기구) 중앙사무국: 각국 경찰기관과 정보교환 및 수사협력
	  4. **알코올·담배·총기수사국(ATF)**: 총기류와 폭발물 단속
	④ **국토안보부**
	  - 9.11. 테러사태 이후 대테러기능을 통합하여 효과적으로 운영하기 위하여 신설
	  - **시크릿 서비스(SS, 특별업무국)**: 초기 재무부 소속으로 위조통화단속을 위해 창설되었고, **대통령 경호업무를 담당**
	  - 소속: 해안경비대, 세관국경보호국, 이민·세관집행국, 교통안전청

주경찰	① 헌법상 경찰권은 연방정부가 아닌 주정부의 고유한 권한으로 되어 있으며, **실질적인 경찰권**을 행사함으로써 연방경찰에 비해 경찰권 행사 범위가 광범위함(범죄수사에 한정X) ② 주법을 집행하고, 연방법을 집행하지는 못하며, 주경찰과 연방경찰은 **상호협력관계**(상호보완적 관계)이다. ③ 주경찰과 지방경찰은 **상호 독립적**이며, 주경찰이 지방경찰을 지휘하는 것은 아님 ④ **하와이주를 제외한** 각 주마다 주경찰국, 고속도로 순찰대, 주경찰청 등이 설치되어 임무를 수행함, **주경찰국은 일반경찰사무 등 다양한 임무**를 담당하며, 고속도로 순찰대는 고속도로 **순찰기능만 담당**하며, 일반경찰사무는 담당하지 않는다.
	지방경찰 - 핵심적 역할 수행
도시경찰	① **시**(city), **타운**(incorporated town), **빌리지**(village) 또는 **버로우**(borough)의 경찰을 총칭하며, 자치이념에 근거하여 주경찰과는 **상호 독립적**이며 **대등한 관계임**(특별구 경찰X) ② 수사, 순찰 등 전형적인 경찰업무를 담당하며, 미국의 법집행기관 중에서 **가장 규모가 크고 중요**하다. → 뉴욕시경찰청이 가장 규모가 큼 ③ 도시경찰은 3만명부터 10명 이하까지 규모가 다양하고 각각 대등한 독립기관으로 **상부기관의 통제를 받지 않는다.** → 통제가 다양한 형태로 이루어지고 있음 ④ 주된 임무는 공공의 안녕과 질서유지 및 시민의 생명과 신체·재산의 보호등임 ⑤ 도시조례 및 주법이 위임한 경찰사무를 수행함
기타 지방경찰	① **군**(County)**경찰:** 보안관(Sheriff)제도와 보안관을 보좌하는 검시관(Coroner)제도가 있다. → 보안관: 일반적으로 **주민의 선거로 선출**하며(로즈아일랜드와 하와이주는 제외), 지역(도시X)의 범죄수사 및 순찰을 담당, 임기는 2 ~ 4년, 업무범위는 점점 **축소**되는 추세임 → 검시관: 변사자의 검시업무 수행, 선거로 선출되어 전문성이 떨어짐 → 미국의 군 보안관(CountySheriff)은 범죄수사 및 순찰 등 모든 경찰권을 행사하며, 대부분의 주(State)에서 군 보안관 선출은 지역주민의 선거로 이루어진다. 22 경간 ② 읍·면(Town 또는 Township)경찰 ③ 특별경찰: 교육구 등의 특별구를 관할하는 특별구경찰, 공원경찰, 대학경찰, 지하철 경찰 등이 있다.

3. 미국의 수사구조와 수사상 권한

무죄추정의 원칙, 미란다원칙, 영장주의 등 범죄인의 인권을 보장하기 위한 많은 법집행상의 지침들이 등장하였음

특징	① **분권적 수사구조**를 가지며, 경찰과 검찰 모두 독자적 수사주재자로서, 양자는 **대등·협력 관계**이다. ② 미국은 우리나라처럼 통일된 경찰통제기구가 없다. ③ 미국 연방법집행기관의 경우 연방범죄수사국 이외는 모두 특정한 법영역만을 담당한다.
경찰	경찰은 **독립된 수사주체**로서 수사의 주재, 개시 및 수행은 독자적 판단으로 수행하며, 독자적인 **수사종결권**을 가진다. → 연방경찰은 연방범죄사건에 대하여(지방사건에는 관여×), 주경찰과 지방경찰은 연방범죄사건 이외의 사건에 대한 독자적 수사권을 가진다.

검사	검사는 조직범죄와 같은 일부 특수범죄를 제외하고는 경찰이 송치한 사건에 대하여 **기소여부결정 및 공소유지만 담당하여 소송절차상 역할만 수행함** → 예외적으로 특별한 사건에 대하여 직접 수사하기도 하고 개별사건에 대한 기소결정과정에서 수사방향과 증거수집에 관하여 예외적으로 경찰의 수사를 지휘하기도 한다.
권한	① **체포전 구금 또는 일시구금제도가 인정**되어 몇 개 주에서 명문화됨 → 불심검문시 합리적인 의심이 있는 경우에 정지시키고 질문·동행요구 및 신체수색이 가능하며, 2시간 이내의 신체구금권 인정됨 ② **미란다원칙**에 의해 범죄자 **체포시 변호인의 조력을 받을 권리와 진술거부권 고지의무**가 있음 → 우리 형사소송법은 진술거부권고지는 체포시가 아닌 피의자·피고인의 진술을 듣기 전에 하도록 하고 있음

4. 기타

① 미국 경찰관은 대부분 노조에 가입되어 있지만, 전국적 차원의 노동조합은 존재하지 않는다.
② 도시경찰 관리형태 중 1900년도에 도시경찰 중심으로 발달한 것으로 사회의 전문화, 다양화와 범죄의 증가 등에 대응하기가 용이하다고 평가되는 유형은 단일경찰관리자 방식이다.

03 독일경찰

1. 독일경찰의 역사

14C~19C 봉건시대	① 봉건영주의 권한행사를 보장하기 위하여 포괄적인 기능을 행사하는 경찰권이 부여되었고, **농촌에서는 기마경찰, 도시에서는 자치경찰** 형태로 출발하였다. ② 1848년 베를린에서 **처음으로 국가경찰인 정복경찰이 창설**된 이후 다른 도시지역으로 확산되었다. ③ 제1차 세계대전 중인 1919년에 내무부장관은 **중앙집권적인 경찰을 창설**하였으나, 연합국의 해체요구로 다음해 **지방경찰로 재편성**되었다. 1934년까지 전국적으로 통일된 경찰제도가 없이 각 주(州)마다 상이한 경찰제도 유지함
나치시대	① 히틀러의 나치시대에는 **각 주의 경찰권을 박탈**하고, **경찰권을 중앙정부로 귀속시켜 국가경찰화**하였다. → **중앙집권적 경찰제도** 채택 ② 내무부장관 직속으로 비밀국가경찰인 게슈타포를 설치하여 전국의 **정치경찰사무를 담당**하였고, 외부로부터 일체의 간섭을 받지 않는 독립기관이었다. ③ 보안경찰과 질서경찰 및 돌격대를 합쳐 **국가치안본부를 설치·운용**하였다.
2차 대전 이후	① **4D 정책**: 탈나치화, 탈군사화, 비정치화, 민주화 및 지방분권화를 추진하였고, 연합군에 의한 경찰개혁으로 **비경찰화, 비밀경찰폐지, 행정경찰과 집행경찰이 분리**되었다. ② 1949년 Bohn기본법 제정 이후 **경찰권을 각 주 정부의 권한**으로 이관하면서 독일 경찰조직의 중심이 다시 주 정부로 이전되었다.

	③ 대부분의 주는 고유한 경찰법을 제정하였고, 경찰의 임무와 권한, 경찰의 구조와 편제, 재정에 관한 것을 규정하였다. 독일은 미국과는 달리 **자치경찰을 채택하지 않고 주 단위의 국가경찰제도를 채택**하고 있다.
1950년대	1950년대 연방경찰기관 창설 → 연방헌법보호청(BVS), 연방국경경비대(BGS), 연방범죄수사국(BKA) 등 설립
1970년대	① 1976년 '연방 및 각 주의 통일경찰법 모범초안'을 마련하여 1977년에 최종안을 제정(1986년에 재개정됨), 이에 따라 대부분의 주에서는 경찰법을 개정하여 통일성을 기하고 있음 ② 서독에 의한 흡수통합방식으로 1989년 동·서독의 통일로 경찰통합

2. 독일의 경찰조직

(1) 연방경찰 - 최근 연방경찰의 업무범위가 점차 확대

특징	① 독일 기본법상 경찰권은 **원칙적으로 주정부에 속하며, 전국적인 특수상황에 대비**하기 위하여 헌법이 규정한 범위 내에서 연방경찰권을 보유하고 있다. → 경찰 조직은 각 주의 입법사항으로 규정하고 있다. ② 연방경찰은 **전국적 사항이나 국가적 긴급사태에 대처하기 위한 조직이므로 경비·공안** 등 제한된 범위에서 **경찰권을 행사**한다. ③ 연방경찰과 주경찰은 **상호 독자적인 지위가 인정**되며, **상명하복관계는 인정되지 않는다.** → 예외적으로 연방경찰의 관할에 속하는 사안에 관하여는 주 경찰에 대한 연방경찰의 통제를 제한적으로 인정하고 있다. ④ **연방내무부장관**은 주경찰에 대하여 원칙적으로 **재정부담의무나 지휘통솔의 권한을 갖지 않는다.** ⑤ 연방경찰은 연방정부의 내무부에, 주경찰은 주정부의 내무부에 소속되어있다.
연방헌법 보호청 (BVS)	① 국가방첩임무와 반국가단체 및 인물에 대한 감시를 담당하며, 극좌·극우의 합법·비합법 단체, 스파이 등 기본법위반의 혐의가 있는 모든 행위에 대한 감시업무와 정보수집·분석업무를 담당한다. ② 법률상 집행업무를 할 수 없고, 경찰권한도 없어서 구속·압수·수색 등을 할 수 없으며, 신문을 위한 소환이나 강제수단도 행사할 수 없는 단순 정보수집·처리기관에 불과하다. 22 경간 ③ 지방조직으로 **주헌법보호청**을 두고 있으나 **상하관계가 아니고 협조관계이다.**
연방범죄 수사청 (BKA)	① 각 주에서 발생하는 전국적인 주요범죄에 대처하기 위해 연방내무부 소속으로 설치되었다. → **전국 범죄수사를 실질적으로 지휘X** ② **국제형사경찰기구(인터폴)의 중앙사무국 기능 수행**하며, 외국과의 범죄수사협조업무를 담당한다. ③ 반국가적 범죄 및 국제적·광역적 범죄와 조직범죄, 마약, 화폐위조 등 특정범죄에 대한 **수사권을 행사**하며, 범죄정보수집 및 분석업무를 수행한다. → 각 주 경찰의 수사 활동을 협조, 지원하는 기관 but 주 수사경찰을 지휘하는 것은 아님 ④ 1951년 연방범죄수사국설치법의 제정에 따라 창설되었다. ⑤ 주 정부에도 범죄수사국을 설치하여 연방정부와 협조하고 있다. ⑥ **연방헌법기관요인들에 대한 신변경호도 담당한다.** 23 1차

연방 경찰청 (국경경비대)	① 1951년 연방국경경비대가 창설되었고, 2005년 연방경찰청으로 개편됨 ② **국경경비, 해상경비, 재해경비, 헌법기관 및 외국대사관 등의 안전보호, 대테러 업무, 국가비상사태 방지업무, 철도·공항의 안전 경비업무 등을 담당**한다. ③ **연방경찰소속의 서부국경수비청 산하에** 대테러부대인 GSG-9을 두고있음

(2) 주(州)경찰 – 경찰권은 주 정부의 권한이다.

특징	① 대부분의 주는 **주단위의 국가경찰제도**를 채택하고 있으며, 각 주는 주경찰법에 따라 주경찰을 **독자적으로 상이한 경찰조직을 운영**하고 있다. – 독일경찰은 연방차원에서는 각 주(州)가 경찰권을 가지고 있는 자치경찰이지만, 주(州)의 관점에서 본다면 주(州) 내무부장관을 정점으로 하는 주(州)단위의 국가경찰체제이다. 23 경간 ② 각 주의 경찰조직은 주 내무부를 정점으로 주경찰청에서 파출소에 이르기까지 **계층적 피라미드구조**로 이루어져 있다. ③ 주의 **최상급 경찰관청으로, 주 내무부장관이 소속 각급 경찰관서를 지휘·감독**한다. ④ **주정부의 내무부와 연방정부의 내무부는 상호 독립적인 관계로** 주는 연방정부 및 다른 주와 완전히 독립적인 지위를 가진다. ⑤ 대부분의 주에서는 **경찰청장을 경찰관이 아닌 민간인으로 임명**(경찰의 비대화방지 목적) – 각 주정부의 경찰청장은 대부분 5년 이상 실무자로 임명된다. – 승진은 각 등급 내에서 심사승진에 의한다. – 노동 3권이 모두 보장되어 경찰노동조합을 결성하여 경찰공무원의 처우개선에 기여하고 있다.

조직	각 주는 경찰조직을 **행정경찰, 사법경찰, 기동경찰**의 3개 기능으로 분류하고, 그 외 일부 주에서는 **수상경찰**이 있다.
	1. 종류
	① **행정경찰(보안경찰)**
	   정복을 착용하고, 전형적인 경찰업무 수행하며, **교통사고로 인한 사망사고** 담당 같은 사법경찰이 담당하는 임무 이외의 경찰업무를 담당한다.
	② **수사경찰(사법경찰)**
	   사복을 착용하고, 범죄수사 및 예방업무 담당한다.
	③ **기동경찰**
	   – 1950년 **연방과 각 주정부의 행정협정으로 설립**되었고, **연방에서 각 주기동대의 통일적인 근무규칙 제정** 및 무기·통신·차량장비를 지원하고, 각주에서 기동대 설치 및 교육·배치 담당한다.
	   – 폭동·시위의 진압, 자연재해 등 비상사태 등에 경찰력 지원, 스포츠행사등 각종 행사의 경비, 비간부경찰관의 교육훈련 등을 담당한다.
	④ **수상경찰**
	   각 주의 **내무부장관에 직속**되어 있으며, **수상로 및 내수면·항만** 등에 있어서의 해난사고처리, 환경오염단속, 해양에서의 국경통제업무 등 수행(하천·부두 등 수로와 관련된 모든 것을 담당하므로 우리의 해양경찰보다 업무범위가 광범위하다.)

3. 독일의 수사구조와 경찰의 수사상 권한

검사	① 수사의 주체로서, 직접 또는 **경찰을 지휘**하여 수사하며 **기소권**을 가진다. → **상명하복 관계** ② 검사는 **경제사범, 테러범, 정치범, 강력범의 경우에만 수사에 관여**하고 기타 경미한 사건은 경찰에 독자적 수사를 위임하여 경찰이 실질적으로 수사를 담당하고 있다. → **경찰의 초동수사권 인정** ③ 검찰은 **수사권과 기소권을 모두 가지고 있으나, 자체적인 집행기관이 없어 '팔 없는 머리'로도 불린다.** → 경찰이 우수한 인력과 장비를 가지고 검찰보다 비교우위에 있으며, 법관이외의 기관이 작성한 조서에 증거능력이 인정되지 않아 검사는 신문조서를 받기 위한 피의자신문을 하지 않아 사실상 실질적인 수사의 주도권은 경찰에게 있다. 검사는 긴급한 경우 강제수사권을 행사한다.
경찰	① 수사 활동에 있어 검사의 명령에 복종하여야 하며, 검사의 지휘·감독 하에 **수사의 보조자**로서 역할을 수행한다. ② 경찰도 **초동수사권이 인정**되어 기타사건은 일반적으로 **실질적인 수사의 개시와 집행을 담당**하고 있어 독자적 수사권이 인정되고, 독자적으로 수사에 착수할 권한과 의무가 있지만, 수사 후 지체 없이 사건을 검찰에 송부하여야 한다.

04 프랑스경찰

1. 프랑스경찰의 역사

프랑스 대혁명 (1789)이전 (11 ~ 17C)	① 구체제(Ancien Régim)시기 하에서 경찰 제도를 말하는 것으로 **국왕의 친위순찰대격인 프레보에서 재판과 경찰업무를 담당** 21·22 경간 ② 11C이후 영주로부터 자치권을 획득한 읍·면(Commune)의 장이 경찰권을 행사하기 시작하면서 자치체 경찰의 시초가 됨 ③ 100년 전쟁과 종교전쟁을 거치면서 군인들의 약탈 등으로 **지방치안이 무질서해지자 1373년(14C) 샤를르 5세가 군(軍)이 군주둔지역의 치안을 담당**토록 하였으며 (12C 군 부대내의 치안을 담당하던 기마순찰대(Marchauss)에 기원), 군인경찰은 16C 중엽에는 유럽점령지역의 치안유지 담당 ④ **1667년 루이14세 때 프레보(prévôt)로부터 경찰업무를 분리하여 파리에 경찰국을 창설**하고 경찰대신을 임명
프랑스 대혁명기	① 1789년 프랑스 혁명으로 중세의 매관매직이 사라지고, **혁명정부는 파리경찰국을 폐지하고, 경찰업무를 지방자치단체장에게 속하게 하는 지방경찰체제를 수립**하고, 파리시는 국립민간방위대가, **지방은 군인경찰이 치안을 담당. 경찰권은 시장에게 이관됨** ② 나폴레옹의 집권(1799~1815) 후 **경찰제도가 중앙집권화** 되었으며, 중앙에 경찰장관을 두고, 1800년 **직접 중앙권력에 종속하는 파리경찰청을 창설**(파리경찰청은 내무부 직속기관으로, 경찰장관의 지휘를 받지 않음), **지방**에 군(軍)경찰사령부를 설치하는 등 **군인경찰의 조직을 강화**

근대이후	1. 19C 이후 경찰의 중앙집권화 강화 ① 1881년 경찰을 감독하기 위하여 **내무부소속으로 경찰청을 창설**, 드레퓌스 사건이후 보안업무와 국경업무도 담당하는 등 경찰의 업무범위가 확대됨 ② 국방부소속의 군인경찰에는 관할구역에 관계없이 활동하는 **기동군인경찰**대 창설 ③ 1829년 파리경찰청은 제복을 착용하게 함 2. 20C 이후 경찰개혁 ① 1934년 경찰의 자치적 성격을 제거하고 중앙집권화를 강화하기 위해 기존의 **내무부경찰청을 국립경찰청으로 변경** ② 1941년 경찰제도의 단순화와 통일화를 위해 **인구 1만명 이상의 도시는 모두 국가경찰화** → 1996년 이후부터 **인구 2만명 이상의 도시로 상향조정** ③ 1966년 내무부의 **국립경찰청과 파리경찰청을 국립경찰로 일원화하여 중앙집권화를 강화**(국립경찰청 산하에 파리경찰청을 둠) ④ 군경찰은 19C말 정치경찰화로 많은 비난을 받게 되어 **20C에 들어와 국방부 소속으로 배치됨** 1893년 지문제도의 도입, 1856년 정치경찰법과 1894년 정보국 설치 등으로 경찰의 업무가 확대되었음을 알 수 있다.

2. 프랑스 경찰의 조직의 특징

① 대표적인 **중앙집권적 국가경찰체제**(이원적 조직체제)
  ㉠ 내무부장관의 지휘 하에 전국적인 조직을 가지고 중앙에서 일반적 지휘·감독(인구 2만 이상의 도시지역은 내무부소속의 **국가경찰**에 의하여, 군사지역 또는 인구 2만 미만의소 도시와 농촌지역은 국방부 소속의 **군경찰**이 업무수행)
  ㉡ 자치체경찰은 인구 2만명 미만의 읍·면에서만 제한적으로 실시
② 국가경찰은 방범·수사·교통·질서유지 등 일반적 경찰업무를 담당하고, 자치체경찰은 지방자치단체장의 규칙 등 극히 지역적인 경찰사무를 담당함으로써 **경찰업무가 명확히 구분되어 상호간 충돌 없이 분업 및 협동체계**를 이루고 있다.
③ **행정경찰과 사법경찰은 신분상 엄격히 구분**되어 상호 인사교류가 이루어지지 않는다.
  예 출입국관리업무는 행정경찰의 임무이다.
④ 프랑스의 지리적 특수성·정치상황에 의하여 국가안보적 차원에서 **정치경찰·정보경찰의 비중이 높다**.
⑤ 군인경찰은 인구 2만명 미만의 읍·면에서 **일반경찰사무도 집행**(국방부장관 소속으로, 전국적인 조직을 가진 제2의 국가경찰력)
⑥ 경찰공무원의 **노조결성권 인정**함(동맹파업권은 금지되며, 군인경찰은 노조가 허용되지 않음). 경찰도 노조 등 이익단체활동 및 정치활동이 자유롭다.(경찰노조는 다양하며, 경찰공무원은 공무원신분을 유지한 채로 선거에 출마할 수도 있다)

(1) 국가경찰

국가경찰에는 인구 2만명 이상의 꼬뮌에 배치되어 전국적 조직을 가지는 내무부소속의 **국립경찰**(국가경찰기동대 및 파리경찰청 포함)과 국방부소속의 **군인경찰**이 있다.

국립경찰청	① 내무부장관소속 하에 설치되어 있으며, **내무부장관의 지휘·감독을 받아 경찰청장이 전국의 국립경찰을 통일적으로 지휘·감독**한다. → 내무부장관은 국방부장관 및 시·도지사와 함께 치안업무의 책임자이다. ② 국립경찰은 **인구 2만명 이상의 도시지역에서 설치·운용**되며, **프랑스경찰의 중심**이다. ③ 국립경찰은 본부조직과 산하에 파리경찰청과 시·도경찰청을 두고 있다. 　㉠ 국립경찰청장은 내무부장관의 추천으로 대통령이 임명한다. 　　- 경찰기동대(CRS) : 국립경찰청장 소속의 정복경찰관으로 편성된 경비부대로서, 시위·폭동진압 등의 임무를 수행하나 비무장(우리의 전투경찰의 임무수행) ④ 조직으로는 정보국, 보안국, 출입국관리국, 국제협력국 등이 있다.
파리경찰청	① 내무부의 직속기관으로 창설되었으나, 1968년 파리경찰청과 국가경찰이 통합되어 국립경찰 산하에 파리경찰청이 설치되어 현재는 국가경찰로 일원화되어 **내무부 직속이 아닌 국립경찰청 소속**으로 있다. ② 국가행정업무와 지방자치행정업무, 경찰업무를 동시에 수행한다.(**공공의안녕과 질서유지뿐만 아니라 교통운송사무, 민방위사무, 여권발급, 외국인체류허가관리 등**) ③ 정복부서와 사복부서로 나뉘어 있고, 서로 지휘계통을 달리하며 상호 인사교류가 행해지지 않는다. ④ 국립경찰기동대의 지방조직으로 파리시의 기동순찰대가 있다. ⑤ 파리지역에는 상호 견제를 통한 정확하고 상세한 정보수집 목적으로 **국립경찰과 군인경찰 중첩배치하고 있다.** ― 파리경찰청장(치안총감) ① 파리경찰청장은 **내무부장관의 추천으로 대통령이 임명함**, 파리경찰청장만은 도지사와 동격임 ② 파리경찰청장은 **파리시와 센느도를 포함한 주위의 경찰권을 보유하며, 경찰사무 이외에도 행정경찰적 업무를 함께 처리함**(파리는 집행기관으로서 시장직이 없으며, **도지사가 일반행정권을, 파리경찰청장이 경찰권을 분담하는 특이한 이원적 형태**)

(2) 군인경찰

특징	① 국립경찰이 배치되지 않은 **인구 2만명 미만의 소도시(농촌)에서 도지사(자치단체장, 경찰청장 등)의 지휘**를 받아 민간인을 상대로 **일반경찰사무를 수행** ② 군인경찰은 **국방부 소속의 군인**이나(국방부장관이 임명과 감독), **경찰업무를 수행할 때는 국가경찰로서 경찰법령에 따라 활동** 　1) 군인경찰은 일부 관리 부서를 제외하고는 전원 정복경찰 　2) 군인경찰은 **노조를 결성할 수 없다.** ③ **군인경찰은 행정경찰업무와 사법경찰업무를 함께 수행** 23 경간 　1) 행정경찰업무는 내무부장관 및 도지사의 지휘·감독을 받는다. 　2) **군인경찰은 전원이 사법경찰관리의 권한을 가진다.**(5년 이상 근속한 군인경찰) **사법경찰업무는 수사판사, 검사의 지휘·감독을 받는다.**

3) 도군인경찰은 인구 2만명 미만의 읍·면에서 행정, 사법의 일반경찰활동을 수행하며, 중요범죄나 대규모사고를 대비한 특별부대인 기동타격대가 있다.

기동군인·경찰대	① 일반사회의 질서유지업무를 위해 창설되었으며, **폭동진압과 각종 집회·시위의 경비 등을 주임무**로 한다. ② **행정구역에 관계없이 활동**하며, 경찰업무지원에 동원되면 경찰청장과각 도지사·파리경찰청장의 지휘를 받는다.
공화국 경비대	파리를 관할하는 제1군사령부의 직할부대로서, 대통령 등 요인을 경호하고 수도의 중요 공공시설의 경비 및 의전행사를 주임무로 한다.
군인경찰 특공대(GIGN)	**대테러행위 관련 임무를 수행하는 특수부대**로, 테러·비행기납치·인질사건 기타 고도의 기능을 수반하는 경찰력의 개입이 필요한 경우에 출동한다.
기동타격대	중요범죄나 대규모사고를 대비한 특별부대로, 도군인경찰에 포함되는 조직

(3) 자치경찰

특징	① 인구 1만명 이상 **2만명 미만의 지역에서 제한적인 경찰업무를 담당** ② 자치체경찰은 읍·면장의 책임 하에 자치단체의 사정에 따라 **삼림감시관**을 두거나 별도의 국가경찰을 두는 2가지가 있다. ③ 보통의 지방자치단체에서 **경찰업무는 자치단체장의 권한**에 속하며, **읍·면장이 경찰임무를 수행할 자를 자체적으로 모집**한다. 일정 인구이상의 읍·면에서는 도지사가 경찰업무를 관장하며, 읍·면장은 일반적으로 도지사의 지휘·감독을 받는다. ④ 읍·면장의 경찰행정에 관한 권한은 공공도로의 통행편의와 안전, 소란·분쟁·집회·장례와 관련한 공공의 질서유지 등 극히 제한적이다. ⑤ **자치체경찰과 국립경찰은 담당업무가 명확히 구분**되어 있으며, **상호간 분업 및 협동체계를 이루고 있어 충돌이 없다.** 국립경찰은 방범, 수사, 교통, 질서유지 등의 일반적 경찰업무를 담당하고, 자치체경찰은 지방자치단체장의 규칙집행 등 극히 지역적인 경찰업무를 담당한다. * 삼림감시관 – 삼림감시원이 행하는 업무는 자치단체장의 경찰업무에 속함 1. 자치단체장인 읍·면장이 임명하되 군수의 동의를 얻어야 한다. 2. **사법경찰의 권한을 행사**한다. 3. 삼림감시관이 하는 업무도자치단체장의 경찰업무에 속한다.

3. 프랑스의 범죄수사구조와 경찰의 수사상 권한

수사구조와 경찰의 수사상 권한		① 검찰이 **수사주재자**이며 경찰은 수사보조자로서 양자는 **상명하복관계**(경찰은 검사의 지휘·감독을 받아 수사). 실무의 대부분 수사는 경찰이 독자적으로 수행하고, 검사는 일부 중대범죄만 개입한다.
	검사	**수사주재자**로서 경찰을 지휘하여 수사하며, **기소권**을 가진다. 법원의 하부조직으로 검찰을 둠
	경찰	① 수사의 보조자로서, 수사판사나 검사의 지휘·감독 하에 수사(사법경찰은 법무부장관의 관할 하에 있다). 독자적 수사개시권은 인정된다. ② 사법경찰은 독자적 구속권은 인정되지 않으며, 경찰예비조사나 보호유치권한은 가진다. ③ 내무부 소속으로 중앙정부의 보호자로서의 기능을 하고 있다.

② 경미한 형사사건은 검사의 1차 수사로서 종결하고, 사안이 중대하거나 복잡한 사건은 예심판사가 재수사(예심)하는 2중적 체계
③ 수사와 재판은 법원이 담당하는 것이 원칙이며, **수사의 상당부분이 법관의 권한**이다.

* 예심판사

지위	① 제1심의 예비법원을 구성하는 단독제 법관으로, 수사권을 가지며 동시에 판사로서의 결정권을 가진다. 판결을 행하는 법원의 선행단계로서 증거를 수집하고 범인이 유죄판결을 받기에 충분한지 여부를 평가 ② 현행범인의 범죄현장에 출동하여 사법경찰관과 검사에게 수사상 필요한 명령을 내릴 수 있다.

④ 검사의 기소독점주의를 인정하지 않고, 모든 범죄의 피해자가 직접 검사와 독립하여 수사판사나 재판법원에 사인소추할 수 있다.(사인소추주의인정국가 - 미국, 영국, 프랑스 등)

05 일본경찰

일본경찰은 **국가경찰인 경찰청과 관구경찰국, 지방자치경찰인 도·도·부·현 경찰(동경도경시청과 도부현경찰본부)로 이원화** 되어 있으며, 지방자치경찰은 각 공안위원회 관리 하에 있다.

1. 일본경찰의 역사

명치유신 (1868) 이전		① 각 지방의 번(藩)을 중심으로 번주(藩主)와 그에 봉사하는 무사(사무라이)들이 나름대로의 조직과 방식에 따라 지역치안을 담당 ② 에도(江戸)막부시대의 '5인조제도' → 상호연대책임제도 기독교의 포교금지와 부랑자단속 등 치안을 유지하기 위해 실시한 제도,위법행위자나 범죄인이 생긴 경우 연대책임 ③ 정봉행소(町奉行所) → 일본 최초의 경찰제도라고 할 수 있음
명치유신 ~ 미군정이전 (1945)	병부성 시대	군무관(병부성)의 지휘 하에 각 번(藩)에서 차출된 무사들로 번병(藩兵)·부병(府兵)이 조직되어 동경부의 치안을 담당하였고, 각 지방에서도 번병(藩兵)·부병(府兵)이 조직되어 치안을 담당
	사법성 시대	① 1871년 **동경부에 나졸(邏卒) 3000명이 창설**되어 근대적 경찰이 처음 등장하였고, 나졸이 증원되면서 1872년 사법성의 관할로 이관되었다. ② 행정경찰업무를 규정한 '경보료직제장정'을 제정하였으며, 사법경찰업무는 '사법직무정제'를 제정하여 사법경찰업무를 검찰의 지휘하에 수행하게 하였고, 경찰이라는 용어가 등장하였음 ③ 폐번치현(廢藩置縣)정책에 따라 지방에서는 '현치조례(縣置條例)'가 제정되어 지방 경라(警邏)에 관한 규정을 두었으며, 이로써 전국이 통일된 경찰조직으로 정비되어 갔다.

	내무성 시대	① 1873년 내무성을 설치하고, **1874년 사법성의 관할 하에 있던 경찰(경보료)을 내무성의 관할로 이관하였다.** ② 1874년 **내무성의 관할 하에 동경경시청이 창설되었으며, 종래의 나졸은 순사가 되고,** 자치경찰제적인 번인제도가 폐지됨으로써 자치경찰제적인 요소가 완전히 일소되었다. ③ 1875년 경찰작용법인 '행정경찰규칙' 제정으로 전국 경찰의 중앙집권화가 추진되었다. ④ 1881년 헌병조례에 의하여 헌병이 군사경찰 이외에 일반경찰사무(행정경찰과 사법경찰)를 겸하도록 하여 경찰기관으로 활동
	미군정시기 (1945~ 1952)	미국의 영향으로 지방분권적이고 민주적인 경찰제도 마련 ① **1945년 경찰제도의 개혁** – 미국은 일왕의 독립명령권 같은 전제적인 명치헌법을 폐지하고, 비밀경찰조직의 철폐와 경찰제도의 개혁을 단행하였다. ㉠ 각종 치안악법의 폐지 ㉡ 내무대신 이하 경찰수뇌부와 정치경찰관계자 파면 ㉢ 내무부와 동경경시청의 특별고등경찰과 및 헌병대 폐지 ㉣ 내무성 경보국의 보안과, 외사과, 검열과를 폐지하고 방범과 신설 ㉤ 위생사무 등 협의의 행정경찰사무의 비경찰화 – 일본경찰은 제2차 세계대전 이후에 경찰수사권 독립이 연합국에 의해 성취되었다. ② **1947년 '경찰법' 제정(구경찰법 시대)** – 명치헌법의 폐지, 군대의 해체, 내무성대신 및 경찰고위직 파면 등으로 전제적인 군국주의에서 민주국가로 전환하는 민주경찰제도의 확립 ㉠ 경찰의 임무를 경찰 본래의 치안임무로만 한정 ㉡ 범죄수사를 경찰의 임무로 규정하여 검찰의 수사권독점을 폐지(수사권분권화) ㉢ **독립적인 국가공안위원회를 두어 경찰의 민주적 관리와 정치적 중립성 확보** ㉣ **시와 인구 5천명 이상의 정촌(町村)에 자치체경찰을 두고, 그 이외의 지역에는 국가경찰을 두어 경찰조직구조를 이원화** → **자치체경찰은 국가비상사태의 경우를 제외하고는 원칙적으로 국가경찰과 대등한 지위** → 국가 비상시 내각총리대신에게 국가 비상사태 포고와 전 경찰을 통제하는 권한을 인정함
	독립 후 (신경찰법 시대)	1952년 미군정으로부터 독립 후 경찰의 민주화와 능률화, 국가적 성격과 자치적 성격, 정치적 중립과 책임명확화의 조화를 목표로 경찰기구의 이원화 등이 민주주의적 자치행정사무가 발달하지 못한 일본의 실태와는 맞지 않아 1954년 **'경찰법' 전면개정** ① 경찰의 임무는 종전과 같이 경찰본래의 치안임무로 한정 ② **2원적 경찰체계의 확립 → 국가경찰(경찰청과 관구경찰국)과 자치경찰(동경도경시청과 도부현경찰본부)로 구성되며, 경찰관리기관으로 국가와 도도부현에 각각 공안위원회를 설치** ㉠ **경찰조직을 도도부현경찰로 일원화**(종래의 국가지방경찰을 폐지) ㉡ 도도부현에 근무하는 경시정(총경) 이상의 경찰관은 국가공무원으로, 경시 이하의 직원은 지방공무원으로 하여 국가와 지방자치의 조화를 도모 ㉢ 치안행정책임을 명확히 하기 위하여 국가가 책임을 분담할 특정사항을 명문화하여 중앙경찰기관이 관장할 사항을 명확히 함

　　　　ⓔ 긴급사태시 도도부현 경찰에 대한 중앙통제를 인정하고, 도도부현경찰간의 관할 극복 등 광역수사를 위한 제도 마련
　　　　ⓜ 도도부현 경찰의 경비는 원칙적으로 도도부현에서 부담하되, 경시정이상의 경찰관의 급여, 경찰교육시설의 유지 및 관리, 경찰통신시설의유지 및 관리 등 '경찰법'이 정하는 경비로 정한 것은 국고에서부담
　　③ 정치적 중립성을 확보하기 위해 중앙과 지방에 공안위원회 제도를 유지

2. 일본의 경찰조직

기본특징

① 절충형 경찰체제
　ⓐ 국가경찰(경찰청과 관구경찰국)과 자치체경찰(동경도경시청과 43개의 도부현 경찰본부)의 2원적 체제로 구성
　ⓑ 국가경찰의 경비는 국가에서 부담하고, 자치체경찰의 경비는 원칙적으로 지방자치단체(도도부현)에서 부담하되 예외적으로 국가에서 부담
　ⓒ **국가경찰기관에 소속된 경찰관은 국가공무원이며, 자치체경찰기관에 소속된 경찰관 중 경시 이하는 지방공무원(다만, 자치체경찰기관에 근무하는경시정 이상은 국가공무원으로 이들은 국가공안위원회가 각 도도부현 공안위원회의 동의를 얻어 임면)**
　ⓓ 경찰업무는 지방자치경찰이 처리하는 것이 원칙이며, 전국적인 통일성이효과적인 사항에 관하여 국가의 지휘·감독권을 인정 → **대규모재해 기타 긴급사태의 발생시 내각총리대신과 경찰청장관에 의한 중앙통제가 인정되며,** 광역수사를 위해 필요한 범위 내에서 국가경찰의 개입 및 자치체경찰간 관할극복 등을 위한 제도적 장치 마련

② 경찰관리기관으로서의 공안위원회 → 국가경찰인 경찰청은 내각총리대신의 소할하에 있는 국가공안위원회가 관리하고, 자치체경찰은 지사의 소할하에 있는 도도부현 공안위원회가 관리

＊ 경찰업무에 관한 기본법령 - 경찰법, 경찰관직무집행법(경찰점검규범X)

국가경찰

경찰청과 관구경찰국이 있다.
① 경찰청
　1) 내각총리대신의 소할(所轄)하에 있는 국가공안위원회에 설치되어 (내각총리대신의 형식적 감독 하에)국가공안위원회의 관리를 받는다.
　2) 경찰청은 국가공안위원회의 단순한 보조기관 내지 사무부국이 아니라 독**립**적인 관청이다.
　3) 국가공안 관련 및 긴급사태, 교육, 통신, 장비, 범죄통계, 감식 등의 전국적인 통일사무, 도도부현 경찰의 활동 등을 지휘·감독할 수 있다.
　4) 경찰청의 부설기관으로 황궁경찰본부가 있다.
　　→ 경찰청장관
　　　1) 국가공안위원회가 내각총리대신의 동의를 얻어 임면한다.
　　　2) 소관사무의 범위 내에서 (관구경찰국장을 통하여)도도부현 경찰을 지휘·감독한다.

② 관구경찰국
　ⓐ **경찰청의 지방기관으로,** 동경 경시청과 북해도 경찰본부 관할구역을 제외하고 전국에 6개가 설치되어 있다. 22 경간
　ⓑ 관구경찰국의 임무

1) 대규모재해발생시 자치체간의 연락·조정
2) 광역범죄에 대한 도도부현경찰간 유기적 경찰활동조정
3) 통신연락 두절시 독자적 경비계획실시
4) 고등검찰청과의 긴밀한 연락유지 등

ⓒ 관구경찰국장의 권한
  1) 관구경찰국의 사무를 총괄하고 소속직원을 지휘·감독한다.
  2) **소관사무의 범위 내에서 부·현경찰을 지휘·감독한다.** → 지휘, 감독권이 없다X

③ 국가공안위원회
  1) 1947년 (구)경찰법에 의해 처음 설치, 능률성보다는 **경찰의 민주성과 정치적 중립성 확보, 경찰운영의 관료화와 독선방지 목적**
  2) **경찰청의 소관사무에 대한 관리기관** : 국가공안위원회는 관리기관이고 경찰청은 시행기관으로, 각각 동일한 사무를 공동으로 관장 – 경찰청을 통하여 경찰을 관리하게 되어 있고, 실질적으로 국가공안위원회의 업무는 대부분 권한위임 등에 의하여 경찰청에서 처리하고 있는 것이 실정
  3) 내각총리대신의 소할(所轄)하에 있으나, 내각총리대신의 지휘·감독을 받지 않는다(정치적 중립성 확보).
  4) 합의제 행정관청인 행정위원회의 성격으로 비상설기관
  5) 임무와 권한 : 경찰운영과 경찰교양, 경찰예산, 범죄감식, 범죄통계, 경찰장비, 경찰행정의 조정 및 감찰, 대규모 재해 및 소요사태 등에 관한 사항 등 중앙에서 통일적으로 하는 것이 경제적·능률적인 사항을 통괄

  1) 경찰청장관을 임명하는 등 경찰에 대한 임면권
  2) 긴급사태시 국무총리의 직권행사에 필요한 조언
  3) 검찰총장과의 긴밀한 연락유지
  4) 권한에 속하는 사무에 관하여 법령의 위임에 의해 공안위원회규칙 제정
     → 규칙제정권을 가질 뿐, 법률제정의 권한은 없다.
  5) 경찰청의 업무수행에 대한 감찰권
  6) 중앙통제가 필요한 경찰행정에 대한 조정
  7) 사법경찰직원의 지정에 관한 권한, 사법경찰직원에 대한 징계파면권
  8) 중앙기관에서 해야 하는 국가의 공안에 관한 경찰운영을 관장

  6) 위원회의 구성과 운영
  1) **국무대신을 위원장으로 하여 5명의 위원으로 구성**하고, 위원의 임기는 5년이며, 강력한 신분보장을 받는다.
  2) 위원은 임명 전 5년 간 경찰 또는 검찰(판사X)의 직무를 행한 직업적 공무원의 전력이 없는 자 중에서 내각총리대신이 국회의 동의를 얻어 임면한다. → 경찰, 검찰의 직에 있었던 자는 퇴임 후 5년이 지나야 위원의 자격을 가지게 된다.
  3) 위원장은 위원회를 대표하고 업무를 총괄하며 회의를 주재하나 위원으로서의 표결권은 없다. 다만, 가부동수인 경우 결정권을 가진다.
  위원장 유고 시에는 호선에 의해 위원장을 대리할 자를 지정

자치체경찰 | 도도부현 경찰(동경도경시청과 도부현경찰본부가 있다.)
① 도도부현공안위원회

각 도도부현 지사의 소할 하에 설치되어 각 도도부현경찰을 관리하는 기관(국가공안위원회의 감독을 받지는 않음)
→ 도도부현 공안위원회 위원은 도도부현 지사가 지방의회 동의를 얻어 임명한다.(국가공안위원회 동의X)
→ 경시총감 또는 당해 도부현 경찰본부장을 통하여 도도부현 경찰을 관리한다.
→ 경시청장과 도부현경찰본부장은 경찰서를 지휘, 감독한다.

② 도도부현 공안위원회의 권한

> 1) 지방경무관의 임면에 관한 동의권
> 2) 도도부현 경찰의 직원에 대한 징계 및 파면 권고권(의결권×)
> 3) 도도부현 경찰의 조직세목에 관한 규칙제정권
> 4) 경찰청 또는 다른 도도부현경찰에의 원조요구권

③ 도도부현 공안위원회위원의 지위

> 1) 특별직에 속하는 지방공무원으로, 지방공무원법이 적용되지 않는다.
> 2) 정당 기타 정치단체의 임원이 되거나 적극적으로 정치운동을 할 수 없다.
> 3) 지방공공단체의 의회의원 또는 상근직원을 겸할 수 없다.

④ 동경도경시청의 경시총감 → 국가공안위원회가 동경도공안위원회의 동의를 얻어 내각총리대신의 승인을 받아 임면
⑤ 도부현경찰본부장 → 국가공안위원회가 도부현공안위원회의 동의를 얻어임면
⑥ 도도부현경찰은 자치경찰적 성격과 국가경찰적 성격이 혼재한다.

> ㉠ 경시총감, 경찰본부장 기타 경시정(총경) 이상의 경찰관은 국가공안위원회의가 도도부현 공안위원회의 동의를 얻어 임명하는 국가공무원이며, 경시(경정) 이하는 지방공무원(봉급은 지방자치단체가 부담)
> ㉡ 일정한 국가경찰활동에 요하는 경비는 국고에서 지급 → 경시정(총경)이상의 봉급, 국가공안 관련 범죄의 수사비, 범죄통계비용(경찰보조금은 도도부현 경찰사무 중 국고가 부담해야 할 대상이 되지 않는 사무에 드는 경비의 50%를 보조한다.)
> ㉢ 경찰청이 관장하는 특정사무는 경찰청장관의 지휘·감독을 받음

⑦ 도도부현지사의 경찰에 관한 권한

> ㉠ 경찰서 설치권
> ㉡ 도도부현 공안위원회위원의 임명권(지방의회의 동의를 얻어 임명)
> ㉢ 경찰에 관한 조례안 및 예산안의 의회제출권, 예산집행권
> ㉣ 지사는 공안위원회를 자신의 소할하에 두고 있을 뿐, 경찰의 운영에 관하여 공안위원회에 대한 지휘·감독권은 없다.

3. 일본의 범죄수사구조와 경찰의 수사상 권한

범죄수사구조	경찰과 검찰이 모두 수사주재자로서 양자는 원칙적으로 상호 대등한 협력관계, 예외적으로 지휘·감독관계이다. ① 검찰관과 **사법경찰직원**(사법경찰원과 사법순사 – 우리의 사법경찰관리에 해당) 이 모두 수사권을 가진 수사기관 → 양자는 각각 독립된 수사기관으로, **사법경찰직원은 1차적 수사기관이고, 검사는 2차적 수사기관** ② 사법경찰은 통상적인 사건에 대한 제1차적·독자적 수사권을 가지며, 고도의 법률지식을 요하거나 정치성을 띠는 사건은 검사가 직접 수사한다.
검사	수사권과 기소권(**공소제기권**), 재판의 **집행감독권**, 직무상 필요한 경우 법원에의 통지 또는 의견진술권을 가진다. ① 원칙적으로 모든 범죄사건에 대한 수사가 가능하지만 고도의 법률지식을 요하거나 통상 **정치·경제·금융·저명인사사건 등 중요사건에 대하여만 검찰이 직접 수사** ② 사법경찰에의 **일반적 지시권**(수사를 적정하게 하고 그 외에 공소수행을 완성하기 위하여 필요한 사항에 관하여 일반적인 준칙을 제정), **일반적지휘권**(사법경찰직원 일반에 대해서 구체적 사건의 수사에 대한 개괄적지휘로서 수사의 협력을 구하는데 필요한 일반적 지휘), **구체적 지휘권**(검사자신이 범죄수사를 하고 있는 경우에 특정 사법경찰직원에게 수사의 보조를 구하는 것)을 가진다.(**구체적 지시권X**) ③ 검찰총장, 검사장 또는 검사정은 정당한 이유 없이 지시 또는 지휘에 불응한 경찰관에 대하여 국가공안위원회 또는 도도부현공안위원회에 징계또는 파면을 청구할 수 있다. → 청구가 정당하다고 인정되는 때에는 징계 또는 파면하여야 한다.
경찰	① 경찰은 수사의 개시 및 진행권을 가지나 수사종결권은 검찰에게만 있다.23 경간 → 경찰의 수사결과는 모두 검찰에 송치하는 것이 원칙 다만, 극히 경미한 범죄에 대한 처분(미죄처분) 및 소년사건 중 경찰이 가정법원에 직접 송치하는 예외가 있다. ② 체포·압수·수색·검증영장청구권은 검사 또는 경부 이상의 **사법경찰원**(우리의 사법경찰관에 해당)이 청구할 수 있다. → 사법경찰원은 영장청구, 체포한 피의자의 석방, 사건의 송치, 수감장의 발부, 고소 등의 수리권한을 가진다.(경부이상이면 누구나X, 순사부장X)

◆ [정리] 경찰제도의 세 가지 모델

집권형 국가(국가경찰체제)	프랑스, 스웨덴, 이탈리아, 대만, 덴마크 등
분권형 국가(자치경찰체제)	미국, 캐나다, 네덜란드, 스위스, 벨기에 등
절충형 국가	영국, 일본, 브라질, 호주, 독일

CHAPTER 04 경찰행정법

01 경찰행정법의 기초

1. 법치행정(형식적 법치주의 → 실질적 법치주의로 발전)

① 형식적 법치주의 - 형식과 절차만 강조하는 법치주의
② 실질적 법치주의 - 법률의 형식과 절차뿐만 아니라 내용도 강조하는 법치주의

법치행정의 원칙에 관한 전통적 견해는 '**법률의 법규창조력**'(법률의 지배X), '**법률의 우위**', '**법률의 유보**'를 내용으로 한다. 22 2차

법률의 법규창조력 (조직규범)	① 국민의 권리제한이나 의무부과는 국회가 제정한 법률 또는 법률의 위임에 의한 법규명령에 의해서만 규율할 수 있다는 원칙 ② 경찰기관의 활동은 **조직규범**으로서의 **법률에 정해진 범위 내에서 행해져야 한다**. 11 1차
법률우위의 원칙 (제약규범) (저촉규범)	① "어떠한 경찰활동도 경찰활동을 제약하는 **법률의 규정에 위반해서는안된다**."는 원칙 11 1차 ② 법률우위의 원칙은 행정의 법률에의 구속성을 의미하는 **소극적**인 측면을 의미하며, **모든 행정작용에 적용**된다. 13 국회 9급 (법률우위의 원칙은 침해적 행정에만 적용된다. X → 수익적 행정에도 적용됨) 17 교육행정 9급 ③ 법률우위의 원칙에서 법률이란 **형식적 의미의 법률만이 아니라 행정법의 일반원칙까지 포함**한다.(성문법과 불문법까지 포함) 22 2차 ④ 법률이 존재할 때 문제가 됨 ⑤ 법령의 규정보다 더 침익적인 조례는 **법률우위의 원칙(법률유보의 원칙X)**에 위배되어 무효이다. 21 해경승진
법률유보의 원칙 (근거규범)	① "법률에 일정한 행위를 일정한 요건 하에 수행하도록 **수권하는 근거규정이 없으면 경찰기관은 자기의 판단에 따라 독창적으로 행위를할 수 없다.**"는 원칙 11 1차 ② 법률유보의 원칙은 행정은 법률수권에 의하여 행해져야 한다는 **적극적인 측면**을 의미하며, **비권력적 수단의 활동은 근거 없이도 가능하다**. **법적근거 필요(권력적 작용)** 22 2차 ① 공무원에 대해 특정종교를 금지하는 훈령 ② 자살을 시도하는 사람에 대한 경찰관서 보호 ③ 붕괴위험시설에 대한 예방적 출입금지 **법적근거 불요(비권력적 작용)** 22 2차 ④ 경찰관의 학교 앞 등교지도 ⑤ 주민을 상대로 한 교통정책홍보 ⑥ 기초생활수급자에 대한 생계비지원

③ 법률은 **성문법만을 의미**하고, 불문법은 포함되지 아니한다.
④ 법률이 존재하지 않을 때 문제가 됨
⑤ 기본권 제한에 관한 법률유보의 원칙은 '**법률에 근거한 규율**'을 요청하는 것이다.
18 경행
⑥ 법률유보의 원칙에서 요구되는 법적근거는 **작용법적, 개별법적 근거**를 의미하며, 조직법적 근거는 당연히 요구된다. 19 국가 9급
⑦ 법률유보의 원칙은 국민의 기본권 실현과 관련된 영역에 있어서는 국민의 대표자인 의회가 그 본질적인 사항에 대해서 스스로 결정하여야한다는 요구까지 내포하고 있다.[**중요사항유보설(본질성설)**] 14 경행
⑧ 대법원은 지방의회의원에 대하여 유급보좌인력을 두는 것은 현행 법령상의 제도에 중대한 변경을 초래하는 것이므로 국회에서 법률로 정해야 하는 사항이라고 한다. 17 국가직
⑨ 헌법재판소는 중학교 의무교육 실시여부 자체는 법률로 정하여야 하는 기본사항으로서 법률유보사항이나 그 실시의 시기, 범위 등 구체적 실시에 필요한 세부사항은 법률유보사항이 아니라고 하였다. 17 지방직
⑩ 법률이 자치적인 사항을 정관에 위임할 경우 원칙적으로 헌법상의 포괄위임입법금지원칙이 적용되지 않는다 하더라도, 그 사항이 **국민의 권리·의무에 관련되는 것**일 경우에는, 적어도 국민의 권리와 의무의 형성에 관한 사항을 비롯하여 국가의 통치조직과 작용에 관한 **기본적이고 본질적인 사항은 반드시 국회가 정하여야 할 것인바**, ↔ (비교하기) **각 국가유공자 단체의 대의원의 선출에 관한 사항**은 각 단체의 구성과 운영에 관한 것으로서, 국민의 권리와 의무의 형성에 관한 사항이나 국가의 통치조직과 작용에 관한 **기본적이고 본질적인 사항이라고 볼 수 없으므로, 법률유보 내지 의회유보의 원칙이 지켜져야 할 영역이라고 할 수 없다.** (헌재 2005헌바31) 19 서울 9급
⑪ **예산**은 일종의 법규범이고 법률과 마찬가지로 국회의 의결을 거쳐 제정되지만 **법률과 달리 국가기관만을 구속할 뿐 일반국민을 구속하지 않는다.**(헌재 2006헌마409) 19 서울 9급
⑫ 국회가 형식적 법률로 직접 규율하여야 하는 필요성은 규율 대상이 기본권 및 기본적 의무와 관련된 중요성을 가질수록, 그에 관한 공개적 토론의 필요성 또는 상충하는 이익 사이의 조정 필요성이 클수록 더 증대된다. 19 국가 9급
⑬ 병의 복무기간은 국방의무의 본질적 내용에 관한 것이어서 이는 반드시 법률로 정하여야 할 입법사항에 속한다. 12 국회 9급

기출지문 - 법치행정관련

1. 텔레비전방송수신료의 금액은 한국방송공사 이사회가 심의, 의결한 후 방송통신위원회를 거쳐 국회의 승인을 얻어 확정된다. 18 경행
2. 텔레비전방송수신료의 금액은 납부의무자의 범위 등과 함께 수신료에 관한 본질적인 중요한 사항이므로 국회가 스스로 결정, 관여하여야 한다. 18 경행
3. 텔레비전방송수신료의 징수업무를 한국방송공사가 직접 수행할 것인지, 제3자에게 위탁할 것인지, 위탁한다면 누구에게 위탁하도록 할 것인지, 위탁받은 자가 자신의 고유업무와 결합하여 징수업무를 할 수 있는지는 국민의 기본권제한에 관한 비본질적 사항이다. 18 경행
4. 형사처벌에 관한 위임입법의 경우, 처벌대상인 행위가 어떠한 것인지 예측할 수 있을 정도로 구체적으로 정하고, 형벌의 종류와 상한과 폭을 명확하게 규정해야 한다.
5. 처벌법규나 조세법규와 같이 국민의 기본권을 직접적으로 제한하거나 침해할 소지가 있는 법규에서는 구체성, 명확성의 요구가 강화되어 그 위임과 요건의 범위가 일반적인 급부행정의 경우보다 더 엄격하게 제한적으로 규정되어야 한다. (95헌바27결정)

기출지문 - 법률로 정해야 하는 중요사항

1. 지방의회의원에 대하여 유급보좌인력을 두는 것
2. 중학교 의무교육 실시여부 자체는 법률로 정해야 하는 사항 ↔ 중학교 의무교육 실시시기, 범위 등 구체적 실시에 필요한 세부사항 17 지방 9급
3. 국민에게 조세 납부의무 뿐만 아니라 스스로 과세표준세액을 계산하여 신고하여야 하는 의무까지 부과하는 경우에 납세의무자가 받게 될 불이익 17 국가 7급
4. 집회나 시위 해산을 위한 **살수차 사용은 집회의 자유 및 신체의 자유에 대한 중대한 제한을 초래하므로 살수차 사용요건이나 기준은 법률에 근거를 두어야 하고**, 살수차와 같은 위해성 경찰장비는 본래의 사용방법에 따라 지정된 용도로 사용되어야 하며 다른 용도나 방법으로 사용하기 위해서는 **반드시 법령에 근거가 있어야 한다**. 혼합살수방법은 법령에 열거되지 않은 새로운 위해성 경찰장비에 해당하고 이 사건 지침에 **혼합살수의근거 규정을 둘 수 있도록 위임하고 있는 법령이 없으므로, 이 사건 지침은 법률유보원칙에 위배되고** 이 사건 지침만을 근거로 한 이 사건 혼합살수행위 역시 법률유보원칙에 위배된다. 따라서 이 사건 혼합살수행위는 청구인들의 신체의 자유와 집회의 자유를 침해한다. (헌재 2015헌마476) 22 2차

2. 경찰법의 법원(법의 존재형식 또는 인식근거에 관한 문제) 14 승진,21·23 경간, 23 1차

① 성문법이 차지하는 비중이 크고, 경찰법은 **통일된 단일법전이 존재하지 않으며**, 경찰권 발동에는 국회에서 제정한 법률의 근거가 요구된다.
② 경찰기관의 활동은 조직규범으로 법률에 정해진 범위 내에서 행해져야 한다. **경찰관청의 행위가 형식상 법령에 적합하더라도 비례의 원칙 등 행정법의 일반원칙에 어긋나면 위법한 행위이다.**

(1) 성문법원 11 1차, 14 승진

헌법	① 헌법은 국가의 기본적인 통치구조를 정한 기본법으로 행정의 조직이나 작용의 기본원칙을 정한부분은 그 한도 내에서 경찰법의 법원이 된다. 21·23경간 ② 헌법재판소의 위헌결정은 법원이나 기타 국가기관 및 지방 자치단체를 기속하므로 법원성이 인정된다. 21·24 경간, 15 경행
법률	국회에서 제정하는 것. **경찰권 발동은 법률에 근거**해야 하므로, 법률은 경찰법상의 법률관계에 있어서 **중심적인 법원**이다. 23 경간
조약 및 국제법규	① 헌법에 의해 체결·공포된 조약과 일반적으로 승인된 **국제법규(국내법규X)**는 **국내법과 동일한 효력을 가짐** 14 승진, 15 경행, 24 경간 ② 국내에 적용되기 위해서 **별도의 국내법을 제정할 필요가 없다.** (일반적으로 승인된 국제법규라도 의회에 의한 입법절차를 거쳐야 행정법의 법원이 된다X) ③ 조약의 국제법적 효력은 **대통령의 비준**에 의하고, 국내법적 효력은 **대통령의 비준과 국회의 동의**가 필요함 ④ 조약의 종료에는 **국회의 동의 필요하지 않다.** ⑤ 대법원은 '남북 사이의 화해와 불가침 및 교류협력에 관한 합의서'를 조약이 아니라고 판시하였다. 15 경행, 20 지방 9급
행정입법 (명령)	행정입법이란 국회 의결을 거치지 않고 **행정부가 제정하는 법**을 의미하며, 행정조직 내부의 사무처리기준에 관한 **행정규칙**과 국민을 구속하는 효력이 있는 **법규명령**으로 구분된다. 19 2차, 21 경간 ① 행정입법부작위는 행정소송의 대상이 될 수 없다. ② 헌법재판소 판례에 의하면, 헌법상 위임입법의 형식은 **예시적(열거적X)**인 것으로 보아야 할 것이고, 그것은 법률이 행정규칙에 위임하더라도 그 행정규칙은 위임된 사항만을 규율할 수 있으므로, 국회입법의 원칙과 상치되지도 않는다.(헌재 2005헌바59)
자치법규 (조례와 규칙)	① **지방의회**가 제정하는 자치법규를 **조례**라고 하고, **지방자치단체장**이 제정하는 것을 **규칙**이라고 한다. 21 경간 ② **법률의 위임이 있을 때 주민의 권리제한 또는 의무부과를 포함(제외X)한 사항**이나 벌칙을 정할 수 있고, 위반 시 1천만원 이하의 과태료를 정할 수있다. ③ 지방자치법에 의하면 지방자치단체가 **조례로 주민의 권리 제한 또는 의무부과에 관한 사항이나 벌칙을 정할 때에는 법률의 위임**이 있어야 한다. 18 경행 ④ 조례에 대한 법률의 위임은 법규명령에 대한 법률의 위임과 같이 반드시 구체적으로 범위를 정하여 할 필요가 없으며 포괄적인 것으로 족하다. 22 지방직 ⑤ 대법원은 초·중·고등학교의 학교급식을 위해 지방자치단체에서 생산되는 우수농산물을 사용하여 식재료를 만드는 자에게 구입비의 일부를 지원하는지방자치단체의 조례안이 '1994년 관세 및 무역에 관한 일반협정(GATT)에 위반되어 무효라고 판시한 바 있다. 20 국가 9급·지방 9급 ⑥ 지방자치단체의 장은 법령의 범위에서 그 사무에 관하여 **조례(조리X)**를 제정할 수 있다. (지방자치법 제28조 제1항) 23 1차 ⑦ 법령에서 조례로 정하도록 위임한 사항은 그 법령의 하위 법령에서 그 위임의 내용과 범위를 제한하거나 직접 규정할 수 없다.(지방자치법 제28조 제2항) ⑧ 지방자치단체의 장은 법령 또는 조례의 범위에서 그 권한에 속하는 사무에 관하여 규칙을 제정할 수 있다.(지방자치법 제29조)

| | ⑨ 조례와 규칙은 특별한 규정이 없으면 공포한 날부터 20일이 지나면 효력을 발생한다.(지방자치법 제32조 제8항) |

(2) 불문법원 → 관습법, 판례법, 조리(불문법도 경찰법의 법원임)

관습법	① 사회의 거듭된 관행으로 생성한 사회생활규범이 사회의 법적확신과 인식에 의하여 법적규범으로 승인 강행되기에 이른 것을 말한다. 15 경행, 23 1차 ② 행정선례법 - 법률의 개정에 의해서만 행정선례법의 효력을 변경할 수 있고, **훈령에 의한 행정선례법 변경은 불가능**하다. ③ 민중관습법(입어권) ④ 관습법은 성문법의 결여시에 성문법을 보충하는 범위에서 효력을 갖는다. 15 경행
판례법	① 동일한 판결이 반복되어 법으로 인정된 것을 말하며, 대륙법계는 판례의법원성을 부정하고, 영미법계는 판례의 법원성을 인정하는 입장이다. ② 우리나라의 경우 대법원 판례는 상급법원의 판결은 당해사건의 하급심을기속하는 효력을 갖는다는 입장이고, 헌법재판소 판례는 **헌법재판소의 위헌결정은 법원이나 기타 국가기관, 지방자치단체를 기속하므로 법원성이 인정된다는 입장**이다. ③ 실정법상 불확정개념을 사용하거나 성문법이 결여되어 있는 경우에는 판례법 성립이 가능하나, 소송의 제기시한 등과 같은 명확한 부분에 대해서는 판례법이 성립할 여지가 없다. ④ 대법원의 판례가 법률해석의 일반적인 기준을 제시한 경우에 유사한 사건을 재판하는 하급심법원의 법관은 판례의 견해를 존중하여 재판하여야 하는 것이나, 판례가 사안이 서로 다른 사건을 재판하는 하급심법원을 직접 기속하는 효력이 있는 것은 아니다. 15·17 경행
조리	① 법의 일반원칙, **최후의 보충적 법원**으로서 조리는 일반적·보편적 정의를 의미함(법의 일반원칙인 조리는 행정법의 법원이 되지 못한다X) ② **형식상 적법행위라도 행정법의 일반원칙에 어긋나면 위헌, 위법의 문제가 발생하여 무효 또는 취소의 사유가 될 수 있다.** 14 승진, 23 경간 ③ 점차 **성문화**되어가는 추세이다. 21 경간 ④ 종류로는 **비례의 원칙(과잉금지원칙), 평등의 원칙, 신뢰보호의 원칙, 자기구속의 원칙, 부당결부금지 원칙** 등이 있다. 21 경간 ⑤ 판례에 의할 때 운전면허 취소사유에 해당하는 음주운전을 적발한 경찰관의 소속 경찰서장이 사무착오로 위반자에게 운전면허정지처분을 한 상태에서 위반자의 주소지 관할 지방경찰청장이 위반자에게 운전면허취소처분을 한 경우 이는 법의 일반원칙인 조리에 반하여 허용될 수 없다. 19 2차

● 조리의 내용 - 경찰권 발동이 조리상 한계에 위배되면 위법행위로 무효 또는 취소사유가 된다. 19 특채

비례의 원칙	① 경찰권 발동의 **조건**과 **정도**에 관한 원칙으로 **모든 행정영역에 적용**되며, 비례의 원칙은 명문의 규정을 두고 있다. 그 근거로는 **경찰관직무집행법 제1조 제2항, 헌법 제37조 제2항, 행정기본법 제10조** 등이 있다. 23 1차 ② 비례의 원칙은 **적합성, 필요성, 상당성 세 가지 조건이 모두 충족**이 되어야 한다.(하나만 충족하면 X) ③ 요건 　- **적합성**: 목적달성에 **적합한 수단**이어야 한다는 것 　　(적합한 수단이 반드시 하나일 필요는 없다.) 　- **필요성**: 목적달성에 적합한 수단 들 중에서 **가장 최소한의 침해**를 가져오는 것으로 **최소 침해의 원칙**이라고 함 　- **상당성**: 목적달성으로 인한 **공익과 사익 간에 균형**이 있어야 함 　　→ "**참새를 잡기 위해 대포를 쏘아서는 안 된다.**"는 것 　　→ **협의의 비례원칙**이라고 함 　　경찰기관의 어떤 조치가 경찰목적의 달성을 위해 필요한 경우라고 하더라도 그 조치에 따른 불이익이 그 조치로 인해 발생하는 이익보다 큰 경우에는 경찰권을 발동해서는 안된다는 원칙 23 1차 ④ **적합성 → 필요성 → 상당성 순서대로 요건이 충족**이 되어야 함 ⑤ 비례의 원칙은 법치국가원리에서 당연히 파생되는 헌법상의 기본원리로서, 모든 국가작용에 적용된다. 22 지방직 📑 **비례의 원칙 위반 관련 판례지문** ① 경찰관이 가스총을 근접 발사하여 가스와 함께 발사된 고무마개가 범인의 눈에 맞아 실명한 경우 국가배상책임이 인정된다. ② 시간적, 장소적으로 근접하지 않은 다른 지역에서 그 집회·시위에 참가하기 위하여 출발 또는 이동하는 행위를 함부로 제지하는 것은 허용될 수 없다. ③ 옥외집회의 사전신고의무를 규정한 구 집회 및 시위에 관한 법률 제6조 제1항 중 옥외집회에 관한 부분은 과잉금지의 원칙에 위배하여 집회의 자유를 침해하는 것으로 볼 수 없다는 것이 헌법재판소의 태도이다. - 사전허가는 침해 ④ 공무원이 단지 1회 훈령에 위반하여 요정 출입을 하였다는 사유만으로 한 파면처분은 위법하다. 21 해경승진 ⑤ 과잉금지의 원칙이라 함은 국민의 기본권을 제한함에 있어서 국가작용의 한계를 명시한 것으로서 그 목적의 정당성·방법의 적정성·피해의 최소성·법익의 균등성 등을 의미하며, 그 어느 하나에라도 저촉이 되면 위헌이 된다는 헌법상의 원칙을 말한다.(헌재 95헌가17)
평등의 원칙	① 행정기관은 행정작용을 함에 있어서 상대방인 국민을 차별 없이 대우하여야 한다는 원칙 **행정기본법 9조(평등의 원칙)** 행정청은 합리적 이유 없이 국민을 차별하여서는 아니 된다. 23 승진 📑 **평등의 원칙 관련 판례지문** ① 평등의 원칙은 본질적으로 같은 것을 자의적으로 다르게 취급함을 금지하는 것이고, 위법한 행정처분이 수차례에 걸쳐 반복적으로 행해졌다고 하더라도 그러한 처

	분이 위법한 것인 때에는 행정청에 대하여 자기구속력을 갖게 된다고 할 수 없다. 18 경행
	② 당직근무 대기 중 심심풀이로 돈을 걸지 않고 점수따기 화투놀이를 한 사실이 징계사유에 해당한다 할지라도 징계처분으로 파면을 택한 것은 함께 화투놀이를 한 3명을 견책에 처하기로 한 사실을 고려하면 공평의 원칙상 그 재량의 범위를 벗어난 위법한 것이다. (유제) 징계사유로 삼은 비행의 정도에 비하여 균형을 잃은 과중한 징계처분을 하는 것은 재량권의 한계를 벗어나 위법하다. 15 경행 ③ 미신고 집회의 주최자를 미신고 시위 주최자와 동등하게 처벌하는 구집회 및 시위에 관한 법률 제19조 제2항은 평등원칙에 위반되지 않는다. ④ 일반직 직원의 정년을 58세로 규정하면서 전화교환직렬 직원만은 정년을 53세로 규정하여 5년간의 정년 차등을 둔 것은 합리적인 차별로 평등원칙 위반이 아니라고 보았다. ⑤ 감찰관이 비위행위가 있을 때 일반 공무원보다 더 가중처벌하는 것은 평등원칙 위반이 아니다. ⑥ 같은 정도의 비위를 저지른 자들 사이에 있어서도 그 직무의 특성, 비위의 성격 및 정도를 고려하여 징계 종류의 선택과 양정을 차별적으로 취급하는 것은 합리적 차별로서 평등원칙에 반하지 아니한다.(대판99두2611) 22 2차 ⑦ 조례안이 지방의회의 감사 또는 조사를 위하여 출석요구를 받은 증인이 5급 이상 공무원인지 여부, 기관(법인)의 대표나 임원인지 여부 등 **증인의 사회적 신분에 따라 미리부터 과태료의 액수에 차등을 두고 있는 경우,** 그와 같은 차별은 증인의 불출석이나 증언거부에 대하여 과태료를 부과하는 목적에 비추어 볼 때 그 합리성을 인정할 수 없고 **지위의 높고 낮음만을 기준으로 한 부당한 차별대우라고 할 것이어서 헌법에 규정된 평등의 원칙에 위배되어 무효이다.**(대판 96추213) 17 서울 9급, 21 국가 9급
신뢰보호의 원칙	① 행정청의 의사표시를 개인이 신뢰한 경우 보호가치 있는 신뢰는 보호해주어야 한다는 원칙 ② 행정청의 **선행조치(공적인 견해표명), 보호가치 있는 신뢰(상대방 등에게 귀책사유가 없어야 함),** 신뢰에 따른 **상대방의 조치,** 선행조치에 반하는 **행정청의 후행조치의 존재,** 인과관계 필요 등을 요건으로 하고 있음 📝 **판례** ① 신뢰보호의 원칙에서 **귀책사유**라 함은 행정청의 견해표명의 하자가 상대방 등 관계자의 **사실은폐나 기타 사위의 방법**에 의한 신청행위 등 부정행위에 기인한 것이거나 그러한 부정행위가 없다고 하더라도 하자가 있음을 알았거나 중대한 과실로 알지 못한 경우 등을 의미한다고 해석함이 상당하고, 귀책사유의 유무는 상대방과 그로부터 신청행위를 위임받은 수임인 등 **관계자 모두를 기준으로 판단하여야 한다.**(대판 2001두1512) 18 지방 9급 → 즉, **사인의 신뢰는 보호될 수 없다.** ② 법령이나 비권력적 사실행위인 **행정지도** 등도 신뢰의 대상이 되는 **선행조치에 포함된다.** ③ 신뢰보호의 원칙에 반하는 행정청의 처분행위는 원칙적으로 **취소**사유가 된다.

④ 근거로는 **행정절차법**과 **행정기본법, 국세기본법**에 규정이 있다.(신뢰보호의 원칙은 판례 뿐만 아니라 실정법상 근거를 가지고 있다.) 18 국가 7급
⑤ 신뢰보호의 원칙은 중대한 공익이나 제3자의 이익을 현저히 침해하는 경우에는 적용되지 않는다.

> **판례** 대법원은 운전면허 최소사유에 해당하는 음주운전을 적발한 경찰관의 소속경찰서장이 사무착오로 위반자에게 운전면허정지처분을 한 상태에서 위반자의 주소지 관할 시도경찰청장이 위반자에게 운전면허취소처분을 한 것은 **신뢰보호원칙에 위배된다고 판시**하였다. 18 경행

⑥ 법령 개정에 대한 신뢰와 관련하여, 법령에 따른 개인의 행위가 국가에 의하여 **일정한 방향으로 유인된 경우**에 특별히 보호가치가 있는 **신뢰이익이 인정될 수 있다.** 16 지방 9급

> 법률에 따른 개인의 행위가 국가에 의하여 일정 방향으로 유인된 신뢰의 행사가 아니라 **단지 법률이 부여한 기회를 활용한 것**이라 하더라도, **신뢰보호의 이익이 인정되지 않는다.** 18 국가 7급

⑦ 행정청의 공적견해표명은 권한 있는 자에 의해서만 가능하므로, 병무청 **민원상담 공무원**으로부터 보충역 편입대상자가 될 수 있다는 상담을 받았으나 실제로는 현역입영판정을 받았다면 **신뢰보호원칙에 반하는 것은 아니다.** 18 소방간부
⑧ 수익적 행정행위가 **수익자의 귀책사유가 있는 신청에 의해 행해졌다면 그 신뢰의 보호가치성은 인정되지 않는다.** 19 소방채용 행정기관의 선행조치로서의 공적인 견해표명은 **반드시 명시적 언동이어야 하는 것은 아니고, 묵시적, 적극적, 소극적 언동 모두 가능**하다. 19 소방채용
⑨ 처분청 자신의 공적견해표명이 있어야만 하는 것은 아니며, 경우에 따라서는 **보조기관인 담당공무원의 공적인 견해표명도 신뢰의 대상이 될 수있다.** 19 소방채용
⑩ 법률적합성의 원칙과 신뢰보호의 원칙이 충돌할 경우 **이익형량설**이 통설과 판례의 태도이다.
⑪ 행정청의 선행조치에 대하여 상대방인 사인이 아무런 처리행위가 없었던 경우라도 정신적 신뢰를 이유로 신뢰보호를 요구할 수 없다.
⑫ 신뢰보호원칙의 위반은 국가배상법 상의 **위법 개념을 충족시키며**, 신뢰보호원칙에 위반하는 경우 그 행정행위는 위법하며, 판례는 이 경우 취소사유로 보고 있다.

> **신뢰보호 원칙 관련 기출 판례지문**
> ① 행정청의 공적견해표명이 있었는지의 여부를 판단하는 데 있어 **반드시 행정조직상의 형식적인 권한 분장에 구애될 것이 아니라** 담당자의조직상의 지위와 임무, 당해 언동을 하게 된 구체적인 경위 및 그에대한 상대방의 신뢰가능성에 비추어 실질에 의하여 판단하여야 한다. 20 국가 9급
> ② **헌법재판소의 위헌결정**은 행정청이 개인에 대하여 신뢰의 대상이 되는 공적견해를 표명한 것이라고 볼 수 없으므로 그 결정에 관련한 개인의 행위에 대하여는 **신뢰보호의 원칙이 적용되지 않는다.**
> ③ 국가가 공무원임용결격사유가 있는 자에 대하여 결격사유가 있는 것을 알지 못하고 공무원으로 임용하였다가 사후에 결격사유가 있는 자임을 발견하고 공무원임용행위를 취소함은 당사자에게 원래의 임용행위가 당초부터 당연무효이었음을 통지하여 확인시켜 주는 행위에 지나지 아니하는 것이므로 그러한 의미에서 당초의

임용처분을 취소함에 있어서는 **신의칙 내지 신뢰보호의 원칙을 적용할 수 없다.** – 임용은 하자가 있는 행위이므로 무효나 취소사유가 될 수 있다. 원래 공무원은 자격을 갖추지 못한 것이므로 한번도 임용된 적이 없는 것으로보아 여기서는 무효사유이므로 대상자의 신뢰는 보호받을 수 없다. 16경행

④ 확약이 있은 후에 사실적, 법률적 상태가 변경되었다면, 그 확약은 행정청의 별도 의사표시를 기다리지 않고 실효된다. 18 국가 7급, 20 국가 9급

⑤ 행정관청이 폐기물 처리업 사업계획에 대하여 폐기물 관리법령에 따른 적정통보를 한 경우에는 그 사업부지 토지에 대한 국토이용계획변경신청을 승인하여 주겠다는 취지의 공적견해를 표명한 것으로 볼 수없다. 20 국가 9급

⑥ 개정법령이 기존의 사실 또는 법률관계를 적용대상으로 하면서 종전보다 불리한 법률효과를 규정하고 있는 경우에도 그러한 사실 또는법률관계가 개정 법률이 시행되기 이전에 이미 종결된 것이 아니라면이를 헌법상 금지되는 소급입법이라고 할 수는 없다. 18 국가 7급

⑦ 폐기물처리업에 대하여 사전에 관할 관청으로부터 적정통보를 받고막대한 비용을 들여 허가요건을 갖춘 다음 허가신청을 하였음에도 관할 관청으로부터 '다수 청소업자의 난립으로 안정적이고 효율적인 청소업무의 수행에 지장이 있다'는 이유로 불허가처분을 받은 경우, 그처분은 신뢰보호원칙 위반으로 인한 위법한 처분에 해당된다.(대판 98두4061) 22 2차

⑧ 「개발이익환수에 관한 법률」에 정한 개발사업을 시행하기 전에, 행정청이 민원예비심사에 대하여 관련 부서 의견으로 '저촉사항없음'이라고 기재한 것은 공적인 견해표명에 해당하지 않는다.(대판 2004두46)

⑨ 종교법인이 도시계획구역 내 생산녹지로 답(畓)인 토지에 대하여 종교회관 건립을 이용목적으로 하는 토지거래계약의 허가를 받으면서 담당공무원이 관련 법규상 허용된다 하여 이를 신뢰하고 건축 준비를 하였으나 그 후 토지형질변경허가신청을 불허가 한 것은 신뢰보호의 원칙에 위반된다. (대판 96두18380)

⑩ 택시운전사가 운전면허정지기간 중의 운전행위를 하다가 적발되어 형사처벌을 받았으나 행정청으로부터 아무런 행정조치가 없어 안심하고 계속 운전업무에 종사하고 있던중 행정청이 위 위반행위가 있은 이후에 장기간에 걸쳐 아무런 행정조치를 취하지 않은 채 방치하고 있다가 3년여가 지나 이를 이유로 행정제재를 하면서 가장 무거운 운전면허를 취소하는 행정처분을 하였다면 이는 행정청이 그간 별다른 행정조치가 없을 것이라고 믿은 신뢰의 이익과 그 법적안정성을 빼앗는 것이 되어 매우 가혹하다.(대판 87누373)

⑪ 교통사고가 일어난 지 1년 10개월이 지난 뒤 그 교통사고를 일으킨 택시에 대하여 운송사업면허를 취소하였더라도 택시운송사업자로서는 자동차운수사업법의 내용을 잘 알고 있어 교통사고를 낸 택시에 대하여 운송사업면허가 취소될 가능성을 예상할 수도 있었을 터이니, 자신이 별다른 행정조치가 없을 것으로 믿고 있었다 하여 바로 신뢰의 이익을 주장할 수는 없으므로 그 운송사업면허의 취소가 행정에 대한 국민의 신뢰를 저버리고 국민의 법생활의 안정을 해치는 것이어서 재량권의 범위를 일탈한 것이라고 보기는 어렵다.(대판 88누6283)

⑫ 개정법령이 기존의 사실 또는 법률관계를 적용대상으로 하면서 종전보다 불리한 법률효과를 규정하고 있는 경우에도 그러한 사실 또는 법률관계가 개정 법률이 시

행되기 이전에 이미 종결된 것이 아니라면 이를 헌법상 금지되는 소급입법이라고 할 수는 없다.(대판 2001두274) **18 국가 7급**

신의성실의 원칙	① 권리의 행사와 의무의 이행은 신의에 좇아 성실히 하여야 한다는 원칙 ② 근거로는 **행정절차법**과 **행정기본법**이 있다. 📖 **판례** 지방공무원 임용신청 당시 잘못 기재된 호적상 출생연월일을 생년월일로 기재하고, 이에 근거한 공무원인사기록카드의 생년월일 기재에 대하여 처음 임용된 때부터 약 36년 동안 전혀 이의를 제기하지 않다가, 정년을 1년 3개월 앞두고 호적상 출생연월일을 정정한 후 그 출생연월일을 기준으로 정년의 연장을 요구하는 것이 **신의성실의 원칙에 반하지 않는다고 본 사례**이다.(대판 2008두21300)
부당결부금지의 원칙	① 행정주체가 행정작용을 함에 있어서 상대방에게 이와 **실질적인 관련이 없는 의무를 부과하거나 그 이행을 강제하여서는 안 된다**는 원칙을 말한다. **18 경행, 19 국회 8급** ② 관련판례 📖 **판례** ① 이륜자동차로서 제2종 소형면허를 가진 사람만이 운전할 수 있는 오토바이는 제1종 대형면허나 보통면허를 가지고서도 이를 운전할 수 없는 것이어서 이와 같은 이륜자동차의 운전은 제1종 대형면허나 보통면허와는 아무런 관련이 없는 것이므로 이륜자동차를 음주 운전한 사유만 가지고서는 제1종 대형면허나 보통면허의 취소나 정지를 할 수 없다. →부당결부금지의 원칙 **위반**(대판 91누8289 판결) ② 제1종 보통 및 대형 운전면허의 소지자가 제1종 보통 운전면허로 운전할 수 있는 차를 음주 운전하여 그 면허를 모두 취소당한 사안에서, 그 취소처분 중 제1종 대형면허의 취소 부분 → 부당결부금지의 원칙 **위반이 아님**(대판 96누15176 판결) ③ 지방자치단체장이 사업자에게 주택사업계획승인을 하면서 그 주택사업과는 아무런 관련이 없는 토지를 기부채납하도록 하는 부관을 주택사업계획승인에 붙인 경우, **그 부관은 부당결부금지의 원칙에 위반되어 위법하지만,** 지방자치단체장이 승인한 사업자의 주택사업계획은 상당히 큰 규모의 사업임에 반하여, 사업자가 기부채납한 토지 가액은 그 100분의 1 상당의 금액에 불과한 데다가, 사업자가 그 동안 그 부관에 대하여 아무런 이의를 제기하지 아니하다가 지방자치단체장이 업무착오로 기부채납한 토지에 대하여 보상협조요청서를 보내자 그 때서야 비로소 부관의 하자를 들고 나온 사정에 비추어 볼 때 **부관의 하자가 중대하고 명백하여 당연 무효라고는 볼 수 없다고 한 사례이다.**(대판 96다49650) **22·23 2차** ④ 고속국도의 관리청이 고속도로 부지와 접도구역에 송유관 매설을 허가하면서 상대방과 체결한 협약에 따라 송유관 시설을 이전하게 될 경우 상대방에게 그 비용을 부담하도록 한 부관은 행정작용과 실질적인 관련성이 없는 의무를 부과하는 것으로서 **부당결부금지원칙에 반하지 않는다.**(대판 2005다65500) **20 경행** ⑤ 갑이 혈중알코올농도 0.140%의 주취상태로 배기량 125cc 이륜자동차를 운전하였다는 이유로 관할 지방경찰청장이 갑의 자동차운전면허[제1종 대형, 제1종 보통, 제1종 특수(대형견인·구난), 제2종 소형]를 취소하는 처분을 한 사안에서, 갑에 대하여 제1종 대형, 제1종 보통, 제1종 특수(대형견인·구난) 운전면허를 취소하지 않는다면, 갑이 각 운전면허로 배기량 125cc 이하 이륜자동차를 계속 운전할 수 있

	어 실질적으로는 아무런 불이익을 받지 않게 되는 점, 갑의 혈중알코올농도는 0.140%로서 도로교통법령에서 정하고 있는 운전면허 취소처분 기준인 0.100%를 훨씬 초과하고 있고 갑에 대하여 특별히 감경해야 할 만한 사정을 찾아볼 수 없는 점, 갑이 음주상태에서 운전을 하지 않으면 안 되는 부득이한 사정이 있었다고 보이지 않는 점, 처분에 의하여 달성하려는 행정목적 등에 비추어 볼 때, **처분이 사회통념상 현저하게 타당성을 잃어 재량권을 남용하거나 한계를 일탈한 것이라고 단정하기에 충분하지 않음에도**, 이와 달리 위 처분 중 제1종 대형, 제1종 보통, 제1종 특수(대형견인·구난) 운전면허를 취소한 부분에 재량권을 일탈·남용한 위법이 있다고 본 원심판단에 재량권 일탈·남용에 관한 법리 등을 오해한 위법이 있다고 한 사례이다.(대판 2017두67476 판결) 23 2차

자기구속의 원칙	① 행정청이 동종의 사안에서 제3자에게 행한 결정과 동일한 결정을 하도록 스스로 구속당하는 원칙이다.
	② 자기구속의 원칙은 평등의 원칙에서 파생되었으며, **행정관행이 적법한 경우에만 적용되며, 종래 관행이 위법한 경우에는 행정청은 자기구속을 당하지 않는다.**(반복적으로 행해진 행정처분이 위법하더라도 행정의 자기구속의 원칙에 따라 행정청은 선행처분에 구속된다.(X) 18 국가 9급, 22 2차
	③ 적용요건
	  (1) **재량행위**의 영역일 것 - 기속행위X
	  (2) 동종의 사안에 대해 **선례가 존재할 것**(처음으로 신청한 사람은 선례가 없으므로 적용되지 않는다.)
	    <blockquote>재량준칙이 공표된 것만으로는 행정의 자기구속의 원칙이 적용될 수 없고, 재량준칙이 되풀이 시행되어 행정관행이 성립한 경우에 자기구속의원칙이 적용될 수 있다. 17 경행</blockquote>
	  (3) 행정선례가 **적법**할 것(위법한 선례에 따라 해줄 수는 없다.)
	④ 자기구속의 원칙이 인정되는 경우 행정관행과 다른 처분은 특별한 사정이없는 한 위법하다. 20 소방
	⑤ 헌법재판소는 **평등의 원칙**이나 **신뢰보호의 원칙**을 근거로 행정의 자기구속의 원칙을 인정하고 있다. 11 사회복지 9급, 18 소방

> **[참고] 행정상의 법률관계**

1. 공법관계(판례)
    ① 국유재산법 제51조 제1항은 국유재산의 무단점유자에 대하여는 대부 또는 사용, 수익허가 등을 받은 경우에 납부하여야 할 대부료 또는 사용료 상당액 외에도 그 징벌적 의미에서 국가측이 일방적으로 그 2할 상당액을 추가하여 변상금을 징수토록 하고 있으며 동조 제2항은 변상금의 체납 시 국세징수법에 의하여 강제징수토록 하고 있는 점 등에 비추어 보면 **국유재산의 관리청이 그 무단점유자에 대하여 하는 변상금부과처분은 순전히 사경제 주체로서 행하는 사법상의 법률행위라 할 수 없고 이는 관리청이 공권력을 가진 우월적 지위에서 행한 것으로서 행정소송의 대상이 되는 행정처분**이라고 보아야 한다.(대판 87누1046,1047) 23 2차
    ② **공유재산의 관리청이 행정재산의 사용·수익에 대한 허가는 순전히 사경제주체로서 행하는 사법상의 행위가 아니라 관리청이 공권력을 가진 우월적 지위에서 행하는 행정처분**으로서(대법원 1997. 4. 11. 선고 96누

17325 판결 참조) 특정인에게 행정재산을 사용할 수 있는 권리를 설정하여 주는 강학상 특허에 해당하고, 이러한 행정재산의 사용·수익허가처분의 성질에 비추어 **국민에게는 행정재산의 사용·수익허가를 신청할 법규상 또는 조리상의 권리가 있다고 할 것이므로 공유재산의 관리청이 이러한 신청을 거부한 행위 역시 행정처분에 해당한다고 할 것이다.** (대판 97누1105) **20 국가 7급**

③ 행정관청이 국유재산을 매각하는 것은 사법상의 매매계약일 수도 있으나 **귀속재산처리법에 의하여 귀속재산을 매각하는 것은 행정처분이지 사법상의 매매가 아니다.** (대판 91다10435) **17 국가 7급**

④ 도시 및 주거환경정비법상 행정주체인 주택재건축정비사업조합을 상대로 관리처분계획안에 대한 조합 총회결의의 효력 등을 다투는 소송은 행정처분에 이르는 절차적 요건의 존부나 효력 유무에 관한 소송으로서 그 소송결과에 따라 행정처분의 위법 여부에 직접 영향을 미치는 **공법상 법률관계**에 관한 것이므로, 이는 **행정소송법상의 당사자소송에 해당한다.** (대판 2007다2428) **17 국가 7급**

⑤ **공공하수도의 이용관계는 공법관계라고 할 것이고**, 공공하수도 사용료의 부과징수관계 역시 공법상의 권리의무관계라 할 것이지만, 실제로 공공하수도를 사용하여 하수를 배출한 자만이 그 하수의 양 등에 따라 하수도 사용료의 납부의무를 진다고 해석함이 상당하고, 배수구역 내의 하수배출자가 법 제24조에 따라 하수를 공공하수도에 유입시킬 의무나 배수설비를 설치할 의무에 위반하는 경우에도, 그에 대한 법 소정의 제재를 받는 것은 별론으로 하고 그러한 공법상 의무가 있다는 사정만으로 실제 하수도 시설의 사용 여부에 관계없이 곧바로 하수도 사용료 납부의무를 진다고 해석할 만한 법 또는 다른 법령상의 근거를 찾아볼 수 없다. (대판 2001두8865) **09 지방 7급**

⑥ **국가나 지방자치단체에 근무하는 청원경찰은** 국가공무원법이나 지방공무원법상의 공무원은 아니지만, 다른 청원경찰과는 달리 그 임용권자가 행정기관의 장이고, 국가나 지방자치단체로부터 보수를 받으며, 산업재해보상보험법이나 근로기준법이 아닌 공무원연금법에 따른 재해보상과 퇴직급여를 지급받고, 직무상의 불법행위에 대하여도 민법이 아닌 국가배상법이 적용되는 등의 특질이 있으며 그외 임용자격, 직무, 복무의무 내용 등을 종합하여 볼때, **그 근무관계를 사법상의 고용계약관계로 보기는 어려우므로 그에 대한징계처분의 시정을 구하는 소는 행정소송의 대상이지 민사소송의 대상이 아니다.** (대판 92다47564) **09 지방 7급, 23 2차**

⑦ 행정처분을 당연무효라고 하기 위하여는 그 처분이 위법함은 물론이고 그 하자가 중요하고 명백하여야 하고, 여기서 명백한 하자라 함은 행정처분 자체에 하자있음이 객관적으로(외형상으로) 명백히 드러나는 것을 말하며 징발재산정리에관한특별조치법에 의한 국방부장관의 **징발재산 매수결정은 행정처분**으로서 그 하자가 중대하고 외관상 명백하여 당연무효라고 볼 수 없는 한 그 처분이 취소되지 아니하고는 그 효력을 다툴 수 없는 것이다. (대판 91다26690) **09 지방 7급**

⑧ 교육부장관(당시 문교부장관)의 권한을 재위임 받은 공립교육기관의 장에 의하여 공립유치원의 임용기간을 정한 전임강사로 임용되어 지방자치단체로부터 보수를 지급받으면서 공무원복무규정을 적용받고 사실상 유치원 교사의 업무를 담당하여 온 유치원 교사의 자격이 있는 자는 **교육공무원에 준하여 신분보장을 받는 정원 외의 임시직 공무원으로 봄이 상당하므로 그에 대한 해임처분의 시정 및 수령지체된 보수의 지급을 구하는 소송은 행정소송의 대상이지 민사소송의 대상이 아니다.** (대판 90다10766) **18 서울 9급**

⑨ 도시 및 주거환경정비법상 행정주체인 주택재건축정비사업조합을 상대로 관리처분계획안에 대한 조합 총회결의의 효력 등을 다투는 소송은 행정처분에 이르는 절차적 요건의 존부나 효력 유무에 관한 소송으로서 그 소송결과에 따라 행정처분의 위법 여부에 직접 영향을 미치는 공법상 법률관계에 관한 것이므로, 이는 **행정소송법상의 당사자소송에 해당한다.** (대판 2007다2428) **18 서울 9급**

⑩ 보상청구권의 소멸시효가 만료된 하천구역 편입토지 보상에 관한 특별조치법' 제2조는 개정 하천법 부칙 제2조 제1항에 해당하는 토지로서 개정 하천법 부칙 제2조 제2항에서 규정하고 있는 소멸시효의 만료로 보상청구권이 소멸되어 보상을 받지 못한 토지에 대하여는 시·도지사가 그 손실을 보상하도록 규정하고 있는 바, 위 각 규정들에 의한 손실보상청구권은 모두 종전의 하천법 규정 자체에 의하여 하천구역으로 편입되어 국유로 되었으나 그에 대한 보상규정이 없었거나 보상청구권이 시효로 소멸되어 보상을 받지 못한 토지들에

대하여, 국가가 반성적 고려와 국민의 권리구제 차원에서 그 손실을 보상하기 위하여 규정한 것으로서, 그 법적 성질은 하천법 본칙(본칙)이 원래부터 규정하고 있던 **하천구역에의 편입에 의한 손실보상청구권과 하등 다를 바가 없는 것이어서 공법상의 권리임이 분명하므로 그에 관한 쟁송도 행정소송절차에 의하여야 한다.** (대판 2004다6207) 18 서울 9급

⑪ 시립합창단원의 위촉 19 소방
⑫ 미지급된 공무원 퇴직연금의 지급청구 19 소방

2. 사법관계(판례)
   ① 예산회계법에 따라 체결되는 계약은 사법상의 계약이라고 할 것이고 동법 제70조의5의 입찰보증금은 낙찰자의 계약체결의무이행의 확보를 목적으로 하여 그 불이행시에 이를 국고에 귀속시켜 국가의 손해를 전보하는 사법상의 손해배상 예정으로서의 성질을 갖는 것이라고 할 것이므로 **입찰보증금의 국고귀속조치는 국가가 사법상의 재산권의 주체로서 행위하는 것이지 공권력을 행사하는 것이거나 공권력작용과 일체성을 가진 것이 아니라 할 것이므로 이에 관한 분쟁은 행정소송이 아닌 민사소송의 대상이 될 수밖에 없다고 할 것이다.** (대판 81누366) 20 국가 7급
   ② 개발부담금 부과처분이 취소된 이상 그 후의 부당이득으로서의 **과오납금 반환에 관한 법률관계는 단순한 민사 관계에 불과한 것이고,** 행정소송 절차에 따라야 하는 관계로 볼 수 없다. (대판 94다51253) 20 국가 7급
   ③ 공익사업을 위한 토지 등의 취득 및 보상에 관한 법령에 의한 협의취득은 **사법상의 법률행위이다.** (대판 2010다91206) 20 국가 7급
   ④ 국유잡종재산을 대부하는 행위는 국가가 사경제 주체로서 상대방과 대등한 위치에서 행하는 **사법상의 계약**이고, 행정청이 공권력의 주체로서 상대방의 의사 여하에 불구하고 일방적으로 행하는 행정처분이라고 볼 수 없으며, 국유잡종재산에 관한 대부료의 납부고지 역시 사법상의 이행청구에 해당하고, 이를 행정처분이라고 할 수 없다. (대판 99다61675) 17 교육행정 9급
   ⑤ 서울특별시지하철공사의 임원과 직원의 근무관계의 성질은 지방공기업법의 모든 규정을 살펴보아도 공법상의 특별권력관계라고는 볼 수 없고 사법관계에 속할 뿐만 아니라, 위 지하철공사의 사장이 그 이사회의 결의를 거쳐 제정된 인사규정에 의거하여 소속직원에 대한 징계처분을 한 경우 위 사장은 행정소송법 제13조 제1항 본문과 제2조 제2항 소정의 행정청에 해당되지 않으므로 공권력발동주체로서 위 징계처분을 행한 것으로 볼 수 없고, 따라서 이에 대한 불복절차는 민사소송에 의할 것이지 행정소송에 의할 수는 없다. (대판 89누2103) 17 교육행정 9급
   ⑥ 공무원및사립학교교직원의료보험법 등 관계법령의 규정내용에 비추어 보면, 공무원및사립학교교직원의료보험관리공단 직원의 근무관계는 공법관계가 아니라 **사법관계이다.** (대판 93누15212) 09 지방 7급
   ⑦ 공무원의 직무상 불법행위로 손해를 받은 국민은 공무원자신에 대하여도 직접 그의 불법행위를 이유로 **민사상의 손해배상을 청구할 수 있다.** (대판 69다701) 18 서울 9급

> **[참고] 특별권력 관계 → 특별행정법 관계**
>
> 1. 특별권력관계란, **공법상의 특정목적에 필요한 범위 내에서, 포괄적으로 당사자 일방이 타방을 지배하고 타방이 이에 복종하는 것을 내용으로 하는 관계**를 말한다. 국가나 공공단체와 공무원간의 관계와 수형자의 복역관계가 대표적이며, 일정한도 내에서 법치주의원리의 적용이 배제되고, 특별권력주체는 상대방에 대하여 명령, 강제, 징계할 수 있는 권한을 갖는다. 이에 반해 **일반권력관계는 행정주체(국가)와 일반국민 사이의 권력관계**를 뜻한다.
> 2. 오늘날에는 특별권력관계에서도 법치주의(법률유보의 원칙)가 적용된다는 특별행정법 관계라는 용어를 사

CHAPTER 04. 경찰행정법

용하고 있으며, "**특별행정법관계에서의 행위도 「행정소송법」상 처분개념에 해당하면 사법심사의 대상이 된다.**"고 보고 있다.

● 특별권력관계로 본 판례
① 행정소송의 대상이 되는 행정처분이란 행정청이 행하는 구체적 사실에 관한 법집행으로서의 공권력의 행사 또는 그 거부와 그 밖에 이에 준하는 행정작용을 말하는 것인바, **국립 교육대학 학생에 대한 퇴학처분은**, 국가가 설립·경영하는 교육기관인 동 대학의 교무를 통할하고 학생을 지도하는 지위에 있는 학장이 교육목적실현과 학교의 내부질서유지를 위해 학칙 위반자인 재학생에 대한 구체적 법집행으로서 **국가공권력의 하나인 징계권을 발동하여 학생으로서의 신분을 일방적으로 박탈하는 국가의 교육행정에 관한 의사를 외부에 표시한 것이므로, 행정처분임이 명백하다.**(대판 91누2144)
② 서울특별시지하철공사의 임원과 직원의 근무관계의 성질은 지방공기업법의 모든 규정을 살펴보아도 **공법상의 특별권력관계라고는 볼 수 없고 사법관계에 속할 뿐만 아니라,** 위 지하철공사의 사장이 그 이사회의 결의를 거쳐 제정된 인사규정에 의거하여 소속직원에 대한 징계처분을 한 경우 위 사장은 행정소송법 제13조 제1항 본문과 제2조 제2항 소정의 행정청에 해당되지 않으므로 공권력발동주체로서 위 징계처분을 행한 것으로 볼 수 없고, 따라서 이에 대한 불복절차는 민사소송에 의할 것이지 행정소송에 의할 수는 없다.(대판 89누2103)
③ **농지개량조합과 그 직원과의 관계는** 사법상의 근로계약관계가 아닌 **공법상의 특별권력관계이고**, 그 조합의 직원에 대한 징계처분의 취소를 구하는 소송은 행정소송사항에 속한다.(대판 94누10870)
④ 행정소송의 대상이 되는 행정처분이란 행정청이 행하는 구체적 사실에 관한 법집행으로서의 공권력의 행사 또는 그 거부와 그 밖에 이에 준하는 행정작용을 말하는 것인바, 국립 교육대학 학생에 대한 퇴학처분은, 국가가 설립·경영하는 교육기관인 동 대학의 교무를 통할하고 학생을 지도하는 지위에 있는 학장이 교육목적실현과 학교의 내부질서유지를 위해 학칙 위반자인 재학생에 대한 구체적 법집행으로서 **국가공권력의 하나인 징계권을 발동하여 학생으로서의 신분을 일방적으로 박탈하는 국가의 교육행정에 관한 의사를 외부에 표시한 것이므로, 행정처분임이 명백하다.**(대판 91누2144)
⑤ 헌법재판소는 "**서신검열행위는 이른바 권력적 사실행위로서 행정심판이나 행정소송의 대상이 되는 행정처분으로 볼 수 있으나**, 위 검열행위가 이미 완료되어 행정심판이나 행정소송을 제기하더라도 소의 이익이 부정될 수밖에 없으므로 헌법소원심판을 청구하는 외에 다른 효과적인 구제방법이 있다고 보기 어렵기 때문에 보충성의 원칙에 대한 예외에 해당한다고 보는 것이 상당하다."(헌법재판소 1998. 8. 27. 선고 96헌마398 결정)

▶ [참고] 통치행위
통치행위란, 고도의 정치적 성격을 가지는 국가기관의 행위로 **사법부의 법률적 판단 대상으로 삼기에는 부적당하여 사법 심사권의 적용범위에서 제외되는 행위**를 말한다.

● 관련 판례
① 고도의 정치적 성격을 지니는 남북정상회담 개최과정에서 정부에 신고하지 아니하거나 협력사업 승인을 얻지 아니한 채 북한 측에 사업권의 대가 명목으로 송금한 행위 자체는 **사법심사의 대상이 된다.**(대판 2003도7878) 17 지방 9급, 20 경행
cf. 남북정상회담 개최는 통치행위 긍정
② 신행정수도건설이나 수도이전의 문제를 국민투표에 붙일지 여부에 관한 대통령의 의사결정이 사법심사의

대상이 될 경우 위 의사결정은 고도의 정치적 결단을 요하는 문제여서 사법심사를 자제함이 바람직하다고는 할 수 있고, 이에 따라 그 의사결정에 관련된 흠을 들어 위헌성이 주장되는 법률에 대한 사법심사 또한 자제함이 바람직하다고는 할 수 있다. 그러나 대통령의 위 의사결정이 **국민의 기본권침해와 직접 관련되는 경우에는 헌법재판소의 심판대상이 될 수 있고**, 이에 따라 위 의사결정과 관련된 법률도 헌법재판소의 심판대상이 될 수 있다.(헌재 2004헌마554·566) 17 지방 9급

③ **외국에의 국군 파견결정**은 그 성격상 국방 및 외교에 관련된 고도의 정치적 결단을 요하는 문제로서, 헌법과 법률이 정한 절차가 지켜진 것이라면 대통령과 국회의 판단은 존중되어야 하고 **사법적 기준만으로 이를 심판하는 것은 자제되어야 한다.**(헌재 2003헌마814) 17 지방 9급

④ **대통령의 긴급재정경제명령**은 국가긴급권의 일종으로서 고도의 정치적 결단에 의하여 발동되는 행위이고 그 결단을 존중하여야 할 필요성이 있는 행위라는 의미에서 이른바 통치행위에 속한다고 할 수 있으나, 그것이 **국민의 기본권 침해와 직접 관련되는 경우에는 당연히 헌법재판소의 심판대상이 된다.**(헌재 93헌마186) 20 경행

⑤ 구 상훈법(2011. 8. 4. 법률 제10985호로 개정되기 전의 것) 제8조는 서훈취소의 요건을 구체적으로 명시하고 있고 절차에 관하여 상세하게 규정하고 있다. 그리고 서훈취소는 서훈수여의 경우와는 달리 이미 발생된 서훈대상자 등의 권리 등에 영향을 미치는 행위로서 관련 당사자에게 미치는 불이익의 내용과 정도 등을 고려하면 사법심사의 필요성이 크다. 따라서 기본권의 보장 및 법치주의의 이념에 비추어 보면, 비록 **서훈취소가 대통령이 국가원수로서 행하는 행위라고 하더라도 법원이 사법심사를 자제하여야 할 고도의 정치성을 띤 행위라고 볼 수는 없다.**(대판 2012두26920) 20 경행

⑥ **일반사병 이라크 파병**에 대한 헌법소원사건에서 외국에의 국군의 파견결정은 파견군인의 생명과 신체의 안전뿐만 아니라 국제사회에서의 우리나라의 지위와 역할, 동맹국과의 관계, 국가안보문제 등 궁극적으로 국민 내지 국익에 영향을 미치는 복잡하고도 중요한 문제로서 **통치행위로 보고 있다.**(헌재 2003헌마814) 20 경행

⑦ **사면**은 형의 선고의 효력 또는 공소권을 상실시키거나 형의 집행을 면제시키는 국가원수의 고유한 권한을 의미하며, 사법부의 판단을 변경하는 제도로서 권력분립의 원리에 대한 예외가 된다. 14 경행

⑧ **대통령의 비상계엄의 선포나 확대행위**가 국헌문란의 목적을 달성하기 위하여 행하여진 경우에는 법원은 그 자체가 범죄행위에 해당하는지의 여부에 관하여 **심사할 수 있다.** 14 경행

⑨ 기본권 보장의 최후 보루인 법원으로서는 사법심사권을 행사함으로써, 대통령의 긴급조치권 행사로 인하여 우리나라 헌법의 근본이념인 자유민주적 기본질서가 부정되는 사태가 발생하지 않도록 그 책무를 다하여야 한다.(대판 2010도5986) 17 지방 9급

(3) 법규명령(대통령령, 총리령, 부령)과 행정규칙 16 19·21 경간, 17·19 승진, 19 2차

1) 법규명령

개념	① 국회의 의결을 거치지 않고 행정기관에 의하여 제정된 **성문법규**를 법규명령이라고 하며, 법규명령에는 **위임명령과 집행명령**이 있다. 20·21 승진, 21 경간 → 위임명령은 법규명령이고, 집행명령은 행정규칙이다(X) 19 승진, 19 경간 ② 일반 **국민의 권리·의무에 관계되는 법규범**을 말하며, **국민과 행정청을 구속**하며, 재판규범이 되는 법규범을 말한다. ③ 국민의 권리, 의무에 관한 사항을 규율하는 법규범이므로 **법률 우위의 원칙과 법률 유보의 원칙이 모두 적용된다**. ④ 법규명령은 일반적, 추상적인 규율로써 항고소송의 대상이 될 수 없다.

		cf. 법규명령이 구체적인 집행행위 없이 직접 개인의 권리·의무에 영향을 주는 경우 처분성이 인정되므로 항고소송 대상이 된다. 21 해경승진, 18 국가 9급
		⑤ 법규명령의 위임의 근거가 없어 무효였더라도 나중에 법 개정으로 위임의 근거가 부여되면 그때부터는 유효한 법규명령으로 볼 수 있다. 21 해경승진, 23 소방
성립요건 및 효력발생		헌법 또는 법률, 기타 상위명령의 근거가 필요하며, 법조문의 형식으로 제정하여 공포함으로써 성립한다.
		헌법 제95조 국무총리 또는 행정각부의 장은 소관사무에 관하여 **법률이나 대통령령의 위임 또는 직권으로 총리령 또는 부령을 발할 수 있다.**(직권으로 부령을 발할 수 없다X)
		헌법 제53조 ① 국회에서 의결된 법률안은 정부에 이송되어 15일 이내에 대통령이 공포한다. 23 승진
		– 법령 등 공포에 관한 법률
		법령등 공포에 관한 법률 제13조(시행일) 대통령령, 총리령 및 부령은 특별한 규정이 없으면 **공포한 날부터 20일**이 경과함으로써 효력을 발생한다. 17·19 승진, 19 2차, 21 경간, 18 경행, 23 1차
		제13조의2(법령의 시행유예기간) 국민의 권리 제한 또는 의무 부과와 직접 관련되는 법률, 대통령령, 총리령 및 부령은 긴급히 시행하여야 할 특별한 사유가 있는 경우를 제외하고는 **공포일부터 적어도 30일**이 경과한 날부터 시행되도록 하여야 한다. 17·21 승진, 18 경행
분류	위임명령	집행명령

	① 법률의 위임을 받은 사항에 대해 법률 내용을 보충하기 위하여 내리는 행정관청의 명령으로 **위임의범위 내에서 국민의 권리, 의무에 관한 새로운 법규사항을 정할 수 있다.** 21 승진, 22 2차
	② 한계
	  일반적, 포괄적 위임 금지
	  국회 전속적 입법사항 위임 금지
	  처벌(벌칙)규정 위임 금지
	  전면적 재위임 금지
	  명령제정권 자체 위임금지
		① 법률이나 상위 명령을 집행하기 위하여 필요한 세부 사항을 규정한 명령
		② 한계
		  법률이나 상위명령의 위임이 없어도 제정 가능하지만, 상위법령의 집행에 필요한 형식이나 절차만을 규정할 수 있으므로 **국민의 권리, 의무에 관한 새로운 법규사항을 정할 수 없다.** 22 2차

위반	법규명령에 위반한 행위는 위법한 행위로서 **하자가 중대하고 명백**한 경우에는 **무효**, **하자가 경미**한 경우에는 **취소**사유가 된다.	
형식	대통령령	
	① 대통령령은 **대통령이 제정하는 법규명령**을 말하며, '~ 법 시행령'으로 불린다.	
	총리령·부령	
	국무총리 또는 행정 각부의 장이 발하는 명령을 말하며, '~ 법 시행규칙'으로 불린다.	

2) 행정규칙

개념	① 행정 주체가 정한 일반적, 추상적인 규정으로서 **법규의 성질을 갖지 아니하는 규칙**이며, 행정 기관 안에서만 효력을 가지는 행정입법이다. ② 국민의 권리, 의무에 관한 사항을 규정하는 것은 아니지만, 행정규칙도 법률에 위반되어서는 안되므로 **법률 우위의 원칙은 적용**되며, 내부규율에 불과해서 **법률의 근거 없이도 제정이 가능하므로 법률 유보의 원칙은 적용되지 아니한다.**
성립요건 및 효력발생	① 법규명령과는 다르게 행정조직 내부, 특별권력관계 내부를 규율하기 위한 것이므로 **법령의 구체적, 개별적 수권을 요하지 않는다.** ② **문서, 구두 모두 가능**하며, **공포를 요하지 않는다.** 21 경간 ③ 법규성이 부정되어 대내적 구속력만 있고, 대외적인 구속력은 없다. ④ 법규범이 아니므로 **공포할 필요는 없고**, 상대방에게 **의사가 도달한 때부터 효력**이 발생한다.
효력발생의 예외	행정규칙에 따른 종래의 **행정관행이 위법한 경우에는 행정청은 자기구속을 당하지 않는다.** 21 승진 ① **재량준칙** 　재량준칙 자체는 법규성이 있는 것이 아니어서 대외적인 효력을 인정할 수 없지만, **재량준칙이 되풀이 되어 행정관청의 관행이 성립한 경우에는 평등의 원칙과 자기구속의 원칙을 매개로 하여 간접적으로 법규성(대외적 효력)을 가지게 된다.** 　• 재량준칙의 제정은 행정청에게 재량권이 인정되는 경우에만 가능하며 행정청이 기속권만을 갖는 경우에는 인정되지 않는다. 19 경간 　• 재량준칙의 목적은 재량권 행사의 통일성 및 예측가능성을 확보하고 자의적인 재량권 행사를 방지하는 데 있다. 　• 재량준칙이 위법한 경우에는 자기구속의 원칙이 인정되지 않는다. 　• 행정청은 **법률의 근거규정이 없더라도** 재량권이 인정되는 영역에서 재량권 행사의 기준이 되는 지침을 제정할 수 있다. 18 국가직 ② [행정규칙형식의 법규명령] = **법령보충규칙** 　**상위법령의 위임(상위법령과 결합하여)**에 의해 법령 보충적 기능을 하는 경우 **법령 보충적 행정규칙**이라고 하며, **대외적 구속력**을 가진다.(그 자체로는 대외적 구속력X) 따라서 형식은 행정규칙이나 법령의 구체적 내용을 보충할 권한을 부여받아 법령을 보충하는 기능을 하는 경우에는 법규성이 있는 것으로 본다. 22 지방직 ③ [법규명령형식의 행정규칙] 법규명령의 형식을 취하고 있지만, 내용은 행정규칙의 실질을 가지는 것을 말한다. 이에 대해 대법원은 제재적 행정처분의 기준이 대통령령(시행령)형식으로 규정된 경우에는 법규명령의 성질을 갖는다고 보고, 부령(시행규칙)의 형식으로 규정된 경우 행정규칙에 불과하여 대외적으로 국민이나 법원을 기속하는 효력이 없다고 본다. 22 지방직 ④ 행정 각부의 장이 정하는 **고시가** 비록 법령에 근거를 둔 것이라고 하더라도 그 규정 내용이 **법령의 위임 범위를 벗어난 것일 경우에는 법규명령으로서의 대외적 구속력을 인정할 여지는 없다.**(대판 2003마715)
분류	형식에 따라 **훈령, 고시 예규, 일일명령, 지시**로 구분할 수 있다.
위반	행정규칙은 **법규성이 없으므로 이를 위반하여도 위법이 아니며**, 내부적으로 **징계벌(징계책임)이 발생한다.** 19 승진

3) 법규명령과 행정규칙의 비교

구분	법규명령 (국민과 행정청을 동시에 구속)	행정규칙
근거	상위법령 근거 **필요**	상위법령 근거 **불요**
구속력	대외적, 양면적 구속력O	대외적 구속력X
공포	필요	불요
효력발생	특별한 규정 없으면 공포 **20일(14일X)** 경과 후	도달주의
형식	문서로만	구두도 가능
위반행위	위법(무효 or 취소)	위법X(무효X, 취소X)
종류	대통령령, 총리령, 부령	고시·훈령·예규·일일명령 등

① 위임명령과 집행명령 모두 법규명령, 둘 다 대내적 구속력이 있음
② 법규명령의 한계로 행정권에 대한 입법권의 **일반적·포괄적 위임은 인정될 수 없으며**, 국회 전속적 법률사항의 위임은 원칙적으로 금지된다. → **구체적 위임O, 일부 위임O**
  법률에 의하여 위임된 사항을 **전부 하위명령에 재위임하는 것은 금지**된다. 17 승진
③ **벌칙의 절대적 위임금지**(종류의 상한과 폭을 정하여 정하는 것은 가능)
④ 법규명령의 **형식(부령)**을 취하고 있지만 그 **내용이 행정규칙의 실질**을 가지는 경우 판례는 당해 규범을 **행정규칙**으로 보고 있다. 19 승진, 19 경간
⑤ 법규명령은 **대외적 구속력**을 갖기 때문에 그에 반하는 행정권 행사는 **위법**하다. 19 승진
⑥ 법규명령의 제정에는 헌법·법률 또는 상위명령의 근거가 필요하다. 위임명령은 개별적·구적 위임에 의해서만 발할 수 있고, 집행명령은 법률의 명시적 수권이 없어도 직권으로 발할 수 있다. 다만, 집행명령은 법률 또는 상위명령의 집행을 위해 필요한 사항만을 규정할 수 있다. 21 경간
⑦ 법령 규정이 특정 행정기관에 그 법령 내용의 구체적 사항을 정할 수 있는 권한을 부여하면서 그 권한 행사의 절차나 방법을 특정하고 있지 않아 수임행정기관이 행정규칙의 형식으로 그 내용을 구체적으로 정하고 있다면 그 행정규칙은 대외적 구속력이 있는 법규명령으로서의 효력을 가진다. 21 경간

(4) 훈령과 직무명령

1) 훈령

의의	**상급관청**이 **하급관청**의 권한행사를 지휘하기 위하여 발하는 명령 12 3차, 12·17·19 승진, 12 경간
범위	훈령은 원칙적으로 **일반적·추상적** 사항에 대해서 발하지만, **개별적·구체적** 사항에 대해서도 발해질 수 있다. 11·18·20·21 경간, 11·12·18·19 승진, 12 3차, 16 2차

성질	① 훈령은 조직 내부 관계에서 상급관청이 하급관청에게 발하는 명령인 **행정규칙**이므로 **법규성이 부정**된다.
	  → 국민을 구속하는 **대외적 구속력(=효력)은 없음** 11 경간
	  → 훈령은 국민의 권리와 의무에 영향을 미치지 않는다. 12 승진
	② 재판규범성이 부정되며, 법원을 구속하지 않는다.
	③ 훈령은 내부적 효력만 있는 것이 원칙이나, 외부적으로 국민에게도 법적구속력이 인정되어 대외적인 효력을 갖게 되는 경우가 있다.(외부화 현상)

효력	경찰기관의 의사를 구속하므로 기관을 구성하는 **구성원이 변경·교체되어도 효력에는 영향이 없다.**(=유효하다) 11·20 경간, 17·18·19 승진		
형식	① 특별한 형식을 요하지 않고, **문서** 또는 **구두**의 형식으로 발할 수 있으며, 상대방에게 **도달**되면 효력이 발생하므로, **공포라는 절차는 필요하지 않다.** ② 훈령은 구체적인 법령의 근거 없이도 발할 수 있다. 16 2차, 18 특채, 19 2차		
요건 09 채용, 11 경간, 11승진 12 3차, 12 승진 16 2차, 17 승진, 18 승진, 18 경간 부, 18 특채, 19 승진, 21 경간 23 경채	형식적 요건		실질적 요건
	① 훈령권 있는 **상급관청**이 발할 것 ② **하급관청의 권한** 내의 사항일 것 ③ 하급관청의 직무상 **독립된 범위**에 속하는 사항이 아닐 것 ④ 법에서 정한 **형식과 절차**가 있으면 구비할 것		① 내용이 **적법하고 타당**할 것 ② 내용이 **실현가능하고 명백**할 것 ③ 내용이 **공익에 반하지 않을 것**
	- 심사권한 ① 하급관청에게는 형식적 요건에 대한 **심사권이 있다.** ② 상급관청의 훈령이 형식적 요건을 구비하지 못한 경우에는 복종거부가 가능하다. ③ 요건이 구비되지 않았으나 복종하여 발생하는 문제는 하급관청의 책임이다.		- 심사권한 ① 하급관청에게는 실질적 요건에 대한 **심사권이 없다.** ② 훈령이 형식적 요건을 구비한 경우 복종하여야 하나, 훈령의 내용이 명백하게 범죄를 구성하거나 중대·명백한 하자가 있는 경우에는 복종을 거부하여야 한다.
위반의 효과	① 훈령은 국민을 구속하는 **대외적 구속력이 없으므로** 하급경찰관청의 법적 행위가 훈령에 위반하여 행해진 경우 원칙적으로 **위법이 아니며, 그 행위의 효력에는 영향이 없다.** 16 2차, 21 경간 ② 훈령은 조직 내부를 구속하는 **대내적 구속력이 있으므로** 공무원이 훈령을 위반한 행위는 **징계사유가 될 수 있다.**		

종류
19 2차
	① **협의의 훈령**
	  상급관청이 하급관청의 권한행사를 **장기간에 걸쳐 일반적으로 지휘**하기 위해 발하는 명령
	② **지시** 12 경간
	  상급관청이 하급관청에 대하여 **개별적, 구체적**으로 발하는 명령
	③ **예규**
	  반복적 행정사무의 기준을 제시하기 위해 발하는 명령
	④ **일일명령**
	  당직, 휴가, 출장 등의 **일일업무**에 관하여 발하는 명령		

훈령의 경합
11·17 승진, 12·20
경간
	① 주관 상급관청과 주관이 아닌 상급관청의 모순된 훈령이 있는 경우
	  → **주관 상급관청의 훈령에 따라야 함**
	② 주관 상급관청이 상·하관계에 있는 경우
	  → **직근상급관청 훈령에 따라야 함**(서울 동작서 근무 순경이 서울 시·도경찰청 훈령과 경찰청 훈령이 경합할 때 서울 시도경찰청 훈령을 따라야 함)
	③ 주관 상급관청이 불명확한 경우
	  → 주관상급관청이 불분명 할 때는 **주관쟁의의 방법으로 해결**		

2) 직무명령

의의	상관이 **부하인** 공무원의 직무에 관하여 발하는 명령 12 3차,12·19 승진, 12·18 경간	
범위	**직무와 관계되는 경우라면 직접적이든 간접적이든 공무원의 사생활까지 관여할 수 있다.** 다만 **직무와 관계없는 사생활에는 효력이 미치지 않는다.** 12 3차, 18 경간, 18 특채, 19 2차	
효력	직무명령은 법규성이 없으므로 위반 시 **위법은 아니며**, 따라서 직무명령에 위반한 행위도 **적법, 유효**하다. 다만, 징계사유는 될 수 있다.	
요건 11 2차	형식적 요건	실질적 요건
	① 훈령권 있는 **상급관청**이 발할 것 ② **하급관청의 권한 내의 사항**일 것 ③ 하급관청의 직무상 **독립된 범위에 속하는 사항**이 아닐 것 ④ 법에서 정한 **형식과 절차**가 있으면 구비할 것	① 내용이 **적법하고 타당**할 것 ② 내용이 **실현가능하고 명백**할 것 ③ 내용이 **공익에 반하지 않을 것**
	- 심사권한 ① 부하공무원에게는 형식적 요건에 대한 **심사권이 있다.** ② 훈령이 형식적 요건을 구비하지 못한 경우에는 복종거부하여야 한다. ③ 요건이 구비되지 않았으나 복종하여 발생하는 문제는 부하공무원의 책임이다.	- 심사권한 ① 부하공무원에게는 실질적 요건에 대한 **심사권이 없다.** ② 훈령이 형식적 요건을 구비한 경우 복종하여야 하나, 훈령의 내용이 명백하게 범죄를 구성하거나 중대·명백한 하자가 있는 경우에는 복종을 거부하여야 한다. 복종 시에는 부하공무원의 책임이다.
경합	둘 이상의 상관으로부터 서로 모순되는 직무명령을 받았을 때에는 바로 위(직근)상관의 명령에 복종해야 한다.	

● 훈령과 직무명령의 비교 11·12·20·21 경간, 12 3차, 19 승진,22 경채

구분	훈령	직무명령
의의	상급관청이 하급관청의 권한행사를 지휘하기 위해 내리는 명령	상관이 부하에게 직무에 관하여 발하는 명령
대상	기관의 의사를 구속	공무원 개인의 의사를 구속
효력	구성원 변동 있어도 훈령의 **효력에 영향이 없음(=유효)**	구성원 변동 있으면 **훈령의 효력을 상실**
관계	훈령은 직무명령을 **겸할 수 있음**	직무명령은 훈령을 **겸할 수 없음**
공통점	법적 근거 불요, 모두 대내적 구속력만 있음, 위반 시 징계사유O (위법X)	

02 경찰조직법

1. 경찰행정의 주체와 경찰행정기관 11 2차

① 경찰행정은 행정주체가 자기 이름과 자기 책임 하에 실시하지만, 행정주체는 법인이므로 현실적인 업무수행에 어려움이 있다. 따라서 경찰행정기관이 행정주체를 대신해 업무를 수행한다.

② 경찰행정기관에게는 법률에 따라 일정한 권한과 책임이 주어지며, **경찰행정기관이 권한의 범위 내에서 행하는 행위의 효과는 법률상 오로지 행정주체인 국가에 귀속된다.**

경찰행정 주체	국가, 제주특별자치도, 각 시·도자치단체	
경찰행정 기관	경찰행정 관청	① **행정주체(국가)**의 법률상 **의사를 결정하여 외부에 표시하는 권한**을 가진 기관으로 **경찰청장, 시·도경찰청장, 경찰서장**이 경찰행정관청이다.(**지구대장X**) 12 2차 ② **소청심사위원회는 합의제 행정관청**이다.
	경찰의결 기관 12 2차, 23 경찰특공대	① 경찰행정관청의 의사를 구속하는 의결을 행하는 행정기관이다. **의결 내용을 외부에 표시할 수 있는 권한은 없으므로 행정관청의 명의로 의결한 내용을 외부에 표시**한다. ② **국가경찰위원회(행정안전부 소속), 징계위원회** 등이 있다. ③ 행정관청이 의결기관의 **의결을 거치지 않고** 행정행위를 한 경우에는 **무효**가 된다.
	경찰자문 기관	① 경찰행정관청으로부터 자문을 요청받아 의견을 제시하는 기관을 말하며, **경찰자문기관의 의견은 경찰행정관청을 구속하지 못한다.** ② **경찰공무원인사위원회(경찰청 소속), 경찰청, 시·도경찰청인권위원회** 등이 있다.
	경찰집행 기관	① 경찰행정목적을 실현하기 위하여 필요한 실력을 행사하는 기관을 말한다. ② **순경에서 치안총감**까지의 모든 경찰공무원이 해당된다.
	경찰보조 기관	① 경찰행정관청의 직무를 보조하기 위하여 일상적인 직무를 수행하는 기관을 말한다.(계선기관 - 수직적) ② **차장, 국장, 부장, 과장, 계장, 지구대장, 파출소장** 등이 있다.
	경찰보좌 기관	① 경찰행정기관이 기능을 원활하게 수행할 수 있도록 그 기관장이나 보조기관을 보좌함으로써 경찰행정기관의 목적달성에 공헌하는 기관을 말한다.(참모기관 - 수평적) ② 비서실, 기획실, 조정실, 담당관 등
	경찰소속 기관	경찰대학, 경찰인재개발원, 중앙경찰학교, 경찰수사연수원, 경찰병원 등이 있다. cf. **국립과학수사연수원 - 행정안전부소속**

★ **시·도자치경찰위원회는 합의제 행정기관이다.**
- 특별경찰기관은 보통경찰기관에 대립하는 개념으로 협의의 행정경찰작용, 특별사법경찰작용을 하는 경찰기관을 말한다.

● 경찰행정관청의 종류

독임제	합의제
1인 단독으로 의사를 결정하는 관청 **예** 경찰청장, 시도경찰청장, 경찰서장	합의에 의해서 의사를 결정하는 관청 **예** 소청심사위원회 등
독임제 행정관청으로 조직하게 되면 신속성(기동성)은 확보할 수 있으나, 민주성이나 공정성은 희생될 수 있다.	합의제로 조직하게 되면 민주성이나 공정성은 확보할 수 있으나, 신속성(기동성)은 희생될 수 있다.

기출지문 - 관련기출 11 승진

① 경찰조직은 불편부당, 공평중립을 요하는 경찰의 본질상 정치적 중립성의 보장을 필요로 한다.
② 경찰작용은 권력적 수단이므로 경찰조직은 민주성의 확보가 강력히 요구된다.
③ 경찰권 행사는 국민의 헌법상 기본권침해의 우려가 많기 때문에 국민의 인권보장을 위해서 **반드시 합의제 행정관청으로 조직되어야 한다.(X)**
④ 국가 경찰위원회는 민주적 통제장치라고 볼 수 있다.

2. 경찰조직법의 법적근거

국가의 행정조직에 관한 기본법은 정부조직법이며, 정부조직법에는 경찰의 **설치근거**와 **직무범위**에 관한 사항만 명시되어 있어(**조직에 관한 사항X**), 조직과 **직무범위**를 규정한 경찰조직에 관한 기본법인 **경찰법(1991)**을 제정하였고, 현재는 **국가경찰과 자치경찰의 조직 및 운영에 관한 법률**이 경찰조직에 관한 기본법이다.

(1) 국가경찰과 자치경찰의 조직 및 운영에 관한 법률(약칭: 경찰법)

1) 총칙

제1조 (목적)	이 법은 경찰의 **민주적**인 관리·운영과 **효율적**인 임무수행을 위하여 경찰의 **기본조직** 및 **직무 범위**와 그 밖에 필요한 사항을 규정함을 목적으로 한다. 15 3차, 18 2차
제2조 (국가와 지방자치단체의 책무)	**국가와 지방자치단체**는 국민의 생명·신체 및 재산을 보호하고 공공의 안녕과 질서유지에 필요한 시책을 수립·시행하여야 한다.
제3조 (경찰의 임무)	경찰의 임무는 다음 각 호와 같다. 15 3차 1. 국민의 생명·신체 및 재산의 보호 2. 범죄의 예방·진압 및 수사 3. 범죄피해자 보호 4. 경비·요인경호 및 대간첩·대테러 작전 수행 5. 공공안녕에 대한 위험의 예방과 대응을 위한 정보의 수집·작성 및 배포 6. 교통의 단속과 위해의 방지 7. 외국 정부기관 및 국제기구와의 국제협력 8. 그 밖에 공공의 안녕과 질서유지

제4조 (경찰의 사무)	① 경찰의 사무는 다음 각 호와 같이 구분한다. 　1. **국가경찰사무**: 제3조에서 정한 경찰의 임무를 수행하기 위한 사무. 　　다만, **제2호의 자치경찰사무는 제외**한다. 　2. **자치경찰사무**: 제3조에서 정한 경찰의 임무 범위에서 **관할 지역의 생활안전·교통·경비·수사** 등에 관한 다음 각 목의 사무 22 2차 　　가. 지역 내 주민의 **생활안전** 활동에 관한 사무 　　　1) **생활안전을 위한 순찰 및 시설의 운영** 　　　2) **주민참여 방범활동의 지원 및 지도** 　　　3) 안전사고 및 재해·재난 시 긴급구조지원 　　　4) 아동·청소년·노인·여성·장애인 등 사회적 보호가 필요한 사람에 대한 보호 업무 및 가정폭력·학교폭력·성폭력 등의 예방 　　　5) **주민의 일상생활과 관련된 사회질서의 유지 및 그 위반행위의 지도·단속.** 다만, 지방자치단체 등 다른 행정청의 사무는 제외한다. 　　　6) 그 밖에 **지역주민의 생활안전에 관한 사무** 　　나. 지역 내 **교통활동**에 관한 사무 　　　1) **교통법규 위반에 대한 지도·단속** 　　　2) **교통안전시설 및 무인 교통단속용 장비의 심의·설치·관리** 　　　3) 교통안전에 대한 교육 및 홍보 　　　4) 주민참여 지역 교통활동의 지원 및 지도 　　　5) 통행 허가, 어린이 통학버스의 신고, 긴급자동차의 지정 신청 등 각종허가 및 신고에 관한 사무 　　　6) 그 밖에 **지역 내의 교통안전 및 소통에 관한 사무** 　　다. 지역 내 **다중운집 행사 관련 혼잡 교통 및 안전 관리** 　　라. 다음의 어느 하나에 해당하는 **수사사무** 　　　1) 학교폭력 등 소년범죄 　　　2) **가정폭력, 아동학대** 범죄 　　　3) 교통사고 및 교통 관련 범죄 　　　4) 「형법」 제245조에 따른 **공연음란** 및 「성폭력범죄의 처벌 등에 관한특례법」 제12조에 따른 **성적 목적을 위한 다중이용장소 침입행위에 관한 범죄** 　　　5) 경범죄 및 기초질서 관련 범죄 　　　6) 가출인 및 「실종아동등의 보호 및 지원에 관한 법률」 제2조제2호에 따른 실종아동등 관련 수색 및 범죄 ② 제1항 제2호 **가목부터 다목**까지의 자치경찰사무에 관한 구체적인 사항 및 범위 등은 **대통령령으로 정하는 기준에 따라 시·도조례로 정한다.** ③ 제1항 제2호 라목의 **자치경찰사무에 관한 구체적인 사항 및 범위 등은 대통령령으로 정한다.**
제5조 (권한남용의 금지)	경찰은 그 직무를 수행할 때 **헌법과 법률**에 따라 **국민의 자유와 권리 및 모든 개인이 가지는 불가침의 기본적 인권을 보호**하고, 국민 전체에 대한 봉사자로서 공정·중립을 지켜야 하며, 부여된 권한을 남용하여서는 아니 된다.
제6조 (직무수행)	① 경찰공무원은 **상관의 지휘·감독을 받아 직무를 수행**하고, 그 직무수행에 관하여 **서로 협력하여야 한다.** ② 경찰공무원은 구체적 사건수사와 관련된 제1항의 **지휘·감독의 적법성** 또는 **정당성**에 대하여 이견이 있을 때에는 **이의를 제기할 수 있다.** ③ 경찰공무원의 **직무수행**에 필요한 사항은 따로 **법률**로 정한다.

2) 국가경찰위원회

경찰의 정치적 중립보장과 중요정책에 대한 민주적 결정을 위해 행정안전부(경찰청X)에 설치된 독립된 심의, 의결기구이다. 13·19 경간, 17·22 2차, 23 경찰특공대

제7조 (국가경찰위원회 의 설치)	① 국가경찰행정에 관하여 제10조제1항 각 호의 사항을 **심의·의결**하기 위하여 **행정안전부**에 국가경찰위원회를 둔다. 11·16 2차, 21 경간 ② 국가경찰위원회는 **위원장 1명을 포함한 7명의 위원**으로 구성하되, **위원장및 5명의 위원은 비상임**으로 하고, **1명의 위원은 상임**으로 한다. 09·14 승진, 11·16·17 2차, 12·13·17·20 1차, 12·13·14·16·23 경간, 15 3차, 21 경채, 23 경찰특공대 ③ 제2항에 따른 위원 중 **상임위원은 정무직**으로 한다. 10 2차, 13 1차

제8조
(국가경찰위원회
위원의 임명 및
결격사유 등)
	① 위원은 행정안전부장관의 제청으로 국무총리를 거쳐 대통령이 임명한다. 09 승진, 12 1차, 13·14 2차, 16 경간, 17 1차, 23 경찰특공대
	② 행정안전부장관은 위원 임명을 제청할 때 경찰의 정치적 중립이 보장되도록 하여야 한다. 21 승진
	③ 위원 중 2명은 법관의 자격이 있는 사람이어야 한다. 12·17·20 1차, 19 경간
	④ 위원은 특정 성(性)이 10분의 6을 초과하지 아니하도록 노력하여야 한다. 21 경채, 23 경찰특공대
	⑤ 다음 각 호의 어느 하나에 해당하는 사람은 **위원이 될 수 없으며**, 위원이 다음 각 호의 어느 하나에 해당하는 경우에는 **당연퇴직한다**. 12 경간
	  1. 정당의 당원이거나 **당적을 이탈한 날부터 3년이 지나지 아니한 사람**
	  2. 선거에 의하여 취임하는 공직에 있거나 그 공직에서 **퇴직한 날부터 3년이 지나지 아니한 사람**
	  3. **경찰, 검찰, 국가정보원 직원 또는 군인**의 직에 있거나 그 직에서 **퇴직한 날부터 3년이 지나지 아니한 사람** 12·16·19 경간, 13 1차, 14 2차, 18 3차
	  4. 「국가공무원법」 제33조 각 호의 어느 하나에 해당하는 사람. 다만, 「국가공무원법」 제33조제2호 및 제5호에 해당하는 경우에는 같은 법 제69조제1호 단서에 따른다.
	⑥ 위원에 대해서는 「국가공무원법」 제60조(비밀엄수의무) 및 제65조(정치운동금지의무)를 준용한다. 19 2차

제9조 (국가경찰위원회 위원의 임기 및 신분보장)	① 위원의 임기는 3년으로 하며, **연임(連任)할 수 없다**. 이 경우 보궐위원의 임기는 전임자 임기의 남은 기간으로 한다. 15·18 3차, 13·17·20 1차, 23 경간 ② 위원은 중대한 신체상 또는 정신상의 장애로 직무를 수행할 수 없게 된 경우를 제외하고는 그 의사에 반하여 면직되지 아니한다. 12·14·16·19 경간, 13 1차, 14 2차, 18 3차

제10조
(국가경찰위원회
의 심의·의결 사항
등)
	① 다음 각 호의 사항은 **국가경찰위원회의 심의·의결**을 거쳐야 한다.
	  1. 국가경찰사무에 관한 인사, 예산, 장비, 통신 등에 관한 **주요정책 및 경찰 업무 발전에 관한 사항** 09 승진, 23 1차
	  2. 국가경찰사무에 관한 **인권보호**와 관련되는 경찰의 운영·개선에 관한 사항 21 경간, 23 1차
	  3. 국가경찰사무 담당 **공무원의 부패 방지와 청렴도 향상**에 관한 주요 정책사항 17 2차
	  4. **국가경찰사무 외에(관련하여X) 다른 국가기관으로부터의 업무협조 요청**에 관한 사항 12 1차, 18 3차, 19 경간
	  5. 제주특별자치도의 자치경찰에 대한 경찰의 지원·협조 및 협약체결의 조정 등에 관

	한 주요 정책사항 14 경간, 23 1차
	6. 제18조에 따른 **시·도자치경찰위원회 위원 추천, 자치경찰사무에 대한주요 법령·정책** 등에 관한 사항, 제25조제4항에 따른 **시·도자치경찰위원회 의결에 대한 재의 요구**에 관한 사항
	7. 제2조에 따른 시책 수립에 관한 사항
	8. 제32조에 따른 **비상사태 등 전국적 치안유지를 위한 경찰청장의 지휘·명령**에 관한 사항
	9. 그 밖에 **행정안전부장관 및 경찰청장이 중요하다고 인정하여 국가경찰위원회의 회의에 부친 사항**
	② **행정안전부장관**은 제1항에 따라 심의·의결된 내용이 적정하지 아니하다고 판단할 때에는 **재의를 요구할 수 있다.** 12·14 2차, 14 경간, 21 경채
	→ **행정안전부장관의** 재의요구권은 국가경찰위원회의 기능을 제약하는 요소가 되고 있다. 06 채용
제11조 (국가경찰위원회 의 운영 등)	① 국가경찰위원회의 사무는 **경찰청**에서 수행한다. 13 경간, 15 3차, 21 경채, 23 경간 ② 국가경찰위원회의 회의는 **재적위원 과반수의 출석과 출석위원 과반수의 찬성**으로 의결한다. 09 승진, 13·16·23 경간, 15 3차, 16·17 2차 ③ 이 법에 규정된 것 외에 **국가경찰위원회의 운영** 및 제10조제1항 각 호에따른 **심의·의결 사항의 구체적 범위, 재의 요구** 등에 필요한 사항은 대통령령으로 정한다.

● 국가경찰위원회 규정(대통령령)

제1조 (목적)	이 영은 「국가경찰과 자치경찰의 조직 및 운영에 관한 법률」(이하 "법"이라 한다) 제11조제3항에 따라 국가경찰위원회(이하 "위원회"라 한다)의 운영등에 관하여 필요한 사항을 규정함을 목적으로 한다.
제2조 (위원장)	① 위원장은 위원회를 대표하며, 위원회의 사무를 총괄한다. ② **위원장은 비상임위원 중에서 호선한다.** 11 2차 ③ 위원장이 사고가 있을 때에는 **상임위원, 위원 중 연장자순**으로 위원장의직무를 대리한다. 11 2차, 13 경간
제3조 (위원의 예우등)	① 위원중 상임이 아닌 위원에게는 예산의 범위 안에서 수당과 여비를 지급할 수 있다. ② **상임위원은 정무직**으로 한다.
제4조 (위원의 면직)	① 법 제9조제2항에 따라 **위원이 중대한 심신상의 장애로 직무를 수행할 수없게 되어 면직하는 경우에는 위원회의 의결이 있어야 한다.** 21 경채 ② 제1항의 **의결요구는 위원장 또는 행정안전부장관**이 한다.
제5조 (심의·의결사항의 구체적 범위)	① 법 제10조 제1항 제1호의 범위는 다음과 같다. 1. 경찰청 소관 법령과 행정규칙의 제정·개정 및 폐지에 관한 사항 2. 경찰공무원의 채용·승진 등 인사운영 기준에 관한 사항 3. 경찰공무원에 대한 교육 및 복지 증진에 관한 사항 4. 경찰복제 및 경찰장비에 관한 사항 5. 경찰정보통신 개발 및 운영에 관한 사항 6. 경찰조직 및 예산 편성 등에 관한 사항 7. 경찰 중·장기 발전계획에 관한 사항 8. 그 밖에 위원회가 경찰 주요정책 및 경찰 업무 발전에 필요하다고 인정하는 사항

	② 법 제10조 제1항 제2호의 범위는 다음 각호와 같다. 1. 국민의 권리·의무와 직접 관계되는 경찰행정 및 수사절차 2. 경찰행정과 관련되는 과태료·범칙금 기타 벌칙에 관한 사항 3. 경찰행정과 관련되는 국민의 부담에 관한 사항
제6조 (재의요구)	① 법 제10조제2항에 따라 **행정안전부장관이 재의를 요구하는 경우에는 의결한 날부터 10일 이내에 재의요구서를 위원회에 제출하여야 한다**. 11 2차 ② 위원장은 재의요구가 있는 경우에는 그 요구를 받은 날부터 **7일 이내에** 회의를 소집하여 다시 의결하여야 한다. 11 2차
제7조 (회의)	① 위원회의 회의는 정기회의와 임시회의로 구분한다. ② **정기회의는** 특별한 사유가 있는 경우를 제외하고는 **매월 2회** 위원장이 소집한다. 14 승진, 21 경간, 21 경채 ③ 위원장은 필요한 경우 **임시회의를 소집할 수 있으며**, 위원 3인 이상과 **행정안전부장관** 또는 **경찰청장은** 위원장에게 임시회의의 소집을 요구할 수있다. 14·21 승진 ④ 제3항의 규정에 의한 임시회의 소집 요구가 있는 경우에는 **위원장은** 특별한 사유가 없는 한 **회의를 소집하여야 한다**.
제8조 (간사)	① 위원회에 **간사 1명**을 두되, 간사는 **경찰청 소속 과장급 경찰공무원 중에서 경찰청장이 지명한다**. ② 간사는 위원장의 명을 받아 다음 사항을 처리한다. 1. 의안의 작성 2. 회의진행에 필요한 준비 3. 회의록 작성과 보관 4. 기타 위원회의 사무
제9조 (의견청취등)	① 위원장은 위원회의 심의를 위하여 필요한 경우에는 **관계공무원 또는 관계전문가의 출석·발언이나 자료의 제출을 요구할 수 있다**. ② 위원장은 위원회의 심의를 위하여 필요한 경우에는 관계 경찰공무원에게 필요한 사항의 보고를 요구할 수 있으며, 그 **관계 경찰공무원은 성실히 이에 응하여야 한다**. ③ 위원회에 출석한 관계공무원 또는 관계전문가에 대하여는 예산의 범위 안에서 **수당과 여비를 지급할 수 있다**. 다만, 공무원이 그 **소관업무와 직접적으로 관련되어 출석하는 경우에는 그러하지 아니한다**.
제11조 (운영세칙)	이 영에 **규정된 사항 외에 위원회의 운영을 위하여 필요한 사항은 위원회의 의결을 거쳐 위원장이 정한다**. 21 승진

3) 경찰청

제12조 (경찰의 조직)	치안에 관한 사무를 관장하게 하기 위하여 **행정안전부장관 소속으로 경찰청을 둔다**. 10 승진, 15 3차
제13조 (경찰사무의 지역적 분장기관)	경찰의 사무를 지역적으로 분담하여 수행하게 하기 위하여 특별시·광역시·특별자치시·도·특별자치도(이하 "**시·도**"라 한다)에 시·도경찰청을 두고, **시·도경찰청장 소속으로 경찰서를 둔다**. 15 3차 이 경우 인구, 행정구역, 면적, 지리적 특성, 교통 및 그 밖의 조건을 고려하여 시·도에 **2개의 시·도경찰청을 둘 수 있다**. 18 2차

제14조 (경찰청장) 22 경채	① **경찰청에 경찰장을 두며, 경찰청장은 치안총감**으로 보한다. 12 승진 ② **경찰청장은 국가경찰위원회의 동의를 받아 행정안전부장관의 제청으로 국무총리를 거쳐 대통령이 임명**한다. 이 경우 **국회의 인사청문**을 거쳐야 한다. 10·12·18 승진, 10·13·15·18 2차,12·14 경간, 15 3차, 23 경채 ③ 경찰청장은 **국가경찰사무를 총괄**하고 **경찰청 업무를 관장**하며 소속 공무원 및 각급 경찰기관의 장을 **지휘·감독**한다. 12·18 승진, 15 2차 ④ 경찰청장의 임기는 **2년**으로 하고, **중임할 수 없다.** 13·15·18 2차, 18 승진, 20 1차 ⑤ 경찰청장이 직무를 집행하면서 **헌법**이나 **법률**을 위배하였을 때에는 **국회는 탄핵 소추를 의결할 수 있다.** 12·18 승진, 13·15 2차 ⑥ 경찰청장은 경찰의 수사에 관한 사무의 경우에는 **개별 사건의 수사에 대하여 구체적으로 지휘·감독할 수 없다.** 다만, 국민의 생명·신체·재산또는 공공의 안전 등에 중대한 위험을 초래하는 **긴급하고 중요한 사건의수사**에 있어서 경찰의 자원을 대규모로 동원하는 등 통합적으로 현장 대응할 필요가 있다고 판단할 만한 상당한 이유가 있는 때에는 제16조에 따른 **국가수사본부장을 통하여 개별 사건의 수사에 대하여 구체적으로 지휘·감독할 수 있다.** ⑦ 경찰청장은 제6항 단서에 따라 개별 사건의 수사에 대한 구체적 지휘·감독을 개시한 때에는 이를 국가경찰위원회에 보고하여야 한다. ⑧ 경찰청장은 제6항 단서의 사유가 해소된 경우에는 개별 사건의 수사에 대한 구체적 지휘·감독을 중단하여야 한다. ⑨ 경찰청장은 제16조에 따른 **국가수사본부장이 제6항 단서의 사유가 해소되었다고 판단하여 개별 사건의 수사에 대한 구체적 지휘·감독의 중단을건의하는 경우 특별한 이유가 없으면 이를 승인하여야 한다.** ⑩ 제6항 단서에서 규정하는 **긴급하고 중요한 사건의 범위 등 필요한 사항은대통령령**으로 정한다. 참고) 경찰청장은 퇴직일로부터 2년 이내에는 정당의 발기인이나 당원이 될수 없다.(X) 　　　10 2차
제15조 (경찰청 차장)	① **경찰청에 차장을 두며, 차장은 치안정감**으로 보한다. 23 2차 ② 차장은 경찰청장을 보좌하며, **경찰청장이 부득이한 사유로 직무를 수행할 수 없을 때**에는 그 직무를 대행한다.
제16조 (국가수사본부장) 21 2차 23 1차	① **경찰청에 국가수사본부를 두며, 국가수사본부장은 치안정감**으로 보한다. ② 국가수사본부장은 「형사소송법」에 따른 **경찰의 수사에 관하여 각 시·도경찰청장과 경찰서장 및 수사부서 소속 공무원을 지휘·감독**한다. ③ 국가수사본부장의 임기는 **2년**으로 하며, **중임할 수 없다.** 23 2차,24 경간 ④ 국가수사본부장은 **임기가 끝나면 당연히 퇴직한다.**24 경간 ⑤ 국가수사본부장이 직무를 집행하면서 **헌법**이나 **법률**을 위배하였을 때에는**국회는 탄핵 소추를 의결할 수 있다.(대통령에게 해임을 건의할 수 있다X)** 23 2차,24 경간 ⑥ 국가수사본부장을 **경찰청 외부를 대상으로 모집하여 임용할 필요가 있는때**에는 다음 각 호의 자격을 갖춘 사람 중에서 임용한다. 　1. **10년 이상 수사업무에 종사한 사람** 중에서「국가공무원법」제2조의2에따른 **고위공무원단**에 속하는 공무원, **3급 이상** 공무원 또는 **총경 이상**경찰공무원으로 재직한 경력이 있는 사람 　2. **판사·검사 또는 변호사**의 직에 **10년 이상** 있었던 사람 　3. **변호사 자격이 있는 사람**으로서 국가기관, 지방자치단체,「공공기관의운영에 관한

	법률」 제4조에 따른 **공공기관**(이하 "국가기관등"이라 한다)에서 법률에 관한 사무에 **10년 이상 종사한 경력**이 있는 사람 4. **대학**이나 공인된 **연구기관**에서 **법률학·경찰학** 분야에서 **조교수 이상의 직**이나 이에 상당하는 직에 **10년 이상** 있었던 사람 24 경간 5. 제1호부터 제4호까지의 경력 기간의 **합산이 15년 이상**인 사람 ⑦ 국가수사본부장을 **경찰청 외부를 대상으로 모집하여 임용하는 경우** 다음 각 호의 어느 하나에 해당하는 사람은 **국가수사본부장이 될 수 없다.** 1. 「경찰공무원법」 제8조제2항 각 호의 결격사유에 해당하는 사람 2. 정당의 당원이거나 **당적을 이탈한 날부터 3년이 지나지 아니한 사람** 23 2차, 23 경채 3. 선거에 의하여 취임하는 공직에 있거나 그 공직에서 **퇴직한 날부터 3년이 지나지 아니한 사람** 4. **제6항 제1호**에 해당하는 **공무원** 또는 제6항 제2호의 판사·검사의 직에서 퇴직한 날로부터 1년이 지나지 아니한 사람 5. **제6항 제3호**에 해당하는 **사람**으로서 **국가기관등에서 퇴직한 날로부터 1년이 지나지 아니한 사람**
제17조 (하부조직)	① 경찰청의 하부조직은 본부·국·부 또는 과로 한다. ② 경찰청장·차장·국가수사본부장·국장 또는 부장 밑에 정책의 기획이나 계획의 입안 및 연구·조사를 통하여 그를 직접 보좌하는 담당관을 둘 수 있다. ③ 경찰청의 하부조직의 명칭 및 분장 사무와 공무원의 정원은 「정부조직법」 제2조제4항 및 제5항을 준용하여 대통령령 또는 행정안전부령으로 정한다.

● 국가경찰과 자치경찰의 조직 및 운영에 관한 법률 제14조제10항에 따른 긴급하고 중요한 사건의 범위 등에 관한 규정(대통령령)

제1조 (목적)	이 영은 「국가경찰과 자치경찰의 조직 및 운영에 관한 법률」 제14조 제10항에 따라 경찰청장이 구체적으로 지휘·감독할 수 있는 긴급하고 중요한 사건의 범위와 그 수사지휘의 방식을 정하는 것을 목적으로 한다.
제2조 (긴급하고 중요한 사건의 범위 등)	① 「국가경찰과 자치경찰의 조직 및 운영에 관한 법률」(이하 "법"이라 한다) 제14조제6항 단서에 따른 **긴급하고 중요한 사건**은 다음 각 호의 어느 하나에 해당하는 사건 및 이와 **직접적인 관련이 있는 사건**으로 한다. 1. **전시·사변 또는 이에 준하는 국가 비상사태**가 발생하거나 발생이 임박하여 **전국적인 치안유지**가 필요한 사건 2. **재난, 테러** 등이 발생하여 공공의 안전에 대한 **급박한 위해**나 범죄로 인한 피해의 **급속한 확산을 방지**하기 위해 **신속한 조치**가 필요한 사건 3. 국가중요시설의 파괴·기능마비, 대규모 집단의 폭행·협박·손괴·방화 등에 대하여 **경찰의 자원을 대규모로 동원할 필요**가 있는 사건 4. **전국 또는 일부 지역에서 연쇄적·동시다발적으로 발생**하거나 **광역화된 범죄**에 대하여 경찰력의 집중적인 배치, 경찰 각 기능의 **종합적 대응** 또는 국가기관·지방자치단체·공공기관과의 **공조가 필요한 사건** ② 경찰청장은 법 제14조제6항 단서에 따라 개별 사건의 수사에 대해 구체적 지휘·감독을 하려는 경우에는 그 필요성 등을 신중하게 판단해야 한다.
제3조 (수사지휘의 방식)	① 경찰청장은 법 제14조제6항 단서에 따라 **국가수사본부장에게 개별 사건의 수사에 대한 구체적 지휘를 하는 경우에는 서면으로 지휘해야 한다.**

	② 경찰청장은 제1항에도 불구하고 **서면 지휘가 불가능하거나 현저히 곤란한 경우**에는 구두나 전화 등 서면 외의 방식으로 지휘할 수 있다. 이 경우 사후에 신속하게 서면으로 지휘내용을 송부해야 한다.

4) 시·도자치경찰위원회 21 경찰특공대, 22 경간, 22 1차·2차, 22 경채

제18조 (시·도자치경찰위 원회의 설치)	① 자치경찰사무를 관장하게 하기 위하여 특별시장·광역시장·특별자치시장·도지사·특별자치도지사(이하 "**시·도지사**"라 한다) 소속으로 **시·도자치경찰위원회를 둔다**. 다만, 제13조 후단에 따라 시·도에 2개의 시·도경찰청을 두는 경우 시·도지사 소속으로 **2개의 시·도자치경찰위원회를 둘 수 있다**. ② 시·도자치경찰위원회는 **합의제 행정기관**으로서 그 권한에 속하는 **업무를 독립적으로 수행**한다. ③ 제1항 단서에 따라 2개의 시·도자치경찰위원회를 두는 경우 해당 시·도자치경찰위원회의 명칭, 관할구역, 사무분장, 그 밖에 필요한 사항은 **대통령령(행정안전부령X)**으로 정한다. 23 2차
제19조 (시·도자치경찰위 원회의 구성)	① 시·도자치경찰위원회는 **위원장 1명을 포함한 7명의 위원**으로 구성하되, 위원장과 1명의 위원은 상임으로 하고, 5명의 위원은 비상임으로 한다. 24 경간 ② 위원은 특정 **성(性)이 10분의 6을 초과하지 아니하도록 노력**하여야 한다.(아니해야 한다X) 23 2차, 23 경채 ③ 위원 중 **1명은 인권문제**에 관하여 전문적인 지식과 경험이 있는 사람이 임명될 수 있도록 노력하여야 한다. 23 경채

제20조
(시·도자치경찰위
원회 위원의 임명
및 결격사유)
	① 시·도자치경찰위원회 위원은 다음 각 호의 사람을 **시·도지사가 임명**한다. 24 경간, 23 경채
	  1. **시·도의회**가 추천하는 **2명**
	  2. **국가경찰위원회**가 추천하는 **1명**
	  3. 해당 **시·도 교육감**이 추천하는 **1명**
	  4. **시·도자치경찰위원회 위원추천위원회**가 추천하는 **2명**
	  5. **시·도지사**가 지명하는 **1명**
	② 시·도자치경찰위원회 위원은 다음 각 호의 어느 하나에 해당하는 **자격을 갖추어야 한다.**
	  1. **판사·검사·변호사** 또는 **경찰**의 직에 **5년 이상** 있었던 사람
	  2. **변호사 자격이 있는 사람**으로서 국가기관등에서 법률에 관한 사무에 **5년 이상** 종사한 경력이 있는 사람
	  3. **대학**이나 공인된 **연구기관**에서 **법률학·행정학** 또는 **경찰학** 분야의 **조교수** 이상의 직이나 이에 상당하는 직에 **5년 이상** 있었던 사람 24 경간
	  4. 그 밖에 관할 지역주민 중에서 지방자치행정 또는 경찰행정 등의 분야에 **경험이 풍부하고 학식과 덕망**을 갖춘 사람
	③ 시·도자치경찰위원회 **위원장은 위원 중에서 시·도지사가 임명**하고, **상임위원은 시·도자치경찰위원회의 의결을 거쳐 위원 중에서 위원장의 제청으로 시·도지사가 임명**한다. 이 경우 **위원장과 상임위원은 지방자치단체의 공무원**으로 한다.
	④ 위원은 정치적 중립을 지켜야 하며, 권한을 남용하여서는 아니 된다.
	⑤ 공무원이 아닌 위원에 대해서는 「**지방공무원법**」(국가공무원법X) 제52조 및 제57조를 준용한다. 22 1차
	⑥ 공무원이 아닌 위원은 그 소관 사무와 관련하여 형법이나 그 밖의 법률에 따른 벌칙을 적용할 때에는 공무원으로 본다.

	⑦ 다음 각 호의 어느 하나에 해당하는 사람은 **위원이 될 수 없다**. 위원이 각 호의 어느 하나에 해당한 경우에는 **당연퇴직한다**. 1. 정당의 당원이거나 당적을 **이탈한 날부터 3년이 지나지 아니한 사람** 2. 선거에 의하여 취임하는 공직에 있거나 그 공직에서 **퇴직한 날부터 3년이 지나지 아니한 사람** 3. 경찰, 검찰, 국가정보원 직원 또는 군인의 직에 있거나 그 직에서 **퇴직한 날부터 3년이 지나지 아니한 사람** 21 승진 4. 국가 및 지방자치단체의 공무원(국립 또는 공립대학의 **조교수 이상의 직에 있는 사람은 제외**한다. 이하 이 조에서 같다)이거나 공무원이었던 사람으로서 **퇴직한 날부터 3년이 지나지 아니한 사람**. 다만, 제20조제3항후단에 따라 위원장과 상임위원이 지방자치단체의 공무원이 된 경우에는 당연퇴직하지 아니한다. 5. 「지방공무원법」 제31조 각 호의 어느 하나에 해당하는 사람. 다만, 「지방공무원법」 제31조제2호 및 제5호에 해당하는 경우에는 같은 법 제61조제1호 단서에 따른다. ⑧ 그 밖에 위원의 임명방법 등에 관하여 필요한 사항은 대통령령으로 정하는 기준에 따라 **시·도조례**로 정한다.
제21조 (시·도자치경찰위원회 위원추천위원회)	① 시·도자치경찰위원회 **위원 추천을 위하여 시·도지사 소속으로 시·도자치경찰위원회 위원추천위원회를 둔다**. ② 시·도지사는 시·도자치경찰위원회 위원추천위원회에 각계각층의 관할지역주민의 의견이 수렴될 수 있도록 위원을 구성하여야 한다. ③ 시·도자치경찰위원회 위원추천위원회 위원의 수, 자격, 구성, 위원회 운영 등에 관하여 필요한 사항은 **대통령령**으로 정한다.
제22조 (시·도자치경찰위원회 위원장의 직무)	① 시·도자치경찰위원회 위원장은 시·도자치경찰위원회를 대표하고 회의를 주재하며 시·도자치경찰위원회의 의결을 거쳐 업무를 수행한다. ② 시·도자치경찰위원회 위원장이 부득이한 사유로 직무를 수행할 수 없을 때에는 **상임위원**, 시·도자치경찰위원회 **위원 중 연장자순**으로 그 직무를 대행한다.
제23조 (시·도자치경찰위원회 위원의 임기 및 신분보장)	① 시·도자치경찰위원회 **위원장과 위원의 임기는 3년으로 하며, 연임할 수 없다**. 23 2차 ② 보궐위원의 임기는 전임자 임기의 남은 기간으로 하되, **전임자의 남은 임기가 1년 미만인 경우** 그 보궐위원은 제1항에도 불구하고 **한 차례만 연임할 수 있다**. ③ 위원은 **중대한 신체상 또는 정신상의 장애로 직무를 수행할 수 없게 된 경우**를 제외하고는 그 의사에 반하여 면직되지 아니한다.
제24조 (시·도자치경찰위원회의 소관 사무)	① 시·도자치경찰위원회의 소관 사무는 다음 각 호로 한다. 1. 자치경찰사무에 관한 목표의 수립 및 평가 2. 자치경찰사무에 관한 인사, 예산, 장비, 통신 등에 관한 주요정책 및 그 운영지원 3. 자치경찰사무 담당 공무원의 임용, 평가 및 인사위원회 운영 4. 자치경찰사무 담당 공무원의 부패 방지와 청렴도 향상에 관한 주요 정책 및 인권침해 또는 권한남용 소지가 있는 규칙, 제도, 정책, 관행 등의 개선 5. 제2조에 따른 시책 수립 6. 제28조제2항에 따른 시·도경찰청장의 임용과 관련한 경찰청장과의 협의, 제30조제4항에 따른 평가 및 결과 통보 7. 자치경찰사무 감사 및 감사의뢰 8. 자치경찰사무 담당 공무원의 주요 비위사건에 대한 감찰요구

	9. 자치경찰사무 담당 공무원에 대한 징계요구 22 2차 10. 자치경찰사무 담당 공무원의 고충심사 및 사기진작 23 승진 11. 자치경찰사무와 관련된 중요사건·사고 및 현안의 점검 12. 자치경찰사무에 관한 규칙의 제정·개정 또는 폐지 13. **지방행정과 치안행정의 업무조정**과 그 밖에 필요한 협의·조정 23 1차 14. 제32조에 따른 비상사태 등 전국적 치안유지를 위한 경찰청장의 지휘·명령에 관한 사무 15. **국가경찰사무·자치경찰사무의 협력·조정**과 관련하여 **경찰청장(시·도경찰청장X)과 협의** 23 승진 16. **국가경찰위원회에 대한 심의·조정 요청** 23 승진 17. 그 밖에 시·도지사, 시·도경찰청장이 중요하다고 인정하여 시·도자치경찰위원회의 회의에 부친 사항에 대한 심의·의결 23 승진 ② 시·도자치경찰위원회의 업무와 관련하여 시·도지사는 정치적 목적이나 개인적 이익을 위해 관여하여서는 아니 된다.
제25조 (시·도자치경찰위원회의 심의·의결사항 등)	① 시·도자치경찰위원회는 제24조의 사무에 대하여 심의·의결한다. ② 시·도자치경찰위원회의 회의는 **재적위원 과반수의 출석과 출석위원 과반수의 찬성으로 의결한다.** ③ **시·도지사**는 제1항에 관한 시·도자치경찰위원회의 의결이 적정하지 아니하다고 판단할 때에는 **재의를 요구할 수 있다.** ④ 위원회의 의결이 법령에 위반되거나 공익을 현저히 해친다고 판단되면 **행정안전부장관은** 미리 경찰청장의 의견을 들어 국가경찰위원회를 거쳐 시·도지사에게 제3항의 재의를 요구하게 할 수 있고, **경찰청장은** 국가경찰위원회와 행정안전부장관을 거쳐 시·도지사에게 재의를 요구하게 할 수 있다. ⑤ 시·도자치경찰위원회의 위원장은 재의요구를 받은 날부터 7일 이내에 회의를 소집하여 재의결하여야 한다. 이 경우 재적위원 과반수의 출석과 출석위원 3분의 2 이상의 찬성으로 전과 같은 의결을 하면 그 의결사항은 확정된다.
제26조 (시·도자치경찰위원회의 운영 등)	① 시·도자치경찰위원회의 **회의는** 정기적으로 개최하여야 한다. 다만 위원장이 필요하다고 인정하는 경우, **위원 2명 이상이 요구**하는 경우 및 **시·도지사가 필요하다고 인정**하는 경우에는 임시회의를 개최할 수 있다. 23 2차 ② 시·도자치경찰위원회는 회의 안건과 관련된 **이해관계인이 있는 경우 그 의견을 듣거나 회의에 참석하게 할 수 있다.** ③ 시·도자치경찰위원회의 위원 중 **공무원이 아닌 위원**에게는 예산의 범위에서 **직무활동에 필요한 비용 등을 지급할 수 있다.** ④ 그 밖에 시·도자치경찰위원회의 운영 등에 필요한 사항은 **대통령령으로 정하는 기준에 따라 시·도조례로 정한다.**
제27조 (사무기구)	① 시·도자치경찰위원회의 사무를 처리하기 위하여 **시·도자치경찰위원회에 필요한 사무기구를 둔다.** ② 사무기구에는 「지방자치단체에 두는 국가공무원의 정원에 관한 법률」에도 불구하고 **대통령령으로 정하는 바에 따라 경찰공무원을 두어야 한다.** ③ 제주특별자치도에는 「제주특별자치도 설치 및 국제자유도시 조성을 위한 특별법」 제44조제3항에도 불구하고 같은 법 제6조제1항 단서에 따라 이 법 제27조제2항을 우선하여 적용한다.

④ 사무기구의 조직·정원·운영 등에 관하여 필요한 사항은 경찰청장의 의견을 들어 **대통령령으로 정하는 기준에 따라 시·도조례로 정한다.**

● 자치경찰사무와 시·도자치경찰위원회의 조직 및 운영 등에 관한 규정(대통령령)

제1조 (목적)	이 영은 「국가경찰과 자치경찰의 조직 및 운영에 관한 법률」 제4조, 제18조, 제20조, 제21조 및 제26조부터 제28조까지의 규정에서 위임된 사항과 그 시행에 필요한 사항을 규정함을 목적으로 한다.
제2조 (생활안전·교통· 경비 관련 자치경찰사무의 범위 등)	「국가경찰과 자치경찰의 조직 및 운영에 관한 법률」(이하 "법"이라 한다) 제4조 제1항 제2호 가목부터 다목까지의 규정에 따른 자치경찰사무에 관한 구체적인 사항 및 범위 등을 같은 조 제2항에 따라 특별시·광역시·특별자치시·도·특별자치도(이하 "**시·도**"라 한다)의 조례로 정하는 경우 지켜야 하는 기준은 다음 각 호와 같다. 1. 법 제3조에 따른 경찰의 임무 범위와 별표에 따른 생활안전, 교통, 경비관련 **자치경찰사무의 범위를 준수할 것** 2. 관할 지역의 인구, 범죄발생 빈도 등 치안 여건과 보유 인력·장비 등을 고려하여 **자치경찰사무를 적정한 규모로 정할 것** 3. 기관 간 협의체 구성, 상호협력·지원 및 중복감사 방지 등 자치경찰사무가 국가경찰사무와 **유기적으로 연계되고 균형이 이루어지도록 하는 사항을 포함할 것** 4. 자치경찰 사무의 내용은 국민의 생명·신체 및 재산을 보호하고 공공의안녕과 질서를 유지하는 데 **효율적인 것으로 정할 것**
제3조 (수사 관련 자치경찰사무의 범위 등)	법 제4조 제1항 제2호 라목에 따른 자치경찰사무에 관한 구체적인 사항 및 범위는 다음 각 호와 같다. 1. **학교폭력 등 소년범죄: 소년(19세 미만인 사람을 말한다.** 이하 이 조에서 같다)이 한 다음 각 목의 범죄. 다만, **그 소년이 해당 사건에서 19세이상인 사람과 「형법」 제30조부터 제32조까지의 규정에 따른 공범관계에 있는 경우는 제외한다.** 　가. 「형법」 제225조, 제229조(제225조의 죄에 의하여 만들어진 문서 또는 도화의 행사죄로 한정한다), 제230조 및 제235조(제225조, 제229조 또는 제230조의 미수범으로 한정한다)의 범죄 　나. 「형법」 제257조, 제258조, 제258조의2 및 제260조부터 제264조까지(제262조는 같은 조의 죄를 범하여 사람을 상해에 이르게 한 경우로한정한다)의 범죄 　다. 「형법」 제266조의 범죄 　라. 「형법」 제276조부터 제281조까지(제281조는 같은 조의 죄를 범하여사람을 상해에 이르게 한 경우로 한정한다)의 범죄 　마. 「형법」 제283조부터 제286조까지의 범죄 　바. 「형법」 제287조, 제294조(제287조의 미수범으로 한정한다) 및 제296조(제287조의 예비 또는 음모로 한정한다)의 범죄 　사. 「형법」 제307조부터 제309조까지 및 제311조의 범죄 　아. 「형법」 제319조, 제320조, 제322조(제319조 또는 제320조의 미수범으로 한정한다)의 범죄 　자. 「형법」 제324조 및 제324조의5(제324조의 미수범으로 한정한다)의범죄 　차. 「형법」 제329조부터 제331조까지, 제331조의2 및 제342조(제329조부터 제331조까지 또는 제331조2의 미수범으로 한정한다)의 범죄.다만, 같은 소년이 본문에 규정된 죄를 3회 이상 범한 사건은 제외한다.

	카. 「형법」 제347조, 제350조, 제350조의2, 제351조(제347조, 제350조또는 제350조의2의 상습범으로 한정한다) 및 제352조(제347조, 제350조, 제350조의2 또는 제351조의 미수범으로 한정한다)의 범죄 타. 「형법」 제360조의 범죄 파. 「형법」 제366조, 제368조(제366조의 죄를 범하여 사람의 생명 또는신체에 대하여 위험을 발생하게 하거나 사람을 상해에 이르게 한 경우로 한정한다), 제369조제1항 및 제371조(제366조 또는 제369조제1항의 미수범으로 한정한다)의 범죄 하. 「정보통신망 이용촉진 및 정보보호 등에 관한 법률」 제70조제1항·제2항 및 제74조제1항제2호·제3호의 범죄 거. 가목부터 하목까지의 범죄로서 다른 법률에 따라 가중처벌되는 범죄 2. **가정폭력 및 아동학대 범죄**: 다음 각 목의 범죄 　가. 「가정폭력범죄의 처벌 등에 관한 특례법」 제2조제3호에 따른 가정폭력범죄 　나. 「아동학대범죄의 처벌 등에 관한 특례법」 제2조제4호에 따른 아동학대범죄 3. **교통사고 및 교통 관련 범죄**: 다음 각 목의 범죄. 다만, **「도로교통법」제2조 제3호의 고속도로에서 발생한 교통사고 및 교통 관련 범죄는 제외한다.** 　가. 「교통사고처리 특례법」 제3조제1항의 범죄. 다만, 차의 운전자가 같은 항의 죄를 범하고도 피해자를 구호하는 등 「도로교통법」 제54조제1항에 따른 조치를 하지 않고 도주하거나 피해자를 사고 장소로부터옮겨 유기하고 도주한 경우는 제외한다. 　나. 「도로교통법」 제148조(「특정범죄 가중처벌 등에 관한 법률」 제5조의3이 적용되는 죄를 범한 경우는 제외한다), 제148조의2, 제151조,제151조의2제2호, 제152조제1호, 제153조제2항제2호 및 제154조부터 제157조까지의 범죄 　다. 「자동차손해배상보장법」 제46조제2항의 범죄 　라. 「특정범죄 가중처벌 등에 관한 법률」 제5조의11 및 제5조의13의 범죄 4. 「형법」 제245조의 범죄 및 「성폭력범죄의 처벌 등에 관한 특례법」 제12조의 범죄 5. 경범죄 및 기초질서 관련 범죄: 「경범죄처벌법」 제3조에 따른 경범죄 6. 가출인 및 「실종아동등의 보호 및 지원에 관한 법률」 제2조제2호에 따른 실종아동등 관련 수색 및 범죄: 가목의 수색 및 나목의 범죄 　가. 가출인 또는 실종아동등의 조속한 발견을 위한 수색. 다만, 제1호부터 제5호까지 또는 나목의 범죄가 아닌 범죄로 인해 실종된 경우는제외한다. 　나. 「실종아동등의 보호 및 지원에 관한 법률」 제17조 및 제18조의 범죄
제4조 (복수의 시·도자치경찰위 원회의 설치 등)	법 제18조제1항 단서에 따라 경기도지사 소속으로 경기도남부자치경찰위원회와 경기도북부자치경찰위원회를 두며, 해당 시·도자치경찰위원회의 관할구역은 다음 각 호의 구분에 따른다. 1. 경기도남부자치경찰위원회: 「경찰청과 그 소속기관 직제」 제38조에 따른 경기도남부경찰청의 관할구역 2. 경기도북부자치경찰위원회: 「경찰청과 그 소속기관 직제」 제38조에 따른 경기도북부경찰청의 관할구역
제4조의2 (시·도자치경찰 원회 위원의 임명방법 및 절차 등)	① 특별시장·광역시장·특별자치시장·도지사·특별자치도지사(이하 "시·도지사"라 한다)는 법 제18조제1항에 따른 시·도자치경찰위원회(이하 "시·도자치경찰위원회"라 한다)의 위원을 임명하기 위하여 법 제20조제1항제1호부터 제4호까지의 규정에 따른 위원 추천권자(이하 이 조에서 "추천권자"라 한다)에게 위원으로 임명할 사람의 추천을 요청해야 한다. ② 시·도지사는 시·도자치경찰위원회 위원의 임기가 만료되는 경우에는 그임기 만료 30

	일 전까지 추천권자에게 위원으로 임명할 사람의 추천을 요청해야 한다. ③ 시·도지사는 시·도자치경찰위원회 위원 중 결원이 생겼을 때에는 지체없이 결원된 위원을 추천한 추천권자에게 위원으로 임명할 사람의 추천을 요청해야 한다. ④ 시·도자치경찰위원회 위원장 및 상임위원의 신분과 직급은 「지방자치단체의 행정기구와 정원 기준 등에 관한 규정」에 따르며, 위원의 임명절차등에 관한 구체적인 사항은 시·도의 조례로 정한다.
제5조 (시·도자치경찰위원회 위원추천위원회의 구성)	① 법 제21조제1항에 따른 시·도자치경찰위원회 위원추천위원회(이하 "추천위원회"라 한다)는 **시·도자치경찰위원회 위원을 추천할 때마다 위원장 1명을 포함하여 5명의 위원으로 구성한다.** ② 추천위원회 위원(이하 "**추천위원**"이라 한다)은 **시·도지사가** 다음 각 호에해당하는 사람을 **임명하거나 위촉**하며, 추천위원회 위원장은 추천위원 중에서 호선한다. 1. 「지방자치법 시행령」 제103조제1항에 따라 각 시·도별로 두는 **시·군·자치구의회의 의장 전부가 참가하는 지역협의체가 추천하는 1명** 2. 「지방자치법 시행령」 제103조제1항에 따라 각 시·도별로 두는 **시장·군수·자치구의 구청장 전부가 참가하는 지역협의체가 추천하는 1명** 3. **재직 중인 경찰공무원이 아닌 사람 중에서 경찰청장이 추천하는 1명** 4. 시·도경찰청의 소재지를 관할하는 **지방법원장이 추천하는 1명** 5. 시·도 본청 소속 **기획 담당 실장**[경기도북부자치경찰위원회의 경우에는행정(2)부지사 밑에 두는 기획 담당 실장을 말한다] ③ 제2항제1호 및 제2호에도 불구하고 세종특별자치시와 제주특별자치도의추천위원은 해당 시·도 의회 및 해당 시·도 교육감이 각각 1명씩 추천한다.
제6조 (추천위원의 제척 및 회피)	① 추천위원은 **자기 또는 자기의 친족이 심사대상자**가 되거나 그 밖에 해당안건의 **심사·의결에 공정을 기할 수 없는** 현저한 사유가 있는 경우에는그 **심사·의결에 관여할 수 없다.** ② **추천위원회는** 추천위원에게 **제1항의 사유가 있다고 인정하는 경우에는 의결로 해당 추천위원의 제척 결정을 해야 한다.** ③ **추천위원은 제1항의 사유가 있는 경우** 추천위원회 위원장의 허가를 받아추천위원회 심사 참여를 회피할 수 있다.
제7조 (추천위원회 위원장)	① 추천위원회 위원장은 추천위원회를 대표하고, 추천위원회의 업무를 총괄한다. ② 추천위원회 위원장이 부득이한 사유로 직무를 수행할 수 없을 때에는 **시·도지사가 지명하는 추천위원이 그 직무를 대행한다.**
제8조 (추천위원회의 회의)	① 추천위원회 위원장은 **시·도지사 또는 추천위원 3분의 1 이상이 요청하거나 추천위원회 위원장이 필요하다고 인정**하는 경우 추천위원회의 회의를소집하고 그 의장이 된다. ② **추천위원회는 재적위원 과반수의 찬성으로 의결한다.** ③ 추천위원회 위원장은 **회의를 소집하려면 회의 개최 3일 전까지 회의의 일시·장소 및 안건 등을 각 추천위원에게 알려야 한다.** 다만, 긴급한 사정이나 그 밖의 부득이한 사유가 있는 경우에는 그렇지 않다. ④ **추천위원회의 회의는 공개하지 않는다.**
제9조 (추천위원회의 추천)	① 추천위원회는 법 제20조제1항제4호에 따른 시·도자치경찰위원회 위원 추천을 위한 심사를 한다. ② 추천위원은 시·도자치경찰위원회 위원으로 적합하다고 판단되는 사람을추천위원회에 심사대상자로 제시한다.

	③ 제2항에 따라 각 추천위원이 제시하는 심사대상자의 수는 추천위원회에서 의결로 정한다. ④ 추천위원회는 심사대상자에게 자격요건 충족 여부 및 결격사유 유무 등의 심사에 필요한 자료의 제출을 요구할 수 있다. ⑤ 추천위원회는 심사를 거쳐 법 제20조제2항에 따른 자격을 갖추고 같은 조제7항 각 호에 따른 결격사유가 없는 심사대상자 중 가장 적합하다고 인정하는 사람을 시·도지사에게 서면으로 추천해야 한다. ⑥ 추천위원회는 제5항에 따라 위원을 추천할 때에는 특정 성(性)에 치우치지 않게 추천할 수 있도록 노력해야 한다. ⑦ 추천위원회는 제5항에 따라 위원을 추천하였을 때에는 그 결과를 즉시 시·도자치경찰위원회에 통보해야 한다. ⑧ 추천위원회는 제5항에 따른 추천과 제7항에 따른 통보를 완료한 때에 해산된 것으로 본다.
제10조 (비밀엄수의 의무 등)	① 추천위원 또는 추천위원이었던 사람은 직무상 알게 된 **비밀을 누설하거나 심사와 관련된 개인 의견을 외부에 공표해서는 안 된다**. ② 추천위원회는 제9조제8항에 따라 **해산되는 경우에는 지체 없이 심사대상자의 개인정보 등 신상자료를 폐기해야 한다**.
제11조 (추천위원의 수당 등)	시·도지사는 추천위원회에 참석한 위원에게 예산의 범위에서 **수당과 여비를 지급할 수 있다**.
제12조 (추천위원회 운영 세칙)	이 영에서 **규정한 사항 외에** 추천위원회의 운영 등에 **필요한 사항은 추천위원회의 의결로 정한다**.
제13조 (시·도자치경찰위원회의 회의)	① 시·도자치경찰위원회 위원장은 법 제26조제1항에 따라 정기회의와 임시회의를 소집·개최한다. 이 경우 **정기회의**는 특별한 사유가 있는 경우를 제외하고는 **월 1회** 이상 소집·개최한다. ② 시·도자치경찰위원회 위원장은 회의를 소집하려면 **회의 개최 3일 전까지 회의의 일시·장소 및 안건 등을 위원에게 알려야 한다**. 다만, 긴급한 사정이나 그 밖의 부득이한 사유가 있는 경우에는 그렇지 않다. ③ 시·도자치경찰위원회는 회의록을 작성하고, 회의의 내용 및 결과와 출석한 위원의 성명을 적어야 한다. ④ 제3항의 회의록에는 위원장과 출석한 위원이 서명·날인해야 한다. ⑤ 시·도자치경찰위원회는 회의의 효율적 운영을 위하여 필요한 경우 서면으로 심의·의결하거나 원격영상회의 방식으로 할 수 있다. 이 경우 서면으로 심의·의결할 수 있는 대상과 원격영상회의 운영 등에 관한 사항은 해당 시·도의 조례로 정한다. ⑥ 제5항에 따라 시·도자치경찰위원회의 회의를 원격영상회의 방식으로 하는 경우 해당 회의에 참석한 위원은 동일한 회의장에 출석한 것으로 본다.
제14조 (의견 청취 등)	① 시·도자치경찰위원회 위원장은 시·도자치경찰위원회의 심의를 위하여 필요한 경우에는 관계 공무원 또는 관계 전문가의 **출석·발언이나 자료의 제출을 요구할 수 있다**. ② 시·도자치경찰위원회에 출석한 관계 공무원 또는 관계 전문가에 대하여는 예산의 범위에서 수당과 여비를 지급할 수 있다. 다만, 공무원이 소관 업무와 직접적으로 관련되어 출석하는 경우에는 지급하지 않는다.

제15조 (실무협의회)	① 시·도자치경찰위원회는 자치경찰사무의 원활한 수행, 국가경찰사무·자치경찰사무의 협력·조정 및 그 밖에 필요한 사항을 협의하기 위하여 **경찰청 등 관계 기관과 실무협의회를 구성·운영할 수 있다.** ② 제1항에서 규정한 사항 외에 실무협의회 운영 등에 필요한 사항은 **시·도의 조례**로 정한다.
제16조 (위원의 수당 등)	① 시·도자치경찰위원회에 출석한 공무원이 아닌 위원에게는 법 제26조제3항에 따라 예산의 범위에서 상임위원에 준하여 수당과 여비, 그 밖에 필요한 경비를 지급할 수 있다. ② 제1항에 따른 수당 등의 지급기준은 **시·도의 조례**로 정한다.
제17조 (운영규정)	이 영에서 정한 사항 외에 시·도자치경찰위원회의 운영 등에 필요한 사항은 **시·도의 조례**로 정한다.
제18조 (사무기구)	① 법 제27조제1항에 따른 시·도자치경찰위원회 사무기구의 조직에 관한 사항은 「지방자치단체의 행정기구와 정원기준 등에 관한 규정」에 따른다. ② 사무기구의 장은 시·도자치경찰위원회 위원장의 명을 받아 소관 사무를 처리하고 소속 직원을 지휘·감독한다. ③ 법 제27조제2항에 따라 사무기구에 두는 경찰공무원의 시·도별 정원과 계급별 정원은 「시·도자치경찰위원회에 두는 경찰공무원의 정원에 관한 규정」에 따르며, **사무기구에 두는 경찰공무원은 경찰청 소속 공무원으로 충원해야 한다.**
제19조 (자치경찰사무 지휘·감독권의 위임)	법 제28조제4항 단서에 따라 **시·도자치경찰위원회는** 자치경찰사무에 대한 지휘·감독이 실시간으로 이루어질 수 있도록 **미리 경찰청장과 협의하여 시·도경찰청장에게 위임되는 자치경찰사무 지휘·감독권의 범위 및 위임 절차 등을 시·도자치경찰위원회의 의결을 거쳐 정해야 한다.**

5) 시·도경찰청 및 경찰서 등

제28조 (시·도경찰청장)	① 시·도경찰청에 시·도경찰청장을 두며, 시·도경찰청장은 치안정감·치안감 또는 경무관으로 보한다. ② 「경찰공무원법」 제7조에도 불구하고 **시·도경찰청장은 경찰청장이 시·도자치경찰위원회와 협의하여 추천한 사람 중에서 행정안전부장관의 제청으로 국무총리를 거쳐 대통령이 임용한다.** ③ 시·도경찰청장은 **국가경찰사무에 대해서는 경찰청장의 지휘·감독을, 자치경찰사무에 대해서는 시·도자치경찰위원회의 지휘·감독**을 받아 관할구역의 소관 사무를 관장하고 소속 공무원 및 소속 경찰기관의 장을 지휘·감독한다. 다만, **수사에 관한 사무에 대해서는 국가수사본부장의 지휘·감독**을 받아 관할구역의 소관 사무를 관장하고 소속 공무원 및 소속 경찰기관의 장을 지휘·감독한다. ④ 제3항 본문의 경우 **시·도자치경찰위원회는** 자치경찰사무에 대해 심의·의결을 통하여 **시·도경찰청장을 지휘·감독한다.** 다만, **시·도자치경찰위원회가 심의·의결할 시간적 여유가 없거나 심의·의결이 곤란한 경우 대통령령으로 정하는 바에 따라 시·도자치경찰위원회의 지휘·감독권을 시·도경찰청장에게 위임한 것으로 본다.**
제29조 (시·도경찰청 차장)	① **시·도경찰청에 차장을 둘 수 있다.** ② 차장은 시·도경찰청장을 보좌하여 소관 사무를 처리하고 시·도경찰청장이 부득이한 사유로 직무를 수행할 수 없을 때에는 그 직무를 대행한다.

제30조 (경찰서장)	① 경찰서에 경찰서장을 두며, 경찰서장은 경무관, 총경 또는 경정으로 보한다. 12·13 2차 ② 경찰서장은 시·도경찰청장의 지휘·감독을 받아 관할구역의 소관 사무를 관장하고 소속 공무원을 지휘·감독한다. ③ 경찰서장 소속으로 지구대 또는 파출소를 두고, 그 설치기준은 치안수요·교통·지리 등 관할구역의 특성을 고려하여 행정안전부령으로 정한다. 16 1차, 19 2차 다만, 필요한 경우에는 출장소를 둘 수 있다. ④ 시·도자치경찰위원회는 정기적으로 경찰서장의 자치경찰사무 수행에 관한 평가결과를 경찰청장에게 통보하여야 하며 경찰청장은 이를 반영하여야 한다.
제31조(직제)	시·도경찰청 및 경찰서의 명칭, 위치, 관할구역, 하부조직, 공무원의 정원, 그 밖에 필요한 사항은 「정부조직법」 제2조제4항 및 제5항을 준용하여 대통령령 또는 행정안전부령으로 정한다.

6) 비상사태 등 전국적 치안유지를 위한 경찰청장의 지휘·명령

제32조
(비상사태 등
전국적
치안유지를 위한
경찰청장의
지휘·명령)
	① 경찰청장은 다음 각 호의 경우에는 제2항에 따라 자치경찰사무를 수행하는 경찰공무원(제주특별자치도의 자치경찰공무원을 포함한다)을 직접 지휘·명령할 수 있다.
	  1. 전시·사변, 천재지변, 그 밖에 이에 준하는 국가 비상사태, 대규모의 테러 또는 소요 사태가 발생하였거나 발생할 우려가 있어 전국적인 치안유지를 위하여 긴급한 조치가 필요하다고 인정할 만한 충분한 사유가있는 경우
	  2. 국민안전에 중대한 영향을 미치는 사안에 대하여 다수의 시·도에 동일하게 적용되는 치안정책을 시행할 필요가 있다고 인정할 만한 충분한사유가 있는 경우
	  3. 자치경찰사무와 관련하여 해당 시·도의 경찰력으로는 국민의 생명·신체·재산의 보호 및 공공의 안녕과 질서유지가 어려워 경찰청장의 지원·조정이 필요하다고 인정할 만한 충분한 사유가 있는 경우
	② 경찰청장은 제1항에 따른 조치가 필요한 경우에는 시·도자치경찰위원회에 자치경찰사무를 담당하는 경찰공무원을 직접 지휘·명령하려는 사유및 내용 등을 구체적으로 제시하여 통보하여야 한다. 23 경간
	③ 제2항에 따른 통보를 받은 시·도자치경찰위원회는 정당한 사유가 없으면즉시 자치경찰사무를 담당하는 경찰공무원에게 경찰청장의 지휘·명령을받을 것을 명하여야 하며, 제1항에 규정된 사유에 해당하지 아니한다고인정하면 시·도자치경찰위원회의 의결을 거쳐 경찰청장에게 그 지휘·명령의 중단을 요청할 수 있다.
	④ 경찰청장이 제1항에 따라 지휘·명령을 하는 경우에는 국가경찰위원회에즉시 보고하여야 한다. 다만, 제1항 제3호의 경우에는 미리 국가경찰위원회의 의결을 거쳐야 하며 긴급한 경우에는 우선 조치 후 지체 없이 국가경찰위원회의 의결을 거쳐야 한다. 23 경간
	⑤ 제4항에 따라 보고를 받은 국가경찰위원회는 제1항에 규정된 사유에 해당하지 아니한다고 인정하면 그 지휘·명령을 중단할 것을 의결하여 경찰청장에게 통보할 수 있다.
	⑥ 경찰청장은 제1항에 따라 지휘·명령할 수 있는 사유가 해소된 때에는 경찰공무원에 대한 지휘·명령을 즉시 중단하여야 한다. 23 경간
	⑦ 시·도자치경찰위원회는 제1항제3호에 해당하는 경우 의결로 지원·조정의 범위·기간 등을 정하여 경찰청장에게 지원·조정을 요청할 수 있다. 23 경간
	⑧ 경찰청장은 제주특별자치도경찰청의 관할구역에서 제1항의 지휘·명령권을 제주특별자치도경찰청장에게 위임할 수 있다.

7) 치안분야의 과학기술진흥

제33조
(치안에 필요한
연구개발의 지원
등)
	① **경찰청장은** 치안에 필요한 연구·실험·조사·기술개발(이하 **"연구개발사업"**이라 한다) 및 전문인력 양성 등 **치안분야의 과학기술진흥을 위한 시책을 마련하여 추진하여야 한다.**
	② **경찰청장은** 연구개발사업을 효율적으로 추진하기 위하여 다음 각 호의 어느 하나에 해당하는 기관 또는 단체 등과 협약을 맺어 **연구개발사업을 실시하게 할 수 있다.**
	  1. 국공립 연구기관
	  2. 「특정연구기관 육성법」 제2조에 따른 특정연구기관
	  3. 「과학기술분야 정부출연연구기관 등의 설립·운영 및 육성에 관한 법률」에 따라 설립된 과학기술분야 정부출연연구기관
	  4. 「고등교육법」에 따른 대학·산업대학·전문대학 및 기술대학
	  5. 「민법」이나 다른 법률에 따라 설립된 법인으로서 치안분야 연구기관 또는 법인 부설 연구소
	  6. 「기초연구진흥 및 기술개발지원에 관한 법률」 제14조의2제1항에 따라 인정받은 기업부설연구소 또는 기업의 연구개발전담부서
	  7. 그 밖에 대통령령으로 정하는 치안분야 관련 연구·조사·기술개발 등을 수행하는 기관 또는 단체
	③ 경찰청장은 제2항 각 호의 기관 또는 단체 등에 대하여 연구개발사업을 실시하는 데 필요한 **경비의 전부 또는 일부를 출연하거나 보조할 수 있다.**
	④ 제2항에 따른 연구개발사업의 실시와 제3항에 따른 출연금의 지급·사용 및 관리 등에 필요한 사항은 **대통령령**으로 정한다.

8) 보칙

제34조 (자치경찰사무에 대한 재정적 지원)	**국가는** 지방자치단체가 이관받은 사무를 원활히 수행할 수 있도록 인력, 장비 등에 소요되는 비용에 대하여 **재정적 지원을 하여야 한다.** 23 경간
제35조 (예산)	① 자치경찰사무의 수행에 필요한 예산은 시·도자치경찰위원회의 심의·의결을 거쳐 시·도지사가 수립한다. 이 경우 시·도자치경찰위원회는 경찰청장의 의견을 들어야 한다. 23 경간 ② **시·도지사는** 자치경찰사무 담당 공무원에게 조례에서 정하는 예산의 범위에서 **재정적 지원 등을 할 수 있다.** 23 경간 ③ **시·도의회는** 관련 예산의 효율적인 관리를 위하여 의결로써 자치경찰사무에 대해 **시·도자치경찰위원장의 출석 및 자료 제출을 요구할 수 있다.** 23 경간

● 경찰청과 그 소속기관 직제(대통령령)

제2조(소속기관) ① 경찰청장의 관장사무를 지원하기 위하여 **경찰청장 소속으로 경찰대학·경찰인재개발원·중앙경찰학교 및 경찰수사연수원을 둔다.** (국립과학수사연구원X - 행정안전부 소속) 17 승진
② 경찰청장의 관장사무를 지원하기 위하여 「책임운영기관의 설치·운영에 관한 법률」 제4조제1항, 같은 법 시행령 제2조제1항 및 별표 1에 따라 **경찰청장 소속의 책임운영기관으로 경찰병원을 둔다.** 10 승진
③ 「국가경찰과 자치경찰의 조직 및 운영에 관한 법률」 제13조에 따라 시·도경찰청과 경찰서를 둔다.

제43조(지구대 등) ① **시·도경찰청장**은 경찰서장의 소관사무를 분장하기 위하여 **행정안전부령**으로 정하는 바에 따라 **경찰청장의 승인을 받아 지구대 또는 파출소를 둘 수 있다.** 17 승진
② **시·도경찰청장**은 제1항에 따른 사무분장이 임시로 필요한 경우에는 **출장소를 둘 수 있다.** 17 승진
③ 지구대·파출소 및 출장소의 명칭·위치 및 관할구역과 그 밖에 필요한 사항은 시·도경찰청장이 정한다. 17 승진

● 지역경찰의 조직 및 운영에 관한 규칙(경찰청 예규)

제2조(정의) 이 규칙에서 사용하는 용어의 정의는 다음과 같다.
1. "**지역경찰관서**"란 「경찰법」 제17조 및 「경찰청과 그 소속기관 직제」 제44조에 규정된 **지구대 및 파출소**를 말한다.

제4조(설치 및 폐지) ① **시·도경찰청장**은 인구, 면적, 행정구역, 교통·지리적 여건, 각종 사건사고 발생 등을 고려하여 경찰서의 관할구역을 나누어 **지역경찰관서를 설치한다.**
② 지역경찰관서의 명칭은 "○○경찰서 ○○지구대(파출소)"로 한다.

제5조(지역경찰관서장) ① 지역경찰관서의 사무를 통할하고 소속 지역경찰을 지휘·감독하기 위해 지역경찰관서에 **지구대장 및 파출소장**(이하 "**지역경찰관서장**"이라 한다.)을 둔다.

● 경찰청과 그 소속기관 조직 및 정원관리규칙(경찰청 훈령)

제10조(지구대, 파출소 및 출장소) ① **시·도경찰청장**이 지구대 또는 파출소를 설치하고자 할 때에는 별표1 제4호에 준한 서류를 첨부하여 **경찰청장에게 승인을 요청하여야 한다.** 11 승진
② 지구대장은 경정 또는 경감, 파출소장은 경정·경감 또는 경위로 한다. 11 경간
③ 시·도경찰청장은 임시로 필요한 때에는 출장소를 둘 수 있으며, 출장소를 설치한 때에는 경찰청장에게 보고하여야 한다. 11 승진
④ 출장소장은 경위 또는 경사로 한다.
⑤ 시·도경찰청장이 지구대 또는 파출소를 폐지하거나 명칭·위치 및 관할구역을 변경하였을 때에는 경찰청장에게 보고하여야 한다. 11 승진

제10조의2(치안센터) ① **시·도경찰청장**은 지역치안을 효율적으로 수행하기 위하여 **치안센터를 둘 수 있다.** 11 승진

▶ [참고] 행정안전부와 그 소속기관 직제(대통령령)

제13조의2(경찰국) ① 국장은 치안감으로 보한다.
② 국장은 다음 사항을 분장한다.
1. 「정부조직법」 제7조제4항(중요정책수립)에 따른 행정안전부장관의 경찰청장에 대한 지휘·감독에 관한 사항
2. 「국가경찰과 자치경찰의 조직 및 운영에 관한 법률」 제8조제1항(국가경찰위원회 위원은 행정안전부장관의 제청으로 국무총리를 거쳐 대통령이 임명한다.)에 따른 국가경찰위원회 위원의 임명 제청 및 같은 법 제14조제2항 전단(경찰청장은 국가경찰위원회의 동의를 받아 행정안전부장관의 제청으로 국무총리를 거쳐 대통령이 임명한다. 이 경우 국회의 인사청문을 거쳐야 한다.)에 따른 경찰청장의 임명 제청에 관한 사항
3. 「국가경찰과 자치경찰의 조직 및 운영에 관한 법률」 제10조제1항제9호(그 밖에 행정안전부장관 및 경찰청장이 중요하다고 인정하여 국가경찰위원회의 회의에 부친 사항)에 따른 국가경찰위원회 안건 부의(附議) 및 같은 조 제2항(행정안전부장관은 제1항에 따라 심의·의결된 내용이 적정하지 아니하다고 판단할 때에는 재의(再議)를 요구할 수 있다.)에 따른 국가경찰위원회의 심의·의결 사항에 대한 재의 요구
4. 「경찰공무원법」 제7조제1항(총경 이상 경찰공무원은 경찰청장 또는 해양경찰청장의 추천을 받아 행정안전부장관 또는 해양수산부장관의 제청으로 국무총리를 거쳐 대통령이 임용한다. 다만, 총경의 전보, 휴직, 직위해제, 강등, 정직 및 복직은 경찰청장 또는 해양경찰청장이 한다.)에 따른 총경 이상 경찰공무원의 임용 제청, 같은 법 제30조제4항 후단(경찰청장 또는 해양경찰청장은 전시·사변이나 그 밖에 이에 준하는 비상사태에서는 2년의 범위에서 제1항제2호에 따른 계급정년을 연장할 수 있다. 이 경우 경무관 이상의 경찰공무원에 대해서는 행정안전부장관 또는 해양수산부장관과 국무총리를 거쳐 대통령의 승인을 받아야 하고, 총경·경정의 경찰공무원에 대해서는 국무총리를 거쳐 대통령의 승인을 받아야 한다.)에 따른 계급정년 연장 승인을 위한 경유 및 같은 법 제33조 단서(경찰공무원의 징계는 징계위원회의 의결을 거쳐 징계위원회가 설치된 소속 기관의 장이 하되, 「국가공무원법」에 따라 국무총리 소속으로 설치된 징계위원회에서 의결한 징계는 경찰청장 또는 해양경찰청장이 한다. 다만, 파면·해임·강등 및 정직은 징계위원회의 의결을 거쳐 해당 경찰공무원의 임용권자가 하되, 경무관 이상의 강등 및 정직과 경정 이상의 파면 및 해임은 경찰청장 또는 해양경찰청장의 제청으로 행정안전부장관 또는 해양수산부장관과 국무총리를 거쳐 대통령이 하고, 총경 및 경정의 강등 및 정직은 경찰청장 또는 해양경찰청장이 한다.)에 따른 징계를 위한 경유에 관한 사항
5. 「국가경찰과 자치경찰의 조직 및 운영에 관한 법률」 제25조제4항(위원회의 의결이 법령에 위반되거나 공익을 현저히 해친다고 판단되면 행정안전부장관은 미리 경찰청장의 의견을 들어 국가경찰위원회를 거쳐 시·도지사에게 제3항의 재의를 요구하게 할 수 있고, 경찰청장은 국가경찰위원회와 행정안전부장관을 거쳐 시·도지사에게 재의를 요구할 수 있다.)에 따른 시·도자치경찰위원회의 의결에 대한 재의 요구 및 같은 법 제28조제2항에 따른 시·도경찰청장의 임용 제청에 관한 사항
6. 그 밖에 다른 법령에 따른 경찰행정 및 자치경찰사무 지원에 관한 사항

▶ **[참고] 행정안전부와 그 소속기관 직제 시행규칙(행정안전부령)**

제10조의2(경찰국) ① 경찰국장은 치안감으로 보한다.
② 경찰국에 총괄지원과·인사지원과 및 자치경찰지원과를 두며, 총괄지원과장은 부이사관·서기관 또는 총경으로, 인사지원과장은 총경으로, 자치경찰지원과장은 총경 또는 서기관으로 각각 보한다.
③ 총괄지원과장은 다음 사항을 분장한다.
  1. 「정부조직법」 제7조제4항에 따른 행정안전부장관의 경찰청장에 대한 지휘·감독에 관한 사항
  2. 「국가경찰과 자치경찰의 조직 및 운영에 관한 법률」 제10조제1항제9호에 따른 국가경찰위원회 안건 부의(附議) 및 같은 조 제2항에 따른 국가경찰위원회의 심의·의결 사항에 대한 재의 요구
  3. 그 밖에 다른 법령에 따른 경찰행정 지원에 관한 사항
④ 인사지원과장은 다음 사항을 분장한다.
  1. 「국가경찰과 자치경찰의 조직 및 운영에 관한 법률」 제8조제1항에 따른 국가경찰위원회 위원의 임명 제청, 같은 법 제14조제2항 전단에 따른 경찰청장의 임명 제청 및 같은 법 제28조제2항에 따른 시·도경찰청장의 임용 제청에 관한 사항
  2. 「경찰공무원법」 제7조제1항에 따른 총경 이상 경찰공무원의 임용 제청, 같은 법 제30조제4항 후단에 따른 계급정년 연장 승인을 위한 경유 및 같은 법 제33조 단서에 따른 징계를 위한 경유에 관한 사항
⑤ 자치경찰지원과장은 다음 사항을 분장한다.
  1. 「국가경찰과 자치경찰의 조직 및 운영에 관한 법률」 제25조제4항에 따른 시·도자치경찰위원회의 의결에 대한 재의 요구에 관한 사항
  2. 그 밖에 다른 법령에 따른 자치경찰사무 지원에 관한 사항

▶ **[참고] 행정안전부장관의 소속청장 지휘에 관한 규칙(행정안전부령)**

제1조(목적) 이 규칙은 「정부조직법」 제7조제4항에 따라 행정안전부장관이 그 소속으로 있는 경찰청장 및 소방청장을 지휘하는 데 필요한 사항을 규정함을 목적으로 한다.

제2조(중요 정책사항 등의 승인 및 보고) ① 경찰청장 및 소방청장(이하 "청장"이라 한다)은 다음 각 호의 사항에 관하여 미리 행정안전부장관(이하 "장관"이라 한다)의 승인을 받아야 한다.
  1. 법령 제정·개정이 필요한 경찰·소방 분야 기본계획의 수립과 그 변경에 관한 사항
  2. 국제협력에 관한 중요 계획의 수립과 그 변경에 관한 사항
  3. 국제기구의 가입과 국제협정의 체결에 관한 사항
② 청장은 다음 각 호의 사항에 관하여 미리 장관에게 보고해야 한다.
  1. 국무회의에 상정할 사항
  2. 청장의 국제회의 참석 및 국외출장에 관한 사항
③ 청장은 다음 각 호의 사항에 관하여 장관에게 보고해야 한다.
  1. 대통령·국무총리 및 장관의 지시사항에 대한 추진계획과 그 실적
  2. 중요 정책 및 계획의 추진실적
  3. 대통령·국무총리 및 그 직속기관과 국회 및 감사원 등에 보고하거나 제출하는 자료 중 중요한 사항
  4. 감사원의 감사 결과 및 처분 요구사항 중 중요 정책과 관련된 사항
  5. 그 밖에 법령에 규정된 권한 행사 및 책무 수행에 필요하다고 인정하여 장관이 요청하는 사항

제3조(예산에 관한 사항) 청장은 기획재정부에 제출하는 예산 관련 자료 중 중요 사항을 장관에게 보고해

> 야 한다.
>
> **제4조(법령 질의)** 청장은 소관 법령의 해석에 관하여 다른 중앙행정기관의 장에게 질의하여 회신을 받았을 때에는 지체 없이 그 사본을 장관에게 제출해야 한다.
>
> **제5조(정책협의회)** 장관은 중요 정책에 대한 업무협의를 위하여 필요한 때에는 청장과 정책협의회를 개최할 수 있다.

3. 경찰관청 상호간의 관계

(1) 대리와 위임

1) 대리 22 2차

① 상급관청(피대리관청)이 권한의 **전부** 또는 **일부**를 보조기관(대리기관)에 부여하여, 대리기관은 피대리관청을 위한 것임을 표시하고, 대리기관 자신의 명의로 권한을 행사하여 피대리관청에게 효과가 귀속되게 하는 행정행위를 말한다. 07 채용, 12·13 1차

② 권한의 대리에는 **임의대리**와 **법정대리**가 있고, **일반적으로** 대리는 임의대리를 말한다.

임의대리	피대리관청의 **수권**에 의해서 대리관계가 발생
법정대리	피대리관청의 수권에 의해서가 아니라 **법률의 규정**에 따라 일정한 사실의 발생으로 **당연히 대리관계가 발생하는 협의의 법정대리**와 **일정한 자의 지정이 있어야 대리관계가 발생하는 지정대리**가 있다. 14 승진 예 경찰청장 사고시 차장이 대행(협의의 법정대리) 15 승진

③ 현명주의

대리기관이 대리행위 시 **피대리관청을 위한 것임을 표시**하고 **대리기관의 이름**으로 대리권을 행사하는 것 06·07 채용

④ 복대리

피대리관청의 대리기관이 그 대리권의 행사를 다시 타인으로 하여금 대리하게 하는 것을 말하며, 대리기관이 아닌 **피대리관청에게 효과가 발생**한다. 복대리 성질 자체는 언제나 **임의대리**이고, 19 1차 **피대리관청의 대리이다.**(대리기관의 대리X)

2) 위임 22 2차

① 상급관청(위임관청)이 권한의 **일부**를 하급관청(수임관청)에게 **이전**하여 수임관청이 자신의명의와 책임 하에서 권한을 행사하는 행정행위를 말한다. 06·08 채용, 12 1차, 13 1차, 18 특채

② 위임에 있어서 비용은 특별한 규정이 없으면 **위임관청(위임자)**이 부담한다. 13·15·19 승진

3) 대리와 위임의 비교 06·07·08·09 채용, 08 경간, 11·13·14·15·19 승진, 12·13·19 1차, 18 특채

구분	임의대리	법정대리	권한의 위임
권한이전	권한이전X	권한이전X	권한이전O
법적근거	불요	필요	필요
상대방	주로 보조기관	주로 보조기관	주로 하급관청
효과, 책임 귀속	피대리관청	피대리관청	수임청
범위	일부	전부	일부
지휘, 감독	가능	불가	가능
복대리, 재위임	불가	가능	가능
책임귀속 (소송대상)	외부관계: 피대리관청 내부관계: 대리관청(징계책임)		수임청

4) 내부위임, 위임전결, 대결 08 경간

내부위임	경미한 사무처리에 있어 **상급관청**이 **하급관청**에게 외부에 표시함이 없이 내부적인 사무처리에 대한 결재권만을 위임하는 것
위임전결	경미한 사무처리에 있어 **상급관청**이 **보조기관**에게 외부에 표시함이 없이 내부적인 사무처리에 대한 결재권만을 위임하는 것
대결	행정기관의 결재권자가 **일시부재 시**(휴가, 출장, 사고 등) **보조기관**에게 **대신 사무처리**에 대한 결재를 맡기는 것
공통점	권한의 이전이 없으므로 법적근거(구체적 수권) 불요, 본래의 행정청(위임청)명의로 권한 행사 12 1차

> **참고 판례** 전결과 같은 행정권한의 내부위임은 법령상 처분권자인 행정관청이 내부적인 사무처리의 편의를 도모하기 위하여 그의 보조기관 또는 하급 행정관청으로 하여금 그의 권한을 사실상 행사하게 하는 것으로서 **법률이 위임을 허용하지 않는 경우에도 인정되는 것이므로**, 설사 행정관청 내부의 사무처리규정에 불과한 전결규정에 위반하여 원래의 전결권자 아닌 보조기관 등이 처분권자인 행정관청의 이름으로 행정처분을 하였다고 하더라도 그 처분이 권한 없는 자에 의하여 행하여진 무효의 처분이라고는 할 수 없다.(대판 97누1105)

(2) 행정권한의 위임 및 위탁에 관한 규정(약칭: 행정위임위탁규정) - 대통령령

> **제2조(정의)** 이 영에서 사용하는 용어의 뜻은 다음과 같다.
> 1. **"위임"**이란 법률에 규정된 행정기관의 장의 권한 중 **일부**를 그 **보조기관 또는 하급행정기관의 장**이나 지방자치단체의 장에게 맡겨 그의 **권한과 책임 아래 행사**하도록 하는 것을 말한다. 18 1차, 20 경간
> 2. **"위탁"**이란 법률에 규정된 행정기관의 장의 권한 중 **일부**를 **다른 행정기관의 장**에게 맡겨 그의 **권한과 책임 아래 행사**하도록 하는 것을 말한다. 21 승진, 23 2차
> 3. "민간위탁"이란 법률에 규정된 행정기관의 사무 중 일부를 지방자치단체가 아닌 법인·단체 또는

그 기관이나 개인에게 맡겨 그의 명의로 그의 책임 아래 행사하도록 하는 것을 말한다.
4. "위임기관"이란 자기의 권한을 위임한 해당 행정기관의 장을 말하고, "수임기관"이란 행정기관의 장의 권한을 위임받은 하급행정기관의 장 및 지방자치단체의 장을 말한다.
5. "위탁기관"이란 자기의 권한을 위탁한 해당 행정기관의 장을 말하고, "수탁기관"이란 행정기관의 권한을 위탁받은 다른 행정기관의 장과 사무를 위탁받은 지방자치단체가 아닌 법인·단체 또는 그 기관이나 개인을 말한다.

제3조(위임 및 위탁의 기준 등) ① 행정기관의 장은 허가·인가·등록 등 민원에 관한 사무, 정책의 구체화에 따른 집행사무 및 일상적으로 반복되는 사무로서 **그가 직접 시행하여야 할 사무를 제외한 일부 권한**(이하 "행정권한"이라 한다)을 그 보조기관 또는 하급행정기관의 장, 다른 행정기관의 장, 지방자치단체의 장에게 위임 및 위탁한다.
② 행정기관의 장은 행정권한을 위임 및 위탁할 때에는 **위임 및 위탁하기 전에 수임기관의 수임능력 여부를 점검하고, 필요한 인력 및 예산을 이관하여야 한다.** 20 경간, 21 승진
③ 행정기관의 장은 행정권한을 위임 및 위탁할 때에는 **위임 및 위탁하기 전에** 단순한 사무인 경우를 제외하고는 수임 및 수탁기관에 대하여 수임 및 수탁사무 처리에 필요한 교육을 하여야 하며, 수임 및 수탁사무의 처리지침을 통보하여야 한다. 23 2차

제6조(지휘·감독) 위임 및 위탁기관은 수임 및 수탁기관의 수임 및 수탁사무 처리에 대하여 **지휘·감독**하고, 그 처리가 위법하거나 부당하다고 인정될 때에는 이를 취소하거나 정지시킬 수 있다. 11·13·21 승진, 18 1차, 20 경간, 23 2차

제7조(사전승인 등의 제한) 수임 및 수탁사무의 처리에 관하여 위임 및 위탁기관은 수임 및 수탁기관에 대하여 사전승인을 받거나 협의를 할 것을 요구할 수 없다. 13·19 승진, 20 경간

제8조(책임의 소재 및 명의 표시) ① 수임 및 수탁사무의 처리에 관한 **책임은 수임 및 수탁기관**에 있으며, 위임 및 위탁기관의 장은 그에 대한 감독책임을 진다. 18 1차, 20 경간
② 수임 및 수탁사무에 관한 권한을 행사할 때에는 **수임 및 수탁기관의 명의로 하여야 한다.** 21 승진

제9조(권한의 위임 및 위탁에 따른 감사) 위임 및 위탁기관은 위임 및 위탁사무 처리의 적정성을 확보하기 위하여 필요한 경우에는 **수임 및 수탁기관의 수임 및 수탁사무 처리 상황을 수시로 감사할 수 있다.** 18 1차, 20 경간

> ### 기출지문
>
> 수임 및 수탁사무의 처리가 부당한지 여부의 판단은 위법성 판단과 달리 합목적적·정책적 고려도 포함되므로, 위임 및 위탁기관이 그 사무처리에 관하여 일반적인 지휘·감독을 하는 경우는 물론이고 나아가 수임 및 수탁사무의 처리가 부당하다는 이유로 그 사무처리를 취소하는 경우에도 광범위한 재량이 허용된다고 보아야 한다. 23 2차

▶ [참고] 직무대리규정 – 대통령령

제2조(정의) 이 영에서 사용하는 용어의 뜻은 다음과 같다.
1. "직무대리"란 기관장, 부기관장이나 그 밖의 공무원에게 사고가 발생한 경우에 직무상 공백이 생기지 아니하도록 해당 공무원의 직무를 대신 수행하는 것을 말한다.
2. "기관장"이란 중앙행정기관 또는 이에 준하는 기관(대통령 소속기관 및 국무총리 소속기관을 포함한다. 이하 "중앙행정기관등"이라 한다)의 장을 말한다.
3. "부기관장"이란 기관장의 바로 아래 보조기관을 말한다.
4. "사고"란 다음 각 목의 어느 하나에 해당하는 경우를 말한다.

가. 전보, 퇴직, 해임 또는 임기 만료 등으로 후임자가 임명될 때까지 해당 직위가 공석인 경우
나. 휴가, 출장 또는 결원 보충이 없는 휴직 등으로 일시적으로 직무를 수행할 수 없는 경우

제6조(직무대리의 운영) ① 제4조와 제5조에 따라 **직무대리를 할 때 한 사람은 하나의 직위에 대해서만 직무대리를 할 수 있다.**
③ 제2항에도 불구하고 사고 기간이 **15일 이하**인 경우에는 직무대리 명령서의 발급을 생략할 수 있다. 이 경우 직무대리지정권자는 직무대리자로 지정된 사실을 전자인사관리시스템이나 내부통신망 등을 통하여 직무대리자에게 명확하게 통지하여야 한다.
⑥ 직무대리자는 직무대리하여야 할 업무를 다른 공무원에게 다시 직무대리하게 할 수 없다.

제7조(직무대리권의 범위) 직무대리자는 사고가 발생한 공무원의 모든 권한을 가지며, 그 권한에 상응하는 책임을 진다.

제8조(위임규정) 기관장은 이 영의 범위에서 조직과 인사 운영의 특성을 고려하여 해당 중앙행정기관등 및 그 소속기관에서의 직무대리에 관한 규칙을 정하여 운영할 수 있다.

▶ [참고] 경찰청 직무대리 운영규칙 – 경찰청 훈령

제3조(정의) 이 규칙에서 사용하는 용어의 뜻은 다음과 같다.
1. "소속기관"이란 부속기관(경찰대학, 경찰인재개발원, 중앙경찰학교, 경찰수사연수원, 경찰병원) 및 시·도경찰청을 말한다.
2. "직무대리지정권자"란 사고가 발생한 공무원의 직근 상위 계급자를 말한다.

제4조(소속기관장 등의 직무대리) ① 차장을 두지 않은 시·도경찰청장에게 사고가 있을 경우에는 「경찰청과 그 소속기관 직제」(이하 "직제"라 한다)에 규정된 순서에 따른 부장이 대리한다.
② 시·도경찰청 차장에게 사고가 있는 경우 직제 및 「경찰청과 그 소속기관 직제 시행규칙」(이하 "직제 시행규칙"이라 한다)에 규정된 순서에 따른 부장·과장이 대리한다.
③ 시·도경찰청장과 시·도경찰청 차장이 모두 사고가 발생한 경우 직제 및 직제 시행규칙에 규정된 순서에 따른 부장·과장이 순차적으로 시·도경찰청장과 차장을 각각 직무대리한다.
④ 부속기관장에게 사고가 있을 때에는 직제에 따른 직근 하위 계급의 부·과장이 대리한다.

제6조(경찰서장의 직무대리) 경찰서장에게 사고가 있을 때에는 직제 시행규칙에서 정한 순서에 따른 직근 하위 계급의 과장이 대리한다.

제7조(직할대장의 직무대리) 직할대장에게 사고가 있을 때에는 소속기관의 하부조직을 설치하는 규정에서 정한 순서에 따른 직근 하위 계급자가 대리한다.

제8조(직무대리의 지정) 제4조부터 제7조까지에 규정한 사항 외의 공무원에게 사고가 발생하였거나 규정된

직무대리가 적절치 않다고 인정되는 경우에는 직무대리지정권자가 해당 공무원의 직근 하위 계급자 중에서 직무의 비중, 능력, 경력 또는 책임도 등을 고려하여 직무대리자를 지정한다.

제9조(직무대리의 특례) 제8조에도 불구하고 **직무대리지정권자는 대리하게 할 업무가 특수하거나 그 밖의 부득이한 사유가 있는 경우, 사고가 발생한 공무원과 동일한 계급자를 직무대리자로 지정할 수 있다.**

제10조(직무대리의 운영) ① 직무를 대리하는 경우 한 사람은 하나의 직위에 대해서만 직무대리를 할 수 있다.
② 제8조에 따라 직무대리를 지정할 때에는 별지 서식에 따른 직무대리 명령서를 직무대리자에게 발급하여야 한다.
③ 제2항에도 불구하고 사고 기간이 **15일 이하**인 경우에는 직무대리 명령서의 발급을 생략할 수 있다. 이 경우 직무대리지정권자는 직무대리자로 지정된 사실을 전자인사관리시스템이나 내부통신망 등을 통하여 직무대리자에게 명확하게 통지하여야 한다.
④ 직무대리자는 본래 담당한 직위의 업무를 수행하면서 직무대리 업무를 수행하는 것을 원칙으로 하되, 사고가 발생한 공무원의 직위에 보할 수 있는 승진후보자에게 그 사고가 발생한 공무원의 직무대리를 하게 하는 경우에는 **본래 담당한 직위의 업무를 수행하지 아니하고 직무대리 업무만을 수행하게 할 수 있다.**
⑤ 직무대리자는 직무대리하여야 할 업무를 **다른 공무원에게 다시 직무대리하게 할 수 없다.**

제11조(직무대리권의 범위) 직무대리자는 사고가 발생한 공무원의 모든 권한을 가지며, 그 권한에 상응하는 책임을 진다.

03 경찰공무원법- 1969년에 제정된 경찰조직법

1. 경찰공무원의 의의

「**국가공무원법」과「경찰공무원법」은 일반법과 특별법의 관계**이며 경찰공무원법은 많은 부분을 국가공무원법에서 준용하고 있다. 12 3차 경찰공무원에 대하여는 국가공무원법에 대하여 특별법적 지위에 있는 경찰공무원법을 우선 적용하며, 경찰공무원법에 규정이 없는 사항에 대하여는 국가공무원법의 적용을 받는다.

> **제1조(목적)** 이 법은 경찰공무원의 책임 및 직무의 중요성과 신분 및 근무조건의 특수성에 비추어 그 임용, 교육훈련, 복무(服務), 신분보장 등에 관하여 「**국가공무원법」에 대한 특례를 규정함을 목적**으로 한다.
>
> **제2조(정의)** 이 법에서 사용하는 용어의 정의는 다음과 같다.
> 1. "**임용**"이란 신규채용·승진·전보·파견·휴직·직위해제·정직·강등·복직·면직·해임 및 파면을 말한다. 11 2차
> 2. "**전보**"란 경찰공무원의 동일 직위 및 자격 내에서의 근무기관이나 부서를 달리하는 임용을 말한다. 09 채용, 15 승진
> 3. "**복직**"이란 휴직·직위해제 또는 정직(강등에 따른 정직을 포함한다) 중에 있는 경찰공무원을 직위에 복귀시키는 것을 말한다.

경찰공무원은 **경력직공무원** 중에서 **특정직공무원**에 해당하며, **순경**부터 **치안총감**까지의 계급을 가진 공무원을 말한다. 경찰기관에 근무하는 **일반직, 기능직** 공무원은 경찰공무원에서 제외되며, 의무경찰도 경찰공무원에 해당하지 않는다. 다만 의무경찰은 형법상의 공무집행방해죄 성립 시와 국가배상법 상의 공무원 개념에는 포함된다.

> **국가공무원법**
>
> **제2조(공무원의 구분)** ① 국가공무원(이하 "공무원"이라 한다)은 경력직공무원과 특수경력직공무원으로 구분한다.
> ② "**경력직공무원**"이란 실적과 자격에 따라 임용되고 그 신분이 보장되며 평생 동안(근무기간을 정하여 임용하는 공무원의 경우에는 그 기간 동안을 말한다) 공무원으로 근무할 것이 예정되는 공무원을 말하며, 그 종류는 다음 각 호와 같다.
>   1. 일반직공무원: 기술·연구 또는 행정 일반에 대한 업무를 담당하는 공무원
>   2. **특정직공무원**: 법관, 검사, 외무공무원, **경찰공무원**, 소방공무원, 교육공무원, 군인, 군무원, 헌법재판소 헌법연구관, 국가정보원의 직원, 경호공무원과 특수 분야의 업무를 담당하는 공무원으로서 다른 법률에서 특정직공무원으로 지정하는 공무원
> ③ "특수경력직공무원"이란 경력직공무원 외의 공무원을 말하며, 그 종류는 다음 각 호와 같다.
>   1. 정무직공무원
>   가. 선거로 취임하거나 임명할 때 국회의 동의가 필요한 공무원
>   나. 고도의 정책결정 업무를 담당하거나 이러한 업무를 보조하는 공무원으로서 법률이나 대통령령(대통령비서실 및 국가안보실의 조직에 관한 대통령령만 해당한다)에서 정무직으로 지정하는 공무원
>   2. 별정직공무원: 비서관·비서 등 보좌업무 등을 수행하거나 특정한 업무 수행을 위하여 법령에서 별정직으로 지정하는 공무원

2. 경찰공무원의 분류

계급제	① 일하는 사람의 특성(자격, 능력, 신분)을 기준으로 계급을 만들어 공직을 분류하는 방식으로 **권한과 책임 및 보수에 차등을 두기 위한 수직적 분류**이다. ② 순경, 경장, 경사, 경위, 경감, 경정, 총경, 경무관, 치안감, 치안정감, 치안총감으로 구분한다.
경과	경찰업무의 특성에 따라 적합한 경찰관을 모집·채용하여, 개인의 능력과 적성에 맞춰 **직무의 종류에 따라** 경찰업무의 효율성을 높이기 위한 **수평적 분류**이다.
전과	**경과를 변경**하는 것을 말한다.

● 경과의 부여 및 분류

> **경찰공무원법**
>
> **제4조(경과 구분)** ① 경찰공무원은 그 직무의 종류에 따라 경과(警科)에 의하여 구분할 수 있다. 12 3차
> ② 경과의 구분에 필요한 사항은 **대통령령**으로 정한다. 12 3차

경찰공무원 임용령(대통령령)

제3조(경과) ① **총경 이하** 경찰공무원에게 부여하는 경과는 다음 각 호와 같다. 다만, 제2호(**수사경과**)와 제3호(**보안경과**)의 경과는 **경정 이하** 경찰공무원에게만 부여한다. 14 승진, 20·21 경채
1. 일반경과
2. 수사경과
3. 보안경과
4. 특수경과
   다. 항공경과
   라. 정보통신경과

② **임용권자**(제4조제1항부터 제6항까지의 규정에 따라 임용권의 위임을 받은 자를 포함한다. 이하 같다) 또는 임용제청권자(「경찰공무원법」(이하 "법"이라 한다) 제7조제1항에 따른 추천이 필요한 경우에는 경찰청장을 포함한다. 이하 같다)는 경찰공무원을 **신규채용 할 때에 경과를 부여해야 한다.**

경찰공무원임용령 시행규칙

제22조(경과부여) 신규채용된 경찰공무원에게는 **일반경과를 부여한다.** 다만, 수사, 보안, 항공, 정보통신분야로 채용된 경찰공무원에게는 임용예정 직위의 업무와 관련된 경과를 부여한다.

● 전과

경찰공무원임용령 시행규칙

제27조(전과의 유형) ① 전과는 일반경과에서 수사경과·보안경과 또는 특수경과로의 전과만 인정한다. 다만, 정원감축 등 경찰청장이 정하는 사유가 있는 경우 보안경과·수사경과 또는 정보통신경과에서 일반경과로의 전과를 인정할 수 있다.

제28조(전과의 대상자 및 제한) ② 제1항에도 불구하고 다음 각 호의 어느 하나에 해당하는 사람은 제27조제1항에 따른 **전과를 할 수 없다.**
1. 현재 경과를 부여받고 1년이 지나지 아니한 사람
2. 특정한 직무분야에 근무할 것을 조건으로 채용된 경찰공무원으로서 채용 후 5년이 지나지 아니한 사람

● 수사경찰인사운영규칙(경찰청 훈령) 21 경간

제3조(수사경찰 근무부서 등) ① 이 규칙이 적용되는 수사경찰의 근무부서는 다음 각 호와 같다.
1. 경찰청 수사기획조정관의 업무지휘를 받고 있는 경찰관서의 수사부서
2. 경찰청 수사국장의 업무지휘를 받고 있는 경찰관서의 수사부서
3. 경찰청 형사국장의 업무지휘를 받고 있는 경찰관서의 수사부서
4. 경찰청 사이버수사국장의 업무지휘를 받고 있는 경찰관서의 수사부서
5. 경찰청 과학수사관리관의 업무지휘를 받고 있는 경찰관서의 수사부서
6. 경찰청 안보수사국장의 업무지휘를 받고 있는 경찰관서의 수사부서

7. 경찰청 생활안전국장의 업무지휘를 받고 있는 경찰관서의 지하철범죄 및 생활질서사범 수사부서
8. 경찰교육기관의 수사직무 관련 학과
9. 국립과학수사연구원 등 직제상 정원에 경찰공무원이 포함되어 있는 정부기관내 수사관련 부서
10. 「국가공무원법」제32조의4 및 「경찰공무원임용령」 제30조 규정에 따른 파견부서 중 수사직무 관련 부서
11. 기타 경찰청장이 특별한 필요에 따라 지정하는 부서
② 제1항제1호부터 제8호까지의 규정에 해당하는 부서의 장은 이 규칙에서 정하는 소속 수사경찰의 정·현원 및 보직 등 인력관리를 하여야 한다.

제9조(과·팀장자격제) ① 제3조제1항제1호부터 제5호까지의 수사부서(다만, 경찰청 및 시·도경찰청 수사부서와 동조항 제3호 중 경찰서 여성청소년대상범죄 및 교통범죄 수사부서는 제외한다)의 **과장은 최근 10년간을 기준으로** 다음 각 호의 어느 하나에 해당하는 사람 중 보임한다.
1. **총 수사경력 6년 이상** 또는 해당 직위에 상응하는 **죄종별 수사경력 3년 이상**인 사람
2. 총 수사경력 3년 이상의 변호사 자격증 소지자
3. 제7조에 따라 **책임수사관 또는 전임수사관 자격을 부여받은 사람**

② 제3조제1항제1호부터 제5호까지의 수사부서의 팀장은 최근 10년간을 기준으로 다음 각 호의 어느 하나에 해당하는 사람 중 보임한다.
1. 총 수사경력 5년 이상 또는 해당 직위에 상응하는 죄종별 수사경력 2년 이상인 사람
2. 총 수사경력 2년 이상의 변호사 자격증 소지자
3. 제7조에 따라 책임수사관 또는 전임수사관 자격을 부여받은 사람

③ 그 밖에 과·팀장자격제 운영에 관한 세부사항은 경찰청장이 정한다.

제10조(선발의 원칙) ① 수사업무 수행을 위한 업무역량, 전문성 등을 고려하여 **경정 이하**의 경찰공무원을 대상으로 수사경과자를 선발한다.
② 수사경과자의 선발인원은 수사경찰의 전문성 확보와 인사운영의 효율성 등을 고려하여 수사부서 **총 정원의 1.5배의 범위 내**에서 경찰청장이 정한다.

제12조(선발의 방식) 수사경과자는 다음 각 호의 어느 하나의 방식을 통해 선발한다.
1. 수사경과자 **선발시험**(이하 "선발시험"이라 한다) **합격**
2. 수사경과자 **선발교육**(이하 "선발교육"이라 한다) **이수**
3. **경찰관서장의 추천**

제13조(수사경과의 부여) ① 경찰청장은 다음 각 호에 해당되는 사람에 대하여 수사경과를 부여한다.
1. 제12조에 따라 선발된 사람
2. 수사전문성 확보를 위해 경력경쟁채용시험으로 신규채용된 사람
3. 변호사·공인회계사 및 이에 준하는 자격을 취득한 사람이 그 자격을 취득한 날로부터 3년 이내 수사경과 부여를 요청하는 경우

② 제1항에 해당하는 사람이「경찰공무원 임용령 시행규칙」제28조제2항에 따라 전과가 제한되는 경우 그 제한이 해소되는 때에 수사경과로 전과된다.
③ 수사경과 부여일을 기준으로 다음 각 호에 해당하는 사람은 수사경과자 부여 대상에서 제외한다.
1. 제15조제1항제1호의 사유가 있는 날부터 5년이 경과되지 않은 사람
2. 제15조제2항제1호의 사유가 있는 날부터 3년이 경과하지 않은 사람
3. 그 밖에 수사업무 능력이 부족한 경우 등 경찰청장이 정하는 사유에 해당하는 사람

④ 제15조제1항제2호, 제2항제2호부터 제4호까지의 사유로 수사경과가 해제된 사람은 수사경과가 해

제된 날부터 3년이 경과하지 않은 경우 수사경과 부여 대상에서 제외한다.

제14조(수사경과의 유효기간 및 갱신) ① 수사경과 유효기간은 수사경과를 부여일 또는 갱신일로부터 **5년**으로 한다.
② **수사경과자는 수사경과 유효기간 내에 다음 각 호의 어느 하나에 해당하는 방법으로 언제든지 수사경과를 갱신할 수 있다.** 다만, 휴직 등 경찰청장이 정하는 사유로 수사경과 갱신을 할 수 없는 경우에는 그 연기를 받을 수 있다.
  1. **경찰청장이 지정하는 수사 관련 직무교육 이수.** 이 경우 **사이버교육을 포함**한다.
  2. **수사경과 갱신을 위한 시험에 합격**
③ 수사경과자가 수사경과 유효기간 내에 다음 각 호의 어느 하나를 충족한 경우 수사경과를 갱신한 것으로 본다.
  1. 제7조제2항의 **책임수사관 자격을 부여받은 경우**
  2. 「전문수사관 운영규칙」 제4조에 따른 **전문수사관 또는 전문수사관 마스터로 인증된 경우**
  3. **50세 이상**으로 제3조제1항의 부서에서 **근무한 기간의 합이 10년 이상인 경우**
  4. 제3조제1항의 부서에서 **최근 3년 간 치안종합성과평가의 개인등급이 최상위 등급인 경우**
④ 수사경과 유효기간은 별표2에 따른다.

구 분	산정 방법
수사경과 유효기간	**수사경과 부여일 또는 갱신일로부터 5년이 되는 날이,** 1. 전년도 10월 1일부터 해당 연도 3월 31일까지의 사이에 있는 경우에는 해당 연도 3월 31일까지 수사경과가 유효한 것으로 본다. 2. 해당 연도 4월 1일부터 9월 30일까지의 사이에 있는 경우에는 해당 연도 9월 30일까지 수사경과가 유효한 것으로 본다.

제15조(해제사유 등) ① 다음 각 호의 어느 하나에 해당하는 경우에는 **수사경과를 해제하여야 한다.**
  1. 직무와 관련한 청렴의무위반·인권침해 또는 부정청탁에 따른 직무수행으로 징계처분을 받은 경우
  2. **5년간 연속으로 제3조제1항 외의 부서(비수사부서)에서 근무하는 경우**
  3. 제14조에 따른 **유효기간 내에 갱신이 되지 않은 경우**
② 다음 각 호의 어느 하나에 해당하는 경우에는 **수사경과를 해제할 수 있다.**
  1. 제1항제1호 외의 사유로 징계처분을 받은 경우
  2. 인권침해, 편파수사를 이유로 다수의 진정을 받는 등 공정한 수사업무 수행을 기대하기 곤란한 경우
  3. 수사업무 능력·의욕이 현저하게 부족한 경우
  4. 수사경과 해제를 희망하는 경우
③ 제2항에 따른 경과 해제 요청을 할 때에는 별지 제2호 서식에 따른다.
④ 제2항 제3호의 '수사업무 능력·의욕이 현저하게 부족한 경우'에는 다음 각 호의 어느 하나에 해당하는 사유를 포함한다.
  1. **2년간 연속으로 정당한 사유없이 제3조제1항 외의 부서에서 근무하는 경우**(「국가공무원법」 제32조의4 및 「경찰공무원임용령」 제30조에 따른 파견기간 및 같은 법 71조에 따른 휴직의 기간은 위 기간에 산입하지 아니한다)
  2. 제6조제1항 본문에 따라 수사부서 근무자로 선발되었음에도 **정당한 사유없이 수사부서 전입을 기피하는 경우**
  3. 제6조제2항에 따른 인사내신서를 제출하지 않거나 부실기재하여 제출한 경우

3. 경찰공무원 관계의 발생

임명	신규채용
임면	신규채용, 승진임용, 면직(직권면직, 의원면직, 파면, 해임 → 징계면직)
임용	신규채용, 승진, 전보, 파견, 휴직, 직위해제, 정직, 강등, 복직, 면직, 파면, 해임(**감봉, 견책은 임용의 개념에서 제외**)

(1) 임용권자(경찰공무원법) 17 경간

제7조(임용권자) ① **총경 이상** 경찰공무원은 **경찰청장** 또는 해양경찰청장의 **추천**을 받아 **행정안전부장관** 또는 해양수산부장관의 **제청**으로 **국무총리를 거쳐 대통령이 임용**한다. 12·14 경간, 14 2차, 16 특채, 19·23 1차 다만, **총경의 전보, 휴직, 직위해제, 강등, 정직 및 복직은 경찰청장** 또는 해양경찰청장이 한다. 12 경간, 14 2차, 15 경간, 18 2차, 20·23 1차

② **경정 이하**의 경찰공무원은 **경찰청장** 또는 해양경찰청장이 **임용한다**. 10 승진, 12 경간, 16 특채 다만, **경정으로의 신규채용, 승진임용 및 면직은 경찰청장** 또는 해양경찰청장의 **제청으로 국무총리를 거쳐 대통령**이 한다. 10 승진, 12·14·15 경간, 13·14 2차, 16·20 경채, 18 2차, 23 1차

③ **경찰청장**은 대통령령으로 정하는 바에 따라 경찰공무원의 임용에 관한 권한의 일부를 특별시장·광역시장·도지사·특별자치시장 또는 특별자치도지사(이하 "**시·도지사**"라 한다), **국가수사본부장**, 소속 기관의 장, 시·도경찰청장에게 **위임할 수 있다**. 16 특채, 19·23 1차, 15 경간 이 경우 **시·도지사**는 위임받은 권한의 일부를 대통령령으로 정하는 바에 따라 「국가경찰과 자치경찰의 조직 및 운영에 관한 법률」 제18조에 따른 **시·도자치경찰위원회**(이하 "시·도자치경찰위원회"라 한다), **시·도경찰청장**에게 **다시 위임할 수 있다**.

→ 경정의 정직은 경찰청장이 한다. 09 경간

● 임용권의 위임 등(경찰공무원 임용령 - 대통령령) 21 경찰특공대, 22 경채

제4조(임용권의 위임 등) ① **경찰청장**은 법 제7조제3항 전단에 따라 특별시장·광역시장·특별자치시장·도지사 또는 특별자치도지사(이하 "**시·도지사**"라 한다)**에게** 해당 특별시·광역시·특별자치시·도 또는 특별자치도(이하 "시·도"라 한다)의 자치경찰사무를 담당하는 경찰공무원[「국가경찰과 자치경찰의 조직 및 운영에 관한 법률」 제18조제1항에 따른 **시·도자치경찰위원회**(이하 "시·도자치경찰위원회"라 한다), **시·도경찰청 및 경찰서**(지구대 및 파출소는 제외)에서 근무하는 경찰공무원을 말한다] 중 **경정의 전보·파견·휴직·직위해제 및 복직에 관한 권한과 경감 이하의 임용권**(신규채용 및 면직에 관한 권한은 제외한다)을 위임한다.

② **경찰청장**은 법 제7조제3항 전단에 따라 **국가수사본부장에게 국가수사본부 안에서의 경정 이하에 대한 전보권**을 위임한다.

③ **경찰청장**은 법 제7조제3항 전단에 따라 경찰대학·경찰인재개발원·중앙경찰학교·경찰수사연수원·경찰병원 및 시·도경찰청(이하 "**소속기관등**"이라 한다)**의 장**에게 그 소속 경찰공무원 중 **경정의 전보·파견·휴직·직위해제 및 복직에 관한 권한과 경감 이하의 임용권**을 위임한다. 20 1차

④ 제1항에 따라 **임용권을 위임받은 시·도지사**는 법 제7조제3항 후단에 따라 **경감 또는 경위로의 승진임용에 관한 권한을 제외한 임용권을 시·도자치경찰위원회에 다시 위임**한다.

⑤ 제4항에 따라 임용권을 위임받은 시·도자치경찰위원회는 시·도지사와 시·도경찰청장의 의견을 들어 그 권한의 일부를 시·도경찰청장에게 다시 위임할 수 있다.

⑥ 제3항 및 제5항에 따라 **임용권을 위임받은 시·도경찰청장은** 소속 경감 이하 경찰공무원에 대한 해당 경찰서 안에서의 **전보권을 경찰서장에게 다시 위임할 수 있다.** 09 2차, 20 1차
⑦ **경찰청장은 수사부서에서 총경을 보직**하는 경우에는 **국가수사본부장의 추천을 받아야 한다.**
⑧ **시·도자치경찰위원회는 임용권을 행사**하는 경우에는 **시·도경찰청장의 추천을 받아야 한다.**
⑨ **시·도경찰청장 및 경찰서장은 지구대장 및 파출소장을 보직**하는 경우에는 **시·도자치경찰위원회의 의견을 사전에 들어야 한다.**
⑩ **소속기관등의 장은 경감 또는 경위를 신규채용**하거나 **경위 또는 경사를 승진**시키려면 **미리 경찰청장의 승인을 받아야 한다.** 14 경간, 20 1차
⑪ 제1항부터 제6항까지의 규정에도 불구하고 **경찰청장은 경찰공무원의 정원 조정, 승진임용, 인사교류 또는 파견을 위하여 필요한 경우에는 임용권을 행사할 수 있다.** 15 경간, 20 1차

● 임용 시기(경찰공무원 임용령) 15 1차, 18 2차
- 경찰공무원은 임용장 또는 임용통지서에 기재된 일자에 임용된 것으로 보지만, 사망으로 인한 면직은 사망한 다음 날에 면직된 것으로 본다고 「**경찰공무원법X**」에 명시되어 있다.

제5조(임용시기) ① 경찰공무원은 **임용장이나 임용통지서에 적힌 날짜에 임용**된 것으로 보며, 임용일자를 소급해서는 아니 된다. 09·23 경간
② **사망으로 인한 면직은 사망한 다음 날에 면직**된 것으로 본다. 21 경채, 23 경간

제6조(임용시기의 특례) 제5조제1항에도 불구하고 다음 각 호의 어느 하나에 해당하는 경우에는 다음 각 호의 구분에 따른 일자에 임용된 것으로 본다.
1. 법 제19조제1항제2호에 따라 **전사하거나 순직한 사람**을 다음 각 목의 어느 하나에 해당하는 날을 임용일자로 하여 **특별승진 임용하는 경우**
   가. **재직 중 사망한 경우: 사망일의 전날** 23 경간
   나. **퇴직 후 사망한 경우: 퇴직일의 전날**
3. 「국가공무원법」 제70조제1항제4호에 따라 직권으로 면직시키는 경우: 휴직기간의 만료일 또는 휴직사유의 소멸일
4. 법 제10조제2항에 따른 경찰간부후보생, 「경찰대학 설치법」에 따른 경찰대학의 학생 또는 시보임용예정자가 제21조제1항에 따른 경찰공무원의 직무수행과 관련된 실무수습 중 사망한 경우: 사망일의 전날

제7조(결원의 적기 보충) 임용권자 또는 임용제청권자는 해당 기관에 결원이 있는 경우에는 지체 없이 결원보충에 필요한 조치를 하여야 한다.

제8조(계급정년 연한의 계산) 법 제10조제3항제1호에 따라 재임용된 경찰공무원의 계급정년 연한은 재임용 전에 해당 계급의 경찰공무원으로 근무한 연수를 합하여 계산한다. 23 승진

(2) 경찰공무원 인사위원회(경찰공무원법)

제5조(경찰공무원인사위원회의 설치) ① 경찰공무원의 **인사(고충X)**에 관한 중요 사항에 대하여 **경찰청장** 또는 해양경찰청장의 **자문에 응하게 하기 위하여 경찰청**과 해양경찰청에 **경찰공무원인사위원회**(이하 "인사위원회"라 한다)**를 둔다.** 11 승진
② 인사위원회의 구성 및 운영에 필요한 사항은 **대통령령**으로 정한다.

제6조(인사위원회의 기능) 인사위원회는 다음 각 호의 사항을 심의한다.
  1. 경찰공무원의 **인사행정**에 관한 방침과 기준 및 기본계획
  2. 경찰공무원의 **인사**에 관한 법령의 제정·개정 또는 폐지에 관한 사항
  3. 그 밖에 **경찰청장** 또는 해양경찰청장이 **인사위원회의 회의에 부치는 사항**

● 경찰공무원 임용령(대통령령)

제9조(경찰공무원인사위원회의 구성) ① 법 제5조에 따른 경찰공무원인사위원회(이하 "인사위원회"라 한다)는 **위원장을 포함하여 5명 이상 7명 이하의 위원으로 구성한다.** 10 승진, 12·19 경간
② 인사위원회의 **위원장은 경찰청 인사담당국장**이 되고, 위원은 **경찰청 소속 총경 이상 경찰공무원 중에서 경찰청장이 각각 임명한다.** 10 승진, 12·19 경간

제10조(위원장의 직무) ① 위원장은 인사위원회를 대표하며, 인사위원회의 사무를 총괄한다.
②위원장이 부득이한 사유로 직무를 수행할 수 없을 때에는 **위원 중에서 최상위계급 또는 선임의 경찰공무원이 그 직무를 대행한다.**

제11조(회의) ① 위원장은 인사위원회의 회의를 소집하고 그 의장이 된다.
② 회의는 **재적위원 과반수의 찬성**으로 의결한다. 19 경간

제12조(간사) ① 인사위원회에 2명 이하의 간사를 둔다.
② 간사는 경찰청 소속 경찰공무원 중에서 위원장이 지명한다.
③ 간사는 위원장의 명을 받아 인사위원회의 사무를 처리한다.

제13조(심의사항의 보고) 위원장은 인사위원회에서 심의된 사항을 지체 없이 경찰청장에게 보고하여야 한다.

(3) 경찰공무원 임용자격 및 결격사유(경찰공무원법) 11·13 승진, 12·16 1차, 13·23 경찰특공대, 20·21 2차, 21 경간

제8조(임용자격 및 결격사유) ① 경찰공무원은 신체 및 사상이 건전하고 품행이 방정(方正)한 사람 중에서 임용한다.
② 다음 각 호의 어느 하나에 해당하는 사람은 **경찰공무원으로 임용될 수 없다.**
  1. **대한민국 국적을 가지지 아니한 사람**
  2. 「국적법」 제11조의2제1항에 따른 **복수국적자**
  3. **피성년후견인 또는 피한정후견인**
  4. **파산선고를 받고 복권되지 아니한 사람**
  5. **자격정지 이상의 형(刑)을 선고받은 사람**
  6. **자격정지 이상의 형의 선고유예를 선고받고 그 유예기간 중에 있는 사람** → 당연퇴직 사유가 아님
  12 3차, 18 승진, 20 경채

7. 공무원으로 재직기간 중 직무와 관련하여 「형법」 제355조(횡령, 배임) 및 제356조(업무상 횡령, 배임)에 규정된 죄를 범한 자로서 **300만원 이상의 벌금형을 선고받고 그 형이 확정된 후 2년이 지나지 아니한 사람**
8. 「성폭력범죄의 처벌 등에 관한 특례법」 제2조(**성폭력범죄**)에 규정된 죄를 범한 사람으로서 **100만원 이상의 벌금형을 선고받고 그 형이 확정된 후 3년이 지나지 아니한 사람**
9. 미성년자에 대한 다음 각 목의 어느 하나에 해당하는 **죄를 저질러 형 또는 치료감호가 확정된 사람**(집행유예를 선고받은 후 그 집행유예기간이 경과한 사람을 포함한다)
    가. 「성폭력범죄의 처벌 등에 관한 특례법」 제2조에 따른 **성폭력범죄**
    나. 「아동·청소년의 성보호에 관한 법률」 제2조제2호에 따른 **아동·청소년대상 성범죄**
10. 징계에 의하여 **파면 또는 해임처분을 받은 사람** 18 승진, 18 2차

제9조(벌금형의 분리선고) 「형법」 제38조에도 불구하고 제8조제2항제7호 또는 제8호에 규정된 죄와 다른 죄의 경합범에 대하여 **벌금형을 선고하는 경우에는 이를 분리선고하여야 한다.**

cf. 국가공무원법 결격사유

제33조(결격사유) 다음 각 호의 어느 하나에 해당하는 자는 공무원으로 임용될 수 없다.
1. **피성년후견인**
2. 파산선고를 받고 복권되지 아니한 자
3. **금고** 이상의 실형을 선고받고 그 집행이 종료되거나 집행을 받지 아니하기로 확정된 후 5년이 지나지 아니한 자
4. **금고** 이상의 형을 선고받고 그 집행유예 기간이 끝난 날부터 2년이 지나지 아니한 자
5. **금고** 이상의 형의 선고유예를 받은 경우에 그 선고유예 기간 중에 있는 자
6. 법원의 판결 또는 다른 법률에 따라 자격이 상실되거나 정지된 자
6의2. 공무원으로 재직기간 중 직무와 관련하여 「형법」 제355조 및 제356조에 규정된 죄를 범한 자로서 300만원 이상의 벌금형을 선고받고 그 형이 확정된 후 2년이 지나지 아니한 자
6의3. 다음 각 목의 어느 하나에 해당하는 죄를 범한 사람으로서 100만원 이상의 벌금형을 선고받고 그 형이 확정된 후 3년이 지나지 아니한 사람
    가. 「성폭력범죄의 처벌 등에 관한 특례법」 제2조에 따른 성폭력범죄
    나. 「정보통신망 이용촉진 및 정보보호 등에 관한 법률」 제74조제1항제2호 및 제3호에 규정된 죄
    다. 「스토킹범죄의 처벌 등에 관한 법률」 제2조제2호에 따른 스토킹범죄
6의4. 미성년자에 대한 다음 각 목의 어느 하나에 해당하는 죄를 저질러 파면·해임되거나 형 또는 치료감호를 선고받아 그 형 또는 치료감호가 확정된 사람(집행유예를 선고받은 후 그 집행유예기간이 경과한 사람을 포함한다)
    가. 「성폭력범죄의 처벌 등에 관한 특례법」 제2조에 따른 성폭력범죄
    나. 「아동·청소년의 성보호에 관한 법률」 제2조제2호에 따른 아동·청소년대상 성범죄
7. 징계로 **파면처분을 받은 때부터 5년이 지나지 아니한 자**
8. 징계로 **해임처분을 받은 때부터 3년이 지나지 아니한 자**

(4) 신규채용

제10조(신규채용) ① 경정 및 순경의 신규채용은 공개경쟁시험으로 한다.
② 경위의 신규채용은 경찰대학을 졸업한 사람 및 대통령령으로 정하는 자격을 갖추고 공개경쟁시험으로 선발된 사람(이하 "경찰간부후보생"이라 한다)으로서 교육훈련을 마치고 정하여진 시험에 합격한 사람 중에서 한다.
③ 다음 각 호의 어느 하나에 해당하는 경우에는 경력 등 응시요건을 정하여 같은 사유에 해당하는 다수인을 대상으로 경쟁의 방법으로 채용하는 시험(이하 **"경력경쟁채용시험"**이라 한다)**으로 경찰공무원을 신규채용할 수 있다.** 다만, 다수인을 대상으로 시험을 실시하는 것이 적당하지 아니하여 대통령령으로 정하는 경우에는 다수인을 대상으로 하지 아니한 시험으로 경찰공무원을 채용할 수 있다.
　1. 「국가공무원법」제70조제1항제3호의 사유로 퇴직하거나 같은 법 제71조제1항제1호의 휴직 기간 만료로 퇴직한 경찰공무원을 **퇴직한 날부터 3년**(「공무원 재해보상법」에 따른 **공무상 질병 또는 부상으로 인한 휴직의 경우에는 5년**) 이내에 퇴직 시에 재직한 계급의 경찰공무원으로 재임용하는 경우 18·21 승진
　2. 공개경쟁시험으로 임용하는 것이 부적당한 경우에 임용예정 직무에 관련된 자격증 소지자를 임용하는 경우
　3. 임용예정직에 상응하는 근무실적 또는 연구실적이 있거나 전문지식을 가진 사람을 임용하는 경우
　4. 「국가공무원법」에 따른 5급 공무원의 공개경쟁채용시험이나 「사법시험법」(2009년 5월 28일 법률 제9747호로 폐지되기 전의 것을 말한다)에 따른 사법시험에 합격한 사람을 경정 이하의 경찰공무원으로 임용하는 경우
　5. 섬, 외딴곳 등 특수지역에서 근무할 사람을 임용하는 경우
　6. 외국어에 능통한 사람을 임용하는 경우
　7. 제주특별자치도의 자치경찰공무원(이하 "자치경찰공무원"이라 한다)을 그 계급에 상응하는 경찰공무원으로 임용하는 경우
　8. 「국가경찰과 자치경찰의 조직 및 운영에 관한 법률」제16조에 따라 경찰청 외부를 대상으로 모집하여 국가수사본부장을 임용하는 경우
④ 제2항에 따른 경찰간부후보생의 교육훈련, 경력경쟁채용시험 및 제3항 각 호 외의 부분 단서에 따른 채용시험(이하 "경력경쟁채용시험등"이라 한다)을 통하여 채용할 수 있는 경찰공무원의 계급, 임용예정직에 관련된 자격증의 구분, 근무실적 또는 연구실적, 전보 제한 등에 관한 사항은 대통령령으로 정한다.

제11조(부정행위자에 대한 제재) 경찰청장 또는 해양경찰청장은 경찰공무원의 채용시험 또는 경찰간부후보생 공개경쟁선발시험에서 **부정행위를 한 응시자**에 대해서는 해당 시험을 **정지 또는 무효**로 하고, 그 **처분이 있은 날부터 5년간 시험응시자격을 정지한다.** 15·19·20 1차

경찰공무원 임용령(대통령령)

제15조(경력경쟁채용등의 임용직위 제한) 법 제10조제3항에 따른 채용시험(이하 "경력경쟁채용시험등"이라 한다)을 통하여 채용(이하 "경력경쟁채용등"이라 한다)하는 경우에는 그 경력경쟁채용시험등을 실시할 당시의 임용예정직위 외의 직위로 임용할 수 없다.
제16조(경력경쟁채용등의 요건) ① 다음 각 호의 어느 하나에 해당하는 사람은 **경력경쟁채용등의 대상이 될 수 없다.**
　1. 종전의 재직기관에서 감봉 이상의 징계처분을 받은 사람 23 승진

2. 법 제30조제1항제2호에 따라 정년퇴직한 사람
② 법 제10조제3항제2호에 따른 경력경쟁채용등은 「국가기술자격법」이나 그 밖의 법령에 따른 자격증 소지자를 대상으로 한다.
③ 법 제10조제3항제3호에 따른 경력경쟁채용등의 대상은 국가기관·지방자치단체·공공기관, 그 밖에 이에 준하는 기관의 임용예정직에 관련성이 있는 직무분야에서 임용예정계급에 상응하는 근무경력 또는 연구경력이 3년(별표 1에 따른 특수기술부문에 근무할 사람을 임용하려는 경우에는 2년) 이상인 사람으로 한다. 다만, 의무경찰로 임용되어 정해진 복무를 마친 사람을 순경으로 경력경쟁채용등을 하는 경우를 제외하고는 종전 재직기관에서 퇴직한 날부터 다음 각 호에 해당하는 날까지의 기간이 3년을 넘는 사람을 경력경쟁채용등의 대상으로 할 수 없다.
  1. 경무관 이상인 경찰공무원을 채용하는 경우: 서류전형일
  2. 총경 이하인 경찰공무원을 채용하는 경우: 면접시험일
④ 제3항에 따른 경력경쟁채용등을 할 때 다음 각 호의 경우에는 근무경력 및 연구경력에 관한 요건을 적용하지 않을 수 있다.
  1. 의무경찰로 임용되어 정해진 복무를 마친 사람을 순경으로 임용하는 경우
  2. 다음 각 목의 사람을 경사 이하의 경찰공무원으로 임용하는 경우
    가. 2년제 이상 대학의 경찰행정 관련 학과를 졸업한 사람(법령에 따라 이와 같은 수준의 학력이 있다고 인정되는 사람을 포함한다)
    나. 4년제 대학의 경찰행정 관련 학과에 재학 중이거나 재학했던 사람으로서 별표 1의2의 경찰행정학 전공 이수로 인정될 수 있는 과목을 45학점 이상 이수한 사람
  4. 보안업무와 관련 있는 사람을 보안요원으로 근무하게 하기 위하여 경장 이하의 경찰공무원으로 임용하는 경우
  5. 임용예정직에 관련된 전문지식을 가진 사람을 경찰공무원으로 임용하는 경우
⑥ 법 제10조제3항제5호에 따른 경력경쟁채용등의 대상은 해당 기관이 관할 또는 소재하는 읍·면지역에서 본인·배우자 또는 직계존속이 5년 이상 거주하고 있거나 거주한 사람이어야 하며, 이 경우의 임용예정계급은 순경으로 한다.
⑦ 법 제8조제3항제6호에 따른 경력경쟁채용등의 대상은 행정안전부령으로 정하는 임용예정계급별 외국어 능력기준에 해당하여야 한다.
⑧ 제2항 및 제3항에 따른 임용예정계급별 자격증의 구분, 근무경력 또는 연구경력의 기준 등에 관하여 필요한 사항은 행정안전부령으로 정한다.

> **[참고] 채용시험 - 경찰공무원 임용령**
>
> **제32조(시험실시의 원칙)** 경찰공무원의 채용시험은 계급별로 실시한다. 다만, 결원보충을 원활히 하기 위하여 필요하다고 인정될 때에는 직무분야별·근무예정지역 또는 근무예정기관별로 구분하여 실시할 수 있다.
>
> **제33조(시험실시권의 위임)** 경찰청장은 법 제20조제1항 단서에 따라 다음 각 호의 구분에 따른 권한을 시·도경찰청장이나 경찰대학의 장에게 위임한다. 다만, 경찰청장은 시험출제 수준의 균형을 유지하기 위하여 특히 필요하다고 인정하는 경우에는 시험출제 업무를 직접 할 수 있다.
> 1. 순경 공개경쟁채용시험의 실시권: **시·도경찰청장**
> 2. 경력경쟁채용시험등의 실시권(긴급하게 인원을 보충할 필요가 있거나 업무내용의 특수성 등을 고려하여 채용할 필요가 있는 경우는 제외한다): **시·도경찰청장**

3. 경찰간부후보생 공개경쟁선발시험의 실시권: **경찰대학의 장**

제34조(공개경쟁채용시험의 공고) ① 경찰청장 또는 제33조에 따라 시험실시권의 위임을 받은 사람(이하 "시험실시권자"라 한다)은 공개경쟁채용시험을 실시할 때에는 임용예정계급, 응시자격, 선발예정인원, 시험의 방법·시기·장소, 시험과목 및 배점에 관한 사항을 시험실시 **20일 전**까지 공고하여야 한다. 다만, 시험 일정 등 미리 공고할 필요가 있는 사항은 시험 실시 **90일 전**까지 공고하여야 한다.

② 제1항에 따른 공고내용을 변경할 때에는 시험실시 **7일 전**까지 그 변경내용을 공고하여야 한다.

③ 시험실시권자는 「재난 및 안전관리 기본법」 제14조제1항에 따른 대규모 재난 또는 이에 준하는 불가피한 사유로 공고된 기일에 시험을 실시하기 곤란하다고 판단하는 경우에는 시험의 전부 또는 일부를 연기하거나 시험의 방법·장소를 변경하여 실시할 수 있다.

④ 제3항에 따라 시험을 연기·변경하는 경우에는 그 사유 등을 지체 없이 모든 응시자가 알 수 있도록 인터넷 또는 그 밖의 효과적인 방법으로 공고해야 한다.

(5) 채용후보자

제12조(채용후보자 명부 등) ① **경찰청장** 또는 해양경찰청장(제7조제3항 및 제4항에 따라 임용권을 위임받은 자를 **포함**한다)은 신규채용시험에 합격한 사람(경찰대학을 졸업한 사람과 경찰간부후보생을 포함한다, 이하 이 조에서 같다)을 대통령령으로 정하는 바에 따라 **성적 순위에 따라 채용후보자 명부에 등재하여야 한다.** 10 2차

② 경찰공무원의 신규채용은 제1항에 따른 채용후보자 명부의 등재 순위에 따른다. 다만, 채용후보자가 경찰교육기관에서 **신임교육을 받은 경우에는 그 교육성적 순위에 따른다.** 10 2차

③ 제1항에 따른 **채용후보자 명부의 유효기간은 2년**의 범위에서 대통령령으로 정한다. 다만, **경찰청장** 또는 해양경찰청장은 필요에 따라 **1년의 범위에서 그 기간을 연장할 수 있다.** 09·22 경간, 10 2차

④ 신규채용시험에 합격한 사람이 채용후보자 명부에 등재된 이후 그 유효기간 내에 「병역법」에 따른 병역 복무를 위하여 군에 입대한 경우(대학생 군사훈련 과정 이수자를 **포함**한다)의 **의무복무 기간은 제3항에 따른 기간에 넣어 계산하지 아니한다.** 22 경간

⑤ 경찰청장 또는 해양경찰청장은 채용후보자 명부의 유효기간을 연장하기로 결정한 경우에는 그 사실을 공고하여야 한다.

⑥ 제1항에 따른 채용후보자 명부의 작성 및 운영에 필요한 사항은 **대통령령**으로 정한다.

⑦ 임용권자는 경찰공무원의 결원을 보충할 때 **채용후보자 명부 또는 승진후보자 명부에 등재된 후보자 수가 결원 수보다 적고, 인사행정 운영상 특히 필요하다고 인정할 때에는** 그 결원된 계급에 관하여 다른 임용권자가 작성한 자치경찰공무원의 신규임용후보자 명부 또는 승진후보자 명부를 해당 기관의 채용후보자 명부 또는 승진후보자 명부로 보아 **해당 자치경찰공무원을 임용할 수 있다.** 이 경우 임용권자는 그 자치경찰공무원의 임용권자와 협의하여야 한다.

경찰공무원 임용령(대통령령)

제17조(채용후보자의 등록) ① 법 제10조에 따른 공개경쟁채용시험, 경찰간부후보생 공개경쟁선발시험 및 경력경쟁채용시험등에 합격한 사람은 **행정안전부령**으로 정하는 바에 따라 임용권자 또는 임용제청권자에게 **채용후보자 등록을 해야 한다.**

② 제1항에 따른 **채용후보자 등록을 하지 아니한 사람은 경찰공무원으로 임용될 의사가 없는 것으로 본다.** 10 2차

제18조(채용후보자 명부의 작성) ① 법 제12조제1항에 따른 채용후보자 명부는 임용예정계급별로 작성하되, 채용후보자의 서류를 심사하여 임용 적격자만을 등재한다.
② 임용권자 또는 임용제청권자는 제1항에 따른 채용후보자 명부에의 등재 여부를 본인에게 알려야 한다.
③ 채용후보자 명부의 유효기간은 **2년**으로 하되, 경찰청장은 필요에 따라 **1년**의 범위에서 그 기간을 연장할 수 있다.

제18조의2(임용 또는 임용제청의 유예) ① 임용권자 또는 임용제청권자는 채용후보자 명부에 등재된 채용후보자가 다음 각 호의 어느 하나에 해당하는 경우에는 **채용후보자 명부의 유효기간의 범위에서 기간을 정하여 임용 또는 임용제청을 유예할 수 있다.** 다만, 유예기간 중이라도 그 사유가 소멸한 경우에는 임용 또는 임용제청을 할 수 있다. 22 경간
  1. 「병역법」에 따른 **병역복무**를 위하여 징집 또는 소집되는 경우
  2. **학업**을 계속하는 경우 23 승진
  3. **6개월** 이상의 장기요양이 필요한 질병이 있는 경우
  4. **임신**하거나 **출산**한 경우
  5. 그 밖에 임용 또는 임용제청의 유예가 **부득이하다고 인정**되는 경우
② 제1항에 따른 임용 또는 임용제청의 유예를 원하는 사람은 **해당 사유를 증명할 수 있는 자료를 첨부**하여 임용권자 또는 임용제청권자가 정하는 기간 내에 신청해야 한다. 이 경우 **원하는 유예기간을 분명하게 적어야 한다.**

제19조(채용후보자의 자격상실) 채용후보자가 다음 각 호의 어느 하나에 해당하는 경우에는 **채용후보자로서의 자격을 상실한다.** 22 경간
  1. 채용후보자가 **임용 또는 임용제청에 응하지 아니한 경우**
  2. 채용후보자로서 받아야 할 **교육훈련에 응하지 아니한 경우**
  3. 채용후보자로서 받은 **교육훈련성적이 수료점수에 미달되는 경우**
  4. 채용후보자로서 교육훈련을 받는 중에 **퇴학처분을 받은 경우.** 다만, 질병 등 교육훈련을 계속할 수 없는 불가피한 사정으로 퇴학처분을 받은 경우는 제외한다. 09 경간

(6) 시보임용 11 2차

시보임용은 시험으로 알아내지 못한 점을 검토해보고 직무를 감당할 능력이 있는가를 알아보는데 그 목적이 있다. 12 1차

제13조(시보임용) ① **경정 이하의 경찰공무원을 신규 채용할 때에는 1년간 시보(試補)로 임용**하고, 그 기간이 만료된 다음 날에 정규 경찰공무원으로 임용한다. 12·15 1차, 13·14·16 2차, 18 승진24 경간
② **휴직기간, 직위해제기간 및 징계에 의한 정직처분 또는 감봉처분을 받은 기간은 제1항에 따른 시보임용기간에 산입하지 아니한다.** 12 3차, 13·14·16·18 2차
③ 시보임용기간 중에 있는 경찰공무원이 **근무성적 또는 교육훈련성적이 불량**할 때에는 「국가공무원법」 제68조 및 이 법 제28조에도 불구하고 **면직시키거나 면직을 제청할 수 있다.**
④ 다음 각 호의 어느 하나에 해당하는 경우에는 **시보임용을 거치지 아니한다.** 16 승진, 17 1차
  1. **경찰대학을 졸업**한 사람 또는 **경찰간부후보생**으로서 정하여진 교육을 마친 사람을 경위로 임용하는 경우 13 2차, 18 승진
  2. 경찰공무원으로서 대통령령으로 정하는 **상위계급으로의 승진에 필요한 자격 요건을 갖추고 임**

용예정 계급에 상응하는 공개경쟁 채용시험에 합격한 사람을 해당 계급의 경찰공무원으로 임용하는 경우
3. **퇴직한 경찰공무원으로서 퇴직 시에 재직하였던 계급의 채용시험에 합격한 사람**을 재임용하는 경우 12·19 1차, 16 2차
4. **자치경찰공무원**을 그 계급에 상응하는 경찰공무원으로 임용하는 경우 13 2차

경찰공무원 임용령(대통령령)

제20조(시보임용경찰공무원) ① 임용권자 또는 임용제청권자는 시보임용 기간 중에 있는 경찰공무원(이하 "시보임용경찰공무원"이라 한다)의 **근무사항을 항상 지도·감독하여야 한다.** 16 특채
② 임용권자 또는 임용제청권자는 시보임용경찰공무원이 다음 각 호의 어느 하나에 해당하여 **정규 경찰공무원으로 임용하는 것이 부적당하다고 인정되는 경우에는 제3항에 따른 정규임용심사위원회의 심사를 거쳐 해당 시보임용경찰공무원을 면직시키거나 면직을 제청할 수 있다.** 12 1차, 16 2차, 16 특채

1. **징계사유**에 해당하는 경우
2. 제21조제1항에 따른 **교육훈련성적이 만점의 60퍼센트 미만이거나 생활기록이 극히 불량한 경우** 18 승진
3. 「경찰공무원 승진임용 규정」 제7조제2항에 따른 **제2 평정 요소의 평정점이 만점의 50퍼센트 미만인 경우** 18 승진

③ 시보임용경찰공무원을 정규 경찰공무원으로 임용하는 경우 그 적부를 심사하게 하기 위하여 **임용권자 또는 임용제청권자 소속으로 정규임용심사위원회를 둔다.** 16 특채
④ 정규임용심사위원회의 구성 및 운영에 필요한 사항은 **행정안전부령**으로 정한다. 16 특채

제21조(시보임용경찰공무원 등에 대한 교육훈련) ① 임용권자 또는 임용제청권자는 시보임용경찰공무원 또는 시보임용예정자에게 일정 기간 교육훈련(실무수습을 포함한다)을 시킬 수 있다. 이 경우 시보임용예정자에게 교육훈련을 받는 기간 동안 예산의 범위에서 **임용예정계급의 1호봉에 해당하는 봉급의 80퍼센트에 해당하는 금액** 등을 지급할 수 있다.
② 임용권자 또는 임용제청권자는 시보임용예정자가 제1항에 따른 교육훈련성적이 만점의 60퍼센트 미만이거나 생활기록이 극히 불량할 때에는 시보임용을 하지 아니할 수 있다.

경찰공무원 임용령 시행규칙(행정안전부령)

제9조(정규임용심사위원회) ① 「경찰공무원 임용령」(이하 "영"이라 한다) 제20조제3항에 따른 정규임용심사위원회(이하 "위원회"라 한다)는 **위원장 1명을 포함한 위원 5명 이상 7명 이하로 구성한다.**
② **위원장은 위원 중 가장 계급이 높은 경찰공무원**이 된다. 다만, 가장 계급이 높은 경찰공무원이 둘 이상인 경우 그 중 해당 계급에 승진임용된 날이 가장 빠른 경찰공무원이 된다.
③ 위원은 소속 **경감 이상 경찰공무원 중**에서 위원회가 설치된 기관의 장이 임명하되, 심사대상자보다 **상위 계급자**로 한다.
④ 위원회는 **재적위원 3분의 2 이상 출석과 출석위원 과반수 찬성**으로 의결한다.
⑤ 이 규칙에서 정한 사항 외에 위원회의 운영에 필요한 사항은 위원회의 의결을 거쳐 위원장이 정한다.

▶ **[참고] 보직관리**

제22조(보직관리의 원칙) ① 임용권자 또는 임용제청권자는 법령에서 따로 정하거나 다음 각 호의 어느 하나에 해당하는 경우를 제외하고는 소속 경찰공무원에게 하나의 직위를 부여하여야 한다.
  1. 「국가공무원법」 제43조에 따라 별도정원이 인정되는 휴직자의 복직, 파견된 자의 복귀 또는 파면·해임·면직된 자의 복귀 시에 그에 해당하는 계급의 결원이 없어 그 계급의 정원에 최초로 결원이 생길 때까지 해당 경찰공무원을 보직없이 근무하게 하는 경우
  2. 직제의 신설·개편 또는 폐지 시 2개월 이내의 기간 동안 기관의 신설 준비 등을 위하여 보직 없이 근무하게 하는 경우
② 경찰공무원을 보직할 때에는 경과·교육훈련·근무경력 등을 고려하여 능력을 적절히 발전시킬 수 있도록 하여야 한다.
③ 상위계급의 직위에 하위계급인 사람을 보직할 수 있는 경우는 다음 각 호의 어느 하나에 해당하는 경우로 한정한다.
  1. 승진후보자를 임용예정 계급의 직위에 보직하는 경우
  2. 해당 기관의 상위계급에 결원이 있으나 승진후보자가 없는 경우
④ 경찰공무원을 보직할 때에는 특별한 사정이 없으면 배우자 또는 직계존속이 거주하는 지역을 고려해야 한다.
⑤ 경찰청장은 「국가공무원법」 제32조의5제2항 및 이 영에서 정하는 바에 따라 경찰공무원에 대한 보직관리 기준(이하 "보직관리기준"이라 한다)을 정하여야 한다.

제23조(초임 경찰공무원의 보직) ① **경위 이상**으로 신규채용된 경찰공무원은 관리능력을 배양할 수 있도록 전공 및 적성을 고려하여 합리적으로 보직하여야 한다.
② 경사 이하로 신규채용된 경찰공무원은 지구대, 파출소, 기동순찰대, 경찰기동대나 그 밖에 경비업무를 수행하는 부서에 보직하여야 한다.

제24조(교육훈련이수자의 보직) ① 법 제22조제3항에 따라 1년 이상의 교육훈련을 받은 경찰공무원은 특별한 사정이 없으면 그 교육훈련내용과 관련되는 직위에 보직해야 한다.
② 제1항에도 불구하고 2년 이상 교육훈련을 받은 경찰공무원은 법 제22조제2항에 따른 교육훈련기관의 인력현황을 고려하여 교수요원으로 보직할 수 있다.

4. 경찰공무원 관계의 변경

(1) 승진

제15조(승진) ① 경찰공무원은 바로 아래 하위계급에 있는 경찰공무원 중에서 근무성적평정, 경력평정, 그 밖의 능력을 실증(實證)하여 승진임용한다. 다만, 해양경찰청장을 보하는 경우 치안감을 치안총감으로 승진임용할 수 있다.
② **경무관 이하 계급으로의 승진은 승진심사**에 의하여 한다. 다만, **경정 이하 계급으로의 승진은 대통령령으로 정하는 비율에 따라 승진시험과 승진심사를 병행할 수 있다.** 12 1차
→ 시험으로 승진할 수 있는 계급은 경정까지이다.
③ 총경 이하의 경찰공무원에 대해서는 대통령령으로 정하는 바에 따라 **계급별로 승진대상자 명부를 작성하여야 한다.**

④ 경찰공무원의 승진에 필요한 계급별 최저근무연수, 승진 제한에 관한 사항, 그 밖에 승진에 관하여 필요한 사항은 대통령령으로 정한다.

제16조(근속승진) ① **경찰청장** 또는 해양경찰청장은 제15조제2항에도 불구하고 해당 계급에서 **다음 각 호의 기간 동안 재직한 사람을 경장, 경사, 경위, 경감으로 각각 근속승진임용할 수 있다.** 12 1차 다만, 인사교류 경력이 있거나 주요 업무의 추진 실적이 우수한 공무원 등 경찰행정 발전에 기여한 공이 크다고 인정되는 경우에는 대통령령으로 정하는 바에 따라 그 기간을 단축할 수 있다.
  1. **순경을 경장**으로 근속승진임용하려는 경우: 해당 계급에서 **4년 이상** 근속자 15 1차
  2. **경장을 경사**로 근속승진임용하려는 경우: 해당 계급에서 **5년 이상** 근속자 15 1차, 20 경채
  3. **경사를 경위**로 근속승진임용하려는 경우: 해당 계급에서 **6년 6개월 이상** 근속자 13 2차, 15 1차
  4. **경위를 경감**으로 근속승진임용하려는 경우: 해당 계급에서 **8년 이상** 근속자 15 1차
② 제1항에 따라 근속승진한 경찰공무원이 근무하는 기간에는 그에 해당하는 직급의 정원이 따로 있는 것으로 보고, 종전 직급의 정원은 감축된 것으로 본다.
③ 제1항에 따른 근속승진임용의 기준 및 절차 등에 관하여 필요한 사항은 대통령령으로 정한다.

제17조(승진심사위원회) ① 제15조제2항에 따른 승진심사를 위하여 **경찰청**과 해양경찰청에 **중앙승진심사위원회를 두고, 경찰청·해양경찰청·시·도경찰청**과 대통령령으로 정하는 경찰기관·지방해양경찰관서에 **보통승진심사위원회를 둔다.**
② 제1항에 따라 설치된 승진심사위원회는 제15조제3항에 따라 작성된 승진대상자 명부의 **선순위자**(같은 조 제2항 단서에 따른 **승진시험에 합격된 승진후보자는 제외**한다) 순으로 승진시키려는 결원의 **5배수의 범위**에 있는 사람 중에서 승진후보자를 심사·선발한다.
③ 승진심사위원회의 구성·관할 및 운영에 필요한 사항은 대통령령으로 정한다.

제18조(승진후보자 명부 등) ① **경찰청장** 또는 해양경찰청장(제7조제3항 및 제4항에 따라 **임용권을 위임받은 자를 포함**한다)은 제15조제2항에 따른 승진시험에 합격한 사람과 제17조제2항에 따라 승진후보자로 선발된 사람을 대통령령으로 정하는 바에 따라 **승진후보자 명부에 등재하여야 한다.**
② **경무관 이하 계급으로의 승진**은 제1항에 따른 **승진후보자 명부의 등재 순위에 따른다.**
③ 승진후보자 명부의 유효기간과 작성 및 운영에 관하여는 제12조를 준용한다.

제19조(특별유공자 등의 특별승진) ① 경찰공무원으로서 다음 각 호의 어느 하나에 해당되는 사람에 대하여는 제15조에도 불구하고 **1계급 특별승진시킬 수 있다.** 다만, **경위 이하의 경찰공무원으로서 모든 경찰공무원의 귀감이 되는 공을 세우고 전사하거나 순직한 사람에 대하여는 2계급 특별승진시킬 수 있다.** 13 2차, 23 경간
  1. 「국가공무원법」 제40조의4제1항제1호부터 제4호까지의 규정 중 어느 하나에 해당되는 사람
  2. 전사하거나 순직한 사람
  3. 직무 수행 중 현저한 공적을 세운 사람
② 특별승진의 요건과 그 밖에 필요한 사항은 대통령령으로 정한다.

경찰공무원 승진 임용규정(대통령령)

제3조(승진임용의 구분) 경찰공무원의 승진임용은 **심사승진임용·시험승진임용 및 특별승진임용으로 구분**한다. 12·22 1차

제4조(승진임용 예정 인원 결정) ① 경찰청장은 승진임용 예정 인원을 정할 당시의 실제 결원과 해당 연도 예상 결원을 고려하여 승진임용 예정 인원을 계급별로 정한다. 다만, 경찰청장이 필요하다고 인정하는 경우에는 경과별(警科別) 또는 직무의 특수성 등을 고려하여 경찰청장이 따로 정하는 분

야(이하 "특수분야"라 한다)별로 정할 수 있다.
② 제1항에 따른 승진임용 예정 인원 중 경무관으로의 승진임용 예정 인원은 경무관 정원의 25퍼센트, 총경으로의 승진임용 예정 인원은 총경 정원의 20퍼센트를 초과할 수 없다. 다만, 승진임용 예정 인원이 승진임용 예정 인원을 정할 당시의 실제 결원과 해당 연도 예상 결원을 합한 것보다 적을 경우에는 그 승진임용 예정 인원에 부족한 인원을 더하여 승진임용 예정 인원을 정할 수 있다.
③ 제1항에 따른 승진임용 예정 인원 중 **경정 이하** 계급으로의 승진임용 예정 인원을 정하는 경우에는 다음 각 호의 구분에 따른 범위에서 **특별승진임용 예정 인원을 따로 정할 수 있다.** 다만, 제37조제1항제1호·제4호 및 같은 조 제3항제1호·제6호에 해당하는 특별승진(특별유공자 등의 특별승진)의 경우에는 다음 각 호에서 정하는 비율을 초과하여 정할 수 있다.
  1. **경정으로의 특별승진임용 예정 인원**: 경정으로의 승진임용 예징 인원의 **3퍼센트 이내**
  2. **경감 이하 계급으로의 특별승진임용 예정 인원**: 해당 계급으로의 승진임용 예정 인원의 **30퍼센트 이내**
④ 「경찰공무원법」(이하 "법"이라 한다) 제15조제2항 단서에 따라 **경정 이하 경사 이상 계급으로의 승진은 승진심사에 의한 승진**(이하 "심사승진"이라 한다)과 승진시험에 의한 승진(이하 "시험승진"이라 한다)을 병행할 수 있다. 이 경우 승진임용 예정 인원은 다음 각 호의 방법에 따라 정한다.
  1. 계급별로 전체 승진임용 예정 인원에서 제3항에 따른 **특별승진임용 예정 인원을 뺀 인원의 70퍼센트를 심사승진임용 예정 인원으로, 30퍼센트를 시험승진임용 예정 인원으로 한다.** 다만, 제1항 단서에 따라 **특수분야**의 승진임용 예정 인원을 정하는 경우에는 본문에 따른 **심사승진임용 예정 인원의 비율과 시험승진임용 예정 인원의 비율을 다르게 정할 수 있다.**
  2. 제1호에도 불구하고 승진심사를 하기 전에 승진시험을 실시한 경우에 그 최종합격자 수가 시험승진임용 예정 인원보다 적을 때에는 심사승진임용 예정 인원에 그 부족한 인원을 더하여 심사승진임용 예정 인원을 산정한다.
⑤ 경찰청장은 제1항부터 제4항까지의 규정에 따라 정해진 승진임용 예정 인원을 제11조제1항에 따라 승진대상자 명부를 작성한 기관별로 배정한다.
⑥ 제5항에 따른 인원 배정은 각 기관별 승진대상자 명부에 기록된 인원의 비율에 따른다. 다만, 해당 계급으로의 근속승진 예정자 수 등 소속 기관별 승진 여건을 고려하여 조정할 수 있다.

제5조(승진소요 최저근무연수) ① 경찰공무원이 승진하려면 다음 각 호의 구분에 따른 기간 동안 해당 계급에 재직해야 한다.
  1. 총경: 3년 이상
  2. 경정 및 경감: 2년 이상
  3. 경위, 경사, 경장 및 순경: 1년 이상
② **휴직 기간, 직위해제 기간, 징계처분 기간** 및 제6조제1항제2호에 따른 **승진임용 제한기간은 제1항의 기간에 포함하지 않는다.** 다만, **다음 각 호의 기간은 제1항의 기간에 포함한다.**
  1. 「국가공무원법」 제71조에 따른 휴직 기간 중 다음 각 목의 기간
    가. 「공무원 재해보상법」에 따른 공무상 질병 또는 부상으로 인하여 「국가공무원법」 제71조제1항제1호에 따라 휴직한 경우에 그 휴직 기간
    나. 「국가공무원법」 제71조제1항제3호·제5호 또는 같은 조 제2항제1호에 따라 휴직한 경우에 그 휴직 기간(**병역법**」에 따른 병역 복무를 마치기 위하여 징집 또는 소집된 때)
    다. 「국가공무원법」 제71조제2항제2호에 따라 휴직한 경우에 그 휴직 기간의 50퍼센트에 해당하는 기간(**국외 유학을 하게 된 때**)
    라. 「국가공무원법」 제71조제2항제4호에 따라 휴직한 경우에 그 휴직 기간. 다만, 자녀 1명에 대

하여 총 휴직 기간이 1년을 넘는 경우에는 최초의 1년으로 하되, 다음의 어느 하나에 해당하는 경우에는 그 휴직 기간 전부로 한다.(만 8세 이하 또는 초등학교 2학년 이하의 자녀를 양육하기 위하여 필요하거나 여성공무원이 임신 또는 출산하게 된 때) 22 2차
  1) 첫째 자녀에 대하여 부모가 모두 휴직을 하는 경우로서 각 휴직 기간이 「공무원임용령」 제31조제2항제1호다목1)에 따라 인사혁신처장이 정하는 기간 이상인 경우
  2) 둘째 자녀 이후에 대하여 휴직을 하는 경우
 2. 다음 각 목의 어느 하나에 해당하는 경우에 그 직위해제 기간
  가. 「국가공무원법」 제73조의3제1항제3호에 따라 직위해제처분을 받은 사람에 대한 징계 의결 요구에 대하여 관할 징계위원회가 징계하지 아니하기로 의결한 경우와 해당 직위해제처분의 사유가 된 징계처분이 소청심사위원회의 결정 또는 법원의 판결에 따라 무효 또는 취소로 확정된 경우
  나. 「국가공무원법」 제73조의3제1항제4호에 따라 직위해제처분을 받은 사람의 처분 사유가 된 형사사건이 법원의 판결에 따라 무죄로 확정된 경우
  다. 「국가공무원법」 제73조의3제1항제6호에 따라 직위해제처분을 받은 사람의 처분사유가 된 비위행위(이하 "비위행위"라 한다)가 1) 및 2)에 모두 해당하는 경우
   1) 비위행위에 대한 징계절차와 관련하여 다음의 어느 하나에 해당하는 경우
    가) 경찰기관의 장이 「경찰공무원 징계령」 제9조에 따른 징계의결 요구를 하지 않기로 한 경우
    나) 해당 경찰공무원에 대한 징계의결 요구에 대하여 관할 징계위원회가 징계하지 않기로 의결한 경우
    다) 징계처분이 소청심사위원회의 결정이나 법원의 판결에 따라 무효 또는 취소로 확정된 경우
   2) 비위행위에 대한 조사 또는 수사 결과가 다음의 어느 하나에 해당하는 경우
    가) 형사사건에 해당하지 않는 경우
    나) 사법경찰관이 불송치를 하거나 검사가 불기소를 한 경우. 다만, 「형사소송법」 제247조에 따라 공소를 제기하지 않는 경우와 불송치 또는 불기소를 했으나 해당 사건이 다시 수사 및 기소되어 법원의 판결에 따라 유죄가 확정된 경우는 제외한다.
    다) 형사사건으로 기소되거나 약식명령이 청구된 사람이 법원의 판결에 따라 무죄로 확정된 경우
③ 경찰대학을 졸업하고 경위로 임용된 사람이 「의무경찰대 설치 및 운영에 관한 법률」 제2조의3제2항에 따라 의무경찰대의 대원으로 복무한 기간은 제1항의 기간에 포함하지 아니한다.
④ 법 제10조제3항제4호에 따라 경찰공무원으로 채용된 사람이 채용 전에 5급 이상 공무원(이에 상응하는 특정직공무원을 포함한다)으로 5년 이상 근무한 경우에는 그 기간의 20퍼센트에 해당하는 기간을 채용 당시의 계급에서 근무한 것으로 보아 제1항의 기간에 포함한다.
⑤ 「법원조직법」 제72조에 따른 사법연수생으로 수습한 기간은 제1항에 따른 경정 이하 경찰공무원으로의 승진소요 최저근무연수에 포함한다.
⑥ 「국가공무원법」 제26조의2 및 「공무원임용령」 제57조의3에 따라 통상적인 근무시간보다 짧은 시간을 근무하는 경찰공무원(이하 "시간선택제전환경찰공무원"이라 한다)의 근무기간은 다음 각 호의 기준에 따라 제1항의 기간에 포함한다.
 1. 해당 계급에서 시간선택제전환경찰공무원으로 근무한 1년 이하의 기간은 그 기간 전부
 2. 해당 계급에서 시간선택제전환경찰공무원으로 근무한 1년을 넘는 기간은 근무시간에 비례한

기간 22 채용

3. 해당 계급에서 「국가공무원법」 제71조제2항제4호의 사유로 인한 휴직을 대신하여 시간선택제 전환경찰공무원으로 지정되어 근무한 기간은 둘째 자녀부터 각각 3년의 범위에서 그 기간 전부

⑦ 강등되었던 사람이 강등되기 직전의 계급으로 승진한 경우 강등되기 직전의 계급에서 재직한 기간은 제1항의 기간에 포함한다.

⑧ 강등된 경우 강등되기 직전의 계급에서 재직한 기간은 제1항의 기간에 포함한다.

제6조(승진임용의 제한) ① 다음 각 호의 어느 하나에 해당하는 **경찰공무원은 승진임용될 수 없다.**

1. 징계의결 요구, 징계처분, 직위해제, 휴직(「공무원 재해보상법」에 따른 공무상 질병 또는 부상으로 인하여 「국가공무원법」 제71조제1항제1호에 따라 휴직한 사람을 제37조제1항제4호 또는 같은 조 제2항에 따라 특별승진임용하는 경우는 제외한다) 또는 시보임용 기간 중에 있는 사람

2. **징계처분의 집행이 끝난 날부터 다음 각 목의 구분에 따른 기간**[「국가공무원법」 제78조의2제1항 각 호의 어느 하나에 해당하는 사유(**금품수수, 공금횡령·유용**)로 인한 징계처분과 소극행정, **음주운전(음주측정에 응하지 않은 경우를 포함한다), 성폭력, 성희롱 및 성매매에 따른 징계처분의 경우에는 각각 6개월을 더한 기간**]이 지나지 않은 사람

가. 강등·정직: 18개월

나. 감봉: 12개월

다. 견책: 6개월

3. 징계에 관하여 경찰공무원과 다른 법령을 적용받는 공무원으로 재직하다가 경찰공무원으로 임용된 사람으로서, 종전의 신분에서 징계처분을 받고 그 징계처분의 집행이 끝난 날부터 다음 각 목의 구분에 따른 기간이 지나지 아니한 사람

가. 강등: 18개월

나. 근신·영창 또는 그 밖에 이와 유사한 징계처분: 6개월

4. 법 제30조제3항에 따라 계급정년이 연장된 사람

② 제1항에 따라 승진임용 제한기간 중에 있는 사람이 다시 징계처분을 받은 경우 승진임용 제한기간은 전(前) 처분에 대한 승진임용 제한기간이 끝난 날부터 계산하고, 징계처분으로 승진임용 제한기간 중에 있는 사람이 휴직하거나 직위해제처분을 받는 경우 징계처분에 따른 남은 승진임용 제한기간은 복직일부터 계산한다.

③ 경찰공무원이 징계처분을 받은 후 해당 계급에서 다음 각 호의 포상을 받은 경우에는 제1항제2호 및 제3호에 따른 **승진임용 제한기간의 2분의 1을 단축할 수 있다.**

1. 훈장
2. 포장
3. 모범공무원 포상
4. **대통령표창 또는 국무총리표창(경찰청장X)** 22 채용
5. 제안이 채택·시행되어 받은 포상

제11조(승진대상자 명부의 작성) ① 총경 이하 경찰공무원에 대한 승진대상자 명부는 다음 각 호의 구분에 따른 경찰기관의 장(이하 "승진대상자명부작성자"라 한다)이 계급별로 작성한다.

제15조(중앙승진심사위원회의 구성) ① 법 제17조제1항에 따른 중앙승진심사위원회(이하 "중앙승진심사위원회"라 한다)는 위원장을 포함한 **5명 이상 7명 이하**의 위원으로 구성한다.

⑤ 위원장은 위원 중 **최상위계급 또는 선임인 경찰공무원**이 된다.

제16조(보통승진심사위원회의 구성) ① 법 제17조제1항에 따른 보통승진심사위원회(이하 "보통승진

심사위원회"라 한다)는 **경찰청·소속기관등 및 경찰서에 둔다.**
② 보통승진심사위원회는 위원장을 포함한 **5명 이상 7명 이하**의 위원으로 구성한다.
③ 보통승진심사위원회 위원은 그 보통승진심사위원회가 설치된 경찰기관의 장이 승진심사대상자보다 상위계급인 **경위 이상** 소속 경찰공무원 중에서 임명하며, **위원장은 위원 중 최상위계급 또는 선임인 경찰공무원이 된다.**

제18조(승진심사위원회의 회의) ① 중앙승진심사위원회의 회의는 경찰청장이 소집하며, 보통승진심사위원회의 회의는 해당 경찰기관의 장이 경찰청장(경찰서 보통승진심사위원회 회의의 경우 시·도경찰청장을 말한다)의 승인을 받아 소집한다.
② 승진심사위원회의 회의는 **재적위원 과반수의 찬성**으로 의결한다.
③ 승진심사위원회의 회의는 **비공개**로 한다.

제20조(승진심사대상) 승진심사는 제11조에 따른 승진대상자 명부의 선순위자(승진시험에 합격한 사람은 제외한다)순으로 심사승진임용 예정 인원의 **5배수**를 대상으로 한다. 다만, 경찰청장은 부득이한 사유가 있을 때에는 승진심사대상자의 범위를 심사승진임용 예정 인원의 5배수 이하로 하게 할 수 있다.

제23조(승진심사 결과의 보고 등) ① 승진심사위원회는 **승진심사를 마쳤을 때에는 지체 없이** 다음 각 호의 서류를 작성하여 중앙승진심사위원회의 경우에는 경찰청장에게, 보통승진심사위원회의 경우에는 그 위원회가 설치된 경찰기관의 장에게 보고해야 한다.
  1. 승진심사 의결서
  2. 승진심사 종합평가서
  3. 승진임용예정자로 선발된 사람의 명부
② 제1항제3호에 따른 승진임용예정자로 선발된 사람의 명부는 승진심사 종합평가성적이 우수한 사람 순으로 작성하되, 동점자가 있는 경우에는 행정안전부령으로 정하는 순서에 따라 선순위자를 결정한다.

제24조(심사승진후보자 명부의 작성) ① 임용권자나 임용제청권자는 승진심사위원회에서 승진임용예정자로 선발된 사람에 대하여 심사승진후보자 명부를 작성하여야 한다.
② 심사승진후보자 명부의 작성에 관하여는 제23조제2항을 준용한다.
③ 임용권자나 임용제청권자는 심사승진후보자 명부에 기록된 사람이 승진임용되기 전에 **정직 이상의 징계처분을 받은 경우에는 심사승진후보자 명부에서 그 사람을 제외하여야 한다.**

제25조(승진후보자의 승진임용 등) ① 경찰공무원의 승진임용 시 심사승진후보자와 시험승진후보자가 있을 경우에 승진임용 인원의 **70퍼센트를 심사승진후보자로, 30퍼센트를 시험승진후보자로** 한다.
② 심사승진임용은 제24조에 따른 심사승진후보자 명부에 기록된 순서에 따라 결원이 있을 때마다 수시로 한다.

제26조(근속승진) ① 법 제16조에 따른 근속승진(이하 "근속승진"이라 한다) 기간은 제5조제2항부터 제8항까지의 규정에 따른 승진소요 최저근무연수의 계산 방법에 따라 계산한다.
② 법 제16조제1항 각 호 외의 부분 단서에 따라 다음 각 호의 경찰공무원을 근속승진임용하는 경우에는 해당 각 호의 구분에 따른 기간을 **근속승진 기간에서 단축할 수 있다.**
  1. 「공무원임용령」 제48조제1항제1호에 따른 **인사교류 기간 중에 있거나 인사교류 경력이 있는 경찰공무원: 인사교류 기간의 2분의 1에 해당하는 기간**
  2. 국정과제 등 **주요 업무의 추진실적이 우수한 경찰공무원이나 적극행정 수행 태도가 돋보인 경

찰공무원: 1년
③ 제2항제2호에 따라 근속승진 기간을 단축하는 경찰공무원의 인원수는 인사혁신처장이 제한할 수 있다.
④ 임용권자는 경감으로의 근속승진임용을 위한 심사를 **연 2회**까지 실시할 수 있다. 이 경우 **경감으로의 근속승진임용을 할 수 있는 인원수는** 연도별로 합산하여 해당 기관의 근속승진 대상자의 **100분의 40에 해당하는 인원수**(소수점 이하가 있는 경우에는 1명을 가산한다)**를 초과할 수 없다.**
⑤ 임용권자는 제4항 전단에 따라 심사를 실시하려는 경우 **근속승진임용일 20일 전까지** 해당 기관의 근속승진 대상자 및 근속승진임용 예정 인원을 **경찰청장에게 보고해야 한다.**
⑥ 임용권자는 인사의 원활한 운영을 위하여 필요하다고 인정되는 경우에는 경위 재직기간별로 승진 대상자 명부를 구분하여 작성할 수 있다.
⑦ 제1항부터 제6항까지에서 규정한 사항 외에 근속승진 방법, 그 밖에 인사운영에 필요한 사항은 경찰청장이 정한다.

제27조(시험 실시의 원칙) ① 경찰공무원의 **승진시험**(이하 "시험"이라 한다)**은 계급별로 실시하되,** 15 승진 경찰청장이 필요하다고 인정할 때에는 경과별 또는 특수분야별로 구분하여 실시할 수 있다.

제30조(시험의 시행 및 공고) ① 시험은 **매년 1회** 실시한다. 15 승진
② 시험을 실시하려는 경우에는 그 일시·장소, 그 밖에 시험 실시에 필요한 사항을 시험 실시 **15일 전**까지 공고하여야 한다. 15 승진

제35조(부정행위자에 대한 조치) ① 시험에서 다음 각 호의 어느 하나에 해당하는 행위(**부정행위**)를 한 경찰공무원에 대해서는 그 시험을 정지 또는 무효로 하거나 합격을 취소하고, 그 처분이 있은 날부터 **5년간 이 영에 따른 시험에 응시할 수 없게 한다.** 15 승진

(2) 대우공무원제도

경찰공무원 승진 임용규정(대통령령)

제43조(대우공무원의 선발 등) ① 임용권자나 임용제청권자는 소속 경찰공무원 중 해당 계급에서 제5조에 따른 승진소요 최저근무연수 이상 근무하고 승진임용 제한 사유가 없는 근무실적 우수자를 바로 위 계급의 대우공무원(이하 "대우공무원"이라 한다)으로 선발할 수 있다.
② 대우공무원 선발에 필요한 사항은 행정안전부령으로 정한다.
③ 대우공무원에게는 「공무원수당 등에 관한 규정」에서 정하는 바에 따라 **수당을 지급할 수 있다.** 16 경간

경찰공무원 승진 임용규정 시행규칙(행정안전부령)

제35조(대우공무원 선발을 위한 근무기간) ① 영 제43조제1항에 따라 대우공무원으로 선발되기 위해서는 영 제5조제1항에 따른 승진소요 최저근무연수가 지난 **총경 이하** 경찰공무원으로서 해당 계급에서 다음 각 호의 구분에 따른 기간 동안 근무하여야 한다. 다만, 국정과제를 담당하여 높은 성과를 내거나 적극적인 업무수행으로 경찰공무원의 업무행태 개선에 기여하는 등 직무수행능력이 탁월하고 경찰행정 발전에 공헌을 했다고 경찰청장 또는 소속기관등의 장이 인정하는 경우에는 그 기간을 1년 단축할 수 있다.
1. 총경·경정: 7년 이상 16 경간

2. 경감 이하: 5년 이상

제36조(대우공무원의 선발 절차 및 시기) ① 임용권자나 임용제청권자는 **매월 말 5일 전까지** 대우공무원 발령일을 기준으로 대우공무원 선발요건을 충족하는 대상자를 결정하여야 하고, **그 다음 달 1일**에 일괄하여 대우공무원으로 발령하여야 한다. 16 경간

제37조(대우공무원수당의 지급) ① 대우공무원으로 선발된 경찰공무원에게는 「공무원수당 등에 관한 규정」에 따라 대우공무원수당을 지급한다.
② 대우공무원이 **징계 또는 직위해제 처분을 받거나 휴직하여도 대우공무원수당은 계속 지급한다**. 다만, 「공무원수당 등에 관한 규정」에서 정하는 바에 따라 대우공무원수당을 **줄여 지급한다**. 16 경간

제38조(대우공무원의 자격 상실) 대우공무원이 다음 각 호의 어느 하나에 해당하는 경우 그 해당일에 **대우공무원의 자격은 별도 조치 없이 당연히 상실된다**. 16 경간
 1. 상위계급으로 승진임용되는 경우: 승진임용일
 2. 강등되는 경우: 강등일

공무원수당 등에 관한 규정(대통령령)

제6조의2(대우공무원수당) ① 「「경찰공무원 승진임용 규정」 제43조에 따라 대우공무원으로 선발된 사람에게는 예산의 범위에서 해당 공무원 월봉급액의 4.1퍼센트를 대우공무원수당으로 지급할 수 있다.

(3) 근무성적평정

- 공무원에 대한 근무성적평정은 현대에 이르러 조직발전의 기초로 작용하는 공무원의 능력개발과 행정제도개선의 수단으로도 활용될 수 있다. 22 2차
- 전통적 근무성적평정제도는 생산성과 능률성에 중점을 두어 공무원의 직무수행능력을 측정하고 이를 인사행정의 표준화와 직무수행의 통제를 위한 수단으로 활용하였다. 22 2차

경찰공무원 승진 임용규정(대통령령)

제7조(근무성적 평정) ① **총경 이하**의 경찰공무원에 대해서는 **매년 근무성적을 평정하여야** 하며, 근무성적 평정의 결과는 승진 등 인사관리에 반영하여야 한다. 21 경간
② 근무성적은 다음 각 호의 평정 요소에 따라 평정한다. 다만, **총경의 근무성적은 제2 평정 요소로만 평정한다**. 22 2차
 1. 제1 평정 요소
  가. 경찰업무 발전에 대한 기여도
  나. 포상 실적
  다. 그 밖에 행정안전**부령으로 정하는 평정 요소**
 2. 제2 평정 요소
  가. 근무실적
 나. **직무수행능력**
 다. **직무수행태도**
③ 제2 평정 요소에 따른 근무성적 평정은 평정대상자의 **계급별로 평정 결과**가 다음 각 호의 **분포비율**

에 맞도록 하여야 한다. 다만, 평정 결과 제4호에 해당하는 사람이 없는 경우에는 제4호의 비율을 제3호의 비율에 가산하여 적용한다. 21 경간, 22 2차

1. 수: 20퍼센트
2. 우: 40퍼센트
3. 양: 30퍼센트
4. 가: 10퍼센트

④ 제11조제2항 단서에 해당하는 경찰공무원과 **경찰서 수사과에서 고소·고발 등에 대한 조사업무를 직접 처리하는 경위 계급의 경찰공무원**을 평정할 때에는 제3항의 비율을 적용하지 아니할 수 있다. 22 2차

⑤ **근무성적 평정 결과는 공개하지 아니한다.** 다만, 경찰청장은 근무성적 평정이 완료되면 평정 대상 경찰공무원에게 해당 근무성적 평정 결과를 **통보할 수 있다.** 21 경간

⑥ 근무성적 평정의 기준, 시기, 방법, 그 밖에 필요한 사항은 행정안전부령으로 정한다.

제8조(근무성적 평정의 예외) ① 휴직·직위해제 등의 사유로 **해당 연도의 평정기관에서 6개월 이상 근무하지 아니한 경찰공무원에 대해서는 근무성적을 평정하지 아니한다.** 22 1차

③ 교육훈련 외의 사유로 국가기관, 지방자치단체 또는 인사혁신처장이 지정하는 기관에 **2개월 이상 파견근무하게 된 경찰공무원**에 대해서는 **파견받은 기관의 의견을 고려하여 근무성적을 평정하여야 한다.**

④ 평정대상자인 경찰공무원이 전보된 경우에는 그 경찰공무원의 근무성적 평정표를 전보된 기관에 이관하여야 한다. 다만, 평정기관을 달리하는 기관으로 전보된 후 2개월 이내에 정기평정을 할 때에는 전출기관에서 전출 전까지의 근무기간에 대한 근무성적을 평정하여 이관하여야 하며, 전입기관에서는 받은 평정 결과를 고려하여 평정하여야 한다.

⑤ 정기평정 이후에 신규채용되거나 승진임용된 경찰공무원에 대해서는 **2개월이 지난 후부터 근무성적을 평정하여야 한다.** 21 경간

제9조(경력평정) ① 경찰공무원의 경력 평정은 제5조에 따른 승진소요 최저근무연수가 지난 총경 이하의 경찰공무원(제11조제2항 단서에 해당하는 경찰공무원은 제외한다)이 해당 계급에서 근무한 연수(年數)에 대하여 실시하며, 경력 평정 결과는 승진대상자 명부 작성에 반영한다.

② 경력 평정은 해당 경찰공무원의 인사기록을 기준으로 하여 실시하며, 필요하다고 인정될 때에는 인사기록이 정확한지를 조회·확인할 수 있다.

③ 경력 평정은 기본경력과 초과경력으로 구분하여 실시하되, 계급별로 기본경력과 초과경력에 포함되는 기간은 다음 각 호와 같다.

1. 기본경력
   가. 총경·경정·경감: 평정기준일부터 최근 4년간
   나. 경위·경사: 평정기준일부터 최근 3년간
   다. 경장: 평정기준일부터 최근 2년간
   라. 순경: 평정기준일부터 최근 1년 6개월간

2. 초과경력
   가. 총경: 기본경력 전 3년간
   나. 경정·경감: 기본경력 전 5년간
   다. 경위: 기본경력 전 4년간
   라. 경사: 기본경력 전 1년 6개월간
   마. 경장: 기본경력 전 1년간

바. 순경: 기본경력 전 6개월간
④ 경력 평정의 시기, 방법, 기간 계산, 그 밖에 필요한 사항은 행정안전부령으로 정한다.

경찰공무원 승진임용규정 시행규칙(행정안전부령)

제4조(근무성적 평정 등의 시기) ① 영 제7조에 따른 근무성적 평정, 영 제9조에 따른 경력 평정은 **연 1회 실시한다.** 21 경간
② 근무성적 평정은 10월 31일을 기준으로 하고, **경력 평정은 12월 31일**을 기준으로 한다. 다만, **총경과 경정의 경력 평정은 10월 31일**을 기준으로 한다.

제6조(근무성적 평정자) ① 근무성적 평정자는 **3명**으로 하되, 21 경간 제1차평정자는 평정대상자의 바로 위 감독자가 되고, 제2차평정자는 제1차평정자의 바로 위 감독자가 되며, 제3차평정자는 제2차 평정자의 바로 위 감독자가 된다.
② 제1항에도 불구하고 경찰청장은 평정자를 특정하기가 곤란하다고 인정하는 경우에는 따로 평정자를 지정할 수 있다.

제7조(근무성적의 평정 방법) ① 근무성적의 **총평정점은 50점을 만점**으로 한다.
② 총경인 경찰공무원의 근무성적 평정점은 영 제7조제2항제2호에 따른 제2 평정 요소(이하 "제2평정요소"라 한다)에 대하여 제1차 평정자가 20점을 최고점으로 하여 평정한 점수와 제2차 평정자와 제3차 평정자가 각각 15점을 최고점으로 하여 평정한 점수를 합산한다.
③ 경정 이하 경찰공무원의 근무성적 평정점은 다음 각 호의 방법으로 영 제7조 제2항 제1호에 따른 제1 평정 요소(이하 "제1평정요소"라 한다)와 제2평정요소에 대한 평정점을 산정하여 합산한다.
  1. 제1평정요소에 대한 평정점은 30점을 최고점으로 하고, 제2평정요소에 대한 평정점은 20점을 최고점으로 한다.
  2. 제1평정요소에 대해서는 제1차평정자가 30점을 최고점으로 하여 평정한 점수를 제2차평정자와 제3차평정자가 확인한다. 이 경우 평정 기준은 별표 1의 기준을 따른다.
  3. 제2평정요소에 대해서는 제1차평정자가 10점을 최고점으로 하여 평정한 점수와 제2차평정자와 제3차평정자가 각각 5점을 최고점으로 하여 평정한 점수를 합산한다.

제9조의2(근무성적 평정 결과의 통보 및 이의신청) ① **경찰청장은** 다음 각 호의 근무성적 평정 결과를 평정 대상 경찰공무원에게 **통보할 수 있다.**
  1. 제1평정요소에 대한 평정점(경정 이하 경찰공무원에 한한다)
  2. 제2평정요소에 대한 평정점의 분포비율에 따른 등급
  3. 그 밖에 경찰청장이 통보가 필요하다고 인정하는 사항
② 평정 대상 경찰공무원은 제1항 제1호의 근무성적 평정 결과에 이의가 있는 경우에는 제2차 평정자에게 이의를 신청할 수 있다.
③ 제2항에 따라 이의 신청을 받은 제2차 평정자는 이의 신청의 내용이 타당하다고 판단하는 경우에는 해당 경찰공무원에 대한 제1항 제1호의 근무성적 평정 결과를 조정할 수 있으며, 이의 신청을 받아들이지 않는 경우에는 그 사유를 해당 경찰공무원에게 설명하여야 한다.

제10조(경력평정 대상 기간의 계산) ① 경력 평정 대상 기간 중 다음 각 호의 기간은 평정에서 제외한다.
  1. 제2항제1호 및 제2호에 해당하는 휴직기간 및 직위해제기간을 제외한 휴직기간·정직기간 또는 직위해제기간
  2. 경찰대학을 졸업하고 경위로 임용된 사람이 「의무경찰대 설치 및 운영에 관한 법률」 제2조의3

> 　　　제2항에 따라 의무경찰대 대원으로 복무한 기간
> ② 다음 각 호의 기간은 해당 계급의 경력 평정 대상 기간에 산입한다.
> 　1. 영 제5조제2항제1호에 따라 승진소요 최저근무연수에 산입되는 휴직기간
> 　2. 영 제5조제2항제2호에 따른 직위해제기간
> 　3. 퇴직한 경찰공무원이 퇴직 당시의 계급 또는 그 이하의 계급에 재임용되는 경우 제4조제2항에 따른 경력 평정 기준일 전 10년 이내의 기간 중 재임용된 계급 이상으로 근무하였던 기간
> 　4. 시보임용기간
> 　5. 영 제5조제4항부터 제8항까지의 규정에 따라 승진소요연수에 산입되는 기간
> ③ 경력 평정 대상 기간은 경력기간을 월 단위로 계산하되, 15일 이상은 1개월로 하고 15일 미만은 경력에 산입하지 아니한다.

(4) 전직과 강임

전직은 동일한 계급 하에서 직렬을 달리하는 임용을 말하며, 강임은 하위 등급의 직위로 이동하는 내부임용의 한 유형을 말한다. **전직과 강임은 경찰공무원에게는 적용되지 않는다.** 18 승진

(5) 전보

① 전보의 기간이나 시기를 일정하게 정해 놓아야 안정된 심리상태 속에서 업무수행이 가능하다. 15 승진
② 전보의 목적은 같은 직위에 장기적으로 근무함으로써 생기는 무기력현상을 막고 신선한 자극을 주어 활력이 넘치는 업무수행으로 조직 효과성을 높이는 데 있다. 15 승진

> **제26조(전보)** 임용권자 또는 임용제청권자는 장기근무 또는 잦은 전보로 인한 업무 능률 저하를 방지하기 위하여 특별한 사정이 없으면 **정기적으로 전보를 실시하여야 한다.**
>
> **제27조(전보의 제한)** ① 임용권자 또는 임용제청권자는 소속 경찰공무원이 해당 직위에 임용된 날부터 **1년 이내**(감사업무를 담당하는 경찰공무원의 경우에는 **2년 이내**)에 **다른 직위에 전보할 수 없다.** 다만, 다음 각 호의 어느 하나에 해당하는 경우에는 그러하지 아니하다. (**감찰관은 2년 내에 의사에 반하여 전보 불가**) 15 승진 18 승진
> 　1. 직제상 **최저단위**인 보조기관 또는 보좌기관 내에서 전보하는 경우 12 승진
> 　2. 경찰청과 소속기관등 또는 **소속기관등 상호 간의 교류**를 위하여 전보하는 경우
> 　3. **기구의 개편**, 직제 또는 정원의 변경으로 해당 경찰공무원을 전보하는 경우 12 승진
> 　4. **승진임용**된 경찰공무원을 전보하는 경우
> 　5. **전문직위**로 경찰공무원을 전보하는 경우
> 　6. **징계처분**을 받은 경우
> 　7. 형사사건에 관련되어 **수사기관에서 조사를 받고 있는 경우**
> 　8. 경찰공무원으로서의 품위를 크게 손상하는 **비위(非違)로 인한 감사 또는 조사가 진행 중**이어서 해당 직위를 유지하는 것이 부적절하다고 판단되는 경찰공무원을 전보하는 경우
> 　9. 경찰기동대 등 경비부서에서 **정기적으로 교체**하는 경우
> 　10. 교육훈련기관의 교수요원으로 보직하는 경우 12 승진

11. **시보임용** 중인 경우
12. 신규채용된 경찰공무원을 **해당 계급의 보직관리기준에 따라 전보**하는 경우 및 이와 관련한 전보의 경우
13. **감사담당** 경찰공무원 가운데 **부적격자로 인정**되는 경우(**정보담당X**) 12 승진
14. **경정 이하**의 경찰공무원을 배우자 또는 직계존속이 거주하는 시·군·자치구 지역의 경찰기관으로 전보하는 경우
15. **임신 중**인 경찰공무원 또는 **출산 후 1년이 지나지 않은** 경찰공무원의 모성보호, 육아 등을 위하여 필요한 경우

② 법 제22조제2항에 따른 교육훈련기관의 **교수요원**으로 임용된 사람은 그 임용일부터 **1년 이상 3년 이하**의 범위에서 경찰청장이 정하는 기간 안에는 **다른 직위에 전보할 수 없다**. 다만, 기구의 개편, 직제·정원의 변경이나 교육과정의 개편 또는 폐지가 있거나 교수요원으로서 부적당하다고 인정될 때에는 그렇지 않다.

③ 섬, 외딴곳 등 **특수지역**에 임용된 경찰공무원은 그 채용일부터 **5년의 범위**에서 경찰청장이 정하는 기간(**휴직기간, 직위해제기간 및 정직기간은 포함하지 않는다**) 안에는 채용조건에 해당하는 기관 또는 부서 외의 기관 또는 부서로 전보할 수 없다.

경찰공무원 임용령 - 대통령령

제25조(전문직위에 임용된 경찰공무원의 전보제한 등) ① 임용권자 또는 임용제청권자는 「공무원임용령」 제43조의3에 따른 **전문직위**(이하 "전문직위"라 한다)에 임용된 경찰공무원을 해당 직위에 임용된 날부터 **3년의 범위**에서 경찰청장이 정하는 기간이 **지나야 다른 직위에 전보할 수 있다.** 다만, 직무수행요건이 같은 직위 간의 전보 등 경찰청장이 정하는 경우에는 기간에 관계없이 전보할 수 있다.

② 제1항에서 규정한 사항 외에 전문직위의 지정, 전문직위 전문관의 선발 및 관리 등 전문직위의 운영에 필요한 사항은 경찰청장이 따로 정한다.

(6) 휴직 및 복직

1) 휴직

공무원으로서 신분을 유지하면서 일정 기간 동안 직무를 담당하지 않는 것을 말한다. 직위해제와 달리 제재적 성격이 없고, 복직이 보장된다.

국가공무원법

제71조(휴직)

[**직권휴직**] ① 공무원이 다음 각 호의 어느 하나에 해당하면 임용권자는 본인의 의사에도 불구하고 **휴직을 명하여야 한다.** 13·15 경간, 17 승진

1. 신체·정신상의 장애로 장기 요양이 필요할 때 → 휴직기간은 **1년 이내**로 하되, 부득이한 경우 **1년의 범위**에서 연장할 수 있다. 다만, 「공무원 재해보상법」상 요양급여 지급 대상 부상 또는 질병, 「산업재해보상보험법」상 요양급여 결정 대상 질병 또는 부상에 해당하는 공무상 질병 또는 부상으로 인한 휴직기간은 **3년 이내**로 하되, 의학적 소견을 고려하여 대통령령 등으로 정하는 바에 따라 **2년의 범위**에서 연장이 가능하다.

3. 「병역법」에 따른 병역 복무를 마치기 위하여 징집 또는 소집된 때
   → 휴직 기간은 그 복무 기간이 끝날 때까지 18·19 승진
4. 천재지변이나 전시·사변, 그 밖의 사유로 생사 또는 소재가 불명확하게 된 때 → 휴직 기간은 3개월 이내로 한다. 17 승진 19 경간

> **경찰공무원법 제29조(실종된 경찰공무원의 휴직기간)** ① 「국가공무원법」 제71조제1항제4호의 사유로 인한 경찰공무원의 휴직기간은 같은 법 제72조제3호에도 불구하고 **법원의 실종선고를 받는 날까지**로 한다.
> ② 제1항에 따른 휴직자가 있는 경우에는 그 휴직자의 계급에 해당하는 정원이 따로 있는 것으로 보고, 결원을 보충할 수 있다.

5. 그 밖에 법률의 규정에 따른 의무를 수행하기 위하여 직무를 이탈하게 된 때
   → 휴직 기간은 그 복무 기간이 끝날 때까지
6. 「공무원의 노동조합 설립 및 운영 등에 관한 법률」 제7조에 따라 노동조합 전임자로 종사하게 된 때 → 휴직 기간은 그 **전임 기간**으로 한다.

[의원휴직] ② 임용권자는 공무원이 다음 각 호의 어느 하나에 해당하는 사유로 휴직을 원하면 **휴직을 명할 수 있다**. 다만, **제4호의 경우에는 대통령령으로 정하는 특별한 사정이 없으면 휴직을 명하여야 한다.** 15 경간

1. 국제기구, 외국 기관, 국내외의 대학·연구기관, 다른 국가기관 또는 대통령령으로 정하는 민간기업, 그 밖의 기관에 임시로 채용될 때 → 휴직 기간은 그 **채용 기간**으로 한다. 다만, 민간기업이나 그 밖의 기관에 채용되면 **3년** 이내로 한다. 19 경간
2. 국외 유학을 하게 된 때 → 휴직 기간은 **3년** 이내로 하되, 부득이한 경우에는 **2년**의 범위에서 연장할 수 있다. 17·18 승진, 19 경간
3. 중앙인사관장기관의 장이 지정하는 연구기관이나 교육기관 등에서 연수하게 된 때 → 휴직 기간은 **2년** 이내로 한다. 18·19 승진, 19 경간
4. 만 8세 이하 또는 초등학교 2학년 이하의 자녀를 양육하기 위하여 필요하거나 여성공무원이 임신 또는 출산하게 된 때 → 자녀 1명에 대하여 **3년** 이내로 한다. 19 승진
5. 조부모, 부모(배우자의 부모를 포함한다), 배우자, 자녀 또는 손자녀를 부양하거나 돌보기 위하여 필요한 경우. 다만, 조부모나 손자녀의 돌봄을 위하여 휴직할 수 있는 경우는 본인 외에 돌볼 사람이 없는 등 대통령령등으로 정하는 요건을 갖춘 경우로 한정한다. → 휴직 기간은 **1년** 이내로 하되, 재직 기간 중 총 **3년**을 넘을 수 없다. 17 승진
6. 외국에서 근무·유학 또는 연수하게 되는 배우자를 동반하게 된 때 → 휴직 기간은 **3년** 이내로 하되, 부득이한 경우에는 **2년**의 범위에서 연장할 수 있다. 19 경간, 19 승진
7. 대통령령등으로 정하는 기간 동안 재직한 공무원이 직무 관련 연구과제 수행 또는 자기개발을 위하여 학습·연구 등을 하게 된 때 → 휴직 기간은 **1년** 이내로 한다. 18 승진, 19 경간

제73조(휴직의 효력) ① 휴직 중인 공무원은 **신분은 보유하나 직무에 종사하지 못한다.** 19 승진
② 휴직 기간 중 그 사유가 없어지면 **30일** 이내에 임용권자 또는 임용제청권자에게 신고하여야 하며, 임용권자는 지체 없이 복직을 명하여야 한다. 17·19 승진
③ 휴직 기간이 끝난 공무원이 30일 이내에 복귀 신고를 하면 당연히 복직된다. 19 승진

[휴직기간 중 봉급] - 공무원보수규정

> **제28조(휴직기간 중의 봉급 감액)** ① 「국가공무원법」 제71조제1항제1호(**신체·정신상의 장애로 장기요양이 필요할 때**)에 따라 휴직한 공무원에게는 다음 각 호의 구분에 따라 **봉급**(외무공무원의 경우에는 휴직 직전의 봉급을 말한다. 이하 이 조에서 같다)**의 일부를 지급한다**. 다만, **공무상 질병 또는 부상으로 휴직한 경우에는 그 기간 중 봉급 전액을 지급한다.**
> 1. 휴직 기간이 1년 이하인 경우: 봉급의 70퍼센트
> 2. 휴직 기간이 1년 초과 2년 이하인 경우: 봉급의 50퍼센트
> ② 외국유학 또는 1년 이상의 국외연수를 위하여 휴직한 공무원에게는 그 기간 중 봉급의 50퍼센트를 지급할 수 있다. 이 경우 교육공무원을 제외한 공무원에 대한 지급기간은 2년을 초과할 수 없다.
> ③ 「국가공무원법」 제47조제3항에 따라 각급 행정기관의 장은 소속 공무원이 휴직 목적과 달리 휴직을 사용한 경우에는 제1항 및 제2항에 따라 받은 봉급에 해당하는 금액을 징수하여야 한다.
> ④ 제1항 및 제2항에 규정되지 않은 휴직의 경우에는 봉급을 지급하지 아니한다.

2) 복직

> **경찰공무원법**
> **제2조(정의)** 이 법에서 사용하는 용어의 정의는 다음과 같다.
> 3. "**복직**"이란 휴직·직위해제 또는 정직(강등에 따른 정직을 포함한다) 중에 있는 경찰공무원을 직위에 복귀시키는 것을 말한다.

(7) **직위해제**

① 공무원 본인에게 직위를 계속 유지시킬 수 없는 사유가 있는 경우에 **직위만을 부여하지 아니하는 것으로 휴직과는 달리 제재적 성격** 지닌 보직의 해제로 **복직이 보장되지 않는다.** 16·21 승진

② **직위해제가 되면 직무에 종사하지 못하고, 출근의무도 없다.** 16 승진

③ **직위해제는 징계벌과는 그 성질을 달리**하므로 동일한 사유를 이유로 직위해제 후 징계 또는 징계 후 직위해제를 하더라도 **일사부재리의 원칙이나 이중처벌금지의 원칙에 위배되지 않는다.** 13 경간

④ **직위해제 기간은 승진소요 최저근무연수에 산입되지 않는다.** 21 승진

> **국가공무원법**
> **제73조의3(직위해제)** ① 임용권자는 다음 각 호의 어느 하나에 해당하는 자에게는 **직위를 부여하지 아니할 수 있다.** 12 승진, 15 2차, 15 경간, 17 경찰특공대, 23 1차
> 2. **직무수행 능력이 부족하거나 근무성적이 극히 나쁜 자** → **봉급의 80% 지급** 13 경간, 15 2차, 17 승진
> → 임용권자는 직무수행능력이 부족하거나 근무성적이 극히 나빠 직위해제된 자에게 **3개월의 범위에서 대기를 명한다.** 16 승진 대기 명령을 받은 자에게 능력 회복이나 근무성적의 향상을 위한 **교육훈련 또는 특별한 연구과제의 부여** 등 필요한 조치를 하여야 한다.

3. 파면·해임·강등 또는 정직에 해당하는 징계 의결이 요구 중인 자 → 봉급의 50% 지급 → 다만, 3개월이 지나도 직위를 부여받지 못한 경우에는 봉급의 30% 지급 12·17 승진 15 2차
4. 형사 사건으로 기소된 자(**약식명령**이 청구된 자는 **제외**한다) → 봉급의 50% 지급 17 승진 23 1차
   → 다만, 3개월이 지나도 직위를 부여받지 못한 경우에는 봉급의 30% 지급 15 2차
5. **고위공무원단에 속하는 일반직공무원**으로서 제70조의2제1항제2호부터 제5호까지의 사유로 **적격심사를 요구받은 자** → 봉급의 70% 지급 21 승진
   → 다만, 3개월이 지나도 직위를 부여받지 못한 경우에는 봉급의 40% 지급
6. 금품비위, 성범죄 등 대통령령으로 정하는 **비위행위로 인하여** 감사원 및 검찰·경찰 등 수사기관에서 **조사나 수사 중인 자**로서 비위의 정도가 중대하고 이로 인하여 정상적인 업무수행을 기대하기 현저히 어려운 자 → 봉급의 50% 지급
   → 다만, 3개월이 지나도 직위를 부여받지 못한 경우에는 봉급의 30% 지급

② 제1항에 따라 직위를 부여하지 아니한 경우에 그 사유가 **소멸되면 임용권자는 지체 없이 직위를 부여하여야 한다.** 16 승진 23 1차
③ 임용권자는 **제1항제2호**에 따라 직위해제된 자에게 **3개월의 범위에서 대기를 명한다.** 23 1차
④ 임용권자 또는 임용제청권자는 **제3항에 따라 대기 명령을 받은 자**에게 능력 회복이나 근무성적의 향상을 위한 교육훈련 또는 특별한 연구과제의 부여 등 필요한 조치를 하여야 한다.
⑤ 공무원에 대하여 **제1항제2호의 직위해제 사유와 같은 항 제3호·제4호 또는 제6호의 직위해제 사유가 경합**할 때에는 같은 항 **제3호·제4호 또는 제6호의 직위해제 처분을 하여야 한다.**

경찰공무원 승진임용규정(대통령령)

제5조(승진소요 최저근무연수) ② 휴직 기간, 직위해제 기간, 징계처분 기간 및 제6조제1항제2호에 따른 **승진임용 제한기간**은 제1항의 기간에 **포함하지 않는다.** 13 경간 다만, 다음 각 호의 기간은 제1항의 기간에 포함한다.
  2. 다음 각 목의 어느 하나에 해당하는 경우에 그 직위해제 기간
    가. 「국가공무원법」 제73조의3제1항제3호에 따라 직위해제처분을 받은 사람에 대한 징계 의결 요구에 대하여 **관할 징계위원회가 징계하지 아니하기로 의결한 경우**와 해당 직위해제처분의 사유가 된 징계처분이 **소청심사위원회의 결정 또는 법원의 판결에 따라 무효 또는 취소로 확정된 경우** 21 승진
    나. 「국가공무원법」 제73조의3제1항제4호에 따라 직위해제처분을 받은 사람의 처분 사유가 된 **형사사건이 법원의 판결에 따라 무죄로 확정된 경우**

5. 경찰공무원 관계의 소멸

(1) 퇴직 – 당연퇴직, 정년퇴직

임용권자의 처분에 의해서가 아니라 일정한 사유의 발생으로 당연히 공무원 관계가 소멸하는 것을 말한다. 임용결격사유에 해당하면 당연퇴직사유에 해당하는 것이 일반적이나, 제4호와 제6호는 아래 법조문에 해당하는 경우에만 당연퇴직 사유가 된다.

경찰공무원법

제27조(당연퇴직) 경찰공무원이 제8조제2항(신규채용 결격사유) 각 호의 어느 하나에 해당하게 된 경우에는 당연히 퇴직한다. 다만, 제8조 제2항 **제4호**는 파산선고를 받은 사람으로서「채무자 회생 및 파산에 관한 법률」에 따라 **신청기한 내에 면책신청을 하지 아니하였거나 면책불허가 결정 또는 면책 취소가 확정된 경우만 해당**하고, 제8조 제2항 **제6호**는「형법」제129조부터 제132조까지,「성폭력범죄의 처벌 등에 관한 특례법」제2조,「아동·청소년의 성보호에 관한 법률」제2조제2호 및 직무와 관련하여「형법」제355조 또는 제356조에 규정된 죄를 범한 사람으로서 **자격정지 이상의 형의 선고유예를 받은 경우만 해당**한다.

제29조(실종된 경찰공무원의 휴직기간) ①「국가공무원법」제71조제1항제4호의 사유로 인한 경찰공무원의 휴직기간은 같은 법 제72조제3호에도 불구하고 **법원의 실종선고를 받는 날까지**로 한다.
② 제1항에 따른 휴직자가 있는 경우에는 그 휴직자의 계급에 해당하는 정원이 따로 있는 것으로 보고, 결원을 보충할 수 있다.

제30조(정년) ① 경찰공무원의 정년은 다음과 같다. 17 1차
  1. **연령정년: 60세**
  2. **계급정년** 12 경간, 13 1차
     치안감: 4년
     경무관: 6년
     총경: 11년
     경정: 14년

② 징계로 인하여 **강등(경감으로 강등된 경우를 포함**한다)된 경찰공무원의 계급정년은 제1항제2호에도 불구하고 다음 각 호에 따른다.
  1. 강등된 계급의 계급정년은 강등되기 전 계급 중 가장 높은 계급의 계급정년으로 한다. 12 경간
  2. 계급정년을 산정할 때에는 강등되기 전 계급의 근무연수와 강등 이후의 근무연수를 합산한다. 12 경간

③ **수사, 정보, 외사, 보안, 자치경찰사무 등 특수 부문**에 근무하는 경찰공무원으로서 대통령령으로 정하는 바에 따라 지정을 받은 사람은 **총경 및 경정**의 경우에는 **4년의 범위**에서 대통령령으로 정하는 바에 따라 제1항제2호에 따른 **계급정년을 연장할 수 있다.** 13 1차

④ **경찰청장** 또는 해양경찰청장은 전시·사변이나 그 밖에 이에 준하는 **비상사태**에서는 **2년의 범위**에서 제1항제2호에 따른 **계급정년을 연장할 수 있다.** 이 경우 **경무관 이상**의 경찰공무원에 대해서는 **행정안전부장관** 또는 해양수산부장관과 **국무총리를 거쳐 대통령의 승인**을 받아야 하고, **총경·경정**의 경찰공무원에 대해서는 **국무총리를 거쳐 대통령의 승인**을 받아야 한다. 13·20 1차, 23 경간

⑤ 경찰공무원은 그 **정년이 된 날이 1월에서 6월 사이에 있으면 6월 30일에 당연퇴직**하고, **7월에서 12월 사이에 있으면 12월 31일에 당연퇴직한다.** 12 경간, 20 1차

⑥ 제1항제2호에 따른 계급정년을 산정할 때 제주특별자치도의 자치경찰공무원으로 근무한 경력이 있는 경찰공무원의 경우에는 그 계급에 상응하는 **자치경찰공무원으로 근무한 연수를 산입한다.**

📑 **관련 판례**

1. 당연퇴직의 경우에는 결격사유가 있어 법률상 당연퇴직되는 것이지 공무원관계를 소멸시키기 위한 별도의 **행정처분을 요하지 아니한다** 할 것이며 위와 같은 사유의 발생으로 당연퇴직의 인사발령이 있었다 하여도 이는 **퇴직사실을 알리는 이른바 관념의 통지에 불과하여 행정소송의 대상이 되지 아니한다.**(대판 91누2687)

2. 경찰공무원이 재직 중 자격정지 이상의 형의 선고유예를 받음으로써 경찰공무원법 제7조 제2항 제5호에 정하는 임용결격사유에 해당하게 되면, 같은 법 제21조의 규정에 의하여 임용권자의 별도의 행위(공무원의 신분을 상실시키는 행위)를 기다리지 아니하고 그 선고유예 판결의 확정일에 당연히 경찰공무원의 신분을 상실(당연퇴직)하게 되는 것이고, 나중에 선고유예기간(2년)이 경과하였다고 하더라도 이미 발생한 당연퇴직의 효력이 소멸되어 경찰공무원의 신분이 회복되는 것은 아니며, 한편 직위해제처분은 형사사건으로 기소되는 등 국가공무원법 제73조의2 제1항 각 호에 정하는 귀책사유가 있을 때 당해 공무원에게 직위를 부여하지 아니하는 처분이고, 복직처분은 직위해제사유가 소멸되었을 때 직위해제된 공무원에게 국가공무원법 제73조의2 제2항의 규정에 의하여 다시 직위를 부여하는 처분일 뿐, 이들 처분들이 공무원의 신분을 박탈하거나 설정하는 처분은 아닌 것이므로, **임용권자가 임용결격사유의 발생 사실을 알지 못하고 직위해제되어 있던 중 임용결격사유가 발생하여 당연퇴직된 자에게 복직처분을 하였다고 하더라도 이 때문에 그 자가 공무원의 신분을 회복하는 것은 아니다.**(대판 96누4275)

(2) 면직

면직은 임용권자의 결정에 의하여 공무원의 지위를 상실시키는 것을 말한다. 면직에는 **강제면직**(직권면직, 징계면직 - 파면, 해임)과 **의원면직**으로 구분할 수 있다.

1) 의원면직

경찰공무원의 **의사표시**에 의해 임용권자가 **수리**라는 절차를 거쳐 공무원 관계가 소멸되는 **쌍방적 행정행위**를 말한다. 서면으로 사직서를 제출하고 수리가 되어야 효력이 발생한다. 사직서를 제출하였어도 수리가 되지 않은 상태에서 직장을 무단이탈하면 징계 및 형사책임의 사유가 된다.

2) 강제면직(직권면직, 징계면직)

경찰공무원법

제28조(직권면직) ① 임용권자는 경찰공무원이 다음 각 호의 어느 하나에 해당될 때에는 **직권으로 면직시킬 수 있다.** 08 경간, 13·19 승진 24 경간

징계위원회 동의가 필요하지 않은 경우(객관적 사유) 11 2차, 19 승진
1. 직제와 정원의 개폐 또는 예산의 감소 등에 따라 **폐직 또는 과원**이 되었을 때
2. 휴직 기간이 끝나거나 휴직 사유가 소멸된 후에도 **직무에 복귀하지 아니하거나 직무를 감당할 수 없을 때**
3. 해당 경과에서 직무를 수행하는 데 필요한 **자격증의 효력이 상실되거나 면허가 취소**되어 담당 직무를 수행할 수 없게 되었을 때

징계위원회 동의가 필요한 경우(주관적 사유) 10·11 2차, 19·21 승진, 22 1차
1. 경찰공무원으로는 부적합할 정도로 **직무 수행능력이나 성실성이 현저하게 결여**된 사람으로서 대통령령으로 정하는 사유에 해당된다고 인정될 때
   ① 지능저하 또는 판단력 부족으로 경찰업무를 감당할 수 없는 경우
   ② 책임감의 결여로 직무수행에 성의가 없고 위험한 직무에 당하여 고의로 직무수행을 기피 또는 포기하는 경우
2. 직무를 수행하는 데에 위험을 일으킬 우려가 있을 정도의 **성격적 또는 도덕적 결함**이 있는 사람으로서 대통령령으로 정하는 사유에 해당된다고 인정될 때
   ① 인격장애, 알코올, 약물중독 그 밖의 정신장애로 인하여 경찰업무를 감당할 수 없는 경우

② 사행행위 또는 재산의 낭비로 인한 채무과다, 부정한 이성관계 등 도덕적 결함이 현저하여 타인의 비난을 받을 경우
3. 제73조의3제3항에 따라 대기 명령을 받은 자(**직무수행 능력이 부족하거나 근무성적이 극히 나쁜 자로 3개월의 범위에서 대기를 명령받은 자**)가 그 기간에 **능력 또는 근무성적의 향상을 기대하기 어렵다고 인정된 때**

5. 경찰공무원의 권리와 의무

(1) 경찰공무원의 권리

| 신분상 권리 08경간 | 일반적 권리 | 1. 신분보유권
국가공무원법 제68조(의사에 반한 신분 조치) 공무원은 형의 선고, 징계처분 또는 이 법에서 정하는 사유에 따르지 아니하고는 본인의 의사에 반하여 휴직·강임 또는 면직을 당하지 아니한다. 다만, 1급 공무원과 제23조에 따라 배정된 직무등급이 가장 높은 등급의 직위에 임용된 고위공무원단에 속하는 공무원은 그러하지 아니하다. 22 승진

경찰공무원법 제36조(「국가공무원법」과의 관계) ① 경찰공무원에 대해서는 「국가공무원법」 제73조의4, 제76조제2항부터 제5항까지의 규정을 적용하지 아니하며, 치안총감과 치안정감에 대해서는 「국가공무원법」 제68조 본문을 적용하지 아니한다.

→ 경찰공무원은 신분보유권을 가진다. 다만, **치안총감, 치안정감, 시보임용 중인 경찰공무원은 신분보장이 되지 않는다.** 06 승진, 08 경간

2. 직위보유권
계급에 맞는 일정한 직위를 부여받을 권리를 가지며, 법이 정한 사유가 아니고서는 직위를 해제당하지 않고 직위 해제가 된 경우에도 그 해제 사유가 소멸되면 지체 없이 직위를 부여받을 권리를 말한다.

3. 직무수행권
경찰공무원은 자기가 담당하는 직무를 방해받지 아니하고 수행할 권리를 갖는다. 이를 방해하는 자는 형법 제136조와 제137조에 따라 공무집행방해죄에 의거해 처벌받게 된다. 16 승진

4. 쟁송제기권
경찰공무원은 위법, 부당하게 권리가 침해된 경우에는 소청심사와 행정쟁송을 제기할 권리가 있다.(소청심사청구권, 행정소송권 등) 16 승진 |
| | 특수한 권리 | **제복착용권 - 경찰공무원의 권리이자 의무** 08·11 경간

1. 무기휴대권(경찰공무원법에 규정) 08 경간, 10 1차, 12·15 3차, 16 승진, 19 특채

제26조(복제 및 무기 휴대) ① 경찰공무원은 **제복을 착용하여야 한다.**
② 경찰공무원은 직무 수행을 위하여 필요하면 **무기를 휴대할 수 있다.**
③ 경찰공무원의 복제에 관한 사항은 **행정안전부령** 또는 해양수산부령으로 정한다. 12 3차, 24 경간 |

2. **무기사용권**(경찰관직무집행법 10조의 4, 무기사용에서 규정) 08 경간, 10 1차, 12·15 3차, 16 승진, 19 특채

3. **장구사용권**(경찰관직무집행법 10조의 2, 경찰장구의 사용에서 규정)

> 경찰공무법의 규정 취지는 경찰공무원이 직무수행을 위하여 필요하다고 인정되는 경우에 한하여 무기를 휴대할 수 있다는 것뿐이지, 경찰관이라 하여 허가 없이 개인적으로 총포 등을 구입하여 소지하는 것을 허용하는 것은 아니다.(대판 95도2408)

재산상 권리 08경간 06승진

1. **보수청구권**
   ① **봉급과 각종 수당을 합산한 금액을 보수**라고 함(봉급이란 직무의 곤란성과 책임의 정도에 따라 직책별로 지급되는 기본급여를 말하며, 수당이란 직무여건 및 생활여건 등에 따라 지급되는 부가급여를 말한다.)
   ② 경찰공무원의 보수에 관한 법령은 **대통령령인 공무원 보수규정**에서 규정
   ③ 보수청구권은 포기나 양도가 금지되고, 보수에 대한 압류는 **1/2까지로 제한**
   ④ **국가재정법**상 보수청구권의 소멸시효는 **5년**, 판례상 소멸시효는 **3년**
   ⑤ 보수를 거짓이나 그 밖의 부정한 방법으로 수령한 경우에는 수령한 금액의 **5배의 범위에서 가산하여 징수할 수 있다.**(국가공무원법 47조, 제3항)
   ⑥ 공무원수당 등에 관한 규정

   > **7조의2(성과상여금 등)** ① 소속 장관은 별표 2의2(**경감 이하**)에 따른 공무원 중 근무성적, 업무실적 등이 우수한 사람에게는 예산의 범위에서 성과상여금을 지급한다.
   > ⑩ 「국가공무원법」 제47조제3항에 따라 각급 행정기관의 장은 소속 공무원이 제1항에 따른 성과상여금을 **거짓이나 그 밖의 부정한 방법으로 지급**(지급받은 성과상여금을 다시 배분하는 행위를 포함한다. 이하 이 항에서 같다) **받은 때에는 그 지급받은 성과상여금에 해당하는 금액을 징수하고, 1년의 범위에서 성과상여금을 지급하지 아니한다.**

2. **연금청구권(공무원연금법)**

   > **제1조(목적)** 이 법은 공무원의 퇴직, 장해 또는 사망에 대하여 적절한 급여를 지급하고 후생복지를 지원함으로써 공무원 또는 그 유족의 생활안정과 복지 향상에 이바지함을 목적으로 한다. 16 승진
   > **제29조(급여사유의 확인 및 급여의 결정)** ① 각종 급여는 그 급여를 받을 권리를 가진 사람의 신청에 따라 **인사혁신처장의 결정으로 공단이 지급한다.** 다만, 제59조에 따른 장해연금 또는 장해일시금, 제63조제3항 및 제4항에 따른 급여제한사유 해당 여부 등 대통령령으로 정하는 사항은 「공무원 재해보상법」 제6조에 따른 공무원재해보상심의회의 심의를 거쳐야 한다.
   > ② 제1항에 따른 급여의 결정에 관한 인사혁신처장의 권한은 대통령령으로 정하는 바에 따라 공단에 위탁할 수 있다.

   > **공무원 연금법 시행령 – 대통령령**
   > **제25조(급여결정권한의 위탁)** 인사혁신처장은 법 제29조제2항에 따라 같은 조 제1항에 따른 급여의 결정에 관한 권한을 공단에 위탁한다.

   > **제87조(심사의 청구)** ② 제1항의 심사 청구는 급여에 관한 결정 등이 **있었던 날부터 180일**, 그 사실을 **안 날부터 90일** 이내에 하여야 한다. 다만, 정당한 사유가 있어 그 기간에 심사 청구를 할 수 없었던 것을 증명한 경우는 예외로 한다.

> **제88조(시효)** ① 이 법에 따른 급여를 받을 권리는 **급여의 사유가 발생한 날부터 5년간 행사하지 아니하면 시효로 인하여 소멸한다.**

3. 보상청구권(공무원 재해보상법)

> **제1조(목적)** 이 법은 공무원의 공무로 인한 **부상·질병·장해·사망**에 대하여 적합한 보상을 하고, 공무상 재해를 입은 공무원의 재활 및 직무복귀를 지원하며, 재해예방을 위한 사업을 시행함으로써 공무원이 직무에 전념할 수 있는 여건을 조성하고, 공무원 및 그 유족의 복지 향상에 이바지함을 목적으로 한다.
>
> **제9조(급여의 청구 및 결정)** ① 제8조에 따른 급여를 받으려는 사람은 **인사혁신처장**에게 급여를 청구하여야 한다.
> ③ 인사혁신처장은 제1항에 따른 급여의 청구를 받으면 급여의 요건을 확인한 후 급여를 결정하고 지급한다.
>
> **제54조(시효)** ① 이 법에 따른 급여를 받을 권리는 그 급여의 사유가 발생한 날부터 **요양급여·재활급여·간병급여·부조급여는 3년간**, 그 밖의 급여는 **5년간** 행사하지 아니하면 시효로 인하여 소멸한다. 21 승진

4. 실비변상 청구권
공무원이 직무를 수행하면서 개인 비용으로 구입한 것이 있을 경우, 실제 사용한 비용의 환급을 청구할 수 있는 권리

5. 보급품 수령권
경찰공무원이 제복 및 기타 물품을 수령받을 권리

6. 실물대여청구권
급·대여품(개인피복 및 공용피복 및 장구)을 실물대여 받을 권리

[공무원직장협의회 - 공무원직장협의회의 설립·운영에 관한 법률]

> **제1조(목적)** 이 법은 공무원의 근무환경 개선, 업무능률 향상 및 고충처리 등을 위한 직장협의회의 설립과 운영에 관한 기본적인 사항을 규정함을 목적으로 한다.
>
> **제2조(설립)** ① 국가기관, 지방자치단체 및 그 하부기관에 근무하는 공무원은 **직장협의회**(이하 "협의회"라 한다)를 설립할 수 있다.
> ② 협의회는 기관 단위로 설립하되, **하나의 기관에는 하나의 협의회만을 설립할 수 있다.**
> ③ 협의회를 설립한 경우 그 대표자는 소속 기관의 장(이하 "기관장"이라 한다)에게 설립 사실을 통보하여야 한다.
>
> **제3조(가입 범위)** ① **협의회에 가입할 수 있는 공무원**의 범위는 다음 각 호와 같다.
> 1. 일반직공무원
> 2. 특정직공무원 중 다음 각 목의 어느 하나에 해당하는 공무원
>   가. 외무영사직렬·외교정보기술직렬 외무공무원
>   **나. 경찰공무원(경감 이하X)**
>   다. 소방공무원

    5. 별정직공무원
② 제1항에도 불구하고 다음 각 호의 어느 하나에 해당하는 **공무원은 협의회에 가입할 수 없다.**
    2. 업무의 주된 내용이 **지휘·감독권을 행사하거나 다른 공무원의 업무를 총괄하는 업무에 종사하는 공무원**
    3. 업무의 주된 내용이 **인사, 예산, 경리, 물품출납, 비서, 기밀, 보안, 경비 및 그 밖에 이와 유사한 업무에 종사하는 공무원**

제5조(협의회등의 기능) ① 협의회 및 연합협의회(이하 "협의회등"이라 한다)는 소속 기관장 또는 제2조의2제1항 각 호의 기관의 장과 다음 각 호의 사항을 협의한다.
    1. 해당 기관 고유의 근무환경 개선에 관한 사항
    2. 업무능률 향상에 관한 사항
    3. 소속 공무원의 공무와 관련된 **일반적(개별적X) 고충에 관한 사항**
    4. 소속 공무원의 모성보호 및 일과 가정생활의 양립을 지원하기 위한 사항
    5. 기관 내 성희롱, 괴롭힘 예방 등에 관한 사항
    6. 그 밖에 기관의 발전에 관한 사항

공무원직장협의회의 설립·운영에 관한 법률 시행령
제12조(협의회 전임공무원의 금지) 협의회에는 **협의회의 업무를 전담하는 공무원은 둘 수 없다.**

(2) 경찰공무원의 의무 08 1차, 10·11 승진, 12 2차, 14·15·19·20·21·22 경간

국가공무원법	일반의무	① **선서의무** 제55조(선서) 공무원은 취임할 때에 **소속 기관장 앞에서** 대통령령등으로 정하는 바에 따라 **선서하여야 한다.** 다만, 불가피한 사유가 있으면 취임 후에 선서하게 할 수 있다. 18 2차 ② **성실의무** 12 경간, 19 특채 제56조(성실 의무) 모든 공무원은 법령을 준수하며 성실히 직무를 수행하여야 한다. 성실의무는 공무원의 **기본적 의무로서 모든 의무의 원천**이 되는 바, 이와 관련하여 법률상 명시적 규정이 있다. 11·13 승진, 11 경간, 14 1차
	직무상 의무 19 승진	① **법령준수의무** 제56조(성실 의무) 모든 공무원은 법령을 준수하며 성실히 직무를 수행하여야 한다. 19 2차 ② **복종의 의무** 제57조(복종의 의무) 공무원은 직무를 수행할 때 **소속 상관**의 직무상 명령에 복종하여야 한다. 19 2차 → 복종의 의무와 관련하여 개정 「**국가경찰과 자치경찰의 조직 및 운영에 관한 법률**」(경찰공무원법X)은 구체적 사건수사와 관련된 소속 상관의 지휘·감독에 대한 경찰공무원의 이의제기권을 명문화하였다. 13·19 승진, 17 2차, 18 특채 → 소속 상관은 신분상의 상관이 아니라 **직무상 상관**을 의미함

→ 직무상 명령에는 직무와 직접 관계있는 사항뿐만 아니라 간접적으로 관련되는 사항까지도 대상이다.(복장, 두발 등)
→ 직무명령이 명백히 위법한 경우에는 복종할 의무가 없다. 만약, 거부하지 않고 복종하면 법적책임을 진다.

③ 직무전념의무

> 제58조(직장 이탈 금지) ① 공무원은 **소속 상관의 허가** 또는 정당한 사유가 없으면 직장을 이탈하지 못한다. 11·14 승진, 15·17·18·19 2차, 17 경간
> ② 수사기관이 공무원을 구속하려면 그 **소속 기관의 장에게 미리 통보**하여야 한다. 다만, **현행범은 그러하지 아니하다.** 11 승진
>
> 제64조(영리 업무 및 겸직 금지) ① 공무원은 공무 외에 영리를 목적으로 하는 업무에 종사하지 못하며 **소속 기관장의 허가 없이 다른 직무를 겸할 수 없다.** 12 3차, 14 승진, 16 1차, 19 승진, 17 경기북부여경, 17 2차

④ 친절공정의무 17 경간
국가공무원법에 규정된 법적의무이므로 위반 시 징계 등의 사유가 된다.

> 제59조(친절·공정의 의무) 공무원은 국민 전체의 봉사자로서 친절하고 공정하게 직무를 수행하여야 한다.

⑤ 종교중립의무 10·14 1차, 23 승진

> 제59조의2(종교중립의 의무) ① 공무원은 종교에 따른 차별 없이 직무를 수행하여야 한다.
> ② 공무원은 소속 상관이 제1항에 위배되는 직무상 명령을 한 경우에는 **이에 따르지 아니할 수 있다.** 18 특채, 19 승진

국가공무원법

신분상 의무 19 특채

① 비밀엄수의무
비밀엄수의무 위반은 징계의 원인이 될 뿐만 아니라 형법상 처벌대상이 된다.(공무상비밀누설죄, 피의사실공표죄) → **퇴직 후에도 형사처벌은 가능함** 12 경간
비밀의 범위에는 직무와 관련하여 알게 된 모든 비밀도 포함한다.(비밀로서 **실질적 보호가치가 있는 것만을 의미**) 12 경간

> 제60조(비밀 엄수의 의무) 공무원은 재직 중은 물론 **퇴직 후에도** 직무상 알게 된 비밀을 엄수하여야 한다. 11·13·19 승진, 14 1차, 15 2차, 23 승진

② 청렴의무

> 제61조(청렴의 의무) ① 공무원은 **직무와 관련하여 직접적이든 간접적이든 사례·증여 또는 향응을 주거나 받을 수 없다.** 12 3차, 13·19 승진, 17 경기북부여경, 18 2차, 23 승진
> ② 공무원은 **직무상의 관계가 있든 없든** 그 소속 상관에게 증여하거나 소속 공무원으로부터 증여를 받아서는 아니 된다. 12 경간, 14 승진, 15 2차, 17 경기북부여경

③ 품위유지의무

> 제63조(품위 유지의 의무) 공무원은 **직무의 내외를 불문**하고 그 품위가 손상되는 행위를 하여서는 아니 된다. 17 경기북부여경

국가공무원법

④ 정치운동금지의무
벌칙: 3년 이하의 징역과 3년 이하의 자격정지

> 제65조(정치 운동의 금지) ① 공무원은 정당이나 그 밖의 정치단체의 결성에 관여하거나 이에 가입할 수 없다. 16 1차
> ② 공무원은 선거에서 특정 정당 또는 특정인을 지지 또는 반대하기 위한 다음의 행위를 하여서는 아니 된다.
>   1. 투표를 하거나 하지 아니하도록 **권유** 운동을 하는 것
>   2. 서명 운동을 기도·주재하거나 **권유**하는 것
>   3. **문서나 도서를 공공시설** 등에 게시하거나 게시하게 하는 것 14 승진
>   4. **기부금**을 모집 또는 모집하게 하거나, 공공자금을 이용 또는 이용하게 하는 것
>   5. 타인에게 정당이나 그 밖의 정치단체에 가입하게 하거나 가입하지 아니하도록 **권유** 운동을 하는 것
> ③ 공무원은 다른 공무원에게 제1항과 제2항에 위배되는 행위를 하도록 요구하거나, 정치적 행위에 대한 보상 또는 보복으로서 이익 또는 불이익을 약속하여서는 아니 된다.

⑤ 영예의 제한

> 제62조(외국 정부의 영예 등을 받을 경우) 공무원이 외국 정부로부터 영예나 증여를 받을 경우에는 **대통령의 허가**를 받아야 한다. 11 승진, 12 3차, 15·18 2차, 16 1차, 17 경간, 18·19 특채, 23 승진

⑥ 집단행위 금지의무

> 제66조(집단 행위의 금지) ① 공무원은 노동운동이나 그 밖에 공무 외의 일을 위한 **집단 행위를 하여서는 아니 된다.** 다만, **사실상 노무에 종사하는 공무원은 예외**로 한다. 11 승진, 16 1차
> ③ 사실상 노무에 종사하는 공무원으로서 노동조합에 가입된 자가 **조합 업무에 전임**하려면 **소속 장관의 허가**를 받아야 한다.

> 처벌: 국가공무원법
> 제84조의2(벌칙) 제44조·제45조 또는 **제66조(집단행위의 금지)를 위반한 자는** 다른 법률에 특별히 규정된 경우 외에는 **1년 이하의 징역 또는 1천만원 이하의 벌금**에 처한다.

> 처벌: 경찰공무원법
> 경찰공무원으로서 「국가공무원법」 제44조 또는 제45조를 위반한 사람은 1년 이하의 징역 또는 100만원 이하의 벌금에 처하고, 같은 법 **제66조(집단행위의 금지)를 위반한 사람은 2년 이하의 징역 또는 200만원 이하의 벌금**에 처한다.

경찰공무원법

직무상 의무

① 거짓보고 등의 금지의무 10·14 1차

> 제24조(거짓 보고 등의 금지) ① 경찰공무원은 직무에 관하여 **거짓으로 보고나 통보**를 하여서는 아니 된다. 19 2차
> ② 경찰공무원은 직무를 **게을리하거나 유기**해서는 아니 된다.

경찰공무원법

② 지휘권 남용 등의 금지의무 10 1차, 11 경간

제25조(지휘권 남용 등의 금지) 전시·사변, 그 밖에 이에 준하는 비상사태이거나 작전수행 중인 경우 또는 많은 인명 손상이나 국가재산 손실의 우려가 있는 위급한 사태가 발생한 경우, 경찰공무원을 지휘·감독하는 사람은 **정당한 사유 없이** 그 직무 수행을 거부 또는 유기하거나 경찰공무원을 지정된 근무지에서 **진출·퇴각 또는 이탈**하게 하여서는 아니 된다.

③ 제복착용의무

제26조(복제 및 무기 휴대) ① 경찰공무원은 **제복을 착용하여야 한다.** 19 승진
② 경찰공무원은 직무 수행을 위하여 필요하면 **무기를 휴대할 수 있다.**
③ 경찰공무원의 **복제(服制)**에 관한 사항은 **행정안전부령** 또는 해양수산부령으로 정한다.

신분상 의무

① 정치관여 금지의무 23 1차
벌칙: 5년 이하의 징역과 5년 이하의 자격정지

제23조(정치 관여 금지) ① 경찰공무원은 **정당이나 정치단체에 가입하거나 정치활동에 관여하는 행위**를 하여서는 아니 된다.
② 제1항에서 정치활동에 관여하는 행위란 다음 각 호의 어느 하나에 해당하는 행위를 말한다.
1. 정당이나 정치단체의 결성 또는 가입을 **지원하거나 방해**하는 행위
2. 그 직위를 이용하여 특정 정당이나 특정 정치인에 대하여 지지 또는 반대 의견을 유포하거나, 그러한 여론을 조성할 목적으로 특정 정당이나 특정 정치인에 대하여 찬양하거나 비방하는 내용의 의견 또는 사실을 유포하는 행위
3. 특정 정당이나 특정 정치인을 위하여 기부금 모집을 **지원하거나 방해**하는 행위 또는 국가·지방자치단체 및 「공공기관의 운영에 관한 법률」에 따른 공공기관의 자금을 이용하거나 이용하게 하는 행위
4. 특정 정당이나 특정인의 선거운동을 하거나 **선거 관련 대책회의**에 관여하는 행위
5. 「정보통신망 이용촉진 및 정보보호 등에 관한 법률」에 따른 **정보통신망을 이용**한 제1호부터 제4호까지의 규정에 해당하는 행위
6. 소속 직원이나 다른 공무원에 대하여 제1호부터 제5호까지의 행위를 하도록 **요구**하거나 그 행위와 관련된 보상 또는 보복으로서 이익 또는 불이익을 주거나 이를 **약속 또는 고지**(告知)하는 행위

공직자윤리법상 의무

① 재산등록 및 공개의무 10 1차

제3조(등록의무자) ① 다음 각 호의 어느 하나에 해당하는 공직자(이하 "등록의무자"라 한다)는 이 법에서 정하는 바에 따라 재산을 등록하여야 한다.
9. **총경**(자치총경을 포함한다) **이상**의 경찰공무원 17 경간, 18 승진

> **시행령**
> 6. 경찰공무원 중 **경정, 경감, 경위, 경사**와 자치경찰공무원 중 자치경정, 자치경감, 자치경위, 자치경사 11·17 경간, 18·19 승진

제4조(등록대상재산) ① 등록의무자가 등록할 재산은 다음 각 호의 어느 하나에 해당하는 사

람의 재산(소유 명의와 관계없이 사실상 소유하는 재산, 비영리법인에 출연한 재산과 **외국에 있는 재산을 포함**한다. 이하 같다)으로 한다. 24 경간
1. 본인
2. 배우자(사실상의 혼인관계에 있는 사람을 포함한다. 이하 같다)
3. 본인의 직계존속·직계비속. 다만, 혼인한 직계비속인 여성과 외증조부모, 외조부모, 외손자녀 및 외증손자녀는 제외한다.

② 등록의무자가 등록할 재산은 다음 각 호와 같다. 24 경간
1. **부동산에 관한 소유권·지상권 및 전세권**
2. 광업권·어업권·양식업권, 그 밖에 부동산에 관한 규정이 준용되는 권리
3. 다음 각 목의 동산·증권·채권·채무 및 지식재산권(知識財産權)
   가. **소유자별 합계액 1천만원 이상의 현금(수표를 포함한다)**
   나. **소유자별 합계액 1천만원 이상의 예금**
   다. 소유자별 합계액 1천만원 이상의 주식·국채·공채·회사채 등 증권
   라. **소유자별 합계액 1천만원 이상의 채권**
   마. 소유자별 합계액 1천만원 이상의 채무
   바. 소유자별 합계액 500만원 이상의 금 및 백금(금제품 및 백금제품을 포함한다)
   사. 품목당 500만원 이상의 보석류
   아. 품목당 500만원 이상의 골동품 및 예술품
   자. 권당 500만원 이상의 회원권
   차. 소유자별 연간 1천만원 이상의 소득이 있는 지식재산권
   카. 자동차·건설기계·선박 및 항공기
4. 합명회사·합자회사 및 유한회사의 출자지분
5. 주식매수선택권
6. 「특정 금융거래정보의 보고 및 이용 등에 관한 법률」 제2조제3호에 따른 가상자산(이하 "가상자산"이라 한다) 24 경간

제5조(재산의 등록기관과 등록시기 등) ① 공직자는 등록의무자가 된 날부터 **2개월이 되는 날이 속하는 달의 말일까지** 등록의무자가 된 날 현재의 재산을 다음 각 호의 구분에 따른 기관(이하 "등록기관"이라 한다)에 등록하여야 한다.

제10조(등록재산의 공개) ① 공직자윤리위원회는 관할 등록의무자 중 다음 각 호의 어느 하나에 해당하는 공직자 본인과 배우자 및 본인의 직계존속·직계비속의 재산에 관한 등록사항과 제6조에 따른 변동사항 신고내용을 등록기간 또는 신고기간 만료 후 **1개월 이내**에 관보 또는 공보에 게재하여 공개하여야 한다.
8. **치안감 이상**의 경찰공무원 및 특별시·광역시·특별자치시·도·특별자치도의 시·도경찰청장 11·18 승진

③ 제1항과 제2항에 해당하는 경우가 아니면 누구든지 공직자윤리위원회 또는 등록기관의 장의 허가를 받지 아니하고는 등록의무자의 재산에 관한 등록사항을 열람·복사하거나 이를 하게 하여서는 아니 된다. 다만, 등록의무자가 본인의 등록사항에 대하여 열람·복사하는 경우에는 그러하지 아니하다.

시행령
제33조(취업심사대상기관의 규모 및 범위) ① 취업심사대상기관의 규모는 다음 각 호와 같다.

1. 자본금이 10억원 이상이고 연간 외형거래액(부가가치세가 면세되는 경우에는 그 면세되는 수입금액을 포함한다. 이하 같다)이 100억원 이상인 영리를 목적으로 하는 사기업체

② **선물신고의무**

제15조(외국 정부 등으로부터 받은 선물의 신고) ① 공무원(지방의회의원을 포함한다. 이하 제22조에서 같다) 또는 공직유관단체의 임직원은 외국으로부터 선물(대가 없이 제공되는 물품 및 그 밖에 이에 준하는 것을 말하되, **현금은 제외**한다. 이하 같다)을 받거나 그 직무와 관련하여 외국인(**외국단체를 포함**한다. 이하 같다)에게 선물을 받으면 **지체 없이 소속 기관·단체의 장에게 신고하고 그 선물을 인도하여야 한다.** 18·21 승진 이들의 가족이 외국으로부터 선물을 받거나 그 공무원이나 공직유관단체 임직원의 직무와 관련하여 외국인에게 선물을 받은 경우에도 또한 같다.

제16조(선물의 귀속 등) ① 제15조제1항에 따라 신고된 선물은 신고 **즉시 국가 또는 지방자치단체에 귀속된다.**

> **시행령**
> **제28조(선물의 가액)** ①법 제15조제1항에 따라 신고하여야 할 선물은 그 선물 수령 당시 증정한 국가 또는 외국인이 속한 국가의 시가로 **미국화폐 100달러 이상**이거나 **국내 시가로 10만원 이상**인 선물로 한다. 18·21 승진
>
> **제29조(선물의 관리·유지)** ① 법 제15조제1항에 따라 선물 신고를 받은 소속기관 또는 공직유관단체의 장은 **분기별**로 총리령으로 정하는 바에 따라 선물신고 관리상황을 법 제5조제1항에 따른 등록기관의 장에게 통보하여야 하고, 해당 선물은 다음 각 호의 구분에 따른 기간에 등록기관의 장에게 이관하여야 한다. 다만, 정부의 등록기관 및 부·처·청이 감독하는 공직유관단체의 장은 인사혁신처장(군인과 군무원은 국방부장관)에게 이관하여야 한다.
> 1. 상반기에 신고된 선물의 경우: 해당 연도 7월 1일부터 7월 31일까지
> 2. 하반기에 신고된 선물의 경우: 다음 연도 1월 1일부터 1월 31일까지
>
> **제30조(선물의 처분)** ① 제29조에 따라 선물을 이관받은 기관의 장은 그 중 국유재산으로 계속 관리·유지할 필요가 없다고 인정되는 선물은 **외교부장관**과의 협의를 거쳐 조달청장에게 이관하여 처분하게 할 수 있다.
> ② 조달청장은 선물을 처분할 때 그 선물의 수령을 신고한 사람이 그 선물의 매수를 원하는 경우에는 그 사람에게 조달청장이 전문기관에 의뢰하여 감정한 가액으로 우선하여 매도하여야 한다.

③ **취업금지의무**

제17조(퇴직공직자의 취업제한) ① "취업심사대상자"는 퇴직일부터 3년간 "취업심사대상기관"에 취업할 수 없다. 다만, 관할 공직자윤리위원회로부터 **취업심사대상자가 퇴직 전 5년 동안 소속하였던 부서 또는 기관의 업무와 취업심사대상기관 간에 밀접한 관련성이 없다는 확인을 받거나 취업승인을 받은 때에는 취업할 수 있다.** 17·21 승진

제18조의2(퇴직공직자의 업무취급 제한) ① 모든 공무원 또는 공직유관단체 임직원은 다른 법률에 특별한 규정이 있는 경우를 제외하고는 **재직 중에 직접 처리한 업무를 퇴직 후에 취**

급할 수 없다.

② 기관업무기준 취업심사대상자는 다른 법률에 특별한 규정이 있는 경우를 제외하고는 **퇴직 전 2년부터 퇴직할 때까지 근무한 기관이 취업한 취업심사대상기관에 대하여 처리하는 업무를 퇴직한 날부터 2년 동안 취급할 수 없다.**

> **시행령**
> **제31조(취업심사대상자의 범위)** ① 법 제17조제1항 각 호 외의 부분 본문에서 "대통령령으로 정하는 공무원과 공직유관단체의 직원"이란 다음 각 호의 어느 하나에 해당하는 사람을 말한다.
> 8. 국가경찰공무원 중 경정, 경감, 경위, 경사와 자치경찰공무원 중 자치경정, 자치경감, 자치경위, 자치경사

경찰공무원 복무규정 (직무상 의무)

제3조(기본강령) 경찰공무원은 다음의 기본강령에 따라 복무해야 한다. 17·18 2차

1. **경찰사명**
경찰공무원은 국가와 민족을 위하여 충성과 봉사를 다하며, 국민의 생명·신체 및 재산을 보호하고, 공공의 안녕과 질서를 유지함을 그 **사명**으로 한다.

2. **경찰정신**
경찰공무원은 국민의 수임자로서 일상의 직무수행에 있어서 국민의 자유와 권리를 존중하는 호국·봉사·정의의 **정신**을 그 바탕으로 삼는다.

3. **규율**
경찰공무원은 법령을 준수하고 직무상의 명령에 복종하며, 상사에 대한 존경과 부하에 대한 존중으로써 **규율**을 지켜야 한다.

4. **단결**
경찰공무원은 주어진 사명을 다하기 위하여 긍지를 가지고 한마음 한뜻으로 굳게 **뭉쳐** 임무수행에 모든 역량을 기울여야 한다.

5. **책임**
경찰공무원은 창의와 노력으로써 소임을 완수하여야 하며, 직무수행의 결과에 대하여 **책임**을 진다.

6. **성실·청렴**
경찰공무원은 **성실**하고 **청렴**한 생활태도로써 국민의 모범이 되어야 한다.

제4조(예절) ① 경찰공무원은 고운말을 사용하도록 노력하여야 하며, 국민에게 겸손하고 친절하여야 한다.
② 경찰공무원은 상·하급자 및 동료간에 서로 예절을 지켜야 한다.

제5조(용모·복장) 경찰공무원은 용모와 복장을 단정히 하여 품위를 유지하여야 한다.

제6조(환경정돈) 경찰공무원은 사무실과 그 주변환경을 항상 깨끗하게 정리·정돈하여 명랑한 분위기를 유지하여야 한다.

제7조(일상행동) 경찰공무원은 공·사생활을 막론하고 국민의 모범이 되어야 하며, 다음과 같이 행동하여야 한다.
1. 상·하급자 및 동료를 비난·악평하거나 서로 다투는 행위를 하여서는 아니되며, 항상 협동심과 상부상조의 동료애를 발휘하여야 한다.
2. 경솔하거나 난폭한 행동을 하여서는 아니되며, 항상 명랑·활달하여야 한다.
3. 건전하지 못한 오락행위를 하여서는 아니된다.

제8조(지정장소외에서의 직무수행금지) 경찰공무원은 상사의 허가를 받거나 그 명령에 의한 경우를 제외하고는 **직무와 관계없는 장소에서 직무수행을 하여서는 아니된다.** 15 2차

제9조(근무시간중 음주금지) 경찰공무원은 **근무시간중 음주를 하여서는 아니된다.** 다만, 특별한 사정이 있는 경우에는 예외로 하되, 이 경우 주기가 있는 상태에서 직무를 수행하여서는 아니된다. 15 2차

제10조(민사분쟁에의 부당개입금지) 경찰공무원은 직위 또는 직권을 이용하여 부당하게 **타인의 민사분쟁에 개입하여서는 아니된다.** 17 2차

> **기출지문**
>
> 「경찰관 직무집행법」은 "경찰공무원은 직위 또는 직권을 이용하여 부당하게 타인의 사생활에 개입하여서는 아니된다."고 규정하고 있다.(X) → 사생활 개입금지과 관련된 내용으로 「**경찰관 직무집행법**」에는 이러한 규정이 없다. 23 2차

제11조(상관에 대한 신고) 경찰공무원은 신규채용·승진·전보·파견·출장·연가·교육훈련기관에의 입교 기타 **신분관계** 또는 **근무관계** 또는 **근무관계의 변동**이 있는 때에는 **소속상관에게 신고를 하여야 한다.**

제12조(보고 및 통보) 경찰공무원은 치안상 필요한 상황의 보고 및 통보를 신속·정확·간결하게 하여야 한다.

제13조(여행의 제한) 경찰공무원은 **휴무일 또는 근무시간외에 2시간 이내에 직무에 복귀하기 어려운 지역으로 여행**을 하고자 할 때에는 **소속 경찰기관의 장에게 신고를 하여야 한다.** 다만, 치안상 특별한 사정이 있어 경찰청장, 해양경찰청장 또는 경찰기관의 장이 지정하는 기간중에는 **소속경찰기관의 장의 허가를 받아야 한다.** 15 2차, 18 특채

제14조(비상소집) ①경찰기관의 장은 비상사태에 대처하기 위하여 필요하다고 인정할 때에는 소속경찰공무원을 긴급히 소집(이하 **"비상소집"**이라 한다)하거나 일정한 장소에 대기하게 할 수 있다.
② 제1항의 규정에 의한 비상소집의 요건·종류·절차등에 관하여 필요한 사항은 경찰청장 또는 해양경찰청장이 정한다.

제15조(특수근무자의 근무수칙등) ①경찰청장 또는 해양경찰청장은 대간첩작전을 주임무로 하는 경찰공무원, 해양경찰청의 해상근무경찰공무원, 경찰기동대의 대원 기타 특수근무경찰공무원에 대한 근무수칙·내무생활 기타 복무에 관하여 필요한 사항을 따로 정하여 실시할 수 있다.
② 경찰청장 또는 해양경찰청장은 필요하다고 인정할 때에는 제1항의 규정에 의한 복무에 필요한 사항의 일부를 당해 경찰기관의 장이 정하여 실시하게 할 수 있다.

제16조(사기진작) 경찰기관의 장은 소속 경찰공무원에 대한 인사상담·고충처리 기타의 방법으로 직무의욕을 고취시키고 사기진작에 노력하여야 한다.

제17조(건강관리) ① 경찰기관의 장은 소속 경찰공무원의 건강유지와 체력향상에 관한 보건대책을 강구하여야 한다.
② 경찰공무원은 항상 보건위생에 유의하여 건강을 유지하고 체력을 증진하는데 노력하여야 한다.

제18조(포상휴가) 경찰기관의 장은 근무성적이 탁월하거나 다른 경찰공무원의 모범이 될 공적이 있는

경찰공무원에 대하여 **1회 10일 이내의 포상휴가를 허가할 수 있다. 이 경우의 포상휴가기간은 연가일수에 산입하지 아니한다.** 15·17 2차

제19조(연일근무자 등의 휴무) 경찰기관의 장은 특별한 사정이 없는 한 다음과 같이 **휴무를 허가하여야 한다.** 17 2차
1. 연일근무자 및 공휴일근무자에 대하여는 그 다음날 1일의 휴무
2. 당직 또는 철야근무자에 대하여는 다음 날 오후 2시를 기준으로 하여 오전 또는 오후의 휴무

▶ **[참고] 국가공무원 복무규정 - 대통령령**
→ 신체·정신상의 장애로 장기요양이 필요한 때는 공가의 사유가 아니다. 23 승진

제19조(공가) 행정기관의 장은 소속 공무원이 다음 각 호의 어느 하나에 해당하는 경우에는 이에 직접 필요한 기간 또는 시간을 공가로 승인해야 한다.
1. 「병역법」이나 그 밖의 다른 법령에 따른 병역판정검사·소집·검열점호 등에 응하거나 동원 또는 훈련에 참가할 때
2. 공무와 관련하여 국회, 법원, 검찰, 경찰 또는 그 밖의 국가기관에 소환되었을 때
3. 법률에 따라 투표에 참가할 때
4. 승진시험·전직시험에 응시할 때
5. **원격지(遠隔地)로 전보(轉補) 발령을 받고 부임할 때** 23 승진
6. 「산업안전보건법」 제129조부터 제131조까지의 규정에 따른 건강진단, 「국민건강보험법」 제52조에 따른 건강검진 또는 「결핵예방법」 제11조제1항에 따른 결핵검진등을 받을 때
7. **「혈액관리법」에 따라 헌혈에 참가할 때** 23 승진
8. 「공무원 인재개발법 시행령」 제32조제5호에 따른 외국어능력에 관한 시험에 응시할 때
9. 올림픽, 전국체전 등 국가적인 행사에 참가할 때
10. **천재지변, 교통 차단 또는 그 밖의 사유로 출근이 불가능할 때** 23 승진
11. 「공무원의 노동조합 설립 및 운영 등에 관한 법률」 제9조에 따른 교섭위원으로 선임(選任)되어 단체교섭 및 단체협약 체결에 참석하거나 같은 법 제17조 및 「노동조합 및 노동관계조정법」 제17조에 따른 대의원회(「공무원의 노동조합 설립 및 운영 등에 관한 법률」에 따라 설립된 공무원 노동조합의 대의원회를 말하며, 연 1회로 한정한다)에 참석할 때
12. 공무국외출장등을 위하여 「검역법」 제5조제1항에 따른 검역관리지역 또는 중점검역관리지역으로 가기 전에 같은 법에 따른 검역감염병의 예방접종을 할 때
13. 「감염병의 예방 및 관리에 관한 법률」에 따른 제1급감염병에 대하여 같은 법 제24조 또는 제25조에 따라 필수예방접종 또는 임시예방접종을 받거나 같은 법 제42조제2항제3호에 따라 감염 여부 검사를 받을 때

---

6. 경찰공무원의 책임

경찰공무원이 의무에 위반함으로써 법률의 제재 또는 불이익을 받게 되는 것을 말한다. **민사상 책임(손해배상책임), 형사상 책임(형사벌), 행정상 책임(징계책임)**이 있다.

▶ **[참고] 징계벌과 형사벌의 비교** 09 경간

행정형벌도 원칙상 형사벌과 같이 형사소송법에 따라 과해지나 통고처분이라는 예외적 과형절차가 있다. 09 경간

구분	징계벌	형사벌
권력의 기초	특별권력관계	일반권력관계
대상	조직 내 공무원	국민
목적	공무원 조직 내부질서유지	일반사회 질서유지
시간적 한계	퇴직 후에는 처벌 불가	퇴직 후에도 처벌 가능
부과	징계벌	형벌
관계	징계벌과 형사벌은 성질이 다르므로 양자를 **병과할 수 있으며**, 병과해도 일사부재리의 원칙에 반하지 않는다.	

📝 **관련 판례** 공무원인 갑이 그 직무에 관하여 뇌물을 받았음을 **징계사유로 하여 파면처분을 받은 후** 그에 대한 형사사건이 항소심까지 유죄로 인정되었고 그 형사사건에서 갑이 수사기관과 법정에서 금품수수사실을 자인하였으나 **그 후 대법원의 파기환송판결에 따라 무죄의 확정판결이 있었다면 위 징계처분은 근거 없는 사실을 징계사유로 삼은 것이 되어 위법하다고 할 수 있을지언정 그것이 객관적으로 명백하다고는 할 수 없으므로 위 징계처분이 당연무효인 것은 아니다.**(대판 89누4963)

(1) 징계

의의	징계란 공무원의 의무위반이 있는 경우 또는 비행이 있는 경우 공무원 내부관계의 질서 유지를 위하여 **특별권력관계**에 의해 과해지는 제재이다. 12 채용
징계사유 08 3차, 12 2차	① 「국가공무원법」이나 「국가공무원법」에 의한 **명령을 위반하였을 경우** ② 직무상의 **의무를 위반**하거나 직무를 **태만히 한 경우** ③ 직무의 내외를 불문하고 **체면 또는 위신을 손상하는 행위를 한 때** 📝 **관련 판례** 1. 싸이카에 승무하고 교통단속을 하던 경찰공무원이 정류장에서 앞차를 앞지르려고 하는 것을 목격하고 손짓을 하여 앞지르지 못하게 한 뒤 그 뻐스를 정차시켜 놓고 운전사에게 대하여 정류장에서는 앞지르기를 하지 못한다고 주의를 한데 그친 것은 교통경찰관으로서는 바람직한 근무자세라 할 것이고 경찰공무원으로서 성실의무에 위반하는 등 직무를 태만히 한 것이라고는 볼 수 없다.(대판 76누179) 2. 지방공무원법 제55조의 품위유지의 의무는 공직의 체면, 위신, 신용을 유지하고 주권자인 국민의 수임자로서 국민전체의 봉사자로서의 직책을 다함에 손색이 없는 몸 가짐을 뜻하고 직무 내외를 불문한다.(대판 82누46 판결)
고의, 과실	징계사유가 있을 경우 공무원의 **고의, 과실 유무와 관계없이** 징계가 가능하다. 예외적으로 임명전의 행위라도 징계사유가 될 수 있음
시점	① 임용 전의 행위라 하더라도 이로 인하여 임용 후의 공무원의 체면 또는위신을 손상시킨

	경우에는 징계사유로 삼을 수 있다.(대법원 1990.5.22.89누7368) ② 원고가 공무원 임용과 관련하여 부정한 청탁과 함께 뇌물을 공여하고 공무원으로 임용되었다면 공무원의 신분을 취득하기까지의 일련의 행위가 국가공무원법상의 징계사유에 해당한다고 할 것이므로 국가공무원법 제83조의2 제1항에 정하는 **징계시효의 기산점은 원고가 뇌물을 공여한 때가 아니라 공무원으로 임용된 때**로부터 기산하여야 할 것이다.(대판 89누7368)
징계시효	① 징계의결 등의 요구는 징계 등 사유가 발생한 날부터 **3년**이 지나면 하지못한다. 08 채용, 11·14 승진, 14 1차 ② 금품 및 향응수수, 공금의 횡령·유용의 경우에는 **5년**, 성폭력범죄의 경우에는 **10년**이 지나면 하지 못한다. 08 채용, 11 승진, 14 1차, 14 승진 ③ 징계에 관하여 다른 법률의 적용을 받는 공무원이 「국가공무원법」의 징계에 관한 규정의 적용을 받는 공무원으로 임용된 경우에 임용 이전의 다른법률에 따른 징계사유는 그 사유가 발생한 날부터 「국가공무원법」에 따른징계사유가 발생한 것으로 본다. 12 2차
특징	① 징계와 형벌은 병과 가능하며, 11 2차, 13 승진징계벌은 퇴직 후 처벌이 불가하다. ② 징계권은 임용권에 포함되는 것이므로 징계권자는 임용권자가 되는 것이원칙이다. 09 경간

[관련규정 - 국가공무원법]

제83조(감사원의 조사와의 관계 등) ① **감사원에서 조사 중인 사건**에 대하여는 조사개시 통보를 받은 날부터 **징계 의결의 요구나 그 밖의 징계 절차를 진행하지 못한다.** 13 승진
② **검찰·경찰, 그 밖의 수사기관에서 수사 중인 사건**에 대하여는 수사개시 통보를 받은 날부터 **징계 의결의 요구나 그 밖의 징계 절차를 진행하지 아니할 수 있다.** 08 채용
③ 감사원과 검찰·경찰, 그 밖의 수사기관은 **조사나 수사를 시작한 때와 이를 마친 때에는 10일 내에 소속 기관의 장에게 그 사실을 통보하여야 한다.** 15 3차

제78조의2(징계부가금) ① 제78조에 따라 공무원의 징계 의결을 요구하는 경우 그 징계 사유가 다음 각 호의 어느 하나에 해당하는 경우에는 해당 징계 외에 다음 각 호의 행위로 취득하거나 제공한 금전 또는 재산상 이득(금전이 아닌 재산상 이득의 경우에는 금전으로 환산한 금액을 말한다)의 **5배 내의 징계부가금** 부과 의결을 징계위원회에 요구하여야 한다.
  1. 금전, 물품, 부동산, 향응 또는 그 밖에 대통령령으로 정하는 재산상 이익을 취득하거나 제공한 경우
  2. 다음 각 목에 해당하는 것을 횡령, 배임, 절도, 사기 또는 유용한 경우
   가. 「국가재정법」에 따른 예산 및 기금
   나. 「지방재정법」에 따른 예산 및 「지방자치단체 기금관리기본법」에 따른 기금
   다. 「국고금 관리법」 제2조제1호에 따른 국고금
   라. 「보조금 관리에 관한 법률」 제2조제1호에 따른 보조금
   마. 「국유재산법」 제2조제1호에 따른 국유재산 및 「물품관리법」 제2조제1항에 따른 물품
   바. 「공유재산 및 물품 관리법」 제2조제1호 및 제2호에 따른 공유재산 및 물품
   사. 그 밖에 가목부터 바목까지에 준하는 것으로서 대통령령으로 정하는 것
② 징계위원회는 징계부가금 부과 의결을 하기 전에 징계부가금 부과 대상자가 제1항 각 호의 어느 하나에 해당하는 사유로 다른 법률에 따라 형사처벌을 받거나 변상책임 등을 이행한 경우(몰수나 추징을 당한

경우를 포함한다) 또는 다른 법령에 따른 환수나 가산징수 절차에 따라 환수금이나 가산징수금을 납부한 경우에는 대통령령으로 정하는 바에 따라 **조정된 범위에서 징계부가금 부과를 의결하여야 한다.**

③ 징계위원회는 징계부가금 부과 의결을 한 후에 징계부가금 부과 대상자가 형사처벌을 받거나 변상책임 등을 이행한 경우(몰수나 추징을 당한 경우를 포함한다) 또는 환수금이나 가산징수금을 납부한 경우에는 대통령령으로 정하는 바에 따라 이미 의결된 **징계부가금의 감면 등의 조치를 하여야 한다.**

④ 제1항에 따라 징계부가금 부과처분을 받은 사람이 납부기간 내에 그 부가금을 납부하지 아니한 때에는 처분권자(대통령이 처분권자인 경우에는 처분 제청권자)는 국세강제징수의 예에 따라 징수할 수 있다. 이 경우 체납액의 징수가 사실상 곤란하다고 판단되는 경우에는 징수 대상자의 주소지를 관할하는 세무서장에게 징수를 위탁한다.

⑤ 처분권자(대통령이 처분권자인 경우에는 처분 제청권자)는 제4항 단서에 따라 관할 세무서장에게 징계부가금 징수를 의뢰한 후 **체납일부터 5년이 지난 후에도 징수가 불가능하다고 인정될 때에는 관할 징계위원회에 징계부가금 감면의결을 요청할 수 있다.**

> **공무원징계령(대통령령)**
>
> **제17조의2(징계부가금)** ① 법 제78조의2제1항제1호에서 "대통령령으로 정하는 재산상 이익"이란 다음 각 호의 어느 하나에 해당하는 것을 말한다.
> 1. 유가증권, 숙박권, 회원권, **입장권**, 할인권, 초대권, 관람권, 부동산 등의 사용권 등 일체의 재산상 이익
> 2. **골프** 등의 접대 또는 교통·숙박 등의 편의 제공
> 3. **채무면제**, 취업제공, 이권(利權)부여 등 **유형·무형의 경제적 이익**

제78조의3(재징계의결 등의 요구) ① 처분권자(대통령이 처분권자인 경우에는 처분 제청권자)는 다음 각 호에 해당하는 사유로 소청심사위원회 또는 법원에서 징계처분등의 무효 또는 취소(취소명령 포함)의 결정이나 판결을 받은 경우에는 다시 징계 의결 또는 징계부가금 부과 의결(이하 "징계의결등"이라 한다)을 요구하여야 한다. 다만, **제3호의 사유로 무효 또는 취소(취소명령 포함)의 결정이나 판결을 받은 감봉·견책처분에 대하여는 징계의결을 요구하지 아니할 수 있다.**
1. 법령의 적용, 증거 및 사실 조사에 명백한 흠이 있는 경우
2. 징계위원회의 구성 또는 징계의결등, 그 밖에 절차상의 흠이 있는 경우
3. **징계양정 및 징계부가금이 과다(過多)한 경우**

② 처분권자는 제1항에 따른 징계의결등을 요구하는 경우에는 소청심사위원회의 결정 또는 법원의 판결이 확정된 날부터 3개월 이내에 관할 징계위원회에 징계의결등을 요구하여야 하며, 관할 징계위원회에서는 다른 징계사건에 우선하여 징계의결등을 하여야 한다.

제78조의4(퇴직을 희망하는 공무원의 징계사유 확인 및 퇴직 제한 등) ① 임용권자 또는 임용제청권자는 **공무원이 퇴직을 희망하는 경우**에는 제78조제1항에 따른 징계사유가 있는지 및 제2항 각 호의 어느 하나에 해당하는지 여부를 감사원과 검찰·경찰 등 조사 및 수사기관(이하 이 조에서 "**조사 및 수사기관**"이라 한다)의 장에게 확인하여야 한다.

② 제1항에 따른 확인 결과 퇴직을 희망하는 공무원이 파면, 해임, 강등 또는 정직에 해당하는 징계사유가 있거나 다음 각 호의 어느 하나에 해당하는 경우(제1호·제3호 및 제4호의 경우에는 해당 공무원이 **파면·해임·강등 또는 정직**의 징계에 해당한다고 판단되는 경우에 한정한다) 제78조제4항에 따른 소속 장관 등은 **지체 없이 징계의결등을 요구하여야 하고, 퇴직을 허용하여서는 아니 된다.**
1. 비위(非違)와 관련하여 형사사건으로 기소된 때
2. 징계위원회에 파면·해임·강등 또는 정직에 해당하는 징계 의결이 요구 중인 때

3. 조사 및 수사기관에서 비위와 관련하여 조사 또는 수사 중인 때
4. 각급 행정기관의 감사부서 등에서 비위와 관련하여 내부 감사 또는 조사 중인 때
③ 제2항에 따라 징계의결등을 요구한 경우 임용권자는 제73조의3제1항제3호에 따라 해당 공무원에게 직위를 부여하지 아니할 수 있다.
④ 관할 징계위원회는 제2항에 따라 징계의결등이 요구된 경우 **다른 징계사건에 우선하여 징계의결등을 하여야 한다.**
⑤ 그 밖에 퇴직을 제한하는 절차 등 필요한 사항은 대통령령등으로 정한다.
제80조(징계의 효력) ⑥ 강등(3개월간 직무에 종사하지 못하는 효력 및 그 기간 중 보수는 전액을 감하는 효력으로 한정한다), **정직 및 감봉의 징계처분은 휴직기간 중에는 그 집행을 정지한다.**
⑦ 공무원으로서 징계처분을 받은 자에 대하여는 그 처분을 받은 날 또는 그 집행이 끝난 날부터 대통령령등으로 정하는 기간 동안 승진임용 또는 승급할 수 없다. 다만, 징계처분을 받은 후 직무수행의 공적으로 포상 등을 받은 공무원에 대하여는 대통령령등으로 정하는 바에 따라 승진임용이나 승급을 제한하는 기간을 단축하거나 면제할 수 있다.
⑧ 공무원(특수경력직공무원 및 지방공무원을 포함한다)이었던 사람이 다시 공무원이 된 경우에는 재임용 전에 적용된 법령에 따라 받은 징계처분은 그 처분일부터 이 법에 따른 징계처분을 받은 것으로 본다. 다만, 제79조에서 정한 징계의 종류 외의 징계처분의 효력에 관하여는 대통령령등으로 정한다.

(2) 징계의 종류 09·12·14 경간, 11·15·19 1차, 11·21·23 2차, 11·13·14·19 승진, 12·15 3차, 21·23 경찰특공대

중징계	배제징계	파면	① 경찰공무원 관계 소멸되고, 경찰관 재임용 불가, **5년간 일반공무원 임용금지** ② **퇴직급여 1/2(5년이상), 1/4(5년미만) 감액지급**, 퇴직수당은 재직기간상관없이 1/2 감액지급
		해임	① 경찰공무원 관계 소멸되고, 경찰관 재임용 불가, **3년간 일반 공무원 임용금지** ② 원칙: 퇴직급여, 퇴직수당 전액지급, 예외: 금품 및 향응수수, 공금의 횡령·유용, 성폭력, 성희롱 및 성매매징계처분으로 해임 시 퇴직급여 1/4(5년이상) 또는 1/8 감액지급(5년미만), 퇴직수당은 재직기간 상관없이 1/4 감액지급
	교정징계	강등	① 1계급 아래로 직급을 내림, **3개월 직무정지, 보수전액감액** ② 강등된 계급의 계급정년은 **강등되기 전 계급 중 가장 높은 계급의 계급정년으로 함** ③ 징계처분 집행이 끝난 날부터 **18개월 승진·승급제한**[금품 및 향응수수, 공금의 횡령·유용, 성폭력, 성희롱 및 성매매, 소극행정, 음주운전(측정불응포함) 6개월 추가]
		정직	① 1~3개월 직무정지, 보수전액감액 ② 징계처분 집행이 끝난 날부터 **18개월 승진·승급제한**[금품 및 향응수수, 공금의 횡령·유용, 성폭력, 성희롱 및 성매매, 소극행정, 음주운전(측정불응포함) 6개월 추가]
경징계		감봉	① 1~3개월, 보수 1/3감액 ② 징계처분 집행이 끝난 날부터 **12개월 승진·승급제한**[금품 및 향응수수, 공금의 횡령·유용, 성폭력, 성희롱 및 성매매, 소극행정, 음주운전(측정불응포함) 6개월 추가] 22 1차
		견책	① 훈계, 회개처분, 보수 전액지급 ② 징계처분 집행이 끝난 날부터 **6개월 승진·승급제한**[금품 및 향응수수, 공금의 횡령·유용, 성폭력, 성희롱 및 성매매, 소극행정, 음주운전(측정불응포함) 6개월 추가]

(3) 징계절차 - 경찰공무원법

> **제33조(징계의 절차)** 경찰공무원의 징계는 징계위원회의 의결을 거쳐 징계위원회가 설치된 **소속 기관의 장**이 하되, 「국가공무원법」에 따라 국무총리 소속으로 설치된 징계위원회에서 의결한 징계는 경찰청장 또는 해양경찰청장이 한다. 다만, **파면·해임·강등 및 정직은 징계위원회의 의결을 거쳐 해당 경찰공무원의 임용권자가 하되, 경무관 이상의 강등 및 정직과 경정 이상의 파면 및 해임은 경찰청장 또는 해양경찰청장의 제청으로 행정안전부장관 또는 해양수산부장관과 국무총리를 거쳐 대통령이 하고, 총경 및 경정의 강등 및 정직은 경찰청장 또는 해양경찰청장이 한다.** 11 승진, 16 1차, 23 경간

1) 징계의결의 요구 - 경찰공무원징계령(대통령령)

> **제9조(징계등 의결의 요구)** ① 경찰기관의 장은 소속 경찰공무원이 다음 각 호의 어느 하나에 해당할 때에는 **지체 없이 관할 징계위원회를 구성하여 징계등 의결을 요구하여야 한다.** 12 2차, 13·18 승진·19 승진
> 1. 「국가공무원법」 제78조제1항제1호부터 제3호까지의 어느 하나에 해당하는 사유(이하 **"징계 사유"**라 한다)가 있다고 인정할 때
> 2. 제2항에 다른 **징계등 의결 요구 신청을 받았을 때**
> ② 경찰기관의 장은 그 소속 경찰공무원에 대한 징계등 사건이 **상급 경찰기관에 설치된 징계위원회의 관할에 속한 경우에는 그 상급 경찰기관의 장에게 징계의결서등을 첨부하여 징계등 의결의 요구를 신청하여야 한다.** 23 경채
> ④ 경찰기관의 장이 제1항과 제2항에 따라 징계등 의결 요구 또는 그 신청을 할 때에는 **중징계 또는 경징계로 구분하여 요구하거나 신청하여야 한다.**
> ⑤ 경찰기관의 장은 제1항에 따라 징계등 의결을 요구할 때에는 제1항에 따른 경찰공무원 징계 의결 또는 징계부가금 부과 의결 요구서 사본을 징계등 심의 대상자에게 보내야 한다. 다만, 징계등 심의 대상자가 그 수령을 거부하는 경우에는 그러하지 아니하다.

2) 징계 등 사건 통지

> **제10조(징계등 사건의 통지)** ① 경찰기관의 장은 그 **소속이 아닌 경찰공무원에게 징계 사유가 있다고 인정될 때에는 해당 경찰기관의 장에게** 그 사실을 증명할 만한 충분한 사유를 명확히 밝혀 **통지하여야 한다.**
> ② 제1항에 따라 **징계 사유를 통지받은 경찰기관의 장은** 타당한 이유가 없으면 **통지를 받은 날부터 30일 이내에** 제9조에 따라 관할 징계위원회에 징계등 의결을 요구하거나 그 상급 경찰기관의 장에게 징계등 의결의 요구를 신청하여야 한다. 12 경간
> ③ 제1항에 따라 징계 사유를 통지받은 경찰기관의 장은 **해당 사건의 처리 결과를 징계 사유를 통지한 경찰기관의 장에게 회답하여야 한다.**

징계위원회가 징계사건을 심의할 때에는 반드시 당해 공무원 또는 대리인에게 출석 및 의견진술의 기회를 부여해야 하며, 의견진술의 기회를 결여한 징계는 무효가 된다.(취소X)

3) 징계등 의결기한

제11조(징계등 의결 기한) ① 징계등 의결 요구를 받은 징계위원회는 그 요구서를 받은 날부터 **30일 이내에 징계등에 관한 의결을 하여야 한다.** 08 채용, 10 승진 다만, 부득이한 사유가 있을 때에는 해당 징계등 의결을 요구한 경찰기관의 장의 승인을 받아 30일 이내의 범위에서 그 기한을 연기할 수 있다. 12 경간, 17·18 승진, 17·18·23 2차

4) 징계등 심의 대상자의 출석

제12조(징계등 심의 대상자의 출석) ① 징계위원회가 징계등 심의 대상자의 출석을 요구할 때에는 별지 제2호서식의 출석 통지서로 하되, **징계위원회 개최일 5일 전까지 그 징계등 심의 대상자에게 도달되도록 해야 한다.** 10 승진, 12 3차, 17·22 경간, 18 승진

② 징계위원회는 징계등 심의 대상자가 그 징계위원회에 출석하여 진술하기를 원하지 아니할 때에는 **진술권 포기서를 제출하게 하여 이를 기록에 첨부하고 서면심사로 징계등 의결을 할 수 있다.** 23 경채

③ 징계위원회는 출석 통지를 하였음에도 불구하고 징계등 심의 대상자가 **정당한 사유 없이 출석하지 아니하였을 때에는** 그 사실을 기록에 분명히 적고 **서면심사로 징계등 의결을 할 수 있다.** 10 승진 다만, 징계등 심의 대상자의 **소재가 분명하지 아니할 때에는 출석 통지를 관보에 게재하고, 그 게재일부터 10일이 지나면 출석 통지가 송달된 것으로 보며,** 징계등 의결을 할 때에는 관보 게재의 사유와 그 사실을 기록에 분명히 적어야 한다. 10·17 승진, 18 2차, 21 경채

5) 심문과 진술권

제13조(심문과 진술권) ① 징계위원회는 제12조제1항에 따라 출석한 징계등 심의 대상자에게 징계 사유에 해당하는 사실에 관한 심문을 하고 심사를 위하여 필요하다고 인정될 때에는 관계인을 출석하게 하여 심문할 수 있다.

② 징계위원회는 징계등 심의 대상자에게 진술할 수 있는 기회를 충분히 주어야 하며, 징계등 심의 대상자는 별지 제2호의2서식의 의견서 또는 말로 자기에게 이익이 되는 사실을 진술하거나 증거를 제출할 수 있다

③ 징계등 심의 대상자는 **증인의 심문을 신청할 수 있다.** 이 경우 **징계위원회는 의결로써 그 채택 여부를 결정하여야 한다.** 21 2차

④ 징계등 의결을 요구한 자 또는 징계등 의결의 요구를 신청한 자는 징계위원회에 출석하여 의견을 진술하거나 서면으로 의견을 진술할 수 있다. 다만, 중징계나 중징계 관련 징계부가금 요구사건의 경우에는 특별한 사유가 없는 한 징계위원회에 출석하여 의견을 진술해야 한다. 23 경채

⑤ 징계위원회는 필요하다고 인정할 때에는 사실 조사를 하거나 특별한 학식·경험이 있는 사람에게 검증 또는 감정을 의뢰할 수 있다.

6) 징계등 의결의 통지

제17조(징계등 의결의 통지) 징계위원회는 징계등 의결을 하였을 때에는 지체 없이 징계등 의결을 요구한 자에게 의결서 **정본**을 보내어 통지하여야 한다. 23 2차

7) 경징계, 중징계

징계사유가 발생하면 징계위원회에서 의결을 거치고, **의결만으로 효력이 발생하는 것이 아니라 집행함으로써 효력 발생한다.** 11 승진

> **제18조(경징계 등의 집행)** ① 징계등 의결을 요구한 자는 경징계의 징계등 의결을 통지받았을 때에는 통지받은 날부터 **15일 이내에 징계등을 집행하여야 한다.** 14 1차, 12 경간, 18 2차, 21 경채
> ② 징계등 의결을 요구한 자는 제1항에 따라 징계등 의결을 집행할 때에는 의결서 사본에 별지 제4호 서식의 징계등 **처분 사유 설명서를 첨부하여 징계등 처분 대상자에게 보내야 한다.**
>
> **제19조(중징계 등의 처분 제청과 집행)** ① 징계등 의결을 요구한 자는 중징계의 징계등 의결을 통지받았을 때에는 **지체 없이 징계등 처분 대상자의 임용권자에게 의결서 정본을 보내어 해당 징계등 처분을 제청하여야 한다.** 다만, 경무관 이상의 강등 및 정직, 경정 이상의 파면 및 해임 처분의 제청, 총경 및 경정의 강등 및 정직의 집행은 경찰청장 또는 해양경찰청장이 한다. 11 2차, 19 승진, 22 경간
> ② 제1항에 따라 중징계 처분의 제청을 받은 **임용권자는 15일 이내에 의결서 사본에 징계등 처분 사유 설명서를 첨부하여 징계등 처분 대상자에게 보내야 한다.**

(4) 징계의 양정 - 경찰공무원 징계령 세부시행규칙(경찰청예규)

> **제4조(행위자의 징계양정 기준)** ① 징계의결요구권자 또는 징계위원회는 행위자에 대한 의무위반행위의 유형·정도, 과실의 경중, 행위 당시 계급 및 직위, 비위행위가 공직 내외에 미치는 영향, 수사 중 경찰공무원 신분을 감추거나 속인 정황, 평소 행실, 공적, 뉘우치는 정도, 규제개혁 및 국정과제 등 관련 업무 처리의 적극성 또는 그 밖의 **정상을 참작하여 징계의결 요구 또는 징계의결하여야 한다.** 단, 징계의결요구권자는 **공금횡령·유용 및 업무상 배임의 금액이 300만원 이상일 경우에는 중징계 의결을 요구하여야 한다.**
> ② 징계요구권자 또는 징계위원회는 다음 각 호의 어느 하나에 해당하는 사유가 있을 때에는 **징계책임을 감경하여 징계의결 요구 또는 징계의결하거나 징계책임을 묻지 아니할 수 있다.** 19 승진
> 1. 과실로 인하여 발생한 의무위반행위가 다른 법령에 의해 처벌사유가 되지 않고 비난가능성이 없는 때
> 2. 국가 또는 공공의 이익을 증진하기 위해 성실하고 능동적으로 업무를 처리하는 과정에서 부분적인 절차상 하자 또는 비효율, 손실 등의 잘못이 발생한 때
> 3. **업무매뉴얼에 규정된 직무상의 절차를 충실히 이행한 때** 11 승진, 19 승진
> 4. 의무위반행위의 발생을 방지하기 위해 최선을 다하였으나 부득이한 사유로 결과가 발생하였을 때
> 5. 발생한 의무위반행위에 대하여 자진신고하거나 사후조치에 최선을 다하여 원상회복에 크게 기여한 때
> 6. **간첩 또는 사회이목을 집중시킨 중요사건의 범인을 검거한 공로가 있을 때** 12·19 승진
> 7. 제8조제3항에 따른 감경 제외 대상이 아닌 의무위반행위 중 직무와 관련이 없는 사고로 인한 의무위반행위로서 사회통념에 비추어 공무원의 품위를 손상하지 아니한 때
>
> **제5조(행위자와 감독자에 대한 문책기준)** ① 같은 사건에 관련된 행위자와 감독자에 대해서는 업무의 성질 및 업무와의 관련 정도 등을 참작하여 별표 4의 행위자와 감독자에 대한 문책기준에 따라 징계의결등을 하여야 한다.

② 징계요구권자 또는 징계위원회는 감독자에게 다음 각 호의 어느 하나에 해당하는 사유가 있을 때에는 징계책임을 감경하여 징계의결 요구 또는 징계의결하거나 징계책임을 묻지 아니할 수 있다.
1. **부하직원**의 의무위반행위를 사전에 발견하여 적법 타당하게 조치한 때 12·15 승진
2. **부하직원**의 의무위반행위가 감독자 또는 행위자의 비번일, 휴가기간, 교육기간 등에 발생하거나, 소관업무와 직접 관련 없는 등 감독자의 실질적 감독범위를 벗어났다고 인정된 때 15 승진
3. **부임기간이 1개월 미만**으로 **부하직원**에 대한 실질적인 감독이 곤란하다고 인정된 때 12·15·19 승진 12 경간
4. 교정이 불가능하다고 판단된 **부하직원**의 사유를 명시하여 인사상 조치(전출 등)를 상신하는 등 성실히 관리한 이후에 같은 부하직원이 의무위반행위를 야기하였을 때 12·15 승진
5. 기타 **부하직원**에 대하여 평소 철저한 교양감독 등 감독자로서의 임무를 성실히 수행하였다고 인정된 때
③ 제1항에도 불구하고 별표 4에 따른 문책정도의 순위에 해당하지 않는 행위자가 「공무원 징계령 시행규칙」 제3조의2 제2항 각 호에 따른 요건을 충족하는 경우에는 징계의결등을 하지 아니한다.

제8조(징계의 감경) ① 징계위원회는 징계의결이 요구된 자가 다음 각 호의 어느 하나에 해당하는 공적이 있는 경우 별표 9에 따라 **징계를 감경할 수 있다.**
1. 「상훈법」에 따라 훈장 또는 포장을 받은 공적
2. 「정부표창규정」에 따라 **국무총리 이상의 표창을 받은 공적** 다만, **경감이하**의 경찰공무원등은 **경찰청장 또는 중앙행정기관 차관급 이상 표창을 받은 공적**
3. 「모범공무원규정」에 따라 모범공무원으로 선발된 공적
② 경찰공무원등이 징계처분 또는 징계위원회의 권고에 의한 경고를 받은 사실이 있는 경우에는 그 징계처분 또는 경고처분 전의 공적은 제1항에 따른 감경대상 공적에서 제외한다

제12조(징계등 심의 대상자의 진술거부권) ① 징계등 심의 대상자는 진술하지 아니하거나 개개의 질문에 대하여 진술을 거부할 수 있다.
② 징계위원회의 위원장은 징계등 심의 대상자에게 제1항과 같이 진술을 거부할 수 있음을 고지하여야 한다.

▶ **[참고] (경찰청) 경고·주의 및 장려제도 운영 규칙 – 경찰청 예규**

제3조(처분의 종류 및 요건) ① "경고"는 다음 각 호의 어느 하나에 해당하는 경우에 행한다.
1. 징계책임을 물을 정도에 이르지 아니하지만 비위의 정도가 주의보다 중하여 과오를 반성하도록 엄중히 훈계할 필요가 있는 경우
2. 시효의 완성으로 징계사유가 소멸된 경우
3. 주의 처분을 받은 후 1년 이내에 동일 사유 또는 다른 사유로 다시 주의에 해당되는 비위를 저지른 경우 이에 대하여 엄중히 훈계할 필요가 있는 경우
4. 징계위원회 또는 소청심사위원회에서 불문으로 의결하고 경고를 권고한 경우
② **"주의"**는 비위의 정도가 경미한 사안으로 판단되어 그 잘못을 반성하게 하고 앞으로는 그러한 행위를 다시 하지 않도록 지도할 필요가 있는 경우에 행한다.
→ **"경고"와 "주의"는 징계처분에 해당하지 아니한다.**

제7조(경고·주의의 효력) ① 경찰공무원등이 경고를 받은 때에는 별표1 경고 및 장려장 상벌 기준표에 따라 일정한 벌점이 부여된다.

② 경고의 벌점은 처분을 받은 해당 계급에서 1년간 효력을 가진다.
③ **1년 이내에 2회의 경고를 받은 자가 같은 기간 내에 다시 경고에 해당하는 사유가 있는 경우에는 징계위원회에 회부하여야 한다.** 다만, 감독책임으로 인한 경우는 제외한다.
④ 경찰기관장은 경고 또는 주의를 받은 자에 대하여 그 처분의 사유가 중하다고 판단되는 경우에는 같은 사유로 징계위원회에 회부할 수 있다.
⑤ 제4항에 따라 징계위원회에 회부되어 징계 등의 의결이 있은 때에는 해당 처분의 효력은 상실한다.

> ▶ **[참고] 공무원 연금법**
>
> **제65조(형벌 등에 따른 급여의 제한)** ① 공무원이거나 공무원이었던 사람이 다음 각 호의 어느 하나에 해당하는 경우에는 대통령령으로 정하는 바에 따라 **퇴직급여 및 퇴직수당의 일부를 줄여 지급한다.** 이 경우 퇴직급여액은 이미 낸 기여금의 총액에 「민법」 제379조에 따른 이자를 가산한 금액 이하로 줄일 수 없다.
>   1. 재직 중의 사유(직무와 관련이 없는 과실로 인한 경우 및 소속 상관의 정당한 직무상의 명령에 따르다가 과실로 인한 경우는 제외한다. 이하 제3항에서 같다)로 금고 이상의 형이 확정된 경우
>   2. **탄핵 또는 징계에 의하여 파면된 경우**
>   3. **금품 및 향응 수수, 공금의 횡령·유용으로 징계에 의하여 해임된 경우**
> ② 제1항 각 호의 어느 하나의 경우에 해당되어 퇴직급여 및 퇴직수당의 일부를 줄여 지급한 후 그 급여의 감액 사유가 소급하여 소멸되었을 때에는 그 감액된 금액에 대통령령으로 정하는 이자를 가산하여 지급한다.
> ③ 재직 중의 사유로 금고 이상의 형에 처할 범죄행위로 인하여 수사가 진행 중이거나 형사재판이 계속 중일 때에는 퇴직급여(연금인 급여를 제외한다) 및 퇴직수당의 일부를 대통령령으로 정하는 바에 따라 지급 정지할 수 있다. 이 경우 급여의 제한사유에 해당하지 아니하게 되었을 때에는 그 지급 정지하였던 금액에 대통령령으로 정하는 이자를 가산하여 지급한다.
> ④ 재직 중의 사유로 「형법」 제2편제1장(내란의 죄), 제2장(외환의 죄), 「군형법」 제2편제1장(반란의 죄), 제2장(이적의 죄), 「국가보안법」(제10조는 제외한다)에 규정된 죄를 지어 금고 이상의 형이 확정된 경우에는 이미 낸 기여금의 총액에 「민법」 제379조에 따른 이자를 가산한 금액을 반환하되 급여는 지급하지 아니한다.

(5) 징계위원회 - 경찰공무원법

> **제32조(징계위원회)** ① 경무관 이상의 경찰공무원에 대한 징계의결은 「국가공무원법」에 따라 국무총리 소속으로 설치된 징계위원회에서 한다. 11 승진, 11·13·21 2차, 14·16 1차, 23 경간
> ② **총경 이하**의 경찰공무원에 대한 징계의결을 하기 위하여 대통령령으로 정하는 **경찰기관 및 해양경찰관서에 경찰공무원 징계위원회를 둔다.** 16 1차
> ③ 경찰공무원 징계위원회의 구성·관할·운영, 징계의결의 요구 절차, 그 밖에 필요한 사항은 **대통령령**으로 정한다.

1) 징계위원회 종류 – 경찰공무원 징계령(대통령령)

> **제3조(징계위원회의 종류 및 설치)** ① 경찰공무원 징계위원회는 **경찰공무원 중앙징계위원회**(이하 "중앙징계위원회"라 한다)와 **경찰공무원 보통징계위원회**(이하 "보통징계위원회"라 한다)로 구분한다.
> ② **중앙징계위원회는 경찰청** 및 해양경찰청에 두고, **보통징계위원회는 경찰청**, 해양경찰청, **시·도경찰청**, 지방해양경찰청, 경찰대학, 경찰인재개발원, 중앙경찰학교, 경찰수사연수원, 해양경찰교육원, 경찰병원, 경찰서, 경찰기동대, 의무경찰대, 해양경찰서, 해양경찰정비창, 경비함정 및 경찰청장 또는 해양경찰청장이 지정하는 **경감 이상의 경찰공무원을 장으로 하는 기관**(이하 "경찰기관"이라 한다)에 둔다. 12 3차, 17 경간

2) 징계위원회 관할

> **제4조(징계위원회의 관할)** ① **중앙징계위원회는 총경 및 경정**에 대한 징계 또는 「국가공무원법」 제78조의2에 따른 징계부가금 부과(이하 "징계등"이라 한다) 사건을 심의·의결한다. 11 승진, 11 2차, 12 1차
> ② **보통징계위원회는** 해당 징계위원회가 설치된 경찰기관 소속 **경감 이하** 경찰공무원에 대한 징계등 사건을 심의·의결한다. 다만, 다음 각 호의 기관에 설치된 보통징계위원회는 각 호의 구분에 따른 경찰공무원에 대한 징계등 사건을 심의·의결한다. 12·15 1차, 17 2차
> 1. **경정 이상의 경찰공무원을 장으로 하는 경찰서**, 경찰기동대·해양경찰서 등 **총경 이상의 경찰공무원을 장으로 하는 경찰기관 및 정비창**: 소속 경위 이하의 경찰공무원
> 2. **의무경찰대** 및 경비함정 등 경찰청장 또는 해양경찰청장이 지정하는 **경감 이상의 경찰공무원을 장으로 하는 경찰기관**: 소속 경사 이하의 경찰공무원
> ③ 경찰청 및 해양경찰청에 설치된 보통징계위원회는 제2항에도 불구하고 경찰청장 또는 해양경찰청장이 징계등 의결을 요구하는 경찰공무원에 대한 징계등 사건을 심의·의결한다.
> ④ 제2항 단서 또는 제6조제2항 단서에 따라 해당 보통징계위원회의 징계 관할에서 제외되는 경찰공무원의 징계등 사건은 바로 위 상급 경찰기관에 설치된 보통징계위원회에서 심의·의결한다.

3) 관련사건의 관할

> **제5조(관련 사건의 관할)** ① **상위 계급과 하위 계급**의 경찰공무원이 관련된 징계등 사건은 제4조에도 불구하고 **상위 계급의 경찰공무원을 관할하는 징계위원회에서 심의·의결**하고, **상급 경찰기관과 하급 경찰기관**에 소속된 경찰공무원이 관련된 징계등 사건은 **상급 경찰기관에 설치된 징계위원회에서 심의·의결**한다. 다만, 상위 계급의 경찰공무원이 감독상 과실책임만으로 관련된 경우에는 제4조에 따른 관할 징계위원회에서 각각 심의·의결할 수 있다.
> ② **소속이 다른 2명 이상**의 경찰공무원이 관련된 징계등 사건으로서 관할 징계위원회가 서로 다른 경우에는 **모두를 관할하는 바로 위 상급 경찰기관에 설치된 징계위원회에서 심의·의결**한다. 13·17 승진, 15 1차
> ④ 제1항과 제2항에 따른 관할 징계위원회는 제1항과 제2항에도 불구하고 관련자에 대한 징계등 사건을 분리하여 심의·의결하는 것이 타당하다고 인정되는 경우에는 해당 징계위원회의 의결로 관련자에 대한 징계등 사건을 제4조에 따른 관할 징계위원회로 이송할 수 있다.

4) 징계위원회 구성 등

제6조(징계위원회의 구성 등) ① 각 징계위원회는 **위원장 1명을 포함하여 11명 이상 51명 이하의 공무원위원과 민간위원**으로 구성한다. 12 3차, 12·22 경간, 13·17·19 승진, 15 1차, 17 2차, 23 승진

② 징계위원회가 설치된 경찰기관의 장은 **징계등 심의 대상자보다 상위 계급인 경위 이상의 소속 경찰공무원** 또는 **상위 직급에 있는 6급 이상의 소속 공무원** 중에서 징계위원회의 공무원위원을 임명한다. 12 1차, 18 승진 다만, 보통징계위원회의 경우 징계등 심의 대상자보다 상위 계급인 경위 이상의 소속 경찰공무원 또는 상위 직급에 있는 6급 이상의 소속 공무원의 수가 제3항에 따른 민간위원을 제외한 위원 수에 미달되는 등의 사유로 보통징계위원회를 구성하는 것이 곤란한 경우에는 징계등 심의 대상자보다 상위 계급인 경사 이하의 소속 경찰공무원 또는 상위 직급에 있는 7급 이하의 소속 공무원 중에서 임명할 수 있으며, 이 경우에는 제4조제2항에도 불구하고 3개월 이하의 감봉 또는 견책에 해당하는 징계등 사건만을 심의·의결한다.

③ 징계위원회가 설치된 경찰기관의 장은 제1항에 따른 **위원 수의 2분의 1 이상을** 다음 각 호의 구분에 따라 해당 호 각 목의 사람 중에서 **민간위원으로 위촉한다.** 이 경우 **특정 성별의 위원이 민간위원 수의 10분의 6을 초과하지 않도록 해야 한다.** 23 승진

1. 중앙징계위원회
   가. 법관·검사 또는 변호사로 **10년 이상** 근무한 사람
   나. 「고등교육법」 제2조에 따른 학교 또는 이에 준하는 교육기관(이하 "대학"이라 한다)에서 경찰 관련 학문을 담당하는 **정교수 이상**으로 재직 중인 사람
   다. **총경 또는 4급 이상의 공무원으로 근무하고 퇴직한 사람**[퇴직 전 5년부터 퇴직할 때까지 **근무했던 적이 있는 경찰기관**(해당 경찰기관이 소속된 중앙행정기관 및 그 중앙행정기관의 다른 소속기관에서 근무했던 경우를 포함한다)의 경우에는 퇴직일부터 3년이 경과한 사람을 말한다]
   라. 민간부문에서 **인사·감사 업무를 담당하는 임원급** 또는 이에 상응하는 직위에 근무한 경력이 있는 사람

2. 보통징계위원회
   가. 법관·검사 또는 변호사로 **5년 이상** 근무한 사람
   나. 대학에서 경찰 관련 학문을 담당하는 **부교수 이상**으로 재직 중인 사람
   다. **공무원으로 20년 이상 근속하고 퇴직한 사람**[퇴직 전 5년부터 퇴직할 때까지 근무했던 적이 있는 경찰기관(해당 경찰기관이 소속된 중앙행정기관 및 그 중앙행정기관의 다른 소속기관에서 근무했던 경우를 포함한다)의 경우에는 퇴직일부터 3년이 경과한 사람을 말한다]
   라. 민간부문에서 **인사·감사 업무를 담당하는 임원급** 또는 이에 상응하는 직위에 근무한 경력이 있는 사람

④ 징계위원회의 **위원장은 위원 중 최상위 계급 또는 이에 상응하는 직급에 있거나 최상위 계급 또는 이에 상응하는 직급에 먼저 승진임용된 공무원**이 된다.

제6조의2(위원의 임기) 제6조제3항에 따라 위촉되는 **민간위원의 임기는 2년으로 하며, 한 차례만 연임할 수 있다.**

5) 징계위원회 회의

제7조(징계위원회의 회의) ① 징계위원회의 회의는 위원장과 징계위원회가 설치된 경찰기관의 장이 회의마다 지정하는 4명 이상 6명 이하의 위원으로 성별을 고려하여 구성하되, 민간위원의 수는 위원장을 포함한 위원 수의 2분의 1 이상이어야 한다. 22·24 경간, 23 경채

② 징계사유가 다음 각 호의 어느 하나에 해당하는 징계 사건이 속한 징계위원회의 회의를 구성하는 경우에는 피해자와 같은 성별의 위원이 위원장을 제외(포함X)한 위원 수의 3분의 1 이상 포함되어야 한다. 24 경간
  1. 「성폭력범죄의 처벌 등에 관한 특례법」에 따른 성폭력범죄
  2. 「양성평등기본법」에 따른 성희롱

③ 징계위원회의 **위원장은 위원회의 사무를 총괄하며 위원회를 대표한다.** 11 승진, 12 3차, 17·24 경간, 18 2차

④ 징계위원회의 회의는 위원장이 소집한다.

⑤ **위원장은 표결권을 가진다.** 11 승진, 12 3차, 12·17·24 경간, 18 2차

⑥ 위원장이 부득이한 사유로 직무를 수행할 수 없거나 위원장이 필요하다고 인정하는 경우에는 출석한 위원 중 최상위 계급 또는 이에 상응하는 직급에 있거나 최상위 계급 또는 이에 상응하는 직급에 먼저 승진임용된 공무원이 위원장이 된다. 24 경간

6) 징계위원회의 의결

제14조(징계위원회의 의결) ① 징계위원회의 의결은 **위원장을 포함한 위원 과반수의 출석과 출석위원 과반수의 찬성으로 의결**하되, 15 1차 의견이 나뉘어 출석위원 과반수의 찬성을 얻지 못한 경우에는 출석위원 과반수가 될 때까지 징계등 심의 대상자에게 가장 불리한 의견을 제시한 위원의 수를 그 다음으로 불리한 의견을 제시한 위원의 수에 차례로 더하여 그 의견을 합의된 의견으로 본다.

② 제1항의 의결은 별지 제3호서식의 징계 또는 징계부가금 의결서(이하 "의결서"라 한다)로 한다. 이 경우 의결서의 이유란에는 다음 각 호의 사항을 구체적으로 적어야 한다.
  1. 징계등의 원인이 된 사실
  2. 증거에 대한 판단
  3. 관계 법령
  4. 징계등 면제 사유 해당 여부
  5. 징계부가금 조정(감면) 사유

③ 징계위원회는 제1항에도 불구하고 다음 각 호의 사항에 대해서는 **서면으로 의결할 수 있다.**
  1. 제5조제4항에 따른 징계등 **사건의 관할 이송에 관한 사항**
  2. 제11조제1항에 따른 징계등 **의결의 기한 연기에 관한 사항**

④ 제3항에 따른 서면 의결의 절차·방법 등에 관한 사항은 경찰청장이 정한다.

⑤ 징계위원회의 의결 내용은 **공개하지 아니한다.**

제14조의2(원격영상회의 방식의 활용) ① 징계위원회는 위원과 징계등 심의 대상자, 징계등 의결을 요구하거나 요구를 신청한 자, 증인, 관계인 등 이 영에 따라 회의에 출석하는 사람(이하 이 항에서 "출석자"라 한다)이 동영상과 음성이 동시에 송수신되는 장치가 갖추어진 서로 다른 장소에 출석하여 진행하는 **원격영상회의 방식으로 심의·의결할 수 있다.** 23 승진 이 경우 징계위원회의 위원

및 출석자가 같은 회의장에 출석한 것으로 본다.
② 징계위원회는 제1항에 따라 원격영상회의 방식으로 심의·의결하는 경우 위원 및 출석자의 신상정보, 회의 내용·결과 등이 유출되지 않도록 **보안에 필요한 조치를 해야 한다.**
③ 제1항 및 제2항에서 규정한 사항 외에 원격영상회의의 운영에 필요한 사항은 경찰청장이 정한다.

7) 제척, 기피, 회피

제15조(제척, 기피 및 회피) ① 징계위원회의 **위원장 또는 위원이** 다음 각 호의 어느 하나에 해당하는 경우에는 그 **징계등 사건의 심의·의결에 관여하지 못한다.** 17 2차
1. 징계등 심의 대상자의 친족 또는 직근 상급자(징계 사유가 발생한 기간 동안 직근 상급자였던 사람을 포함한다)인 경우
2. 그 징계 사유와 관계가 있는 경우
3. 「국가공무원법」 제78조의3제1항제3호의 사유로 다시 징계등 사건의 심의·의결을 할 때 해당 징계등 사건의 조사나 심의·의결에 관여한 경우
② **징계등 심의 대상자는** 징계위원회의 위원장 또는 위원이 다음 각 호의 어느 하나에 해당하는 경우에는 징계위원회에 그 사실을 서면으로 밝히고 해당 **위원장 또는 위원의 기피를 신청할 수 있다.**
1. 제1항 각 호의 어느 하나에 해당하는 경우
2. 불공정한 의결을 할 우려가 있다고 의심할 만한 타당한 사유가 있는 경우
③ 징계위원회는 제2항에 따른 기피 신청을 받은 때에는 해당 징계등 사건을 심의하기 전에 의결로써 해당 위원장 또는 위원의 기피 여부를 결정해야 한다. 이 경우 기피 신청을 받은 위원장 또는 위원은 그 의결에 참여하지 못한다.
④ 징계위원회의 **위원장 또는 위원은** 제1항 각 호의 어느 하나에 해당하면 스스로 해당 징계등 사건의 심의·의결을 회피해야 하며, 제2항제2호에 해당하면 회피할 수 있다.

8) 징계등의 정도

제16조(징계등의 정도) 징계위원회는 징계등 사건을 의결할 때에는 징계등 심의 대상자의 비위행위 당시 계급 및 직위, 비위행위가 공직 내외에 미치는 영향, 평소 행실, 공적, 뉘우치는 정도나 그 밖의 정상과 징계등 의결을 요구한 자의 의견을 **고려해야 한다.** 17 2차

📝 참고 판례

1. 징계에 관한 일반사면이 있었다고 할지라도 사면의 효과는 소급하지 아니하므로 파면처분으로 이미 상실된 원고의 공무원지위가 회복될 수 없는 것이니 원고로서는 동 파면처분의 위법을 주장하여 그 취소를 구할 소송상 이익이 있다고 할 것이다.(대판 80누536)
2. 징계권자가 경찰관에 대하여 징계요구를 하였다가 이를 철회하고 다시 징계요구를 하여 파면결의를 한 경우 경찰공무원징계령에 이를 금지한 조문이 없으므로 그 징계절차는 적법하다.(대판 79누388)
3. 징계처분의 취소를 구하는 소에서 징계사유가 될 수 없다고 판결한 사유와 동일한 사유를 내세워 행정청이 다시 징계처분을 한 것은 확정판결에 저촉되는 행정처분을 한 것으로서, 위 취소판결의 기속력이나 확정판결의 기판력에 저촉되어 허용될 수 없다.(대판 92누2912)
4. 공무원에 대한 징계처분의 사유설명서의 교부는 소송서류의 송달이 아니므로 민사소송법의 송달방법에 의

할 것이 아니고 이를 받을 자가 볼 수 있는 상태에 놓여질 때에 교부한 것이 된다 할 것이다(대판 68누148)
5. 징계권자로서는 징계의결대로 징계처분을 집행한 다음에는 특단의 사정이 없는 한 그 스스로 이를 취소하거나 변경할 수 없다할 것이고 이는 징계위원회의 의결내용에 하자가 있는 경우에도 마찬가지라 할 것이다.(대구고법 78구92 특별부판결 : 확정)

7. 경찰공무원의 권익보장제도

① 사전적 구제절차 - **처분사유설명서 교부** 09 채용
② 사후적 구제절차 - **고충심사, 소청심사청구, 행정소송** 등
③ 징계처분, 휴직처분, 면직처분, 그 밖에 의사에 반하는 불리한 처분에 대한 행정소송의 경우에는 **경찰청장을 피고**로 한다. 24 경간 다만, 임용권을 위임한 경우에는 그 **위임을 받은 자**를 피고로 한다.(경찰공무원법 제28조) 09 채용

(1) 처분사유 설명서 교부

> **국가공무원법**
>
> **제75조(처분사유 설명서의 교부)** ① 공무원에 대하여 **징계처분등을 할 때나 강임·휴직·직위해제 또는 면직처분을 할 때**에는 그 처분권자 또는 처분제청권자는 **처분사유를 적은 설명서를 교부하여야 한다.** 18 승진 다만, **본인의 원(願)에 따른 강임·휴직 또는 면직처분은 그러하지 아니하다.**
> ② 처분권자는 피해자가 요청하는 경우 「성폭력범죄의 처벌 등에 관한 특례법」 제2조에 따른 성폭력범죄 및 「양성평등기본법」 제3조제2호에 따른 성희롱에 해당하는 사유로 처분사유 설명서를 교부할 때에는 그 징계처분결과를 피해자에게 함께 통보하여야 한다.

(2) 고충심사

고충심사는 원칙적으로 직무와 관련된 모든 문제를 대상으로 하며, 청구기간에 특별한 제한이 없다. 09 채용

> **국가공무원법**
>
> **제76조의2(고충 처리)** ① **공무원은** 인사·조직·처우 등 각종 직무 조건과 그 밖에 신상 문제와 관련한 **고충에 대하여 상담을 신청하거나 심사를 청구할 수 있으며,** 누구나 기관 내 성폭력 범죄 또는 성희롱 발생 사실을 알게 된 경우 이를 신고할 수 있다. 이 경우 상담 신청이나 심사 청구 또는 신고를 이유로 불이익한 처분이나 대우를 받지 아니한다.
> ② 중앙인사관장기관의 장, 임용권자 또는 임용제청권자는 제1항에 따른 상담을 신청받은 경우에는 소속 공무원을 지정하여 상담하게 하고, 심사를 청구받은 경우에는 제4항에 따른 관할 고충심사위원회에 부쳐 심사하도록 하여야 하며, 그 결과에 따라 고충의 해소 등 공정한 처리를 위하여 노력하여야 한다.
> ③ 중앙인사관장기관의 장, 임용권자 또는 임용제청권자는 기관 내 성폭력 범죄 또는 성희롱 발생 사실의 신고를 받은 경우에는 지체 없이 사실 확인을 위한 조사를 하고 그에 따라 **필요한 조치를 하여야 한다.**
> ④ 공무원의 고충을 심사하기 위하여 중앙인사관장기관에 중앙고충심사위원회를, 임용권자 또는 임

용제청권자 단위로 보통고충심사위원회를 두되, 중앙고충심사위원회의 기능은 소청심사위원회에서 관장한다.
⑤ 중앙고충심사위원회는 보통고충심사위원회의 심사를 거친 재심청구와 5급 이상 공무원 및 고위공무원단에 속하는 일반직공무원의 고충을, 보통고충심사위원회는 소속 6급 이하의 공무원의 고충을 각각 심사한다. 다만, **6급 이하의 공무원의 고충이 성폭력 범죄 또는 성희롱 사실에 관한 고충 등 보통고충심사위원회에서 심사하는 것이 부적당하다고 대통령령등으로 정한 사안이거나 임용권자를 달리하는 둘 이상의 기관에 관련된 경우에는 중앙고충심사위원회에서**, 원 소속 기관의 보통고충심사위원회에서 고충을 심사하는 것이 부적당하다고 인정될 경우에는 직근 상급기관의 보통고충심사위원회에서 각각 심사할 수 있다.
⑧ 고충상담 신청, 성폭력 범죄 또는 성희롱 발생 사실의 신고에 대한 처리절차, 고충심사위원회의 구성·권한·심사절차, 그 밖에 필요한 사항은 대통령령등으로 정한다.

경찰공무원법

제31조(고충심사위원회) ① 경찰공무원의 인사상담 및 **고충**을 심사하기 위하여 경찰청, 해양경찰청, 시·도자치경찰위원회, 시·도경찰청, 대통령령으로 정하는 경찰기관 및 지방해양경찰관서에 경찰공무원 고충심사위원회를 둔다. 13 2차
② 경찰공무원 고충심사위원회의 심사를 거친 **재심청구와 경정 이상**의 경찰공무원의 인사상담 및 고충심사는 「국가공무원법」에 따라 설치된 중앙고충심사위원회에서 한다.
③ 경찰공무원 고충심사위원회의 구성, 심사 절차 및 운영에 필요한 사항은 대통령령으로 정한다.

공무원 고충처리 규정

제3조의2(경찰공무원 고충심사위원회) ① 「경찰공무원법」 제31조제1항에서 "대통령령이 정하는 경찰기관"이라 함은 경찰대학·경찰인재개발원·중앙경찰학교·경찰수사연수원·경찰서·경찰기동대·경비함정 기타 **경감 이상의 경찰공무원을 장으로 하는 기관** 중 행정안전부장관 또는 해양수산부장관이 지정하는 경찰기관을 말한다. 22 경간
② 「경찰공무원법」 제31조제1항에 따른 경찰공무원 고충심사위원회(이하 "경찰공무원고충심사위원회"라 한다)는 **위원장 1명을 포함하여 7명 이상 15명 이내의 공무원위원과 민간위원으로 구성한다.** 이 경우 **민간위원의 수는 위원장을 제외한 위원 수의 2분의 1 이상이어야 한다.** 22 경간
③ 경찰공무원고충심사위원회의 **위원장**은 설치기관 소속 공무원 중에서 **인사 또는 감사 업무를 담당하는 과장** 또는 이에 상당하는 직위를 가진 사람이 된다. 22 경간
④ 경찰공무원고충심사위원회의 공무원위원은 청구인보다 상위 계급 또는 이에 상당하는 소속 공무원 중에서 설치기관의 장이 임명한다.
⑤ 경찰공무원고충심사위원회의 **민간위원**은 다음 각 호의 사람 중에서 설치기관의 장이 위촉한다.
  1. 경찰공무원으로 20년 이상 근무하고 퇴직한 사람
  2. 대학에서 법학·행정학·심리학·정신건강의학 또는 경찰학을 담당하는 사람으로서 조교수 이상으로 재직 중인 사람
  3. 변호사 또는 공인노무사로 5년 이상 근무한 사람
  4. 「의료법」에 따른 의료인
⑥ 경찰공무원고충심사위원회 **민간위원의 임기는 2년으로 하며, 한 번만 연임할 수 있다.**
⑦ 경찰공무원고충심사위원회의 회의는 위원장과 위원장이 회의마다 지정하는 5명 이상 7명 이내의

위원으로 성별을 고려하여 구성한다. 이 경우 **민간위원이 3분의 1 이상 포함되어야 한다.**

제3조의6(고충심사위원회의 관할) ① 「국가공무원법」 제76조의2제4항에 따른 중앙고충심사위원회(이하 "중앙고충심사위원회"라 한다)는 보통고충심사위원회의 심사를 거친 재심청구와 5급 이상 공무원(고위공무원단에 속하는 일반직공무원을 포함한다)·연구관·지도관·전문직공무원 또는 이에 상당하는 일반직공무원의, 보통고충심사위원회는 소속 6급이하 공무원·연구사·지도사 또는 이에 상당하는 일반직공무원의 고충을 각각 심사한다.

⑤ 「국가공무원법」 제76조의2제5항 단서에 따라 6급 이하의 공무원의 고충으로서 보통고충심사위원회에서 심사하는 것이 부적당하여 **중앙고충심사위원회에서 심사할 수 있는 사안은 다음 각 호의 어느 하나에 해당하는 사안을 말한다.** 22 경간
  1. **성폭력범죄** 또는 **성희롱** 사실에 관한 고충
  2. 「공무원 행동강령」 제13조의3에 따른 **부당한 행위**로 인한 고충
  3. 그 밖에 **성별·종교·연령** 등을 이유로 하는 **불합리한 차별**로 인한 고충

제7조(고충심사절차) ① 고충심사위원회가 **청구서를 접수한 때에는 30일 이내에 고충심사에 대한 결정을 해야 한다.** 다만, 부득이하다고 인정되는 경우에는 고충심사위원회의 의결로 **30일의 범위에서 그 기한을 연기할 수 있다.** 22 승진

제8조(심사일의 통지 등) ① 고충심사위원회는 **심사일 5일 전까지 청구인 및 처분청에 심사일시 및 장소를 알려야 한다.**
② 고충심사위원회는 제1항에 따른 통지를 하는 경우 청구인 및 처분청에 심사에 출석하여 의견을 진술하거나 서면으로 의견을 제출할 기회를 주어야 한다.
③ 고충심사위원회는 제1항에 따른 통지를 받은 청구인 및 처분청이 심사일에 특별한 이유 없이 출석하지 아니한 때에는 진술 없이 심사·결정할 수 있다. 다만, 서면으로 진술할 때에는 결정서에 서면 진술의 요지를 기재하여야 한다.

제10조(고충심사위원회의 결정) ① 경찰공무원고충심사위원회의 결정은 제3조제7항 전단, 제3조의2제7항 전단, 제3조의3제7항 전단 또는 제3조의4제6항 전단에 따른 **위원 5명 이상의 출석과 출석위원 과반수의 합의에 따른다.**
② 중앙고충심사위원회의 결정은 위원(「국가공무원법」 제9조제3항에 따라 인사혁신처에 설치된 소청심사위원회의 상임위원과 비상임위원을 말한다) 3분의 2 이상의 출석과 출석 위원 과반수의 합의에 따른다.

제11조(결정서작성 및 송부) ① 고충심사위원회가 고충심사청구에 대하여 결정을 한 때에는 결정서를 작성하고, 위원장과 출석한 위원이 서명·날인하여야 한다.
② 결정서가 작성된 경우에는 지체없이 이를 설치기관의 장에게 송부하여야 한다.

제13조(재심 청구기간) 보통고충심사위원회등의 고충심사 결정에 불복하여 중앙고충심사위원회 또는 「교육공무원법」 제49조제3항에 따른 교육공무원 중앙고충심사위원회에 재심을 청구하는 경우에는 그 심사결과를 통보받은 날부터 30일 이내에 청구서를 제출해야 한다.

> 📋 **판례** 고충심사제도는 공무원으로서의 권익을 보장하고 적정한 근무환경을 조성하여 주기 위하여 근무조건 또는 인사관리 기타 신상문제에 대하여 법률적인 쟁송의 절차에 의하여서가 아니라 사실상의 절차에 의하여 그 시정과 개선책을 청구하여 줄 것을 임용권자에게 청구할 수 있도록 한 제도로서, 고충심사결정 자체에 의하여는 어떠한 법률관계의 변동이나 이익의 침해가 직접적으로 생기는 것은 아니므로 **고충심사의 결정은 행정상 쟁송의 대상이 되는 행정처분이라고 할 수 없다.**(대판 87누657, 87누658)

> **[참고] 사회보장 및 보훈**
>
> **제21조(보훈)** 경찰공무원으로서 전투나 그 밖의 직무 수행 또는 교육훈련 중 사망한 사람(공무상 질병으로 사망한 사람을 포함한다) 및 부상(공무상의 질병을 포함한다)을 입고 퇴직한 사람과 그 유족 또는 가족은 **「국가유공자 등 예우 및 지원에 관한 법률」** 또는 「보훈보상대상자 지원에 관한 법률」에 따라 예우 또는 지원을 받는다.
>
> **제77조(사회보장)** ① 공무원이 질병·부상·장해·퇴직·사망 또는 재해를 입으면 본인이나 유족에게 법률로 정하는 바에 따라 적절한 급여를 지급한다.

[관련조문] 성희롱·성폭력 근절을 위한 공무원 인사관리 규정(대통령령)

제3조(성희롱·성폭력 발생 사실의 신고) 행정부 소속 국가공무원(이하 "공무원"이라 한다)은 누구나 공직 내 성희롱 또는 성폭력 발생 사실을 알게 된 경우 그 사실을 **임용권자 또는 임용제청권자(이하 "임용권자 등"이라 한다)에게 신고할 수 있다.** 21 승진

제4조(사실 확인을 위한 조사) ① 임용권자등은 제3조에 따른 신고를 받거나 공직 내 성희롱 또는 성폭력 발생 사실을 알게 된 경우에는 **지체 없이 그 사실 확인을 위한 조사를 하여야 하며, 수사의 필요성이 있다고 인정하는 경우 수사기관에 통보하여야 한다.** 21 승진

② 임용권자등은 제1항에 따른 조사 과정에서 성희롱 또는 성폭력과 관련하여 피해를 입은 사람 또는 피해를 입었다고 주장하는 사람(이하 "피해자등"이라 한다)이 성적 불쾌감 등을 느끼지 아니하도록 하고, 사건 내용이나 신상 정보의 누설 등으로 인한 피해가 발생하지 아니하도록 하여야 한다.

③ 임용권자등은 제1항에 따른 **조사 기간 동안 피해자등이 요청한 경우**로서 피해자등을 보호하기 위하여 필요하다고 인정하는 경우 그 피해자등이나 성희롱 또는 성폭력과 관련하여 **가해 행위를 했다고 신고된 사람에 대하여 근무 장소의 변경, 휴가 사용 권고 등 적절한 조치를 하여야 한다.** 21 승진

제5조(피해자 또는 신고자의 보호) ① 임용권자등은 제4조제1항에 따른 조사 결과 공직 내 성희롱 또는 성폭력 발생 사실이 확인되면 **피해자에게 다음 각 호의 어느 하나에 해당하는 조치를 할 수 있다.** 다만, **임용권자등은 피해자의 의사에 반(反)하여 조치를 하여서는 아니 된다.**

1. 「공무원임용령」 제41조에 따른 **교육훈련 등 파견근무**
2. 「공무원임용령」 제45조에도 불구하고 **다른 직위에의 전보**
3. 근무 장소의 변경, 휴가 사용 권고 및 그 밖에 임용권자등이 필요하다고 인정하는 적절한 조치

② 임용권자등은 성희롱 또는 성폭력 발생 사실을 신고한 사람(이하 "신고자"라 한다)이 그 신고를 이유로 집단 따돌림, 폭행 또는 폭언으로 인한 정신적·신체적 피해를 호소하는 경우에는 제1항 각 호의 어느 하나에 해당하는 조치를 할 수 있다. 다만, 임용권자등은 신고자의 의사에 반하여 조치를 하여서는 아니 된다.

제6조(가해자에 대한 인사조치) 임용권자등은 제4조제1항에 따른 조사 결과 공직 내 성희롱 또는 성폭력 발생 사실이 확인되면 가해자에게 다음 각 호의 어느 하나에 해당하는 조치를 할 수 있다.

1. 「국가공무원법」 제73조의3에 따른 직위해제 사유에 해당된다고 인정하는 경우에는 직위해제
2. 「국가공무원법」 제78조에 따른 징계 사유에 해당된다고 인정하는 경우에는 관할 징계위원회에 징계의결 요구
3. 제2호에 따른 징계 의결 요구 전 승진임용 심사 대상에서 제외

4. 「공무원임용령」 제45조에도 불구하고 다른 직위에의 전보
5. 「공무원 성과평가 등에 관한 규정」 제10조제3항 또는 제16조제1항에 따른 최하위등급 부여
6. 감사·감찰·인사·교육훈련 분야 등의 보직 제한

제7조(피해자등 또는 신고자에 대한 인사상 불이익 조치 금지) 임용권자등은 피해자등 또는 신고자에게 그 피해 발생 사실이나 신고를 이유로 다음 각 호의 인사상 불이익 조치를 하여서는 아니 된다.
1. 「국가공무원법」에 따른 징계 의결 요구 및 징계처분, 주의·경고
2. 본인의 의사에 반하는 전보 조치, 직무 미부여 또는 부서 내 보직 변경
3. 승진임용 심사에서의 불이익 조치
4. 성과평가 및 성과연봉·성과상여금 지급 등에서의 불이익 조치
5. 교육훈련 기회의 제한
6. 그 밖에 피해자등 또는 신고자의 의사에 반하는 인사상 불이익 조치

제9조(임용권자등의 의무) ① 임용권자등은 성희롱 및 성폭력을 예방하고 공무원이 안전한 근무환경에서 일할 수 있는 여건을 조성하기 위하여 공직 내 성희롱 및 성폭력의 예방을 위한 교육을 하거나 계획을 수립하는 등 성희롱 및 성폭력 예방을 위하여 상시적으로 노력하여야 한다.
② 임용권자등은 제3조에 따른 성희롱 또는 성폭력 발생 사실의 신고에 관한 업무를 효율적으로 수행하기 위하여 성희롱·성폭력 신고센터를 설치·운영하는 등 필요한 조치를 하여야 한다.
③ 임용권자등은 피해자등 또는 신고자에 대한 인사상 불이익 조치 금지 및 보호 조치 등의 방안을 마련하는 등 2차 피해를 방지하기 위하여 노력하여야 한다.

제10조(비밀 누설 금지 등) 제4조제1항에 따라 성희롱 또는 성폭력 발생 사실을 조사한 사람, 조사 내용을 보고 받은 사람 또는 그 밖에 조사 과정에 참여한 사람은 그 조사 과정에서 알게 된 비밀을 피해자등의 의사에 반하여 다른 사람에게 누설해서는 아니 된다. 다만, 조사와 관련된 내용을 임용권자등에게 보고하거나 관계 기관의 요청에 따라 필요한 정보를 제공하는 경우는 예외로 한다.

▶ **[참고] 경찰청 성희롱·성폭력 예방 및 2차 피해 방지와 그 처리에 관한 규칙 - 경찰청 훈령**

제2조(정의) 이 규칙에서 사용하는 용어의 뜻은 다음과 같다.
1. **"성희롱"**이란 「양성평등기본법」 제3조제2호 각 목의 행위를 하는 경우를 말한다.
2. **"성폭력"**이란 「성폭력범죄의 처벌 등에 관한 특례법」 제2조제1항에 규정된 죄에 해당하는 행위를 말한다.
3. **"2차 피해"**란 성희롱·성폭력 피해자가 「여성폭력방지기본법」 제3조제3호 각 목의 어느 하나에 해당하는 피해를 입거나, 성희롱·성폭력사건 내용 유포 및 축소·은폐, 그 밖에 피해자의 의사에 반하는 불리한 처우 등으로 피해를 입는 것을 말한다.

제3조(적용범위) ① 이 규칙은 경찰청 및 그 소속기관(이하 "경찰기관"이라 한다) 소속 직원(공무원 및 고용관계에 있는 사람을 포함한다. 이하 같다)과 교육생(경찰대학, 중앙경찰학교 교육생을 말한다. 이하 같다)에게 적용된다.
② 이 규칙의 피해자 보호는 피해자(피해를 입었다고 주장하는 사람을 포함한다)뿐 아니라 신고자·조력자·대리인(이하 "피해자등"이라고 한다)에게도 적용된다.

제5조(신고센터) ① 경찰청장은 소속 구성원 및 교육생의 성희롱·성폭력 및 2차 피해 관련 상담·조사 등 처리를 위해 경찰청 인권보호담당관실에 경찰청 성희롱·성폭력 신고센터(이하 "신고센터"라 한다)를 둔다.

제5조의2(온라인신고센터) 경찰청장은 성희롱·성폭력 및 2차 피해 신고의 편의를 위해 온라인신고센터를

설치·운영한다.

제9조(조사 신청) ① 성희롱·성폭력 및 2차 피해 조사를 원하는 피해자등은 별지 제2호 서식의 성희롱·성폭력 및 2차 피해 조사 신청서를 상담원 또는 조사관에게 제출해야 하며, 상담원 또는 조사관은 지체 없이 이를 접수해야 한다.

제10조(조사) ① 조사관은 제9조의 신청을 접수한 날로부터 20일 이내에 조사를 완료해야 한다. 다만, 특별한 사정이 있는 경우 신고센터장에게 보고 후 20일 범위 내에서 조사 기간을 연장할 수 있다.
④ 조사관은 조사과정에서 피해자의 인격 또는 명예가 손상되거나 사적인 비밀이 침해되지 않도록 해야 하고, 다음 각 호의 2차 피해 행위를 해서는 안 된다.
  1. 피해자를 비난하거나 피해자에게 책임을 전가하려는 행위
  2. 피해자의 조사 신청의 의도를 의심하는 행위
  3. 피해 사실을 인정하지 않으려는 예단을 가지거나 사소한 것으로 취급하는 행위
  4. 피해자의 과거 언행을 부적절하게 질문하는 행위
  5. 성희롱·성폭력 및 2차 피해 행위자를 옹호하거나 두둔하는 행위
  6. 피해자의 의사에 반하여 성희롱·성폭력 및 2차 피해 행위자를 동석시키는 행위
  7. 목격자를 회유하거나 피해자 입장에서의 진술을 방해하는 행위
  8. 그 밖에 제1호부터 제7호까지에 준하는 행위
⑧ 조사관은 조사처리 과정 중에 2차 피해 발생 여부를 지속적으로 확인하여 2차 피해 방지 조치를 해야 한다.

제11조(피해자등 보호 및 비밀유지) ① 경찰기관의 장은 조사기간 동안 피해자의 의사를 고려해 성희롱·성폭력 및 2차 피해 행위자와의 업무·공간 분리, 휴가 부여 등 적절한 조치를 취해야 한다.
② 경찰기관의 장은 조사 완료 후 행위자의 혐의가 인정되는 경우에는 피해자의 의사를 고려해 제1항의 조치를 해야 한다.
③ 제1항 및 제2항에 따른 분리 조치는 사안의 경중에 따라 다른 시·도경찰청 또는 경찰서로도 할 수 있다.
④ 경찰기관의 장은 특별한 사유가 없는 한 행위자가 견책 이상의 징계처분을 받은 때에는 2차 피해 방지를 위해 징계 처분일로부터 **10년** 동안 피해자와 동일한 관서에 근무하지 않도록 해야 하며, 피해자와 직무상 연관된 보직에 배치해서는 안 된다.
⑤ 경찰기관의 장은 피해자등에게 상담, 조사 신청, 협력 등을 이유로 다음 각 호의 어느 하나에 해당하는 불리한 처우를 해서는 안 된다.
  1. 파면, 해임, 그 밖에 신분 상실에 해당하는 불이익 조치
  2. 징계, 승진 제한 등 부당한 인사조치
  3. 직무 미부여, 직무 재배치, 그 밖에 본인의 의사에 반하는 인사조치
  4. 성과평가 또는 동료평가 등에서 차별이나 그에 따른 임금 또는 상여금 등의 차별 지급
  5. 직업능력 개발 및 향상을 위한 교육훈련 기회의 제한
  6. 집단 따돌림, 폭행 또는 폭언 등 정신적·신체적 손상을 가져오는 행위를 하거나 이를 방치하는 행위
  7. 그 밖에 피해자등 의사에 반하는 불리한 처우
⑥ 성희롱·성폭력과 관계된 사안을 직무상 알게 된 사람은 사안의 조사 및 처리를 위해 필요한 경우를 제외하고는 동 사안 관계자의 신원은 물론 그 내용 등에 대하여 이를 누설해서는 안 된다.

제13조(성희롱·성폭력 심의위원회 설치 및 구성) ① 성희롱·성폭력 및 2차 피해 사안을 심의하기 위해 경찰청에 성희롱·성폭력 심의위원회(이하 "위원회"라 한다)를 둔다.
② 위원회는 위원장 1명을 포함한 7명의 위원으로 구성한다. 이 경우 외부위원은 3명 이상이 되도록 하며,

특정 성별이 위원장을 제외하고 4명을 초과해서는 안 된다.
③ 위원장은 경찰청 경무인사기획관으로 한다.
④ 외부위원은 성희롱·성폭력 예방에 관한 학식과 경험이 풍부한 사람 중에서 경찰청장이 위촉한다. 이 경우 외부위원의 임기는 2년으로 하되 연임할 수 있다.
⑤ 위원회의 개최 등 위원회의 사무를 처리하기 위해 간사 1명을 두되, 간사는 경찰청 인권조사계장으로 한다.
⑥ 경찰청장은 외부위원이 심의과정에서 피해자에게 2차 피해를 주는 행위를 했다고 판단되는 경우에는 지체 없이 해당 위원을 해촉해야 한다.

제15조(사건의 종결) 신고센터장은 성희롱·성폭력 및 2차 피해 사안에 대한 조사가 완료된 후 지체 없이 그 조사 결과를 피해자 및 행위자에게 서면 등으로 통지하고 사건을 종결한다.

제16조(징계) ① 경찰기관의 장은 성희롱·성폭력 및 2차 피해에 대한 조사 또는 심의 결과, 성희롱·성폭력 및 2차 피해 행위가 징계사유에 해당한다고 판단하는 경우 엄중한 징계 등 제재절차가 이루어지도록 해야 한다.
② 경찰기관의 장은 조사 중인 성희롱·성폭력 및 2차 피해 행위가 **중징계에 해당된다고 판단되는 경우에는 해당 행위자에게 의원면직을 허용해서는 안 된다.**
③ 상급자가 성희롱·성폭력 관련 사안을 인지하고도 사건을 방조·은폐·비호하거나 2차 피해에 대하여 아무런 조치를 취하지 않은 경우 상급 경찰기관의 장 또는 소속 경찰기관의 장은 사안의 경중을 고려하여 징계 요구를 하거나 직무 관련 범죄의 고발 등을 할 수 있다.
④ 제1항에 따라 징계 등 제재 절차를 진행하는 경우에는 피해자에게 의견 진술 기회를 주어야 한다.

> ▶ **[참고] 양성평등기본법**
>
> **제3조(정의)** 이 법에서 사용하는 용어의 뜻은 다음과 같다.
>   1. "양성평등"이란 성별에 따른 차별, 편견, 비하 및 폭력 없이 인권을 동등하게 보장받고 모든 영역에 동등하게 참여하고 대우받는 것을 말한다.
>   2. "성희롱"이란 업무, 고용, 그 밖의 관계에서 국가기관·지방자치단체 또는 대통령령으로 정하는 공공단체(이하 "국가기관등"이라 한다)의 종사자, 사용자 또는 근로자가 다음 각 목의 어느 하나에 해당하는 행위를 하는 경우를 말한다.
>   가. 지위를 이용하거나 업무 등과 관련하여 성적 언동 또는 성적 요구 등으로 상대방에게 성적 굴욕감이나 혐오감을 느끼게 하는 행위
>   나. 상대방이 성적 언동 또는 성적 요구에 따르지 아니한다는 이유로 불이익을 주거나 그에 따르는 것을 조건으로 이익 공여의 의사표시를 하는 행위
>
> **제14조(성 주류화 조치)** ① 국가와 지방자치단체는 법령의 제정·개정 및 적용·해석, 정책의 기획, 예산 편성 및 집행, 그 밖에 법령에 따라 직무를 수행하는 과정에서 성평등 관점을 통합하는 성 주류화 조치를 취하여야 한다.
>
> **제18조(성인지 교육)** ① 국가와 지방자치단체는 사회 모든 영역에서 법령, 정책, 관습 및 각종 제도 등이 여성과 남성에게 미치는 영향을 인식하는 능력을 증진시키는 교육(이하 "성인지 교육"이라 한다)을 전체 소속 공무원 등에게 실시하여야 한다.
>
> **제31조의2(성희롱 사건 발생 시 조치)** ① 국가기관등의 장은 해당 기관에서 성희롱 사건이 발생한 사실을 알게 된 경우(국가기관등의 장이 해당 성희롱 사건의 행위자인 경우를 포함한다) 피해자의 명시적인 반대

의견이 없으면 지체 없이 그 사실을 여성가족부장관에게 통보하고, 해당 사실을 **안 날부터 3개월 이내**에 제31조제1항에 따른 재발방지대책을 여성가족부장관에게 제출하여야 한다.

② 여성가족부장관은 제1항에 따라 통보받은 사건이 중대하다고 판단되거나 재발방지대책의 점검 등을 위하여 필요한 경우 해당 기관에 대한 현장점검을 실시할 수 있으며, 점검 결과 시정이나 보완이 필요하다고 인정하는 경우에는 국가기관등의 장에게 시정이나 보완을 요구할 수 있다.

▶ **[참고] 경찰공무원 보건안전 및 복지기본법(약칭: 경찰복지법)**

제2조(정의) 이 법에서 사용하는 용어의 뜻은 다음과 같다.
1. "경찰공무원"이란 「경찰공무원법」 제3조에 따른 경찰공무원을 말한다.
1의2. "위험직무공상경찰공무원"이란 생명과 신체에 대한 고도의 위험을 무릅쓰고 「공무원연금법」 제3조제1항제2호 각 목에 해당하는 위험한 직무를 수행하다가 질병에 걸리거나 부상을 입은 경찰공무원을 말한다.

제8조의2(특수건강진단) ② 경찰청장과 해양경찰청장은 제1항에 따른 특수건강진단 결과에 따라 특정 경찰공무원의 건강을 보호하기 위하여 필요한 경우에 해당 경찰공무원에 대하여 정밀건강진단 실시 등 필요한 명령을 할 수 있다.

제9조(직원숙소 지원) ① 경찰청장과 해양경찰청장은 경찰공무원이 안정된 주거생활을 함으로써 근무에 전념할 수 있도록 하기 위하여 비연고지에 근무하는 경찰공무원에게 직원숙소(경찰공무원의 주거안정을 위하여 신축, 매입 또는 임차한 주거용 건물과 관사를 말한다. 이하 같다)를 제공할 수 있다.

제11조(퇴직경찰공무원 취업 등 지원) ① 국가는 퇴직경찰공무원(퇴직 예정자를 포함한다. 이하 이 조에서 같다)의 원활한 사회복귀와 생활안정을 위하여 대통령령으로 정하는 바에 따라 퇴직경찰공무원에게 진로·직업 상담, 취업알선, 채용박람회 개최 등의 취업지원을 실시할 수 있다.
② 경찰청장과 해양경찰청장은 대통령령으로 정하는 바에 따라 퇴직경찰공무원에게 사회적응교육 및 직업교육훈련을 실시할 수 있다.
③ 국가는 예산의 범위에서 퇴직경찰공무원의 창업을 지원하기 위하여 필요한 창업상담, 창업교육 등의 사업을 실시할 수 있다.
④ 국가는 제2항에 따른 사회적응교육 및 직업교육훈련에 드는 비용의 전부 또는 일부를 예산의 범위에서 지원할 수 있다.

제12조(위험직무공상경찰공무원 지원) ① 국가는 위험직무공상경찰공무원의 원활한 직무복귀와 생활안정을 위하여 필요한 지원을 할 수 있다.
② 위험직무공상경찰공무원이 그 질병 또는 부상으로 인하여 치료 등의 요양을 하는 경우에는 **특별위로금을 지급할 수 있다.**

(3) 소청심사

국가공무원법에서 규정하고 있는 **특별행정심판절차**로써 징계처분 그밖에 의사에 반하는 불리한 처분을 받은 자가 불복이 있는 경우 관할 **소청심사위원회(합의제 행정관청)**에 심사를 청구하는 제도이다. 19 승진

국가공무원법

제9조(소청심사위원회의 설치) ① 행정기관 소속 공무원의 징계처분, 그 밖에 그 의사에 반하는 불리한 처분이나 부작위에 대한 소청을 심사·결정하게 하기 위하여 **인사혁신처에 소청심사위원회를 둔다.** 12 3차, 11·12 승진, 16 지능특채, 19 승진 22 2차

② 국회, 법원, 헌법재판소 및 선거관리위원회 소속 공무원의 소청에 관한 사항을 심사·결정하게 하기 위하여 국회사무처, 법원행정처, 헌법재판소사무처 및 중앙선거관리위원회사무처에 **각각 해당 소청심사위원회를 둔다.** 16 지능특채

③ 국회사무처, 법원행정처, 헌법재판소사무처 및 중앙선거관리위원회사무처에 설치된 소청심사위원회는 **위원장 1명을 포함한 위원 5명 이상 7명 이하의 비상임위원**으로 구성하고, 18 1차 **인사혁신처에 설치된 소청심사위원회는 위원장 1명을 포함한 5명 이상 7명 이하의 상임위원과 상임위원 수의 2분의 1 이상인 비상임위원으로 구성**하되, **위원장은 정무직**으로 보한다. 09 채용, 11 1차, 12 2차, 13·19 승진, 14 1차, 16 경간, 16 지능특채

⑤ 소청심사위원회의 조직에 관하여 필요한 사항은 대통령령등으로 정한다.

> **인사혁신처와 그 소속기관 직제 제23조(소청심사위원회의 구성)** ② 소청심사위원회 **위원장은 정무직**으로 하고, 상위원은 고위공무원단에 속하는 임기제공무원으로 보한다.
> ③ 소청심사위원회 **비상임위원의 임기는 2년**으로 한다.
> ④ 소청심사위원회 비상임위원에게는 예산의 범위에서 수당을 지급하고, 상임위원의 예에 준하는 여비를 지급한다.

제10조(소청심사위원회위원의 자격과 임명) ① 소청심사위원회의 위원(위원장을 포함한다. 이하 같다)은 다음 각 호의 어느 하나에 해당하고 인사행정에 관한 식견이 풍부한 자 중에서 국회사무총장, 법원행정처장, 헌법재판소사무처장, 중앙선거관리위원회사무총장 또는 인사혁신처장의 제청으로 국회의장, 대법원장, 헌법재판소장, 중앙선거관리위원회위원장 또는 **대통령이 임명한다.** 이 경우 **인사혁신처장이 위원을 임명제청하는 때에는 국무총리를 거쳐야 하고,** 12 2차, 19 승진 인사혁신처에 설치된 소청심사위원회의 위원 중 비상임위원은 제1호 및 제2호의 어느 하나에 해당하는 자 중에서 임명하여야 한다.

1. 법관·검사 또는 변호사의 직에 **5년** 이상 근무한 자 14 1차
   → 상임위원, 비상임위원 모두 가능
2. 대학에서 행정학·정치학 또는 법률학을 담당한 **부교수** 이상의 직에 **5년** 이상 근무한 자 → 상임위원, 비상임위원 모두 가능 16 경간, 18 1차
3. **3급** 이상 공무원 또는 고위공무원단에 속하는 공무원으로 **3년** 이상 근무한 자 13·19 승진 → 상임위원만 가능

② 소청심사위원회의 상임위원의 임기는 **3년**으로 하며, **한 번만 연임할 수 있다.** 08 1차, 11·14 1차, 11·13 승진, 12·14 2차

④ 소청심사위원회의 **상임위원은 다른 직무를 겸할 수 없다.** 12 3차, 14 1차

⑤ 소청심사위원회의 공무원이 아닌 위원은 「형법」이나 그 밖의 법률에 따른 벌칙을 적용할 때 공무원으로 본다.

제11조(소청심사위원회위원의 신분 보장) 소청심사위원회의 위원은 **금고 이상의 형벌**이나 **장기의 심신 쇠약**으로 직무를 수행할 수 없게 된 경우 외에는 본인의 의사에 반하여 면직되지 아니한다. 12 3차, 16 경간, 18 1차, 19 승진

제12조(소청심사위원회의 심사) ① 소청심사위원회는 이 법에 따른 소청을 접수하면 **지체 없이 심사**

하여야 한다. 14 2차, 19 승진
② 소청심사위원회는 제1항에 따른 심사를 할 때 필요하면 검증·감정, 그 밖의 사실조사를 하거나 **증인을 소환하여 질문하거나 관계 서류를 제출하도록 명할 수 있다.** 19 승진
③ 소청심사위원회가 소청 사건을 심사하기 위하여 징계 요구 기관이나 관계 기관의 소속 공무원을 **증인으로 소환하면 해당 기관의 장은 이에 따라야 한다.** 14 2차
④ 소청심사위원회는 필요하다고 인정하면 소속 직원에게 사실조사를 하게 하거나 특별한 학식·경험이 있는 자에게 검증이나 감정을 의뢰할 수 있다.
⑤ 소청심사위원회가 증인을 소환하여 질문할 때에는 대통령령등으로 정하는 바에 따라 일당과 여비를 지급하여야 한다.

제13조(소청인의 진술권) ① 소청심사위원회가 소청 사건을 심사할 때에는 대통령령등으로 정하는 바에 따라 **소청인** 또는 제76조제1항 후단에 따른 **대리인에게 진술 기회를 주어야 한다.** 19 법학특채
② 제1항에 따른 **진술 기회를 주지 아니한 결정은 무효로 한다.** 11·12·14 승진, 19 법학특채, 21 경찰특공대

제14조(소청심사위원회의 결정) ① 소청 사건의 결정은 **재적 위원 3분의 2 이상의 출석과 출석 위원 과반수의 합의에 따르되,** 의견이 나뉘어 출석 위원 과반수의 합의에 이르지 못하였을 때에는 과반수에 이를 때까지 소청인에게 가장 불리한 의견에 차례로 유리한 의견을 더하여 그 중 가장 유리한 의견을 합의된 의견으로 본다. 12 3차, 13·14 승진, 14·18 1차, 16 경간
② 제1항에도 불구하고 **파면·해임·강등 또는 정직에 해당하는 징계처분을 취소 또는 변경하려는 경우와 효력 유무 또는 존재 여부에 대한 확인을 하려는 경우에는 재적 위원 3분의 2 이상의 출석과 출석 위원 3분의 2 이상의 합의가 있어야 한다.** 22 2차 이 경우 구체적인 결정의 내용은 출석 위원 과반수의 합의에 따르되, 의견이 나뉘어 출석 위원 과반수의 합의에 이르지 못하였을 때에는 과반수에 이를 때까지 소청인에게 가장 불리한 의견에 차례로 유리한 의견을 더하여 그 중 가장 유리한 의견을 합의된 의견으로 본다.
③ 소청심사위원회의 위원은 그 위원회에 계류된 소청 사건의 증인이 될 수 없으며, 다음 각 호의 사항에 관한 소청 사건의 심사·결정에서 제척된다.
 1. 위원 본인과 관계있는 사항
 2. 위원 본인과 친족 관계에 있거나 친족 관계에 있었던 자와 관계있는 사항
④ 소청 사건의 당사자는 다음 각 호의 어느 하나에 해당하는 때에는 그 이유를 구체적으로 밝혀 그 위원에 대한 기피를 신청할 수 있고, 소청심사위원회는 해당 위원의 기피 여부를 결정하여야 한다. 이 경우 기피신청을 받은 위원은 그 기피 여부에 대한 결정에 참여할 수 없다.
 1. 소청심사위원회의 위원에게 제3항에 따른 제척사유가 있는 경우
 2. 심사·결정의 공정을 기대하기 어려운 사정이 있는 경우
⑤ 소청심사위원회 위원은 제4항에 따른 기피사유에 해당하는 때에는 스스로 그 사건의 심사·결정에서 회피할 수 있다.
⑥ 소청심사위원회의 결정은 다음과 같이 구분한다.
 1. 심사 청구가 이 법이나 **다른 법률에 적합하지 아니한 것이면 그 청구를 각하한다.**
 2. 심사 청구가 **이유 없다고 인정되면 그 청구를 기각한다.**
 3. **처분의 취소 또는 변경을 구하는 심사 청구가 이유 있다고 인정되면 처분을 취소 또는 변경하거나 처분 행정청에 취소 또는 변경할 것을 명한다.** 19 승진
 4. 처분의 효력 유무 또는 존재 여부에 대한 확인을 구하는 심사 청구가 이유 있다고 인정되면 처분의 효력 유무 또는 존재 여부를 확인한다.
 5. 위법 또는 부당한 거부처분이나 부작위에 대하여 의무 이행을 구하는 심사 청구가 이유 있다고

인정되면 지체 없이 청구에 따른 처분을 하거나 이를 할 것을 명한다.

⑦ 소청심사위원회의 **취소명령 또는 변경명령 결정**은 그에 따른 징계나 그 밖의 처분이 있을 때까지는 종전에 행한 징계처분 또는 제78조의2에 따른 **징계부가금**(이하 "징계부가금"이라 한다) **부과처분에 영향을 미치지 아니한다.** 11·12·19 승진, 19 법학특채, 21 경찰특공대

⑧ 소청심사위원회가 징계처분 또는 징계부가금 부과처분(이하 "징계처분등"이라 한다)을 받은 자의 청구에 따라 **소청을 심사할 경우에는 원징계처분보다 무거운 징계 또는 원징계부가금 부과처분보다 무거운 징계부가금을 부과하는 결정을 하지 못한다.** 11·12·18 승진, 19 법학특채, 22 2차
→ 소청심사위원회는 심사 중 다른 비위사실이 발견되더라도 원처분보다 중한 징계를 부과하는 결정은 할 수 없다. 21 경찰특공대, 22 2차

⑨ 소청심사위원회의 결정은 그 이유를 구체적으로 밝힌 결정서로 하여야 한다.

⑩ 소청의 제기·심리 및 결정, 그 밖에 소청 절차에 필요한 사항은 **대통령령**등으로 정한다. 16 지능특채

제14조의2(임시위원의 임명) ① 제14조제3항부터 제5항까지의 규정에 따른 소청심사위원회 위원의 제척·기피 또는 회피 등으로 심사·결정에 참여할 수 있는 **위원 수가 3명 미만이 된 경우에는** 3명이 될 때까지 국회사무총장, 법원행정처장, 헌법재판소사무처장, 중앙선거관리위원회사무총장 또는 **인사혁신처장은 임시위원을 임명**하여 해당 사건의 심사·결정에 참여하도록 하여야 한다.

제15조(결정의 효력) 제14조에 따른 **소청심사위원회의 결정은 처분 행정청을 기속한다.** 11·12·14 승진
→ 소청심사위원회 결정이 부당하다고 인정될 때에도 인사혁신처장은 재심을 청구할 수 없다.

제16조(행정소송과의 관계) ① 제75조에 따른 처분, 그 밖에 본인의 의사에 반한 불리한 처분이나 부작위에 관한 **행정소송은 소청심사위원회의 심사·결정을 거치지 아니하면 제기할 수 없다.**(**필요적 전치주의**) 14 2차, 14·18·19 승진
→ 결정서 정본을 송달받은 날부터 **90일 이내**에 또는 위원회가 60일이 지나도 결정을 하지 않은 때에는 징계처분사유설명서를 송달받은 날부터 **90일 이내에 관할 법원에 행정소송을 제기할 수 있다.**
→ 행정소송법에서는 원칙적으로 원처분주의를 소송의 대상으로 하고 있으므로, 재결처분인 소청심사위원회의 결정이 아니라 **원래의 처분인 징계처분이 소송의 대상**이 된다.

② 제1항에 따른 행정소송을 제기할 때에는 **대통령의 처분 또는 부작위의 경우에는 소속 장관**(대통령령으로 정하는 기관의 장을 포함한다. 이하 같다)**을, 중앙선거관리위원회위원장의 처분 또는 부작위의 경우에는 중앙선거관리위원회 사무총장을 각각 피고로 한다.**

> **경찰공무원법**
> **제34조(행정소송의 피고)** 징계처분, 휴직처분, 면직처분, 그 밖에 의사에 반하는 불리한 처분에 대한 행정소송은 **경찰청장 또는 해양경찰청장을 피고로 한다.** 다만, 제7조제3항 및 제4항에 따라 **임용권을 위임한 경우에는 그 위임을 받은 자를 피고로 한다.**

제76조(심사청구와 후임자 보충 발령) ① 제75조에 따른 **처분사유 설명서를 받은 공무원이 그 처분에 불복할 때에는 그 설명서를 받은 날부터,** 공무원이 제75조에서 정한 처분 외에 본인의 의사에 반한 불리한 처분을 받았을 때에는 그 처분이 있은 것을 안 날부터 각각 **30일 이내에 소청심사위원회에 이에 대한 심사를 청구할 수 있다.** 18 승진, 22 2차 이 경우 변호사를 대리인으로 선임할 수 있다.

② 본인의 의사에 반하여 파면 또는 해임이나 제70조제1항제5호에 따른 **면직처분을 하면 그 처분을 한 날부터 40일 이내에는 후임자의 보충발령을 하지 못한다.** 다만, 인력 관리상 후임자를 보충하여야 할 불가피한 사유가 있고, 제3항에 따른 소청심사위원회의 임시결정이 없는 경우에는 국회사무총장, 법원행정처장, 헌법재판소사무처장, 중앙선거관리위원회사무총장 또는 인사혁신처장

과 협의를 거쳐 후임자의 보충발령을 할 수 있다.

> **경찰공무원법 제36조(「국가공무원법」과의 관계)** ① 경찰공무원에 대해서는 「국가공무원법」 제73조의4, 제76조제2항부터 제5항까지의 규정을 적용하지 아니하며, 치안총감과 치안정감에 대해서는 「국가공무원법」 제68조 본문을 적용하지 아니한다.
> → 즉, **경찰공무원에 대해서는 후임자 보충발령 유예제도가 인정되지 않는다.**

③ 소청심사위원회는 제1항에 따른 소청심사청구가 파면 또는 해임이나 제70조제1항제5호에 따른 면직처분으로 인한 경우에는 그 청구를 접수한 날부터 5일 이내에 해당 사건의 최종 결정이 있을 때까지 후임자의 보충발령을 유예하게 하는 임시결정을 할 수 있다.

④ 제3항에 따라 소청심사위원회가 임시결정을 한 경우에는 임시결정을 한 날부터 20일 이내에 최종 결정을 하여야 하며 각 임용권자는 그 최종 결정이 있을 때까지 후임자를 보충발령하지 못한다.

⑤ 소청심사위원회는 제3항에 따른 임시결정을 한 경우 외에는 **소청심사청구를 접수한 날부터 60일 이내에 이에 대한 결정을 하여야 한다. 다만, 불가피하다고 인정되면 소청심사위원회의 의결로 30일을 연장할 수 있다.**

⑥ 공무원은 제1항의 심사청구를 이유로 불이익한 처분이나 대우를 받지 아니한다.

관련 판례 의원면직처분에 대하여 소청심사청구를 한 결과 소청심사위원회가 의원면직처분의 전제가 된 사의표시에 절차상 하자가 있다는 이유로 의원면직처분을 취소하는 결정을 하였다고 하더라도, 그 효력은 의원면직처분을 취소하여 당해 공무원으로 하여금 공무원으로서의 신분을 유지하게 하는 것에 그치고, 이때 당해 공무원이 국가공무원법 제78조 제1항 각 호에 정한 징계사유에 해당하는 이상 같은 항에 따라 징계권자로서는 반드시 징계절차를 열어 징계처분을 하여야 하므로, 이러한 징계절차는 **소청심사위원회의 의원면직처분취소 결정과는 별개의 절차로서** 여기에 국가공무원법 제14조 제6항에 정한 **불이익변경금지의 원칙이 적용될 여지는 없다.**(대판 2008두11853, 11860)

04 경찰작용법

1. 경찰권 발동의 근거규정(수권조항)

일반수권조항이란 경찰권의 발동근거가 되는 개별적인 작용법적 근거가 없을 때 경찰권 발동의 일반적·보충적 근거가 될 수 있도록 개괄적으로 수권된 일반조항을 말한다. 23 2차

개별적(구체적) 수권조항	① 경찰권발동의 요건, 내용, 대상, 효과 등에 관하여 구체적 범위를 규정하고 있는 조항을 의미한다. ② **경찰관직무집행법 제3조(불심검문) ~ 제10조의4 (무기사용)까지**의 규정이 개별적 수권조항에 해당한다.
개괄적(일반적) 수권조항	경찰권발동의 요건, 내용, 대상, 효과 등에 관하여 구체적 범위를 정하지 않고 포괄적으로 수권을 하는 조항을 의미한다.

2. 경찰관직무집행법 제2조 제7호의 개괄적 수권조항의 인정여부

경찰관 직무집행법 제2조 제7호: "그 밖에 공공의 안녕과 질서유지"

긍정설	① 경찰권의 성질상 **경찰권의 발동사태를 상정해서** 경찰권 발동의 요건·한계를 입법기관이 **일일이 규정한다는 것은 불가능**하다. 16 2차 ② 「경찰관 직무집행법」 제2조 제7호는 경찰권 발동권한을 포괄적으로 수권하는규정이지만, **개별적 수권규정이 없는 때에 한하여 제2차적·보충적으로 적용된다**는 것이 판례의 견해다. 11 승진, 16 2차 ③ 개괄적 수권조항으로 인한 경찰권 남용의 가능성은 **조리 상의 한계 등으로 충분히 통제가 가능**하다. 16 2차 ④ 일반조항을 확대해석하거나 남용하는 경우 사법적 심사의 대상이 됨 ⑤ **독일에서는 일반조항을 인정**하고 있음 「경찰관 직무집행법」 제2조 제7호의 '그 밖에 공공의 안녕과 질서 유지' 관련 규정을 경찰권 발동의 일반적 수권조항으로 해석하는 견해도 있다. 11승진
부정설	① 「경찰관 직무집행법」 제2조 제7호는 단지 **경찰의 직무범위만을 정한 것으로서 본질적으로는 조직법적 성질의 규정**이다. 16 2차, 20 1차 ② 일반조항 인정 시 경찰권 남용으로 인해 국민의 자유와 권리가 침해될 우려가있다. ③ 경찰작용은 대표적인 권력적·침해적 작용이므로 구체적 수권을 요한다. ④ 독일법과 달리 명시규정 없다.

3. 경찰개입청구권

무하자재량행사청구권은 위법한 처분의 배제를 구하는 **형식적 권리**이고, **행정(경찰)개입청구권은 실체적 권리**라고 할 수 있다.

경찰개입 청구권	① 경찰권의 **부작위**로 인하여 권익을 침해당한 자가 당해 경찰관청 등에 대하여 제3자에게 경찰권발동을 청구할 수 있는 권리를 말한다. ② **경찰 재량이 0으로 수축**되는 경우를 전제로 하며, 그 경우 오직 한 가지 결정만이 타당한 결정이 된다. 14 승진, 18 특공대 ③ 경찰권이 발동되지 않으면 **행정쟁송제기**가 가능하고, 경찰개입청구권이 인정되는 경우 부작위로 인한 손해에 대해서는 **손해배상청구권**이 인정된다. → **띠톱판결**은 경찰법상의 일반수권조항의 해석에 있어 무하자재량행사청구권을 인정하고 재량권 0으로의 수축이론에 의거하여 원고의 청구를 인용한 판결로서 **경찰개입청구권을 인정한 판결의 효시**로 평가된다. 11·14 승진, 18 특공대 → 우리나라의 경우 김신조 사건(1.21사태) 09 경간 ④ 경찰권 행사로 국민이 받는 이익이 **반사적 이익인 경우에는 인정되지 않는다.** → 법률상 이익인 경우에만 인정됨 14 승진, 18 특공대 ⑤ 오늘날 사회적 법치국가에서는 경찰개입청구권이 인정될 여지가 점점 확대되어가고 있는 경향이다. 14 승진, 18 특공대
재량권 0으로의 수축	① 경찰 편의주의에 의하여 **경찰권 발동여부는 재량**이라고 할지라도 **국민의 생명·신체 및 재산 등 중대한 법익이 위험**에 처해있을 때에는 **재량권이 0으로 수축**하여 오직 경찰개입이라는 한 가지 결정만이 타당하게 된다. ② 재량권이 영으로 수축되면 재량행위는 **기속행위**가 된다. ③ 재량권이 0으로 수축은 **개인적 공권의 확대화(=반사적이익의 보호이익화)**를 가져오게 된다. ④ **재량권의 0으로의 수축 시 경찰개입청구권의 문제가 발생하기도 한다.** 11 승진

4. 기속행위와 재량행위

(1) 기속행위(문언 상 ~ 하여야 한다.)

행정청에게 **어느 하나를 선택하는 재량이 주어지지 않고**, 요건이 충족되는 경우 **반드시** 기계적으로 집행을 해야 하는 것을 말한다.

> **예** ~ 에 해당하는 경우에는 운전면허를 취소하여야 한다.(취소하지 않거나, 취소 대신 정지처분을 하는 것이 아니라, 적힌 대로 반드시 취소를 하여야 함)
> 1. 국가공무원법 상 휴직 사유 소멸을 이유로 한 신청에 대한 복직명령 22 지방직
> 2. 국유재산의 무단점유에 대한 변상금 징수의 요건은 국유재산법에 명백히 규정되어 있으므로 변상금을 징수할 것인가는 처분청의 재량을 허용하지 않는 기속행위이다. 22 지방직
> 3. 판례 상 식품위생법 상 일반음식점 영업허가는 재량행위로 보고 있지 않다. 21 해경승진
> 4. 건축허가권자는 건축허가신청이 건축법 등 관계 법규에서 정하는 어떠한 제한에 배치되지 않는 이상 당연히 같은 법조에서 정하는 **건축허가를 하여야 하고**, 중대한 공익상의 필요가 없는데도 관계 법령에서 정하는 제한사유 이외의 사유를 들어 요건을 갖춘 자에 대

한 허가를 거부할 수는 없다.(대판 2009두8946)
5. 구 총포·도검·화약류등단속법(1995. 12. 6. 법률 제4989호로 개정되기 전의 것) 제30조 제3호, 제29조 제1항 제4호, 제13조 제1항 제3호의 규정에 의하면, 면허관청은 화약류관리보안책임자면허를 받은 사람이 같은 법의 규정을 위반하여 벌금 이상의 형의 선고를 받음으로써 화약류관리보안책임자의 결격사유에 해당하게 된 경우에는 그 **면허를 취소하여야 한다.**(대판 96누1665)

(2) 재량행위(문언 상 ~ 할 수 있다.)

행정청이 **다수의 효과 중에서 특정의 효과를 선택**할 수 있는 행위를 말한다.

> 예 ~ 에 해당하면 운전면허를 취소하거나, 1년 범위 내에서 운전면허의 효력을 정지할 수 있다.(취소를 하든 정지를 하든 행정청은 선택할 수 있음)
> 여기서의 재량은 완전한 자유재량이 아닌 **'의무에 합당한 재량'**을 뜻한다.
> 1. 여객자동차 운수사업법 상 개인택시 운송면허(= 강학상 특허) 22 지방직
> 2. 구 수도권대기환경특별법 상 대기오염물질 총량관리 사업장 설치허가(= 강학상 특허) 22 지방직
> 3. 출입국관리법 상 체류자격 변경허가(= 강학상 특허) 22 지방직, 21 해경승진
> 4. 총포·도검·화약류 등 단속법령상 총포 등의 소지허가를 받을 수 있는 자격요건을 정하고 있는 규정은 없으나, 관할 관청의 총포 등 소지허가가 총포·도검·화약류단속법 제13조 제1항 소정의 결격자에 해당되지 아니하는 경우 **반드시 허가를 하여야 하는 기속행위라고는 할 수 없고**, 같은 법 제13조 제2항의 규정에 비추어 관할 관청에 총포 등 소지허가에 관한 **재량권이 유보되어 있는 것이다.**(대판 92도2179)

(3) 기속행위와 재량행위의 구별기준

법문상 명백한 경우에는 구별의 어려움이 없으나 법문상 명백하지 않은 경우에는 "구체적 사안마다 개별적으로 기속행위인지 재량행위인지 여부를 판단해야 한다."

> 예 법에 '~ 하여야 한다.' '~ 할 수 있다'가 명확히 규정된 경우

(4) 재량의 종류

재량에는 **결정재량**과 **선택재량**의 두 가지가 있다. 위험발생 시에 **경찰이 개입을 할지 말지에 대한 판단을 결정재량**이라고 하고, 일단 개입을 했을 경우 여러 **적법한 수단들 중에서 어느 것을 선택할 지에 대한 판단을 선택재량**이라고 한다.
- 재량을 선택재량과 결정재량으로 나눌 경우, 경찰공무원의 비위에 대해 징계처분을 하는 결정과 그 공무원의 건강 등 제반사정을 고려하여 징계처분을 하지 않는 결정 사이에서 선택권을 갖는 것을 결정재량이라 한다. 22 2차

(5) 재량하자

① 경찰활동은 재량이 원칙이다. 하지만 재량이 주어졌다고 해서 무한한 재량을 말하는 것이 아니다. **주어진 목적과 범위 안에서 재량권을 행사하여야 한다.** 이러한 **목적과 한계를 벗어난 처분(비례의 원칙 위반)은** 재량권 행사에 하자가 있는 것으로 보고, **위법한 것으로 사법심사의 대상**이 된다. 21 해경승진

② 재량하자의 종류에는 **재량권의 일탈**과 **재량권의 남용**이 있다.

재량권의 일탈(유월)이란 재량권의 **외적 한계(법적·객관적 한계)**를 벗어난 것을 말하며, 22 2차 예를 들어 도로교통법에서 1년 이내의 범위에서 운전면허정지처분을 규정하고 있는 데, 2년의 운전면허정지처분을 하였다면 재량권의 한계를 넘어선 것이 된다.

③ **재량권의 남용**이란 재량권의 **내적 한계(재량권이 부여된 내재적 목적)**를 벗어난 것을 의미한다. 22 2차 예를 들어 주어진 범위 내에서 재량권을 행사했지만 잘못된 방향으로 재량권 행사가 이루어진 것을 의미한다.

> 1. 재량의 일탈·남용(위법)뿐만 아니라 단순히 재량권 행사에서 합리성을 결하는(부당) 등 재량을 그르친 경우에도 행정심판의 대상이 된다.(행정소송의 대상은 아님) 22 2차
> 2. 재량에 속하는 처분이라도 재량권의 한계를 넘거나 그 남용이 있는 때에는 위법한 행위가 되어 법원은 이를 취소할 수 있다.
> 3. 재량권의 일탈·남용에 대한 입증책임은 원고(행정청X)에게 있다. 21 해경승진

④ 공무원인 피징계자에게 징계사유가 있어서 징계처분을 하는 경우 어떠한 처분을 할 것인가는 징계권자의 재량에 맡겨진 것이고, 다만 징계권자가 재량권의 행사로서 한 징계처분이 사회통념상 현저하게 타당성을 잃어 징계권자에게 맡겨진 재량권을 남용한 것이라고 인정되는 경우에 한하여 그 처분을 위법하다고 할 수 있다.(대판 2006두16274) 23 2차

(6) 재량권의 0으로 수축

오늘날 복지국가적 행정을 요구하고 있는 시대적 상황에 따라 경찰행정 분야에서도 각 개인이 경찰권의 발동을 요청할 수 있는 권리인 경찰개입청구권을 인정하기에 이르렀다. 15 승진

> **경찰관 직무집행법**
>
> **제4조(보호조치 등)** ① **경찰관**은 수상한 행동이나 그 밖의 주위 사정을 합리적으로 판단해 볼 때 다음 각 호의 어느 하나에 해당하는 것이 명백하고 응급구호가 필요하다고 믿을 만한 상당한 이유가 있는 사람(이하 "구호대상자"라 한다)을 발견하였을 때에는 보건의료기관이나 공공구호기관에 긴급구호를 요청하거나 경찰관서에 보호하는 등 **적절한 조치를 할 수 있다.**
> 1. 정신착란을 일으키거나 술에 취하여 자신 또는 다른 사람의 생명·신체·재산에 위해를 끼칠 우려가 있는 사람
> 2. 자살을 시도하는 사람

위의 조문처럼 경찰관은 "적절한 조치를 할 수 있다."라고 규정하고 있으므로 **보호조치는 재량사항**이지만, 예를 들어 술에 취한 사람이 한겨울 새벽 영하의 날씨에 도로에서 잠들어 있다면

이 경우 **주취자를 방치할 경우 생명이나 신체에 중대한 위험**에 처하게 된다. 이러한 경우에는 **경찰의 재량권이 0으로 수축되어 "적절한 조치를 하여야"** 하는 **기속행위로 전환**되게 된다. 이 때 경찰관의 보호조치는 **기속행위가 되어 반드시 하여야 하는 행위**가 되므로 **조치를 하지 아니한 부작위(작위X) 행위는 위법**하게 된다. 이러한 부작위로 인해 주취자가 사망한 경우 유족은 **국가배상법 2조에 근거하여 국가를 상대로 손해배상을 청구할 수도 있다.**

기출지문 - 기속행위와 재량행위 14·17·18 경행, 20 지방 9급·국가 7급, 21 소방 9급

1. 국토의 계획 및 이용에 관한 법률 상 개발행위허가는 허가기준 및 금지요건이 불확정개념으로 규정된 부분이 많아 그 요건에 해당하는지 여부는 행정청의 재량판단의 영역에 속한다.
2. 기속행위와 재량행위의 구분은 당해 행위의 근거가 된 법규의 체재·형식과 그 문언, 당해 행위가 속하는 행정분야의 주된 목적과 특성, 당해 행위 자체의 개별적 성질과 유형등을 모두 고려하여 판단하여야 한다.
3. 마을버스운송사업면허의 허용여부는 운수행정을 통한 공익실현과 아울러 합목적성을 추구하기 위하여 보다 구체적 타당성에 적합한 기준에 의하여야 할 것이므로 행정청의 **재량에 속하는 것이라고 보아야 한다.** (대판 2004두6181)
4. 재량행위에 대한 사법심사는 행정청의 재량에 기한 공익판단의 여지를 감안하여 법원이 **독자의 결론을 도출함이 없이** 당해 행위에 재량권의 일탈·남용이 있는지 여부를 심사한다. 23 소방
5. 법률에서 정한 귀화요건을 갖춘 신청에 대한 **법무부장관의 귀화허가는 재량행위**로 볼 수 있다.
6. 구 도시계획법 상 **개발제한구역 내에서의 건축허가는 재량행위**에 해당한다.
7. "경찰공무원의 채용시험 또는 경찰간부후보생 공개경쟁선발시험에서 부정행위를 한 응시자에 대하여는 당해 시험을 정지 또는 무효로 하고, 그로부터 5년 간 이 영에 의한 시험에 응시할 수 없게 한다."라고 규정한 경찰공무원임용령 제46조 제1항은 그 수권형식과 내용에 비추어 행정청 내부의 사무 처리 기준을 정한 재량준칙이 아니라 일반국민이나 법원을 구속하는 **법규명령에 해당하고,** 위 규정에 의한 처분은 재량행위가 아닌 **기속행위**라 할 것이다.
8. 재량행위는 요건이 충족되어도 공익과의 이익형량을 통하여 법에 정해진 효과를 부여하지 않을 수 있다.
9. 기속행위의 경우 법원이 사실인정과 관련 법규의 해석·적용을 통하여 **일정한 결론을 도출한 후** 그 결론에 비추어 행정청이 한 판단의 적법여부를 독자의 입장에서 판정한다.
10. 법원의 심사결과 행정청의 재량행위가 사실오인 등에 근거한 것이라고 인정되는 경우에는 이는 재량권을 일탈·남용한 것으로서 위법하여 그 취소를 면치 못한다 할 것이다.
11. 입법목적 등을 달리하는 법률들이 일정한 행위에 관한 요건을 각기 정하고 있는 경우 어느 법률이 다른 법률에 우선하여 배타적으로 적용된다고 풀이되지 아니하는 한 그행위에 관하여 각 법률의 규정에 따른 허가를 받아야 할 것인바, 이러한 경우 그 중 하나의 허가에 관한 관계 법령 등에서 다른 법령상의 허가에 관한 규정을 원용하고 있는 경우나 그 행위가 다른 법령에 의하여 절대적으로 금지되고 있어 그것이 객관적으로 불가능한 것이 명백한 경우 등에는 그러한 요건을 고려하여 허가 여부를 결정할 수 있다.

12. 행정소송법 제27조에 의하면 행정청의 재량에 속하는 처분이라도 재량권의 한계를 넘거나 그 남용이 있는 때에는 법원은 이를 **취소할 수 있다.(취소하여야 한다X)**
13. 어느 행정행위가 기속행위인지 재량행위인지 나아가 재량행위라고 할지라도 기속재량행위인지 또는 자유재량에 속하는 것인지의 여부는 이를 일률적으로 규정지을 수는 없는 것이고, 당해 처분의 근거가 된 규정의 형식이나 체재 또는 문언에 따라 개별적으로 판단하여야 한다.
14. 술에 취한 상태에 있다고 인정할 만한 상당한 이유가 있음에도 불구하고 경찰공무원의 측정에 응하지 아니한 때에는 필요적으로 운전면허를 취소하도록 되어 있어 처분청이 그 취소여부를 선택할 수 있는 재량의 여지가 없음이 도로교통법 상 명백하므로, 동법요건에 해당하였음을 이유로 한 **운전면허취소처분에 있어서 재량권의 일탈 또는 남용의 문제는 생길 수 없다.**(대판 2003두12042) → **필요적으로 취소하도록 규정하고 있음**
15. 식품위생법 상 **일반음식점 영업허가**는 성질상 일반적 금지의 해제에 불과하므로 허가권자는 허가신청이 법에서 정한 요건을 구비한 때에는 **원칙적으로 허가를 하여야 한다. → 기속행위**
16. 국토의 계획 및 이용에 관한 법률에 의한 **토지의 형질변경허가**는 그 금지요건이 불확정개념으로 규정되어 있어 그 금지요건에 해당하는 지 여부를 판단함에 있어서 행정청에게 재량권이 부여되어 있다고 할 것이므로, 같은 법에 의하여 지정된 도시지역 안에서 토지형질변경행위를 수반하는 건축허가는 결국 **재량행위**에 속한다.
17. 개발제한구역 내에서의 건축물의 건축 등에 대한 예외적 허가는 그 상대방에게 수익적인 것으로서 재량행위에 속하는 것이라고 할 것이므로 그에 관한 행정청의 판단이 사실오인, 비례·평등의 원칙 위배, 목적 위반 등에 해당하지 아니하는 이상 재량권의 일탈·남용에 해당한다고 할 수 없다.
18. 청소년유해매체물로 결정·고시된 만화인 사실을 모르고 있던 도서대여업자가 그 고시일로부터 8일 후에 청소년에게 그 만화를 대여한 것을 사유로 그 도서대여업자에게 금 700만 원의 과징금이 부과된 경우, 그 도서대여업자에게 청소년유해매체물인 만화를 청소년에게 대여하여서는 아니된다는 금지의무의 해태를 탓하기는 가혹하다는 이유로 그 과징금부과처분은 **재량권을 일탈·남용한 것으로서 위법하다.**(대판 99두9490)
19. 사법시험 제2차시험에 과락제도를 적용하고 있는 구 사법시험령 제15조 제2항이 **비례의 원칙, 과잉금지의 원칙 및 평등의 원칙에 위반되지 않는다.**(대판 2004두10432)
20. 원고가 단지 1회 훈령에 위반하여 요정출입을 하다가 적발된 정도라면, 면직처분보다 가벼운 징계처분으로서도 능히 위 훈령의 목적을 달성할 수 있다고 볼 수 있는 점에서 이 사건 파면처분은 이른바 비례의 원칙에 어긋난 것으로 위법하다고 판시하였다.(대판 67누24)
21. 지방식품의약품안전청장이 수입 녹용 중 전지 3대를 절단부위로부터 5cm까지의 부분을 절단하여 측정한 회분함량이 기준치를 0.5% 초과하였다는 이유로 수입 녹용 전부에 대하여 전량 폐기 또는 반송처리를 지시한 경우, **녹용 수입업자가 입게 될 불이익이 의약품의 안전성과 유효성을 확보함으로써 국민보건의 향상을 기하고 고가의 한약재인 녹용에 대하여 부적합한 수입품의 무분별한 유통을 방지하려는 공익상 필요보다 크다고는 할 수 없으므로 위 폐기 등 지시처분이 재량권을 일탈·남용한 경우에 해당하지 않는다고 한 사례이다.**(대판 2004두3854)

5. 반사적 이익

(1) 의의
법이 공익의 보호·증진을 위해 일정한 규율을 행하는 데 따르는 반사적 효과로서 특정 또는 불특정의 사인(私人)에게 생기는 일정한 이익을 말한다.

(2) 효과
① 이러한 반사적 이익은 **법률상 권리가 아니라서 법적으로 주장될 수 없으며, 재판상의 보호를 받을 수 없는 것이 원칙**이다. 따라서 행정관청의 처분에 의해 개인이 손해를 입더라도 **손해배상청구를 인정하지 않는다.**

② 공무원의 직무명령의 수행으로 파생된 개인적 이익은 반사적 이익이므로 법적으로 주장될 수 없으며 재판상의 보호를 받을 수 없다. 11 승진

(3) 반사적 이익의 보호 이익화
기존에는 반사적 이익으로 인정하던 것들이 **공익보호와 개인의 이익도 함께 보호**하는 것으로 해석됨으로써 **법적인 권리로 인정**받게 되는 경우가 늘어나고 있다.

(4) 공권과의 비교
권리주체가 직접 자기의 이익을 위하여 일정한 이익을 주장할 수 있는 **법률상 인정된 힘**을 공권이라고 하며, **권리 침해 시 행정쟁송을 통한 구제가 가능**하다.

① 국가적 공권

국가나 지방자치단체(행정주체)가 사인에 대하여 갖는 공권을 국가적 공권이라고 한다.

예 과세처분

② 개인적 공권 = 법률상 이익(법이 보호하는 이익)

사인이 자기의 이익을 추구하기 위하여 **국가 등 행정주체에 대하여** 일정한 행위를 요구할 수 있는 법적인 힘을 개인적 공권이라 한다.

예 개인이 행정청에 관련 자료의 공개를 청구하면 행정청은 반드시 정보를 공개하여야 한다.

> 1. 개인적 공권은 과거에는 기속행위의 경우에만 인정되었으나 최근에는 재량행위에도 인정된다고 보는 것이 일반적이다.
> 2. 개인적 공권은 개별 법률에 규정이 없어도 헌법상의 기본권으로부터 직접 도출될 수도 있다.
> 3. 오늘날 행정재량의 영역에서도 일정한 경우 개인적 공권이 성립될 수 있다.
> 4. 개인적 공권은 일반적으로 일신전속적 성질을 가지므로 대행이나 위임이 제한되는 경우가 많다.
> 5. 개인적 공권은 **관습법에 의해서도 성립 가능**하며(구 수산업법 제40조 관행어업권),

> 법률 규정에 의해서도 성립이 가능하며,(도시계획구역 내 토지소유자의 도시계획시설변경입안 요구신청권), 공법상 계약에 의해서도 성립가능하고, **기본권에 의해서도 성립가능하다.**(헌법상 변호인접견권) 단, **행정규칙에 의해서는 개인적공권이 성립하지 않는다.**(서울특별시 '철거민에 대한 시영아파트특별분양개선지침'에 의한 무허가 건물 소유자의 시영아파트 특별분양신청권)
> 6. 일반적인 개인적 공권의 성립요건인 사익보호성은 무하자재량행사청구권이나 행정개입청구권에도 적용된다.
> 7. 제소기간이 이미 도과하여 불가쟁력이 생긴 행정처분에 대하여는 개별 법규에서 그 변경을 요구할 신청권을 규정하고 있거나 관계 법령의 해석상 그러한 신청권이 인정될 수 있는 등 특별한 사정이 없는 한 국민에게 그 행정처분의 변경을 구할 신청권이 있다 할 수 없다.
> 8. 도시계획구역 내 토지 등을 소유하고 있는 주민은 입안권자에게 도시계획입안을 요구할 수 있는 법규상 또는 조리상 신청권이 있고, 이러한 신청에 대한 거부행위는 항고소송의 대상이 되는 행정처분에 해당한다고 할 것이다.

6. 경찰권발동의 조리 상의 한계(재량한계)

① 편의주의 원칙은 범죄수사에 있어서의 수사법정주의 원칙에 "반대되는" 개념으로 경찰위반의 상태가 있는 경우에는 반드시 경찰권을 발동해야 하는 것은 아니고, 발동의 여부 또는 어떠한 수단의 선택에 있어서 당해 경찰관청의 의무에 합당한 재량에 따른다는 원칙이다.
11 승진

> **관련 판례** 1. 위법이나 비난의 정도가 미약한 사안을 포함한 모든 경우에 부정 취득하지 않은 운전면허까지 필요적으로 취소하고 이로 인해 2년 동안 해당 운전면허 역시 받을 수 없게 하는 것은, 공익의중대성을감안하더라도지나치게 기본권을제한하는 것이 아니므로 비례의 원칙에 위배된다. 즉, **자동차 등을 이용하여 범죄행위를 하기만 하면 그 범죄행위가 얼마나 중한 것인지, 그러한 범죄행위를 행함에 있어 자동차 등이 당해 범죄 행위에 어느 정도로 기여했는지 등에 대한 아무런 고려 없이 무조건 운전면허를 취소하도록 하고 있으므로 이는 구체적 사안의 개별성과 특수성을 고려할 수 있는 여지를 일체 배제하고 그 위법의 정도나 비난의 정도가 극히 미약한 경우까지도 운전면허를 취소할 수밖에 없도록 하는 것으로 최소침해성의 원칙에 위반된다 할 것이다.** 한편, 이 사건 규정에 의해 운전면허가 취소되면 2년 동안은 운전면허를 다시 발급 받을 수 없게 되는바, 이는 지나치게 기본권을 제한하는 것으로서 법익균형성원칙에도 위반된다. 그러므로 이 사건 규정은 직업의 자유 내지 일반적 행동자유권을 침해하여 헌법에 위반된다.(헌재 2004헌가28) 24 경간
> 2. 형법상 공무집행방해죄는 공무원의 직무집행이 적법한 경우에 한하여 성립하며, 이때 적법한 공무집행은그 행위가 공무원의 추상적 권한이 아니라 구체적 직무집행에관한 법률상 요건과방식을갖춘경우를가리키므로,경찰관이 적법절차를 준수하지 않은 채 실력으로 현행범인을 연행하려 하였다면 적법한 공무집행이라고 할 수 없다.(대판 99도4341) 24 경간

경찰소극 목적의 원칙		① 경찰권은 **사회공공의 안녕과 질서의 유지**라는 소극목적을 위해서만 발동될 수 있고, 적극적으로 복리의 증진을 위해서는 발동될 수 없다는 것이다. ② 독일의 **크로이쯔베르크 판결**에 의해 확립된 원칙이다.
경찰 공공의 원칙	의의	① 경찰권은 공공의 안녕과 질서의 유지에 관계없는 **사적관계에 발동되어서는 안 된다**는 것이다. 11승진, 22 경간 ② 그러나 비록 사적 관계라 하더라도 그것이 **공공의 안녕·질서유지와 관련**이 있다면 **경찰권을 발동**할 수 있다.(**암표매매, 총포·도검류의 매매**, 고성방가) 11 2차
	세부 원칙	사생활 불가침의 원칙, 사주소 불가침의 원칙, 민사관계 불간섭의 원칙
경찰 비례의 원칙	의의	① 경찰작용에 있어 목적 실현을 위한 수단과 당해 목적 사이에 합리적인 비례관계가 있어야 한다는 원칙이다. 19 1차 ② 경찰 비례의 원칙은 **경찰권발동의 조건과 정도**를 명시한 원칙이다. ③ 경찰의 조치는 그에 의하여 달성되는 공익이 그로 인한 상대방의 자유·권리에 대한 침해보다 클 때에만 허용되는데 이를 비례성의 원칙이라 한다. 12 승진
	근거	「**경찰관 직무집행법**」 **제1조 제2항**이 명문으로 규정하고 있을 뿐만 아니라 **헌법 제37조 제2항**으로부터도 도출된다. 20 2차
	적용	① 독일에서 경찰법상의 판례를 중심으로 발달하여 왔고 오늘날에는 **행정법의 모든 영역에서 적용**되는 원칙으로 이해되고 있다. 20 2차 ② 경찰비례의 원칙은 일반조항에 근거하여 경찰권을 발동하는 경우는 물론 개별적 수권조항에 근거하여 경찰권을 발동하는 경우에도 적용됨 23 1차
	위반 효과	경찰관청의 행위가 형식상 적법하더라도 비례의 원칙을 위반한 경우 **위헌·위법의 문제가 발생**할 수 있고, **행정소송의 대상**이 되며, **국가배상책임이 성립할 수 있음**
	세부 원칙	① **적합성**의 원칙 ② **필요성**의 원칙(**최소침해의 원칙**) 19 채용, 20 2차 　경찰기관의 조치는 그의 목적달성을 위해 필요한 한도 이상으로 행하여져서는 안 된다는 것이다. 06 채용 ③ **상당성**의 원칙(**협의의 비례원칙**) 19 채용 　경찰권 발동에 따른 이익보다 사인의 피해가 더 큰 경우 경찰권을 발동해서는 안 된다는 원칙으로 경찰은 '대포로 참새를 쏘아서는 안된다.'는 법언은 상당성의 원칙을 표현한 것 23 1차 → 비례의 원칙을 충족하려면 **세부원칙을 모두 충족하여야 함**
경찰 책임의 원칙	의의	① 경찰권을 경찰위반 상태에 있는 자에게 발동할 수 있는 원칙, **경찰권발동의 대상**과 관계된 원칙이다. 08 채용 ② 예외적으로 경찰긴급사태 때에는 비책임자에 대하여도 경찰책임을 인정함 ③ 경찰책임은 사회 공공의 안녕과 질서에 대한 객관적 위험상황이 존재하면 인정되며, 그 위해의 발생에 대한 **고의·과실, 위법성의 유무, 위험에 대한 인식여부 등을 묻지 않는다.** 14·16 승진, 19 채용, 23 경간 ④ 모든 자연인은 경찰책임자가 될 수 있으므로 **행위능력, 불법행위능력, 형사책임능력, 국적 여부, 정당한 권원의 유무 등은 문제되지 않음**(사법상의 법인뿐만 아니라 사법상 권리능력 없는 사단·재단도 경찰책임을 진다.) 08 채용, 14·16 승진, 19 경채, 20·23 경간 ⑤ 경찰권 발동의 대상인 경찰책임과 관련하여 경찰위반의 상태는 개별적인 경우를 규

		율하는 **법규위반(위법)으로부터 직접적으로 나오는 것이 아니라, 공공의 안녕 혹은 질서를 위협하는 행위나 상태로부터 나온다.** 11 승진→ 경찰위반의 상태는 개별 법규를 위반하지 않았더라도 인정 될 수 있다. 19 경채 ⑥ 경찰권은 원칙적으로 **경찰위반상태를 야기한 자**, 즉 공공의 안녕·질서의 위험에 대하여 **행위책임 또는 상태책임을 질자에게만 발동될 수 있다는 원칙**이다. 16 승진, 19 2차, 22 경간 ⑦ 경찰책임은 사회공공의 질서를 유지함에 있어서 장해의 상태가 존재하는 한 **작위·부작위를 가리지 않는다.** 14 채용, 23 경간
유형	행위 책임	① **자기 또는 자기의 보호·감독 하에 있는 자의 행위**로 인하여질서위반의 상태가 발생한 경우에 지는 경찰상의 책임을 말한다. 14 ·16 승진 ② 타인을 보호 감독할 지위에 있는 자가 피지배자의 행위로 발생한 경찰위반에 대하여 경찰책임을 지는 경우, 자기의 지배범위 내에서 발생한 데에 대한 **자기책임**이다. 20 경간
	상태 책임	물건이나 동물의 소유자·점유자 기타 관리자가 그 지배범위에 속하는 물건이나 동물로 인하여 경찰위반상태가 발생한 경우에 지는 책임(**고의·과실 불문, 정당한 권원을 가지고 있는 자일 필요 없다.**)
	복합 책임	① 다수인의 행위 또는 다수인이 지배하는 물건의 상태로 인하여 하나의 질서위반상태가 발생한 경우, 일부 또는 전체에 대하여 경찰권발동이 가능함 14 승진, 20 경간 ② **행위책임과 상태책임이 경합**하는 경우 : 위험방지의 효율성과 비례의 원칙을 고려하여 경찰위반 상태를 가장 신속하고 효과적으로 제거할 수 있는 위치에 있는 자에게 경찰권을 발동해야 함이 원칙임 → **일반적으로 행위책임이 우선함** ③ 일부 경찰책임자에 대해 경찰권을 발동했다고 하더라도 **나머지 경찰책임자에 대한 경찰책임이 면제되는 것은 아니다.**
경찰 긴급권		① 경찰권은 긴급한 필요가 있는 경우 **경찰책임자가 아닌 제3자(비책임자)에 대한 경찰권 발동이 가능함** 19 채용 ② 반드시 **실정법(자연법X)에 근거하여 행하여져야 함(법적 근거 없이X)** 08·19 채용, 19 경채 ③ 경찰긴급권에 관한 **일반규정은 없으며, 개별 법률에서 규정하고 있음**(소방기본법, 수난구호법, 경범죄처벌법) 23 경간 ④ 경찰긴급권에 의하여 예외적으로 경찰책임이 없는 자에게 경찰권을발동한 경우, 그로 인하여 **제3자에게 손실을 입히는 경우에는 보상하여야 한다.** 08 채용, 20 경간 ⑤ 경찰위반의 상태가 위험이 이미 **현실화되었거나 위험의 현실화가 목전에 급박하여야 한다.** 23 경간 ⑥ 경찰긴급권 발동 시 **제3자의 승낙은 필요하지 않다.** 19 채용 ⑦ 경찰비책임자에 대한 경찰권발동을 위해서 보충성은 전제조건이므로경찰책임자에 대한 경찰권발동 또는 경찰 자신의 고유한 수단으로는위험방지가 불가능한지 여부를 먼저 심사하여야 한다. 23 경간 ⑧ 경찰권발동으로 인하여 손실을 입은 경찰비책임자에게는 정당한 보상이 행해져야 하며, 결과제거청구와 같은 구제수단이 마련되어야 한다. 23 경간
손실 보상		① 경찰책임자에 대한 경찰의 경찰권발동으로 경찰책임자에게 재산적손해가 발생한 경우, **원칙적으로** 손해가 수인 가능한 것이라면 **손실보상청구권이 인정되지 않는다.**

		23 경간 그러나 **수인한도를 초과하는손실이 발생한 것이라면 예외적으로 손실보상청구권이 인정된다.**
		경찰관 직무집행법 **제11조의2(손실보상)** ① 국가는 경찰관의 **적법한 직무집행**으로 인하여 다음 각 호의 어느 하나에 해당하는 **손실을 입은 자**에 대하여 정당한 보상을 하여야 한다. 　1. 손실발생의 원인에 대하여 **책임이 없는 자**가 생명·신체 또는 재산상의 손실을 입은 경우(손실발생의 원인에 대하여 책임이 없는 자가 경찰관의 직무집행에 자발적으로 협조하거나 물건을 제공하여 생명·신체 또는 재산상의 손실을 입은 경우를 포함한다) 　2. 손실발생의 원인에 대하여 **책임이 있는 자가 자신의 책임에 상응하는 정도를 초과하는 생명·신체 또는 재산상의 손실**을 입은 경우
		② 경찰관 직무집행법 제11조의 2의 제1호에 따라 **경찰비책임자(책임이 없는 자)가 손실을 입은 경우에는 손실보상청구권이 인정된다.**
경찰 평등의 원칙	의의	경찰권을 행사함에 있어 모든 국민에 대하여 성별·종교·인종·사회적 신분 등을 이유로 하는 불합리한 조건에 의한 차별대우를 할 수 없다는 원칙
	위반 효과	경찰책임의 원칙에 위반한 경찰권 발동은 **위법**행위로 무효 또는 취소 사유가 된다. **19 경채**

> ▶ **[참고] 경찰책임의 원칙 - 인과관계이론 23 경간**
>
> A는 자신이 운영하는 옷가게에서 여자모델 B에게 수영복만을 입게 하여 쇼윈도우에 서 있도록 하였다. 지나가던 사람들이 이를 구경하기 위해 쇼윈도우 앞에 몰려들어 도로교통상의 심각한 장해가 발생하였다.
>
> ① **조건설(등가설)**은 경찰위반상태의 조건이 된 모든 행위는 경찰위반상태의 원인이 된다는 견해이다. 따라서 조건설에 의하면 **군중, A, B 모두 경찰책임자**가 된다. 결국 **인과관계의 범위가 지나치게 확대된다**는 문제점이 있다.
> ② **의도적 간접원인제공자이론(목적적 원인제공자책임설)**에 따르면 타인의 경찰위반상태를 유발한 **간접원인제공자도 직접원인제공자와 마찬가지로 경찰권발동의 대상이 될 수 있다**고 보는 입장이다. 따라서 경찰은 A에게 경찰권을 발동하여 A로 하여금 B를 쇼윈도우에서 나가도록 하라고 할 수 있다.
> ③ **직접원인설**은 공공의 안녕이나 공공의 질서에 대한 위험 또는 장해를 직접 야기하는 사람만이 행위책임자로서 **경찰권 발동의 대상**이 된다고 본다. 즉, **위험발생에 결정적인원인을 제공한 사람만이 행위책임자가 되는 것**이다. 위험 발생의 **간접적인 원인을 제공한 사람은 제공자는 경찰책임을 지지 않는다**는 견해이다. 따라서 구경하기 위해 쇼윈도 앞에 몰려들은 지나가던 사람들이 경찰책임자가 된다.

7. 경찰관직무집행법 - 경찰작용(조직X)에 관한 기본법

→ 해양경찰은 조직법인 "국가경찰과 자치경찰의 조직 및 운영에 관한 법률의 적용대상은 아니나", 경찰공무원법이 적용되고 경찰관 직무집행법에 의한 직무를 수행할 수 있다. **11 1차**

(1) 성질

- 즉시강제 및 경찰작용의 일반법
- 국민의 생명, 신체, 재산보호라는 영미법적 사고가 최초로 반영
- 무기사용의 근거
- 비례의 원칙이 규정되어 있음
- 경찰관의 **직권남용처벌규정**이 있음
- 유치장 설치근거

(2) 구분 16 2차

대인적 즉시강제	불심검문(3조), 보호조치(4조), 범죄의 예방과 제지조치(6조), 경찰장구의 사용(10조의 2), 분사기 등의 사용(10조의 3), 무기의 사용(10조의 4)
대물적 즉시강제	**임시영치**(4조 3항)
대가택적 즉시강제	**위험방지를 위한 출입**(7조) 19 승진
대인, 대물, 대가택적 즉시강제	**위험발생의 방지조치**(5조) 13 승진
임의적 사실행위	사실 확인행위(8조), 출석요구

(3) 제정과정 06 채용, 09 경간, 10 승진

1차 개정 (1981)	유치장 설치근거 마련, **경찰장구사용**과 **사실조회** 등을 명문으로 규정, **무기사용**규정추가, **직무범위**를 명시
2차 개정 (1988)	유치시한을 3시간으로 규정, **임시영치기간을 10일로 단축**, 직권남용벌칙 6월에서 1년 이하 **징역, 금고**로 개정
3차 개정 (1989)	**최루탄**사용 조항
4차 개정 (1991)	**유치시한을 6시간으로 완화**, 경찰장구 사용대상에 **현행범인 추가**
5차 개정 (1996)	해양수산부장관 소속하에 **해양경찰청 신설**
6차 개정 (1999)	경찰장구, 무기 등을 포괄한 **장비규정 신설**
7차 개정 (2004)	기존 여러 개 파출소를 통합해 **하나의 지구대 설치, 경찰위원회 상임위원 법적 근거**를 마련
8차 개정 (2006)	**제주특별자치도 설치, 자치경찰제 도입**
9차 개정 (2011)	「경찰관직무집행법」 제2조 경찰의 직무를 「국가경찰과 자치경찰의 조직과 운영에 관한 법률」 제3조 국가경찰의 임무와 일치시킴

10차 개정 (2013)	손실보상규정 신설
14차 개정 (2018)	"범죄피해자 보호"가 추가됨

→ 2020년 개정 시에 '경찰관의 인권보호의무'가 제1조 목적에 처음으로 명시됨

(4) 내용

1) 목적

제1조(목적) ① 이 법은 국민의 자유와 권리 및 모든 개인이 가지는 불가침의 기본적 **인권**을 보호하고 **사회공공의 질서를 유지**하기 위한 경찰관(**경찰공무원만 해당**한다. 이하 같다)의 **직무 수행**에 필요한 사항을 규정함을 목적으로 한다. 14 2차, 15 경간
② 이 법에 규정된 경찰관의 직권은 그 **직무 수행에 필요한 최소한도에서 행사되어야 하며 남용되어서는 아니 된다.** 14 2차, 15 경간

📑 **관련 판례** 경찰관 직무집행법은 제1조 제2항에서 "경찰관의 직권은 그 직무 수행에 필요한 최소한도에서 행사되어야 하며 남용되어서는 아니 된다."라고 선언하여 경찰비례의 원칙을 명시적으로 규정하고 있는데, 이는 **경찰행정 영역에서의 헌법상 과잉금지원칙(과소보호금지원칙X)**을 표현한 것으로서, 공공의 안녕과 질서유지라는 공익목적과 이를 실현하기 위하여 개인의 권리나 재산을 침해하는 수단 사이에는 합리적인 비례관계가 있어야 한다는 의미를 갖는다.(대판 2018다288631) 23 2차

2) 직무의 범위 12 승진

제2조(직무의 범위) 경찰관은 다음 각 호의 직무를 수행한다.
1. 국민의 생명·신체 및 재산의 보호 12 2차
2. 범죄의 예방·진압 및 수사
2의2. 범죄피해자(피의자X) 보호 18 2차
3. 경비, 주요 인사 경호 및 대간첩·대테러 작전 수행 14 2차
4. 공공안녕에 대한 위험의 예방과 대응을 위한 정보의 수집·작성 및 배포
5. 교통 단속과 교통 위해의 방지
6. 외국 정부기관 및 국제기구와의 국제협력 15 1차
7. 그 밖에 공공의 안녕과 질서 유지 12 3차
   → 직무의 범위에 "테러경보 발령"을 명시하고 있지는 않다. 23 2차

3) 불심검문 - 진술거부권 고지의무는 명시되어 있지 않다. 11 1차, 17 경간, 19 승진

> **제3조(불심검문)** ① 경찰관은 다음 각 호의 어느 하나에 해당하는 사람을 정지시켜 **질문할 수 있다.**
> 11·13 2차, 15 3차, 19 경채, 23 경찰특공대
> 1. 수상한 행동이나 그 밖의 주위 사정을 **합리적**으로 판단하여 볼 때 **어떠한 죄를 범하였거나 범하려 하고 있다고 의심할 만한 상당한 이유가 있는 사람** 06 채용
> 2. **이미 행하여진 범죄나 행하여지려고 하는 범죄행위에 관한 사실을 안다고 인정되는 사람** 19 경채
> ② 경찰관은 제1항에 따라 같은 항 각 호의 사람을 정지시킨 장소에서 질문을 하는 것이 그 사람에게 **불리하거나 교통에 방해가 된다고 인정될 때**(신원확인이 불가능X, 질문을 능률적으로 하기 위하여X)에는 질문을 하기 위하여 가까운 **경찰서·지구대·파출소 또는 출장소**(지방해양경찰관서를 포함하며, 이하 "경찰관서"라 한다)로 **동행할 것을 요구할 수 있다. 이 경우 동행을 요구받은 사람은 그 요구를 거절할 수 있다.**(특별한 사정 존재할 필요X) 11·12 승진, 11·19 1차, 11·13·15 2차, 11·13·17·23 경간, 15 3차, 23 경찰특공대
> ③ 경찰관은 제1항 각 호의 어느 하나에 해당하는 사람에게 질문을 할 때에 그 사람이 **흉기를 가지고 있는지를 조사할 수 있다.**(일반소지품 검사규정X) 11·13 2차, 15 3차, 17 경간, 19 경채, 23 경찰특공대
> ④ 경찰관은 제1항이나 제2항에 따라 질문을 하거나 동행을 요구할 경우 **자신의 신분을 표시하는 증표**(경찰공무원증O, 흉장X)를 제시하면서 소속과 성명을 밝히고 질문이나 동행의 목적과 이유를 **설명하여야 하며**(할 수 있으며X), 동행을 요구하는 경우에는 동행 장소를 **밝혀야 한다.**(밝힐 수 있다X) 11·19 승진, 12 3차, 15 2차, 19 1차, 23 경간
> ⑤ 경찰관은 제2항에 따라 동행한 사람의 **가족이나 친지 등**에게 동행한 경찰관의 신분, 동행 장소, 동행 목적과 이유를 **알리거나 본인으로 하여금 즉시 연락할 수 있는 기회를 주어야 하며**, 변호인의 도움을 받을 권리가 있음을 알려야 한다. → 불심검문에 진술거부권 고지의무는 명시되어 있지 않다. 11·19 승진, 15 2차, 17·23 경간, 19 1차, 23 경찰특공대
> ⑥ 경찰관은 제2항에 따라 동행한 사람을 **6시간을 초과하여 경찰관서에 머물게 할 수 없다.** 11 승진, 11 2차, 13 경간, 15 3차
> ⑦ 제1항부터 제3항까지의 규정에 따라 질문을 받거나 동행을 요구받은 사람은 **형사소송에 관한 법률에 따르지 아니하고는 신체를 구속당하지 아니하며, 그 의사에 반하여 답변을 강요당하지 아니한다.** 13 2차

→ 「경찰관 직무집행법」상의 불심검문, 보호조치, 범죄의 예방과 저지, 무기사용 등은 **대인적 즉시강제**라고 할 수 있다. 다만 불심검문의 법적 성격에 대해서는 학설상 논란이 있다. 13 경간

▶ **[참고] 경찰관직무집행법 시행령**

제7조(보고) 경찰공무원은 다음의 조치를 한 때에는 **소속 국가경찰관서의 장에게 이를 보고하여야 한다.**

1. 법 제3조제2항의 규정에 의한 동행요구를 한 때

경찰관직무집행법에 의한 직무집행시의 보고절차 규칙 **제2조(동행검문의 보고)** 경찰관은 법 제3조제2항의 규정에 의하여 **피검문자를 경찰관서에 동행하여 검문한 때에는 24시간 이내에 별지 제1호 서식에 의한 동행검문결과보고서를 작성하여 소속 경찰관서의 장에게 보고하여야 한다.** 다만, 검문한 결과 형사소송법에 의하여 처리한 경우에는 그러하지 아니한다.

> **[참고] 주민등록법**
>
> **제26조(주민등록증의 제시요구)** ① 사법경찰관리(司法警察官吏)가 범인을 체포하는 등 그 직무를 수행할 때에 17세 이상인 주민의 신원이나 거주 관계를 확인할 필요가 있으면 주민등록증의 제시를 요구할 수 있다. 이 경우 사법경찰관리는 주민등록증을 제시하지 아니하는 자로서 신원을 증명하는 증표나 그 밖의 방법에 따라 신원이나 거주 관계가 확인되지 아니하는 자에게는 범죄의 혐의가 있다고 인정되는 상당한 이유가 있을 때에 한정하여 인근 관계 관서에서 신원이나 거주 관계를 밝힐 것을 요구할 수 있다.
> ② 사법경찰관리는 제1항에 따라 신원 등을 확인할 때 친절과 예의를 지켜야 하며, **정복근무 중인 경우 외에는 미리 신원을 표시하는 증표를 지니고 이를 관계인에게 내보여야 한다.**

관련 판례 1. 수사관이 동행에 앞서 피의자에게 동행을 거부할 수 있음을 알려 주었거나 동행한 피의자가 언제든지 자유로이 동행과정에서 이탈 또는 동행장소로부터 퇴거할 수 있었음이 인정되는 등 오로지 피의자의 자발적인 의사에 의하여 수사관서 등에의 동행이 이루어졌음이 객관적인 사정에 의하여 명백하게 입증된 경우에 한하여, 그 적법성이 인정되는 것으로 봄이 상당하다.(대판 2005도8610) 12 2차

2. 검문하는 사람이 경찰관이고 검문하는 이유가 범죄행위에 관한 것임을 **충분히 알고 있었다고 보이는 경우에 신분증을 제시하지 않았다 하더라도 그 불심검문을 위법한 공무집행이라고 할 수 없다.**(대판 2014도7976) 23·24 경간

3. 임의동행은 상대방의 동의 또는 승낙을 그 요건으로 하는 것이므로 경찰관으로부터 임의동행 요구를 받은 경우 상대방은 이를 거절할 수 있을 뿐만 아니라 임의동행 후 **언제든지 경찰관서에서 퇴거할 자유가 있다** 할 것이고, 경찰관직무집행법 제3조 제6항이 임의동행한 경우 당해인을 6시간을 초과하여 경찰관서에 머물게 할 수 없다고 규정하고 있다고 하여 그 규정이 임의동행한 자를 6시간 동안 경찰관서에 구금하는 것을 허용하는 것은 아니다.(대판 97도1240)

4. 경찰관은 수상한 거동 기타 주위의 사정을 합리적으로 판단하여 어떠한 죄를 범하였거나 범하려 하고 있다고 의심할 만한 상당한 이유가 있는 자 또는 이미 행하여진 범죄나 행하여지려고 하는 범죄행위에 관하여 그 사실을 안다고 인정되는 자를 정지시켜 질문할 수 있고, 또 범죄를 실행중이거나 실행 직후인 자는 현행범인으로, 누구임을 물음에 대하여 도망하려 하는 자는 준현행범인으로 각 체포할 수 있으며, 이와 같은 정지 조치나 질문 또는 체포 직무의 수행을 위하여 필요한 경우에는 대상자를 추적할 수도 있으므로, **경찰관이 교통법규 등을 위반하고 도주하는 차량을 순찰차로 추적하는 직무를 집행하는 중에 그 도주차량의 주행에 의하여 제3자가 손해를 입었다고 하더라도** 그 추적이 당해 직무 목적을 수행하는 데에 불필요하다거나 또는 도주차량의 도주의 태양 및 도로교통상황 등으로부터 예측되는 피해발생의 구체적 위험성의 유무 및 내용에 비추어 추적의 개시·계속 혹은 추적의 방법이 상당하지 않다는 등의 **특별한 사정이 없는 한 그 추적행위를 위법하다고 할 수는 없다.**(대판 2000다26807,26814)

5. 범행 장소 인근에서 자전거를 이용한 날치기 사건이 발생한 직후 검문을 실시 중이던 경찰관들이 위 날치기 사건의 **범인과 흡사한 인상착의의 피고인을 발견하고 앞을 가로막으며 진행을 제지한 행위는** 그 범행의 경중, 범행과의 관련성, 상황의 긴박성, 혐의의 정도, 질문의 필요성 등에 비추어 그 목적 달성에 필요한 최소한의 범위 내에서 **사회통념상 용인될 수 있는 상당한 방법으로 법 제3조 제1항에 규정된 자에 대하여 의심되는 사항에 관한 질문을 하기 위하여 정지시킨 것으로 보아야 한다.**(대판 2010도6203)

6. 경찰관이 임의동행요구에 응하지 않는다 하여 강제연행하려고 대상자의 양팔을 잡아 끈 행위는 적법한 공무집행이라고 할 수 없으므로 그 대상자가 이러한 불법연행으로부터 벗어나기 위하여 저항한 행위는 정당한 행위라고 할 것이고 이러한 행위에 무슨 과실이 있다고 할 수 없다고 한 사례이다.(대판 91다38334 판결)

7. 미리 입수된 용의자에 대한 인상착의와 일부 일치되지 않는 부분이 있다고 하더라도 그것만으로 경찰관이 불

심검문 대상자로 삼은 조치가 위법하다고 볼 수 없다.(대판 2011도13999) 24 경간

8. 경찰관은 불심검문 대상자에게 질문을 하기 위하여 범행의 경중, 범행과의 관련성, 상황의 긴박성, 혐의의 정도, 질문의 필요성 등에 비추어 목적 달성에 필요한 최소한의 범위 내에서 사회통념상 용인될 수 있는 상당한 방법으로 대상자를 정지시킬 수 있고 질문에 수반하여 흉기의 소지 여부도 조사할 수 있다.(대판 2011도13999) 24 경간

9. 경찰관직무집행법(이하 '법'이라고 한다)의 목적, 법 제1조 제1항, 제2항, 제3조 제1항, 제2항, 제3항, 제7항의 내용 및 체계 등을 종합하면, 경찰관이 법 제3조 제1항에 규정된 대상자(이하 '불심검문 대상자'라 한다) 해당 여부를 판단할 때에는 불심검문 당시의 구체적 상황은 물론 사전에 얻은 정보나 전문적 지식 등에 기초하여 불심검문 대상자인지를 객관적·합리적인 기준에 따라 판단하여야 하나, **반드시 불심검문 대상자에게 형사소송법상 체포나 구속에 이를 정도의 혐의가 있을 것을 요한다고 할 수는 없다.**(대판 2011도13999) 24 경간, 23 경채

4) 보호조치 20 2차, 23 승진

보호조치는 경찰관서에서 일시 보호하여 구호의 방법을 강구하는 것으로 **경찰관의 재량행위에 해당하기 때문에 국가배상 책임이 인정되는 경우는 없다. (X)** 21 승진

> **제4조(보호조치 등)** ① 경찰관은 수상한 행동이나 그 밖의 주위 사정을 합리적으로 판단해 볼 때 다음 각 호의 어느 하나에 해당하는 것이 명백하고 응급구호가 필요하다고 믿을 만한 상당한 이유가 있는 사람(이하 "**구호대상자**"라 한다)을 발견하였을 때에는 보건의료기관이나 공공구호기관에 긴급구호를 요청하거나 경찰관서에 보호하는 등 적절한 조치를 할 수 있다.(하여야 한다X) 14·20 1차, 19 승진, 20 경간, 21 경채, 21 경찰특공대
>   1. 정신착란을 일으키거나 술에 취하여 자신 또는 다른 사람의 생명·신체·재산에 위해를 끼칠 우려가 있는 사람 15 승진
>   2. 자살을 시도하는 사람 15 승진
>   3. 미아, 병자, 부상자 등으로서 적당한 보호자가 없으며 응급구호가 필요하다고 인정되는 사람. 다만, **본인이 구호를 거절하는 경우는 제외한다.** 12·21 2차, 14 1차, 17·23 경간
> ② 제1항에 따라 긴급구호를 요청받은 **보건의료기관이나 공공구호기관은 정당한 이유 없이 긴급구호를 거절할 수 없다.** 16 승진, 18 3차, 21 2차, 23 1차
> ③ 경찰관은 제1항의 조치를 하는 경우에 구호대상자가 휴대하고 있는 **무기·흉기 등 위험을 일으킬 수 있는 것으로 인정되는 물건을 경찰관서에 임시로 영치하여 놓을 수 있다.** 19 경채, 20 경간, 23 1차
> ④ **경찰관**은 제1항의 조치를 하였을 때에는 **지체 없이 구호대상자의 가족, 친지 또는 그 밖의 연고자에게 그 사실을 알려야 하며, 연고자가 발견되지 아니할 때에는 구호대상자를 적당한 공공보건의료기관이나 공공구호기관에 즉시 인계하여야 한다.** 12·16 승진, 14·23 1차, 18 3차, 19 경채, 20·23 경간, 21 2차
> ⑤ **경찰관**은 제4항에 따라 **구호대상자를 공공보건의료기관이나 공공구호기관에 인계하였을 때에는 즉시 그 사실을 소속 경찰서장이나 해양경찰서장에게 보고하여야 한다.** 20·23 경간
> ⑥ 제5항에 따라 보고를 받은 **소속 경찰서장이나 해양경찰서장은 대통령령으로 정하는 바에 따라 구호대상자를 인계한 사실을 지체 없이 해당 공공보건의료기관 또는 공공구호기관의 장 및 그 감독행정청에 통보하여야 한다.** 23 경간
> ⑦ 제1항에 따라 구호대상자를 경찰관서에서 보호하는 기간은 24시간을 초과할 수 없고, 14·20 1차, 16·19 승진, 18 3차, 20 경간 제3항에 따라 물건을 경찰관서에 **임시로 영치하는 기간은 10일을 초과할 수 없다.** 11·20 경간, 15·18 3차, 16 승진, 19·21 경채, 20·23 1차, 21 2차, 21 경찰특공대

> **경찰관직무집행법 시행령 제2조(임시영치)** 경찰공무원이 법 제4조제3항의 규정에 의하여 무기·흉기등을 임시영치한 때에는 **소속 국가경찰관서의 장**(지방해양경찰관서의 장을 포함한다. 이하 같다)은 그 물건을 소지하였던 자에게 별지 제1호서식에 의한 **임시영치증명서를 교부하여야 한다.**

[응급의료에 관한 법률] - 경찰관직무집행법 상 처벌규정은 없다. 23 경간

제6조(응급의료의 거부금지 등) ② 응급의료종사자는 업무 중에 응급의료를 요청받거나 응급환자를 발견하면 즉시 응급의료를 하여야 하며 정당한 사유 없이 이를 거부하거나 기피하지 못한다.

제60조(벌칙) ③ 다음 각 호의 어느 하나에 해당하는 사람은 **3년 이하의 징역 또는 3천만원 이하의 벌금**에 처한다. 21 2차
1. 제6조제2항을 위반하여 응급의료를 거부 또는 기피한 응급의료종사자

📑 관련 판례

1. 경찰관직무집행법 제4조 제1항 제1호(이하 '이 사건 조항'이라 한다)에서 규정하는 **술에 취한 상태로 인하여 자기 또는 타인의 생명·신체와 재산에 위해를 미칠 우려가 있는 피구호자에 대한 보호조치는 경찰 행정상 즉시강제에 해당하므로, 그 조치가 불가피한 최소한도 내에서만 행사되도록 발동·행사 요건을 신중하고 엄격하게 해석하여야 한다.** 따라서 이 사건 조항의 '술에 취한 상태'란 피구호자가 술에 만취하여 정상적인 판단능력이나 의사능력을 상실할 정도에 이른 것을 말하고, 이 사건 조항에 따른 보호조치를 필요로 하는 피구호자에 해당하는지는 구체적인 상황을 고려하여 경찰관 평균인을 기준으로 판단하되, 그 판단은 보호조치의 취지와 목적에 비추어 현저하게 불합리하여서는 아니 되며, **피구호자의 가족 등에게 피구호자를 인계할 수 있다면 특별한 사정이 없는 한 경찰관서에서 피구호자를 보호하는 것은 허용되지 않는다.**(대판 2012도11162) 24 경간

2. 경찰관직무집행법 제4조 제1항 제1호(이하 '이 사건 조항'이라 한다)의 보호조치 요건이 갖추어지지 않았음에도, 경찰관이 실제로는 범죄수사를 목적으로 피의자에 해당하는 사람을 이 사건 조항의 피구호자로 삼아 **그의 의사에 반하여 경찰관서에 데려간 행위는, 달리 현행범체포나 임의동행 등의 적법 요건을 갖추었다고 볼 사정이 없다면, 위법한 체포에 해당한다고 보아야 한다.**(대판 2012도11162)

3. 화물차 운전자인 피고인이 경찰의 음주단속에 불응하고 도주하였다가 다른 차량에 막혀 더 이상 진행하지 못하게 되자 운전석에서 내려 다시 도주하려다 경찰관에게 검거되어 지구대로 보호조치된 후 2회에 걸쳐 음주측정요구를 거부하였다고 하여 도로교통법 위반(음주측정거부)으로 기소된 사안에서, 당시 피고인이 술에 취한 상태이기는 하였으나 술에 만취하여 정상적인 판단능력이나 의사능력을 상실할 정도에 있었다고 보기 어려운 점, 당시 상황에 비추어 평균적인 경찰관으로서는 피고인이 경찰관직무집행법 제4조 제1항 제1호(이하 '이 사건 조항'이라 한다)의 보호조치를 필요로 하는 상태에 있었다고 판단하지 않았을 것으로 보이는 점, 경찰관이 피고인에 대하여 이 사건 조항에 따른 **보호조치를 하고자 하였다면, 당시 옆에 있었던 피고인 처(처)에게 피고인을 인계하였어야 하는데도, 피고인 처의 의사에 반하여 지구대로 데려간 점** 등 제반 사정을 종합할 때, 경찰관이 피고인과 피고인 처의 의사에 반하여 피고인을 지구대로 데려간 행위를 적법한 보호조치라고 할 수 없고, 나아가 달리 적법 요건을 갖추었다고 볼 자료가 없는 이상 경찰관이 피고인을 지구대로 데려간 행위는 위법한 체포에 해당하므로, 그와 같이 위법한 체포 상태에서 이루어진 경찰관의 음주측정요구도 위법하다고 볼 수밖에 없어 그에 불응하였다고 하여 피고인을 음주측정거부에 관한 도로교통법 위반죄로 처벌할 수는 없는데도, 이와 달리 보아 유죄를 선고한 원심판결에 이 사건 조항의 보호

조치에 관한 법리를 오해하여 위법한 체포상태에서의 도로교통법 위반(음주측정거부)죄 성립에 관한 판단을 그르친 위법이 있다고 한 사례이다.(대판 2012도11162) **24 경간**

4. 경찰공무원은 교통의 안전과 위험방지를 위하여 필요하다고 인정하거나 운전자가 술에 취한 상태에서 자동차 등을 운전하였다고 인정할 만한 상당한 이유가 있고 운전자의 음주운전 여부를 확인하기 위하여 필요한 경우에는 사후의 음주측정에 의하여 음주운전 여부를 확인할 수 없음이 명백하지 않는 한 당해 운전자에 대하여 구 도로교통법 제44조 제2항에 의하여 음주측정을 요구할 수 있고, 당해 운전자가 이에 불응한 경우에는 같은 법 제148조의2 제2호 소정의 음주측정불응죄가 성립한다. (대법원 1997. 6. 13. 선고 96도3069 판결 등 참조). 이와 같은 법리는 당해 운전자가 경찰관직무집행법 제4조에 따라 보호조치된 사람이라고 하여 달리 볼 것이 아니므로, **경찰공무원이 보호조치된 운전자에 대하여 음주측정을 요구하였다는 이유만으로 그 음주측정 요구가 위법하다거나 보호조치가 당연히 종료된다고 볼 수는 없다.**(대판 2011도10012) **24 경간**

5. 긴급구호권한과 같은 경찰관의 조치권한은 일반적으로 경찰관의 전문적 판단에 기한 합리적인 재량에 위임되어 있는 것이나, 그렇다고 하더라도 구체적 상황 하에서 경찰관에게 그러한 조치권한을 부여한 취지와 목적에 비추어 볼 때 **그 불행사가 현저하게 불합리하다고 인정되는 경우에는**, 그러한 불행사는 법령에 위반하는 행위에 해당하게 되어 국가배상법상의 다른 요건이 충족되는 한, 국가는 그로 인하여 피해를 입은 자에 대하여 **국가배상책임을 부담한다.**(대판 95다45927)

6. 정신질환자의 평소 행동에 포함된 범죄 내용이 경미하거나 범죄라고 볼 수 없는 비정상적 행동에 그치고 그 거동 기타 주위의 사정을 합리적으로 판단하여 보더라도 정신질환자에 의한 집주인 살인범행에 앞서 그 구체적 위험이 객관적으로 존재하고 있었다고 보기 어려운 경우, 경찰관이 그때그때의 상황에 따라 그 정신질환자를 훈방하거나 일시 정신병원에 입원시키는 등 경찰관직무집행법의 규정에 의한 긴급구호조치를 취하였고, 정신질환자가 퇴원하자 정신병원에서의 장기 입원치료를 받는 데 도움이 되도록 생활보호대상자 지정의뢰를 하는 등 그 나름대로의 조치를 취한 이상, 더 나아가 경찰관들이 정신질환자의 살인범행 가능성을 막을 수 있을 만한 다른 조치를 취하지 아니하였거나 입건·수사하지 아니하였다고 하여 이를 법령에 위반하는 행위에 해당한다고 볼 수 없다는 이유로, 사법경찰관리의 수사 미개시 및 긴급구호권 불행사를 이유로 제기한 **국가배상청구를 배척하였다.**(대판 95다45927)

> **[참고] 경찰관직무집행법 시행령**
>
> **제7조(보고)** 경찰공무원은 다음의 조치를 한 때에는 **소속 국가경찰관서의 장에게 이를 보고하여야 한다.**
> 　2. 법 제4조제1항의 규정에 의한 긴급구호요청 또는 보호조치를 한 때
> 　3. 법 제4조제3항의 규정에 의한 임시영치를 한 때
>
> **경찰관직무집행법에 의한 직무집행시의 보고절차규칙 제3조(보호조치 및 보고)** 경찰관은 법 제4조제1항의 규정에 의하여 보건의료기관 또는 공공구호기관에 긴급구호를 요청하였거나 경찰관서에 보호조치한 때에는 **지체 없이** 별지 제2호 서식에 의한 **보호조치보고서를 작성하여 소속 경찰관서의 장에게 보고하여야 한다.**
>
> **경찰관직무집행법에 의한 직무집행시의 보고절차규칙 제4조(임시영치의 보고)** ① 경찰관은 법 제4조제3항의 규정에 의하여 무기·흉기 등 위험을 야기할 수 있는 물건을 임시영치한 때에는 **24시간 이내**에 별지 제3호 서식에 의한 임시영치보고서를 작성하여 **소속 경찰관서의 장에게 보고하여야 한다. 이를 반환한 때에도 또한 같다.**

5) 위험발생의 방지 등 23 승진

제5조(위험 발생의 방지 등) ① 경찰관은 사람의 **생명** 또는 **신체**에 위해를 끼치거나 **재산**에 중대한 손해를 끼칠 우려가 있는 천재(天災), 사변(事變), 인공구조물의 파손이나 붕괴, 교통사고, 위험물의 폭발, 위험한 동물 등의 출현, 극도의 혼잡, 그 밖의 위험한 사태가 있을 때에는 **다음 각 호의 조치를 할 수 있다.** 12·13·19 승진
  1. 그 장소에 **모인 사람**, **사물(事物)의 관리자**, 그 밖의 관계인에게 필요한 **경고**를 하는 것 13·19 승진
  2. 매우 긴급한 경우에는 **위해를 입을 우려가 있는 사람**을 필요한 한도에서 **억류**하거나 **피난**시키는 것 11 1차, 13·19 승진, 17 경간
  3. 그 장소에 **있는 사람**, **사물의 관리자**, 그 밖의 관계인에게 위해를 방지하기 위하여 필요하다고 인정되는 **조치를 하게 하거나 직접 그 조치를 하는 것** 13·19 승진
② **경찰관서의 장**은 대간첩 작전의 수행이나 소요 사태의 진압을 위하여 필요하다고 인정되는 상당한 이유가 있을 때에는 대간첩 작전지역이나 경찰관서·무기고 등 **국가중요시설(다중이용시설X)**에 대한 접근 또는 통행을 제한하거나 금지할 수 있다. 13·15 1차, 14 2차, 23 승진
③ **경찰관**은 제1항의 조치를 하였을 때에는 **지체 없이** 그 사실을 **소속 경찰관서의 장에게 보고하여야** 한다.
④ 제2항의 조치를 하거나 제3항의 보고를 받은 **경찰관서의 장은 관계 기관의 협조를 구하는 등 적절한 조치를 하여야 한다.**

📄 관련 판례

1. 경찰관이 응급의 구호를 요하는 자를 보건의료기관에게 긴급구호요청을 하고, 보건의료기관이 이에 따라 치료행위를 하였다고 하더라도 **국가와 보건의료기관 사이에 국가가 치료행위를 보건의료기관에 위탁하고 보건의료기관이 이를 승낙하는 내용의 치료위임계약이 체결된 것으로는 볼 수 없다.**(대판 1994.2.22. 93다4472)
2. 경찰관이 농민들의 시위를 진압하고 시위과정에 도로상에 방치된 트랙터 1대에 대하여 이를 도로 밖으로 옮기거나 후방에 안전표지판을 설치하는 것과 같은 위험발생방지조치를 취하지 아니한 채 그대로 방치하고 철수하여 버린 결과, 야간에 그 도로를 진행하던 운전자가 위 방치된 트랙터를 피하려다가 다른 트랙터에 부딪혀 상해를 입은 사안에서 **국가배상 책임을 인정하였다.**(대판 1998.8.25., 98다16890)
3. 경찰관직무집행법 제5조는 경찰관은 인명 또는 신체에 위해를 미치거나 재산에 중대한 손해를 끼칠 우려가 있는 위험한 사태가 있을 때에는 그 각 호의 조치를 취할 수 있다고 규정하여 형식상 경찰관에게 재량에 의한 직무수행권한을 부여한 것처럼 되어 있으나, 경찰관에게 그러한 권한을 부여한 취지와 목적에 비추어 볼 때 구체적인 사정에 따라 경찰관이 **그 권한을 행사하여 필요한 조치를 취하지 아니하는 것이 현저하게 불합리하다고 인정되는 경우에는 그러한 권한의 불행사는 직무상의 의무를 위반한 것이 되어 위법하게 된다.** (대판 98다16890) 23 2차

6) 범죄의 예방과 제지 23 승진

> **제6조(범죄의 예방과 제지)** 경찰관은 범죄행위가 **목전(目前)**에 행하여지려고 하고 있다고 인정될 때에는 이를 예방하기 위하여 관계인에게 필요한 **경고**를 하고, 그 행위로 인하여 사람의 생명·신체에 위해를 끼치거나 재산에 **중대한 손해**를 끼칠 우려가 있는 **긴급한 경우에는 그 행위를 제지할 수 있다.** 13·15 1차, 13 2차, 19·23 승진

📑 관련 판례

1. 경찰관의 경고나 제지는 범죄의 예방을 위하여 범죄행위에 관한 **실행의 착수 전에 행하여질 수 있을 뿐만 아니라, 이후 범죄행위가 계속되는 중**에 그 진압을 위하여도 당연히 행하여질 수 있다고 보아야 한다.(대판 2013.9.26. 2013도643) 23 승진, 21 지방직 7급

2. 구 집회 및 시위에 관한 법률(2007. 5. 11. 법률 제8424호로 개정되기 전의 것)에 의하여 금지되어 그 주최 또는 참가행위가 형사처벌의 대상이 되는 위법한 집회·시위가 장차 특정지역에서 개최될 것이 예상된다고 하더라도, 이와 **시간적·장소적으로 근접하지 않은 다른 지역에서 그 집회·시위에 참가하기 위하여 출발 또는 이동하는 행위를 함부로 제지하는 것**은 경찰관직무집행법 제6조 제1항의 **행정상 즉시강제인 경찰관의 제지의 범위를 명백히 넘어 허용될 수 없다. 따라서 이러한 제지 행위는 공무집행방해죄의 보호대상이 되는 공무원의 적법한 직무집행이 아니다.**(대판 2007도9794) 22 승진

3. 경찰관 직무집행법 제6조는 "경찰관은 범죄행위가 목전에 행하여지려고 하고 있다고 인정될 때에는 이를 예방하기 위하여 관계인에게 필요한 경고를 하고, 그 행위로 인하여 사람의 생명·신체에 위해를 끼치거나 재산에 중대한 손해를 끼칠 우려가 있어 긴급한 경우에는 그 행위를 제지할 수 있다."라고 정하고 있다. 위 조항 중 **경찰관의 제지에 관한 부분은 범죄 예방을 위한 경찰 행정상 즉시강제, 즉 눈앞의 급박한 경찰상 장해를 제거할 필요가 있고 의무를 명할 시간적 여유가 없거나 의무를 명하는 방법으로는 그 목적을 달성하기 어려운 상황에서 의무불이행을 전제로 하지 않고 경찰이 직접 실력을 행사하여 경찰상 필요한 상태를 실현하는 권력적 사실행위에 관한 근거조항이다.** 경찰관 직무집행법 제6조에 따른 경찰관의 제지 조치가 적법한 직무집행으로 평가되기 위해서는, 형사처벌의 대상이 되는 행위가 눈앞에서 막 이루어지려고 하는 것이 객관적으로 인정될 수 있는 상황이고, 그 행위를 당장 제지하지 않으면 곧 인명·신체에 위해를 미치거나 재산에 중대한 손해를 끼칠 우려가 있는 상황이어서, 직접 제지하는 방법 외에는 위와 같은 결과를 막을 수 없는 절박한 사태이어야 한다. 다만 **경찰관의 제지 조치가 적법한지는 제지 조치 당시의 구체적 상황을 기초로 판단하여야 하고 사후적으로 순수한 객관적 기준에서 판단할 것은 아니다.**(대판 2016도19417) 23 승진

4. 주거지에서 음악 소리를 크게 내거나 큰 소리로 떠들어 이웃을 시끄럽게 하는 행위는 경범죄 처벌법 제3조 제1항 제21호에서 경범죄로 정한 '인근소란 등'에 해당한다. **경찰관은 경찰관 직무집행법에 따라 경범죄에 해당하는 행위를 예방·진압·수사하고, 필요한 경우 제지할 수 있다.** 경찰관 갑과 을이 112신고를 받고 출동하여 눈앞에서 벌어지고 있는 범죄행위를 막고 주민들의 피해를 예방하기 위해 피고인을 만나려 하였으나 피고인은 문조차 열어주지 않고 소란행위를 멈추지 않았던 상황이라면 피고인의 행위를 제지하고 수사하는 것은 경찰관의 직무상 권한이자 의무라고 볼 수 있으므로, 위와 같은 상황에서 **경찰관 갑과 을이 피고인의 집으로 통하는 전기를 일시적으로 차단한 것은 피고인을 집 밖으로 나오도록 유도한 것으로서, 피고인의 범죄행위를 진압·예방하고 수사하기 위해 필요하고도 적절한 조치로 보이고, 경찰관 직무집행법 제1조의 목적에 맞게 제2조의 직무 범위 내에서 제6조에서 정한 즉시강제의 요건을 충족한 적법한 직무집행으로 볼 여지가 있다.**(대판 2016도19417)

5. 경찰관은 형사처벌의 대상이 되는 행위가 눈앞에서 막 이루어지려고 하는 것이 객관적으로 인정될 수 있는 상황이고 그 행위를 당장 제지하지 않으면 곧 인명·신체에 위해를 미치거나 재산에 중대한 손해를 끼칠 우

려가 있는 상황이어서, **직접 제지하는 방법 외에는 위와 같은 결과를 막을 수 없는 급박한 상태일 때에만** 경찰관 직무집행법 제6조에 의하여 적법하게 그 행위를 제지할 수 있고, 그 범위 내에서만 경찰관의 제지 조치가 적법하다고 평가될 수 있다.(대판 2018다288631) 23 2차

7) 위험 방지를 위한 출입 23 승진

> **제7조(위험 방지를 위한 출입)** ① 경찰관은 제5조제1항·제2항 및 제6조에 따른 위험한 사태가 발생하여 사람의 **생명·신체** 또는 **재산**에 대한 **위해가 임박한 때**에 그 위해를 방지하거나 피해자를 구조하기 위하여 부득이하다고 인정하면 합리적으로 판단하여 필요한 한도에서 **다른 사람의 토지·건물·배 또는 차(항공기X)에 출입**할 수 있다.
> ② 흥행장(興行場), 여관, 음식점, 역, 그 밖에 **많은 사람이 출입하는 장소의 관리자**나 그에 준하는 **관계인**은 경찰관이 범죄나 사람의 생명·신체·재산에 대한 위해를 예방하기 위하여 **해당 장소의 영업시간이나 해당 장소가 일반인에게 공개된 시간**에 그 장소에 출입하겠다고 요구하면 정당한 이유 없이 그 요구를 거절할 수 없다. 13 경간, 13 2차, 19 경채
> ③ 경찰관은 대간첩 작전 수행에 필요할 때에는 작전지역에서 제2항에 따른 장소를 **검색**할 수 있다.
> ④ 경찰관은 제1항부터 제3항까지의 규정에 따라 필요한 장소에 출입할 때에는 그 **신분을 표시하는 증표를 제시하여야 하며**, 함부로 관계인이 하는 정당한 업무를 방해해서는 아니 된다. 23 승진

> ▶ **[참고] 경찰관직무집행법 시행령**
>
> **제7조(보고)** 경찰공무원은 다음의 조치를 한 때에는 **소속 국가경찰관서의 장에게 이를 보고하여야 한다.**
> 6. 법 제7조제2항 및 제3항의 규정에 의하여 다수인이 출입하는 장소에 대하여 출입 또는 검색을 한 때
>
> **경찰관직무집행법에 의한 직무집행시의 보고절차규칙 제6조(위험방지를 위한 출입의 보고)** 경찰관은 법 제7조제2항의 규정에 의하여 영업 또는 공개시간 내에 흥행장·여관·음식점·역 기타 다수인이 출입하는 장소에 출입한 때에는 **지체 없이 지역경찰관서 근무일지에 당해 위험방지출입과 관련된 구체적인 내용을 기재하여야 한다.** 다만, 정례적인 순찰이나 소속 경찰관서의 장의 지시에 의한 경우에는 구두로 보고하거나 근무일지 기재로 갈음할 수 있다.
>
> **경찰관직무집행법에 의한 직무집행시의 보고절차규칙 제7조(작전지역안의 검색보고)** 경찰관은 법 제7조제3항의 규정에 의하여 작전지역 안을 검색한 때에는 **지체 없이** 별지 제6호 서식에 의한 **작전지역검색보고서를 작성하여 소속 경찰관서의 장에게 보고하여야 한다.** 다만, 소속 경찰관서의 장이나 지휘관의 지시에 의한 경우에는 구두로 보고하거나 근무일지 기재로 갈음할 수 있다.

8) 사실의 확인 등

> **제8조(사실의 확인 등)** ① 경찰관서의 장은 직무 수행에 필요하다고 인정되는 상당한 이유가 있을 때에는 **국가기관이나 공사 단체 등에 직무 수행에 관련된 사실을 조회**할 수 있다. 19 경채 다만, 긴급한 경우에는 소속 경찰관으로 하여금 현장에 나가 해당 기관 또는 단체의 장의 협조를 받아 그 사실을 확인하게 할 수 있다. 13·22차
> ② **경찰관**은 다음 각 호의 직무를 수행하기 위하여 필요하면 관계인에게 출석하여야 하는 사유·일시 및 장소를 명확히 적은 **출석 요구서**를 보내 경찰관서에 출석할 것을 요구할 수 있다. 08 경간, 10·23 2차, 13 1차

1. 미아를 인수할 보호자 확인
2. 유실물을 인수할 권리자 확인
3. 사고로 인한 사상자 확인
4. 행정처분(형사처분X)을 위한 교통사고 조사에 필요한 사실 확인

> **[참고] 경찰관직무집행법 시행령**
>
> **제7조(보고)** 경찰공무원은 다음의 조치를 한 때에는 **소속 국가경찰관서의 장에게 이를 보고하여야 한다.**
> 7. 법 제8조제1항 단서의 규정에 의한 사실확인을 한 때
>
> **경찰관직무집행법에 의한 직무집행시의 보고절차규칙 제8조(사실확인의 보고)** 경찰관은 법 제8조제1항 단서의 규정에 의하여 사실을 확인한 때에는 **지체 없이** 별지 제7호 서식에 의한 **사실확인보고서를 작성하여 소속 경찰서의 장에게 보고하여야 한다.** 다만, 사실확인이 정례적인 구두로 보고하거나 근무일지 기재로 갈음할 수 있다.
>
> **경찰관직무집행법에 의한 직무집행시의 보고절차규칙 제9조(출석요구서 발부의 보고)** 경찰관은 법 제8조제2항의 규정에 의하여 출석을 요구할 필요가 있을 때에는 미리 별지 제8호 서식에 의한 **출석요구서발부대장에 기입하여 소속 경찰서의 장에게 보고하여야 한다.**

9) 정보의 수집 등

> **제8조의2(정보의 수집 등)** ① 경찰관은 범죄·재난·공공갈등 등 **공공안녕에 대한 위험의 예방과 대응을 위한 정보의 수집·작성·배포와 이에 수반되는 사실의 확인을 할 수 있다.**
> ② 제1항에 따른 정보의 구체적인 범위와 처리 기준, 정보의 수집·작성·배포에 수반되는 사실의 확인 절차와 한계는 **대통령령**으로 정한다.

● 경찰관의 정보수집 및 처리 등에 관한 규정(대통령령)

> **제1조(목적)** 이 영은 「경찰관 직무집행법」 제8조의2에 따라 경찰관이 수집·작성·배포할 수 있는 공공안녕에 대한 위험의 예방과 대응을 위한 정보의 구체적인 범위와 처리 기준, 정보의 수집·작성·배포에 수반되는 사실의 확인 절차 및 한계에 관하여 규정함을 목적으로 한다.
>
> **제2조(정보활동의 기본원칙 등)** ① 공공안녕에 대한 위험의 예방과 대응을 위한 정보의 수집·작성·배포와 이에 수반되는 사실의 확인을 위해 경찰관이 수행하는 활동(이하 "정보활동"이라 한다)은 **국민의 자유와 권리를 보호하는 것을 목적으로 해야 하며, 필요 최소한의 범위에 그쳐야 한다.**
> ② 경찰관은 정보활동과 관련하여 다음 각 호의 행위를 해서는 안 된다.
> 1. **정치에 관여**하기 위해 정보를 수집·작성·배포하는 행위
> 2. 법령의 직무 범위를 벗어나 개인의 동향 등을 파악하기 위해 **사생활에 관한 정보를 수집·작성·배포**하는 행위
> 3. **상대방의 명시적 의사에 반해** 자료 제출이나 의견 표명을 강요하는 행위
> 4. **부당한 민원이나 청탁**을 직무 관련자에게 전달하는 행위
> 5. **직무상 알게 된 정보를 누설**하거나 개인의 이익을 위해 사용하는 행위

6. **직무와 무관한 비공식적 직함**을 사용하는 행위

③ **경찰청장** 또는 해양경찰청장은 정보활동이 적법하게 이루어지도록 현장점검·교육 강화 방안 등을 수립·시행해야 한다.

제3조(수집 등 대상 정보의 구체적인 범위) 경찰관이 「경찰관 직무집행법」(이하 "법"이라 한다) 제8조의2제1항에 따라 수집·작성·배포할 수 있는 정보의 구체적인 범위는 다음 각 호와 같다.

1. **범죄의 예방과 대응에 필요한 정보** 23 승진
2. 「형의 집행 및 수용자의 처우에 관한 법률」 제126조의2 또는 「보호관찰 등에 관한 법률」 제55조의3에 따라 통보되는 정보의 대상자인 수형자·가석방자의 재범방지 및 피해자의 보호에 필요한 정보
3. 국가중요시설의 안전 및 주요 인사의 보호에 필요한 정보
4. 방첩·대테러활동 등 국가안전을 위한 활동에 필요한 정보
5. 재난·안전사고 등으로부터 국민안전을 확보하기 위한 정보
6. 집회·시위 등으로 인한 공공갈등과 다중운집에 따른 질서 및 안전 유지에 필요한 정보
7. 국민의 생명·신체·재산의 보호와 공공안녕에 대한 위험의 예방과 대응을 위한 정책에 관한 정보[해당 정책의 입안·집행·평가를 위해 객관적이고 필요한 사항에 관한 정보로 한정하며, 이와 직접적·구체적으로 관련이 없는 사생활·신조(信條) 등에 관한 정보는 제외한다]
8. 도로 교통의 위해 방지·제거 및 원활한 소통 확보를 위한 정보
9. 「보안업무규정」 제45조제1항에 따라 경찰청장이 위탁받은 신원조사 또는 「공공기관의 정보공개에 관한 법률」 제2조제3호에 따른 공공기관의 장이 법령에 근거하여 요청한 사실의 확인을 위한 정보
10. 그 밖에 제1호부터 제9호까지에서 규정한 사항에 준하는 정보

제4조(정보의 수집 및 사실의 확인 절차) ① 경찰관은 법 제8조의2제1항에 따라 정보를 수집하거나 정보의 수집·작성·배포에 수반되는 사실을 확인하려는 경우에는 **상대방에게 자신의 신분을 밝히고** 정보 수집 또는 사실 확인의 목적을 **설명해야 한다.** 이 경우 **강제적인 방법을 사용해서는 안 된다.** 23 승진

② 제1항 전단에도 불구하고 다음 각 호의 어느 하나에 해당하는 경우에는 같은 항 전단에서 규정한 **절차를 생략할 수 있다.**
  1. 국민의 생명·신체의 안전이나 국가안보에 긴박한 위험이 발생할 우려가 있는 경우
  2. **범죄의 대응을 위한 정보활동에 현저한 지장을 초래할 우려가 있는 경우** 23 승진

③ 경찰관은 정보를 제공하거나 사실을 확인해 준 자가 신분이나 처우와 관련하여 불이익을 받지 않도록 비밀유지 등 필요한 조치를 해야 한다.

제5조(정보 수집 등을 위한 출입의 한계) 경찰관은 다음 각 호의 장소에 **상시적으로 출입해서는 안 되며,** 정보활동을 위해 필요한 경우에 한정하여 **일시적으로만 출입해야 한다.** 22 경간, 22 2차
  1. 언론·교육·종교·시민사회 단체 등 민간단체
  2. 민간기업
  3. 정당의 사무소

제6조(정보의 작성) 경찰관은 수집한 정보를 작성할 때 **객관적 사실**에 기초해 중립적으로 작성해야 하며, 정치에 관여하는 등 특정한 목적을 가지고 그 내용을 왜곡해서는 안 된다.

제7조(수집·작성한 정보의 처리) ① 경찰관은 수집·작성한 정보를 그 **목적 외의 용도로 사용해서는 안 된다.**

② 경찰관은 공공안녕에 대한 위험의 예방과 대응을 위해 필요한 경우에는 수집·작성한 정보를 관계 기관 등에 통보할 수 있다.
③ 경찰관은 수집·작성한 정보가 그 목적이 달성되어 불필요하게 되었을 때에는 **지체 없이 그 정보를 폐기해야 한다.** 다만, 다른 법령에 따라 보존해야 하는 경우는 제외한다.

제8조(위법한 지시의 금지 및 거부) ① 누구든지 정보활동과 관련하여 경찰관에게 이 영과 그 밖의 **법령에 반하여 지시해서는 안 된다.**
② 경찰관은 **명백히 위법한 지시**라고 판단되는 경우에는 **그 집행을 거부할 수 있다.**
③ 경찰관은 **명백히 위법한 지시를 거부했다는 이유**로 인사·직무 등과 관련한 **어떠한 불이익도 받지 않는다.**

제9조(세부 사항) 이 영에서 규정한 사항 외에 경찰관의 정보활동에 필요한 세부 사항은 **경찰청장** 또는 해양경찰청장이 정한다.

10) 국제협력

제8조의3(국제협력) 경찰청장 또는 해양경찰청장은 이 법에 따른 경찰관의 직무수행을 위하여 외국 정부기관, 국제기구 등과 자료 교환, 국제협력 활동 등을 **할 수 있다.** 15 경간, 17 승진

11) 유치장 10·13·15·18 2차, 12 3차, 15 1차, 21 경채

제9조(유치장) 법률에서 정한 절차에 따라 체포·구속된 사람 또는 신체의 자유를 제한하는 판결이나 처분을 받은 사람을 수용하기 위하여 **경찰서와 해양경찰서에 유치장을 둔다.**

12) 경찰장비의 사용 20 2차

제10조(경찰장비의 사용 등) ① 경찰관은 직무수행 중 **경찰장비를 사용할 수 있다.** 다만, 사람의 **생명이나 신체(재산X)**에 위해를 끼칠 수 있는 경찰장비(이하 이 조에서 "위해성 경찰장비"라 한다)를 사용할 때에는 **필요한 안전교육과 안전검사를 받은 후 사용하여야 한다.** 16 1차, 20·23 경간
② 제1항 본문에서 **"경찰장비"**란 무기, 경찰장구, 최루제와 그 발사장치, 살수차, 감식기구, 해안 감시기구, 통신기기, 차량·선박·항공기 등 경찰이 직무를 수행할 때 필요한 장치와 기구를 말한다. 15·20 경간, 15 2차
③ 경찰관은 **경찰장비를 함부로 개조하거나 경찰장비에 임의의 장비를 부착하여 일반적인 사용법과 달리 사용함으로써 다른 사람의 생명·신체에 위해를 끼쳐서는 아니 된다.** 20 경간
④ 위해성 경찰장비는 **필요한 최소한도에서 사용하여야 한다.**
⑤ **경찰청장**은 위해성 경찰장비를 새로 도입하려는 경우에는 대통령령으로 정하는 바에 따라 **안전성 검사(안전교육X)**를 실시하여 그 안전성 검사(안전교육X)의 결과보고서를 국회 소관 상임위원회에 제출하여야 한다. 이 경우 안전성 검사(안전교육X)에는 외부 전문가를 참여시켜야 한다.(시킬 수 있다X) 15·20·23 경간, 16 1차, 17 승진, 18 2차
⑥ 위해성 경찰장비의 종류 및 그 사용기준, 안전교육·안전검사의 기준 등은 **대통령령(위해성 경찰장비의 사용기준 등에 관한 규정)**으로 정한다. 15·23 경간, 23 2차

📑 **관련 판례**

1. 「경찰관 직무집행법」상 경찰장비규정은 경찰관의 직무수행 중 경찰장비의 사용 여부, 용도, 방법 및 범위에 관하여 재량의 한계를 정한 것이라 할 수 있고, 특히 위해성 경찰장비는 그 사용의 위험성과 기본권 보호 필요성에 비추어 볼 때 본래의 사용방법에 따라 지정된 용도로 사용되어야 하며 다른 용도나 방법으로 사용하기 위해서는 반드시 법령에 근거가 있어야 한다. 24 경간

2. 불법적인 농성을 진압하는 방법 및 그 과정에서 어떤 경찰장비를 사용할 것인지는 **구체적** 상황과 예측되는 피해 발생의 **구체적** 위험성의 내용 등에 비추어 경찰관이 재량의 범위 내에서 정할 수 있다. 그러나 그 직무수행 중 특정한 경찰장비를 필요한 최소한의 범위를 넘어 관계 법령에서 정한 통상의 용법과 달리 사용함으로써 타인의 생명·신체에 위해를 가하였다면, 불법적인 농성의 진압을 위하여 그러한 방법으로라도 해당 경찰장비를 사용할 필요가 있고 그로 인하여 발생할 우려가 있는 타인의 생명·신체에 대한 위해의 정도가 **통상적**으로 예견되는 범위 내에 있다는 등의 특별한 사정이 없는 한 그 직무수행은 위법하다고 보아야 한다. 나아가 경찰관이 농성 진압의 과정에서 경찰장비를 위법하게 사용함으로써 그 직무수행이 적법한 범위를 벗어난 것으로 볼 수밖에 없다면, 상대방이 그로 인한 생명·신체에 대한 위해를 면하기 위하여 **직접적**으로 대항하는 과정에서 경찰장비를 손상시켰더라도 이는 위법한 공무집행으로 인한 신체에 대한 현재의 부당한 침해에서 벗어나기 위한 행위로서 정당방위에 해당한다.(대판 2016다26662, 26679, 26686) 24 경간

● **위해성 경찰장비의 사용기준 등에 관한 규정(대통령령)**

제1조(목적) 이 영은 「경찰관 직무집행법」 제10조에 따라 경찰공무원이 직무를 수행할 때 사용할 수 있는 사람의 생명이나 신체에 위해를 끼칠 수 있는 경찰장비의 종류·사용기준 및 안전관리 등에 관한 사항을 규정함을 목적으로 한다.

제2조(위해성 경찰장비의 종류) 「경찰관 직무집행법」(이하 "법"이라 한다) 제10조제1항 단서에 따른 사람의 생명이나 신체에 위해를 끼칠 수 있는 경찰장비(이하 "위해성 경찰장비"라 한다)의 종류는 다음 각 호와 같다. 10·13·17 1차, 14 2차, 17 승진, 19 경채

1. 경찰장구 : 수갑·포승·호송용포승·경찰봉·호신용경봉·전자충격기·방패 및 전자방패 13 승진
2. 무기 : 권총·소총·기관총(기관단총을 포함한다. 이하 같다)·산탄총·유탄발사기·박격포·3인치포·함포·크레모아·수류탄·폭약류 및 도검 17·22 1차, 21 경채
3. 분사기·최루탄등 : 근접분사기·가스분사기·가스발사총(고무탄 발사겸용을 포함한다. 이하 같다) 및 최루탄(그 발사장치를 포함한다. 이하 같다) 17 1차, 19 경간
4. 기타장비 : 가스차·살수차·특수진압차·물포·석궁·다목적발사기 및 도주차량차단장비 12 경간

제4조(영장집행등에 따른 수갑등의 사용기준) 경찰관(경찰공무원으로 한정한다. 이하 같다)은 **체포·구속영장을 집행하거나 신체의 자유를 제한하는 판결 또는 처분을 받은 자를 법률이 정한 절차에 따라 호송하거나 수용하기 위하여 필요한 때에는 최소한의 범위안에서 수갑·포승 또는 호송용포승을 사용할 수 있다.** 21 경채, 22 1차

제5조(자살방지등을 위한 수갑등의 사용기준 및 사용보고) 경찰관은 범인·술에 취한 사람 또는 정신착란자의 자살 또는 자해기도를 방지하기 위하여 필요한 때에는 수갑·포승 또는 호송용포승을 사용할 수 있다. 18 1차, 21 승진 이 경우 경찰관은 소속 국가경찰관서의 장(경찰청장·해양경찰청장·시·도경찰청장·지방해양경찰청장·경찰서장 또는 해양경찰서장 기타 경무관·총경·경정 또는 경감을 장으로 하는 국가경찰관서의 장을 말한다.이하 같다)에게 그 사실을 보고해야 한다.

제6조(불법집회등에서의 경찰봉·호신용경봉의 사용기준) 경찰관은 **불법집회·시위로 인하여 발생할**

수 있는 타인 또는 경찰관의 생명·신체의 위해와 재산·공공시설의 위험을 방지하기 위하여 필요한 때에는 최소한의 범위안에서 경찰봉 또는 호신용경봉을 사용할 수 있다. 16 1차, 21 승진

제7조(경찰봉·호신용경봉의 사용시 주의사항) 경찰관이 경찰봉 또는 호신용경봉을 사용하는 때에는 인명 또는 신체에 대한 위해를 최소화하도록 주의하여야 한다.

제8조(전자충격기등의 사용제한) ① 경찰관은 **14세미만(이하X)의 자** 또는 **임산부**에 대하여 **전자충격기 또는 전자방패를 사용하여서는 아니된다.** 15 승진, 16·22 1차, 19 경간

② 경찰관은 **전극침 발사장치가 있는 전자충격기를 사용하는 경우 상대방의 얼굴을 향하여 전극침을 발사하여서는 아니된다.** 15 승진, 16·22 1차, 17 경간

  ※ 전극침을 발사하는 경우, 전면은 가슴 이하(허리 벨트선 상단과 심장 아래 쪽 사이)를 조준하고, 후면은 주로 근육이 분포되어 있고 상대적으로 넓은 등을 조준하는 것이 바람직함 15 승진

제9조(총기사용의 경고) 경찰관은 법 제10조의4에 따라 사람을 향하여 권총 또는 소총을 발사하고자 하는 때에는 **미리 구두 또는 공포탄에 의한 사격으로 상대방에게 경고하여야 한다.** 다만, 다음 각 호의 어느 하나에 해당하는 경우로서 부득이한 때에는 **경고하지 아니할 수 있다.** 19 승진, 21 경채

  1. 경찰관을 **급습하거나** 타인의 생명·신체에 대한 중대한 위험을 야기하는 범행이 목전에 실행되고 있는 등 상황이 급박하여 특히 **경고할 시간적 여유가 없는 경우**
  2. 인질·간첩 또는 테러사건에 있어서 **은밀히 작전을 수행하는 경우**

제10조(권총 또는 소총의 사용제한) ① 경찰관은 법 제10조의4의 규정에 의하여 권총 또는 소총을 사용하는 경우에 있어서 범죄와 무관한 다중의 생명·신체에 위해를 가할 우려가 있는 때에는 이를 사용하여서는 아니된다. 다만, 권총 또는 소총을 사용하지 아니하고는 타인 또는 경찰관의 생명·신체에 대한 중대한 위험을 방지할 수 없다고 인정되는 때에는 필요한 최소한의 범위안에서 이를 사용할 수 있다.

② 경찰관은 **총기 또는 폭발물을 가지고 대항하는 경우를 제외하고는 14세미만의 자 또는 임산부에 대하여 권총 또는 소총을 발사하여서는 아니된다.** 17·18 1차, 17 경간, 18 승진

제11조(동물의 사살) 경찰관은 공공의 안전을 위협하는 동물을 사살하기 위하여 부득이한 때에는 권총 또는 소총을 사용할 수 있다.

제12조(가스발사총등의 사용제한) ①경찰관은 **범인의 체포 또는 도주방지, 타인 또는 경찰관의 생명·신체에 대한 방호, 공무집행에 대한 항거의 억제**를 위하여 필요한 때에는 최소한의 범위안에서 **가스발사총을 사용할 수 있다. 이 경우 경찰관은 1미터이내의 거리에서 상대방의 얼굴을 향하여 이를 발사하여서는 아니된다.** 17·19 경간, 18 승진

② 경찰관은 **최루탄발사기**로 최루탄을 발사하는 경우 **30도이상**의 발사각을 유지하여야 하고, 가스차·살수차 또는 특수진압차의 **최루탄발사대**로 최루탄을 발사하는 경우에는 **15도이상**의 발사각을 유지하여야 한다. 16·18 1차, 17·19 경간, 19 경채, 21 승진

> 📑 **관련 판례** 경찰관은 범인의 체포 또는 도주의 방지, 타인 또는 경찰관의 생명·신체에 대한 방호, 공무집행에 대한 항거의 억제를 위하여 필요한 때에는 최소한의 범위 안에서 가스총을 사용할 수 있으나, **가스총은 통상의 용법대로 사용하는 경우 사람의 생명 또는 신체에 위해를 가할 수 있는 이른바 위해성 장비로서 그 탄환은 고무마개로 막혀 있어 사람에게 근접하여 발사하는 경우에는 고무마개가 가스와 함께 발사되어 인체에 위해를 가할 가능성이 있으므로, 이를 사용하는 경찰관으로서는 인체에 대한 위해를 방지하기 위하여 **상대방과 근접한 거리에서 상대방의 얼굴을 향하여 이를 발사하지 않는 등 가스총 사용시 요구되는 최소한의 안전수칙을 준수함으로써 장비 사용으로 인한 사고 발생을 미리 막아야 할 주의의무가 있다.**(대판 2002다57218)

제13조(가스차·특수진압차·물포의 사용기준) ① 경찰관은 불법집회·시위 또는 소요사태로 인하여 발생할 수 있는 타인 또는 경찰관의 생명·신체의 위해와 재산·공공시설의 위험을 억제하기 위하여 부득이한 경우에는 **현장책임자의 판단**에 의하여 필요한 최소한의 범위에서 가스차를 사용할 수 있다.

② 경찰관은 소요사태의 진압, 대간첩·대테러작전의 수행을 위하여 부득이한 경우에는 필요한 최소한의 범위안에서 특수진압차를 사용할 수 있다.

③ 경찰관은 불법해상시위를 해산시키거나 선박운항정지(정선)명령에 불응하고 도주하는 선박을 정지시키기 위하여 부득이한 경우에는 현장책임자의 판단에 의하여 필요한 최소한의 범위안에서 경비함정의 물포를 사용할 수 있다. 다만, **사람을 향하여 직접 물포를 발사해서는 안 된다.**

제13조의2(살수차의 사용기준) ① 경찰관은 다음 각 호의 어느 하나에 해당하여 살수차 외의 경찰장비로는 그 위험을 제거·완화시키는 것이 현저히 곤란한 경우에는 **시·도경찰청장의 명령에 따라 살수차를 배치·사용할 수 있다.**

　1. 소요사태로 인해 타인의 법익이나 공공의 안녕질서에 대한 **직접적인 위험**이 명백하게 초래되는 경우
　2. 「통합방위법」 제21조제4항에 따라 지정된 국가중요시설에 대한 **직접적인 공격행위**로 인해 해당 시설이 파괴되거나 기능이 정지되는 등 급박한 위험이 발생하는 경우

② 경찰관은 제1항에 따라 살수차를 사용하는 경우 별표 3의 살수거리별 수압기준에 따라 살수해야 한다. 이 경우 사람의 생명 또는 신체에 치명적인 위해를 가하지 않도록 **필요한 최소한의 범위에서 살수해야 한다.**

③ 경찰관은 제2항에 따라 살수하는 것으로 제1항 각 호의 어느 하나에 해당하는 위험을 제거·완화시키는 것이 곤란하다고 판단하는 경우에는 **시·도경찰청장의 명령에 따라 필요한 최소한의 범위에서 최루액을 혼합하여 살수할 수 있다.** 이 경우 **최루액의 혼합 살수 절차 및 방법은 경찰청장이 정한다.**

제14조(석궁의 사용기준) 경찰관은 총기·폭발물 기타 위험물로 무장한 범인 또는 인질범의 체포, 대간첩·대테러작전등 국가안전에 관련되는 작전을 은밀히 수행하거나 총기를 사용할 경우에는 화재·폭발의 위험이 있는 등 부득이한 때에 한하여 **현장책임자의 판단**에 의하여 필요한 최소한의 범위안에서 석궁을 사용할 수 있다.

제15조(다목적발사기의 사용기준) 경찰관은 인질범의 체포 또는 대간첩·대테러작전등 국가안전에 관련되는 작전을 수행하거나 공공시설의 안전에 대한 현저한 위해의 발생을 방지하기 위하여 필요한 때에는 최소한의 범위안에서 다목적발사기를 사용할 수 있다.

제16조(도주차량차단장비의 사용기준등) ① 경찰관은 무면허운전이나 음주운전 기타 범죄에 이용하였다고 의심할 만한 차량 또는 수배중인 차량이 정당한 검문에 불응하고 도주하거나 차량으로 직무집행중인 경찰관에게 위해를 가한 후 도주하려는 경우에는 도주차량차단장비를 사용할 수 있다.

② 도주차량차단장비를 운용하는 경찰관은 검문 또는 단속장소의 전방에 동 장비의 운용중임을 알리는 안내표지판을 설치하고 기타 필요한 안전조치를 취하여야 한다.

제17조(위해성 경찰장비 사용을 위한 안전교육) 법 제10조제1항 단서에 따라 직무수행 중 **위해성 경찰장비를 사용하는 경찰관은 별표 1의 기준에 따라 위해성 경찰장비 사용을 위한 안전교육을 받아야 한다.** 19 승진

제18조(위해성 경찰장비에 대한 안전검사) 위해성 경찰장비를 사용하는 경찰관이 소속한 국가경찰관

서의 장은 소속 경찰관이 사용할 위해성 경찰장비에 대한 안전검사를 별표 2의 기준에 따라 **실시하여야 한다.** 19 승진

제18조의2(신규 도입 장비의 안전성 검사) ① **경찰청장**은 위해성 경찰장비를 새로 도입하려는 경우에는 법 제10조제5항에 따라 안전성 검사를 실시하여 새로 도입하려는 장비(이하 이 조에서 "신규 도입 장비"라 한다)가 사람의 생명이나 신체에 미치는 영향을 평가하여야 한다. 19 승진

② 제1항에 따른 안전성 검사는 신규 도입 장비와 관련된 분야의 외부 전문가가 신규 도입 장비의 주요 특성이나 작동원리에 기초하여 제시하는 검사방법 및 기준에 따라 실시하되, 신규 도입 장비에 대하여 일반적으로 인정되는 합리적인 검사방법이나 기준이 있을 경우 그 검사방법이나 기준에 따라 안전성 검사를 실시할 수 있다.

③ 법 제10조제5항 후단에 따라 안전성 검사에 참여한 **외부 전문가는 안전성 검사가 끝난 후 30일 이내에 신규 도입 장비의 안전성 여부에 대한 의견을 경찰청장에게 제출하여야 한다.**

④ **경찰청장**은 신규 도입 장비에 대한 **안전성 검사를 실시한 후 3개월 이내에** 다음 각 호의 내용이 포함된 안전성 검사 결과보고서를 국회 소관 상임위원회에 제출하여야 한다. 18 1차, 19·21 승진, 19 경채

  1. 신규 도입 장비의 주요 특성 및 기본적인 작동 원리
  2. 안전성 검사의 방법 및 기준
  3. 안전성 검사에 참여한 외부 전문가의 의견
  4. 안전성 검사 결과 및 종합 의견

제19조(위해성 경찰장비의 개조 등) 국가경찰관서의 장은 폐기대상인 위해성 경찰장비 또는 성능이 저하된 위해성 경찰장비를 개조할 수 있으며, 소속경찰관으로 하여금 이를 본래의 용법에 준하여 사용하게 할 수 있다.

제20조(사용기록의 보관 등) ① 제2조제2호부터 제4호까지의 위해성 경찰장비(제4호의 경우에는 살수차만 해당한다)를 사용하는 경우 그 현장책임자 또는 사용자는 별지 서식의 사용보고서를 작성하여 직근상급 감독자에게 보고하고, 직근상급 감독자는 이를 3년간 보관하여야 한다.

② 제1항의 규정에 의하여 제2조제2호의 무기 사용보고를 받은 직근상급 감독자는 지체없이 지휘계통을 거쳐 경찰청장 또는 해양경찰청장에게 보고하여야 한다.

제21조(부상자에대한 긴급조치) 경찰관이 위해성 경찰장비를 사용하여 부상자가 발생한 경우에는 즉시 구호, 그 밖에 필요한 긴급조치를 하여야 한다.

13) 경찰장구의 사용

제10조의2(경찰장구의 사용) ① 경찰관은 다음 각 호의 직무를 수행하기 위하여 필요하다고 인정되는 상당한 이유가 있을 때에는 그 사태를 합리적으로 판단하여 필요한 한도에서 **경찰장구를 사용할 수 있다.** 10·11·16·20 1차, 12 3차, 16·18 2차, 19 승진, 21·23 경채, 23 경간

  1. **현행범**이나 **사형·무기 또는 장기 3년 이상의 징역이나 금고에 해당하는 죄를 범한 범인의 체포 또는 도주 방지** 10·11·16·20 1차, 15 3차, 16·18 2차, 19 승진
  2. **자신이나 다른 사람의 생명·신체의 방어 및 보호** 11·20 1차, 15 3차, 18 2차, 19 승진
  3. **공무집행에 대한 항거 제지** 11·20 1차, 15 3차, 18 2차, 19 승진

② 제1항에서 "**경찰장구**"란 경찰관이 휴대하여 범인 검거와 범죄 진압 등의 직무 수행에 사용하는 **수갑, 포승, 경찰봉, 방패** 등을 말한다. 11·16 1차, 12·15 2차

14) 분사기 등의 사용

제10조의3(분사기 등의 사용) 경찰관은 다음 각 호의 직무를 수행하기 위하여 부득이한 경우에는 **현장책임자**가 판단하여 필요한 최소한의 범위에서 분사기(「총포·도검·화약류 등의 안전관리에 관한 법률」에 따른 분사기를 말하며, 그에 사용하는 최루 등의 작용제를 포함한다. 이하 같다) 또는 **최루탄을 사용할 수 있다.** 10 1차, 13 2차, 21·23 경채
1. 범인의 체포 또는 범인의 도주 방지
2. 불법집회·시위로 인한 자신이나 다른 사람의 생명·신체와 재산 및 공공시설 안전에 대한 현저한 위해의 발생 억제

15) 무기의 사용

경찰관 직무집행법이 아닌 **"경찰공무원법"**에 경찰공무원은 직무수행을 위하여 필요하면 무기를 휴대할 수 있다고 규정하고 있다. 14 2차

제10조의4(무기의 사용) ① 경찰관은 **범인의 체포, 범인의 도주 방지, 자신이나 다른 사람의 생명·신체의 방어 및 보호, 공무집행에 대한 항거의 제지**를 위하여 필요하다고 인정되는 상당한 이유가 있을 때에는 그 사태를 합리적으로 판단하여 필요한 한도에서 **무기를 사용할 수 있다.** 11·19 승진, 11 경간, 13·15 1차 다만, 다음 각 호의 어느 하나에 해당할 때를 제외하고는 사람에게 위해를 끼쳐서는 아니 된다. 10·11·12·14·15·16 승진, 23 경찰특공대
1. 「형법」에 규정된 **정당방위(정당행위)X와 긴급피난**에 해당할 때 15 승진, 10·17 1차 여경
2. 다음 각 목의 어느 하나에 해당하는 때에 그 행위를 방지하거나 그 행위자를 체포하기 위하여 **무기를 사용하지 아니하고는 다른 수단이 없다고 인정되는 상당한 이유가 있을 때**
   가. **사형·무기 또는 장기 3년 이상의 징역이나 금고에 해당하는 죄**를 범하거나 범하였다고 의심할 만한 충분한 이유가 있는 사람이 경찰관의 직무집행에 항거하거나 도주하려고 할 때 17 1차 북부여경
   나. **체포·구속영장과 압수·수색영장을 집행하는 과정**에서 경찰관의 직무집행에 항거하거나 도주하려고 할 때 17 1차 북부여경
   다. 제3자가 가목 또는 나목에 해당하는 사람을 도주시키려고 경찰관에게 항거할 때
   라. 범인이나 소요를 일으킨 사람이 **무기·흉기 등 위험한 물건을 지니고 경찰관으로부터 3회 이상 물건을 버리라는 명령이나 항복하라는 명령을 받고도 따르지 아니하면서 계속 항거할 때** 13 1차, 11·15 승진
3. 대간첩 작전 수행 과정에서 무장간첩이 항복하라는 경찰관의 명령을 받고도 따르지 아니할 때 13 1차, 15 승진
② 제1항에서 **"무기"**란 사람의 생명이나 신체에 위해를 끼칠 수 있도록 제작된 **권총·소총·도검** 등을 말한다. 13 1차, 16 2차, 17 1차 북부여경
③ 대간첩·대테러 작전 등 국가안전에 관련되는 작전을 수행할 때에는 **개인화기 외에 공용화기를 사용할 수 있다.** 24 경간

16) 사용기록의 보관(경찰장구와 가스차는 사용기록 보관대상이 아니다.)

> **제11조(사용기록의 보관)** 제10조제2항에 따른 **살수차**, 제10조의3에 따른 **분사기, 최루탄** 또는 제10조의4에 따른 **무기**를 사용하는 경우 그 **책임자(사용자X)**는 사용 일시·장소·대상, 현장책임자, 종류, 수량 등을 기록하여 **보관하여야 한다.** 15·17 경간, 16 2차, 21 경채

17) 손실보상

> **제11조의2(손실보상)** ① 국가는 경찰관의 적법한 직무집행으로 인하여 다음 각 호의 어느 하나에 해당하는 손실을 입은 자에 대하여 **정당한 보상을 하여야 한다.** 17 2차, 19·20·24 경간, 20 경채
> 1. 손실발생의 원인에 대하여 **책임이 없는 자가 생명·신체 또는 재산상의 손실을 입은 경우**(손실발생의 원인에 대하여 책임이 없는 자가 경찰관의 직무집행에 **자발적으로 협조**하거나 물건을 제공하여 생명·신체 또는 재산상의 손실을 입은 경우를 포함한다)24 경간
> 2. 손실발생의 원인에 대하여 **책임이 있는 자가 자신의 책임에 상응하는 정도를 초과하는** 생명·신체 또는 재산상의 손실을 입은 경우 24 경간
> ② 제1항에 따른 보상을 청구할 수 있는 권리는 **손실이 있음을 안 날부터 3년, 손실이 발생한 날부터 5년간 행사하지 아니하면 시효의 완성으로 소멸한다.** 15·22 1차, 15·17·18·23 2차, 15 3차, 17·24 경간, 18 승진
> ③ 제1항에 따른 손실보상신청 사건을 심의하기 위하여 **손실보상심의위원회를 둔다.**
> ④ **경찰청장 또는 시·도경찰청장**은 제3항의 손실보상심의위원회의 심의·의결에 따라 보상금을 지급하고, **거짓 또는 부정한 방법으로 보상금을 받은 사람에 대하여는 해당 보상금을 환수하여야 한다.** 20·22 1차, 21 경찰특공대
> ⑤ 보상금이 지급된 경우 손실보상심의위원회는 대통령령으로 정하는 바에 따라 **국가경찰위원회에 심사자료와 결과를 보고하여야 한다.** 24 경간 이 경우 국가경찰위원회는 손실보상의 적법성 및 적정성 확인을 위하여 필요한 자료의 제출을 요구할 수 있다.
> ⑥ 경찰청장 또는 시·도경찰청장은 제4항에 따라 보상금을 반환하여야 할 사람이 대통령령으로 정한 기한까지 그 금액을 납부하지 아니한 때에는 **국세 체납처분의 예에 따라 징수할 수 있다.** 20 경채
> ⑦ 제1항에 따른 손실보상의 기준, 보상금액, 지급 절차 및 방법, 제3항에 따른 손실보상심의위원회의 구성 및 운영, 제4항 및 제6항에 따른 환수절차, 그 밖에 손실보상에 관하여 필요한 사항은 **대통령령(행정안전부령X)**으로 정한다. 17 승진, 18 2차, 19 경간

● 경찰관직무집행법 시행령(대통령령)

> **제9조(손실보상의 기준 및 보상금액 등)** ① 법 제11조의2제1항에 따라 손실보상을 할 때 물건을 **멸실·훼손한 경우**에는 다음 각 호의 기준에 따라 보상한다.
> 1. 손실을 입은 물건을 **수리할 수 있는 경우: 수리비에 상당하는 금액** 20 경간
> 2. 손실을 입은 물건을 **수리할 수 없는 경우: 손실을 입은 당시의 해당 물건의 교환가액** 20 경간
> 3. 영업자가 손실을 입은 물건의 수리나 교환으로 인하여 **영업을 계속할 수 없는 경우:** 영업을 계속할 수 없는 기간 중 **영업상 이익에 상당하는 금액** 20 경간
> ② 물건의 멸실·훼손으로 인한 손실 외의 재산상 손실에 대해서는 **직무집행과 상당한 인과관계가 있는 범위에서 보상한다.** 15 1차, 20 경간

③ 법 제11조의2제1항에 따라 손실보상을 할 때 생명·신체상의 손실의 경우에는 별표의 기준에 따라 보상한다.

④ 법 제11조의2제1항에 따라 보상금을 지급받을 사람이 동일한 원인으로 다른 법령에 따라 보상금 등을 지급받은 경우 그 보상금 등에 상당하는 금액을 제외하고 보상금을 지급한다.

제10조(손실보상의 지급절차 및 방법) ① 법 제11조의2에 따라 경찰관의 적법한 직무집행으로 인하여 발생한 손실을 보상받으려는 사람은 별지 제4호서식의 **보상금 지급 청구서에 손실내용과 손실금액을 증명할 수 있는 서류를 첨부하여 손실보상청구 사건 발생지를 관할하는 국가경찰관서의 장에게 제출하여야 한다.**

② 제1항에 따라 **보상금 지급 청구서를 받은 국가경찰관서의 장은 해당 청구서를** 제11조제1항에 따른 손실보상청구 사건을 심의할 **손실보상심의위원회가 설치된 경찰청, 해양경찰청, 시·도경찰청 및 지방해양경찰청의 장**(이하 "경찰청장등"이라 한다)**에게 보내야 한다.**

③ 제2항에 따라 보상금 지급 청구서를 받은 경찰청장등은 손실보상심의위원회의 심의·의결에 따라 보상 여부 및 보상금액을 결정하되, **다음 각 호의 어느 하나에 해당하는 경우에는 그 청구를 각하하는 결정을 하여야 한다.** 22 1차

1. 청구인이 **같은 청구 원인으로 보상신청을 하여 보상금 지급 여부에 대하여 결정을 받은 경우.** 다만, 기각 결정을 받은 청구인이 손실을 증명할 수 있는 새로운 증거가 발견되었음을 소명(疎明)하는 경우는 제외한다.

2. **손실보상 청구가 요건과 절차를 갖추지 못한 경우.** 다만, 그 잘못된 부분을 시정할 수 있는 경우는 제외한다.

④ 경찰청장등은 제3항에 따른 결정일부터 **10일 이내에** 다음 각 호의 구분에 따른 통지서에 결정 내용을 적어서 **청구인에게 통지하여야 한다.** 20 경채

1. 보상금을 지급하기로 결정한 경우: 별지 제5호서식의 보상금 지급 청구 승인 통지서
2. 보상금 지급 청구를 각하하거나 보상금을 지급하지 아니하기로 결정한 경우: 별지 제6호서식의 보상금 지급 청구 기각·각하 통지서

⑤ 보상금은 다른 법률에 특별한 규정이 있는 경우를 제외하고는 **현금으로 지급하여야 한다.** 15 1차, 20 경간

⑥ **보상금은 일시불로 지급하되,** 예산 부족 등의 사유로 **일시금으로 지급할 수 없는 특별한 사정이 있는 경우에는 청구인의 동의를 받아 분할하여 지급할 수 있다.** 15·22 1차, 18 2차, 20 경채

⑦ 보상금을 지급받은 사람은 보상금을 지급받은 원인과 **동일한 원인으로 인한 부상이 악화되거나 새로 발견되어** 다음 각 호의 어느 하나에 해당하는 경우에는 **보상금의 추가 지급을 청구할 수 있다.** 이 경우 보상금 지급 청구, 보상금액 결정, 보상금 지급 결정에 대한 통지, 보상금 지급 방법 등에 관하여는 제1항부터 제6항까지의 규정을 준용한다.

1. 별표 제2호에 따른 부상등급이 변경된 경우(부상등급 외의 부상에서 제1급부터 제8급까지의 등급으로 변경된 경우를 포함한다)
2. 별표 제2호에 따른 부상등급 외의 부상에 대해 부상등급의 변경은 없으나 보상금의 추가 지급이 필요한 경우

⑧ 제1항부터 제7항까지에서 규정한 사항 외에 손실보상의 청구 및 지급에 필요한 사항은 경찰청장 또는 해양경찰청장이 정한다.

제11조(손실보상심의위원회의 설치 및 구성) ① 법 제11조의2제3항에 따라 소속 경찰공무원의 직무집행으로 인하여 발생한 손실보상청구 사건을 심의하기 위하여 **경찰청, 해양경찰청, 시·도경찰청 및 지방해양경찰청에 손실보상심의위원회**(이하 "위원회"라 한다)**를 설치한다.** 15·22 1차, 17·18 2차, 19 경간

② 위원회는 위원장 1명을 포함한 5명 이상 7명 이하의 위원으로 구성한다. 18 2차, 18 승진
③ 위원회의 위원은 소속 경찰공무원과 다음 각 호의 어느 하나에 해당하는 사람 중에서 **경찰청장등이 위촉하거나 임명한다.** 이 경우 **위원의 과반수 이상은 경찰공무원이 아닌 사람으로 하여야 한다.** 19 경간
  1. **판사·검사 또는 변호사로 5년 이상 근무한 사람** 19 경간
  2. 「고등교육법」 제2조에 따른 학교에서 **법학 또는 행정학을 가르치는 부교수 이상으로 5년 이상 재직한 사람** 19 경간
  3. 경찰 업무와 손실보상에 관하여 **학식과 경험이 풍부한 사람** 19 경간
④ 위촉위원의 임기는 **2년**으로 한다.
⑤ 위원회의 사무를 처리하기 위하여 위원회에 간사 1명을 두되, 간사는 소속 경찰공무원 중에서 경찰청장등이 지명한다.

제12조(위원장) ① 위원장은 위원 중에서 **호선**한다.(경찰청 등이 지명X) 18 승진
② 위원장은 위원회를 대표하며, 위원회의 업무를 총괄한다.
③ 위원장이 부득이한 사유로 직무를 수행할 수 없는 때에는 **위원장이 미리 지명한 위원이 그 직무를 대행한다.**

제13조(손실보상심의위원회의 운영) ① 위원장은 위원회의 회의를 소집하고, 그 의장이 된다.
② 위원회의 회의는 **재적위원 과반수의 출석으로 개의하고, 출석위원 과반수의 찬성으로 의결한다.** 17 2차, 18 승진, 19 경간
③ 위원회는 심의를 위하여 필요한 경우에는 관계 공무원이나 관계 기관에 사실조사나 자료의 제출 등을 요구할 수 있으며, 관계 전문가에게 필요한 정보의 제공이나 의견의 진술 등을 요청할 수 있다.

제17조의3(국가경찰위원회 보고 등) ① 법 제11조의2제5항에 따라 위원회(경찰청 및 시·도경찰청에 설치된 위원회만 해당한다. 이하 이 조에서 같다)는 보상금 지급과 관련된 심사자료와 결과를 반기별로 국가경찰위원회에 보고해야 한다.
② 국가경찰위원회는 필요하다고 인정하는 때에는 수시로 보상금 지급과 관련된 심사자료와 결과에 대한 보고를 위원회에 요청할 수 있다. 이 경우 위원회는 그 요청에 따라야 한다.

18) 범인검거 등 공로자 보상

제11조의3(범인검거 등 공로자 보상) ① **경찰청장, 시·도경찰청장 또는 경찰서장**은 다음 각 호의 어느 하나에 해당하는 사람에게 **보상금을 지급할 수 있다.** 16 경채, 17·19 승진
  1. 범인 또는 범인의 소재를 신고하여 검거하게 한 사람
  2. 범인을 검거하여 경찰공무원에게 인도한 사람
  3. **테러범죄의 예방활동에 현저한 공로가 있는 사람**
  4. 그 밖에 제1호부터 제3호까지의 규정에 준하는 사람으로서 대통령령으로 정하는 사람
② **경찰청장, 시·도경찰청장 및 경찰서장**은 제1항에 따른 보상금 지급의 심사를 위하여 대통령령으로 정하는 바에 따라 **각각 보상금심사위원회를 설치·운영하여야 한다.** 16 경채, 17·19 승진
③ 제2항에 따른 보상금심사위원회는 **위원장 1명을 포함한 5명 이내의 위원으로 구성한다.** 19 승진, 22 1차
④ 제2항에 따른 보상금심사위원회의 **위원은 소속 경찰공무원 중에서 경찰청장, 시·도경찰청장 또**

는 경찰서장이 임명한다. 16 경채
⑤ 경찰청장, 시·도경찰청장 또는 경찰서장은 제2항에 따른 보상금심사위원회의 심사·의결에 따라 보상금을 지급하고, **거짓 또는 부정한 방법으로 보상금을 받은 사람에 대하여는 해당 보상금을 환수한다.** 17 승진
⑥ 경찰청장, 시·도경찰청장 또는 경찰서장은 제5항에 따라 보상금을 반환하여야 할 사람이 대통령령으로 정한 기한까지 그 금액을 납부하지 아니한 때에는 **국세 체납처분의 예에 따라 징수할 수 있다.**
⑦ 제1항에 따른 보상 대상, 보상금의 지급 기준 및 절차, 제2항 및 제3항에 따른 보상금심사위원회의 구성 및 심사사항, 제5항 및 제6항에 따른 환수절차, 그 밖에 보상금 지급에 관하여 필요한 사항은 **대통령령**으로 정한다.

● 경찰관직무집행법 시행령(대통령령)

제18조(범인검거 등 공로자 보상금 지급 대상자) 법 제11조의3제1항제4호에서 "대통령령으로 정하는 사람"이란 다음 각 호의 어느 하나에 해당하는 사람을 말한다.
1. **범인의 신원을 특정할 수 있는 정보를 제공한 사람**
2. 범죄사실을 입증하는 증거물을 제출한 사람
3. 그 밖에 범인 검거와 관련하여 경찰 수사 활동에 협조한 사람 중 보상금 지급 대상자에 해당한다고 법 제11조의3제2항에 따른 보상금심사위원회가 인정하는 사람

제19조(보상금심사위원회의 구성 및 심사사항 등) ① 법 제11조의3제2항에 따라 경찰청에 두는 보상금심사위원회의 **위원장은 경찰청 소속 과장급 이상의 경찰공무원 중에서 경찰청장이 임명하는 사람으로 한다.**
② 법 제11조의3제2항에 따라 시·도경찰청 및 경찰서에 두는 보상금심사위원회의 위원장에 관하여는 제1항을 준용한다. 이 경우 "경찰청"은 각각 "시·도경찰청" 또는 "경찰서"로, "경찰청장"은 각각 "시·도경찰청장" 또는 "경찰서장"으로 본다.
③ 법 제11조의3제2항에 따른 보상금심사위원회(이하 "보상금심사위원회"라 한다)는 다음 각 호의 사항을 심사·의결한다.
1. 보상금 지급 대상자에 해당하는 지 여부
2. 보상금 지급 금액
3. 보상금 환수 여부
4. 그 밖에 보상금 지급이나 환수에 필요한 사항
④ 보상금심사위원회의 **회의는 재적위원 과반수의 찬성으로 의결한다.** 16 경채

제20조(범인검거 등 공로자 보상금의 지급 기준) 법 제11조의3제1항에 따른 **보상금의 최고액은 5억원**으로 하며, 16 경채 구체적인 보상금 지급 기준은 **경찰청장이 정하여 고시한다.**

제21조(범인검거 등 공로자 보상금의 지급 절차 등) ① **경찰청장, 시·도경찰청장 또는 경찰서장은 보상금 지급사유가 발생한 경우에는 직권으로 또는 보상금을 지급받으려는 사람의 신청에 따라 소속 보상금심사위원회의 심사·의결을 거쳐 보상금을 지급한다.**
② 보상금심사위원회는 제20조에 따라 경찰청장이 정하여 고시한 보상금 지급 기준에 따라 보상금액을 심사·의결한다. 이 경우 보상금심사위원회는 다음 각 호의 사항을 고려하여 보상금액을 결정할 수 있다.

1. 테러범죄 예방의 기여도
2. 범죄피해의 규모
3. 범인 신고 등 보상금 지급 대상 행위의 난이도
4. 보상금 지급 대상자가 다른 법령에 따라 보상금 등을 지급받을 수 있는지 여부
5. 그 밖에 범인검거와 관련한 제반 사정

③ 경찰청장, 시·도경찰청장 및 경찰서장은 소속 보상금심사위원회의 보상금 심사를 위하여 필요한 경우에는 보상금 지급 대상자와 관계 공무원 또는 기관에 사실조사나 자료의 제출 등을 요청할 수 있다.

제21조의2(범인검거 등 공로자 보상금의 환수절차) ① 경찰청장, 시·도경찰청장 또는 경찰서장은 법 제11조의3제5항에 따라 보상금을 환수하려는 경우에는 보상금심사위원회의 심사·의결에 따라 환수 여부 및 환수금액을 결정하고, 거짓 또는 부정한 방법으로 보상금을 받은 사람에게 다음 각 호의 내용을 서면으로 통지해야 한다.
1. 환수사유
2. 환수금액
3. 납부기한
4. 납부기관

② 법 제11조의3제6항에서 "대통령령으로 정한 기한"이란 **제1항에 따른 통지일부터 40일 이내의 범위에서** 경찰청장, 시·도경찰청장 또는 경찰서장이 정하는 기한을 말한다.

제22조(범인검거 등 공로자 보상금의 지급 등에 필요한 사항) 제18조부터 제21조까지 및 제21조의2에서 규정한 사항 외에 보상금의 지급 등에 필요한 사항은 **경찰청장이 정하여 고시한다.**

● 범인검거 등 공로자 보상에 관한 규정(경찰청 고시)

제6조(보상금의 지급 기준) ① 시행령 제20조에 따른 보상금 지급기준 금액은 다음 각 호와 같다. 18 1차
1. 사형, 무기징역 또는 무기금고, 장기 10년 이상의 징역 또는 금고에 해당하는 범죄: 100만원
2. 장기 10년 미만의 징역 또는 금고에 해당하는 범죄: 50만원
3. 장기 5년 미만의 징역 또는 금고, 장기 10년 이상의 자격정지 또는 벌금형: 30만원

② 연쇄 살인, 사이버 테러 등과 같이 피해 규모가 심각하고 사회적 파장이 큰 범죄의 지급기준 금액은 별표에 따른다.

③ 위원회는 제1항 및 제2항에 따른 보상금 지급기준에서 시행령 제21조제2항 각 호의 사항을 고려하여 그 금액을 조정하거나 지급하지 아니할 수 있다.

④ 경찰청장 또는 경찰청장의 승인을 받은 지방경찰청장이 미리 보상금액을 정하여 수배할 경우에는 제1항 및 제2항에 따른 보상금 지급기준에도 불구하고 예산의 범위에서 금액을 따로 결정할 수 있다.

⑤ 동일한 사람에게 지급결정일을 기준으로 **연간**(1월 1일부터 12월 31일까지를 말한다) **5회를 초과하여 보상금을 지급할 수 없다.**

제8조(보상금 중복 지급의 제한) 보상금을 지급받을 사람이 동일한 원인으로 다른 법령에 따른 포상금·보상금 등을 지급받거나 지급받을 예정인 경우에는 그 포상금·보상금 등의 액수가 지급할 보상금액과 동일하거나 이를 초과할 때에는 보상금을 지급하지 아니하며, 그 포상금·보상금 등의

액수가 지급할 보상금액보다 적을 때에는 그 금액을 공제하고 보상금액을 정하여야 한다.

제9조(보상금 이중 지급의 제한) 보상금 지급 심사·의결을 거쳐 지급이 이루어진 이후에는 **동일한 사건에 대하여 보상금을 지급할 수 없다.** 18 1차

제10조(보상금의 배분 지급) 범인검거 등 **공로자가 2명 이상인 경우**에는 각자의 공로, 당사자 간의 분배 합의 등을 감안해서 **배분하여 지급할 수 있다.** 18 1차

19) 소송지원

제11조의4(소송 지원) **경찰청장**과 해양경찰청장은 경찰관이 제2조 각 호에 따른 직무의 수행으로 인하여 민·형사상 책임과 관련된 소송을 수행할 경우 변호인 선임 등 **소송 수행에 필요한 지원을 할 수 있다.** 22 1차, 23 2차

20) 직무수행으로 인한 형의 감면

제11조의5(직무 수행으로 인한 형의 감면) 다음 각 호의 범죄가 행하여지려고 하거나 행하여지고 있어 타인의 생명·신체에 대한 위해 발생의 우려가 명백하고 긴급한 상황에서, 경찰관이 그 위해를 예방하거나 진압하기 위한 행위 또는 범인의 검거 과정에서 경찰관을 향한 직접적인 유형력 행사에 대응하는 행위를 하여 그로 인하여 타인에게 피해가 발생한 경우, 그 **경찰관의 직무수행이 불가피한 것이고 필요한 최소한의 범위에서 이루어졌으며 해당 경찰관에게 고의 또는 중대한 과실이 없는 때에는 그 정상을 참작하여 형을 감경하거나 면제할 수 있다.** 23 2차

1. 「형법」 제2편제24장 **살인**의 죄, 제25장 **상해와 폭행**의 죄, 제32장 강간과 추행의 죄 중 **강간**에 관한 범죄, 제38장 절도와 강도의 죄 중 **강도**에 관한 범죄 및 이에 대하여 다른 법률에 따라 가중처벌하는 범죄
2. 「가정폭력범죄의 처벌 등에 관한 특례법」에 따른 **가정폭력범죄**, 「아동학대범죄의 처벌 등에 관한 특례법」에 따른 **아동학대범죄**

21) 벌칙

제12조(벌칙) 이 법에 규정된 경찰관의 **의무를 위반하거나 직권을 남용**하여 다른 사람에게 해를 끼친 사람은 **1년 이하의 징역이나 금고**에 처한다. 10·12 2차, 15 3차, 17 승진, 17 경간

📑 **경찰관 무기(총기) 사용 관련 판례** 12 1차·승진

① 타인의 집 대문 앞에 은신하고 있다가 **경찰관의 명령에 따라 순순히 손을 들고 나오면서 그대로 도주하는 범인을 경찰관이 뒤따라 추격하면서 등 부위에 권총을 발사하여 사망케 한 경우,** 위와 같이 총기사용은 현재의 부당한 침해를 방지하거나 현재의 위난을 피하기 위한 **상당성 있는 행위라고 볼 수 없다.**(대판 91다10084)

② 야간에 술이 취한 상태에서 병원에 있던 과도로 대형 유리 창문을 쳐 깨뜨리고 자신의 복부에 칼을 대고 할복자살 하겠다고 난동을 부린 피해자가 출동한 2명의 경찰관들에게 칼을 들고 항거하였다고 하여도 위 경찰관 등이 공포를 발사하였거나 소지한 가스총과 경찰봉을 사용하여 위 망인의 항거를 억제할 시간적 여유

와 보충적 수단이 있었다고 보여지고, 또 부득이 총을 발사할 수밖에 없었다고 하더라도 하체 부위를 향하여 발사함으로써 그 위해를 최소한도로 줄일 여지가 있었다고 보여지므로, 칼빈소총을 1회발사하여 **피해자의 왼쪽 가슴아래 부위를 관통하여 사망케 한 경찰관의 총기사용 행위는 「경찰관 직무집행법」 소정의 총기사용 한계를 벗어난 것이다.**(대판 91다19913)

③ 경찰관이 길이 40센티미터 가량의 칼로 반복적으로 위협하며 도주하는 차량 절도 혐의자를 추적하던 중, **도주하기 위하여 등을 돌린 혐의자의 몸쪽을 향하여 약 2미터 거리에서 실탄을 발사하여 혐의자를 복부관통상으로 사망케 하였다 하더라도 경찰관의 총기사용은 사회통념상 허용범위를 벗어난 것으로 위법하다.** (대판 98다63445)

④ 50씨씨 소형 오토바이 1대를 절취하여 운전 중인 15~16세의 절도 혐의자 3인이 경찰관의 검문에 불응하여 **도주하자,** 경찰관이 체포 목적으로 오토바이의 바퀴를 조준하여 실탄을 발사하였으나 오토바이에 타고 있던 1인이 총상을 입게 된 경우, 제반 사정에 비추어 **경찰관의 총기사용이 사회통념상 허용범위를 벗어나 위법하다.**(대판 2003다57956)

⑤ 경찰관이 범인을 제압하는 과정에서 총기를 사용하여 범인을 사망에 이르게 한 사안에서, 경찰관이 총기사용에 이르게 된 동기나 목적, 경위 등을 고려하여 **형사사건에서 무죄판결이 확정되었더라도** 당해 경찰관의 과실의 내용과 그로 인하여 발생한 결과의 중대함에 비추어 **민사상 불법행위책임을 인정하였다.**(대판 2008.2.1., 2006다6713)

⑥ 경찰관이 **도난번호판 부착차량의 운전자에게** 수차례의 정지명령과 경고사격을 하였으나 운전자가 도주하므로 그를 검거하기 위하여 **실탄을 발사하여 허벅지 부위에 부상을 입힌 사안에서,** 그 운전자가 흉악범이나 강력범이 아닌 절도범에 불과하더라도 도난번호판을 부착한 차를 운행하는 것은 계획적·조직적 범행의 결과로서 다른 중한 범죄의 범행수단 또는 그러한 범행 후의 도피수단으로 사용되는 것이 일반적이며, 나아가 위 운전자가 도심 간선도로의 중앙선을 넘어 역주행하며 도주하고 경고사격에 불구하고 필사적으로 도주하였으므로 경찰관이 위 운전자가 강도 등 다른 강력범죄까지 범하였고 그를 검거하지 않으면 다시 다른 사람에게 중대한 위해를 가할 수 있다고 판단한 것은 합리적이라는 등의 이유로 **경찰관의 총기 사용이 적법하다.**(서울고등법원 2006. 11. 16. 선고 2006나43790 판결)

⑦ 경찰관이 신호위반을 이유로 정지명령에 불응하고 도주하던 차량에 탑승한 동승자를 추격하던 중 수차례에 걸쳐 경고하고 공포탄을 발사했음에도 불구하고 계속 도주하자 실탄을 발사하여 사망케 한 경우, 위 총기 사용 행위는 허용범위를 벗어난 위법행위이다.(대판 98다61470) 24 경간

⑧ 경찰관의 무기 사용이 특히 사람에게 위해를 가할 위험성이 큰 권총의 사용에 있어서는 그 요건을 더욱 엄격하게 판단하여야 한다.(대판 98다63445) 24 경간

⑨ 경찰관이 길이 40cm 가량의 칼로 반복적으로 위협하며 도주하는 차량 절도 혐의자를 추적하던 중, 도주하기 위하여 등을 돌린 혐의자의 몸 쪽을 향하여 약 2m 거리에서 실탄을 발사하여 혐의자를 복부관통상으로 사망케 한 경우, 경찰관의 총기사용은 사회통념상 허용범위를 벗어난 위법행위이다.(대판 98다63445) 24 경간

📝 경찰작용에 대한 판례 24 경간

① 경찰관이 구체적 상황에 비추어 인적 및 물적 능력의 범위 내에서 적절한 조치라는 판단에 따라 범죄의 진압 및 수사에 관한 직무를 수행한 경우에는 그러한 직무수행이 객관적 정당성을 상실하여 현저하게 불합리한 것으로 인정되지 않는 한 이를 위법하다고 할 수는 없다.

② 본래 범의를 가지지 아니한 자에 대하여 수사기관이 사술이나 계략 등을 써서 범의를 유발케 하여 범죄인을 검거하는 함정수사는 위법함을 면할 수 없고, 이러한 함정수사에 기한 공소제기는 그 절차가 법률의 규정에 위반하여 무효인 때에 해당한다 할 것이지만, **범의를 가진 자에 대하여 단순히 범행의 기회를 제공하는 것에 불과한 경우에는 위법한 함정수사라고 단정할 수 없다.**(대판 2007도1903)

③ 「경찰관 직무집행법」 제6조 제1항의 '경찰관의 제지에 관한 부분'은 범죄의 예방을 위한 경찰행정상 즉시강제, 즉 눈앞의 급박한 경찰상 장해를 제거하여야 할 필요가 있고 의무를 명할 시간적 여유가 없거나 의무를 명하는 방법으로는 그 목적을 달성하기 어려운 상황에서 의무불이행을 전제로 하지 않고 경찰이 직접 실력을 행사하여 경찰상 필요한 상태를 실현하는 권력적 사실행위에 관한 근거조항이다.

④ 주거지에서 음악 소리를 크게 내거나 큰 소리로 떠들어 이웃을 시끄럽게 하는 행위는 「경범죄 처벌법」 제3조 제1항 제21호에 서 경범죄로 정한 '인근소란 등'에 해당하고, 경찰관은 「경찰관직무집행법」에 따라 경범죄에해당하는 행위를 예방·진압·수사하고, 필요한 경우 제지할 수 있다.

● 경찰 물리력 행사의 기준과 방법에 관한 규칙(경찰청 예규) 20 1차, 21 경찰특공대

제1장 총 칙

1.1. 목적
이 규칙은 경찰관이 물리력 사용 시 준수하여야 할 기본원칙, 물리력 사용의 정도, 각 물리력 수단의 사용 한계 및 유의사항을 규정함으로써 국민과 경찰관의 생명·신체를 보호하고 인권을 보장하며 경찰 법집행의 정당성을 확보하는 데에 그 목적이 있다. 20 1차, 23 경찰특공대

1.2. 경찰 물리력의 정의
경찰 물리력이란 범죄의 예방과 제지, 범인 체포 또는 도주 방지, 자신이나 다른 사람의 생명·신체 방어 및 보호, 공무집행에 대한 항거 제지 등 경찰목적을 달성하기 위해 경찰권발동의 대상자(이하 '대상자')에 대해 행해지는 일체의 신체적, 도구적 접촉(경찰관의 현장 임장, 언어적 통제 등 직접적인 신체 접촉 전 단계의 행위들도 포함한다)을 말한다.

1.3. 경찰 물리력 사용 3대 원칙
경찰관은 경찰목적을 실현함에 있어 적합하고 필요하며 상당한 수단을 선택함으로써 그 목적과 수단 사이에 합리적인 비례관계가 유지되도록 하여야 하며, 특히 물리력을 사용할 필요가 있는 경우 다음 원칙을 준수하여야 한다.

1.3.1. 객관적 합리성의 원칙
경찰관은 자신이 처해있는 사실과 상황에 비추어 **합리적인 현장 경찰관의 관점**에서 가장 적절한 물리력을 사용하여야 하며, 이를 위해 범죄의 종류, 피해의 경중, 위해의 급박성, 저항의 강약, 대상자와 경찰관의 수, 대상자가 소지한 무기의 종류 및 무기 사용의 태양, 대상자의 신체 및 건강 상태, 도주여부, 현장 주변의 상황 등을 종합적으로 고려하여야 한다.

1.3.2. 대상자 행위와 물리력 간 상응의 원칙
경찰관은 대상자의 행위에 따른 위해의 수준을 계속 평가·판단하여 필요최소한의 수준으로 물리력을 높이거나 낮추어서 사용하여야 한다.

1.3.3. 위해감소노력 우선의 원칙
경찰관은 현장상황이 안전하고 시간적 여유가 있는 경우에는 대상자가 야기하는 위해 수준을 떨어뜨려 보다 덜 위험한 물리력을 통해 상황을 종결시킬 수 있도록 노력하여야 한다. 다만, 이러한 노력이 오히려 상황을 악화시킬 가능성이 있거나 급박한 경우에는 이 원칙을 적용하지 않을 수 있다.

1.4. 경찰 물리력 사용 시 유의사항
1.4.1. 경찰관은 경찰청이 공인한 물리력 수단을 사용하여야 한다.
1.4.2. 경찰관은 성별, 장애, 인종, 종교 및 성정체성 등에 대한 **선입견을 가지고 차별적으로 물리력을**

사용하여서는 아니 된다. 20 1차

1.4.3. 경찰관은 대상자의 신체 및 건강상태, 장애유형 등을 고려하여 물리력을 사용하여야 한다. 23 경찰특공대

1.4.4. 경찰관은 이미 경찰목적을 달성하여 더 이상 **물리력을 사용할 필요가 없는 경우에는 물리력 사용을 즉시 중단하여야 한다.** 20 1차

1.4.5. 경찰관은 대상자를 징벌하거나 복수할 목적으로 물리력을 사용하여서는 아니 된다. 23 경찰특공대

1.4.6. 경찰관은 오직 상황의 빠른 종결이나, 직무수행의 편의를 위한 목적으로 물리력을 사용하여서는 아니 된다. 23 경찰특공대

제2장 대상자 행위와 경찰 물리력 사용의 정도

2.1. 대상자 행위

대상자가 경찰관 또는 제3자에 대해 보일 수 있는 행위는 그 위해의 정도에 따라 ① **순응** ② **소극적 저항** ③ **적극적 저항** ④ **폭력적 공격** ⑤ **치명적 공격** 등 다섯 단계로 구별한다.

2.1.1. 순응

대상자가 경찰관의 지시, 통제에 따르는 상태를 말한다. 다만, 대상자가 **경찰관의 요구에 즉각 응하지 않고 약간의 시간만 지체하는 경우는 '순응'**으로 본다.

2.1.2. 소극적 저항

대상자가 경찰관의 지시, 통제를 따르지 않고 비협조적이지만 경찰관 또는 제3자에 대해 직접적인 위해를 가하지 않는 상태를 말한다.

경찰관이 정당한 이동 명령을 발하였음에도 가만히 서있거나 앉아 있는 등 전혀 움직이지 않는 상태, 일부러 몸의 힘을 모두 빼거나, 고정된 물체를 꽉 잡고 버팀으로써 움직이지 않으려는 상태 등이 이에 해당한다.

2.1.3. 적극적 저항

대상자가 자신에 대한 경찰관의 체포·연행 등 정당한 공무집행을 방해하지만 경찰관 또는 제3자에 대해 위해 수준이 낮은 행위만을 하는 상태를 말한다.

대상자가 자신을 체포·연행하려는 경찰관으로부터 물리적으로 이탈하거나 도주하려는 행위, 체포·연행을 위해 팔을 잡으려는 경찰관의 손을 뿌리치거나, 경찰관을 밀고 잡아끄는 행위, 경찰관에게 침을 뱉거나 경찰관을 밀치는 행위 등이 이에 해당한다.

2.1.4. 폭력적 공격

대상자가 경찰관 또는 제3자에 대해 신체적 위해를 가하는 상태를 말한다.

대상자가 경찰관에게 폭력을 행사하려는 자세를 취하여 그 행사가 임박한 상태, 주먹·발 등을 사용해서 경찰관에 대해 신체적 위해를 초래하고 있거나 임박한 상태, 강한 힘으로 경찰관을 밀거나 잡아당기는 등 완력을 사용해 체포에서 벗어나려고 하는 상태 등이 이에 해당한다.

2.1.5. 치명적 공격

대상자가 경찰관 또는 제3자에 대해 사망 또는 심각한 부상을 초래할 수 있는 행위를 하는 상태를 말한다.

총기류(공기총·엽총·사제권총 등), 흉기(칼·도끼·낫 등), 둔기(망치·쇠파이프 등)를 이용하여 경찰관, 제3자에 대해 위력을 행사하고 있거나 위해 발생이 임박한 경우, 경찰관이나 제3자의 목을 세게 조르거나 무차별 폭행하는 등 생명·신체에 대해 중대한 위해가 발생할 정도의 위험한 폭력을 행사하

는 경우가 이에 해당한다.

2.2. 경찰관 대응 수준

대상자 행위에 따른 경찰관의 대응 수준은 ① **협조적 통제**, ② **접촉 통제** ③ **저위험 물리력** ④ **중위험 물리력** ⑤ **고위험 물리력** 등 다섯 단계로 구별한다.

2.2.1. 협조적 통제 23 1차

'순응' 이상의 상태인 대상자에 대해 사용할 수 있는 물리력 수준으로서, 대상자의 협조를 유도하거나 협조에 따른 물리력을 말한다. 그 종류는 다음과 같다.

가. 현장 임장
나. 언어적 통제
다. 체포 등을 위한 수갑 사용
라. 안내·체포 등에 수반한 신체적 물리력

2.2.2. 접촉 통제 23 1차

'소극적 저항' 이상의 상태인 대상자에 대해 사용할 수 있는 물리력 수준으로서, 대상자 신체 접촉을 통해 경찰목적 달성을 강제하지만 신체적 부상을 야기할 가능성은 극히 낮은 물리력을 말한다. 그 종류는 다음과 같다.

가. 신체 일부 잡기·밀기·잡아끌기, 쥐기·누르기·비틀기
나. 경찰봉 양 끝 또는 방패를 잡고 대상자의 신체에 안전하게 밀착한 상태에서 대상자를 특정 방향으로 밀거나 잡아당기기

2.2.3. 저위험 물리력 23 1차, 23 경채

'적극적 저항' 이상의 상태인 대상자에 대해 사용할 수 있는 물리력 수준으로서, 대상자가 통증을 느낄 수 있으나 신체적 부상을 당할 가능성은 낮은 물리력을 말한다. 그 종류는 다음과 같다.

가. 목을 압박하여 제압하거나 관절을 꺾는 방법, 팔·다리를 이용해 움직이지 못하도록 조르는 방법, 다리를 걸거나 들쳐 매는 등 균형을 무너뜨려 넘어뜨리는 방법, 대상자가 넘어진 상태에서 움직이지 못하게 위에서 눌러 제압하는 방법
나. **분사기 사용**(다른 저위험 물리력 이하의 수단으로 제압이 어렵고, 경찰관이나 대상자의 부상 등의 방지를 위해 필요한 경우)

2.2.4. 중위험 물리력 23 경채

'폭력적 공격' 이상의 상태의 대상자에 대해 사용할 수 있는 물리력 수준으로서, 대상자에게 신체적 부상을 입힐 수 있으나 생명·신체에 대한 중대한 위해 발생 가능성은 낮은 물리력을 말한다. 그 종류는 다음과 같다.

가. 손바닥, 주먹, 발 등 신체부위를 이용한 가격
나. 경찰봉으로 중요부위가 아닌 신체 부위를 찌르거나 가격
다. 방패로 강하게 압박하거나 세게 미는 행위
라. **전자충격기 사용**

2.2.5. 고위험 물리력 23 1차

가. '치명적 공격' 상태의 대상자로 인해 경찰관 또는 제3자의 생명·신체에 급박하고 중대한 위해가 초래될 가능성이 있는 경우 최후의 수단으로 사용할 수 있는 물리력 수준으로서, 대상자의 사망 또는 심각한 부상을 초래할 수 있는 물리력을 말한다.
나. 경찰관은 대상자의 '치명적 공격' 상황에서도 현장상황이 급박하지 않은 경우에는 낮은 수준의 물리력을 우선적으로 사용하여 상황을 종결시킬 수 있도록 노력하여야 한다.

다. '고위험 물리력'의 종류는 다음과 같다.
   1) 권총 등 총기류 사용
   2) 경찰봉, 방패, 신체적 물리력으로 대상자의 신체 중요 부위 또는 급소 부위 가격, 대상자의 목을 강하게 조르거나 신체를 강한 힘으로 압박하는 행위

2.3. 경찰 물리력 행사 연속체

2.3.1. 비례의 원칙에 입각한 물리력 사용 한계에 대한 이해도 제고를 위해 대상자 행위에 대응한 경찰 물리력 수준을 도식화한 것을 '경찰 물리력 행사 연속체 〈그림〉'라고 한다.

2.3.2. 경찰관은 가능한 경우 낮은 수준의 물리력부터 시작하여 물리력의 강도를 높여감으로써 상황을 안전하게 종결시키도록 하여야 한다. 다만, 급박하거나 대상자 행위의 위해 수준이 불연속적으로 급변하는 경우 경찰관 역시 그 상황에 맞는 물리력을 곧바로 사용할 수 있다.
   가. (1단계 : 평가) 현장상황을 종합적으로 고려하여 대상자 행위를 '순응', '소극적 저항', '적극적 저항', '폭력적 공격', '치명적 공격' 등으로 평가
   나. (2단계 : 판단) 대상자의 저항이나 공격을 제압할 수 있는 적절한 물리력 수단을 선택하되, 전체적인 현장상황이 안전하고 시간적 여유가 있는 경우 대상자가 야기하는 위해 수준을 감소시키기 위해 노력하여야 하며, 낮은 수준의 물리력 수단을 우선적으로 고려
   다. (3단계 : 행동) 선택한 물리력을 사용하는 경우에도 경찰목적을 달성하는 한도 내에서 대상자에게 최소한의 침해를 가져오는 방법으로 물리력을 사용
   라. (4단계 : 재평가) 이후 상황을 지속적으로 재평가하면서 대상자의 행위 및 현장 주변 상황 변화에 따라 대응 물리력 수준을 증가시키거나 감소

2.3.3. 이 연속체는 경찰관과 대상자가 대면하는 모든 상황에 기계적, 획일적으로 적용될 수 있는 것이 아니며, 실제 개별 경찰 물리력 사용 현장에서는 대상자의 행위 외에도 위해의 급박성, 대상자와 경찰관의 수·성별·체격·나이, 제3자에 대한 위해가능성, 기타 현장 주변 상황을 종합적으로 고려하여 가장 적절한 물리력을 사용하여야 한다.

제3장 개별 물리력 수단 사용 한계 및 유의사항

3.1. 현장 임장

3.1.1. 현장 임장의 정의
현장 임장은 경찰관이 대상자에게 접근하여 자신의 소속, 신분과 함께 임장의 목적과 취지를 밝혀 그에 따르도록 하는 것을 말한다. 현장 임장은 대상자의 모든 행위 유형에서 행해질 수 있다.

3.2.1. 현장 임장 시 유의사항
   가. 경찰관은 현장에 임장하는 것만으로도 대상자의 순응을 이끌어 낼 수 있다는 점을 인식하여 현장 임장만으로 상황을 종결시키도록 노력하여야 한다.
   나. 경찰관은 현장 임장 시 대상자 및 주변 관계자들에 의한 갑작스런 위해 발생 가능성을 염두에 두고 불시의 피습에 대한 대비, 대상자의 흉기소지 여부 확인, 대상자와의 적절한 거리 유지, 여타 경찰 물리력 사용 태세 완비 등 신변보호를 위한 적절한 조치를 취하여야 한다.
   다. 경찰관은 현장 임장 시 대상자나 주변 관계자들의 감정을 자극하거나 오해를 불러 일으켜 경찰관 또는 제3자에 대한 위해로 이어지지 않도록 하여야 한다.

3.2. 언어적 통제

3.2.1. 언어적 통제의 정의

언어적 통제는 경찰관이 대상자에게 특정 행위를 유도하거나 합법적인 명령을 발하기 위해 말이나 행동으로 하는 대화, 설득, 지시, 경고 등을 말하며 대상자의 어깨를 다독이거나 손을 잡아 주는 등의 가벼운 신체적 접촉도 포함한다. 언어적 통제는 대상자의 모든 행위 유형에서 행해질 수 있다.

3.2.2. 언어적 통제 시 유의사항

가. 경찰관은 대상자에 대한 직접적인 물리력 사용 이전 언어적 통제를 통하여 상황을 종결시킬 수 있도록 노력하여야 한다. 다만, 이러한 시도가 오히려 상황을 악화시킬 가능성이 있거나 급박한 경우에는 생략할 수 있다.

나. 경찰관이 언어적 통제를 시도하는 경우 대상자가 경찰관의 지시, 경고 등에 따를 충분한 시간을 부여하여야 한다.

다. 경찰관은 언어적 통제 시 대상자가 갑자기 위해를 가하거나 도주할 것에 대비하여 여타 경찰 물리력 사용 태세를 갖추어야 한다.

라. 경찰관은 언어적 통제 시 불필요하게 대상자를 자극하여 경찰관 또는 제3자에 대한 위해로 이어지지 않도록 하여야 한다.

3.3. 신체적 물리력 사용

3.3.1. 신체적 물리력의 정의

'신체적 물리력'은 여타 무기나 경찰장구에 의존하지 않고 경찰관 자신의 신체, 체중, 근력을 활용하여 대상자를 통제하는 일련의 방법을 말한다.

3.3.2. 신체적 물리력 사용 한계 및 유의사항

가. 대상자가 '순응'하는 경우(협조적 통제)

경찰관은 '순응' 이상의 상태인 대상자를 인도 또는 안내하기 위해 대상자의 손이나 팔을 힘을 주지 않고 잡을 수 있고 어깨 등 신체 일부를 힘을 주지 않고 밀거나 잡아끌 수 있다. (다만, 임의동행하는 대상자를 인도·안내하는 경우에는 동행의 임의성이 침해되지 않도록 신체 접촉에 유의하여야 한다)

형사소송법에 따라 대상자를 체포하는 경우에는 수갑 등으로 결박하기 위해 대상자 신체 일부를 잡거나 대상자를 돌려 세울 수 있다.

나. 대상자 행위가 '소극적 저항'인 경우(접촉 통제)

경찰관은 '소극적 저항' 이상인 상태의 대상자를 통제하기 위해 손이나 팔을 힘을 주어 잡을 수 있고 대상자의 어깨 등 신체 일부를 힘을 주어 밀거나 잡아끌 수 있다.

대상자가 물체를 꽉 잡고 움직이지 않는 경우에는 대상자의 신체 일부를 쥐거나 누르거나 비틀어서 손을 떼도록 할 수 있다.

다. 대상자 행위가 '적극적 저항'인 경우(저위험 물리력)

경찰관은 '적극적 저항' 이상인 상태의 대상자에게 목을 압박하여 제압하거나 관절을 꺾는 방법, 팔·다리를 이용해 움직이지 못하도록 조르는 방법, 다리를 걸거나 들쳐 매는 등 균형을 무너뜨려 넘어뜨리는 방법, 대상자가 넘어진 상태에서 움직이지 못하게 위에서 눌러 제압하는 방법 등을 사용할 수 있다.

라. 대상자 행위가 '폭력적 공격'인 경우(중위험 물리력)

경찰관은 '폭력적 공격' 이상인 상태의 대상자에게 손바닥, 주먹, 발 등 신체 부위를 이용하여 대상자를 가격함으로써 제압할 수 있다.

또한, 현행범 체포나 긴급체포의 요건을 충족하는 대상자 또는 체포영장이 발부된 대상자가 도주하는 경우 체포를 위해 '중위험 물리력'으로 신체적 물리력을 사용할 수 있다.

마. 대상자 행위가 '치명적 공격'인 경우(고위험 물리력)

신체적 물리력 이외의 여타 모든 경찰 물리력 사용이 불가능하거나 무력화된 상태에서 형법상 정당방위 또는 긴급피난의 요건을 충족하는 경우 경찰관은 최후의 수단으로서 대상자의 신체 중요 부위 또는 급소 부위를 가격하는 방법, 대상자의 목을 강하게 조르거나 대상자의 신체를 강한 힘으로 압박하는 방법 등을 사용할 수 있다.

신체적 물리력을 '고위험 물리력'으로 사용할 수밖에 없는 불가피한 경우에는 3.9.2.항의 권총 사용 한계 가.~마.를 따른다.

3.4. 수갑 사용

3.4.1. 수갑의 정의
수갑은 대상자의 동작이 자유롭지 못하도록 대상자의 양쪽 손목에 걸쳐서 채우는 금속 재질의 장구로서 경찰청이 지급 또는 인정한 장비를 말한다.

3.4.2. 수갑 사용 한계 및 유의사항
가. 경찰관은 대상자의 언행, 현장상황 등을 종합적으로 고려하여 도주, 폭행, 소요, 자해 등의 위험이 있는 경우 수갑을 사용할 수 있으며, 그 우려가 높다고 판단되는 경우 뒷수갑을 사용할 수 있다.

나. 경찰관은 뒷수갑 상태로 대상자를 이동시키는 경우 팔짱을 끼고 동행하는 등 도주 및 안전사고 예방을 위한 적절한 조치를 취하여야 한다.

다. 경찰관은 대상자의 움직임으로 수갑이 조여지거나 일부러 조이는 행위를 예방하기 위해 수갑의 이중 잠금장치를 사용하여야 한다. 다만, 대상자의 항거 등으로 사용이 곤란한 경우에는 사용하지 않을 수 있다.

라. 경찰관은 대상자의 신체적 장애, 질병, 신체상태로 인하여 수갑을 사용하는 것이 불합리하다 판단되는 경우에는 수갑을 사용하지 않을 수 있다.

마. 경찰관은 대상자가 수갑으로 인한 고통을 호소하는 경우 수갑 착용 상태를 확인하여 재착용, 앞 수갑 사용, 한손 수갑 사용 등 적절한 조치를 취하여야 한다.

바. 경찰관은 급박한 상황에서 수갑이 없거나 사용이 불가능한 경우 예외적으로 경찰혁대 등을 수갑 대용으로 사용할 수 있다.

3.5. 경찰봉 사용

3.5.1. 경찰봉의 정의
경찰봉은 강화 플라스틱, 나무 또는 금속으로 제작된 원통형 막대기로서 경찰청이 지급 또는 인정한 장비를 말한다.

3.5.2. 경찰봉 사용 한계
가. 격리도구로서의 경찰봉 사용
경찰관은 '소극적 저항' 이상인 상태의 대상자에게 경찰봉을 대상자의 신체에 안전하게 밀착한 상태로 밀거나 끌어당길 수 있다.

나. 중위험 물리력으로서의 경찰봉 사용
1) 경찰관은 '폭력적 저항' 이상인 상태의 대상자의 신체를 경찰봉으로 찌르거나 가격할 수 있다. 이 경우 가급적 대상자의 머리, 얼굴, 목, 흉부, 복부 등 신체 중요 부위를 피하여야 한다.
2) 경찰관은 현행범 또는 사형·무기 또는 장기 3년 이상의 징역이나 금고에 해당하는 죄를 범한 대상자가 도주하는 경우 체포를 위해서 경찰봉으로 찌르거나 가격할 수 있다. 이 경우 가급적 신체 중요 부위를 피하여야 한다.

다. 고위험 물리력으로서의 경찰봉 사용
1) 경찰봉 이외의 여타 모든 경찰 물리력 사용이 불가능하거나 무력화된 상태에서 형법상 정당방위 또는 긴급피난의 요건을 충족하는 경우 경찰관은 최후의 수단으로서 경찰봉으로 대상자의 신체

중요 부위 또는 급소 부위를 찌르거나 가격할 수 있다.
2) 경찰관이 경찰봉을 '고위험 물리력'으로 사용할 수밖에 없는 불가피한 경우에는 3.9.2.항의 권총 사용 한계 가.~마.를 따른다.

3.6. 방패 사용

3.6.1. 방패의 정의
방패는 강화 플라스틱 또는 금속으로 제작된 판으로서 경찰청이 지급 또는 인정한 장비를 말한다.

3.6.2. 방패 사용 한계 및 유의사항
가. 격리도구로서의 방패 사용
경찰관은 '소극적 저항' 이상인 상태의 대상자에게 방패를 대상자의 신체에 안전하게 밀착한 상태로 밀 수 있다.

나. 중위험 물리력으로서의 방패 사용
1) 경찰관은 대상자의 '폭력적 저항' 이상인 상태의 대상자에 대해 방패로 강하게 압박 또는 세게 밀 수 있다.
2) 경찰관은 현행범 또는 사형·무기 또는 장기 3년 이상의 징역이나 금고에 해당하는 죄를 범한 범인이 도주하는 경우 체포를 위해 방패로 막거나 세게 밀 수 있다.

다. 고위험 물리력으로서의 방패 사용
1) 방패 이외의 여타 모든 경찰 물리력 사용이 불가능하거나 무력화된 상태에서 형법상 정당방위 또는 긴급피난의 요건을 충족하는 경우 경찰관은 최후의 수단으로서 방패를 '고위험 물리력'으로 활용하여 대상자의 신체를 가격할 수 있다.
2) 경찰관이 방패를 '고위험 물리력'으로 사용할 수밖에 없는 불가피한 경우에는 3.9.2.항의 권총 사용 한계 가.~마.를 따른다.

3.7. 분사기 사용

3.7.1. 분사기의 정의
분사기는 사람의 활동을 일시적으로 곤란하게 하는 최루 또는 자극 등의 작용제를 내장된 압축가스의 힘으로 분사할 수 있는 기기로서 경찰청이 지급 또는 인정한 장비를 말한다.

3.7.2. 분사기 사용 한계 및 유의사항
가. 경찰관은 '적극적 저항' 이상인 상태의 대상자에 대해 다른 저위험 물리력 이하의 수단으로 제압이 어렵고, 경찰관이나 대상자의 부상 등의 방지를 위해 필요하다고 판단되는 경우 분사기를 사용할 수 있다.
나. 경찰관은 범인의 도주방지를 위해 분사기를 사용할 수 있다.
다. 경찰관은 정당방위나 긴급피난의 요건이 충족되지 않는 한, **다음 어느 하나에 해당하는 상황에서는 분사기를 사용하여서는 아니 된다.**
1) 밀폐된 공간에서의 사용(다만, 경찰 순찰차의 운행을 방해하는 대상자를 제압하기 위해 다른 물리력 사용이 불가능한 경우는 제외한다)
2) 대상자가 수갑 또는 포승으로 결박되어 있는 경우(다만, 대상자의 행위로 인해 경찰관 또는 제3자에 대한 신체적 위해 발생 가능성 있는 경우는 제외한다)
3) 대상자의 '소극적 저항' 상태가 장시간 지속될 뿐 이를 즉시 중단시켜야 할 정도로 급박하거나 위험하지 않은 상황
4) 경찰관이 대상자가 14세미만이거나 임산부 또는 호흡기 질환을 가지고 있음을 인지한 경우(다만, 대상자의 저항 정도가 고위험 물리력을 사용할 수밖에 없는 상황은 제외한다)

라. 경찰관이 사람을 향하여 분사기를 발사하는 경우에는 사전 구두 경고를 하여야 한다. 다만, 현장 상황이 급박한 경우에는 생략할 수 있다.

3.8. 전자충격기 사용

3.8.1. 전자충격기의 정의
전자충격기란 사람의 신체에 전류를 방류하여 대상자 근육의 일시적 마비를 일으킴으로써 대상자의 활동을 일시적으로 곤란하게 할 수 있는 기기로서 경찰청이 지급 또는 인정한 장비를 말한다. 그 사용 방법은 다음을 포함한다.
가. 대상자 신체에 대해 직접 접촉하여 사용하는 스턴 방식
나. 대상자 신체에 대해 직접 발사하여 사용하는 전극침 발사 방식

3.8.2. 전자충격기 사용 한계
가. 경찰관은 '폭력적 공격' 이상인 상태의 대상자에 대해 전자충격기를 사용할 수 있다.
나. 경찰관은 현행범 또는 사형·무기 또는 장기 3년 이상의 징역이나 금고에 해당하는 죄를 범한 대상자가 도주하는 경우 체포를 위해서 전자충격기를 사용할 수 있다.
다. 경찰관은 정당방위나 긴급피난의 요건이 충족되지 않는 한, 다음 어느 하나에 해당하는 상황에서는 전자충격기를 사용하여서는 아니 된다.
  1) 대상자 주변에 가연성 액체(휘발유, 신나 등)나 가스누출, 유증기가 있어 전기 불꽃으로 인한 화재·폭발의 위험성이 있는 상황
  2) 대상자가 계단, 난간 등 높은 곳에 위치하거나 차량·기계류를 운전하고 있는 상황
  3) 대상자가 하천, 욕조 등의 부근에 있거나, 폭우 등으로 주변이 모두 물에 젖은 상황
  4) 대상자가 14세 미만 또는 임산부인 경우
  5) 대상자가 수갑 또는 포승으로 결박되어 있는 경우(다만, '폭력적 공격' 이상인 상태의 대상자로 인해 경찰관 또는 제3자에 대한 신체적 위해 발생 가능성 있는 경우는 제외한다)
  6) 대상자의 '저항' 상태가 장시간 지속될 뿐 이를 즉시 중단시켜야 할 정도로 급박하거나 위험하지 않은 상황
  7) 경찰관이 대상자가 갖고 있는 신체적·정신적 장애로 인하여 전자충격기 사용 시 상당한 수준의 2차적 부상 또는 후유증이 발생할 가능성을 인지한 경우(다만, 대상자의 저항 정도가 '고위험 물리력'을 사용할 수밖에 없는 상황은 제외한다)
  8) 대상자가 증거나 물건을 자신의 입 안으로 넣어 삼켰거나 삼키려 하여 질식할 수 있는 상황

3.8.3. 전자충격기 사용 시 유의사항
가. 경찰관은 근무 시작 전 전자충격기의 배터리 충전 여부와 전기 불꽃 작동 상태를 반드시 확인하여야 한다.
나. 경찰관은 공무수행에 필요하다고 믿을 만한 상황이 아닌 경우에는 전자충격기를 뽑아 들거나 다른 사람을 향하도록 하여서는 아니 되며, 반드시 전자충격기집에 휴대하여야 한다.
다. 경찰관은 전자충격기 사용 필요성이 인정되고 시간적 여유가 있는 경우에는 신속히 이 사실을 직근상급 감독자에게 보고하고, 동료 경찰관에게 전파하여야 한다. 이를 인지한 직근상급 감독자는 필요한 지휘를 하여야 한다.
라. 경찰관이 대상자에게 전자충격기 전극침을 발사하는 경우에는 사전 구두 경고를 하여야 한다. 다만, 현장상황이 급박한 경우에는 생략할 수 있다.
마. 경찰관이 사람을 향해 전자충격기를 사용하는 경우에는 적정사거리(3~4.5m)에서 후면부(후두부 제외)나 전면부의 흉골 이하(안면, 심장, 급소 부위 제외)를 조준하여야 한다. 다만, 대상자가 두껍거나 헐렁한 상의를 착용하여 전극침의 효과가 없다고 판단되는 경우 대상자의 하체를 조준

하여야 한다.
- 바. 경찰관은 전자충격기 전극침 불발, 명중 실패, 효과 미발생 시 예상되는 대상자의 추가적인 공격에 대한 적절한 대비책(스턴 방식 사용, 경찰봉 사용 준비, 동료 경찰관의 물리력 사용 태세 완비, 경력 지원 요청 등)을 미리 준비하여야 한다.
- **사. 전자충격기 전극침이 대상자에 명중한 경우에는 필요 이상의 전류가 흐르지 않도록 즉시 방아쇠로부터 손가락을 떼야하며, 1 사용주기(방아쇠를 1회 당겼을 때 전자파장이 지속되는 시간)가 경과한 후 대상자의 상태, 저항 정도를 확인하여 추가적인 전자충격을 줄 필요가 있다고 판단되는 경우 다시 방아쇠를 당겨 사용할 수 있다.**
- 아. 한 명의 대상자에게 동시에 두 대 이상의 전자충격기 전극침을 발사하거나 스턴 기능을 사용해서는 아니 된다.
- 자. 수갑을 사용 하는 경우, 먼저 전자충격기를 전자충격기집에 원위치 시킨 이후 양손으로 시도하여야 한다. 전자충격기를 파지한 상태에서 다른 한 손으로 수갑을 사용할 수밖에 없는 불가피한 상황에서는 안전사고 및 전자충격기 피탈방지에 각별히 유의하여야 한다.

3.9. 권총 사용

3.9.1. 권총의 정의
권총은 한 손으로 다룰 수 있는 짧고 작은 총으로서 경찰청이 지급 또는 인정한 무기를 말한다.

3.9.2. 권총 사용 한계
- 가. 경찰관은 대상자가 경찰관이나 제3자의 생명·신체에 대한 급박하고 중대한 위해를 야기하거나, 위해 발생이 임박한 경우 권총 이외의 수단으로서는 이를 제지할 수 없는 상황에 한하여 대상자에게 권총을 사용할 수 있다.
- 나. 경찰관은 사형·무기 또는 장기 3년 이상의 징역이나 금고에 해당하는 죄를 저질렀거나 저지르고 있다고 믿을 만한 상당한 이유가 있는 대상자가 도주하면서 경찰관 또는 제3자의 생명·신체에 대한 급박하고 중대한 위해를 야기하거나, 그 위해 발생이 임박한 경우 권총 이외의 수단으로서는 이를 제지할 수 없는 상황에 한하여 체포를 위해 대상자에게 권총을 사용할 수 있다.
- 다. 경찰관은 대상자가 경찰관 자신이나 제3자의 생명·신체에 대한 중대하고 급박한 위해를 야기하지 않고 단순히 도주하는 경우에는 오로지 체포나 도주방지 목적으로 권총을 사용하여서는 아니 된다.
- 라. 경찰관은 오로지 대상자 본인의 생명·신체에 대해서만 급박하고 중대한 위해를 야기하는 경우에는 이를 제지할 목적으로 권총을 사용하여서는 아니 된다.
- 마. 경찰관은 오로지 재산만을 보호할 목적으로 권총을 사용하여서는 아니 된다.
- 바. 경찰관은 다음 어느 하나에 해당하는 상황에서는 권총을 사용하여서는 아니 된다.
  1) 대상자에게 단순히 경고를 하거나 겁을 줄 목적 또는 주의를 환기시킬 목적으로 실탄 또는 공포탄을 발사하는 행위
  2) 대상자 이외의 제3자의 생명·신체에 대한 위해가 예상되는 경우(다만, 권총을 사용하지 아니하고는 타인 또는 경찰관의 생명에 대한 중대한 위험을 방지할 수 없다고 인정되는 등 긴급피난의 요건을 충족하는 경우 필요최소한의 범위 내에서 사용할 수 있다)
  3) 경찰관이 움직이는 차량에 탑승한 상태에서 권총 실탄을 발사하는 행위(다만, 대상자가 경찰관 또는 제3자를 향해 차량으로 돌진하는 경우와 같이 형법상 정당방위 또는 긴급피난의 요건을 충족하는 경우는 제외한다)
  4) 경찰관이 움직이는 차량을 정지시키기 위해 권총 실탄을 발사하는 행위(다만, 대상자가 경찰관 또는 제3자를 향해 차량으로 돌진하는 경우와 같이 형법상 정당방위 또는 긴급피난의 요건을

충족하는 경우는 제외한다)
5) 14세 미만의 자 또는 임산부에 대한 권총 사용(다만, 대상자가 총기 또는 폭발물을 가지고 대항하여 권총을 사용하지 아니하고는 타인 또는 경찰관의 생명·신체에 대한 중대한 위험을 방지할 수 없다고 인정되는 경우는 제외한다)

3.9.3. 권총 사용 시 유의사항

가. **경찰관은 공무수행 중 필요하다고 믿을 만한 경우가 아닌 경우에는 권총을 뽑아 들거나 다른 사람을 향하도록 하여서는 안 되며, 반드시 권총을 권총집에 휴대하여야 한다.**

나. **권총 장전 시 반드시 안전고무(안전장치)를 장착한다.**

다. **경찰관은 권총 사용의 필요성이 인정되고 시간적 여유가 있는 경우에는 신속히 이 사실을 직근상급 감독자에게 보고하고, 동료 경찰관에게 전파하여야 한다. 이를 인지한 직근상급 감독자는 신속히 현장으로 진출하여 지휘하여야 한다.**

라. 경찰관이 권총을 뽑아드는 경우, 격발 순간을 제외하고는 항상 검지를 방아쇠울에서 빼 곧게 뻗어 실린더 밑 총신에 일자로 대는 '검지 뻗기' 상태를 유지하여 의도하지 않은 격발을 방지하여야 한다.

마. 경찰관이 권총집에서 권총을 뽑은 상태에서 사격을 하지 않는 경우, 총구는 항상 지면 또는 공중을 향하게 하여야 한다.

바. 경찰관은 사람을 향하여 권총을 발사하고자 하는 때에는 사전 구두 경고를 하거나 공포탄으로 경고하여야 한다. 다만, 현장상황이 급박하여 대상자에게 경고할 시간적 여유가 없는 경우나 인질·간첩 또는 테러사건에 있어서 은밀히 작전을 수행하는 경우 등 부득이한 때에는 생략할 수 있다.

사. **경찰관이 공포탄 또는 실탄으로 경고 사격을 하는 때는 경찰관의 발 앞쪽 70도에서 90도 사이 각도의 지면 또는 장애물이 없는 허공을 향하여야 한다.**

아. 경찰관은 사람을 향해 권총을 조준하는 경우에는 가급적 대퇴부 이하 등 상해 최소 부위를 향한다.

자. **경찰관이 리볼버 권총을 사용하는 경우 안전을 위해 가급적 복동식 격발 방법을 사용하여야 하며, 단동식 격발 방법을 사용하는 경우 격발에 근접한 때가 아닌 한 권총의 공이치기를 미리 젖혀 놓지 않도록 하여야 한다.**

차. 수갑을 사용하는 경우, 먼저 권총을 권총집에 원위치 시킨 이후 양손으로 시도하여야 한다. 권총을 파지한 상태에서 다른 한 손으로 수갑을 사용할 수밖에 없는 불가피한 상황에서는 오발 사고 및 권총 피탈 방지에 각별히 유의하여야 한다.

제4장. 경찰 물리력 사용 후 조치사항

4.1. 부상자 확인 및 조치

4.1.1. 경찰관이 대상자에게 신체접촉을 동반하는 물리력을 사용한 경우에는 반드시 대상자의 부상 여부를 즉시 확인하고, 부상 발생 시에는 지체 없이 의료진 호출, 응급조치 실시, 대상자 병원 후송, 직근상급 감독자 보고 등의 긴급조치를 취하여야 한다.

4.1.2. 이 사실을 보고받은 직근상급 감독자는 즉시 현장으로 진출하여 물리력 사용 및 부상 경위 파악, 현장 보존, 목격자 확보 등 필요한 후속조치를 취하여야 한다.

4.1.3. 대상자 병원 후송 시에는 지체 없이 대상자의 보호자 등에 해당 사실을 통지하여야 한다.

4.2. 사용보고

4.2.1. 경찰관이 권총, 전자충격기(스턴 방식 사용 포함), 분사기, '중위험 물리력' 이상의 경찰봉·방패, 기타 사람에게 위해를 끼칠 수 있는 장비를 사용한 경우 신속히 별지 서식의 사용보고서를 작성

하여 소속기관의 장에게 보고하여야 한다.

4.2.2. 수갑을 사용한 때에는 일시·장소·사용경위·사용방식·사용시간 등을 근무일지 또는 수사보고서에 기재하여야 한다.

4.2.3. 수갑 또는 신체적 물리력을 사용하여 대상자에게 부상이 발생한 경우 별지 서식의 사용보고서를 작성하여 보고하여야 한다.

4.2.4. 경찰관이 권총을 사용한 경우 또는 권총 이외의 물리력 수단을 사용하여 대상자에게 사망 또는 심각한 부상이 발생한 경우 소속기관의 장은 그 내용을 상급 경찰기관의 장을 경유하여 경찰청장에게 보고하여야 한다.

4.3. 고위험 물리력 사용자에 대한 조치

4.3.1. 소속 경찰관이 권총을 비롯한 '고위험 물리력'을 사용한 경우 경찰기관의 장은 해당 경찰관이 명백히 중대한 과실 또는 고의로 권총을 사용하지 않은 이상 육체적, 심리적 안정을 되찾고 향후 관련 조사에 성실히 임하게 할 필요가 있다고 인정되는 때에는 적절한 조치(조사를 위한 공가 허가, 근무 중 휴게 부여, 근무지정 해제, 의료기관·상담기관 연계 등)를 취하여야 한다.

4.3.2. '고위험 물리력'을 사용한 경찰관의 육체적, 심리적 안정을 위한 조치를 취하는 경우에는 직근 상급 감독자가 물리력 사용 경찰관을 대리하여 사용보고서를 작성, 보고하여야 한다.

8. 행정조사기본법

경찰수사에는 행정조사기본법이 적용되지 않고, 형사소송법이 적용된다. 22 2차

제1장 총칙

제1조(목적) 이 법은 행정조사에 관한 기본원칙·행정조사의 방법 및 절차 등에 관한 공통적인 사항을 규정함으로써 행정의 공정성·투명성 및 효율성을 높이고, 국민의 권익을 보호함을 목적으로 한다.

제2조(정의) 이 법에서 사용하는 용어의 정의는 다음과 같다.
1. "**행정조사**"란 행정기관이 **정책을 결정**하거나 직무를 수행하는 데 필요한 정보나 자료를 수집하기 위하여 현장조사·문서열람·시료채취 등을 하거나 조사대상자에게 보고요구·자료제출요구 및 출석·진술요구를 행하는 활동을 말한다.
2. "**행정기관**"이란 법령 및 조례·규칙(이하 "법령등"이라 한다)에 따라 행정권한이 있는 기관과 그 권한을 위임 또는 위탁받은 법인·단체 또는 그 기관이나 개인을 말한다. 21 해경승진
3. "**조사원**"이란 행정조사업무를 수행하는 행정기관의 공무원·직원 또는 개인을 말한다.
4. "**조사대상자**"란 행정조사의 대상이 되는 법인·단체 또는 그 기관이나 개인을 말한다.

제3조(적용범위) ① 행정조사에 관하여 다른 법률에 특별한 규정이 있는 경우를 제외하고는 이 법으로 정하는 바에 따른다.
② 다음 각 호의 어느 하나에 해당하는 사항에 대하여는 이 법을 적용하지 아니한다.
1. 행정조사를 한다는 사실이나 조사내용이 공개될 경우 국가의 존립을 위태롭게 하거나 국가의 중대한 이익을 현저히 해칠 우려가 있는 국가안전보장·통일 및 외교에 관한 사항
2. 국방 및 안전에 관한 사항 중 다음 각 목의 어느 하나에 해당하는 사항
   가. 군사시설·군사기밀보호 또는 방위사업에 관한 사항

나.「병역법」·「예비군법」·「민방위기본법」·「비상대비에 관한 법률」에 따른 징집·소집·동원 및 훈련에 관한 사항

3. 「공공기관의 정보공개에 관한 법률」 제4조제3항의 정보에 관한 사항
4. 「근로기준법」 제101조에 따른 근로감독관의 직무에 관한 사항
5. **조세·형사·행형 및 보안처분에 관한 사항**
6. 금융감독기관의 감독·검사·조사 및 감리에 관한 사항
7. 「독점규제 및 공정거래에 관한 법률」,「표시·광고의 공정화에 관한 법률」,「하도급거래 공정화에 관한 법률」,「가맹사업거래의 공정화에 관한 법률」,「방문판매 등에 관한 법률」,「전자상거래 등에서의 소비자보호에 관한 법률」,「약관의 규제에 관한 법률」및「할부거래에 관한 법률」에 따른 공정거래위원회의 법률위반행위 조사에 관한 사항

③ 제2항에도 불구하고 제4조(행정조사의 기본원칙), 제5조(행정조사의 근거) 및 제28조(정보통신수단을 통한 행정조사)는 제2항 각 호의 사항에 대하여 적용한다.

제4조(행정조사의 기본원칙) ① 행정조사는 조사목적을 달성하는데 **필요한 최소한의 범위** 안에서 실시하여야 하며, **다른 목적 등을 위하여 조사권을 남용하여서는 아니 된다.**(비례의 원칙과 과잉금지의 원칙을 규정하고 있음)

② 행정기관은 **조사목적에 적합하도록 조사대상자를 선정**하여 행정조사를 실시하여야 한다.

③ 행정기관은 **유사하거나 동일한 사안에 대하여는 공동조사 등을 실시함으로써 행정조사가 중복되지 아니하도록 하여야 한다.**

④ 행정조사는 **법령등의 위반에 대한 처벌보다는 법령등을 준수하도록 유도하는 데 중점**을 두어야 한다.

⑤ 다른 법률에 따르지 아니하고는 **행정조사의 대상자 또는 행정조사의 내용을 공표하거나 직무상 알게 된 비밀을 누설하여서는 아니 된다.**

⑥ 행정기관은 행정조사를 통하여 알게 된 정보를 다른 법률에 따라 내부에서 이용하거나 다른 기관에 제공하는 경우를 제외하고는 **원래의 조사목적 이외의 용도로 이용하거나 타인에게 제공하여서는 아니 된다.**

제5조(행정조사의 근거) 행정기관은 **법령등에서 행정조사를 규정하고 있는 경우에 한하여 행정조사를 실시할 수 있다. 다만, 조사대상자의 자발적인 협조를 얻어 실시하는 행정조사의 경우에는 그러하지 아니하다.** 22 2차

제2장 조사계획의 수립 및 조사대상의 선정

제6조(연도별 행정조사운영계획의 수립 및 제출) ① 행정기관의 장은 **매년 12월말까지** 다음 연도의 행정조사운영계획을 수립하여 **국무조정실장에게 제출하여야 한다.** 다만, 행정조사운영계획을 제출해야 하는 행정기관의 구체적인 범위는 대통령령으로 정한다.

② 행정기관의 장이 행정조사운영계획을 수립하는 때에는 제4조에 따른 행정조사의 기본원칙에 따라야 한다.

③ 제1항에 따른 행정조사운영계획에는 조사의 종류·조사방법·공동조사 실시계획·중복조사 방지계획, 그 밖에 대통령령으로 정하는 사항이 포함되어야 한다.

④ 국무조정실장은 행정기관의 장이 제출한 행정조사운영계획을 검토한 후 그에 대한 보완을 요청할 수 있다. 이 경우 행정기관의 장은 특별한 사정이 없는 한 이에 응하여야 한다.

제7조(조사의 주기) 행정조사는 법령등 또는 행정조사운영계획으로 정하는 바에 따라 **정기적으로 실**

시함을 원칙으로 한다. 다만, 다음 각 호 중 어느 하나에 해당하는 경우에는 **수시조사를 할 수 있다.**
1. 법률에서 수시조사를 규정하고 있는 경우
2. 법령등의 위반에 대하여 혐의가 있는 경우
3. 다른 행정기관으로부터 법령등의 위반에 관한 혐의를 통보 또는 이첩받은 경우
4. 법령등의 위반에 대한 신고를 받거나 민원이 접수된 경우
5. 그 밖에 행정조사의 필요성이 인정되는 사항으로서 대통령령으로 정하는 경우

제8조(조사대상의 선정) ① 행정기관의 장은 행정조사의 목적, 법령준수의 실적, 자율적인 준수를 위한 노력, 규모와 업종 등을 고려하여 명백하고 객관적인 기준에 따라 행정조사의 대상을 선정하여야 한다.
② 조사대상자는 조사대상 선정기준에 대한 열람을 행정기관의 장에게 신청할 수 있다.
③ 행정기관의 장이 제2항에 따라 열람신청을 받은 때에는 다음 각 호의 어느 하나에 해당하는 경우를 제외하고 신청인이 조사대상 선정기준을 열람할 수 있도록 하여야 한다.
 1. 행정기관이 당해 행정조사업무를 수행할 수 없을 정도로 조사활동에 지장을 초래하는 경우
 2. 내부고발자 등 제3자에 대한 보호가 필요한 경우
④ 제2항 및 제3항에 따른 행정조사 대상 선정기준의 열람방법이나 그 밖에 행정조사 대상 선정기준의 열람에 관하여 필요한 사항은 대통령령으로 정한다.

제3장 조사방법

제9조(출석·진술 요구) ① 행정기관의 장이 조사대상자의 출석·진술을 요구하는 때에는 다음 각 호의 사항이 기재된 출석요구서를 발송하여야 한다.
1. 일시와 장소
2. 출석요구의 취지
3. 출석하여 진술하여야 하는 내용
4. 제출자료
5. 출석거부에 대한 제재(근거 법령 및 조항 포함)
6. 그 밖에 당해 행정조사와 관련하여 필요한 사항
② 조사대상자는 지정된 출석일시에 출석하는 경우 업무 또는 생활에 지장이 있는 때에는 행정기관의 장에게 출석일시를 변경하여 줄 것을 신청할 수 있으며, 변경신청을 받은 행정기관의 장은 행정조사의 목적을 달성할 수 있는 범위 안에서 출석일시를 변경할 수 있다.
③ 출석한 조사대상자가 제1항에 따른 출석요구서에 기재된 내용을 이행하지 아니하여 **행정조사의 목적을 달성할 수 없는 경우를 제외하고는 조사원은 조사대상자의 1회 출석으로 당해 조사를 종결하여야 한다.**

제10조(보고요구와 자료제출의 요구) ① 행정기관의 장은 조사대상자에게 조사사항에 대하여 보고를 요구하는 때에는 다음 각 호의 사항이 포함된 보고요구서를 발송하여야 한다.
1. 일시와 장소
2. 조사의 목적과 범위
3. 보고하여야 하는 내용
4. 보고거부에 대한 제재(근거법령 및 조항 포함)
5. 그 밖에 당해 행정조사와 관련하여 필요한 사항

② 행정기관의 장은 조사대상자에게 장부·서류나 그 밖의 자료를 제출하도록 요구하는 때에는 다음 각 호의 사항이 기재된 자료제출요구서를 발송하여야 한다.
1. 제출기간
2. 제출요청사유
3. 제출서류
4. 제출서류의 반환 여부
5. 제출거부에 대한 제재(근거 법령 및 조항 포함)
6. 그 밖에 당해 행정조사와 관련하여 필요한 사항

제11조(현장조사) ① 조사원이 가택·사무실 또는 사업장 등에 출입하여 현장조사를 실시하는 경우에는 행정기관의 장은 다음 각 호의 사항이 기재된 현장출입조사서 또는 법령등에서 현장조사시 제시하도록 규정하고 있는 문서를 조사대상자에게 발송하여야 한다.
1. 조사목적
2. 조사기간과 장소
3. 조사원의 성명과 직위
4. 조사범위와 내용
5. 제출자료
6. 조사거부에 대한 제재(근거 법령 및 조항 포함)
7. 그 밖에 당해 행정조사와 관련하여 필요한 사항

② 제1항에 따른 현장조사는 해가 뜨기 전이나 해가 진 뒤에는 할 수 없다. 다만, 다음 각 호의 어느 하나에 해당하는 경우에는 그러하지 아니하다.
1. 조사대상자(대리인 및 관리책임이 있는 자를 포함한다)가 동의한 경우
2. 사무실 또는 사업장 등의 업무시간에 행정조사를 실시하는 경우
3. 해가 뜬 후부터 해가 지기 전까지 행정조사를 실시하는 경우에는 조사목적의 달성이 불가능하거나 증거인멸로 인하여 조사대상자의 법령등의 위반 여부를 확인할 수 없는 경우

③ 제1항 및 제2항에 따라 현장조사를 하는 조사원은 그 권한을 나타내는 증표를 지니고 이를 조사대상자에게 내보여야 한다.

제12조(시료채취) ① 조사원이 조사목적의 달성을 위하여 시료채취를 하는 경우에는 그 시료의 소유자 및 관리자의 정상적인 경제활동을 방해하지 아니하는 범위 안에서 최소한도로 하여야 한다.
② 행정기관의 장은 제1항에 따른 **시료채취로 조사대상자에게 손실을 입힌 때에는 대통령령으로 정하는 절차와 방법에 따라 그 손실을 보상하여야 한다.** 21 해경승진

제13조(자료등의 영치) ① 조사원이 현장조사 중에 자료·서류·물건 등(이하 이 조에서 "자료등"이라 한다)을 영치하는 때에는 조사대상자 또는 그 대리인을 입회시켜야 한다.
② 조사원이 제1항에 따라 자료등을 영치하는 경우에 조사대상자의 생활이나 영업이 사실상 불가능하게 될 우려가 있는 때에는 조사원은 자료등을 사진으로 촬영하거나 사본을 작성하는 등의 방법으로 영치에 갈음할 수 있다. 다만, 증거인멸의 우려가 있는 자료등을 영치하는 경우에는 그러하지 아니하다.
③ 조사원이 영치를 완료한 때에는 영치조서 2부를 작성하여 입회인과 함께 서명날인하고 그중 1부를 입회인에게 교부하여야 한다.
④ 행정기관의 장은 영치한 자료등이 다음 각 호의 어느 하나에 해당하는 경우에는 이를 즉시 반환하여야 한다.

1. 영치한 자료등을 검토한 결과 당해 행정조사와 관련이 없다고 인정되는 경우
2. 당해 행정조사의 목적의 달성 등으로 자료등에 대한 영치의 필요성이 없게 된 경우

제14조(공동조사) ① 행정기관의 장은 다음 각 호의 어느 하나에 해당하는 행정조사를 하는 경우에는 **공동조사를 하여야 한다.**
  1. **당해 행정기관 내의 2 이상의 부서가 동일하거나 유사한 업무분야에 대하여 동일한 조사대상자에게 행정조사를 실시하는 경우**
  2. 서로 다른 행정기관이 대통령령으로 정하는 분야에 대하여 동일한 조사대상자에게 행정조사를 실시하는 경우
② 제1항 각 호에 따른 사항에 대하여 행정조사의 사전통지를 받은 조사대상자는 관계 행정기관의 장에게 공동조사를 실시하여 줄 것을 신청할 수 있다. 이 경우 조사대상자는 신청인의 성명·조사일시·신청이유 등이 기재된 공동조사신청서를 관계 행정기관의 장에게 제출하여야 한다.
③ 제2항에 따라 공동조사를 요청받은 행정기관의 장은 이에 응하여야 한다.
④ 국무조정실장은 행정기관의 장이 제6조에 따라 제출한 행정조사운영계획의 내용을 검토한 후 관계 부처의 장에게 공동조사의 실시를 요청할 수 있다.
⑤ 그 밖에 공동조사에 관하여 필요한 사항은 대통령령으로 정한다.

제15조(중복조사의 제한) ① 제7조에 따라 정기조사 또는 수시조사를 실시한 행정기관의 장은 **동일한 사안에 대하여 동일한 조사대상자를 재조사 하여서는 아니 된다.** 다만, 당해 행정기관이 이미 조사를 받은 조사대상자에 대하여 위법행위가 의심되는 새로운 증거를 확보한 경우에는 그러하지 아니하다.
② **행정조사를 실시할 행정기관의 장은 행정조사를 실시하기 전에 다른 행정기관에서 동일한 조사대상자에게 동일하거나 유사한 사안에 대하여 행정조사를 실시하였는지 여부를 확인할 수 있다.**
③ 행정조사를 실시할 행정기관의 장이 제2항에 따른 사실을 확인하기 위하여 행정조사의 결과에 대한 자료를 요청하는 경우 요청받은 행정기관의 장은 특별한 사유가 없는 한 관련 자료를 제공하여야 한다.

제4장 조사실시

제16조(개별조사계획의 수립) ① 행정조사를 실시하고자 하는 행정기관의 장은 제17조에 따른 사전통지를 하기 전에 개별조사계획을 수립하여야 한다. 다만, 행정조사의 시급성으로 행정조사계획을 수립할 수 없는 경우에는 행정조사에 대한 결과보고서로 개별조사계획을 갈음할 수 있다.
② 제1항에 따른 개별조사계획에는 조사의 목적·종류·대상·방법 및 기간, 그 밖에 대통령령으로 정하는 사항이 포함되어야 한다.

제17조(조사의 사전통지) ① **행정조사를 실시하고자 하는 행정기관의 장은** 제9조에 따른 출석요구서, 제10조에 따른 보고요구서·자료제출요구서 및 제11조에 따른 현장출입조사서(이하 "출석요구서 등"이라 한다)를 **조사개시 7일 전까지 조사대상자에게 서면으로 통지하여야 한다.** 다만, 다음 각 호의 어느 하나에 해당하는 경우에는 행정조사의 개시와 동시에 출석요구서등을 조사대상자에게 제시하거나 행정조사의 목적 등을 조사대상자에게 **구두로 통지할 수 있다.** 22 2차
  1. 행정조사를 실시하기 전에 관련 사항을 미리 통지하는 때에는 증거인멸 등으로 **행정조사의 목적을 달성할 수 없다고 판단되는 경우**
  2. 「통계법」 제3조제2호에 따른 지정통계의 작성을 위하여 조사하는 경우
  3. 제5조 단서에 따라 **조사대상자의 자발적인 협조를 얻어 실시하는 행정조사의 경우**

② 행정기관의 장이 출석요구서등을 조사대상자에게 발송하는 경우 출석요구서등의 내용이 외부에 공개되지 아니하도록 필요한 조치를 하여야 한다.

제18조(조사의 연기신청) ① 출석요구서등을 통지받은 자가 천재지변이나 그 밖에 대통령령으로 정하는 사유로 인하여 행정조사를 받을 수 없는 때에는 당해 행정조사를 연기하여 줄 것을 행정기관의 장에게 요청할 수 있다.

② 제1항에 따라 연기요청을 하고자 하는 자는 연기하고자 하는 기간과 사유가 포함된 연기신청서를 행정기관의 장에게 제출하여야 한다.

③ 행정기관의 장은 제2항에 따라 **행정조사의 연기요청을 받은 때에는 연기요청을 받은 날부터 7일 이내에 조사의 연기 여부를 결정하여 조사대상자에게 통지하여야 한다.**

제19조(제3자에 대한 보충조사) ① 행정기관의 장은 조사대상자에 대한 조사만으로는 당해 행정조사의 목적을 달성할 수 없거나 조사대상이 되는 행위에 대한 사실 여부 등을 입증하는 데 과도한 비용 등이 소요되는 경우로서 다음 각 호의 어느 하나에 해당하는 경우에는 제3자에 대하여 보충조사를 할 수 있다.

  1. 다른 법률에서 제3자에 대한 조사를 허용하고 있는 경우
  2. 제3자의 동의가 있는 경우

② 행정기관의 장은 제1항에 따라 제3자에 대한 **보충조사를 실시하는 경우에는 조사개시 7일 전까지 보충조사의 일시·장소 및 보충조사의 취지 등을 제3자에게 서면으로 통지하여야 한다.**

③ 행정기관의 장은 제3자에 대한 보충조사를 하기 전에 그 사실을 원래의 조사대상자에게 통지하여야 한다. 다만, 제3자에 대한 보충조사를 사전에 통지하여서는 조사목적을 달성할 수 없거나 조사목적의 달성이 현저히 곤란한 경우에는 제3자에 대한 조사결과를 확정하기 전에 그 사실을 통지하여야 한다.

④ 원래의 조사대상자는 제3항에 따른 통지에 대하여 의견을 제출할 수 있다.

제20조(자발적인 협조에 따라 실시하는 행정조사) ① 행정기관의 장이 제5조 단서에 따라 조사대상자의 자발적인 협조를 얻어 행정조사를 실시하고자 하는 경우 조사대상자는 문서·전화·구두 등의 방법으로 당해 행정조사를 거부할 수 있다.

② 제1항에 따른 행정조사에 대하여 **조사대상자가 조사에 응할 것인지에 대한 응답을 하지 아니하는 경우에는 법령등에 특별한 규정이 없는 한 그 조사를 거부한 것으로 본다.**

③ 행정기관의 장은 제1항 및 제2항에 따른 조사거부자의 인적 사항 등에 관한 기초자료는 특정 개인을 식별할 수 없는 형태로 통계를 작성하는 경우에 한하여 이를 이용할 수 있다.

제21조(의견제출) ① 조사대상자는 제17조에 따른 사전통지의 내용에 대하여 행정기관의 장에게 의견을 제출할 수 있다.

② 행정기관의 장은 제1항에 따라 조사대상자가 제출한 의견이 상당한 이유가 있다고 인정하는 경우에는 이를 행정조사에 반영하여야 한다.

제22조(조사원 교체신청) ① 조사대상자는 조사원에게 공정한 행정조사를 기대하기 어려운 사정이 있다고 판단되는 경우에는 행정기관의 장에게 당해 조사원의 교체를 신청할 수 있다.

② 제1항에 따른 **교체신청은 그 이유를 명시한 서면으로 행정기관의 장에게 하여야 한다.**

③ 제1항에 따른 교체신청을 받은 행정기관의 장은 즉시 이를 심사하여야 한다.

④ 행정기관의 장은 제1항에 따른 교체신청이 타당하다고 인정되는 경우에는 다른 조사원으로 하여금 행정조사를 하게 하여야 한다.

⑤ 행정기관의 장은 제1항에 따른 교체신청이 조사를 지연할 목적으로 한 것이거나 그 밖에 교체신청

에 타당한 이유가 없다고 인정되는 때에는 그 신청을 기각하고 그 취지를 신청인에게 통지하여야 한다.

제23조(조사권 행사의 제한) ① 조사원은 제9조부터 제11조까지에 따라 사전에 발송된 사항에 한하여 조사대상자를 조사하되, 사전통지한 사항과 관련된 추가적인 행정조사가 필요할 경우에는 조사대상자에게 추가조사의 필요성과 조사내용 등에 관한 사항을 서면이나 구두로 통보한 후 추가조사를 실시할 수 있다.
② 조사대상자는 법률·회계 등에 대하여 전문지식이 있는 관계 전문가로 하여금 행정조사를 받는 과정에 입회하게 하거나 의견을 진술하게 할 수 있다.
③ 조사대상자와 조사원은 조사과정을 방해하지 아니하는 범위 안에서 행정조사의 과정을 녹음하거나 녹화할 수 있다. 이 경우 녹음·녹화의 범위 등은 상호 협의하여 정하여야 한다.
④ 조사대상자와 조사원이 제3항에 따라 녹음이나 녹화를 하는 경우에는 사전에 이를 당해 행정기관의 장에게 통지하여야 한다.

제24조(조사결과의 통지) 행정기관의 장은 법령등에 특별한 규정이 있는 경우를 제외하고는 행정조사의 **결과를 확정한 날부터 7일 이내에 그 결과를 조사대상자에게 통지하여야 한다.**

제5장 자율관리체제의 구축 등

제25조(자율신고제도) ① 행정기관의 장은 법령등에서 규정하고 있는 조사사항을 조사대상자로 하여금 스스로 신고하도록 하는 제도를 운영할 수 있다.
② 행정기관의 장은 조사대상자가 제1항에 따라 신고한 내용이 거짓의 신고라고 인정할 만한 근거가 있거나 신고내용을 신뢰할 수 없는 경우를 제외하고는 그 신고내용을 행정조사에 갈음할 수 있다.

제26조(자율관리체제의 구축) ① 행정기관의 장은 조사대상자가 자율적으로 행정조사사항을 신고·관리하고, 스스로 법령준수사항을 통제하도록 하는 체제(이하 "자율관리체제"라 한다)의 기준을 마련하여 고시할 수 있다.
② 다음 각 호의 어느 하나에 해당하는 자는 제1항에 따른 기준에 따라 자율관리체제를 구축하여 대통령령으로 정하는 절차와 방법에 따라 행정기관의 장에게 신고할 수 있다.
 1. 조사대상자
 2. 조사대상자가 법령등에 따라 설립하거나 자율적으로 설립한 단체 또는 협회
③ 국가와 지방자치단체는 행정사무의 효율적인 집행과 법령등의 준수를 위하여 조사대상자의 자율관리체제 구축을 지원하여야 한다.

제27조(자율관리에 대한 혜택의 부여) 행정기관의 장은 제25조에 따라 자율신고를 하는 자와 제26조에 따라 자율관리체제를 구축하고 자율관리체제의 기준을 준수한 자에 대하여는 법령등으로 규정한 바에 따라 행정조사의 감면 또는 행정·세제상의 지원을 하는 등 필요한 혜택을 부여할 수 있다.

제6장 보칙

제28조(정보통신수단을 통한 행정조사) ① 행정기관의 장은 인터넷 등 정보통신망을 통하여 조사대상자로 하여금 자료의 제출 등을 하게 할 수 있다.
② 행정기관의 장은 정보통신망을 통하여 자료의 제출 등을 받은 경우에는 조사대상자의 신상이나 사업비밀 등이 유출되지 아니하도록 제도적·기술적 보안조치를 강구하여야 한다.

제29조(행정조사의 점검과 평가) ① 국무조정실장은 행정조사의 효율성·투명성 및 예측가능성을 제

고하기 위하여 각급 행정기관의 행정조사 실태, 공동조사 실시현황 및 중복조사 실시 여부 등을 확인·점검하여야 한다.
② 국무조정실장은 제1항에 따른 확인·점검결과를 평가하여 대통령령으로 정하는 절차와 방법에 따라 국무회의와 대통령에게 보고하여야 한다.
③ 국무조정실장은 제1항에 따른 확인·점검을 위하여 각급 행정기관의 장에게 행정조사의 결과 및 공동조사의 현황 등에 관한 자료의 제출을 요구할 수 있다.
④ 행정조사의 확인·점검 대상 행정기관과 행정조사의 확인·점검 및 평가절차에 관한 사항은 대통령령으로 정한다.

9. 행정기본법

제1장 총칙

제1절 목적 및 정의 등

제1조(목적) 이 법은 행정의 원칙과 기본사항을 규정하여 행정의 **민주성**과 **적법성**을 확보하고 **적정성**과 **효율성**을 향상시킴으로써 국민의 권익 보호에 이바지함을 목적으로 한다.

제2조(정의) 이 법에서 사용하는 용어의 뜻은 다음과 같다.
1. **"법령등"**이란 다음 각 목의 것을 말한다.
   가. **법령**: 다음의 어느 하나에 해당하는 것
      1) **법률 및 대통령령·총리령·부령**
      2) **국회규칙·대법원규칙·헌법재판소규칙·중앙선거관리위원회규칙 및 감사원규칙**
      3) 1) 또는 2)의 위임을 받아 중앙행정기관(「정부조직법」 및 그 밖의 법률에 따라 설치된 중앙행정기관을 말한다. 이하 같다)**의 장이 정한 훈령·예규 및 고시 등 행정규칙**
   나. **자치법규**: 지방자치단체의 **조례 및 규칙**
2. **"행정청"**이란 다음 각 목의 자를 말한다.
   가. 행정에 관한 의사를 결정하여 표시하는 **국가 또는 지방자치단체의 기관**
   나. 그 밖에 법령등에 따라 행정에 관한 의사를 결정하여 표시하는 권한을 가지고 있거나 **그 권한을 위임 또는 위탁받은 공공단체 또는 그 기관이나 사인(私人)**
3. **"당사자"**란 **처분의 상대방**을 말한다.
4. **"처분"**이란 **행정청이 구체적 사실에 관하여 행하는 법 집행으로서 공권력의 행사 또는 그 거부**와 그 밖에 이에 준하는 행정작용을 말한다.
5. **"제재처분"**이란 법령등에 따른 **의무를 위반하거나 이행하지 아니하였음을 이유로 당사자에게 의무를 부과하거나 권익을 제한하는 처분**을 말한다. 다만, 제30조제1항 각 호에 따른 행정상 강제는 제외한다.

제3조(국가와 지방자치단체의 책무) ① 국가와 지방자치단체는 국민의 삶의 질을 향상시키기 위하여 적법절차에 따라 공정하고 합리적인 행정을 수행할 책무를 진다.
② 국가와 지방자치단체는 행정의 능률과 실효성을 높이기 위하여 지속적으로 법령등과 제도를 정비·개선할 책무를 진다.

제4조(행정의 적극적 추진) ① 행정은 공공의 이익을 위하여 **적극적으로 추진되어야 한다.**
② 국가와 지방자치단체는 소속 공무원이 공공의 이익을 위하여 적극적으로 직무를 수행할 수 있도록 제반 여건을 조성하고, 이와 관련된 시책 및 조치를 추진하여야 한다.
③ 제1항 및 제2항에 따른 행정의 적극적 추진 및 적극행정 활성화를 위한 시책의 구체적인 사항 등은 대통령령으로 정한다.

제5조(다른 법률과의 관계) ① 행정에 관하여 **다른 법률에 특별한 규정이 있는 경우를 제외하고는 이 법에서 정하는 바에 따른다.**
② 행정에 관한 다른 법률을 제정하거나 개정하는 경우에는 이 법의 목적과 원칙, 기준 및 취지에 부합되도록 노력하여야 한다.

제2절 기간의 계산

제6조(행정에 관한 기간의 계산) ① 행정에 관한 **기간의 계산**에 관하여는 이 법 또는 다른 법령등에 특별한 규정이 있는 경우를 제외하고는 「**민법**」을 준용한다.
② 법령등 또는 처분에서 **국민의 권익을 제한하거나 의무를 부과하는 경우 권익이 제한되거나 의무가 지속되는 기간의 계산은 다음 각 호의 기준에 따른다.** 다만, 다음 각 호의 기준에 따르는 것이 **국민에게 불리한 경우에는 그러하지 아니하다.**
  1. 기간을 일, 주, 월 또는 연으로 정한 경우에는 기간의 **첫날을 산입한다.**
  2. **기간의 말일이 토요일 또는 공휴일**인 경우에도 기간은 **그 날로 만료한다.**

제7조(법령등 시행일의 기간 계산) 법령등(훈령·예규·고시·지침 등을 포함한다. 이하 이 조에서 같다)의 시행일을 정하거나 계산할 때에는 다음 각 호의 기준에 따른다.
  1. 법령등을 **공포한 날부터 시행**하는 경우에는 **공포한 날**을 시행일로 한다.
  2. 법령등을 공포한 날부터 **일정 기간이 경과한 날부터 시행**하는 경우 법령등을 **공포한 날을 첫날에 산입하지 아니한다.**
  3. 법령등을 공포한 날부터 **일정 기간이 경과한 날부터 시행**하는 경우 그 **기간의 말일이 토요일 또는 공휴일인 때에는 그 말일로 기간이 만료한다.**

제7조의2(행정에 관한 나이의 계산 및 표시) 행정에 관한 나이는 다른 법령등에 특별한 규정이 있는 경우를 제외하고는 출생일을 산입하여 만(滿) 나이로 계산하고, 연수(年數)로 표시한다. 다만, 1세에 이르지 아니한 경우에는 월수(月數)로 표시할 수 있다. 23 2차

제2장 행정의 법 원칙

제8조(법치행정의 원칙) 행정작용은 **법률에 위반되어서는 아니 되며**, 국민의 권리를 제한하거나 의무를 부과하는 경우와 그 밖에 국민생활에 중요한 영향을 미치는 경우에는 **법률에 근거하여야 한다.**

제9조(평등의 원칙) 행정청은 **합리적 이유 없이** 국민을 차별하여서는 아니 된다. 23 승진

제10조(비례의 원칙) 행정작용은 다음 각 호의 원칙에 따라야 한다. 23 승진
  1. 행정목적을 달성하는 데 **유효하고 적절할 것**
  2. 행정목적을 달성하는 데 **필요한 최소한도에 그칠 것**
  3. 행정작용으로 인한 **국민의 이익 침해가** 그 행정작용이 의도하는 **공익보다 크지 아니할 것** 23 2차

제11조(성실의무 및 권한남용금지의 원칙) ① 행정청은 법령등에 따른 의무를 성실히 수행하여야 한다.
② 행정청은 행정권한을 남용하거나 그 권한의 범위를 넘어서는 아니 된다.

제12조(신뢰보호의 원칙) ① 행정청은 공익 또는 제3자의 이익을 현저히 해칠 우려가 있는 경우를 제외하고는 행정에 대한 국민의 정당하고 합리적인 신뢰를 보호하여야 한다. 22 1차

② 행정청은 권한 행사의 기회가 있음에도 불구하고 장기간 권한을 행사하지 아니하여 **국민이 그 권한이 행사되지 아니할 것으로 믿을 만한 정당한 사유가 있는 경우에는 그 권한을 행사해서는 아니된다.** 다만, 공익 또는 제3자의 이익을 현저히 해칠 우려가 있는 경우는 예외로 한다. 22 1차, 23 승진, 23 2차

제13조(부당결부금지의 원칙) 행정청은 행정작용을 할 때 상대방에게 해당 행정작용과 **실질적인 관련이 없는 의무를 부과해서는 아니 된다.** 23 승진, 23 2차

제3장 행정작용

제1절 처분

제14조(법 적용의 기준) ① 새로운 **법령등**은 법령등에 특별한 규정이 있는 경우를 제외하고는 그 **법령등의 효력 발생 전에 완성되거나 종결된 사실관계 또는 법률관계에 대해서는 적용되지 아니한다.**

② **당사자의 신청에 따른 처분**은 법령등에 특별한 규정이 있거나 처분 당시의 법령등을 적용하기 곤란한 특별한 사정이 있는 경우를 제외하고는 **처분 당시의 법령등**에 따른다.

③ 법령등을 위반한 행위의 성립과 이에 대한 **제재처분**은 법령등에 특별한 규정이 있는 경우를 제외하고는 법령등을 위반한 **행위 당시**의 법령등에 따른다. 다만, 법령등을 **위반한 행위 후** 법령등의 변경에 의하여 그 행위가 법령등을 **위반한 행위**에 해당하지 아니하거나 제재처분 기준이 **가벼워진 경우**로서 해당 법령등에 특별한 규정이 없는 경우에는 **변경된 법령등을 적용한다.**

제15조(처분의 효력) 처분은 권한이 있는 기관이 취소 또는 철회하거나 기간의 경과 등으로 소멸되기 전까지는 유효한 것으로 통용된다. 다만, 무효인 처분은 처음부터 그 효력이 발생하지 아니한다.

제16조(결격사유) ① 자격이나 신분 등을 취득 또는 부여할 수 없거나 인가, 허가, 지정, 승인, 영업등록, 신고 수리 등(이하 "**인허가**"라 한다)을 필요로 하는 영업 또는 사업 등을 할 수 없는 사유(이하 이 조에서 "**결격사유**"라 한다)는 **법률**로 정한다.

② 결격사유를 규정할 때에는 다음 각 호의 기준에 따른다.
  1. 규정의 필요성이 분명할 것
  2. 필요한 항목만 최소한으로 규정할 것
  3. 대상이 되는 자격, 신분, 영업 또는 사업 등과 실질적인 관련이 있을 것
  4. 유사한 다른 제도와 균형을 이룰 것

제17조(부관) ① 행정청은 처분에 재량이 있는 경우에는 **부관**(조건, 기한, 부담, 철회권의 유보 등을 말한다. 이하 이 조에서 같다)**을 붙일 수 있다.** 23 1차

② 행정청은 처분에 **재량이 없는 경우에는 법률에 근거가 있는 경우에 부관을 붙일 수 있다.** 23 1차

③ 행정청은 부관을 붙일 수 있는 처분이 다음 각 호의 어느 하나에 해당하는 경우에는 그 **처분을 한 후에도 부관을 새로 붙이거나 종전의 부관을 변경할 수 있다.** 23 1차
  1. 법률에 **근거**가 있는 경우
  2. 당사자의 **동의**가 있는 경우 23 1차
  3. **사정이 변경**되어 부관을 새로 붙이거나 종전의 부관을 변경하지 아니하면 **해당 처분의 목적을 달성할 수 없다고 인정되는 경우**

④ 부관은 다음 각 호의 요건에 적합하여야 한다.
  1. 해당 처분의 **목적에 위배되지 아니할 것** 23 1차

2. 해당 처분과 **실질적인 관련이 있을 것** 23 1차
3. 해당 처분의 목적을 달성하기 위하여 **필요한 최소한의 범위일 것**

제18조(위법 또는 부당한 처분의 취소) ① 행정청은 위법 또는 부당한 처분의 전부나 일부를 소급하여 **취소할 수 있다.** 다만, 당사자의 신뢰를 보호할 가치가 있는 등 정당한 사유가 있는 경우에는 장래를 향하여 취소할 수 있다.
② 행정청은 제1항에 따라 **당사자에게 권리나 이익을 부여하는 처분을 취소하려는 경우**에는 취소로 인하여 당사자가 입게 될 불이익을 취소로 달성되는 **공익과 비교·형량**하여야 한다. 다만, 다음 각 호의 어느 하나에 해당하는 경우에는 그러하지 아니하다.
  1. 거짓이나 그 밖의 부정한 방법으로 처분을 받은 경우
  2. 당사자가 처분의 위법성을 알고 있었거나 중대한 과실로 알지 못한 경우

제19조(적법한 처분의 철회) ① 행정청은 **적법한 처분**이 다음 각 호의 어느 하나에 해당하는 경우에는 그 처분의 전부 또는 일부를 장래를 향하여 철회할 수 있다.
  1. 법률에서 정한 **철회 사유**에 해당하게 된 경우
  2. **법령등의 변경이나 사정변경**으로 처분을 더 이상 존속시킬 필요가 없게 된 경우
  3. **중대한 공익**을 위하여 필요한 경우
② 행정청은 제1항에 따라 **처분을 철회하려는 경우**에는 철회로 인하여 당사자가 입게 될 불이익을 철회로 달성되는 **공익과 비교·형량**하여야 한다.

제20조(자동적 처분) 행정청은 법률로 정하는 바에 따라 **완전히 자동화된 시스템**(인공지능 기술을 적용한 시스템을 **포함한다**)으로 **처분을 할 수 있다.** 다만, **처분에 재량이 있는 경우는 그러하지 아니하다.** 23 2차

제21조(재량행사의 기준) 행정청은 **재량이 있는 처분**을 할 때에는 관련 **이익을 정당하게 형량하여야** 하며, 그 재량권의 범위를 넘어서는 아니 된다.

제22조(제재처분의 기준) ① 제재처분의 근거가 되는 **법률에는 제재처분의 주체, 사유, 유형 및 상한을 명확하게 규정하여야 한다.** 이 경우 제재처분의 유형 및 상한을 정할 때에는 해당 위반행위의 특수성 및 유사한 위반행위와의 형평성 등을 **종합적으로 고려하여야 한다.**
② 행정청은 재량이 있는 제재처분을 할 때에는 다음 각 호의 사항을 고려하여야 한다.
  1. 위반행위의 **동기, 목적 및 방법**
  2. 위반행위의 **결과**
  3. 위반행위의 **횟수**
  4. 그 밖에 제1호부터 제3호까지에 준하는 사항으로서 대통령령으로 정하는 사항

제23조(제재처분의 제척기간) ① 행정청은 법령등의 위반행위가 **종료된 날부터 5년이 지나면** 해당 위반행위에 대하여 **제재처분**(인허가의 정지·취소·철회, 등록 말소, 영업소 폐쇄와 정지를 갈음하는 과징금 부과를 말한다. 이하 이 조에서 같다)**을 할 수 없다.**
② 다음 각 호의 어느 하나에 해당하는 경우에는 제1항을 적용하지 아니한다.
  1. 거짓이나 그 밖의 부정한 방법으로 인허가를 받거나 신고를 한 경우
  2. 당사자가 인허가나 신고의 위법성을 알고 있었거나 중대한 과실로 알지 못한 경우
  3. 정당한 사유 없이 행정청의 조사·출입·검사를 기피·방해·거부하여 제척기간이 지난 경우
  4. 제재처분을 하지 아니하면 국민의 안전·생명 또는 환경을 심각하게 해치거나 해칠 우려가 있는 경우
③ 행정청은 제1항에도 불구하고 행정심판의 **재결이나 법원의 판결에 따라 제재처분이 취소·철회된**

경우에는 재결이나 판결이 확정된 날부터 1년(합의제행정기관은 2년)이 지나기 전까지는 그 취지에 따른 새로운 제재처분을 할 수 있다.
④ 다른 법률에서 제1항 및 제3항의 기간보다 짧거나 긴 기간을 규정하고 있으면 그 법률에서 정하는 바에 따른다.

제2절 인허가의제

제24조(인허가의제의 기준) ① 이 절에서 "인허가의제"란 하나의 인허가(이하 "주된 인허가"라 한다)를 받으면 법률로 정하는 바에 따라 그와 관련된 여러 인허가(이하 "관련 인허가"라 한다)를 받은 것으로 보는 것을 말한다.
② 인허가의제를 받으려면 주된 인허가를 신청할 때 관련 인허가에 필요한 서류를 함께 제출하여야 한다. 다만, 불가피한 사유로 함께 제출할 수 없는 경우에는 주된 인허가 행정청이 별도로 정하는 기한까지 제출할 수 있다.
③ 주된 인허가 행정청은 주된 인허가를 하기 전에 관련 인허가에 관하여 미리 관련 인허가 행정청과 협의하여야 한다.
④ 관련 인허가 행정청은 제3항에 따른 협의를 요청받으면 그 요청을 받은 날부터 20일 이내(제5항 단서에 따른 절차에 걸리는 기간은 제외한다)에 의견을 제출하여야 한다. 이 경우 전단에서 정한 기간(민원 처리 관련 법령에 따라 의견을 제출하여야 하는 기간을 연장한 경우에는 그 연장한 기간을 말한다) 내에 협의 여부에 관하여 의견을 제출하지 아니하면 협의가 된 것으로 본다.
⑤ 제3항에 따라 협의를 요청받은 관련 인허가 행정청은 해당 법령을 위반하여 협의에 응해서는 아니 된다. 다만, 관련 인허가에 필요한 심의, 의견 청취 등 절차에 관하여는 법률에 인허가의제 시에도 해당 절차를 거친다는 명시적인 규정이 있는 경우에만 이를 거친다.

제25조(인허가의제의 효과) ① 제24조제3항·제4항에 따라 협의가 된 사항에 대해서는 주된 인허가를 받았을 때 관련 인허가를 받은 것으로 본다.
② 인허가의제의 효과는 주된 인허가의 해당 법률에 규정된 관련 인허가에 한정된다.

제26조(인허가의제의 사후관리 등) ① 인허가의제의 경우 관련 인허가 행정청은 관련 인허가를 직접 한 것으로 보아 관계 법령에 따른 관리·감독 등 필요한 조치를 하여야 한다.
② 주된 인허가가 있은 후 이를 변경하는 경우에는 제24조·제25조 및 이 조 제1항을 준용한다.
③ 이 절에서 규정한 사항 외에 인허가의제의 방법, 그 밖에 필요한 세부 사항은 대통령령으로 정한다.

제3절 공법상 계약

제27조(공법상 계약의 체결) ① 행정청은 법령등을 위반하지 아니하는 범위에서 행정목적을 달성하기 위하여 필요한 경우에는 공법상 법률관계에 관한 계약(이하 **"공법상 계약"**이라 한다)을 체결할 수 있다. 이 경우 계약의 목적 및 내용을 명확하게 적은 **계약서를 작성하여야 한다.**
② 행정청은 공법상 계약의 상대방을 선정하고 **계약 내용을 정할 때** 공법상 계약의 **공공성과 제3자의 이해관계를 고려하여야 한다.**

제4절 과징금

제28조(과징금의 기준) ① 행정청은 법령등에 따른 **의무를 위반한 자**에 대하여 **법률**로 정하는 바에 따라 그 위반행위에 대한 제재로서 **과징금을 부과할 수 있다.**
② 과징금의 근거가 되는 법률에는 과징금에 관한 다음 각 호의 사항을 명확하게 규정하여야 한다.

1. 부과·징수 주체
2. 부과 사유
3. 상한액
4. 가산금을 징수하려는 경우 그 사항
5. 과징금 또는 가산금 체납 시 강제징수를 하려는 경우 그 사항

제29조(과징금의 납부기한 연기 및 분할 납부) 과징금은 **한꺼번에 납부하는 것을 원칙**으로 한다. 다만, 행정청은 과징금을 부과받은 자가 다음 각 호의 어느 하나에 해당하는 사유로 과징금 전액을 한꺼번에 내기 어렵다고 인정될 때에는 그 **납부기한을 연기하거나 분할 납부하게 할 수 있으며**, 이 경우 필요하다고 인정하면 담보를 제공하게 할 수 있다.
1. 재해 등으로 재산에 현저한 손실을 입은 경우
2. 사업 여건의 악화로 사업이 중대한 위기에 처한 경우
3. 과징금을 한꺼번에 내면 자금 사정에 현저한 어려움이 예상되는 경우
4. 그 밖에 제1호부터 제3호까지에 준하는 경우로서 대통령령으로 정하는 사유가 있는 경우

제5절 행정상 강제

제30조(행정상 강제) ① 행정청은 행정목적을 달성하기 위하여 필요한 경우에는 **법률**로 정하는 바에 따라 필요한 최소한의 범위에서 다음 각 호의 어느 하나에 해당하는 조치를 할 수 있다. **22 경채**
1. **행정대집행**: 의무자가 행정상 의무(법령등에서 직접 부과하거나 행정청이 법령등에 따라 부과한 의무를 말한다. 이하 이 절에서 같다)로서 타인이 대신하여 행할 수 있는 의무를 이행하지 아니하는 경우 법률로 정하는 다른 수단으로는 그 이행을 확보하기 곤란하고 그 불이행을 방치하면 공익을 크게 해칠 것으로 인정될 때에 행정청이 의무자가 하여야 할 행위를 스스로 하거나 제3자에게 하게 하고 그 비용을 의무자로부터 징수하는 것
2. **이행강제금의 부과**: 의무자가 행정상 의무를 이행하지 아니하는 경우 행정청이 적절한 이행기간을 부여하고, 그 기한까지 행정상 의무를 이행하지 아니하면 금전급부의무를 부과하는 것
3. **직접강제**: 의무자가 행정상 의무를 이행하지 아니하는 경우 행정청이 의무자의 신체나 재산에 실력을 행사하여 그 행정상 의무의 이행이 있었던 것과 같은 상태를 실현하는 것
4. **강제징수**: 의무자가 행정상 의무 중 금전급부의무를 이행하지 아니하는 경우 행정청이 의무자의 재산에 실력을 행사하여 그 행정상 의무가 실현된 것과 같은 상태를 실현하는 것
5. **즉시강제**: 현재의 급박한 행정상의 장해를 제거하기 위한 경우로서 다음 각 목의 어느 하나에 해당하는 경우에 행정청이 곧바로 국민의 신체 또는 재산에 실력을 행사하여 행정목적을 달성하는 것
   가. 행정청이 미리 행정상 의무 이행을 명할 시간적 여유가 없는 경우
   나. 그 성질상 행정상 의무의 이행을 명하는 것만으로는 행정목적 달성이 곤란한 경우
② 행정상 강제 조치에 관하여 이 법에서 정한 사항 외에 필요한 사항은 따로 **법률**로 정한다.
③ 형사(刑事), 행형(行刑) 및 보안처분 관계 법령에 따라 행하는 사항이나 외국인의 출입국·난민인정·귀화·국적회복에 관한 사항에 관하여는 이 절을 적용하지 아니한다.

제31조(이행강제금의 부과) ① 이행강제금 부과의 근거가 되는 법률에는 이행강제금에 관한 다음 각 호의 사항을 명확하게 규정하여야 한다. 다만, 제4호 또는 제5호를 규정할 경우 입법목적이나 입법취지를 훼손할 우려가 크다고 인정되는 경우로서 대통령령으로 정하는 경우는 제외한다.
1. 부과·징수 주체

    2. 부과 요건
    3. 부과 금액
    4. 부과 금액 산정기준
    5. 연간 부과 횟수나 횟수의 상한
② 행정청은 다음 각 호의 사항을 고려하여 이행강제금의 부과 금액을 가중하거나 감경할 수 있다.
    1. 의무 불이행의 동기, 목적 및 결과
    2. 의무 불이행의 정도 및 상습성
    3. 그 밖에 행정목적을 달성하는 데 필요하다고 인정되는 사유
③ 행정청은 이행강제금을 부과하기 전에 미리 의무자에게 적절한 이행기간을 정하여 그 기한까지 행정상 의무를 이행하지 아니하면 이행강제금을 부과한다는 뜻을 문서로 계고(戒告)하여야 한다.
④ 행정청은 의무자가 제3항에 따른 계고에서 정한 기한까지 행정상 의무를 이행하지 아니한 경우 이행강제금의 부과 금액·사유·시기를 문서로 명확하게 적어 의무자에게 통지하여야 한다.
⑤ 행정청은 의무자가 행정상 의무를 이행할 때까지 이행강제금을 반복하여 부과할 수 있다. 다만, 의무자가 의무를 이행하면 새로운 이행강제금의 부과를 즉시 중지하되, 이미 부과한 이행강제금은 징수하여야 한다.
⑥ 행정청은 이행강제금을 부과받은 자가 납부기한까지 이행강제금을 내지 아니하면 국세강제징수의 예 또는 「지방행정제재·부과금의 징수 등에 관한 법률」에 따라 징수한다.

제32조(직접강제) ① 직접강제는 행정대집행이나 이행강제금 부과의 방법으로는 행정상 의무 이행을 확보할 수 없거나 그 실현이 불가능한 경우에 실시하여야 한다.
② 직접강제를 실시하기 위하여 현장에 파견되는 집행책임자는 그가 집행책임자임을 표시하는 증표를 보여 주어야 한다.
③ 직접강제의 계고 및 통지에 관하여는 제31조제3항 및 제4항을 준용한다.

제33조(즉시강제) ① 즉시강제는 다른 수단으로는 행정목적을 달성할 수 없는 경우에만 허용되며, 이 경우에도 최소한으로만 실시하여야 한다.
② 즉시강제를 실시하기 위하여 현장에 파견되는 집행책임자는 그가 집행책임자임을 표시하는 증표를 보여 주어야 하며, 즉시강제의 이유와 내용을 고지하여야 한다.

제6절 그 밖의 행정작용

제34조(수리 여부에 따른 신고의 효력) 법령등으로 정하는 바에 따라 행정청에 일정한 사항을 통지하여야 하는 신고로서 **법률에 신고의 수리가 필요하다고 명시되어 있는 경우**(행정기관의 내부 업무 처리 절차로서 수리를 규정한 경우는 제외한다)에는 **행정청이 수리하여야 효력이 발생한다.**

제35조(수수료 및 사용료) ① 행정청은 특정인을 위한 행정서비스를 제공받는 자에게 법령으로 정하는 바에 따라 수수료를 받을 수 있다.
② 행정청은 공공시설 및 재산 등의 이용 또는 사용에 대하여 사전에 공개된 금액이나 기준에 따라 사용료를 받을 수 있다.
③ 제1항 및 제2항에도 불구하고 지방자치단체의 경우에는 「지방자치법」에 따른다.

제7절 처분에 대한 이의신청 및 재심사

제36조(처분에 대한 이의신청) ① 행정청의 처분(「행정심판법」 제3조에 따라 같은 법에 따른 행정심판의 대상이 되는 처분을 말한다. 이하 이 조에서 같다)에 이의가 있는 당사자는 처분을 받은 날부

터 **30일 이내에 해당 행정청에 이의신청**을 할 수 있다.
② 행정청은 제1항에 따른 이의신청을 받으면 그 신청을 받은 날부터 **14일** 이내에 그 이의신청에 대한 결과를 신청인에게 통지하여야 한다. 다만, 부득이한 사유로 14일 이내에 통지할 수 없는 경우에는 그 기간을 **만료일 다음 날**부터 기산하여 **10일**의 범위에서 **한 차례 연장할 수 있으며**, 연장 사유를 신청인에게 통지하여야 한다.
③ 제1항에 따라 이의신청을 한 경우에도 그 이의신청과 관계없이 「행정심판법」에 따른 행정심판 또는 「행정소송법」에 따른 행정소송을 제기할 수 있다.
④ 이의신청에 대한 결과를 통지받은 후 **행정심판 또는 행정소송을 제기하려는 자는 그 결과를 통지받은 날**(제2항에 따른 통지기간 내에 결과를 통지받지 못한 경우에는 같은 항에 따른 통지기간이 만료되는 날의 다음 날을 말한다)**부터 90일 이내에 행정심판 또는 행정소송을 제기할 수 있다.**
⑤ 다른 법률에서 이의신청과 이에 준하는 절차에 대하여 정하고 있는 경우에도 그 법률에서 규정하지 아니한 사항에 관하여는 이 조에서 정하는 바에 따른다.
⑥ 제1항부터 제5항까지에서 규정한 사항 외에 이의신청의 방법 및 절차 등에 관한 사항은 대통령령으로 정한다.
⑦ 다음 각 호의 어느 하나에 해당하는 사항에 관하여는 이 조를 적용하지 아니한다.
  1. 공무원 인사 관계 법령에 따른 징계 등 처분에 관한 사항
  2. 「국가인권위원회법」 제30조에 따른 진정에 대한 국가인권위원회의 결정
  3. 「노동위원회법」 제2조의2에 따라 노동위원회의 의결을 거쳐 행하는 사항
  4. 형사, 행형 및 보안처분 관계 법령에 따라 행하는 사항
  5. 외국인의 출입국·난민인정·귀화·국적회복에 관한 사항
  6. 과태료 부과 및 징수에 관한 사항

제37조(처분의 재심사) ① 당사자는 처분(제재처분 및 행정상 강제는 제외한다. 이하 이 조에서 같다)이 행정심판, 행정소송 및 그 밖의 쟁송을 통하여 다툴 수 없게 된 경우(법원의 확정판결이 있는 경우는 제외한다)라도 다음 각 호의 어느 하나에 해당하는 경우에는 해당 처분을 한 행정청에 처분을 취소·철회하거나 변경하여 줄 것을 신청할 수 있다.
  1. 처분의 근거가 된 사실관계 또는 법률관계가 추후에 당사자에게 유리하게 바뀐 경우
  2. 당사자에게 유리한 결정을 가져다주었을 새로운 증거가 있는 경우
  3. 「민사소송법」 제451조에 따른 재심사유에 준하는 사유가 발생한 경우 등 대통령령으로 정하는 경우
② 제1항에 따른 신청은 해당 처분의 절차, 행정심판, 행정소송 및 그 밖의 쟁송에서 당사자가 중대한 과실 없이 제1항 각 호의 사유를 주장하지 못한 경우에만 할 수 있다.
③ 제1항에 따른 신청은 당사자가 제1항 각 호의 사유를 안 날부터 60일 이내에 하여야 한다. 다만, 처분이 있은 날부터 5년이 지나면 신청할 수 없다.
④ 제1항에 따른 신청을 받은 행정청은 특별한 사정이 없으면 신청을 받은 날부터 90일(합의제행정기관은 180일) 이내에 처분의 재심사 결과(재심사 여부와 처분의 유지·취소·철회·변경 등에 대한 결정을 포함한다)를 신청인에게 통지하여야 한다. 다만, 부득이한 사유로 90일(합의제행정기관은 180일) 이내에 통지할 수 없는 경우에는 그 기간을 만료일 다음 날부터 기산하여 90일(합의제행정기관은 180일)의 범위에서 한 차례 연장할 수 있으며, 연장 사유를 신청인에게 통지하여야 한다.
⑤ 제4항에 따른 처분의 재심사 결과 중 처분을 유지하는 결과에 대해서는 행정심판, 행정소송 및 그 밖의 쟁송수단을 통하여 불복할 수 없다.
⑥ 행정청의 제18조에 따른 취소와 제19조에 따른 철회는 처분의 재심사에 의하여 영향을 받지 아니

한다.
⑦ 제1항부터 제6항까지에서 규정한 사항 외에 처분의 재심사의 방법 및 절차 등에 관한 사항은 대통령령으로 정한다.
⑧ 다음 각 호의 어느 하나에 해당하는 사항에 관하여는 이 조를 적용하지 아니한다.
  1. 공무원 인사 관계 법령에 따른 징계 등 처분에 관한 사항
  2. 「노동위원회법」 제2조의2에 따라 노동위원회의 의결을 거쳐 행하는 사항
  3. 형사, 행형 및 보안처분 관계 법령에 따라 행하는 사항
  4. 외국인의 출입국·난민인정·귀화·국적회복에 관한 사항
  5. 과태료 부과 및 징수에 관한 사항
  6. 개별 법률에서 그 적용을 배제하고 있는 경우

제4장 행정의 입법활동 등

제38조(행정의 입법활동) ① 국가나 지방자치단체가 법령등을 제정·개정·폐지하고자 하거나 그와 관련된 활동(법률안의 국회 제출과 조례안의 지방의회 제출을 포함하며, 이하 이 장에서 "**행정의 입법활동**"이라 한다)을 할 때에는 **헌법과 상위 법령을 위반해서는 아니 되며, 헌법과 법령등에서 정한 절차를 준수하여야 한다.**
② 행정의 입법활동은 다음 각 호의 기준에 따라야 한다.
  1. 일반 국민 및 이해관계자로부터 의견을 수렴하고 관계 기관과 충분한 협의를 거쳐 책임 있게 추진되어야 한다.
  2. 법령등의 내용과 규정은 다른 법령등과 조화를 이루어야 하고, 법령등 상호 간에 중복되거나 상충되지 아니하여야 한다.
  3. 법령등은 일반 국민이 그 내용을 쉽고 명확하게 이해할 수 있도록 알기 쉽게 만들어져야 한다.
③ 정부는 매년 해당 연도에 추진할 법령안 입법계획(이하 "**정부입법계획**"이라 한다)**을 수립하여야 한다.**
④ 행정의 입법활동의 절차 및 정부입법계획의 수립에 관하여 필요한 사항은 정부의 법제업무에 관한 사항을 규율하는 대통령령으로 정한다.

제39조(행정법제의 개선) ① **정부는** 권한 있는 기관에 의하여 **위헌으로 결정**되어 법령이 헌법에 위반되거나 법률에 위반되는 것이 명백한 경우 등 대통령령으로 정하는 경우에는 **해당 법령을 개선하여야 한다.**
② **정부는** 행정 분야의 법제도 개선 및 일관된 법 적용 기준 마련 등을 위하여 필요한 경우 대통령령으로 정하는 바에 따라 관계 기관 협의 및 관계 전문가 의견 수렴을 거쳐 개선조치를 할 수 있으며, 이를 위하여 **현행 법령에 관한 분석을 실시할 수 있다.**

제40조(법령해석) ① **누구든지** 법령등의 내용에 의문이 있으면 법령을 소관하는 **중앙행정기관의 장**(이하 "법령소관기관"이라 한다)과 자치법규를 소관하는 지방자치단체의 장에게 **법령해석을 요청할 수 있다.**
② 법령소관기관과 자치법규를 소관하는 지방자치단체의 장은 각각 소관 법령등을 헌법과 해당 법령등의 취지에 부합되게 해석·집행할 책임을 진다.
③ **법령소관기관이나 법령소관기관의 해석에 이의가 있는 자는** 대통령령으로 정하는 바에 따라 **법령해석업무를 전문으로 하는 기관에 법령해석을 요청할 수 있다.**
④ 법령해석의 절차에 관하여 필요한 사항은 대통령령으로 정한다.

10. 행정절차법 09 승진, 12 경간

제1장 총칙

제1절 목적, 정의 및 적용 범위 등

제1조(목적) 이 법은 행정절차에 관한 공통적인 사항을 규정하여 국민의 행정 참여를 도모함으로써 행정의 공정성·투명성 및 신뢰성을 확보하고 국민의 권익을 보호함을 목적으로 한다.

제2조(정의) 이 법에서 사용하는 용어의 뜻은 다음과 같다.
1. "행정청"이란 다음 각 목의 자를 말한다.
   가. 행정에 관한 의사를 결정하여 표시하는 국가 또는 지방자치단체의 기관
   나. 그 밖에 법령 또는 자치법규(이하 "법령등"이라 한다)에 따라 행정권한을 가지고 있거나 위임 또는 위탁받은 공공단체 또는 그 기관이나 사인
2. "처분"이란 행정청이 행하는 구체적 사실에 관한 법 집행으로서의 공권력의 행사 또는 그 거부와 그 밖에 이에 준하는 행정작용(行政作用)을 말한다.
3. "행정지도"란 행정기관이 그 소관 사무의 범위에서 일정한 행정목적을 실현하기 위하여 특정인에게 일정한 행위를 하거나 하지 아니하도록 지도, 권고, 조언 등을 하는 행정작용을 말한다.
4. "당사자등"이란 다음 각 목의 자를 말한다.
   가. 행정청의 처분에 대하여 직접 그 상대가 되는 당사자
   나. 행정청이 직권으로 또는 신청에 따라 행정절차에 참여하게 한 이해관계인
5. "**청문**"이란 행정청이 어떠한 처분을 하기 전에 당사자등의 의견을 직접 듣고 증거를 조사하는 절차를 말한다.
6. "**공청회**"란 행정청이 공개적인 토론을 통하여 어떠한 행정작용에 대하여 당사자등, 전문지식과 경험을 가진 사람, 그 밖의 일반인으로부터 의견을 널리 수렴하는 절차를 말한다.
7. "**의견제출**"이란 행정청이 어떠한 행정작용을 하기 전에 당사자등이 의견을 제시하는 절차로서 **청문이나 공청회에 해당하지 아니하는 절차**를 말한다.
8. "전자문서"란 컴퓨터 등 정보처리능력을 가진 장치에 의하여 전자적인 형태로 작성되어 송신·수신 또는 저장된 정보를 말한다.
9. "정보통신망"이란 전기통신설비를 활용하거나 전기통신설비와 컴퓨터 및 컴퓨터 이용기술을 활용하여 정보를 수집·가공·저장·검색·송신 또는 수신하는 정보통신체제를 말한다.

제3조(적용 범위) ① 처분, 신고, 확약, 위반사실 등의 공표, 행정계획, 행정상 입법예고, 행정예고 및 행정지도(행정조사절차X, 공법상 계약절차X)의 절차(이하 "행정절차"라 한다)에 관하여 다른 법률에 특별한 규정이 있는 경우를 제외하고는 이 법에서 정하는 바에 따른다.
② 이 법은 다음 각 호의 어느 하나에 해당하는 사항에 대하여는 **적용하지 아니한다.**
1. **국회** 또는 **지방의회**의 의결을 거치거나 동의 또는 승인을 받아 행하는 사항
2. **법원** 또는 군사법원의 재판에 의하거나 그 집행으로 행하는 사항
3. **헌법재판소**의 심판을 거쳐 행하는 사항
4. **각급 선거관리위원회**의 의결을 거쳐 행하는 사항
5. **감사원이 감사위원회의의 결정을 거쳐 행하는 사항** 21 해경승진
6. **형사, 행형 및 보안처분** 관계 법령에 따라 행하는 사항
7. 국가안전보장·국방·외교 또는 통일에 관한 사항 중 행정절차를 거칠 경우 **국가의 중대한 이익을 현저히 해칠 우려가 있는 사항**

8. 심사청구, 해양안전심판, 조세심판, 특허심판, **행정심판**, 그 밖의 불복절차에 따른 사항
9. 「병역법」에 따른 징집·소집, 외국인의 출입국·난민인정·귀화, **공무원 인사 관계 법령에 따른 징계**와 그 밖의 처분, 이해 조정을 목적으로 하는 법령에 따른 알선·조정·중재·재정 또는 그 밖의 처분 등 해당 행정작용의 성질상 행정절차를 거치기 곤란하거나 거칠 필요가 없다고 인정되는 사항과 행정절차에 준하는 절차를 거친 사항으로서 대통령령으로 정하는 사항

제4조(신의성실 및 신뢰보호) ① 행정청은 직무를 수행할 때 **신의에 따라 성실히 하여야 한다.**
② 행정청은 법령등의 해석 또는 행정청의 관행이 일반적으로 국민들에게 받아들여졌을 때에는 공익 또는 제3자의 정당한 이익을 현저히 해칠 우려가 있는 경우를 제외하고는 **새로운 해석 또는 관행에 따라 소급하여 불리하게 처리하여서는 아니 된다.**

제5조(투명성) ① 행정청이 행하는 행정작용은 그 내용이 **구체적이고 명확하여야 한다.**
② 행정작용의 근거가 되는 법령등의 내용이 명확하지 아니한 경우 상대방은 해당 행정청에 그 해석을 요청할 수 있으며, 해당 행정청은 특별한 사유가 없으면 그 요청에 따라야 한다.
③ 행정청은 상대방에게 행정작용과 관련된 정보를 충분히 제공하여야 한다.

제5조의2(행정업무 혁신) ① 행정청은 모든 국민이 균등하고 질 높은 행정서비스를 누릴 수 있도록 노력하여야 한다.
② 행정청은 정보통신기술을 활용하여 행정절차를 적극적으로 혁신하도록 노력하여야 한다. 이 경우 행정청은 국민이 경제적·사회적·지역적 여건 등으로 인하여 불이익을 받지 아니하도록 하여야 한다.
③ 행정청은 행정청이 생성하거나 취득하여 관리하고 있는 데이터(정보처리능력을 갖춘 장치를 통하여 생성 또는 처리되어 기계에 의한 판독이 가능한 형태로 존재하는 정형 또는 비정형의 정보를 말한다)를 행정과정에 활용하도록 노력하여야 한다.
④ 행정청은 행정업무 혁신 추진에 필요한 행정적·재정적·기술적 지원방안을 마련하여야 한다.

제2절 행정청의 관할 및 협조

제6조(관할) ① 행정청이 그 관할에 속하지 아니하는 사안을 접수하였거나 이송받은 경우에는 **지체 없이 이를 관할 행정청에 이송하여야 하고 그 사실을 신청인에게 통지하여야 한다.** 21 해경승진 행정청이 접수하거나 이송받은 후 관할이 변경된 경우에도 또한 같다.
② 행정청의 **관할이 분명하지 아니한 경우**에는 해당 행정청을 **공통으로 감독하는 상급 행정청**이 그 관할을 결정하며, **공통으로 감독하는 상급 행정청이 없는 경우에는 각 상급 행정청이 협의하여 그 관할을 결정**한다.

제7조(행정청 간의 협조 등) ① 행정청은 행정의 원활한 수행을 위하여 서로 협조하여야 한다.
② 행정청은 업무의 효율성을 높이고 행정서비스에 대한 국민의 만족도를 높이기 위하여 필요한 경우 행정협업(다른 행정청과 공동의 목표를 설정하고 행정청 상호 간의 기능을 연계하거나 시설·장비 및 정보 등을 공동으로 활용하는 것을 말한다. 이하 같다)의 방식으로 적극적으로 협조하여야 한다.
③ 행정청은 행정협업을 활성화하기 위한 시책을 마련하고 그 추진에 필요한 행정적·재정적 지원방안을 마련하여야 한다.
④ 행정협업의 촉진 등에 필요한 사항은 대통령령으로 정한다.

제8조(행정응원) ① 행정청은 다음 각 호의 어느 하나에 해당하는 경우에는 **다른 행정청에 행정응원을 요청할 수 있다.**
  1. **법령등의 이유**로 독자적인 직무 수행이 어려운 경우
  2. 인원·장비의 부족 등 **사실상의 이유**로 독자적인 직무 수행이 어려운 경우

3. 다른 행정청에 소속되어 있는 **전문기관의 협조**가 필요한 경우
4. 다른 행정청이 관리하고 있는 문서(전자문서를 포함한다. 이하 같다)·통계 등 **행정자료가 직무 수행을 위하여 필요한 경우**
5. 다른 행정청의 응원을 받아 처리하는 것이 보다 **능률적이고 경제적인 경우**

② 제1항에 따라 행정응원을 요청받은 행정청은 다음 각 호의 어느 하나에 해당하는 경우에는 **응원을 거부할 수 있다.**
  1. **다른 행정청이 보다 능률적이거나 경제적으로 응원할 수 있는 명백한 이유가 있는 경우**
  2. 행정응원으로 인하여 **고유의 직무 수행이 현저히 지장받을 것**으로 인정되는 명백한 이유가 있는 경우

③ 행정응원은 해당 직무를 직접 응원할 수 있는 행정청에 요청하여야 한다.
④ 행정응원을 요청받은 행정청은 응원을 거부하는 경우 그 사유를 응원을 요청한 행정청에 통지하여야 한다.
⑤ 행정응원을 위하여 **파견된 직원은 응원을 요청한 행정청의 지휘·감독을 받는다.** 다만, 해당 직원의 복무에 관하여 다른 법령등에 특별한 규정이 있는 경우에는 그에 따른다.
⑥ 행정응원에 드는 비용은 응원을 요청한 **행정청이 부담**하며, 그 부담금액 및 부담방법은 응원을 요청한 행정청과 응원을 하는 행정청이 협의하여 결정한다. 21 해경승진

제4절 송달 및 기간·기한의 특례

제14조(송달) ① 송달은 우편, 교부 또는 정보통신망 이용 등의 방법으로 하되, 송달받을 자(대표자 또는 대리인을 포함한다. 이하 같다)의 주소·거소·영업소·사무소 또는 전자우편주소(이하 "주소등"이라 한다)로 한다. 다만, **송달받을 자가 동의하는 경우에는 그를 만나는 장소에서 송달할 수 있다.**
② 교부에 의한 송달은 수령확인서를 받고 문서를 교부함으로써 하며, 송달하는 장소에서 송달받을 자를 만나지 못한 경우에는 그 사무원·피용자 또는 동거인으로서 사리를 분별할 지능이 있는 사람(이하 이 조에서 "사무원등"이라 한다)에게 문서를 교부할 수 있다. 다만, **문서를 송달받을 자 또는 그 사무원등이 정당한 사유 없이 송달받기를 거부하는 때에는 그 사실을 수령확인서에 적고, 문서를 송달할 장소에 놓아둘 수 있다.**
③ **정보통신망을 이용한 송달은 송달받을 자가 동의하는 경우에만 한다.** 이 경우 송달받을 자는 송달받을 전자우편주소 등을 지정하여야 한다.
④ 다음 각 호의 어느 하나에 해당하는 경우에는 송달받을 자가 알기 쉽도록 **관보, 공보, 게시판, 일간신문 중 하나 이상에 공고하고 인터넷에도 공고하여야 한다.**
  1. **송달받을 자의 주소등을 통상적인 방법으로 확인할 수 없는 경우**
  2. **송달이 불가능한 경우**
⑤ 제4항에 따른 공고를 할 때에는 민감정보 및 고유식별정보 등 송달받을 자의 개인정보를 「개인정보 보호법」에 따라 보호하여야 한다.
⑥ 행정청은 송달하는 문서의 명칭, 송달받는 자의 성명 또는 명칭, 발송방법 및 발송 연월일을 확인할 수 있는 기록을 보존하여야 한다.

제15조(송달의 효력 발생) ① 송달은 다른 법령등에 특별한 규정이 있는 경우를 제외하고는 해당 문서가 **송달받을 자에게 도달됨으로써 그 효력이 발생**한다.
② 제14조제3항에 따라 정보통신망을 이용하여 전자문서로 송달하는 경우에는 **송달받을 자가 지정한 컴퓨터 등에 입력된 때에 도달**된 것으로 본다.

③ 제14조제4항의 경우에는 다른 법령등에 특별한 규정이 있는 경우를 제외하고는 **공고일부터 14일이 지난 때에 그 효력이 발생**한다. 다만, 긴급히 시행하여야 할 특별한 사유가 있어 효력 발생 시기를 달리 정하여 공고한 경우에는 그에 따른다.

제2장 처분

제1절 통칙

제17조(처분의 신청) ① 행정청에 처분을 구하는 신청은 **문서**로 하여야 한다. 다만, 다른 법령등에 특별한 규정이 있는 경우와 행정청이 미리 다른 방법을 정하여 공시한 경우에는 그러하지 아니하다.
② 제1항에 따라 처분을 신청할 때 **전자문서로 하는 경우에는 행정청의 컴퓨터 등에 입력된 때에 신청한 것으로 본다.**
③ 행정청은 신청에 필요한 구비서류, 접수기관, 처리기간, 그 밖에 필요한 사항을 게시(인터넷 등을 통한 게시를 포함한다)하거나 이에 대한 편람을 갖추어 두고 누구나 열람할 수 있도록 하여야 한다.
④ 행정청은 신청을 받았을 때에는 **다른 법령등에 특별한 규정이 있는 경우를 제외하고는 그 접수를 보류 또는 거부하거나 부당하게 되돌려 보내서는 아니 되며, 신청을 접수한 경우에는 신청인에게 접수증을 주어야 한다.** 다만, 대통령령으로 정하는 경우에는 접수증을 주지 아니할 수 있다.
⑤ 행정청은 신청에 구비서류의 미비 등 흠이 있는 경우에는 보완에 필요한 상당한 기간을 정하여 지체 없이 신청인에게 보완을 요구하여야 한다.
⑥ 행정청은 신청인이 제5항에 따른 기간 내에 보완을 하지 아니하였을 때에는 그 이유를 구체적으로 밝혀 접수된 신청을 되돌려 보낼 수 있다.
⑦ **행정청은 신청인의 편의를 위하여 다른 행정청에 신청을 접수하게 할 수 있다.** 이 경우 행정청은 다른 행정청에 접수할 수 있는 신청의 종류를 미리 정하여 공시하여야 한다.
⑧ **신청인은 처분이 있기 전에는 그 신청의 내용을 보완·변경하거나 취하할 수 있다.** 다만, 다른 법령등에 특별한 규정이 있거나 그 신청의 성질상 보완·변경하거나 취하할 수 없는 경우에는 그러하지 아니하다.

제18조(다수의 행정청이 관여하는 처분) 행정청은 다수의 행정청이 관여하는 처분을 구하는 신청을 접수한 경우에는 관계 행정청과의 신속한 협조를 통하여 그 처분이 지연되지 아니하도록 하여야 한다.

제19조(처리기간의 설정·공표) ① **행정청은 신청인의 편의를 위하여 처분의 처리기간을 종류별로 미리 정하여 공표하여야 한다.**
② 행정청은 부득이한 사유로 제1항에 따른 처리기간 내에 처분을 처리하기 곤란한 경우에는 해당 처분의 처리기간의 범위에서 **한 번만 그 기간을 연장할 수 있다.**
③ 행정청은 제2항에 따라 처리기간을 연장할 때에는 처리기간의 연장 사유와 처리 예정 기한을 지체 없이 신청인에게 통지하여야 한다.
④ 행정청이 정당한 처리기간 내에 처리하지 아니하였을 때에는 신청인은 해당 행정청 또는 그 감독 행정청에 신속한 처리를 요청할 수 있다.
⑤ 제1항에 따른 처리기간에 산입하지 아니하는 기간에 관하여는 대통령령으로 정한다.

제20조(처분기준의 설정·공표) ① 행정청은 필요한 처분기준을 해당 처분의 성질에 비추어 되도록 **구체적으로 정하여 공표하여야 한다.** 처분기준을 변경하는 경우에도 또한 같다.
② 「행정기본법」 제24조에 따른 인허가의제의 경우 관련 인허가 행정청은 관련 인허가의 처분기준을 주된 인허가 행정청에 제출하여야 하고, 주된 인허가 행정청은 제출받은 관련 인허가의 처분기준을 통합하여 공표하여야 한다. 처분기준을 변경하는 경우에도 또한 같다.

③ 제1항에 따른 **처분기준을 공표하는 것이 해당 처분의 성질상 현저히 곤란하거나 공공의 안전 또는 복리를 현저히 해치는 것으로 인정될 만한 상당한 이유가 있는 경우에는 처분기준을 공표하지 아니할 수 있다.**

④ 당사자등은 공표된 처분기준이 명확하지 아니한 경우 해당 행정청에 그 해석 또는 설명을 요청할 수 있다. 이 경우 해당 행정청은 특별한 사정이 없으면 그 요청에 따라야 한다.

제21조(처분의 사전 통지) ① 행정청은 당사자에게 의무를 부과하거나 권익을 제한하는 처분을 하는 경우에는 미리 다음 각 호의 사항을 당사자등에게 통지하여야 한다.

1. 처분의 제목
2. 당사자의 성명 또는 명칭과 주소
3. **처분하려는 원인이 되는 사실과 처분의 내용 및 법적 근거**
4. 제3호에 대하여 의견을 제출할 수 있다는 뜻과 의견을 제출하지 아니하는 경우의 처리방법
5. 의견제출기관의 명칭과 주소
6. 의견제출기한
7. 그 밖에 필요한 사항

② 행정청은 청문을 하려면 **청문이 시작되는 날부터 10일 전까지** 제1항 각 호의 사항을 당사자등에게 **통지하여야 한다.** 이 경우 제1항제4호부터 제6호까지의 사항은 청문 주재자의 소속·직위 및 성명, 청문의 일시 및 장소, 청문에 응하지 아니하는 경우의 처리방법 등 청문에 필요한 사항으로 갈음한다.

③ 제1항제6호에 따른 기한은 **의견제출에 필요한 기간을 10일 이상으로 고려하여 정하여야 한다.**

④ 다음 각 호의 어느 하나에 해당하는 경우에는 제1항에 따른 **통지를 하지 아니할 수 있다.**
   1. **공공의 안전 또는 복리를 위하여 긴급히 처분을 할 필요가 있는 경우**
   2. 법령등에서 요구된 자격이 없거나 없어지게 되면 반드시 일정한 처분을 하여야 하는 경우에 그 **자격이 없거나 없어지게 된 사실이 법원의 재판 등에 의하여 객관적으로 증명된 경우**
   3. 해당 처분의 **성질상 의견청취가 현저히 곤란하거나 명백히 불필요**하다고 인정될 만한 상당한 이유가 있는 경우

⑤ 처분의 전제가 되는 사실이 법원의 재판 등에 의하여 객관적으로 증명된 경우 등 제4항에 따른 사전 통지를 하지 아니할 수 있는 구체적인 사항은 대통령령으로 정한다.

⑥ 제4항에 따라 사전 통지를 하지 아니하는 경우 행정청은 처분을 할 때 당사자등에게 통지를 하지 아니한 사유를 알려야 한다. 다만, 신속한 처분이 필요한 경우에는 처분 후 그 사유를 알릴 수 있다.

⑦ 제6항에 따라 당사자등에게 알리는 경우에는 제24조를 준용한다.

제22조(의견청취) ① 행정청이 처분을 할 때 다음 각 호의 어느 하나에 해당하는 경우에는 **청문을 한다.** 23 1차
   1. **다른 법령등에서 청문을 하도록 규정**하고 있는 경우
   2. **행정청이 필요하다고 인정**하는 경우
   3. 다음 각 목의 처분을 하는 경우(**당사자 신청 필요X**)
      가. **인허가 등의 취소**
      나. **신분·자격의 박탈**
      다. **법인이나 조합 등의 설립허가의 취소**

② 행정청이 처분을 할 때 다음 각 호의 어느 하나에 해당하는 경우에는 **공청회를 개최한다.** 23 1차
   1. 다른 법령등에서 공청회를 개최하도록 규정하고 있는 경우
   2. **해당 처분의 영향이 광범위하여 널리 의견을 수렴할 필요가 있다고 행정청이 인정하는 경우**

23 1차
   3. 국민생활에 큰 영향을 미치는 처분으로서 대통령령으로 정하는 처분에 대하여 대통령령으로 정하는 수 이상의 당사자등이 공청회 개최를 요구하는 경우
③ 행정청이 당사자에게 의무를 부과하거나 권익을 제한하는 처분을 할 때 제1항 또는 제2항의 경우 외에는 당사자등에게 의견제출의 기회를 주어야 한다.
④ 제1항부터 제3항까지의 규정에도 불구하고 제21조제4항 각 호의 어느 하나에 해당하는 경우와 당사자가 의견진술의 기회를 포기한다는 뜻을 명백히 표시한 경우에는 의견청취를 하지 아니할 수 있다.
⑤ 행정청은 청문·공청회 또는 의견제출을 거쳤을 때에는 신속히 처분하여 해당 처분이 지연되지 아니하도록 하여야 한다.
⑥ 행정청은 처분 후 1년 이내에 당사자등이 요청하는 경우에는 청문·공청회 또는 의견제출을 위하여 제출받은 서류나 그 밖의 물건을 반환하여야 한다.

제23조(처분의 이유 제시) ① 행정청은 **처분을 할 때에는** 다음 각 호의 어느 하나에 해당하는 경우를 제외하고는 당사자에게 그 근거와 이유를 제시하여야 한다.
   1. 신청 내용을 모두 그대로 인정하는 처분인 경우
   2. 단순·반복적인 처분 또는 경미한 처분으로서 당사자가 그 이유를 명백히 알 수 있는 경우
   3. 긴급히 처분을 할 필요가 있는 경우
② 행정청은 제1항제2호 및 제3호의 경우에 처분 후 당사자가 요청하는 경우에는 그 근거와 이유를 제시하여야 한다.

제24조(처분의 방식) ① 행정청이 처분을 할 때에는 다른 법령등에 특별한 규정이 있는 경우를 제외하고는 **문서로 하여야 하며**, 다음 각 호의 어느 하나에 해당하는 경우에는 **전자문서로 할 수 있다**.
   1. 당사자등의 **동의**가 있는 경우
   2. 당사자가 **전자문서로 처분을 신청한 경우**
② 제1항에도 불구하고 **공공의 안전 또는 복리를 위하여 긴급히 처분을 할 필요가 있거나 사안이 경미한 경우**에는 말, 전화, 휴대전화를 이용한 문자 전송, 팩스 또는 전자우편 등 **문서가 아닌 방법으로 처분을 할 수 있다**. 이 경우 당사자가 요청하면 지체 없이 처분에 관한 문서를 주어야 한다.
③ 처분을 하는 문서에는 그 처분 행정청과 담당자의 소속·성명 및 연락처(전화번호, 팩스번호, 전자우편주소 등을 말한다)를 적어야 한다.

제25조(처분의 정정) 행정청은 처분에 오기(誤記), 오산(誤算) 또는 그 밖에 이에 준하는 명백한 잘못이 있을 때에는 직권으로 또는 신청에 따라 지체 없이 정정하고 그 사실을 당사자에게 통지하여야 한다.

제26조(고지) 행정청이 처분을 할 때에는 당사자에게 그 처분에 관하여 행정심판 및 행정소송을 제기할 수 있는지 여부, 그 밖에 불복을 할 수 있는지 여부, 청구절차 및 청구기간, 그 밖에 필요한 사항을 알려야 한다.

제2절 의견제출 및 청문

제27조(의견제출) ① 당사자등은 **처분 전**에 그 처분의 관할 행정청에 **서면이나 말로 또는 정보통신망**을 이용하여 **의견제출을 할 수 있다.**
② 당사자등은 제1항에 따라 의견제출을 하는 경우 그 주장을 입증하기 위한 증거자료 등을 첨부할 수 있다.
③ 행정청은 당사자등이 말로 의견제출을 하였을 때에는 서면으로 그 진술의 요지와 진술자를 기록하

여야 한다.
④ 당사자등이 정당한 이유 없이 의견제출기한까지 의견제출을 하지 아니한 경우에는 의견이 없는 것으로 본다.

제27조의2(제출 의견의 반영 등) ① 행정청은 처분을 할 때에 **당사자등이 제출한 의견이 상당한 이유가 있다고 인정하는 경우에는 이를 반영하여야 한다.**
② 행정청은 당사자등이 제출한 의견을 반영하지 아니하고 처분을 한 경우 당사자등이 **처분이 있음을 안 날부터 90일 이내에** 그 이유의 설명을 요청하면 서면으로 그 이유를 알려야 한다. 다만, 당사자등이 동의하면 말, 정보통신망 또는 그 밖의 방법으로 알릴 수 있다.

제28조(청문 주재자) ① 행정청은 소속 직원 또는 대통령령으로 정하는 자격을 가진 사람 중에서 청문 주재자를 공정하게 선정하여야 한다.
② 행정청은 다음 각 호의 어느 하나에 해당하는 처분을 하려는 경우에는 **청문 주재자를 2명 이상으로 선정할 수 있다.** 이 경우 선정된 **청문 주재자 중 1명이 청문 주재자를 대표한다.**
  1. 다수 국민의 이해가 상충되는 처분
  2. 다수 국민에게 불편이나 부담을 주는 처분
  3. 그 밖에 **전문적이고 공정한 청문을 위하여 행정청이 청문 주재자를 2명 이상으로 선정할 필요가 있다고 인정하는 처분**
③ **행정청은** 청문이 시작되는 날부터 **7일 전까지** 청문 주재자에게 청문과 관련한 **필요한 자료를 미리 통지하여야 한다.**
④ 청문 주재자는 독립하여 공정하게 직무를 수행하며, 그 직무 수행을 이유로 본인의 의사에 반하여 신분상 어떠한 불이익도 받지 아니한다.
⑤ 제1항 또는 제2항에 따라 선정된 **청문 주재자는 「형법」**이나 그 밖의 다른 법률에 따른 **벌칙을 적용할 때에는 공무원으로 본다.**
⑥ 제1항부터 제5항까지에서 규정한 사항 외에 청문 주재자의 선정 등에 필요한 사항은 대통령령으로 정한다.

제29조(청문 주재자의 제척·기피·회피) ① 청문 주재자가 다음 각 호의 어느 하나에 해당하는 경우에는 청문을 주재할 수 없다.
  1. 자신이 당사자등이거나 당사자등과 「민법」 제777조 각 호의 어느 하나에 해당하는 친족관계에 있거나 있었던 경우
  2. 자신이 해당 처분과 관련하여 증언이나 감정(鑑定)을 한 경우
  3. 자신이 해당 처분의 당사자등의 대리인으로 관여하거나 관여하였던 경우
  4. 자신이 해당 처분업무를 직접 처리하거나 처리하였던 경우
  5. 자신이 해당 처분업무를 처리하는 부서에 근무하는 경우. 이 경우 부서의 구체적인 범위는 대통령령으로 정한다.
② 청문 주재자에게 공정한 청문 진행을 할 수 없는 사정이 있는 경우 당사자등은 행정청에 기피신청을 할 수 있다. 이 경우 행정청은 청문을 정지하고 그 신청이 이유가 있다고 인정할 때에는 해당 청문 주재자를 지체 없이 교체하여야 한다.
③ 청문 주재자는 제1항 또는 제2항의 사유에 해당하는 경우에는 행정청의 승인을 받아 스스로 청문의 주재를 회피할 수 있다.

제30조(청문의 공개) 청문은 당사자가 공개를 **신청**하거나 청문 주재자가 **필요**하다고 인정하는 경우 **공개할 수 있다.** 다만, **공익 또는 제3자의 정당한 이익을 현저히 해칠 우려가 있는 경우에는** 공개하

여서는 아니 된다.

제31조(청문의 진행) ① 청문 주재자가 청문을 시작할 때에는 먼저 예정된 처분의 내용, 그 원인이 되는 사실 및 법적 근거 등을 설명하여야 한다.
② 당사자등은 의견을 진술하고 증거를 제출할 수 있으며, 참고인이나 감정인 등에게 질문할 수 있다.
③ 당사자등이 **의견서를 제출한 경우에는 그 내용을 출석하여 진술한 것으로 본다.**
④ 청문 주재자는 청문의 신속한 진행과 질서유지를 위하여 필요한 조치를 할 수 있다.
⑤ 청문을 계속할 경우에는 행정청은 당사자등에게 **다음 청문의 일시 및 장소를 서면으로 통지하여야 하며, 당사자등이 동의하는 경우에는 전자문서로 통지할 수 있다. 다만, 청문에 출석한 당사자등에게는 그 청문일에 청문 주재자가 말로 통지할 수 있다.**

제32조(청문의 병합·분리) 행정청은 직권으로 또는 당사자의 신청에 따라 여러 개의 사안을 병합하거나 분리하여 청문을 할 수 있다.

제33조(증거조사) ① 청문 주재자는 직권으로 또는 당사자의 신청에 따라 필요한 조사를 할 수 있으며, **당사자등이 주장하지 아니한 사실에 대하여도 조사할 수 있다.**
② 증거조사는 다음 각 호의 어느 하나에 해당하는 방법으로 한다.
　1. 문서·장부·물건 등 증거자료의 수집
　2. 참고인·감정인 등에 대한 질문
　3. 검증 또는 감정·평가
　4. 그 밖에 필요한 조사
③ 청문 주재자는 필요하다고 인정할 때에는 관계 행정청에 필요한 문서의 제출 또는 의견의 진술을 요구할 수 있다. 이 경우 관계 행정청은 직무 수행에 특별한 지장이 없으면 그 요구에 따라야 한다.

제35조(청문의 종결) ① 청문 주재자는 해당 사안에 대하여 당사자등의 의견진술, 증거조사가 충분히 이루어졌다고 인정하는 경우에는 청문을 마칠 수 있다.
② 청문 주재자는 당사자등의 전부 또는 일부가 정당한 사유 없이 청문기일에 출석하지 아니하거나 제31조제3항에 따른 의견서를 제출하지 아니한 경우에는 이들에게 다시 의견진술 및 증거제출의 기회를 주지 아니하고 청문을 마칠 수 있다.
③ 청문 주재자는 당사자등의 전부 또는 일부가 정당한 사유로 청문기일에 출석하지 못하거나 제31조제3항에 따른 의견서를 제출하지 못한 경우에는 10일 이상의 기간을 정하여 이들에게 의견진술 및 증거제출을 요구하여야 하며, 해당 기간이 지났을 때에 청문을 마칠 수 있다.
④ 청문 주재자는 청문을 마쳤을 때에는 청문조서, 청문 주재자의 의견서, 그 밖의 관계 서류 등을 행정청에 지체 없이 제출하여야 한다.

제35조의2(청문결과의 반영) 행정청은 처분을 할 때에 제35조제4항에 따라 받은 청문조서, 청문 주재자의 의견, 그 밖의 관계 서류 등을 충분히 검토하고 상당한 이유가 있다고 인정하는 경우에는 **청문결과를 반영하여야 한다.**

제36조(청문의 재개) 행정청은 청문을 마친 후 처분을 할 때까지 새로운 사정이 발견되어 청문을 재개할 필요가 있다고 인정할 때에는 제35조제4항에 따라 받은 청문조서 등을 되돌려 보내고 청문의 재개를 명할 수 있다. 이 경우 제31조제5항을 준용한다.

제37조(문서의 열람 및 비밀유지) ① 당사자등은 의견제출의 경우에는 처분의 사전 통지가 있는 날부터 의견제출기한까지, 청문의 경우에는 청문의 통지가 있는 날부터 청문이 끝날 때까지 행정청에 해당 사안의 조사결과에 관한 문서와 그 밖에 해당 처분과 관련되는 문서의 열람 또는 복사를 요청할 수 있다. 이 경우 **행정청은 다른 법령에 따라 공개가 제한되는 경우를 제외하고는 그 요청을 거**

부할 수 없다.
② 행정청은 제1항의 열람 또는 복사의 요청에 따르는 경우 그 일시 및 장소를 지정할 수 있다.
③ 행정청은 제1항 후단에 따라 열람 또는 복사의 요청을 거부하는 경우에는 그 이유를 소명하여야 한다.
④ 제1항에 따라 열람 또는 복사를 요청할 수 있는 문서의 범위는 대통령령으로 정한다.
⑤ 행정청은 제1항에 따른 복사에 드는 비용을 복사를 요청한 자에게 부담시킬 수 있다.
⑥ 누구든지 의견제출 또는 청문을 통하여 알게 된 사생활이나 경영상 또는 거래상의 비밀을 정당한 이유 없이 누설하거나 다른 목적으로 사용하여서는 아니 된다.

제3절 공청회

제38조(공청회 개최의 알림) 행정청은 공청회를 개최하려는 경우에는 **공청회 개최 14일 전까지** 다음 각 호의 사항을 당사자등에게 통지하고 관보, 공보, 인터넷 홈페이지 또는 일간신문 등에 공고하는 등의 방법으로 널리 알려야 한다. 다만, 공청회 개최를 알린 후 **예정대로 개최하지 못하여 새로 일시 및 장소 등을 정한 경우에는 공청회 개최 7일 전까지** 알려야 한다.
  1. 제목
  2. 일시 및 장소
  3. 주요 내용
  4. 발표자에 관한 사항
  5. 발표신청 방법 및 신청기한
  6. 정보통신망을 통한 의견제출
  7. 그 밖에 공청회 개최에 필요한 사항

제38조의2(온라인공청회) ① 행정청은 제38조에 따른 **공청회와 병행하여서만** 정보통신망을 이용한 공청회(이하 "온라인공청회"라 한다)를 실시할 수 있다.
② 제1항에도 불구하고 다음 각 호의 어느 하나에 해당하는 경우에는 **온라인공청회를 단독으로 개최할 수 있다.**
  1. **국민의 생명·신체·재산의 보호 등 국민의 안전 또는 권익보호 등의 이유로** 제38조에 따른 **공청회를 개최하기 어려운 경우**
  2. 제38조에 따른 **공청회가 행정청이 책임질 수 없는 사유로 개최되지 못하거나 개최는 되었으나 정상적으로 진행되지 못하고 무산된 횟수가 3회 이상인 경우**
  3. **행정청이 널리 의견을 수렴하기 위하여 온라인공청회를 단독으로 개최할 필요가 있다고 인정하는 경우.** 다만, 제22조제2항제1호 또는 제3호에 따라 공청회를 실시하는 경우는 제외한다.
③ 행정청은 온라인공청회를 실시하는 경우 의견제출 및 토론 참여가 가능하도록 적절한 전자적 처리 능력을 갖춘 정보통신망을 구축·운영하여야 한다.
④ 온라인공청회를 실시하는 경우에는 **누구든지** 정보통신망을 이용하여 **의견을 제출하거나 제출된 의견 등에 대한 토론에 참여할 수 있다.**
⑤ 제1항부터 제4항까지에서 규정한 사항 외에 온라인공청회의 실시 방법 및 절차에 관하여 필요한 사항은 대통령령으로 정한다.

제38조의3(공청회의 주재자 및 발표자의 선정) ① 행정청은 해당 공청회의 사안과 관련된 분야에 **전문적 지식이 있거나 그 분야에 종사한 경험이 있는 사람으로서 대통령령으로 정하는 자격을 가진 사람 중에서 공청회의 주재자를 선정한다.**
② 공청회의 발표자는 **발표를 신청한 사람 중에서 행정청이 선정한다.** 다만, 발표를 신청한 사람이 없

거나 공청회의 공정성을 확보하기 위하여 필요하다고 인정하는 경우에는 다음 각 호의 사람 중에서 지명하거나 위촉할 수 있다.
1. 해당 공청회의 사안과 관련된 당사자등
2. 해당 공청회의 사안과 관련된 분야에 전문적 지식이 있는 사람
3. 해당 공청회의 사안과 관련된 분야에 종사한 경험이 있는 사람
③ 행정청은 공청회의 주재자 및 발표자를 지명 또는 위촉하거나 선정할 때 공정성이 확보될 수 있도록 하여야 한다.
④ 공청회의 주재자, 발표자, 그 밖에 자료를 제출한 전문가 등에게는 예산의 범위에서 수당 및 여비와 그 밖에 필요한 경비를 지급할 수 있다.

제39조(공청회의 진행) ① 공청회의 주재자는 공청회를 공정하게 진행하여야 하며, 공청회의 원활한 진행을 위하여 **발표 내용을 제한할 수 있고, 질서유지를 위하여 발언 중지 및 퇴장 명령 등 행정안전부장관이 정하는 필요한 조치**를 할 수 있다.
② 발표자는 공청회의 내용과 **직접 관련된 사항에 대하여만 발표하여야 한다.**
③ 공청회의 주재자는 발표자의 발표가 끝난 후에는 발표자 **상호간에 질의 및 답변을 할 수 있도록 하여야 하며,** 방청인에게도 의견을 제시할 기회를 주어야 한다.

제39조의2(공청회 및 온라인공청회 결과의 반영) 행정청은 처분을 할 때에 공청회, 온라인공청회 및 정보통신망 등을 통하여 제시된 사실 및 의견이 **상당한 이유가 있다고 인정하는 경우에는 이를 반영하여야 한다.**

제39조의3(공청회의 재개최) 행정청은 공청회를 마친 후 처분을 할 때까지 새로운 사정이 발견되어 공청회를 다시 개최할 필요가 있다고 인정할 때에는 공청회를 다시 개최할 수 있다.

제3장 신고, 확약 및 위반사실 등의 공표 등

제40조(신고) ① 법령등에서 행정청에 일정한 사항을 통지함으로써 의무가 끝나는 신고를 규정하고 있는 경우 신고를 관장하는 행정청은 신고에 필요한 구비서류, 접수기관, 그 밖에 법령등에 따른 신고에 필요한 사항을 게시(인터넷 등을 통한 게시를 포함한다)하거나 이에 대한 편람을 갖추어 두고 누구나 열람할 수 있도록 하여야 한다.
② 제1항에 따른 신고가 다음 각 호의 요건을 갖춘 경우에는 신고서가 접수기관에 도달된 때에 신고 의무가 이행된 것으로 본다.
1. 신고서의 기재사항에 흠이 없을 것
2. 필요한 구비서류가 첨부되어 있을 것
3. 그 밖에 법령등에 규정된 형식상의 요건에 적합할 것
③ 행정청은 제2항 각 호의 **요건을 갖추지 못한 신고서가 제출된 경우에는 지체 없이 상당한 기간을 정하여 신고인에게 보완을 요구하여야 한다.**
④ 행정청은 신고인이 제3항에 따른 기간 내에 보완을 하지 아니하였을 때에는 그 이유를 구체적으로 밝혀 해당 신고서를 되돌려 보내야 한다.

제40조의2(확약) ① 법령등에서 당사자가 신청할 수 있는 처분을 규정하고 있는 경우 **행정청은 당사자의 신청에 따라 장래에 어떤 처분을 하거나 하지 아니할 것을 내용으로 하는 의사표시(이하 "확약"이라 한다)를 할 수 있다.**
② **확약은 문서로 하여야 한다.**
③ 행정청은 **다른 행정청과의 협의 등의 절차를 거쳐야 하는 처분에 대하여 확약을 하려는 경우에는**

확약을 하기 전에 그 절차를 거쳐야 한다.
④ 행정청은 다음 각 호의 어느 하나에 해당하는 경우에는 **확약에 기속되지 아니한다.**
  1. 확약을 한 후에 확약의 내용을 이행할 수 없을 정도로 법령등이나 **사정이 변경된 경우**
  2. **확약이 위법한 경우**
⑤ 행정청은 확약이 제4항 각 호의 어느 하나에 해당하여 확약을 이행할 수 없는 경우에는 **지체 없이 당사자에게 그 사실을 통지하여야 한다.**

제40조의3(위반사실 등의 공표) ① 행정청은 법령에 따른 의무를 위반한 자의 성명·법인명, 위반사실, 의무 위반을 이유로 한 처분사실 등(이하 "위반사실등"이라 한다)을 **법률로 정하는 바에 따라 일반에게 공표할 수 있다.**
② 행정청은 위반사실등의 공표를 하기 전에 사실과 다른 공표로 인하여 당사자의 명예·신용 등이 훼손되지 아니하도록 **객관적이고 타당한 증거와 근거가 있는지를 확인하여야 한다.**
③ 행정청은 위반사실등의 공표를 할 때에는 **미리 당사자에게 그 사실을 통지하고 의견제출의 기회를 주어야 한다.** 다만, 다음 각 호의 어느 하나에 해당하는 경우에는 그러하지 아니하다.
  1. **공공의 안전 또는 복리를 위하여 긴급히 공표를 할 필요가 있는 경우**
  2. 해당 공표의 성질상 의견청취가 현저히 곤란하거나 명백히 불필요하다고 인정될 만한 타당한 이유가 있는 경우
  3. 당사자가 의견진술의 기회를 포기한다는 뜻을 명백히 밝힌 경우
④ 제3항에 따라 의견제출의 기회를 받은 당사자는 공표 전에 관할 행정청에 **서면이나 말 또는 정보통신망을 이용하여 의견을 제출할 수 있다.**
⑤ 제4항에 따른 의견제출의 방법과 제출 의견의 반영 등에 관하여는 제27조 및 제27조의2를 준용한다. 이 경우 "처분"은 "위반사실등의 공표"로 본다.
⑥ 위반사실등의 공표는 **관보, 공보 또는 인터넷 홈페이지** 등을 통하여 한다.
⑦ 행정청은 위반사실등의 **공표를 하기 전에 당사자가 공표와 관련된 의무의 이행, 원상회복, 손해배상 등의 조치를 마친 경우에는 위반사실등의 공표를 하지 아니할 수 있다.**
⑧ 행정청은 공표된 내용이 사실과 다른 것으로 밝혀지거나 공표에 포함된 처분이 취소된 경우에는 그 내용을 정정하여, 정정한 내용을 **지체 없이 해당 공표와 같은 방법으로 공표된 기간 이상 공표하여야 한다.** 다만, 당사자가 원하지 아니하면 공표하지 아니할 수 있다.

제40조의4(행정계획) 행정청은 행정청이 수립하는 계획 중 **국민의 권리·의무에 직접 영향을 미치는 계획을 수립하거나 변경·폐지할 때에는 관련된 여러 이익을 정당하게 형량하여야 한다.**

제4장 행정상 입법예고

제41조(행정상 입법예고) ① 법령등을 제정·개정 또는 폐지(이하 "**입법**"이라 한다)하려는 경우에는 **해당 입법안을 마련한 행정청은 이를 예고하여야 한다.** 다만, 다음 각 호의 어느 하나에 해당하는 경우에는 **예고를 하지 아니할 수 있다.**
  1. 신속한 국민의 권리 보호 또는 예측 곤란한 특별한 사정의 발생 등으로 입법이 **긴급을 요하는 경우**
  2. 상위 법령등의 **단순한 집행을 위한 경우**
  3. 입법내용이 국민의 권리·의무 또는 **일상생활과 관련이 없는 경우**
  4. 단순한 표현·자구를 변경하는 경우 등 입법내용의 **성질상 예고의 필요가 없거나 곤란하다고 판단되는 경우**

            5. 예고함이 **공공의 안전 또는 복리를 현저히 해칠 우려가 있는 경우**
③ 법제처장은 입법예고를 하지 아니한 법령안의 심사 요청을 받은 경우에 입법예고를 하는 것이 적당하다고 판단할 때에는 해당 행정청에 입법예고를 권고하거나 직접 예고할 수 있다.
④ 입법안을 마련한 행정청은 입법예고 후 예고내용에 국민생활과 직접 관련된 내용이 추가되는 등 대통령령으로 정하는 중요한 변경이 발생하는 경우에는 해당 부분에 대한 입법예고를 다시 하여야 한다. 다만, 제1항 각 호의 어느 하나에 해당하는 경우에는 예고를 하지 아니할 수 있다.
⑤ 입법예고의 기준·절차 등에 관하여 필요한 사항은 대통령령으로 정한다.

제42조(예고방법) ① 행정청은 입법안의 취지, 주요 내용 또는 전문(全文)을 다음 각 호의 구분에 따른 방법으로 공고하여야 하며, 추가로 인터넷, 신문 또는 방송 등을 통하여 공고할 수 있다.
    1. 법령의 입법안을 입법예고하는 경우: **관보** 및 법제처장이 구축·제공하는 정보시스템을 통한 공고
    2. 자치법규의 입법안을 입법예고하는 경우: **공보**를 통한 공고
② **행정청은 대통령령을 입법예고하는 경우 국회 소관 상임위원회에 이를 제출하여야 한다.**
③ 행정청은 입법예고를 할 때에 입법안과 관련이 있다고 인정되는 중앙행정기관, 지방자치단체, 그 밖의 단체 등이 예고사항을 알 수 있도록 예고사항을 통지하거나 그 밖의 방법으로 알려야 한다.
④ 행정청은 제1항에 따라 예고된 입법안에 대하여 온라인공청회 등을 통하여 널리 의견을 수렴할 수 있다. 이 경우 제38조의2제3항부터 제5항까지의 규정을 준용한다.
⑤ 행정청은 예고된 입법안의 전문에 대한 열람 또는 복사를 요청받았을 때에는 특별한 사유가 없으면 그 요청에 따라야 한다.
⑥ 행정청은 제5항에 따른 복사에 드는 비용을 복사를 요청한 자에게 부담시킬 수 있다.

제43조(예고기간) 입법예고기간은 예고할 때 정하되, **특별한 사정이 없으면 40일(자치법규는 20일) 이상**으로 한다.

제44조(의견제출 및 처리) ① 누구든지 예고된 입법안에 대하여 의견을 제출할 수 있다.
② 행정청은 의견접수기관, 의견제출기간, 그 밖에 필요한 사항을 해당 입법안을 예고할 때 함께 공고하여야 한다.
③ 행정청은 해당 입법안에 대한 의견이 제출된 경우 특별한 사유가 없으면 이를 존중하여 처리하여야 한다.
④ 행정청은 의견을 제출한 자에게 그 제출된 의견의 처리결과를 통지하여야 한다.
⑤ 제출된 의견의 처리방법 및 처리결과의 통지에 관하여는 대통령령으로 정한다.

제45조(공청회) ① 행정청은 입법안에 관하여 공청회를 개최할 수 있다.
② 공청회에 관하여는 제38조, 제38조의2, 제38조의3, 제39조 및 제39조의2를 준용한다.

제5장 행정예고

제46조(행정예고) ① 행정청은 정책, 제도 및 계획(이하 **"정책등"**이라 한다)을 수립·시행하거나 변경하려는 경우에는 이를 예고하여야 한다. 다만, 다음 각 호의 어느 하나에 해당하는 경우에는 **예고를 하지 아니할 수 있다.**
    1. 신속하게 국민의 권리를 보호하여야 하거나 예측이 어려운 특별한 사정이 발생하는 등 **긴급한 사유로 예고가 현저히 곤란한 경우**
    2. 법령등의 **단순한 집행을 위한 경우**
    3. 정책등의 내용이 국민의 권리·의무 또는 **일상생활과 관련이 없는 경우**
    4. 정책등의 예고가 **공공의 안전 또는 복리를 현저히 해칠 우려가 상당한 경우**

② 제1항에도 불구하고 법령등의 입법을 포함하는 행정예고는 입법예고로 갈음할 수 있다.
③ **행정예고기간**은 예고 내용의 성격 등을 고려하여 정하되, **20일 이상**으로 한다.
④ 제3항에도 불구하고 행정목적을 달성하기 위하여 긴급한 필요가 있는 경우에는 행정예고기간을 단축할 수 있다. 이 경우 **단축된 행정예고기간은 10일 이상**으로 한다.

제46조의2(행정예고 통계 작성 및 공고) 행정청은 매년 자신이 행한 행정예고의 실시 현황과 그 결과에 관한 통계를 작성하고, 이를 관보·공보 또는 인터넷 등의 방법으로 널리 공고하여야 한다.

제47조(예고방법 등) ① 행정청은 정책등안(案)의 취지, 주요 내용 등을 관보·공보나 인터넷·신문·방송 등을 통하여 공고하여야 한다.
② 행정예고의 방법, 의견제출 및 처리, 공청회 및 온라인공청회에 관하여는 제38조, 제38조의2, 제38조의3, 제39조, 제39조의2, 제39조의3, 제42조(제1항·제2항 및 제4항은 제외한다), 제44조제1항부터 제3항까지 및 제45조제1항을 준용한다. 이 경우 "입법안"은 "정책등안"으로, "입법예고"는 "행정예고"로, "처분을 할 때"는 "정책등을 수립·시행하거나 변경할 때"로 본다.

제6장 행정지도

제48조(행정지도의 원칙) ① 행정지도는 그 **목적 달성에 필요한 최소한도에 그쳐야 하며, 행정지도의 상대방의 의사에 반하여 부당하게 강요하여서는 아니 된다.** 22 1차
② 행정기관은 행정지도의 **상대방이 행정지도에 따르지 아니하였다는 것을 이유로 불이익한 조치를 하여서는 아니 된다.** 22 1차

제49조(행정지도의 방식) ① 행정지도를 하는 자는 그 상대방에게 그 행정지도의 **취지 및 내용과 신분을 밝혀야 한다.**
② **행정지도가 말로 이루어지는 경우**에 상대방이 제1항의 사항을 적은 **서면의 교부를 요구하면 그 행정지도를 하는 자는 직무 수행에 특별한 지장이 없으면 이를 교부하여야 한다.** 22 1차

제50조(의견제출) 행정지도의 **상대방은 해당 행정지도의 방식·내용 등에 관하여 행정기관에 의견제출을 할 수 있다.** 22 1차

제51조(다수인을 대상으로 하는 행정지도) 행정기관이 같은 행정목적을 실현하기 위하여 **많은 상대방에게 행정지도를 하려는 경우에는 특별한 사정이 없으면 행정지도에 공통적인 내용이 되는 사항을 공표하여야 한다.**

제7장 국민참여의 확대

제52조(국민참여 활성화) ① 행정청은 행정과정에서 국민의 의견을 적극적으로 청취하고 이를 반영하도록 노력하여야 한다.
② 행정청은 국민에게 다양한 참여방법과 협력의 기회를 제공하도록 노력하여야 하며, 구체적인 참여방법을 공표하여야 한다.
③ 행정청은 국민참여 수준을 향상시키기 위하여 노력하여야 하며 필요한 경우 국민참여 수준에 대한 자체진단을 실시하고, 그 결과를 행정안전부장관에게 제출하여야 한다.
④ 행정청은 제3항에 따라 자체진단을 실시한 경우 그 결과를 공개할 수 있다.
⑤ 행정청은 국민참여를 활성화하기 위하여 교육·홍보, 예산·인력 확보 등 필요한 조치를 할 수 있다.
⑥ 행정안전부장관은 국민참여 확대를 위하여 행정청에 교육·홍보, 포상, 예산·인력 확보 등을 지원할 수 있다.

제52조의2(국민제안의 처리) ① 행정청(국회사무총장·법원행정처장·헌법재판소사무처장 및 중앙선

거관리위원회사무총장은 제외한다)은 정부시책이나 행정제도 및 그 운영의 개선에 관한 국민의 창의적인 의견이나 고안(이하 "국민제안"이라 한다)을 접수·처리하여야 한다.
② 제1항에 따른 국민제안의 운영 및 절차 등에 필요한 사항은 대통령령으로 정한다.

제52조의3(국민참여 창구) 행정청은 주요 정책 등에 관한 국민과 전문가의 의견을 듣거나 국민이 참여할 수 있는 온라인 또는 오프라인 창구를 설치·운영할 수 있다.

제53조(온라인 정책토론) ① 행정청은 국민에게 영향을 미치는 주요 정책 등에 대하여 국민의 다양하고 창의적인 의견을 널리 수렴하기 위하여 정보통신망을 이용한 정책토론(이하 이 조에서 "온라인 정책토론"이라 한다)을 실시할 수 있다.
② 행정청은 효율적인 온라인 정책토론을 위하여 과제별로 한시적인 토론 패널을 구성하여 해당 토론에 참여시킬 수 있다. 이 경우 패널의 구성에 있어서는 공정성 및 객관성이 확보될 수 있도록 노력하여야 한다.
③ 행정청은 온라인 정책토론이 공정하고 중립적으로 운영되도록 하기 위하여 필요한 조치를 할 수 있다.
④ 토론 패널의 구성, 운영방법, 그 밖에 온라인 정책토론의 운영을 위하여 필요한 사항은 대통령령으로 정한다.

제8장 보칙

제54조(비용의 부담) 행정절차에 드는 비용은 행정청이 부담한다. 다만, 당사자등이 자기를 위하여 스스로 지출한 비용은 그러하지 아니하다.

제55조(참고인 등에 대한 비용 지급) ① 행정청은 행정절차의 진행에 필요한 참고인이나 감정인 등에게 예산의 범위에서 여비와 일당을 지급할 수 있다.
② 제1항에 따른 비용의 지급기준 등에 관하여는 대통령령으로 정한다.

제56조(협조 요청 등) 행정안전부장관(제4장의 경우에는 법제처장을 말한다)은 이 법의 효율적인 운영을 위하여 노력하여야 하며, 필요한 경우에는 그 운영 상황과 실태를 확인할 수 있고, 관계 행정청에 관련 자료의 제출 등 협조를 요청할 수 있다.

📝 행정절차법 관련 판례

1. 국가공무원법상 직위해제처분은 당해 행정작용의 성질상 행정절차를 거치기 곤란하거나 불필요하다고 인정되는 사항 또는 행정절차에 준하는 절차를 거친 사항에 해당하므로, 처분의 사전통지 및 의견청취 등에 관한 행정절차법의 규정이 별도로 적용되지 않는다.(대판 2012두26180) → **국가공무원법 상 직위해제처분에는 처분의 사전통지 및 의견청취 등에 관한 행정절차법의 규정이 적용되지 않는다.** 22 지방직

2. 일반적으로 당사자가 근거규정 등을 명시하여 신청하는 인·허가 등을 거부하는 처분을 함에 있어 **당사자가 그 근거를 알 수 있을 정도로 상당한 이유를 제시한 경우에는 당해 처분의 근거 및 이유를 구체적 조항 및 내용까지 명시하지 않았더라도 그로 말미암아 그 처분이 위법한 것이 된다고 할 수 없다.**(대판 2000두8912)

3. **처분 당시 당사자가 어떠한 근거와 이유로 처분이 이루어진 것인지를 충분히 알 수 있어서 그에 불복하여 행정구제절차로 나아가는 데에 별다른 지장이 없었던 것으로 인정되는 경우**에는 처분서에 처분의 근거와 이유가 구체적으로 명시되어 있지 않았다고 하더라도 그로 말미암아 **그 처분이 위법한 것으로 된다고 할 수는 없다.**(대판 2011두18571 판결)

4. 신청에 따른 처분이 이루어지지 아니한 경우에는 아직 당사자에게 권익이 부과되지 아니하였으므로 특별한 사정이 없는 한 **신청에 대한 거부처분이라고 하더라도 직접 당사자의 권익을 제한하는 것은 아니어서**

신청에 대한 거부처분을 여기에서 말하는 '당사자의 권익을 제한하는 처분'에 해당한다고 할 수 없는 것이어서 **처분의 사전통지대상이 된다고 할 수 없다.**(대판 2003두674 판결) 18 경행

5. **퇴직연금의 환수결정**은 당사자에게 의무를 과하는 처분이기는 하나, **관련 법령에 따라 당연히 환수금액이 정하여지는 것이므로**, 퇴직연금의 환수결정에 앞서 당사자에게 의견진술의 기회를 주지 아니하여도 **행정절차법 제22조 제3항이나 신의칙에 어긋나지 아니한다.**(대판 99두5443 판결) 18 경행

6. 구 행정절차법(2011. 12. 2. 법률 제11109호로 개정되기 전의 것, 이하 같다) 제22조 제3항에 따라 행정청이 의무를 부과하거나 권익을 제한하는 처분을 할 때 의견제출의 기회를 주어야 하는 '당사자'는 '행정청의 처분에 대하여 직접 그 상대가 되는 당사자'(구 행정절차법 제2조 제4호)를 의미한다. 그런데 **'고시'의 방법**으로 불특정 다수인을 상대로 의무를 부과하거나 권익을 제한하는 처분은 성질상 의견제출의 기회를 주어야 하는 상대방을 특정할 수 없으므로, 이와 같은 처분에 있어서까지 구 행정절차법 제22조 제3항에 의하여 그 상대방에게 의견제출의 기회를 주어야 한다고 해석할 것은 아니다.(대판 2012두7745) 18 경행

7. 구 행정절차법(2012. 10. 22. 법률 제11498호로 개정되기 전의 것) 제3조 제2항 제9호, 구 행정절차법 시행령(2011. 12. 21. 대통령령 제23383호로 개정되기 전의 것) 제2조 제3호의 내용을 행정의 공정성, 투명성 및 신뢰성을 확보하고 국민의 권익을 보호할 목적으로 하는 행정절차법의 입법 목적에 비추어 보면, **공무원 인사관계 법령에 의한 처분에 관한 사항이라 하더라도 전부에 대하여 행정절차법의 적용이 배제되는 것이 아니라, 성질상 행정절차를 거치기 곤란하거나 불필요하다고 인정되는 처분이나 행정절차에 준하는 절차를 거치도록 하고 있는 처분의 경우에만 행정절차법의 적용이 배제되는 것으로 보아야 하고, 이러한 법리는 '공무원 인사관계 법령에 의한 처분'에 해당하는 별정직 공무원에 대한 직권면직 처분의 경우에도 마찬가지로 적용된다.**(대판 2011두30687)

[정리] 행정지도 19 1차

개념	일정한 행정목적을 달성하기 위해 상대방인 국민에게 임의적인 협력을 요청하는 **비권력적 사실행위(지도, 조언, 권고)** 23 승진
법적근거	반드시 법률의 근거를 요하지는 않음
권리구제	행정지도는 원칙적으로 항고소송의 대상이 되지 않으나, 위법한 행정지도로 국민이 손해를 입으면 국가배상책임이 인정될 수 있음
행정 절차법상 규정	① 행정지도에 있어서 **임의성을 원칙을 명문화**하고 있다. 　- 행정지도는 임의성에 기반하므로 과잉금지원칙과 무관하다.X 15 승진 ② 명문으로 행정지도에 있어서 **비례의 원칙을 규정**하고 있다. ③ **문서, 구두 모두 가능** ④ 행정지도의 상대방은 해당 행정지도의 방식·내용 등에 관하여 **행정기관에 의견제출을 할 수 있다.** 15 승진 ⑤ 행정기관은 행정지도의 상대방이 행정지도에 따르지 아니하였다는 것을 이유로 **불이익한 조치를 하여서는 아니 된다.** 15 승진 ⑥ 행정지도를 하는 자는 그 상대방에게 그 행정지도의 취지 및 내용과 신분을 밝혀야 한다. 15 승진

05 경찰행정작용

1. 경찰처분(경찰상 행정행위)

① **행정행위**는 실정법상의 개념이 아니라 **학문상의 개념**으로 행정청이 행하는 **구체적**(특정인 대상)·**개별적**(특정한 사안) **사실에 관한 법집행**으로 **권력적 단독행위**(일방적 우월한 지위에서 행하는 공권력작용)인 **공법행위**를 의미한다.(**외부적 행위만 처분에 해당함 → 내부적 행위**(단순한 직무명령, 준비행위, 직접 법적효과가 발생하지 않는 사실행위 등은 처분에 해당하지 않음)

② 행정쟁송법에는 **항고소송의 대상을 처분으로 규정**하고 있어 행정행위와 처분의 개념에 논란이 있지만, **처분의 개념을 행정행위의 개념보다 넓게 보고 있다**.(이원설 - 통설)

> **행정기본법**
>
> **제2조(정의)**
> 4. "처분"이란 행정청이 **구체적 사실에 관하여 행하는 법 집행**으로서 **공권력의 행사 또는 그 거부와 그 밖에 이에 준하는 행정작용**을 말한다.

📝 관련 판례

1. **시험승진후보자명부에서의 삭제행위**는 결국 그 명부에 등재된 자에 대한 승진 여부를 결정하기 위한 **행정청 내부의 준비과정에 불과하고**, 그 자체가 어떠한 권리나 의무를 설정하거나 법률상 이익에 직접적인 변동을 초래하는 별도의 **행정처분이 된다고 할 수 없다**.(대판 97누7325) 22 2차
2. 甲 등이 인터넷 포털사이트 등의 개인정보 유출사고로 자신들의 주민등록번호 등 개인정보가 불법 유출되자 이를 이유로 관할 구청장에게 주민등록번호를 변경해 줄 것을 신청하였으나 구청장이 '주민등록번호가 불법 유출된 경우 주민등록법상 변경이 허용되지 않는다'는 이유로 주민등록번호 변경을 거부하는 취지의 통지를 한 사안에서, 피해자의 의사와 무관하게 주민등록번호가 유출된 경우에는 조리상 주민등록번호의 변경을 요구할 신청권을 인정함이 타당하고, 구청장의 **주민등록번호 변경신청 거부행위는 항고소송의 대상이 되는 행정처분에 해당한다**.(대판 2013두 2945) 22 2차
3. 경찰청장의 횡단보도 설치 기본계획 수립 - **행정처분X(처분성 부정)** 22 2차
4. 국유재산법 제51조 제1항은 국유재산의 무단점유자에 대하여는 대부 또는 사용, 수익허가 등을 받은 경우에 납부하여야 할 대부료 또는 사용료 상당액 외에도 그 징벌적 의미에서 국가측이 일방적으로 그 2할 상당액을 추가하여 변상금을 징수토록 하고 있으며 동조 제2항은 변상금의 체납시 국세징수법에 의하여 강제징수토록 하고 있는 점 등에 비추어 보면 **국유재산의 관리청이 그 무단점유자에 대하여 하는 변상금부과처분은 순전히 사경제 주체로서 행하는 사법상의 법률행위라 할 수 없고 이는 관리청이 공권력을 가진 우월적 지위에서 행한 것으로서 행정소송의 대상이 되는 행정처분**이라고 보아야 한다.(대판 87누1046,1047) 23 2차
5. 원천징수의무자가 비록 과세관청과 같은 행정청이라 하더라도 그의 **원천징수행위는 법령에서 규정된 징수 및 납부의무를 이행하기 위한 것에 불과한 것이지, 공권력의 행사로서의 행정처분을 한 경우에 해당되지 아니한다**.(대판 89누4789) 23 2차
6. **국립 교육대학 학생에 대한 퇴학처분은 행정처분**이다.(대판 91누 2144) 23 2차

③ 행정행위의 종류에는 **법률행위적 행정행위(하명, 허가, 면제)**와 **준법률행위적 행정행위(확인, 공증, 통지, 수리)**가 있다.

(1) 법률행위적 행정행위

개념		행정청의 **의사표시를 구성요소**로 하고, 표시된 **의사에 따라 법적효과가 발생**하는 행위를 말한다.
종류 21 경간	명령적 행정행위	국민에게 **의무를 부과**하거나 그 **의무를 해제**하는 행정행위로서 하명, 허가, 면제가 있다.
	형성적 행정행위	국민에 대하여 **본래 가지고 있지 않은 새로운 특수한 권리, 능력, 기타 법률상 힘을 발생·변경·소멸시키는 행정행위**로 **특허, 인가, 대리**가 있다.

1) 명령적 행정행위 – 하명

개념	① 경찰목적을 위하여 국가의 일반통치권에 의거 개인에게 특정한 **작위·부작위·수인 또는 급부의 의무를 명하는 법률적 행정행위**를 말한다. 20 승진, 21 경간, 23 승진, 23 1차 ② **경찰관의 수신호나 교통신호등의 신호**도 경찰하명에 해당한다. 21 경간, 22 2차
종류	작위하명, 부작위하명, 급부하명, 수인하명이 있다. 16 경간 ① **작위하명**: 적극적으로 어떠한 행위를 **하도록 의무**를 명하는 하명 　(사체신고의무, 화재신고의무 등) ② **부작위하명**: 소극적으로 어떠한 행위를 하지 아니할 의무를 명하는 하명으로 **'금지'**라 부르기도 한다.(공공시설에서 공중의 건강을 위하여 흡연행위를 금지) 10·20 승진, 23 1차 　- **절대적 금지**: **청소년에게 술이나 담배판매금지**, 마약매매금지, 인신매매금지, 불량(부패)식품 판매금지처럼 절대 해제가 허용되지 않는 금지 16·21 경간 　- **상대적 금지**: 건축금지, 주차금지구역의 지정, **유흥업소 영업금지**처럼 해제가 허용되는 금지 21 경간 ③ **급부하명**: 금전 또는 물품의 **급부 의무를 과하는 하명**(세금부과처분, 면허시험수수료 납부의무부과, 대집행 비용징수 등) ④ **수인하명**: 경찰권 발동으로 인하여 자신의 신체·재산에 가하여지는 사실상의 **침해를 받아들여야 하는 의무** 　(청소년 관람불가 판정을 받은 영화를 상영하고 있는 극장에 경찰관이 내부 확인을 위하여 출입할 때, 상대방이 받게 되는 하명) 07 채용 **기출지문** 24 경간 　가. 「경찰관 직무집행법」 제4조의 강제보호조치 대상자에 대한 응급을 요하는 구호조치에 따른 **수인의무는 하명**이다. 　나. 대간첩 지역이나 국가중요시설에 대한 접근제한명령이나 통행제한명령은 **부작위의무를 명하는 행위로서 하명**이다. 　다. 「경찰관 직무집행법」 제5조 제1항 제3호의 관계인에게 '필요한 조치를 하게 하는 것'은 상대방이 필요한 조치를 하도록 명하는 행위도 작위의무를 명하는 행위로 **하명의 성질을 갖는다**. 　라. 도로교통법위반에 의한 과태료납부의무는 **급부하명으로 하명**이다.

대상	사실행위(교통장애물 제거)일수도 있고, 법률행위(무허가 음식판매 금지)인 경우도 있다.
형식	① **법규하명**: 직접 법률 또는 명령에 의하여 **구체적인 행정행위의 존재를 요하지 않고 법령의 규정만으로** 일정한 경찰하명의 효과를 발생하게 하는 것(집회신고의무) 21 경행 ② **처분하명**: 법령에 근거한 **구체적인 행정행위에 의해** 의무를 명하는 경우 특정인에 대하여 개별적으로 행해지는 것이 보통이나 불특정다수인에 대하여 일반적으로 행해지는 경우도 있다.
효과	① 원칙: 그 **수명자에게만 발생** 07 채용, 10 승진, 16 경간 ② 예외: **대물적 하명의 경우에는 그 대상인 물건에 대한 법적 지위를 승계한 자**에게도 그 효과가 미친다. 07 채용, 10 승진 ③ 상대방은 행정주체에 대하여만 의무를 이행할 책임이 있고 그 외의 제3자에 대하여 법상의무를 부담하는 것은 아니다. 19 채용
유형	① **대인적 하명**: 특정인에게 하명의 효과가 발생하며, **타인에게 승계되지 않는 것**(의사면허, 운전면허 등) ② **대물적 하명**: 소유권이나 영업권 등 물건의 양도가 있을 경우 **양수인에게 이전 또는 승계의 효과가 발생하는 것**(주차금지구역 지정 등) ③ **혼합적 하명**: **대인적** 하명 + **대물적** 하명, **이전성이 제한됨** (총포류 제조·판매 허가, 운전면허시험장 허가)
위반의 효과	① **경찰의무 불이행의 경우 경찰상의 강제집행이 행해질 수 있음** 10 승진, 19 채용 ② **경찰 위반의 경우 경찰벌이 과하여 짐** 10 승진, 19 채용 ③ 경찰하명에 위반하여 이루어진 행위는 원칙적으로 그 법적 효력에는 아무런 영향을 받지 않는다. 영업정지 명령에 위반하여 영업을 계속하였을 경우라도 당해 영업에 대한 거래행위의 효력이 부인되는 것은 아니다. 하명에 위반한행위의 **사법상의 효과에는 아무런 영향도 미치지 않는다.** 10 승진, 21 경간, 21 경행, 23 1차
구제	① 원칙 : **적법한 하명**인 경우에는 수명자는 수인의무를 지므로 **손실보상을 청구할 수 없음** ② 예외: 경찰상 적법한 행위로 수명자 또는 책임 없는 제3자에게 '**특별한희생**'을 가한 경우에 경찰상 **손실보상청구 가능** ③ **위법한 하명**으로 인하여 권리·이익이 침해된 자는 **행정심판, 행정소송을 제기**하여 하명의 취소 등을 구하거나 **손해배상 청구가능** 16 경간, 19 채용, 13 국회 8급, 20 승진, 21 경행, 23 1차
특징	① 하명을 받은 자는 하명을 이행할 **공법상의 의무가 발생하며, 위법한 하명은 무효 또는 취소 사유**가 될 수 있다. 하명이 **무효인 경우는 처벌되지 않으며, 저항하더라도 공무집행방해죄가 성립되지 않는다.** 21 경행 다만, **취소인 경우에는 하자가 존재하더라도 권한 있는 기관에 의해 취소될 때까지는 공정력에 의해 유효로 추정된다.** ② 하명은 **관할 구역 내에서만 효과가 발생**하지만, 예외적으로 하명의 효과가 관할 구역 밖에까지 미치는 경우도 있다.

2) 명령적 행정행위 – 허가

개념	법령에 의한 **일반적·상대적 금지(부작위 의무)를 특정한 경우에 해제**하여 적법하게 일정한 행위를 할 수 있게 하는 행정행위로 행정청이 일정한 요건이 구비되면 **제한을 해제하여 본래의 자연적 자유를 회복시켜주는 것**을 말한다. 07·18 채용, 12·16 경간, 19 승진, 22 2차, 13 경행 (허가는 상대적 금지에만 인정, 절대적 금지는 인정 안됨) 09·18 채용, 19·23 승진

성질	① 일정한 요건이 구비되면 허가를 해주어야 하는 **기속행위 또는 기속재량행위**이다. 07 채용 ② 허가가 기속행위인지 재량행위인지 여부는 개별법령이 정하는 바에 의한다. 13 국회 8급
요건	허가는 **상대방의 신청(출원)**에 의하여 행하여지는 것 09 채용, 12 경간, 22 2차 예외) 신청에 의하지 않고도 행해질 수 있음 - **통행금지해제** 07·09·18 채용, 19 승진, 22 2차
형식	법규에 의한 **법규허가는 인정되지 않으며**, 항상 **구체적 처분의 형식**으로 이루어진다. 따라서 **법규허가는 불가능**하다. 12 경간
효과	① 특별한 규정이 없는 한 **관계법상의 금지가 해제될 뿐, 타법상의 제한까지 해제되는 것은 아니다.** 15 3차 경행, 07 국회 8급, 22 2차 (공무원이 음식점 영업허가를 받은 경우 식품위생법상의 금지만을 해제 받은 것이고, 국가공무원법상의 영리업무까지 해제 받은 것은 아니다.) ② 허가는 **원칙적으로 허가받은 지역 내에서만 효력**이 있지만, **자동차 운전면허처럼 전국적 효력**을 갖는 경우도 있다. 07 국회 8급 ③ 허가로 인하여 받는 이익은 법적으로 보호되는 이익이 아니라 **반사적 이익**으로 보나, 예외적으로 법률상 이익으로 보는 경우도 있다. ④ 허가의 효과는 일반적 금지를 해제함에 그치고, 배타적이거나 독점적 권리 또는 능력을 설정하는 것은 아니다. 07 국회 8급
유형 09·22 1차	① **대인적 허가**: 사람의 경력·기능·건강 기타 신청인의 개인적 사정을 심사하여행하여지는 허가로 **타인에게 이전되지 않음** (의사면허, 자동차 운전면허 등) ② **대물적 허가**: 타인에게 **이전가능 함**(주차금지구역 지정 등) ③ **혼합적 허가**: 대인적 허가 + 대물적 허가, **이전성이 제한됨** (총포류 제조·판매 허가, 운전면허학원 허가) ④ 한의사 면허 22 1차
위반 효과	허가는 적법요건이나 유효요건은 아니므로 이를 위반하면 위법하지만, 행위의 효력에는 아무런 영향이 없다.(무효 X) 07·09·18 채용, 10·19 승진, 14 사회복지 9급 → 일반적으로 영업허가를 받지 아니한 상태에서 행한 **사법상 법률행위는 유효하다.** 22 2차
시점	① 허가는 **처분 당시의 법령에 의함**(신청시 X) 09·18 채용, 19 승진, 13 경행, 15 3차 경행 ② **허가신청이 있은 후** 그에 대한 결정이 있기 전에 허가기준을 정한 **법령이 개정**된 경우에는 처분청은 원칙적으로 **개정된 법령을 적용**하여야 한다는 것이 판례의 입장이다. 14 1차 경행
갱신	① 일반적으로 행정처분에 효력기간이 정하여져 있는 경우에는 그 기간의 경과로 그 행정처분의 효력은 상실되고, 다만 **허가에 붙은 기한이 그 허가된 사업의 성질상 부당하게 짧은 경우에는 이를 그 허가 자체의 존속기간이 아니라그 허가조건의 존속기간으로 볼 수 있다.** 09 채용, 14 1차 경행, 18 지방 7급 ② 허가기간이 연장되기 위하여는 **그 종기가 도래하기 전에 그 허가기간의 연장에 관한 신청이 있어야 하며,** 만일 그러한 연장신청이 없는 상태에서 허가기간이 만료하였다면 그 허가의 효력은 상실된다. 14 1차 경행, 20·21 국가 9급 ③ 허가는 기한의 도래로 실효되는 게 원칙이다. 그러므로 종전 허가의 유효기간이 지나서 다시 **기간연장신청에 대한 허가는 종전의 허가처분을 전제로 하여단순히 유효기간을 연장하여 주는 행정처분이라기보다는 종전의 허가처분과는 별도로 새로운 영업허가를 내용으로 하는 행정처분**이므로 허가권자는 허가요건의 적합 여부를 새로이 판단하여 허가 여부를 결정하여야 한다. (대판 92누15314) 18 지방 7급

기출 지문 - 허가 관련

① 허가를 받은 후에 할 수 있는 행위를 허가를 받지 아니하고 행하면 일반적으로 행정상강제집행 또는 행정벌이 가해지며 경우에 따라서는 무효가 되기도 한다. 13 국회 8급
② 대물적 허가의 성질을 갖는 석유판매업이 양도된 경우, 양도인에게 허가를 취소할 위법사유가 있다면 이를 이유로 양수인에게 제재조치를 취할 수 있다.(양도인의 귀책사유는 양수인에게 그 효력이 미친다.) 13 경행, 15 3차 경행
③ 허가의 요건은 법령으로 규정되어야 하며, 법령의 근거 없이 행정권이 독자적으로 허가요건을 추가하는 것은 허용되지 아니한다. 15 3차 경행

3) 명령적 행정행위 - 면제

개념	법령에 의하여 일반적으로 부과된 경찰상의 **작위·급부·수인의무를 특정한 경우에 해제**하여 주는 경찰상의 행정행위를 말한다.**(부작위X)** 10 승진
허가와 구별	의무를 해제한다는 면에서는 경찰허가와 성질이 **같으나, 경찰허가는 부작위의무를 해제**하고, **경찰면제는 작위·급부·수인의무를 해제**한다는 점에서 차이가 있다. 13 국회 8급

▶ **[참고] 예외적 승인(예 사행행위 규제 해제)**
① 예외적 승인이란 사회적으로 유해하거나 바람직하지 않은 것을 법령상 금지하는 것이 원칙이나, **특정한 경우에 금지를 해제하여 당해 행위를 적법하게 해주는 것**을 말하며, **예외적허가**라고도 한다.
② 허가는 **위험방지**를 대상으로 하고, **예외적 승인은 사회적으로 유해한 행위를 대상**으로 한다. 13 국회 8급

4) 형성적 행정행위

특허	① **특정인**에 대하여 **새로운 권리를 설정**해주는 행정행위로, 설권행위라고 불린다. 20 입법고시 ② 특허는 상대방의 **출원(신청)**을 요하는 '쌍방적 행정행위'이다. 20 입법고시 (공유수면매립면허 12 1차 경행, 14 사회복지 9급, 공무원 임명, 광업허가, 어업면허, 개인택시면허 12 1차 경행, 국적법에 따른 귀화허가 18 2차 경행, 출입국관리법에 따른 체류자격변경허가 18 2차 경행, 도시 및 주거환경정비법에 따른 주택재건축사업조합의 설립인가 18 2차 경행, 도로법에 따른 **도로점용허가** 18 2차 경행, 22 2차 국유재산 등의 관리청이 행정재산의 사용·수익에 대하여 하는 허가 등 22 1차)
인가	① 타인의 법률행위에 동의를 부여하여 제3자의 법률행위를 보충함으로써 그 법률상의 효과를 완성시키는 행정행위를 말한다. ② **인가 없이 행해진 법률행위(기본행위)는 효력이 발생하지 않는다.(무효)** 20 입법고시 (사립학교 임원승인, 재단법인 정관변경허가 22 1차 등) ③ 기본적 법률행위가 무효인 경우에는 인가가 있다 하더라도 기본적 법률행위가 **유효로 되는 것은 아니다.** 20 입법고시
대리	행정주체(국가)가 국민(상대방)을 대신하여 행위를 하고, 그 **법적효과가 국민(상대방)에게 발생**하는 행정행위를 말한다. (압류재산의 공매, 행려병자의 유류품 처분행위 14 사회복지 9급 등)

(2) 준법률행위적 행정행위

개념	행정청의 **의사표시 이외의 정신작용(인식, 판단)** 등을 구성요소로 하며, **법률규정에 의해서 효과가 발생**하는 행정행위
확인	특정한 사실 또는 법률관계의 존부에 대하여 **의문이나 다툼이 있는 경우(불확실한 경우)**에 행정청이 공적인 권위로 판단하여 확정하는 행위 12 1차 경행 (행정심판의 재결 17 지방 9급, 친일귀속재산 국가귀속결정, 국가시험합격자 결정, 선거에 있어 당선인 결정 20 경행, 발명특허 14 사회복지 9급, 교과서의 검정 14 사회복지 9급, 도로구역의 결정 14 사회복지 9급 등)
공증	**의문 또는 다툼이 없는 사항**에 대하여 특정한 사실 또는 법률관계의 존재를 **공적으로 증명하는 행위** (공적장부(토지대장)의 등기·등재 12 1차 경행, 20 경행, 당선증서 및 합격증서 발급, 여권발급, 운전면허증 교부, 건설업 면허증의 재교부 17 지방 9급, 의료유사업자 자격증 갱신발급행위 17 지방 9급, 상표사용권설정등록행위 17 지방 9급 등)
통지	행정청이 특정인 또는 불특정 다수인에 대해 **특정 사실 또는 의사를 알리는 행위** (국세징수법에 따른 가산금의 납부 독촉, 특허출원의 공고 17 지방 9급, 20 경행, 귀화의 고시 20 경행, 대집행의 계고 20 경행)
수리	**타인행위를 행정청이 유효한 행위로 받아들이는 행위** (사직서의 수리, 혼인신고 수리 등 각종 원서·신청서를 받아들이는 행위) – 회원모집계획서 제출은 수리를 요하는 신고에서의 신고에 해당하며, 시·도지사 등의 검토결과통보는 수리행위로서 행정처분에 해당한다. 12 1차 경행

2. 행정행위(경찰처분)의 부관

(1) 일반론

의의	① 행정행위의 효과를 **제한하거나 보충**하기 위하여 **행정청이 주된 행위에 부가하는 종된 규율(의사표시)**를 말하는 것으로 주된 처분의 효과를 제한하거나 의무를 부과함으로써 국민의 권리·의무에 영향을 미치는 효과가 있다. 09·14 경간, 23 승진 ② 행정행위의 효과제한이 행정청의 행위가 아니라 직접 법규에 의해서 부여되는 부관인 **법정부관은 부관에 해당하지 않는다.** 21 경간 ③ 행정행위의 부관은 법령이 직접 행정행위의 조건이나 기한 등을 정한 경우와 구별되어야 한다. 18 지방 7급
기능	행정의 합리성, 신축성, 탄력성을 보장해주는 역할을 하는 기능도 하지만, 행정편의에 빠져 상대방에게 불이익을 줄 수도 있다.
특징	① **재량행위, 법률 행위적 행정행위**에만 가능하며, **기속행위에는 불가능**하다. **기속행위에 붙인 부관은 무효**로 본다. 18 국가 7급 ② 법령에 위반되지 않는 한 **법적 근거 없이 부관을 붙일 수 있다.** 14 경간 – 재량행위에는 법령상의 제한에 근거한 것이 아니라 하더라도 공익상 필요에 의하여 부관을 붙일 수 있다.(그 부관의 내용은 행정처분의 본질적 효력을 해하지 아니하는 한도의 것이어야 한다.) 15 서울 9급, 18 지방 7급 ③ 부관의 내용은 비례원칙에 반할 수 없으며, **사후부관은 원칙적으로 인정되지 않으나**, 예외적으로 **법령의 근거가 있거나 상대방(행정청X)의 동의가 있는 경우, 부담인 경우, 사정변경으로 인하여 당초에 부담을 부가할 목적을 달성할 수 없게 된 경우**에는 사후부관이 가능하다고 보는 제한적 긍정설의 입장이다. 09 경간, 15·16 경행, 13 국가 9급, 18 국가 7급, 20 소방

	관련 판례 1. 공무원이 인·허가 등 수익적 행정처분을 하면서 상대방에게 그 처분과 관련하여 이른바 부관으로서 부담을 붙일 수 있다 하더라도, 그러한 부담은 법치주의와 사유재산 존중, 조세법률주의 등 헌법의 기본원리에 비추어 비례의 원칙이나 부당결부의 원칙에 위반되지 않아야만 적법한 것인바, 행정처분과 부관 사이에 실제적 관련성이 있다고 볼 수 없는 경우 공무원이 위와 같은 **공법상의 제한을 회피할 목적으로 행정처분의 상대방과 사이에 사법상 계약을 체결하는 형식을 취하였다면 이는 법치행정의 원리에 반하는 것으로서 위법하다.**(대판 2007다63966) 2. 행정청이 수익적 행정처분을 하면서 부가한 부담이 처분 당시 법령을 기준으로 적법하더라도 처분 후 부담의 전제가 된 주된 행정처분의 근거 법령이 개정됨으로써 행정청이 더 이상 부관을 붙일 수 없게 되었다면 곧바로 위법하게 되거나 그 효력이 소멸하는 것은 아니다. (2005다65500) 18 경행 ④ 기속행위의 경우에도 법률의 규정이 있으면 부관을 붙일 수 있다. 15 서울 9급 ⑤ 행정행위의 부관은 **부담의 경우를 제외하고는 독립하여 행정소송의 대상이 될수 없다.** 13 국가 9급, 23 2차
하자	부관의 **하자가 중대하고 명백**한 경우에는 **무효**가 되고, **중대·명백하지 않은 하자**의 경우에는 취소가 된다. ① **무효인 부관** 　원칙적으로 **부관만 무효**가 된다. 부관이 행정행위의 **중요한 본질적 요소라면 예외적으로 전체가 무효**가 된다. 08 승진 ② **취소인 부관** 　**취소되기 전까지는 유효**한 행위로 추정되며, **취소되면 소급해서 무효**가 된다.
쟁송	부관은 행정행위의 일부이기 때문에 **원칙적으로 부관만을 독립하여 행정쟁송의 대상이 될 수 없다. 예외적으로 부담의 경우**에는 주된 행정행위와 분리가 가능하므로 부담만 따로 **독립적으로 행정쟁송의 대상이 될 수 있다.**

형식상 부관부 행위 전체를 소송의 대상으로 하면서 내용상 일부, 즉 부관만의 취소를 구하는 소송형태는 부진정일부취소소송이다. 진정일부취소소송은 위법한 부관만 소송의 대상으로 삼아서 그 부관만 취소하는 소송을 말한다. 14 1차 경행

(2) 종류

1) 조건

의의	행정행위의 **효력발생**이나 **소멸**을 장래의 **불확실한 사실**에 의존하는 부관 08 승진
정지 조건	① 행정행위의 **효력발생**을 장래의 **불확실한 사실**에 의존하는 부관 14 경간 　(**시설완성**을 조건으로 하는 **학교법인 설립허가** 12 1차 경행, 도로보수공사 완성을 조건으로 한 자동차 운송사업의 면허 등)
해제 조건	① 행정행위의 **효력소멸**을 장래의 **불확실한 사실**에 의존하는 부관 14 경간 　(건축허가를 하면서 2월 이내에 공사에 착수하지 않으면 효력은 **상실**한다는 부관) 08 승진, (일정한 기간 내에 공사에 착수할 것을 조건으로 하는 공유수면매립면허) 12 1차 경행, 11 사회복지 9급

→ 조건이 성취되면 당연히 효력의 발생 또는 소멸의 효과가 발생한다.

2) 기한(기간은 부관이 아님) 20 경행

의의	행정행위의 **효력발생**이나 **소멸**을 장래의 **확실한 사실**에 의존하는 부관 10 승진
시기	행정행위의 효력발생 기한(**예** 부터 ~)
종기	행정행위의 효력소멸 기한(**예** 까지 ~) – 어업면허처분을 함에 있어 그 면허의 유효기간을 1년으로 정한 경우 11 사회복지 9급
확정기한	기한의 도래가 확실한 기한(**예** 12월 31일까지)
불확정기한	기한의 도래는 확실하나 시점이 정확하지 않은 경우(**예** 첫눈이 오면)

→ **시기의 도래, 종기의 도래(기한의 성취)가 되면 당연히 효력의 발생 또는 소멸한다.**

→ 2012년 2월 25일까지의 도로사용허가 - **기한(기간X)**

3) 부담

의의	행정행위의 주된 내용에 부가하여 그 행정행위의 상대방에게 **작위·부작위·수인·급부의무**를 부과하는 부관 08 승진 (도로점용허가 시 도로 사용료 납부의무 부과 12 1차 경행.공장건축허가를 부여하면서 근로자의 정기건강진단의무를 부과 11 사회복지 9급 등)
특징	① 부담은 그 자체가 **하나의 독립된 행정행위**로 '하명'으로서의 성격을 가지며, 주된 행정행위와 **분리가 가능**하여 **부담만 독립적으로 행정쟁송, 강제집행의대상이 될 수 있다.** 15 경행, 15 서울 9급, 21 경간 ② 부담이 붙은 행정행위는 처음부터 효력이 발생하며, 부담을 이행하지 않더라도 주된 행정행위의 효력이 소멸되는 것은 아니다. 15 서울 9급, 18 지방 7급 ③ 부담에 의해 부과된 의무가 정해진 기간 내에 이행되지 않은 경우, 그때로부터 부담부 행정행위는 당연히 효력을 상실하는 것이 아니라, 행정청의 철회의의사표시가 있어야 한다. 14 1차 경행, 21 해경승진 ④ 부담은 행정청이 일방적으로 부가할 수도 있으나, 사전에 상대방과 협의하여 부담의 내용을 협약의 형식으로 미리 정한 다음 행정처분을 하면서 이를 부가하는 것도 허용된다. 14 1차 경행 ⑤ 수익적 행정행위에 있어서는 법령에 특별한 근거규정이 없다고 하더라도 그 부관으로서 부담을 붙일 수 있다. 15, 18 경행 ⑥ 부담이 무효인 경우, 부담의 이행으로 이루어진 사법상 법률행위가 당연히 무효로 되는 것은 아니라고 본다. 22 지방직
조건과 구별	조건인지 부담인지가 불분명한 경우에는 최소침해의 원칙에 따라 **상대방에게 유리한 부담으로 해석**한다. 21 경간, 20 소방 ① 정지조건은 조건이 성취되어야 효력이 발생하나, 부담은 처음부터 효력이 발생한다. ② 해제조건은 조건이 성취되어야 효력이 상실되나, 부담은 의무의 불이행이 있더라도 당연히 효력이 상실되는 것이 아니라 **철회의 의사표시가 있어야 효력이 소멸한다.**

4) 철회권의 유보

의의	**특정한 사유가 발생**한 경우에 행정행위를 **철회할 수 있는 권리를 유보하는 부관** (숙박업영업허가를 하면서 윤락행위알선하면 허가를 철회하겠다.) 08 승진, 09 경간
특징	① 철회권이 유보된 경우에도 철회에 관한 **일반적 요건이 구비**되어야 한다. 13 국가 9급 ② 철회사유가 발생하더라도 당연히 효력이 소멸되는 것이 아니라, 행정청의 **철회의 의사표시**가 있어야 **효력이 소멸**한다.

5) 법률효과의 일부배제

의의	행정행위의 주된 내용에 부가하여 법령에 일반적으로 그 행위에 부여하고 있는 **법률효과의 일부 발생을 배제하는 부관** 14 경간 (택시 영업 허가 시 격일제 운행, 공유수면매립준공인가 중 매립지 일부에 대하여 한 국가귀속처분 11 사회복지 9급)
특징	법률에 규정된 효과를 일부 배제하는 것이므로 법령에 명시적 근거 필요

6) 수정부담

의의	상대방이 신청한 것과 다르게 행정행위의 내용을 정하는 부관 21 경간 (A도로 통행허가 신청에 대해 B도로 통행을 허가한 경우)
특징	① 상대방이 동의를 해야 효력이 발생한다. 14·21 경간 ② 수정부담을 부관으로 보아야 하는 지에 견해대립이 있다.

3. 행정행위의 효력

(1) 구속력

의의	행정청이나 그 행정행위의 상대방 기타 관계인을 **구속하는 효력**을 말한다. 행정행위가 유효하게 존재하는 한, 행정청은 물론 행정행위의 상대방 및 관계인은 그 효력에 의하여 구속을 받는다.

(2) 공정력

의의	행정행위가 하자가 있는 경우라도 그 **하자가 중대하고 명백하여 당연 무효가 아닌 한, 권한 있는 기관에 의하여 취소될 때까지 상대방 또는 이해관계인들이 그의 효력을 부인할 수 없는 힘** - 적법성 추정X, 유효성 추정O → 따라서 **무효인 처분은 처음부터 효력이 발생하지 않으므로 공정력이 인정되지않음**(취소인 행정행위에 대해서만 인정된다.) ① 민사소송에 있어서 어느 행정처분의 당연무효 여부가 선결 문제로 되는 때에는 이를 판단하여 당연무효임을 전제로 판결할 수 있고 반드시 행정소송등의 절차에 의하여 그 취소나 무효확인을 받아야 하는 것은 아니다. ② 국민이 조세부과처분의 위법을 이유로 이미 납부한 세금의 반환을 청구하는 민사소송을 제기한 경우, 과세처분의 하자가 단지 취소할 수 있는 정도에 불과하더라도, 당해 민사법원은

	위법한 과세처분의 효력을 직접 상실시켜 납부된 세금의 반환을 명할 수 없다. **19 경행** cf. 조세부과처분이 무효임을 이유로 이미 납부한 세금의 반환을 청구하는 민사소송에서 법원은 그 조세부과처분이 무효라는 판단과 함께 세금을 반환하라는 판결을 할 수 있다. **22 지방직** ③ 연령미달의 결격자 甲이 타인(자신의 형)의 이름으로 운전면허시험에 응시, 합격하여 교부받은 운전면허라 하더라도 당연무효는 아니고, 당해 면허가 취소되지 않는 한 유효하므로, 甲의 운전행위는 무면허운전죄에 해당하지 않는다. **19 경행**	
선결문제	**행정행위의 위법 여부 또는 효력 유무가** 행정소송 외에 **다른 소송사건**(민사재판, 형사재판)**에서 선결문제로 된 경우, 당해 법원이 스스로 그 위법 또는 효력 유무를 판단할 수 있는 지**에 관한 문제이다.	
	민사재판	① **위법성 여부** 당해 법원은 위법성 여부에 대해 **판단 가능** ② **효력 여부** 무효사유 - 공정력이 없으므로, 당해 법원은 무효사유 판단 가능 취소사유 - 공정력이 있으므로, 당해 법원은 취소사유 판단 불가
	형사재판	① **위법성 여부** 당해 법원은 위법성 여부에 대해 **판단 가능** ② **효력 여부** 무효사유 - 공정력이 없으므로, 당해 법원은 무효사유 판단 가능 취소사유 - 공정력이 있으므로, 당해 법원은 취소사유 판단 불가

(3) 강제력

자력집행력	행정행위에 의해 부과된 **의무를 상대방이 이행하지 아니한 경우**, 법원의 힘을 빌리지 않고 행정청이 자력으로 강제할 수 있는 힘
제재력	행정행위에 의해 부과된 **의무를 상대방이 위반한 경우**, 행정형벌과 행정질서벌을 부과할 수 있는 힘

(4) 확정력(존속력)

불가쟁력 (형식적 확정력)	① **쟁송기간의 경과** 또는 **쟁송절차가 종료**된 경우 더 이상 **행정행위의 효력을 다툴 수 없게 되는 것**을 말한다. ② 불가쟁력은 **모든 행정행위**에 인정된다. ③ 쟁송기간이 경과하여 **불가쟁력이 발생**한 경우라도 행정청은 직권으로 이를 취소할 수 있다. **08 지방 9급** ④ 불가쟁력이 발생한 행위로 손해를 입은 국민은 **국가배상을 청구할 수 있다.** ⑤ 불가쟁력이 발생한 행정행위에 대한 행정쟁송은 **부적법을 이유로 각하**된다. ⑥ 하자가 중대·명백하여 **무효**인 행정행위는 쟁송기간의 제한을 받지 않으므로 **불가쟁력이 발생하지 않는다.** 따라서 불가쟁력은 하자가 **취소사유인 경우에만 인정**된다. **08 지방 9급** ⑦ 제소기간의 경과, 심급의 종료 등
불가변력	① 행정행위를 한 **행정청 자신도 직권으로 당해 행정행위를 취소·변경·철회할 수 없는 효력을**

(실질적 존속력)	말한다. ② **무효**인 행정행위에는 불가변력이 **인정되지 않는다.** ③ **준사법적 행정행위**(행정심판의 재결, 소청심사위원회 결정), **확인행위**(공적인 시험 합격자 결정, 당선인 결정)에만 인정된다. ④ **당해 행정행위에 대해서만 인정**되고, 동종의 행정행위라도 대상을 달리하는행정행위에는 인정되지 않는다.
양자의 관계	① 불가쟁력은 **행정의 객체**(상대방, 이해관계인)를 **제한**하는 힘이며, 불가변력은 **행정의 주체를 제한**하는 힘으로 양자는 **상호 독립적**이다. ② 따라서 **불가쟁력이 발생**했다하더라도 불가변력이 발생하지 않는 한 행정청은 **행정행위를 취소할 수 있으며, 불가변력이 발생**했다하더라도 불가쟁력이 발생하기 전에는 **행정쟁송을 통해 다툴 수 있다.**

4. 행정행위의 하자

의의	행정행위가 성립요건·효력요건을 갖추지 못해 완전한 효력을 발생하지 못한 것
종류	하자 있는 행정행위에는 위법하며, 정도에 따라 **무효**인 행정행위와 **취소**할 수 있는 행정행위로 나눌 수 있다.
구별	**중대·명백설**(통설, 판례) 하자가 중대하고 명백한 경우 **무효**이며, 그 외의 하자인 경우 **취소**사유이다.
무효	① 하자가 **중대하고 명백**하여 **처음부터 효력을 발생하지 않는 행정행위**를 말한다. ② 따라서 무효인 하명에 대해서는 처음부터 효력이 없으므로 **의무에 위반하거나 불이행해도 경찰벌이나 경찰상 경찰강제의 대상이 되지 않는다.** ③ 공정력이 인정되지 않으며, 불가쟁력이 발생하지 않는다. 무효인 하자는 하자의 승계가 인정되며, 무효인 하자는 전환만 인정된다.
취소	① 행정행위가 성립할 때 하자(흠)가 있음에도 **일단 유효한 행정행위로 통용되어 다른 국가기관 또는 상대방을 기속**하고, **권한 있는 기관에 의해 취소되기까지는 공정력에 의해 유효한 행정행위로 인정받지만, 취소되면 소급하여 효력을 상실**하게 된다. ② 취소되기 전까지는 일단 유효한 행정행위이므로 이를 **위반**하거나 **불이행**하면**경찰벌이나 경찰강제의 대상**이 될 수 있다. ③ 공정력이 인정되며, 불가쟁력이 발생한다. 취소는 원칙적으로 하자의 승계가 인정되지 않으며, 하자에 대해서 치유만 인정된다. ④ **직권취소**는 행정기관(처분청, 감독청)이 직권으로 행정행위를 취소시키는 것이며, **쟁송취소**는 권익이 침해된 자의 쟁송제기에 의하여 권한 있는 기관(행정심판위원회, 법원)이 행정행위를 취소시키는 것이다. ⑤ 따라서 처분청은 취소에 관한 **법적근거가 없더라도 하자 있는 행정행위를 직권으로 취소할 수 있다.** 또한 제소기간의 도과로 인한 **불가쟁력이 발생한 경우에도 직권취소는 가능하다.**
철회	① 하자 없이 성립한 행정행위(유효한 행정행위)의 효력을 성립 후 발생한 새로운 사정(후발적 사유)을 이유로 장래를 향하여 효력을 소멸시키는 행위 21 해경승진 ② 철회는 처분을 한 처분청만이 할 수 있고, 감독청은 법적인 근거가 없는 한 철회할 수 없다는 것이 통설이다. ③ 침익적 행정행위의 철회의 취소는 인정되지 않지만, 수익적 행정행위의 철회의 취소는 **가능**한

	것으로 보고 있다. ④ **철회로 볼 수 있는 것**(후발적 사유로 인한 강학상 철회) **21 해경승진** 　– 음주운전으로 인한 운전면허취소(상대방의 의무위반) 　– 중요한 공익상 필요에 따른 도로점용허가 취소 　– 철회 유보부 부관의 성취로 인한 주유소 영업허가 취소(유보된 사실의 발생) 　　cf. 허위사실기재로 인한 공무원 임용 취소(성립당시의 하자로 인한 강학상 취소) 　　　행정행위를 한 처분청은 비록 그 처분 당시에 별다른 하자가 없었고, 또 그 처분 후에 　　　이를 철회할 법적 근거가 없다 하더라도 원래의 처분을 존속시킬 필요가 없게 된 사정 　　　변경이 생겼거나 또는 중대한 공익상의 필요가 발생한 경우에는 그 효력을 상실케 하는 　　　별개의 행정행위로 이를 철회할 수 있다.(대판 2004.11.26, 2003두10251)
실효	**행정청의 의사와 관계없이 일정한 사실의 발생으로 인해 행정행위의 효력이 장래를 향하여 당연히 소멸**하는 것(운전면허 받은 자의 사망으로 인한 면허실효, 화재로 인한 건축허가 소멸 등)
치유	① 행정행위가 발령 당시 적법한 절차요건을 구비하지 못해 위법한 것이라고 하더라도 **사후에 흠결을 보완하면** 그 하자에도 불구하고 하자 없는 **적법, 유효한행위로 효력을 유지**시키는 것을 말한다. ② 무효인 하자는 처음부터 효력이 발생하지 않으므로 치유의 문제가 발생하지 않기에 **하자의 치유는 취소할 수 있는 하자의 경우에 인정**된다. ③ 하자가 치유되면 당해 행정행위 발령 당시로 **소급하여 효력이 발생**한다. ④ **하자의 치유는 절차상의 하자(요건이나 절차상 결여)에서 인정되며, 내용상의하자에 대해서는 인정되지 않는다.** ⑤ 판례는 **쟁송제기 이전시설을 취함**(행정쟁송제기 이전만 가능), 쟁송제기가 되었다면 치유할 수 없는 행정행위로 본다.
전환	① **하자 있는 행정행위를 적법한 다른 행정행위로 유지**시키는 것을 의미함. 전환시 **새로운 행위**가 되며, 기존의 행위를 적법한 행위로 만들어 주는 치유와 차이가 있다.(사망자에 대한 허가의 효력을 상속인에게 전환해 주는 것) ② **무효인 행정행위에만 인정**되고, 취소사유인 행정행위에는 인정되지 않는다. ③ 하자의 전환으로 인한 새로운 행정행위는 종전 행정행위 발령당시로 **소급하여 효력이 발생**한다.
승계	① 하자의 승계란 둘 이상의 행정행위가 연속적으로 행해지는 경우, **위법한 선행행위에 대해 불가쟁력이 발생**하여 효력을 다툴 수 없게 되었을 때 **선행행위가 위법함을 이유로 후행행위의 위법성을 주장할 수 있는 지**에 대한 문제를 말한다. ② 요건 　1. 선행행위와 후행행위가 모두 **항고소송의 대상이 될 것**, 　2. 후행행위에는 **하자가 없을 것**, 　3. 선행행위에 **불가쟁력이 발생할 것**, 　4. 선행행위에 **취소사유인 하자가 존재할 것** ③ 인정여부(원칙) 　1. 선행행위가 **무효인 하자는 무조건 후행행위에 승계**된다. 　2. 선행행위가 **취소사유인 하자는 경우** 　　㉠ 선행행위와 후행행위가 **독립하여 별개의 법적효과를 목적으로 하는 경우에는 하자가 승계되지 않음** 　　㉡ 선행행위와 후행행위가 **결합하여 하나의 법적효과를 완성하는 경우에는 하자가 승계 됨** ④ 예외(승계인정)

판례는 **예측가능성과 수인가능성이 없는 경우 선행행위와 후행행위가 서로 독립하여 별개의 효과를 목적으로 하는 경우에도 선행행위의 위법을 후행행위에 주장할 수 있도록 판시**하고 있다.
- 하자의 승계 판례

하자의 승계를 인정	하자의 승계를 부정
① 대집행절차(계고·통지·실행·비용징수) 상호 간 10 2차, 15 3차 경행, 17 경행	① 건물철거명령과 대집행계고처분 14 1차 경행
② 개별공시지가결정과 과세처분 10 2차	② 과세처분과 체납처분 15 3차 경행
③ 독촉과 체납처분(압류-매각-청산)	③ 표준공시지가결정과 과세처분
④ 귀속재산의 임대처분과 후행매각처분	④ 표준공시지가결정과 개별토지가격결정
⑤ 한지의사시험자격결정인정과 한지의사 면허처분	⑤ 공무원의 직위해제처분과 직권면직처분 10 승진, 14·15 1차 경행, 15 3차 경행, 17 경행
⑥ 안경사국가시험합격무효처분과 안경사면 허취소처분 10 2차, 15 1차 경행, 15 3차 경행	⑥ 대학원에서의 수강거부처분과 수료처분 10 2차
⑦ 친일반민족행위자 결정과 독립유공자 예우에 관한 법률에 의한 법적용 배제결정 15 3차 경행	⑦ 구 토지수용법상의 사업인정과 토지수용재결
⑧ 표준공시지가결정과 수용재결처분 15 1차 경행, 17 경행	⑧ 보충역 편입처분과 공익근무요원소집처분 15 1차 경행
	⑨ 도시계획결정과 수용재결 15 1차 경행
	⑩ 토지등급의 설정 또는 수정처분과 과세처분 15 1차 경행

기출지문 - 하자관련

1. 위헌법률에 기한 행정처분의 집행이나 집행력을 유지하기 위한 행위는 위헌결정의 기속력에 위반되어 허용되지 않는다. 18 2차 경행
2. 절차상 또는 형식상 하자로 인하여 무효인 행정처분이 있은 후 행정청이 관계법령에서정한 절차 또는 형식을 갖추어 다시 동일한 행정처분을 하였다면 당해 행정처분은 종전의 무효인 행정처분과 관계없이 새로운 행정처분이라고 보아야 한다. 18 2차 경행
3. 민원사무를 처리하는 행정기관이 민원 1회 방문처리제를 시행하는 절차의 일환으로 민원사항의 심의, 조정 등을 위한 민원조정위원회를 개최하면서 사전통지의 흠결로 민원인에게 의견진술의 기회를 주지 아니한 결과 민원조정위원회의 심의과정에서 고려대상에마땅히 포함시켜야 할 사항을 누락하는 등 재량권의 불행사 또는 해태로 볼 수 있는 구체적 사정이 있다면 그 거부처분은 재량권을 일탈, 남용한 것으로서 위법하다. 18 2차 경행
4. 경찰공무원법에 규정되어 있는 경찰관 임용 결격사유는 경찰관으로 임용되기 위한 절대적인 소극적 요건으로서 임용 당시 경찰관 임용 결격사유가 있었다면 비록 임용권자의과실에 의하여 임용결격자임을 밝혀내지 못하였다 하더라도 그 임용행위는 당연무효이다. 18 2차 경행
5. 법규에 특별한 규정이 없는 한 단순한 계산의 착오만으로 행정행위의 효력에 영향이 없다. 14 경행
6. 판례는 무효인 행정행위가 취소소송의 제소요건을 갖추는 경우라도 취소소송의 형식으로 소를 제기가능하다는 입장이다. 14 경행

7. 판례는 원칙적으로 특정법령이 위헌결정으로 무효가 된 경우라도 위헌 결정이 있기 전에 법령에 근거한 처분은 취소 사유에 해당할 뿐 당연무효사유는 아니라는 입장이다. 14경행
8. 임면권자가 아닌 국가정보원장이 5급 이상의 국가정보원직원에 대하여 한 의원면직처분이라 하여 당연무효로 볼 수 없다. 14 경행
9. 법률관계나 사실관계에 대하여 그 법률규정을 적용할 수 없다는 법리가 명백히 밝혀지지 않아 해석에 다툼의 여지가 있는 때에는 행정청이 이를 잘못 해석하여 행정처분을 했더라도 이는 처분 요건사실을 오인한 것에 불과하여 하자가 명백하다고 할 수 없다. 14 2차 경행
10. 행정처분의 근거 법률이 행정처분 후에 위헌으로 선언되면, 그 하자는 원칙적으로 무효사유가 아니다. 14 2차 경행
11. 적법한 건축물에 대한 철거명령이 그 하자가 중대하고 명백하여 당연무효일 경우, 그후행행위인 건축물 철거 대집행 계고처분 역시 당연무효이다. 14 2차 경행, 16 국가 7급
12. 행정처분의 내용상 하자에 대해서는 하자의 치유를 인정하지 아니한다. 14 2차 경행
13. 행정행위의 일부가 무효인 경우 나머지 부분은 유효한 것이 원칙이다. 다만, 행정행위의 일부가 무효일 때 그 무효부분이 중요한 것이어서 행정청이 그것 없이는 행정행위를 발하지 않았으리라 판단되는 경우에는 예외적으로 행정행위 전부가 무효로 된다. 12 경행
14. 법치주의 원칙을 강조할 경우 행정행위의 하자의 치유는 원칙적으로 허용될 수 없지만 예외적으로 행정의 무용한 반복을 피하고 당사자의 법적 안정성을 위해 허용될 수 있다. 12 경행
15. 행정행위의 하자가 치유되면 당해 행정행위는 처분 당시부터 하자가 없는 적법한 행정행위로 효력을 발생한다. 12 경행
16. 계고처분의 후속절차인 대집행에 위법이 있다고 하더라도, 그와 같은 후속절차에 위법성이 있다는 점을 들어 선행절차인 계고처분이 부적법하다는 사유로 삼을 수는 없다. 16 국가 7급
17. 과세처분 이후 조세 부과의 근거가 되었던 법률규정에 대하여 위헌결정이 내려진 경우, 그 위헌결정의 효력에 위배하여 이루어진 체납처분은 당연무효이다. 16 국가 7급
18. 납세자가 아닌 제3자의 재산을 대상으로 한 압류처분 → 무효사유 15 지방 9급
19. 환경영향평가의 실시대상사업에 대하여 환경영향평가를 거치지 않고 행한 승인 등 처분
    → 무효사유 15 지방 9급
20. 적법한 건축물에 대한 철거명령의 후행행위인 건축물철거 대집행 계고처분
    → 무효사유 15 지방 9급
21. 적법한 권한 위임 없이 세관출장소장에 의하여 행하여진 관세부과처분 → 취소사유 15 지방 9급
22. 하자있는 행정행위의 치유는 행정행위의 성질이나 법치주의의 관점에서 볼 때 원칙적으로 허용될 수 없는 것이고, 예외적으로 행정행위의 무용한 반복을 피하고 당사자의법적안정성을 위해 이를 허용하는 때에도 국민의 권리나 이익을 침해하지 않는 범위에서 구체적 사정에 따라 합목적적으로 인정하여야 할 것이다. 13 경행
23. 적정행정의 유지에 대한 요청에서 나오는 하자의 승계를 인정하면 국민의 권리를 보호하고 구제하는 범위가 더 넓어진다. 17 지방 9급
24. 선행행위에 대하여 불가쟁력이 발생하지 않았거나 선행행위와 후행행위가 서로 독립하여 각각 별개의 법률효과를 목적으로 하는 때에는 원칙적으로 선행행위의 하자를 이유로 후행

행위의 효력을 다툴 수 없다. 17 지방 9급

25. 선행행위와 후행행위가 서로 독립하여 별개의 법률효과를 목적으로 하는 경우라도 선행행위의 불가쟁력이나 구속력이 그로 인하여 불이익을 입는 자에게 수인한도를 넘는 가혹함을 가져오고 그 결과가 예측가능한 것이 아닌 때에는 하자의 승계를 인정할 수 있다. 17 지방 9급

26. 선행처분과 후행처분이 서로 결합하여 1개의 법률효과를 완성하는 때에는 선행처분에 하자가 있으면 그 하자는 후행처분에 승계된다.

27. 하자의 승계문제는 선행 행정행위에 하자가 존재하고, 그 하자가 무효가 아닌 취소사유인 경우에 문제가 되는 것이다. 17 경행

28. 행정청이 청문서 도달기간을 다소 어겼다하더라도 영업자가 이에 대하여 이의하지 아니한 채 스스로 청문일에 출석하여 그 의견을 진술하고 변명하는 등 방어의 기회를 충분히 가졌다면 청문서 도달기간을 준수하지 아니한 하자는 치유되었다고 봄이 상당하다.(대판 92누2844)

기출지문 - 행정행위의 취소와 철회, 실효관련

1. 일정한 행정처분으로 국민이 일정한 이익과 권리를 취득하였을 경우에 종전 행정처분에 하자가 있음을 전제로 직권으로 이를 취소하는 행정처분은 이미 취득한 국민의 기존 이익과 권리를 박탈하는 별개의 행정처분으로 취소될 행정처분의 하자나 취소해야 할 필요성에 관한 증명책임은 기존 이익과 권리를 침해하는 처분을 한 행정청에 있다. 16 경행

2. 수익적 행정처분을 취소 또는 철회하는 경우에는 이미 부여된 그 국민의 기득권을 침해하는 것이 되므로, 비록 취소 등의 사유가 있다고 하더라도 그 취소권 등의 행사는 기득권의 침해를 정당화할 만한 중대한 공익상의 필요 또는 제3자의 이익보호의 필요가 있는 때에 한하여 상대방이 받는 불이익과 비교, 교량하여 결정하여야 하고, 그 처분으로 인하여 공익상의 필요보다 상대방이 받게 되는 불이익 등이 막대한 경우에는 재량권의 한계를 일탈한 것으로서 그 자체가 위법하다. 16 경행

3. 원래 행정처분을 한 처분청은 그 처분에 하자가 있는 경우에는 원칙적으로 별도의 법적근거가 없더라도 스스로 이를 직권으로 취소할 수 있는 것이므로, 그와 같이 직권 취소를 할 수 있다는 사정만으로도 이해관계인에게 처분청에 대하여 그 취소를 요구할 신청권이 부여된 것으로 볼 수 없다. 16 경행

4. 자동차운전면허 취소사유가 특정 면허에 관한 것이 아니고 다른 면허와 공통된 것이거나 운전면허를 받은 사람에 관한 것일 경우에는 여러 면허를 전부 취소할 수도 있다. 16경행

5. 외형상 하나의 행정처분이라 하더라도 가분성이 있거나 그 처분대상의 일부가 특정될 수 있다면 그 일부만의 취소도 가능하다. 13 경행

6. 행정행위를 한 처분청은 그 행위에 하자가 있더라도 별도의 법적근거가 없으면 스스로이를 취소할 수 있다. 13 경행

7. 철회는 적법요건을 구비하여 완전히 효력을 발하고 있는 행정행위를 사후적으로 그 행위의

효력의 전부 또는 일부를 장래에 향해 소멸시키는 행정처분이다. 13 경행

8. 행정청은 종전 처분과 양립할 수 없는 처분을 함으로서 묵시적으로 종전의 수익적 행정처분을 취소할 수는 없다. 13 경행

9. 운전면허정지기간 중에 운전을 하여 운전면허취소사유에 해당되더라도 3년이 지나서 면허를 취소한 것은 위법하다. 10 경행

10. 택시운송사업자가 중대한 교통사고로 인하여 많은 사상자를 냈다면 사업면허가 취소될것을 예상할 수 있었다 하더라도 1년 10개월이 지나 사업면허를 취소하였다면 위법하지 않다. 10 경행

11. 처분 후에 원래의 처분을 존속시킬 필요가 없게 된 사정변경이 생겼거나 중대한 공익상의 필요가 발생한 경우 별도의 법적 근거가 없어도 철회, 변경할 수 있다. 10 경행

12. 부담부 행정처분에 있어서 처분의 상대방이 부담을 이행하지 아니한 경우 처분행정청은 부담불이행을 이유로 당해 처분을 철회할 수 있다. 10 경행

13. 행정행위를 한 처분청은 비록 그 처분 당시에 별다른 하자가 없었고, 또 그 처분 후에 이를 취소할 별도의 법적근거가 없다 하더라도 원래의 처분을 존속시킬 필요가 없게된 사정변경이 생겼거나 또는 중대한 공익상의 필요가 발생한 경우에는 그 효력을 상실케 하는 별개의 행정행위로 이를 취소할 수 있다.

14. 과세관청이 과세부과취소처분을 다시 취소하면 원부과처분의 효력은 소생하는 것은 아니다.(다시 법률에서 정한 부과절차에 좇아 동일한 재용의 새로운 처분을 하는 수 밖에 없다.) 17 경행

15. 수익적 행정처분의 하자가 당사자의 사실 은폐나 기타 사위의 방법에 의한 신청행위에 기인한 것이라면 행정청이 당사자의 신뢰이익을 고려하지 않고 취소하였다 하더라도 재량권 남용이 되지 않는다. 17 경행

16. 행정행위의 취소사유는 행정행위의 성립 당시에 존재하였던 하자를 말하고, 철회사유는 행정행위가 성립된 이후에 새로이 발생한 것으로서 행정행위의 효력을 존속시킬 수없는 사유를 말한다. 17 경행

17. 신청에 의한 허가처분을 받은 자가 그 영업을 폐업한 경우에는 그 허가도 당연히 실효된다할 것이고, 이 경우 허가행위의 취소처분은 허가가 실효되었음을 확인하는 것에 불과하다.

18. 행정행위가 그 성립상의 중대, 명백한 하자가 존재한다면 이는 무효사유로서 그 효력이 소멸된다. 07 국가 7급

19. 행정행위의 직권취소는 별개의 행정행위에 의하여 원행정행위의 효력을 소멸시키는 것인데 반하여, 행정행위의 실효는 일정한 사유의 발생에 따라 당연히 기존의 행정행위의 효력이 소멸하는 것이다. 07 국가 7급

20. 해제조건부 행정행위에 있어서 조건의 성취, 종기부 행정행위에 있어서 종기의 도래는 행정행위의 효력의 소멸을 가져온다. 07 국가 7급

21. 행정처분에 하자가 있음을 이유로 처분청이 이를 취소하는 경우에도 그 처분이 국민에게 권리나 이익을 부여하는 이른바 **수익적 행정행위인 때에는 그 처분을 취소하여야 할 공익상 필요와 그 취소로 인하여 당사자가 입게 될 기득권과 신뢰보호 및 법률생활안정의 침해 등 불**

이익을 비교 교량한 후 공익상 필요가 당사자가 입을 불이익을 정당화 할 만큼 강한 경우에 한하여 취소할 수 있으나, 그 처분의 하자가 **당사자의 사실은폐나 기타 사위의 방법에 의한 신청행위에 기인한 것이라면** 당사자는 그 처분에 의한 이익이 위법하게 취득되었음을 알아 그 취소가능성도 예상하고 있었다고 할 것이므로 그 자신이 위 처분에 관한 신뢰의 이익을 원용할 수 없음은 물론 행정청이 이를 고려하지 아니하였다고 하여도 재량권의 남용이 되지 않는다.(대판 1991. 4. 12. 선고 90누9520) 21 경행

5. 경찰상 의무이행(실효성) 확보수단 12·20 경간, 21 승진, 23 경채

전통적 의무이행 확보수단	경찰강제		즉시강제	직접적 의무이행 확보수단
		강제집행	대집행	
			직접강제	
			강제징수	
		집행벌(이행강제금)		
	경찰벌	경찰형벌: 형법에 규정		
		경찰질서벌: 과태료		
새로운 의무이행 확보수단	① 금전상 제재 – 과징금, 가산금[가산세(가산금X)는 세법상의 의무의 성실한 이행을 확보하기 위하여 세법에 의하여 산출된 세액에 가산하여 징수하는 금액을 말한다.] 14 1차 경행, 23 1차 과징금: 행정법상 의무를 위반한 자에 대하여 당해 위반행위로 얻게 된 경제적 이익을 박탈하기 위한 목적으로 부과하는 금전적인 제재이다. 23 1차 (대기환경보전법 상의 배출부과금의 부과) 12 지방 7급 ② 경찰상공표 – 명단공개[명단의 공표란 행정법상의 의무 위반 또는 불이행이 있는 경우 그 위반자의 성명, 위반 사실 등을 일반에게 공개하여 명예 또는 신용에 침해를 가함으로써 심리적인 압박을 가하여 행정법상 의무이행을 확보하는 수단을 말한다.] 14 1차 경행 ③ 수익적 행정행위의 취소·철회 ④ 취업제한 ⑤ 공급 거부(수도법 상의 단수처분) 12 지방 7급 – 공급거부란 행정법상의 의무를 위반하거나 불이행한 자에 대해 일정한 재화나 서비스의 공급을 거부하는 행정작용을 말한다. 14 1차 경행 ⑥ 관허사업의 제한(세금납부의무 불이행에 따른 영업의인허가의 거부·정지) 12 지방 7급 ⑦ 국외여행의 제한			간접적 의무이행 확보수단

(1) 행정강제(경찰강제)

경찰상 목적 실현을 위하여 국민(상대방)에게 의무를 부과하고, 의무를 이행하지 않을 경우 실력을 행사하여 목적을 실현시키는 작용을 말하며, 경찰강제에는 **강제집행과 즉시강제**가 있다. **강제집행은 의무의 불이행을 전제로 하지만, 즉시강제는 의무의 불이행을 전제로 하지 않는다**는 점에서 차이가 있다.

1) 강제집행 22 1차

경찰하명에 대한 **의무의 불이행**에 대하여 경찰권이 강제적으로 **의무를 이행**시키거나 이행한 것과 동일한 상태를 실현시키는 작용을 말한다. 종류로는 **대집행, 집행벌(이행강제금), 강제징수, 직접강제**가 있다. 12·13 경행

① 경찰상의 강제집행의 실정법적 근거로는 「경찰관 직무집행법」이 유일하다. (X) 23 경간
  → 「행정대집행법」, 「국세징수법」이 있으며, 여러 개별법에 근거가 있다.

② 경찰상의 강제집행을 하기 위해서는 경찰의무를 부과하는 **경찰하명의 근거가 되는 법률 이외에 경찰상의 강제집행을 위한 별도의 법적 근거가 있어야 한다**. 23 경간

대집행	

	① 개념
	- 타인이 대신하여 행할 수 있는 의무(**대체적 작위의무**)를 이행하지 않을 경우에 **당해 행정청이 의무자가 하여야 할 행위를 스스로 하거나 제3자에게 하게 하고, 그 비용을 의무자로부터 징수하는 것**을 말한다. 11·18·20 승진, 21 1차
	- 무허가건물의 철거 명령을 받고도 이를 불이행하는 사람의 불법건축물을 철거하는 것 22 2차
	② 근거
	- 대집행에 관한 일반법으로 **행정대집행법**이 있다. 21 1차
	- 작위의무를 부과한 행정처분의 법적 근거가 있다고 하더라도 행정대집행처럼 **집행행위에도 별도의 법적 근거가 요구된다.** 22 2차
	③ 주체
	  1. 의무를 부과한 **당해 행정청**(감독청은 대집행권을 가지지 않는다.)
	  2. 당해 행정청의 위임이 있으면 위임을 받은 **수임청**
	  3. 행정청을 대신하여 대집행을 하는 **제3자는 대집행의 주체가 아니다.**
	④ 요건
	  1. **공법상 의무의 불이행**이 있을 것(**사법상 의무의 불이행은 대집행 대상X**)
	  2. 타인이 대신하여 행할 수 있는 의무(**대체적 작위의무**)이어야 함
	    (**의무자만이 이행할 수 있는 토지나 건물의 인도의무 등은 대집행 대상X**)
	  3. 다른 수단으로 그 이행을 확보하기 곤란할 것(보충성의 원칙)
	  4. 불이행을 방치함이 **심히 공익을 해할 것으로 인정**될 때
	⑤ 절차 14·21 경간, 12 1차 경행
	  대집행의 **계고** → 대집행영장에 의한 **통지** → 대집행의 **실행** → **비용징수**
	  1. 계고
	    ① 대집행을 하려함에 있어서는 **상당한 이행 기한을 정하여** 그 기한까지 이행되지 아니할 때에는 대집행을 한다는 뜻을 미리 **문서(구두X)**로써 계고하여야 한다.
	    ② 비상시 또는 위험이 절박한 경우 **계고를 할 여유가 없을 때에는 계고절차를 생략할 수 있다.**

③ 계고는 **준법률행위적 행정행위로 통지**에 해당하며, **처분성이 인정되어 행정쟁송의 대상**이 된다.

2. 통지
① 의무자가 전항의 계고를 받고 지정기한까지 그 의무를 이행하지 아니할 때에는 당해 행정청은 대집행영장으로써 대집행을 할 시기, 대집행을 시키기 위하여 파견하는 집행책임자의 성명과 대집행에 요하는 비용의 개산에 의한 견적액을 **의무자에게 통지**하여야 한다.
② 비상시 또는 위험이 절박한 경우에는 **통지절차를 생략할 수 있다.**
③ **통지는 준법률행위적 행정행위**로 성격을 가짐과 동시에 명령적 행위인 하명의 성격을 가지므로 **처분성이 인정되어 행정쟁송의 대상**이 된다.

3. 실행
① 의무자가 지정된 기한까지 의무를 이행하지 않는 경우에 **당해 행정청이 스스로 또는 제3자로 하여금 의무이행을 실현**시키는 것을 말한다.
② **해가 뜨기 전이나 해가 진 후에는 대집행을 하여서는 아니 된다.** 다만, 다음 각 호의 어느 하나에 해당하는 경우에는 그러하지 아니하다.
　1. 의무자가 동의한 경우
　2. 해가 지기 전에 대집행을 착수한 경우
　3. 해가 뜬 후부터 해가 지기 전까지 대집행을 하는 경우에는 대집행의 목적 달성이 불가능한 경우
　4. 그 밖에 비상시 또는 위험이 절박한 경우
③ **권력적 사실행위**에 해당하여 **처분성이 인정**된다.
④ **행정대집행**의 경우 행정청이 직접 의무를 이행하고 비용을 징수할 수 있고, **제3자에(견인업자)의해서도 집행될 수 있다.** 22 2차

4. 비용징수
대집행에 요한 비용의 징수에 있어서는 실제에 요한 비용액과 그 납기일을 정하여 **의무자에게 문서로써 그 납부를 명하여야 한다.** 대집행에 요한 비용은 **국세징수법의 예에 의하여 징수할 수 있다.** 16 지방 9급

⑥ 대집행에 대한 권리보호수단
– (행정대집행법 7조) 대집행에 대하여는 **행정심판**을 제기할 수 있다.
계고, 통지, 실행에 있어서는 **행정심판, 행정소송**을 제기할 수 있다.
처분에 해당하므로 **이의신청**도 가능하다.
– 위법한 대집행으로 인해 손해를 입은 경우에는 국가나 지방자치단체를 상대로 **손해배상**을 청구할 수 있다.
행정대집행이 완료되면 더 이상 행정쟁송을 제기할 권리보호의 필요성이 없게 되므로(소의 이익 부정) **행정쟁송의 대상이 되지 못한다.**

집행벌	① 개념 – 이행강제금이라고도 하며, **부작위의무 또는 주로 비대체적 작위의무**를 이행하지 아니하는 경우에 의무의 이행을 **간접적**으로 강제하기 위해 과하는 **금전적 부담**이다. 11·18 승진, 14 경간 – 전통적으로 이행강제금은 부작위의무나 비대체적 작위의무에 대한 강제집행수단으로 이해되어 왔으나, 이행강제금은 대체적 작위의무의 위반에 대하여도 부과될 수 있다는 것이 판례이다(2001헌바80) ② 근거 : 일반법은 없고, 각 개별법에서 인정되고 있다. ③ 성질

	- 이행강제금은 과거 의무 위반에 대한 제재로써의 행정벌이 아니라, **의무이행확보수단**이라는 점에서 행정벌, 질서벌과는 다르다. 따라서 **과태료나 행정벌과 병과할 수 있다.** 21 승진 - **간접적·심리적** 의무이행확보수단이다. 19 서울시 7급 - 의무이행 시까지 **반복적 부과가 가능**하다. 20·21 승진, 19 서울 7급 - 이행강제금 납부의무는 **일신전속적**인 성격을 갖기 때문에 **승계가 가능하지 않다.** 따라서 **이미 사망한 사람에게 이행강제금을 부과하는 내용의 처분이나 결정은 당연무효**이다.(2006 마470) - **형사처벌과 이행강제금을 병과**하는 것은 헌법상의 이중처벌금지의 원칙에 **위반되지 않는다.** 23 경간 ④ 사례 건축법상 시정명령 위반에 따른 이행강제금의 부과와 건축행위에 대한 **형사처벌**은 그 처벌 내지 제재대상이 되는 기본적 사실관계가 다르므로 **이중처벌에 해당하지 않는다.** 12 지방 7급, 20 국회직 8급
직접강제	① 개념 의무자가 행정상 의무를 이행하지 아니하는 경우 행정청이 의무자의 신체나 재산에 실력을 행사하여 행정상 의무이행이 있었던 것과 같은 상태를 실현하는 것을 말한다. 11·18·20 승진, 14 경간 ② 근거 : 일반법은 없고, 각 개별법에서 인정되고 있다. ③ 대상 : 대체적 작위의무, 비대체적 작위의무, 부작위의무 및 수인의무 등 **일체의 의무불이행**에 대해서 **가능**하다. ④ 성질 : 직접강제는 강제집행의 수단 중에서 **가장 강력한 수단**으로 국민의 기본권이 침해될 가능성이 크기 때문에 비례의 원칙을 고려하여 **최후의 수단**으로 적용하여야 하며, 법적근거가 반드시 필요하다. ⑤ 사례 1. 불법 영업장·영업소 등의 폐쇄조치 21 승진 2. 해산명령 불이행에 따른 해산조치 21 승진 3. 사증 없이 입국한 외국인의 강제퇴거 4. 출입국관리법에 따른 강제퇴거명령을 받은 외국인의 '보호' 19 경행
강제징수	① 개념 의무자가 **금전상 급부의무**를 이행하지 아니하는 경우에 행정청이 의무자의 재산에 실력을 행사하여 행정상 의무가 이행된 것과 같은 상태를 실현하는 것을 말한다. 11·18 승진, 14 경간 ② 근거 : 일반법으로 **국세징수법(국세기본법X)**이 있다. 11·20 승진, 14 경간 ③ 절차 13 승진, 21 경간 독촉 → 강제징수(압류 → 매각 → 청산) ④ 사례 : 국세체납자에 대한 체납처분 12 지방 7급, 22 2차

2) 즉시강제

개념	현재의 급박한 행정상의 장해를 제거하기 위하여 행정청이 **미리 의무를 명할 시간적 여유가 없을 때** 또는 **그 성질상 행정상 의무의 이행을 명하는 것만으로는 행정목적달성이 곤란한 경우** 국민의 신체 또는 재산에 실력을 행사하여 목적을 달성하는 것을 말한다.
근거	경찰상 **즉시강제의 일반법으로는 경찰관직무집행법**이 있고, 19 경채, 14 국가9급 개별법에는 행정기본법, 소방기본법, 감염병의 예방 및 관리에 관한 법률 등이 있다.

한계	경찰상 즉시강제 시 필요 이상으로 실력을 행사하여 경찰책임자 이외의 자에게 유형력을 행사하는 것은 위법이 된다. 20 1차
	① **법규상 한계** : 침해적인 작용이므로 엄격한 **법적 근거가 요구**된다.(법률우위의 원칙, 법률유보의 원칙) 19 경채, 23 경간
	② **조리상 한계** : 급박성, 소극성, 비례성, 보충성 등이 요구된다. 13 경간
	③ **절차상 한계** - 즉시강제에도 영장이 필요한 지 여부(항상 영장주의 적용X)
	  1. **영장필요설** : 행정작용에는 영장이 필요하다는 입장
	  2. **영장불요설** : 행정작용에는 영장이 필요 없다는 입장(헌법재판소의 입장)
	  3. **절충설** : 행정작용에도 일반적으로 영장주의를 인정하는 입장이지만, 예외적으로 행정목적 달성을 위해 불가피하다고 인정할 만한 특별한 사정이 있는 경우에는 영장주의를 적용하지 않는다고 하여 절충설이 통설과 판례의 입장이다. 13 경간, 13·19 경행, 20 1차

수단	① **대인적 즉시강제** 13 경간, 12·13·19 경행,12 지방 7급,21 승진
	  감염병환자의 즉각적인 강제격리, 경찰관직무집행법 상 **불심검문, 보호조치**, 위험발생지조치, **범죄의 예방·제지**, 경찰장비사용(장구, 무기, 분사기 및 최루탄) 등
	② **대물적 즉시강제**
	  물건 등의 **임시영치**, 위험발생 방지조치, 개별법 상 소방기본법에 의한 물건의 파기 12 지방 7급 불법 게임물에 대한 폐기처분 등 13 경행
	③ **대가택적 즉시강제** : 위험방지를 위한 출입 및 검색 등

구제	① **적법한 즉시강제** : **적법한** 즉시강제에 의해 수인한도를 넘는 특별한 희생을 받은 경우 **손실보상 청구가 가능**하며, 이러한 내용은 개정된 경찰관 직무집행법 제11조의2에서 명시적으로 규정하고 있다. 19 경채, 20 1차
	② **위법한 즉시강제**
	  ㉠ 즉시강제는 권력적 사실행위로 처분성이 인정되어 **행정쟁송**의 대상이 된다 20 1차 하지만 즉시강제는 성질상 단시간 내에 종료되는 것이 보통이므로 **이미 종료된 상태라면 소의 이익이 존재하지 않아 행정쟁송을 통해 구제받기 어렵다.** 13 채용, 19 경채
	  ㉡ 위법한 즉시강제로 인한 손해가 발생한 경우 **손해배상청구**가 가능하다.
	  ㉢ 그 외에 일정한 요건 하에서「형법」상 위법성조각사유에 해당하는 긴급피난도 가능하며, 20 1차 위법한 즉시강제에 대하여는 형법상 정당방위가 인정될 수 있으므로 이에 저항하는 행위는 공무집행방해죄가 성립하지 않는다. 12 3차 경행

사례 22 1차	㉠ 「경찰관직무집행법」제6조 범죄의 예방을 위한 제지 - **권력적(비권력적X) 사실행위의 근거조항** 22 2차 ㉡ 「경찰관직무집행법」제4조 제1항 제1호에서 규정하는 술에 취한 상태로 인하여 자기 또는 타인의 생명·신체와 재산에 위해를 미칠 우려가 있는 피구호자에 대한 보호조치 ㉢ 「경찰관 직무집행법」상 경찰관의 제지 조치의 위법여부는 **제지 조치 당시의구체적 상황을 기초로 판단하여야 하고**, 사후적으로 순수한 객관적 기준에서 판단해야 하는 것은 아니다. 22 2차, 23 승진, 23 경채 ㉣ 주택가에서 흉기를 들고 난동을 부리며 경찰관의 중지명령에 항거하는 사람에 대해 전자충격기를 사용하여 강제로 제압하는 것 22 2차 ㉤ 불법집회로 인한 공공시설의 안전에 대한 위해를 억제하기 위해 최루탄을 사용하는 것 22 2차 ㉥ 위험물의 폭발로 인해 매우 긴급한 경우에 위해를 입을 우려가 있는 사람을 억류하거나 피난시키는 것 22 2차

[강제집행 VS 즉시강제] 21 경간, 21 1차

구분	강제집행	즉시강제
공통점	① **권력적 사실행위**로 국민의 신체·재산에 실력행사 ② 장래의 의무이행 실현 ③ 행정권의 자력집행 ④ 법적근거 필요	
차이점	의무의 불이행을 전제로 함	의무의 불이행 전제하지 않음 19 경채

기출지문 - 강제집행, 즉시강제 관련

1. 계고가 반복적으로 부과된 경우 제1차 계고가 행정처분이라면 같은 내용이 반복된 제2차 계고는 새로운 의무를 부과하는 것이 아니어서 행정처분이 아니다. 16 지방 9급, 18 소방직9급
2. 대집행의 내용과 범위는 대집행의 계고서에 의해서만 특정되어야 하는 것이 아니고, 계고처분 전후에 송달된 문서나 기타 사정을 종합하여 행위의 내용이 특정되면 족하다. 15·16 경행
3. 계고서라는 명칭의 1장의 문서로서 건축물의 철거명령과 동시에 그 소정기한 내에 자진철거를 하지 아니할 때에는 대집행할 뜻을 미리 계고한 경우 건축법에 의한 철거명령과 행정대집행법에 의한 계고처분은 각 그 요건이 충족되었다고 볼 수 있다. 16 지방 9급
4. 행정대집행의 대상이 되는 의무는 공법상 의무이어야 한다. 14 서울 9급
5. 행정대집행의 대상이 되는 의무는 대체성이 있는 의무이어야 한다. 14 서울 9급
6. 불이행된 의무를 다른 수단으로 확보하기 곤란해야 한다. 14 서울 9급
7. 의무의 불이행을 방치하는 것이 심히 공익을 해한다고 인정되어야 한다. 14 서울 9급
8. 의무를 명한 행정처분에 불가쟁력이 발생해야 한다는 것은 대집행의 요건이 아니다. 14 서울 9급
9. 계고처분의 후속절차인 대집행에 위법이 있다 하더라도 선행절차인 계고처분이 부적법하게 되는 것은 아니다. 18 3차 경행
10. 구 건축법(2005. 11. 8. 법률 제7696호로 개정되기 전의 것)상의 이행강제금 납부의무는 상속인 기타의 사람에게 승계될 수 없는 일신전속적인 성질의 것이므로 이미 사망한사람에게 이행강제금을 부과하는 내용의 처분이나 결정은 당연무효이다.(대결2006.12.8. 2006마470) 18 3차 경행
11. 행정상 강제징수에 있어 독촉은 처분성이 인정되나 최초 독촉 후에 동일한 내용에 대해 반복한 독촉은 처분성이 인정되지 않는다. 18 3차 경행
12. 즉시강제는 권력적 사실행위로서 처분성이 인정되므로 항고소송의 대상이 되지만 통상단기간에 종료되므로 소의 이익이 부정될 가능성이 크다. 18 3차 경행
13. 비록 장차 특정지역에서 구 집회 및 시위에 관한 법률에 의하여 금지되어 그 주최 또는 참가행위가 형사처벌의 대상이 되는 위법한 집회·시위가 개최될 것이 예상된다고 하더라도 이와 시간적·장소적으로 근접하지 않은 다른 지역에서 그 집회·시위에 참가하기위하여 출발 또는 이동하는 행위를 함부로 제지하는 것은 경찰관 직무집행법 제6조 제1항에 의한 행정상 즉시강제인 경찰관의 제지의 범위를 명백히 넘어서는 것이어서 허용될 수 없으므로 이러한 제

지행위는 공무집행방해죄의 보호대상이 되는 공무원의 적법한 직무 집행에 포함될 수 없다.(대판 2008.11.13. 2007도 9794) 12 3차 경행
14. 행정상 즉시강제는 그 본질상 행정목적 달성을 위하여 불가피한 한도 내에서 예외적으로 허용된다. 12 3차 경행

(2) 행정벌(경찰벌)

행정벌은 행정상 **의무위반에 대한 제재**로서 일반통치권에 근거하여 과하는 제재를 말한다. 행정벌에는 **행정(경찰)형벌**과 **행정(경찰)질서벌**로 구분된다. 12 1차 경행

[정리] 경찰형벌과 경찰질서벌 14 경간

구분	경찰형벌	경찰질서벌
의의	형법에 정해져 있는 **형벌**을 과하는 경찰벌(사형, 징역, 금고, 자격상실, 자격정지, 벌금, 구류, 과료, 몰수)	**과태료(과징금X)**를 과하는 경찰벌 12 1차 경행
대상	**직접적** 침해	**간접적** 침해
형법총칙	적용	적용 안됨
처벌절차	원칙: **형법총칙, 형사소송법** 적용 예외: 통고처분, 즉결심판	**질서행위위반규제법**, 비송사건절차법 12 1차 경행
적용	**죄형법정주의** 적용 11 사회복지9급	**질서위반행위 법정주의** 적용
병과 여부	① **병과를 긍정하는 입장(대법원)** 행정법상의 질서벌인 과태료의 부과처분과 형사처벌은 그 성질이나 목적을 달리하는 별개의 것이므로 **행정법상의 질서벌인 과태료를 납부한 후에 형사처벌을 한다고 하여 이를 일사부재리의 원칙에 반하는 것이라고 할 수는 없다.** (대법원 1996. 4. 12. 선고 96도158 판결) 12 1차 경행 ② **병과를 부정하는 입장(헌재)** 행정질서벌로서의 과태료는 행정상 의무의 위반에 대하여 국가가 일반통치권에 기하여 과하는 제재로서 형벌(특히 행정형벌)과 목적·기능이 중복되는 면이 없지 않으므로, 동일한 행위를 대상으로 하여 **형벌을 부과하면서 아울러 행정질서벌로서의 과태료까지 부과한다면 그것은 이중처벌금지의 기본정신에 배치되어 국가 입법권의 남용으로 인정될 여지가 있음을 부정할 수 없다.** (헌재 1994. 6. 30. 92헌바38) 12 1차 경행	

[경찰벌 VS 징계벌] - 목적이 다르므로 병과 가능

구분	경찰벌	징계벌
권력의 기초	일반통치권	특별통치권
대상	일반사회질서유지(국민)	내부질서유지(공무원)
목적	**과거** 의무위반 제재수단	의무불이행시 **장래**의 의무이행 확보수단

- 공무원에 대한 징계처분은 **징계벌(행정벌X)**에 속한다. 12 1차 경행

[경찰벌 VS 집행벌] - 목적이 다르므로 병과 가능 21 경간, 21 1차

구분	경찰벌	집행벌
목적	**과거** 의무위반 제재수단	의무불이행시 **장래**의 의무이행 확보수단
성질	일시적	계속적(반복부과 가능)
수단	형벌, 질서벌	이행강제금

기출지문 - 행정벌 관련

1. 판례는 통고처분을 행정형벌의 특수한 과벌절차로서 행정소송의 대상이 되는 행정처분이 아니라고 보고 있다. 14 1차 경행, 18 소방 9급, 11년 사회복지9급
2. 과태료는 행정상의 질서유지를 위한 행정질서벌에 해당할 뿐이므로 죄형법정주의의 규율대상에 해당하지 아니한다. 16 국가 7급
3. 과태료 처분을 받고 이를 납부한 후에 형사처벌을 한다고 하여 일사부재리원칙에 반하지 않는다는 것이 대법원의 입장이다. 15 사회복지 9급
4. 판례에 의하면 통고처분을 할 것인지의 여부는 권한행정청의 재량에 속한다. 14 2차 경행
5. 범칙자가 범칙금을 납부하면 과형절차는 종료되고, 범칙자는 다시 형사소추 되지 아니한다. 18 2차 경행
6. 조세범처벌절차법에 따른 통고처분이 있는 경우 공소시효의 진행은 중단된다. 18경행
7. 도로교통법에 따라 통고처분을 받은 사람은 그 통고처분에 대해 항고소송을 제기하지 못한다. 18 2차 경행
8. 지방자치단체는 조례를 위반한 행위에 대하여 **조례로써 1천만 원 이하의 과태료를 정할 수 있다.** 14 경간, 10 지방 7급 , 12 1차 경행,14 2차 경행

6. 질서위반행위규제법 - 경찰질서벌의 부과

제1장 총칙

제1조(목적) 이 법은 법률상 의무의 효율적인 이행을 확보하고 국민의 권리와 이익을 보호하기 위하여 질서위반행위의 성립요건과 과태료의 부과·징수 및 재판 등에 관한 사항을 규정하는 것을 목적으로 한다. 14 승진 18 경간

제2조(정의) 이 법에서 사용하는 용어의 뜻은 다음과 같다.
1. "질서위반행위"란 **법률(지방자치단체의 조례를 포함한다. 이하 같다)상의 의무를 위반하여 과태료를 부과하는 행위**를 말한다. 다만, 다음 각 목의 어느 하나에 해당하는 행위를 제외한다.
    가. 대통령령으로 정하는 사법상·소송법상 의무를 위반하여 과태료를 부과하는 행위
    나. 대통령령으로 정하는 법률에 따른 징계사유에 해당하여 과태료를 부과하는 행위
2. "행정청"이란 행정에 관한 의사를 결정하여 표시하는 국가 또는 지방자치단체의 기관, 그 밖의 법령 또는 자치법규에 따라 행정권한을 가지고 있거나 위임 또는 위탁받은 공공단체나 그 기관 또는 사인을 말한다.

3. "당사자"란 질서위반행위를 한 자연인 또는 법인(법인이 아닌 사단 또는 재단으로서 대표자 또는 관리인이 있는 것을 포함한다. 이하 같다)을 말한다.

제3조(법 적용의 시간적 범위) ① 질서위반행위의 성립과 과태료 처분은 **행위 시(처분 시X)**의 법률에 따른다. 14 승진, 14 2차 경행, 17 1차

② 질서위반행위 후 법률이 변경되어 그 행위가 질서위반행위에 해당하지 아니하게 되거나 과태료가 **변경되기 전의 법률보다 가볍게 된 때에는 법률에 특별한 규정이 없는 한 변경된 법률을 적용**한다. 18 경간

③ 행정청의 과태료 처분이나 법원의 과태료 재판이 확정된 후 **법률이 변경되어 그 행위가 질서위반행위에 해당하지 아니하게 된 때에는 변경된 법률에 특별한 규정이 없는 한 과태료의 징수 또는 집행을 면제**한다. 22 1차, 22 경채

제4조(법 적용의 장소적 범위) ① 이 법은 대한민국 영역 안에서 질서위반행위를 한 자에게 적용한다.
② 이 법은 **대한민국 영역 밖에서 질서위반행위를 한 대한민국의 국민에게 적용**한다. 15 1차 경행
③ 이 법은 대한민국 영역 밖에 있는 대한민국의 선박 또는 항공기 안에서 질서위반행위를 한 외국인에게 적용한다.

제5조(다른 법률과의 관계) 과태료의 부과·징수, 재판 및 집행 등의 절차에 관한 다른 법률의 규정 중 이 법의 규정에 저촉되는 것은 **이 법(다른 법X)으로 정하는 바에 따른다.** 17 경행

제2장 질서위반행위의 성립 등

제6조(질서위반행위 법정주의) 법률에 따르지 아니하고는 어떤 행위도 질서위반행위로 과태료를 부과하지 아니한다.

제7조(고의 또는 과실) 고의 또는 과실이 없는 질서위반행위는 과태료를 부과하지 아니한다. 13·14·17 경행, 17·22 1차, 18 2차, 19 승진, 23 2차

제8조(위법성의 착오) 자신의 행위가 위법하지 아니한 것으로 오인하고 행한 질서위반행위는 그 **오인에 정당한 이유가 있는 때에 한하여 과태료를 부과하지 아니한다.** 22 1차

제9조(책임연령) 14세가 되지 아니한 자의 질서위반행위는 과태료를 부과하지 아니한다. 다만, 다른 법률에 특별한 규정이 있는 경우에는 그러하지 아니한다. 14 경행 2차, 18 2차,18 경간, 21 승진

제10조(심신장애) ① 심신장애로 인하여 행위의 옳고 그름을 판단할 능력이 없거나 그 판단에 따른 행위를 할 능력이 없는 자의 질서위반행위는 과태료를 부과하지 아니한다. 18·21경간, 22 경채
② 심신장애로 인하여 제1항에 따른 능력이 **미약한 자의 질서위반행위는 과태료를 감경한다.** 22 경채
③ 스스로 심신장애 상태를 일으켜 질서위반행위를 한 자에 대하여는 제1항 및 제2항을 적용하지 아니한다.

제11조(법인의 처리 등) ① 법인의 대표자, 법인 또는 개인의 대리인·사용인 및 그 밖의 종업원이 업무에 관하여 법인 또는 그 개인에게 부과된 법률상의 의무를 위반한 때에는 **법인 또는 그 개인에게 과태료를 부과한다.** 13 경행
② 제7조부터 제10조까지의 규정은 「도로교통법」 제56조제1항에 따른 고용주등을 같은 법 제160조제3항에 따라 과태료를 부과하는 경우에는 적용하지 아니한다.

제12조(다수인의 질서위반행위 가담) ① 2인 이상이 질서위반행위에 가담한 때에는 각자가 질서위반행위를 한 것으로 본다. 14 승진, 17 1차,21 경간
② 신분에 의하여 성립하는 질서위반행위에 신분이 없는 자가 가담한 때에는 신분이 없는 자에 대하

여도 질서위반행위가 성립한다. 21 경간, 13 경행, 15 1차 경행
③ 신분에 의하여 과태료를 감경 또는 가중하거나 과태료를 부과하지 아니하는 때에는 그 신분의 효과는 신분이 없는 자에게는 미치지 아니한다.

제13조(수개의 질서위반행위의 처리) ① 하나의 행위가 2 이상의 질서위반행위에 해당하는 경우에는 각 질서위반행위에 대하여 정한 과태료 중 **가장 중한(합산X) 과태료를 부과한다.** 21 경간, 13·17 경행
② 제1항의 경우를 제외하고 2 이상의 질서위반행위가 경합하는 경우에는 각 질서위반행위에 대하여 정한 과태료를 각각 부과한다. 다만, 다른 법령(지방자치단체의 조례를 포함한다. 이하 같다)에 특별한 규정이 있는 경우에는 그 법령으로 정하는 바에 따른다.

제14조(과태료의 산정) 행정청 및 법원은 과태료를 정함에 있어서 다음 각 호의 사항을 고려하여야 한다.
  1. 질서위반행위의 동기·목적·방법·결과
  2. 질서위반행위 이후의 당사자의 태도와 정황
  3. 질서위반행위자의 연령·재산상태·환경
  4. 그 밖에 과태료의 산정에 필요하다고 인정되는 사유

제15조(과태료의 시효) ① 과태료는 행정청의 과태료 부과처분이나 법원의 과태료 재판이 확정된 후 **5년간 징수하지 아니하거나 집행하지 아니하면 시효로 인하여 소멸한다.** 11 경간, 14·19·21 승진, 17·22 1차, 18 2차, 21 경간, 13 경행
② 제1항에 따른 소멸시효의 중단·정지 등에 관하여는 「국세기본법」 제28조를 준용한다.

제3장 행정청의 과태료 부과 및 징수

제16조(사전통지 및 의견 제출 등) ① 행정청이 질서위반행위에 대하여 과태료를 부과하고자 하는 때에는 **미리 당사자**(제11조제2항에 따른 고용주등을 포함한다. 이하 같다)**에게 대통령령으로 정하는 사항을 통지하고, 10일 이상의 기간을 정하여 의견을 제출할 기회를 주어야 한다.** 이 경우 지정된 기일까지 의견 제출이 없는 경우에는 의견이 없는 것으로 본다. 11 경간, 14·19 승진, 18 2차, 20 국회 8급, 15 지방 9급, 13 국가 9급
② 당사자는 의견 제출 기한 이내에 대통령령으로 정하는 방법에 따라 행정청에 의견을 진술하거나 필요한 자료를 제출할 수 있다.
③ 행정청은 제2항에 따라 **당사자가 제출한 의견에 상당한 이유가 있는 경우에는 과태료를 부과하지 아니하거나 통지한 내용을 변경할 수 있다.** 23 1차

제17조(과태료의 부과) ① 행정청은 제16조의 의견 제출 절차를 마친 후에 **서면**(당사자가 동의하는 경우에는 전자문서를 포함한다. 이하 이 조에서 같다)**으로 과태료를 부과하여야 한다.** 11 경간, 14 승진
② 제1항에 따른 서면에는 질서위반행위, 과태료 금액, 그 밖에 대통령령으로 정하는 사항을 명시하여야 한다.

제17조의2(신용카드 등에 의한 과태료의 납부) ① 당사자는 과태료, 제24조에 따른 가산금, 중가산금 및 체납처분비를 대통령령으로 정하는 과태료 납부대행기관을 통하여 신용카드, 직불카드 등(이하 "신용카드등"이라 한다)으로 낼 수 있다.
② 제1항에 따라 신용카드등으로 내는 경우에는 과태료 납부대행기관의 승인일을 납부일로 본다.
③ 과태료 납부대행기관은 납부자로부터 신용카드등에 의한 과태료 납부대행 용역의 대가로 납부대행 수수료를 받을 수 있다.
④ 과태료 납부대행기관의 지정 및 운영, 납부대행 수수료에 관한 사항은 대통령령으로 정한다.

제18조(자진납부자에 대한 과태료 감경) ① 행정청은 당사자가 제16조에 따른 의견 제출 기한 이내에 과태료를 자진하여 납부하고자 하는 경우에는 대통령령으로 정하는 바에 따라 과태료를 감경할 수 있다.

② 당사자가 제1항에 따라 **감경된 과태료를 납부한 경우에는 해당 질서위반행위에 대한 과태료 부과 및 징수절차는 종료한다.** 23 1차

제19조(과태료 부과의 제척기간) ① 행정청은 **질서위반행위가 종료된 날**(다수인이 질서위반행위에 가담한 경우에는 최종행위가 종료된 날을 말한다)**부터 5년이 경과한 경우에는 해당 질서위반행위에 대하여 과태료를 부과할 수 없다.** 15·17 국가 7급, 21 승진

② 제1항에도 불구하고 행정청은 제36조 또는 제44조에 따른 법원의 결정이 있는 경우에는 그 결정이 확정된 날부터 1년이 경과하기 전까지는 과태료를 정정부과 하는 등 해당 결정에 따라 필요한 처분을 할 수 있다.

제20조(이의제기) ① 행정청의 과태료 부과에 불복하는 당사자는 제17조제1항에 따른 과태료 부과 통지를 받은 날부터 **60일 이내에 해당 행정청에 서면으로 이의제기를 할 수 있다.** 11 경간, 19 국회 8급, 19 승진

② 제1항에 따른 **이의제기가 있는 경우에는 행정청의 과태료 부과처분은 그 효력을 상실한다.** 14 1차 경행, 23 1차

③ 당사자는 행정청으로부터 제21조제3항에 따른 통지를 받기 전까지는 행정청에 대하여 서면으로 이의제기를 철회할 수 있다.

제21조(법원에의 통보) ① 제20조제1항에 따른 이의제기를 받은 행정청은 이의제기를 받은 날부터 **14일 이내에** 이에 대한 의견 및 증빙서류를 첨부하여 **관할 법원에 통보하여야 한다.** 다만, 다음 각 호의 어느 하나에 해당하는 경우에는 그러하지 아니하다.
 1. 당사자가 이의제기를 철회한 경우
 2. 당사자의 이의제기에 이유가 있어 과태료를 부과할 필요가 없는 것으로 인정되는 경우

② 행정청은 사실상 또는 법률상 같은 원인으로 말미암아 다수인에게 과태료를 부과할 필요가 있는 경우에는 다수인 가운데 1인에 대한 관할권이 있는 법원에 제1항에 따른 이의제기 사실을 통보할 수 있다.

③ 행정청이 제1항 및 제2항에 따라 관할 법원에 통보를 하거나 통보하지 아니하는 경우에는 그 사실을 즉시 당사자에게 통지하여야 한다.

제24조(가산금 징수 및 체납처분 등) ① 행정청은 당사자가 납부기한까지 과태료를 납부하지 아니한 때에는 납부기한을 경과한 날부터 체납된 과태료에 대하여 **100분의 3에 상당하는 가산금을 징수한다.** 10 국가 7급, 15·17 경행, 23 1차

② 체납된 과태료를 납부하지 아니한 때에는 납부기한이 경과한 날부터 매 1개월이 경과할 때마다 체납된 과태료의 **1천분의 12에 상당하는 가산금**(이하 이 조에서 "중가산금"이라 한다)을 제1항에 따른 가산금에 가산하여 징수한다. 이 경우 중가산금을 가산하여 징수하는 기간은 60개월을 초과하지 못한다.

③ 행정청은 당사자가 제20조제1항에 따른 기한 이내에 이의를 제기하지 아니하고 제1항에 따른 가산금을 납부하지 아니한 때에는 국세 또는 지방세 체납처분의 예에 따라 징수한다.

제24조의2(상속재산 등에 대한 집행) ① 과태료는 당사자가 과태료 부과처분에 대하여 이의를 제기하지 아니한 채 제20조제1항에 따른 기한이 종료한 후 사망한 경우에는 그 상속재산에 대하여 집행할 수 있다.

② 법인에 대한 과태료는 법인이 과태료 부과처분에 대하여 이의를 제기하지 아니한 채 제20조제1항에 따른 기한이 종료한 후 합병에 의하여 소멸한 경우에는 합병 후 존속한 법인 또는 합병에 의하여 설립된 법인에 대하여 집행할 수 있다.

제24조의3(과태료의 징수유예 등) ① 행정청은 당사자가 다음 각 호의 어느 하나에 해당하여 과태료(체납된 과태료와 가산금, 중가산금 및 체납처분비를 포함한다. 이하 이 조에서 같다)를 납부하기가 곤란하다고 인정되면 **1년의 범위에서 대통령령으로 정하는 바에 따라 과태료의 분할납부나 납부기일의 연기**(이하 "징수유예등"이라 한다)를 결정할 수 있다. 21 승진, 22 경채

> **질서위반행위규제법 시행령 – 대통령령**
>
> **제7조의2(과태료의 징수유예등)** ① 행정청은 법 제24조의3제1항에 따라 과태료의 분할납부나 납부기일의 연기(이하 "징수유예등"이라 한다)를 결정하는 경우 그 기간을 그 징수유예등을 결정한 날의 다음 날부터 **9개월** 이내로 하여야 한다. 다만, 그 기간이 만료될 때까지 법 제24조의3제1항에 따른 징수유예등의 사유가 해소되지 아니하는 경우에는 1회에 한정하여 **3개월**의 범위에서 그 기간을 연장할 수 있다. 21 승진

1. 「국민기초생활 보장법」에 따른 수급권자
2. 「국민기초생활 보장법」에 따른 차상위계층 중 다음 각 목의 대상자
   가. 「의료급여법」에 따른 수급권자
   나. 「한부모가족지원법」에 따른 지원대상자
   다. 자활사업 참여자
3. 「장애인복지법」 제2조제2항에 따른 장애인
4. 본인 외에는 가족을 부양할 사람이 없는 사람
5. 불의의 재난으로 피해를 당한 사람
6. 납부의무자 또는 그 동거 가족이 질병이나 중상해로 **1개월 이상의 장기 치료를 받아야 하는 경우**
7. 「채무자 회생 및 파산에 관한 법률」에 따른 개인회생절차개시결정자
8. 「고용보험법」에 따른 실업급여수급자
9. 그 밖에 제1호부터 제8호까지에 준하는 것으로서 대통령령으로 정하는 부득이한 사유가 있는 경우

② 제1항에 따라 징수유예등을 받으려는 당사자는 대통령령으로 정하는 바에 따라 이를 행정청에 신청할 수 있다.
③ 행정청은 제1항에 따라 징수유예등을 하는 경우 그 유예하는 금액에 상당하는 담보의 제공이나 제공된 담보의 변경을 요구할 수 있고, 그 밖에 담보보전에 필요한 명령을 할 수 있다.
④ 행정청은 제1항에 따른 징수유예등의 기간 중에는 그 유예한 과태료 징수금에 대하여 가산금, 중가산금의 징수 또는 체납처분(교부청구는 제외한다)을 할 수 없다.
⑤ 행정청은 다음 각 호의 어느 하나에 해당하는 경우 그 징수유예등을 취소하고, 유예된 과태료 징수금을 한꺼번에 징수할 수 있다. 이 경우 그 사실을 당사자에게 통지하여야 한다.
  1. 과태료 징수금을 지정된 기한까지 납부하지 아니하였을 때
  2. 담보의 제공이나 변경, 그 밖에 담보보전에 필요한 행정청의 명령에 따르지 아니하였을 때
  3. 재산상황이나 그 밖의 사정의 변화로 유예할 필요가 없다고 인정될 때
  4. 제1호부터 제3호까지에 준하는 대통령령으로 정하는 사유에 해당되어 유예한 기한까지 과태료 징수금의 전액을 징수할 수 없다고 인정될 때
⑥ 과태료 징수유예등의 방식과 절차, 그 밖에 징수유예등에 관하여 필요한 사항은 대통령령으로 정한다.

제4장 질서위반행위의 재판 및 집행

제25조(관할 법원) 과태료 사건은 다른 법령에 특별한 규정이 있는 경우를 제외하고는 **당사자의 주소지의 지방법원 또는 그 지원의 관할로 한다.** 21 해경승진

제30조(행정청 통보사실의 통지) 법원은 제21조제1항 및 제2항에 따른 행정청의 통보가 있는 경우 이를 즉시 검사에게 통지하여야 한다.

제31조(심문 등) ① 법원은 심문기일을 열어 당사자의 진술을 들어야 한다.
② 법원은 검사의 의견을 구하여야 하고, 검사는 심문에 참여하여 의견을 진술하거나 서면으로 의견을 제출하여야 한다.
③ 법원은 당사자 및 검사에게 제1항에 따른 심문기일을 통지하여야 한다.

제38조(항고) ① 당사자와 검사는 과태료 재판에 대하여 **즉시항고**를 할 수 있다. **이 경우 항고는 집행정지의 효력이 있다**
② 검사는 필요한 경우에는 제1항에 따른 즉시항고 여부에 대한 행정청의 의견을 청취할 수 있다.

제41조(재판비용) ① 과태료 재판절차의 비용은 과태료에 처하는 **선고가 있는 경우에는 그 선고를 받은 자의 부담**으로 하고, **그 외의 경우에는 국고의 부담**으로 한다.
② 항고법원이 당사자의 신청을 인정하는 과태료 재판을 한 때에는 항고절차의 비용과 전심에서 당사자의 부담이 된 비용은 국고의 부담으로 한다.

제42조(과태료 재판의 집행) ① **과태료 재판은 검사의 명령으로써 집행한다.** 이 경우 그 명령은 집행력 있는 집행권원과 동일한 효력이 있다.
② 과태료 재판의 집행절차는 「민사집행법」에 따르거나 국세 또는 지방세 체납처분의 예에 따른다. 다만, 「민사집행법」에 따를 경우에는 집행을 하기 전에 과태료 재판의 송달은 하지 아니한다.
③ 과태료 재판의 집행에 대하여는 제24조 및 제24조의2를 준용한다. 이 경우 제24조의2제1항 및 제2항 중 "과태료 부과처분에 대하여 이의를 제기하지 아니한 채 제20조제1항에 따른 기한이 종료한 후"는 "과태료 재판이 확정된 후"로 본다.
④ 검사는 제1항부터 제3항까지의 규정에 따른 과태료 재판을 집행한 경우 그 결과를 해당 행정청에 통보하여야 한다.

제43조(과태료 재판 집행의 위탁) ① 검사는 과태료를 최초 부과한 행정청에 대하여 과태료 재판의 집행을 위탁할 수 있고, 위탁을 받은 행정청은 국세 또는 지방세 체납처분의 예에 따라 집행한다.
② 지방자치단체의 장이 제1항에 따라 집행을 위탁받은 경우에는 그 집행한 금원(金員)은 당해 지방자치단체의 수입으로 한다.

제44조(약식재판) 법원은 상당하다고 인정하는 때에는 제31조제1항에 따른 심문 없이 과태료 재판을 할 수 있다.

관련 판례 질서위반행위에 대하여 과태료 부과의 근거 법률이 개정되어 행위 시의 법률에 의하면 과태료 부과대상이었지만 재판 시의 법률에 의하면 과태료 부과대상이 아니게 된 때에는 개정 법률의 부칙에서 종전 법률 시행 당시에 행해진 질서위반행위에 대해서는 행위 시의 법률을 적용하도록 특별한 규정을 두지 않은 이상 재판 시의 법률을 적용하여야 하므로 과태료를 부과할 수 없다.(대법원 2020. 12. 18., 자, 2020마6912, 결정) 23 2차

06 경찰구제법

1. 행정상(경찰상) 손해배상(국가배상)

공무원의 위법한 직무집행행위 또는 국가나 공공단체의 공공영조물의 설치·관리 하자로 인하여 개인에게 가하여진 손해를 국가 또는 공공단체가 전보해 주는 제도이다.

(1) 헌법과 국가배상법의 비교 21 해경승진

구분	헌법	국가배상법
유형	공무원의 직무상 불법행위로 인한 손해배상	- 공무원의 직무상 불법행위로 인한 손해배상 - 영조물의 설치·관리 하자로 인한 손해배상
주체	국가, 공공단체	국가, 지방자치단체

(2) 공무원의 위법한 직무행위로 인한 손해배상(국가배상법 제2조)

1) 요건

1. 공무원 또는 공무를 위탁받은 사인		
범위	공무원은 조직법상 의미의 공무원 개념이 아닌 기능적 의미의 공무원을 의미한다. 공무원법 상의 **공무원뿐만 아니라 공무를 위탁받아 업무를 수행하는 모든 자**를 의미함	
특정여부	**가해공무원이 특정되지 않더라도 공무원의 행위라면 국가배상책임이 인정**된다. - 시위진압 과정에서 가해공무원인 전투경찰이 특정되지 않더라도 손해배상책임이 인정된다. 23 경간	
공무원 해당여부	해당 O	① 시 청소차 운전수 17 서울 7급 ② 교통할아버지 16 경행, 12 국가 9급 ③ 국가 또는 지방자치단체에서 근무하는 청원경찰, 전투경찰 16 경행 ④ 향토예비군 16 경행 ⑤ 법관, 헌법재판소 재판관 12 경행 ⑥ 통장이 전입신고서에 확인인을 찍는 행위(공무위탁사인) 15 경행
	해당 X	① 의용소방대원 16 경행 ② **시영버스 운전사** 11 경간
2. 직무를 집행하면서		
직무범위	① **권력작용**뿐만 아니라 **비권력적 공행정작용(관리작용)**도 포함되나 **사경제작용은 제외**된다.(행정지도 - 비권력적 작용으로 공무원의 직무에 포함) 11 경간 ② 공무원에게 부과된 직무상 의무가 단순히 공공일반의 이익만을 위한 경우라면 그러한 직무상 의무위반에 대해서는 국가배상책임이 인정되지 않는다. 22 지방직 ③ '국가의 철도운행사업'은 국가가 공권력의 행사로 하는 것이 아니고 사경제적 작용이라 하여도 그로 인한 사고에 공무원이 간여하였다고 하더라도 국가배상법을 적용할 것이 아니고, 일반 민법의 규정에 따라야 하므로, 국가배상법상 배상전치절차를 거칠 필요가 없다. 13·14 경행	

판단기준	① 행위의 외관을 객관적으로 관찰하여 공무원의 직무행위로 보여질 때에는 주관적 의사와는 관계없이 직무 관련성을 인정하여 외형설 입장이다. 14경행 ② 국가배상법 제2조 제1항의 '직무를 집행함에 당하여'라 함은 직접 공무원의 직무집행행위이거나 그와 밀접한 관련이 있는 행위를 포함하고, 이를 판단함에 있어서는 행위 자체의 외관을 객관적으로 관찰하여 공무원의 직무행위로 보여질 때에는 비록 그것이 실질적으로 직무행위가 아니거나 또는 행위자로서는 주관적으로 공무집행의 의사가 없었다고 하더라도 그 행위는 공무원이 '직무를 집행함에 당하여' 한 것으로 보아야 한다. 17 경행 ③ 경찰공무원이 전투·훈련 등 직무집행과 관련하여 순직한 경우에는 전투·훈련 또는 이에 준하는 직무집행뿐만 아니라 일반 직무집행에 관하여도 국가나 지방자치단체의 배상책임이 제한된다. 23 경간
직무 관련성	① 공무원이 통상의 근무지로 자기 소유 차량을 운전하여 출근 하던 중 교통사고를 일으킨 경우 직무집행 관련성이 부정 10·15·18 경행 ② 경찰서 대용감방 내에서 수감자들 간에 폭력행위가 발생하였음에도 불구하고 경찰관이 이를 제지하지 아니한 경우 직무집행 관련성 인정 10 경행 ③ 미군부대 소속 선임하사관이 공무차 개인소유차를 운전하고 출장을 갔다가 퇴근하기 위하여 집으로 운행하던 중 사고가 발생한 경우 직무집행 관련성인정 10 경행 ④ 세무과에서 근무하던 구청 공무원이 무허가 건물철거 세입자들에 대한 시영아파트 입주권 매매행위를 한 경우 직무집행 관련성 부정 10 경행 ⑤ 상급자가 전입사병인 하급자에게 암기사항에 관하여 교육하던 중 훈계하다가 도가 지나쳐 폭행한 경우에 그 폭행은 국가배상법 상의 직무집행에 해당한다. 15 경행 ⑥ 인사업무 담당공무원이 다른 공무원의 공무원증 등을 위조한 행위는 국가배상법 제2조 제1항 소정의 '공무원이 직무를 집행하면서 행한 행위'로 인정된다. 15 지방 7급

3. 고의, 과실(중과실, 경과실)로 인한 행위

고의	일정한 위법행위의 발생가능성을 인식하고 그 결과를 의도하는 것
과실	① 당해 직무를 담당하는 **평균인**이 갖추어야 할 주의의무를 게을리 한 것 ② 국가배상법상 과실은 행정처분의 담당공무원이 보통 일반의 공무원을 표준으로 하여 볼 때 객관적 주의의무를 결하여 그 행정처분이 객관적 정당성을 상실하였다고 인정될 정도에 이른 경우를 말한다. 14 경행
판단기준	① 당해 직무를 행하는 **공무원**을 기준으로 판단함 ② 담당공무원이 보통 일반의 공무원을 표준으로 하여 볼 때 객관적 주의의무를 결하여 그 행정처분이 객관적 정당성을 상실하였다고 인정될 정도에 이른 경우에 국가배상법 제2조 소정의 국가배상책임의 요건을 충족하였다고 봄이 상당하다. 17 경행
입증책임	입증책임은 원칙적으로 **원고**(국민)에게 있다.

4. 법령에 위반하여

범위	① **성문법**과 **불문법**뿐만 아니라 **모든 법령**을 의미하는 것으로 광의설의 입장이다.(**형식적 의미의 법률X**) 13 서울 7급 ② 공무원이 재량준칙에 따라 행정처분을 하였는데 결과적으로 그 처분이 재량을 일탈, 남용하여 위법하게 된 때에는 그에게 직무집행상 과실이 인정된다고 단정할 수 없다. 17·19 경행 ③ 국회의원의 입법행위는 그 입법 내용이 헌법에 문언에 명백히 위반됨에도 불구하고 국회가 굳이 당해 입법을 한 것과 같은 특수한 경우가 아닌 한 국가배상법 제2조 제1항 소정의 위법행위에 해당한다고 볼 수 없다. 17 경행

④ 국가배상책임에 있어서 공무원의 행위는 '법령에 위반한 것'이어야 하고, 법령위반이라 함은 엄격한 의미의 법령위반뿐만 아니라 인권존중, 권력남용금지, 신의성실 등의 위반도 포함하여 그 행위가 객관적인 정당성을 결여하고 있음을 의미한다. 17 사회복지 9급

⑤ 공무원의 직무집행이 법령이 정한 요건과 절차에 따라 이루어진 것이라면 특별한 사정이 없는 한 이는 법령에 적합한 것이고, 그 과정에서 개인의 권리가 침해되는 일이 생긴다고 하여 그 법령적합성이 곧바로 부정되는 것은 아니다. 18 서울 7급

⑥ 성폭력범죄의 수사를 담당하거나 수사에 관여하는 경찰관이 직무상 의무에 위반하여 피해자의 인적사항 등을 공개 또는 누설한 경우, 그로 인하여 피해자가 입은 손해에 대하여 국가는 배상책임을 진다. 14 국가 7급

⑦ 직무수행에 재량이 인정되는 경우라도 그 권한을 부여한 취지와 목적에 비춰 볼 때 구체적 사정에 따라 그 권한을 행사하여 필요한 조치를 취하지 아니하는 것이 현저하게 불합리하다고 인정되는 때에는 그러한 권한의 불행사는 직무상의 의무를 위반한 것이 되어 위법하게 된다. 16 국회 8급

5. 타인에게 손해발생

타인	① **가해공무원 이외의 모든 사람**을 말함(공무원도 피해자에 포함됨) ② **외국인**이 피해자인 경우에는 **해당 국가와 상호 보증이 있을 때에만 적용**
손해	① 적극적 손해, 소극적 손해, 정신적 손해(**위자료 포함**), **재산적 손해**, **생명·신체·재산**(비재산적 **손해**)를 가리지 않고 **모든 손해를 포함**한다. 12 경행 ② **반사적 이익침해**(사실상 이익)인 경우에는 **국가배상책임이 인정되지 않는다.**

6. 가해행위와 손해배상 사이에는 인과관계가 있을 것

국가배상법 2조 군인 등에 대한 특례(이중배상금지)

제2조(배상책임) ① 국가나 지방자치단체는 공무원 또는 공무를 위탁받은 사인(이하 "공무원"이라 한다)이 직무를 집행하면서 고의 또는 과실로 법령을 위반하여 타인에게 손해를 입히거나, 「자동차손해배상 보장법」에 따라 손해배상의 책임이 있을 때에는 이 법에 따라 그 손해를 배상하여야 한다. 다만, **군인·군무원·경찰공무원 또는 예비군대원**이 전투·훈련 등 직무 집행과 관련하여 전사·순직하거나 공상을 입은 경우에 본인이나 그 유족이 다른 법령에 따라 재해보상금·유족연금·상이연금 등의 보상을 지급받을 수 있을 때에는 이 법 및 「민법」에 따른 손해배상을 청구할 수 없다.(일반적인 직무집행에 대해서도 국가나 지방자치단체의 배상책임이 제한된다.) 19 경행

② 제1항 본문의 경우에 공무원에게 **고의 또는 중대한 과실**이 있으면 국가나 지방자치단체는 그 공무원에게 **구상할 수 있다.**

① **전투경찰순경**은 이중배상이 금지되는 경찰공무원에 포함되지만, 23 경간 **공익근무요원**과 **경비교도대원**은 이중배상이 금지되는 자가 아니다. 12·19 경행

② 직무집행과 관련하여 공상을 입은 군인이 먼저 국가배상법상 손해배상을 받은 다음 구「국가유공자 등 예우 및 지원에 관한 법률」상 보훈급여금을 지급청구하는 경우, 국가배상을 받았다는 이유로 그 지급을 거부할 수 없다. 19 국가 9급

형사상 범죄행위를 구성하지 않는 침해행위라 하더라도 그것이 민사상 불법행위를 구성하는 지 여부는 형사책임과 별개의 관점에서 검토하여야 한다. 19 경행

2) 내용

배상 책임자	헌법은 국가와 공공단체로 규정하고, 국가배상법은 **국가와 지방자치단체**를 배상책임자로 규정하고 있다. → 국가배상청구소송의 **피고는 국가 또는 지방자치단체**가 된다. 11 경간
선임감독자와 비용부담자가 다른 경우 (제6조)	① 공무원의 선임감독자와 비용부담자가 동일하지 않은 경우 그 비용을 부담하는 자도 손해를 배상하여야 한다.(제1항) ② 제1항의 경우에 손해를 배상한 자는 내부관계에서 그 손해를 배상할 책임이 있는 자에게 구상할 수 있다.(제2항) ③ 지방자치단체장이 설치하여 관할 시·도경찰청장에게 관리권한이 위임된 교통신호기 고장으로 교통사고가 발생한 경우 경찰관들의 봉급을 부담하는 국가도 비용 부담하는 자로서 손해배상책임이 인정된다. 19 경행 (대판 1999.6.25. 99다11120)
선택적 청구권	① 공무원에게 **고의 또는 중과실**이 있는 경우 피해자는 **국가나 지방자치단체 또는 공무원을 상대로 선택적으로 청구권 행사가 가능하다.** 15 서울 7급 ② 공무원에게 **경과실**이 있는 경우에는 피해자는 **국가나 지방자치단체를 상대로 청구권 행사가 가능하다.**
구상권	① 공무원에게 **고의 또는 중과실**이 있는 경우에는 국가나 지방자치단체는 그 공무원에게 **구상권 행사가 가능하다.** ② 공무원에게 **경과실**이 있는 경우에는 국가나 지방자치단체는 그 공무원에게 **구상권 행사가 불가능하다.**
판례	공무원이 직무수행 중 불법행위로 타인에게 손해를 입힌 경우에 국가 등이 국가배상책임을 부담하는 외에 **공무원 개인도 고의 또는 중과실이 있는 경우에는 불법행위로 인한 손해배상책임을 진다**고 할 것이지만, **공무원에게 경과실뿐인 경우에는 공무원 개인은 손해배상책임을 부담하지 아니한다**(대판 1996. 2. 15, 95다38677 전합).
배상청구권의 양도·압류 금지	생명·신체의 침해로 인한 국가배상을 받을 권리는 양도하거나 압류하지 못한다. 13·14 경행, 13 국가 9급 다만, 재산권 침해에 대한 배상청구권은 양도가능하다.
소멸시효	가해행위를 **안날로부터 3년**, 가해행위가 **있었던 날로부터 5년**이 지나면 시효가 완성된다.
형사책임과 국가배상책임	형사재판에서 무죄판결이 확정되더라도 국가배상책임이 인정될 수 있다.

(3) 영조물의 설치·관리상의 하자로 인한 손해배상(국가배상법 제5조)

의의	도로, 하천 기타 공공의 영조물의 설치 또는 관리의 하자로 타인에게 손해를 발생하게 한 경우 국가 또는 지방자치단체는 그 손해를 배상하여야 한다. 다만, 불가항력인 경우에는 국가는 영조물로 인한 배상책임을 부담하지 아니한다.
성질	국가배상법 제5조의 배상책임은 공무원의 고의·과실을 요건으로 하지 않는 **무과실책임**이다. 07 채용, 09 국가 7급, 11 경간
공공의 영조물	① 국가 또는 공공단체에 의하여 공공의 목적에 공용되는 인적·물적 시설의 통일체를 말하며, 행정주체에 의하여 공동의 목적에 사용되는 도로·하천 기타공공의 건조물 등의 물적 설비를 의미하는 경우에 사용되고 있는데(국가배상법 제5, 6조), 이 경우의 영조물이라는 개념은 공물이라는 의미에 해당한다.

	② **인공공물(도로**, 하수도), **자연공물(하천**, 호수), 부동산, 동산, 동물(**경찰견**)등을 모두 포함한다.(**경찰차, 교통신호기** 등) 07 채용, 23 경간 ③ 국가배상법 제5조 소정의 '공공의 영조물'은 국가 또는 지방자치단체가 소유권 임차권 그 밖의 권한에 기하여 관리하고 있는 경우뿐만 아니라 **사실상의 관리를 하고 있는 경우도 포함**된다. 18 경행, 17 국가 9급 ④ 아직 물적 시설이 완성되지 아니하여 일반 공중의 이용에 제공되지 않은 옹벽은 국가배상법 상의 영조물에 해당하지 않는다. 15 경행 ⑤ 사실상 군민의 통행에 제공되고 있던 도로이지만, 공용개시가 없었던 경우 국가배상법 상 영조물이라 할 수 없다. 21 해경승진
설치 또는 관리하자	① 영조물의 설치와 관리에 불완전한 점이 있어 **통상적으로 갖추어야 할 물적 안전성을 결여한 것을 의미**하며, 관리자의 과실 여부는 고려대상이 아니다.(객관설) 18 국회 8급 ② '영조물 설치 또는 하자'에 관한 제3자의 수인한도의 기준을 결정함에 있어서는 일반적으로 침해되는 권리나 이익의 성질과 침해의 정도뿐만 아니라 침해행위가 갖는 공공성의 내용과 정도, 그 지역 환경의 특수성, 공법적인 규제에 의하여 확보하려는 환경 기준, 침해를 방지 또는 경감시키거나 손해를 회피할 방안의 유무 및 난이 정도 등 여러 사정을 종합적으로 고려하여 구체적사건에 따라 개별적으로 결정하여야 한다. 12 경행 ③ 안전성의 구비 여부를 판단함에 있어서는 제반사정을 종합적으로 고려하여 설치, 관리자가 그 영조물의 위험성에 비례하여 사회통념상 일반적으로 요구되는 정도의 방호조치의무를 다하였는지 여부를 기준으로 삼아야 한다. ④ '공공의 영조물의 설치·관리의 하자'에는 영조물이 공공의 목적에 이용됨에 있어 그 이용상태 및 정도가 일정한 한도를 초과하여 제3자에게 사회통념상참을 수 없는 피해를 입히고 있는 경우가 포함된다. 17 국가 9급 ⑤ 판례는 영조물의 설치·관리에 있어서 항상 완전무결한 상태를 유지할 정도의고도의 안전성을 갖추지 아니하였다고 하여 영조물의 설치 또는 관리에 하자가 있다고 단정할 수 없다고 한다. 11 지방 9급
요건	타인에게 손해가 발생하여야 하며, 영조물의 설치·관리하자와 손해발생 사이에는 상당인과관계가 있어야 한다.
면책사유	① 천재지변, 홍수, 지진 등과 같이 **불가항력**적인 사유에 의해 손해가 발생한 경우에는 **상당인과관계가 부정되어 면책**된다.(600년, 1000년 빈도의 강우량) cf. 50년 빈도의 강우량 - 불가항력 부정 12 경행 ② 예산부족 등 설치·관리자의 재정사정은 배상책임 판단에 있어 참작사유는 될수 있으나 안전성을 결정지을 절대적 요건은 아니다. 12 경행, 16 국가 9급
효과	① 설치·관리자와 비용부담자가 동일하지 아니한 경우 모두 배상책임이 있다. ② 영조물의 하자로 인해 **손해의 원인에 대하여 책임질 자가 따로 있을 때에는**따로 **책임질 자에 대하여 구상권을 행사할 수 있다.** 07 채용, 13·14 경행

(4) 배상청구절차(국가배상법 제9조)

① 손해배상의 소송은 배상심의회(이하 "심의회"라 한다)에 배상신청을 하지 아니하고도 제기할 수 있다.(임의적 결정전치주의)

② 국가배상청구소송은 **민사소송(당사자 소송X)**절차에 의한다. 12 경행

기출지문 - 「국가배상법」상 경찰공무원의 배상책임] 24 경간

① 경찰공무원이 공무를 수행하는 과정에서 위법행위로 타인에게 손해를 가한 경우에 국가 등이 손해배상책임을 지는 것 외에 그 개인은 고의 또는 중과실이 있는 경우에는 손해배상책임을 진다.
② 경찰공무원의 중과실이란 공무원에게 통상 요구되는정도의 상당한 주의를 하지 않더라도 약간의 주의를 한다면 손쉽게 위법·위해한 결과를 예견할 수 있는 경우임에도 만연히 이를 간과한 경우와 같이, 거의 고의에 가까운 현저한 주의를 결여한 상태를 의미한다.
③ 경찰공무원이 직무를 수행함에 있어 경과실로 타인에게 손해를 입힌 경우에는 그로 인하여 발생한 손해에 대하여 경찰공무원 개인에게 배상책임을 부담시키지 아니하는 것은 공무원의 공무집행의 안정성을 확보하려는 데 있다.
④ 공무원의 부작위로 인한 국가배상책임을 인정하기 위하여는 공무원의 작위로 인한 국가배상책임을 인정하는 경우와 마찬가지로 "공무원이 그 직무를 집행함에 당하여 고의 또는 과실로 법령에 위반하여 타인에게 손해를 가한 때"라고 하는 국가배상법 제2조 제1항의 요건이 충족되어야 할 것이다. 여기서 '법령에 위반하여'라고 함은 엄격하게 형식적 의미의 법령에 명시적으로 공무원의 작위의무가 정하여져 있음에도 이를 위반하는 경우만을 의미하는 것은 아니고, 인권존중·권력남용금지·신의성실과 같이 공무원으로서 마땅히 지켜야 할 준칙이나 규범을 지키지 아니하고 위반한 경우를 포함하여 널리 그 행위가 객관적인 정당성을 결여하고 있는 경우도 포함한다. 따라서 **국민의 생명·신체·재산 등에 대하여 절박하고 중대한 위험상태가 발생하였거나 발생할 상당한 우려가 있어서 국민의 생명 등을 보호하는 것을 본래적 사명으로 하는 국가가 초법규적·일차적으로 그 위험의 배제에 나서지 아니하면 국민의 생명 등을 보호할 수 없는 경우에는 형식적 의미의 법령에 근거가 없더라도 국가나 관련 공무원에 대하여 그러한 위험을 배제할 작위의무를 인정할 수 있을 것이다.**(대판 2010다95666)

2. 행정상(경찰상) 손실보상

의의	공공필요에 의한 **적법(위법X)한 공권력 행사**로 인하여 사인의 재산권에 가해진 특별한 손해에 대하여 전체적인 공평부담의 견지에서 행하여지는 재산적 보상을 말한다.
근거	① 헌법 제23조 3항 공공필요에 의한 재산권의 수용·사용 또는 제한 및 그에 대한 보상은 **법률(규칙X)**로써 하되, **정당한 보상**을 지급하여야 한다. 11경행 ② **일반법은 존재하지 않고, 개별법에 규정**되어 있다.(손실보상법X) 15경행 ③ 손실발생의 원인에 대하여 책임이 없는 자가 경찰관의 적법한 직무집행에 자발적으로 협조하여 재산상의 손실을 입은 경우, 국가는 손실을 입은 자에 대하여 정당한 보상을 하여야 한다. 15경행
내용	① **재산권 침해에 대해서만 인정**되며, 생명·신체·명예 등 비재산적 침해에 대해서는 인정되지 않는다. ② 특별한 희생이 발생해야 손실보상이 된다는 특별희생설이 일반적 견해이다. ③ 현금보상이 원칙이나 예외적으로 현물보상이나 채권보상이 가능하다.

④ 손실보상이 인정되기 위해서는 재산권에 대한 실질적이고 현실적인 피해가 발생해야 한다. 15경행
⑥ 공공용물에 관하여 적법한 개발행위 등이 이루어짐으로 말미암아 이에 대한일정범위의 사람들의 일반사용이 종전에 비하여 제한받게 되었다면, 특별한 사정이 없는 한 그로 인한 불이익은 손실보상의 대상이 되는 특별한 손실에 해당하지 않는다. 16 경행
⑦ **개인별 보상, 사업시행자 보상, 사전보상이 원칙이다.** 21 해경승진

국가배상 판례지문 22 2차

① 일반적으로 공무원이 직무를 집행함에 있어서 법령에 대한 해석이 그 문언 자체만으로는 명백하지 아니하여 여러 견해가 있을 수 있는데다가 이에 대한 선례나 학설, 판례등도 귀일된 바 없어 이의(異義)가 없을 수 없는 경우, 관계 국가공무원이 그 나름대로 신중을 다하여 합리적인 근거를 찾아 그 중 어느 한 견해를 따라 내린 해석이 후에 대법원이 내린 입장과 같지 않아 결과적으로 잘못된 해석에 돌아가고, 이에 따른 처리가 역시 결과적으로 위법하게 되어 그 법령의 부당집행이라는 결과를 가져오게 되었다고하더라도 「국가배상법」상 공무원의 과실을 인정할 수는 없다.(대판 2019다277126)

② 국가공무원이 고의 또는 과실로 직무상 의무를 위반하였을 경우라고 하더라도 국가는 그러한 직무상의 의무 위반과 피해자가 입은 손해 사이에 상당인과관계가 인정되는 범위 내에서만 배상책임을 지는 것이고, 이 경우 상당인과관계가 인정되기 위하여는 공무원에게 부과된 직무상 의무의 내용이 단순히 공공 일반의 이익을 위한 것이거나 행정기관 내부의 질서를 규율하기 위한 것이 아니고 전적으로 또는 부수적으로 사회 구성원개인의 안전과 이익을 보호하기 위하여 설정된 것이어야 한다.(대판 2008다77795)

③ 국민의 생명, 신체 및 재산의 보호, 범죄의 예방·진압 및 수사, 기타 공공의 안녕과 질서유지 등의 직무를 수행하는 경찰은 「경찰관 직무집행법」, 「형사소송법」 등 관련 법령에서 부여한 여러 권한을 제반 상황에 대응하여 적절하게 행사하여 필요한 조치를 취할 수 있고, 그 권한은 일반적으로 경찰관의 전문적 판단에 기한 합리적인 재량에 위임되어 있지만, 경찰관에게 권한을 부여한 취지와 목적에 비추어 볼 때 구체적인 사정에 따라 경찰관이 그 권한을 행사하여 필요한 조치를 취하지 아니하는 것이 현저하게불합리하다고 인정되는 경우에는 그러한 권한의 불행사는 직무상의 의무를 위반한 것이 되어 위법하게 된다.(대판 2013다20427)

④ 상호보증은 외국의 법령, 판례 및 관례 등에 의하여 발생요건을 비교하여 인정되면 충분하고 **반드시 당사국과의 조약이 체결되어 있을 필요는 없으며,** 당해 외국에서 구체적으로 우리나라 국민에게 국가배상청구를 인정한 사례가 없더라도 실제로 인정될 것이라고 기대할 수 있는 상태이면 충분하다.(대판 2013다208388)

3. 행정심판

① **행정심판이란 행정청의 위법 또는 부당한 처분이나 부작위 등으로 법률상 이익을 침해당한 자가 행정기관에 대하여 시정을 구하는 절차**를 말한다.
  - 행정심판에서 처분의 적법성 여부뿐만 아니라 법원이 판단할 수 없는 처분의 당·부당의 문제에 관해서도 심사를 받을 수 있다. 18 경행

② 처분의 위법, 부당에 대한 판단의 기준시점은 원칙적으로 처분시점을 기준으로 판단해야한다. 12 경행

(1) 종류 11 경행, 23 경채 - 당사자 심판은 없음 18 경행

취소심판	행정청의 위법 또는 부당한 처분을 취소하거나 변경하는 행정심판
무효등확인심판	행정청의 처분의 효력유무 또는 존재여부를 확인하는 행정심판
의무이행심판	① 당사자의 신청에 대한 행정청의 **위법 또는 부당한 거부처분 또는 부작위**에 대하여 일정한 처분을 하도록 하는 행정심판이다. 19 경행, 23 2차 ② 당사자의 신청을 거부하거나 부작위로 방치한 처분의 이행을 명하는재결이 있으면 행정청은 지체 없이 이전의 신청에 대하여 재결의 취지에 따라 처분을 하여야 한다. 19 경행 ③ 행정심판위원회는 처분의 이행을 명하는 재결에도 불구하고 처분을 하지 아니하는 피청구인에게 배상을 할 것을 명할 수 있다. 19 경행 ④ 피청구인이 처분의 이행을 명하는 재결에도 불구하고 처분을 하지 않는다고 해서 행정심판위원회가 직접 처분을 할 수 있다. 19 경행

(2) 대상(행정심판법 제3조)

행정심판을 정하는 방식에는 열기주의와 개괄주의가 있으며, 행정심판법은 **국민의 권리구제 가능성을 확대하기 위하여 개괄주의 방식을 채택**하고 있다.

개괄주의	① 행정청의 처분 또는 부작위에 대하여는 다른 법률에 특별한 규정이 있는 경우 외에는 이 법에 따라 행정심판을 청구할 수 있다. ② **대통령의 처분 또는 부작위**에 대하여는 다른 법률에서 행정심판을 청구할 수 있도록 정한 경우 외에는 **행정심판을 청구할 수 없다.** 14·17 경행, 22·23 2차
정의 (제2조)	① "**처분**"이란 행정청이 행하는 구체적 사실에 관한 법집행으로서의 공권력의 행사 또는 그 거부, 그 밖에 이에 준하는 행정작용을 말한다. ② "**부작위**"란 행정청이 당사자의 신청에 대하여 상당한 기간 내에 일정한 처분을 하여야 할 법률상 의무가 있는데도 처분을 하지 아니하는 것을 말한다. ③ "**재결**"이란 행정심판의 청구에 대하여 행정심판위원회가 행하는 판단을 말한다. ④ "**행정청**"이란 행정에 관한 의사를 결정하여 표시하는 국가 또는 지방자치단체의 기관, 그 밖에 법령 또는 자치법규에 따라 행정권한을 가지고 있거나 위탁을 받은 공공단체나 그 기관 또는 사인을 말한다.
위법·부당	행정청의 **위법**한 처분과 부작위뿐만 아니라 **부당**한 처분과 부작위도 대상이 된다는 점에서 행정소송과 차이가 있다. 18 경행
특별행정심판 등 (제4조)	① 사안의 전문성과 특수성을 살리기 위하여 특히 필요한 경우 외에는 이법에 따른 행정심판을 갈음하는 특별한 행정불복절차(이하 "특별행정심판"이라 한다)나 이 법에 따른 행정심판 절차에 대한 특례를 다른 법률로 정할 수 없다. 17 경행 ② 다른 법률에서 특별행정심판이나 이 법에 따른 행정심판 절차에 대한특례를 정한 경우에도 그 법률에서 규정하지 아니한 사항에 관하여는 이법에서 정하는 바에 따른다. 17 경행 ③ 관계 행정기관의 장이 특별행정심판 또는 이 법에 따른 행정심판 절차에 대한 특례를 신설하거나 변경하는 법령을 제정·개정할 때에는 미리 중앙행정심판위원회와 **협의(동의X)**하여야 한다. 17 경행

(3) 당사자 등

청구인 적격 (제13조)	① 취소심판은 **처분의 취소 또는 변경을 구할 법률상 이익이 있는 자**가 청구할 수 있다. 처분의 효과가 기간의 경과, 처분의 집행, 그 밖의 사유로 소멸된 뒤에도 그 처분의 취소로 회복되는 법률상 이익이 있는 자의 경우에도 또한 같다. ② 무효등확인심판은 처분의 효력 유무 또는 존재 여부의 확인을 구할 법률상 이익이 있는 자가 청구할 수 있다. ③ 의무이행심판은 처분을 신청한 자로서 행정청의 거부처분 또는 부작위에 대하여 일정한 처분을 구할 법률상 이익이 있는 자가 청구할 수 있다.
법인이 아닌 사단 또는 재단의 청구인 능력(제14조)	법인이 아닌 사단 또는 재단으로서 대표자나 관리인이 정하여져 있는 경우에는 그 사단이나 재단의 이름으로 심판청구를 할 수 있다.
선정대표자 (제15조)	① 여러 명의 청구인이 공동으로 심판청구를 할 때에는 청구인들 중에서 **3명 이하의 선정대표자를 선정할 수 있다.** ② 청구인들이 제1항에 따라 **선정대표자를 선정하지 아니한 경우**에 위원회는 필요하다고 인정하면 **청구인들에게 선정대표자를 선정할 것을 권고할 수 있다.** ③ 선정대표자는 다른 청구인들을 위하여 그 사건에 관한 모든 행위를 할 수 있다. 다만, 심판청구를 취하하려면 다른 청구인들의 동의를 받아야 하며, 이경우 동의 받은 사실을 서면으로 소명하여야 한다. ④ 선정대표자가 선정되면 다른 청구인들은 그 선정대표자를 통해서만 그 사건에 관한 행위를 할 수 있다. ⑤ 선정대표자를 선정한 청구인들은 필요하다고 인정하면 선정대표자를 해임하거나 변경할 수 있다. 이 경우 청구인들은 그 사실을 지체 없이 위원회에 서면으로 알려야 한다.
피청구인 (제17조)	① 행정심판은 **처분을 한 행정청**(의무이행심판의 경우에는 청구인의 신청을 받은 행정청)을 피청구인으로 하여 청구하여야 한다. 다만, 심판청구의 대상과 관계되는 권한이 다른 행정청에 승계된 경우에는 권한을 승계한 행정청을 피청구인으로 하여야 한다. ② 행정심판의 제기에 있어서 청구인이 피청구인을 잘못 지정한 경우에 행정심판위원회는 직권으로 또는 당사자의 신청에 의하여 결정으로써 피청구인을 경정할 수 있다. 15경행 ③ 행정심판위원회는 피청구인을 경정하는 결정을 하면 결정서 **정본(부본X)**을 당사자(종전의 피청구인과 새로운 피청구인을 포함한다)에게 송달하여야한다. 15경행 ④ 의무이행심판의 경우에는 청구인의 신청을 받은 행정청을 피청구인으로 하여 행정심판을 청구하여야 한다. 15경행

(4) 행정심판위원회(제6조 ~ 제9조)

행정청의 처분 또는 부작위에 대한 행정심판의 청구를 심리·재결하기 위하여 설치한 행정기관

해당 행정청 소속 행정심판위원회	① 감사원, 국가정보원장, 그 밖에 대통령령으로 정하는 대통령 소속기관의 장 ② 국회사무총장·법원행정처장·헌법재판소사무처장 및 중앙선거관리위원회사무총장 ③ 국가인권위원회, 그 밖에 지위·성격의 독립성과 특수성 등이 인정되어 대통령령으로 정하는 행정청

중앙행정심판위원회 (국민권익위원회 소속)	① 해당 행정청 소속으로 설치하는 경우 외의 국가행정기관의 장 또는 그 소속 행정청 ② 특별시장 등(광역자치단체장 등) ③ 국가·지방자치단체·공공법인 등이 공동으로 설립한 행정청 ④ **경찰청장, 시도경찰청장, 경찰서장의 처분은 모두 국민권익위원회소속 중앙행정심판위원회에서 담당한다.** 13 경행
각급 행정심판위원회	① 위원장 1명을 포함하여 **50명 이내의 위원으로 구성** 11 경행 ② 위원장과 위원장이 회의마다 지정하는 8명의 위원 ③ 구성원 과반수의 출석과 출석위원 과반수의 찬성으로 의결 ④ 위촉된 위원의 임기는 2년으로 하되, 2차에 한하여 연임가능
중앙 행정심판위원회 22 경채	① 위원장 1명을 포함하여 **70명 이내의 위원으로 구성하되, 위원 중 상임위원은 4명 이내** 11 경행, 23 경채 ② **위원장은 국민권익위원회의 부위원장 중 1명** ③ 중앙행정심판위원회 **상임위원은 위원장의 제청으로 국무총리를 거쳐 대통령이 임명 - 비상임위원은 중앙행정심판위원회 위원장의 제청으로 국무총리가 성별을 고려하여 위촉** ④ 위원장, 상임위원 및 위원장이 회의마다 지정하는 비상임위원을 포함하여 총 9명으로 구성 ⑤ 중앙행정심판위원회 상임위원의 임기는 3년으로 하며, 23 경채 1차에 한하여 연임가능 - **비상임위원의 임기는 2년, 2차에 한하여 연임가능** ⑥ 구성원 과반수의 출석과 출석위원 과반수의 찬성으로 의결

(5) 행정심판 청구기간

기간 (제27조)	① 행정심판은 **처분이 있음을 알게 된 날부터 90일 이내에 청구하여야하며(불변기간)**, 처분이 있었던 날부터 180일이 지나면 청구하지 못한다. 16·18 경행 ② 두 기간 중 어느 하나라도 먼저 경과하면 심판청구 제기불가
90일의 예외	청구인이 천재지변, 전쟁, 사변, 그 밖의 불가항력으로 인하여 제1항에서 정한 기간에 심판청구를 할 수 없었을 때에는 그 **사유가 소멸한 날부터 14일 이내에 행정심판을 청구할 수 있다. 다만, 국외에서 행정심판을 청구하는 경우에는 그 기간을 30일로 한다.** 16·19 경행
180일의 예외	180일 이내 제기하지 못한 **정당한 사유가 있는 경우에는 180일이 경과한 후에도 심판청구가 가능하다.** 14·19경행
불고지 오고지	① 행정청이 심판청구 기간을 90일보다 긴 기간으로 잘못 알린 경우 그 잘못 알린 기간에 심판청구가 있으면 그 행정심판은 규정된 기간에 청구된것으로 본다. ② 행정청이 **심판청구 기간을 알리지 아니한 경우에는 처분이 있었던 날부터180일 이내에 심판청구를 할 수 있다.** 19 경행,19 서울 9급, 16 지방 9급
적용범위	행정심판청구기간의 제한은 **취소심판과 거부처분에 대한 의무이행심판에만 적용된다. 무효등확인심판청구와 부작위에 대한 의무이행심판청구에는 적용하지 아니한다.** 19 경행
청구방식 (제28조)	심판청구는 **서면**으로 하여야 한다.
제23조	① 행정심판을 청구하려는 자는 제28조에 따라 **심판청구서(말X)를 작성하여 피청구인**

(심판청구서의 제출)	이나 위원회에 제출하여야 한다. 이 경우 피청구인의 수만큼 심판청구서 부본을 함께 제출하여야 한다. 21 해경승진, 23 2차 ② 행정청이 제58조에 따른 고지를 하지 아니하거나 잘못 고지하여 청구인이 심판청구서를 다른 행정기관에 제출한 경우에는 그 행정기관은 그 심판청구서를 지체 없이 정당한 권한이 있는 피청구인에게 보내야 한다. ③ 제2항에 따라 심판청구서를 보낸 행정기관은 지체 없이 그 사실을 청구인에게 알려야 한다. ④ 제27조에 따른 심판청구 기간을 계산할 때에는 제1항에 따른 피청구인이나 위원회 또는 제2항에 따른 행정기관에 심판청구서가 제출되었을 때에 행정심판이 청구된 것으로 본다.

(6) 행정심판청구의 효과(제30조)

원칙 (집행부정지)	심판청구는 처분의 효력이나 그 집행 또는 절차의 속행에 영향을 주지 아니한다.
예외 (집행정지)	① 위원회는 처분, 처분의 집행 또는 절차의 속행 때문에 중대한 손해가 생기는 것을 예방할 필요성이 긴급하다고 인정할 때에는 직권으로 또는 당사자의 신청에 의하여 처분의 효력, 처분의 집행 또는 절차의 속행의 전부 또는 일부의 정지(이하 "집행정지"라 한다)를 결정할 수 있다. 다만, 처분의 효력정지는 처분의 집행 또는 절차의 속행을 정지함으로써 그 목적을 달성할 수 있을 때에는 허용되지 아니한다. ② 집행정지는 공공복리에 중대한 영향을 미칠 우려가 있을 때에는 허용되지 아니한다. ③ 위원회는 집행정지를 결정한 후에 집행정지가 공공복리에 중대한 영향을 미치거나 그 정지사유가 없어진 경우에는 직권으로 또는 당사자의 신청에 의하여 집행정지 결정을 취소할 수 있다.
임시처분 (제31조)	① 위원회는 처분 또는 부작위가 위법·부당하다고 상당히 의심되는 경우로서 처분 또는 부작위 때문에 당사자가 받을 우려가 있는 중대한 불이익이나 당사자에게 생길 급박한 위험을 막기 위하여 임시지위를 정하여야 할 필요가 있는 경우에는 직권으로 또는 당사자의 신청에 의하여 임시처분을 결정할 수 있다. ② 임시처분은 집행정지로 목적을 달성할 수 있는 경우에는 허용되지 아니한다.

(7) 행정심판의 심리 및 재결

불고불리 원칙	행정심판위원회는 심판청구의 대상이 되는 처분 또는 부작위 외의 사항에 대해서는 재결하지 못한다. 다만, '위원회는 필요하다고 인정할 때에는 당사자가 주장하지 아니한 사실에 대해서도 심리할 수 있다.'(제39조)라고 규정하여 불고불리원칙의 예외를 규정하고 있다.
불이익변경 금지의 원칙	심판청구의 대상이 되는 처분보다 불이익한 재결을 하지 못한다.(제47조)
요건심리	심판청구가 적법한 요건을 갖추었는지를 형식적으로 심사하는 것
본안심리	심판청구의 내용에 관하여 실질적으로 심사하는 것 본안심리를 거쳐 기각재결, 인용재결, 사정재결 등의 결정을 하게 된다.
재결	① 행정심판청구사건에 대한 행정심판위원회의 종국적 판단으로서의 의사표시를 말한다.

② 재결은 제23조에 따라 피청구인 또는 위원회가 심판청구서를 받은 날부터 **60일** 이내에 하여야 한다. 다만, 부득이한 사정이 있는 경우에는 **위원장이 직권**으로 30일을 연장할 수 있다. **(제45조)** 12·16 경행
③ 종류(제43조)
 1. **각하재결** : 위원회는 심판청구가 **적법하지 아니하면** 그 심판청구를 각하(却下)한다.
 2. **기각재결** 23 1차
  위원회는 심판청구가 **이유가 없다고 인정하면** 그 심판청구를 기각(棄却)한다.
 3. **인용재결**
  - 위원회는 취소심판의 청구가 이유가 있다고 인정하면 처분을 **취소 또는 다른 처분으로 변경하거나 처분을 다른 처분으로 변경할 것을 피청구인에게 명한다.(취소재결, 변경재결, 변경명령재결) – 취소명령재결은 없음**
  - 위원회는 무효등확인심판의 청구가 이유가 있다고 인정하면 처분의 효력 유무 또는 처분의 존재 여부를 확인한다.(무효등확인재결)
  - 위원회는 의무이행심판의 청구가 이유가 있다고 인정하면 지체 없이 신청에 따른 처분을 하거나 처분을 할 것을 피청구인에게 명한다.(의무이행재결) 21 해경승진
 4. **사정재결(제44조)**
  - 위원회는 심판청구가 이유가 있다고 인정하는 경우에도 이를 인용(認容)하는 것이 공공복리에 크게 위배된다고 인정하면 그 심판청구를 기각하는 재결을 할 수 있다. 23 2차 이 경우 위원회는 재결의 주문(主文)에서 그 처분 또는 부작위가 위법하거나 부당하다는 것을 구체적으로 밝혀야 한다. 22 2차
  - 위원회는 제1항에 따른 재결을 할 때에는 청구인에 대하여 상당한 구제방법을 취하거나 상당한 구제방법을 취할 것을 피청구인에게 명할 수 있다.
  - 사정재결은 **무효등확인심판에는 적용하지 아니한다.** 22 2차
  - 사정재결은 **기각(인용X)** 재결의 일종이다. 22 2차
  - 사정재결 이후에도 행정심판의 대상인 처분 등의 효력은 유지된다. 22 2차

재결의 효력	① **불가쟁력** : 재결에 대해 다시 행정심판을 청구할 수 없다. 다만, 재결에 위법이 있는 경우에 한해 소송제기가 가능하다. ② **불가변력** : 재결에 위법이 있다고 하더라도 행정심판위원회 스스로 취소·변경할 수 없는 효력을 말한다. ③ **형성력** : 처분을 취소하는 재결이 있으면 별도의 처분이 없더라도 처분 시로 효력이 소급되어 처음부터 존재하지 않는 것으로 되는 효력을 말한다.(기존의 법률관계에 변동을 가져오는 효력) 18 경행 ④ **기속력** - 인용재결은 피청구인과 그 밖의 관계행정청을 기속한다. 기속력은 인용재결에만 인정되며, 각하재결이나 기각재결에는 인정되지 않는다. - 재결의 기속력은 당해 처분에 관한 재결주문 및 그 전제가 된 요건사실의인정과 판단에만 미친다고 할 것이고, 종전처분이 재결에 의하여 취소되었다하더라도 종전 처분 시와는 다른 사유를 들어서 처분을 하는 것은 기속력에 저촉되지 않는다. 12·14 경행, 21 해경승진, 23 1차
제45조(재결 기간)	① 재결은 제23조에 따라 피청구인 또는 위원회가 심판청구서를 받은 날부터 **60일** 이내에 하여야 한다. 다만, 부득이한 사정이 있는 경우에는 **위원장이 직권**으로 30일을 연장할 수 있다. ② 위원장은 제1항 단서에 따라 재결 기간을 연장할 경우에는 재결 기간이 끝나기 **7일** 전까지 당사자에게 알려야 한다.
제46조(재결	① 재결은 서면으로 한다. 21 해경승진, 23 1차

의 방식)	② 재결서에 적는 이유에는 주문 내용이 정당하다는 것을 인정할 수 있는 정도의 판단을 표시하여야 한다. 21 해경승진
제47조(재결의 범위)	① 위원회는 심판청구의 대상이 되는 처분 또는 부작위 외의 사항에 대하여는 재결하지 못한다. ② 위원회는 심판청구의 대상이 되는 처분보다 청구인에게 불리한 재결을 하지 못한다.
재결의 송달과 효력 발생(제48조)	① 위원회는 지체 없이 당사자에게 재결서의 정본을 송달하여야 한다. 23 1차 이 경우 중앙행정심판위원회는 재결 결과를 소관 중앙행정기관의 장에게도 알려야 한다. ② 재결은 청구인에게 제1항 전단에 따라 송달(발송X)되었을 때에 그 효력이 생긴다. 23 1차
재결의 기속력 등 (제49조)	① 심판청구를 인용하는 재결은 피청구인과 그 밖의 관계 행정청을 기속한다. ② 재결에 의하여 취소되거나 무효 또는 부존재로 확인되는 처분이 당사자의 신청을 거부하는 것을 내용으로 하는 경우에는 그 처분을 한 행정청은 재결의 취지에 따라 다시 이전의 신청에 대한 처분을 하여야 한다. ③ 당사자의 신청을 거부하거나 부작위로 방치한 처분의 이행을 명하는 재결이 있으면 행정청은 지체 없이 이전의 신청에 대하여 재결의 취지에 따라 처분을 하여야 한다. ④ 신청에 따른 처분이 절차의 위법 또는 부당을 이유로 재결로써 취소된 경우에는 제2항을 준용한다. ⑤ 법령의 규정에 따라 공고하거나 고시한 처분이 재결로써 취소되거나 변경되면 처분을 한 행정청은 지체 없이 그 처분이 취소 또는 변경되었다는것을 공고하거나 고시하여야 한다. ⑥ 법령의 규정에 따라 처분의 상대방 외의 이해관계인에게 통지된 처분이 재결로써 취소되거나 변경되면 처분을 한 행정청은 지체 없이 그 이해관계인에게 그 처분이 취소 또는 변경되었다는 것을 알려야 한다.
위원회의 직접처분 (제50조)	위원회는 피청구인이 재결처분에도 불구하고 처분을 하지 아니하는 경우(취소재결X)에는 당사자가 신청하면 기간을 정하여 서면으로 시정을 명하고 그 기간에 이행하지 아니하면 직접 처분을 할 수 있다. 다만, 그 처분의 성질이나 그 밖의 불가피한 사유로 위원회가 직접 처분을 할 수 없는 경우에는 그러하지 아니한다. 18 지방 7급
위원회의 간접강제 (제50조의2)	위원회는 재처분의무가 있는 피청구인이 처분을 하지 아니하면 청구인의 신청에 의하여 결정으로 상당한 기간을 정하고 피청구인이 그 기간 내에 이행하지 아니하는 경우에는 그 지연기간에 따라 일정한 배상을 하도록 명하거나 즉시 배상을 할 것을 명할 수 있다. 18 서울 7급

(8) 조정(제43조의 2)

위원회는 당사자의 권리 및 권한의 범위에서 당사자의 동의를 받아 심판청구의 신속하고 공정한 해결을 위하여 조정을 할 수 있다. 다만, 그 조정이 공공복리에 적합하지 아니하거나 해당 처분의 성질에 반하는 경우에는 그러하지 아니하다. 18 경행

(9) 불복(제51조)

① 심판청구에 대한 재결이 있으면 그 재결 및 같은 처분 또는 부작위에 대하여 다시 행정심판을 청구할 수 없다. 14·18 경행, 17 교육행정 9급

② 재결에 불복하면 행정소송을 제기할 수 있다. 행정소송은 원처분을 대상으로 하여야 하며, 재결자체에 고유한 위법이 있는 경우에는 재결의 취소를 구하는 행정소송을 제기할 수 있다.

기출지문 - 행정심판 21 해경승진

1. 처분청이 재조사결정의 주문 및 그 전제가 된 요건사실의 인정과 판단, 즉 처분의 구체적 위법사유에 관한 판단에 반하여 당초처분을 그대로 유지하는 것은 재조사 결정의 기속력에 저촉된다.
2. 행정심판에서 행정심판위원회에 의한 형성적 재결이 있는 경우에는 그 대상이 되는 행정처분은 재결 자체에 의하여 당연히 취소되어 소멸한다.

4. 행정소송

행정법상의 법률관계에 관한 분쟁에 대하여 당사자의 소의 제기에 의해 제3자적 지위에 있는 법원이 심리·판단하는 정식쟁송절차를 말한다.

[필요적 행정심판 전치주의가 적용되는 경우]
① 공무원의 징계처분
② 국세, 관세부과처분
③ 도로교통법에 의한 처분

> **예** 혈중알콜농도 0.13%의 주취상태에서 차량을 운전하다가 적발된 乙에게 관할 경찰청장이 「도로교통법」에 의거 운전면허취소처분을 하였을 경우, **乙은 행정심판을 거치지 않고 바로 행정소송을 제기할 수 없다.** 24 경간

(1) 종류(제3조, 제4조) 16 경행, 12 지방 9급, 22 1차, 23 경채

- **의무이행소송은 규정이 없다.** 10 경행
- 항고소송이란 행정청의 처분 등이나 부작위에 대하여 제기 하는 소송이다. 17 경행

	주관적 소송
항고소송	① **취소소송** : 행정청의 **위법(부당X)**한 처분 등의 취소 또는 변경하는 소송 ② **무효등확인소송** 　－ 행정청의 처분 등의 **효력유무** 또는 **존재여부**를 확인하는 소송 　－ **소송의 제기기간, 행정심판전치주의, 사정판결이 적용되지 않는다.** 　－ **본안소송이 무효확인소송인 경우에도 집행정지가 허용된다.** 18 서울 7급 ③ **부작위위법확인소송** : 행정청의 **부작위가 위법함**을 확인하는 소송 　1. 부작위위법확인소송에 있어서는 사정판결이 적용되지 아니한다. 13 경행 　2. 부작위위법확인소송은 처분의 신청을 한 자로서 부작위의 위법의 확인을 구할 법률상 이익이 있는 자만이 제기할 수 있다. 18 경행 　3. 부작위위법확인의 소는 부작위상태가 계속되는 한 그 위법의 확인을 구할 이익이 있다고 보아야 하므로 제소기간의 제한이 없음이 원칙이나 행정심판 등 전심절차를 거친 경우에는 제소기간의 제한이 있다. 19 국회 8급 　4. 부작위위법확인소송은 부작위의 위법함을 확인함으로써 행정청의 응답을 신속하게 하여 부작위 내지 무응답이라고 하는 소극적인 위법상태를 제거하는 것을 목적으로 한다. 16 서울 7급

당사자 소송 17 경행, 15 국회 8급 21 해경승진	행정청의 처분등을 원인으로 하는 법률관계에 관한 소송 그 밖에 공법상의 법률관계에 관한 소송으로서 그 법률관계의 한쪽 당사자를 피고로 하는 소송 1. 공무원연금법령 개정으로 퇴직연금 중 일부 금액의 지급이 정지되어서 미지급된 퇴직연금의 지급을 구하는 소송은 판례상 당사자소송이다. 2. 구 광주민주화 운동 관련자 보상 등에 관한 법률에 따른 보상금지급청구소송 3. 명예퇴직한 법관이 미지급 명예퇴직수당액에 대하여 가지는 권리는 명예퇴직수당 지급대상자 결정 절차를 거쳐 명예퇴직수당규칙에 의하여 확정된 공법상 법률관계에 관한 권리로서, 그 지급을 구하는 소송은 **행정소송법의 당사자소송에 해당**하며, 그 법률관계의 당사자인 국가를 상대로 제기하여야 한다.(대판 2013두14863) 23 2차
객관적 소송	
민중소송 17 경행	국가 또는 공공단체의 기관이 법률에 위반되는 행위를 한 때에 직접 자기의 법률상 이익과 관계없이 그 시정을 구하기 위하여 제기하는 소송
기관소송 17·19 경행	국가 또는 공공단체의 기관 상호간에 있어서의 권한의 존부 또는 그 행사에 관한 다툼이 있을 때에 이에 대하여 제기하는 소송. 다만, 헌법재판소법 제2조의 규정에 의하여 헌법재판소의 관장사항으로 되는 소송은 제외한다.

(2) 취소소송

제8조 (법적용예) 21 해경승진	① 행정소송에 대하여는 다른 법률에 특별한 규정이 있는 경우를 제외하고는 이 법이 정하는 바에 의한다. ② 행정소송에 관하여 이 법에 특별한 규정이 없는 사항에 대하여는 법원조직법과 민사소송법 및 **민사집행법**의 규정을 준용한다.
재판관할 (제9조)	취소소송의 제1심 관할법원은 **피고의 소재지를 관할하는 행정법원**으로 한다. – 경찰청장을 피고로 하여 취소소송을 제기하는 경우, 대법원 소재지를 관할하는 행정법원이 제1심 관할법원으로 될 수 있다. 18 경행, 24 경간
제14조 (피고경정)	① 원고가 피고를 잘못 지정한 때에는 법원은 원고의 신청에 의하여 결정으로써 피고의 경정을 허가할 수 있다. ② 법원은 제1항의 규정에 의한 결정의 정본을 새로운 피고에게 송달하여야 한다. ③ 제1항의 규정에 의한 신청을 각하하는 결정에 대하여는 즉시항고할 수 있다. ④ 제1항의 규정에 의한 결정이 있은 때에는 새로운 피고에 대한 소송은 처음에 소를 제기한 때에 제기된 것으로 본다. ⑤ 제1항의 규정에 의한 결정이 있은 때에는 종전의 피고에 대한 소송은 취하된 것으로 본다. ⑥ 취소소송이 제기된 후에 제13조제1항 단서 또는 제13조제2항에 해당하는 사유가 생긴 때에는 법원은 당사자의 신청 또는 직권에 의하여 피고를 경정한다. 이 경우에는 제4항 및 제5항의 규정을 준용한다.
제16조 (제3자의 소송참가)	① 법원은 소송의 결과에 따라 권리 또는 이익의 침해를 받을 제3자가 있는 경우에는 당사자 또는 제3자의 신청 또는 직권에 의하여 결정으로써 그 제3자를 소송에 참가시킬 수 있다. ② 법원이 제1항의 규정에 의한 결정을 하고자 할 때에는 미리 당사자 및 제3자의 의견을 들어야 한다. ③ 제1항의 규정에 의한 신청을 한 제3자는 그 신청을 각하한 결정에 대하여 즉시항고할 수 있다.

	④ 제1항의 규정에 의하여 소송에 참가한 제3자에 대하여는 민사소송법 제67조의 규정을 준용한다.
제17조 (행정청의 소송참가)	① 법원은 다른 행정청을 소송에 참가시킬 필요가 있다고 인정할 때에는 당사자 또는 당해 행정청의 신청 또는 직권에 의하여 결정으로써 그 행정청을 소송에 참가시킬 수 있다. ② 법원은 제1항의 규정에 의한 결정을 하고자 할 때에는 당사자 및 당해 행정청의 의견을 들어야 한다. ③ 제1항의 규정에 의하여 소송에 참가한 행정청에 대하여는 민사소송법 제76조의 규정을 준용한다.

행정심판
과의 관계
(제18조)
21 해경승진
	① 취소소송은 법령의 규정에 의하여 당해 처분에 대한 행정심판을 제기할 수 있는 경우에도 이를 거치지 아니하고 제기할 수 있다. 다만, 다른 법률에 당해 처분에 대한 행정심판의 재결을 거치지 아니하면 취소소송을 제기할 수 없다는 규정이 있는 때에는 그러하지 아니하다. 16 경행
	② 제1항 단서의 경우에도 다음 각호의 1에 해당하는 사유가 있는 때에는 행정심판의 재결을 거치지 아니하고 취소소송을 제기할 수 있다.
	  1. 행정심판청구가 있은 날로부터 60일이 지나도 재결이 없는 때
	  2. 처분의 집행 또는 절차의 속행으로 생길 중대한 손해를 예방하여야 할 긴급한 필요가 있는 때
	  3. 법령의 규정에 의한 행정심판기관이 의결 또는 재결을 하지 못할 사유가 있는 때
	  4. 그 밖의 정당한 사유가 있는 때
	③ 제1항 단서의 경우에 다음 각호의 1에 해당하는 사유가 있는 때에는 행정심판을 제기함이 없이 취소소송을 제기할 수 있다.
	  1. 동종사건에 관하여 이미 행정심판의 기각재결이 있은 때
	  2. 서로 내용상 관련되는 처분 또는 같은 목적을 위하여 단계적으로 진행되는 처분중 어느 하나가 이미 행정심판의 재결을 거친 때
	  3. 행정청이 사실심의 변론종결후 소송의 대상인 처분을 변경하여 당해 변경된 처분에 관하여 소를 제기하는 때
	  4. 처분을 행한 행정청이 행정심판을 거칠 필요가 없다고 잘못 알린 때

취소소송의 대상(제19조)	취소소송은 처분등을 대상으로 한다. 다만, **재결취소소송**의 경우에는 **재결 자체에 고유한 위법**이 있음을 이유로 하는 경우에 한한다. 12 경행
제소기간 (제20조) 12·13 경행 19 소방 9급 21 해경승진	**행정심판을 거치지 않은 경우** ① 취소소송은 **처분등이 있음을 안 날부터 90일 이내**에 제기하여야 한다. **처분등이 있음을 안날이란, 당해처분이 있었음을 현실적으로 안날을 의미하고, 위법여부를 판단한 날을 의미하는 것은 아니다.** ② 취소소송은 **처분등이 있은 날부터 1년**을 경과하면 이를 제기하지 못한다. **행정심판을 거친 경우** ① **재결서 정본을 송달받은 날부터 90일** 이내에 제기하여야 한다. ② **재결이 있은 날부터 1년**을 경과하면 이를 제기하지 못한다. 무효인 처분에 대하여 무효선언을 구하는 취소소송을 제기하는 경우 제소기간을 준수하여야 한다. 15 사회복지 9급
당사자	① **원고적격(제12조)** 취소소송은 처분등의 취소를 구할 **법률상 이익이 있는 자**가 제기할 수 있다. 처분등의 효

과가 기간의 경과, 처분등의 집행 그 밖의 사유로 인하여 소멸된 뒤에도 **그 처분등의 취소로 인하여 회복되는 법률상 이익이 있는 자**의 경우에는 또한 같다.(**협의의 소익**)

1. 사법시험 제2차 시험 불합격처분 이후 새로이 실시된 제2차와 제3차 시험에 합격한 자는 이전의 제2차 시험 불합격처분의 취소를 구할 법률상이익이 없다. **14 사회복지 9급**
2. 공무원에 대한 파면처분 취소소송계속 중 공무원이 정년퇴직된 사안에서, 파면처분의 취소를 구할 법률상 이익이 있다. **18 서울 7급**

당사자 능력과 원고적격 관련 기출판례

1. 환경영향평가 대상지역 밖에 거주하는 주민은 입증을 하여야 헌법상의 환경권 또는 환경정책기본법에 근거하여 공유수면매립면허처분과 농지개량사업인가처분의 무효확인을 구할 원고적격이 인정된다. **12 경행**
2. 자연물인 도롱뇽 또는 그를 포함한 자연 그 자체로서는 소송을 수행할 당사자능력을 인정할 수 없다는 것이 판례의 태도이다. **12 경행**
3. 국가가 국토이용계획과 관련한 기관위임사무의 처리에 관하여 지방자치단체의 장을 상대로 취소소송을 제기할 수 없다. **12 경행**
4. 환경상 이익에 대한 침해 또는 침해 우려가 있는 것으로 사실상 추정되어원고적격이 인정되는 자는 환경상 침해를 받으리라고 예상되는 영향권 내의 주민들을 비롯하여 그 영향권 내에서 농작물을 경작하는 등 현실적으로환경상 이익을 향유하는 자도 포함한다고 할 것이나, 단지 그 영향권 내의건물, 토지를 소유하거나 환경상 이익을 일시적으로 향유하는 데 그치는자는 포함되지 않는다고 할 것이다. **12 경행**
5. 개발제한구역 중 일부 취락을 개발제한구역에서 해제하는 내용의 도시관리계획변경결정에 대하여, 개발제한구역 해제대상에서 누락된 토지의 소유자가 도시관리계획 변경결정의 취소를 구할 때 원고적격 부정 **15 경행**
6. 원자로 시설부지 인근 주민들이 방사성물질 등에 의한 생명, 신체의 안전침해를 이유로 부지 사전승인처분의 취소를 구할 때 원고적격 인정 **15 경행**
7. 제약회사가 보건복지부 고시인 약제급여, 비급여목록 및 급여상한금액표의 취소를 구할 때 원고적격 인정 **15 경행**
8. 학과에 재학 중인 대학생들이 전공이 다른 교수의 임용으로 인해 학습권을 침해당하였다는 이유를 들어 교수 임용처분의 취소를 구할 때 원고적격부정 **15 경행, 21 해경승진**

소의 이익 관련 기출판례

1. 지방의회 의장에 대한 불신임 의결은 항고소송의 대상이 된다. **18 경행**
2. 현역병입영대상자로 병역처분을 받은 자가 그 취소소송 도중에 모병에 응하여 현역병으로 자진 입대한 경우에는 권리보호의 필요가 없는 경우로서소의 이익을 인정할 수 없다. **13·18 경행**
3. 검사의 공소에 대하여는 형사소송절차에 의하여서만 다툴 수 있고 행정소송의 방법으로 공소의 취소를 구할 수는 없다. **18 경행**
4. 행정심판전치주의의 요건을 충족하였는지의 여부는 사실심 변론종결시를 기준으로 한다. **18 경행**
5. 행정청이 공무원에 대하여 새로운 직위해제사유에 기한 직위해제처분을한 경우라도 그 이전에 한 직위해제처분은 묵시적으로 철회하였다고 봄이 상당하고, 그 이전 직위해제처분의 취소를 구할 소의 이익이 없다. **13 경행**

6. 고등학교에서 퇴학처분을 당한 후 고등학교졸업학력검정고시에 합격한 경우, 퇴학처분의 취소를 구할 소의 이익이 있다. 13 경행
7. 공익근무요원 소집해제신청을 거부한 후에 원고가 계속하여 공익근무요원으로 복무함에 따라 복무기간만료를 이유로 소집해제처분을 한 경우, 원고가 입게 되는 권리와 이익의 침해는 소집해제처분으로 해소되었으므로 위거부처분의 취소를 구할 소의 이익이 없다. 13 경행
8. 도시계획시설결정처분에 대한 인근 주민의 이익 - 인정 12 경행
9. **상수원보호구역 설정의 근거가 되는 수도법 제5조 제1항 및 동 시행령 제7조 제1항이 보호하고자 하는 것은 상수원의 확보와 수질보전일 뿐이고, 그 상수원에서 급수를 받고 있는 지역주민들이 가지는 상수원의 오염을 막아 양질의 급수를 받을 이익은 직접적이고 구체적으로는 보호하고 있지 않음이 명백하여 위 지역주민들이 가지는 이익은 상수원의 확보와 수질보호라는 공공의 이익이 달성됨에 따라 반사적으로 얻게 되는 이익에 불과하므로 지역주민들에 불과한 원고들에게는 위 상수원보호구역변경처분의 취소를 구할 법률상의 이익이 없다.**(대판 94누14544 판결) 12 경행
10. 공중목욕장 영업허가에 대한 기존 업자의 이익 - 부정 12 경행
11. 국립대 교수 업무에 대한 학생들의 이익 - 부정 12 경행
12. 감염병 환자의 강제입원 - 항고소송 인정 21 해경승진
   즉시강제는 권력적 사실행위이므로 행정심판과 행정소송의 대상인 처분성이 인정된다. 하지만 단기간에 종료되는 경우가 많아 협의의 소익이 부정되는 경우가 있다. 위 사례의 감염병 환자의 강제입원의 경우 즉시강제가 계속성을 가지는 경우 행정쟁송으로 다툴 소의 이익이 인정된다.
13. 건축법 상 이행강제금 부과처분 - 항고소송 인정 21 해경승진
    행정행위로 처분성이 인정되어 행정쟁송으로 다툴 수 있음
14. 체납처분으로서 공매처분 - 항고소송 인정 21 해경승진
    - 공매처분은 행정청이 행하는 공권력 행사로 처분성이 인정됨
15. 경찰서장의 통고처분 - 항고소송 부정 21 해경승진
    - 통고처분은 행정소송의 대상이 되는 행정처분이 아니므로 처분성이 부정

② **피고적격(제13조)**
취소소송은 다른 법률에 특별한 규정이 없는 한 **그 처분등을 행한 행정청을 피고로** 한다. 다만, 처분등이 있은 뒤에 그 처분등에 관계되는 **권한이 다른 행정청에 승계된 때에는 이를 승계한 행정청을 피고로** 한다.
제1항의 규정에 의한 행정청이 없게 된 때에는 그 처분등에 관한 사무가 귀속되는 국가 또는 공공단체를 피고로 한다.
- 당사자소송은 국가·공공단체 그 밖의 권리주체를 피고로 한다.(제39조)

기출지문 - 피고적격 관련(참고) 17 경행, 21해경승진

1. 헌법재판소장이 한 처분에 대한 행정소송의 피고는 헌법재판소 사무처장으로 한다.
2. 대법원장이 한 처분에 대한 행정소송의 피고는 법원행정처장이다.
3. 중앙노동위원회의 처분에 대한 행정소송은 중앙노동위원회 위원장을 피고로 한다.
4. 국회의장이 행한 처분에 대한 행정소송의 피고는 국회사무총장이 된다.

	5. 대통령이 행한 처분은 대통령이 피고가 된다. 다만, 대통령이 행한 공무원 징계·면직 처분 등에 대한 행정소송은 소속장관을 피고로 한다.
제21조 (소의 변경)	① 법원은 **취소소송을** 당해 처분등에 관계되는 사무가 귀속하는 국가 또는 공공단체에 대한 **당사자소송 또는 취소소송외의 항고소송으로 변경**하는 것이 상당하다고 인정할 때에는 청구의 기초에 변경이 없는 한 **사실심의 변론종결시까지** 원고의 신청에 의하여 결정으로써 소의 변경을 허가할 수 있다. ② 제1항의 규정에 의한 허가를 하는 경우 피고를 달리하게 될 때에는 법원은 새로이 피고로 될 자의 의견을 들어야 한다. ③ 제1항의 규정에 의한 허가결정에 대하여는 즉시항고할 수 있다. ④ 제1항의 규정에 의한 허가결정에 대하여는 제14조제2항·제4항 및 제5항의 규정을 준용한다.
처분변경 으로 인한 소의 변경 (제22조)	① 법원은 행정청이 소송의 대상인 처분을 소가 제기된 후 변경한 때에는 **원고의 신청**에 의하여 결정으로써 청구의 취지 또는 원인의 변경을 허가할 수 있다. 18 경행 ② 제1항의 규정에 의한 신청은 **처분의 변경이 있음을 안 날로부터 60일 이내에 하여야 한다.**
소송제기의 효과 (제23조)	① **원칙(집행부정지)** 취소소송의 제기는 **처분등의 효력이나 그 집행 또는 절차의 속행에 영향을 주지 아니한다.** 13 경행 ② **예외(집행정지)** 1. 취소소송이 제기된 경우에 처분등이나 그 집행 또는 절차의 속행으로 인하여 생길 회복하기 어려운 손해를 예방하기 위하여 긴급한 필요가 있다고 인정할 때에는 본안이 계속되고 있는 법원은 **당사자의 신청 또는 직권**에 의하여 처분등의 효력이나 그 집행 또는 절차의 속행의 전부 또는일부의 정지를 결정할 수 있다. 다만, **처분의 효력정지는 처분등의 집행또는 절차의 속행을 정지함으로써 목적을 달성할 수 있는 경우에는 허용되지 아니한다.** 2. 집행정지는 **공공복리에 중대한 영향을 미칠 우려가 있을 때에는 허용되지 아니한다.**(공공복리는 구체적이고 개별적인 공익을 말함) 18 경행 – 집행정지의 소극적 요건으로서 '공공복리'는 그 처분의 집행과 관련된 구체적이고도 개별적인 공익으로서 이러한 소극적 요건에 대한 주장·소명책임은 행정청에게 있다. 12 국가 9급 3. 제2항의 규정에 의한 집행정지의 결정을 신청함에 있어서는 그 이유에 대한 소명이 있어야 한다. 4. 제2항의 규정에 의한 집행정지의 결정 또는 기각의 결정에 대하여는 즉시항고할 수 있다. 이 경우 집행정지의 결정에 대한 즉시항고에는 결정의 집행을 정지하는 효력이 없다.

기출지문 - 집행정지 관련

1. 행정처분에 대한 효력정지 신청을 구함에 있어서도 이를 구할 법률상 이익이 있어야 한다. 18 경행
2. 집행정지결정을 한 후에라도 행정사건의 본안소송이 취하되어 그 소송이 계속하지 아니한 것으로 되면 이에 따라 집행정지 결정은 당연히 그 효력이 소멸되며 별도의

	취소조치가 필요한 것은 아니다. 18 경행 3. 집행정지는 행정처분의 집행부정지원칙의 예외로 인정되는 것이므로 적법한 본안소송의 계속을 요건으로 한다. 14·18 경행
제24조 (집행정지의 취소)	① 집행정지의 결정이 확정된 후 집행정지가 공공복리에 중대한 영향을 미치거나 그 정지사유가 없어진 때에는 당사자의 신청 또는 직권에 의하여 결정으로써 집행정지의 결정을 취소할 수 있다. ② 제1항의 규정에 의한 집행정지결정의 취소결정과 이에 대한 불복의 경우에는 제23조제4항 및 제5항의 규정을 준용한다.
판결의 종류	**소송판결** ① **각하판결** 　소송요건을 갖추지 못한 부적법한 소에 대하여 본안심리를 거부하는 판결 **본안판결** ② **인용판결** 　– 원고의 청구가 이유가 있는 경우에 원고 청구를 받아들이는 판결 　– 영업허가취소처분에 대해 취소소송이 제기된 경우 법원이 위법하다고 판단하여 영업정지처분으로 변경하는 등의 **적극적인 형성판결은 허용되지 않는다**고 보고 있다. 10 경행 ③ **기각판결** 　원고의 청구가 이유 없는 경우에 원고의 청구를 받아들이지 않는 판결 ④ **사정판결(제28조)** 17 경행 1. 원고의 청구가 이유있다고 인정하는 경우에도 처분등을 취소하는 것이 현저히 공공복리에 적합하지 아니하다고 인정하는 때에는 법원은 원고의 청구를 기각(각하X)할 수 있다. 이 경우 **법원은 그 판결의 주문에서 그 처분등이 위법함을 명시**하여야 한다. 13 서울 7급 2. 법원이 제1항의 규정에 의한 판결을 함에 있어서는 미리 원고가 그로 인하여 입게 될 손해의 정도와 배상방법 그 밖의 사정을 조사하여야 한다. 　→ **취소소송에만 적용되며, 무효확인소송과 부작위위법확인소송, 당사자소송에는 사정판결이 적용되지 않는다.** 18 교육행정 9급 3. 당사자의 명백한 주장이 없는 경우에도 기록에 나타난 여러 사정을 기초로 피고행정청의 **주장이나 신청이 없더라도 직권으로 사정판결을 할 수 있다.** 22 지방직 참고) 사정판결의 위법 판단은 처분 시, 필요성 판단은 변론종결 시(판결 시)
판결의 효력	① **기속력** 13·14 경행 1. 소송당사자인 행정청과 관계행정청으로 하여금 판결의 취지에 따라 행동할 실체법적 의**무를 발생시키는 효력**을 말하며, 구속력이라고도 한다. 2. 기속력은 **인용판결에 대해서만 인정**되며, 기각판결에 대해서는 인정되지 않는다. 16 국회 8급 3. 청구기각의 판결이 확정되어 처분의 적법성이 확정된 이후에도 **처분청은 당해 처분이 위법함을 이유로 처분을 직권취소할 수 있다.** 4. 처분 등을 취소하는 확정판결은 **당사자인 행정청과 관계행정청을 기속한다.** 5. 판결의 기속력은 **판결주문 및 이유**에서 판단된 처분 등의 구체적 위법사유에 미친다. 6. **기속력은 처분시까지 위법사유에 대해서만 미친다. 처분 이후에 발생한 새로운 법령 및 사실상태의 변동을 이유로 동일한 내용의 처분을 하는 것은 기속력에 반하지 않는다.**

	② **형성력** 1. 판결이 확정되면 판결의 내용에 따라 별도의 행위를 기다릴 것 없이 소급하여 기존의 법률관계에 변동을 가져오는 효력을 말한다. 2. **당사자**뿐만 아니라 **제3자**에 대해서도 효력이 있다. 처분을 취소하는 확정판결이 있으면 형성력에 의해 처분청의 해당 처분의 취소나 취소 통지와 같은 별도의 절차를 거치지 않고 당연히 취소의 효과가 발생한다. **22 지방직** ③ **기판력** 14 경행 1. 확정된 판결의 내용이 당사자 및 법원을 구속하여 **판단 내용이 확정되면** 이후 **동일한 소송물에 대해서 이전 재판내용과 모순되는 판단을 할 수 없는 효력**을 말한다. 2. **사실심변론종결시**를 기준으로 한다. 3. 기판력에 저촉된 행정처분은 **무효**이다. 4. 기판력은 **제3자에게는 미치지 않고, 당해소송의 당사자와 승계인에게만 미친다.**
직권심리 (제26조)	법원은 필요하다고 인정할 때에는 **직권으로 증거조사를 할 수 있고, 당사자가 주장하지 아니한 사실에 대하여도 판단할 수 있다.** 16·18 경행
제29조 (취소판결등의 효력)	① 처분등을 취소하는 확정판결은 **제3자에 대하여도 효력이 있다.** ② 제1항의 규정은 제23조의 규정에 의한 집행정지의 결정 또는 제24조의 규정에 의한 그 집행정지결정의 취소결정에 준용한다.
제30조 (취소판결등의 기속력)	① 처분등을 취소하는 확정판결은 그 사건에 관하여 **당사자인 행정청과 그 밖의 관계행정청을 기속한다.** ② 판결에 의하여 취소되는 처분이 당사자의 신청을 거부하는 것을 내용으로 하는 경우에는 그 처분을 행한 행정청은 판결의 취지에 따라 다시 이전의 신청에 대한 처분을 하여야 한다. ③ 제2항의 규정은 신청에 따른 처분이 절차의 위법을 이유로 취소되는 경우에 준용한다.
제34조 (거부처분취소판결의 간접강제)	① 행정청이 제30조제2항의 규정에 의한 처분을 하지 아니하는 때에는 제1심수소법원은 당사자의 신청에 의하여 결정으로써 상당한 기간을 정하고 행정청이 그 기간 내에 이행하지 아니하는 때에는 그 지연기간에 따라 **일정한 배상을 할 것을 명하거나 즉시 손해배상을 할 것을 명할 수 있다.** ② 제33조와 민사집행법 제262조의 규정은 제1항의 경우에 준용한다.
행정소송의 한계	① 단순한 사실관계의 존부 등의 문제는 행정소송의 대상이 되지 아니한다. 10 경행 ② **구체적 권리·의무**에 관한 사건에 관해서 행정소송의 대상이 되며, **법률상이익**이 있어야 행정소송이 가능하다. ③ **조례가** 집행행위의 개입 없이 그 자체로서 **직접 국민의 권리·의무나 법적이익에 영향을 미치는 법률상 효과를 발생**하는 경우 소송의 대상이 된다.(처분적 법규 - 두밀분교폐지조례) 10 경행 ④ 대법원은 처분이 행하여짐으로써 회복하기 어려운 권익 침해를 막기 위해 **예방적 부작위소송을 부정**하고 있다. 10 경행 ⑤ 행정소송법상 행정청이 일정한 처분을 하지 못하도록 그 부작위를 구하는 청구는 허용되지 않는 부적법한 소송이다. 15 지방 9급 ⑥ 대통령의 통치행위는 행정소송의 대상이 아니다.(비상계엄선포행위, 국군의 해외파병)

(3) 행정심판과 행정소송의 비교 09 승진

구 분	행정심판	행정소송
공통점	㉠ 원고적격, ㉡ 집행부정지 원칙, ㉢ 보충적 직권심리주의, ㉣ 구술심리, ㉤ 불이익변경금지, ㉥ 사정재결(판결), ㉦ 불고불리의 원칙, ㉧ 청구(소)의 변경	
심판기관	**행정심판위원회**(심리·재결)	**법원**(행정법원, 고등법원, 대법원의 3심제)
인정여부	취소심판 O 무효등확인심판 O 의무이행심판 O 당사자심판 X	취소소송 O 무효등확인소송 O 부작위법확인소송 O 당사자소송 O 민중소송 O 기관소송 O 예방적 부작위소송 X
사정재결	취소심판 O 의무이행심판 O 무효등확인심판 X	취소소송 O 부작위법확인소송 X 무효등확인소송 X
제소기간 집행정지	㉠ 취소심판 안 날부터 90일, 있은 날부터 180일 ㉡ 무효등확인심판 기간 제한 없음 ㉢ 의무이행심판 거부처분: 청구기간 적용 O 부작위처분: 청구기간 적용 X ㉣ 의무이행심판은 집행정지 적용 X	㉠ 취소소송 안 날부터 90일, 있은 날부터 1년 ㉡ 무효등확인소송 기간 제한 없음 ㉢ 부작위법확인소송 원칙: 제소기간 제한 X 예외: 행정심판 등 전심절차거친 경우에는 제한 O
쟁송대상	**법률문제(적법·위법)** 외에 **공익문제(당·부당)** 도 심판의 대상	**법률문제(적법·위법)**만 대상
심판절차	서면심리와 구술심리의 병행, **비공개주의** 원칙	구두변론주의, 당사자주의, **공개주의**
쟁송형태	부작위에 대한 의무이행심판이 가능하며, 처분에 대한 적극적 변경이 가능	부작위에 대하여 부작위법확인소송만 인정, 처분에 대한 소극적 변경(일부취소)만 가능

(4) 행정소송관련 기출지문(참고) 14·15·18·19 경행, 21 해경승진

기출지문 - 행정소송관련

1. 행정소송법 상 행정청에는 법령에 의하여 행정권한을 위임 또는 위탁받은 사인도 포함된다.
   > 관할 경찰청장은 운전면허와 관련된 처분권한을 각 경찰서장에게 위임하였고, 이에 따라 권한이 수임청으로 이전되었으므로, 甲의 운전면허정지처분 취소소송의 피고적격자는 **A경찰서장**이다. 24 경간

2. 교육부장관이 내신성적산정지침을 시·도교육감에게 통보한 것은 행정조직 내부에서 내신성적평가에 관한 심사기준을 시달한 것에 불과하여 위 지침을 행정처분으로 볼 수 없으므로 항고소송의 대상이 아니다.
3. 문화재보호구역 내에 있는 토지소유자는 그 보호구역의 지정해제를 요구할 수 있는 법규상 또는 조리상 신청권이 있다.
4. 어업권면허에 선행하는 우선순위결정은 강학상 확약으로 행정처분에 해당되어 우선 순위결정에 공정력이나 불가쟁력 같은 효력이 인정되지 않는다.
5. 한국마사회가 조교사 또는 기수의 면허를 부여하거나 취소하는 것은 일반사법상의 법률관계에서 이루어지는 단체 내부에서의 징계 내지 제재처분에 불과하다.
6. 금융기관의 임원에 대한 금융감독원장의 문책경고는 항고소송이 되는 행정처분에 해당한다.
7. 공정거래위원회 '표준약관 사용권장행위'는 항고소송의 대상이 되는 행정처분이다.
8. 운전면허 행정처분처리대장상의 벌점의 배점은 처분성이 인정되지 않는다.
9. 금융감독원장의 금융기관의 임원에 대한 문책경고 처분성이 인정된다.
10. 건축계획심의신청에 대한 반려처분은 처분성이 인정된다.
11. 징병검사시의 군의관의 신체등위 판정은 항고소송의 대상이 되는 처분이 아니다.
12. 정부의 수도권 소재 공공기관의 지방이전시책을 추진하는 과정에서 도지사가 도내 특정시를 공공기관이 이전할 혁신도시 최종입지로 선정한 행위는 항고소송의 대상이 되는 처분이 아니다.
13. 상급행정기관의 하급행정기관에 대한 승인, 동의, 지시 등 행정기관 상호 간의 내부행위는 항고소송의 대상이 되는 처분이 아니다.
14. 구 토지구획정리사업법 상 환지예정지 지정이나 환지처분은 그에 의하여 직접 토지소유자 등의 권리·의무가 변동되므로 이를 항고소송의 대상이 되는 처분이라고 볼 수 있으나, 환지 계획은 환지예정지 지정이나 환지처분의 근거가 될 뿐 그 자체가 직접 토지소유자 등의 법률상의 지위를 변동시키거나 또는 환지예정지 지정이나 환지처분과는 다른 고유한 법률효과를 수반하는 것이 아니어서 이를 항고소송의 대상이 되는 처분에 해당한다고 할 수가 없다.
15. 국립대학교의 학칙이 이에 기초한 별도의 집행행위의 개입 없이도 그 자체로 구성원의 구체적인 권리나 법적 이익에 영향을 미치는 등 법률상의 효과를 발생시키는 경우, 이는 항고소송의 대상이 된다.
16. 한국자산공사가 사건의 부동산을 인터넷을 통하여 재공매(입찰)하기로 한 결정 자체는 내부적인 의사결정에 불과하여 항고소송의 대상이 아니다.
17. 진실, 화해를 위한 과거사 정리 기본법이 규정하는 진실규명결정은 국민의 권리, 의무에 직

접적으로 영향을 미치는 행위로서 항고소송의 대상이 된다.

18. 징계혐의자에 대한 감봉 1월의 징계처분을 견책으로 변경한 소청 결정 중 그를 견책에 처한 조치가 재량권의 남용 또는 일탈로서 위법하다는 사유는 소청 결정 자체에 고유한 위법을 주장하는 것으로 볼 수 없어 소청 결정의 취소사유가 될 수 없다.

19. 변경처분에 의하여 유리하게 변경된 내용의 행정제재가 위법하다는 이유로 그 취소를 구하는 경우 취소소송의 대상은 변경된 내용의 당초처분이지 변경처분은 아니고, 제소기간의 준수 여부도 변경처분이 아닌 변경된 내용의 당초처분을 기준으로 판단하여야 한다.

20. 대리권을 수여받은 데 불과하여 자신의 명의로는 처분할 권한이 없는 행정청이 그 대리관계를 밝히지 않고 그 자신의 명의로 행정처분을 하였다면 처분명의자인 당해 행정청이 항고소송의 피고가 되어야 하는 것이 원칙이다. 08 지방 9급

21. 지방경찰청장(현 시·도경찰청장)의 횡단보도 설치행위는 국민의 구체적인 권리·의무에 직접적인 변동을 초래하므로 행정소송법상 처분에 해당한다.(대판 99두1144) 17 사회복지 9급

22. 검사의 불기소결정은 행정소송법상 처분에 해당되지 않아 항고소송을 제기할 수 없다.

23. **교육공무원법상 승진후보자 명부에 의한 승진심사 방식으로 행하여지는 승진임용에서 승진후보자 명부에 포함되어 있던 후보자를 승진임용인사발령에서 제외하는 행위는 항고소송의 대상이 되는 행정처분에 해당하지 않는다.** 19 국회 8급

24. 국가균형발전특별법에 따른 혁신도시 최종입지 선정행위는 항고소송의 대상이 되는 행정처분이 아니다. 12 국가 9급

25. **소청심사위원회가 징계혐의자에 대한 감봉 1월의 징계처분을 견책으로 변경한 소청결정 중 그를 견책에 처한 조치는 재량권의 남용 또는 일탈로서 위법하다는 주장은 소청결정 자체에 고유한 위법을 주장하는 것으로 볼 수 없다.** 2012 서울시 9급

26. 3월의 영업정지처분을 2월의 영업정지처분에 갈음하는 과징금 부과처분으로 변경하는 재결의 경우 취소소송의 대상이 되는 것은 변경된 내용의 당초 처분이지 변경처분은 아니다.

27. 국가공무원법상 당연퇴직의 인사발령은 법률상 당연히 발생하는 퇴직사유를 공적으로 확인하여 알려주는 관념의 통지에 불과하여 행정처분이 아니다. 17 국회 8급

28. 일반적·추상적인 법령 그 자체로서 국민의 구체적인 권리·의무에 직접적인 변동을 초래하는 것이 아닌 것은 취소소송의 대상이 될 수 없다. 15 지방 9급

29. 국가인권위원회의 성희롱결정과 이에 따른 시정조치의 권고는 불가분의 일체로 행하여지는 것인데, 이는 권력적 사실행위로서 행정소송의 대상이 되는 행정처분이다. 18 소방

30. 원처분주의에 반하여 재결에 대해 항고소송을 제기했으나 재결 자체에 고유한 위법이 없다면, 기각판결을 하여야 한다. 15 서울 7급

31. 행정청이 사인의 신청을 받고 그 신청에 따른 행위를 하지 않겠다고 거부한 행위가 항고소송의 대상이 되는 처분이 되기 위한 요건은 사인이 행정청에 대하여 그 신청에 따른 행정행위를 해 줄 것을 요구할 수 있는 법규상 또는 조리상의 신청권이 있어야 한다. 08 국가 9급

32. 불특정 다수인에 대한 행정처분을 고시 또는 공고에 의하여 하는 경우에는 그 행정처분에 이해관계를 갖는 사람이 고시 또는 공고가 있었다는 사실을 현실적으로 알았는지 여부에 관계없이 고시 또는 공고가 효력을 발생한 날에 행정처분이 있음을 알았다고 보아야 한다.

CHAPTER 05 경찰행정학

01 경찰관리

1. 경찰관리자의 유형

고위관리자의 역할	① 조직의 목표 및 정책설정 ② 비전제시 ③ 조정과 통합 ④ 직원의 지도·육성 ⑤ 직원의 사기관리 및 생활지도 ⑥ 환경에 대한 적응성 확보
중간관리자의 역할	① 상사의 보좌 ② 커뮤니케이션(의사소통) ③ 업무의 실시와 평가단계에서 지도·감독

2. 경찰기획

의의	일정한 목표를 설정하고 이를 효율적으로 실현하기 위한 수단과 행동절차를 예정하는 장기적·포괄적인 설계로서 합리적인 경찰의 정책결정을 위해 필요한 것을 말한다.
계획과의 차이	기획은 장기적·포괄적·절차적 개념이며, 계획은 단기적·구체적·최종적 개념으로 활동목표와 수단이 체계화된 것이다.
기획의 과정	① **목표**의 설정 ② **상황**의 분석 ③ **기획전제**의 설정 ④ **대안**의 탐색과 비교·평가 ⑤ **최종대안**의 선택

3. 정책결정모형

(1) 의의

정책결정이란, 설정된 경찰목표를 달성하기 위해 복잡하고 동태적인 과정을 거쳐 합리적이고 바람직한 대안을 선택하는 과정을 의미한다.

(2) 정책결정모형의 종류 22·24 경간

합리모형	① 인간을 합리적 사고방식을 갖고 따르는 경제적 인간으로 전제하면서 정책결정자는 "전지의 가정" 하에 모든 문제나 목표를 완전히 파악하고 가능한 모든 대안을 포괄적으로 탐색, 평가하여 **가장 합리적이고, 최선의 대안을 선택할 수 있다고 보는 이론이다.** ② 정책결정에서 인간의 주관적이고 감정적인 요소를 배제하고, 미래에 발생할 현상을 예측하고 모든 대안을 검토한 후, 가장 만족스러운 대안을 채택한다. ③ 가장 이상적인 모형이나, 정책결정자의 능력에는 한계가 있고, 모든 정보와 대안을 예측하고 평가한다는 것은 현실적으로 불가능하며, 많은 분석비용과 시간을 낭비하게 한다는 비판이 있다.
만족모형	① 정책결정자는 최선의 합리성을 추구하기 보다는, **제한된 합리성**에 기반을 두고 주관적이고, 현실적인 판단에 근거하여 **만족스러운 수준의 대안을 선택한다.** ② 지나치게 주관적이라는 비판도 있으며, 만족할 만한 수준의 대안을 선택한다고 할 때 만족 정도를 결정할 객관성이 없다.
점증모형	① 정책결정자의 능력의 한계와 시간과 비용 등의 현실적인 제한 등으로 기존의 정책에서 소폭적인 변화만을 대안으로 결정하여 조금씩 보완해 나가는 것을 말한다. 즉, **기존의 정책을 수정 보완해 약간 개선된 상태의 정책대안이 선택된다.** ② **정치적 합리성**을 중시하는 모형으로 정책결정을 다양한 정치적 이해를 가진 당사자들의 타협과 조정의 산물이라는 현실을 반영한 것으로 설명한다. ③ 다원주의화된 선진국에서 나타나는 모형으로 안정적인 **선진국에 적합하며**, 사회가 불안정한 개도국에는 적용하기 어렵다고 본다.
혼합탐사모형	① **합리모형과 점증모형을 절충한 모형**으로 포괄적 관찰로 대안을 탐색하고, 거시적 맥락의 근본적 결정의 경우 합리모형의 의사결정방식을 따르며 특정문제에 대해 현실적 결정이 필요한 세부적 결정의 경우는 점증모형을 따른다. ② 합리모형과 점증모형을 결합한 모형이지만, 구체적인 방법을 제시하지 못하였으며, 결함을 극복하지도 못했다는 평가를 받는다.
최적모형	① 정책결정과정을 체제론적 관점에서 파악하고, 기본적으로 **합리모형에 따라 경제적 합리성뿐만 아니라 직관, 창의성, 판단력 같은 초합리적요소까지도 고려하는 이론이다.** ② 합리모델의 비현실성과 점증모델의 보수성을 극복하기 위해 이상주의와 현실주의의 통합을 시도한 것으로 기존의 정책을 바탕으로 하는 점증주의 성향을 비판하면서 새로운 결정을 내릴 때마다 정책방향도 다시 검토할 것을 주장한다.
쓰레기통모형	① 정책결정은 일정한 규칙에 의해 이루어지는 것이 아니라, 고도로 불확실한 상황에서 비합리적으로 이루어진다는 이론이다. ② **정책문제, 해결책, 선택기회, 참여자**의 네가지 요소가 독자적으로 흘러다니다가 어떤 계기로 우연히 한곳에 모여지게 될 때 의사결정이 이루어진다고 본다. 23 경간 ③ 조직의 구성단위나 구성원 사이의 응집성이 아주 약한 혼란상태(무정부상태)에서 이루어지므로 정상적이며 위계적인 권위구조와 결정규칙이 작동되지 않는 상황에서 주로 적용된다.
사이버네틱스 모델	① 설정된 목표를 달성하기 위해 **정보분석과 환류과정을 통해 자신의 행동을 스스로 조정해 나간다고 가정하는 모델**이다. 시간에 따라 환류되는 정보를 분석하여 수정·보완해 나가는 방식이다. ② 결과예측 후 합리적 대안을 선택하는 '인과적 학습'이 아니라, 시행착오적인 '도구적 학

	습'을 거쳐 터득된 표준운영절차(SOP)에 따라 점진적, 자동적으로 적응해 나가는 의사결정을 한다.
엘리슨모형	① 쿠바 미사일 위기에 따른 미국 정부의 정책결정과정을 설명하기 위해서 고안된 것으로, 국제 정치적 사건과 위기적사건에 대응하는 정부의 정책결정과정을 합리적 행위자 모형, 조직과정모형, 관료정치모형을 통해 분석한 것으로 일반정책에도 적용 가능하다. ② 관료정치모형은 조직 상위계층에의 적용 가능성이 높고, 조직과정모형은 조직 하위계층에의 적용 가능성이 높다. ③ 각 모형은 상호 배타적인 관계이지만 실제 하나의 조직에 모두 적용될 수 있다고 본다.
엘리트모형	① 정책이 통치 엘리트의 가치나 이해관계에 의해 결정된다는 것으로 소수의 권력자만이 정책을 분배할 수 있고, 대중은 이에 영향을 받는다는 이론이다.

02 경찰조직관리

1. 관료제의 특성

모든 직무는 전문지식과 기술을 가진 관료가 담당 07 채용

① 법규중시: 관료의 권한과 직무범위는 **법규(관례X)**에 의해 결정됨
② 계층제: 조직은 **계층제적 구조**로 구성(**수평적 구조X**)
③ 문서주의: 직무수행은 **서류**에 의하여 이루어지며, **기록은 장기간(단기간X) 보존됨**
④ 몰인정성(비정의성): 직무수행과 구성원 간의 관계에 있어 **감정이 배제됨**
⑤ 분업화와 전문화: 효율적인 업무처리를 위해 분업화와 전문화가 필요
⑥ 직무는 전문지식과 기술을 가진 관료가 담당하며, 관료는 시험과 자격을 통해 공개적으로 채용됨
⑦ 직무수행의 대가로 급료를 받고, 승진 및 퇴직금 등의 직업적 보상을 받음
⑧ 관료제에서 구성원은 신분의 계급에 의한 관계가 아니라 계약관계이다.

cf. 관료제의 역기능(Rovert K. Merton)
① 할거주의 - 소속된 기관이나 부서에만 충성함으로써 다른 조직이나 부서와 조정이나 협조가 곤란할 수 있다. 22 채용
② 지나친 공사구별로 인한 인간성의 상실 - 몰인정성
③ 변화에 대한 저항과 보수주의 - 신기술이나 신지식의 도입이 어려움
④ 목표와 수단의 전환(동조과잉) - 목표를 소홀히 하고, 수단을 중시하는 현상이 발생함
⑤ 무사안일주의 - 상급자의 권위에 지나치게 의존함, 소극적인 일처리와 책임회피
⑥ 번문욕례와 형식주의(red-tape) - 내용을 경시하고, 문서나 규칙과 같은 형식에 치중함

⑦ 전문가적 무능현상 - 다른 분야에 대한 이해부족현상
⑧ 권위주의적 행태와 권력구조의 이원화
⑨ 무능력자의 승진(피터의 원리) - 자신의 무능력의 한계까지 승진하려고 함

2. **조직편성의 원리** 10·11·12·14·16·17·19·23 승진, 12·19·23 2차, 16·18·22·23·24 경간, 18 3차, 20·22 1차, 20·21·22·23 경채, 23 경찰특공대

분업화, 계층제의 원리, 통솔범위의 원리(조직의 규모가 클수록 통솔범위는 반비례, 청사의 규모와는 관계X) 명령통일의 원리, 조정과 통합의 원리(조직의 제1원리이며, 최종적 원리, 구성원의 행동통일)

분업의 원리		조직의 종류와 성질, 업무의 전문화의 정도에 따라 기관별·개인별로 업무를 분담시키는 원리를 말한다.(=전문화의 원리) ① 장점은 전문성 확보로 인해 능률적인 업무수행이 가능하고, 업무습득에 필요한 시간을 단축시킬 수 있음 ② 단점은 반복적인 업무로 인한 흥미상실, 구성원의 부품화로 인한 소외감, 전체적인 통찰력의 약화, 지나친 분업으로 인한 조직할거주의가 초래됨
계층제 원리 15 승진		임무를 **책임과 난이도에 따라 상하로 나누어 배치**하고, 상위로 갈수록 권한과 책임이 무거운 임무를 수행하도록 편성하는 것 → 수직적인 상하명령 복종관계를 특징으로 함
	장점	① 조직의 **일체감과 통일성**을 유지하는데 기여 ② 권한과 책임의 배분을 통하여 **책임소재가 명확하고, 업무의 신중**을 기할 수 있음 ③ 명령과 지시를 일사불란하게 수행하도록 하는 데 적합(**신속하고 능률적인 업무수행 가능**) ④ 승진의 경로가 되어 사기진작에 도움이 됨
	단점	① 계층이 많아질수록 **업무처리 과정이 지연**되고, **많은 관리비용을 발생**시키게 되며, **계층 간 갈등이 증가**함 ② **조직의 경직화**를 가져와 환경변화에 대한 **조직의 신축적 대응**을 어렵게 하고 새로운 지식·기술 등 도입이 곤란함 23 1차 ③ 계층제의 무리한 적용은 행정의 능률성과 **종적조정(횡적조정X)**을 저해함 20 1차
통솔 범위의 원리 12 1차 13 특공대		① 1인의 상관 또는 감독자가 효과적으로 직접 감독할 수 있는 부하의 수를 정하는 원리 23 1차 ② 구조조정의 문제와 관련이 있다.
	결정 요인	1) 신설부서보다는 **오래된 부서**가 통솔범위가 넓다. 2) 지리적으로 분산된 부서보다는 **근접한 부서**가 통솔범위가 넓다. 3) 복잡한 업무보다는 **단순한 업무**의 경우에 통솔범위가 넓어진다. 4) 감독자나 부하직원의 능력이 우수할수록 통솔범위가 넓어진다. 5) 계층의 수가 적을수록 통솔범위가 넓어진다. ※ 청사의 규모는 통솔범위와 관련 없음
명령 통일 원리 15 2차		① 조직의 구성원 간에 지시나 보고를 주고받는 과정에서 **지시는 한 사람만이 할 수 있고, 보고도 한 사람에게만 하여야 한다는 것** 23 1차 → 업무수행의 혼선과 그로 인한 비능률을 막기 위함 ② 명령통일의 원리를 너무 지나치게 지킨다면 실제 업무수행에 더 큰 지체와 혼란을 야기할 수

18 승진			있음 ③ 관리자의 공백을 대비하여 대리, 위임, 유고관리자 사전지정 등이 필요함 ④ 수사경찰이 내부관리자와 검사로부터 이중의 지시를 받았던 개정 전의 「형사소송법」 체계에서는 문제점으로 지적될 수 있음
조정과 통합의 원리	개념		① 구성원이나 단위기관의 활동을 **전체적인 관점에서 통일**하여 조직의 목표달성도를 높이려는 원리 ② 조정의 원리가 필요한 이유 → 구성원의 행동통일 ③ **조직의 제1원리이며 최종적 원리이다**(Mooney) ④ **할거주의는 조정과 통합의 원리를 저해하는 요소이다.**(필수적 요소X) 23 1차
	갈등 해결 방안 11 승진 17 승진 19 승진	단기	① 갈등의 원인이 세분화된 업무처리 – 업무처리과정을 통합한다든지 연결하는 장치나 대화채널의 확보가 필요함 ② 부서 간의 갈등이 일어나고 있을 때는 더 높은 상위목표를 제시, 상호 간 이해와 양보를 유도하는 것이 바람직함 ③ 한정된 인력이나 예산을 가지고 갈등이 생기는 경우에는 가능하면 예산과 인력을 확보하고 **업무추진의 우선순위를 지정**할 필요가 있음 21 승진 ④ 문제해결이 어려운 경우 : 갈등을 완화, 양자 간의 타협을 도출, 관리자가 갈등을 초래할 수 있는 **결정을 보류 또는 회피**하는 방식을 사용함
		장기	조직의 구조, 보상체계, 인사 등의 제도개선과 조직원의 행태를 합리적으로 개선함

3. 목표에 의한 관리(MBO) 11 승진

의의	조직의 상하 구성원들이 **참여의 과정을 통해 조직 단위와 구성원의 목표를 명확하게 설정**하고, 그에 따라 생산 활동을 수행하도록 한 뒤, **수행결과의 평가 및 환류** 함으로써 관리의 효율화를 기하려는 포괄적 조직관리 체제를 말한다. 목표관리는 종합적인 조직운영 기법으로 활용될 뿐만 아니라, 근무성적평정 수단으로, 그리고 예산 운영 및 재정 관리의 수단으로 다양하게 활용되고 있다.
장점	① **조직목표와 개인목표의 통합**(분리X)이 가능 ② 조직목표에 조직 활동을 집중시킴으로 인해 효과성을 제고 ③ 참여적 방법에 의한 조직 구성원의 사기를 제고 ④ **갈등의 극소화** ⑤ 조직의 동태화
단점	① 목표성과의 측정이 어려움 ② 단기적·양적 목표에 치중하게 됨 ③ 구성원 간의 합의도출이 어려움 ④ 급격한 변화나 복잡한 환경에서는 목표설정이 어려움

03 경찰인사관리

1. 계급제와 직위분류제 10·16 2차, 10·11·12·14·19 승진, 13·16 경간, 19 1차, 19·20 경채, 23 1차, 23 경찰특공대

구분	계급제	직위분류제
개념	사람을 중심으로 공무원의 **자격·능력·학력**을 기준으로 하여 공직을 분류하는 제도	① **직무의 종류와 책임도 및 곤란도에 따라** 여러 직종과 등급 및 직급으로 분류하는 제도 ② 직무분석과 직무평가의 충실한 수행이 중요함
국가	독일, 프랑스, 한국, 중국, 일본 등	미국 시카고시에서 실시
분류기준	사람중심	직무중심
충원방식	폐쇄형	개방형
인사배치	신축적, 융통적, 탄력적	비신축적, 비융통적, 비탄력적
권한과 책임	불명확	명확
신분보장	강함	약함
직업 공무원제	확립 용이	확립 곤란
조정·협력	용이	곤란
공무원의 성격	일반행정가	전문행정가
보수	계급에 따라 보수의 차이가 있음	같은 직무에 같은 보수 지급 (보수의 합리적 기준을 제시)
특징	① 인사배치의 신축성 ② 일반행정가 양성유리 ③ 수평적 협조가 용이함 ④ 신분보장과 직업공무원제 확립에 용이 ⑤ 계급의 수가 적고, 계급 간 차별이 심함	① 보수의 합리적 기준제시 ② 전문행정가 양성에 유리 ③ 권한과 책임의 한계가 명확 ④ 행정의 민주화

각국의 공직제도는 계급제와 직위분류제가 **상호융화되는 경향**이 있다.(상호배타적 관계X)
우리나라는 **계급제를 기반으로 직위분류제를 가미한 형태임** 23 1차

2. 엽관주의와 실적주의 08 경간, 11 승진

엽관주의는 미국 7대 잭슨 대통령이 '전리품은 승자에게 속한다'라는 구호와 함께 공직을 널리 민중에게 개방함으로써 도입하게 되었고 상류계층이 독점하였던 공직을 대중에게 개방하려는 민주주의의 이념과 함께 시작되었다. 12 승진

구분	엽관주의	실적주의
개념	공직임용에 있어서 능력·자격·업적보다는 **충성심·당파성** 등에 기준을 두는 제도	공직임용을 개인의 **자격·능력·실적**을 기준으로 하는 인사제도로 **직업공무원제 확립을 위한 기반**이 됨
도입배경	**19C 미국의 자유 민주정치 발전과정**에서 도입됨	**엽관주의 폐해를 극복**하기 위해 도입됨
장점	① 정당정치 발전에 기여 ② 공무원에 대한 민주적 통제 강화로 국민의 요구에 대한 대응성이 높음 ③ 관직의 특권화 배제와 관료제의 침체방지 ④ 공무원의 충성심 유도	① 공무원의 정치적 중립과 부패방지 ② 신분보장으로 행정의 전문성·계속성·안정성 확보(공무원이 법령에 저촉되지 않는 한 일체의 신분상의 불이익을 받지 않음) ③ 공직기회의 균등보장(모든 국민에게 개방됨) ④ 직업공무원제 확립에 기여
단점 13 경간	① 신분보장이 되지 않으므로 **행정의 전문성·계속성·안정성이 저해됨** ② 불필요한 관직의 증설로 예산의 낭비를 초래함 ③ 관료가 정당을 위해 봉사하므로 **행정의 공정성 확보 곤란** ④ 정당에 대한 충성심을 요구하므로 누구나 공직에 진출할 수 있는 **기회균등의 원리에 위배됨** ⑤ 관료가 관직을 계속 유지하기 위하여 정당에 정치자금을 헌납하는 등**관료의 부패를 조장함** 12 승진	① 행정의 소극화·형식화·집권화 초래 ② 공무원에 대한 민주적 통제 곤란 ③ 국민의 요구에 대한 대응하지 않을 우려가 있음 ④ 공무원의 보수화와 특권의식화 ⑤ 인사관리의 경직성 초래 ⑥ 정당정치의 실현 곤란

엽관주의와 실적주의는 상호배타적인 관계가 아니라 **상호보완적**인 관계이므로 양자의 조화가 필요하다. 우리나라는 **실적주의를 원칙으로 엽관주의를 가미하여 운용**하고 있다. 11 승진

> ▶ [참고] 정실주의 12 승진
> ① 정실주의란 국왕 개인이나 의회에 대한 충성심을 인사행정의 기준으로 삼은 제도이다.
> ② 정실주의는 개인의 능력에 따라 공무원을 임용하는 것이 아니었기 때문에 무능한 공무원을 배출하게 되었고, 관료사회를 부패하게 하였다.

3. 직업공무원제 20 1차, 24 경간

직업공무원제도의 성공적 정착을 위해서는 **공직에 대한 사회의 높은 평가가 필요**하며 퇴직 후의 불안해소와 생계보장을 위해 적절한 **연금제도가 확립**되어야 한다. 24 경간

의의	직업공무원제도는 젊고 유능한 인재가 공직에 근무하는 동안 생애 보람을 느끼고 자기 직업을 천직으로 생각하고 자긍심 갖고 일할 수 있도록 공직관을 확고하게 심어주는 인사제도이다.
특징	실적주의는 직업공무원제로 발전해 가는 기반이 되지만, **실적주의가 도입된다고 해서 바로 직업공무원제가 확립되는 것은 아니다.**
장점	① 행정의 안정성, 계속성, 독립성, 중립성 확보 ② 신분보장으로 인해 사기가 높아짐 ③ 젊고 유능한 인재의 채용
단점	① 연령제한 규정은 공직취임에 있어 기회균등을 저해함 ② 신분보장으로 행정책임 및 행정통제 확보가 어려움 ③ 국민의 요구에 대한 대응성 저하 ④ 외부환경 변화에 신속하게 대응하지 못한다는 단점이 있다.

▶ [참고] 다면평가제

의의	전통적인 상급자 평가제의 약점을 보완하는 제도로서, 공무원 개인을 평가할 때 상사, 동료, 부하, 고객 등 다수의 평가자가 여러 방면에서 입체적으로 평가하는 것으로서 360°평정법, 집단평정법, 복수평정법이라고도 한다.
특징	하위직 보다는 고위직 평가에 더 적합한 평가방식이다.
장점	① 종합적인 평가를 통하여 정확성, 객관성, 공공성을 확보한다. ② 상·하간 의사소통을 통한 조직의 활성화 및 행정의 분권화와 관리자의 민주적 리더십 향상에 기여한다. ③ 상관 한 사람에게만 복종하고 책임지는 관료제적 병폐를 극복하게 한다. ④ 평가결과의 환류를 통하여 자기개발에 대한 동기를 유발시키기 용이하다.
단점	① 많은 사람이 참여하여 평가하므로 많은 시간과 비용이 수반된다. ② 조직 내 파벌조성, 담합평가, 모략성 평가 등으로 갈등과 불신을 유발할 수 있다. ③ 평가자가 잦은 인사이동으로 유동적이거나 피평가자를 잘 모르는 경우 신뢰성이 저하된다. ④ 인기투표적 경향으로 능력과 업무실적보다는 인간관계가 좋은 사람이 좋은 평가를 받는 포퓰리즘이 나타날 수 있다. ⑤ 부하가 상사를 평가함으로써 상하 간 갈등을 야기하거나 서로 간에 눈치를 보게 되는 상황을 초래하기 쉽다.

평가방식	전통적 평가	다면평가
평가주체	상급자에 의한 일방적 평가	상급자뿐만 아니라 동료, 민원인 등
목적	판단 목적 중심	판단 목적 + 발전적 목적
방식	근무성적비교를 통해 서열을 정함	뚜렷한 서열정립이 어려움
방법	빠르고 쉬운 방법	정교하고 다양한 방법

4. 사기관리 22 경채, 23 경간, 23 2차

내용이론	의의	사람의 동기를 유발하는 요인의 내용(마음)에 초점을 두는 이론
	내용	Maslow의 인간욕구 5단계설, 앨더퍼(Alderfer)의 ERG이론, 허즈버그(Herzberg)의 동기위생요인이론, 맥클랜드(McClelland)의 성취욕구(동기)이론, 맥그리거(McGregor)의 X이론·Y이론, 아지리스의 성숙-미성숙이론, E. Schein의 인간관이론 등
과정이론	의의	인간의 특정 욕구가 직접적으로 동기부여 하는 것이 아니라 욕구와는 별도의 다양한 요인들(결과)이 동기부여 과정에 작용한다는 이론이다.
	내용	포터&롤러(Porter & Lawler)의 업적만족이론, 브룸(Vroom)의 기대이론, 아담스(Adams)의 공정성이론, 로크의 목표설정이론 등

(1) 내용이론

1) Maslow(매슬로우)의 5단계 기본욕구 10·12·19 승진, 14·24 경간, 15 3차, 17 2차, 20·22 2차, 23 경채

생리적 욕구	의·식·주 및 건강 등에 관한 욕구	적정보수제도, 휴양제도
안전의 욕구	공무원의 현재 및 장래의 신분이나 생활에 대한 불안을 해소	신분보장, 연금제도
사회적 욕구	동료·상사·조직 전체에 대한 친근감·귀속감을 충족	인간관계의 개선, 고충처리상담
존경의 욕구	타인의 인정·존중·신망을 받으려는 욕구	참여확대, 권한의 위임, 제안제도, 포상제도
자아실현 욕구	장래에의 자기발전·자기완성의 욕구 및 성취감 충족	공정하고 합리적인 승진, 공무원단체 활동
특징	① 인간의 욕구는 **순차적·상향적**으로 나타나고 어느 한단계의 욕구가 충족되어야 비로소 다음 단계의 욕구로 진행된다는 **만족·진행접근법**을 전제한다. 22 2차 ② 이때의 욕구충족은 완전한 충족이 아니라 **어느 정도의 만족**을 의미한다. ③ 가장 **궁극적인 목표는 자아실현의 욕구**이다. ④ 가장 **우선순위이며, 최하위 욕구는 생리적 욕구**이다. ⑤ 이미 충족된 욕구는 더 이상 동기부여 요인으로서의 의미가 없어진다.	

2) Alderfer(알더퍼)의 E·R·G이론 24 경간

개념	알더퍼는 매슬로의 인간 욕구 단계설을 확장한 ERG 이론을 주창하였으며, 생리적, 안전에 대한 하위욕구를 존재의 영역에 통합하고 매슬로우의 개인 간 사랑과 존중에 대한 욕구를 관계성으로 분류하였다. 성장의 영역은 자기실현과 자기존중의 욕구를 포함하고 있다.
특징	매슬로의 인간 욕구 단계설은 낮은 수준의 욕구가 충족된 후에 더 높은 수준의 욕구가 가능하다고 본 반면 **알더퍼의 ERG이론은 각 욕구는 동시에 일어 날 수 있으며 중요성은 개인에 따라 다르다고 주장한다.** 만약 높은 수준의 욕구가 충족되지 않는다면 더 쉬운 낮은 수준의 욕구로 퇴행할 수도 있다고 본다.

매슬로우 5단계 욕구이론	Alderfer의 E·R·G이론
자아실현욕구	성장욕구(Growth)
존경욕구	
사회적 욕구	관계욕구(Relatedness)
안전욕구	존재욕구(Existence)
생리적 욕구	

3) McClelland(맥클리랜드)의 성취동기이론 24 경간

개념	모든 사람이 비슷한 욕구계층을 가지고 있다고 주장한 매슬로우를 비판하며, 욕구는 학습되는 것으로 개인마다 차이가 있다고 주장하였다. 욕구에는 **권력욕구, 친교욕구, 성취욕구**가 있으며, 이 중 성취욕구가 가장 높은 사람이 가장 강한 수준의 동기를 가지고 직무를 수행한다고 하였다.
특징	욕구는 **권력욕구 → 친교욕구 → 성취욕구** 순으로 발달되어 간다.
권력욕구	타인의 행동에 영향력을 행사하려는 욕구
친교욕구	사람들과의 관계를 중시하는 욕구
성취욕구	목표를 설정하고 이를 달성하려는 욕구

4) Argyris(아지리스) 성숙·미성숙이론 22 2차

개념	① 인간의 퍼스낼리티(personality)는 한번 형성되면 쉽게 변하지 않으나 환경과의 적응 등을 통해 발전해 나간다. ② 기본적으로 인간의 퍼스낼리티가 **미성숙한 상태에서 성숙한 상태**로 진화해 나간다는 가정 하에 조직이 이러한 변화과정을 인식하고 이에 맞는 경영환경을제시해 주어야만 개인과 조직 간의 갈등이 줄어들 것이라고 주장한다. 22 2차
내용	미성숙단계에서 → 성숙단계로 발전해 나감

수동적 행위	능동적 행위
의지하려는 마음(의타심)	독립심
단순하고 한정된 행위	복잡하고 다양한 행동
단기적 관점	장기적 전망
종속적 지위	대등한 우월적 지위
자아의식 결여	자아의식과 자기통제

결론	① **조직은 구성원을 미성숙한 인간**으로 보고, **개인은 자신을 성숙한 인간**으로 바라보기 때문에 양자 간에 인식 차이가 갈등을 발생시킨다고 보고 있다. ② **조직은 구성원들을 성숙한 인간**으로 보고 목표달성에 강력한 동기부여를 하여 잠재능력을 향상시켜 개인의 책임의 폭을 확대시키는 것이 조직과 구성원들에게 모두 유리하다는 것이다. 결국 경영자가 성숙한 개인을 포용할 수 있는 인간적이고 **민주적인(Y이론적 관리)경영방식을 도입**해야 한다는 것이다.

5) Herzberg(허쯔버그)의 동기·위생이론 20·22 2차

개념	인간에게는 이질적인 두 가지 욕구인 **동기요인(만족요인)과 위생요인(불만족요인)**이 동시에 존재한다는 것이다.
동기요인	**직무내용과 관련된 근로자의 내재적 욕구를 충족시키는 것으로**, 충족될 경우 동기가 부여될 수 있는 요인을 말한다.(직무의 성취감, 주변의 인정, 개인의 성장, 승진 등) → 사기진작을 위해서는 동기요인이 강화되어야 하므로 적성에 맞는 직무에 배정하고 책임감과 성취감을 느낄 수 있도록 독려하였다.
위생요인	주로 **근무환경이나 직무상황과 관련된 욕구를 충족시키는 것으로**, 충족되지 않는 경우 불만족을 가져오는 요인을 말한다.(급여, 상사의 관리나 통제, 직원간의 관계 등)
결론	위생요인을 제거해주는 것은 불만을 줄여주는 소극적 효과일 뿐이기 때문에, 근무태도 변화에 단기적 영향을 주어 사기는 높여줄 수 있으나 생산성을 높여주지는 못한다. 만족요인이 충족되면 자기실현욕구를 자극하여, 적극적 만족을 유발하고 동기유발에 장기적 영향을 준다.

6) McGregor(맥그리거)의 X이론·Y이론 20·22 2차, 24 경간

X이론	인간은 근본적으로 **게으르고 부정직하며, 책임감이 없고, 변화를 싫어하며, 금전적 보상이나 제재 등 외부적 유인에 반응**한다. 따라서, 이러한 의욕을 강화시키기 위해 경영자는 **금전적인 보상을 유인으로 사용하고 엄격한 감독, 상세한 명령으로 통제를 강화**해야 한다.
Y이론	Y이론적 인간형은 **부지런하고, 책임과 자율성 및 창의성을 발휘하기를 좋아하고, 스스로 통제와 발전이 가능**하기 때문에 민주적이고 인간적인 동기유발 전략이 필요한 유형이다.

7) E.Schein의 4대 인간관

개념	조직 내에서의 개인의 성격과 조직 관리자의 리더십과 가치관에 따라 생산성이 달라진다는 내용의 동기부여 이론이다.
합리적·경제적 인간관	인간을 **합리적·타산적·경제적**인 존재로서 보고 있다. 즉 인간은 경제적 유인에 의하여 좌우되고, 자기 이익의 극대화를 추구한다. 관리자는 경제적 유인 등을 통해 인간을 통제할 수 있다고 본다.
사회인관	인간을 **사회적 존재**로서 파악하고, 사회적 욕구의 충족에 의하여 동기가 부여된다고 본다. 사회인관은 인간이 업무 자체보다 업무수행과정에서 형성되는 인간관계·사회관계 내지 동료관계를 중요시한다. 관리자는 인간관계형성에 노력하여야 한다.
자아실현인관	인간은 **자기실현욕구·성취욕구**를 가지고 있으며, 자율적으로 자기규제를 할 수 있다고 보는 인간관이다. 관리자는 구성원이 일에 대하여 긍지와 자부심을 가지고 보람을 느낄 수 있도록 촉진자로서의 역할을 수행해야 한다.
복잡인관 (가장 적절한 인간관)	인간이 현실적으로 이상의 세 가지 인간형보다 더 **복잡하고 다양한 존재**이다. 관리자는 훌륭한 진단자로서 직원의 다양한 능력·욕구를 감지 할 수 있는 감수성과 진단능력을 가져야 하며, 인간의 변이성과 개인차를 파악하고 이것을 고려하여 관리전략을 세워 나가야 한다.

(2) 과정이론

1) Vroom(브룸)의 기대이론

개념	인간이 어떤 행동을 하려고 할 때 그 행동에서 자신이 어떤 결과를 얻을 것인가를 기대하고 그 기대에 따라 행동의 실행 여부를 결정한다는 것이다.
3가지 변수	① 기대성: 노력이나 능력을 투입하면 성과가 있을 것이라는 주관적 기대감 ② 수단성: 성과가 바람직한 보상을 가져다준다는 주관적 믿음 ③ 유의성: 보상에 대한 선호의 정도와 매력의 정도

2) Porter & Lawler(포터 & 롤러)의 업적·만족이론

개념	업적에 대한 보상이 과거에 어떻게 이루어졌는지에 대한 정보가 구성원들의 동기를 유발한다고 보는 이론으로 보상에 대한 조직 구성원의 만족도가 동기화의 주요 요인으로 보고 있다.
내용	기존이론은 만족으로 인해 직무수행능력이나 성과가 높아진다고 보는 반면, 업적·만족이론은 반대로 직무수행과정에서의 성취가 만족의 원인이 된다고 보고 있다.

3) Adams(아담스)의 공정성이론

개념	자신의 노력과 그 결과로 주어진 보상과의 관계를 **다른 사람과 비교**하여 자신이 느끼는 공정성과 동일하다고 느낄 때 직무에 만족을 느낀다고 보는 이론이다.
내용	자신의 성과 / 자신의 투입 = 타인의 성과 / 타인의 투입 → 공정성 느낌

04 경찰예산관리

1. 예산의 구분(국가재정법 4조)

일반회계	① 일반회계는 조세수입 등을 주요 세입으로 하여 국가의 일반적인 세출에 충당하기 위하여 설치 ② **경찰예산의 대부분은 일반회계에 속함** 12 1차
특별회계	① 특별회계는 국가에서 **특정한 사업을 운영**하고자 할 때, **특정한 자금을 보유**하여 운용하고자 할 때, **특정한 세입으로 특정한 세출에 충당**함으로써 일반회계와 구분하여 회계처리 할 **필요가 있을 때에 법률로써 설치** ② 원칙적으로 설치한 소관부서가 관리하며, **기획재정부의 직접적인 통제를 받지 않음** 12 1차 ③ 경찰특별회계로는 책임운영기관인 **경찰병원**의 세입, 세출이 있음

2. 성립과정에 따른 분류 07 채용

본예산	국회는 회계연도 30일 전까지 예산안을 심의·의결하여야 하는 바, 이러한 절차들 중에 확정 성립된 **예산본회의 의결을 거쳐 최초로 확정된 예산**(정부가 매년 정기적으로 다음 연도의 세입과 세출을 예산안으로 최초 편성하여 국회에서 심의·의결하여 확정된 예산) 23 경채
수정예산	국회에 제출한 이후 **성립·확정하기 전**에 수정하는 것 제35조(국회제출 중인 예산안의 수정) 정부는 예산안을 국회에 제출한 후 부득이한 사유로 인하여 그 내용의 일부를 수정하고자 하는 때에는 국무회의의 심의를 거쳐 대통령의 승인을 얻은 수정예산안을 국회에 제출할 수 있다. 23 경채
추가경정예산	예산이 **국회를 통과하여 확정된 후**에 생긴 사유로 인하여 이미 성립한 예산에 변경을 가할 필요가 있을 때 편성하는 예산 19 2차, 18 법학, 19 승진 제89조(추가경정예산안의 편성) ① 정부는 다음 각 호의 어느 하나에 해당하게 되어 **이미 확정된 예산에 변경을 가할 필요가 있는 경우**에는 추가경정예산안을 편성할 수 있다. 1. **전쟁이나 대규모 재해**(「재난 및 안전관리 기본법」 제3조에서 정의한 자연재난과 사회재난의 발생에 따른 피해를 말한다)가 발생한 경우 2. **경기침체, 대량실업, 남북관계의 변화, 경제협력**과 같은 대내·외 여건에 중대한 변화가 발생하였거나 발생할 우려가 있는 경우 3. 법령에 따라 **국가가 지급하여야 하는 지출이 발생하거나 증가**하는 경우 ② 정부는 국회에서 추가경정예산안이 확정되기 전에 이를 미리 배정하거나 집행할 수 없다.
준예산 19 승진	① 예산집행의 신축성을 부여하고 예산 불성립으로 인한 행정중단의 방지를 도모하고자 **회계연도 개시 전까지 예산의 불성립 시에 전년도 예산에 준하여 지출**하는 예산제도를 '**준예산**'이라고 한다. 12 1차, 14 승진, 23 2차 ② 헌법이나 법률에 의해 설치된 기관 또는 시설의 **운영비** ③ 법률상 지출의무의 이행(공무원 보수 등 **기본경비**, 사무처리 기본경비) ④ 이미 승인된 사업의 **계속비** 등에 사용가능 10 2차 ⑤ 예산집행의 신축성을 부여하고 예산 불성립으로 인한 행정중단 방지를 도모하기 위해서 준예산이 필요하다. 13·14 승진

3. 「국가재정법」상 예산과정

(예산편성 → 예산심의·의결 → 예산집행 → 예산결산) 20 2차

「국가재정법」에 따라 경찰은 예산을 편성할 때 예산이 인권에 미친 영향을 평가하는 보고서를 작성하여야 한다. (X) → 국가재정법에 규정이 없음 20 2차

(1) 편성과정 11·12·21·23·24 경간, 12 2차, 13·23 승진, 18·22·23 1차

중기사업계획서 제출	각 중앙관서의 장(경찰청장)은 매년 <u>1월 31일</u>까지 **해당**(다음X) 회계연도부터 **5회계연도 이상** 신규사업 및 기획재정부장관이 정한 주요 계속사업에 대한 중기사업계획서를 **기획재정부장관**에게 제출하여야 한다. (국가재정법 제28조)

예산안편성지침	① **기획재정부장관**은 **국무회의 심의(국회X)**를 거쳐 **대통령의 승인**을 얻은 **다음 연도의 예산안편성지침**을 매년 **3월 31**일까지 **각 중앙관서의 장(경찰청장)**에게 통보하여야 한다.(국가재정법 제29조) ② 기획재정부장관은 제7조의 규정에 따른 국가재정운용계획과 예산편성을 연계하기 위하여 제1항의 규정에 따른 예산안편성지침에 중앙관서별 지출한도를 포함하여 통보할 수 있다.(국가재정법 제29조)
예산안편성지침의 국회보고	기획재정부장관은 각 중앙관서의 장에게 통보한 예산안편성지침을 국회 예산결산특별위원회에 보고하여야 한다..(국가재정법 제30조) 23 승진
예산요구서 제출	① 각 중앙관서의 장(경찰청장)은 다음 연도의 세입세출예산·계속비·**명시이월비** 및 국고채무부담행위 요구서(이하 "예산요구서"라 한다)를 매년 **5월 31**일까지 **기획재정부장관**에게 제출하여야 한다.(국가재정법 제31조) ② 예산요구서에는 대통령령으로 정하는 바에 따라 예산의 편성 및 예산관리기법의 적용에 필요한 서류를 첨부하여야 한다. ③ 기획재정부장관은 제1항의 규정에 따라 제출된 예산요구서가 제29조의 규정에 따른 예산안편성지침에 부합하지 아니하는 때에는 기한을 정하여 이를 수정 또는 보완하도록 요구할 수 있다.
예산편성 및 국회제출	① **기획재정부장관**은 예산안을 편성하여 **국무회의** 심의를 거친 후 **대통령의 승인**을 얻어야 한다.(국가재정법 제32조) ② 정부는 제32조의 규정에 따라 대통령의 승인을 얻은 예산안을 회계연도 개시 120일 전까지 국회에 제출하여야 한다.(국가재정법 제33조) 19 2차

(2) 국회의 심의·의결과정

심의과정	① 대통령의 시정연설 및 기획재정부장관의 제안 설명 ② **상임위원회(행정안전위원회) 예비심사** 21 경간 ③ **예산결산특별위원회 종합심사** 21 경간
종합심사	종합정책질의 → 부처별 심의 → 계수조정소위원회의 계수조정 → 예결위 전체회의에서 소위원회 조정안 승인
본회의 의결	④ 회계연도 개시 **30일** 전까지 국회 본회의 의결을 거쳐 확정

(3) 집행과정 15·22·23 1차, 21·23 경간

예산배정 요구서의 제출	**각 중앙관서의 장(경찰청장)**은 예산이 확정된 후 사업운영계획 및 이에 따른 세입세출예산·계속비와 국고채무부담행위(**명시이월비X**)를 포함한 **예산 배정요구서를 기획재정부장관에게 제출**하여야 한다.(국가재정법 제42조)
예산의 배정 (국가재정법 제43조)	① **기획재정부장관**은 예산 배정요구서에 따라 **분기별 예산 배정계획**을 작성하여 **국무회의 심의**를 거친 후 **대통령의 승인**을 얻어야 한다. ② **기획재정부장관**은 경찰청장에게 예산을 배정한 때에는 **감사원에 통지하여야 한다.** ③ 기획재정부장관은 필요한 때에는 대통령령으로 정하는 바에 따라 회계연도 개시 전에 예산을 배정할 수 있다.

	④ 기획재정부장관은 예산의 효율적인 집행관리를 위하여 필요한 때에는 제1항의 규정에 따른 분기별 예산배정계획에도 불구하고 개별사업계획을 검토하여 그 결과에 따라 예산을 배정할 수 있다. ⑤ 기획재정부장관은 재정수지의 적정한 관리 및 예산사업의 효율적인 집행관리 등을 위하여 필요한 때에는 제1항의 규정에 따른 분기별 예산배정계획을 조정하거나 예산배정을 유보할 수 있으며, 배정된 예산의 집행을 보류하도록 조치를 취할 수 있다.
제43조의2 (예산의 재배정)	① 각 중앙관서의 장은 「국고금 관리법」 제22조제1항에 따른 재무관으로 하여금 지출원인행위를 하게 할 때에는 제43조에 따라 배정된 세출예산의 범위 안에서 재무관별로 세출예산재배정계획서를 작성하고 이에 따라 세출예산을 재배정(**기획재정부장관이 각 중앙관서의 장에게 배정한 예산을 각 중앙관서의 장이 재무관별로 다시 배정하는 것을** 말한다. 이하 같다)하여야 한다. ② 각 중앙관서의 장은 예산집행에 필요하다고 인정할 때에는 제1항에 따라 작성한 세출예산재배정계획서를 변경할 수 있고 이에 따라 **세출예산을 재배정**하여야 한다. ③ 각 중앙관서의 장은 제1항 및 제2항에 따라 세출예산을 재배정한 때에는 이를 「국고금 관리법」 제22조제1항에 따른 **지출관과 기획재정부장관에게 통지**하여야 한다.
예산집행 지침의 통보	**기획재정부장관**은 예산집행의 효율성을 높이기 위하여 **매년 예산집행에 관한 지침을 작성하여 경찰청장에게 통보**하여야 한다.(국가재정법 제44조)
예산의 목적 외 사용금지	각 중앙관서의 장은 **세출예산이 정한 목적 외에 경비를 사용할 수 없다.**(국가재정법 제45조)
지출	① **지출원인행위는 배정된 예산의 범위 내에서만 가능** ② **예산이 확정되었더라도 해당 예산이 배정되지 않은 상태에서는 지출원인행위를 할 수 없음** 07 채용, 10·19 승진, 19 2차

● 예산의 탄력적 집행제도(국가재정법 제46조, 제47조)

예산의 이용	각 중앙관서의 장은 예산이 정한 **각 기관 간 또는 각 장·관·항 간에 상호 이용할 수 없다.** 다만, 미리 예산으로써 **국회의 의결**을 얻은 때에는 **기획재정부장관의 승인**을 얻어 이용하거나 기획재정부장관이 위임하는 범위 안에서 자체적으로 **이용할 수 있다.** 10 2차
예산의 전용	각 중앙관서의 장은 예산의 목적범위 안에서 재원의 효율적 활용을 위하여 대통령령으로 정하는 바에 따라 **기획재정부장관(대통령X)의 승인을 얻어 각 세항 또는 목의 금액을 전용할 수 있다.** 24 경간, 23 경채
예산의 이체	기획재정부장관은 정부조직 등에 관한 **법령의 제정·개정 또는 폐지**로 인하여 중앙관서의 직무와 권한에 변동이 있는 때에는 그 중앙관서의 장의 요구에 따라 그 예산을 상호 이용하거나 이체할 수 있다.
예산의 이월	① **명시이월** : 세출예산 중 그 지출을 하지 못할 것이 예측될 때에 미리 **국회의 승인을 얻어서 다음 연도에 사용할 수 있게 하는 것** ② **사고이월** : 연도 내에 지출원인행위를 하고 **불가피한 사유로 인하여** 연도 내에 지출하지 못한 경비와 지출원인행위를 하지 아니한 그 부대경비의 금액을 다음연도에 이월하여 사용할 수 있는 제도

● 지출의 특례 - 관서운영경비(국고금 관리법)

관서운영 경비의 지급 19 승진	① 관서운영경비는 관서운영경비출납공무원이 아니면 지급할 수 없음 ② 관서운영경비출납공무원은 관서운영경비를 **금융회사 등에 예치하여 관리하여야 함** ③ 관서운영경비출납공무원은 관서운영경비를 지급하고자 하는 때에는 **정부구매카드를 사용**하여야 한다. 다만, 경비의 성질상 정부구매카드를 사용할 수 없는 경우에는 계좌이체나 현금지급 등의 방법으로 지급 가능함

관서운영
경비의 범위
	① **운영비**(복리후생비·학교운영비·일반용역비 및 관리용역비는 제외한다)·**특수활동비** 및 **업무추진비** 중 기획재정부령으로 정하는 금액 이하의 경비 → 이에 따라 관서운영경비로 지급할 수 있는 경비의 최고금액은 **건당 500만원**으로 함. 10 승진
	다만, 다음의 경비는 최고금액 500만원 이하의 제한을 받지 않음
	  1. 기업특별회계상 당해 사업에 직접 소요되는 경비
	  2. 운영비 중 공과금 및 위원회참석비
	  3. **특수활동비중 수사활동에 소요되는 경비**
	  4. 안보비 중 정보활동에 소요되는 경비
	  5. 그 밖에 기획재정부장관이 정하는 경비
	② 외국에 있는 채권자가 외국에서 지급받으려는 경우에 지급하는 경비(재외공관 및 외국에 설치된 국가기관에 지급하는 경비를 **포함**함)
	③ **여비**

관서운영 경비 사용 잔액의 반납	관서운영경비출납공무원은 매 회계연도의 관서운영경비 사용 잔액을 다음 회계연도 **1월 20일**까지 해당 지출관에게 반납하여야 한다.

(4) **결산** 21·24 경간, 23 1차

결산의 원칙	정부는 결산이 「국가회계법」에 따라 재정에 관한 유용하고 적정한 정보를 제공할 수 있도록 객관적인 자료와 증거에 따라 공정하게 이루어지게 하여야 한다.(국가재정법 제56조)
성인지 결산서 작성	정부는 여성과 남성이 동등하게 예산의 수혜를 받고 예산이 성차별을 개선하는 방향으로 집행되었는지를 평가하는 보고서(이하 "성인지 결산서"라 한다)를 작성하여야 한다.(국가재정법 제57조)
중앙관서결산 보고서의 작성 및 제출	**각 중앙관서의 장(경찰청장)**은 「국가회계법」에서 정하는 바에 따라 회계연도마다 작성한 결산보고서(중앙관서결산보고서)를 **다음 연도 2월 말일까지 기획재정부장관**에게 제출하여야 한다.(국가재정법 제58조)
국가결산 보고서의 작성 및 제출	**기획재정부장관**은 「국가회계법」에서 정하는 바에 따라 회계연도마다 작성하여 대통령의 승인을 받은 국가결산보고서를 **다음 연도 4월 10일까지 감사원**에 제출하여야 한다.(국가재정법 제59조)
결산검사	**감사원**은 제출된 국가결산보고서를 검사하고 그 보고서를 **다음 연도 5월 20일까지 기획재정부장관**에게 송부하여야 한다.(국가재정법 제60조)
국가결산 보고서의 국회제출	**정부**는 감사원의 검사를 거친 국가결산보고서를 **다음 연도 5월 31일까지 국회**에 제출하여야 한다.(국가재정법 제61조)

4. 예산제도 10·12·14·17·19 승진, 12·13·14·17 경간, 18 법학, 23 2차

품목별 예산제도 (통제기능) 08 채용 12·18 승진 19 2차	의의	① 지출품목마다 비용이 얼마인가에 따라 예산을 배정하는 제도 ② 지출의 **대상·성질을 기준**으로 하여 세출예산의 금액을 분류 14 승진 → **우리나라 경찰의 예산제도** ③ **통제지향적**이라 볼 수 있으며 예산담당 공무원들에게 필요한 핵심적 기술은 회계 기술임 ④ 품목과 비용을 따지는 미시적 관리로 정부전체 활동의 통합조정에 필요한 수단을 제공하지 못한다.	
	장점		단점
	① 예산 운영이 쉬우며, 회계책임이 명확함 14 승진 ② 인사행정에 유용한 자료 제공 ③ 회계검사가 용이 ④ 감독부서 및 국회의 통제가 비교적 용이		① 계획과 지출의 불일치 ② 기능의 중복을 피하기 곤란 ③ 의사결정을 위한 충분한 자료제시에 부족함 ④ 행정의 재량범위 축소 ⑤ 지출대상 및 금액이 명확히 설정되어있어 **예산집행의 신축성이 제약**
성과주의 예산제도 (관리기능)	의의	① 사업계획을 세부사업으로 분류 ② 각 세부사업을 '**단위원가 × 업무량 = 예산액**'으로 표시하여 편성하여 해당부서의 업무능률을 측정하여 다음 연도 반영이 가능함 14 승진 → **단위원가의 계산이 중요**한 예산제도 15 지능특채 ③ 정부가 구입하는 물품보다 정부가 수행하는 **업무에 중점을 두는 관리지향적 예산 제도임** 23 경채	
	장점		단점
	① 국민의 입장에서 경찰활동을 이해하기 용이함 12 승진 ② 기능의 중복을 피할 수 있음 ③ 의사결정을 위한 충분한 자료제시가 가능함		① 업무측정단위 선정이 어려움 ② 단위원가 계산이 곤란함 ③ 인건비 등 경직성 경비 적용 어려움 23 2차
계획 예산제도 (PPBS)	① 장기적인 기본계획수립과 단기적인 예산편성을 프로그램 작성을 통하여 유기적으로 연결함으로써 자원배분에 관한 의사결정의 일관성과 합리성을 도모할 수 있는 예산제도이다. **프로그램예산제도**라고도 함 ② 계획예산의 핵심은 프로그램 예산형식을 따르는 것으로서, 기획(planning), 사업구조화(programming), 예산(budgeting)을 연계시킨 시스템적 예산제도이다. 23 2차			
영기준 예산제도 (ZBB)	① **매년 사업의 우선순위를 새로이 결정**하고 그에 따라 예산을 책정하는 예산제도로 감축관리와 관련이 있다. 12·14 승진 ② 예산편성 시 **전년도 예산을 기준으로 집중적으로 예산액을 책정하는 폐단을 시정**하려는 목적에서 유래 12 1차, 15 지능특채, 23 2차			
일몰법	특정의 사업 등이 **일정 기간이 지나면 의무적·자동적으로 폐지**되게 하는 예산제도 → 행정부가 아닌 **입법부가 '법'으로 정하는 것**임 10 2차, 12 승진, 15 지능특채			
자본예산	예산을 경상지출과 자본지출로 구분하고, **경상지출**은 경상수입으로 충당하여 **균형**을 이루도록 하지만, **자본지출**은 적자재정과 공채발행으로 수입을 충당하여 **불균형** 예산을 편성하는 제도			

05 기타관리

1. 물품관리(물품관리법) 18 1차

제7조(총괄기관) ① 기획재정부장관은 물품관리의 제도와 정책에 관한 사항을 관장하며, 물품관리에 관한 정책의 결정을 위하여 필요하면 조달청장이나 각 중앙관서의 장으로 하여금 물품관리 상황에 관한 보고를 하게 하거나 필요한 조치를 할 수 있다.
② **조달청장**은 각 중앙관서의 장이 수행하는 **물품관리에 관한 업무를 총괄·조정**한다.

제8조(관리기관) 각 중앙관서의 장은 그 소관 물품을 관리한다.

제9조(물품관리관) ① 각 중앙관서의 장은 대통령령으로 정하는 바에 따라 그 **소관 물품관리에 관한 사무를 소속 공무원에게 위임할 수 있고**, 필요하면 다른 중앙관서의 소속 공무원에게 **위임할 수 있다.**
② 제1항에 따라 **각 중앙관서의 장으로부터 물품관리에 관한 사무를 위임받은 공무원을 물품관리관**이라 한다.

제10조(물품출납공무원) ① 물품관리관은 대통령령으로 정하는 바에 따라 그가 소속된 관서의 공무원에게 그 관리하는 **물품의 출납과 보관에 관한 사무**(출납명령에 관한 사무는 제외한다)**를 위임하여야 한다.**
② 제1항에 따라 **물품의 출납과 보관에 관한 사무를 위임받은 공무원을 물품출납공무원**이라 한다.

제11조(물품운용관) ① 물품관리관은 대통령령으로 정하는 바에 따라 그가 소속된 관서의 공무원에게 국가의 사무 또는 사업의 목적과 용도에 따라서 **물품을 사용하게 하거나 사용 중인 물품의 관리에 관한 사무**(이하 "물품의 사용에 관한 사무"라 한다)**를 위임하여야 한다.**
② 제1항에 따라 물품의 사용에 관한 사무를 위임받은 공무원을 **물품운용관**이라 한다.

제12조(관리기관의 분임 및 대리) ① 각 중앙관서의 장은 물품관리관의 사무의 일부를 분장하는 공무원(분임물품관리관)을, 물품관리관은 물품출납공무원의 사무의 일부를 분장하는 공무원(분임물품출납공무원)을 대통령령으로 정하는 바에 따라 **각각 둘 수 있다.**
② 각 중앙관서의 장은 물품관리관이 부득이한 사유로 직무를 수행할 수 없을 때에는 그 사무를 대리하는 공무원을, 물품관리관은 물품출납공무원 또는 물품운용관이 부득이한 사유로 직무를 수행할 수 없을 때에는 그 사무를 대리하는 공무원을 대통령령으로 정하는 바에 따라 각각 지정할 수 있다.

[경찰장비관리규칙(경찰청 훈령) - 경찰장구류 관리]

제75조(구분) 경찰장구류는 경찰관이 휴대하여 범인검거와 범죄진압 등 직무수행에 사용하는 장비로서, 수갑, 포승, 호송용 포승, 경찰봉, 호신용경봉, 전자충격기, 방패, 전자방패 등을 말한다.

제76조(수갑) ① 수갑은 개인이 관리·운용할 수 있다.
② 물품관리관은 집중관리하는 수갑 중 일부를 피의자 호송용으로 사용하기 위하여 유치장을 관장하는 주무과장(이하 "유치인보호주무자"라 한다)에게 대여하여 유치인보호주무자의 책임하에 관리하도록 할 수 있다.

제77조(포승, 호송용 포승) ① 포승, 호송용 포승은 운용부서에서 운용부서장의 책임 하에 관리·운용한다.

② 운용부서장은 운용부서 내에 견고한 보관시설 또는 보관함을 만들어 보관하고, 보관함 열쇠는 운용부서장이 관리한다.
③ 경찰관이 직무수행을 위하여 포승, 호송용 포승 등을 사용할 경우에는 과도한 사용으로 상대방에게 불필요한 상처 등을 입히지 않도록 주의하여야 한다.

제78조(경찰봉, 호신용경봉) ① 경찰봉, 호신용경봉은 물품관리관의 책임 하에 집중관리한다. 다만, 운용부서에 대여하여 그 부서장의 책임 하에 관리·운용하게 할 수 있다.
② 지구대 등에서 관리·운용하는 경찰봉, 호신용경봉은 지역경찰관리자의 책임하에 관리·운용한다.
③ 경찰관이 직무수행을 위하여 경찰봉, 호신용경봉을 사용할 경우에는 다음 각 호의 안전수칙을 준수하여야 한다.
  1. 범인의 검거 및 제압 등 정당한 공무수행을 위해서만 사용하여야 한다.
  2. 손상 등으로 날카롭게 된 경찰봉을 사용하지 않도록 사전점검을 실시하여야 한다.
  3. 위해를 가할 수 있는 물질을 경찰봉에 삽입하거나 부착하는 등의 임의적인 변형을 하지 않아야 한다.
  4. 상대방의 머리, 얼굴, 흉·복부 등을 직접 가격하는 것은 자제하여야 한다.

제79조(전자충격기) ① **전자충격기는 물품관리관의 책임 하에 집중관리함을 원칙으로 하나, 운용부서에 대여하여 그 부서장의 책임하에 관리·운용하게 할 수 있다.** 18 경간
② 경찰관이 직무수행을 위하여 전자충격기를 사용할 경우에는 다음 각 호의 안전수칙을 준수하여야 한다.
  1. 사용 전 배터리 충전여부를 확인한다.
  2. 전극침이 발사되는 전자충격기의 경우 안면을 향해 발사해서는 아니된다.
  3. 14세미만의 자 또는 임산부에 대하여 사용하여서는 아니된다.

제80조(방패, 전자방패) ① 방패, 전자방패는 각급 경찰기관의 보관시설에 집중관리함을 원칙으로 한다. 다만, 신속한 출동을 위해 출동버스에 보관할 수 있다.

2. 장비관리

경찰장비관리의 목표는 **능률성·효과성·경제성(민주성X)**에 있으므로 과학적 관리기법을 적용하여 경찰업무수행의 원활한 지원과 낭비적 요소 제거를 이루어야 한다. 13 경간

(1) 무기 및 탄약관리 (경찰장비관리규칙 - 경찰청 훈령) 22 1차

정의 13·17·23 2차	집중 무기고	경찰인력 및 경찰기관별 무기책정기준에 따라 배정된 개인화기와 공용화기를 집중보관·관리하기 위하여 각 경찰기관에 설치된 시설
	탄약고	경찰탄약을 집중 보관하기 위하여 타 용도의 사무실, 무기고 등과 분리 설치된 보관시설
	간이 무기고	경찰기관의 각 기능별 운용부서에서 효율적 사용을 위하여 집중무기고로부터 무기·탄약의 일부를 대여 받아 별도로 보관·관리하는 시설
설치	① 무기고와 탄약고는 견고하게 만들고 환기·방습장치와 방화시설 및 총가시설 등이 완비되어야 한다.	

	② 탄약고는 무기고와 분리되어야 하며, **가능한 본 청사와 격리된 독립 건물**로 하여야 한다. 17 승진, 17 2차 ③ 무기고와 탄약고의 환기통 등에는 손이 들어가지 않도록 쇠창살 시설을 하고 출입문은 2중으로 하여 각 1개소 이상씩 **자물쇠를 설치하여야 한다.** 13 2차 ④ 무기·탄약고 비상벨은 상황실과 숙직실 등 초동조치 가능한 장소와 연결하고, 외곽에는 철조망 장치와 조명등 및 **순찰함을 설치하여야 한다.** 17 승진 ⑤ 간이무기고는 근무자가 24시간 상주하는 지구대, 파출소, 상황실 및 112타격대등 **경찰기관의 장**이 필요하다고 인정하는 상당한 이유가 있는 장소에 **설치할 수 있다.** 17 승진,24 경간 ⑥ 탄약고 내에는 **전기시설을 하여서는 아니되며**, 조명은 건전지 등으로 하고 방화시설을 완비하여야 한다. 단, 방폭설비를 갖춘 경우 전기시설을 설치할 수 있다. 24 경간

보관	① 무기고와 탄약고의 열쇠는 관리 책임자가 보관한다.
	② 집중무기·탄약고와 간이무기고는 다음 각 호의 관리자가 보관 관리한다. 다만, 휴가, 비번 등으로 관리책임자 공백 시는 별도 관리책임자를 지정하여야 한다.
	  1. 집중무기·탄약고의 경우 17 2차
	    가. 일과시간의 경우 무기 관리부서의 장(정보화장비과장, 운영지원과장, 총무과장, 경찰서 경무과장 등)
	    나. 일과시간 후 또는 토요일·공휴일의 경우 당직 업무(청사방호) 책임자(상황관리관 등 당직근무자)
	  2. 간이무기고의 경우
	    가. 상황실 간이무기고는 112종합상황실(팀)장
	    나. 지구대 등 간이무기고는 지역경찰관리자
	    다. 그 밖의 간이무기고는 일과시간의 경우 설치부서 책임자, 일과시간 후 또는 토요일·공휴일의 경우 당직 업무(청사방호) 책임자

대여	① 경찰기관의 장은 공무집행을 위해 필요할 때에는 관리하고 있는 무기·탄약을 대여할 수 있다.
	② 무기·탄약을 대여하고자 할 때에는 무기·탄약 대여신청서에 따라 경찰관서장의 사전허가를 받은 후 감독자의 입회하에 대여하고 무기탄약출납부, 무기탄약 출·입고서에 이를 기재하여야 한다.
	③ 상황실 등의 간이무기고에 대여 또는 배정받은 무기탄약을 입출고할 때에는 휴대 사용자의 대여 신청에 따라 소속부서 책임자의 허가를 받아 무기탄약 출·입고부에 기록한 후 관리책임자 입회하에 입출고하여야 한다. 24 경간
	④ 지구대 등의 간이무기고의 경우는 소속 경찰관에 한하여 무기를 지급하되 감독자 입회(감독자가 없을 경우 반드시 타 선임 경찰관 입회)하에 무기탄약 출입고부에 기재한 뒤 입출고하여야 한다. 다만, 긴급 상황 발생 시 **경찰서장의 사전허가를 받은 경우의 대여는 예외**로 한다.
	⑤ 무기탄약을 대여 받은 자는 그 무기를 휴대하고 근무하는 경우를 제외하고는 무기고에 보관하여야 하며, 근무 종료 시에는 감독자 입회아래 무기탄약 출입고부에 기재한 뒤 즉시 입고하여야 한다. 23 2차
	⑥ 경찰기관의 장이 평상시에 소속경찰관에게 무기의 실탄을 대여할 때에는 다음 기준에 따라야 한다. 다만, 기능별 임무나 상황에 따라 이를 가감할 수 있다.
	  1. 소총은 정당 실탄 20발 이내
	  2. 권총은 정당 실탄 8발 이내

손질·수리	경찰기관의 장은 자체계획을 수립하여 **매월 1회 이상** 보관하고 있는 무기·탄약을 손질하여야 한다. 다만, 대여 무기·탄약의 경우에는 대여 받은 자가 **매주 1회 이상** 손질하여야 한다.

→ 무기·탄약고의 열쇠관리책임
- 경찰서: 일과 중에는 경무과장, 일과 후에는 상황관리관 등 당직근무자
- 지구대 등 간이무기고 : 지역경찰관리자(지구대장, 파출소장, 순찰팀장)

(2) 무기·탄약 회수·보관 07·11·12·14 승진, 13·17·23 2차, 17 경기북부여경, 18·24 경간

구분	내용
즉시 회수하여야 할 사유	경찰기관의 장은 무기를 휴대한 자 중에서 다음에 해당하는 자가 발생한 때에는 **즉시 대여한 무기·탄약을 회수하여야 한다.** ① 직무상의 비위 등으로 인하여 **징계대상이 된 자** ② **형사사건의 조사의 대상이 된 자** ③ **사의를 표명한 자**
회수할 수 있는 사유	① 경찰기관의 장은 무기를 휴대한 자 중에서 다음에 해당하는 자가 있을 때에는 무기 소지 적격 심의위원회의 심의를 거쳐 대여한 무기·탄약을 회수할 수 있다. 다만, 심의위원회를 개최할 시간적 여유가 없거나 사고 방지 등을 위해 신속한 회수가 필요하다고 인정되는 경우에는 대여한 무기·탄약을 즉시 회수할 수 있으며, 회수한 날부터 **7일 이내**에 심의위원회를 개최하여 회수의 타당성을 심의하고 계속 회수 여부를 결정하여야 한다. 1. 경찰공무원 직무적성검사 결과 고위험군에 해당되는 자 2. 정신건강상 문제가 우려되어 치료가 필요한 자 3. 정서적 불안 상태로 인하여 무기 소지가 적합하지 않은 자로서 소속 부서장의 요청이 있는 자 4. 그 밖에 경찰기관의 장이 무기 소지 적격 여부에 대해 심의를 요청하는 자 ② 경찰기관의 장은 ①에 규정한 사유들이 소멸되면 직권 또는 당사자 신청에 따라 무기 소지 적격 심의위원회의 심의를 거쳐 무기 회수의 해제 조치를 할 수 있다.
보관하여야 할 사유	경찰기관의 장은 무기를 휴대한 자 중에서 다음에 해당하는 경우에는 대여한 **무기·탄약을 무기고에 보관하도록 하여야 한다.** ① **술자리 또는 연회장소에 출입할 경우** ② **상사의 사무실을 출입할 경우** ③ **기타 정황을 판단하여 필요하다고 인정되는 경우**

● 권총사용 시 안전수칙(경찰장비관리규칙 - 경찰청 훈령) 15 승진, 17 경기북부여경

> **제123조(무기·탄약 취급상의 안전관리)** ① 경찰관은 권총·소총 등 총기를 휴대·사용하는 경우 다음의 안전수칙을 준수하여야 한다.
> 1. 권총
>   가. 총구는 **공중** 또는 **지면**(안전지역)을 향한다.
>   나. 실탄 장전 시 **반드시 안전장치**(방아쇠울에 설치 사용)를 장착한다.
>   다. **1탄은 공포탄, 2탄 이하는 실탄**을 장전한다. 다만, 대간첩작전, 살인 강도 등 중요범인이나 무기·흉기 등을 사용하는 범인의 체포 및 위해의 방호를 위하여 불가피한 경우에 1탄부터 실탄을 장전할 수 있다.
>   라. 조준시는 **대퇴부 이하**를 향한다.

● 무기소지적격심의위원회(경찰장비관리규칙 - 경찰청 훈령)

제120조의2(심의위원회 구성) ① 무기·탄약 회수 대상자에 해당하는지 여부 및회수의 해제 여부를 심의하기 위하여 **각급 경찰기관의 장 소속 하**에 심의위원회를 둔다.
② 심의위원회는 위원장 1명을 포함하여 총 **5명이상 7명 이내**의 위원으로 구성하되 **민간위원 1명 이상이 위원으로 참여하여야 한다.**
③ 위원은 다음 각 호의 사람이 된다.
   1. 내부위원 : 심의 대상자 소속 경찰기관의 장이 당해 경찰기관에 소속된 자 중 지명한 자
   2. 민간위원 : 정신건강 분야에 관한 전문성을 갖춘 사람으로서 심의 대상자 소속 경찰기관의 장이 위촉하는 사람
④ 심의위원회의 **위원장은 심의 대상자 소속 경찰기관의 장이 지명**한다.
⑤ 심의위원회의 사무를 처리하기 위하여 위원회에 간사를 두며, 간사는 경찰공무원 중에서 위원장이 지명한다.

제120조의3(심의위원회 운영) ① 심의위원회의 회의는 심의 대상자 소속 경찰기관의 장이 필요하다고 인정하는 경우에 개최한다.
② 심의위원회의 회의는 **재적위원 과반수의 출석으로 개의하며, 출석위원 과반수의 찬성**으로 의결한다.
③ 심의위원회의 회의는 **비공개**로 한다.
④ 심의대상자는 심의위원회의 회의에 출석하여 의견을 진술하거나 필요한 자료를 제출할 수 있다.
⑤ 위원장은 심의위원회가 심의한 사항을 지체 없이 심의 대상자 소속 경찰기관의 장에게 보고하여야 한다.
⑥ 위원회의 위원 및 위원이었던 사람은 위원회 업무와 관련하여 알게 된 비밀이나 개인정보 등 관련 내용에 대하여 공개 또는 누설하여서는 안 된다.

3. 차량관리(경찰장비관리규칙 - 경찰청 훈령)

제88조(차량의 구분) ① 차량의 차종은 **승용·승합·화물·특수용**으로 구분하고, 차형은 차종별로 **대형·중형·소형·경형·다목적형**으로 구분한다. 18 경간
② 차량은 용도별로 다음 각호와 같이 **전용·지휘용·업무용·순찰용·특수용(수사용X, 행정용X)** 차량으로 구분한다. 12 승진

제90조(차량소요계획의 제출) ① 부속기관 및 시·도경찰청의 장은 다음 년도에 소속기관의 **차량정수를 증감**시킬 필요가 있을 때에는 **매년 3월말**까지 다음 년도 차량정수 소요계획을 경찰청장에게 제출하여야 한다. 12 승진, 18 경간
② 제1항에도 불구하고 예기치 못한 치안수요의 발생 등 특별한 사유로 조기에 증·감 필요가 있을 경우에는 차량 제작기간 등을 감안 사전에 경찰청장에게 요구할 수 있다.

제91조(차량의 배치) ① 부속기관 및 시·도경찰청의 장은 정수배정기준에 따라 차량을 배치·운용하여야 한다.
② 각 기관별로 치안여건, 업무량 등을 종합적으로 검토하여 조정할 필요가 있을 경우에는 정수범위 내에서 그 일부를 합리적으로 조정·운영 할 수 있다.

제92조(차형의 변경) ① 부속기관 및 시·도경찰청의 장은 치안여건의 변화로 이미 배정된 차형을 변경할 필요가 있다고 판단될 때에는 차량을 교체할 때 경찰청장에게 차형의 변경을 요청할 수 있다.

② 경찰청장은 제1항의 요청에 대하여 차형의 변경이 필요하다고 인정되는 경우에는 차형배정기준에도 불구하고 이를 변경하여 배정할 수 있다.

제93조(차량의 교체) ① 부속기관 및 시·도경찰청은 소속기관 차량 중 다음 년도 **교체**대상 차량을 **매년 11월 말**까지 경찰청장에게 보고하여야 한다. 17 경기북부여경
② 차량교체는 차량의 최단운행 기준연한(이하 "내용연수"라 한다)에 따라 부속기관 및 시·도경찰청의 장이 보고한 교체대상 차량 중 책정된 예산범위 내에서 매년 초에 수립하는 "경찰청 물품수급관리계획"에 따라 실시한다.

제94조(교체대상차량의 불용처리) ① 차량교체를 위한 불용 대상차량은 부속기관 및 시·도경찰청에 배정되는 수량의 범위 내에서 내용연수 경과 여부 등 **차량사용기간을 최우선적으로 고려하여 선정한다.** 12 승진, 13 경간, 17 경기북부여경
② 사용기간이 동일한 경우에는 주행거리와 차량의 노후상태, 사용부서 등을 종합적으로 검토 예산낭비 요인이 없도록 신중하게 선정한다. 12 승진
③ 단순한 내용연수 경과를 이유로 일괄교체 또는 불용처분하는 것을 지양하고 성능이 양호하여 운행 가능한 차량은 교체순위에 불구하고 연장 사용할 수 있다.
④ 불용처분된 차량은 부속기관 및 시·도경찰청별로 실정에 맞게 **공개매각을 원칙**으로 하되, 공개매각이 불가능한 때에는 폐차처분을 할 수 있다. 다만, **매각을 할 때에는 경찰표시도색을 제거하는 등 필요한 조치를 하여야 한다.**

제95조(차량의 집중관리) ① 각 경찰기관의 업무용차량은 운전요원의 부족 등 불가피한 사유가 없는 한 **집중관리**를 원칙으로 한다. 13·18 경간, 17 경기북부여경
② 특수용 차량 등도 필요하다고 인정되는 경우에는 집중관리할 수 있다.
③ 집중관리대상 차량 및 운전자는 관리 주무부서 소속으로 한다.

제96조(차량의 관리) ① 차량열쇠는 다음 각 호의 관리자가 **지정된 열쇠함에 집중보관 및 관리하고, 예비열쇠의 확보 등을 위한 무단 복제와 운원의 임의 소지 및 보관을 금한다.** 12 승진 다만, 휴가, 비번 등으로 관리책임자 공백시는 별도 관리책임자를 지정하여야 한다.
  1. 일과시간의 경우 차량 관리부서의 장(정보화장비과장, 운영지원과장, 총무과장, 경찰서 경무과장 등)
  2. 일과시간 후 또는 토요일·공휴일의 경우 당직 업무(청사방호) 책임자(상황관리관 등 당직근무자, 지구대·파출소는 지역경찰관리자)
② 차량은 지정된 운전자 이외의 사람이 무단으로 운행하여서는 아니되며, 운전자는 교통법규를 준수하여 사고를 방지하여야 한다.
③ 차량을 주·정차할 때에는 엔진시동 정지, 열쇠분리 제거, 차량문을 잠그는 등 도난방지에 유의하여야 하며, 범인 등으로부터의 피탈이나 피습에 대비하여야 한다.
④ 근무교대시 전임 근무자는 차량의 청결상태, 각종 장비의 정상작동 여부 등을 점검한 후 다음 근무자에게 인계하여야 한다.
⑤ 각 경찰기관의 장은 차고시설을 갖추도록 하되, 차고시설을 갖추지 못한 경우에는 눈·비를 가리는 천막 등 시설을 하여야 한다.

제97조(특별관리) ① 각급 경찰기관의 장은 특수진압차, 가스차, 살수차 등 **사람의 생명·신체에 위해를 가할 우려가 있는 장비는 특별한 관리를 하여야 한다.**

제98조(차량의 관리책임) ① 차량을 배정 받은 각 경찰기관의 장은 차량에 대한 관리사항을 수시 확인하여 항상 적정하게 유지되도록 하여야 한다.

② 경찰기관의 장은 차량이 책임 있게 관리되도록 차량별 관리담당자를 지정하여야 한다.
③ 차량운행시 책임자는 **1차 운전자, 2차 선임탑승자(사용자), 3차 경찰기관의 장**으로 한다. 13 경간

제99조(차량운행절차) ① 차량을 운행하고자 할 때는 사용자가 경찰배차관리시스템을 이용하여 주간에는 해당 경찰기관장의 운행허가를 받아야 하고, 일과 후 및 공휴일에는 상황관리(담당)관(경찰서는 상황(부)실장을 말한다)의 허가를 받아야 한다. 다만, 시스템을 이용할 수 없는 때에는 운행허가서로 갈음할 수 있다. 13 경간
② 차량을 운행할 때에는 경찰배차관리시스템에 운행사항을 입력하여야 한다. 다만, 112·교통 순찰차 등 상시적으로 운행하는 차량은 시스템상의 운행사항 입력을 생략할 수 있다.

제100조(차량의 점검) ① 각 경찰기관의 장은 정기적인 차량점검으로 차량 조기 노후화를 방지하여야 하며, 경찰차량의 점검은 다음 각호와 같이 구분한다.
  1. 1단계 : 운전자가 직접 실시하는 점검으로 일일점검을 말한다.
  2. 2단계 : 전문 정비요원이 실시하는 점검으로 월 1회 실시하는 월간점검을 말한다. 단, 중·대형 경찰버스 및 화물, 특수차는 분기 1회 점검한다.
  3. 3단계 : 경찰기관의 장이 안전을 위해 특별히 필요하다고 인정하는 경우에 실시하는 특별점검을 말한다.
② 각 경찰기관의 장은 경찰차량의 매연으로 인한 대기오염을 방지하기 위하여 별표 4의 경찰차량 매연 예방 기준에 따라 차량을 관리하고, 경찰기관별로 반기 1회 매연점검을 실시하여야 한다.
③ 각 경찰기관의 장은 필요한 경우에는 경찰차량의 관리상태 점검과 방역여부 등 위생점검을 실시하여야 한다.

제101조(차량정비) ① 각 경찰기관의 장은 차량점검결과 상태불량 또는 고장차량은 즉시 정비하여 업무수행에 지장이 없도록 하여야 한다.
② 대·폐차 대상차량은 경제적 수리한도 내에서 합리적으로 수리하여야 한다.
③ 경찰기관의 장은 효율적인 차량정비를 위하여 관련 법령에 따라 차량정비창을 운영할 수 있다.

제102조(운전원 교육 및 출동태세 확립) ① 차량을 배정받은 경찰기관의 장은 안전운행을 위한 자체 계획을 수립하여 교육을 실시하여야 한다.
② 전·의경 신임운전요원은 **4주 이상** 운전교육을 실시한 후에 운행하도록 하여야 한다. 17 경기북부여경
③ 112타격대 기타 작전용 차량 등 긴급출동 차량에 대하여는 사전에 철저한 정비와 운전원 확보를 통해 출동에 차질 없도록 대비하여야 한다.

제103조(특수차량의 안전운행 수칙 등 준수) 특수차량이 배정된 경찰기관의 장은 전담요원에게 정확한 임무를 부여하고 장비조작요령을 숙지하도록 하며, 반드시 예비요원을 지정하여 차량운행에 차질이 없도록 하여야 한다.

4. 보안관리

(1) 개념

국가의 안전보장을 위하여 국가가 보호를 필요로 하는 **인원·문서·자재·시설 및 지역 등을 보호하는 소극적인 예방활동**과 국가안전보장을 해치는 **간첩·태업·전복 및 불순분자들에 대하여 이를 경계하고 방지하며 탐지·조사·체포하는 등의 적극적인 예방활동**을 의미한다.

● 경찰보안관리(소극적 예방활동)

법적근거	**국가정보원법(국가보안법X)**, 정보 및 보안업무기획·조정규정, 보안업무규정 시행규칙, 보안업무규정 시행 세부규칙 등이 있음 10 승진
보안의 주체	국가 11 승진
보안의 객체 (대상)	문서, 시설, 인원(**지위고하를 막론하고 내방중인 외국인도 대상에 포함**), 지역 11 승진

(2) **보안의 원칙** 09·10·11 승진, 14 특공대

알사람만 알아야 하는 원칙	보안의 대상이 되는 사실을 전파함에 있어서 전파의 필요성을 신중히 검토하여 **꼭 필요로 하는 사람에게만 전파하여야 한다는 원칙(한정의 원칙)**
부분화의 원칙	**한 번에 다량의 비밀이나 정보가 유출되지 않도록 하는 원칙**
보안과 효율의 조화	**보안과 업무효율은 반비례 관계가 있으므로 양자의 적절한 조화를 유지**하는 방법을 강구해야 함

(3) **비밀의 구분**(보안업무규정 제4조 → 국가정보원법 X) 10·11·14·16·17·19 승진, 12 경간, 12 3차, 15 1차

- 생산하는 자가 중요성과 가치정도에 따라 분류함 14 승진, 12·19·23 경간, 22·23 1차

비밀O	I급 비밀	누설될 경우 대한민국과 외교관계가 단절되고 전쟁을 일으키며, 국가의 방위계획·정보활동 및 국가방위에 반드시 필요한 과학과 기술의 개발을 **위태롭게** 하는 등의 우려가 있는 비밀
	II급 비밀	누설될 경우 국가안전보장에 **막대한** 지장을 끼칠 우려가 있는 비밀
	III급 비밀	누설될 경우 국가안전보장에 **해**를 끼칠 우려가 있는 비밀
비밀X	대외비	**비밀은 아니지만**, 직무 수행 상 특별히 보호가 필요한 사항 12 경간

- 비밀 구분은 **보안업무규정[대통령령에 규정되어 있음(국가정보원법X)]**
- 대외비는 I, II, III급과 달리 보안업무규정시행규칙에 규정되어 있음
- 암호자재는 II급 비밀로 분류하고, 음어자재는 III급 비밀로 분류하며 약호자재는 대외비 이상으로 분류하여야 한다. 11 승진

(4) **비밀분류의 원칙**(보안업무규정 제12조) 10·12·14·16·17·19 승진, 12 3차, 16·22 1차

과도 또는 과소 분류 금지의 원칙	비밀은 적절히 보호할 수 있는 **최저등급**으로 분류하되, **과도하거나 과소하게 분류해서는 아니됨**
독립분류 원칙	비밀은 그 자체의 내용과 가치의 정도에 따라 분류하여야 하며, **다른 비밀과 관련하여 분류해서는 아니됨** → 지시문서가 II급이라고 응신문서까지 II급으로 분류X
외국 또는 국제기구 비밀존중 원칙	외국 정부나 국제기구로부터 접수한 비밀은 그 **생산기관(접수기관X)이 필요로 하는 정도로 보호할 수 있도록 분류**하여야 함

(5) 비밀 취급·인가(보안업무규정 제9조)

> **제9조(비밀·암호자재취급 인가권자)** ① Ⅰ급비밀 취급 인가권자와 Ⅰ급 및 Ⅱ급비밀 소통용 암호자재 취급 인가권자는 다음 각 호와 같다. 21 경채
> 1. 대통령
> 2. 국무총리
> 3. 감사원장
> 4. 국가인권위원회 위원장
> 4의2. 고위공직자범죄수사처장
> 5. 각 부·처의 장
> 6. 국무조정실장, 방송통신위원회 위원장, 공정거래위원회 위원장, 금융위원회 위원장, 국민권익위원회 위원장, 개인정보 보호위원회 위원장 및 원자력안전위원회 위원장
> 7. 대통령 비서실장
> 8. 국가안보실장
> 9. 대통령경호처장
> 10. 국가정보원장
> 11. **검찰총장**
> 12. 합동참모의장, 각군 참모총장, 지상작전사령관 및 육군제2작전사령관
> 13. 국방부장관이 지정하는 각군 부대장
> ② Ⅱ급 및 Ⅲ급비밀 취급 인가권자와 Ⅲ급비밀 소통용 암호자재 취급 인가권자는 다음 각 호와 같다.
> 1. 제1항 각 호의 사람
> 2. **중앙행정기관등인 청의 장(경찰청장)**
> 3. 지방자치단체의 장
> 4. 특별시·광역시·도 및 특별자치시·특별자치도의 교육감
> 5. 제1호부터 제4호까지의 사람이 지정한 기관의 장

● 보안업무규정 시행규칙

> **제12조(비밀취급 인가의 제한)** ① 비밀취급 인가권자는 임무 및 직책상 해당 **등급의 비밀을 항상 취급하는 사람에 한정하여** 비밀취급을 인가하여야 한다.
> ② 비밀취급 인가권자는 소속 직원의 인사기록 카드에 기록된 비밀취급의 인가 및 인가해제 사유와 임용 시의 신원조사회보서에 따라 **새로 신원조사를 하지 아니하고 비밀취급을 인가할 수 있다.** 다만, **Ⅰ급비밀 취급을 인가할 때에는 새로 신원조사를 하여야 한다.** 18 경간
> ③ 신원조사 결과 국가안전보장에 유해한 정보가 있음이 확인된 사람은 비밀취급 인가를 받을 수 없다.
> ④ 비밀취급 인가가 해제된 사람은 비밀을 취급하는 직책으로부터 해임되어야 한다.
>
> **제13조(비밀취급 인가의 특례)** ① 비밀취급 인가권자는 업무 상 조정·감독을 받는 **기업체나 단체에 소속된 사람**에 대하여 소관 비밀을 계속적으로 취급하게 하여야 할 필요가 있을 때에는 **미리 국가정보원장과의 협의를 거쳐 해당하는 사람에게 Ⅱ급 이하의 비밀취급을 인가할 수 있다.** 18·23 경간
> ② 비밀취급 인가권자는 제1항에 따라 비밀취급을 인가하는 경우 그 **비밀을 최대한 보호할 수 있는 보안대책을 마련하여야 한다.**
> ③ 제1항에 따라 비밀취급 인가를 받은 사람은 영 및 이 훈령이 정하는 바에 따라 비밀을 취급해야 한다.

● 보안업무규정시행세부규칙

> **제11조(Ⅱ급 및 Ⅲ급 비밀취급인가)** ① 「보안업무규정」(이하 "규정"이라 한다) 제7조제2항의 규정에 따른 Ⅱ급 및 Ⅲ급 비밀취급 인가권자는 다음 각 호와 같다. 10 승진, 12 3차
> 1. **경찰청장** 16 1차, 17 승진
> 2. 경찰대학장
> 3. 경찰교육원장
> 4. 중앙경찰학교장
> 5. 경찰수사연수원장
> 6. **경찰병원장**
> 7. 시·도경찰청장
> ② 시·도경찰청장은 경찰서장, 기동대장에게, Ⅱ급 및 Ⅲ급 비밀취급인가권을 위임한다. 이 경우 경정 이상의 경찰공무원을 장으로 하는 경찰기관의 장에게도 Ⅱ급 및 Ⅲ급 비밀취급인가권을 위임할 수 있다.
> ③ Ⅱ급 및 Ⅲ급 비밀취급인가권을 위임받은 기관의 장은 이를 다시 위임할 수 없다.

(6) 특별인가(보안업무규정시행세부규칙 제15조)

> **제15조(특별인가)** ① **모든 경찰공무원**(의무경찰순경을 포함한다)은 임용과 동시 Ⅲ급 비밀취급권을 가진다.
> ② 경찰공무원 중 다음 각 호의 부서에 근무하는 자(의무경찰순경을 포함한다)는 그 보직발령과 동시에 **Ⅱ급 비밀취급권을 인가**받은 것으로 한다.
> 1. 경비, 경호, 작전, 항공, 정보통신 담당부서(기동대, 전경대의 경우는 행정부서에 한한다)
> 2. 정보, 안보, 외사부서
> 3. 감찰, 감사 담당부서
> 4. 치안상황실, 발간실, 문서수발실
> 5. 경찰청 각 과의 서무담당자 및 비밀을 관리하는 보안업무 담당자
> 6. 부속기관, 시·도경찰청, 경찰서 각 과의 서무담당자 및 비밀을 관리하는 보안업무 담당자
> ③ 제1항 및 제2항에 따라 비밀의 취급인가를 받은 자에 대하여는 **별도로 비밀취급인가증을 발급하지 않는다.** 10 승진 다만, 업무상 필요한 경우에는 발급할 수 있다.
> ④ 각 경찰기관의 장은 제2항 각호의 부서에 근무하는 경찰공무원 중 신원특이자에 대하여는 **위원회 또는 자체 심의기구에서 Ⅱ급 비밀취급의 인가여부를 심의**하고, 비밀취급이 불가능하다고 의결된 자에 대하여는 즉시 인사조치한다.

(7) 비밀의 보관(보안업무규정시행규칙)

> **제33조(보관기준)** ① 비밀은 일반문서나 암호자재와 혼합하여 보관하여서는 아니 된다.
> ② **Ⅰ급비밀은 반드시 금고에 보관하여야 하며, 다른 비밀과 혼합하여 보관하여서는 아니 된다.** 17 경간
> ③ Ⅱ급비밀 및 Ⅲ급비밀은 금고 또는 이중 철제캐비닛 등 잠금장치가 있는 안전한 용기에 보관하여야 하며, **보관책임자가 Ⅱ급비밀 취급 인가를 받은 때에는 Ⅱ급비밀과 Ⅲ급비밀을 같은 용기에**

혼합하여 보관할 수 있다. 17·18 경간
④ 보관용기에 넣을 수 없는 비밀은 제한구역 또는 통제구역에 보관하는 등 그 내용이 노출되지 아니하도록 특별한 보호대책을 마련하여야 한다. 18 경간, 19 승진

제34조(보관용기) ① 비밀의 보관용기 외부에는 비밀의 보관을 알리거나 나타내는 어떠한 표시도 해서는 아니 된다. 12 승진, 17 경간, 21 경채
② 보관용기의 잠금장치의 종류 및 사용방법은 보관책임자 외의 사람이 알지 못하도록 특별한 통제를 하여야 하며, 다른 사람이 알았을 때에는 즉시 이를 변경하여야 한다.

(8) 비밀의 관리방법(보안업무규정시행규칙)

제45조(비밀의 대출 및 열람) ① 비밀보관책임자는 보관비밀을 대출하는 때에는 별지 제15호서식의 **비밀대출부에 관련 사항을 기록·유지한다.** 20 경간
② 개별 비밀에 대한 열람자 범위를 파악하기 위하여 각각의 비밀문서 끝 부분에 별지 제16호서식의 비밀열람기록전을 첨부한다. 이 경우 문서 형태 외의 비밀에 대한 열람기록은 따로 비밀열람기록전(철)을 비치하고 기록·유지한다.
③ 제2항에 따른 **비밀열람기록전은 그 비밀의 생산기관이 첨부하며, 비밀을 파기하는 때에는 비밀에서 분리하여 따로 철하여 보관하여야 한다.** 20 경간
④ 비밀열람자는 비밀을 열람하기에 앞서 비밀열람기록전에 정해진 사항을 기재하고 서명 또는 날인한 후 비밀을 열람하여야 한다.
⑤ **비밀의 발간업무에 종사하는 사람은 작업일지에 작업에 관한 사항을 기록·보관해야 한다.** 20 경간 이 경우 작업일지는 비밀열람기록전을 갈음하는 것으로 본다.

제70조(비밀 및 암호자재 관련 자료의 보관) ① 다음 각 호의 자료는 비밀과 함께 철하여 보관·활용하고, 비밀의 보호기간이 만료되면 비밀에서 분리한 후 각각 편철하여 **5년간 보관**해야 한다. 20·23 경간
 1. 비밀접수증
 2. 비밀열람기록전
 3. 배부처
② 다음 각 호의 자료는 새로운 관리부철로 옮겨서 관리할 경우 기존 관리부철을 **5년간 보관**해야 한다.
 1. 비밀관리기록부
 2. 비밀 접수 및 발송대장
 3. 비밀대출부
 4. 암호자재 관리기록부
③ 서약서는 서약서를 작성한 비밀취급인가자의 인사기록카드와 함께 철하여 인가 해제 시까지 보관하되, 인사기록카드와 함께 철할 수 없는 경우에는 별도로 편철하여 보관해야 한다.
④ 암호자재 증명서는 해당 암호자재를 반납하거나 파기한 후 5년간 보관해야 한다.
⑤ 암호자재 점검기록부는 최근 5년간의 점검기록을 보관해야 한다.
⑥ 제1항부터 제5항까지의 규정에 따른 보관기간이 지나면 해당 자료는 「공공기록물 관리에 관한 법률」에 따른 기록물관리기관으로 이관해야 한다.

(9) 보안업무규정

제2조(정의) 이 영에서 사용하는 용어의 뜻은 다음과 같다.
1. "**비밀**"이란 「국가정보원법」(이하 "법"이라 한다) 제4조제1항제2호에 따른 국가 기밀(이하 "국가 기밀"이라 한다)로서 이 영에 따라 비밀로 분류된 것을 말한다. 15 1차
2. "각급기관"이란 「대한민국헌법」, 「정부조직법」 또는 그 밖의 법령에 따라 설치된 국가기관(군기관 및 교육기관을 포함한다)과 지방자치단체 및 「공공기록물 관리에 관한 법률 시행령」 제3조에 따른 공공기관을 말한다.
4. "**암호자재**"란 비밀의 보호 및 정보통신 보안을 위하여 암호기술이 적용된 장치나 수단으로서 Ⅰ급, Ⅱ급 및 Ⅲ급비밀 소통용 암호자재로 구분되는 장치나 수단을 말한다.

제3조(보안책임) 다음 각 호의 어느 하나에 해당하는 사항을 관리하는 사람 및 관계 기관(각급기관과 제33조제3항에 따른 관리기관을 말한다. 이하 같다)의 장은 해당 관리 대상에 대하여 보안책임을 진다.
1. 국가 기밀에 속하는 문서·자재·시설·지역
2. 국가안전보장에 한정된 국가 기밀을 취급하는 인원

제3조의3(보안심사위원회) ① 중앙행정기관등에 비밀의 공개 등 해당 기관의 보안 업무 수행에 관한 중요 사항을 심의하기 위하여 보안심사위원회를 둔다.
② 제1항에 따른 보안심사위원회의 구성·운영 등에 필요한 세부사항은 국가정보원장이 정한다.

제5조(비밀의 보호와 관리 원칙) 각급기관의 장은 비밀의 작성·분류·취급·유통 및 이관 등의 모든 과정에서 비밀이 누설되거나 유출되지 아니하도록 보안대책을 수립하여 시행하여야 한다. 16 1차 가 경우 비밀의 제목 등 해당 비밀의 내용을 유추할 수 있는 정보가 포함된 자료는 공개하지 않는다.

제7조(암호자재 제작·공급 및 반납) ① **국가정보원장**은 암호자재를 제작하여 필요한 기관에 공급한다. 다만, 국가정보원장이 필요하다고 인정하는 암호자재의 경우 **그 암호자재를 사용하는 기관은 국가정보원장이 인가하는 암호체계의 범위에서 암호자재를 제작할 수 있다.** 19 경간
② **암호자재를 사용하는 기관의 장은 사용기간이 끝난 암호자재를 지체 없이 그 제작기관의 장에게 반납하여야 한다.** 19 경간

제8조(비밀·암호자재의 취급) 비밀은 해당 등급의 비밀취급 인가를 받은 사람만 취급할 수 있으며, 16 1차 암호자재는 해당 등급의 비밀 소통용 암호자재취급 인가를 받은 사람만 취급할 수 있다.

제10조(비밀·암호자재취급의 인가 및 인가해제) ① 비밀취급 인가권자는 비밀을 취급하거나 비밀에 접근할 사람에게 **해당 등급의 비밀취급을 인가하고, 필요한 경우에는 인가 등급을 변경한다.**
② 비밀취급 인가는 인가 대상자의 직책에 따라 필요한 **최소한의 인원**으로 제한하여야 한다.
③ 비밀취급 인가를 받은 사람이 다음 각 호의 어느 하나에 해당하는 경우에는 그 **인가를 해제해야 한다.**
 1. **고의 또는 중대한 과실로 보안사고**를 저질렀거나 이 영을 위반하여 **보안업무에 지장을 주는 경우**
 2. **비밀취급이 불필요**하게 되었을 경우
④ 암호자재취급 인가권자는 비밀취급 인가를 받은 사람 중에서 암호자재취급이 필요한 사람에게 해당 등급의 비밀 소통용 암호자재취급을 인가하고, 필요한 경우에는 인가 등급을 변경한다. 이 경우 암호자재취급 인가 등급은 비밀취급 인가 등급보다 높을 수 없다.
⑤ 암호자재취급 인가를 받은 사람이 다음 각 호의 어느 하나에 해당하는 경우에는 그 인가를 해제해야 한다.

1. 비밀취급 인가가 해제되었을 경우
2. 암호자재와 관련하여 보안사고를 저질렀거나 이 영을 위반하여 보안 업무에 지장을 주는 경우
3. 암호자재의 취급이 불필요하게 되었을 경우

⑥ 비밀취급 및 암호자재취급의 **인가와 인가 등급의 변경 및 인가 해제는 문서로 하여야 하며, 직원의 인사기록사항에 그 사실을 포함하여야 한다.**

제11조(비밀의 분류) ① 비밀취급 인가를 받은 사람은 인가받은 비밀 및 그 이하 등급 비밀의 분류권을 가진다.

② 같은 등급 이상의 비밀취급 인가를 받은 사람 중 직속 상급직위에 있는 사람은 그 하급직위에 있는 사람이 분류한 비밀등급을 조정할 수 있다.

③ 비밀을 생산하거나 관리하는 사람은 **비밀의 작성을 완료하거나 비밀을 접수하는 즉시 그 비밀을 분류하거나 재분류할 책임이 있다.**

제13조(분류지침) 각급기관의 장은 비밀 분류를 통일성 있고 적절하게 하기 위하여 세부 분류지침을 작성하여 시행하여야 한다. 이 경우 **세부 분류지침은 공개하지 않는다.**

제14조(예고문) 제12조에 따라 분류된 비밀에는 「공공기록물 관리에 관한 법률」 제33조제1항에 따른 비밀 보호기간 및 보존기간을 명시하기 위하여 예고문을 기재하여야 한다.

제15조(재분류 등) ① 비밀을 효율적으로 보호하기 위하여 비밀등급 또는 예고문 변경 등의 재분류를 한다.

② **비밀의 재분류는 그 비밀의 예고문에 따르거나 생산자의 직권으로 한다.** 다만, 다음 각 호의 어느 하나에 해당하는 경우에는 **예고문의 비밀 보호기간 및 보존기간과 관계없이 비밀을 파기할 수 있다.**
 1. **전시·천재지변 등 긴급하고 부득이한 사정**으로 비밀을 계속 보관할 수 없거나 안전하게 반출할 수 없는 경우
 2. **국가정보원장의 요청**이 있는 경우
 3. 비밀 재분류를 통하여 예고문에 따른 파기 시기까지 계속 보관할 필요가 없게 된 경우로서 **해당 비밀취급 인가권자의 사전 승인을 받은 경우**

③ 외국 정부나 국제기구로부터 접수된 비밀 중 예고문이 없거나 기재된 예고문이 비밀 관리에 적당하지 아니하다고 인정되는 경우에는 접수한 기관의 장이 그 비밀을 최대한 보호할 수 있는 범위에서 재분류할 수 있다.

제16조(표시) 비밀은 그 취급자 또는 관리자에게 경고하고 비밀취급 인가를 받지 아니한 사람의 접근을 방지하기 위하여 **분류(재분류를 포함한다. 이하 같다)와 동시에 등급에 따라 구분된 표시를 하여야 한다.**

제17조(비밀의 접수·발송) ① 비밀을 접수하거나 발송할 때에는 그 비밀을 **최대한 보호할 수 있는 방법을 이용하여야 한다.**

② 비밀은 **암호화되지 아니한 상태로** 정보통신 수단을 이용하여 **접수하거나 발송해서는 아니 된다.**

③ 모든 비밀을 접수하거나 발송할 때에는 그 사실을 확인하기 위하여 **접수증을 사용한다.**

제18조(보관) 비밀은 도난·유출·화재 또는 파괴로부터 보호하고 비밀취급인가를 받지 아니한 사람의 접근을 방지할 수 있는 **적절한 시설에 보관하여야 한다.**

제19조(출장 중의 비밀 보관) 비밀을 휴대하고 출장 중인 사람은 비밀을 안전하게 보호하기 위하여 **국내 경찰기관 또는 재외공관에 보관을 위탁할 수 있으며, 위탁받은 기관은 그 비밀을 보관하여야 한다.** 22 1차

제20조(보관책임자) 각급기관의 장은 소속 직원 중에서 이 영에 따른 비밀 보관 업무를 수행할 **보관책임자를 임명하여야 한다.**

제21조(비밀의 전자적 관리) ① 각급기관의 장은 **전자적 방법을 사용하여 비밀을 관리할 수 있으며,** 이를 위하여 전자적 비밀관리시스템을 구축·운영할 수 있다.

② 각급기관의 장은 제1항에 따라 비밀을 관리할 경우 국가정보원장이 안전성을 확인한 암호자재를 사용하여 비밀의 위조·변조·훼손 및 유출 등을 방지하기 위한 보안대책을 마련하여 시행하여야 한다.

③ 국가정보원장은 관리하는 비밀이 적은 각급기관이 공동으로 활용할 수 있도록 통합 비밀관리시스템을 구축·운영할 수 있다.

제22조(비밀관리기록부) ① 각급기관의 장은 비밀의 작성·분류·접수·발송 및 취급 등에 필요한 모든 관리사항을 기록하기 위하여 **비밀관리기록부를 작성하여 갖추어 두어야 한다.** 다만, Ⅰ급비밀 관리기록부는 따로 작성하여 갖추어 두어야 하며, 암호자재는 암호자재 관리기록부로 관리한다.
16 지능특채, 18 3차, 20 경간, 23 2차

② 비밀관리기록부와 암호자재 관리기록부에는 모든 비밀과 암호자재에 대한 보안책임 및 보안관리 사항이 정확히 기록·보존되어야 한다. 20 경간

제23조(비밀의 복제·복사 제한) ① 비밀의 일부 또는 전부나 암호자재에 대해서는 모사·타자·인쇄·조각·녹음·촬영·인화·확대 등 그 원형을 재현하는 행위를 할 수 없다. 19 승진 다만, 다음 각 호의 구분에 따른 비밀의 경우에는 그러하지 아니하다.
 1. Ⅰ급비밀: 그 생산자의 허가를 받은 경우 18 3차, 19 승진
 2. Ⅱ급비밀 및 Ⅲ급비밀: 그 생산자가 특정한 제한을 하지 아니한 것으로서 해당 등급의 비밀취급 인가를 받은 사람이 공용(共用)으로 사용하는 경우
 3. 전자적 방법으로 관리되는 비밀: 해당 비밀을 보관하기 위한 용도인 경우

② 각급기관의 장은 보안 업무의 효율적인 수행을 위하여 필요하다고 인정되는 경우에는 해당 비밀의 보존기간 내에서 **제1항 단서에 따라 그 사본을 제작하여 보관할 수 있다.** 18 3차

③ 제2항에 따라 비밀의 **사본을 보관할 때에는 그 예고문이나 비밀등급을 변경해서는 아니 된다.** 다만, 「공공기록물 관리에 관한 법률 시행령」 제68조제6항에 따라 **비밀을 재분류하는 경우에는** 그러하지 아니하다.

④ 비밀을 복제하거나 복사한 경우에는 그 원본과 동일한 비밀등급과 예고문을 기재하고, 사본 번호를 매겨야 한다.

⑤ 제4항에 따른 예고문에 재분류 구분이 "파기"로 되어 있을 때에는 **파기 시기를 원본의 보호기간 보다 앞당길 수 있다.** 19 승진

제24조(비밀의 열람) ① 비밀은 해당 등급의 비밀취급 인가를 받은 사람 중 **그 비밀과 업무상 직접 관계가 있는 사람만 열람할 수 있다.** 19 승진

② 비밀취급 인가를 받지 아니한 사람에게 비밀을 열람하거나 취급하게 할 때에는 국가정보원장이 정하는 바에 따라 소속 기관의 장(비밀이 군사와 관련된 사항인 경우에는 국방부장관)이 미리 열람자의 인적사항과 열람하려는 비밀의 내용 등을 확인하고 열람 시 비밀 보호에 필요한 자체 보안대책을 마련하는 등의 보안조치를 하여야 한다. 다만, **Ⅰ급비밀의 보안조치에 관하여는 국가정보원장과 미리 협의하여야 한다.** 18 3차

제25조(비밀의 공개) ① 중앙행정기관등의 장은 다음 각 호의 어느 하나에 해당하는 사유가 있을 때에는 그가 생산한 비밀을 제3조의3에 따른 **보안심사위원회의 심의를 거쳐 공개할 수 있다.** 다만,

Ⅰ급비밀의 공개에 관하여는 **국가정보원장과 미리 협의해야 한다.** 23 2차
　1. 국가안전보장을 위하여 국민에게 긴급히 알려야 할 필요가 있다고 판단될 때
　2. 공개함으로써 국가안전보장 또는 국가이익에 현저한 도움이 된다고 판단될 때
② 공무원 또는 공무원이었던 사람은 법률에서 정하는 경우를 제외하고는 **소속 기관의 장이나 소속 되었던 기관의 장의 승인 없이 비밀을 공개해서는 아니 된다.** 19 승진

제27조(비밀의 반출) 비밀은 보관하고 있는 **시설 밖으로 반출해서는 아니 된다.** 다만, 공무상 반출이 필요할 때에는 **소속 기관의 장의 승인**을 받아야 한다. 19 승진, 22 1차

제28조(안전 반출 및 파기 계획) 관계 기관의 장은 비상시에 대비하여 비밀을 안전하게 반출하거나 파기할 수 있는 계획을 수립하고, 소속 직원에게 주지시켜야 한다.

제29조(비밀문서의 통제) 각급기관의 장은 비밀문서의 접수·발송·복제·열람 및 반출 등의 통제에 필요한 규정을 따로 작성·운영할 수 있다. 23 2차

제30조(비밀의 이관) 비밀은 일반문서보관소로 이관해서는 아니 된다. 다만,「공공기록물 관리에 관한 법률」제33조제2항 및 같은 법 시행령 제68조에 따라 기록물관리기관으로 이관하는 경우에는 그러하지 아니하다.

제31조(비밀 소유 현황 통보) ① 각급기관의 장은 **연 2회** 비밀 소유 현황을 조사하여 **국가정보원장에게 통보하여야 한다.** 16 지능특채, 23 2차
② 제1항에 따라 조사 및 통보된 비밀 소유 현황은 공개하지 않는다.

제32조(국가보안시설 및 국가보호장비 지정) ① **국가정보원장**은 파괴 또는 기능이 침해되거나 비밀이 누설될 경우 전략적·군사적으로 막대한 손해가 발생하거나 국가안전보장에 연쇄적 혼란을 일으킬 우려가 있는 시설 및 항공기·선박 등 중요 장비를 **각각 국가보안시설 및 국가보호장비로 지정할 수 있다.**
② 국가정보원장은 관계 중앙행정기관등 및 지방자치단체의 장과 협의하여 제1항에 따라 국가보안시설 및 국가보호장비를 지정하는 데 필요한 기준(이하 "지정기준"이라 한다)을 마련해야 한다.
③ 전력시설 및 항공기 등 국가정보원장이 정하는 국가안전보장에 중요한 시설 또는 장비의 **보안관리상태를 감독하는 기관의 장**은 해당 시설 또는 장비가 지정기준에 부합한다고 판단할 경우 **국가정보원장에게** 해당 시설 또는 장비를 제1항에 따라 **국가보안시설 또는 국가보호장비로 지정해줄 것을 요청해야 한다.**
④ 국가정보원장은 제3항에 따른 지정 요청을 받은 경우 지정기준에 부합하는지를 심사하여 해당 시설 또는 장비의 국가보안시설 또는 국가보호장비 지정 여부를 결정하고, 그 결과를 요청 기관의 장에게 통보해야 한다.
⑤ 국가정보원장은 제1항부터 제4항까지의 규정에 따라 지정된 국가보안시설 또는 국가보호장비의 보안관리상태를 감독하는 기관(이하 "감독기관"이라 한다)의 장과 협의하여 지정기준을 수정·보완할 수 있다.

제33조(국가보안시설 및 국가보호장비 보호대책의 수립) ① 국가정보원장은 국가보안시설 및 국가보호장비를 보호하기 위하여 국가보안시설 및 국가보호장비 보호대책(이하 "기본 보호대책"이라 한다)을 수립해야 한다.
② 감독기관의 장은 기본 보호대책에 따라 소관 분야의 국가보안시설 및 국가보호장비에 대한 보호대책(이하 "분야별 보호대책"이라 한다)을 수립·시행해야 한다.
③ 국가보안시설 또는 국가보호장비를 관리하는 기관(이하 "관리기관"이라 한다)의 장은 감독기관의 장이 수립한 분야별 보호대책에 따라 해당 시설 및 장비에 대한 세부 보호대책(이하 "세부 보호

대책"이라 한다)을 수립·시행해야 한다.
④ 국가정보원장과 감독기관의 장은 관리기관의 장이 기본 보호대책 및 분야별 보호대책을 이행하고 있는지 확인하고, 필요한 조치를 요청할 수 있다.
⑤ 국가정보원장은 기본 보호대책의 수립을 위하여 관리기관의 장에게 필요한 자료의 제공을 요청할 수 있다.
⑥ 분야별 보호대책 및 세부 보호대책의 수립 및 시행에 필요한 세부사항은 국가정보원장이 정한다.

제34조(보호지역) ① 각급기관의 장과 관리기관 등의 장은 국가안전보장에 관련되는 인원·문서·자재·시설의 보호를 위하여 필요한 장소에 일정한 범위의 **보호지역을 설정할 수 있다.** 21 경채
② 제1항에 따라 설정된 보호지역은 그 **중요도에 따라 제한지역, 제한구역 및 통제구역으로 나눈다.**
③ **보호지역에 접근하거나 출입하려는 사람은** 각급기관의 장 또는 관리기관 등의 장의 **승인을 받아야 한다.** 21 경채
④ 보호지역을 관리하는 사람은 제3항에 따른 **승인을 받지 않은 사람의 보호지역 접근이나 출입을 제한하거나 금지할 수 있다.**

제35조(보안측정) ① **국가정보원장은** 보안사고를 예방하기 위하여 **국가보안시설, 국가보호장비 및 보호지역에 대하여 보안측정을 한다.**
② 제1항에 따른 보안측정은 **국가정보원장이 직권**으로 하거나 **관계 기관의 장의 요청**에 따라 한다.
③ 국가정보원장은 보안측정을 위하여 관계 기관에 필요한 협조를 요구할 수 있다.
④ 보안측정의 절차 및 내용 등에 관하여 필요한 세부 사항은 국가정보원장이 정한다.

제35조의2(보안측정 결과의 처리) ① 국가정보원장은 보안측정 결과 및 개선대책을 해당 관계 기관의 장에게 통보한다.
② 제1항에 따라 보안측정 결과 및 개선대책을 통보받은 관계 기관의 장은 이를 성실히 이행해야 한다.
③ 국가정보원장과 각급기관의 장은 관리기관의 장이 제1항에 따른 개선대책을 이행하고 있는지 확인하고, 필요한 조치를 요청할 수 있다.

(10) 시설보안(보안업무규정 시행규칙 제54조) 11 승진, 14 1차, 21 2차, 21 경채, 23 경간

설치기준		시설 중요도 및 취약성
보호지역 종류	제한지역	비밀 또는 국·공유재산의 보호를 위하여 울타리 또는 방호·경비인력에 의하여 일반인의 출입에 대한 **감시**가 필요한 지역
	제한구역	비인가자가 비밀, 주요시설 및 Ⅲ급 비밀 소통용 암호자재에 접근하는 것을 방지하기 위하여 **안내**를 받아 출입하여야 하는 구역
	통제구역	보안상 매우 중요한 구역으로서 비인가자의 출입이 **금지**되는 구역

(11) 보호구역의 설정기준(보안업무규정시행세부규칙 제60조) 06·08 채용, 09 경간, 10 승진

제한구역	통제구역
• 전자교환기(통합장비)실, **정보통신실** • 발간실(경찰기관) • 송신 및 중계소, 정보통신관제센터 • 경찰청 및 지방경찰청 항공대 • 작전·경호·정보·보안업무 담당 부서 전역 • 과학수사센터	• **암호**취급소 • **정보보안기록실** • **무기창**·무기고 및 탄약고 • **종합**상황실·치안상황실 • **암호**장비관리실 • **정보상황실** • **비밀**발간실 • **종합**조회처리실

▶ [참고] 보안심사위원회

보안업무규정 제3조의3(보안심사위원회) ① 중앙행정기관등에 비밀의 공개 등 해당 기관의 보안 업무 수행에 관한 중요 사항을 심의하기 위하여 보안심사위원회를 둔다.
② 제1항에 따른 보안심사위원회의 구성·운영 등에 필요한 세부사항은 국가정보원장이 정한다.

보안업무규정 시행 세부규칙 제5조(보안심사위원회 설치) ① 각 **경찰기관의 장**은 보안업무의 효율적인 운영과 중요 보안사항을 심의·결정하기 위하여 **보안심사위원회(이하 "위원회"라 한다)**를 설치·운영한다.
② 위원회의 구성은 다음 각 호와 같으며, 그 직에 임명됨과 동시에 당연직으로 한다.
  1. 경찰청 : **차장을 위원장**으로 하고, **5명 이상 7명 이하**의 국·관을 위원으로 하며, 간사는 경무담당관으로 한다.
  2. 경찰대학 : 교수부장을 위원장으로 하고, 3명 이상의 과장급을 위원으로 하며, 간사는 총무계장으로 한다.
  3. 경찰교육원, 중앙경찰학교 및 경찰수사연수원 : 운영지원과장을 위원장으로 하고, 5명 이상 7명 이하의 계장급을 위원으로 하며, 간사는 총무계장으로 한다..
  4. 시·도경찰청 : **차장을 위원장**으로 하고, **5명 이상 7명 이하**의 부장 또는 과장급을 위원으로 하며, 간사는 경무계장으로 한다. 다만, 차장이 없는 시·도경찰청의 경우에는 경무과장을 위원장으로 하고, 5명 이상 7명 이하의 계장급을 위원으로 하며, 간사는 경무계장으로 한다.
  5. 경찰병원 : 총무과장을 위원장으로 하고, 5명 이상 7명 이하의 계장급을 위원으로 하며, 간사는 총무계장으로 한다.
  7. 경찰서등 : **해당 기관장을 위원장**으로 하고, **과장급을 위원**으로 하며, 간사는 경무계장 또는 서무계장으로 한다.

5. 문서관리(행정업무의 운영 및 혁신에 관한 규정(약칭: 행정업무규정) - 대통령령)

제1조(목적) 이 영은 행정기관의 행정업무 운영에 관한 사항을 규정함으로써 행정업무의 간소화·표준화·과학화 및 정보화를 도모하고 행정업무 혁신을 통하여 행정의 효율을 높이는 것을 목적으로 한다.

제3조(정의) 이 영에서 사용하는 용어의 뜻은 다음과 같다.
1. "**공문서**"란 행정기관에서 공무상 작성하거나 시행하는 문서(도면·사진·디스크·테이프·필름·슬라이드·전자문서 등의 특수매체기록을 포함한다. 이하 같다)와 행정기관이 접수한 모든 문서를 말한다. 15 승진
2. "**전자문서**"란 컴퓨터 등 정보처리능력을 가진 장치에 의하여 전자적인 형태로 작성되거나 송신·수신 또는 저장된 문서를 말한다. 15 승진
5. "**서명**"이란 기안자·검토자·협조자·결재권자[제10조에 따라 결재, 위임전결 또는 대결(代決)하는 자를 말한다. 이하 같다] 또는 발신명의인이 공문서(전자문서는 제외한다)에 자필로 자기의 성명을 다른 사람이 알아볼 수 있도록 한글로 표시하는 것을 말한다.

제4조(공문서의 종류) 공문서(이하 "문서"라 한다)의 종류는 다음 각 호의 구분에 따른다.
1. **법규문서**: 헌법·법률·대통령령·총리령·부령·조례·규칙(이하 "**법령**"이라 한다) 등에 관한 문서 22 1차
2. **지시문서**: 훈령·**지시**·예규·일일명령 등 행정기관이 그 하급기관이나 소속 공무원에 대하여 일정한 사항을 지시하는 문서 22 1차
3. **공고문서**: 고시·**공고** 등 행정기관이 일정한 사항을 일반에게 **알리는** 문서 22 1차
4. **비치문서**: 행정기관이 일정한 사항을 기록하여 행정기관 내부에 **비치**하면서 업무에 활용하는 대장, 카드 등의 문서
5. **민원문서**: **민원인**이 행정기관에 허가, 인가, 그 밖의 처분 등 특정한 행위를 요구하는 문서와 그에 대한 처리문서 15 승진, 22 1차
6. **일반문서**: 제1호부터 제5호까지의 **문서에 속하지 아니하는 모든 문서**

제6조(문서의 성립 및 효력 발생) ① 문서는 결재권자가 해당 문서에 서명(전자이미지서명, 전자문자서명 및 행정전자서명을 포함한다. 이하 같다)의 방식으로 **결재함으로써 성립**한다.
② 문서는 **수신자에게 도달**(전자문서의 경우는 수신자가 관리하거나 지정한 전자적 시스템 등에 입력되는 것을 말한다)**됨으로써 효력을 발생한다.**
③ 제2항에도 불구하고 공고문서는 그 문서에서 효력발생 시기를 구체적으로 밝히고 있지 않으면 그 **고시 또는 공고 등이 있은 날부터 5일이 경과한 때에 효력이 발생한다.**

제7조(문서 작성의 일반원칙) ① 문서는 「국어기본법」 제3조제3호에 따른 어문규범에 맞게 **한글로 작성하되,** 뜻을 정확하게 전달하기 위하여 필요한 경우에는 괄호 안에 한자나 **그 밖의 외국어를 함께 적을 수 있으며, 특별한 사유가 없으면 가로로 쓴다.**
② 문서의 내용은 **간결하고 명확하게 표현하고 일반화되지 않은 약어와 전문용어 등의 사용을 피하여 이해하기 쉽게 작성하여야 한다.** 15 승진
③ 문서에는 음성정보나 영상정보 등이 수록되거나 연계된 바코드 등을 표기할 수 있다.
④ 문서에 쓰는 숫자는 **특별한 사유가 없으면 아라비아 숫자**를 쓴다.
⑤ 문서에 쓰는 날짜는 숫자로 표기하되, 연·월·일의 글자는 생략하고 그 자리에 온점을 찍어 표시하며, 시·분은 24시각제에 따라 숫자로 표기하되, 시·분의 글자는 생략하고 그 사이에 쌍점을 찍어 구분한다. 다만, 특별한 사유가 있으면 다른 방법으로 표시할 수 있다.

⑥ 문서 작성에 사용하는 용지는 특별한 사유가 없으면 가로 210밀리미터, 세로 297밀리미터의 직사각형 용지로 한다.
⑦ 제1항부터 제6항까지에서 규정한 사항 외에 문서 작성에 필요한 사항은 행정안전부령으로 정한다.

제8조(문서의 기안) ① 문서의 기안은 전자문서로 하는 것을 원칙으로 한다. 다만, 업무의 성질상 전자문서로 기안하기 곤란하거나 그 밖의 특별한 사정이 있으면 그러하지 아니하다.

제10조(문서의 결재) ① **문서는 해당 행정기관의 장의 결재를 받아야 한다.** 다만, 보조기관 또는 보좌기관의 명의로 발신하는 문서는 그 보조기관 또는 보좌기관의 결재를 받아야 한다.
② 행정기관의 장은 업무의 내용에 따라 보조기관 또는 보좌기관이나 해당 업무를 담당하는 공무원으로 하여금 위임전결하게 할 수 있으며, 그 위임전결 사항은 해당 기관의 장이 훈령이나 지방자치단체의 규칙으로 정한다.
③ 제1항이나 제2항에 따라 결재할 수 있는 사람이 휴가, 출장, 그 밖의 사유로 결재할 수 없을 때에는 그 직무를 대리하는 사람이 대결하고 내용이 중요한 문서는 사후에 보고하여야 한다.

(행정효율과 협업촉진에 관한 규정시행규칙)

제6조(기안자 등의 표시) ① 기안문에는 영 제8조제4항에 따라 발의자와 보고자의 직위나 직급의 앞 또는 위에 **발의자는 ★표시를, 보고자는 ⊙표시를 한다.**
② 기안문에 첨부되는 계산서·통계표·도표 등 작성상의 책임을 밝힐 필요가 있다고 인정되는 첨부물에는 작성자를 표시하여야 한다.
③ 기안자, 검토자 또는 협조자는 기안문의 해당란에 직위나 직급을 표시하고 서명하되, 검토자나 협조자가 영 제9조제3항 또는 제4항에 따라 다른 의견을 표시하는 경우에는 직위나 직급 다음에 **"(의견 있음)"이라고 표시하여야 한다.**
④ 총괄책임자(영 제60조에 따른 처리과의 업무분장상 여러 개의 단위업무를 총괄하는 책임자를 말한다. 이하 같다)는 총괄책임자가 총괄하는 단위업무를 분담하는 사람이 기안한 경우 그 기안문을 검토하고 검토자란에 서명을 하되, 다른 의견이 있으면 직위나 직급 다음에 "(의견 있음)"이라고 표시하고 기안문 또는 별지에 그 의견을 표시할 수 있다. 다만, 총괄책임자가 출장 등의 사유로 검토할 수 없는 등 부득이한 경우에는 검토를 생략할 수 있으며 서명란에 출장 등 검토할 수 없는 사유를 적어야 한다.

제7조(문서의 결재) ① 결재권자의 서명란에는 서명날짜를 함께 표시한다.
② 영 제10조제2항에 따라 위임전결하는 경우에는 전결하는 사람의 서명란에 "전결" 표시를 한 후 서명하여야 한다.
③ 영 제10조제3항에 따라 대결(代決)하는 경우에는 대결하는 사람의 서명란에 "대결" 표시를 하고 서명하되, 위임전결사항을 대결하는 경우에는 전결하는 사람의 서명란에 "전결" 표시를 한 후 대결하는 사람의 서명란에 "대결" 표시를 하고 서명하여야 한다.
④ 제2항과 제3항의 경우에는 서명 또는 "전결" 표시를 하지 아니하는 사람의 서명란은 만들지 아니한다.

06 경찰홍보

경찰의 홍보활동과 관련하여 헌법상 사생활의 보호와 알 권리 간의 균형 있는 조화가 필요하다. 11 승진, 15 지능특채

1. 경찰홍보의 유형 10·11·13·19 승진, 12·13·15 경간

협의의 홍보	유인물, 팸플릿 등 각종 매체를 통해 개인이나 단체의 **좋은 점을 일방적으로 알리는 활동**
지역 공동체 관계	지역사회 내의 각종 기관, 단체 및 주민들과 유기적인 연락 및 협조체제를 구축·유지하여 경찰활동의 긍정적인 측면을 지역사회에 널리 알리는 종합적인 **지역사회 홍보체계**
언론 관계	신문, TV 등 뉴스 프로그램의 보도기능에 대응하는 활동으로 대개 사건·사고에 대한 기자들의 질의에 답하는 **대응적이고 소극적인 홍보활동임**
대중매체 관계 15 지능특채	각종 대중매체 제작자와 긴밀한 협조관계를 구축·유지하여 대중매체의 필요를 충족시키는 한편, 경찰의 **긍정적인 측면을 널리 알리는 홍보활동**
	로버트 마크	경찰과 대중매체의 관계를 "단란하고 행복스럽지는 않더라도, 오래 지속되는 **결혼**생활"에 비유
	크랜든	'경찰과 대중매체가 서로를 필요로 하기 때문에 둘 사이에는 **공생**관계가 발달한다.'고 주장
	에릭슨	경찰과 대중매체는 서로 **얽혀서** 범죄와 정의문제 및 사회질서의 현실을 해석하고 규정짓는 **사회적 기구**로서의 역할 사회적 **엘리트** 집단을 구성
기업 이미지식 경찰홍보	**포돌이처럼 상징물을 개발·전파**하는 등 조직 이미지를 고양하여 높아진 주민 지지도를 바탕으로 예산획득, 형사사법 환경 하의 협력확보 등의 목적을 달성하는 종합적이고 계획적인 홍보활동 **영·미를 중심으로 발달한 적극적 홍보활동** 개념으로 **주민을 소비자**로 보는 관점
경찰홍보의 전략	소극적 홍보전략
	① 현행 공보실과 기자실의 운영방식 ② 비밀주의와 공개최소화 원칙 ③ 언론접촉규제 ④ 홍보와 다른 기능의 분리
	적극적 홍보전략
	① 대중매체의 적극적 이용 ② 공개주의와 비밀최소화의 원칙 ③ 모든 경찰관의 홍보요원화 ④ 홍보와 다른 기능의 연계를 통한 총체적 홍보전략

- **보도관련 용어** 10 승진, 15·16 경간
① off the record: 보도하지 않을 것을 조건으로 하는 자료나 정보 제공
② lead: 기사 내용을 요약해서 1~2줄 정도로 간략하게 쓴 글
③ deadline : 취재된 기사를 편집부에 넘겨야 하는 기사 마감시간
④ embargo : 어느 시한까지 보도하지 않을 것을 전제로 자료 제공이 이루어지는 관행
⑤ issue: 일정시점에서 중요시되어 토론·논쟁이나 갈등의 요인이 되는 사회·문화·정치·경제적 관심이나 사고

2. 언론중재 및 피해구제 등에 관한 법률

제2조(정의) 이 법에서 사용하는 용어의 뜻은 다음과 같다.
1. "**언론**"이란 방송, 신문, 잡지 등 정기간행물, 뉴스통신 및 **인터넷신문**을 말한다.
12. "**언론사**"란 방송사업자, 신문사업자, 잡지 등 정기간행물사업자, 뉴스통신사업자 및 **인터넷신문사업자**를 말한다.
14. "사실적 주장"이란 증거에 의하여 그 존재 여부를 판단할 수 있는 사실관계에 관한 주장을 말한다.
15. "언론보도"란 언론의 사실적 주장에 관한 보도를 말한다.
16. "**정정보도**"란 언론의 보도 내용의 전부 또는 일부가 **진실하지 아니한 경우** 이를 진실에 부합되게 고쳐서 보도하는 것을 말한다. 22 1차
17. "**반론보도**"란 언론의 보도 내용의 **진실 여부에 관계없이** 그와 대립되는 반박적 주장을 보도하는 것을 말한다.

제7조(언론중재위원회의 설치) ① 언론등의 보도 또는 매개(이하 "언론보도등"이라 한다)로 인한 분쟁의 조정·중재 및 침해사항을 심의하기 위하여 언론중재위원회(이하 "중재위원회"라 한다)를 둔다. 15·17 승진, 19 경간, 19 2차
② 중재위원회는 **다음 각 호의 사항을 심의한다.**
   1. 중재부의 구성에 관한 사항
   2. **중재위원회규칙의 제정·개정 및 폐지에 관한 사항** 15 승진
   3. 제11조제2항에 따른 사무총장의 임명 동의
   4. 제32조에 따른 시정권고의 결정 및 그 취소결정
   5. 그 밖에 중재위원회 위원장이 회의에 부치는 사항
③ 중재위원회는 **40명 이상 90명 이내의 중재위원**으로 구성하며, 중재위원은 다음 각 호의 사람 중에서 **문화체육관광부장관이 위촉**한다. 16·22 1차, 19 경간, 23 승진 이 경우 제1호부터 제3호까지의 위원은 각각 중재위원 정수의 5분의 1 이상이 되어야 한다.
   1. 법관의 자격이 있는 사람 중에서 법원행정처장이 추천한 사람
   2. 변호사의 자격이 있는 사람 중에서 「변호사법」 제78조에 따른 대한변호사협회의 장이 추천한 사람
   3. 언론사의 취재·보도 업무에 10년 이상 종사한 사람
   4. 그 밖에 언론에 관하여 학식과 경험이 풍부한 사람
④ 중재위원회에 **위원장 1명과 2명 이내의 부위원장 및 2명 이내의 감사**를 두며, 각각 중재위원 중에

서 호선한다. 16·22 1차, 17·23 승진, 19 경간

⑤ **위원장·부위원장·감사 및 중재위원의 임기**는 각각 **3년**으로 하며, **한 차례만 연임**할 수 있다. 16 1차, 17 승진, 19 경간
⑥ **위원장은 중재위원회를 대표하고 중재위원회의 업무를 총괄**한다. 15 승진
⑦ 부위원장은 위원장을 보좌하며, 위원장이 부득이한 사유로 직무를 수행할 수 없을 때에는 중재위원회규칙으로 정하는 바에 따라 그 직무를 대행한다.
⑧ 감사는 중재위원회의 업무 및 회계를 감사한다.
⑨ 중재위원회의 회의는 **재적위원 과반수의 출석과 출석위원 과반수의 찬성으로 의결**한다. 12 경간, 16 1차, 15·17 승진
⑩ 중재위원은 명예직으로 한다. 다만, 대통령령으로 정하는 바에 따라 수당과 실비보상을 받을 수 있다.
⑪ 중재위원회의 구성·조직 및 운영에 필요한 사항은 중재위원회규칙으로 정한다.

제9조(중재부) ① 중재는 **5명 이내의 중재위원**으로 구성된 중재부에서 하며, **중재부의 장은** 법관 또는 변호사의 자격이 있는 중재위원 중에서 **중재위원회 위원장이 지명한다.**
② 중재부는 중재부의 장을 포함한 **과반수의 출석과 출석위원 과반수의 찬성**으로 의결한다.

제14조(정정보도 청구의 요건) ① 사실적 주장에 관한 언론보도등이 진실하지 아니함으로 인하여 피해를 입은 자(이하 "피해자"라 한다)는 해당 언론보도등이 있음을 **안 날부터 3개월** 이내에 언론사, 인터넷뉴스서비스사업자 및 인터넷 멀티미디어 방송사업자(이하 "언론사등"이라 한다)에게 그 언론보도등의 내용에 관한 정정보도를 청구할 수 있다. 다만, 해당 언론보도등이 **있은 후 6개월**이 지났을 때에는 그러하지 아니하다. 14·15·23 승진, 17·21·23 경간, 19·21 2차
② 제1항의 청구에는 **언론사등의 고의·과실이나 위법성을 필요로 하지 아니한다.**
③ 국가·지방자치단체, 기관 또는 단체의 장은 해당 업무에 대하여 그 기관 또는 단체를 대표하여 정정보도를 청구할 수 있다.
④ 「민사소송법」상 당사자능력이 없는 기관 또는 단체라도 하나의 생활단위를 구성하고 보도 내용과 직접적인 이해관계가 있을 때에는 그 대표자가 정정보도를 청구할 수 있다.

제15조(정정보도청구권의 행사) ① 정정보도 청구는 **언론사등의 대표자에게 서면으로** 하여야 하며, 청구서에는 피해자의 성명·주소·전화번호 등의 연락처를 적고, 정정의 대상인 언론보도등의 내용 및 정정을 청구하는 이유와 청구하는 정정보도문을 명시하여야 한다. 다만, 인터넷신문 및 인터넷뉴스서비스의 언론보도등의 내용이 해당 인터넷 홈페이지를 통하여 계속 보도 중이거나 매개 중인 경우에는 그 내용의 정정을 함께 청구할 수 있다.
② 제1항의 청구를 받은 **언론사등의 대표자는 3일 이내에 그 수용 여부에 대한 통지를 청구인에게 발송하여야 한다.** 15 승진, 19 2차, 17·20·23 경간 이 경우 정정의 대상인 언론보도등의 내용이 방송이나 인터넷신문, 인터넷뉴스서비스 및 인터넷 멀티미디어 방송의 보도과정에서 성립한 경우에는 해당 언론사등이 그러한 사실이 없었음을 입증하지 아니하면 그 사실의 존재를 부인하지 못한다.
③ 언론사등이 제1항의 청구를 수용할 때에는 지체 없이 피해자 또는 그 대리인과 정정보도의 내용·크기 등에 관하여 협의한 후, 그 **청구를 받은 날부터 7일 내에 정정보도문을 방송하거나 게재**하여야 한다. 17 경간 다만, 신문 및 잡지 등 정기간행물의 경우 이미 편집 및 제작이 완료되어 부득이할 때에는 다음 발행 호에 이를 게재하여야 한다.
④ 다음 각 호의 어느 하나에 해당하는 사유가 있는 경우에는 언론사등은 **정정보도 청구를 거부할 수 있다.** 17 승진 20 경간
  1. 피해자가 정정보도청구권을 행사할 **정당한 이익이 없는 경우** 15 승진, 23 경간, 23 승진
  2. 청구된 정정보도의 내용이 **명백히 사실과 다른 경우**

3. 청구된 정정보도의 내용이 **명백히 위법한 내용**인 경우
4. 정정보도의 청구가 **상업적인 광고만을 목적으로 하는 경우**
5. 청구된 정정보도의 내용이 국가·지방자치단체 또는 공공단체의 **공개회의**와 법원의 **공개재판절차**의 사실보도에 관한 것인 경우 15 승진, 23 경간

제16조(반론보도청구권) ① 사실적 주장에 관한 언론보도등으로 인하여 피해를 입은 자는 그 보도 내용에 관한 반론보도를 언론사등에 청구할 수 있다. 22 1차
② 제1항의 청구에는 **언론사등의 고의·과실이나 위법성을 필요로 하지 아니하며, 보도 내용의 진실 여부와 상관없이** 그 청구를 할 수 있다. 21 2차, 22 1차
③ 반론보도 청구에 관하여는 따로 규정된 것을 제외하고는 정정보도 청구에 관한 이 법의 규정을 준용한다.

제17조(추후보도청구권) ① 언론등에 의하여 범죄혐의가 있거나 형사상의 조치를 받았다고 보도 또는 공표된 자는 그에 대한 **형사절차가 무죄판결 또는 이와 동등한 형태로 종결되었을 때**에는 그 사실을 안 날부터 3개월 이내에 언론사등에 이 사실에 관한 추후보도의 게재를 청구할 수 있다.
② 제1항에 따른 추후보도에는 청구인의 명예나 권리 회복에 필요한 설명 또는 해명이 포함되어야 한다.
③ 추후보도청구권에 관하여는 제1항 및 제2항에 규정된 것을 제외하고는 정정보도청구권에 관한 이 법의 규정을 준용한다.
④ 추후보도청구권은 특별한 사정이 있는 경우를 제외하고는 이 법에 따른 정정보도청구권이나 반론보도청구권의 행사에 영향을 미치지 아니한다.

제18조(조정신청) ① 이 법에 따른 정정보도청구등과 관련하여 분쟁이 있는 경우 **피해자 또는 언론사등은 중재위원회에 조정을 신청할 수 있다.** 21 2차
② 피해자는 언론보도등에 의한 피해의 배상에 대하여 제14조제1항의 기간 이내(**보도가 있음을 안 날부터 3월 이내, 보도가 있은 후 6월 이내**)에 중재위원회에 조정을 신청할 수 있다. 이 경우 피해자는 손해배상액을 명시하여야 한다.
③ 정정보도청구등과 손해배상의 조정신청은 제14조제1항(제16조제3항에 따라 준용되는 경우를 포함한다) 또는 제17조제1항의 기간 이내에 **서면** 또는 **구술**이나 그 밖에 대통령령으로 정하는 바에 따라 **전자문서** 등으로 하여야 하며, 피해자가 먼저 언론사등에 정정보도청구등을 한 경우에는 피해자와 언론사등 사이에 **협의가 불성립된 날부터 14일 이내**에 하여야 한다.

> **시행령**
> **제13조(협의 불성립)** 법 제18조제3항에 따른 "피해자와 언론사등 사이에 **협의가 불성립된 날**"은 언론사등이 피해자의 청구를 거부한다는 분명한 의사표시를 적은 **문서를 피해자가 받은 날**로 한다.(문서를 수령한 날) 12 경간

제19조(조정) ① 조정은 관할 중재부에서 한다. 관할구역을 같이 하는 중재부가 여럿일 경우에는 중재위원회 위원장이 중재부를 지정한다.
② 조정은 **신청 접수일부터 14일 이내**에 하여야 하며, 중재부의 장은 조정신청을 접수하였을 때에는 지체 없이 조정기일을 정하여 당사자에게 출석을 요구하여야 한다. 12 경간
③ 제2항의 출석요구를 받은 **신청인이 2회에 걸쳐 출석하지 아니한 경우에는 조정신청을 취하한 것으로 보며, 피신청 언론사등이 2회에 걸쳐 출석하지 아니한 경우에는 조정신청 취지에 따라 정정보도등을 이행하기로 합의한 것으로 본다.** 22 1차

④ 제2항의 **출석요구를 받은 자가 천재지변이나 그 밖의 정당한 사유로 출석하지 못한 경우에는 그 사유가 소멸한 날부터 3일 이내에 해당 중재부에 이를 소명하여 기일 속행신청을 할 수 있다.** 중재부는 속행신청이 이유 없다고 인정하는 경우에는 이를 각하하고, 이유 있다고 인정하는 경우에는 다시 조정기일을 정하고 절차를 속행하여야 한다.

⑤ 조정기일에 **중재위원은** 조정 대상인 분쟁에 관한 사실관계와 법률관계를 당사자들에게 설명·조언하거나 절충안을 제시하는 등 **합의를 권유할 수 있다.**

⑥ 변호사 아닌 자가 신청인이나 피신청인의 대리인이 되려는 경우에는 미리 중재부의 허가를 받아야 한다.

⑦ 신청인의 배우자·직계혈족·형제자매 또는 소속 직원은 신청인의 명시적인 반대의사가 없으면 제6항에 따른 중재부의 허가 없이도 대리인이 될 수 있다. 이 경우 대리인이 신청인과의 신분관계 및 수권관계를 서면으로 증명하거나 신청인이 중재부에 출석하여 대리인을 선임하였음을 확인하여야 한다.

⑧ 조정은 **비공개**를 원칙으로 하되, 참고인의 진술청취가 필요한 경우 등 필요하다고 인정되는 경우에는 중재위원회규칙으로 정하는 바에 따라 참석이나 방청을 허가할 수 있다.

제21조(결정) ① 중재부는 조정신청이 **부적법**할 때에는 이를 **각하(却下)하여야 한다.**

② 중재부는 **신청인의 주장이 이유 없음**이 명백할 때에는 조정신청을 **기각할 수 있다.**

③ 중재부는 당사자 간 합의 불능 등 **조정에 적합하지 아니한 현저한 사유가 있다고 인정될 때에는 조정절차를 종결하고 조정불성립결정을 하여야 한다.**

제22조(직권조정결정) ① 당사자 사이에 합의가 이루어지지 아니한 경우 또는 신청인의 주장이 이유 있다고 판단되는 경우 중재부는 당사자들의 이익이나 그 밖의 모든 사정을 고려하여 신청취지에 반하지 아니하는 한도에서 직권으로 조정을 갈음하는 결정(이하 **"직권조정결정"**이라 한다)을 할 수 있다. 이 경우 그 결정은 **조정신청 접수일부터 21일 이내에 하여야 한다.**

② 직권조정결정서에는 주문과 결정 이유를 적고 이에 관여한 중재위원 전원이 서명·날인하여야 하며, 그 정본을 지체 없이 당사자에게 송달하여야 한다.

③ 직권조정결정에 불복하는 자는 **결정 정본을 송달받은 날부터 7일 이내에 불복 사유를 명시하여 서면으로 중재부에 이의신청을 할 수 있다.** 이 경우 그 결정은 효력을 상실한다.

④ 제3항에 따라 **직권조정결정에 관하여 이의신청이 있는 경우에는** 그 이의신청이 있은 때에 제26조 제1항에 따른 **소가 제기된 것으로 보며, 피해자를 원고로 하고 상대방인 언론사등을 피고로 한다.**

제23조(조정에 의한 합의 등의 효력) 다음 각 호의 어느 하나의 경우에는 **재판상 화해와 같은 효력이 있다.**

   1. 조정 결과 당사자 간에 합의가 성립한 경우
   2. 제19조제3항에 따라 합의가 이루어진 것으로 보는 경우
   3. 제22조제1항에 따른 직권조정결정에 대하여 이의신청이 없는 경우

제24조(중재) ① 당사자 양쪽은 정정보도청구등 또는 손해배상의 분쟁에 관하여 중재부의 종국적 결정에 따르기로 **합의하고 중재를 신청할 수 있다.** 21 2차

② 제1항의 중재신청은 조정절차 계속 중에도 할 수 있다. 이 경우 조정절차에 제출된 서면 또는 주장·입증은 중재절차에서 제출한 것으로 본다.

제25조(중재결정의 효력 등) ① 중재결정은 확정판결과 동일한 효력이 있다.

제26조(정정보도청구등의 소) ① 피해자는 법원에 정정보도청구등의 소를 제기할 수 있다.

③ 제1항의 소는 제14조제1항(제16조제3항에 따라 준용되는 경우를 포함한다) 및 제17조제1항에 따른

기간(**언론보도가 있음을 안 날부터 3월 이내, 있은 날부터 6월 이내**)이내에 제기하여야 한다.

제27조(재판) ① 정정보도청구등의 소는 접수 후 **3개월** 이내에 판결을 선고하여야 한다.

② 법원은 정정보도청구등이 이유 있다고 인정하여 정정보도·반론보도 또는 추후보도를 명할 때에는 방송·게재 또는 공표할 정정보도·반론보도 또는 추후보도의 내용, 크기, 시기, 횟수, 게재 위치 또는 방송 순서 등을 정하여 명하여야 한다.

③ 법원이 제2항의 정정보도·반론보도 또는 추후보도의 내용 등을 정할 때에는 청구취지에 적힌 정정보도문·반론보도문 또는 추후보도문을 고려하여 청구인의 명예나 권리를 최대한 회복할 수 있도록 정하여야 한다.

제29조(언론보도등 관련 소송의 우선 처리) 법원은 언론보도등에 의하여 피해를 받았음을 이유로 하는 재판은 다른 재판에 우선하여 신속히 하여야 한다.

제31조(명예훼손의 경우의 특칙) 타인의 명예를 훼손한 자에 대하여는 법원은 피해자의 청구에 의하여 손해배상을 갈음하여 또는 손해배상과 함께, 정정보도의 공표 등 명예회복에 적당한 처분을 명할 수 있다.

관련 기출 판례

① 사실적 주장이란 의견표명에 대치되는 개념으로서 사실적 주장과 의견표명이 혼재할경우 양자를 구별할 때에는 해당 언론보도의 객관적인 내용과 아울러 해당 언론보도가게재한 문맥의 보다 넓은 의미나 배경이 되는 사회적 흐름 및 시청자에게 주는 전체적인 인상도 함께 고려하여야 한다. 21 경간

② 복잡한 사실관계를 알기 쉽게 단순하게 만드는 과정에서 일부 특정한 사실관계를 압축, 강조하거나 대중의 흥미를 끌기 위해 실제 사실관계에 장식을 가하는 과정에서 다소의수사적 과장이 있더라도 전체적인 맥락에서 보아 보도내용의 중요 부분이 진실에 합치한다면 그 보도의 진실성은 인정된다. 21 경간

③ 정정보도를 청구하는 경우에 그 언론사의 고의·과실이나 위법성을 필요로 하는 것은 아니며 **피해자(언론사X)** 는 언론보도가 진실하다는 것에 대한 증명책임을 부담한다. 21 경간

07 경찰통제

① 경찰의 임무는 국민의 자유나 권리를 침해할 가능성이 크므로 통제의 필요성도 크다고 볼 수 있다. 14 경간
② 경찰조직의 정책과오에 대하여는 정책결정의 책임보다는 경찰공무원 개인의 책임으로 돌리는 경우가 많다. 14 경간
③ 경찰활동은 행정편의주의에 입각하여 고도의 재량에 의하는 것이 일반적이나 재량의 일탈이나 남용도 사법심사의 대상이 된다. 13 경간
④ 오늘날에는 행정청의 행위로 권리나 이익을 침해받기 전에 국민이 절차적으로 참여하는 등 사전통제를 강화하는 추세이다. 13 경간
⑤ 사법통제는 사후통제이기 때문에 행정결정에 대하여 효과적인 구제책이 되지 못하고, 소송절차가 복잡하고 시간과 경비가 많이 소요되며, 위법성 여부만을 다툴 수 있을 뿐이며 행정의 비능률성이나 부작위, 부당한 재량행위는 다툴 수 없다는 점 등이 문제점으로 제기되고 있다. 13 경간

1. 경찰통제의 유형 06·08·09·23 승진, 07·08·10·11 채용, 08·11·13·14·15·17·20·22 경간, 19 1차, 20 2차, 21·22·23 경채, 23 경찰특공대

민주적 통제	① **영·미법계**에서 발달 ② **국가경찰위원회**(명실상부한 민주적 통제장치로는 보기 어려움), **경찰책임자선거, 자치경찰제 시행** 등 제도적 장치를 통하여 시민으로 하여금 직접 또는 그 대표기관을 통한 참여와 감시를 가능케 하는 시스템을 말한다. ③ **국민감사청구제도** **18세 이상의 국민**은 공공기관의 사무처리가 법령위반 또는 부패행위로 인하여 공익을 현저히 해하는 경우 **300인 이상의 국민의 연서로 감사원에 감사를 청구할 수 있다.** 22 1차 ④ 우리나라에서는 경찰 조직이 민주성 확보를 위해서 경찰위원회 제도를 두고, 자치경찰제도가 시행되고 있으나, 선거제도는 시행하고 있지 않다.
사법적 통제	① **대륙법계**에서 발달 ② **행정소송, 국가배상제도** 등의 사법심사 시스템을 통하여 통제하는 것 (행정소송은 **열기주의에서 개괄주의로 전환**함으로써 법원이 경찰을 통제하는 범위를 확대하는 추세) ③ 법원은 법적 쟁송사건에 대한 재판권을 통해 경찰활동을 통제하는 바, 법원의 판례법이 법의 근간을 이루는 영미법계에서 대륙법계보다 강력한 통제장치로 작용한다. 12 2차
사전통제	행정절차법(청문, 행정상 입법예고·행정예고 등), 국회의 입법권·예산심의권, 정보공개청구권, 국가경찰위원회의 심의·의결 등
사후통제 14 특공대	사법부	**사법심사(행정소송)**에 의한 통제
	입법부	국회의 **예산결산권, 국정감사·조사권** 등
	행정부	**행정심판, 징계책임,** 상급기관의 하급기관에 대한 **감독권** 등

내부통제 23 1차	(청문)감사관제도	청문감사관은 경찰의 대국민 신뢰제고를 위한 취지에서 1999년 신설된 경찰서의 감찰·감사업무를 담당하는 제도
	훈령권	상급기관이 하급기관에 대하여 지시권·감독권 행사를 통해 하급기관의 위법이나 재량권 행사의 오류를 시정함
	직무명령권	상급자가 하급 경찰공무원에 대하여 직무명령을 통해 행위를 통제
	이의신청에 대한 재결권	하급기관의 위법 또는 부당한 처분에 대해 상급기관이 통제할 수 있는 권한
외부통제	국회에 의한 통제	국회의 입법권, 예산의 심의·의결권, 예산결산권, 경찰청장에 대한 탄핵소추의결권, 국정조사·감사권 등 - 경찰의 입법과정, 예산 책정과 결산과정 및 경찰행정에 대하여 감사·조사함으로써 통제 12 2차
	사법통제 (법원에 의한 통제)	법원의 사법심사(행정소송, 헌법소원)
	행정부에 의한 통제	① **대통령**(경찰청장 및 국가경찰위원회 위원 임명권) ② **행정안전부장관**(경찰청장과 국가경찰위원회 위원 임명제청권) ③ **국가경찰위원회**(경찰의 주요정책 등에 대한 심의·의결권을 통해 통제 - 명실상부한 민주적 통제장치로 보기는 어려움) ④ **국민권익위원회, 중앙행정심판위원회 재결, 소청심사위원회** 등에 의한 통제 ⑤ **감사원에 의한 통제** - 경찰기관의 세입·세출의 결산뿐만 아니라, 경찰기관 및 경찰공무원의 직무에 대한 감찰을 통하여 통제
	국가인권위원회에 의한 통제	- 독립기관이므로 '**광의의 행정부**'에 의한 통제임 - 국가인권위원회는 경찰서 유치장이나 사법경찰관리가 그 직무수행을 위하여 사람을 조사·유치 또는 수용하는 시설에 대한 방문조사권을 갖고 있다. 11 승진
	민중통제	여론, 이익집단, 언론기관, 정당 등을 통한 직·간접적인 통제

2. 부패방지 및 국민권익위원회의 설치와 운영에 관한 법률

제2조(정의) 이 법에서 사용하는 용어의 뜻은 다음과 같다.
4. "**부패행위**"란 다음 각 목의 어느 하나에 해당하는 행위를 말한다.
   가. **공직자가 직무와 관련하여 그 지위 또는 권한을 남용하거나 법령을 위반하여 자기 또는 제3자의 이익을 도모하는 행위** 12·15 승진, 23 2차
   나. 공공기관의 예산사용, 공공기관 재산의 취득·관리·처분 또는 공공기관을 당사자로 하는 계약의 체결 및 그 이행에 있어서 법령에 위반하여 **공공기관에 대하여 재산상 손해를 가하는 행위** 12·15 승진
   다. 가목과 나목에 따른 행위나 그 은폐를 강요, 권고, 제의, 유인하는 행위

제3조(공공기관의 책무) ① 공공기관은 건전한 사회윤리를 확립하기 위하여 부패방지에 노력할 책무

를 진다.
② 공공기관은 부패를 방지하기 위하여 **법령상, 제도상 또는 행정상의 모순이 있거나 그 밖에 개선할 사항이 있다고 인정할 때에는 즉시 이를 개선 또는 시정하여야 한다.** 12·15 승진
③ 공공기관은 교육·홍보 등 적절한 방법으로 소속 직원과 국민의 부패척결에 대한 의식을 고취하기 위하여 적극 노력하여야 한다.
④ 공공기관은 부패방지를 위한 국제적 교류와 협력에 적극 노력하여야 한다.

제11조(국민권익위원회의 설치) ① 고충민원의 처리와 이에 관련된 불합리한 행정제도를 개선하고, 부패의 발생을 예방하며 부패행위를 효율적으로 규제하도록 하기 위하여 **국무총리 소속**으로 국민권익위원회(이하 "위원회"라 한다)를 둔다.

제13조(위원회의 구성) ① 위원회는 **위원장 1명을 포함한 15명의 위원**(부위원장 3명과 상임위원 3명을 포함한다)으로 구성한다. 이 경우 부위원장은 각각 고충민원, 부패방지 업무 및 중앙행정심판위원회의 운영업무로 분장하여 위원장을 보좌한다. 다만, 중앙행정심판위원회의 구성에 관한 사항은 「행정심판법」에서 정하는 바에 따른다.

제16조(직무상 독립과 신분보장) ① 위원회는 그 권한에 속하는 업무를 독립적으로 수행한다.
② 위원장과 위원의 임기는 각각 3년으로 하되 1차에 한하여 연임할 수 있다.

제19조(위원회의 의결) ① 위원회는 재적위원 과반수의 출석으로 개의하고 출석위원 과반수의 찬성으로 의결한다. 다만, 제20조제1항제4호의 사항은 재적위원 과반수의 찬성으로 의결한다.

제55조(부패행위의 신고) 누구든지 부패행위를 알게 된 때에는 이를 위원회에 **신고할 수 있다.**

제56조(공직자의 부패행위 신고의무) 공직자는 그 직무를 행함에 있어 다른 공직자가 부패행위를 한 사실을 알게 되었거나 부패행위를 강요 또는 제의받은 경우에는 지체 없이 이를 수사기관·감사원 또는 위원회에 **신고하여야 한다.**

제57조(신고자의 성실의무) 제55조 및 제56조에 따른 부패행위 신고(이하 이 장에서 "신고"라 한다)를 한 자(이하 이 장에서 "신고자"라 한다)가 **신고의 내용이 허위라는 사실을 알았거나 알 수 있었음에도 불구하고 신고한 경우에는 이 법의 보호를 받지 못한다.** 20 경간

제58조(신고의 방법) 신고를 하려는 자는 **본인의 인적사항과 신고취지 및 이유를 기재한 기명(무기명 X)의 문서로써 하여야 하며, 신고대상과 부패행위의 증거 등을 함께 제시하여야 한다.** 20 경간, 22 2차

제58조의2(비실명 대리신고) ① 제58조에도 불구하고 **신고자는 자신의 인적사항을 밝히지 아니하고 변호사를 선임하여 신고를 대리하게 할 수 있다.** 이 경우 제58조에 따른 신고자의 인적사항 및 기명의 문서는 변호사의 인적사항 및 변호사 이름의 문서로 갈음한다.
② 제1항에 따른 **신고는 위원회에 하여야 하며,** 신고자 또는 신고자를 대리하는 변호사는 그 취지를 밝히고 **신고자의 인적사항, 신고자임을 입증할 수 있는 자료 및 위임장을 위원회에 함께 제출하여야 한다.**
③ 위원회는 제2항에 따라 제출된 자료를 봉인하여 보관하여야 하며, 신고자 본인의 동의 없이 이를 열람하여서는 아니 된다.

제59조(신고내용의 확인 및 이첩 등) ① 위원회는 접수된 신고사항에 대하여 신고자를 상대로 다음 각 호의 사항을 확인할 수 있다.
  1. 신고자의 인적사항, 신고의 경위 및 취지 등 신고내용의 특정에 필요한 사항
  2. 신고내용이 제29조제2항 각 호의 어느 하나에 해당하는지의 여부에 관한 사항
② 위원회는 제1항의 사항에 대한 진위여부를 확인하는데 필요한 범위에서 신고자에게 필요한 자료

의 제출을 요구할 수 있다.
③ 위원회는 접수된 신고사항에 대하여 감사·수사 또는 조사가 필요한 경우 이를 감사원, 수사기관 또는 해당 공공기관의 감독기관(감독기관이 없는 경우에는 해당 공공기관을 말한다. 이하 "조사기관"이라 한다)에 이첩하여야 한다. 다만, 신고가 다음 각 호의 어느 하나에 해당하는 경우에는 이를 조사기관에 이첩하지 아니하고 종결할 수 있다.
1. 신고의 내용이 명백히 거짓인 경우
2. 신고자의 인적사항을 알 수 없는 경우
3. 신고자가 신고서나 증명자료 등에 대한 보완 요청을 2회 이상 받고도 위원회가 정하는 보완요청기간 내에 보완하지 아니한 경우
4. 신고에 대한 처리 결과를 통지받은 사항에 대하여 정당한 사유 없이 다시 신고한 경우
5. 신고의 내용이 언론매체 등을 통하여 공개된 내용에 해당하고 공개된 내용 외에 새로운 증거가 없는 경우
6. 다른 법령에 따라 해당 부패행위에 대한 감사·수사 또는 조사가 시작되었거나 이미 끝난 경우
7. 그 밖에 부패행위에 대한 감사·수사 또는 조사가 필요하지 아니한 경우로서 대통령령으로 정하는 경우

④ 위원회는 접수된 신고사항이 제3항에 따른 이첩 또는 종결처리의 대상인지 명백하지 아니한 경우로서 조사기관에서 처리하는 것이 타당하다고 인정하는 경우에는 이를 조사기관에 송부할 수 있다.

⑤ 위원회는 신고자를 상대로 제1항에 따라 사실관계를 확인하였음에도 불구하고 제3항에 따른 이첩 여부를 결정할 수 없는 경우에는 그 결정에 필요한 범위에서 피신고자의 의사에 반하지 아니하는 때에 한정하여 피신고자에게 의견 또는 자료 제출 기회를 부여할 수 있다.

⑥ 위원회에 신고가 접수된 당해 부패행위의 혐의대상자가 다음 각 호에 해당하는 고위공직자로서 부패혐의의 내용이 형사처벌을 위한 수사 및 공소제기의 필요성이 있는 경우에는 **위원회의 명의로 검찰, 수사처, 경찰 등 관할 수사기관에 고발을 하여야 한다.**
1. 차관급 이상의 공직자
2. 특별시장, 광역시장, 특별자치시장, 도지사 및 특별자치도지사
3. **경무관급 이상의 경찰공무원** 20 경간
4. 법관 및 검사
5. 장성급(將星級) 장교
6. 국회의원

⑦ 관할 수사기관은 제6항에 따른 고발에 대한 수사결과를 위원회에 통보하여야 한다. 위원회가 고발한 사건이 이미 수사 중이거나 수사 중인 사건과 관련된 사건인 경우에도 또한 같다.

⑧ 위원회는 접수된 신고사항을 그 접수일부터 **60일 이내**에 처리하여야 한다. 이 경우 제1항제1호에 따른 사항을 확인하기 위한 보완 등이 필요하다고 인정되는 경우에는 그 기간을 **30일 이내에서 연장**할 수 있다.

제60조(조사결과의 처리) ① 조사기관은 **신고를 이첩 또는 송부받은 날부터 60일 이내에 감사·수사 또는 조사를 종결하여야 한다.** 다만, 정당한 사유가 있는 경우에는 그 기간을 연장할 수 있으며, 위원회에 그 연장사유 및 연장기간을 통보하여야 한다. 20 경간

② 제59조제3항 또는 제4항에 따라 신고를 이첩 또는 송부받은 조사기관(조사기관이 이첩받은 신고사항에 대하여 다른 조사기관에 이첩·재이첩, 감사요구, 송치, 수사의뢰 또는 고발을 한 경우에는 이를 받은 조사기관을 포함한다. 이하 이 조에서 같다)은 감사·수사 또는 조사결과를 **감사·수사 또**

는 조사 종료 후 10일 이내에 위원회에 통보하여야 한다.
③ 위원회는 제2항에 따라 감사·수사 또는 조사결과를 통보받은 경우 즉시 신고자에게 그 요지를 통지하여야 하고, 필요한 경우 조사기관에 대하여 통보내용에 대한 설명을 요구할 수 있다.
④ 신고자는 제3항에 따른 통지를 받은 경우 위원회에 감사·수사 또는 조사결과에 대한 이의를 신청할 수 있다.
⑤ 위원회는 제59조제3항에 따라 신고를 이첩받은 조사기관의 감사·수사 또는 조사가 충분하지 아니하다고 인정되는 경우에는 감사·수사 또는 조사결과를 통보받은 날부터 **30일 이내**에 새로운 증거자료의 제출 등 합리적인 이유를 들어 조사기관에 대하여 **재조사를 요구할 수 있다.**
⑥ 재조사를 요구받은 조사기관은 재조사를 종료한 날부터 **7일 이내**에 그 결과를 위원회에 통보하여야 한다. 이 경우 위원회는 통보를 받은 즉시 신고자에게 재조사 결과의 요지를 통지하여야 한다.

제72조(감사청구권) ① **18세 이상**의 국민은 공공기관의 사무처리가 법령위반 또는 부패행위로 인하여 공익을 현저히 해하는 경우 **대통령령으로 정하는 일정한 수(300인)** 이상의 국민의 연서로 감사원에 감사를 청구할 수 있다. 다만, 국회·법원·헌법재판소·선거관리위원회 또는 감사원의 사무에 대하여는 국회의장·대법원장·헌법재판소장·중앙선거관리위원회 위원장 또는 감사원장(이하 "당해 기관의 장"이라 한다)에게 감사를 청구하여야 한다.

3. 경찰감찰규칙 – 경찰청 훈령

제1장 총 칙

제1조(목적) 이 규칙은 경찰청 및 그 소속기관(이하 "경찰기관"이라 한다)에 소속하는 경찰공무원, 별정·일반직 공무원(**무기계약 및 기간제 근로자를 포함**한다), 의무경찰 등(이하 "소속공무원"이라 한다)의 공직기강 확립과 경찰 행정의 **적정성** 확보를 위한 감찰에 필요한 사항을 규정함을 목적으로 한다. 18 승진

제2조(정의) 이 규칙에서 사용하는 용어의 정의는 다음과 같다.
1. "**의무위반행위**"란 소속공무원이 「국가공무원법」 등 관련 법령 또는 직무상 명령 등에 따른 각종 의무를 위반한 행위를 말한다.
2. "**감찰**"이란 복무기강 확립과 경찰행정의 **적정성**을 확보하기 위해 경찰기관 또는 소속공무원의 제반업무와 활동 등을 조사·점검·확인하고 그 결과를 처리하는 감찰관의 직무활동을 말한다. 23 2차
3. "**감찰관**"이란 제2호에 따른 감찰을 담당하는 경찰공무원을 말한다.

제3조(적용 범위) 경찰기관의 감찰업무는 다른 법령에 특별한 규정이 있는 경우를 제외하고는 이 규칙이 정하는 바에 따른다.

제2장 감찰관

제4조(감찰관의 행동준칙) 감찰관이 감찰활동을 할 때에는 다음 각 호의 준칙에 따라 행동하여야 한다.
1. 감찰관은 **적법절차**를 준수하고 감찰대상자 소속 기관장이나 관계인의 의견을 충분히 수렴한다.
2. 감찰관은 감찰활동을 함에 있어서 소속공무원의 **인권을 존중**하며, 친절하고 겸손한 자세로 직무를 수행한다.

3. 감찰관은 감찰활동 전 과정에 있어 소속공무원의 **사생활의 비밀과 자유를 부당하게 침해하지 않는다.**
4. 감찰관은 **직무와 무관한 사상·신념, 정치적 성향 등 불필요한 정보를 수집하지 않는다.**
5. 감찰관은 의무위반행위의 유형과 경중에 따른 적정한 방법으로 감찰활동을 수행한다.
6. 감찰관은 객관적인 증거와 조사로 사실관계를 명확히 하고, 공정하게 직무를 수행한다.
7. 감찰관은 직무상 알게 된 사항에 대하여 비밀을 엄수한다.
8. 감찰관은 선행·수범 직원을 발견하는데 적극 노력한다.

제5조(감찰관의 결격사유) 다음 각 호의 어느 하나에 해당하는 사람은 **감찰관이 될 수 없다.**
1. 직무와 관련한 **금품 및 향응 수수, 공금횡령·유용,**「성폭력범죄의 처벌 등에 관한 특례법」에 따른 **성폭력범죄로 징계처분을 받은 사람**
   → 직무와 관련한 금품 및 향응 수수, 공금횡령·유용,「성폭력범죄의 처벌 및 피해자보호 등에 관한 법률」에 따른 성폭력 범죄로 징계처분을 받은 사람은 말소기간의 경과 여부에상관없이 감찰관이 될 수 없다. 16 승진
2. **제1호 이외의 사유로 징계처분을 받아 말소기간이 경과하지 아니한 사람**
3. 질병 등으로 감찰관으로서의 업무수행이 어려운 사람
4. 기타 감찰관으로서 적합하지 아니하다고 판단되는 사람

제6조(감찰관 선발) ① 경찰기관의 장은 **감찰관 보직공모에 응모한 지원자 및 3인 이상의 동료로부터 추천 받은 자를 대상**으로 적격심사를 거쳐 감찰관을 선발한다.
② 제1항에 따른 감찰관 선발을 위한 적격심사에 관한 세부사항은 경찰청장이 별도로 정한다.

제7조(감찰관의 신분보장) ① 경찰기관의 장은 감찰관이 제5조에 따른 결격사유에 해당되는 것으로 밝혀졌을 경우와 다음 각 호의 어느 하나에 해당하는 경우를 제외하고는 **2년(3년X) 이내에 본인의 의사에 반하여 전보하여서는 아니 된다.** 다만, 승진 등 인사관리상 필요한 경우에는 그러하지 아니하다. 21 승진
1. 징계사유가 있는 경우
2. 형사사건에 계류된 경우
3. 질병 등으로 감찰업무를 수행할 수 없거나 **직무수행 능력이 현저히 부족**하다고 판단되는 경우
4. 고압·권위적인 감찰활동을 반복하여 물의를 야기한 경우
② 경찰기관의 장은 **1년 이상** 성실히 근무한 감찰관에 대해서는 희망부서를 고려하여 **전보한다.** 16 1차, 16·17·21 승진, 19 경간

제8조(감찰관 적격심사) ① 경찰기관의 장(감찰부서장X)은 소속 감찰관에 대하여 감찰관 보직 후 2년마다 적격심사를 실시하여 인사에 반영하여야 한다. 23 2차
② 제6조제2항의 규정은 제1항에 준용한다.

제9조(제척) 감찰관은 다음 경우에 당해 감찰직무(감찰조사 및 감찰업무에 대한 지휘를 포함한다)에서 **제척된다.** 23 2차
1. 감찰관 본인이 의무위반행위로 인해 감찰대상이 된 때
2. 감찰관 본인이 의무위반행위로 인해 피해를 받은 자(이하 "피해자"라 한다)인 때
3. 감찰관 본인이 의무위반행위로 인해 감찰대상이 된 소속공무원(이하 "조사대상자"라 한다)이나 피해자의 친족이거나 친족관계가 있었던 자인 때
4. 감찰관 본인이 조사대상자나 피해자의 법정대리인이나 후견감독인인 때

제10조(기피) ① 조사대상자, 피해자는 다음 경우에 별지 제1호 서식의 감찰관 기피 신청서를 작성하

여 그 감찰관이 소속된 경찰기관의 감찰업무 담당 부서장(이하 "감찰부서장"이라 한다)에게 해당 감찰관의 기피를 신청할 수 있다.
1. 감찰관이 제9조 각 호의 사유에 해당되는 때
2. 감찰관이 이 규칙을 위반하거나 불공정한 조사를 할 염려가 있다고 볼만한 객관적·구체적 사정이 있는 때

② 제1항에 따른 감찰관 기피 신청을 접수받은 감찰부서장은 기피 신청이 이유 있다고 인정하는 때에는 담당 감찰관을 재지정하여야 하며, 기피 신청이 이유 있다고 인정하지 않는 때에는 제37조에 따른 감찰처분심의회의 심의를 거쳐 기피 신청 수용 여부를 결정하여야 한다.
③ 제2항의 경우 감찰부서장은 기피 신청자에게 결과를 통보하여야 한다.

제11조(회피) ① 감찰관은 제9조의 사유에 해당하면 스스로 감찰직무를 회피하여야 하며, 제9조 이외의 사유로 감찰직무를 수행함에 있어 공정성을 잃을 염려가 있다고 인정하는 경우 회피할 수 있다.
② 회피하려는 감찰관은 소속 경찰기관의 감찰부서장에게 별지 제2호 서식을 작성하여 제출하여야 한다.
③ 제10조제2항의 규정은 회피에 준용한다.

제3장 감찰활동

제12조(감찰활동의 관할) 감찰관은 소속 경찰기관의 관할구역 안에서 활동하여야 한다. 다만, **상급 경찰기관의 장의 지시가 있는 경우에는 관할구역 밖에서도 활동할 수 있다.** 13 2차, 16·21 승진, 17 1차

제13조(특별감찰) 경찰기관의 장은 **의무위반행위가 자주 발생하거나 그 발생 가능성이 높다고 인정되는 시기,** 업무분야 및 경찰서 등에 대하여는 일정기간 동안 전반적인 조직관리 및 업무추진 실태 등을 집중 점검할 수 있다. 18·19 승진, 22 경간, 23 2차

제14조(교류감찰) 경찰기관의 장은 **상급 경찰기관의 장의 지시**에 따라 소속 감찰관으로 하여금 일정기간 동안 **다른 경찰기관** 소속 직원의 복무실태, 업무추진 실태 등을 점검하게 할 수 있다. 13 2차, 14 승진, 16 1차, 22 경간

제15조(감찰활동의 착수) ① 감찰관은 소속공무원의 의무위반행위에 관한 단서(현장인지, 진정·탄원 등을 포함한다)를 수집·접수한 경우 **소속 경찰기관의 감찰부서장(소속 경찰기관의 장X)에게 보고하여야 한다.** 18·21 승진, 22 경간
② 감찰부서장은 제1항에 따른 보고를 받은 경우 감찰 대상으로서의 적정성을 검토한 후 감찰활동 착수 여부를 결정하여야 한다.

제16조(감찰계획의 수립) ① 감찰관은 제15조에 따른 **감찰활동에 착수**할 때에는 감찰기간과 대상, 중점 감찰사항 등을 포함한 감찰계획을 **소속 경찰기관의 감찰부서장에게 보고하여 승인을 받아야 한다.**
② 감찰관은 사전에 계획하고 보고한 범위에 한하여 감찰활동을 수행하여야 한다.
③ 제1항에 따른 감찰기간은 **6개월**의 범위 내에서 감찰부서장이 정한다.
④ 감찰관은 계속 감찰활동이 필요한 경우 그 사유를 소명하여 소속 경찰기관의 감찰부서장의 승인을 받아 **6개월**의 범위 내에서 감찰기간을 연장할 수 있다.

제17조(자료 제출 요구 등) ① 감찰관은 직무상 다음 각 호의 **요구를 할 수 있다.** 다만, 제2호 및 제3호의 경우에는 **필요 최소한의 범위 내에서 요구하여야 한다.** 22 경간
1. 조사를 위한 출석
2. 질문에 대한 답변 및 진술서 제출

3. 증거품 등 자료 제출
4. 현지조사의 협조

② 소속공무원은 감찰관으로부터 제1항에 따른 요구를 받은 때에는 **정당한 사유가 없는 한 그 요구에 응하여야 한다.** 16·18 승진

③ 감찰관은 직무수행 중 알게 된 정보나 제출 받은 자료를 감찰 목적 외의 용도로 이용할 수 없다.

제18조(감찰관 증명서 등 제시) 감찰관은 제17조에 따른 요구를 할 경우 소속 경찰기관의 장이 발행한 별지 제3호 서식의 감찰관 증명서 또는 경찰공무원증을 제시하여 신분을 밝히고 감찰활동의 목적을 설명하여야 한다.

제19조(감찰활동 결과의 보고 및 처리) ① 감찰관은 감찰활동 결과 소속공무원의 의무위반행위, 불합리한 제도·관행, 선행·수범 직원 등을 발견한 경우 이를 **소속 경찰기관의 장에게 보고하여야 한다.**

② 경찰기관의 장은 제1항의 결과에 대하여 문책 요구, 시정·개선, 포상 등 필요한 조치를 하여야 한다.

제4장 감찰정보의 수집 및 처리

제20조(감찰정보의 수집) ① **감찰관**은 감찰업무와 관련된 다음 각 호의 어느 하나에 해당하는 **감찰정보를 매월 1건 이상 수집·제출하여야 하며,** 감찰관이 아닌 소속공무원도 감찰정보를 수집한 경우에는 이를 감찰부서에 제출할 수 있다.

1. 비위정보 : 소속공무원의 비위와 관련한 정보
2. 제도개선자료 : 불합리한 제도·시책, 관행 등의 개선에 관한 자료
3. 기타자료 : 관리자의 조직관리·운영 실태, 주요 치안시책 등에 대한 현장여론, 비위우려자의 복무실태 등 인사·조직 운영에 참고가 될 만한 자료

② 감찰관은 수집한 감찰정보를 별지 제4호 서식의 감찰정보보고서에 따라 작성한 후 **경찰청 또는 소속 시·도경찰청의 감찰부서장에게 제출하여야 한다.**

제21조(감찰정보의 처리) 제20조에 따른 감찰정보를 접수한 **감찰부서장**은 다음 각 호의 기준에 따라 감찰정보를 구분한다.

1. 즉시조사대상 : 신속한 진상확인 및 조사·처리가 필요한 사항
2. 감찰대상 : 사실관계 확인 또는 감찰활동 착수 등 감찰활동이 필요한 사항
3. 이첩대상 : 해당 경찰기관에서 직접 처리하는 것보다 다른 경찰기관이나 부서 등에서 처리·활용하는 것이 효과적이라고 판단되는 사항
4. 참고대상 : 감찰업무에 도움이 될 것으로 판단되는 사항
5. 폐기대상 : 익명 제보 등 출처가 불분명한 정보 또는 이미 제출된 정보와 동일한 정보 등 그 내용상 감찰대상으로서의 가치가 없거나 감찰업무 활용도가 매우 낮을 것으로 예상되는 정보

제22조(감찰정보심의회) ① 감찰부서장은 다음 각 호의 사항을 결정하기 위하여 **감찰정보심의회를 설치·운영할 수 있다.**

1. 제21조에 따른 감찰정보의 구분
2. 제15조에 따른 감찰활동 착수와 관련된 사항

② **감찰정보심의회는 위원장을 포함한 3명 이상 5명 이하의 위원으로 구성**하며, 위원장은 감찰부서장이 되고 위원은 감찰부서장이 소속 공무원 중에서 지명한다.

제23조(평가 및 포상) ① 감찰정보 실적은 **개인별 평가를 원칙**으로 하며, 정보 수집·처리 구분에 따라 점수를 부여하여 평가한다.

② 개인별 감찰정보 실적은 **분기별로 종합 평가**하고, 평가실적이 우수한 직원에 대하여는 **포상 등을** 할 수 있다.

제24조(감찰정보시스템) 경찰청 **감찰담당관**은 감찰정보의 수집·처리, 감찰결과 등의 효율적 관리를 위하여 **감찰정보시스템을 구축·운영할 수 있다.**

제5장 감찰조사 및 처리

제25조(출석요구) ① 감찰관은 감찰조사를 위해서 조사대상자의 출석을 요구할 때에는 **조사기일 3일 전**까지 별지 제5호 서식의 **출석요구서 또는 구두**로 조사일시, 의무위반행위사실 요지 등을 통지하여야 한다. 다만, **사안이 급박한 경우 또는 조사대상자의 요청이 있는 경우에는 즉시 조사에 착수할 수 있다.** 19 경간, 18·19 승진

② 제1항의 경우 조사일시 등을 정할 때에는 조사대상자의 의사를 존중하여야 한다.

③ 감찰관은 의무위반행위와 관련된 내용을 조사할 때에는 사전에 준비를 철저히 하여 잦은 출석으로 인한 피해를 주지 않도록 하여야 한다.

④ 감찰관은 조사대상자의 방어권 보장을 위하여 필요한 경우 조사대상자의 동의를 받아 조사대상자의 소속 부서장에게 제1항에 따른 출석요구 사실을 통지할 수 있다.

제26조(변호인의 선임) ① 조사대상자는 변호사를 변호인으로 선임할 수 있다. 다만, **감찰부서장의 승인을 받은 경우에는 변호사가 아닌 사람을 특별변호인으로 선임할 수 있다.**

② 제1항에 따라 조사대상자의 변호인으로 선임된 사람은 그 위임장을 미리 감찰관에게 제출하여야 한다.

제27조(조사대상자의 진술거부권) ① 조사대상자는 **진술하지 아니하거나 개개의 질문에 대하여 진술을 거부할 수 있다.**

② 감찰관은 조사대상자에게 제1항과 같이 **진술을 거부할 수 있음을 사전에 고지하여야 한다.**

제28조(조사 참여) ① 감찰관은 조사대상자가 다음 각 호의 사항을 **신청할 경우 이에 해당하는 사람을 참여하게 하거나 동석하도록 하여야 한다.**

  1. 다음 각 목의 사람의 **참여**
      가. **다른 감찰관**
      나. **변호인**
  2. 다음 각 목의 사람의 동석
      가. **조사대상자의 동료공무원**
      나. 조사대상자의 직계친족, 배우자, 가족 등 조사대상자의 심리적 안정과 원활한 의사소통에 도움을 줄 수 있는 자

② 감찰관은 다음 각 호의 사유가 발생한 경우에는 참여자의 참여를 제한하거나 동석자의 퇴거를 요구할 수 있다
  1. 참여자 또는 동석자가 조사 과정에 부당하게 개입하거나 조사를 제지·중단시키는 경우
  2. 참여자 또는 동석자가 조사대상자에게 특정한 답변을 유도하거나 진술 번복을 유도하는 경우
  3. 그 밖의 참여자 또는 동석자의 언동 등으로 조사에 지장을 초래하는 경우

③ 감찰관은 참여자의 참여를 제한하거나 동석자를 퇴거하게 한 경우 그 사유를 조사대상자에게 설명하고 그 구체적 정황을 청문보고서 등 조사서류에 기재하여 기록에 편철하여야 한다.

제29조(감찰조사 전 고지) ① 감찰관은 **감찰조사를 실시하기 전에 조사대상자에게 의무위반행위 사**

실의 요지를 알려야 한다. 17 1차
② 제1항의 경우 감찰관은 조사대상자에게 제28조제1항 각 호의 사항을 신청할 수 있다는 사실을 고지하여야 한다.

제30조(영상녹화) ① **감찰관은 조사대상자가 영상녹화를 요청하는 경우에는 그 조사과정을 영상녹화하여야 한다.**
② 영상녹화의 범위 및 영상녹화사실의 고지, 영상녹화물의 관리와 관련된 사항은 「범죄수사규칙」의 영상녹화 관련 규정을 준용한다.

제31조(조사시 유의사항) ① 감찰관은 조사시 엄정하고 공정하게 진실 발견에 노력하여야 한다.
② 감찰관은 조사시 조사대상자의 이익이 되는 주장 및 제출자료 등에 대해서도 사실관계를 명확히 하여 조사내용에 반영하여야 한다.
③ 감찰관은 조사시 조사대상자의 연령, 성별 등을 고려하여 언행에 유의하여야 한다.
④ 감찰관은 감찰에 필요한 정보 등을 제공한 자 또는 피해자에 대해서는 가명조서를 작성하는 등의 방법으로 비밀을 유지하고 그 신원을 보호하여야 한다.
⑤ 감찰부서장은 **성폭력·성희롱 피해 여성에 대하여는 피해자의 의사에 반하지 않는 한 여성 경찰공무원이 조사하도록 하여야 하고**, 조사 과정에서 피해자의 인격이나 명예가 손상되거나 사적인 비밀이 침해되지 않도록 하여야 한다.
⑥ 감찰관은 피해자를 조사할 경우 피해자의 심리상태를 확인하여야 하고, 필요 시 소속 경찰기관의 감찰부서장에게 보고하여 피해자 심리 전문요원의 조치를 받을 수 있도록 하여야 한다.

제32조(심야조사의 금지) ① 감찰관은 **심야**(자정부터 오전 6시까지를 말한다)에 **조사를 하여서는 아니 된다.** 13 2차, 14·17 승진, 16·17 1차
② 제1항에도 불구하고 감찰관은 **조사대상자 또는 그 변호인의 별지 제6호 서식에 의한 심야조사 요청이 있는 경우에는 예외적으로 심야조사를 할 수 있다.** 이 경우 심야조사의 사유를 조서에 명확히 기재하여야 한다. 13 2차

제33조(휴식시간 부여) ① 감찰관은 조사에 장시간이 소요되는 경우 특별한 사정이 없는 한 조사 도중에 **최소한 2시간마다 10분 이상의 휴식시간을 부여**하여 조사대상자가 피로를 회복할 수 있도록 노력하여야 한다.
② 감찰관은 조사대상자가 조사 도중에 **휴식시간을 요청하는 때**에는 조사에 소요된 시간, 조사대상자의 건강상태 등을 고려하여 **적정하다고 판단될 경우 휴식시간을 부여하여야 한다.**
③ 감찰관은 조사 중인 조사대상자의 건강상태에 이상 징후가 발견되면 의사의 진료를 받게 하거나 휴식을 취하게 하는 등 필요한 조치를 취하여야 한다.

제34조(감찰조사 후 처리) ① 감찰관은 감찰조사를 종료한 때에는 소속 경찰기관의 장에게 별지 제7호 서식의 진술조서, 증빙자료 등과 함께 감찰조사 결과를 보고하여야 한다.
② 제1항의 경우 감찰관은 조사대상자에게 감찰조사 결과 요지를 서면 또는 전화, 문자메시지(SMS) 전송 등의 방법으로 통지하여야 한다.
③ **감찰관은 조사한 의무위반행위사건이 소속 경찰기관의 징계관할이 아닌 때에는 관할 경찰기관으로 이송하여야 한다.**
④ 의무위반행위사건을 이송 받은 경찰기관의 감찰부서장은 필요시 해당 사건에 대하여 추가 조사 등을 실시할 수 있다.

제35조(민원사건의 처리) ① 감찰관은 소속공무원의 의무위반사실에 대한 **민원을 접수한 경우 접수일로부터 2개월 내에 신속히 처리하여야 한다.** 다만, 부득이한 사유로 민원을 기한 내에 처리할 수

없을 때에는 소속 경찰기관의 감찰부서장에게 보고하여 그 처리 기간을 연장할 수 있다. 14·18 승진, 16 1차, 19 경간

② 민원사건을 배당받은 감찰관은 민원인, 피민원인 등 관련자에 대한 감찰조사 등을 거쳐 사실관계를 명확히 하여야 한다.

③ 감찰관은 불친절 또는 경미한 복무규율위반에 관한 민원사건에 대해서는 민원인에게 정식 조사절차 또는 조정절차를 선택할 수 있음을 고지하고, 민원인이 조정절차를 선택한 때에는 해당 소속공무원의 사과, 해명 등의 조정절차를 진행하여야 한다. 다만, 조정이 이루어지지 아니한 때에는 지체 없이 조사절차를 진행하여야 한다.

④ 감찰관은 민원사건을 접수한 경우 접수 후 매 1개월이 경과한 때와 감찰조사를 종결하였을 때에 민원인 또는 피해자에게 사건처리 진행상황을 통지하여야 한다. 다만, 진행상황에 대한 통지가 감찰조사에 지장을 주거나 피해자 또는 사건관계인의 명예와 권리를 부당히 침해할 우려가 있는 때에는 통지하지 않을 수 있다.

⑤ 제4항에 따른 통지는 문서로 하여야 한다. 다만, 신속을 요하거나 민원인이 요청하는 경우에는 구술 또는 전화로 통지할 수 있다.

제36조(기관통보사건의 처리) ① 감찰관은 다른 경찰기관 또는 검찰, 감사원 등 **다른 행정기관으로부터 통보받은 소속공무원의 의무위반행위에 대해서는 통보받은 날로부터 1개월 이내에 신속히 처리하여야 한다.** 13 2차, 14·17 승진, 19 경간

② 감찰관은 검찰·경찰, 그 밖의 수사기관으로부터 수사개시 통보를 받은 경우에는 징계의결요구권자의 결재를 받아 **해당 기관으로부터 수사결과의 통보를 받을 때까지 감찰조사, 징계의결요구 등의 절차를 진행하지 아니 할 수 있다.** 17 1차, 19 승진

제37조(감찰처분심의회) ① **감찰부서장**은 다음 각 호의 사항을 심의하기 위하여 **감찰처분심의회**(이하 "처분심의회"라고 한다)를 **설치·운영할 수 있다.**
 1. 감찰결과 처리 및 양정과 관련한 사항
 2. 감찰결과에 대한 이의신청 처리와 관련한 사항
 3. 감찰결과의 공개와 관련한 사항
 4. 감찰관 기피 신청과 관련한 사항

② **처분심의회**는 위원장을 포함한 **3명 이상 7명 이하의 위원**으로 구성하며, 위원장은 감찰부서장이 되고 **위원은 감찰부서장이 소속 공무원 중에서 지명하거나 학식과 경험을 고루 갖춘 해당 분야의 외부전문가 중에서 위촉할 수 있다.**

제38조(감찰결과에 대한 이의신청) ① 제34조제2항에 따른 **통지를 받은 조사대상자는 그 통지를 받은 날부터 10일 이내에 감찰을 주관한 경찰기관의 장에게 이의신청을 할 수 있다.** 다만, 감찰결과 징계요구된 사건에 대해서는 징계위원회에서의 의견진술 등의 절차로 이의신청을 갈음할 수 있다.

② 제1항의 이의신청을 접수한 경찰기관의 장은 처분심의회의 심의를 거쳐 이의 신청이 이유 없다고 인정될 때에는 이를 기각하고 이유 있다고 인정될 때에는 그 감찰조사 결과를 취소하거나 변경하여야 한다.

제39조(감찰결과의 공개) ① **감찰결과는 원칙적으로 공개하지 아니한다.** 다만, 유사한 비위의 재발을 방지하기 위하여 다음 각 호의 경우에는 감찰결과 요지를 **공개할 수 있다.**
 1. **중대한 비위행위**(금품·향응수수, 공금횡령·유용, 정보유출, 독직폭행, 음주운전 등)
 2. **언론 등 사회적 관심이 집중**되어 사생활 보호의 이익보다 국민의 알권리 충족 등 **공공의 이익이 현저하게 크다고 판단되는 사안**

② 감찰결과의 공개 여부는 **경찰기관의 장이 처분심의회의 의견을 들어 최종 결정한다.**

③ 경찰기관의 장은 감찰결과를 공개할 경우 사건관계인의 사생활과 명예가 보호될 수 있도록 다음 각 호의 사항이 공개되지 않도록 **보호조치를 하여야 한다.**
  1. 성명, 소속 등 사건관계인의 개인정보
  2. 비위혐의와 직접 관련이 없는 개인의 신상 및 사생활에 관한 내용
  3. 사건관계인의 징계경력 또는 감찰조사경력 자료
  4. 감찰사건 기록의 원본 또는 사본

제6장 징계 등 조치

제40조(감찰관에 대한 징계 등) ① **경찰기관의 장**은 감찰관이 이 규칙에 위배하여 직무를 태만히 하거나 권한을 남용한 경우 및 직무상 취득한 비밀을 누설한 경우에는 해당 사건의 **담당 감찰관 교체, 징계요구 등의 조치를 한다.**
② 감찰관의 의무위반행위에 대해서는 「경찰공무원 징계령 세부시행규칙」의 **징계양정에 정한 기준보다 가중하여 징계조치한다.** 18 승진

제41조(감찰활동 방해에 대한 징계 등) 경찰기관의 장은 **조사대상자가 정당한 이유 없이 출석 거부, 현지조사 불응, 협박 등의 방법으로 감찰조사를 방해하는 경우에는 징계요구 등의 조치를 할 수 있다.**

4. 경찰청 감사규칙(경찰청 훈령)

제3조(감사대상기관) ① 경찰청장의 감사 대상기관은 다음 각 호와 같다.
  1. 「경찰청과 그 소속기관 직제」에 따른 경찰청 및 그 소속기관
  2. 「공공기관 운영에 관한 법률」에 따라 경찰청 소관으로 지정·고시된 공공기관
  3. 법령에 의하여 경찰청장이 기관 임원의 임명·승인, 정관의 승인, 감독 등을 하는 법인 또는 단체
  4. 「행정안전부 및 그 소속청 비영리법인의 설립 및 감독에 관한 규칙」에 따라 경찰청장이 주무관청이 되는 비영리법인
  5. 제1호부터 제4호까지의 감사 대상기관으로부터 보조금 등 예산지원을 받는 법인 또는 단체
② 감사는 감사대상기관의 바로 위 감독관청이 실시하는 것을 원칙으로 하되, 필요한 경우에는 경찰청에서 직접 실시할 수 있다.

제4조(감사의 종류와 주기) ① 감사의 종류는 **종합감사, 특정감사, 재무감사, 성과감사, 복무감사, 일상감사**로 구분한다.
② **종합감사의 주기는 1년에서 3년까지** 하되 치안수요 등을 고려하여 조정 실시한다. 다만, 직전 또는 당해연도에 감사원 등 다른 감사기관이 감사를 실시한(실시 예정인 경우를 포함한다) 감사대상기관에 대해서는 감사의 일부 또는 전부를 실시하지 아니할 수 있다
③ **일상감사**의 대상·기준 및 절차 등에 관한 세부사항은 **경찰청장**이 따로 정한다.

제5조(감사계획의 수립) ① 경찰청 감사관(이하 "감사관"이라 한다)은 감사계획 수립에 필요한 경우 시·도자치경찰위원회 및 시·도경찰청장과 감사일정을 협의하여야 한다.
② 감사관은 **매년 2월말까지** 연간 감사계획을 수립하여 감사대상기관에 통보한다.

제6조(감사단의 편성) ① 감사관은 감사목적을 달성하고 감사성과를 확보할 수 있도록 감사담당자의 전문지식 및 실무경험 등을 고려하여 감사단을 편성할 수 있고 개인별 감사사무분장을 정하여야 한다.

② 감사관은 제1항에 따라 감사단을 편성하고자 할 때에는 감사담당자 중에서 감사단장을 지정하여 감사단을 지휘·감독하도록 하여야 한다.
③ 감사관은 전문지식 또는 실무경험이 필요하다고 인정되는 업무에 대한 감사를 할 경우에는 업무담당자나 외부전문가를 감사에 참여시킬 수 있다.

제7조(감사담당자등의 제외 등) ① 감사담당자등(감사관 및 감사담당자를 말한다)은 다음 각 호의 어느 하나에 해당하여 감사수행의 독립성을 유지하기 어렵다고 판단될 때에는 감사관은 경찰청장에게, 감사담당자는 감사관에게 지체 없이 보고하여야 한다.
   1. 본인 또는 본인의 친족(「민법」제777조에 따른 친족을 말한다. 이하 같다)이 감사대상이 되는 기관·부서·업무와 관련이 있는 사람과 개인적인 연고나 이해관계 등이 있어 공정한 감사수행에 영향을 미칠 우려가 있는 경우
   2. 본인 또는 본인의 친족이 감사대상이 되는 기관·부서·업무와 관련된 주요 의사결정과정에 직·간접적으로 관여한 경우
   3. 그 밖에 공정한 감사수행이 어려운 특별한 사정이 있는 경우
② 경찰청장 또는 감사관은 제1항에 따른 보고를 받거나 감사담당자등이 제1항 각 호의 어느 하나에 해당한다고 인정하는 경우에는 해당 감사담당자등을 감사에서 제외하는 등 적정한 조치를 하여야 한다.

제8조(감사담당자의 우대) 경찰청장은 관계 법령에서 정하는 범위 내에서 감사담당자에 대하여 근무성적평정, 전보·수당 등의 우대방안을 적극 추진하도록 노력하여야 한다.

제9조(감사의 절차) 감사는 다음 각 호의 순서로 진행함을 원칙으로 하되 감사관 또는 감사단장이 감사의 종류 및 현지실정에 따라 조정할 수 있다.
   1. 감사개요 통보 : 감사관 또는 감사단장은 감사대상기관의 장에게 감사계획의 개요를 통보한다.
   2. 감사의 실시 : 감사담당자는 개인별 감사사무분장에 따라 감사를 실시한다.
   3. 감사의 종결 : 감사관 또는 감사단장은 감사기간 내에 감사를 종결하여야 한다. 다만, 감사목적의 달성을 위하여 필요한 경우 감사기간을 연장할 수 있다.
   4. 감사결과의 설명 : 감사관 또는 감사단장은 감사의 목적을 달성하기 위하여 필요한 경우 감사대상기관 또는 부서를 대상으로 주요 감사결과를 설명하고 이에 대한 의견을 들을 수 있다.

제10조(감사결과의 처리기준 등) 감사관은 감사결과를 다음 각 호의 기준에 따라 처리하여야 한다.
   1. **징계 또는 문책 요구** : 국가공무원법과 그 밖의 법령에 규정된 **징계 또는 문책 사유**에 해당하거나 정당한 사유 없이 자체감사를 거부하거나 자료의 제출을 게을리한 경우
   2. **시정 요구** : 감사결과 위법 또는 부당하다고 인정되는 사실이 있어 추징·회수·환급·추급 또는 **원상복구** 등이 필요하다고 인정되는 경우 15 경간, 19 승진
   3. **경고·주의 요구** : 감사결과 위법 또는 부당하다고 인정되는 사실이 있으나 그 정도가 **징계 또는 문책사유에 이르지 아니할 정도로 경미**하거나, 감사대상기관 또는 부서에 대한 제재가 필요한 경우 15 경간, 19 승진, 22 1차
   4. **개선 요구** : 감사결과 법령상·제도상 또는 행정상 모순이 있거나 그 밖에 **개선할 사항**이 있다고 인정되는 경우 15 경간, 22 1차
   5. **권고** : 감사결과 문제점이 인정되는 사실이 있어 그 **대안을 제시**하고 감사대상기관의 장 등으로 하여금 개선방안을 마련하도록 할 필요가 있는 경우 15 경간, 19 승진, 22 1차
   6. **통보** : 감사결과 비위 사실이나 위법 또는 부당하다고 인정되는 사실이 있으나 제1호부터 제5호까지의 요구를 하기에 부적합하여 감사대상기관 또는 부서에서 **자율적으로 처리할 필요**가 있다고 인정되는 경우

7. **변상명령** : 「회계관계직원 등의 책임에 관한 법률」이 정하는 바에 따라 **변상책임**이 있는 경우
8. **고발** : 감사결과 **범죄 혐의**가 있다고 인정되는 경우
9. **현지조치** : 감사결과 경미한 지적사항으로서 **현지에서 즉시 시정·개선조치**가 필요한 경우 22 1차

제11조(감사처분심의회) ① **감사관**은 다음 각 호에 관한 사항을 객관적이고 공정하게 처리하기 위하여 **감사처분심의회를 설치·운영할 수 있다.**
  1. 제10조에 따른 감사결과 처리에 관련한 사항
  2. 「공공감사에 관한 법률」 제25조 및 동 법 시행령 제15조에 따른 재심의사건의 심리와 처리에 관련한 사항
  3. 감사결과 공개에 관련한 사항
② 감사처분심의회는 위원장을 포함한 **3명 이상 7명 이하의 위원**으로 구성하며, 위원장은 감사관이 되고 위원은 감사관이 경찰청 감사관실 **소속 공무원** 중에서 **지명**하거나 학식과 경험을 고루 갖춘 해당분야의 **외부전문가** 중에서 위촉할 수 있다.

제13조(감사결과의 통보 및 처리) ① **경찰청장**은 제12조에 따라 보고받은 **감사결과를 감사대상기관의 장에게 통보하여야한다.**
② 감사결과를 통보받은 감사대상기관의 장은 정당한 사유가 없으면 감사결과의 조치사항을 이행하고 30일 이내에 그 이행결과를 경찰청장에게 통보하여야 한다.

제15조(시·도경찰청장의 감사) ① **시·도경찰청장**은 제5조제2항에 준하여 **연간 감사계획을 수립하여 감사관에게 통보하여야 한다.**
② 시·도경찰청장은 제1항에 따른 **연간 감사계획에 포함되지 않은 감사**를 실시하고자 할 때에는 감사계획을 수립하여 **감사실시 예정일 전 15일까지 감사관에게 통보하여야 한다.**
③ **시·도경찰청장**은 부득이한 사정으로 인하여 예정된 감사를 실시하기 어려운 때에는 다음 각 호의 기준에 따라 변경된 감사계획을 감사관에게 통보하여야 한다.
  1. 제1항에 따른 감사를 실시하기 어려운 때에는 **감사실시 예정일전 15일까지**
  2. 제2항의 규정에 따른 감사를 실시하기 어려운 때에는 **감사실시 예정일 전 7일까지**
④ 감사관은 제1항 내지 제3항에 따라 통보받은 감사계획을 수정할 필요가 있다고 판단되는 경우에는 일정 등을 조정하여 시·도경찰청장에게 통보한다.
⑤ **시·도경찰청장**이 제1항 또는 제2항에 따른 감사를 실시한 때에는 **감사종료 후 30일 이내**에 다음 각 호의 사항을 기재한 **감사결과보고서를 경찰청장에게 제출하여야 한다.**
  1. 중요감사내용 및 조치사항
  2. 개선·건의사항
  3. 그 밖에 특별히 기재할 사항

5. 공공기관의 정보공개에 관한 법률

제2조(정의) 이 법에서 사용하는 용어의 뜻은 다음과 같다.
1. "**정보**"란 공공기관이 직무상 작성 또는 취득하여 관리하고 있는 문서(전자문서를 포함한다. 이하 같다) 및 전자매체를 비롯한 모든 형태의 매체 등에 기록된 사항을 말한다. 23 1차
2. "**공개**"란 공공기관이 이 법에 따라 정보를 열람하게 하거나 그 사본·복제물을 제공하는 것 또는 「전자정부법」 제2조제10호에 따른 정보통신망(이하 "정보통신망"이라 한다)을 통하여 정보를 제공하는 것 등을 말한다.
3. "**공공기관**"이란 다음 각 목의 기관을 말한다.
   가. 국가기관
      1) 국회, 법원, 헌법재판소, 중앙선거관리위원회
      2) 중앙행정기관(대통령 소속 기관과 국무총리 소속 기관을 포함한다) 및 그 소속 기관
      3) 「행정기관 소속 위원회의 설치·운영에 관한 법률」에 따른 위원회
   나. **지방자치단체** 17 승진
   다. 「공공기관의 운영에 관한 법률」 제2조에 따른 공공기관
   라. 「지방공기업법」에 따른 지방공사 및 지방공단
   마. 그 밖에 대통령령으로 정하는 기관

제3조(정보공개의 원칙) 공공기관이 보유·관리하는 정보는 국민의 알권리 보장 등을 위하여 이 법에서 정하는 바에 따라 **적극적으로 공개하여야 한다.(공개할 수 있다X)** 11·15 경간, 15 2차, 15 3차, 17 1차, 18 법학특채, 19 승진, 20 경채

제4조(적용 범위) ① 정보의 공개에 관하여는 다른 법률에 특별한 규정이 있는 경우를 제외하고는 이 법에서 정하는 바에 따른다.
② 지방자치단체는 그 소관 사무에 관하여 법령의 범위에서 정보공개에 관한 조례를 정할 수 있다.
③ 국가안전보장에 관련되는 정보 및 보안 업무를 관장하는 기관에서 국가안전보장과 관련된 정보의 분석을 목적으로 수집하거나 작성한 정보에 대해서는 이 법을 적용하지 아니한다. 다만, 제8조제1항에 따른 정보목록의 작성·비치 및 공개에 대해서는 그러하지 아니한다.

제5조(정보공개 청구권자) ① **모든 국민**은 정보의 공개를 청구할 권리를 가진다. 14 승진, 15·18 특채, 10·15 2차, 13 1차, 15 3차
② 외국인의 정보공개 청구에 관하여는 **대통령령**으로 정한다. 10 채용, 15 경간, 18 특채

> **시행령 제3조(외국인의 정보공개 청구)** 법 제5조제2항에 따라 정보공개를 청구할 수 있는 외국인은 다음 각 호의 어느 하나에 해당하는 자로 한다.
> 1. 국내에 일정한 주소를 두고 거주하거나 학술·연구를 위하여 일시적으로 체류하는 사람
> 2. 국내에 사무소를 두고 있는 법인 또는 단체

제6조(공공기관의 의무) ① 공공기관은 정보의 공개를 청구하는 국민의 권리가 존중될 수 있도록 이 법을 운영하고 소관 관계 법령을 정비하며, 정보를 투명하고 적극적으로 공개하는 조직문화 형성에 노력하여야 한다.
② 공공기관은 정보의 적절한 보존 및 신속한 검색과 국민에게 유용한 정보의 분석 및 공개 등이 이루어지도록 정보관리체계를 정비하고, 정보공개 업무를 주관하는 부서 및 담당하는 인력을 적정하게 두어야 하며, 정보통신망을 활용한 정보공개시스템 등을 구축하도록 노력하여야 한다.
③ 행정안전부장관은 공공기관의 정보공개에 관한 업무를 종합적·체계적·효율적으로 지원하기 위하

여 통합정보공개시스템을 구축·운영하여야 한다.
④ 공공기관(국회·법원·헌법재판소·중앙선거관리위원회는 제외한다)이 제2항에 따른 정보공개시스템을 구축하지 아니한 경우에는 제3항에 따라 행정안전부장관이 구축·운영하는 통합정보공개시스템을 통하여 정보공개 청구 등을 처리하여야 한다.
⑤ 공공기관은 소속 공무원 또는 임직원 전체를 대상으로 국회규칙·대법원규칙·헌법재판소규칙·중앙선거관리위원회규칙 및 대통령령으로 정하는 바에 따라 이 법 및 정보공개 제도 운영에 관한 교육을 실시하여야 한다.

제9조(비공개 대상 정보) ① 공공기관이 보유·관리하는 정보는 공개 대상이 된다. 다만, 다음 각 호의 어느 하나에 해당하는 정보는 **공개하지 아니할 수 있다.**
1. 다른 법률 또는 법률에서 위임한 명령(국회규칙·대법원규칙·헌법재판소규칙·중앙선거관리위원회규칙·대통령령 및 조례로 한정한다)에 따라 비밀이나 비공개 사항으로 규정된 정보
2. 국가안전보장·국방·통일·외교관계 등에 관한 사항으로서 공개될 경우 국가의 중대한 이익을 현저히 해칠 우려가 있다고 인정되는 정보
3. **공개될 경우 국민의 생명·신체 및 재산의 보호에 현저한 지장을 초래할 우려가 있다고 인정되는 정보** 19 승진
4. **진행 중인 재판에 관련된 정보와 범죄의 예방, 수사, 공소의 제기 및 유지, 형의 집행, 교정, 보안처분에 관한 사항으로서 공개될 경우 그 직무수행을 현저히 곤란하게 하거나 형사피고인의 공정한 재판을 받을 권리를 침해한다고 인정할 만한 상당한 이유가 있는 정보**
5. 감사·감독·검사·시험·규제·입찰계약·기술개발·인사관리에 관한 사항이나 의사결정 과정 또는 내부검토 과정에 있는 사항 등으로서 공개될 경우 업무의 공정한 수행이나 연구·개발에 현저한 지장을 초래한다고 인정할 만한 상당한 이유가 있는 정보. 다만, 의사결정 과정 또는 내부검토 과정을 이유로 비공개할 경우에는 제13조제5항에 따라 통지를 할 때 의사결정 과정 또는 내부검토 과정의 단계 및 종료 예정일을 함께 안내하여야 하며, 의사결정 과정 및 내부검토 과정이 종료되면 제10조에 따른 청구인에게 이를 통지하여야 한다.
6. 해당 정보에 포함되어 있는 성명·주민등록번호 등「개인정보 보호법」제2조제1호에 따른 개인정보로서 공개될 경우 사생활의 비밀 또는 자유를 침해할 우려가 있다고 인정되는 정보. 다만, 다음 각 목에 열거한 사항은 제외한다.
   가. 법령에서 정하는 바에 따라 열람할 수 있는 정보
   나. 공공기관이 공표를 목적으로 작성하거나 취득한 정보로서 사생활의 비밀 또는 자유를 부당하게 침해하지 아니하는 정보
   다. 공공기관이 작성하거나 취득한 정보로서 공개하는 것이 공익이나 개인의 권리 구제를 위하여 필요하다고 인정되는 정보
   라. **직무를 수행한 공무원의 성명·직위**
   마. 공개하는 것이 공익을 위하여 필요한 경우로서 법령에 따라 국가 또는 지방자치단체가 업무의 일부를 위탁 또는 위촉한 개인의 성명·직업
7. 법인·단체 또는 개인(이하 "법인등"이라 한다)의 경영상·영업상 비밀에 관한 사항으로서 공개될 경우 법인등의 정당한 이익을 현저히 해칠 우려가 있다고 인정되는 정보. 다만, 다음 각 목에 열거한 정보는 제외한다.
   가. 사업활동에 의하여 발생하는 위해(危害)로부터 사람의 생명·신체 또는 건강을 보호하기 위하여 공개할 필요가 있는 정보
   나. 위법·부당한 사업활동으로부터 국민의 재산 또는 생활을 보호하기 위하여 공개할 필요가

있는 정보
8. 공개될 경우 부동산 투기, 매점매석 등으로 특정인에게 이익 또는 불이익을 줄 우려가 있다고 인정되는 정보

② 공공기관은 제1항 각 호의 어느 하나에 해당하는 정보가 기간의 경과 등으로 인하여 **비공개의 필요성이 없어진 경우에는 그 정보를 공개 대상으로 하여야 한다.** 21·23 승진
→ 비공개대상: ① 경찰의 보안관찰관련 통계자료 ② 폭력단체현황 21 승진

제10조(정보공개의 청구방법) ① 정보의 공개를 청구하는 자(이하 "청구인"이라 한다)는 해당 정보를 보유하거나 관리하고 있는 공공기관에 다음 각 호의 사항을 적은 **정보공개 청구서를 제출하거나 말로써 정보의 공개를 청구할 수 있다.** 19 특채, 22 1차, 23 승진

1. 청구인의 성명·생년월일·주소 및 연락처(전화번호·전자우편주소 등을 말한다. 이하 이 조에서 같다). 다만, 청구인이 법인 또는 단체인 경우에는 그 명칭, 대표자의 성명, 사업자등록번호 또는 이에 준하는 번호, 주된 사무소의 소재지 및 연락처를 말한다.
2. 청구인의 주민등록번호(본인임을 확인하고 공개 여부를 결정할 필요가 있는 정보를 청구하는 경우로 한정한다)
3. 공개를 청구하는 정보의 내용 및 공개방법

② 제1항에 따라 청구인이 말로써 정보의 공개를 청구할 때에는 담당 공무원 또는 담당 임직원(이하 "담당공무원등"이라 한다)의 앞에서 진술하여야 하고, 담당공무원등은 정보공개 청구조서를 작성하여 이에 청구인과 함께 기명날인하거나 서명하여야 한다.

제11조(정보공개 여부의 결정) ① 공공기관은 제10조에 따라 정보공개의 청구를 받으면 그 **청구를 받은 날부터 10일 이내에 공개 여부를 결정하여야 한다.** 10 채용, 14 승진, 11·15 경간, 15 2차, 15·18 특채, 13·17 1차, 20 경채

② 공공기관은 부득이한 사유로 제1항에 따른 기간 이내에 공개 여부를 결정할 수 없을 때에는 그 **기간이 끝나는 날의 다음 날부터 기산하여 10일의 범위에서 공개 여부 결정기간을 연장할 수 있다.** 21 승진 이 경우 공공기관은 연장된 사실과 연장 사유를 **청구인에게 지체 없이 문서로 통지하여야 한다.** 12 2차, 13·22·23 1차, 23 승진

③ 공공기관은 공개 청구된 공개 대상 정보의 전부 또는 일부가 **제3자와 관련이 있다고 인정할 때에는 그 사실을 제3자에게 지체 없이 통지하여야 하며, 필요한 경우에는 그의 의견을 들을 수 있다. (들어야 한다X)** 12 2차, 15·19 특채, 19·21 승진, 19 경간

④ 공공기관은 다른 공공기관이 보유·관리하는 정보의 공개 청구를 받았을 때에는 지체 없이 이를 소관 기관으로 이송하여야 하며, 이송한 후에는 지체 없이 소관 기관 및 이송 사유 등을 분명히 밝혀 청구인에게 문서로 통지하여야 한다.

제11조의2(반복 청구 등의 처리) ① 공공기관은 제11조에도 불구하고 제10조제1항 및 제2항에 따른 정보공개 청구가 다음 각 호의 어느 하나에 해당하는 경우에는 정보공개 청구 대상 정보의 성격, 종전 청구와의 내용적 유사성·관련성, 종전 청구와 동일한 답변을 할 수밖에 없는 사정 등을 종합적으로 고려하여 해당 청구를 종결 처리할 수 있다. 이 경우 종결 처리 사실을 청구인에게 알려야 한다.

1. 정보공개를 청구하여 정보공개 여부에 대한 결정의 통지를 받은 자가 정당한 사유 없이 해당 정보의 공개를 다시 청구하는 경우
2. 정보공개 청구가 제11조제5항에 따라 민원으로 처리되었으나 다시 같은 청구를 하는 경우

제12조(정보공개심의회) ① 국가기관, 지방자치단체, 「공공기관의 운영에 관한 법률」 제5조에 따른 공기업 및 준정부기관, 「지방공기업법」에 따른 지방공사 및 지방공단(이하 "국가기관등"이라 한다)은 제11조에 따른 정보공개 여부 등을 심의하기 위하여 정보공개심의회(이하 "심의회"라 한다)

를 설치·운영한다. 이 경우 국가기관등의 규모와 업무성격, 지리적 여건, 청구인의 편의 등을 고려하여 소속 상급기관(지방공사·지방공단의 경우에는 해당 지방공사·지방공단을 설립한 지방자치단체를 말한다)에서 협의를 거쳐 심의회를 통합하여 설치·운영할 수 있다.

② 심의회는 **위원장 1명을 포함하여 5명 이상 7명 이하의 위원으로 구성한다.**

③ 심의회의 위원은 소속 공무원, 임직원 또는 외부 전문가로 지명하거나 위촉하되, 그 중 **3분의 2는 해당 국가기관등의 업무 또는 정보공개의 업무에 관한 지식을 가진 외부 전문가로 위촉하여야 한다.** 다만, 제9조제1항제2호 및 제4호에 해당하는 업무를 주로 하는 국가기관은 그 국가기관의 장이 외부 전문가의 위촉 비율을 따로 정하되, **최소한 3분의 1 이상은 외부 전문가로 위촉하여야 한다.**

④ 심의회의 위원장은 위원 중에서 국가기관등의 장이 지명하거나 위촉한다.

시행령

제11조(정보공개심의회) ③ 심의회의 **위원의 임기는 2년으로 하며, 한 차례만 연임할 수 있다.** 다만, 공무원인 위원의 임기는 그 직위에 재직하는 기간으로 한다.

경찰청 정보공개심의회 운영규칙

제3조(심의회의 구성) ① 심의회는 위원장 1명을 포함하여 **5명 이상 7명 이내**의 위원으로 양성평등기본법에 따라 성별을 고려하여 구성하되, 경찰업무 또는 정보공개의 업무에 관한 지식을 가진 **외부전문가를 3분의 1 이상 위촉하여야 한다.**

② 경찰청 심의회의 구성은 다음 각호와 같이 한다.
  1. 위원장 : 차장
  2. 위원 : 경무인사기획관, 수사기획조정관, 공공안녕정보국장, 외부전문가
  3. 간사 : 경무담당관

제4조(기능) 심의회는 다음 사항을 심의한다.
  1. 공개청구된 정보의 공개여부를 처리부서의 장이 단독으로 결정하기 곤란한 사항
  2. 청구인의 이의신청사항(법 제18조 및 법 제21조 제2항)
  3. 그 밖에 정보공개제도의 운영에 관한 사항

제6조(위원장) ① 위원장은 심의회의 사무를 총괄한다.

② 위원장이 부득이한 사유로 그 직무를 수행할 수 없을 때에는 경무인사기획관이 직무를 대행한다.

③ 시·도경찰청 등 기관에서는 위원장이 부득이한 사유로 그 직무를 수행할 수 없을 때에는 당해 기관장이 위원중에서 지명한다.

제7조(회의) ① 심의회의 회의는 정보공개 처리부서의 장으로부터 심의요청이 있을 때 **수시로 개최한다.** 다만, 안건의 내용이 경미한 경우, 긴급한 사유로 위원이 출석하는 회의를 개최할 시간적 여유가 없는 경우, 그 밖의 부득이한 사유로 위원의 출석이 어려운 경우 서면심의로 대체할 수 있다.

② 회의는 위원장이 소집한다.

③ 심의회의 회의는 **재적위원 과반수의 출석으로 개의하고 출석위원 과반수의 찬성으로 의결**한다.

④ 간사는 심의회 회의개최 **2일전**까지 안건을 각 위원들에게 배부하여야 한다.

제13조(정보공개 여부 결정의 통지) ① 공공기관은 제11조에 따라 **정보의 공개를 결정한 경우에는** 공개의 일시 및 장소 등을 분명히 밝혀 청구인에게 통지하여야 한다.

② 공공기관은 청구인이 사본 또는 복제물의 교부를 원하는 경우에는 이를 교부하여야 한다. 23 1차

③ 공공기관은 **공개 대상 정보의 양이 너무 많아 정상적인 업무수행에 현저한 지장을 초래할 우려가 있는 경우에는** 해당 정보를 일정 기간별로 나누어 제공하거나 사본·복제물의 교부 또는 열람과 병행하여 제공할 수 있다.

④ 공공기관은 제1항에 따라 정보를 공개하는 경우에 그 정보의 원본이 더럽혀지거나 파손될 우려가 있거나 그 밖에 상당한 이유가 있다고 인정할 때에는 그 정보의 사본·복제물을 공개할 수 있다.

⑤ 공공기관은 제11조에 따라 정보의 비공개 결정을 한 경우에는 그 사실을 청구인에게 지체 없이 문서로 통지하여야 한다. 이 경우 제9조제1항 각 호 중 어느 규정에 해당하는 비공개 대상 정보인지를 포함한 비공개 이유와 불복(不服)의 방법 및 절차를 구체적으로 밝혀야 한다.

제14조(부분 공개) 공개 청구한 정보가 제9조제1항 각 호의 어느 하나에 해당하는 부분과 공개 가능한 부분이 혼합되어 있는 경우로서 공개 청구의 취지에 어긋나지 아니하는 범위에서 **두 부분을 분리할 수 있는 경우에는** 제9조제1항 각 호의 어느 하나에 해당하는 **부분을 제외하고 공개하여야 한다.**
23 승진

제15조(정보의 전자적 공개) ① 공공기관은 전자적 형태로 보유·관리하는 정보에 대하여 청구인이 **전자적 형태로 공개하여 줄 것을 요청하는 경우**에는 그 정보의 성질상 현저히 곤란한 경우를 제외하고는 **청구인의 요청에 따라야 한다.** 22 1차

② 공공기관은 전자적 형태로 보유·관리하지 아니하는 정보에 대하여 청구인이 전자적 형태로 공개하여 줄 것을 요청한 경우에는 정상적인 업무수행에 현저한 지장을 초래하거나 그 정보의 성질이 훼손될 우려가 없으면 그 정보를 전자적 형태로 변환하여 공개할 수 있다.

③ 정보의 전자적 형태의 공개 등에 필요한 사항은 국회규칙·대법원규칙·헌법재판소규칙·중앙선거관리위원회규칙 및 대통령령으로 정한다.

제17조(비용 부담) ① 정보의 공개 및 우송 등에 드는 비용은 실비의 범위에서 **청구인이 부담한다.**
14 승진, 12·15 2차, 13·22 1차

② 공개를 청구하는 정보의 사용 목적이 **공공복리의 유지·증진**을 위하여 필요하다고 인정되는 경우에는 제1항에 따른 **비용을 감면할 수 있다.**

③ 제1항에 따른 비용 및 그 징수 등에 필요한 사항은 국회규칙·대법원규칙·헌법재판소규칙·중앙선거관리위원회규칙 및 대통령령으로 정한다.

제18조(이의신청) ① 청구인이 정보공개와 관련한 **공공기관의 비공개 결정 또는 부분 공개 결정에 대하여 불복이 있거나 정보공개 청구 후 20일이 경과하도록 정보공개 결정이 없는 때에는** 공공기관으로부터 정보공개 여부의 결정 통지를 받은 날 또는 정보공개 청구 후 20일이 경과한 날부터 30일 이내에 해당 공공기관에 문서로 이의신청을 할 수 있다. 15·16·18 특채, 10·18 2차 11·15·19 경간, 19 승진, 15 3차

② 국가기관등은 제1항에 따른 이의신청이 있는 경우에는 심의회를 개최하여야 한다. 다만, 다음 각 호의 어느 하나에 해당하는 경우에는 **심의회를 개최하지 아니할 수 있으며** 개최하지 아니하는 사유를 청구인에게 문서로 통지하여야 한다.
 1. 심의회의 심의를 이미 거친 사항
 2. 단순·반복적인 청구
 3. 법령에 따라 비밀로 규정된 정보에 대한 청구

③ 공공기관은 **이의신청을 받은 날부터 7일 이내에 그 이의신청에 대하여 결정**하고 그 **결과를 청구인**

에게 지체 없이 문서로 통지하여야 한다. 19 승진 다만, 부득이한 사유로 정하여진 기간 이내에 결정할 수 없을 때에는 그 **기간이 끝나는 날의 다음 날부터 기산하여 7일의 범위에서 연장**할 수 있으며, 연장 사유를 청구인에게 통지하여야 한다. 12 2차, 16·19 특채, 16·17 1차, 18 2차, 19 경간

④ 공공기관은 이의신청을 각하 또는 기각하는 결정을 한 경우에는 청구인에게 행정심판 또는 행정소송을 제기할 수 있다는 사실을 제3항에 따른 결과 통지와 함께 알려야 한다.

제19조(행정심판) ① 청구인이 정보공개와 관련한 **공공기관의 결정에 대하여 불복이 있거나 정보공개 청구 후 20일이 경과하도록 정보공개 결정이 없는 때**에는 「행정심판법」에서 정하는 바에 따라 **행정심판을 청구**할 수 있다. 16·17 1차, 19 특채 이 경우 국가기관 및 지방자치단체 외의 공공기관의 결정에 대한 감독행정기관은 관계 중앙행정기관의 장 또는 지방자치단체의 장으로 한다.

② 청구인은 제18조에 따른 **이의신청 절차를 거치지 아니하고 행정심판을 청구**할 수 있다. 11 경간, 12 2차, 15·16·20 경채, 16·23 1차

제20조(행정소송) ① 청구인이 정보공개와 관련한 **공공기관의 결정에 대하여 불복이 있거나 정보공개 청구 후 20일이 경과하도록 정보공개 결정이 없는 때**에는 「행정소송법」에서 정하는 바에 따라 **행정소송을 제기**할 수 있다. 16·19 특채, 16 1차

제21조(제3자의 비공개 요청 등) ① 제11조제3항에 따라 **공개 청구된 사실을 통지받은 제3자는 그 통지를 받은 날부터 3일 이내에 해당 공공기관에 대하여 자신과 관련된 정보를 공개하지 아니할 것을 요청**할 수 있다. 10·12 2차, 19 경간, 19 특채

② 제1항에 따른 비공개 요청에도 불구하고 공공기관이 공개 결정을 할 때에는 공개 결정 이유와 공개 실시일을 분명히 밝혀 지체 없이 문서로 통지하여야 하며, 제3자는 해당 공공기관에 문서로 이의신청을 하거나 행정심판 또는 행정소송을 제기할 수 있다. 이 경우 이의신청은 통지를 받은 날부터 7일 이내에 하여야 한다.

③ 공공기관은 제2항에 따른 **공개 결정일과 공개 실시일 사이에 최소한 30일의 간격**을 두어야 한다.

제22조(정보공개위원회의 설치) 다음 각 호의 사항을 심의·조정하기 위하여 **행정안전부장관 소속으로 정보공개위원회**(이하 "위원회"라 한다)를 둔다. 11 경간, 14 승진

1. 정보공개에 관한 정책 수립 및 제도 개선에 관한 사항
2. 정보공개에 관한 기준 수립에 관한 사항
3. 제12조에 따른 심의회 심의결과의 조사·분석 및 심의기준 개선 관련 의견제시에 관한 사항
4. 제24조제2항 및 제3항에 따른 공공기관의 정보공개 운영실태 평가 및 그 결과 처리에 관한 사항
5. 정보공개와 관련된 불합리한 제도·법령 및 그 운영에 대한 조사 및 개선권고에 관한 사항
6. 그 밖에 정보공개에 관하여 대통령령으로 정하는 사항

[시행일: 2023. 11. 17.] 제22조

제23조(위원회의 구성 등) ① 위원회는 성별을 고려하여 **위원장과 부위원장 각 1명을 포함한 11명의 위원**으로 구성한다. 13 1차, 19 경간, 20 경채, 15 3차

② 위원회의 위원은 다음 각 호의 사람이 된다. 이 경우 **위원장을 포함한 7명은 공무원이 아닌 사람으로 위촉**하여야 한다.

1. 대통령령으로 정하는 관계 중앙행정기관의 **차관급 공무원**이나 고위공무원단에 속하는 일반직 공무원
2. 정보공개에 관하여 학식과 경험이 풍부한 사람으로서 **행정안전부장관**이 위촉하는 사람
3. 시민단체(「비영리민간단체 지원법」 제2조에 따른 비영리민간단체를 말한다)에서 추천한 사람으로서 **행정안전부장관**이 위촉하는 사람

③ 위원장·부위원장 및 위원(제2항제1호의 위원은 제외한다)**의 임기는 2년**으로 하며, **연임할 수 있다.**
④ 위원장·부위원장 및 위원은 정보공개 업무와 관련하여 알게 된 정보를 누설하거나 그 정보를 이용하여 본인 또는 타인에게 이익 또는 불이익을 주는 행위를 하여서는 아니 된다.
⑤ 위원장·부위원장 및 위원 중 공무원이 아닌 사람은 「형법」이나 그 밖의 법률에 따른 벌칙을 적용할 때에는 공무원으로 본다.
⑥ 위원회의 구성과 의결 절차 등 위원회 운영에 필요한 사항은 대통령령으로 정한다.
[시행일: 2023. 11. 17.] 제23조

> **시행령**
> **제21조(회의 및 의결정족수)** ① 위원회의 회의는 **반기(半期)별**로 개최한다. 다만, 위원장은 필요하다고 인정하는 경우에는 임시회를 소집할 수 있다.
> ② 위원회의 회의는 **재적위원 과반수의 출석으로 개의(開議)하고 출석위원 과반수의 찬성**으로 의결한다.
> **제22조(위원장의 직무)** ① 위원회의 위원장은 위원회의 업무를 총괄하고 회의의 의장이 된다.
> ② 위원회의 부위원장은 위원장을 보좌하고, 위원장이 부득이한 사유로 직무를 수행할 수 없을 때에는 그 직무를 대행한다.

제24조(제도 총괄 등) ① **행정안전부장관**은 이 법에 따른 정보공개제도의 정책 수립 및 제도 개선 사항 등에 관한 기획·총괄 업무를 관장한다.
② **행정안전부장관**은 위원회가 정보공개제도의 효율적 운영을 위하여 필요하다고 요청하면 공공기관(**국회·법원·헌법재판소 및 중앙선거관리위원회는 제외**한다)의 정보공개제도 운영실태를 평가할 수 있다. 15 3차
③ 행정안전부장관은 제2항에 따른 평가를 실시한 경우에는 그 결과를 위원회를 거쳐 국무회의에 보고한 후 공개하여야 하며, 위원회가 개선이 필요하다고 권고한 사항에 대해서는 해당 공공기관에 시정 요구 등의 조치를 하여야 한다.
④ **행정안전부장관**은 정보공개에 관하여 필요할 경우에 **공공기관**(국회·법원·헌법재판소 및 중앙선거관리위원회는 제외한다)**의 장에게 정보공개 처리 실태의 개선을 권고할 수 있다.** 이 경우 권고를 받은 공공기관은 이를 이행하기 위하여 성실하게 노력하여야 하며, 그 조치 결과를 행정안전부장관에게 알려야 한다.
⑤ 국회·법원·헌법재판소·중앙선거관리위원회·중앙행정기관 및 지방자치단체는 그 소속 기관 및 소관 공공기관에 대하여 정보공개에 관한 의견을 제시하거나 지도·점검을 할 수 있다.

제25조(자료의 제출 요구) 국회사무총장·법원행정처장·헌법재판소사무처장·중앙선거관리위원회사무총장 및 행정안전부장관은 필요하다고 인정하면 **관계 공공기관에 정보공개에 관한 자료 제출 등의 협조를 요청할 수 있다.**

제26조(국회에의 보고) ① **행정안전부장관**은 전년도의 정보공개 운영에 관한 보고서를 **매년 정기국회 개회 전까지 국회에 제출하여야 한다.**
② 제1항에 따른 보고서 작성에 필요한 사항은 대통령령으로 정한다.

제27조(위임규정) 이 법 시행에 필요한 사항은 국회규칙·대법원규칙·헌법재판소규칙·중앙선거관리위원회규칙 및 대통령령으로 정한다.

제28조(신분보장) 누구든지 이 법에 따른 정당한 정보공개를 이유로 징계조치 등 어떠한 신분상 불이익이나 근무조건상의 차별을 받지 아니한다.

관련 판례

1. 공공기관의 정보공개에 관한 법률상 공개청구의 대상이 되는 정보란 공공기관이 직무상 작성 또는 취득하여 현재 보유·관리하고 있는 문서에 한정되는 것이기는 하나, 그 **문서가 반드시 원본일 필요는 없다.** (대판 2006두3049)

2. 공공기관의 정보공개에 관한 법률(이하 '정보공개법'이라고 한다)에서 말하는 **공개대상 정보는 정보 그 자체가 아닌 정보공개법 제2조 제1호에서 예시하고 있는 매체 등에 기록된 사항을 의미**하고, 공개대상 정보는 원칙적으로 공개를 청구하는 자가 정보공개법 제10조 제1항 제2호에 따라 작성한 정보공개청구서의 기재내용에 의하여 특정되며, 만일 공개청구자가 특정한 바와 같은 정보를 공공기관이 보유·관리하고 있지 않은 경우라면 특별한 사정이 없는 한 해당 정보에 대한 공개거부처분에 대하여는 취소를 구할 법률상 이익이 없다. 이와 관련하여 공개청구자는 그가 공개를 구하는 정보를 공공기관이 보유·관리하고 있을 상당한 개연성이 있다는 점에 대하여 입증할 책임이 있으나, **공개를 구하는 정보를 공공기관이 한때 보유·관리하였으나 후에 그 정보가 담긴 문서들이 폐기되어 존재하지 않게 된 것이라면 그 정보를 더 이상 보유·관리하고 있지 않다는 점에 대한 증명책임은 공공기관에 있다.** (대판 2010두18918)

3. 공공기관의 정보공개에 관한 법률에 의한 정보공개제도는 공공기관이 보유·관리하는 정보를 그 상태대로 공개하는 제도이지만, 전자적 형태로 보유·관리되는 정보의 경우에는, 그 정보가 청구인이 구하는 대로는 되어 있지 않다고 하더라도, 공개청구를 받은 공공기관이 공개청구대상정보의 기초자료를 전자적 형태로 보유·관리하고 있고, 당해 기관에서 통상 사용되는 컴퓨터 하드웨어 및 소프트웨어와 기술적 전문지식을 사용하여 그 기초자료를 검색하여 청구인이 구하는 대로 편집할 수 있으며, 그러한 작업이 당해 기관의 컴퓨터 시스템 운용에 별다른 지장을 초래하지 아니한다면, 그 공공기관이 공개청구대상정보를 보유·관리하고 있는 것으로 볼 수 있고, 이러한 경우에 기초자료를 검색·편집하는 것은 새로운 정보의 생산 또는 가공에 해당한다고 할 수 없다. (대판 2009두6001)

4. 보안관찰처분을 규정한 보안관찰법에 대하여 헌법재판소도 이미 그 합헌성을 인정한 바 있고, **보안관찰법 소정의 보안관찰 관련 통계자료**는 우리 나라 53개 지방검찰청 및 지청관할지역에서 매월 보고된 보안관찰처분에 관한 각종 자료로서, 보안관찰처분대상자 또는 피보안관찰자들의 매월별 규모, 그 처분시기, 지역별 분포에 대한 전국적 현황과 추이를 한눈에 파악할 수 있는 구체적이고 광범위한 자료에 해당하므로 '통계자료'라고 하여도 그 함의(함의)를 통하여 나타내는 의미가 있음이 분명하여 가치중립적일 수는 없고, 그 통계자료의 분석에 의하여 대남공작활동이 유리한 지역으로 보안관찰처분대상자가 많은 지역을 선택하는 등으로 위 정보가 북한정보기관에 의한 간첩의 파견, 포섭, 선전선동을 위한 교두보의 확보 등 북한의 대남전략에 있어 매우 유용한 자료로 악용될 우려가 없다고 할 수 없으므로, 위 정보는 **공공기관의정보공개에관한법률 제7조 제1항 제2호 소정의 공개될 경우 국가안전보장·국방·통일·외교관계 등 국가의 중대한 이익을 해할 우려가 있는 정보, 또는 제3호 소정의 공개될 경우 국민의 생명·신체 및 재산의 보호 기타 공공의 안전과 이익을 현저히 해할 우려가 있다고 인정되는 정보에 해당한다.** (대판 2001두8254 전원합의체 판결)

5. 공공기관의 정보공개에 관한 법률(이하 '정보공개법'이라고 한다) 제9조 제1항 제4호는 '수사에 관한 사항으로서 공개될 경우 그 직무수행을 현저히 곤란하게 한다고 인정할 만한 상당한 이유가 있는 정보'를 비공개대상정보의 하나로 규정하고 있다. 그 취지는 수사의 방법 및 절차 등이 공개되어 수사기관의 직무수행에 현저한 곤란을 초래할 위험을 막고자 하는 것으로서, 수사기록 중의 의견서, 보고문서, 메모, 법률검토, 내사자료 등(이하 '의견서 등'이라고 한다)이 이에 해당하나, **공개청구대상인 정보가 의견서 등에 해당한다고 하여 곧바로 정보공개법 제9조 제1항 제4호에 규정된 비공개대상정보라고 볼 것은 아니고, 의견서 등의 실질적인 내용을 구체적으로 살펴 수사의 방법 및 절차 등이 공개됨으로써 수사기관의 직무수행을 현저히 곤란하게 한다고 인정할 만한 상당한 이유가 있어야만 위 비공개대상정보에 해당한다.** (대판 2017두44558)

6. 정보공개법은 공공기관이 보유·관리하는 정보에 대한 국민의 공개청구 및 공공기관의 공개의무에 관한 필요한 사항을 정함으로써 국민의 알 권리를 보장하고 국정에 대한 국민의 참여와 국정운영의 투명성을 확보

함을 목적으로 공공기관이 보유·관리하는 모든 정보를 원칙적 공개대상으로 하면서도, 재판의 독립성과 공정성 등 국가의 사법작용이 훼손되는 것을 막기 위하여 제9조 제1항 제4호에서 **'진행 중인 재판에 관련된 정보'를 비공개대상정보로 규정하고 있다.** 이와 같은 정보공개법의 입법 목적, 정보공개의 원칙, 위 비공개대상정보의 규정 형식과 취지 등을 고려하면, 법원 이외의 공공기관이 위 규정이 정한 '진행 중인 재판에 관련된 정보'에 해당한다는 사유로 정보공개를 거부하기 위하여는 반드시 그 정보가 진행 중인 재판의 소송기록 그 자체에 포함된 내용의 정보일 필요는 없으나, **재판에 관련된 일체의 정보가 그에 해당하는 것은 아니고 진행 중인 재판의 심리 또는 재판결과에 구체적으로 영향을 미칠 위험이 있는 정보에 한정된다고 봄이 상당하다.**(대판 2009두19021)

7. 공공기관의 정보공개에 관한 법률(이하 '정보공개법'이라 한다) 제9조 제1항 제5호에서 **비공개대상정보로 규정하고 있는** '감사·감독·검사·시험·규제·입찰계약·기술개발·인사관리·**의사결정과정 또는 내부검토과정에 있는 사항 등으로서 공개될 경우 업무의 공정한 수행에 현저한 지장을 초래한다고 인정할 만한 상당한 이유가 있는 정보'란** 정보공개법 제1조의 정보공개제도의 목적 및 정보공개법 제9조 제1항 제5호에 따른 비공개대상정보의 입법 취지에 비추어 볼 때, **공개될 경우 업무의 공정한 수행이 객관적으로 현저하게 지장을 받을 것이라는 고도의 개연성이 존재하는 경우를 말하고,** 이에 해당하는지는 비공개함으로써 보호되는 업무수행의 공정성 등 이익과 공개로 보호되는 국민의 알권리 보장과 국정에 대한 국민의 참여 및 국정운영의 투명성 확보 등 이익을 비교·교량하여 구체적인 사안에 따라 신중하게 판단할 것이다. 그리고 그 판단을 할 때에는 공개청구의 대상이 된 당해 정보의 내용뿐 아니라 그것을 공개함으로써 장래 동종 업무의 공정한 수행에 현저한 지장을 가져올지도 아울러 고려해야 한다.(대판 2010두18758 판결)

8. 불기소처분 기록 중 피의자신문조서 등에 기재된 피의자 등의 **인적사항 이외의 진술내용** 역시 개인의 사생활의 비밀 또는 자유를 침해할 우려가 인정되는 경우 정보공개법 제9조 제1항 제6호 본문 소정의 **비공개대상에 해당한다.**(대판 2011두2361)

9. **공무원이 직무와 관련 없이 개인적인 자격으로 간담회·연찬회 등 행사에 참석**하고 금품을 수령한 정보는 공공기관의정보공개에관한법률 제7조 제1항 제6호 단서 (다)목 소정의 '**공개하는 것이 공익을 위하여 필요하다고 인정되는 정보'에 해당하지 않는다.**(대판 2003두8050)

10. 일반적인 정보공개청구권의 의미와 성질, 구 공공기관의 정보공개에 관한 법률(2013. 8. 6. 법률 제11991호로 개정되기 전의 것, 이하 '정보공개법'이라 한다) 제3조, 제5조 제1항, 제6조의 규정 내용과 입법 목적, 정보공개법이 정보공개청구권의 행사와 관련하여 정보의 사용 목적이나 정보에 접근하려는 이유에 관한 어떠한 제한을 두고 있지 아니한 점 등을 고려하면, 국민의 정보공개청구는 정보공개법 제9조에 정한 비공개 대상 정보에 해당하지 아니하는 한 원칙적으로 폭넓게 허용되어야 하지만, 실제로는 해당 정보를 취득 또는 활용할 의사가 전혀 없이 정보공개 제도를 이용하여 사회통념상 용인될 수 없는 부당한 이득을 얻으려 하거나, 오로지 **공공기관의 담당공무원을 괴롭힐 목적으로 정보공개청구를 하는 경우처럼 권리의 남용에 해당하는 것이 명백한 경우에는 정보공개청구권의 행사를 허용하지 아니하는 것이 옳다.**(대판 2014두9349)

11. 공개청구의 대상이 되는 정보가 이미 **다른 사람에게 공개되어 널리 알려져 있다거나 인터넷이나 관보 등을 통하여 공개되어 인터넷 검색이나 도서관에서의 열람 등을 통하여 쉽게 알 수 있다고 하여 소의 이익이 없다거나 비공개결정이 정당화될 수 없다.**(대판 2005두15694)

12. 정보공개를 청구하는 자가 공공기관에 대해 정보의 사본 또는 출력물의 교부의 방법으로 공개방법을 선택하여 정보공개청구를 한 경우에 공개청구를 받은 공공기관으로서는 같은 법 제8조 제2항에서 규정한 정보의 사본 또는 복제물의 교부를 제한할 수 있는 사유에 해당하지 않는 한 **정보공개청구자가 선택한 공개방법에 따라 정보를 공개하여야 하므로 그 공개방법을 선택할 재량권이 없다고 해석함이 상당하다.**(대판 2003두8050)

13. 구 공공기관의 정보공개에 관한 법률(2013. 8. 6. 법률 제11991호로 개정되기 전의 것, 이하 '구 정보공개법'이라고 한다)은, 정보의 공개를 청구하는 이(이하 '청구인'이라고 한다)가 정보공개방법도 아울러 지정하여

정보공개를 청구할 수 있도록 하고 있고, 전자적 형태의 정보를 전자적으로 공개하여 줄 것을 요청한 경우에는 공공기관은 원칙적으로 요청에 응할 의무가 있고, 나아가 비전자적 형태의 정보에 관해서도 전자적 형태로 공개하여 줄 것을 요청하면 재량판단에 따라 전자적 형태로 변환하여 공개할 수 있도록 하고 있다. 이는 정보의 효율적 활용을 도모하고 청구인의 편의를 제고함으로써 구 정보공개법의 목적인 국민의 알 권리를 충실하게 보장하려는 것이므로, **청구인에게는 특정한 공개방법을 지정하여 정보공개를 청구할 수 있는 법령상 신청권이 있다.** 따라서 공공기관이 공개청구의 대상이 된 정보를 공개는 하되, **청구인이 신청한 공개방법 이외의 방법으로 공개하기로 하는 결정을 하였다면, 이는 정보공개청구 중 정보공개방법에 관한 부분에 대하여 일부 거부처분을 한 것이고, 청구인은 그에 대하여 항고소송으로 다툴 수 있다.**(대판 2016두44674)

6. 개인정보보호법

제2조(정의) 이 법에서 사용하는 용어의 뜻은 다음과 같다.
1. **"개인정보"란 살아 있는 개인에 관한 정보**로서 다음 각 목의 어느 하나에 해당하는 정보를 말한다.(**사망자에 대한 정보X**) 14·15 승진, 23 2차
   가. 성명, 주민등록번호 및 영상 등을 통하여 개인을 알아볼 수 있는 정보
   나. **해당 정보만으로는 특정 개인을 알아볼 수 없더라도 다른 정보와 쉽게 결합하여 알아볼 수 있는 정보.** 22차 이 경우 쉽게 결합할 수 있는지 여부는 다른 정보의 입수 가능성 등 개인을 알아보는 데 소요되는 시간, 비용, 기술 등을 합리적으로 고려하여야 한다.
   다. 가목 또는 나목을 제1호의2에 따라 가명처리함으로써 원래의 상태로 복원하기 위한 추가 정보의 사용·결합 없이는 특정 개인을 알아볼 수 없는 정보(이하 "가명정보"라 한다)
1의2. **"가명처리"(익명처리X)란 개인정보의 일부를 삭제하거나 일부 또는 전부를 대체하는 등의 방법으로 추가 정보가 없이는 특정 개인을 알아볼 수 없도록 처리하는 것**을 말한다. 22·23 2차
2. **"처리"란 개인정보의 수집, 생성, 연계, 연동, 기록, 저장, 보유, 가공, 편집, 검색, 출력, 정정, 복구, 이용, 제공, 공개, 파기, 그 밖에 이와 유사한 행위**를 말한다.
3. **"정보주체"란 처리되는 정보에 의하여 알아볼 수 있는 사람으로서 그 정보의 주체가 되는 사람**을 말한다. 14·15 승진, 22 2차
4. **"개인정보파일"이란 개인정보를 쉽게 검색할 수 있도록 일정한 규칙에 따라 체계적으로 배열하거나 구성한 개인정보의 집합물**을 말한다.
5. **"개인정보처리자"란 업무를 목적으로 개인정보파일을 운용하기 위하여 스스로 또는 다른 사람을 통하여 개인정보를 처리하는 공공기관, 법인, 단체 및 개인 등**을 말한다. 23 2차
6. **"공공기관"이란 다음 각 목의 기관**을 말한다. 14·15 승진
   가. 국회, 법원, 헌법재판소, 중앙선거관리위원회의 행정사무를 처리하는 기관, 중앙행정기관(대통령 소속 기관과 국무총리 소속 기관을 포함한다) 및 그 소속 기관, 지방자치단체
   나. 그 밖의 국가기관 및 공공단체 중 대통령령으로 정하는 기관
7. **"영상정보처리기기"란 일정한 공간에 지속적으로 설치되어 사람 또는 사물의 영상 등을 촬영하거나 이를 유·무선망을 통하여 전송하는 장치**로서 대통령령으로 정하는 장치를 말한다. 22 2차
8. "과학적 연구"란 기술의 개발과 실증, 기초연구, 응용연구 및 민간 투자 연구 등 과학적 방법을 적용하는 연구를 말한다.

제3조(개인정보 보호 원칙) ① 개인정보처리자는 개인정보의 처리 목적을 명확하게 하여야 하고 그 목적에 필요한 범위에서 최소한의 개인정보만을 적법하고 정당하게 수집하여야 한다.

② 개인정보처리자는 개인정보의 처리 목적에 필요한 범위에서 적합하게 개인정보를 처리하여야 하며, 그 목적 외의 용도로 활용하여서는 아니 된다.
③ 개인정보처리자는 개인정보의 처리 목적에 필요한 범위에서 개인정보의 정확성, 완전성 및 최신성이 보장되도록 하여야 한다.
④ 개인정보처리자는 개인정보의 처리 방법 및 종류 등에 따라 정보주체의 권리가 침해받을 가능성과 그 위험 정도를 고려하여 개인정보를 안전하게 관리하여야 한다.
⑤ 개인정보처리자는 제30조에 따른 개인정보 처리방침 등 개인정보의 처리에 관한 사항을 공개하여야 하며, 열람청구권 등 정보주체의 권리를 보장하여야 한다.
⑥ 개인정보처리자는 정보주체의 사생활 침해를 최소화하는 방법으로 개인정보를 처리하여야 한다.
⑦ 개인정보처리자는 개인정보를 익명 또는 가명으로 처리하여도 개인정보 수집목적을 달성할 수 있는 경우 익명처리가 가능한 경우에는 익명에 의하여, 익명처리로 목적을 달성할 수 없는 경우에는 가명에 의하여 처리될 수 있도록 하여야 한다.
⑧ 개인정보처리자는 이 법 및 관계 법령에서 규정하고 있는 책임과 의무를 준수하고 실천함으로써 정보주체의 신뢰를 얻기 위하여 노력하여야 한다.

제4조(정보주체의 권리) 정보주체는 자신의 개인정보 처리와 관련하여 다음 각 호의 권리를 가진다.
1. 개인정보의 처리에 관한 정보를 제공받을 권리
2. 개인정보의 처리에 관한 동의 여부, 동의 범위 등을 선택하고 결정할 권리
3. 개인정보의 처리 여부를 확인하고 개인정보에 대한 열람(사본의 발급을 포함한다. 이하 같다) 및 전송을 요구할 권리
4. **개인정보의 처리 정지, 정정·삭제 및 파기를 요구할 권리** 23 2차
5. 개인정보의 처리로 인하여 발생한 피해를 신속하고 공정한 절차에 따라 구제받을 권리
6. 완전히 자동화된 개인정보 처리에 따른 결정을 거부하거나 그에 대한 설명 등을 요구할 권리

제7조(개인정보 보호위원회) ① 개인정보 보호에 관한 사무를 독립적으로 수행하기 위하여 **국무총리 소속**으로 개인정보 보호위원회(이하 "보호위원회"라 한다)를 둔다.

제7조의2(보호위원회의 구성 등) ① 보호위원회는 **상임위원 2명(위원장 1명, 부위원장 1명)을 포함한 9명의 위원으로 구성**한다.
② 보호위원회의 위원은 개인정보 보호에 관한 경력과 전문지식이 풍부한 다음 각 호의 사람 중에서 위원장과 부위원장은 국무총리의 제청으로, 그 외 위원 중 2명은 위원장의 제청으로, 2명은 대통령이 소속되거나 소속되었던 정당의 교섭단체 추천으로, 3명은 그 외의 교섭단체 추천으로 대통령이 임명 또는 위촉한다.
  1. 개인정보 보호 업무를 담당하는 3급 이상 공무원(고위공무원단에 속하는 공무원을 포함한다)의 직에 있거나 있었던 사람
  2. 판사·검사·변호사의 직에 10년 이상 있거나 있었던 사람
  3. 공공기관 또는 단체(개인정보처리자로 구성된 단체를 포함한다)에 3년 이상 임원으로 재직하였거나 이들 기관 또는 단체로부터 추천받은 사람으로서 개인정보 보호 업무를 3년 이상 담당하였던 사람
  4. 개인정보 관련 분야에 전문지식이 있고 「고등교육법」 제2조제1호에 따른 학교에서 부교수 이상으로 5년 이상 재직하고 있거나 재직하였던 사람
③ **위원장과 부위원장은 정무직 공무원**으로 임명한다.
④ 위원장, 부위원장, 제7조의13에 따른 사무처의 장은 「정부조직법」 제10조에도 불구하고 정부위원이 된다.

제7조의3(위원장) ① 위원장은 보호위원회를 대표하고, 보호위원회의 회의를 주재하며, 소관 사무를 총괄한다.
② 위원장이 부득이한 사유로 직무를 수행할 수 없을 때에는 부위원장이 그 직무를 대행하고, 위원장·부위원장이 모두 부득이한 사유로 직무를 수행할 수 없을 때에는 위원회가 미리 정하는 위원이 위원장의 직무를 대행한다.
③ 위원장은 국회에 출석하여 보호위원회의 소관 사무에 관하여 의견을 진술할 수 있으며, 국회에서 요구하면 출석하여 보고하거나 답변하여야 한다.
④ 위원장은 국무회의에 출석하여 발언할 수 있으며, 그 소관 사무에 관하여 국무총리에게 의안 제출을 건의할 수 있다.

제7조의4(위원의 임기) ① **위원의 임기는 3년으로 하되, 한 차례만 연임할 수 있다.**
② 위원이 궐위된 때에는 지체 없이 새로운 위원을 임명 또는 위촉하여야 한다. 이 경우 후임으로 임명 또는 위촉된 위원의 임기는 새로이 개시된다.

제7조의10(회의) ① 보호위원회의 회의는 **위원장이 필요하다고 인정하거나 재적위원 4분의 1 이상의 요구가 있는 경우에 위원장이 소집**한다.
② 위원장 또는 2명 이상의 위원은 보호위원회에 의안을 제의할 수 있다.
③ 보호위원회의 회의는 **재적위원 과반수의 출석으로 개의하고, 출석위원 과반수의 찬성으로 의결**한다.

제15조(개인정보의 수집·이용) ① 개인정보처리자는 다음 각 호의 어느 하나에 해당하는 경우에는 개인정보를 수집할 수 있으며 그 수집 목적의 범위에서 이용할 수 있다.
1. 정보주체의 동의를 받은 경우
2. **법률에 특별한 규정이 있거나 법령상 의무를 준수하기 위하여 불가피한 경우** 18 경간
3. 공공기관이 법령 등에서 정하는 소관 업무의 수행을 위하여 불가피한 경우
4. 정보주체와 체결한 계약을 이행하거나 계약을 체결하는 과정에서 정보주체의 요청에 따른 조치를 이행하기 위하여 필요한 경우
5. 명백히 정보주체 또는 제3자의 급박한 생명, 신체, 재산의 이익을 위하여 필요하다고 인정되는 경우
6. 개인정보처리자의 정당한 이익을 달성하기 위하여 필요한 경우로서 명백하게 정보주체의 권리보다 우선하는 경우. 이 경우 개인정보처리자의 정당한 이익과 상당한 관련이 있고 합리적인 범위를 초과하지 아니하는 경우에 한한다.
7. 공중위생 등 공공의 안전과 안녕을 위하여 긴급히 필요한 경우

제17조(개인정보의 제공) ① **개인정보처리자는** 다음 각 호의 어느 하나에 해당되는 경우에는 **정보주체의 개인정보를 제3자에게 제공**(공유를 포함한다. 이하 같다)**할 수 있다.**
1. **정보주체의 동의를 받은 경우**
2. 제15조제1항제2호·제3호·제5호 및 제39조의3제2항제2호·제3호에 따라 개인정보를 수집한 목적 범위에서 개인정보를 제공하는 경우

제17조(개인정보의 제공) ① **개인정보처리자는** 다음 각 호의 어느 하나에 해당되는 경우에는 **정보주체의 개인정보를 제3자에게 제공**(공유를 포함한다. 이하 같다)**할 수 있다.**
1. **정보주체의 동의를 받은 경우** 18 경간
2. 제15조제1항제2호, 제3호 및 제5호부터 제7호까지에 따라 개인정보를 수집한 목적 범위에서 개인정보를 제공하는 경우

제21조(개인정보의 파기) ① 개인정보처리자는 보유기간의 경과, 개인정보의 처리 목적 달성, 가명정

보의 처리 기간 경과 등 그 개인정보가 불필요하게 되었을 때에는 **지체 없이 그 개인정보를 파기하여야 한다.** 다만, 다른 법령에 따라 보존하여야 하는 경우에는 그러하지 아니하다. 18 경간

제23조(민감정보의 처리 제한) ①개인정보처리자는 사상·신념, 노동조합·정당의 가입·탈퇴, 정치적 견해, 건강, 성생활 등에 관한 정보, 그 밖에 정보주체의 사생활을 현저히 침해할 우려가 있는 개인정보로서 대통령령으로 정하는 정보(이하 "민감정보"라 한다)를 처리하여서는 아니 된다. 21 해경승진 다만, 다음 각 호의 어느 하나에 해당하는 경우에는그러하지 아니하다.
  1. 정보주체에게 제15조제2항 각 호 또는 제17조제2항 각 호의 사항을 알리고 다른 개인정보의 처리에 대한 동의와 별도로 동의를 받은 경우
  2. 법령에서 민감정보의 처리를 요구하거나 허용하는 경우
② 개인정보처리자가 제1항 각 호에 따라 민감정보를 처리하는 경우에는 그 민감정보가 분실·도난·유출·위조·변조 또는 훼손되지 아니하도록 제29조에 따른 안전성 확보에 필요한 조치를 하여야 한다.
③ 개인정보처리자는 재화 또는 서비스를 제공하는 과정에서 공개되는 정보에 정보주체의 민감정보가 포함됨으로써 사생활 침해의 위험성이 있다고 판단하는 때에는 재화 또는 서비스의 제공 전에 민감정보의 공개 가능성 및 비공개를 선택하는 방법을 정보주체가 알아보기 쉽게 알려야 한다.

제39조(손해배상책임) ① 정보주체는 개인정보처리자가 이 법을 위반한 행위로 손해를 입으면 개인정보처리자에게 손해배상을 청구할 수 있다. 이 경우 그 개인정보처리자는 고의 또는 과실이 없음을 입증하지 아니하면 책임을 면할 수 없다.
③ 개인정보처리자의 고의 또는 중대한 과실로 인하여 개인정보가 분실·도난·유출·위조·변조 또는 훼손된 경우로서 정보주체에게 손해가 발생한 때에는 법원은 그 손해액의 5배를 넘지 아니하는 범위에서 손해배상액을 정할 수 있다. 다만, 개인정보처리자가 고의 또는 중대한 과실이 없음을 증명한 경우에는 그러하지 아니하다.

제43조(조정의 신청 등) ① 개인정보와 관련한 분쟁의 조정을 원하는 자는 분쟁조정위원회에 분쟁조정을 신청할 수 있다. 21 해경승진
② 분쟁조정위원회는 당사자 일방으로부터 분쟁조정 신청을 받았을 때에는 그 신청내용을 상대방에게 알려야 한다.
③ 공공기관이 제2항에 따른 분쟁조정의 통지를 받은 경우에는 특별한 사유가 없으면 분쟁조정에 응하여야 한다.

제51조(단체소송의 대상 등) 다음 각 호의 어느 하나에 해당하는 단체는 개인정보처리자가 제49조에 따른 집단분쟁조정을 거부하거나 집단분쟁조정의 결과를 수락하지 아니한 경우에는 법원에 권리침해 행위의 금지·중지를 구하는 소송(이하 "단체소송"이라 한다)을 제기할 수 있다.(각호생략) 21 해경승진

제59조(금지행위) 개인정보를 처리하거나 처리하였던 자는 다음 각 호의 어느 하나에 해당하는 **행위를 하여서는 아니 된다.**
  1. 거짓이나 그 밖의 부정한 수단이나 방법으로 개인정보를 취득하거나 처리에 관한 동의를 받는 행위
  2. **업무상 알게 된 개인정보를 누설하거나 권한 없이 다른 사람이 이용하도록 제공하는 행위** 18 경간
  3. 정당한 권한 없이 또는 허용된 권한을 초과하여 다른 사람의 개인정보를 훼손, 멸실, 변경, 위조 또는 유출하는 행위

08 한국경찰의 향후과제

1. 행정개혁의 저항과 그에 대한 극복방안 08 채용

행정개혁에 저항이 따르는 이유	저항 극복방안
• 기득권의 침해 • 개혁내용의 불명확성 • 개혁과정의 폐쇄성으로 인한 참여부족 • 행정체제의 능력부족과 제도화된 부패 등	• 참여확대 • 의사소통의 촉진 • 개혁안의 명확화와 공공성의 강조 • 개혁방법과 기술의 수정 • 개혁의 점진적 추진 등

2. 에찌오니(A. Etzioni)의 저항에 대한 극복전략 07 채용, 11 승진

공리적 전략	① **경제적 보상**을 이용하는 것으로 관련자들이 혁신으로 인해 받는 손실인식 때문에 저항하는 경우 피해를 보상하는 인센티브를 제공하여 저항을 무마하는 전략이다. ② 불만을 해소하기 위해 수당을 지급하는 방법
규범적 전략	① 직원들의 윤리규범이나 가치에 호소하는 전략으로 상징조작과 심리적인 지지를 얻기 위한 전략이다. ② 개혁지도자의 카리스마, 개혁의 논리와 당위성에 대한 **여론, 교육과 훈련을 통한 의식의 개혁** 등을 이용해 잠재적 저항 심리를 완화시키거나 혁신에 동조하도록 하는 전략이다. ③ 甲이 무궁화 포럼에서 직원들 전체를 모아 놓고 교육훈련을 통해 의식개혁을 시도하는 것
강제적 전략	① 혁신에 저항하는 행위에 대해 **제재를 가하여** 혁신에 동참시키는 전략이다. ② 긴급을 요하는 때에 신속하게 저항을 극복할 수 있는 방법으로 혁신의 주창자나 집행자가 강한 리더십을 가지고 통제할 수 있을 때 이용할 수 있다. ③ 그러나 다른 전략에 비해서 혁신대상자들이나 집행자들의 자발적 동의를 유도하기 어렵다는 점에서 최후의 수단으로 한정적으로 사용하는 것이 바람직하다. ④ 甲이 취임사를 통해 부정부패 척결을 위해 직원들에게 유흥업소에서 절대 금품을 받지 말라고 지시하면서 단돈 1천 원이라도 받으면 중징계 하겠다고 공언하는 것

▶ [참고] **치안지수** 11 승진
① 치안지수란 국민들이 평가한 각종 범죄 및 교통위험에 대한 불안수준, 범죄간의 상대적 중요도 등을 기초로 산출한 지표를 말한다.
② 치안지수를 통하여 범죄발생 원인을 체계적으로 분석함으로써 범죄를 효율적으로 예방할 수 있는 것이 아니고, 범죄유형별로 국민들에게 불안을 주는 요소가 무엇인지를 파악할 수 있게 함으로써 효과적인 범죄예방대책을 수립하여 국민들을 불안케 하는 범죄에 대한 중점적으로 대처함으로써 치안만족도를 향상시킬 수 있다.
③ 치안지수를 통하여 범죄유형별로 국민들에게 불안을 주는 요소가 무엇인지를 파악할 수 있어 효과적인 범죄예방대책을 수립할 수 있다.
④ 지역별로 치안지수를 산출하여 지역특성에 맞는 치안정책을 수립할 수도 있다.

> ▶ **[참고] 오늘날 우리나라 경찰의 변화** 22 1차
>
> ① 수사절차 전반에 걸쳐 **객관적인(주관적인 X)** 시각으로 사건을 살펴보고 오류를 바로잡을 수 있도록 하기 위하여 일선 **시도경찰청 및 경찰서(지구대 및 파출소 X)**에 '영장심사관', '수사심사관' 제도를 도입·운영하고 있다.
> ② 집회·시위에 대한 관점을 관리·통제에서 인권존중·소통으로 근본적으로 바꾸기 위해 스웨덴 집회·시위관리 정책을 벤치마킹한 '대화경찰관제'를 도입·시행하고 있다.
> ③ 국경을 초월하는 국제범죄에 능동적으로 대응하고 재외국민 보호를 위해 치안시스템 전수, 외국경찰 초청연수, 치안인프라구축사업 등을 내용으로 하는 치안한류 사업을 추진하고 있다.
> ④ 2020년 12월 「국가정보원법」 개정에 따라 국가정보원의 국가 안보 관련 수사업무가 경찰로 이관될 예정이다.

CHAPTER 06 범죄학

01 범죄의 개념과 원인

1. 범죄의 개념

범죄는 각 시대의 사회적, 문화적, 역사적 상황과 환경에 따라 다른 모습을 하게 되는 **상대적(절대적X) 개념**이다.(G. M. Sykes) 10 승진

(1) 법률적 개념(Martin R. Haskell & Lewis Yablonsky)

내용	① 범죄란 법규를 위반하는 행위라고 정의한다. ② 법률은 인간이 사회를 형성하고 유지하며 구성원들 간에 지켜야 할 기본적 규범이다. ③ 법이 요구하는 행위를 고의적으로 하지 않거나 법이 금지하는 행위를 고의적으로 한 행위를 법률적 개념에서 범죄라고 한다. ④ 사회질서를 유지하는 일반적인 규범이자 사회구성원들의 동의를 전제로 하는 '법률'을 기준으로 한다는 점에서 가장 명확하고 객관적이며 예측가능성이 높은 개념이다.
비판	다원화되고 변화 속도가 빠른 현대 사회에서 법률이 변화를 모두 반영할 수 없다는 한계가 있다.

1) 법제정 및 법집행 과정상의 개념

법제정 과정상의 개념	① 사회적 환경변화에 따라 범죄의 개념이 성립하며, 법규가 형성되는 과정을 중심으로 개념을 정의한다. ② 법제정기관인 의회의 방침과 정책에 따라 범죄의 개념이 달라지는 것으로 법을 만드는 **입법기관이 범죄에 대해 정의**하는 개념이다. 예 청소년들에 대한 담배나 주류 판매에 대해 규제하지 않던 것을 1997년청소년보호법을 제정하여 청소년에 대한 담배나 주류판매행위를 범죄로 규정한 경우
법집행 과정상의 개념	① **법을 집행하는 사법기관(경찰, 검찰)**이 주로 범죄에 대해 정의한다는 개념으로, 사회적 이슈나 정책에 따라 법집행기관의 범죄단속에 대한 기준과 개념이 달라지게 되며, 범죄의 개념이 시간과 국가별로 개념이 다를수 있다. 예 '바다이야기'와 같은 사행성 게임의 폐해가 사회적으로 문제가 되자 기존 게임업자 위주로 단속하던 것을 게임이용자에게도 단속범위를 확대

(2) 비법률적 개념

1) 낙인이론적 개념(Howard Becker) - 정치적 시각에서의 범죄
   ① 범죄란 **범죄를 정의할 권한이나 힘을 가진 자(특정계급이나 권력계층)**들에 의해 규정되며, 일탈이라는 낙인이 부착된 사람을 일탈자라 하고, 사람들에 의해 일탈한 것이라고 낙인찍힌 행위를 일탈행위라고 규정함
   ② 범죄나 일탈의 개념이 너무 사회적 반응에 의존하고 매우 수동적인 개념으로 규정하고 있으나 실제는 그렇지 않으며(David Bordua), 범죄개념이 사회특정세력에 의해 정의됨으로써 주관적이고 상대적이라는 비판이 제기된다.

2) 해악기준의 개념 - 사회학적 시각에서의 범죄
   사회학적 시각에서의 범죄개념은 법률적 시각이나 정치적 시각에서의 범죄개념에 대해 비판되는 점들을 보완하기 위한 관점으로 **범죄의 가치적인 측면을 강조**하여 그 범위를 확장하였다.

화이트칼라 범죄의 범죄성 (Suthurland)	① 서덜랜드가 주장한 이론으로 **상위계층에 의한 경제범죄의 심각성**을 연구한 이론이다.**(살인·강도·강간X)** 23 1차 ② 화이트칼라범죄가 기존의 범죄보다 해악이 더욱 크다고 볼 수 있는데도 이에 대해 처벌은 약하거나 민사사건으로 처리되고 있어 이러한 문제점에 대한 대처방안이 필요하다고 강조하였다. ③ 화이트칼라범죄는 직업 활동과 관련하여 높은 지위를 가지고 있는 사람에 의해 저질러지는 범죄이다. 23 1차
인권침해 행위의 범죄성 (Herman & Schwendinger)	① **인간의 기초적 인권을 침해하는 해악적 행위**를 범죄로 규정하였고, 인간의 생존욕구와 자존의 욕구를 침해하는 행위를 심각하게 고려하였다. ② 인간의 기초적인 인권은 생존욕구와 자존욕구 등 두 가지의 구성요소를 가지고 있으며, 생존욕구는 행복을 위한 기본 전제조건이며, 자존욕구는 타인의 억압으로부터 안전을 보장받음으로써 자존과 즐거움을 누릴 권리를 말한다.
사회적 해악 행위의 범죄성 (Raymond Michalowski)	① 범죄의 범주에는 **불법적인 행위는 물론이고 법적으로 개념화되지 않은 사회적 해악 행위도 포함**시켜야 한다고 주장하였다. ② 범죄는 불법과 유사하나 법적으로 용인되기도 한다고 주장하며, 사회적 침해상태와 유사한 형태로·규정한다.

비판 → 해악이라는 가치적인 측면에만 치중했다는 비판이 있다.

2. 범죄원인론

(1) 범죄원인을 구성하는 요소

– 범죄자의 입장에서 범죄를 일으키는 **필요조건(충분조건X)**

범죄유발의 4요소 (Joseph F. Sheley)	① **범행의 동기**: 조건이 된다면 범죄를 하고자 하는 의향 ② **사회적 제재로부터의 자유**: 내적 제재와 외적 제재의 제거 ③ **범행의 기술**: 전문적인 능력과 기술 ④ **범행의 기회**: 범행에 공헌하는 물리적 환경 09 경간, 10·14 승진, 10·13·15 채용, 21 경간
소질과 환경 (Luxemburger)	① **범인성 소질** 　선천적 원시요소(유전자의 작용)와 후천적 발전요소(체질, 성격이상, 지능 등)에 의해 　형성되는 것을 의미한다. 18 승진 ② **범인성 환경** 　– 인간의 행동에 직접 또는 간접으로 영향을 미치는 물질과 심리적 구조,과정 등의 　　외부적 사정과 경험 등을 포함하는 개념 　– 범죄와 관련되는 환경을 범인성 환경이라고 하며, 이는 개인적 환경(알코올중독, 가 　　정의 해체, 교육의 부재 등)과 사회적 환경(사회구조, 경제변동, 전쟁)으로 분류된다. ③ **소질과 환경의 관계** 　– 내인성 범죄 : 범인성 소질에 더 많은 영향을 받는 범죄(성격이나 신체이상) 　– 외인성 범죄 : 범인성 환경에 더 많은 영향을 받는 범죄(환경적 요인에 의한 범죄) 　– 범죄는 소질과 환경에 모두 영향을 받게 된다.

(2) 범죄원인에 관한 학설

1) 고전주의 VS 실증주의

고전주의(억제이론)	실증주의(치료 및 갱생이론)
자유의지 인정	자유의지 부정
의사비결정론	의사결정론
범죄는 개인책임	범죄는 사회책임
범죄행위에 초점	범죄자의 속성에 초점
일반예방효과	특별예방효과
의도, 동기 소홀	외부적 환경에 따라 범죄 일으킴
강력한 처벌을 통한 범죄 억제효과	치료와 갱생을 통한 범죄 억제
폭력과 같은 충동적 범죄에는 한계	비용이 많이 들고, 일반예방에 한계

2) 개인적 수준의 범죄원인 이론

고전주의 범죄학	Beccaria	① 범죄와 형벌이라는 저서를 통해 ② 형벌은 범죄에 비례하여 부과해야 한다고 주장함
	Bentham	① 공리주의를 주장하면서 "모든 법의 목적은 그것이 이바지하는 사회의 전체 행복을 낳고 그것을 지탱하는 데에 있다."고 주장함 ② 형벌을 통한 범죄의 통제가 이루어져야 한다고 주장
	\multicolumn{2}{l}{• 인간은 **자유의지**가 있음(**의사비결정론**) • 범죄는 **형벌**을 통해 통제됨 • 형벌은 **엄격, 신속, 확실**해야 함 • 효과적 범죄예방은 **범죄를 선택하지 못하게 하는 것** • **일반예방효과** 강조 • 범죄는 **개인의 책임**이며, 사회책임이 아니라고 주장}
실증주의 범죄학	이탈리아 실증학파	① Lombroso: 생래적 범죄인설(범죄자는 범죄의 속성을 격세유전에 의하여 전수받은 자들이라고 주장) ② Ferry: 범죄포화의 법칙(범죄의 원인이 존재하는 사회에서는 이에 상응하는 일정한 양의 범죄가 반드시 발생한다고 주장) **10 채용** ③ Garofalo: '범죄학'이라는 저서를 통해 범죄를 자연범과 법정범으로 구별함
		① Lombroso : 생래적 범죄인설 ② 인간의 인상, 골격, 체형 등 타고난 생물적 특성으로 범죄발생
	심리학적 범죄학	범죄원인은 정신이상, 낮은 지능, 모방학습에 기인함
	\multicolumn{2}{l}{• 고전주의 범죄학의 한계 보완함 • 범죄는 자유의지가 아닌 **외적요소**에 의해 강요되는 것임 **10 승진, 23 경찰특공대** • **생물학적·심리학적** 이론 • 범죄인 자체에 대한 **교정과 처우**에 관심을 두었으며, 교정의 방법으로서 **형벌뿐만 아니라 보안처분 등 형사처분의 다양화** 주장 • 실증주의 범죄학 중 **심리학적 이론에 의하면 범죄는 정신이상, 낮은 지능, 모방학습에서 기인**한다고 본다. 실증주의 범죄학 중 생물학적 이론은 인간의인상, 골격, 체형 등 타고한 생물적 특성으로 인해 범죄가 발생한다고 본다. **11·13 승진** • 실증주의 범죄학에서는 범죄의 원인을 설명하는 데 있어 실증적이고 경험적인 실험이나 연구를 중시한다. **23 경찰특공대**}

3) 사회적 수준의 범죄원인 이론 14 승진

① 사회구조원인 - 범죄원인을 사회구조에서 찾는 이론 15 경간, 18 승진

사회 해체론	① Shaw & Mckay가 주장한 이론으로 도시의 특정지역(빈민지역)에서 범죄가 발생하는 이유는 **산업화, 도시화 과정에서 사회조직이 극도로 해체되기 때문**이라고 주장하며, 범죄의 원인은 인구의 유입보다는 지역사회 내부에 있다고 주장한다. **구성원이 바뀌어도 범죄발생률은 변하지 않는다**고 본다. 21 2차 ② 사회해체론을 주장한 Shaw & Mckay는 소년비행률이 사회해체 지역에서 높다는 사실을 확인, 그 원인을 분석 실험하였다. 11 승진 ③ 사회해체론에서 범죄원인의 특성은 인구밀집, 불안정한 주거환경, 빈곤, 실업, 제한된 경제적 기회, 적절한 역할모델의 부재 등을 들고 있다. 10 승진 **예** 경제 불황으로 실직한 甲은 사업자금을 마련하고자 살고 있던 집을 처분하고 빈민가로 이사를 하였는데, 자신의 아들 乙이 점점 비행소년으로 변해갔다. **생태학 이론**(사회해체론의 한 유형) ① Burgess & Park는 시카고 지역을 5개의 동심원지대로 나누어 각 지대별 특성과 범죄의 관련성을 조사하여 빈곤, 인구유입, 실업 등과 관련이 있다고 규정 ② 한 지역사회가 지배·침입·승계되는 과정을 통해 다른 지역사회를 지배하게 되는 과정을 설명함
긴장 (아노미)이론 11 승진, 21 2차	① Durkheim의 아노미 이론은 '**범죄는 정상적인 것이며 불가피한 사회적 행위**'로 규정하며, 사회규범이 붕괴되어 제대로 작동되지 못하는 상태를 아노미 상태라고 하면서 이러한 **무규범상태에서 범죄가 발생**한다고 하였다. 아노미 이론은 Merton 의 긴장이론의 기초가 됨 10·18 승진, 21 경간 ② Merton의 긴장유발이론은 하위계층의 목표달성에 대한 좌절이 사회적 긴장을 야기하고, **목표달성을 위해 합법성을 무시한 행동**을 하며, 이것이 범죄의 원인이라는 것이다. 사회의 구조적인 문제점을 범죄의 원인으로 봄
하위문화 이론 19 경간	① Cohen - 하류계층의 청소년들이 목표와 수단의 괴리를 통해 중류계층에 대한 저항으로 **비행을 저지르며** 목표달성의 어려움을 극복하기 위해 **자신들만의 하위문화를 만들게 되며** 범죄는 이러한 하위문화에 의해 저질러지는 것 ② Miller - 범죄는 **하위문화의 가치와 규범이 정상적으로 반영된 것** 18 승진
문화갈등 이론	① 시카고 학파 - 각 **지역사회의 문화적 갈등**을 통해 범죄나 비행이 발생 10·13 승진 ② T. Sellin - 범죄는 문화의 갈등을 통한 심리적 갈등으로 인해 발생
문화전파 이론	① **범죄를 부추기는 가치관으로의 사회화나 범죄에 대한 구조적·문화적 유인에대한 자기통제의 상실**이 범죄의 원인 14 경간, 18 승진 ② **범죄를 부추기는 가치관으로의 사회화** 성장과정에서 정상적인 사회화 과정을 거치지 않고 비행성 등 범죄를 일으킬 수 있는 성향을 띠는 것(범죄는 문화와 같이 부모로부터 아이에게 전해짐)
마르크스 주의 이론	구조적으로 야기된 **경제적 문제나 신분, 지위의 문제를 범죄의 원인으로 봄** 07·09 채용

② 사회과정원인 - 범죄원인을 사회과정에서 찾는 이론 21 승진

사회학습이론	— Sutherland [차별적(분화적) 접촉이론] ① 범죄의 원인을 물리적 환경으로 보아서, 범죄는 범죄적 전통을 가진 사회에서 많이 발생하며 이러한 사회에서 개인은 분화적(차별적)으로 범죄에 **접촉, 참가, 동조하면서 학습됨** 07 채용, 21 승진 ② 지역사회 간 범죄율의 차이는 범죄적 전통을 가진 집단일수록 범죄율이 높다고 본다. 11 승진 ③ 서덜랜드는 분화적(차별적)접촉이론을 통해 사회적 요인이 범죄의 요소이며, 범죄행위는 "정상적"으로 학습된 행위라고 주장하였다. 10 승진 예 나쁜 친구와의 교제 — Glaser [차별적 동일시이론] 13·19 승진, 21 경간, 23 경찰특공대 청소년들이 영화의 **주인공을 모방하고 자신과 동일시**하면서 범죄를 학습함 예 청소년인 A가 영화 폭력영화를 보고 조폭들의 행동을 따라하다가 폭력을 저지른 경우 예 D경찰서는 관내 청소년 비행 문제가 증가하자 청소년들을 대상으로 폭력 영상물의 폐해에 관한 교육을 실시하고, 해당 유형의 영상물에 대한 접촉을 삼가도록 계도하였다. 19 2차 — Burgess & Akers [차별적 강화이론] 19 경간, 21 2차 청소년의 비행행위는 **처벌이 없거나 칭찬받게 되면 반복적으로 저질러짐** — Matza & Sykes [중화기술이론] 09 채용, 10·18 승진 ① 청소년은 비행의 과정에서 합법적, 전통적 관습, 규범, 가치관 등을 중화시킨다고 주장하였다. 10·19 승진 ② 자기행위가 실정법상 위법하다는 것을 알지만 그럴 듯한 구실이나 이유를 내세워 자신의 행위를 도덕적으로 문제없는 정당한 행위로 합리화시켜 준법정신이나 가치관을 마비시킴으로써 범죄에 나아간다는 이론을 말한다. 14 경간 [TIP] 중화기술의 유형 09 채용, 12 경찰특공대	
	책임의 부정	자기의 비행에 대해서 사실상 책임 없다고 합리화시키는 기술 예 겁만 줄려고 했는데, 상대방이 피하다가 맞은 거다.
	피해자의 부정	자신의 행위대상은 마땅히 제재 받아야 할 사람이므로 자신의 행위의 피해자는 있을 수 없다고 생각함으로써 자신의 행위를 정당화하는 기술 예 피해자는 맞을 짓을 했으므로 응징을 당해 마땅하다
	비난자에 대한 비난	자기를 비난한 사람들의 약점과 비행을 생각하면서 자기를 비난한 사람을 비난하며, 자신의 비행에 대한 죄책감을 중화시키는 기술 예 절도범이 부패한 경찰은 '나를 비난할 자격이 없다'고 하는 경우
	가해의 부정 (피해발생의 부인)	자기의 행위로 손상을 입거나 재산상의 피해를 본 사람이 없다고 함으로써 자신의 비행을 합리화하는 기술 예 돈을 훔치고 빌렸다고 주장
	충성심에의 호소	사회의 일반적인 가치나 규범의 정당성을 인정하면서도 보다 더 높은 가치에 기반 하여 비행을 합리화하는 기술 예 국가나 집단(친구 등)에 대한 사랑, 우정, 충성심 때문에 범죄를 저질렀다고 주장
사회통제	Reckless [견제이론] 13 승진, 21 2차 ① 좋은 자아관념은 주변의 범죄적 환경에도 불구하고 **비행행위에 가담하지 않도록** 하는 중요한	

이론		요소가 됨 19 경간 ② 범죄유발의 외적압력 - 가난, 비행하위문화, 퇴폐환경, 차별적 기회구조 등 ③ 범죄유발의 내적압력 - 좌절, 욕구, 분노, 열등감 등
	Briar & Piliavin [동조성전념이론] 18 승진 ① 사람들은 행위와 가치에 영향을 미치는 단기유혹에 노출되며 노출이 끝나면 다시 정상적인 상태로 돌아가고 범죄를 행했을 때 자신에게 돌아오는 **처벌의 두려움, 자신의 이미지, 사회에서의 지위와 활동에 미치는 영향** 등을 염려하는 동조성에 대한 전념을 가지고 있음(**관습적 목표를 지향하려는 노력**) ② 동조성에 대한 전념은 부모와 선생님 등 다른 사람과의 대인관계를 통해 얻어지게 됨	
	Hirshi [사회유대이론] 07·09 채용, 23 경찰특공대 ① 사람은 일탈할 잠재적인 가능성을 가지고 있고, 이것을 통제하는 시스템에 장애가 생기면 통제가 이완되어 범죄가 발생한다고 봄 ② 비행을 제지할 수 있는 사회적 통제의 결속과 유대의 약화로 인하여 범죄가 발생 14 경간, 19 승진 ③ 사회적 결속 요소 : **애착, 참여, 전념, 신념**(기회X) 등 21 경간	
낙인 이론	① 범죄자로 만드는 것은 **행위의 질적인 면이 아닌 사람들의 인식** 10 승진, 4 경간 ② Tannenbaum은 악의 극화라고 표현함 ③ Lemert는 일차적 일탈(일시적 일탈)과 이차적 일탈(경력적 일탈)로 구분하여 설명함 **예** A경찰서는 관내에서 음주소란과 폭행 등으로 적발된 청소년들을 형사입건하는 대신 지역사회 축제에서 실시되는 행사에 보안요원으로 봉사할 수 있는 기회를 제공하였다. 19 2차, 22 경간	

02 범죄의 통제(예방)

1. 범죄통제이론의 전개

> 응보와 복수(근세 이전) → 형벌과 제재(고전주의) → 교정과 치료(실증주의) → 범죄 예방(20C)

※ 응보주의는 '**강력한 처벌**'을 통하여 범죄예방을 강조함
※ 실증주의 사상가들은 '**교정과 치료**'로, 범죄사회학자들은 '**범죄예방**'을 통하여 범죄문제를 해결하고자 함

2. 범죄통제이론

(1) 전통적 범죄통제(예방)이론

범죄자의 처벌을 통해 '대중'의 범죄를 예방하고자 하는 것은 일반억제(general deterrence) 이며, 특별억제(special deterrence)는 범죄자의 엄격한 처벌을 통해 '범죄자'의 재범을 막고자 하는 것이다. 09 채용

범죄이론	통제이론	내용	비판
고전주의 18 승진	억제이론 09·10채용 15·17·19 승진 18 3차 17·21 2차	① 18세기 고전주의 범죄학의 직접적인 영향을 받음 ② **의사비결정론**: 개인의 자유의사에 의해 합리적으로 행동함 19 승진 ③ 범죄에 대한 책임은 **개인**에게 있고, 사회의 책임이 아님 ④ 범죄에 대한 국가의 **강력하고 확실한 처벌**로 인한 **일반범죄예방**효과에 중점 12 경간	① **폭력과 같은 충동적 범죄에는 적용 한계** 13 승진, 14 1차 ② 범죄의 동기나 원인, 사회적 환경에는 관심이 없음
실증주의 (생물학적·심리학적 이론) 18 승진	치료 및 갱생이론 09·10채용 15·17·19 승진 17 2차 18 3차	① 범죄자의 **치료와 갱생·교정**을 통한 범죄예방 12 승진, 12 경간 ② **생물학적·심리학적** 범죄 이론에 바탕을 두고 있음 ③ **의사결정론**(결정론적 인간관) ④ 범죄는 개인의 책임이 아닌 사회의 책임 ⑤ 범죄행위보다 **범죄자 속성**에 초점	– 비용이 많이 들어 적극적 범죄 예방에 한계가 있고, 범죄자를 대상으로 하므로 일반 예방효과에 한계가 있음(특별 예방효과에 중점) 13 승진, 14 1차
사회학적 이론 18 승진	사회발전 이론	① **사회발전을 통한 범죄의 근본적 원인의 제거** 강조 ② 사회학적 범죄원인론에서 주장한 범죄예방이론 ③ 범죄자의 **사회적 환경**이 범죄자의 내재적 성향보다 더 중요한 범죄원인임 ④ 결정론적 인간관에 근거한다.	① 범죄의 원인이 되는 사회적 환경을 개선할 능력이 있는가? ② 개인이나 소규모의 조직체에 의해서 수행될 수 없다는 비판이 제기됨 10 채용 ③ 막대한 인적·물적 자원이 필요 ④ 사회를 실험대상으로 이용

(2) 현대적 범죄통제(예방)이론 – 생태학적 관점이론

범죄이론	통제이론	내용
상황적 범죄예방 이론 08·09 경간 12 승진		**상황적 범죄예방이론**은 범죄행위에 대한 위험과 어려움을 높여 **범죄기회를 제거하고 범죄행위의 이익을 감소**시킴으로써 범죄를 예방하려는 이론이다.
	합리적 선택이론	10 채용, 12·13·19 승진, 17 2차, 18 법학, 20·21 경채, 21 경간 ① 범죄자는 **비용과 이익을 고려하여 합리적으로 선택함**(신고전주의) ② 범죄자의 입장에서 선택할 수 있는 기회를 미리 진단하여 예방함 ③ 인간이 자유 의지를 가지고 있다고 가정하고 합리적인 인간관을 전제로 함 – **비결정론적 인간관** 08 경간, 09 채용 ④ **체포의 위험성과 처벌의 확실성**을 높이는 것이 효과적인 범죄예방 ⑤ 학자: **클락 & 코니쉬** 12 경간
	일상 활동 이론 17·19승진 18 3차	① **범죄발생의 3요소** 12·13 승진, 12 경간, 14 1차, 17 2차, 20 경채 – 동기가 부여된 잠재적 범죄자 – 적절한 대상 – 보호자(감시자)의 부재 ② VIVA 모델 10 승진, 10 채용 범죄자의 입장에서 범행을 결정하는데 고려되는 **4가지 요소** 21 경간

21 경채		1. **가치**(Value) 2. **이동의 용이성**(Inertia) 22 경간 3. **가시성** (Visibility) 4. **접근성**(Access) ③ 시간과 공간적 변동에 따른 범죄발생양상·범죄기회·범죄조건 등에 대한 **구체적**이고 **미시적**인 분석을 토대로 구체적인 상황에 맞는 범죄예방활동을 하고자 함 08 경간, 09 채용, 13 승진 ④ 지역사회의 차등적 범죄율과 변화를 지역사회의 구조적 특성의 변화가 아닌 개인들의 일상생활변화에서 찾고자 한 이론 ⑤ 코헨 & 펠슨
	범죄패턴 이론 12·15승진 18 법학 21 경채	① 범죄에는 일정한 **장소적(시간적X) 패턴**이 있음 17 경간 – 여가활동장소, 이동경로, 이동수단 ② **지리적 프로파일링**을 통한 범행지역의 예측 활성화에 기여함 15 승진 ③ 브랜팅햄 22 경간 **예** C경찰서는 관내 자전거 절도사건이 증가하자 관내 자전거 소유자들을 대상으로 자전거에 일련번호를 각인해 주는 서비스를 제공하였다. 19 2차
	비판 09 경간	① 범죄는 예방되는 것이 아니라 다른 곳으로 전이되어 전체 범죄는 줄어들지 않는다.(**전이효과** = 풍선효과) 22 경간 ② 모든 사람을 잠재적 범죄인으로 보아서 범죄를 줄이기 위해 개인의사생활 등을 국가가 과도하게 통제하여 요새화된 사회를 만들어 인권이나 기본권이 침해될 수 있다.
환경 범죄학		① **생태학적 이론** – 범죄발생을 용이하게 하는 환경적 요소를 개선하거나 제거함으로써 기회성 범죄를 줄이려는 범죄예방론으로 대표적인 예로 환경설계를 통한 범죄예방기법(CPTED)이 있다. 10 승진 ② **물리적 환경의 변화를 통한 범죄예방(CPTED)** – 환경설계를 통한 범죄예방기법(CPTED)은 생태학적 이론의 대표적인 예라 할 수 있다. 10 채용 – 생태학적 이론은 어두운 거리에 가로등을 설치하는 등 범죄취약요인을 제거함으로써 범죄예방을 하고자 한다. CPTED는 그 대표적 예로써 환경설계를 통한 범죄예방기법이다. 08 경간 ③ **방어공간이론(영역성의 강조)** – 오스카 뉴먼 12 승진, 21 경채, 22 경간 – 주거에 대한 영역성의 강화를 통해 **주민들이 살고 있는 지역이나 장소를 자신들의 영역이라 생각하고 감시를 게을리 하지 않으면 어떤 지역이든 범죄로부터 안전할 수 있다**고 주장하는 이론 – 방어공간(Defensible Space)과 관련하여 **영역성, 감시, 이미지, 안전지대(환경)**의 4가지 관점을 제시하였다. 22 경간, 22 1차 – **방어적 공간의 4가지 구성요소(오스카 뉴먼)**

영역성	지역에 대한 소유의식은 일상적이지 않은 일이 있을 때 주민으로 하여금 행동을 취하도록 자극함
자연적 감시	특별한 장치의 도움 없이 실내와 실외의 활동을 관찰할 수 있는 능력
이미지	지역의 외관이 다른 지역과 고립되어 있지 않고 보호되고 있으며, 주민의 적극적 행동의지를 보여줌
환경(안전지대)	안전하다고 생각되는 도시지역에 주거지역 선정

	④ 비판: 주로 잠재적 범죄인이 환경의 변화에 비교적 쉽게 적응해간다는 측면에서 비판이 이루어짐. 범죄를 예방하기 위해서는 물리적 환경의 변화만으로는 불가능하며 지역 주민들의 참여가 필수적인데 이 점을 간과하고 있음
집합 효율성 이론 12 경간, 14 1차 17 경간, 18 법학, 18 3차	① 집합효율성이란 **지역주민 간의 상호신뢰 또는 연대감과 범죄에 대한 적극적인개입과 비공식적 통제의 결합**을 의미하며, **지역사회 구성원들이** 범죄문제를 해결하기 위해 **적극적으로 참여**하는 것이 중요한 범죄예방의 열쇠라고 주장함 21 경간 ② 집합효율성 이론은 지역사회 구성원들의 유대강화와 범죄 등 **사회문제에 대한적극적인 개입 등 공동의 노력이 있다면 얼마든지 범죄문제에 효과적으로 대응**할 수 있다고 함 12·13 승진 ③ 비판: 공식적 사회통제, 즉 경찰 등 법집행기관의 중요성을 간과하고 있음 ④ **로버트 샘슨**과 그 동료들

깨진
유리창
이론
17 승진
17 경간
18 법학
19 승진
20 경채
	① 무질서한 행위와 환경을 그대로 방치하면 주민들은 공공장소를 회피하게 되고 범죄에 대한 두려움은 증가하며 범죄와 무질서가 심각해짐. 무질서에 대한 엄격한 통제관리가 요구됨
	② **무관용 정책과 집합효율성의 강화**가 범죄를 예방하는 데 중요함 12·15 승진
	③ **무관용 경찰활동은 직접적인 피해자가 없는 사소한 무질서 행위에 대한 경찰의 강경한 대응을** 강조함
	④ 미국 뉴욕시는 1990년대 깨진 유리창 이론의 실천을 통해 범죄예방 성과를 달성하였음
	⑤ 시민들에게 파괴되거나 더럽혀진 주변 환경에 대한 신속한 회복을 요청하였고, 지역주민 간의 상호협력을 통한 범죄와 무질서의 예방노력이 함께 어우러진결과로 효과적인 범죄예방의 기능을 수행할 수 있었음
	⑥ 비판: 경미한 비행에 대한 무관용 개입은 **낙인효과를 유발할 수 있음**
	⑦ **윌슨과 켈링**이 제시한 경미한 무질서와 심각한 범죄를 이론적으로 연결시킨 최초의 시도
	예 B경찰서는 지역사회에 만연해 있는 경미한 주취소란에 대해서도 예외 없이 엄격한 법집행을 실시하였다. 19 2차
	– 무관용(Zero Tolerance) 경찰활동 09 채용, 22 경채, 23 1차
	    ① 무관용 경찰활동은 1990년대 뉴욕에서 본격적으로 시행되었다.
	    ② 윌슨(J. Wilson)과 켈링(G. Kelling)의 **'깨어진 창이론'에 기초**하였다.
	    ③ 경미한 비행자에 대한 무관용 개입은 **낙인효과를 유발할 수 있다는 비판**이 있다.
	    ④ 무관용 경찰활동은 직접적인 피해자가 없는 무질서 행위를 용인하는 전통적 경찰활동의 전략을 계승하였다X → 계승하였다기보다는 직접적인 피해자가 없는 무질서 행위라도 엄격한 처벌을 강조함

(3) 환경설계를 통한 범죄예방(CPTED) 10·11·12·18 승진, 12·13·15·19·20·23 1차, 12·13·16·20·21 경간, 22 2차

자연적 감시	건축물이나 시설물 등의 **설계 시에 가시권을 최대로 확보**하고, 외부침입에 대한 감시기능을 확대함으로써 범죄행위의 발견 가능성을 증가시키고, 범죄기회를 감소시켜 범죄를 예방하고 억제할 수 있다는 원리	가시권 확대를 위한 건물의 배치 및 조명·조경 설치 등
자연적 접근 통제	일정한 지역에 접근하는 **사람들을 정해진 공간으로 유도하거나 출입하는 사람들을 통제**하도록 설계함으로써 접근에 대한 심리적 부담을 증대시켜 범죄를 예방할 수 있다는 원리	통행로의 설계, 출입구의 최소화, 차단기·잠금장치·방범창 등의 설치
영역성의 강화	**사적 공간에 대한 경계선을 표시**하여 거주자들의 소유·책임의식을 강화시킴으로써 범죄에 대항·예방하게 하고, 외부인들에게는 침입에 대한 불법사실을 인식시켜 범죄기회를 차단하는 원리	울타리·표지판의 설치, 사적·공적 공간의 구분
활동의 활성화	공공장소에 대한 주민들의 활발한 사용을 유도함으로써 '**거리의 눈**(eyes on the street)'에 의한 자연스러운 감시를 강화시키고 접근통제의 기능을 확대하는 원리	놀이터·공원의 설치, 체육시설의 접근성과 이용의 증대, 벤치·정자의 위치 및 활용성에 대한 설계
유지 관리	어떤 시설물이나 공공장소를 처음 설계된 대로 **지속적으로 이용될 수 있도록 관리**함으로써 범죄예방을 위한 환경설계의 장기적이고 지속적인 효과를 유지하는 원리	파손 시 즉시보수, 청결유지, 조명·조경의 관리

[정리] 범죄 요소의 비교

실리의 4요소	일상활동이론 3요소	VIVA 모델
범행의 **동기** 범행의 **기회** 범행의 **기술** 사회적 제재로 부터의 **자유**	**범죄자**(가해자) **피해자**(범행대상) **보호자**(감시)의 **부재**	가치 이동의 용이성 가시성 접근성

3. 범죄의 예방

(1) 정의

미국범죄예방 연구소 07·08 채용	미국의 범죄예방연구소범죄발생의 요소를 범죄욕구·범죄기술·범죄기회로 구분하였고, **범죄예방이란 범죄기회를 감소시키려는 사전활동**이며, 범죄에 관련된 환경적 기회를 제거하는 **직접적 통제활동**이라고 정의하였다. 12 경간
S. P. Lab 07·08 채용	범죄예방이란 **실제의 범죄발생과 범죄에 대한 공중의 두려움을 줄이려는 사전활동**으로 정의하여 **통계적 측면**과 **심리적 측면**을 동시에 고려하였다.
Jeffery	범죄예방이란 범죄가 발생하기 전에 이루어지는 직접적인 활동으로 주로 범죄환경에 초점을 두는 활동이라고 정의하였다.

(2) 브랜팅햄(Brantingham)과 파우스트(Faust)의 범죄예방 접근법 06 승진, 08 경간, 07·08·09 채용

P. J. Brantingham과 F. L. Faust는 질병예방의 공중보건 모델과 유사한 세 가지의 범죄예방 유형을 제시하였다.

구분	내용	대상
1차예방	① 범죄기회를 제공하는 물리적·사회적 환경조건을 찾아 개입하는 전략 ② 주민신고, 환경설계(비상벨이나 CCTV설치 등), 이웃감시, 민간경비활동 강화	일반대중
2차예방	① 잠재적 범죄자를 초기에 발견하여 개입하는 전략 ② 범죄예측, 우범지역단속활동, 범죄 지역분석, 전환제도 등	우범자나 우범자 집단
3차예방	① 범죄자를 대상으로 하는 상습법 대책수립 및 재범억제 지향 전략 ② 범인의 검거·구속, 교도소 구금조치, 범죄자에 대한 교정치료 등 ③ 특별예방모델	범죄자

(3) 제퍼리(C. R. Jeffery)의 범죄통제모형 07·08 채용

범죄억제모델	형벌을 통한 **범죄억제**에 중점
사회복귀모델	범죄자의 **치료와 갱생**에 중점 지역 활동, 교육·직업훈련, 복지정책 등을 통해 범죄자를 재사회화 시키는 것
범죄예방모델	**사회 환경의 개선**을 통한 범죄예방에 중점(CPTED – 환경공학적 접근) 도시정책, 환경정화 등

> **[참고] 멘델존의 범죄피해자 유형** 13 경간, 14 승진
>
> | 완전히 책임 없는 피해자 | 순수한 피해자(무자각 피해자) | 영아살해죄의 영아, 약취유인된 유아 |
> |---|---|---|
> | 책임이 조금 있는 피해자 | 무지에 의하여 책임이 적은 피해자 | 무지에 의한 낙태여성, 인공유산을 시도하다 사망한 임산부 |
> | 가해자와 같은 정도의 책임이 있는 피해자 | 자발적인 피해자 | 촉탁살인에 의한 피해자, 자살미수 피해자, 동반자살 피해자 |
> | 가해자보다 더 책임이 있는 피해자 | 피해자의 행위가 범죄자의 가해행위를 유발시킨 피해자 | 자신의 부주의로 인한 피해자, 부모에게 살해된 패륜아 |
> | 가장 책임이 높은 피해자 | 타인을 공격하다 반격을 당한 피해자 | 정당방위의 상대자가 되는 공격적 피해자, 무고죄의 범인 같은 기만적 피해자 |

> **[참고] 프로파일링** 21 경간
> 1. 프로파일링은 범죄자의 **신원을 파악하는 것이 아니라 유형**을 파악하는 것이다.
> 2. 프로파일링은 범죄현장에는 **범인의 성향이 반영**된다는 것과 **범인의 성격은 쉽게 변하지 않는다**는 전제를 지니고 있다.
> 3. **지리학적 프로파일링**은 범행 위치 및 피해자의 거주지 등 범죄와 관련된 정보를 계량화하여 **범인이 생활하는 근거지를 확인**하는 방법이다.
> 4. 한국은 도시 간의 간격이 협소하고 거주 지역 내 인구가 밀집되어 있어 **지리학적 프로파일링에 최적화된 환경을 제공하기 어렵다**.

CHAPTER 07 지역사회 경찰활동

01 지역사회 경찰활동의 개관

1. 의의 12 승진
① 지역사회경찰활동은 지역사회 공동체의 모든 분야와 협력하여 범죄발생을 예방하고 범죄로부터 피해를 줄이는 것을 목표로 하는 활동이다.
② 지역사회 자체의 범죄예방능력을 강화하여 지역사회차원에서 범죄문제를 해결하려는 구체적이고 종합적인 활동이다.
③ 지역사회 경찰활동을 위해서 지역사회의 문제에 대한 정확한 분석이 선행되어야 한다.
④ 비공식적 사회통제를 강화함
⑤ 경찰활동의 목적과 우선순위를 결정할 때 시민의 참여가 중요하다. 23 2차
⑥ 경찰은 지역사회 내 지방자치단체, 학교 등 공적 주체들은 물론 시민단체 등 사적 주체들과도 파트너십을 형성할 필요가 있다. 23 2차
cf. 집중화된 조직구조, 법과 규범에 의한 규제, 법을 엄격히 준수하는 책임을 강조하는 것은 '전통적 경찰활동'이다.

2. J. Skolinick의 지역사회 경찰활동의 기본요소 06 승진
① 지역사회 범죄예방활동
② 주민에 대한 서비스 제공을 위한 순찰활동으로 방향전환
③ 정책결정과정에서의 주민참여를 포함한 권한의 분산화 21 경채
④ 주민에 대한 책임성 중시

3. 지역경찰활동의 평가기준

안전도	객관적 안전성 지표	**범죄발생률(피해회복률X)**, 범죄악질률, 범죄에 대한 피해확률
	주관적 안전성 지표	시민들의 불안감 평균치
경찰력의 수준	방범활동 자체의 수준	인구 당 경찰관의 수, 지역경찰관의 수
	순찰빈도	도보순찰 및 순찰차의 순찰횟수
경찰활동 결과의 수준		검거율, **피해회복률**, 범죄발생통보율, 경찰에 대한 시민협력의 정도

02 전통적 경찰활동과 지역사회 경찰활동의 비교

09 채용, 10 승진, 11 2차, 13·14·22 경간, 20 1차, 21·23 경채, 23 2차

구분	전통적 경찰활동	지역사회 경찰활동
경찰의 (주체)	범죄에 대한 책임 → 경찰	범죄에 대한 책임 → 경찰, 주민(경찰 = 대중)
역할	범죄해결	폭넓은 지역문제해결
우선순위	범죄(강도, 절도, 폭력 등)퇴치	지역사회 포괄적인 문제해결
능률측정	체포율(검거율)과 적발건수 범죄검거율(사후적인 활동강조)	범죄와 무질서의 감소율, (사전적인 활동강조)
효율성	범죄 신고에 대한 반응시간	대중의 경찰업무에의 협조도
조직구조	집권화	분권화
강조점	법을 엄격히 준수하는 책임강조 사후적 측면 강조	지역사회요구에 부응하는 분권화된 경찰관 개개인의 능력강조 사전적 측면 강조
타 기관과의 관계	갈등구조	협력구조

기출지문

정보 주도적 경찰활동은 범죄자의 활동, 조직범죄집단, 중범죄자 등에 관한 관리, 예방 등에 초점을 두고, 증가하는 범죄를 감소시키기 위해 범죄정보를 통합한 법집행 위주의 경찰활동을 말한다. 23 경채

▶ [참고] 전통적 경찰활동과 지역사회 경찰활동과 지역사회 경찰활동에 관한 비교 설명(Sparrow, 1988) 22 경간

① 경찰은 누구인가? – 전통적 경찰활동의 관점에서는 법집행을 주로 책임지는 정부기관이라고 답변할 것이며, 지역사회 경찰 활동의 관점에서는 경찰이 시민이고 시민이 경찰이라고 답변할 것이다.
② 언론 접촉 부서의 역할은 무엇인가? – 전통적 경찰활동의 관점에서는 현장경찰관들에 대한 비판적 여론을 차단하는 것이라고 답변할 것이며, 지역사회 경찰활동의 관점에서는 지역사회와의 원활한 소통창구라고 답변할 것이다.
③ 경찰의 효과성은 무엇이 결정하는가? – 전통적 경찰활동의 관점에서는 경찰의 대응시간이라고 답변할 것이며, 지역사회 경찰활동의 관점에서는 시민의 협조라고 답변할 것이다.
④ (X) 가장 중요한 정보란 무엇인가? – **지역사회 경찰활동(전통적 경찰활동X)**의 관점에서는 **범죄자 정보(개인 또는 집단의 활동사항 관련 정보)**라고 답변할 것이며, **전통적 경찰활동 (지역사회 경찰활동X)**의 관점에서는 **범죄사건 정보(특정 범죄사건 또는 일련의범죄사건 관련 정보)**라고 답변할 것이다.

03 지역사회 경찰활동의 프로그램 22 경간, 22 경채, 23 1차, 23 경찰특공대

① 경찰의 역할에서 범죄투사(Crimefighter)의 역할보다 문제해결자(Problem solver)로서의 역할에 중점을 둔다. 22 경간, 23 경찰특공대
② 범죄의 진압·수사 같은 사후 대응적 경찰활동(Reactive Policing)보다는 범죄예방과 같은 사전 예방적 경찰활동(Proactive Policing)을 강조한다. 22 경간, 23 경찰특공대

1. 지역중심 경찰활동(Commnuity - Oriented Policing) 21 경채

의의 및 내용	① 지역사회와 경찰 사이의 **새로운 관계를 증진시키는 조직적인 전략이고 원리**이다. 지역사회에서의 전반적인 삶의 질 향상을 목표로 한다. 21 법학. ② 경찰과 지역사회가 마약·범죄와 범죄에 대한 두려움, 사회적·물리적 무질서 그리고 전반적인 지역의 타락과 같은 당대의 문제들을 확인하고 우선순위를 정하여 해결하고자 함께 노력한다. 22 승진 ③ 지역사회 경찰활동(COP)은 경찰-주민 간 파트너십의 강화, 지역사회 문제에 대한 근본적 해결, 경찰 조직 내 권한의 이양 등을 강조한다. 20 경채 ④ 경찰과 지역사회가 협력하여 길거리 범죄, 물리적 무질서 등을 확인하고 해결함으로써 주민들의 삶의 질을 개선하고자 노력한다. 24 경간 ⑤ 학자: 트로야노비치, 버케로

2. 이웃 지향적 경찰활동(Neighborhood - Oriented Policing)

의의 및 내용	① 의의 주민들이 서로 친밀한 관계를 유지하여 이웃사람들의 습관이나 일상 활동에 대해 잘 알게 되면 자신들의 구역 내에서 의심스러운 사람이나 행동을 쉽게 발견할 수 있어 이를 통해 범죄를 예방하려는 프로그램 ② 학자: 윌리엄스 ③ 내용 ⓐ 지역에서 범죄가 발생하는 원인은 비공식적 사회통제의 약화와 경제적 궁핍이 소외를 정당화 ⓑ 지역조직은 경찰관에게 중요한 역할을 부여받으며, **서로를 위해 감시하고 공식적인 민간순찰을 실시** 20 2차, 22 경채 ⓒ 지역조직은 **거주자들에게 지역에 관한 정보를 제공하며** 경찰과 협동해서 범죄를 억제하는 기능수행 ⓓ 경찰과 주민 사이의 의사소통라인을 개선하는 모든 프로그램을 말함 22 경채 ⓔ 경찰과 주민의 의사소통을 활성화하고 주민들에 의한 순찰을 실시하는 등 지역사회에 기초를 둔 범죄예방 활동 등을 위해 노력한다. 24 경간 ⓕ 소규모 지역공동체 모임의 활성화를 통해 상호감시를 증대하고 단속 중심의 경찰활동을 전개함으로써 범죄에 대응하는 전략을 추진한다.

3. 문제 지향적 경찰활동(Problem - Oriented Policing : POP)

의의 및 내용	
	① 의의 ⓐ 경찰이 사건에 토대를 둔 반응전략에서 문제 지향적 전략으로 바꿔야 한다는 이론으로 경찰활동은 범죄뿐 아니라 폭넓은 다른 문제들의 범위도 다룬다. ⓑ 일선경찰관에게 문제해결 권한과 필요한 시간을 부여하고 범죄분석자료를 제공한다. 20 2차 ⓒ 「형법」의 적용은 여러 대응 수단 중 하나에 불과하다. 20 2차 ⓓ 경찰활동이 단순한 법집행자의 역할에서 지역사회 범죄문제의 근원적 원인을 확인하고 해결하는 역할로 전환할 것을 추구한다. 21 경간, 22 경채 ⓔ 지역사회의 문제를 해결하기 위한 여러 가지 방안을 중점으로 우선순위를 재평가, 각각의 문제에 따른 형태별 대응을 강조한다. ⓕ 대중정보와 비평을 적극적으로 수용한다. ⓖ 문제들에 대한 효과적인 대응 전략들을 마련하면서 필요한 경우 경찰과 지역사회가 협력할 수 있는 대응전략들에 보다 높은 가치를 부여한다. ⓗ 문제 지향 경찰활동은 종종 지역사회경찰활동과 병행되어 실시되곤 한다. 21 경간 ⓘ 경찰과 지역사회가 전통적인 경찰업무로 해결할 수 없거나 그것의 해결을 위하여 특별히 관심을 필요로 하는 사안들에 있어서 그 상황에 맞는 대안을 개발하기 위해 노력하는 활동에 주력한다. 24 경간 ⓙ 문제 지향적 경찰활동의 목표는 특정한 문제들을 해결하기 위해서 경찰과 지역사회가 함께 노력하고 적절한 대응방안을 개발함으로써, 문제해결에 대한 특별한 관심을 이끌어 내는 것이다. 23 경채 ② 학자: 골드슈타인 ③ 문제해결과정 (SARA모델) 20·23 2차, 20·22 경채, 21 경간 　- 학자 : 에크와 스펠만

조사 (scanning)	일반적으로 지역사회에서 **근원적(일회적X)**으로 발생하는 **지역 내 문제를 확인, 찾아내는 문제의 범주를 넓히는 과정**(대중의 이목을 집중시키는 심각한 중대범죄 사건X)을 우선적으로 조사대상화 하는 데에서 출발한다.
분석 (Analysis)	문제의 원인과 효과를 파악하는 단계(경찰과 지역사회의 협력단계가 필요한 단계) 각종 통계자료 등 수집된 자료를 활용하여 심층적인 분석을 실시하며, 당면 문제의 성격을 정확하게 파악하기 위해 문제분석 삼각모형(problem analysis triangle)을 유용한 분석도구로 활용할 수 있다.
대응 (Response)	문제해결을 위해 행동하는 단계 경찰이 보유한 자원과 역량만으로는 한계가 있으므로 지역사회 내의 여러 다른 기관들과의 협력을 통한 대응방안을 추구하며, 상황적 범죄예방에서 제시하는 25가지 범죄예방기술을 적용해 볼 수도 있다.
평가 (Assessment)	대응책의 적절성 여부 평가하는 단계 과정평가와 효과평가의 두 단계로 구성되며, 이전 문제해결과정에의 환류를 통해 각 단계가 지속적인 순환 과정으로 작동할 수 있도록 한다는 점에서 중요한 의미를 가진다.

4. 전략 지향적 경찰활동

의의 및 내용	① 경찰이 전통적인 관행과 절차를 이용하여 확인된 문제 지역에 대한 그들의 자원을 재분배하는 것이다. 즉, **치안수요가 많은 시간대나 장소에 많은 경찰력을 배치하는 방식**으로 최소한의 자원을 투입하여 최대한의 범죄나 무질서를 예방하는 효과를 거두는 활동을 강조한다. 20 1차 ② 전략지향적 경찰활동은 전통적 경찰활동 및 절차들을 이용하여 범죄요소나무질서의 원인을 제거하고 효과적으로 범죄를 진압·통제하려는 경찰활동을 말하며 지역사회 참여가 경찰임무의 중요한 측면이라 인식한다. 22 경채

▶ [참고] 각국의 범죄예방활동
① Crime Stopper Program : 범죄에 대한 정보를 가지고 있는 주민이 신고할 수 있도록 동기부여를 위해 현금보상을 실시하는 범죄정보 보상프로그램
② Diversion Program : 미국에서 비행을 저지른 소년이 주변의 낙인의 영향으로 심각한 범죄자로 발전하는 것을 방지하기 위해 형사법적 제재를 가하지 않고 지역사회의 보호 및 관찰로 대치하여 범죄를 예방하려는 제도
③ Take A Bite Out of Crime : 미 범죄예방연합회가 운영하는 대중홍보 캠페인으로서, 맥그러프라는 이름의 트렌치코트를 입은 개를 심벌로 등장시켜 가상 범죄상황을 보여주고 유사한 상황에 처한 시청자가 취해야 할 적절한 행동을 가르쳐 주는 형식으로 구성되어 전(全) 미국인에게 범죄예방요령을 알리는데 큰 공헌을 하고 있는 범죄예방 프로그램
④ PATHE Program : 실패를 경험했거나 문제행동을 한 학생들의 필요에 맞게 특수화된 교육프로그램을 제공하여 학교에 대한 우호적인 태도를 향상시켜 비행을 예방하려는 것
⑤ Head Start Program : 미국의 학교의 범죄예방활동으로 빈곤계층 아동들이 적절한 사회화 과정을 거치게 함으로써 장차 범죄를 저지를 수 있는 잠재성을 감소시키려는 교육프로그램
⑥ Safer City Program : 지역사회 발전프로그램을 통한 사회 환경개선으로 범죄원인을 제거하고자 하는 **영국**의 범죄예방 프로그램, 목적은 첫째 범죄를 줄이는 것, 둘째 범죄에 대한 두려움을 감소시키는 것, 셋째 기업과 지역사회가 번영할 수 있는 보다 안전한 도시를 만들자는 것

▶ [참고] 톤리와 패링턴(Tonry & Farrington)의 구분에 따른 범죄예방 전략 유형 23 2차
① 발달적 범죄예방
경찰서의 여성청소년 담당부서에서 운영하고 있는 학교전담 경찰관(SPO)은 학교에 배치되어 학교폭력예방교육 등 학교 폭력 관련 예방과 가해학생 선도 등 사후관리 역할을 담당하고, 학대예방경찰관(APO)은 미취학 혹은 장기결석 아동에 대해 점검하고 학대피해 우려가 높은 아동에 대해 지속적으로 모니터링을 실시함으로써 아동학대의위험성을 감소시키고 아동의 안전 등을 확인하는 역할을 담당하고 있다.
② 상황적 범죄예방
여성 1인 가구 밀집지역에 대한 경찰순찰을 확대함으로써 공식적 감시기능을 강화하거나 혹은 아파트 입구 현관문에 반사경을 부착함으로써 출입자의 익명성을 감소시켜 범행에 수반되는 발각 위험을 증대하기 위한 조치를 취하고 있다.
③ 법집행을 통한 범죄억제
위법행위에 대한 단속을 강화하는 무관용 경찰활동을 지향함으로써 처벌의 확실성을 높여 범죄를 억제하고자 노력하고 있다.

04 순찰

1. 순찰의 기능

C.D Hale(헤일)	S. Walker(워커)
① 범죄예방과 범인검거 ② 법집행 ③ 질서유지 ④ **대민서비스 제공** ⑤ 교통지도단속	① 범죄의 억제 ② **대민서비스 제공** ③ 공공안전감 증진 주민에게 심리적 안전감을 주기 위한 가시적 순찰의 필요성을 강조 20 법학경채

2. 순찰의 구분

(1) 노선에 따른 구분 11·15 승진

정선 순찰	개념	인간관계에 대한 불신을 바탕으로 **사전에 정하여진 노선을 규칙적으로 순찰**하는 방법으로 순찰을 하면서 순찰함에 기록함 → 순찰함이 많이 설치됨(**X이론적 인간관**에 입각)
	장점	**감독·연락·통제가 용이함**
	단점	근무자의 자율성이 떨어져 책임회피식 순찰이 될 수 있음, 범죄자들이 예측하여 **범죄 예방효과가 떨어짐**
난선 순찰	개념	임의로 경찰사고발생상황을 고려하여 순찰지역이나 노선을 선정하여 **불규칙적으로 순찰**하는 방법
	장점	근무자의 자율성이 많아지고, 범죄자의 예측을 교란시킬 수 있어 **범죄예방효과가 증대**됨
	단점	근무자의 위치추적이 곤란하여 **감독·통제가 용이하지 못함**, 근무자의 **근무태만과 소홀을 조장할 우려**가 있음
요점 순찰	개념	순찰구역 내의 중요지점을 지정하여 순찰자는 반드시 그곳을 통과하며, 지정된 **요점과 요점 사이에는 난선순찰**을 실시하는 방법
	특징	정선순찰과 난선순찰의 장점을 살리고 단점을 보완함
구역책임 자율순찰	개념	지역경찰관서 관할지역을 몇 개의 소구역으로 나누고 지정된 개인별 담당구역을 요점으로 순찰하는 방법
	특징	구역순찰과 자율순찰을 결합하여 자율과 책임을 통한 신뢰를 바탕으로 한 순찰방식

(2) 기동력에 따른 구분

도보 순찰	장점	① 상세하고 치밀한 정황관찰 ② 특별한 비용이 들지 않음 ③ 야간 등 청력을 필요로 하는 경우에 유리함 ④ 주민접촉이 용이함 ⑤ 사고발생 시 신속한 대처가 가능

	단점	① 순찰자의 피로로 순찰노선의 단축과 **순찰횟수 감소(증가X)** ② 기동성이 부족하며, 장비휴대의 한계가 있음
	\multicolumn{2}{l|}{지역사회 경찰활동에서 순찰체계는 **"도보 순찰"** 위주로 전환한다. 12 승진 (112차량 순찰 위주로 전환X)}
자동차 순찰 12 경찰특공대	장점	① 높은 가시방범효과 ② 기동성에 의한 신속한 사건·사고처리 ③ 안전성이 높고, 다양한 장비 적재 가능
	단점	① 좁은 골목길 주행이 불가능 ② 정황관찰의 범위가 제한 ③ 많은 경비가 소요됨
오토바이 순찰	장점	① 기동성이 양호(좁은 골목길 순찰 가능) ② 가시효과가 높음
	단점	① 안전성이 미흡 ② 은밀한 순행이 불가능
자전거 순찰	장점	① 도보순찰보다 피로가 적고, 넓은 범위의 순찰이 가능 ② 정황관찰과 시민과의 접촉이 비교적 용이함 ③ 경제적이고 특별한 기술이 필요 없음
	단점	① 자동차나 오토바이에 비해 기동성이 저하됨 ② 장비적재에 한계가 있음

3. 순찰의 효과연구 06·09 채용, 06 승진

뉴욕경찰의 25구역 순찰실험	순찰의 효과를 측정한 **최초의 실험**으로 순찰횟수가 증가할수록 범죄가 감소한다는 상관관계를 밝혔으나 과학적 연구가 갖추어야 할 기본적인 요건들을 갖추지 못한 **불완전한 실험**이었다.
캔자스(Kansas)시 예방순찰실험	**차량순찰수준을 증가해도 범죄는 감소하지 않고, 반면에 일상적인 차량순찰을 생략해도 범죄는 증가하지 않았으며**, 순찰의 증감이 범죄율과 시민의 안전감에 영향을 미치지 못한다는 결과를 도출하여 경찰의 순찰활동전략을 재고하게 만든 연구이다. 사무엘 워커는 순찰의 기능 중 하나로 주민의 심리적 안전감을 제고할 수 있다는 측면을 언급한 바 있으나, 캔자스시의 차량 예방순찰실험에는 해당 주장이 지지를 받지 못하였다. 20 경채
뉴왁(Newark)시 도보순찰실험	도보순찰을 증가하여도 범죄발생은 감소되지 않으나, 주민들은 자신들의 구역 내에서 범죄가 줄고 있다고 생각하는 것으로 나타남 → 도보순찰의 심리적 효과를 긍정
플린트(Flint)시 도보순찰실험	실험기간 동안 **범죄가 증가하였음에도** 도보순찰의 결과 시민들은 오히려 더 안전하다고 느낌
결론	뉴왁시 도보순찰 실험과 플린트 도보순찰 프로그램 모두에서 도보순찰이 주민의 심리적 안전감에는 긍정적인 영향을 미치나, 실제 범죄율 감소에도 영향을 미치지 않는 것으로 밝혀졌다. 09 채용, 20 경채

최단기 합격으로 가는 길
https://kfs119.co.kr

2024 경찰채용, 경찰승진, 경찰간부시험 대비 기본서

조인성 경찰학 Ver 1.0

PART 02

경찰학 각론 (분야별 경찰활동)

CHAPTER 01. 생활안전경찰
CHAPTER 02. 수사경찰
CHAPTER 03. 경비경찰
CHAPTER 04. 교통경찰
CHAPTER 05. 정보경찰
CHAPTER 06. 안보경찰
CHAPTER 07. 외사경찰

CHAPTER 01 생활안전경찰

01 생활안전경찰의 개념과 특성

1. 의의

생활안전경찰은 (광의의)**행정경찰**활동이며, **보안경찰, 예방경찰**에 해당하며, 생활안전경찰이 담당하는 임무의 범위는 경찰업무 전반에 걸친 것으로 매우 광범위하고 그 대상도 복잡·다양하다.

2. 특성 12 승진

① 대상의 복잡성, 광범성, 유동성
② 관계법령의 다양성·전문성
③ 주민과의 접촉성
④ 다른 경찰작용에 대한 지원성
⑤ 업무의 단일성 X

02 지역경찰활동

지역 경찰은 **지구대, 파출소**, 치안센터 등 국민의 생활과 밀접하게 관련되어 있는 범죄의 예방활동, 사건이나 사고의 발생 시 현장 초동조치, 지역 내의 질서 유지, 법집행 활동을 수행하는 일체의 경찰활동을 의미한다.

1. 지역경찰조직 및 운영에 관한 규칙(경찰청 예규)

> **제1장 총칙**
>
> **제1조(목적)** 이 규칙은 효율적인 지역 치안활동 수행을 위해 지역경찰의 조직 및 운영 등에 관하여 필요한 사항을 규정함을 목적으로 한다.
>
> **제2조(정의)** 이 규칙에서 사용하는 용어의 정의는 다음과 같다.
> 1. "**지역경찰관서**"란 「국가경찰과 자치경찰의 조직 및 운영에 관한 법률」제30조제3항 및 「경찰청과

그 소속기관 직제」제43조에 규정된 **지구대 및 파출소**(치안센터X)를 말한다. 17·20 경간, 23 승진

2. **"지역경찰"**이란 지역경찰관서 소속 경찰공무원을 말한다.
3. "지역경찰업무 담당부서"란 지역경찰관서 및 지역경찰과 관련된 사무를 처리하는 경찰청, 시·도경찰청, 경찰서 소속의 모든 부서를 말한다.
4. "일근무"란 「국가공무원 복무규정」제9조제1항에 규정된 근무형태를 말한다.
5. "상시·교대근무"란 「경찰기관 상시근무 공무원의 근무시간 등에 관한 규칙」제2조에 규정된 "상시근무"와 "교대근무"를 포괄하는 형태의 근무를 말한다.

제3조(적용범위) 이 규칙은 지역경찰관서와 지역경찰 및 지역경찰업무 담당부서에 적용한다.

제2장 조직 및 구성

제1절 지역경찰관서

제4조(설치 및 폐지) ① **시·도경찰청장**은 인구, 면적, 행정구역, 교통·지리적 여건, 각종 사건사고 발생 등을 고려하여 경찰서의 관할구역을 나누어 **지역경찰관서를 설치한다.** 11 승진, 14 2차, 17·20 경간, 22 1차, 23 2차

② 지역경찰관서의 명칭은 "○○경찰서 ○○지구대(파출소)"로 한다.

제5조(지역경찰관서장) ① 지역경찰관서의 사무를 통할하고 소속 지역경찰을 지휘·감독하기 위해 지역경찰관서에 **지구대장 및 파출소장**(이하 "지역경찰관서장"이라 한다.)을 둔다.

② 삭제

③ **지역경찰관서장**은 다음 각 호의 직무를 수행한다. 14 경찰특공대, 22 1차
   1. 관내 치안상황의 분석 및 대책 수립
   2. 지역경찰관서의 시설·예산·장비의 관리
   3. 소속 지역경찰의 근무와 관련된 제반사항에 대한 지휘 및 감독
   4. 경찰 중요 시책의 홍보 및 협력치안 활동 17·20 경간, 19 승진

제6조(하부조직) ① 지역경찰관서에는 **관리팀**과 상시·교대근무로 운영하는 **복수의 순찰팀**을 둔다.

② **순찰팀의 수**는 지역 치안수요 및 인력여건 등을 고려하여 **시·도경찰청장**이 결정한다. 17·20·24 경간, 18 2차

③ 관리팀 및 순찰팀의 인원은 지역 치안수요 및 인력여건 등을 고려하여 **경찰서장**이 결정한다. 17·24 경간, 18 2차

제7조(관리팀) 관리팀은 문서의 접수 및 처리, 시설 및 장비의 관리, 예산의 집행 등 지역경찰관서의 **행정업무**를 담당한다.

제8조(순찰팀) ① 순찰팀은 범죄예방 순찰, 각종 사건사고에 대한 **초동조치** 등 현장 치안활동을 담당하며, **팀장은 경감 또는 경위**로 보한다. 23 2차

② 순찰팀장은 다음 각 호의 직무를 수행한다. 16 승진, 22 경간, 22 1차
   1. 근무교대시 주요 취급사항 및 장비 등의 인수인계 확인
   2. 관리팀원 및 순찰팀원에 대한 일일근무 지정 및 지휘·감독 18 2차, 19 승진
   3. 관내 중요 사건 발생 시 현장 지휘 17·20 경간
   4. 지역경찰관서장 부재시 업무 대행
   5. 순찰팀원의 업무역량 향상을 위한 교육

③ 순찰팀장을 보좌하고 순찰팀장 부재시 업무를 대행하기 위해 순찰팀별로 부팀장을 둘 수 있다.

제9조(지휘 및 감독) 지역경찰관서에 대한 지휘 및 감독은 다음 각 호에 따른다.
  1. 경찰서장 : 지역경찰관서의 운영에 관하여 **총괄 지휘·감독** 23 2차
  2. 경찰서 각 과장 등 부서장 : 각 부서의 소관업무와 관련된 지역경찰의 업무에 관하여 **경찰서장을 보좌**
  3. 지역경찰관서장 : 지역경찰관서의 시설·장비·예산 및 소속 지역경찰의 근무에 관한 **제반사항을 지휘·감독**
  4. 순찰팀장 : 근무시간 중 소속 **지역경찰을 지휘·감독**

제2절 치안센터

제10조(설치 및 폐지) ① **시·도경찰청장**은 지역치안을 효율적으로 수행하기 위하여 **지역경찰관서장 소속하에 치안센터를 설치할 수 있다.** 11 승진
② 치안센터의 명칭은 "○○지구대(파출소) ○○치안센터"로 한다.

제11조(소속 및 관할) ① 치안센터는 **지역경찰관서장의 소속** 하에 두며, **치안센터의 인원, 장비, 예산 등은 지역경찰관서에서 통합 관리**한다.
② 치안센터의 관할구역은 소속 지역경찰관서 관할구역의 일부로 한다.
③ **치안센터 관할구역의 크기**는 설치목적, 배치 인원 및 장비, 교통·지리적 요건 등을 고려하여 **경찰서장이 정한다.** 24 경간

제12조(운영시간) ① 치안센터는 **24시간 상시 운영을 원칙**으로 한다. 11 승진
② 경찰서장은 지역 치안여건 및 인원여건을 고려, **운영시간을 탄력적으로 조정할 수 있다.** 11 승진

제13조(근무자의 배치) ① 치안센터 **운영시간에는** 치안센터 관할구역에 **근무자를 배치함을 원칙**으로 한다.
② 경찰서장은 치안센터의 종류 및 지리적 여건 등을 고려하여 필요한 경우 치안센터에 **전담근무자를 배치할 수 있다.**

제14조(치안센터장) ① 경찰서장은 치안센터에 전담근무자를 배치하는 경우 **전담근무자 중 1명을 치안센터장으로 지정할 수 있으며**, 치안센터장의 임무는 다음 각 호와 같다.
  1. 경찰 민원 접수 및 처리
  2. 관할지역 내 주민 여론 수렴 및 보고
  3. 타기관 협조 등 협력방범활동
  4. 기타 치안센터 운영과 관련된 문제점 및 개선대책 수립 및 보고
② 치안센터장은 제20조에 따른 복장 외에 별도 1의 표시장을 패용한다.
③ 치안센터장은 민원인의 편의를 위해 별도 2의 확인용 인장을 제작하여 사용할 수 있다.

제15조(치안센터의 종류) ① 치안센터는 설치목적에 따라 **검문소형과 출장소형**으로 구분한다.
② **출장소형 치안센터**는 지리적 여건·치안수요 등을 고려하여 필요한 경우 **직주일체형**으로 운영할 수 있다. 11 승진 11 경간

제16조(검문소형 치안센터) ① 검문소형 치안센터는 **적의 침투 예상로 또는 주요 간선도로의 취약요소 등**에 교통통제 요소 등을 고려하여 설치한다. 다만, 시·도경찰청 및 경찰서 관할의 경계에는 인접 관서장과 협의하여 하나의 치안센터를 설치하는 것을 원칙으로 한다.
② 검문소형 치안센터 근무자의 임무는 다음 각호와 같다.
  1. 거점 형성에 의한 지역 경계

2. 불심검문 및 범법자의 단속·검거
3. 지역경찰관서에서 즉시 출동하기 어려운 사건·사고 발생 시 초동조치

제17조(출장소형 치안센터) ① 출장소형 치안센터는 **지역 치안활동의 효율성 및 주민 편의 등을 고려하여 필요한 지역에 설치**한다. 11 승진
② 출장소형 치안센터 근무자의 임무는 다음 각 호와 같다.
　　1. 관할 내 주민여론 청취 등 지역사회 경찰활동
　　2. 방문 민원 접수 및 처리
　　3. 범죄예방 순찰 및 위험발생 방지
　　4. 지역경찰관서에서 즉시 출동하기 어려운 사건·사고 발생 시 초동조치
③ **경찰서장**은 도서, 접적지역 등 지리적 여건상 필요한 경우에는 **출장소형 치안센터에 검문소형 치안센터의 임무를 병행토록 할 수 있다..**

제18조(직주일체형 치안센터) ① 직주일체형 치안센터는 출장소형 치안센터 중 **근무자가 치안센터 내에서 거주하면서 근무하는 형태**의 치안센터를 말한다.
② 직주일체형 치안센터에는 **배우자와 함께 거주함을 원칙으로 하며**, 배우자는 **근무자 부재시 방문 민원 접수·처리 등 보조 역할**을 수행한다.
③ 직주일체형 치안센터에 배치된 근무자는 **근무 종료 후에도 관할구역 내에 위치**하며 지역경찰관서와 연락체계를 유지하여야 한다. 다만, **휴무일은 제외**한다. 22 1차
④ 삭제

제19조(직주일체형 치안센터 근무자의 특례) ① 경찰서장은 직주일체형 치안센터에서 거주하는 근무자의 배우자에게 조력사례금을 지급하여야 하며, 지급 기준 및 금액은 **경찰청장이 정한다**. 11 경간
② 직주일체형 치안센터 근무자의 **근무기간은 1년 이상**으로 하며, 임기를 마친 경찰관은 **희망부서로 배치**하고, 차기 경비부서의 차출순서에서 **1회 면제**한다.

제3장 근무

제20조(복장 및 휴대장비) ① 지역경찰은 근무 중 「경찰복제에 관한 규칙」제15조제1항에 규정된 **근무장을 착용하는 것을 원칙**으로 한다.
② 지역경찰은 근무 중 근무수행에 필요한 **경찰봉, 수갑 등 경찰장구, 무기 및 무전기 등을 휴대**하여야 한다.
③ 지역경찰관서장 및 순찰팀장(이하 "지역경찰관리자"라 한다.)은 필요한 경우 **지역경찰의 복장 및 휴대장비를 조정할 수 있다**. 11 승진

제21조(근무형태 및 시간) ① **지역경찰관서장은 일근근무를 원칙**으로 한다. 다만, 경찰서장은 필요하다고 인정되는 경우에는 지역경찰관서장의 근무시간을 조정하거나, 시간외·휴일 근무 등을 명할 수 있다.
② **관리팀은 일근근무를 원칙**으로 한다. 14 2차 다만, 지역경찰관서장은 필요하다고 인정되는 경우에는 근무시간을 조정하거나, 시간외·휴일 근무 등을 명할 수 있다.
③ **순찰팀장 및 순찰팀원은 상시·교대근무를 원칙**으로 하며, 14 2차 근무교대 시간 및 휴게시간, 휴무횟수 등 구체적인 사항은 「국가공무원 복무규정」 및 「경찰기관 상시근무 공무원의 근무시간 등에 관한 규칙」이 규정한 범위 안에서 시·도경찰청장이 정한다.
④ **치안센터 전담근무자의 근무형태 및 근무시간은** 치안센터의 종류 및 운영시간 등을 고려하여 제1

항부터 제3항까지의 규정을 준용하여 **경찰서장이 정한다.** 24 경간

⑤ 삭제

제22조(근무의 종류) 지역경찰의 근무는 **행정근무, 상황근무, 순찰근무, 경계근무, 대기근무, 기타근무**로 구분한다. 14 2차, 18 2차

제23조(행정근무) 행정근무를 지정받은 지역경찰은 지역경찰관서 내에서 다음 각 호의 업무를 수행한다. 11 승진, 18 경간

1. 문서의 접수 및 처리
2. 시설·장비의 관리 및 예산의 집행
3. 각종 현황, 통계, 자료, 부책 관리 15 승진, 20 경간
4. 기타 행정업무 및 지역경찰관서장이 지시한 업무

제24조(상황 근무) ① 상황근무를 지정받은 지역경찰은 지역경찰관서 및 치안센터 내에서 다음 각 호의 업무를 수행한다. 18 경간, 23 승진

1. 시설 및 장비의 작동여부 확인 12 승진, 19 경간
2. 방문민원 및 각종 신고사건의 접수 및 처리 12·19 승진, 14·22 1차, 19 경간, 23 2차
3. 요보호자 또는 피의자에 대한 보호·감시 14 1차
4. 중요 사건·사고 발생시 보고 및 전파 14 1차, 20 경간
5. 기타 필요한 문서의 작성

제25조(순찰근무) ① 순찰근무는 그 수단에 따라 **112 순찰, 방범오토바이 순찰, 자전거 순찰 및 도보 순찰** 등으로 구분한다. 11 승진

② 112 순찰근무 및 야간 순찰근무는 반드시 2인 이상 합동으로 지정하여야 한다.

③ 순찰근무를 지정받은 지역경찰은 지정된 근무구역에서 다음 각 호의 업무를 수행한다. 15·19 승진, 21 경찰특공대

1. 주민여론 및 범죄첩보 수집 19 경간
2. 각종 사건사고 발생시 초동조치 및 보고, 전파
3. 범죄 예방 및 위험발생 방지 활동
4. 범법자의 단속 및 검거
5. 경찰방문 및 방범진단 19 승진
6. 통행인 및 차량에 대한 검문검색 등

④ 순찰근무를 할 때에는 다음 각 호의 사항에 유의하여야 한다.

1. 문제의식을 가지고 면밀하게 관찰
2. 주민에 대한 정중하고 친절한 예우
3. 돌발 상황에 대한 대비 및 경계 철저
4. 지속적인 치안상황 확인 및 신속 대응

제26조(경계근무) ① 경계근무는 반드시 2인 이상 합동으로 지정하여야 한다. 11 승진, 14 2차

② 경계근무를 지정받은 지역경찰은 지정된 장소에서 다음 각 호의 업무를 수행한다.

1. 범법자 등을 단속·검거하기 위한 통행인 및 차량, 선박 등에 대한 검문검색 및 후속조치 12 승진
2. 비상 및 작전사태 등 발생시 차량, 선박 등의 통행 통제 14 1차, 19 경간

제27조(대기근무) ① 대기 근무는 「경찰기관 상시근무 공무원의 근무시간 등에 관한 규칙」 제2조제6

호의 "대기"를 뜻한다.
② 대기근무의 장소는 **지역경찰관서 및 치안센터 내**로 한다. 단, **식사시간을 대기 근무로 지정한 경우에는 식사 장소를 대기 근무 장소로 지정할 수 있다.**
③ 대기근무를 지정받은 지역경찰은 지정된 장소에서 휴식을 취하되, **무전기를 청취하며 10분 이내 출동이 가능한 상태를 유지**하여야 한다. 23 승진

제28조(기타근무) ① 기타근무란 **제23조부터 제27조까지의 규정을 제외**하고 치안상황에 효과적으로 대응하기 위하여 지역경찰 관리자가 지정하는 근무를 말한다. 12 승진
② 기타근무의 근무내용 및 방법 등은 지역경찰관리자가 정한다.

제29조(일일근무 지정) ① **지역경찰관서장**은 지역경찰관서 및 치안센터의 설치목적, 근무인원, 치안수요, 기타 업무량 등을 고려하여 **근무의 종류 및 실시 기준을 정한다.**
② 순찰팀장은 제1항에 따라 지역경찰관서장이 정한 기준을 준수하여 당해 근무시간 내 관리팀원, 순찰팀원 및 치안센터 전담근무자의 개인별 근무 종류, 근무 장소, 중점 근무사항 등을 별지 제1호서식의 근무일지(갑지)에 구체적으로 지정하여야 한다.
③ 순찰팀장은 관리팀원에게 행정근무를 지정하고, 순찰팀원에게 상황 또는 순찰근무 지정하는 것을 **원칙**으로 하되, 필요한 경우에는 다른 근무를 지정하거나 병행하여 수행하도록 지정할 수 있다.
④ **순찰근무의 근무종류 및 근무구역은 지역 치안이 효율적으로 수행될 수 있도록 다음 각 호의 사항을 고려하여 지정하여야 한다.** 18 경간
  1. 시간대별·장소별 치안수요
  2. 각종 사건사고 발생
  3. 순찰 인원 및 가용 장비
  4. 관할 면적 및 교통·지리적 여건
⑤ 삭제
⑥ 지역경찰관리자는 신고출동태세 유지 등을 위해 필요한 경우에는 **휴게 및 식사시간도 대기 근무로 지정할 수 있다.**

제30조(근무내용의 변경) 관리팀원 및 순찰팀원이 물품구입, 등서 등 기타 사유로 지정된 근무종류 및 근무구역 등을 변경하고자 할 때에는 순찰팀장에게 보고하여야 한다.

제31조(지역경찰의 동원) ① 시·도경찰청장 또는 경찰서장은 다음 각 호에 정한 사유에 해당하는 경우로서 특히 필요하다고 인정되는 때에 한하여 **지역경찰의 기본근무에 지장을 초래하지 않는 범위 내에서 지역경찰을 다른 근무에 동원할 수 있다.**
  1. 다중범죄 진압, 대간첩작전 기타의 비상사태
  2. 경호경비 또는 각종 집회 및 행사의 경비
  3. 중요범인의 체포를 위한 긴급배치
  4. 화재, 폭발물, 풍수설해 등 중요사고의 발생
  5. 기타 다수 경찰관의 동원을 필요로 하는 행사 또는 업무
② 지역경찰 동원은 **근무자 동원을 원칙**으로 하되, 불가피한 경우에 한하여 비번자, 휴무자 순으로 동원할 수 있다. 11 승진
③ 시·도경찰청장 또는 경찰서장은 **비번자 또는 휴무자를 동원한 때**에는 「경찰기관 상시근무 공무원의 근무시간 등에 관한 규칙」제5조가 정하는 바에 따라 **초과근무수당을 지급하거나 추가 휴무를 부여하여야 한다.**

제4장 시설 및 장비

제32조(관서 표지) 지역경찰관서 및 치안센터에 게시하는 모든 표지는 「경찰기 및 관서 제표지 규칙」이 정하는 바에 따른다.

제33조(시설 관리) ① **경찰서장**은 근무자가 신고출동 등으로 지역경찰관서 또는 치안센터를 비울 경우에 대비하여, 출입구 근처에 근무자와 통신할 수 있는 **통신장치를 설치하여야 한다.**
② 경찰서장은 필요한 경우에는 지역경찰관서 또는 치안센터에 자체 방호시설을 설치할 수 있다.
③ 지역경찰관서장은 지역경찰의 근무 및 주민 편의를 위해 청사 및 시설을 수시로 점검, 보완하여야 한다.

제34조(112 순찰차) ① **112 순찰 근무자**는 차량의 적정관리를 위해 운행사항 등을 별지 제3호서식의 **112 순찰차 점검일지에 매일 기록하여야 한다.**
② 112 순찰차에는 신속한 현장조치 등을 위해 **필요한 장비를 탑재해야 하며** 경찰서장은 지역 실정에 맞게 탑재장비의 종류 및 수량 등을 정해야 한다.

제35조(통신망의 구축 및 점검) ① 경찰서장은 경찰서, 지역경찰관서, 치안센터 간 상호 원활한 유·무선 통신망을 구축해야 한다.
② 경찰서장은 제1항에 따라 구축된 통신장비를 수시로 점검하여 통신두절을 방지하여야 한다.

제36조(타 규칙의 준용) 기타 지역경찰이 사용하는 장비의 운영, 관리, 점검 등에 관한 사항은 「경찰장비관리 규칙」에서 정하는 바에 따른다.

제5장 인사관리

제37조(정원관리) ① **경찰서장**은 지역경찰관서의 관할면적, 치안수요 등을 고려하여 **지역경찰관서에 적정한 인원을 배치하여야 한다.**
② 경찰서장은 지역경찰의 정원을 다른 부서에 우선하여 충원하여야 한다.
③ 시·도경찰청장은 소속 지방경찰청의 지역경찰 정원 충원 현황을 연 2회 이상 점검하고 현원이 정원에 미달할 경우, 지역경찰 정원충원 대책을 수립, 시행하여야 한다. 18 경간

제38조 삭제

제6장 교육 및 평가

제39조(교육) ① **시·도경찰청장 및 경찰서장**은 지역경찰의 올바른 직무수행 및 자질 향상을 위해 **필요한 교육을 실시하여야 한다.**
② 교육시간, 방법, 내용 등 지역경찰 교육과 관련된 세부적인 기준은 **경찰청장이 따로 정한다.** 18 경간

제39조의2(상시교육) ① **지역경찰관리자**는 주간근무시간에 신고사건 처리에 지장이 없는 범위에서 별도의 시간을 지정하여 지역경찰의 직무수행 능력 향상을 위한 **상시교육을 실시할 수 있다.**
② 경찰서 112치안종합상황실장은 필요한 경우 상시교육 계획을 수립하여 지역경찰관서에 사전에 공지해야 한다.
③ 교육방식과 내용은 지역경찰관서 실정에 따라 지역경찰관리자가 정한다.
④ 지역경찰관리자는 신고출동 지령시 상시교육 중에 있는 지역경찰을 최후순위 출동요소로 지정한다.

⑤ 상시교육을 실시한 시간은 지정학습(「경찰공무원 상시학습제도 운영에 관한규칙」 제2조제2호에 따른 지정학습을 말한다.)시간으로 인정할 수 있다.

제40조(지도방문) 시·도경찰청장 및 경찰서장은 소속 지역경찰의 업무 지도 및 현장 의견 수렴, 사기 관리 등을 위해 지도방문 계획을 수립·시행하여야 한다.

제41조(실적평가와 포상) 경찰청장, 시·도경찰청장 및 경찰서장은 지역경찰의 사기 진작 및 지역경찰 활동의 활성화를 위하여 근무실적에 대한 공정한 평가를 실시하고 우수 경찰공무원을 포상하여야 한다.

제7장 문서 관리

제42조(근무일지의 기록·보관) ① **지역경찰은 근무 중 주요사항을** 별지 제2호서식의 **근무일지(을지)에 기재하여야 한다.** 23 승진

② 삭제

③ 근무일지는 **3년**간 보관한다. 11·23 승진

제42조의2(근무일지 등 작성) 제29조제2항의 근무일지(갑지), 제34조제1항의 112순찰차 점검일지, 제42조제1항의 근무일지(을지)는 전산화 업무시스템에 작성한다. 다만, 천재지변 등으로 전산화 업무시스템을 사용할 수 없는 경우 수기로 작성할 수 있다.

제43조(정기보고 기간) ① 지역경찰 업무담당부서에서 지역경찰관서장에게 각종 현황 및 통계 등을 정기적으로 보고하도록 지시한 경우 지시의 효력은 최초 보고받은 날로부터 1년이 경과하면 자동으로 소멸한다.

② 지역경찰 업무담당부서에서는 지시의 효력을 연장할 필요가 있는 경우 소속 관서의 112치안종합상황실장과 협의하여 1년 단위로 연장할 수 있다.

제44조(문서부책) ① 지구대와 파출소 등에는 업무수행에 필요한 최소한의 부책만을 비치하여야 한다.

② 제1항의 비치 문서와 부책은 시·도경찰청장이 정한다.

제45조(기본현황) ① 지구대장 및 파출소장은 관내개황과 업무현황을 정확히 파악·기록하기 위하여 지구대 및 파출소 기본현황(이하 '기본현황'이라 한다)을 작성, 관리하여야 한다.

② 기본현황의 서식은 별지 제4호서식과 같이 한다.

③ 기본현황은 컴퓨터 파일 또는 인쇄본으로 관리하여야 한다.

④ 기본현황에 변동사항이 있을 때에는 수시로 정리하여야 한다.

▶ **[참고 법령]** 경찰기관 상시근무 공무원의 근무시간 등에 관한 규칙(경찰청 훈령)

제1조(목적) 이 규칙은 『국가공무원복무규정』 제12조의 규정에 의하여 경찰청과 그 소속기관(이하 "경찰기관"이라 한다)에서 상시근무를 하는 공무원의 근무시간, 근무조건 등 근무기준을 정함을 목적으로 한다.

제2조(정의) 이 규칙에서 사용하는 용어는 다음과 같다.
1. "상시근무"라 함은 **일상적으로 24시간 계속**하여 대응·처리해야 하는 업무를 수행하거나 긴급하고 중대한 치안상황에 대비하기 위하여 야간, 토요일 및 공휴일에 관계없이 상시적으로 업무를 수행하는 근무형태를 말한다. 22 경간
2. "교대근무"라 함은 근무조를 나누어 일정한 계획에 의한 **반복주기에 따라 교대로 업무를 수행하는 근무형태**를 말한다. 22 경간
3. "휴무"라 함은 근무일에 해당함에도 불구하고 누적된 피로 회복 등 건강유지를 위하여 일정시간 동안 **근무에서 벗어나 자유롭게 쉬는 것**을 말한다. 22 경간
4. "비번"이라 함은 교대근무자가 일정한 계획에 따라 **다음 근무시작 전까지 자유롭게 쉬는 것**을 말한다. 22 경간
5. "휴게시간"이라 함은 **근무도중 자유롭게 쉬는 시간**을 말하며 식사시간을 포함한다.
6. "대기"라 함은 신고사건 출동 등 치안상황에 대응하기 위하여 **일정시간 지정된 장소에서 근무태세를** 갖추고 있는 형태의 근무를 말한다. 22 경간

제3조(근무시간) ① 경찰기관에서 상시근무를 하는 공무원의 근무시간은 **휴게시간을 제외하고 주 40시간**을 원칙으로 한다.
② **근무시간의 전부 또는 일부를 경찰관서의 외부에서 근무**함으로써 근무시간을 산정하기 어려운 때에는 근무명령에 의하여 **지정된 근무시간동안 근무**한 것으로 본다.

제4조(휴게시간) ① 각급 경찰기관의 장은 근무시간이 8시간인 경우에는 1시간 이상의 휴게시간을 근무시간 도중에 주어야 한다. 이 경우 **1시간 이상을 일괄하여 주거나 30분씩 나누어 줄 수 있다.**
② 각급 경찰기관의 장은 지정된 휴게시간이라 할지라도 업무수행 상 부득이 하다고 인정할 때에는 제1항의 규정에 의한 휴게시간을 주지 아니하거나 감축하거나 또는 대기근무를 대체하여 지정할 수 있다.

제5조(시간외근무 및 보상) ① 각급 경찰기관의 장은 공무를 수행하기 위해 상당하고 충분한 이유가 있는 경우에 한하여 제3조의 규정에 의한 **근무시간 외의 시간에 근무**(이하 "시간외근무"라 한다)할 것을 명할 수 있다.
② 각급 경찰기관의 장은 제1항의 규정에 의하여 **시간외근무를 명한 때**에는 예산의 범위내에서 그에 상응한 **수당을 지급하여야 한다.**
③ 각급 경찰기관의 장은 제2항의 규정에 의한 **수당을 지급하지 못한 때에는 시간외근무 시간을 누산하여 그 만큼의 휴무를 부여하여야 한다.** 이 경우 정상적인 기관운영을 위하여 휴무 실시시기를 적절히 조정할 수 있다.
④ 제3항의 규정에 의한 휴무를 부여하기 위해 시간외근무 시간을 누산할 때는 근무시간별로 지급할 초과근무수당에 상응한 시간만큼 가산하여야 한다.

제6조(운영세칙) 각급 경찰기관의 장은 상시근무를 하는 공무원의 범위, 상시근무 방법 등 이 규칙 운영에 필요한 세부사항을 따로 정하여 시행할 수 있다.

▶ **[참고 법령] 경찰청과 그 소속기관 직제**

제1장 총칙

제1조(목적) 이 영은 경찰청과 그 소속기관의 조직과 직무범위, 그 밖에 필요한 사항을 규정함을 목적으로 한다.

제2조(소속기관) ① 경찰청장의 관장사무를 지원하기 위하여 경찰청장 소속으로 경찰대학·경찰인재개발원·중앙경찰학교 및 경찰수사연수원을 둔다.
② 경찰청장의 관장사무를 지원하기 위하여「책임운영기관의 설치·운영에 관한 법률」제4조제1항, 같은 법 시행령 제2조제1항 및 별표 1에 따라 경찰청장 소속의 책임운영기관으로 경찰병원을 둔다.
③ 「국가경찰과 자치경찰의 조직 및 운영에 관한 법률」제13조에 따라 시·도경찰청과 경찰서를 둔다.

제2장 경찰청

제3조(직무) 경찰청은 치안에 관한 사무를 관장한다.

제4조(하부조직) ① 경찰청에 미래치안정책국·생활안전국·교통국·경비국·공공안녕정보국·외사국 및 국가수사본부를 둔다.
② 경찰청장 밑에 대변인 및 감사관 각 1명을 두고, 경찰청 차장 밑에 기획조정관·경무인사기획관 및 치안상황관리관 각 1명을 둔다.

제11조(생활안전국) ① 생활안전국에 국장 1명을 두고, 국장 밑에 「행정기관의 조직과 정원에 관한 통칙」제12조에 따른 보좌기관 중 실장·국장을 보좌하는 보좌기관(이하 "정책관등"이라 한다) 1명을 둔다.
② 국장은 치안감 또는 경무관으로 보하고, 정책관등 1명은 고위공무원단에 속하는 일반직공무원으로 보한다.
③ 국장은 다음 사항을 분장한다.
  1. 범죄예방에 관한 기획·조정·연구 등 예방적 경찰활동 총괄
  2. **경비업에 관한 연구 및 지도** 22 2차
  3. 범죄예방진단 및 범죄예방순찰 기획·운영
  4. 풍속 및 성매매(아동·청소년 대상 성매매는 제외한다) 사범에 대한 지도 및 단속
  5. 총포·도검·화약류 등의 지도·단속
  6. 즉결심판청구업무의 지도
  7. **각종 안전사고의 예방에 관한 사항** 22 2차
  7의2. 자치경찰제도 관련 기획 및 조정
  7의3. 자치경찰제도 관련 법령 사무 총괄
  7의4. 자치경찰제도 관련 예산의 편성과 조정 및 결산에 관한 사항
  7의5. 자치경찰제도 관련 특별시·광역시·특별자치시·도·특별자치도(이하 "시·도"라 한다) 및 시·도자치경찰위원회와의 협력에 관한 사항
  8. 소년비행 방지에 관한 업무
  9. 소년 대상 범죄의 예방에 관한 업무
  10. 아동학대의 예방 및 피해자 보호에 관한 업무
  11. 가출인 및 「실종아동등의 보호 및 지원에 관한 법률」제2조제2호에 따른 실종아동등(이하 "실종아동등"이라 한다)과 관련된 업무

12. 실종아동등 찾기를 위한 신고체계 운영
13. 여성 대상 범죄와 관련된 주요 정책의 총괄 수립·조정
14. 여성 대상 범죄 유관기관과의 협력 업무
15. 성폭력 및 가정폭력 예방 및 피해자 보호에 관한 업무
16. 스토킹·성매매 예방 및 피해자 보호에 관한 업무

제12조(교통국) ① 교통국에 국장 1명을 둔다.
② 국장은 치안감 또는 경무관으로 보한다.
③ 국장은 다음 사항을 분장한다.
  1. 도로교통에 관련되는 종합기획 및 심사분석
  2. 도로교통에 관련되는 법령의 정비 및 행정제도의 연구
  3. 교통경찰공무원에 대한 교육 및 지도
  4. 교통안전시설의 관리
  5. 자동차운전면허의 관리
  6. 도로교통사고의 예방을 위한 홍보·지도 및 단속
  7. 고속도로순찰대의 운영 및 지도

제13조(경비국) ① 경비국에 국장 1명을 둔다.
② 국장은 치안감 또는 경무관으로 보한다.
③ 국장은 다음 사항을 분장한다.
  1. 경비에 관한 계획의 수립 및 지도
  2. 경찰부대의 운영·지도 및 감독
  3. **청원경찰의 운영 및 지도** 22 2차
  4. 민방위업무의 협조에 관한 사항
  5. 경찰작전·경찰전시훈련 및 비상계획에 관한 계획의 수립·지도
  6. 중요시설의 방호 및 지도
  7. **예비군의 무기 및 탄약 관리의 지도** 22 경간
  8. 대테러 예방 및 진압대책의 수립·지도
  8의2. 안전관리·재난상황 및 위기상황 관리기관과의 연계체계 구축·운영
  9. 의무경찰의 복무 및 교육훈련
  10. 의무경찰의 인사 및 정원의 관리
  11. 경호 및 주요 인사 보호 계획의 수립·지도
  12. 경찰항공기의 관리·운영 및 항공요원의 교육훈련
  13. 경찰업무수행과 관련된 항공지원업무

제14조(공공안녕정보국) ① 공공안녕정보국에 국장 1명을 두고, 국장 밑에 정책관등 1명을 둔다.
② 국장은 치안감 또는 경무관으로, 정책관등 1명은 경무관으로 보한다.
③ 국장은 다음 사항을 분장한다.
  1. 공공안녕에 대한 위험의 예방과 대응을 위한 정보업무 기획·지도 및 조정
  2. 국민안전과 국가안보를 저해하는 위험 요인에 관한 정보활동
  3. 국가중요시설 및 주요 인사의 안전·보호에 관한 정보활동
  4. **집회·시위 등 공공갈등과 다중운집에 따른 질서 및 안전 유지에 관한 정보활동** 22 경간

5. 국민의 생명·신체의 안전이나 재산의 보호 등 생활의 평온과 관련된 정책에 관한 정보활동
6. 국가기관·지방자치단체·공공기관의 장이 요청한 신원조사 및 사실확인에 관한 정보활동
7. 그 밖에 범죄·재난·공공갈등 등 공공안녕에 대한 위험의 예방과 대응을 위한 정보활동으로서 제2호부터 제6호까지에 준하는 정보활동

제15조(외사국) ① 외사국에 국장 1명을 둔다.
② 국장은 치안감 또는 경무관으로 보한다.
③ 국장은 다음 사항을 분장한다.
 1. 외사경찰업무에 관한 기획·지도 및 조정
 2. 재외국민 및 외국인에 관련된 신원조사
 3. 외국경찰기관과의 교류·협력
 4. 국제형사경찰기구에 관련되는 업무
 5. 외사정보의 수집·분석 및 관리
 6. 외사보안업무의 지도·조정
 7. 국제공항 및 국제해항의 보안활동에 관한 계획 및 지도

제19조(수사국) ① 수사국에 국장 1명을 둔다.
② 국장은 치안감 또는 경무관으로 보한다.
③ 국장은 다음 사항을 분장한다.
 1. 부패범죄, 공공범죄, 경제범죄 및 금융범죄에 관한 수사 지휘·감독
 2. 제1호의 범죄 수사에 관한 기획, 정책·수사지침 수립·연구·분석 및 수사기법 개발
 3. 제1호의 범죄에 대한 통계 및 수사자료 분석
 4. 국가수사본부장이 지정하는 중요 범죄에 대한 정보수집 및 수사
 5. 중요 범죄정보의 수집 및 분석에 관한 사항

제20조(형사국) ① 형사국에 국장 1명을 둔다.
② 국장은 치안감 또는 경무관으로 보한다.
③ 국장은 다음 사항을 분장한다.
 1. **강력범죄, 폭력범죄 및 교통사고·교통범죄에 관한 수사 지휘·감독** 22 경간
 2. 마약류 범죄 및 조직범죄에 관한 수사 지휘·감독
 3. **성폭력범죄, 아동·청소년 대상 성매매, 가정폭력, 아동학대, 학교폭력 및 실종사건에 관한 수사 지휘·감독 및 아동·청소년 대상 성매매 단속** 22 2차
 4. 제1호부터 제3호까지의 규정에서 정한 범죄 및 **외국인 관련 범죄 수사에 관한 기획, 정책·수사지침 수립·연구·분석 및 수사기법 개발** 22 경간
 5. 제1호부터 제3호까지의 규정에서 정한 범죄 및 외국인 관련 범죄에 대한 통계 및 수사자료 분석

제21조(사이버수사국) ① 사이버수사국에 국장 1명을 둔다.
② 국장은 치안감 또는 경무관으로 보한다.
③ 국장은 다음 사항을 분장한다.
 1. 사이버공간에서의 범죄(이하 "사이버범죄"라 한다) 정보의 수집·분석
 2. 사이버범죄 신고·상담
 3. 사이버범죄 수사에 관한 사항
 4. 사이버범죄 예방에 관한 사항

5. 사이버수사에 관한 기법 연구
   6. 사이버수사 관련 국제공조에 관한 사항
   7. 디지털포렌식에 관한 사항

제22조(안보수사국) ① 안보수사국에 국장 1명을 둔다.
② 국장은 치안감 또는 경무관으로 보한다.
③ 국장은 다음 사항을 분장한다.
   1. 안보수사경찰업무에 관한 기획 및 교육
   2. **보안관찰 및 경호안전대책 업무에 관한 사항** 22 경간
   3. 북한이탈주민 신변보호
   4. 국가안보와 국익에 반하는 범죄에 대한 수사의 지휘·감독
   5. 안보범죄정보 및 보안정보의 수집·분석 및 관리
   6. 국내외 유관기관과의 안보범죄정보 협력에 관한 사항
   7. 남북교류와 관련되는 안보수사경찰업무
   8. 국가안보와 국익에 반하는 중요 범죄에 대한 수사

> ▶ **[참고 법령]** 경찰청과 그 소속기관 직제 시행규칙
>
> **제5조의2(치안상황관리관)** ① 치안상황관리관 밑에 **치안상황관리담당관**을 두며, **총경**으로 보한다.
> ② 치안상황관리담당관은 다음 사항에 관하여 치안상황관리관을 보좌한다.
>   1. 치안 상황의 **접수·상황판단, 전파 및 초동조치** 등에 관한 사항
>   2. 112신고제도의 기획·운영 및 **112치안종합상황실 운영 총괄**
>   3. **지구대·파출소** 운영체계의 기획·관리
>   4. **지구대·파출소**의 정원·인사·복무·예산·성과 관련 지원
>   5. **지구대·파출소**의 외근활동 기획 및 운영
>   6. **지구대·파출소**의 근무자에 대한 교육

2. 112 종합상황실 운영 및 신고처리규칙(경찰청 예규)

> **제1조(목적)** 이 규칙은 112종합상황실의 운영 및 신고처리 등에 관한 기본적인 사항을 규정하여 범죄 등으로부터 신속하게 국민의 생명과 재산을 보호함을 목적으로 한다.
>
> **제2조(적용범위)** 이 규칙은 각 경찰관서의 112종합상황실의 운영 및 112신고의 처리에 관하여 우선 적용하며, 이 규칙에서 정하지 않은 사항은 동 사항과 관련된 다른 규칙 등에 따른다.
>
> **제3조(정의)** 이 규칙에 사용되는 용어의 정의는 다음과 같다.
>   1. "112신고"란 범죄피해자 또는 범죄를 인지한 자가 유·무선전화, 문자메시지 등 다양한 통신수단을 활용하여 특수전화번호인 112로 신속한 경찰력의 발동을 요청하는 것을 말한다.
>   2. "112신고처리"란 112신고의 목적 달성을 위하여 이루어지는 접수·지령·현장출동·현장조치·종결 등 일련의 처리과정을 말한다.

3. "112종합상황실"이란 112신고 및 치안상황의 즉응·적정 처리를 위해 시·도경찰청 또는 경찰서에 설치·운영하는 부서를 말한다.
4. "112시스템"이란 112신고의 접수·지령·전파 및 순찰차 배치에 활용하는 전산 시스템을 말한다.
5. "접수"란 112신고 등을 받아 사건의 내용을 확인하고, 112시스템에 신고내용을 입력하여 처리에 착수하는 것을 말한다.
6. "지령"이란 전산망 또는 무선망을 통해 112신고사항을 출동요소에 전파하여 처리토록 하는 것을 말한다.
7. "출동요소"란 112순찰차, 형사기동대차, 교통순찰차, 고속도로순찰차, 지구대·파출소의 근무자 및 인접 경찰관서의 근무자 등을 말한다.
8. "112요원"이란 112종합상황실에 근무하는 112신고 및 치안상황 처리 업무에 종사하는 자를 말한다.

제2장 112종합상황실의 설치

제4조(112종합상황실의 운영) 112신고를 포함한 각종 상황에 효율적이고 효과적인 대응을 위해 각 **시·도경찰청 및 경찰서**에 112종합상황실을 설치하여 **24시간 운영**한다. 11 경간, 22 2차

제5조(기능) 112종합상황실은 다음 각 호의 업무를 수행한다.
1. 112신고의 접수와 지령
2. 각종 치안상황의 신속·정확한 파악·전파 및 초동조치 지휘
3. 112신고 및 치안상황에 대한 기록유지
4. 112신고 관련 각종 통계의 작성·분석 및 보고

제3장 112요원의 근무

제6조(근무자 선발 원칙 및 근무기간) ① 시·도경찰청장 및 경찰서장은 112요원을 배치할 때에는 관할 구역 내 지리감각, 언어 능력 및 상황 대처능력이 뛰어난 경찰공무원을 선발·배치하여야 한다. 22 2차
② 112요원의 근무기간은 **2년 이상**으로 한다. 11 승진, 11 경간,22 2차
③ 시·도경찰청장 및 경찰서장은 보임·전출입 등 인사 시 112요원의 장기근무를 유도하기 위해 노력하여야 한다.

제7조(근무방법 등) ① 112요원은 4개조로 나누어 교대 근무를 실시하는 것을 원칙으로 한다. 다만, 인력 상황에 따라 3개조로 할 수 있다.
② 시·도경찰청장 및 경찰서장은 근무수행에 지장이 없는 범위 내에서 「경찰기관 상시근무 공무원의 근무시간 등에 관한 규칙」 제4조에 따라 112요원에 대한 휴게를 지정하여야 한다.
③ 시·도경찰청장 및 경찰서장은 인력운영, 긴급사건에 대한 즉응태세 유지 등을 위해 필요시 「경찰기관 상시근무 공무원의 근무시간 등에 관한 규칙」 제2조제6호에 따라 112요원에 대한 대기근무를 지정할 수 있다.
④ 제3항의 대기근무로 지정된 112요원은 지정된 장소에서 무전기를 청취하며 즉응태세를 유지하여야 한다.
⑤ 112요원은 근무복을 착용하는 것을 원칙으로 하며, 시·도경찰청장 또는 경찰서장은 상황에 따라 다른 복장의 착용을 지시할 수 있다.

제4장 112신고의 처리

제8조(신고의 접수) ① 112신고는 현장출동이 필요한 지역의 **관할과 관계없이 신고를 받은 112종합상황실**에서 접수한다.
② 국민이 112신고 이외 경찰관서별 일반전화 또는 직접 방문 등으로 경찰관의 현장출동을 필요로 하는 사건의 신고를 한 경우 해당 신고를 받은 자가 접수한다. 이 때 **접수한 자는 112시스템에 신고내용을 입력하여야 한다.** 22 2차
③ 112신고자가 그 처리 결과를 통보받고자 희망하는 경우에는 신고처리 종료 후 그 결과를 통보하여야 한다.

제9조(112신고의 분류) ① 112요원은 초기 신고내용을 최대한 합리적으로 판단하여 112신고를 분류하여 업무처리를 한다.
② 접수자는 신고내용을 토대로 사건의 **긴급성과 출동필요성**에 따라 다음 각 호와 같이 112신고의 대응코드를 분류한다.
　1. code 1 신고 : 다음 각 목의 사유로 인해 **최우선 출동이 필요한 경우**
　　가. 범죄로부터 인명·신체·재산 보호
　　나. 심각한 공공의 위험 제거 및 방지
　　다. 신속한 범인검거
　2. code 2 신고 : 경찰 출동요소에 의한 **현장조치 필요성은 있으나** 제1호의 code 1 신고에 속하지 **않는 경우** 11 경간
　3. code 3 신고 : 경찰 출동요소에 의한 **현장조치 필요성이 없는 경우** 11 경간, 23 승진
③ 접수자는 불완전 신고로 인해 정확한 신고내용을 파악하기 힘든 경우라도 신속한 처리를 위해 우선 임의의 코드로 분류하여 하달 할 수 있다.
④ 시·도경찰청·경찰서 지령자 및 현장 출동 경찰관은 접수자가 제2항부터 제4항과 같이 코드를 분류한 경우라도 **추가 사실을 확인하여 코드를 변경할 수 있다.** 23 승진

제10조(지령) ① 112요원은 접수한 신고 내용이 code 1 및 code 2의 유형에 해당하는 경우에는 1개 이상의 출동요소에 출동장소, 신고내용, 신고유형 등을 고지하고 처리하도록 지령하여야 한다.
② 112요원은 접수한 신고의 내용이 code 3의 유형에 해당하는 경우에는 출동요소에 지령하지 않고 **자체 종결하거나, 소관기관이나 담당 부서에 신고내용을 통보하여 처리하도록 조치하여야 한다.** 22 2차

제11조(신고의 이첩) ① 112요원은 다른 관할 지역에서의 출동조치가 필요한 112신고를 접수한 때에는 지체 없이 관할 112종합상황실에 통보한다.
② 제1항의 통보를 받은 관할 112종합상황실에서는 이첩된 112신고를 제8조에 따라 접수된 것과 동일하게 처리한다.
③ 제1항의 통보는 112시스템에 의한 방법, 전화·팩스에 의한 방법 등을 포함한다. 다만, 전화·팩스에 의한 방법으로 통보한 경우에는 112시스템에 추후 입력하는 방식으로 별도 기록을 유지하여야 한다.

제12조(신고의 공조) ① 112요원은 접수한 신고의 처리와 관련하여 다른 관할 지역에서의 공조 출동 등 별도 조치가 필요한 경우에는 협조가 필요한 사항 등을 적시하여 관할 112종합상황실에 공조를 요청할 수 있다.
② 제1항의 공조 요청을 받은 관할 112종합상황실에서는 요청받은 사항에 대해 조치를 취하고 그 결과를 통보하여야 한다. 이때 통보의 방법은 제11조제3항의 규정을 따른다.

제13조(현장출동) ① 제10조제1항의 지령을 받은 출동요소는 신고유형에 따라 다음 각 호의 기준에 따라 현장에 출동하여야 한다.
1. code 1 신고 : code 2 신고의 처리 및 **다른 업무에 우선하여 최우선 출동**
2. code 2 신고 : code 1 신고의 처리 및 **다른 중요한 업무에 지장을 초래하지 않는 범위 내에서 출동** 11 승진

② 제1항제1호에 따른 출동을 하는 출동요소는 소관업무나 관할 등을 이유로 출동을 거부하거나 지연 출동하여서는 아니된다.
③ 모든 출동요소는 사건 장소와의 거리, 사건의 유형 등을 고려하여 신고 대응에 가장 적합한 상태에 있다고 판단될 경우 별도의 출동 지령이 없더라도 스스로 출동의사를 밝히고 출동하는 등 112신고에 적극적으로 대응하여야 한다.

제14조(현장보고) ① 112신고의 처리와 관련하여 출동요소는 다음의 기준에 따라 현장상황을 112종합상황실로 보고하여야 한다.
1. **최초보고** : 출동요소가 112신고 **현장에 도착한 즉시** 도착 사실과 함께 **간략한 현장의 상황을 보고**
2. **수시보고** : 현장 상황에 **변화가 발생하거나 현장조치에 지원이 필요**한 경우 **수시로 보고**
3. **종결보고** : 현장 초동조치가 **종결된 경우** 확인된 사건의 진상, 사건의 처리내용 및 결과 등을 **상세히 보고**

② 제1항에도 불구하고 **현장 상황이 급박하여 신속한 현장 조치가 필요한 경우 우선 조치 후 보고할 수 있다.** 23 승진

제15조(현장조치) ① 출동요소가 112신고를 현장조치할 때에는 다음 각 호의 사항을 준수하여야 한다.
1. 신고사건은 내용에 따라「경찰관직무집행법」등 관련 법령 및 규정에 따라 엄정하게 처리
2. 돌발상황에 대비하여 철저한 현장 경계
3. 다수의 경찰공무원이 필요하다고 판단되는 경우 112종합상황실에 지원요청 또는 인접 출동요소에 직접 지원요청
4. 구급차·소방차 등의 지원이 필요한 사안은 즉시 직접 또는 112종합상황실에 유·무선 보고하여 해당기관에 통보

② 출동요소는 제1항제3호에 따른 112종합상황실의 지원지시 또는 다른 출동요소의 지원요청을 받은 경우 특별한 사유가 없는 한 신속히 현장으로 출동하여야 하며, 긴급한 경우 지원요청이 없더라도 현장조치중인 출동요소를 지원하여야 한다.

제16조(광역사건의 처리) ① 112요원은 광역성·이동성 범죄와 같이 동시에 여러 장소로 현장출동이 필요한 112신고가 접수된 경우 복수의 출동요소에 지령할 수 있다.
② 제1항의 112신고가 인근 지역까지 수배·차단·검문을 필요로 하는 경우 상급관서의 112종합상황실에 보고해야 하며, 보고를 받은 상급관서는 그 내용을 판단하여 수배·차단·검문 확대 대상구역을 정하여 조치하여야 한다.
③ 중요사건에 대한 수배를 하는 경우에는 「치안상황실 운영규칙」별표 9의 중요사건 수배한계 기준표에 따라 조치하여야 한다.
④ 제2항에 따른 수배·차단·검문을 할 때에는 지속적으로 대상을 추적하고, 상황이 종료된 때에는 수배·차단·검문을 해제한다.

제17조(112신고처리의 종결) 112요원은 다음 각 호의 경우 **112신고처리를 종결할 수 있다. 다만,** 타 부서의 계속적 조치가 필요한 경우 해당부서에 사건을 인계한 이후 종결하여야 한다. 23 승진
1. **사건이 해결된 경우** 23 승진

2. 신고자가 신고를 취소한 경우. 다만, 신고자와 취소자가 동일인인지 여부 및 취소의 사유 등을 파악하여 신고취소의 진의 여부를 확인하여야 한다.
3. 추가적 수사의 필요 등으로 사건 해결에 장시간이 소요되어 해당 부서로 인계하여 처리하는 것이 효과적인 경우
4. 허위·오인으로 인한 신고 또는 경찰 소관이 아닌 내용의 사건으로 확인된 경우
5. 현장에 출동하였으나 사건 내용을 확인할 수 없으며, 사건이 실제 발생하였다는 사실도 확인되지 않는 경우
6. 그 밖에 상황관리관, 112종합상황실(팀)장이 초동조치가 종결된 것으로 판단하는 경우

제18조(신고처리시 유의사항) 112신고를 접수·지령 및 처리를 하는 자는 다음 각 호의 사항에 유의하여야 한다.
1. 무선통신은 음어 또는 약호사용을 원칙으로 하며 통신보안에 저촉되는 행위를 하여서는 아니된다.
2. 지령은 정확하고 간결하게 하여야 하며, 무선망의 순위를 고려하여 타 무선망에 장애가 되지 않도록 유의하여야 한다.
3. 누구든지 법률에 특별히 규정한 것을 제외하고는 교신의 직접 대상이 아닌 자가 타인의 교신내용을 무단 수신 또는 발신하거나 지득한 내용을 누설하여서는 아니된다.

제5장 교육 및 장비 등의 관리

제19조(교육) ① 시·도경찰청장 또는 경찰서장은 112요원의 자질향상과 상황처리 능력 배양을 위해 112요원으로 전입한 자에 대하여 이 규칙 등 관계 규정, 음어 또는 약호사용 요령 및 112신고 및 상황 처리 업무수행에 필요한 전반적인 교육을 실시하여야 한다.
② 시·도경찰청장 또는 경찰서장은 관계 규정 또는 상황처리 요령 등이 개정·변경된 경우에는 수시로 근무중인 112요원에 대하여 개정·변경된 사항을 교육하여야 한다.
③ 112종합상황실(팀)장은 112요원의 직무수행 능력향상을 위하여 일일교양 및 지도감독을 철저히 하여야 한다.

제20조(장비의 관리) ① 112종합상황실(팀)장은 무선장비 등 각종 112운영장비가 적정하게 운영되도록 최선을 다하여야 한다.
② 112종합상황실(팀)장은 무선망의 고장 또는 교신장애가 발생한 때에는 다음 각 호의 기준에 따라 조치하여야 하며, 조치 의뢰를 받은 정보통신 기능에서는 다른 업무에 우선하여 처리하여야 한다.
1. 중단 없는 무선망 소통을 위해 우선 자서망 등을 활용하여 우회소통 유지
2. 고장 발생 즉시 정보통신 담당 부서에 수리를 의뢰
3. 무선설비의 자체수리가 불가능할 경우 상급관서에 보고하여 지휘를 받아 조치

제21조(지역정보의 관리) 112종합상황실(팀)장은 112시스템에 등록된 지역정보(주소, 전화번호 등이 지도와 연계된 정보를 말한다)를 수시로 점검하여 변동사항이 있는 경우 112시스템에 변동내용을 반영하거나 지역경찰로 하여금 반영하도록 조치하여야 한다. 이때, 지역경찰이 입력한 지역정보는 중복여부 등을 확인하여야 한다.

제6장 자료의 취급 및 보안 등

제22조(통계분석) 시·도경찰청장 및 경찰서장은 112신고 통계를 분석하고 이를 치안시책에 반영하도

록 노력하여야 한다.

제23조(자료보존기간) ① 112종합상황실 자료의 보존기간은 다음 각 호의 기준에 따른다.
1. 112신고 접수처리 입력자료는 **1년간 보존** 11 승진, 11 경간, 22 2차
2. 112신고 접수 및 무선지령내용 녹음자료는 **24시간 녹음하고 3개월간 보존** 11 승진, 22 2차
3. 그 밖에 문서 및 일지는 「공공기관의 기록물 관리에 관한 법률」에서 정하는 바에 따라 보존
② 시·도경찰청장 또는 경찰서장은 문서 및 녹음자료의 보존기간을 연장할 특별한 사유가 있는 경우에는 제1항에도 불구하고 보존기간을 연장하여 특별 관리할 수 있다.

제24조(신고내용의 유출금지) 누구든지 정당한 이유없이 112신고 및 상황처리와 관련하여 지득한 정보를 타인에게 누설하여서는 아니된다.

제25조(112종합상황실의 보안) ① 112종합상황실은 「보안업무규정 시행 세부규칙」제48조제3항에 따라 제한구역으로 설정하여 출입자 명부를 비치하고 고정출입자 이외의 출입상황을 기록 유지하여야 한다.
② 경찰관서장은 비인가자의 출입을 방지하기 위하여 필요한 경우 112종합상황실 입구 또는 주위에 근무자를 배치할 수 있다.

제26조(시행세칙) 각 시·도경찰청장은 이 규칙의 범위 안에서 시·도경찰청 소속의 112종합상황실의 운영에 필요한 사항을 따로 정할 수 있다.

3. 경비업(경비업법)

제2조(정의) 이 법에서 사용하는 용어의 정의는 다음과 같다.
1. "경비업"이라 함은 다음 각목의 1에 해당하는 업무(이하 "경비업무"라 한다)의 전부 또는 일부를 도급받아 행하는 영업을 말한다.(**혼잡경비업무는 없다.**) 11·12·16·17·22 1차, 14 경간, 15 3차, 11·16·17·18·19 승진
   가. **시설경비업무** : 경비를 필요로 하는 **시설** 및 장소(이하 "경비대상시설"이라 한다)에서의 도난·화재 그 밖의 혼잡 등으로 인한 위험발생을 방지하는 업무
   나. **호송경비업무** : **운반 중**에 있는 현금·유가증권·귀금속·상품 그 밖의 **물건**에 대하여 도난·화재 등 위험발생을 방지하는 업무
   다. **신변보호업무** : 사람의 생명이나 신체에 대한 위해의 발생을 방지하고 그 **신변을 보호**하는 업무
   라. **기계경비업무** : 경비대상시설에 설치한 **기기**에 의하여 감지·송신된 정보를 그 **경비대상시설 외의 장소**에 설치한 관제시설의 기기로 수신하여 도난·화재 등 위험발생을 방지하는 업무
   마. **특수경비업무** : **공항(항공기를 포함**한다) 등 대통령령이 정하는 국가중요시설(이하 "국가중요시설"이라 한다)의 경비 및 도난·화재 그 밖의 위험발생을 방지하는 업무
5. **"집단민원현장"**이란 다음 각 목의 장소를 말한다.
   가. 「노동조합 및 노동관계조정법」에 따라 **노동관계 당사자가 노동쟁의 조정신청을 한 사업장 또는 쟁의행위가 발생한 사업장**
   나. 「도시 및 주거환경정비법」에 따른 **정비사업과 관련하여 이해대립이 있어 다툼이 있는 장소**
   다. 특정 시설물의 설치와 관련하여 민원이 있는 장소
   라. 주주총회와 관련하여 이해대립이 있어 다툼이 있는 장소

마. 건물·토지 등 부동산 및 동산에 대한 소유권·운영권·관리권·점유권 등 법적 권리에 대한 이해대립이 있어 다툼이 있는 장소
바. 100명 이상의 사람이 모이는 국제·문화·예술·체육 행사장
사. 「행정대집행법」에 따라 대집행을 하는 장소

제3조(법인) 경비업은 법인이 아니면 이를 영위할 수 없다. 17 승진, 18 1차, 19 경간

제4조(경비업의 허가) ① 경비업을 영위하고자 하는 **법인**은 도급받아 행하고자 하는 경비업무를 특정하여 그 법인의 **주사무소의 소재지를 관할하는 시·도경찰청장의 허가**를 받아야 한다. 도급받아 행하고자 하는 **경비업무를 변경하는 경우에도 또한 같다.** 11·19 승진, 14·19 경간, 18 1차

② 제1항에 따른 허가를 받으려는 법인은 다음 각 호의 요건을 갖추어야 한다.
 1. 대통령령으로 정하는 **1억원 이상의 자본금의 보유**
 2. 다음 각 목의 경비인력 요건
  가. **시설경비업무: 경비원 10명 이상 및 경비지도사 1명 이상**
  나. 시설경비업무 외의 경비업무: 대통령령으로 정하는 경비 인력
 3. 제2호의 경비인력을 교육할 수 있는 교육장을 포함하여 대통령령으로 정하는 시설과 장비의 보유
 4. 그 밖에 경비업무 수행을 위하여 대통령령으로 정하는 사항

③ 제1항의 규정에 의하여 경비업의 허가를 받은 법인은 다음 각 호의 1에 해당하는 때에는 **시·도경찰청장에게 신고하여야 한다.** 11·18 승진, 14·18 경간
 1. 영업을 폐업하거나 휴업한 때
 2. 법인의 명칭이나 대표자·임원을 변경한 때
 3. 법인의 주사무소나 출장소를 신설·이전 또는 폐지한 때
 4. 기계경비업무의 수행을 위한 관제시설을 신설·이전 또는 폐지한 때
 5. 특수경비업무를 개시하거나 종료한 때
 6. 그 밖에 대통령령이 정하는 중요사항을 변경한 때

④ 제1항 및 제3항의 규정에 의한 허가 또는 신고의 절차, 신고의 기한 등 허가 및 신고에 관하여 필요한 사항은 대통령령으로 정한다.

제6조(허가의 유효기간 등) ① 경비업 허가의 유효기간은 **허가받은 날부터 5년으로 한다.** 11·17·18 승진, 18 1차, 19 경간

제7조(경비업자의 의무) ① 경비업자는 경비대상시설의 소유자 또는 관리자(이하 "시설주"라 한다)의 관리권의 범위 안에서 경비업무를 수행하여야 하며, 다른 사람의 자유와 권리를 침해하거나 그의 정당한 활동에 간섭하여서는 아니 된다.

② 경비업자는 경비업무를 성실하게 수행하여야 하고, 도급을 의뢰받은 경비업무가 위법 또는 부당한 것일 때에는 이를 거부하여야 한다. 19 승진

③ 경비업자는 불공정한 계약으로 경비원의 권익을 침해하거나 경비업의 건전한 육성과 발전을 해치는 행위를 하여서는 아니 된다.

④ 경비업자의 임·직원이거나 임·직원이었던 자는 다른 법률에 특별한 규정이 있는 경우를 제외하고는 그 직무상 알게 된 비밀을 누설하거나 다른 사람에게 제공하여 이용하도록 하는 등 부당한 목적을 위하여 사용하여서는 아니 된다.

⑤ 경비업자는 허가받은 경비업무외의 업무에 경비원을 종사하게 하여서는 아니 된다.

⑥ 경비업자는 집단민원현장에 경비원을 배치하는 때에는 경비지도사를 선임하고 그 장소에 배치하

여 행정안전부령으로 정하는 바에 따라 경비원을 지도·감독하게 하여야 한다. 18 1차, 19 경간

⑦ 특수경비업무를 수행하는 경비업자(이하 "특수경비업자"라 한다)는 제4조제3항제5호의 규정에 의한 특수경비업무의 개시신고를 하는 때에는 국가중요시설에 대한 특수경비업무의 수행이 중단되는 경우 시설주의 동의를 얻어 다른 특수경비업자중에서 경비업무를 대행할 자(이하 "경비대행업자"라 한다)를 지정하여 허가관청에 신고하여야 한다. 경비대행업자의 지정을 변경하는 경우에도 또한 같다.

⑧ 특수경비업자는 국가중요시설에 대한 특수경비업무를 중단하게 되는 경우에는 미리 이를 제7항의 규정에 의한 경비대행업자에게 통보하여야 하며, 경비대행업자는 통보받은 즉시 그 경비업무를 인수하여야 한다. 이 경우 제7항의 규정은 경비대행업자에 대하여 이를 준용한다.

⑨ 특수경비업자는 이 법에 의한 경비업과 경비장비의 제조·설비·판매업, 네트워크를 활용한 정보산업, 시설물 유지관리업 및 경비원 교육업 등 대통령령이 정하는 경비관련업외의 영업을 하여서는 아니 된다.

제7조의2(경비업무 도급인 등의 의무) ① 누구든지 제4조제1항에 따른 허가를 받지 아니한 자에게 경비업무를 도급하여서는 아니 된다.

② 누구든지 집단민원현장에 경비인력을 20명 이상 배치하려고 할 때에는 그 경비인력을 직접 고용하여서는 아니 되고, 경비업자에게 경비업무를 도급하여야 한다. 다만, 시설주 등이 집단민원현장 발생 3개월 전까지 직접 고용하여 경비업무를 수행하는 피고용인의 경우에는 그러하지 아니하다.

③ 제1항 및 제2항에 따라 경비업무를 도급하는 자는 그 경비업무를 수급한 경비업자의 경비원 채용 시 무자격자나 부적격자 등을 채용하도록 관여하거나 영향력을 행사해서는 아니 된다.

④ 제3항에 따른 무자격자 및 부적격자의 구체적인 범위 등은 대통령령으로 정한다.

제10조(경비지도사 및 경비원의 결격사유) ① 다음 각 호의 어느 하나에 해당하는 자는 **경비지도사 또는 일반경비원이 될 수 없다.** 11·12·19 승진

1. 18세 미만인 사람 또는 피성년후견인
2. 파산선고를 받고 복권되지 아니한 자
3. 금고 이상의 실형의 선고를 받고 그 집행이 종료(집행이 종료된 것으로 보는 경우를 포함한다)되거나 집행이 면제된 날부터 5년이 지나지 아니한 자
4. 금고 이상의 형의 집행유예선고를 받고 그 유예기간 중에 있는 자
5. 다음 각 목의 어느 하나에 해당하는 죄를 범하여 벌금형을 선고받은 날부터 10년이 지나지 아니하거나 금고 이상의 형을 선고받고 그 집행이 종료된(종료된 것으로 보는 경우를 포함한다) 날 또는 집행이 유예·면제된 날부터 10년이 지나지 아니한 자
   - 가. 「형법」 제114조의 죄
   - 나. 「폭력행위 등 처벌에 관한 법률」 제4조의 죄
   - 다. 「형법」 제297조, 제297조의2, 제298조부터 제301조까지, 제301조의2, 제302조, 제303조, 제305조, 제305조의2의 죄
   - 라. 「성폭력범죄의 처벌 등에 관한 특례법」 제3조부터 제11조까지 및 제15조(제3조부터 제9조까지의 미수범만 해당한다)의 죄
   - 마. 「아동·청소년의 성보호에 관한 법률」 제7조 및 제8조의 죄
   - 바. 다목부터 마목까지의 죄로서 다른 법률에 따라 가중처벌되는 죄
6. 다음 각 목의 어느 하나에 해당하는 죄를 범하여 벌금형을 선고받은 날부터 5년이 지나지 아니하거나 금고 이상의 형을 선고받고 그 집행이 유예된 날부터 5년이 지나지 아니한 자
   - 가. 「형법」 제329조부터 제331조까지, 제331조의2 및 제332조부터 제343조까지의 죄

나. 가목의 죄로서 다른 법률에 따라 가중처벌되는 죄
다. 삭제
라. 삭제
7. 제5호 다목부터 바목까지의 어느 하나에 해당하는 죄를 범하여 치료감호를 선고받고 그 집행이 종료된 날 또는 집행이 면제된 날부터 10년이 지나지 아니한 자 또는 제6호 각 목의 어느 하나에 해당하는 죄를 범하여 치료감호를 선고받고 그 집행이 면제된 날부터 5년이 지나지 아니한 자
8. 이 법이나 이 법에 따른 명령을 위반하여 벌금형을 선고받은 날부터 5년이 지나지 아니하거나 금고 이상의 형을 선고받고 그 집행이 유예된 날부터 5년이 지나지 아니한 자

② 다음 각 호의 어느 하나에 해당하는 자는 **특수경비원이 될 수 없다.**
1. **18세 미만이거나 60세 이상인 사람 또는 피성년후견인**
2. 심신상실자, 알코올 중독자 등 대통령령으로 정하는 정신적 제약이 있는 자
3. 제1항제2호부터 제8호까지의 어느 하나에 해당하는 자
4. **금고 이상의 형의 선고유예를 받고 그 유예기간 중에 있는 자**
5. 행정안전부령으로 정하는 신체조건에 미달되는 자

③ 경비업자는 제1항 각 호 또는 제2항 각호의 결격사유에 해당하는 자를 경비지도사 또는 경비원으로 채용 또는 근무하게 하여서는 아니 된다.

제14조(특수경비원의 직무 및 무기사용 등) ① **특수경비업자**는 특수경비원으로 하여금 배치된 경비구역안에서 관할 경찰서장 및 공항경찰대장 등 국가중요시설의 경비책임자(이하 "**관할 경찰관서장**"이라 한다)와 **국가중요시설의 시설주의 감독을 받아 시설을 경비**하고 도난·화재 그 밖의 위험의 발생을 방지하는 업무를 수행하게 하여야 한다.

② 특수경비원은 국가중요시설에 대한 경비업무 수행중 국가중요시설의 정상적인 운영을 해치는 장해를 일으켜서는 아니된다.

③ **시·도경찰청장**은 국가중요시설에 대한 경비업무의 수행을 위하여 필요하다고 인정하는 때에는 **시설주의 신청에 의하여 무기를 구입한다.** 이 경우 **시설주는 그 무기의 구입대금을 지불하고, 구입한 무기를 국가에 기부채납하여야 한다.**

④ **시·도경찰청장**은 국가중요시설에 대한 경비업무의 수행을 위하여 필요하다고 인정하는 때에는 **관할경찰관서장으로 하여금 시설주의 신청에 의하여 시설주로부터 국가에 기부채납된 무기를 대여하게 하고**, 시설주는 이를 특수경비원으로 하여금 휴대하게 할 수 있다. 이 경우 특수경비원은 정당한 사유없이 무기를 소지하고 배치된 경비구역을 벗어나서는 아니된다.

⑤ 시설주가 제4항의 규정에 의하여 대여받은 무기에 대하여 **시설주 및 관할 경찰관서장은 무기의 관리책임을 지고, 관할 경찰관서장**은 시설주 및 특수경비원의 무기관리상황을 대통령령이 정하는 바에 따라 **지도·감독하여야 한다.**

⑥ 관할 경찰관서장은 무기의 적정한 관리를 위하여 제4항의 규정에 의하여 무기를 대여받은 시설주에 대하여 필요한 명령을 발할 수 있다.

⑦ 시설주로부터 무기의 관리를 위하여 지정받은 책임자(이하 "관리책임자"라 한다)는 다음 각호에 의하여 이를 관리하여야 한다.
1. 무기출납부 및 무기장비운영카드를 비치·기록하여야 한다.
2. 무기는 관리책임자가 직접 지급·회수하여야 한다.

⑧ 특수경비원은 국가중요시설의 경비를 위하여 무기를 사용하지 아니하고는 다른 수단이 없다고 인정되는 때에는 필요한 한도안에서 무기를 사용할 수 있다. 다만, 다음 각호의 1에 해당하는 때를 제외하고는 사람에게 위해를 끼쳐서는 아니된다.

1. 무기 또는 폭발물을 소지하고 국가중요시설에 침입한 자가 특수경비원으로부터 3회 이상 투기(投棄) 또는 투항(投降)을 요구받고도 이에 불응하면서 계속 항거하는 경우 이를 억제하기 위하여 무기를 사용하지 아니하고는 다른 수단이 없다고 인정되는 때
2. 국가중요시설에 침입한 무장간첩이 특수경비원으로부터 투항(投降)을 요구받고도 이에 불응한 때

⑨ 특수경비원의 무기휴대, 무기종류, 그 사용기준 및 안전검사의 기준 등에 관하여 필요한 사항은 대통령령으로 정한다.

제15조(특수경비원의 의무) ① 특수경비원은 직무를 수행함에 있어 **시설주·관할 경찰관서장 및 소속 상사의 직무상 명령에 복종하여야 한다.**
② 특수경비원은 소속상사의 허가 또는 정당한 사유없이 경비구역을 벗어나서는 아니된다.
③ 특수경비원은 파업·태업 그 밖에 경비업무의 정상적인 운영을 저해하는 **일체의 쟁의행위를 하여서는 아니된다.**
④ 특수경비원이 무기를 휴대하고 경비업무를 수행하는 때에는 다음 각호의 1에 정하는 **무기의 안전사용수칙을 지켜야 한다.**

1. 특수경비원은 사람을 향하여 권총 또는 소총을 발사하고자 하는 때에는 **미리 구두 또는 공포탄에 의한 사격으로 상대방에게 경고하여야 한다.** 다만, 다음 각목의 1에 해당하는 경우로서 부득이한 때에는 경고하지 아니할 수 있다.
   가. **특수경비원을 급습**하거나 타인의 생명·신체에 대한 중대한 위험을 야기하는 **범행이 목전에 실행되고 있는 등** 상황이 급박하여 경고할 시간적 여유가 없는 경우
   나. 인질·간첩 또는 테러사건에 있어서 **은밀히 작전을 수행하는 경우**
2. 특수경비원은 무기를 사용하는 경우에 있어서 **범죄와 무관한 다중의 생명·신체에 위해를 가할 우려가 있는 때에는 이를 사용하여서는 아니된다.** 다만, 무기를 사용하지 아니하고는 타인 또는 특수경비원의 생명·신체에 대한 중대한 위협을 방지할 수 없다고 인정되는 때에는 필요한 최소한의 범위 안에서 이를 사용할 수 있다.
3. 특수경비원은 총기 또는 폭발물을 가지고 대항하는 경우를 제외하고는 14세 미만의 자 또는 임산부에 대하여는 권총 또는 소총을 발사하여서는 아니된다.

제15조의2(경비원 등의 의무) ① 경비원은 직무를 수행함에 있어 타인에게 위력을 과시하거나 물리력을 행사하는 등 경비업무의 범위를 벗어난 행위를 하여서는 아니된다.
② 누구든지 경비원으로 하여금 경비업무의 범위를 벗어난 행위를 하게 하여서는 아니된다.

제16조(경비원의 복장 등) ① 경비업자는 경찰공무원 또는 군인의 제복과 색상 및 디자인 등이 **명확히 구별되는 소속 경비원의 복장을 정하고** 이를 확인할 수 있는 사진을 첨부하여 주된 사무소를 관할하는 **시·도경찰청장에게 행정안전부령으로 정하는 바에 따라 신고하여야 한다.**
② 경비업자는 경비업무 수행 시 경비원에게 소속 경비업체를 표시한 이름표를 부착하도록 하고, 제1항에 따라 신고된 동일한 복장을 착용하게 하여야 하며, 복장에 소속 회사를 오인할 수 있는 표시를 하거나 다른 회사의 복장을 착용하게 하여서는 아니 된다. 다만, 집단민원현장이 아닌 곳에서 신변보호업무를 수행하는 경우 또는 경비업무의 성격상 부득이한 사유가 있어 관할 경찰관서장이 허용하는 경우에는 그러하지 아니하다.
③ **시·도경찰청장**은 제1항에 따라 제출받은 사진을 검토한 후 **경비업자에게 복장 변경 등에 대한 시정명령을 할 수 있다.**
④ 제3항에 따른 시정명령을 받은 경비업자는 이를 이행하여야 하고, 시·도경찰청장에게 행정안전부령으로 정하는 바에 따라 이행보고를 하여야 한다.

⑤ 그 밖에 경비원의 복장 등에 필요한 사항은 행정안전부령으로 정한다.

제16조의2(경비원의 장비 등) ① 경비원이 휴대할 수 있는 장비의 종류는 **경적·단봉·분사기 등 행정안전부령으로 정하되, 근무 중에만 이를 휴대할 수 있다.**

② 경비업자가 경비원으로 하여금 분사기를 휴대하여 직무를 수행하게 하는 경우에는 「**총포·도검·화약류 등 단속법」에 따라 미리 분사기의 소지허가를 받아야 한다.**

③ 누구든지 제1항의 장비를 임의로 개조하여 **통상의 용법과 달리 사용함으로써 다른 사람의 생명·신체에 위해를 가하여서는 아니 된다.**

④ 경비원은 경비업무를 위하여 필요하다고 인정되는 상당한 이유가 있을 때에는 필요한 최소한도에서 제1항의 장비를 사용할 수 있다.

⑤ 그 밖에 경비원의 장비 등에 관하여 필요한 사항은 행정안전부령으로 정한다.

제24조(감독) ① 경찰청장 또는 시·도경찰청장은 경비업무의 적정한 수행을 위하여 경비업자 및 경비지도사를 지도·감독하며 필요한 명령을 할 수 있다.

② 시·도경찰청장 또는 관할 경찰관서장은 소속 경찰공무원으로 하여금 관할구역안에 있는 경비업자의 주사무소 및 출장소와 경비원배치장소에 출입하여 근무상황 및 교육훈련상황 등을 감독하며 필요한 명령을 하게 할 수 있다. 이 경우 출입하는 경찰공무원은 그 권한을 표시하는 증표를 관계인에게 내보여야 한다.

③ 시·도경찰청장 또는 관할 경찰관서장은 경비업자 또는 배치된 경비원이 이 법이나 이 법에 따른 명령, 「폭력행위 등 처벌에 관한 법률」을 위반하는 행위를 하는 경우 그 위반행위의 중지를 명할 수 있다.

④ 시·도경찰청장 또는 관할 경찰관서장은 경비업무 장소가 집단민원현장으로 판단되는 경우에는 그 때부터 48시간 이내에 경비업자에게 경비원 배치 허가를 받을 것을 고지하여야 한다.

제26조(손해배상 등) ① 경비업자는 경비원이 업무수행중 고의 또는 과실로 경비대상에 손해가 발생하는 것을 방지하지 못한 때에는 그 손해를 배상하여야 한다.

② 경비업자는 경비원이 업무수행 중 고의 또는 과실로 제3자에게 손해를 입힌 경우에는 이를 배상하여야 한다.

제28조(벌칙) ① 제14조제2항의 규정에 위반하여 국가중요시설의 정상적인 운영을 해치는 장해를 일으킨 특수경비원은 5년 이하의 징역 또는 5천만원 이하의 벌금에 처한다.

② 다음 각 호의 어느 하나에 해당하는 자는 **3년 이하의 징역 또는 3천만원 이하의 벌금**에 처한다.
  1. 제4조제1항의 규정에 의한 허가를 받지 아니하고 경비업을 영위한 자
  2. 제7조제4항의 규정에 위반하여 직무상 알게 된 비밀을 누설하거나 부당한 목적을 위하여 사용한 자
  3. 제7조제8항의 규정에 위반하여 경비업무의 중단을 통보하지 아니하거나 경비업무를 즉시 인수하지 아니한 특수경비업자 또는 경비대행업자
  4. 집단민원현장에 경비원을 배치하면서 제7조의2제1항을 위반하여 제4조제1항에 따른 허가를 받지 아니한 자에게 경비업무를 도급한 자
  5. 제7조의2제2항을 위반하여 집단민원현장에 20명 이상의 경비인력을 배치하면서 그 경비인력을 직접 고용한 자

  6. 제7조의2제3항을 위반하여 경비업자의 경비원 채용 시 무자격자나 부적격자 등을 채용하도록 관여하거나 영향력을 행사한 도급인
  7. 과실로 인하여 제14조제2항의 규정에 위반하여 국가중요시설의 정상적인 운영을 해치는 장해를

일으킨 특수경비원
8. 특수경비원으로서 경비구역 안에서 시설물의 절도, 손괴, 위험물의 폭발 등의 사유로 인한 위급사태가 발생한 때에 제15조제1항 또는 제2항의 규정에 위반한 자
9. 제15조의2제2항의 규정을 위반하여 경비원에게 경비업무의 범위를 벗어난 행위를 하게 한 자
③ 제14조제4항 후단의 규정에 위반하여 정당한 사유없이 무기를 소지하고 배치된 경비구역을 벗어난 특수경비원은 2년 이하의 징역 또는 2천만원 이하의 벌금에 처한다.

▶ **[참고] 공경비(Public Service) VS 민간경비(Private Service)** 10 승진
① 민간경비는 대가의 유무, 다과에 따라 차등 지급되는 경합적 서비스이다. 이에 반해 공경비의 경우, 모든 사람이 동등하게 소비에 참여할 수 있는 비 경합적 소비가 가능한서비스이다.
② 공경비는 공공의 질서유지 및 범인체포와 같은 법 집행적 측면을 강조한다.
③ 공경비는 민간경비에 비하여 권한이 제한적이지 않다.
④ 공경비는 업무의 주체 면에서 정부기관에 의한 비영리활동이다.

03 생활질서업무

생활질서업무에는 **풍속사범의 단속, 사행행위의 단속, 기초질서위반행위의 단속, 유실물 처리, 총포·도검·화약류 단속** 등이 있다.

1. 풍속사범의 단속

(1) 풍속영업의 범위(풍속영업의 규제에 관한 법률)

제1조(목적) 이 법은 풍속영업을 하는 장소에서 선량한 풍속을 해치거나 청소년의 건전한 성장을 저해하는 행위 등을 규제하여 미풍양속을 보존하고 청소년을 유해한 환경으로부터 보호함을 목적으로 한다.

제2조(풍속영업의 범위) 이 법에서 **"풍속영업"**이란 다음 각 호의 어느 하나에 해당하는 영업을 말한다. 13 승진, 11·17 경간
1. 「게임산업진흥에 관한 법률」 제2조제6호에 따른 게임제공업 및 같은 법 제2조제8호에 따른 **복합유통게임제공업**
2. 「영화 및 비디오물의 진흥에 관한 법률」 제2조제16호가목에 따른 **비디오물감상실업**
3. 「음악산업진흥에 관한 법률」 제2조제13호에 따른 **노래연습장업**
4. 「공중위생관리법」 제2조제1항제2호부터 제4호까지의 규정에 따른 **숙박업, 목욕장업 이용업** 중 대통령령으로 정하는 것 → 미용업X
5. 「식품위생법」 제36조제1항제3호에 따른 식품접객업 중 대통령령으로 정하는 것
   → 단란주점업, 유흥주점업(일반음식점 영업X)

6. **「체육시설의 설치·이용에 관한 법률」** 제10조제1항제2호에 따른 **무도학원업 및 무도장업**
7. 그 밖에 선량한 풍속을 해치거나 청소년의 건전한 성장을 저해할 우려가 있는 영업으로 대통령령으로 정하는 것

※ 「사행행위 등 규제 및 처벌 특례법」상 사행행위영업은 풍속영업X

제3조(준수 사항) 풍속영업을 하는 자(허가나 인가를 받지 아니하거나 등록이나 신고를 하지 아니하고 풍속영업을 하는 자를 포함한다. 이하 "풍속영업자"라 한다) 09·10 1차, 11 경간 및 대통령령으로 정하는 종사자는 풍속영업을 하는 장소(이하 "풍속영업소"라 한다)에서 **다음 각 호의 행위를 하여서는 아니 된다.**
1. 「성매매알선 등 행위의 처벌에 관한 법률」 제2조제1항제2호에 따른 **성매매알선등행위**
2. **음란행위**를 하게 하거나 이를 알선 또는 제공하는 행위
3. **음란한 문서·도화·영화·음반·비디오물, 그 밖의 음란한 물건**에 대한 다음 각 목의 행위
   가. 반포(頒布)·판매·대여하거나 이를 하게 하는 행위
   나. 관람·열람하게 하는 행위
   다. 반포·판매·대여·관람·열람의 목적으로 진열하거나 보관하는 행위
4. **도박이나 그 밖의 사행행위**를 하게 하는 행위

> **시행령 제3조(풍속영업종사자의 범위)** 법 제3조 각 호 외의 부분, 제6조제1항 및 제9조제1항에서 **"대통령령으로 정하는 종사자"**란 명칭에 관계없이 영업자를 대리하거나 영업자의 지시를 받아 상시 또는 일시적으로 영업행위를 하는 **대리인, 사용인, 그 밖의 종업원**(무도학원업의 경우 강사·강사보조원을 포함한다)을 말한다.

제4조(풍속영업의 통보) ① 다른 법률에 따라 **풍속영업의 허가를 한 자**(인가를 하거나 등록·신고를 접수한 자를 포함한다. 이하 "허가관청"이라 한다)는 **풍속영업소의 소재지를 관할하는 경찰서장**(이하 "경찰서장"이라 한다)에게 다음 각 호의 사항을 알려야 한다.
1. 풍속영업자의 성명 및 주소(법인인 경우에는 대표자의 성명과 주소를 포함한다)
2. 풍속영업소의 명칭 및 주소
3. 풍속영업의 종류
② 허가관청은 풍속영업자가 휴업·폐업하거나 그 영업내용이 변경된 경우와 그 밖에 대통령령으로 정하는 사유가 발생한 경우에는 경찰서장에게 그 사실을 알려야 한다.

제6조(위반사항의 통보 등) ① **경찰서장**은 풍속영업자나 대통령령으로 정하는 **종사자**가 제3조를 위반하면 그 사실을 허가관청에 알리고 과세에 필요한 자료를 국세청장에게 통보하여야 한다.
② 제1항에 따른 **통보를 받은 허가관청**은 그 내용에 따라 허가취소·영업정지·시설개수 명령 등 **필요한 행정처분을 한 후 그 결과를 경찰서장에게 알려야 한다.** 11 경간
③ 경찰청장 및 지방자치단체의 장은 제2항에 따른 행정처분을 받은 풍속영업소에 관한 정보를 공유하기 위하여 정보공유시스템을 구축·운영하여야 한다.

제9조(출입) ① 경찰서장은 특별히 필요한 경우 경찰공무원에게 풍속영업소에 출입하여 풍속영업자와 대통령령으로 정하는 종사자가 제3조의 준수 사항을 지키고 있는지를 검사하게 할 수 있다. → **거부할 경우 처벌규정을 규정하고 있지 않음**
② 제1항에 따라 풍속영업소에 출입하여 검사하는 경찰공무원은 그 권한을 표시하는 증표를 지니고 이를 관계인에게 내보여야 한다.

제10조(벌칙) ① 제3조제1호를 위반하여 풍속영업소에서 **성매매알선등행위를 한 자는 3년 이하의 징**

> 역 또는 3천만원 이하의 벌금에 처한다.
> ② 제3조제2호부터 제4호까지의 규정을 위반하여 **음란행위를 하게 하는 등 풍속영업소에서 준수할 사항을 지키지 아니한 자는 3년 이하의 징역 또는 2천만원 이하의 벌금**에 처한다.

「풍속영업의 규제에 관한 법률」 관련 판례

① 나이트클럽 무용수인 피고인이 무대에서 공연하면서 겉옷을 모두 벗고 성행위와 유사한동작을 연출하거나 속옷에 부착되어 있던 모조 성기를 수차례 노출한 경우, 「풍속영업의규제에 관한 법률」상 음란행위에 해당한다(대법원 2011. 9. 8. 2010도10171).

② 풍속영업소인 숙박업소에서 음란한 외국의 위성방송프로그램을 수신하여 투숙객 등으로하여금 시청하게 하는 행위는 「풍속영업의 규제에 관한 법률」상 '음란한 물건'을 관람하게 하는 행위에 해당한다(대법원 2010. 7.15. 2009도4545 모텔 포르노 상영사건). 12 1차, 20 경간

③ 모텔에 동영상 파일 재생장치인 디빅 플레이어(DivX Player)를 설치하고 투숙객에게 그비밀번호를 가르쳐 주어 저장된 음란 동영상을 관람하게 한 경우, 이는 「풍속영업의 규제에 관한 법률」이 금지하고 있는 음란한 비디오물을 풍속 영업소에서 관람하게 한 행위에 해당한다(대법원 2008. 8.21. 2008도3975 모텔 음란 동영상 상영사건). 20 경간

④ 유흥주점 여종업원들이 웃옷을 벗고 브래지어만 착용하거나 치마를 허벅지가 다 드러나도록 걷어 올리고 가슴이 보일 정도로 어깨끈을 밑으로 내린 채 손님을 접대한 경우, 위종업원들의 행위는 「풍속영업의 규제에 관한 법률」상 '음란행위'에 해당한다고 보기 어렵다.(대법원 2009. 2.26. 2006도3119) 12 1차

⑤ 유흥주점영업허가를 받았다고 하더라도 실제로는 노래연습장영업을 하고 있다면 유흥주점영업에 따른 영업자 준수사항을 지켜야 할 의무가 있다고 할 수 없다.(대법원1997.9.30. 97도1873) 12 1차, 20 경간

⑥ 풍속영업자가 자신이 운영하는 여관에서 친구들과 일시 오락 정도에 불과한 도박을 한경우, 형법상 도박죄는 성립하지 아니하고 「풍속영업의 규제에 관한 법률」 위반죄의 구성요건에는 해당하나 사회상규에 위배되지 않는 행위로서 위법성이 조각된다.(대법원2004.4.9. 2003도6351) 12 1차

⑦ 일반음식점 허가를 받은 사람이 주로 주류를 조리·판매하는 형태의 주점영업을 하였다면, 손님이 노래를 부를 수 있는 여건이 갖추어지지 않은 이상 구 「식품위생법」 상 단란주점영업에 해당하지 않는다.(대법원 2008도2160) 20 경간

(2) 게임산업진흥에 관한 법률

> **제2조(정의)** 이 법에서 사용하는 용어의 정의는 다음과 같다.
> 10. **"청소년"**이라 함은 **18세 미만**의 자(「초·중등교육법」제2조의 규정에 의한 **고등학교에 재학 중인 학생을 포함**한다)를 말한다.
>
> **제28조(게임물 관련사업자의 준수사항)** 게임물 관련사업자는 다음 각 호의 사항을 지켜야 한다.
> 1. 제9조제3항의 규정에 의한 유통질서 등에 관한 교육을 받을 것
> 2. **게임물을 이용하여 도박 그 밖의 사행행위를 하게 하거나 이를 하도록 내버려 두지 아니할 것** 14 승진
> 2의2. 게임머니의 화폐단위를 한국은행에서 발행되는 화폐단위와 동일하게 하는 등 게임물의 내용구현과 밀접한 관련이 있는 운영방식 또는 기기·장치 등을 통하여 사행성을 조장하지 아니할 것

3. 경품 등을 제공하여 사행성을 조장하지 아니할 것. 다만, 청소년게임제공업의 전체이용가 게임물에 대하여 대통령령이 정하는 경품의 종류(완구류 및 문구류 등. 다만, 현금, 상품권 및 유가증권은 제외한다)·지급기준·제공방법 등에 의한 경우에는 그러하지 아니하다.(어떤 경우에도 경품을 제공하여서는 안 된다X) 14 승진
4. 제2조제6호의2가목의 규정에 따른 청소년게임제공업을 영위하는 자는 청소년이용불가 게임물을 제공하지 아니할 것
5. 제2조제6호의2나목의 규정에 따른 **일반게임제공업** 또는 제2조제8호에 따른 **복합유통게임제공업**(「청소년 보호법」에 따라 청소년 출입을 허용하는 경우는 제외한다)을 **영위하는 자는 게임장에 청소년을 출입시키지 아니할 것** 14 승진
6. 게임물 및 컴퓨터 설비 등에 문화체육관광부장관이 고시하는 **음란물 및 사행성게임물 차단 프로그램 또는 장치를 설치할 것** 14 승진 다만, 음란물 및 사행성게임물 차단 프로그램 또는 장치를 설치하지 아니하여도 음란물 및 사행성게임물을 접속할 수 없게 되어 있는 경우에는 그러하지 아니하다.
7. 대통령령이 정하는 영업시간 및 청소년의 출입시간을 준수할 것
8. 그 밖에 영업질서의 유지 등에 관하여 필요한 사항으로서 대통령령이 정하는 사항을 준수할 것

(3) 식품위생법 및 식품위생법 시행령

1) 식품위생법 시행령 상 식품접객업

제21조(영업의 종류) 법 제36조제2항에 따른 영업의 세부 종류와 그 범위는 다음 각 호와 같다.
8. 식품접객업
   가. **휴게음식점영업**: 주로 다류(茶類), 아이스크림류 등을 조리·판매하거나 패스트푸드점, 분식점 형태의 영업 등 음식류를 조리·판매하는 영업으로서 **음주행위가 허용되지 아니하는 영업**. 다만, 편의점, 슈퍼마켓, 휴게소, 그 밖에 음식류를 판매하는 장소(만화가게 및 「게임산업진흥에 관한 법률」 제2조제7호에 따른 인터넷컴퓨터게임시설제공업을 하는 영업소 등 음식류를 부수적으로 판매하는 장소를 포함한다)에서 컵라면, 일회용 다류 또는 그 밖의 음식류에 물을 부어 주는 경우는 제외한다.
   나. **일반음식점영업**: **음식류를 조리·판매**하는 영업으로서 식사와 함께 부수적으로 **음주행위가 허용**되는 영업
   다. **단란주점영업**: **주로 주류를 조리·판매**하는 영업으로서 손님이 **노래를 부르는 행위가 허용**되는 영업
   라. **유흥주점영업**: **주로 주류를 조리·판매**하는 영업으로서 **유흥종사자**를 두거나 유흥시설을 설치할 수 있고 손님이 **노래를 부르거나 춤을 추는 행위가 허용**되는 영업 → 노래연습장에서 유흥종사자를 두고 맥주와 조리하지 않은 안주를 제공했다면 유흥주점업에 해당한다. 09 1차
   ※ 간이음식점영업은 식품접객업의 종류에 해당하지 않음

2) 식품위생법 상 식품접객영업자의 준수사항

> **제44조(영업자 등의 준수사항)** ② 식품접객영업자는 「청소년 보호법」 제2조에 따른 청소년(이하 이 항에서 "청소년"이라 한다)에게 다음 각 호의 어느 하나에 해당하는 행위를 하여서는 아니 된다.
> 1. 청소년을 유흥접객원으로 고용하여 유흥행위를 하게 하는 행위
> 2. 「청소년 보호법」 제2조제5호가목3)에 따른 청소년출입·고용 금지업소에 청소년을 출입시키거나 고용하는 행위
> 3. 「청소년 보호법」 제2조제5호나목3)에 따른 청소년고용금지업소에 청소년을 고용하는 행위
> 4. 청소년에게 주류를 제공하는 행위
>
> ③ 누구든지 영리를 목적으로 제36조제1항제3호의 식품접객업을 하는 장소(유흥종사자를 둘 수 있도록 대통령령으로 정하는 영업을 하는 장소는 제외한다)에서 손님과 함께 술을 마시거나 노래 또는 춤으로 손님의 유흥을 돋우는 접객행위(공연을 목적으로 하는 가수, 악사, 댄서, 무용수 등이 하는 행위는 제외한다)를 하거나 다른 사람에게 그 행위를 알선하여서는 아니 된다.
> ④ 제3항에 따른 식품접객영업자는 유흥종사자를 고용·알선하거나 호객행위를 하여서는 아니 된다.

「식품위생법」 관련 판례

① '음식류의 조리·판매보다는 주로 주류의 조리·판매를 목적으로 하는 소주방·호프·카페 등의 영업형태로 운영되는 영업'은 식품위생법상 식품접객업의 종류 중에서는 일반음식점영업 허가를 받은 영업자가 적법하게 할 수 있는 행위의 범주에 속한다고 보는 것이 타당하다. 그러므로 일반음식점 영업자가 위와 같은 형태로 영업하였다고 하여 이를 '주류만을 판매하는 행위'를 하여서는 아니 된다고 규정한 일반음식점 영업자의 준수사항을 위반한 것이라고 보는 것은 죄형법정주의의 정신과 위 법령 규정의 체계에 어긋나는 것이다.(대법원 2012. 6.28. 2011도15097)

② 유흥접객원이란 적어도 하나의 직업으로 특정업소에서 손님과 함께 술을 마시거나 노래또는 춤으로 손님의 유흥을 돋우어 주고 주인으로부터 보수를 받거나 손님으로부터 팁을 받는 부녀자를 가리킨다(대법원 2009. 5.28. 2008도10118).

③ 음식을 나르기 위하여 고용된 종업원이 손님의 거듭되는 요구에 못이겨 할 수 없이 손님과 합석하여 술을 마시게 된 경우 유흥접객원에 포함되지 아니한다(대법원 2009.5.28. 2008도10118).

④ 단순히 놀러오거나 손님으로 왔다가 다른 남자손님과 합석하여 술을 마신 부녀자는 유흥종사자에 포함되지 아니한다.(대법원 2001.12.24. 2001도5837)

⑤ 유흥접객원 적어도 하나의 직업으로 특정업소에서 손님과 함께 술을 마시거나 노래 또는 춤으로 손님의 유흥을 돋우어 주고 주인으로부터 보수를 받거나 손님으로부터 팁을받는 부녀자를 가리키는 것이므로 시중원(바텐더)으로 일하면서 일시적으로 손님들이 권하는 술을 받아 마셨다는 사정만으로는 이를 유흥접객원으로 볼 수는 없다.(대법원2009. 3.12. 2008도9647).

⑥ '유흥종사자를 둔다'고 함은 부녀자에게 시간제로 보수를 지급하고 손님과 함께 술을 마시거나 노래 또는 춤으로 손님의 유흥을 돋우게 하는 경우도 포함되고, 한편 특정다방에 대기하는 이른바 '티켓걸'이 노래연습장에 티켓영업을 나가 시간당 정해진 보수를 받고 그 손님과 함께 춤을 추고 노래를 불러 유흥을 돋우게 한 경우, 손님이 직접 전화로 티켓걸을 부르고 그 티켓비를 손님이 직접 지급하였더라도 업소 주인이 이러한 사정을 알고서 이를 용인하였다면 '유흥종사자를 둔' 경우에 해당한다(대법원 2006. 2.24. 2005도9114).

(4) 음악산업진흥에 관한 법률

제22조(노래연습장업자의 준수사항 등) ① 노래연습장업자는 다음 각 호의 사항을 지켜야 한다.
1. 영업소 안에 화재 또는 안전사고 예방을 위한 조치를 할 것
2. 해당 영업장소에 대통령령이 정하는 출입시간외에 청소년이 출입하지 아니하도록 할 것. 다만, 부모 등 보호자를 동반하거나 그의 출입동의서를 받은 경우 그 밖에 대통령령이 정하는 경우에는 그러하지 아니하다.
3. 주류를 판매·제공하지 아니할 것
4. **접대부(남녀를 불문한다)**를 고용·알선하거나 호객행위를 하지 아니할 것 11 승진
5. 「성매매알선 등 행위의 처벌에 관한 법률」 제2조제1항의 규정에 따른 성매매 등의 행위를 하게 하거나 이를 알선·제공하는 행위를 하지 아니할 것
6. 건전한 영업질서의 유지 등에 관하여 대통령령이 정하는 사항을 준수할 것

② 누구든지 영리를 목적으로 노래연습장에서 손님과 함께 술을 마시거나 노래 또는 춤으로 손님의 유흥을 돋우는 접객행위를 하거나 타인에게 그 행위를 알선하여서는 아니 된다.

제34조(벌칙) ④ 제22조제2항의 규정을 위반한 자는 1년 이하의 징역 또는 300만원 이하의 벌금에 처한다.

→ 노래방업주가 22세 남자 대학생을 도우미로 불러 여자손님들과 동석시킨 후 노래를 부르게 한 경우에 처벌법규는 「음악산업진흥에 관한 법률」이다. 09 채용

(5) 성매매 단속 – 성매매알선 등 행위의 처벌에 관한 법률

제2조(정의) ① 이 법에서 사용하는 용어의 뜻은 다음과 같다.
1. "**성매매**"란 **불특정인**을 상대로 금품이나 그 밖의 재산상의 이익을 수수하거나 수수하기로 약속하고 다음 각 목의 어느 하나에 해당하는 행위를 하거나 그 상대방이 되는 것을 말한다. 15·21 2차
   가. **성교행위**
   나. 구강, 항문 등 신체의 일부 또는 도구를 이용한 **유사 성교행위**
2. "**성매매알선 등 행위**"란 다음 각 목의 어느 하나에 해당하는 행위를 하는 것을 말한다. 18 승진
   가. **성매매를 알선, 권유, 유인 또는 강요하는 행위** 21 2차
   나. **성매매의 장소를 제공하는 행위** 15·21 2차
   다. 성매매에 제공되는 사실을 알면서 자금, 토지 또는 건물을 제공하는 행위
4. "**성매매피해자**"란 다음 각 목의 어느 하나에 해당하는 사람을 말한다. 06 승진, 21 2차
   가. 위계, 위력, 그 밖에 이에 준하는 방법으로 **성매매를 강요당한 사람** 08 경간
   나. 업무관계, 고용관계, 그 밖의 관계로 인하여 보호 또는 감독하는 사람에 의하여 「마약류관리에 관한 법률」 제2조에 따른 **마약·향정신성의약품 또는 대마**(이하 "마약등"이라 한다)**에 중독되어 성매매를 한 사람**
   다. **청소년, 사물을 변별하거나 의사를 결정할 능력이 없거나 미약한 사람** 또는 대통령령으로 정하는 중대한 장애가 있는 사람으로서 성매매를 하도록 알선·유인된 사람
   라. 성매매 목적의 **인신매매를 당한 사람**

제4조(금지행위) 누구든지 다음 각 호의 어느 하나에 해당하는 행위를 하여서는 아니 된다.
1. 성매매

2. **성매매알선 등 행위**
3. 성매매 목적의 **인신매매**
4. **성을 파는 행위**를 하게 할 목적으로 다른 사람을 **고용·모집**하거나 성매매가 행하여진다는 사실을 알고 직업을 **소개·알선**하는 행위
5. 제1호, 제2호 및 제4호의 행위 및 그 행위가 행하여지는 **업소에 대한 광고행위**

제6조(성매매피해자에 대한 처벌특례와 보호) ① **성매매피해자의 성매매는 처벌하지 아니한다.**(형을 감면할 수 있다X) 08 경간, 15·21 2차, 21 경채

② **검사 또는 사법경찰관**은 수사과정에서 피의자 또는 참고인이 **성매매피해자에 해당**한다고 볼 만한 상당한 이유가 있을 때에는 **지체 없이 법정대리인, 친족 또는 변호인에게 통지**하고, 08 경간 신변보호, 수사의 비공개, 친족 또는 지원시설·성매매피해상담소에의 인계 등 그 보호에 필요한 조치를 하여야 한다. 다만, 피의자 또는 참고인의 사생활 보호 등 부득이한 사유가 있는 경우에는 통지하지 아니할 수 있다. 21 2차

제7조(신고의무 등) ① 「성매매방지 및 피해자보호 등에 관한 법률」 제5조제1항에 따른 지원시설 및 같은 법 제10조에 따른 **성매매피해상담소의 장이나 종사자가 업무와 관련하여 성매매 피해사실을 알게 되었을 때에는 지체 없이 수사기관에 신고하여야 한다.**

② 누구든지 이 법에 규정된 범죄를 신고한 사람에게 그 신고를 이유로 불이익을 주어서는 아니 된다.

③ 다른 법률에 규정이 있는 경우를 제외하고는 신고자등의 인적사항이나 사진 등 그 신원을 알 수 있는 정보나 자료를 인터넷 또는 출판물에 게재하거나 방송매체를 통하여 방송하여서는 아니 된다.

제8조(신뢰관계에 있는 사람의 동석) ① **법원**은 신고자등을 증인으로 신문할 때에는 **직권**으로 또는 본인·법정대리인이나 검사의 **신청**에 의하여 **신뢰관계에 있는 사람을 동석**하게 할 수 있다. 21 경채

② **수사기관**은 신고자등을 조사할 때에는 **직권**으로 또는 본인·법정대리인의 **신청**에 의하여 **신뢰관계에 있는 사람을 동석**하게 할 수 있다. 11 승진

③ 법원 또는 수사기관은 **청소년, 사물을 변별하거나 의사를 결정할 능력이 없거나 미약한 사람** 또는 대통령령으로 정하는 **중대한 장애가 있는 사람**에 대하여 제1항 및 제2항에 따른 **신청을 받은 경우**에는 재판이나 수사에 지장을 줄 우려가 있는 등 특별한 사유가 없으면 **신뢰관계에 있는 사람을 동석하게 하여야 한다.** 08 경간

④ 제1항부터 제3항까지의 규정에 따라 신문이나 조사에 동석하는 사람은 진술을 대리하거나 유도하는 등의 행위로 수사나 재판에 부당한 영향을 끼쳐서는 아니 된다.

제9조(심리의 비공개) ① 법원은 신고자등의 사생활이나 신변을 보호하기 위하여 필요하면 결정으로 **심리를 공개하지 아니할 수 있다.** 21 경채

② 증인으로 소환받은 신고자등과 그 가족은 사생활이나 신변을 보호하기 위하여 **증인신문의 비공개**를 신청할 수 있다.

제10조(불법원인으로 인한 채권무효) ① 다음 각 호의 어느 하나에 해당하는 사람이 그 행위와 관련하여 성을 파는 행위를 하였거나 할 사람에게 가지는 채권은 그 **계약의 형식이나 명목에 관계없이 무효**(취소X)로 한다. 10 1차 그 채권을 양도하거나 그 채무를 인수한 경우에도 또한 같다.
1. **성매매알선 등 행위**를 한 사람
2. 성을 파는 행위를 할 사람을 **고용·모집**하거나 그 직업을 **소개·알선**한 사람
3. 성매매 목적의 **인신매매**를 한 사람

② **검사 또는 사법경찰관**은 제1항의 불법원인과 관련된 것으로 의심되는 채무의 불이행을 이유로 고소·고발된 사건을 수사할 때에는 금품이나 그 밖의 재산상의 이익 제공이 성매매의 유인·강요

수단이나 성매매 업소로부터의 이탈방지 수단으로 이용되었는지를 **확인하여 수사에 참작하여야 한다.**

③ **검사 또는 사법경찰관**은 성을 파는 행위를 한 사람이나 성매매피해자를 조사할 때에는 제1항의 채권이 무효라는 사실과 지원시설 등을 이용할 수 있음을 **본인 또는 법정대리인 등에게 고지하여야 한다.**

제11조(외국인여성에 대한 특례) ① 외국인여성이 이 법에 규정된 범죄를 신고한 경우나 외국인여성을 성매매피해자로 수사하는 경우에는 다음 각 호의 어느 하나에 해당하는 때까지 「출입국관리법」 제46조에 따른 강제퇴거명령 또는 같은 법 제51조에 따른 보호의 집행을 하여서는 아니 된다. 이 경우 수사기관은 지방출입국·외국인관서에 해당 외국인여성의 인적사항과 주거를 통보하는 등 출입국 관리에 필요한 조치를 하여야 한다.

1. 사법경찰관이 해당 사건에 대하여 불송치결정을 한 때. 이 경우 「형사소송법」 제245조의5제2호에 따라 관계 서류 등을 송부받은 날부터 90일 이내에 같은 법 제245조의8에 따른 재수사요청이 없었던 경우(재수사요청이 있었으나 그 재수사결과를 통보받은 날부터 30일 이내에 사건송치요구가 없었던 경우를 포함한다)로서 해당 기간 만료일까지 같은 법 제245조의7에 따른 이의신청이 없었던 경우로 한정한다.
2. 검사가 해당 사건에 대하여 불기소처분을 하거나 공소를 제기한 때

제12조(보호사건의 처리) ① **검사는 성매매를 한 사람에 대하여** 사건의 성격·동기, 행위자의 성행 등을 고려하여 이 법에 따른 **보호처분을 하는 것이 적절하다고 인정할 때에는** 특별한 사정이 없으면 **보호사건으로 관할법원에 송치하여야 한다.**

② **법원은** 성매매 사건의 심리 결과 이 법에 따른 **보호처분을 하는 것이 적절하다고 인정할 때에는** 결정으로 사건을 **보호사건의 관할법원에 송치할 수 있다.**

제14조(보호처분의 결정 등) ① 판사는 심리 결과 보호처분이 필요하다고 인정할 때에는 결정으로 다음 각 호의 어느 하나에 해당하는 처분을 할 수 있다. 21 경채
  1. 성매매가 이루어질 우려가 있다고 인정되는 장소나 지역에의 출입금지
  2. 「보호관찰 등에 관한 법률」에 따른 보호관찰
  3. 「보호관찰 등에 관한 법률」에 따른 사회봉사·수강명령
  4. 「성매매방지 및 피해자보호 등에 관한 법률」 제10조에 따른 성매매피해상담소에의 상담위탁
  5. 「성폭력방지 및 피해자보호 등에 관한 법률」 제27조제1항에 따른 전담의료기관에의 치료위탁

② 제1항 각 호의 처분은 병과할 수 있다.

③ 법원은 보호처분의 결정을 한 경우에는 지체 없이 검사, 보호처분을 받은 사람, 보호관찰관 또는 보호처분을 위탁받아 행하는 지원시설·성매매피해상담소 또는 의료기관(이하 "수탁기관"이라 한다)의 장에게 통지하여야 한다. 다만, 국가가 운영하지 아니하는 수탁기관에 보호처분을 위탁할 때에는 그 기관의 장으로부터 수탁에 대한 동의를 받아야 한다.

④ 법원은 제1항제2호부터 제5호까지의 처분을 한 경우에는 교육, 상담, 치료 또는 보호관찰에 필요한 자료를 보호관찰관 또는 수탁기관의 장에게 송부하여야 한다.

⑤ 보호관찰, 사회봉사·수강명령에 관하여 이 법에서 정한 사항 외의 사항에 관하여는 「보호관찰 등에 관한 법률」을 준용한다.

제18조(벌칙) ① 다음 각 호의 어느 하나에 해당하는 사람은 **10년 이하의 징역 또는 1억원 이하의 벌금**에 처한다.
  1. **폭행이나 협박**으로 성을 파는 행위를 하게 한 사람
  2. **위계** 또는 이에 준하는 방법으로 성을 파는 사람을 곤경에 빠뜨려 **성을 파는 행위**를 하게 한 사람

3. 친족관계, 고용관계, 그 밖의 관계로 인하여 다른 사람을 **보호·감독하는 것을 이용하여** 성을 파는 행위를 하게 한 사람
4. **위계 또는 위력**으로 성교행위 등 음란한 내용을 표현하는 **영상물 등을 촬영한 사람**

제19조(벌칙) ① 다음 각 호의 어느 하나에 해당하는 사람은 **3년 이하의 징역 또는 3천만원 이하의 벌금**에 처한다.
  1. 성매매**알선 등 행위를 한 사람**
  2. 성을 파는 행위를 할 사람을 **모집한 사람**
  3. 성을 파는 행위를 하도록 **직업을 소개·알선한 사람**
② 다음 각 호의 어느 하나에 해당하는 사람은 **7년 이하의 징역 또는 7천만원 이하의 벌금**에 처한다.
  1. **영업으로** 성매매알선 등 행위를 한 사람
  2. 성을 파는 행위를 할 사람을 **모집하고 그 대가를 지급받은 사람**
  3. 성을 파는 행위를 하도록 **직업을 소개·알선하고 그 대가를 지급받은 사람**

제20조(벌칙) ① 다음 각 호의 어느 하나에 해당하는 사람은 **3년 이하의 징역 또는 3천만원 이하의 벌금**에 처한다.
  1. 성을 파는 행위 또는 「형법」 제245조에 따른 음란행위 등을 하도록 **직업을 소개·알선할 목적으로 광고**(각종 간행물, 유인물, 전화, 인터넷, 그 밖의 매체를 통한 행위를 포함한다. 이하 같다)를 한 사람
  2. 성매매 또는 성매매알선 등 행위가 행하여지는 **업소에 대한 광고**를 한 사람
  3. 성을 사는 행위를 **권유하거나 유인**하는 광고를 한 사람
② 영업으로 제1항에 따른 **광고물을 제작·공급하거나 광고를 게재**한 사람은 **2년 이하의 징역 또는 1천만원 이하의 벌금**에 처한다.
③ 영업으로 제1항에 따른 **광고물이나 광고가 게재된 출판물을 배포**한 사람은 **1년 이하의 징역 또는 500만원 이하의 벌금**에 처한다.

제21조(벌칙) ① 성매매를 한 사람은 1년 이하의 징역이나 300만원 이하의 벌금·구류 또는 과료에 처한다.
② 제7조제3항을 위반한 사람은 500만원 이하의 벌금에 처한다.

제23조(미수범) 제18조부터 제20조까지에 규정된 죄의 미수범은 처벌한다.

제24조(징역과 벌금의 병과) 제18조제1항, 제19조, 제20조 및 제23조(제18조제2항부터 제4항까지에 규정된 죄의 미수범은 제외한다)의 경우에는 징역과 벌금을 병과할 수 있다.

제25조(몰수 및 추징) 제18조부터 제20조까지에 규정된 죄를 범한 사람이 그 **범죄로 인하여 얻은 금품이나 그 밖의 재산은 몰수**하고, 몰수할 수 없는 경우에는 그 가액을 추징한다.

제26조(형의 감면) 이 법에 규정된 죄를 범한 사람이 **수사기관에 신고하거나 자수한 경우에는 형을 감경하거나 면제할 수 있다.** 15 2차

제28조(보상금) ① 제18조제2항제3호, 같은 조 제3항제4호, 같은 조 제4항, 제22조의 범죄 및 **성매매 목적의 인신매매의 범죄를 수사기관에 신고한 사람에게는 보상금을 지급할 수 있다.**
② 제1항에 따른 보상금의 지급 기준 및 범위에 관하여 필요한 사항은 대통령령으로 정한다.

(6) 사행행위 등 규제 및 처벌특례법

제2조(정의) ① 이 법에서 사용하는 용어의 뜻은 다음과 같다.
1. "**사행행위**"란 여러 사람으로부터 재물이나 재산상의 이익(이하 "재물등"이라 한다)을 모아 **우연적 방법**으로 득실을 결정하여 **재산상의 이익이나 손실을 주는 행위**를 말한다.
2. "**사행행위영업**"이란 다음 각 목의 어느 하나에 해당하는 영업을 말한다.(경마X) 10 승진
   가. **복권발행업**: 특정한 **표찰**(컴퓨터프로그램 등 정보처리능력을 가진 장치에 의한 전자적 형태를 포함한다)을 이용하여 여러 사람으로부터 재물등을 모아 추첨 등의 방법으로 당첨자에게 재산상의 이익을 주고 다른 참가자에게 손실을 주는 행위를 하는 영업
   나. **현상업**: 특정한 설문 또는 예측에 대하여 그 **답**을 제시하거나 예측이 적중하면 이익을 준다는 조건으로 응모자로부터 재물등을 모아 그 정답자나 적중자의 전부 또는 일부에게 재산상의 이익을 주고 다른 참가자에게 손실을 주는 행위를 하는 영업
   다. 그 밖의 사행행위업: 가목 및 나목 외에 영리를 목적으로 **회전판돌리기, 추첨, 경품** 등 사행심을 유발할 우려가 있는 기구 또는 방법 등을 이용하는 영업으로서 대통령령으로 정하는 영업

> **사행행위 등 규제 및 처벌 특례법 시행령**
> **제1조의2(기타 사행행위업)** 「사행행위 등 규제 및 처벌 특례법」(이하 "법"이라 한다) 제2조 제1항제2호다목에서 "대통령령으로 정하는 영업"이란 다음 각 호의 영업을 말한다.
> 1. **회전판돌리기업**: 참가자에게 금품을 걸게한 후 그림이나 숫자등의 기호가 표시된 회전판이 돌고 있는 상태에서 화살등을 쏘거나 던지게 하여 **회전판**이 정지되었을 때 그 화살등이 명중시킨 기호에 따라 당첨금을 교부하는 행위를 하는 영업
> 2. **추첨업**: 참가자에게 **번호**를 기입한 증표를 제공하고 지정일시에 추첨등으로 당첨자를 선정하여 일정한 지급기준에 따라 당첨금을 교부하는 행위를 하는 영업
> 3. **경품업**: 참가자에게 **등수**를 기입한 증표를 제공하여 당해 증표에 표시된 등수 및 당첨금의 지급기준에 따라 당첨금을 교부하는 행위를 하는 영업

제4조(허가 등) ① 사행행위영업을 하려는 자는 제3조에 따른 시설 등을 갖추어 행정안전부령으로 정하는 바에 따라 **시·도경찰청장의 허가**를 받아야 한다. 다만, 그 영업의 대상 범위가 **둘 이상의 특별시·광역시·도 또는 특별자치도에 걸치는 경우에는 경찰청장의 허가**를 받아야 한다. 09 1차
② 제1항에 따른 허가를 받은 자가 대통령령으로 정하는 중요 사항을 변경하려면 행정안전부령으로 정하는 바에 따라 경찰청장이나 시·도경찰청장의 허가를 받아야 한다.
③ **국가기관이나 지방자치단체가 사행행위영업을 하려면 경찰청장의 승인**을 받아야 한다.

제5조(허가의 요건) ① **경찰청장이나 시·도경찰청장**은 제4조제1항에 따른 사행행위영업의 허가신청을 받으면 **다음 각 호의 어느 하나에 해당하는 경우에만 그 영업을 허가할 수 있다.**
1. 공공복리의 증진을 위하여 특별히 필요하다고 인정되는 경우
2. 상품을 판매·선전하기 위하여 특별히 필요하다고 인정되는 경우
3. 관광 진흥과 관광객 유치를 위하여 특별히 필요하다고 인정되는 경우
② 제1항 각 호의 "특별히 필요하다고 인정되는 경우"에 관하여는 대통령령으로 정한다.

제6조(허가의 제한) 경찰청장이나 시·도경찰청장은 다음 각 호의 어느 하나에 해당하는 경우에는 제4조제1항에 따른 **사행행위영업의 허가**(이하 "영업허가"라 한다)를 할 수 없다.
1. 제21조제2항에 따라 **영업허가가 취소되거나** 제24조제1항에 따라 **영업소가 폐쇄된 후 2년이 지**

나지 아니한 장소에서 그 영업과 같은 종류의 영업을 하려는 경우
2. 사행행위영업을 하려는 자가 다음 각 목의 어느 하나에 해당하는 경우
  가. 미성년자, 피성년후견인 또는 피한정후견인
  나. 파산선고를 받고 복권(復權)되지 아니한 사람
  다. 「정신건강증진 및 정신질환자 복지서비스 지원에 관한 법률」 제3조제1호에 따른 정신질환자. 다만, 정신과전문의가 영업을 하기에 적합하다고 인정하는 사람은 그러하지 아니하다.
  라. 「폭력행위 등 처벌에 관한 법률」 제4조에 따른 단체 또는 집단을 구성하거나 그 단체 또는 집단에 자금을 제공하는 사람
  마. 금고 이상의 형을 선고받고 그 집행이 끝나거나 집행을 받지 아니하기로 확정된 날부터 2년이 지나지 아니한 사람
  바. 금고 이상의 형의 집행유예를 선고받고 그 유예기간 중에 있는 사람
  사. 금고 이상의 형의 선고유예를 받고 그 유예기간 중에 있는 사람
  아. 임원 중에 가목부터 사목까지의 어느 하나에 해당하는 사람이 있는 법인
3. 그 밖에 다른 법령에서 사행행위영업을 할 수 없도록 규정하고 있는 경우

제7조(영업허가의 유효기간) ① 영업허가의 유효기간은 사행행위영업의 종류별로 대통령령으로 정하되, **3년을 초과할 수 없다.**
② 제1항에 따른 영업허가의 유효기간이 지난 후 계속하여 영업을 하려는 자는 행정안전부령으로 정하는 바에 따라 다시 허가를 받아야 한다.

> **사행행위 등 규제 및 처벌 특례법 시행령**
> **제4조(허가의 유효기간)** 법 제7조제1항에 따른 **복권발행업, 현상업 및 그 밖의 사행행위업 허가의 유효기간은 90일로** 한다.

제8조(조건부 영업허가) ① **경찰청장이나 시·도경찰청장**은 영업허가를 할 때 대통령령으로 정하는 기간에 제3조에 따른 **시설 및 사행기구를 갖출 것을 조건으로 허가할 수 있다.**

> **사행행위 등 규제 및 처벌 특례법 시행령**
> **제5조(조건부 영업허가기간등)** ①법 제8조제1항의 규정에 의한 조건부 영업허가의 기간은 그 허가를 받은 날부터 **2월 이내**로 한다. 다만, 부득이한 사정이 있다고 인정되는 경우에는 1회에 한하여 2월을 넘지 아니하는 범위내에서 그 기간을 연장할 수 있다.

② 경찰청장이나 시·도경찰청장은 제1항에 따라 허가를 받은 자가 정당한 사유 없이 정하여진 기간에 시설 및 사행기구를 갖추지 아니하면 그 **허가를 취소하여야 한다.** 11 승진

제13조(사행기구 제조업의 허가 등) ① 사행기구 제조업을 하려는 자는 행정안전부령으로 정하는 시설·설비 및 인력 등을 갖추어 행정안전부령으로 정하는 바에 따라 **경찰청장의 허가**를 받아야 한다.
② 사행기구 판매업을 하려는 자는 행정안전부령으로 정하는 바에 따라 경찰청장의 허가를 받아야 한다.
③ 제1항에 따른 사행기구 제조업의 허가를 받은 자(이하 "사행기구 제조업자"라 한다)와 제2항에 따른 사행기구 판매업의 허가를 받은 자(이하 "사행기구 판매업자"라 한다)가 대통령령으로 정하는 중요사항을 변경하려면 행정안전부령으로 정하는 바에 따라 경찰청장의 허가를 받아야 한다.
④ 제1항과 제2항에 따른 사행기구 제조업 및 사행기구 판매업 허가의 제한, 조건부 영업허가 및 영업승계에 관하여는 영업 허가의 제한 등에 관한 제6조·제8조 및 제9조를 준용한다.
⑤ 사행기구 제조업자는 제2항에 따른 사행기구 판매업의 허가를 받은 것으로 본다.

제18조(출입·검사) ① 경찰청장이나 시·도경찰청장은 특별히 필요한 경우 영업자 및 사행기구제조·판매업자(이하 "영업자등"이라 한다)에 대하여 필요한 보고를 하게 하거나, **관계 공무원으로 하여금 영업소에 출입하여** 영업자등이 지켜야 할 사항의 준수 상태, 영업시설, 사행기구, 관계 서류나 장부 등을 검사하게 할 수 있다. 이 경우 **인터넷 등 정보통신망을 이용한 사행행위영업에 관하여도 검사할 수 있다.**

② 제1항에 따라 영업소에 출입하여 검사하는 **관계 공무원**은 그 권한을 표시하는 증표를 지니고 이를 관계인에게 내보여야 한다.

제19조(행정지도 및 시정명령 등) ① 경찰청장이나 시·도경찰청장은 공익을 위하여 필요하거나 지나친 사행심 유발의 방지 등 선량한 풍속을 유지하기 위하여 필요한 경우 **영업자등에게 필요한 지도와 명령을 할 수 있다.**

② 경찰청장이나 시·도경찰청장은 다음 각 호의 어느 하나에 해당하는 경우에는 즉시 또는 기간을 정하여 영업의 시설 등을 고치거나 개선 또는 시정할 것을 명령할 수 있다.
  1. 영업의 시설 등이 제3조 또는 제13조제1항에 따른 기준에 맞지 아니한 경우
  2. 영업자등이 이 법 또는 이 법에 따른 명령을 위반한 경우

제20조(폐기처분 등) 경찰청장이나 시·도경찰청장은 제14조제1항 또는 제2항에 따른 규격과 기준에 맞지 아니하거나 제15조에 따른 검사를 받지 아니하고 판매되는 사행기구에 대하여는 그 사행기구를 제조하거나 수입한 자에게 수거(收去)하여 **폐기할 것을 명령하거나 관계 공무원에게 수거하여 폐기하도록 할 수 있다.**

제21조(행정처분) ① 경찰청장이나 시·도경찰청장은 영업자가 제6조제2호 **각 목의 허가제한 사항 중 어느 하나에 해당하게 된 경우**에는 그 영업의 허가를 취소하여야 한다. 이 경우 법인인 영업자에 대하여 제6조제2호아목에 해당하는 사유로 **허가를 취소할 때에는 취소하기 전에 임원의 교체에 필요한 기간을 3개월 이상 주어야 한다.**

② 경찰청장이나 시·도경찰청장은 영업자등이 이 법 또는 이 법에 따른 **명령을 위반하면 그 영업의 허가를 취소하거나 6개월 이내의 기간을 정하여 영업의 정지를 명령할 수 있다.**

③ 제2항에 따른 행정처분의 세부기준은 행정안전부령으로 정한다.

2. 기초질서위반사범 단속

(1) 경범죄처벌법

1) 목적 등

제1조(목적) 이 법은 경범죄의 종류 및 처벌에 필요한 사항을 정함으로써 국민의 자유와 권리를 보호하고 사회공공의 질서유지에 이바지함을 목적으로 한다.

제2조(남용금지) 이 법을 적용할 때에는 국민의 권리를 부당하게 침해하지 아니하도록 세심한 주의를 기울여야 하며, 본래의 목적에서 벗어나 다른 목적을 위하여 이 법을 적용하여서는 아니 된다.

제6조(정의) ① 이 장에서 **"범칙행위"**란 **제3조제1항 각 호 및 제2항 각 호의 어느 하나에 해당하는 위반행위**를 말하며, 그 구체적인 범위는 대통령령으로 정한다. (3항X) 20 2차

2) 성격
① **광의의 형법**이며, 형법의 **보충법**이며, **일반법(특별법X)**이다. 12·18 승진
② 통고처분과 같은 절차적 규정이 있어 **절차법적 성격**을 가지고 있지만, 전체적으로는 처벌규정을 규정하고 있는 **형사실체법**이다.
③ 사회 풍속 상 위험을 초래할 우려가 있는 행위도 규제한다. 12 승진
④ 자유 보장적, 법익 보호적, 사회 보전적 기능을 갖는다. 12 승진

3) 특징
① 주로 **추상적 위험범**이므로 **미수범 처벌규정이 없다.** 10 승진
② 사람을 벌할 때에는 그 사정과 형편을 헤아려서 그 형을 **면제(가중X, 감경X, 감면X)**하거나 **구류와 과료를 함께 과할 수 있다.** 10 승진, 14 2차, 19 법학
③ 죄를 짓도록 시키거나(교사범) 도와준 사람(방조범)은 죄를 지은 사람(정범)에 준하여 **처벌한다.(감경한다X)** 16 2차, 19·23 승진, 19 법학, 20 2차, 21 경찰특공대, 22 경간
④ 벌금의 형을 선고할 때에는 **선고유예** 또는 **집행유예**가 가능하다. 10 승진
⑤ 이 법에 죄를 범한 범인을 은닉·도피하게 한 경우 벌금 이상의 형을 규정하고 있는 범인은닉죄 성립이 가능하다.
⑥ **법인**에 대해서도 **벌금형 처벌**이 가능하다.
⑦ 범칙금을 **납부한 사람**에 대해서는 그 범칙행위에 대해 다시 처벌받지 아니한다. 18 승진

4) 경범죄의 종류와 처벌(경범죄처벌법 제3조) 13·14·16·20 2차, 16·23 경간, 18·19 승진, 20 경채, 21 특공대, 23 1차

종류	60만원 이하(3항)	① **관공서에서의 주취소란** 23 승진 – 술에 취한 채로 관공서에서 몹시 거친 말과 행동으로 주정하거나 시끄럽게 한 사람 ② 거짓신고 22 경간
	20만원 이하(2항)	① 업무방해 ② 거짓광고 ③ 암표매매 ④ 출판물의 부당게재
	10만원 이하(1항)	나머지 범죄 (「경범죄 처벌법」 위반자가 서명 후 위반자용 용지와 은행납부용 용지를 지급받자 화를 참지 못하고 통고처분 용지를 찢은 경우 공용서류무효죄에 해당하지 않는다.)
현행범 체포	형소법 제214조	다액 **50만원 이하의 벌금, 구류, 과료**에 해당하는 죄의 현행범인에 대해서는 **범인의 주거가 분명하지 않은 경우에 한하여 현행범체포가 가능**하다.
	10만원 이하 20만원 이하	① **통고처분 가능** ② **현행범체포 불가능** 다만, 주거가 불분명한 경우에 한하여 현행범체포가 가능함
	60만원 이하	① **통고처분 불가능** ② 원칙적으로 주거 불분명 상관없이 현행범 체포가 가능함

5) 통고처분(경범죄처벌법 제6조, 제7조) 11 경간, 14 2차, 20 2차, 21 경찰특공대

범칙자	범칙자	범칙행위를 행한 사람으로서 **다음에 해당하지 아니한 사람**
	제외자 18 경간, 19 법학	① **18세 미만인 사람** 19 승진 ② **피해자가 있는 행위**를 한 사람 ③ 죄를 지은 동기나 수단 및 결과를 헤아려볼 때 **구류** 처분을 하는 것이 적절하다고 인정되는 사람 ④ 범칙행위를 **상습적**으로 행하는 사람 22 경간, 23 승진
통고처분 (행정처분)	통고처분 부과	**경찰서장, 해양경찰서장, 제주특별자치도지사** 또는 **철도특별사법경찰대장**은 범칙자로 인정되는 사람에 대하여 그 이유를 명백히 나타낸 **서면**으로 범칙금을 부과하고 이를 납부할 것을 **통고할 수 있다.** 22·23 경간 다만, 다음 각 호의 어느 하나에 해당하는 사람에게는 통고하지 아니한다.
	제외자 18 승진	① 통고처분서 받기를 **거부한** 사람 ② **주거 또는 신원이 확실하지 아니한** 사람 18 경간 ③ 그 밖에 **통고처분을 하기가 매우 어려운** 사람

6) 범칙금 납부(경범죄처벌법 제8조, 제9조) 16 2차, 18 경간

1차 납부	① 통고처분서를 받은 사람은 **통고처분서를 받은 날부터 10일 이내**에 경찰청장·해양경찰청장 또는 철도특별사법경찰대장이 **지정한 은행**, 그 지점이나 대리점, 우체국 또는 제주특별자치도지사가 지정하는 **금융기관**이나 그 지점에 범칙금을 납부하여야 한다. 22 경간 ② 다만, **천재지변**이나 그 밖의 부득이한 사유로 말미암아 그 기간 내에 범칙금을 납부할 수 없을 때에는 그 부득이한 사유가 없어지게 된 날부터 **5일 이내**에 납부하여야 한다. 18 3차, 20 경채, 22 경간
2차 납부	① 1차 납부기간에 따른 납부기간에 범칙금을 납부하지 아니한 사람은 **납부기간의 마지막 날의 다음 날부터 20일 이내**에 통고받은 **범칙금에 그 금액의 100분의 20을 더한 금액**을 납부하여야 한다. 23 경간 ② 제1항 또는 제2항에 따라 **범칙금을 납부한 사람은 그 범칙행위에 대하여 다시 처벌받지 아니한다.** 20 경채
제8조의2 (범칙금의 납부) (분할납부X)	① 범칙금은 제8조에 따른 납부 방법 외에 대통령령으로 정하는 범칙금 납부대행기관을 통하여 **신용카드, 직불카드** 등(이하 "신용카드등"이라 한다)으로 **낼 수 있다.** 이 경우 "범칙금 납부대행기관"이란 정보통신망을 이용하여 신용카드등에 의한 결제를 수행하는 기관으로서 대통령령으로 정하는 바에 따라 범칙금 납부대행기관으로 지정받은 자를 말한다. ② 제1항에 따라 신용카드등으로 내는 경우에는 **범칙금 납부대행기관의 승인일을 납부일로 본다.**
통고처분 불이행자 처분	즉결 심판	① **경찰서장, 해양경찰서장 및 제주특별자치도지사**는 다음 각 호의 어느 하나에 해당하는 사람에 대하여는 **지체 없이 즉결심판을 청구하여야 한다.** 다만, 즉결심판이 청구되기 전까지 통고받은 범칙금에 그 금액의 **100분의 50**을 더한 금액을 납부한 사람에 대하여는 그러하지 아니하다. 18 경간, 18 3차 ② 대상 ㉠ **통고처분제외자**(통고처분서 받기를 거부한 사람, 주거 또는 신원이 확실하지 아니한 사람, 그 밖에 통고처분을 하기가 매우 어려운 사람) ㉡ **납부기간에 범칙금을 납부하지 아니한 사람**

③ **청구의 예외** : 미납자는 즉결심판청구 전 까지 통고받은 **범칙금액에 100분의 50을 더한 금액을 납부**하면 **즉결심판청구를 하지 않으며**, 즉심 청구된 피고인의 경우 **즉결심판 선고 전까지 100분의 50을 더한 금액을 납부하면 즉결심판청구를 취소하여야 한다.** 19 법학, 23 경간

경범죄처벌법 관련 판례 14 2차, 18 3차

1. 경범죄 처벌법 제1조 제19호는 "정당한 이유 없이 길을 막거나 시비를 걸거나 주위에 모여들거나 뒤따르거나 또는 몹시 거칠게 겁을 주는 말 또는 행동으로 다른 사람을 불안하게 하거나 귀찮고 불쾌하게 한 사람"을 벌하도록 규정하고 있는 바, 정당한 이유 없이 다른 사람의 뒤를 따르는 등의 행위가 위 조항의 처벌대상이 되려면 단순히 뒤를 따르는 등의 행위를 하였다는 것만으로는 부족하고 그러한 행위로 인하여 상대방이 불안감이나 귀찮고 불쾌한 감정을 느끼거나 객관적으로 보아 그러한 감정을 느끼게 할 정도의 것이어야 한다. **버스정류장 등지에서 소매치기할 생각으로 은밀히 성명불상자들의 뒤를 따라 다닌 경우, 경범죄처벌법 제1조 제19호 '불안감 조성'에 해당하지 않는다**(대판 1999.8.24., 99도2034).

2. 경찰서장이 범칙행위에 대하여 통고처분을 한 이상 통고처분에서 정한 범칙금 납부기간까지는 원칙적으로 경찰서장은 즉결심판을 청구할 수 없다.(대판 2020도 15194) 23 2차

3. 헌법 제20조 제1항이 보장하는 종교의 자유에는 자기가 신봉하는 종교를 선전하고 새로운 신자를 규합하기 위한 선교의 자유가 포함되고, 공공장소 등에서 자신의 종교를 선전할 목적으로 타인에게 그 교리를 전파하는 것 자체는 이러한 선교의 자유의 한 내용을 당연히 이루는 것이라고 볼 것이며, 따라서 헌법이 보장하고 있는 이러한 종교의 자유의 허용범위와 내용에 더하여 경범죄처벌법의 적용에 있어서 국민의 권리를 부당하게 침해하지 아니하도록 세심한 주의를 기울여야 한다는 경범죄처벌법 제4조 소정의 입법정신을 아울러 고려할 때, 불특정 타인의 주목을 끌고 자신의 주장을 전파하기 위하여 목소리나 각종 음향기구를 사용하여 이루어지는 선교행위가 경범죄처벌법 제1조 제26호 소정의 인근소란행위의 구성요건에 해당되어 형사처벌의 대상이 된다고 판단하기 위해서는 당해 선교행위가 이루어진 구체적인 시기와 장소, 선교의 대상자, 선교행위의 개별적인 내용과 방법 등 제반 정황을 종합하여 그러한 행위가 통상 선교의 범위를 일탈하여 다른 법익의 침해에 이를 정도가 된 것인지 여부 등 법익간의 비교교량을 통하여 사안별로 엄격하게 판단해야 한다.(대판 2003도4148) → **지하철 전동차 구내에서 한 선교행위를 경범죄처벌법 상 인근소란행위로 보기 어렵다는 판례**

▶ [참고] 즉결심판에 관한 절차법

경찰서장의 즉결심판청구는 검사의 기소독점주의의 예외라고 할 수 있다. 07 채용

제2조(즉결심판의 대상) 지방법원, 지원 또는 시·군법원의 판사는 즉결심판절차에 의하여 피고인에게 **20만원 이하의 벌금, 구류 또는 과료**에 처할 수 있다. 07 채용

제3조(즉결심판청구) ① 즉결심판은 관할경찰서장 또는 관할해양경찰서장(이하 "**경찰서장**"이라 한다)이 관할법원에 이를 청구한다.
② 즉결심판을 청구함에는 즉결심판청구서를 제출하여야 하며, 즉결심판청구서에는 피고인의 성명 기타 피고인을 특정할 수 있는 사항, 죄명, 범죄사실과 적용법조를 기재하여야 한다.
③ 즉결심판을 청구할 때에는 사전에 피고인에게 즉결심판의 절차를 이해하는 데 필요한 사항을 서면 또는 구두로 알려주어야 한다.

제4조(서류·증거물의 제출) 경찰서장은 즉결심판의 청구와 동시에 즉결심판을 함에 필요한 서류 또는 증거물을 판사에게 제출하여야 한다. → **공소장일본주의 예외**

제5조(청구의 기각 등) ① 판사는 사건이 즉결심판을 할 수 없거나 즉결심판절차에 의하여 심판함이 적당하지 아니하다고 인정할 때에는 결정으로 즉결심판의 청구를 기각하여야 한다.

② 제1항의 결정이 있는 때에는 경찰서장은 **지체 없이 사건을 관할지방검찰청 또는 지청의 장(법원X)**에게 송치하여야 한다.

제7조(개정) ① 즉결심판절차에 의한 심리와 재판의 선고는 **공개된 법정**에서 행하되, 그 법정은 **경찰관서(해양경찰관서를 포함**한다)외의 장소에 설치되어야 한다.

제8조(피고인의 출석) 피고인이 기일에 출석하지 아니한 때에는 이 법 또는 다른 법률에 특별한 규정이 있는 경우를 제외하고는 개정할 수 없다.

제8조의2(불출석심판) ① **벌금 또는 과료**를 선고하는 경우에는 피고인이 출석하지 아니하더라도 심판할 수 있다.

② 피고인 또는 즉결심판출석통지서를 받은 자(이하 "被告人등"이라 한다)는 법원에 불출석심판을 청구할 수 있고, 법원이 이를 허가한 때에는 피고인이 출석하지 아니하더라도 심판할 수 있다.

제11조(즉결심판의 선고) ① 즉결심판으로 유죄를 선고할 때에는 형, 범죄사실과 적용법조를 명시하고 피고인은 **7일 이내**에 정식재판을 청구할 수 있다는 것을 고지하여야 한다.

⑤ 판사는 사건이 무죄·면소 또는 공소기각을 함이 명백하다고 인정할 때에는 이를 선고·고지할 수 있다.

제13조(즉결심판서등의 보존) 즉결심판의 판결이 확정된 때에는 즉결심판서 및 관계서류와 증거는 **관할경찰서** 또는 지방해양경찰관서가 이를 보존한다.

제14조(정식재판의 청구) ① **정식재판을 청구하고자 하는 피고인**은 즉결심판의 선고·고지를 받은 날부터 **7일 이내에 정식재판청구서를 경찰서장(법원X)에게 제출**하여야 한다. 07 채용 정식재판청구서를 받은 경찰서장은 지체 없이 판사에게 이를 송부하여야 한다.

② **경찰서장**은 제11조제5항의 경우에 그 선고·고지를 한 날부터 **7일 이내에 정식재판을 청구할 수 있다.** 이 경우 경찰서장은 관할지방검찰청 또는 지청의 검사의 승인을 얻어 정식재판청구서를 판사에게 제출하여야 한다.

제17조(유치명령 등) ① 판사는 구류의 선고를 받은 피고인이 일정한 주소가 없거나 또는 도망할 염려가 있을 때에는 **5일을 초과하지 아니하는 기간 경찰서유치장**(지방해양경찰관서의 유치장을 포함한다. 이하 같다)에 유치할 것을 명령할 수 있다. 다만, **이 기간은 선고기간을 초과할 수 없다.**

📝 **관련 판례** 피고인이 즉결심판에 대하여 제출한 정식재판청구서에 피고인의 자필로 보이는 이름이 기재되어 있고 그 옆에 서명이 되어 있어 **위 서류가 작성자 본인인 피고인의 진정한 의사에 따라 작성되었다는 것을 명백하게 확인할 수 있으며 형사소송절차의 명확성과 안정성을 저해할 우려가 없으므로, 정식재판청구는 적법하다고 보아야 한다.** 피고인의 인장이나 지장이 찍혀 있지 않다고 해서 이와 달리 볼 것이 아니다.(대법원 2017모3458 결정) 23 2차

(2) 총포·도검·화약류 단속(총포·도검·화약류 등의 안전관리에 관한 법률)

제1조(목적) 이 법은 총포·도검·화약류·분사기·전자충격기·석궁의 제조·판매·임대·운반·소지·사용과 그 밖에 안전관리에 관한 사항을 정하여 **총포·도검·화약류·분사기·전자충격기·석궁**으로 인한 위험과 재해를 미리 방지함으로써 공공의 안전을 유지하는 데 이바지함을 목적으로 한다.

1) 용어정리 14 경간, 18 1차

제2조(정의) ① 이 법에서 **"총포"**란 권총, 소총, 기관총, 포, 엽총, 금속성 탄알이나 가스 등을 쏠 수 있는 장약총포(裝藥銃砲), 공기총(가스를 이용하는 것을 포함한다. 이하 같다) 및 **총포신·기관부** 등 그 부품(이하 **"부품"**이라 한다)으로서 대통령령으로 정하는 것을 말한다.(부품은 제외X)

② 이 법에서 **"도검"**이란 칼날의 길이가 **15센티미터 이상**인 칼·검·창·치도(雉刀)·비수 등으로서 **성질상 흉기로 쓰이는 것**과 칼날의 길이가 **15센티미터 미만**이라 할지라도 **흉기로 사용될 위험성이 뚜렷한 것** 중에서 대통령령으로 정하는 것을 말한다.

> ※ 시행령(대통령령)으로 정하는 도검
> ① 재크나이프(칼날의 길이가 **6센티미터 이상**의 것에 한함)
> ② 비출나이프(칼날의 길이가 **5.5센티미터 이상**이고, **45도 이상** 자동으로 펴지는 장치가 있는 것에 한함)
> ③ 그 밖의 **6센티미터 이상**의 칼날이 있는 것으로서 **흉기로 사용될 위험성**이 뚜렷이 있는 도검

③ 이 법에서 **"화약류"**란 다음 각 호의 **화약, 폭약 및 화공품**(火工品: 화약 및 폭약을 써서 만든 공작물을 말한다. 이하 같다)을 말한다.

④ 이 법에서 **"분사기"**란 사람의 활동을 일시적으로 곤란하게 하는 최루(催涙) 또는 질식 등을 유발하는 작용제를 분사할 수 있는 기기로서 **대통령령**으로 정하는 것을 말한다.

> **시행령 제6조의2(분사기)** 법 제2조제4항의 규정에 의한 분사기는 사람의 활동을 일시적으로 곤란하게 하는 최루 또는 질식등의 작용제를 내장된 압축가스의 힘으로 분사하는 기기로서 다음 각호의 1에 해당하는 것으로 한다. 다만, **살균·살충용 및 산업용 분사기를 제외**한다.
> 1. 총포형 분사기
> 2. 막대형 분사기
> 3. 만년필형 분사기
> 4. 기타 휴대형 분사기

⑤ 이 법에서 **"전자충격기"**란 사람의 활동을 일시적으로 곤란하게 하거나 인명(人命)에 위해(危害)를 주는 전류를 방류할 수 있는 기기로서 **대통령령**으로 정하는 것을 말한다.

> **제6조의3(전자충격기)** 법 제2조제5항의 규정에 의한 전자충격기는 순간적인 고압전류를 방류할 수 있는 기기로서 다음 각호의 1에 해당하는 것으로 한다. 다만, **산업용 및 의료용 전자충격기를 제외**한다.
> 1. 총포형 전자충격기
> 2. 막대형 전자충격기
> 3. 기타 휴대형 전자충격기

⑥ 이 법에서 **"석궁"**이란 활과 총의 원리를 이용하여 화살 등의 물체를 발사하여 인명에 위해를 줄 수 있는 것으로서 **대통령령**으로 정하는 것을 말한다.

제6조의4(석궁) 법 제2조제6항의 규정에 의한 석궁은 추진력은 활의 원리를, 조준 및 발사장치는 총의 원리를 이용하여 만든 기기(**국궁 또는 양궁에 속하는 것을 제외**한다)로서 다음 각호의 1에 해당하는 것으로 한다.
1. 일반형 석궁
2. 도르래형 석궁(지렛대의 원리를 이용한 것을 말한다. 이하 같다)
3. 권총형 석궁

2) 총포·도검·화약류 등의 허가권자 08·09 채용, 09 경간, 10·11·12 승진

구분	내용		허가권자
제조업	제조소마다 허가를 받아야 됨		
	① **총(권총, 소총, 기관총)**, ② **포**, ③ **화약류(화약, 폭약)**		**경찰청장**
	① 화약류(화공품), ② 기타 총, ③ 도검, ④ 분사기, ⑤ 전자충격기, ⑥ 석궁		**소재지 시·도경찰청장**
판매업	판매소마다 허가를 받아야 함		
	총포·도검·화약류·분사기·전자충격기·석궁 등		**소재지 시·도경찰청장**
수·출입	그때그때 허가받아야 됨		
	① 총·포 ② 화약류		**경찰청장**
	① 도검 ② 분사기 ③ 전자충격기 ④ 석궁		**주된사업장 소재지(관할) 시·도경찰청장**
소지	① **권총·소총·기관총·어획총·사격총**(공기총제외), ② **포**		**주소지 시·도경찰청장**
	① 엽총·가스발사총·공기총·마취총·도살총·산업용총·구난구명총 또는 총포의 부품 ② 도검·화약류·분사기·전자충격기·석궁		**주소지 경찰서장**
화약류	① 1급, ② 2급, ③ 도화선, ④ 수중, ⑤ 실탄, ⑥ 꽃불류, ⑦ 장난감용꽃불류저장소		**시·도경찰청장**
	① **3급**, ② **간이**저장소 설치의 허가		**경찰서장**
	양수의 허가		
	사용(발파 또는 연소)허가		
	폐기		
사격장	클레이사격장, 라이플사격장, 권총사격장		**시·도경찰청장**
	공기총사격장(가스를 이용하는 것을 포함) 및 **석궁**사격장		**경찰서장**

3) 총포 등 소지자 및 제조업자의 결격사유

제3조의2(총포 안전관리 계획의 수립) ① **경찰청장**은 관계 행정기관의 장과 협의를 거쳐 **총포 안전관리 계획을 수립하여** 「국가경찰과 자치경찰의 조직 및 운영에 관한 법률」 제7조에 따른 **국가경찰위원회에 보고하여야 한다.** 계획을 변경하는 경우에도 또한 같다.
② 총포 안전관리 계획에는 다음 각 호의 사항이 포함되어야 한다.
  1. 총포 안전관리의 기본방향
  2. 총포 소지의 허가 현황 및 적정 허가수준 유지 방안
  3. 불법 총포류 조사 및 회수 방안
  4. 총포 소지자 안전교육
  5. 수렵 총포 안전관리
  6. 그 밖에 총포 안전관리를 위해 대통령령으로 정하는 사항
③ 경찰청장은 총포 안전관리 계획의 수립·변경 또는 시행을 위하여 필요한 경우에는 관계 행정기관의 장, 특별시장·광역시장·특별자치시장·도지사·특별자치도지사, 「공공기관의 운영에 관한 법률」 제4조에 따른 공공기관의 장에 대하여 관련 자료의 제출이나 협력을 요청할 수 있다. 이 경우 요청을 받은 자는 특별한 사유가 없으면 이에 따라야 한다.
④ 경찰청장은 총포 안전관리 계획을 수립 또는 변경한 경우에는 관보에 게재하고, 인터넷 등 정보통신망을 통하여 공고하여야 한다.
⑤ 경찰청장은 제1항의 총포 안전관리 계획을 집행하기 위한 세부계획을 수립·시행하여야 한다.
⑥ 세부계획의 수립 시기, 그 밖에 세부계획의 수립·시행 등에 필요한 사항은 대통령령으로 정한다.

제5조(제조업자의 결격사유) 다음 각 호의 어느 하나에 해당하는 자는 총포·도검·화약류·분사기·전자충격기·석궁 제조업의 허가를 받을 수 없다. 18 1차
  1. **금고 이상의 실형**을 선고받고 그 집행이 끝나거나 집행을 받지 아니하기로 확정된 후 **3년이 지나지 아니한 자**
  2. **금고 이상의 형의 집행유예**를 선고받고 그 유예기간이 끝난 날부터 **1년이 지나지 아니한 자**
  3. 심신상실자, 마약·대마·향정신성의약품 또는 알코올 중독자, 그 밖에 이에 준하는 정신장애인
  4. **20세 미만인 자**
  5. 피성년후견인 및 피한정후견인
  6. 파산선고를 받고 복권되지 아니한 자
  7. 제45조제1항에 따라 허가가 취소(이 조 제4호부터 제6호까지의 어느 하나에 해당하여 허가가 취소된 경우는 제외한다)된 후 3년이 지나지 아니한 자
  8. 임원중에 제1호부터 제7호까지의 어느 하나에 해당하는 자가 있는 법인 또는 단체

제13조(총포·도검·화약류·분사기·전자충격기·석궁 소지자의 결격사유 등) ① 다음 각 호의 어느 하나에 해당하는 자는 총포·도검·화약류·분사기·전자충격기·석궁의 소지허가를 받을 수 없다.
  1. **20세 미만인 자.** 다만, 대한체육회장이나 특별시·광역시·특별자치시·도 또는 특별자치도의 체육회장이 추천한 선수 또는 후보자가 사격경기용 총을 소지하려는 경우는 제외한다.
  2. 심신상실자, 마약·대마·향정신성의약품 또는 알코올 중독자, 정신질환자 또는 뇌전증 환자로서 대통령령으로 정하는 사람
  3. **금고 이상의 실형**을 선고받고 그 집행이 끝나거나(집행이 끝난 것으로 보는 경우를 포함한다) 면제된 날부터 **5년이 지나지 아니한 자**
  4. 이 법을 위반하여 **벌금형을 선고받고 5년이 지나지 아니한 자**

5. 「특정강력범죄의 처벌에 관한 특례법」제2조제1항 각 호의 어느 하나에 해당하는 특정강력범죄를 범하여 벌금형의 선고 또는 징역 이상의 형의 집행유예를 선고받고 그 유예기간이 끝난 날부터 5년이 지나지 아니한 자
6. 이 법을 위반하여 **금고 이상의 형의 집행유예**를 선고받고 그 유예기간이 끝난 날부터 **3년이 지나지 아니한 자**
6의2. 다음 각 목의 어느 하나에 해당하는 죄를 범하여 벌금형을 선고받고 5년이 지나지 아니하거나 금고 이상의 형의 집행유예를 선고받고 그 유예기간이 끝난 날부터 5년이 지나지 아니한 사람
   가. 「형법」제114조의 죄
   나. 「형법」제257조제1항·제2항, 제260조 및 제261조의 죄
   다. 「아동·청소년의 성보호에 관한 법률」제7조 및 제8조의 죄
6의3. 「도로교통법」제148조의2의 죄(이하 "음주운전 등"이라 한다)로 벌금 이상의 형을 선고받은 날부터 5년 이내에 다시 음주운전 등으로 벌금 이상의 형을 선고받고 그 집행이 종료(집행이 종료된 것으로 보는 경우를 포함한다)되거나 집행이 면제된 날부터 5년이 지나지 아니한 사람
7. 제45조 또는 제46조제1항에 따라 허가가 취소된 후 1년이 지나지 아니한 자

② 시·도경찰청장 또는 경찰서장은 다른 사람의 생명·재산 또는 공공의 안전을 해칠 우려가 있다고 인정되는 경우에는 제1항 각 호의 어느 하나에 해당하지 아니하는 자에 대해서도 총포·도검·화약류·분사기·전자충격기·석궁의 소지허가를 하지 아니할 수 있다.
③ 시·도경찰청장 또는 경찰서장은 위장한 총포·도검·화약류·분사기·전자충격기·석궁 또는 그 구조와 기능이 행정안전부령으로 정하는 기준에 적합하지 아니한 총포·분사기·전자충격기·석궁의 소지허가를 하여서는 아니 된다.

[정리] 결격사유

구분	총포등 소지자의 결격사유	제조업결격사유
나이	20세미만	20세미만
벌금형 선고 후	5년	없음
금고형 이상의 실형 선고 후	5년	3년
형의 집행유예 선고 후	3년	1년
허가취소	1년	3년

4) 총포 등의 취급 및 소지 금지 연령
   ① 총포 등의 취급금지 - 18세 미만인 자
   ② 총포 등의 소지금지 - 20세 미만인 자

5) 기타

제14조의2(총포의 보관) ① 제12조 또는 제14조에 따라 총포의 소지허가를 받은 자는 총포와 그 실탄 또는 공포탄을 **허가관청이 지정하는 곳에 보관하여야 한다.**
② 총포의 소지허가를 받은 자는 총포를 허가받은 용도에 사용하기 위한 경우 또는 정당한 사유가 있

는 경우 허가관청에 보관해제를 신청하여야 한다. 이 경우 **총포의 보관해제 기간 동안 총포 또는 총포소지자의 위치정보를 확인할 수 있도록 위치정보수집 동의서를 함께 제출하여야 한다.**

③ 허가관청은 제2항에 따른 보관해제 신청이 적합하지 않거나 위치정보수집에 동의하지 않은 경우와 그 밖에 공공의 안전유지를 위하여 필요하다고 인정될 경우 총포의 보관을 해제하지 않을 수 있다.

④ 보관대상이 되는 총포와 그 실탄 또는 공포탄, 보관 기간 및 장소, 보관 및 보관해제의 절차, 위치정보수집 등에 관하여 필요한 사항은 대통령령으로 정한다.

제16조(총포 소지허가의 갱신) ① 제12조에 따라 총포의 소지허가를 받은 자는 허가를 받은 날부터 **3년마다 이를 갱신**하여야 한다.

제18조(화약류의 사용) ① **화약류를 발파하거나 연소시키려는 자**는 행정안전부령으로 정하는 바에 따라 화약류의 **사용장소를 관할하는 경찰서장의 화약류 사용허가**를 받아야 한다. 다만, 「광업법」에 따라 광물을 채굴하는 자와 그 밖에 대통령령으로 정하는 자는 그러하지 아니하다.

제20조(총포·화약류의 폐기) ③ **화약류를 폐기**하려는 자는 행정안전부령으로 정하는 바에 따라 그 **폐기하려는 곳을 관할하는 경찰서장에게 신고**하여야 한다. 다만, 제조업자가 제조과정에서 생긴 화약류를 그 제조소 안에서 폐기하는 경우에는 그러하지 아니하다.

제21조(양도·양수 등의 제한) ① 화약류를 양도하거나 양수하려는 자는 행정안전부령으로 정하는 바에 따라 그 주소지 또는 화약류의 사용 장소를 관할하는 경찰서장의 허가를 받아야 한다.

제23조(발견·습득의 신고 등) 누구든지 유실·매몰 또는 정당하게 관리되고 있지 아니하는 총포·도검·화약류·분사기·전자충격기·석궁이라고 인정되는 물건을 **발견하거나 습득하였을 때에는 24시간 이내에 가까운 경찰관서에 신고하여야 하며,** 경찰공무원(의무경찰을 포함한다)의 지시 없이 이를 만지거나 옮기거나 두들기거나 해체하여서는 아니 된다. 18 1차

제26조(화약류의 운반) ① **화약류를 운반하려는 사람**은 행정안전부령으로 정하는 바에 따라 **발송지를 관할하는 경찰서장에게 신고하여야 한다.** 다만, 대통령령으로 정하는 수량 이하의 화약류를 운반하는 경우에는 그러하지 아니하다. 18 1차

> **시행규칙(행정안전부령)**
>
> **제38조(운반신고)** ① 법 제26조제1항에 따라 화약류운반신고를 하려는 사람은 별지 제20호서식의 화약류운반신고서를 특별한 사정이 없는 한 **운반개시 1시간 전까지 발송지를 관할하는 경찰서장에게 제출하여야 한다.**

제35조(도난·분실의 신고 등) ① 총포·도검·화약류·분사기·전자충격기·석궁을 도난당하거나 잃어버렸을 때에는 그 소유자 또는 관리자는 지체 없이 경찰관서에 신고하여야 한다.

제43조(완성검사) 제조업자, 판매업자 또는 화약류저장소설치자는 그 **허가를 받은 날부터 1년 이내에** 그 시설 또는 설비에 대하여 허가관청의 검사를 받아야 하며, 그 검사에 합격한 후가 아니면 업무를 시작하거나 시설 또는 설비를 사용할 수 없다. 다만, 허가관청은 **부득이한 사유가 있는 경우에는 1년을 초과하지 아니하는 범위에서 그 기간을 연장**할 수 있다.

(3) 유실물법

유실물이란 점유자의 의사에 의하지 않거나 타인에게 절취된 것이 아니면서 **우연히 그 지배에서 벗어난 동산**을 말하며, 점유자의 의사에 의하여 **버린 물건이나 도품은 유실물에 해당하지 않는다.** 18 경간

1) 처리절차의 개관

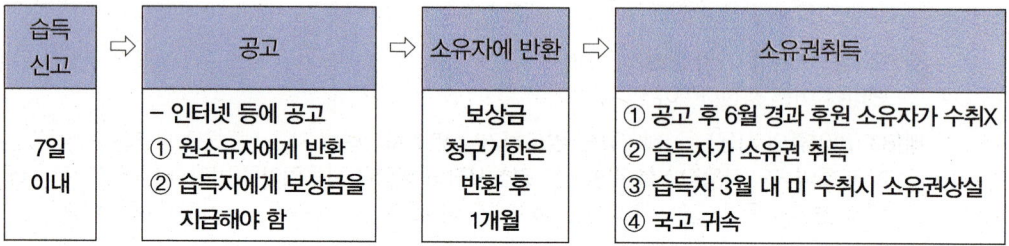

2) 절차

제1조(습득물의 조치) ① **타인이 유실한 물건을 습득한 자**는 이를 **신속하게** 유실자 또는 소유자, 그 밖에 물건회복의 청구권을 가진 자에게 반환하거나 **경찰서(지구대·파출소 등 소속 경찰관서를 포함한다. 이하 같다)** 또는 제주특별자치도의 자치경찰단 사무소(이하 "자치경찰단"이라 한다)에 **제출하여야 한다.** 18 경간 다만, 법률에 따라 소유 또는 소지가 금지되거나 범행에 사용되었다고 인정되는 물건은 신속하게 경찰서 또는 자치경찰단에 제출하여야 한다.

② 물건을 경찰서에 제출한 경우에는 경찰서장이, 자치경찰단에 제출한 경우에는 제주특별자치도지사가 물건을 반환받을 자에게 반환하여야 한다. 이 경우에 반환을 받을 자의 성명이나 주거를 알 수 없을 때에는 대통령령으로 정하는 바에 따라 공고하여야 한다.

제2조(보관방법) ① 경찰서장 또는 자치경찰단을 설치한 제주특별자치도지사는 보관한 **물건이 멸실되거나 훼손될 우려가 있을 때 또는 보관에 과다한 비용이나 불편이 수반될 때에는 대통령령으로 정하는 방법으로 이를 매각할 수 있다.** 11·18 승진

제4조(보상금) 물건을 반환받는 자는 물건가액의 **100분의 5 이상 100분의 20 이하의 범위에서 보상금을 습득자에게 지급하여야 한다.** 11·12·14·15 승진, 15 2차 다만, **국가·지방자치단체와 그 밖에 대통령령으로 정하는 공공기관은 보상금을 청구할 수 없다.** 15 승진, 16 경간

제6조(비용 및 보상금의 청구기한) 제3조의 비용과 제4조의 **보상금은 물건을 반환한 후 1개월이 지나면 청구할 수 없다.**

제7조(습득자의 권리 포기) 습득자는 미리 신고하여 습득물에 관한 모든 권리를 포기하고 의무를 지지 아니할 수 있다. 15·18 승진

제9조(습득자의 권리 상실) 습득물이나 그 밖에 이 법의 규정을 준용하는 **물건을 횡령함으로써 처벌을 받은 자** 및 **습득일부터 7일 이내에 유실자 또는 소유자에게 반환하지 아니하거나 경찰관서에 제출하지 아니한 자**는 제3조의 비용과 제4조의 **보상금을 받을 권리 및 습득물의 소유권을 취득할 권리를 상실한다.** 11·14·15·18 승진 18 경간

제10조(선박, 차량, 건축물 등에서의 습득) ① 관리자가 있는 선박, 차량, 건축물, 그 밖에 일반인의 통행을 금지한 구내에서 타인의 물건을 습득한 자는 그 물건을 관리자에게 인계하여야 한다.

② 제1항의 경우에는 선박, 차량, 건축물 등의 점유자를 습득자로 한다. 자기가 관리하는 장소에서 타

인의 물건을 습득한 경우에도 또한 같다.
③ 이 조의 경우에 보상금은 제2항의 **점유자와 실제로 물건을 습득한 자가 반씩 나누어야 한다.**
④ 「민법」 제253조에 따라 소유권을 취득하는 경우에는 제2항에 따른 습득자와 제1항에 따른 사실상의 습득자는 반씩 나누어 그 소유권을 취득한다. 이 경우 습득물은 제2항에 따른 습득자에게 인도한다.

제11조(장물의 습득) ① 범죄자가 놓고 간 것으로 인정되는 물건을 습득한 자는 신속히 그 물건을 경찰서에 제출하여야 한다.
② 제1항의 물건에 관하여는 법률에서 정하는 바에 따라 몰수할 것을 제외하고는 이 법 및 「민법」 제253조를 준용한다. 다만, 공소권이 소멸되는 날부터 **6개월간 환부받는 자가 없을 때에만** 습득자가 그 소유권을 취득한다.
③ 범죄수사상 필요할 때에는 경찰서장은 공소권이 소멸되는 날까지 공고를 하지 아니할 수 있다.
④ 경찰서장은 제1항에 따라 제출된 습득물이 장물이 아니라고 판단되는 상당한 이유가 있고, 재산적 가치가 없거나 타인이 버린 것이 분명하다고 인정될 때에는 이를 습득자에게 반환할 수 있다.

제12조(준유실물) 착오로 점유한 물건, 타인이 놓고 간 물건이나 일실한 가축에 관하여는 이 법 및 「민법」 제253조를 준용한다. 다만, **착오로 점유한 물건에 대하여는 제3조의 비용과 제4조의 보상금을 청구할 수 없다.** 14·18 승진

제14조(수취하지 아니한 물건의 소유권 상실) 이 법 및 「민법」 제253조, 제254조에 따라 **물건의 소유권을 취득한 자가 그 취득한 날부터 3개월 이내에 물건을** 경찰서 또는 자치경찰단으로부터 **받아가지 아니할 때에는 그 소유권을 상실한다.** 18 경간

제15조(수취인이 없는 물건의 귀속) 이 법의 규정에 따라 경찰서 또는 자치경찰단이 보관한 물건으로서 **교부받을 자가 없는 경우**에는 그 소유권은 **국고** 또는 제주특별자치도의 **금고에 귀속한다.**

제16조(인터넷을 통한 유실물 정보 제공) 경찰청장은 경찰서장 및 자치경찰단장이 관리하고 있는 유실물에 관한 정보를 인터넷 홈페이지 등을 통하여 국민에게 제공하여야 한다.

시행령(대통령령)

제3조(습득공고 등) ① 법 제1조제1항에 따라 습득물을 제출받은 경찰서장 또는 제주특별자치도지사가 제출받은 습득물을 반환받을 자를 알 수 없어 법 제1조제2항 후단에 따라 공고할 때에는 그 습득물을 제출받은 날부터 다음 각 호의 어느 하나에 해당하는 날까지 법 제16조에 따라 유실물에 관한 정보를 제공하는 **인터넷 사이트에 해당 습득물에 관한 정보를 게시하여야 한다.**
 1. 습득물의 유실자 또는 소유자, 그 밖에 물건회복의 청구권을 가진 자(이하 "청구권자"라 한다) 또는 습득자가 습득물을 찾아간 날
 2. 습득물이 법 제15조에 따라 국고 또는 제주특별자치도의 금고에 귀속하게 된 날

제8조(습득금품의 보관과 예탁) ① 경찰서장 또는 제주특별자치도지사는 제출받은 유실물을 경리사무담당책임자로 하여금 보관하게 하여야 한다. 11 승진
② 제1항의 경우에 습득한 현금 또는 물건을 매각한 대금은 금융기관에 예탁하여야 한다. 11 승진

민법 제253조(유실물의 소유권취득) 유실물은 법률에 정한 바에 의하여 공고한 후 **6개월 내에 그 소유자가 권리를 주장하지 아니하면 습득자가 그 소유권을 취득한다.** 14 승진, 16 경간

3) 적용법률 16 경간

① 유실물, 준유실물, 습득물, 매장물 → 유실물법 적용
② 표류물, 침몰물 → 수난구호법 적용
③ 유기견, 유기동물 → 동물보호법 적용
④ 장물 → 형법, 형사소송법 적용

3. 여성·청소년 업무

(1) 소년법 및 소년업무규칙

1) 소년의 개념 10 승진

소년	19세 미만의 자 09 경간
보호자	법률상 감호교육을 할 의무가 있는 자 또는 현재 감호하는 자를 말한다. 18 경간
비행소년 10 1차	범죄소년	14세 이상 19세 미만의 죄를 범한 소년
	촉법소년	형벌법령에 저촉되는 행위를 한 10세 이상 14세 미만인 소년
	우범소년	아래의 사유가 있고 그의 성격이나 환경에 비추어 앞으로 형벌법령에 저촉되는 행위를 할 우려가 있는 10세 이상인 소년(10세 이상 – 19세미만) ㉠ 집단적으로 몰려다니며 주위 사람들에게 불안감을 조성하는 성벽 있는 사유 ㉡ 정당한 이유 없이 가출하는 것 ㉢ 술을 마시고 소란을 피우거나 유해환경에 접하는 성벽이 있는 것
불량행위소년	비행소년은 아니나, 음주·흡연·싸움·기타 자기 또는 타인의 덕성을 해하는 행위를 하는 소년
죄질이 경미한 소년	즉결심판에 관한 절차법 제2조의 즉결심판의 대상에 해당하는 소년
학교 밖 청소년	① 초등학교·중학교 또는 이와 동일한 과정을 교육하는 학교에 입학한 후3개월 이상 결석하거나 취학의무를 유예한 청소년 ② 고등학교 또는 이와 동일한 과정을 교육하는 학교에서 제적·퇴학처분을 받거나 자퇴한 청소년 ③ 고등학교 또는 이와 동일한 과정을 교육하는 학교에 진학하지 아니한 청소년

2) 소년법상 사건의 처리 10·19 승진 18 경간

경찰서장의 송치	① 범죄소년은 경찰서장이 검찰에 송치하고,(형사사건) ② 촉법·우범소년은 경찰서장이 직접 관할소년부에 송치하여야 한다.(보호사건)
검사의 송치	① 검사는 소년에 대한 피의사건을 수사한 결과 보호처분에 해당하는 사유가 있다고 인정한 경우에는 사건을 관할 소년부에 송치하여야 한다. ② 소년부는 ①에 의해 송치된 사건을 조사 또는 심리한 결과 그 동기와 죄질이 금고이상의 형사처분을 할 필요가 있다고 인정할 때에는 결정으로 검찰청 검사에게 송치할 수 있다. ③ 소년부에서 송치된 사건은 다시 소년부에 송치할 수 없다.

형사처분 등을 위한 관할 검찰청으로의 송치	① 소년부는 조사 또는 심리한 결과 **금고 이상**의 형에 해당하는 범죄 사실이 발견된 경우 그 동기와 죄질이 형사처분을 할 필요가 있다고 인정하면 결정으로써 사건을 관할 지방법원에 대응한 검찰청 검사에게 **송치하여야 한다.** ② 소년부는 조사 또는 심리한 결과 사건의 본인이 **19세 이상**인 것으로 밝혀진 경우에는 결정으로써 사건을 관할 지방법원에 대응하는 검찰청 검사에게 **송치하여야 한다.** 다만, 제51조에 따라 법원에 이송하여야 할 경우에는 그러하지 아니하다.
법원의 송치	소년에 대한 피고사건을 심리한 결과 **보호처분에 해당할 사유**가 있다고 인정하면 결정으로 **관할 소년부에 송치하여야** 한다.
이송	① 보호사건을 송치 받은 소년부는 보호의 적정을 기하기 위하여 필요하다고인정하면 결정으로써 사건을 다른 관할 소년부에 이송할 수 있다. ② 소년부는 사건이 그 관할에 속하지 아니한다고 인정하면 결정으로써 그 사건을 관할 소년부에 이송하여야 한다. 18 경간
관할	소년 보호사건의 관할은 소년의 **행위지, 거주지** 또는 **현재지**로 한다.(요청지X) 19 승진
통고	범죄소년, 촉법소년 및 우범소년을 발견한 **보호관찰소의 장**은 이를 관할 소년부에 통고할 수 있다.

3) 소년형사절차의 특례

구속영장의 제한	① 소년에 대한 구속영장은 부득이한 경우가 아니면 발부하지 못한다. ② 소년을 구속하는 경우에는 특별한 사정이 없으면 다른 피의자나 피고인과 분리하여 수용하여야 한다.
사형·무기형의 완화	① 죄를 범할 때에 **18세 미만**인 소년에 대하여는 **사형 또는 무기형**으로 처할 것인 때에는 **15년의 유기징역**으로 한다. 09·15 경간, 10 승진 ② 특정강력범죄를 범한 소년에 대해서는 20년의 유기징역으로 한다.
상대적 부정기형	① 소년이 법정형 **장기 2년 이상**의 유기형에 해당하는 죄를 범한 때에는그 형의 범위 안에서 장기와 단기를 정하여 선고하되, **장기는 10년, 단기는 5년을 초과하지 못한다.** 09·15 경간, 10 승진 ② 특정강력범죄를 범한 소년에 대해서는 장기는 15년, 단기는 7년을 초과하지 못한다.
환형처분의 금지	**18세 미만**의 소년에 대하여는 노역장 유치선고를 하지 못한다. 10 승진
자유형 집행의 분리 09·15·18 경간	① 징역 또는 금고를 선고받은 소년에 대하여는 특별히 설치된 교도소 또는 일반교도소 안에 특별히 분리된 장소에서 그 형을 집행한다. ② 소년이 형의 집행 중에 **23세가 되면 일반교도소에서 집행할 수 있다.**
보호처분과 형의 집행	보호처분의 계속 중에 징역, 금고 또는 구류를 선고받은 소년에 대하여는 **먼저 그 형을 집행한다.** 10 승진
가석방	징역 또는 금고의 선고를 받은 소년에 대하여는 무기형에는 5년, 15년의 유기형에는 3년, 부정기형에는 단기 3분의 1의 기간이 지나면 가석방을 허가할 수 있다.

(2) 청소년 보호법

1) 연령기준 17 승진

청소년기본법	9세이상 24세 이하
청소년보호법, 아동·청소년성보호에 관한 법률, 소년법,	19세미만 (만19세에 도달하는 해의 1월 1일 맞이한 자를 제외)
영화 및 비디오물의 진흥에 관한 법률 음악산업진흥에 관한 법률 게임산업진흥에 관한 법률, 공연법	18세미만

2) 내용

제1조(목적) 이 법은 청소년에게 유해한 매체물과 약물 등이 청소년에게 유통되는 것과 청소년이 유해한 업소에 출입하는 것 등을 규제하고 청소년을 유해한 환경으로부터 보호·구제함으로써 청소년이 건전한 인격체로 성장할 수 있도록 함을 목적으로 한다.

제2조(정의) 이 법에서 사용하는 용어의 뜻은 다음과 같다.

1. **"청소년"**이란 **만 19세 미만**인 사람을 말한다. 다만, 만 19세가 되는 해의 1월 1일을 맞이한 사람은 제외한다.

    > 📄 관련 판례 「청소년보호법」상의 '청소년'에 해당하는지의 판단기준은 **호적 등 공부상의 나이가 아니라 실제의 나이를 기준**으로 하여야 할 것이다.(대구지법 2009.9.11. 2009노1765)

5. **"청소년유해업소"**란 청소년의 출입과 고용이 청소년에게 유해한 것으로 인정되는 다음 가목의 업소(이하 **"청소년 출입·고용금지업소"**라 한다)와 청소년의 출입은 가능하나 고용이 청소년에게 유해한 것으로 인정되는 다음 나목의 업소(이하 **"청소년고용금지업소"**라 한다)를 말한다. 이 경우 업소의 구분은 그 업소가 영업을 할 때 다른 법령에 따라 요구되는 **허가·인가·등록·신고 등의 여부와 관계없이 실제로 이루어지고 있는 영업행위를 기준**으로 한다. 19 2차

    가. 청소년 출입·고용금지업소
    1) 「게임산업진흥에 관한 법률」에 따른 **일반게임제공업** 및 **복합유통게임제공업** 중 대통령령으로 정하는 것
    2) 「사행행위 등 규제 및 처벌 특례법」에 따른 **사행행위영업**
    3) 「식품위생법」에 따른 식품접객업 중 대통령령으로 정하는 것 – **단란주점영업** 및 **유흥주점영업**)
    4) 「영화 및 비디오물의 진흥에 관한 법률」 제2조제16호에 따른 **비디오물감상실업·제한관람가비디오물소극장업** 및 **복합영상물제공업**
    5) 「음악산업진흥에 관한 법률」에 따른 **노래연습장업** 중 대통령령으로 정하는 것(청소년실 출입은 허용)
    6) 「체육시설의 설치·이용에 관한 법률」에 따른 **무도학원업** 및 **무도장업**
    7) 전기통신설비를 갖추고 불특정한 사람들 사이의 음성대화 또는 화상대화를 매개하는 것을 주된 목적으로 하는 영업. 다만, 「전기통신사업법」 등 다른 법률에 따라 통신을 매개하는 영업은 제외한다. – **전화방, 화상전화방**
    8) 불특정한 사람 사이의 신체적인 접촉 또는 은밀한 부분의 노출 등 성적 행위가 이루어지

거나 이와 유사한 행위가 이루어질 우려가 있는 서비스를 제공하는 영업으로서 청소년보호위원회가 결정하고 여성가족부장관이 고시한 것 - **성적서비스 제공업**

9) 청소년유해매체물 및 청소년유해약물등을 제작·생산·유통하는 영업 등 청소년의 출입과 고용이 청소년에게 유해하다고 인정되는 영업으로서 대통령령으로 정하는 기준에 따라 청소년보호위원회가 결정하고 여성가족부장관이 고시한 것

10) 「한국마사회법」 제6조제2항에 따른 장외발매소

11) 「경륜·경정법」 제9조제2항에 따른 장외매장

나. 청소년고용금지업소

1) 「게임산업진흥에 관한 법률」에 따른 **청소년게임제공업** 및 **인터넷컴퓨터게임시설제공업**

2) 「공중위생관리법」에 따른 **숙박업, 목욕장업, 이용업** 중 대통령령으로 정하는 것

3) 「식품위생법」에 따른 식품접객업 중 대통령령으로 정하는 것 - **티켓다방, 소주방, 호프, 카페** 등

4) 「영화 및 비디오물의 진흥에 관한 법률」에 따른 **비디오물소극장업**

5) 「화학물질관리법」에 따른 **유해화학물질 영업**. 다만, 유해화학물질 사용과 직접 관련이 없는 영업으로서 대통령령으로 정하는 영업은 제외한다.

6) 회비 등을 받거나 유료로 만화를 빌려 주는 **만화대여업**

7) 청소년유해매체물 및 청소년유해약물등을 제작·생산·유통하는 영업 등 청소년의 고용이 청소년에게 유해하다고 인정되는 영업으로서 대통령령으로 정하는 기준에 따라 청소년보호위원회가 결정하고 여성가족부장관이 고시한 것

제6조(다른 법률과의 관계) 이 법은 청소년유해환경의 규제에 관한 형사처벌을 할 때 **다른 법률보다 우선하여 적용**한다.

제16조(판매 금지 등) ① 청소년유해매체물로서 대통령령으로 정하는 매체물을 판매·대여·배포하거나 시청·관람·이용하도록 제공하려는 자는 그 **상대방의 나이 및 본인 여부를 확인하여야 하고**, 청소년에게 판매·대여·배포하거나 시청·관람·이용하도록 제공하여서는 아니 된다.

② 제13조에 따라 청소년유해표시를 하여야 할 매체물은 청소년유해표시가 되지 아니한 상태로 판매나 대여를 위하여 전시하거나 진열하여서는 아니 된다.

③ 제14조에 따라 포장을 하여야 할 매체물은 포장을 하지 아니한 상태로 판매나 대여를 위하여 전시하거나 진열하여서는 아니 된다.

제28조(청소년유해약물등의 판매·대여 등의 금지) ① 누구든지 청소년을 대상으로 청소년유해약물등을 판매·대여·배포(자동기계장치·무인판매장치·통신장치를 통하여 판매·대여·배포하는 경우를 포함한다)하거나 무상으로 제공하여서는 아니 된다. 다만, 교육·실험 또는 치료를 위한 경우로서 대통령령으로 정하는 경우는 예외로 한다.

② 누구든지 청소년의 의뢰를 받아 청소년유해약물등을 구입하여 청소년에게 제공하여서는 아니 된다.

③ 누구든지 청소년에게 권유·유인·강요하여 청소년유해약물등을 구매하게 하여서는 아니 된다.

④ 청소년유해약물등을 판매·대여·배포하고자 하는 자는 그 상대방의 나이 및 본인 여부를 확인하여야 한다.

⑤ 다음 각 호의 어느 하나에 해당하는 자가 청소년유해약물 중 주류나 담배(이하 "주류등"이라 한다)를 판매·대여·배포하는 경우 그 업소(자동기계장치·무인판매장치를 포함한다)에 청소년을 대상으로 주류등의 판매·대여·배포를 금지하는 내용을 표시하여야 한다. 다만, 청소년 출입·고용금지업소는 제외한다.

1. 「주류 면허 등에 관한 법률」에 따른 주류소매업의 영업자

2. 「담배사업법」에 따른 담배소매업의 영업자
3. 그 밖에 대통령령으로 정하는 업소의 영업자

⑥ 여성가족부장관은 청소년유해약물등 목록표를 작성하여 청소년유해약물등과 관련이 있는 관계기관등에 통보하여야 하고, 필요한 경우 약물 유통을 업으로 하는 개인·법인·단체에 통보할 수 있으며, 친권자등의 요청이 있는 경우 친권자등에게 통지할 수 있다.

제29조(청소년 고용 금지 및 출입 제한 등) ① 청소년유해업소의 업주는 청소년을 고용하여서는 아니 된다. 청소년유해업소의 업주가 **종업원을 고용하려면 미리 나이를 확인하여야 한다.**

② 청소년 출입·고용금지업소의 업주와 종사자는 출입자의 **나이를 확인하여 청소년이 그 업소에 출입하지 못하게 하여야 한다.**

③ 숙박업을 운영하는 업주는 종사자를 배치하거나 대통령령으로 정하는 설비 등을 갖추어 출입자의 나이를 확인하고 청소년을 남녀 혼숙하게 하는 등 우려가 있는 경우에는 청소년의 출입을 제한하여야 한다.

④ 청소년유해업소의 업주와 종사자는 나이 확인을 위하여 필요한 경우 주민등록증이나 그 밖에 나이를 확인할 수 있는 증표의 제시를 요구할 수 있으며, 증표 제시를 요구받고도 **정당한 사유 없이 증표를 제시하지 아니하는 사람에게는 그 업소의 출입을 제한할 수 있다.(하여야 한다X)** 19 승진

⑤ 제2항에도 불구하고 청소년이 친권자등을 동반할 때에는 대통령령으로 정하는 바에 따라 출입하게 할 수 있다. 다만, 「식품위생법」에 따른 식품접객업 중 대통령령으로 정하는 업소의 경우에는 출입할 수 없다.

⑥ 청소년유해업소의 업주와 종사자는 그 업소에 **대통령령(행정안전부령X)**으로 정하는 바에 따라 **청소년의 출입과 고용을 제한하는 내용을 표시하여야 한다.** 19 승진

제30조(청소년유해행위의 금지) 누구든지 청소년에게 다음 각 호의 어느 하나에 해당하는 행위를 하여서는 아니 된다. 16·19 경간

1. 영리를 목적으로 청소년으로 하여금 신체적인 접촉 또는 은밀한 부분의 노출 등 **성적 접대행위**를 하게 하거나 이러한 행위를 알선·매개하는 행위

> '홀딱쇼' 등 은밀한 부분을 노출시키고 접대하는 행위, 안마시술소의 퇴폐적 안마, 증기탕의 목욕접대 등도 성적 접대행위에 포함된다. 11 승진

2. 영리를 목적으로 청소년으로 하여금 손님과 함께 술을 마시거나 노래 또는 춤 등으로 손님의 유흥을 돋우는 **접객행위**를 하게 하거나 이러한 행위를 알선·매개하는 행위
3. 영리나 흥행을 목적으로 청소년에게 **음란한 행위를 하게 하는 행위**
4. 영리나 흥행을 목적으로 청소년의 **장애나 기형 등의 모습을 일반인들에게 관람시키는 행위**
5. 청소년에게 **구걸을 시키거나 청소년을 이용하여 구걸하는 행위**
6. 청소년을 **학대하는 행위**
7. 영리를 목적으로 청소년으로 하여금 **거리에서 손님을 유인하는 행위를 하게 하는 행위**
8. 청소년을 **남녀 혼숙하게 하는 등 풍기를 문란하게 하는 영업행위**를 하거나 이를 목적으로 장소를 제공하는 행위
9. **주로 차 종류를 조리·판매하는 업소에서 청소년으로 하여금 영업장을 벗어나 차 종류를 배달하는 행위를 하게 하거나 이를 조장하거나 묵인하는 행위**

제31조(청소년 통행금지·제한구역의 지정 등) ① 특별자치시장·특별자치도지사·시장·군수·구청장(구청장은 자치구의 구청장을 말하며, 이하 **"시장·군수·구청장"**이라 한다)은 청소년 보호를 위하여 필요하다고 인정할 경우 청소년의 정신적·신체적 건강을 해칠 우려가 있는 구역을 **청소년 통행**

금지구역 또는 청소년 통행제한구역으로 지정하여야 한다. 19 승진
② **시장·군수·구청장**은 청소년 범죄 또는 탈선의 예방 등 특별한 이유가 있으면 대통령령으로 정하는 바에 따라 시간을 정하여 제1항에 따라 **지정된 구역에 청소년이 통행하는 것을 금지하거나 제한할 수 있다.**
③ 제1항과 제2항에 따른 청소년 통행금지구역 또는 통행제한구역의 구체적인 지정기준과 선도 및 단속 방법 등은 조례로 정하여야 한다. 이 경우 관할 경찰관서 및 학교 등 해당 지역의 관계 기관과 지역 주민의 의견을 반영하여야 한다.
④ 시장·군수·구청장 및 관할 경찰서장은 청소년이 제2항을 위반하여 청소년 통행금지구역 또는 통행제한구역을 통행하려고 할 때에는 통행을 막을 수 있으며, 통행하고 있는 청소년은 해당 구역 밖으로 나가게 할 수 있다. 19 승진

제32조(청소년에 대하여 가지는 채권의 효력 제한) ① 제30조에 따른 행위를 한 자가 그 행위와 관련하여 청소년에 대하여 가지는 채권은 그 **계약의 형식이나 명목에 관계없이 무효로 한다.**
② 제2조제5호가목3) 및 나목3)에 따른 업소의 업주가 고용과 관련하여 청소년에 대하여 가지는 채권은 그 **계약의 형식이나 명목에 관계없이 무효로 한다.**

제36조(청소년보호위원회의 설치) 다음 각 호의 사항에 관하여 심의·결정하기 위하여 **여성가족부장관 소속**으로 청소년보호위원회(이하 이 장에서 "위원회"라 한다)를 둔다.
  1. 청소년유해매체물, 청소년유해약물등, 청소년유해업소 등의 심의·결정 등에 관한 사항
  2. 제54조제1항에 따른 과징금 부과에 관한 사항
  3. 여성가족부장관이 청소년보호를 위하여 필요하다고 인정하여 심의를 요청한 사항
  4. 그 밖에 다른 법률에서 위원회가 심의·결정하도록 정한 사항

제37조(위원회의 구성) ① 위원회는 **위원장 1명을 포함한 11명 이내의 위원**으로 구성하되, 고위공무원단에 속하는 공무원 중 여성가족부장관이 지명하는 청소년 업무 담당 공무원 1명을 당연직 위원으로 한다.
② 위원회의 위원장은 청소년 관련 경험과 식견이 풍부한 사람 중에서 여성가족부장관의 제청으로 대통령이 임명하고, 그 밖의 위원은 다음 각 호의 어느 하나에 해당하는 사람 중에서 위원장의 추천을 받아 여성가족부장관의 제청으로 대통령이 임명하거나 위촉한다.
  1. 판사, 검사 또는 변호사로 5년 이상 재직한 사람
  2. 대학이나 공인된 연구기관에서 부교수 이상 또는 이에 상당하는 직에 있거나 있었던 사람으로서 청소년 관련 분야를 전공한 사람
  3. 3급 또는 3급 상당 이상의 공무원이나 고위공무원단에 속하는 공무원과 공공기관에서 이에 상당하는 직에 있거나 있었던 사람으로서 청소년 관련 업무에 실무 경험이 있는 사람
  4. 청소년 시설·단체 및 각급 교육기관 등에서 청소년 관련 업무를 10년 이상 담당한 사람

제38조(위원장의 직무 및 회의) ① 위원장은 위원회를 대표하고 위원회의 업무를 총괄한다.
② 위원장이 부득이한 사유로 직무를 수행할 수 없을 때에는 위원장이 지명한 위원이 그 직무를 대행한다.
③ 위원장은 위원회의 회의를 소집하고 그 의장이 된다.
④ 위원회의 회의는 **재적위원 과반수의 출석으로 개의하고, 출석위원 과반수의 찬성**으로 의결한다.

제39조(위원의 임기) ① **위원의 임기는 2년으로 하며, 연임할 수 있다.** 다만, 당연직 위원의 임기는 그 재임기간으로 한다.
② 당연직 위원이 아닌 위원에 결원이 생겼을 때에는 결원된 날부터 30일 이내에 보궐위원을 임명하

거나 위촉하여야 하며, 보궐위원의 임기는 전임자 임기의 남은 기간으로 한다. 다만, 전임자 임기의 남은 기간이 3개월 미만이고 재임 중인 위원의 수가 8명 이상인 경우에는 보궐위원을 선임하지 아니할 수 있다.

[정리] 청소년 출입·고용 18·19 2차, 11·12·17·19 승진, 15 경간

청소년 출입·고용금지업소(출입X, 고용X)	청소년 고용금지업소(출입O, 고용X)
유흥주점영업, 단란주점영업	청소년게임 제공업, 인터넷컴퓨터게임시설제공업
비디오물감상실업(비디오방), 제한관람가 비디오물 소극장업, 복합영상물제공업	① 숙박업 ② 목욕장업 ③ 이용업
노래연습장(청소년실에 한정하여 청소년 출입을 허용)	① 티켓다방 ② 소주방·호프·카페
무도학원업, 무도장업	비디오물소극장업
사행행위영업	유해화학물질영업 (유해화학물질을 직접사용하지 않는 영업제외)
복합유통게임제공업, 일반게임제공업	만화대여업
전화방(음성대화방), 화상대화방	
성적 서비스 제공하는 영업	
장외발매소(한국마사회법 제6조제2항)	
장외매장(경륜·경정법 제9조 제2항)	

[정리] 청소년유해행위금지(cf. 아청법상 성을 사는 행위와 구별하기) 11 1차

금지내용(청소년보호법 제30조)	처벌(제55조~58조)
- 영리를 목적으로 청소년으로 하여금 신체적인 접촉 또는 은밀한 부분의 노출 등 성적 접대행위를 하게 하거나 이러한 행위를 알선·매개를 하는 행위	1년 이상 10년 이하의 징역
- 영리를 목적으로 청소년으로 하여금 손님과 함께 술을 마시거나 노래 또는 춤 등으로 손님의 유흥을 돋우는 접객행위를 하게 하거나 이러한 행위를 알선·매개하는 행위 - 영리나 흥행을 목적으로 청소년에게 음란한 행위를 하게 하는 행위	10년 이하의 징역
- 영리나 흥행을 목적으로 청소년의 장애나 기형 등의 모습을 일반인들에게 관람시키는 행위 - 청소년에게 구걸을 시키거나 청소년을 이용하여 구걸하는 행위 - 청소년을 학대하는 행위	5년 이하의 징역
- 영리를 목적으로 청소년으로 하여금 거리에서 손님을 유인하는 행위를 하게하는 행위	3년 이하의 징역 또는 3천만 원 이하의 벌금

- 청소년을 남녀혼숙하게 하는 등 풍기를 문란하게 하는 영업행위를 하거나 이를 목적으로 장소를 제공하는 행위
- 주로 차 종류를 조리·판매하는 업소에서 청소년으로 하여금 영업장을 벗어나 차종류를 배달하는 행위를 하거나 이를 조장하거나 묵인하는 행위

청소년 보호법 관련 판례지문 11·12·19 승진, 20 경간

① 「청소년보호법」의 입법취지와 목적 및 규정 내용 등에 비추어 볼 때, 18세 미만의 청소년에게 술을 판매함에 있어서 가사 그의 민법상 법정대리인의 동의를 받았다고 하더라도 그러한 사정만으로 위 술 판매행위가 정당화 될 수는 없다.(대판 1999.7.13., 99도2151)

② 유흥주점 운영자가 업소에 들어온 미성년자의 신분을 의심하여 주문받은 술을 들고 룸에 들어가 신분증의 제시를 요구하고 밖으로 데리고 나온 사안에서, 미성년자가 실제주류를 마시거나 마실 수 있는 상태에 이르지 않았으므로 술값의 선불지급 여부 등과무관하게 주류 판매에 관한 「청소년보호법」 위반죄가 성립하지 않는다.(대판 2008.7.24., 2008도3211)

③ 청소년출입금지업소의 업주 및 종사자가 부담하는 출입자 연령확인의무의 내용 및 연령확인 조치를 취하지 아니함으로써 청소년이 당해 업소에 출입한 경우 업주 등에게 「청소년보호법」 위반죄의 미필적 고의가 인정된다.(대판 2007.11.16., 2007도7770)

④ 일반음식점 허가를 받은 업소가 실제로는 주로 주류를 조리·판매하는 영업행위를 한 경우, 이는 청소년보호법상의 청소년 고용금지 업소에 해당하며, 주간에는 주로 음식류를, 야간에는 주로 주류를 조리·판매하는 형태의 영업행위를 한 경우, '야간'의 영업형태에 있어서의 그 업소는 청소년보호법의 입법취지에 비추어 볼 때 청소년보호법상의청소년고용금지업소에 해당한다(대판 2004.4.12, 2003도6282). → **(주·야간의 영업형태를 불문하고X)**

⑤ 영업주가 고용한 종업원 등의 업무에 관한 범법행위에 대하여 영업주도 함께 처벌하는청「청소년보호법」 제54조 중 '개인의 대리인·사용인 기타 종업원이 그 개인의 업무에관하여 제51조 제8호의 위반행위를 한 때에는 그 개인에 대하여도 해당 조의 벌금형을과한다'는 부분은 책임주의에 반하여 「헌법」에 위반된다.(헌재 2009.7.30., 2008헌가10)

⑥ 청소년이 이른바 '티켓걸'로서 노래연습장 또는 유흥주점에서 손님들의 흥을 돋우어 주고 시간 당 보수를 받은 사안에서, 시간제로 보수를 받고 근무하는 위와 같은 영업형태는 업소 주인이 청소년을 시간제 접대부로 고용한 것으로 보아 업소 주인에 대하여 「청소년보호법」 위반의 죄책을 묻는 것이 정당하다.(대판 2005.7.29. 2005도3801)

⑦ 공부상 출생일과 다른 실제의 출생일을 기준으로 청소년보호법상의 청소년에서 제외되는 자임이 역수상 명백하다고 하여, 피고인을 주류 판매에 관한 청소년보호법 위반죄로처벌할 수 없다(대구지법 2009.9.11. 2009노1765).

⑧ 청소년 보호법 제30조 제8호가 규정하는 '이성혼숙'은 남녀 중 일방이 청소년이면 족하고, 반드시 남녀 쌍방이 청소년임을 요하는 것은 아니다.(대판 2003.12.26. 2003도5980)

⑨ 술을 내어 놓을 당시에는 성년자들만이 자리에 앉아서 그들끼리만 술을 마시다가 나중에 청소년이 들어와서 합석하게 된 경우에는 처음부터 음식점 운영자가 나중에 그렇게청소년이 합석하리라는 것을 예견할 만한 사정이 있었거나, 청소년이 합석한 후에 이를인식하면서 추가로 술을 내어 준 경우가 아닌 이상 합석한 청소년이 상 위에 남아 있던 소주를 일부 마셨다고 하더라도 음식점 운영자가 청소년에게 술을 판매하는 행위를하였다고는 할 수 없다.(대판 2009.4.9. 2008도11282)

(3) 아동·청소년의 성보호에 관한 법률

1) 내용

> **제2조(정의)** 이 법에서 사용하는 용어의 뜻은 다음과 같다.
> 1. "**아동·청소년**"이란 19세 미만의 자를 말한다. 다만, 19세에 도달하는 연도의 1월 1일을 맞이한 자는 제외한다. 11 1차, 18 법학, 23 2차
> 4. "**아동·청소년의 성을 사는 행위**"란 아동·청소년, 아동·청소년의 성(性)을 사는 행위를 알선한 자 또는 아동·청소년을 실질적으로 보호·감독하는 자 등에게 금품이나 그 밖의 재산상 이익, 직무·편의제공 등 대가를 제공하거나 약속하고 다음 각 목의 어느 하나에 해당하는 행위를 아동·청소년을 대상으로 하거나 아동·청소년으로 하여금 하게 하는 것을 말한다. 08 경간, 15 승진
>   - 가. 성교 행위
>   - 나. 구강·항문 등 신체의 일부나 도구를 이용한 유사 성교 행위
>   - 다. 신체의 전부 또는 일부를 접촉·노출하는 행위로서 일반인의 성적 수치심이나 혐오감을 일으키는 행위
>   - 라. 자위 행위
> 5. "**아동·청소년성착취물**"이란 아동·청소년 또는 아동·청소년으로 명백하게 인식될 수 있는 사람이나 표현물이 등장하여 제4호 각 목의 어느 하나에 해당하는 행위를 하거나 그 밖의 성적 행위를 하는 내용을 표현하는 것으로서 필름·비디오물·게임물 또는 컴퓨터나 그 밖의 통신매체를 통한 화상·영상 등의 형태로 된 것을 말한다.
>
> **제3조(해석상·적용상의 주의)** 이 법을 해석·적용할 때에는 아동·청소년의 권익을 우선적으로 고려하여야 하며, 이해관계인과 그 가족의 권리가 부당하게 침해되지 아니하도록 주의하여야 한다.
>
> **제4조(국가와 지방자치단체의 의무)** ① 국가와 지방자치단체는 아동·청소년대상 성범죄를 예방하고, 아동·청소년을 성적 착취와 학대 행위로부터 보호하기 위하여 필요한 조사·연구·교육 및 계도와 더불어 법적·제도적 장치를 마련하며 필요한 재원을 조달하여야 한다.
> ② 국가는 아동·청소년에 대한 성적 착취와 학대 행위가 국제적 범죄임을 인식하고 범죄 정보의 공유, 범죄 조사·연구, 국제사법 공조, 범죄인 인도 등 국제협력을 강화하는 노력을 하여야 한다.
>
> **제5조(사회의 책임)** 모든 국민은 아동·청소년이 이 법에서 정한 범죄의 피해자가 되거나 이 법에서 정한 범죄를 저지르지 아니하도록 사회 환경을 정비하고 아동·청소년을 보호·지원·교육하는 데에 최선을 다하여야 한다.
>
> **제6조(홍보영상의 제작·배포·송출)** ① 여성가족부장관은 아동·청소년대상 성범죄의 예방과 계도, 피해자의 치료와 재활 등에 관한 홍보영상을 제작하여 「방송법」 제2조제23호의 방송편성책임자에게 배포하여야 한다.
> ② 여성가족부장관은 「방송법」 제2조제3호가목의 지상파방송사업자(이하 "방송사업자"라 한다)에게 같은 법 제73조제4항에 따라 대통령령으로 정하는 비상업적 공익광고 편성비율의 범위에서 제1항의 홍보영상을 채널별로 송출하도록 요청할 수 있다.
> ③ 방송사업자는 제1항의 홍보영상 외에 독자적인 홍보영상을 제작하여 송출할 수 있다. 이 경우 여성가족부장관에게 필요한 협조 및 지원을 요청할 수 있다.

[정리] 성매매와 아동·청소년의 성을 사는 행위의 비교 15·18 승진

구 분	구성요건	처벌
성매매	불특정인을 상대로 금품이나 그 밖의 재산상의 이익을 수수하거나 수수하기로 약속하고 다음 어느 하나에 해당하는 행위를 하거나 그 상대방이 되는 것을 말한다. 1. 성교행위 2. 구강, 항문 등 신체의 일부 또는 도구를 이용한 유사 성교행위	1년 이하의 징역이나 300만원 이하의 벌금·구류 또는 과료 (성을 산 사람과 판 사람 모두 처벌)
아동·청소년의 성을 사는 행위	특정인, 불특정인 모두가 대상이며, 19세 미만의 자(아동·청소년)가 대상에 해당한다. 1. 성교 행위 2. 구강·항문 등 신체의 일부나 도구를 이용한 유사성교 행위 3. 신체의 전부 또는 일부를 접촉·노출하는 행위로서 일반인의 성적 수치심이나 혐오감을 일으키는 행위 4. 자위 행위	1년 이상 10년 이하의 징역 또는 2천만원 이상 5천만원 이하의 벌금 (성매수자만 처벌, 아동·청소년은 처벌X)

[정리] 아동·청소년대상 성범죄 미수범 처벌 여부 17 2차, 18 법학, 18·21 승진, 20 경간

아동·청소년에 대한 **강간·강제추행** 등(유사강간포함) 제7조	**미수범처벌 O**
장애인인 아동·청소년에 대한 간음 (제8조)	미수범처벌 X
13세 이상 16세미만 아동·청소년에 대한 간음등 제8조의2	미수범처벌 X
강간 등 상해·치상(제9조)	미수범처벌 X
강간 등 살인·치사(제10조)	미수범처벌 X
아동·청소년 성착취물 **제작·배포·소지** 등(제11조)	제작·수입·수출만 **미수범처벌 O**
아동·청소년 **매매행위**(제12조)	**미수범처벌 O**
아동·청소년의 성을 사는 행위(제13조) – 성을 사기위해 아동·청소년을 유인, 권유해도 처벌	미수범처벌 X
알선영업행위 등(제15조)	미수범처벌 X
아동·청소년에 대한 강요행위(제14조) 1. **폭행이나 협박**으로 아동·청소년으로 하여금 아동·청소년의 성을 사는 행위의 상대방이 되게 한 자 2. **선불금, 그 밖의 채무를 이용하는 등의 방법**으로 아동·청소년을 곤경에 빠뜨리거나 위계 또는 위력으로 아동·청소년으로 하여금 아동·청소년의 성을 사는 행위의 상대방이 되게 한 자 3. **업무·고용이나 그 밖의 관계로 자신의 보호 또는 감독을 받는 것을 이용**하여 아동·청소년으로 하여금 아동·청소년의 성을 사는 행위의 상대방이 되게 한 자 4. **영업으로 아동·청소년을 아동·청소년의 성을 사는 행위의 상대방이 되도록 유인·권유**한 자	**미수범처벌 O** (단, 아동청소년의 성을 사는 행위의 상대방이 되도록 유인·권유한자는 미수범 처벌 X) 11 승진
피해자 등에 대한 강요행위(제16조)	미수범처벌 X

제7조(아동·청소년에 대한 강간·강제추행 등) ① 폭행 또는 협박으로 아동·청소년을 강간한 사람은 무기 또는 5년 이상의 징역에 처한다. 15 경간

② 아동·청소년에 대하여 폭행이나 협박으로 다음 각 호의 어느 하나에 해당하는 행위를 한 자는 5년 이상의 유기징역에 처한다.
  1. 구강·항문 등 신체(성기는 제외한다)의 내부에 성기를 넣는 행위
  2. 성기·항문에 손가락 등 신체(성기는 제외한다)의 일부나 도구를 넣는 행위

③ 아동·청소년에 대하여 「형법」 제298조의 죄를 범한 자는 2년 이상의 유기징역 또는 1천만원 이상 3천만원 이하의 벌금에 처한다.

④ 아동·청소년에 대하여 「형법」 제299조의 죄를 범한 자는 제1항부터 제3항까지의 예에 따른다.

⑤ **위계 또는 위력으로써 아동·청소년을 간음하거나 아동·청소년을 추행한 자는 제1항부터 제3항까지의 예에 따른다.** 23 2차

⑥ 제1항부터 제5항까지의 **미수범은 처벌한다.**

제7조의2(예비, 음모) 제7조의 죄를 범할 목적으로 예비 또는 음모한 사람은 3년 이하의 징역에 처한다.

제8조(장애인인 아동·청소년에 대한 간음 등) ① 19세 이상의 사람이 **13세 이상**의 장애 아동·청소년(「장애인복지법」 제2조제1항에 따른 장애인으로서 신체적인 또는 정신적인 장애로 사물을 변별하거나 의사를 결정할 능력이 미약한 아동·청소년을 말한다. 이하 같다)을 간음하거나 13세 이상의 장애 아동·청소년으로 하여금 다른 사람을 간음하게 하는 경우에는 3년 이상의 유기징역에 처한다.

② 19세 이상의 사람이 **13세 이상**의 장애 아동·청소년을 추행한 경우 또는 13세 이상의 장애 아동·청소년으로 하여금 다른 사람을 추행하게 하는 경우에는 10년 이하의 징역 또는 5천만원 이하의 벌금에 처한다.

제8조의2(13세 이상 16세 미만 아동·청소년에 대한 간음 등) ① 19세 이상의 사람이 13세 이상 16세 미만인 아동·청소년(제8조에 따른 장애 아동·청소년으로서 16세 미만인 자는 제외한다. 이하 이 조에서 같다)의 궁박한 상태를 이용하여 해당 아동·청소년을 간음하거나 해당 아동·청소년으로 하여금 다른 사람을 간음하게 하는 경우에는 3년 이상의 유기징역에 처한다.

② 19세 이상의 사람이 13세 이상 16세 미만인 아동·청소년의 궁박한 상태를 이용하여 해당 아동·청소년을 추행한 경우 또는 해당 아동·청소년으로 하여금 다른 사람을 추행하게 하는 경우에는 10년 이하의 징역 또는 5천만원 이하의 벌금에 처한다.

제9조(강간 등 상해·치상) 제7조의 죄를 범한 사람이 다른 사람을 상해하거나 상해에 이르게 한 때에는 무기 또는 7년 이상의 징역에 처한다.

제10조(강간 등 살인·치사) ① 제7조의 죄를 범한 사람이 다른 사람을 살해한 때에는 사형 또는 무기징역에 처한다.

② 제7조의 죄를 범한 사람이 다른 사람을 사망에 이르게 한 때에는 사형, 무기 또는 10년 이상의 징역에 처한다.

제11조(아동·청소년성착취물의 제작·배포 등) ① 아동·청소년성착취물을 제작·수입 또는 수출한 자는 무기 또는 5년 이상의 징역에 처한다. 15 경간

② 영리를 목적으로 아동·청소년성착취물을 판매·대여·배포·제공하거나 이를 목적으로 소지·운반·광고·소개하거나 공연히 전시 또는 상영한 자는 5년 이상의 유기징역에 처한다. — **미수범 처벌X**
11 경간, 18 승진

③ 아동·청소년성착취물을 배포·제공하거나 이를 목적으로 광고·소개하거나 공연히 전시 또는 상영한 자는 3년 이상의 유기징역에 처한다.

④ 아동·청소년성착취물을 제작할 것이라는 정황을 알면서 아동·청소년을 아동·청소년성착취물의 제작자에게 알선한 자는 3년 이상의 유기징역에 처한다.

⑤ 아동·청소년성착취물을 구입하거나 아동·청소년성착취물임을 알면서 이를 소지·시청한 자는 1년 이상의 유기징역에 처한다. - 미수범 처벌X 18 승진

⑥ 제1항의 **미수범은 처벌한다.** 18 승진, 23 경찰특공대

⑦ 상습적으로 제1항의 죄를 범한 자는 그 죄에 대하여 정하는 형의 2분의 1까지 가중한다.

제12조(아동·청소년 매매행위) ① 아동·청소년의 성을 사는 행위 또는 아동·청소년성착취물을 제작하는 행위의 대상이 될 것을 알면서 아동·청소년을 매매 또는 국외에 이송하거나 국외에 거주하는 아동·청소년을 국내에 이송한 자는 무기 또는 5년 이상의 징역에 처한다.

② 제1항의 **미수범은 처벌한다.**

제13조(아동·청소년의 성을 사는 행위 등) ① 아동·청소년의 성을 사는 행위를 한 자는 1년 이상 10년 이하의 징역 또는 2천만원 이상 5천만원 이하의 벌금에 처한다. 15 경간

② 아동·청소년의 성을 사기 위하여 아동·청소년을 유인하거나 성을 팔도록 권유한 자는 3년 이하의 징역 또는 3천만원 이하의 벌금에 처한다. 15 경간

③ 16세 미만의 아동·청소년 및 장애 아동·청소년을 대상으로 제1항 또는 제2항의 죄를 범한 경우에는 그 죄에 정한 형의 2분의 1까지 가중처벌한다.

제14조(아동·청소년에 대한 강요행위 등) ① 다음 각 호의 어느 하나에 해당하는 자는 **5년 이상의 유기징역**에 처한다.
  1. **폭행이나 협박**으로 아동·청소년으로 하여금 아동·청소년의 성을 사는 행위의 상대방이 되게 한 자
  2. **선불금, 그 밖의 채무를 이용하는 등의 방법**으로 아동·청소년을 곤경에 빠뜨리거나 위계 또는 위력으로 아동·청소년으로 하여금 아동·청소년의 성을 사는 행위의 상대방이 되게 한 자
  3. **업무·고용이나 그 밖의 관계로 자신의 보호 또는 감독을 받는 것을 이용**하여 아동·청소년으로 하여금 아동·청소년의 성을 사는 행위의 상대방이 되게 한 자
  4. **영업으로 아동·청소년을 아동·청소년의 성을 사는 행위의 상대방이 되도록 유인·권유**한 자

② 제1항제1호부터 제3호까지의 죄를 범한 자가 그 대가의 전부 또는 일부를 받거나 이를 요구 또는 약속한 때에는 7년 이상의 유기징역에 처한다.

③ 아동·청소년의 성을 사는 행위의 상대방이 되도록 유인·권유한 자는 7년 이하의 징역 또는 5천만원 이하의 벌금에 처한다.

④ 제1항과 제2항의 **미수범은 처벌한다.**

제15조(알선영업행위 등) ① 다음 각 호의 어느 하나에 해당하는 자는 **7년 이상의 유기징역에 처한다.** - 미수범 처벌X 20 경간
  1. 아동·청소년의 성을 사는 행위의 장소를 제공하는 행위를 업으로 하는 자
  2. 아동·청소년의 성을 사는 행위를 알선하거나 정보통신망(「정보통신망 이용촉진 및 정보보호 등에 관한 법률」 제2조제1항제1호의 정보통신망을 말한다. 이하 같다)에서 알선정보를 제공하는 행위를 업으로 하는 자
  3. 제1호 또는 제2호의 **범죄에 사용되는 사실을 알면서 자금·토지 또는 건물을 제공한 자**
  4. **영업으로 아동·청소년의 성을 사는 행위의 장소를 제공·알선하는 업소에 아동·청소년을 고용하도록 한 자**

② 다음 각 호의 어느 하나에 해당하는 자는 7년 이하의 징역 또는 5천만원 이하의 벌금에 처한다.

1. 영업으로 아동·청소년의 성을 사는 행위를 하도록 유인·권유 또는 강요한 자
2. 아동·청소년의 성을 사는 행위의 장소를 제공한 자
3. 아동·청소년의 성을 사는 행위를 알선하거나 정보통신망에서 알선정보를 제공한 자
4. 영업으로 제2호 또는 제3호의 행위를 약속한 자

③ 아동·청소년의 성을 사는 행위를 하도록 유인·권유 또는 강요한 자는 5년 이하의 징역 또는 3천만원 이하의 벌금에 처한다.

제15조의2(아동·청소년에 대한 성착취 목적 대화 등) ① 19세 이상의 사람이 성적 착취를 목적으로 정보통신망을 통하여 아동·청소년에게 다음 각 호의 어느 하나에 해당하는 행위를 한 경우에는 3년 이하의 징역 또는 3천만원 이하의 벌금에 처한다.

1. 성적 욕망이나 수치심 또는 혐오감을 유발할 수 있는 대화를 지속적 또는 반복적으로 하거나 그러한 대화에 지속적 또는 반복적으로 참여시키는 행위 23 2차
2. 제2조제4호 각 목의 어느 하나에 해당하는 행위를 하도록 유인·권유하는 행위

② 19세 이상의 사람이 정보통신망을 통하여 16세 미만인 아동·청소년에게 제1항 각 호의 어느 하나에 해당하는 행위를 한 경우 제1항과 동일한 형으로 처벌한다.

제16조(피해자 등에 대한 강요행위) 폭행이나 협박으로 아동·청소년대상 성범죄의 피해자 또는 「아동복지법」 제3조제3호에 따른 보호자를 상대로 합의를 강요한 자는 7년 이하의 징역에 처한다. 13 승진

제18조(신고의무자의 성범죄에 대한 가중처벌) 제34조제2항 각 호의 기관·시설 또는 단체의 장과 그 종사자가 자기의 보호·감독 또는 진료를 받는 아동·청소년을 대상으로 성범죄를 범한 경우에는 **그 죄에 정한 형의 2분의 1까지 가중처벌**한다.

제19조(「형법」상 감경규정에 관한 특례) 음주 또는 약물로 인한 **심신장애 상태**에서 아동·청소년대상 성폭력범죄를 범한 때에는 「형법」 제10조제1항·제2항(심신장애자 감경) 및 제11조(청각 및 언어 장애인 감경)를 적용하지 아니할 수 있다. 11 경간, 17 2차, 18 법학, 23 경찰특공대

제20조(공소시효에 관한 특례) ① 아동·청소년대상 성범죄의 공소시효는 「형사소송법」 제252조제1항에도 불구하고 해당 성범죄로 피해를 당한 아동·청소년이 성년에 달한 날부터 진행한다. 13 승진

② 제7조의 죄는 **디엔에이(DNA)증거 등 그 죄를 증명할 수 있는 과학적인 증거가 있는 때에는 공소시효가 10년 연장**된다. 11 1차, 13 승진, 18 법학

③ **13세 미만의 사람 및 신체적인 또는 정신적인 장애**가 있는 아동·청소년에 대하여 다음 각 호의 죄를 범한 경우에는 제1항과 제2항에도 불구하고 「형사소송법」 제249조부터 제253조까지 및 「군사법원법」 제291조부터 제295조까지에 규정된 **공소시효를 적용하지 아니한다.**

1. 「형법」 제297조(강간), 제298조(강제추행), 제299조(준강간, 준강제추행), 제301조(강간등 상해·치상), 제301조의2(강간등 살인·치사) 또는 제305조(미성년자에 대한 간음, 추행)의 죄
2. 제9조 및 제10조의 죄(강간 등 상해·치상, 강간 등 살인·치사)
3. 「성폭력범죄의 처벌 등에 관한 특례법」 제6조제2항, 제7조제2항·제5항, 제8조, 제9조의 죄(장애인에 대한 강제추행, 13세 미만의 미성년자에 대한 강제추행 및 위계·위력에 의한 간음·추행, 강간 등 상해·치상, 강간 등 살인·치사)

④ 다음 각 호의 죄를 범한 경우에는 제1항과 제2항에도 불구하고 「형사소송법」 제249조부터 제253조까지 및 「군사법원법」 제291조부터 제295조까지에 규정된 **공소시효를 적용하지 아니한다.**

1. 「형법」 제301조의2(강간등 살인·치사)의 죄(강간등 살인에 한정한다)
2. 제10조제1항(강간 등 살인) 및 제11조제1항의 죄(성착취물을 제작·수입·수출)
3. 「성폭력범죄의 처벌 등에 관한 특례법」 제9조제1항의 죄(강간 등 살인) 23 경찰특공대

제21조(형벌과 수강명령 등의 병과) ① 법원은 아동·청소년대상 **성범죄를 범한「소년법」제2조의 소년에 대하여 형의 선고를 유예하는 경우에는 반드시 보호관찰을 명하여야 한다.** 17 2차

② 법원은 아동·청소년대상 성범죄를 범한 자에 대하여 유죄판결을 선고하거나 약식명령을 고지하는 경우에는 **500시간의 범위에서** 재범예방에 필요한 **수강명령 또는 성폭력 치료프로그램의 이수명령(이하 "이수명령"이라 한다)을 병과하여야 한다.** 다만, 수강명령 또는 이수명령을 부과할 수 없는 특별한 사정이 있는 경우에는 그러하지 아니하다.

③ 아동·청소년대상 성범죄를 범한 자에 대하여 제2항의 수강명령은 형의 집행을 유예할 경우에 그 집행유예기간 내에서 병과하고, 이수명령은 벌금 이상의 형을 선고하거나 약식명령을 고지할 경우에 병과한다. 다만, 이수명령은 아동·청소년대상 성범죄자가「전자장치 부착 등에 관한 법률」제9조의2제1항제4호에 따른 성폭력 치료 프로그램의 이수명령을 부과받은 경우에는 병과하지 아니한다.

제21조의2(재범여부 조사) ① 법무부장관은 제21조제2항에 따라 수강명령 또는 이수명령을 선고받아 그 집행을 마친 사람에 대하여 그 효과를 평가하기 위하여 아동·청소년대상 성범죄 재범여부를 조사할 수 있다. 23 경찰특공대

② 법무부장관은 제1항에 따른 재범여부 조사를 위하여 수강명령 또는 이수명령의 집행을 마친 때부터 5년 동안 관계 기관의 장에게 그 사람에 관한 범죄경력자료 및 수사경력자료를 요청할 수 있다.

제23조(친권상실청구 등) ① 아동·청소년대상 성범죄 사건을 수사하는 검사는 그 **사건의 가해자가 피해아동·청소년의 친권자나 후견인인 경우**에 법원에「민법」제924조의 **친권상실선고** 또는 같은 법 제940조의 **후견인 변경 결정을 청구하여야 한다.(할 수 있다X)** 11 경간 다만, 친권상실선고 또는 후견인 변경 결정을 하여서는 아니 될 특별한 사정이 있는 경우에는 그러하지 아니하다.

② 다음 각 호의 **기관·시설 또는 단체의 장은 검사에게 제1항의 청구를 하도록 요청할 수 있다.** 이 경우 **청구를 요청받은 검사는 요청받은 날부터 30일 내에 해당 기관·시설 또는 단체의 장에게 그 처리 결과를 통보하여야 한다.**
 1.「아동복지법」제10조의2에 따른 아동권리보장원 또는 같은 법 제45조에 따른 아동보호전문기관
 2.「성폭력방지 및 피해자보호 등에 관한 법률」제10조의 성폭력피해상담소 및 같은 법 제12조의 성폭력피해자보호시설
 3.「청소년복지 지원법」제29조제1항에 따른 청소년상담복지센터 및 같은 법 제31조제1호에 따른 청소년쉼터

③ 제2항 각 호 외의 부분 후단에 따라 **처리 결과를 통보받은 기관·시설 또는 단체의 장은 그 처리 결과에 대하여 이의가 있을 경우 통보받은 날부터 30일 내에 직접 법원에 제1항의 청구를 할 수 있다.**

제25조(수사 및 재판 절차에서의 배려) ① 수사기관과 법원 및 소송관계인은 아동·청소년대상 성범죄를 당한 피해자의 나이, 심리 상태 또는 후유장애의 유무 등을 신중하게 고려하여 조사 및 심리·재판 과정에서 피해자의 인격이나 명예가 손상되거나 사적인 비밀이 침해되지 아니하도록 주의하여야 한다.

② 수사기관과 법원은 아동·청소년대상 성범죄의 피해자를 조사하거나 심리·재판할 때 피해자가 편안한 상태에서 진술할 수 있는 환경을 조성하여야 하며, 조사 및 심리·재판 횟수는 필요한 범위에서 최소한으로 하여야 한다.

③ 수사기관과 법원은 제2항에 따른 조사나 심리·재판을 할 때 피해아동·청소년이 13세 미만이거나 신체적인 또는 정신적인 장애로 의사소통이나 의사표현에 어려움이 있는 경우 조력을 위하여「성폭력범죄의 처벌 등에 관한 특례법」제36조부터 제39조까지를 준용한다. 이 경우 "성폭력범죄"는 "아동·청소년대상 성범죄"로, "피해자"는 "피해아동·청소년"으로 본다.

제25조의2(아동·청소년대상 디지털 성범죄의 수사 특례) ① **사법경찰관리**는 다음 각 호의 어느 하나에 해당하는 범죄(이하 "디지털 성범죄"라 한다)에 대하여 신분을 비공개하고 범죄현장(정보통신망을 포함한다) 또는 범인으로 추정되는 자들에게 접근하여 범죄행위의 증거 및 자료 등을 수집(이하 "**신분비공개수사**"라 한다)할 수 있다. 22 2차

　1. 제11조 및 제15조의2의 죄 23 2차
　2. 아동·청소년에 대한 「성폭력범죄의 처벌 등에 관한 특례법」 제14조제2항 및 제3항의 죄

② **사법경찰관리**는 디지털 성범죄를 계획 또는 실행하고 있거나 실행하였다고 의심할 만한 충분한 이유가 있고, 다른 방법으로는 그 범죄의 실행을 저지하거나 범인의 체포 또는 증거의 수집이 어려운 경우에 한정하여 수사 목적을 달성하기 위하여 부득이한 때에는 다음 각 호의 행위(이하 "**신분위장수사**"라 한다)를 할 수 있다.

　1. 신분을 위장하기 위한 문서, 도화 및 전자기록 등의 작성, 변경 또는 행사
　2. 위장 신분을 사용한 계약·거래
　3. **아동·청소년성착취물** 또는 「성폭력범죄의 처벌 등에 관한 특례법」 제14조제2항의 촬영물 또는 복제물(복제물의 복제물을 포함한다)의 소지, 판매 또는 광고 23 2차

③ 제1항에 따른 수사의 방법 등에 필요한 사항은 대통령령으로 정한다.

제25조의3(아동·청소년대상 디지털 성범죄 수사 특례의 절차) ① 사법경찰관리가 **신분비공개수사**를 진행하고자 할 때에는 **사전에 상급 경찰관서 수사부서의 장의 승인**을 받아야 한다. 이 경우 그 **수사기간은 3개월을 초과할 수 없다.** 22 2차

② 제1항에 따른 승인의 절차 및 방법 등에 필요한 사항은 대통령령으로 정한다.

③ 사법경찰관리는 신분위장수사를 하려는 경우에는 **검사에게 신분위장수사에 대한 허가를 신청하고, 검사는 법원에 그 허가를 청구한다.**

④ 제3항의 신청은 필요한 신분위장수사의 종류·목적·대상·범위·기간·장소·방법 및 해당 신분위장수사가 제25조의2제2항의 요건을 충족하는 사유 등의 신청사유를 기재한 서면으로 하여야 하며, 신청사유에 대한 소명자료를 첨부하여야 한다.

⑤ 법원은 제3항의 신청이 이유 있다고 인정하는 경우에는 신분위장수사를 허가하고, 이를 증명하는 서류(이하 "허가서"라 한다)를 신청인에게 발부한다.

⑥ 허가서에는 신분위장수사의 종류·목적·대상·범위·기간·장소·방법 등을 특정하여 기재하여야 한다.

⑦ **신분위장수사의 기간은 3개월을 초과할 수 없으며**, 그 수사기간 중 수사의 목적이 달성되었을 경우에는 즉시 종료하여야 한다.

⑧ 제7항에도 불구하고 제25조의2제2항의 요건이 존속하여 그 **수사기간을 연장할 필요가 있는 경우**에는 사법경찰관리는 소명자료를 첨부하여 **3개월의 범위에서 수사기간의 연장을 검사에게 신청하고, 검사는 법원에 그 연장을 청구한다.** 이 경우 **신분위장수사의 총 기간은 1년을 초과할 수 없다.**

제25조의4(아동·청소년대상 디지털 성범죄에 대한 긴급 신분위장수사) ① 사법경찰관리는 제25조의2제2항의 요건을 구비하고, 제25조의3제3항부터 제8항까지에 따른 절차를 거칠 수 없는 **긴급을 요하는 때에는 법원의 허가 없이 신분위장수사를 할 수 있다.**

② 사법경찰관리는 제1항에 따른 **신분위장수사 개시 후 지체 없이 검사에게 허가를 신청하여야 하고, 사법경찰관리는 48시간 이내에 법원의 허가를 받지 못한 때에는 즉시 신분위장수사를 중지하여야 한다.** 22 2차

③ 제1항 및 제2항에 따른 신분위장수사 기간에 대해서는 제25조의3제7항 및 제8항을 준용한다.

제25조의5(아동·청소년대상 디지털 성범죄에 대한 신분비공개수사 또는 신분위장수사로 수집한 증

거 및 자료 등의 사용제한) 사법경찰관리가 제25조의2부터 제25조의4까지에 따라 수집한 증거 및 자료 등은 **다음 각 호의 어느 하나에 해당하는 경우 외에는 사용할 수 없다.**

1. 신분비공개수사 또는 신분위장수사의 목적이 된 디지털 성범죄나 이와 관련되는 **범죄를 수사·소추하거나 그 범죄를 예방하기 위하여 사용하는 경우**
2. 신분비공개수사 또는 신분위장수사의 목적이 된 디지털 성범죄나 이와 관련되는 범죄로 인한 **징계절차에 사용하는 경우**
3. 증거 및 자료 수집의 대상자가 제기하는 **손해배상청구소송에서 사용하는 경우**
4. 그 밖에 다른 법률의 규정에 의하여 사용하는 경우

제25조의6(국가경찰위원회와 국회의 통제) ① 「국가경찰과 자치경찰의 조직 및 운영에 관한 법률」 제16조제1항에 따른 **국가수사본부장**(이하 "국가수사본부장"이라 한다)은 **신분비공개수사가 종료된 즉시** 대통령령으로 정하는 바에 따라 같은 법 제7조제1항에 따른 **국가경찰위원회에 수사 관련 자료를 보고하여야 한다.**

② **국가수사본부장**은 대통령령으로 정하는 바에 따라 **국회 소관 상임위원회에 신분비공개수사 관련 자료를 반기별로 보고하여야 한다.** 22 2차

제25조의7(비밀준수의 의무) ① 제25조의2부터 제25조의6까지에 따른 신분비공개수사 또는 신분위장수사에 대한 승인·집행·보고 및 각종 서류작성 등에 관여한 공무원 또는 그 직에 있었던 자는 직무상 알게 된 신분비공개수사 또는 신분위장수사에 관한 사항을 외부에 공개하거나 누설하여서는 아니 된다.

② 제1항의 비밀유지에 관하여 필요한 사항은 대통령령으로 정한다.

제25조의8(면책) ① 사법경찰관리가 신분비공개수사 또는 신분위장수사 중 부득이한 사유로 위법행위를 한 경우 그 행위에 **고의나 중대한 과실이 없는 경우에는 벌하지 아니한다.**

② 제1항에 따른 위법행위가 「국가공무원법」 제78조제1항에 따른 징계 사유에 해당하더라도 그 행위에 **고의나 중대한 과실이 없는 경우에는 징계 요구 또는 문책 요구 등 책임을 묻지 아니한다.**

③ 신분비공개수사 또는 신분위장수사 행위로 타인에게 손해가 발생한 경우라도 사법경찰관리는 그 행위에 **고의나 중대한 과실이 없는 경우에는 그 손해에 대한 책임을 지지 아니한다.**

제25조의9(수사 지원 및 교육) 상급 경찰관서 수사부서의 장은 신분비공개수사 또는 신분위장수사를 승인하거나 보고받은 경우 사법경찰관리에게 수사에 필요한 인적·물적 지원을 하고, 전문지식과 피해자 보호를 위한 수사방법 및 수사절차 등에 관한 **교육을 실시하여야 한다.**

제26조(영상물의 촬영·보존 등) ① 아동·청소년대상 성범죄 피해자의 진술내용과 조사과정은 비디오녹화기 등 영상물 녹화장치로 촬영·보존하여야 한다.

② 제1항에 따른 영상물 녹화는 **피해자 또는 법정대리인이 이를 원하지 아니하는 의사를 표시한 때에는 촬영을 하여서는 아니 된다. 다만, 가해자가 친권자 중 일방인 경우는 그러하지 아니하다.** 13 승진

③ 제1항에 따른 영상물 녹화는 조사의 개시부터 종료까지의 전 과정 및 객관적 정황을 녹화하여야 하고, 녹화가 완료된 때에는 지체 없이 그 원본을 피해자 또는 변호사 앞에서 봉인하고 피해자로 하여금 기명날인 또는 서명하게 하여야 한다.

④ 검사 또는 사법경찰관은 피해자가 제1항의 녹화장소에 도착한 시각, 녹화를 시작하고 마친 시각, 그 밖에 녹화과정의 진행경과를 확인하기 위하여 필요한 사항을 조서 또는 별도의 서면에 기록한 후 수사기록에 편철하여야 한다.

⑤ 검사 또는 사법경찰관은 피해자 또는 법정대리인이 신청하는 경우에는 영상물 촬영과정에서 작성한 조서의 사본을 신청인에게 교부하거나 **영상물을 재생하여 시청하게 하여야 한다.**

⑥ 제1항부터 제4항까지의 절차에 따라 촬영한 영상물에 수록된 피해자의 진술은 공판준비기일 또는 공판기일에 **피해자 또는 조사과정에 동석하였던 신뢰관계에 있는 자의 진술에 의하여 그 성립의 진정함이 인정된 때에는 증거로 할 수 있다.**
⑦ 누구든지 제1항에 따라 촬영한 영상물을 **수사 및 재판의 용도 외에 다른 목적으로 사용하여서는 아니 된다.**

제27조(증거보전의 특례) ① 아동·청소년대상 성범죄의 피해자, 그 법정대리인 또는 경찰은 피해자가 **공판기일에 출석하여 증언하는 것에 현저히 곤란한 사정이 있을 때에는** 그 사유를 소명하여 제26조에 따라 촬영된 영상물 또는 그 밖의 다른 증거물에 대하여 해당 성범죄를 수사하는 **검사에게** 「형사소송법」 제184조제1항에 따른 **증거보전의 청구를 할 것을 요청할 수 있다.**
② 제1항의 요청을 받은 검사는 그 요청이 상당한 이유가 있다고 인정하는 때에는 증거보전의 청구를 하여야 한다.

제28조(신뢰관계에 있는 사람의 동석) ① **법원은** 아동·청소년대상 성범죄의 **피해자를 증인으로 신문하는 경우에 검사, 피해자 또는 법정대리인이 신청**하는 경우에는 재판에 지장을 줄 우려가 있는 등 부득이한 경우가 아니면 **피해자와 신뢰관계에 있는 사람을 동석하게 하여야 한다.** 11 경간
② 제1항은 수사기관이 제1항의 **피해자를 조사하는 경우에 관하여 준용**한다.
③ 제1항 및 제2항의 경우 법원과 수사기관은 피해자와 신뢰관계에 있는 사람이 피해자에게 불리하거나 피해자가 원하지 아니하는 경우에는 동석하게 하여서는 아니 된다.

제29조(서류·증거물의 열람·등사) 아동·청소년대상 성범죄의 피해자, 그 법정대리인 또는 변호사는 재판장의 허가를 받아 소송계속 중의 관계 서류 또는 증거물을 열람하거나 등사할 수 있다.

제30조(피해아동·청소년 등에 대한 변호사선임의 특례) ① 아동·청소년대상 성범죄의 피해자 및 그 법정대리인은 형사절차상 입을 수 있는 피해를 방어하고 법률적 조력을 보장하기 위하여 변호사를 선임할 수 있다.
② 제1항에 따른 변호사에 관하여는 「성폭력범죄의 처벌 등에 관한 특례법」 제27조제2항부터 제6항까지를 준용한다.

제33조(내국인의 국외범 처벌) 국가는 국민이 대한민국 영역 외에서 아동·청소년대상 성범죄를 범하여 「형법」 제3조에 따라 형사처벌하여야 할 경우에는 외국으로부터 범죄정보를 신속히 입수하여 처벌하도록 노력하여야 한다.

제34조(아동·청소년대상 성범죄의 신고) ① **누구든지** 아동·청소년대상 성범죄의 발생 사실을 알게 된 때에는 **수사기관에 신고할 수 있다.**
② 다음 각 호의 어느 하나에 해당하는 **기관·시설 또는 단체의 장과 그 종사자**는 직무상 아동·청소년대상 성범죄의 발생 사실을 알게 된 때에는 **즉시 수사기관에 신고하여야 한다.**
  1. 「유아교육법」 제2조제2호의 유치원
  2. 「초·중등교육법」 제2조의 학교, 같은 법 제28조와 같은 법 시행령 제54조에 따른 위탁 교육기관 및 「고등교육법」 제2조의 학교
  2의2. 특별시·광역시·특별자치시·도·특별자치도 교육청 또는 「지방교육자치에 관한 법률」 제34조에 따른 교육지원청이 「초·중등교육법」 제28조에 따라 직접 설치·운영하거나 위탁하여 운영하는 학생상담지원시설 또는 위탁 교육시설
  2의3. 「제주특별자치도 설치 및 국제자유도시 조성을 위한 특별법」 제223조에 따라 설립된 국제학교
  3. 「의료법」 제3조의 의료기관

4. 「아동복지법」 제3조제10호의 아동복지시설 및 같은 법 제37조에 따른 통합서비스 수행기관
5. 「장애인복지법」 제58조의 장애인복지시설
6. 「영유아보육법」 제2조제3호의 어린이집, 같은 법 제7조에 따른 육아종합지원센터 및 같은 법 제26조의2에 따른 시간제보육서비스지정기관
7. 「학원의 설립·운영 및 과외교습에 관한 법률」 제2조제1호의 학원 및 같은 조 제2호의 교습소
8. 「성매매방지 및 피해자보호 등에 관한 법률」 제9조의 성매매피해자등을 위한 지원시설 및 같은 법 제17조의 성매매피해상담소
9. 「한부모가족지원법」 제19조에 따른 한부모가족복지시설
10. 「가정폭력방지 및 피해자보호 등에 관한 법률」 제5조의 가정폭력 관련 상담소 및 같은 법 제7조의 가정폭력피해자 보호시설
11. 「성폭력방지 및 피해자보호 등에 관한 법률」 제10조의 성폭력피해상담소 및 같은 법 제12조의 성폭력피해자보호시설
12. 「청소년활동 진흥법」 제2조제2호의 청소년활동시설
13. 「청소년복지 지원법」 제29조제1항에 따른 청소년상담복지센터 및 같은 법 제31조제1호에 따른 청소년쉼터
13의2. 「학교 밖 청소년 지원에 관한 법률」 제12조에 따른 학교 밖 청소년 지원센터
14. 「청소년 보호법」 제35조의 청소년 보호·재활센터
15. 「국민체육진흥법」 제2조제9호가목 및 나목의 체육단체
16. 「대중문화예술산업발전법」 제2조제7호에 따른 대중문화예술기획업자가 같은 조 제6호에 따른 대중문화예술기획업 중 같은 조 제3호에 따른 대중문화예술인에 대한 훈련·지도·상담 등을 하는 영업장(이하 "대중문화예술기획업소"라 한다)

③ 다른 법률에 규정이 있는 경우를 제외하고는 누구든지 신고자 등의 인적사항이나 사진 등 그 신원을 알 수 있는 정보나 자료를 출판물에 게재하거나 방송 또는 정보통신망을 통하여 공개하여서는 아니 된다.

제35조(신고의무자에 대한 교육) ① **관계 행정기관의 장**은 제34조제2항 각 호의 기관·시설 또는 단체의 장과 그 종사자의 **자격취득 과정에 아동·청소년대상 성범죄 예방 및 신고의무와 관련된 교육내용을 포함시켜야 한다.**
② 여성가족부장관은 제34조제2항 각 호의 기관·시설 또는 단체의 장과 그 종사자에 대하여 성범죄 예방 및 신고의무와 관련된 교육을 실시할 수 있다.
③ 제2항의 교육에 필요한 사항은 대통령령으로 정한다.

제38조(성매매 피해아동·청소년에 대한 조치 등) ① 「성매매알선 등 행위의 처벌에 관한 법률」 제21조제1항에도 불구하고 제13조제1항의 죄의 **상대방이 된 아동·청소년에 대하여는 보호를 위하여 처벌하지 아니한다.**
② 검사 또는 사법경찰관은 성매매 피해아동·청소년을 발견한 경우 신속하게 사건을 수사한 후 지체 없이 여성가족부장관 및 제47조의2에 따른 성매매 피해아동·청소년 지원센터를 관할하는 특별시장·광역시장·특별자치시장·도지사·특별자치도지사(이하 "시·도지사"라 한다)에게 통지하여야 한다.
③ 여성가족부장관은 제2항에 따른 통지를 받은 경우 해당 성매매 피해아동·청소년에 대하여 다음 각 호의 어느 하나에 해당하는 조치를 하여야 한다.
1. 제45조에 따른 보호시설 또는 제46조에 따른 상담시설과의 연계
2. 제47조의2에 따른 성매매 피해아동·청소년 지원센터에서 제공하는 교육·상담 및 지원 프로그

램 등의 참여

제49조(등록정보의 공개) ① 법원은 다음 각 호의 어느 하나에 해당하는 자에 대하여 판결로 제4항의 공개정보를 「성폭력범죄의 처벌 등에 관한 특례법」 제45조제1항의 등록기간 동안 정보통신망을 이용하여 공개하도록 하는 명령(이하 "공개명령"이라 한다)을 등록대상 사건의 판결과 동시에 선고하여야 한다. 다만, 피고인이 아동·청소년인 경우, 그 밖에 신상정보를 공개하여서는 아니 될 특별한 사정이 있다고 판단하는 경우에는 그러하지 아니하다.

1. **아동·청소년대상 성범죄를 저지른 자**
2. 「성폭력범죄의 처벌 등에 관한 특례법」 제2조제1항제3호·제4호, 같은 조 제2항(제1항제3호·제4호에 한정한다), 제3조부터 제15조까지의 범죄를 저지른 자
3. 제1호 또는 제2호의 죄를 범하였으나 「형법」 제10조제1항에 따라 처벌할 수 없는 자로서 제1호 또는 제2호의 죄를 다시 범할 위험성이 있다고 인정되는 자

② 제1항에 따른 등록정보의 공개기간(「**형의 실효 등에 관한 법률」 제7조에 따른 기간(10년)**을 초과하지 못한다)은 판결이 확정된 때부터 기산한다.

⑥ **공개정보를 정보통신망을 이용하여 열람하고자 하는 자는 실명인증 절차를 거쳐야 한다.**

제51조(고지명령의 집행) ① 고지명령의 **집행은 여성가족부장관**이 한다.
② 법원은 고지명령의 판결이 확정되면 판결문 등본을 판결이 확정된 날부터 **14일 이내**에 법무부장관에게 송달하여야 하며, 법무부장관은 제50조제3항에 따른 기간 내에 고지명령이 집행될 수 있도록 최초등록 및 변경등록 시 고지대상자, 고지기간 및 같은 조 제4항 각 호에 규정된 고지정보를 **지체 없이** 여성가족부장관에게 송부하여야 한다.

제52조(공개명령의 집행) ① 공개명령은 **여성가족부장관이** 정보통신망을 이용하여 **집행한다.**
② 법원은 공개명령의 판결이 확정되면 판결문 등본을 판결이 확정된 날부터 14일 이내에 법무부장관에게 송달하여야 하며, 법무부장관은 제49조제2항에 따른 공개기간 동안 공개명령이 집행될 수 있도록 최초등록 및 변경등록 시 공개대상자, 공개기간 및 같은 조 제4항 각 호에 규정된 공개정보를 지체 없이 여성가족부장관에게 송부하여야 한다.

제53조(계도 및 범죄정보의 공표) ① **여성가족부장관**은 아동·청소년대상 성범죄의 발생추세와 동향, 그 밖에 계도에 필요한 사항을 **연 2회** 이상 공표하여야 한다.
② 여성가족부장관은 제1항에 따른 성범죄 동향 분석 등을 위하여 성범죄로 유죄판결이 확정된 자에 대한 자료를 관계 행정기관에 요청할 수 있다.

제53조의2(아동·청소년성착취물 관련 범죄 실태조사) ① **여성가족부장관**은 아동·청소년성착취물과 관련한 범죄 예방과 재발 방지 등을 위하여 정기적으로 아동·청소년성착취물 관련 범죄에 대한 실태조사를 하여야 한다.
② 제1항에 따른 실태조사의 주기, 방법과 내용 등에 관하여 필요한 사항은 여성가족부령으로 정한다.

제54조(비밀준수) 등록대상 성범죄자의 신상정보의 공개 및 고지 업무에 종사하거나 종사하였던 자는 직무상 알게 된 등록정보를 누설하여서는 아니 된다.

제56조(아동·청소년 관련기관등에의 취업제한 등) ① 법원은 아동·청소년대상 성범죄 또는 성인대상 성범죄(이하 "성범죄"라 한다)로 형 또는 치료감호를 선고하는 경우에는 판결(**약식명령을 포함**한다. 이하 같다)로 그 형 또는 치료감호의 전부 또는 일부의 집행을 종료하거나 집행이 유예·면제된 날(벌금형을 선고받은 경우에는 그 형이 확정된 날)부터 일정기간(이하 "**취업제한 기간**"이라 한다) 동안 다음 각 호에 따른 시설·기관 또는 사업장(이하 "아동·청소년 관련기관등"이라 한다)을 운영하거나 아동·청소년 관련기관등에 취업 또는 사실상 노무를 제공할 수 없도록 하는 명령(이하 "취

업제한 명령"이라 한다)을 성범죄 사건의 **판결과 동시에 선고**(약식명령의 경우에는 고지)**하여야 한다**. 다만, 재범의 위험성이 현저히 낮은 경우, 그 밖에 취업을 제한하여서는 아니 되는 특별한 사정이 있다고 판단하는 경우에는 그러하지 아니한다.
② 제1항에 따른 **취업제한 기간은 10년을 초과하지 못한다.**

제57조(성범죄의 경력자 점검·확인) ① **여성가족부장관 또는 관계 중앙행정기관의 장**은 다음 각 호의 구분에 따라 성범죄로 취업제한 명령을 선고받은 자가 아동·청소년 관련기관등을 운영하거나 아동·청소년 관련기관등에 취업 또는 사실상 노무를 제공하고 있는지를 직접 또는 관계 기관 조회 등의 방법으로 **연 1회 이상 점검·확인하여야 한다.**
② 제1항 각 호에 해당하지 아니하는 아동·청소년 관련기관등으로서 교육부, 행정안전부, 문화체육관광부, 보건복지부, 여성가족부, 국토교통부 등 관계 중앙행정기관이 설치하여 운영하는 아동·청소년 관련기관등의 경우에는 해당 중앙행정기관의 장이 제1항에 따른 점검·확인을 하여야 한다.
③ **시·도지사 또는 시장·군수·구청장**은 성범죄로 취업제한 명령을 선고받은 자가 다음 각 호의 아동·청소년 관련기관등을 운영하거나 아동·청소년 관련기관등에 취업 또는 사실상 노무를 제공하고 있는지를 직접 또는 관계 기관 조회 등의 방법으로 연 1회 이상 점검·확인하여야 한다. 다만, 제2항에 해당하는 아동·청소년 관련기관등의 경우에는 그러하지 아니하다.
④ **교육감**은 성범죄로 취업제한 명령을 선고받은 자가 다음 각 호의 아동·청소년 관련기관등을 운영하거나 아동·청소년 관련기관등에 취업 또는 사실상 노무를 제공하고 있는지를 직접 또는 관계 기관 조회 등의 방법으로 **연 1회 이상 점검·확인하여야 한다.** 다만, 제2항에 해당하는 아동·청소년 관련기관등의 경우에는 그러하지 아니하다.

제58조(취업자의 해임요구 등) ① 제57조제1항 각 호 및 같은 조 제2항에 따른 중앙행정기관의 장, 시·도지사, 시장·군수·구청장 또는 교육감은 제56조제1항에 따른 취업제한 기간 중에 아동·청소년 관련기관등에 취업하거나 사실상 노무를 제공하는 자가 있으면 아동·청소년 관련기관등의 장에게 그의 **해임을 요구할 수 있다.**
② 제57조제1항 각 호 및 같은 조 제2항에 따른 중앙행정기관의 장, 시·도지사, 시장·군수·구청장 또는 교육감은 제56조제1항에 따른 취업제한 기간 중에 아동·청소년 관련기관등을 운영 중인 아동·청소년 관련기관등의 장에게 운영 중인 아동·청소년 관련기관등의 **폐쇄를 요구할 수 있다.**
③ 제57조제1항 각 호 및 같은 조 제2항에 따른 중앙행정기관의 장, 시·도지사, 시장·군수·구청장 또는 교육감은 아동·청소년 관련기관등의 장이 제2항의 **폐쇄요구를 정당한 사유 없이 거부하거나 1개월 이내에 요구사항을 이행하지 아니하는 경우**에는 관계 행정기관의 장에게 해당 아동·청소년 관련기관등의 **폐쇄, 등록·허가 등의 취소를 요구할 수 있다.**
⑤ 제1항 각 호 및 제2항에 따른 중앙행정기관의 장, 시·도지사, 시장·군수·구청장 또는 교육감은 제1항부터 제4항까지의 규정에 따른 점검·확인을 위하여 필요한 경우에는 아동·청소년 관련기관등의 장 또는 관련 감독기관에 **해당 자료의 제출을 요구할 수 있다.**
⑥ 여성가족부장관, 관계 중앙행정기관의 장, 시·도지사, 시장·군수·구청장 또는 교육감은 제1항부터 제4항까지의 규정에 따른 점검·확인 결과를 대통령령으로 정하는 바에 따라 **인터넷 홈페이지 등을 이용하여 공개하여야 한다.**

제59조(포상금) ① **여성가족부장관**은 제8조, 제8조의2, 제11조제1항·제2항·제4항 및 제13조부터 제15조까지에 해당하는 범죄를 저지른 사람을 수사기관에 신고한 사람에 대하여는 예산의 범위에서 **포상금을 지급할 수 있다.**

📝 **아동·청소년의 성보호에 관한 법률 관련 판례지문** 19·21 승진

① 아동·청소년이 이미 성매매 의사를 가지고 있었던 경우에도 그러한 아동·청소년에게 금품이나 그 밖의 재산상 이익, 직무·편의제공 등 대가를 제공하거나 약속하는 등의 방법으로 성을 팔도록 권유하는 행위는 이 법에서 말하는 '성을 팔도록 권유하는 행위'에포함된다.(대판 2011도3934)

② 제작한 영상물이 객관적으로 아동·청소년이 등장하여 성적행위를 하는 내용을 표현한영상물에 해당하는 한 대상이 된 아동·청소년의 동의하에 촬영된 것이라거나 사적인 소지·보관을 1차적 목적으로 제작한 것이라고 하여 이 법에서 말하는 '아동·청소년이용음란물'에 해당하지 아니한다거나 이를 '제작'한 것이 아니라고 할 수 없다.(대판 2014도17346)

③ 성을 사는 행위를 알선하는 행위를 업으로 하는 자가 성매매알선을 위한 종업원을 고용하면서 고용대상자가 아동이나 청소년에 해당하는지 연령확인의무의 이행을 다하지아니한 채 아동·청소년을 고용하였다면, 특별한 사정이 없는 한 적어도 아동·청소년의성을 사는 행위의 알선에 관한 미필적 고의는 인정된다.(대판 2014도5173)

④ (1) 아동·청소년의 성을 사는 행위를 알선하는 행위를 업으로 하는 사람이 알선의 대상이 아동·청소년임을 인식하면서 알선행위를 하였다면, 아동·청소년의 성을 사는 행위를 한 사람이 상대방이 아동·청소년임을 인식하고 있었는지 여부는 알선행위를 한사람의 책임에 영향을 미칠 이유가 없다. (2) 아동·청소년의 성을 사는 행위를 알선하는 행위를 업으로 하여 아동·청소년의 성보호에 관한 법률 제15조 제1항 제2호의 위반죄가 성립하기 위해서는 알선행위를 업으로 하는 사람이 아동·청소년을 알선의 대상으로 삼아 그 성을 사는 행위를 알선한다는 것을 인식하여야 하지만, 이에 더하여 알선행위로 아동·청소년의 성을 사는 행위를 한 사람이 상대방이 아동·청소년임을 인식하여야 한다고 볼 수는 없다.(대판 2015도15664)

⑤ 성인 남성 A가 가출하여 잘 곳이 없는 15세 여고생과 사전에 대가를 주고 성관계를 하자는 약속 없이 만나 숙소와 차비 명목의 금전을 제공하고 성관계를 한 경우, A의 행위는 법령에서 규정한 아동·청소년의 성을 사는 행위의 대가 중 '편의제공'에 속한다.(대판 2002. 3.15. 2002도83). → 청소년의 성을 사는 행위를 한 것으로 처벌된다.

⑥ 성인 남성 B가 인터넷 채팅사이트를 통하여, 성매매 의사를 가지고 성매수자를 찾고있던 청소년 갑과 성매매 장소, 대가 등에 관하여 구체적으로 정한 후 약속장소 인근에도착하여 甲에게 전화로 요구 사항을 지시하였지만 성관계를 하지 못했다 하더라도 사전에 성매매 의사를 가진 청소년이였고, 실제 성관계 여부와 상관없이 '성을 팔도록 권유한 행위'에 해당한다(대판 2011.11.10. 2011도3934).

⑦ 피고인이 아동·청소년 또는 아동·청소년으로 인식될 수 있는 사람 부근에서 그들 몰래본인의 신체 일부를 노출하거나 또는 자위행위를 하는 내용일 뿐 아동·청소년이 성적행위를 하는 내용을 표현한 것이 아닌 필름 또는 동영상은 아동·청소년이용음란성착취물에 해당한다고 보기 어렵다.(대판 2013. 9.12. 2013도502)

(4) 실종아동등의 보호 및 지원에 관한 법률 및 실종아동등 가출인 업무처리 규칙

1) 실종아동등의 보호 및 지원에 관한 법률

> **제2조(정의)** 이 법에서 사용하는 용어의 정의는 다음과 같다. 11 1차, 12·17 경간, 12·17·19 승진, 16 2차, 18 3차, 22 경채
> 1. **"아동등"** 이란 다음 각 목의 어느 하나에 해당하는 사람을 말한다.
>   가. **실종 당시**(실종신고당시X) **18세 미만**인 아동
>   나. 「장애인복지법」 제2조의 장애인 중 **지적장애인, 자폐성장애인 또는 정신장애인**

다. 「치매관리법」 제2조제2호의 **치매환자**
2. **"실종아동등"**이란 약취·유인 또는 유기되거나 사고를 당하거나 가출하거나 길을 잃는 등의 사유로 인하여 **보호자로부터 이탈된 아동등**을 말한다.
3. **"보호자"**란 친권자, 후견인이나 그 밖에 다른 법률에 따라 아동등을 보호하거나 부양할 의무가 있는 사람을 말한다. 다만, 제4호의 **보호시설의 장 또는 종사자는 제외**한다.
4. **"보호시설"**이란 「사회복지사업법」 제2조제4호에 따른 **사회복지시설 및 인가·신고 등이 없이 아동등을 보호하는 시설**로서 사회복지시설에 준하는 시설을 말한다.
5. **"유전자검사"**란 개인 식별을 목적으로 혈액·머리카락·침 등의 검사대상물로부터 유전자를 분석하는 행위를 말한다.
6. **"유전정보"**란 유전자검사의 결과로 얻어진 정보를 말한다.
7. **"신상정보"**란 이름·나이·사진 등 특정인임을 식별하기 위한 정보를 말한다.

제3조(국가의 책무) ② **경찰청장**은 실종아동등의 조속한 발견과 복귀를 위하여 **다음 각 호의 사항을 시행하여야 한다.**
1. 실종아동등에 대한 신고체계의 구축 및 운영
2. 실종아동등의 발견을 위한 수색 및 수사
3. 제11조에 따른 유전자검사대상물의 채취
4. 그 밖에 실종아동등의 발견을 위하여 필요한 사항

제3조의2(실종아동의 날과 실종아동주간) ① 실종아동등에 대한 사회적 책임을 환기하고 아동의 실종을 예방하기 위하여 **매년 5월 25일을 실종아동의 날로 하고, 실종아동의 날부터 1주간을 실종아동주간으로 한다.**
② 국가와 지방자치단체는 실종아동의 날과 실종아동주간의 취지에 적합한 행사와 교육·홍보사업을 실시할 수 있다.
③ 제2항에 따른 실종아동의 날과 실종아동주간 관련 행사·교육 및 홍보사업에 관하여 필요한 사항은 대통령령으로 정한다.

제4조(다른 법률과의 관계) 실종아동등에 관하여 다른 법률에 제11조부터 제15조까지의 규정과 다른 규정이 있는 경우에는 **이 법의 규정에 따른다.**

제6조(신고의무 등) ① 다음 각 호의 어느 하나에 해당하는 사람은 그 직무를 수행하면서 실종아동등임을 알게 되었을 때에는 제3조제2항제1호에 따라 **경찰청장이 구축하여 운영하는 신고체계로 지체 없이 신고하여야 한다.** 17·18 경간, 12·19 승진
1. 보호시설의 장 또는 그 종사자
2. 「아동복지법」 제13조에 따른 **아동복지전담공무원**
3. 「청소년 보호법」 제35조에 따른 **청소년 보호·재활센터의 장 또는 그 종사자**
4. 「사회복지사업법」 제14조에 따른 **사회복지전담공무원**
5. 「의료법」 제3조에 따른 **의료기관의 장 또는 의료인**
6. 업무·고용 등의 관계로(업무에 관계없이X) 사실상 아동등을 보호·감독하는 사람
② 지방자치단체의 장이 관계 법률에 따라 아동등을 보호조치할 때에는 아동등의 신상을 기록한 신고접수서를 작성하여 경찰신고체계로 제출하여야 한다.

제7조(미신고 보호행위의 금지) 누구든지 정당한 사유 없이 실종아동등을 경찰관서의 장에게 신고하지 아니하고 보호할 수 없다.

제17조(벌칙) 제7조를 위반하여 **정당한 사유없이 실종아동등을 보호한 자**는 5년 이하의 징역 또는 5천만원 이하의 벌금에 처한다.

제7조의2(실종아동등의 조기발견을 위한 사전신고증 발급 등) ① **경찰청장**은 실종아동등의 조속한 발견과 복귀를 위하여 아동등의 **보호자가 신청하는 경우** 아동등의 지문 및 얼굴 등에 관한 정보(이하 "지문등정보"라 한다)를 제8조의2에 따른 정보시스템에 등록하고 아동등의 보호자에게 **사전신고증을 발급할 수 있다.**

② 경찰청장은 제1항에 따라 지문등정보를 등록한 후 해당 신청서(서면으로 신청한 경우로 한정한다)는 **지체 없이 파기하여야 한다.**

③ **경찰청장**은 제1항에 따라 등록된 지문등정보를 데이터베이스로 **구축·운영할 수 있다.**

④ 제1항에 따른 지문등정보의 범위, 사전신고증 발급에 필요한 등록 방법 및 절차 등에 필요한 사항은 행정안전부령으로 정하고, 제2항에 따른 신청서의 파기 방법과 절차 및 제3항에 따른 데이터베이스 구축 등과 관련된 사항은 대통령령으로 정한다.

제7조의3(실종아동등의 지문등정보의 등록·관리) ① 경찰청장은 보호시설의 입소자 중 보호자가 확인되지 아니한 아동등으로부터 서면동의를 받아 아동등의 지문등정보를 등록·관리할 수 있다. 이 경우 해당 아동등이 미성년자·심신상실자 또는 심신미약자인 때에는 본인 외에 법정대리인의 동의를 받아야 한다. 다만, 심신상실·심신미약 또는 의사무능력 등의 사유로 본인의 동의를 얻을 수 없는 때에는 본인의 동의를 생략할 수 있다.

② 경찰청장은 제1항에 따른 지문등정보의 등록·관리를 위하여 제7조의2제3항에 따른 데이터베이스를 활용할 수 있다.

③ 제1항에 따른 실종아동등의 지문등정보의 등록·관리 등에 필요한 사항은 대통령령으로 정한다.

제7조의4(지문등정보의 목적 외 이용제한) 누구든지 정당한 사유 없이 **지문등정보를 실종아동등을 찾기 위한 목적 외로 이용하여서는 아니 된다.**

제8조(정보연계시스템 등의 구축·운영) ① 보건복지부장관은 실종아동등을 신속하게 발견하기 위하여 실종아동등의 신상정보를 작성, 취득, 저장, 송신·수신하는 데 이용할 수 있는 전문기관·경찰청·지방자치단체·보호시설 등과의 협력체계 및 정보네트워크(이하 "정보연계시스템"이라 한다)를 구축·운영하여야 한다.

② 전문기관의 장은 실종아동등을 발견하기 위하여 제6조제3항 및 제4항에 따라 받은 신상카드를 활용하여 데이터베이스를 구축·운영하여야 한다.

③ 전문기관의 장은 제6조제3항 및 제4항에 따라 받은 실종아동등의 신상카드 등 필요한 자료를 경찰청장에게 제공하여야 한다.

④ 경찰청장은 제2항에 따른 데이터베이스의 구축·운영을 위하여 제3조제2항, 제6조제1항·제2항 및 제7조에 따른 신고 등 필요한 자료를 전문기관의 장에게 제공하여야 한다.

⑤ 제6조제2항부터 제4항까지와 제3항 및 제4항에 따라 신상카드나 그 밖의 필요한 자료를 제출·제공하여야 하는 경우 정보연계시스템을 이용하여 제출·제공할 수 있다.

⑥ 제1항에 따른 정보연계시스템 및 제2항에 따른 데이터베이스의 구축·운영에 필요한 사항은 대통령령으로 정한다.

제8조의2(실종아동등 신고·발견을 위한 정보시스템의 구축·운영) ① **경찰청장**은 실종아동등에 대한 신속한 신고 및 발견 체계를 갖추기 위한 **정보시스템**(이하 "정보시스템"이라 한다)**을 구축·운영하여야 한다.**

② 경찰청장은 실종아동등의 조속한 발견을 위하여 제8조제1항에 따라 구축·운영 중인 정보연계시스

템을 「사회복지사업법」 제6조의2제2항에 따라 구축·운영하는 사회복지업무 관련 정보시스템과 연계하여 해당 정보시스템이 보유한 실종아동등의 신상정보의 내용을 활용할 수 있다.
③ 제1항에 따른 정보시스템의 구축·운영에 필요한 사항과 제2항에 따른 정보시스템과 연계가 가능한 신상정보의 범위 및 신상정보 확인 방법·절차 등에 필요한 사항은 대통령령으로 정한다.

제9조(수색 또는 수사의 실시 등) ① 경찰관서의 장은 실종아동등의 **발생 신고를 접수하면 지체 없이 수색 또는 수사의 실시 여부를 결정하여야 한다.** 15·19 승진, 17 경간, 22 2차
② 경찰관서의 장은 실종아동등(**범죄로 인한 경우를 제외**한다. 이하 이 조에서 같다)의 조속한 발견을 위하여 필요한 때에는 **위치정보사업자 등에게** 실종아동등의 위치 확인에 필요한 「위치정보의 보호 및 이용 등에 관한 법률」 제2조제2호에 따른 개인위치정보, 「인터넷주소자원에 관한 법률」 제2조제1호에 따른 인터넷주소 및 「통신비밀보호법」 제2조제11호마목·사목에 따른 통신사실확인자료(이하 "개인위치정보등"이라 한다)의 **제공을 요청할 수 있다.** 15·19 승진, 17·19 경간 이 경우 경찰관서의 장의 요청을 받은 자는 「통신비밀보호법」 제3조에도 불구하고 정당한 사유가 없으면 이에 따라야 한다.
③ 제2항의 요청을 받은 자는 그 **실종아동등의 동의 없이 개인위치정보등을 수집할 수 있으며, 실종아동등의 동의가 없음을 이유로 경찰관서의 장의 요청을 거부하여서는 아니 된다.** 15 승진
④ 경찰관서와 경찰관서에 종사하거나 종사하였던 자는 실종아동등을 찾기 위한 목적으로 제공받은 **개인위치정보등을 실종아동등을 찾기 위한 목적 외의 용도로 이용하여서는 아니 되며, 목적을 달성하였을 때에는 지체 없이 파기하여야 한다.** 15 승진

> **제17조(벌칙)** 제9조제4항을 위반하여 개인위치정보등을 실종아동등을 찾기 위한 목적 외의 용도로 이용한 자는 **5년 이하의 징역 또는 5천만원 이하의 벌금에 처한다.** 11 1차

제9조의2(공개 수색·수사 체계의 구축·운영) ① **경찰청장**은 실종아동등의 조속한 발견과 복귀를 위하여 실종아동등의 **공개 수색·수사 체계를 구축·운영할 수 있다.**
② **경찰청장**은 제1항에 따른 공개 수색·수사를 위하여 필요하면 **실종아동등의 보호자의 동의를 받아** 다음 각 호의 **조치를 요청할 수 있다.** 이 경우 경찰청장은 실종아동등의 발견 및 복귀를 위하여 필요한 최소한의 정보를 제공하여야 한다.
  1. 「전기통신사업법」 제2조제8호에 따른 전기통신사업자 중 대통령령으로 정하는 주요 전기통신사업자에 대한 필요한 정보의 문자나 음성 등 송신
  2. 「정보통신망 이용촉진 및 정보보호 등에 관한 법률」 제2조제1항제3호에 따른 정보통신서비스 제공자 중 대통령령으로 정하는 주요 정보통신서비스 제공자에 대한 필요한 정보의 인터넷 홈페이지 등 게시
  3. 「방송법」 제2조제3호에 따른 방송사업자에 대한 필요한 정보의 방송
③ 제2항에 따른 요청을 받은 전기통신사업자, 정보통신서비스 제공자 및 방송사업자는 정당한 사유가 없으면 요청에 따라야 한다.
④ 제1항부터 제3항까지의 규정에 따른 공개 수색·수사 체계 및 절차 등에 관하여 필요한 사항은 대통령령으로 정한다.

> **시행령 제4조의5(실종경보·유괴경보 등)** ① **경찰청장**은 실종아동등의 공개 수색·수사를 위하여 필요한 경우 **실종·유괴경보발령시스템을 구축·운영할 수 있다.**

제9조의3(실종아동등 조기발견 지침 등) ① **보건복지부장관**은 불특정 다수인이 이용하는 시설에서 실종아동등을 빨리 발견하기 위하여 다음 각 호의 사항을 포함한 실종아동등 발생예방 및 조기발

견을 위한 지침(이하 **"실종아동등 조기발견 지침"**이라 한다)을 마련하여 고시하여야 한다.
1. 보호자의 신고에 관한 사항
2. 실종아동등 발생 상황·전파와 경보발령 절차
3. 출입구 감시 및 수색 절차
4. 실종아동등 미발견 시 경찰 신고 절차
5. 경찰 도착 후 경보발령 해제에 관한 사항
6. 그 밖에 실종아동등 발생예방과 찾기에 관한 사항

② 다음 각 호의 어느 하나에 해당하는 시설·장소 중 대통령령으로 정하는 규모의 시설·장소의 소유자·점유자 또는 관리자(이하 이 조에서 **"관리주체"**라 한다)는 실종아동등이 신고되는 경우 실종아동등 조기발견 지침에 따라 즉시 경보발령, 수색, 출입구 감시 등의 **조치를 하여야 한다.**
1. 「유통산업발전법」에 따른 대규모점포
2. 「관광진흥법」에 따른 유원시설
3. 「도시철도법」에 따른 도시철도의 역사(출입통로·대합실·승강장 및 환승통로와 이에 딸린 시설을 포함한다)
4. 「여객자동차 운수사업법」에 따른 여객자동차터미널
5. 「공항시설법」에 따른 공항시설 중 여객터미널
6. 「항만법」에 따른 항만시설 중 여객이용시설
7. 「철도산업발전기본법」에 따른 철도시설 중 역시설(물류시설은 제외한다)
8. 「체육시설의 설치·이용에 관한 법률」에 따른 전문체육시설
9. 「공연법」에 따른 공연이 행하여지는 공연장 등 시설 또는 장소
10. 「박물관 및 미술관 진흥법」에 따른 박물관 및 미술관
11. 지방자치단체가 문화체육관광 진흥 목적으로 주최하는 지역축제가 행하여지는 장소
12. 그 밖에 대통령령으로 정하는 시설·장소

③ 관리주체는 제2항에 따른 **시설·장소의 종사자에게 실종아동등 조기발견 지침에 관한 교육·훈련을 연 1회 실시**하고, 그 결과를 관할 경찰관서의 장에게 보고하여야 한다.
④ 관할 경찰관서의 장은 실종아동등 조기발견 지침이 준수되도록 제2항에 따른 조치와 제3항에 따른 교육·훈련의 실시에 관한 사항을 지도·감독하여야 한다.

제10조(출입·조사 등) ① **경찰청장이나 지방자치단체의 장**은 실종아동등의 발견을 위하여 필요하면 관계인에 대하여 필요한 보고 또는 자료제출을 명하거나 소속 공무원으로 하여금 관계 장소에 출입하여 관계인이나 아동등에 대하여 필요한 **조사 또는 질문을 하게 할 수 있다.**
② 경찰청장이나 지방자치단체의 장은 제1항에 따른 출입·조사를 실시할 때 정당한 이유가 있는 경우 소속 공무원으로 하여금 **실종아동등의 가족 등을 동반하게 할 수 있다.**
③ 제1항에 따라 출입·조사 또는 질문을 하려는 관계공무원은 그 권한을 표시하는 증표를 지니고 이를 관계인 등에게 내보여야 한다.

제11조(유전자검사의 실시) ① 경찰청장은 실종아동등의 발견을 위하여 다음 각 호의 어느 하나에 해당하는 자로부터 유전자검사대상물(이하 "검사대상물"이라 한다)을 채취할 수 있다.
1. 보호시설의 입소자나 「정신건강증진 및 정신질환자 복지서비스 지원에 관한 법률」 제3조제5호에 따른 정신의료기관의 입원환자 중 보호자가 확인되지 아니한 아동등
2. 실종아동등을 찾고자 하는 가족
3. 그 밖에 보호시설의 입소자였던 무연고아동

② 유전자검사를 전문으로 하는 기관으로서 대통령령으로 정하는 기관(이하 "검사기관"이라 한다)은 유전자검사를 실시하고 그 결과를 데이터베이스로 구축·운영할 수 있다.

③ 제1항에 따른 검사대상물의 채취와 제2항에 따른 유전자검사를 실시하려면 제8조제2항에 따른 데이터베이스를 활용하여 실종아동등인지 여부를 확인한 후에 하여야 한다.

④ 경찰청장은 제1항에 따라 검사대상물을 채취하려면 미리 검사대상자의 서면동의를 받아야 한다. 이 경우 검사대상자가 미성년자, 심신상실자 또는 심신미약자일 때에는 본인 외에 법정대리인의 동의를 받아야 한다. 다만, 심신상실, 심신미약 또는 의사무능력 등의 사유로 본인의 동의를 받을 수 없을 때에는 본인의 동의를 생략할 수 있다.

⑤ 제2항에 따른 유전정보 데이터베이스를 구축·운영하는 경우 유전정보는 검사기관의 장이, 신상정보는 전문기관의 장이 각각 구분하여 관리하여야 한다.

제12조(유전정보의 목적 외 이용금지 등) ① 누구든지 실종아동등을 발견하기 위한 목적 외의 용도로 제11조에 따른 검사대상물을 채취하거나 유전자검사를 실시하거나 유전정보를 이용할 수 없다.

② 검사대상물의 채취, 유전자검사 또는 유전정보관리에 종사하고 있거나 종사하였던 사람은 채취한 검사대상물 또는 유전정보를 외부로 유출하여서는 아니 된다.

제13조(검사대상물 및 유전정보의 폐기) ① 검사기관의 장은 유전자검사를 끝냈을 때에는 지체 없이 검사대상물을 폐기하여야 한다.

② 검사기관의 장은 다음 각 호의 어느 하나에 해당할 때에는 해당 유전정보를 지체 없이 폐기하여야 한다. 다만, 제3호에도 불구하고 검사대상자 또는 법정대리인이 제3호에서 정한 기간(이하 "보존기간"이라 한다)의 연장을 요청하는 경우에는 실종아동등의 보호자를 확인할 때까지 그 기간을 연장할 수 있다.
  1. 실종아동등이 보호자를 확인하였을 때
  2. 검사대상자 또는 법정대리인이 요청할 때
  3. 유전자검사일부터 10년이 경과되었을 때

제15조(신상정보의 목적 외 이용금지) 누구든지 정당한 사유 없이 **실종아동등의 신상정보를 실종아동등을 찾기 위한 목적 외의 용도로 이용할 수 없다.**

제16조(관계 기관의 협조) 보건복지부장관이나 경찰청장은 실종아동등의 조속한 발견·복귀와 복귀 후 지원을 위하여 관계 중앙행정기관의 장 또는 지방자치단체의 장에게 필요한 협조를 요청할 수 있다. 이 경우 협조요청을 받은 기관의 장은 특별한 사유가 없으면 이에 따라야 한다.

2) 실종아동등 가출인 업무처리 규칙(경찰청 예규)

제2조(정의) 이 규칙에서 사용하는 용어의 뜻은 다음과 같다. 08·12 2차, 10·17 1차, 14·17 승진, 12·19 경간
  1. "**아동등**"이란「실종아동등의 보호 및 지원에 관한 법률」(이하 "법"이라 한다) 제2조제1호에 따른 **실종 당시 18세 미만 아동, 지적·자폐성·정신장애인, 치매환자**를 말한다.
  2. "**실종아동등**"이란 법 제2조제2호에 따른 사유로 인하여 **보호자로부터 이탈된 아동등**을 말한다.
  3. "**찾는실종아동등**"이란 **보호자가 찾고 있는 실종아동등**을 말한다.
  4. "**보호실종아동등**"이란 **보호자가 확인되지 않아 경찰관이 보호하고 있는 실종아동등**을 말한다.
  5. "**장기실종아동등**"이란 보호자로부터 **신고를 접수한 지**(실종된지X, 보호자로부터 이탈된지X) **48시간이 경과한 후에도 발견되지 않은 찾는실종아동등**을 말한다. 22 2차
  6. "**가출인**"이란 신고 당시 보호자로부터 이탈된 18세 이상의 사람을 말한다.

7. "**발생지**"란 실종아동등 및 가출인이 **실종·가출 전 최종적으로 목격되었거나** 목격되었을 것으로 추정하여 신고자 등이 진술한 장소를 말하며, 신고자 등이 최종 목격 장소를 진술하지 못하거나, 목격되었을 것으로 추정되는 장소가 대중교통시설 등일 경우 또는 실종·가출 발생 후 1개월이 경과한 때에는 실종아동등 및 가출인의 실종 전 최종 주거지를 말한다.
8. "**발견지**"란 실종아동등 또는 가출인을 **발견하여 보호 중인 장소**를 말하며, **발견한 장소와 보호 중인 장소가 서로 다른 경우에는 보호 중인 장소**를 말한다.
9. "**국가경찰 수사 범죄**"란 「자치경찰사무와 시·도자치경찰위원회의 조직 및 운영 등에 관한 규정」 제3조제1호부터 제5호까지 또는 제6호나목의 범죄가 아닌 범죄를 말한다.
10. "**실종·유괴경보 문자메시지**"란 실종·유괴경보가 발령된 경우 「실종아동등의 보호 및 지원에 관한 법률 시행령」(이하 "영"이라 한다) 제4조의5제7항에 따른 공개정보(이하 "공개정보"라 한다)를 시민들에게 널리 알리기 위하여 휴대폰에 전달하는 문자메시지를 말한다.

제4조(실종아동찾기센터) ① 실종아동등의 조속한 발견 등 관련 업무를 효율적으로 수행하기 위해 **경찰청에 실종아동찾기센터를 설치한다.**

② 실종아동찾기센터는 다음 각 호의 업무를 수행한다.
  1. 전국에서 발생하는 실종아동등의 신고접수·등록·조회 및 등록해제 등 **실종아동등 발견·보호·지원을 위한 업무**
  2. 실종·가출 신고용 **특수번호 "182"의 운영**
  3. 제25조 제1항에 따른 **실종·유괴경보 문자메시지의 송출**과 관련된 업무
  4. 그 밖의 실종아동등과 관련하여 경찰청장이 지시하는 사항

제5조(장기실종자 추적팀) ① 장기실종아동등에 대한 전담 추적·조사를 위해 **경찰청 또는 시·도경찰청에 장기실종자 추적팀을 설치할 수 있다.**

② 장기실종자 추적팀은 다음 각 호의 업무를 수행한다.
  1. 장기실종아동등에 대한 전담 조사
  2. 실종아동등·가출인 관련 사건의 수색·수사 지도
  3. 그 밖의 소속 경찰관서의 장이 지시하는 실종아동등 관련 업무

제6조(정보시스템의 운영) ① **경찰청 생활안전국장**은 법 제8조의2제1항에 따른 정보시스템으로 **실종아동등 프로파일링시스템 및 실종아동찾기센터 홈페이지(이하 "인터넷 안전드림"이라 한다)를 운영한다.** 19 승진

② **실종아동등 프로파일링시스템은 경찰관서 내에서만 사용할 수 있도록 제한하고, 인터넷 안전드림은 누구든 사용할 수 있도록 공개 하는 등 분리하여 운영한다.** 다만, 자료의 전송 등을 위해 필요한 경우 상호 연계할 수 있다.

③ 경찰관서의 장은 실종아동등 프로파일링시스템에 업무담당자 등 필요하다고 인정되는 사람만 접근할 수 있도록 권한을 부여하는 등의 방법으로 통제·관리하여야 한다.

④ 인터넷 안전드림은 실종아동등의 신고 또는 예방·홍보 등과 관련된 정보를 제공한다.

제7조(정보시스템 입력 대상 및 정보 관리) ① **실종아동등 프로파일링시스템에 입력하는 대상**은 다음 각 호와 같다. 12·14 승진, 19 경간
  1. **실종아동등**
  2. **가출인**
  3. **보호시설 입소자 중 보호자가 확인되지 않는 사람**(이하 "보호시설 무연고자"라 한다)

② 경찰관서의 장은 실종아동등 또는 가출인에 대한 신고를 접수한 후 신고대상자가 다음 각 호의 어

느 하나에 해당하는 경우에는 신고 내용을 **실종아동등 프로파일링시스템에 입력하지 않을 수 있다.** 14 승진

1. **채무관계 해결,** 형사사건 당사자 소재 확인 등 실종아동등 및 가출인 발견 외 다른 목적으로 신고된 사람
2. 수사기관으로부터 **지명수배** 또는 지명통보된 사람
3. **허위로 신고된 사람**
4. **보호자가 가출 시 동행한 아동등**
5. 그 밖에 신고 내용을 종합하였을 때 명백히 제1항에 따른 입력 대상이 아니라고 판단되는 사람

③ **실종아동등 프로파일링시스템에 등록된 자료의 보존기간**은 다음 각 호와 같다. 다만, **대상자가 사망하거나 보호자가 삭제를 요구한 경우는 즉시 삭제하여야 한다.**

1. 발견된 18세 미만 아동 및 가출인 : 수배 해제 후로부터 5년간 보관 19 경간, 22 2차
2. 발견된 지적·자폐성·정신장애인 등 및 치매환자 : 수배 해제 후로부터 10년간 보관 19 승진
3. 미발견자 : 소재 발견 시까지 보관 22 2차
4. 보호시설 무연고자 : 본인 요청 시

④ 경찰관서의 장은 본인 또는 보호자의 동의를 받아 실종아동등 프로파일링시스템에서 데이터베이스로 관리하는 **실종아동등 및 보호시설 무연고자 자료를 인터넷 안전드림에 공개할 수 있다.** 12 경간, 12·15 승진

⑤ 경찰관서의 장은 다음 각 호의 어느 하나에 해당하는 때에는 **지체 없이 인터넷 안전드림에 공개된 자료를 삭제하여야 한다.** 19 승진

1. **찾는실종아동등을 발견한 때**

2. 보호실종아동등 또는 보호시설 무연고자의 보호자를 확인한 때

3. 본인 또는 보호자가 공개된 자료의 삭제를 요청하는 때

⑥ 실종아동등 또는 가출인에 대한 신고를 접수하거나, 실종아동등 프로파일링시스템에 신고 내용이 입력되어 있는 것을 확인한 경찰관은 보호자가 요청하는 경우에는 별지 제1호서식의 **신고접수증을 발급할 수 있다.(발급해야 한다X)** 15·19 승진

제8조(실종아동등 프로파일링시스템 등록) ① 경찰관서의 장은 제7조제1항 각 호의 대상에 대하여 별지 제2호서식의 실종아동등 프로파일링시스템 입력자료를 시스템에 등록한다.

② (삭제)

③ 경찰관서의 장은 다음 각 호의 어느 하나에 해당하는 경우에는 별지 제3호서식에 따른 수정·해제 자료를 작성하여 **실종아동등 프로파일링시스템에 등록된 자료를 해제하여야 한다.** 다만, 제6호에 해당하는 경우에는 해제 요청 사유의 진위 여부를 확인한 후 해제한다.

1. 찾는실종아동등 및 가출인의 **소재를 발견**한 경우
2. 보호실종아동등의 **신원을 확인**하거나 **보호자를 확인**한 경우
3. (삭제)
4. 허위 또는 오인신고인 경우
5. **지명수배 또는 지명통보 대상자임을 확인**한 경우
6. **보호자가 해제를 요청**한 경우

④ 실종아동등에 대한 해제는 실종아동찾기센터에서 하며, 시·도경찰청장 및 경찰서장이 해제하려면 실종아동찾기센터로 요청하여야 한다.

제10조(신고 접수) ① 실종아동등 신고는 관할에 관계 없이(주거지 관할 경찰관서에서만X) 실종아동

찾기센터, 각 시·도경찰청 및 경찰서에서 전화, 서면, 구술 등의 방법으로 **접수하며, 신고를 접수한 경찰관은 범죄와의 관련 여부 등을 확인해야 한다.** 14·15 승진, 15 경간

② 경찰청 실종아동찾기센터는 실종아동등에 대한 신고를 접수하거나, 신고 접수에 대한 보고를 받은 때에는 **즉시 실종아동등 프로파일링시스템에 입력, 관할 경찰서를 지정하는 등 필요한 조치를 하여야 한다.** 이 경우 관할 경찰관서는 **발생지 관할 경찰관서 등 실종아동등을 신속히 발견할 수 있는 관서로 지정해야 한다.**

제11조(신고에 대한 조치 등) ① 경찰관서의 장은 찾는실종아동등에 대한 신고를 접수한 때에는 정보시스템의 자료를 조회하는 등의 방법으로 실종아동등을 찾기 위한 조치를 취하고, 실종아동등을 발견한 경우에는 즉시 보호자에게 인계하는 등 필요한 조치를 하여야 한다. 15 경간

② **경찰관서의 장은 보호실종아동등**에 대한 신고를 접수한 때에는 제1항의 절차에 따라 **보호자를 찾기 위한 조치를 취하고, 보호자가 확인된 경우에는 즉시 보호자에게 인계하는 등** 필요한 조치를 하여야 한다.

③ 경찰관서의 장은 제2항에 따른 조치에도 불구하고 **보호자를 발견하지 못한 경우에는 관할 지방자치단체의 장에게 보호실종아동등을 인계한다.** 15 경간

④ 경찰관서의 장은 정보시스템 검색, 다른 자료와의 대조, 주변인물과의 연락 등 실종아동등의 조속한 발견을 위하여 지속적인 추적을 하여야 한다.

⑤ **경찰관서의 장**은 실종아동등에 대하여 제18조의 **현장 탐문 및 수색 후 그 결과를 즉시 보호자에게 통보하여야 한다.** 15 승진 이후에는 실종아동등 프로파일링시스템에 등록한 날로부터 **1개월까지는 15일에 1회, 1개월이 경과한 후부터는 분기별 1회** 보호자에게 추적 진행사항을 통보한다. 12 2차, 12·15 경간, 22 2차

⑥ 경찰관서의 장은 **찾는실종아동등을 발견하거나, 보호실종아동등의 보호자를 발견한 경우에는 실종아동등 프로파일링시스템에서 등록 해제하고,** 해당 실종아동등에 대한 발견 관서와 관할 관서가 다른 경우에는 발견과 관련된 사실을 **관할 경찰관서의 장에게 지체 없이 알려야 한다.**

제12조(출생 신고 지연 아동의 확인) 경찰관서의 장은 법 제6조제4항에 따라 지방자치단체의 장으로부터 **출생 후 6개월이 경과한 아동**의 신상카드 사본을 제출받은 경우에는 **지체 없이 정보시스템에서 관리하는 자료와의 비교·검색 등을 통해 해당 아동이 실종아동인지를 확인하여 그 결과를 지방자치단체의 장에게 통보하여야 한다.**

제13조(아동등 지문 등 정보의 사전등록 및 관리) ① 경찰관서의 장은 법 제7조의2에 따라 보호자가 사전등록을 신청하는 때에는 신청서를 제출받아 실종아동 등 프로파일링시스템에 등록한 후「개인정보보호법」제21조제1항에 따라 지체없이 폐기한다.

② 경찰관서의 장은 가족관계 기록사항에 관한 증명서, 장애인등록증 등 필요한 서류를 확인하는 등의 방법으로 아동등이 사전등록 대상에 해당하는지 확인하여야 한다.

③ 경찰관서의 장은 보호자의 신청을 받아 아동등의 지문·얼굴사진정보를 수집 및 인적사항 등 신청서상 기재된 개인정보를 확인하여 사전등록시스템에 입력할 수 있다. 다만, 보호자가 지문 또는 얼굴사진 정보의 수집을 거부하는 때에는 그 의사에 반하여 정보를 수집할 수 없다.

④ 경찰관서의 장은 보호실종아동등을 발견한 때에는 해당 아동등의 지문·얼굴사진정보를 수집 및 신체특징을 확인한 후 사전등록시스템의 데이터베이스와 비교 검색하는 등의 방법으로 신원을 확인하기 위한 조치를 하여야 한다. 다만, 해당 아동등이 지문 또는 얼굴사진 정보의 수집을 진정한 의사에 의해 명시적으로 거부할 때에는 그 의사에 반하여 정보를 수집할 수 없다.

⑤ 경찰관서의 장은 제4항의 조치에도 불구하고 보호실종아동등의 신원을 확인하지 못한 때에는 제11조의 규정에 따른 조치를 하여야 한다.

⑥ 경찰관서의 장은 영 제3조의3제2항에 따라 사전등록된 데이터베이스를 폐기하는 때에는 어떠한 방법으로도 복구할 수 없도록 기술적 조치를 하여야 한다.
⑦ 경찰관서의 장은 영 제3조의3제2항제2호에 따라 보호자가 사전등록된 데이터베이스의 폐기를 요청하는 때에는 즉시 해당 데이터베이스를 폐기하고, 제출받은 요청서는 10년간 보관하여야 한다.

제14조(실종아동등의 위치정보를 요청하는 방법 및 절차) ① **찾는실종아동등의 신고를 접수하여 현장에 출동한 경찰관**은 보호자·목격자의 진술, 실종 당시의 정황 등을 종합하여 실종아동등의 조속한 발견을 위해 법 제9조에 따른 **위치정보 제공 요청의 필요 여부를 판단하여야 한다.**
② **현장 출동 경찰관**은 신고자로부터 가족관계 등록사항에 관한 증명서, 장애인등록증 등 필요한 서류를 확인하는 등의 방법으로 신고대상자가 **실종아동등에 해당하는지와 신고자가 실종아동등의 보호자가 맞는지 확인하여야 한다.** 다만, 현장에서 관련 서류를 확인하기 어려운 때에는 **신고자의 진술로 이를 확인할 수 있다.**
③ 경찰관이 법 제9조에 따른 **위치정보 제공을 요청하는 때**에는 다음 각 호에 따른 **결재권자의 결재를 받아 요청하여야 한다.** 다만, 야간 또는 공석 등의 이유로 즉시 결재를 받기 어려운 때에는 사후에 보고하도록 해야 한다.
  1. 지구대·파출소 지역경찰관 : **지구대장 또는 파출소장**
  2. 경찰서 여성청소년부서 담당 경찰관 : 소속 과장
  3. 시·도경찰청 여성청소년과 담당 경찰관 : 소속 계장
④ 담당 경찰관은 찾는실종아동등의 위치정보를 제공받아 수색하는 과정에서 해당 실종아동등이 **범죄 피해로 인해 실종되었다고 확인되는 때에는 즉시 해당 위치정보를 폐기하여야 한다.**
⑤ 경찰관서의 장은 위치정보가 실종아동등 찾기 이외의 목적으로 오·남용되지 않도록 관리하여야 한다.

제15조(신고 접수) ① 가출인 신고는 관할에 관계없이 접수하여야 하며, 신고를 접수한 경찰관은 범죄와 관련 여부를 확인하여야 한다.
② 경찰서장은 가출인에 대한 신고를 접수한 때에는 정보시스템의 자료 조회, 신고자의 진술을 청취하는 방법 등으로 가출인을 발견하기 위한 조치를 하여야 하며, 가출인을 발견하지 못한 경우에는 즉시 실종아동등 프로파일링시스템에 가출인에 대한 사항을 입력한다.
③ 경찰서장은 접수한 가출인 신고가 다른 관할인 경우 제2항의 조치 후 지체 없이 가출인의 발생지를 관할하는 경찰서장에게 이첩하여야 한다.

제16조(신고에 대한 조치 등) ① 가출인 사건을 관할하는 경찰서장은 정보시스템 자료의 조회, 다른 자료와의 대조, 주변인물과의 연락 등 가출인을 발견하기 위해 지속적으로 추적하고, 실종아동등 프로파일링시스템에 등록한 날로부터 반기별 1회 보호자에게 귀가 여부를 확인한다.
② 경찰서장은 **가출인을 발견한 때에는 등록을 해제하고,** 해당 가출인을 발견한 경찰서와 관할하는 경찰서가 다른 경우에는 발견 사실을 관할 경찰서장에게 지체 없이 알려야 한다. 12 2차
④ 경찰서장은 가출인을 발견한 경우에는 가출신고가 되어 있음을 고지하고, 보호자에게 통보한다. 다만, **가출인이 거부하는 때에는 보호자에게 가출인의 소재를 알 수 있는 사항을 통보하여서는 아니 된다.**

제17조(보호시설 무연고자 등록·해제) ① 경찰관서의 장은 관내 보호시설을 방문하였을 때에 보호시설 무연고자의 자료가 실종아동등 프로파일링시스템에 있는 지 확인한 후 없는 경우에는 별지 제5호서식의 보호시설 무연고자 실종아동등 프로파일링시스템 입력자료를 작성하여 실종아동등 프로파일링시스템에 등록하고, 변경사항이 있거나, 보호자가 확인된 경우에는 별지 제6호서식의 보호시설 무연고자 실종아동등 프로파일링시스템 수정·해제자료를 작성하여 변경하거나 등록을 해

제한다.

제18조(현장 탐문 및 수색) ① 찾는실종아동등 및 가출인발생신고를 접수 또는 이첩 받은 발생지 관할 경찰서장은 즉시 현장출동 경찰관을 지정하여 탐문·수색하도록 하여야 한다. 다만, **경찰관서장이 판단하여 수색의 실익이 없거나 현저히 곤란한 경우에는 탐문·수색을 생략하거나 중단할 수 있다.**

② 경찰서장은 제1항의 규정에 따라 현장을 탐문·수색한 결과, 정밀수색이 필요하다고 인정될 경우에는 추가로 필요한 경찰관 등을 출동시킬 수 있다.

③ 현장출동 경찰관은 제1항의 규정에 따라 **현장을 탐문·수색한 결과에 대해 필요한 보고서를 작성하여 실종아동등 프로파일링시스템에 등록하고 경찰서장에게 보고하여야 한다.**

제19조(추적 및 수사) ① 찾는실종아동등 및 가출인에 대한 발생지 관할 경찰서장은 신고자·목격자 조사, 최종 목격지 및 주거지 수색, 위치추적 등 통신수사, 유전자검사, 실종아동등 프로파일링시스템 정보조회 등의 방법을 통해 **실종아동등 및 가출인을 발견하기 위한 추적에 착수한다.**

② **경찰서장은** 실종아동등 및 가출인이 **범죄관련 여부가 의심되는 경우, 신속히 수사에 착수하여야 한다.**

제20조(실종수사 조정위원회) ① **경찰서장은** 실종아동등 및 가출인의 수색·추적 중 인지된 국가경찰 수사 범죄의 업무를 조정하기 위하여 **실종수사 조정위원회를 구성하여 운영할 수 있다.**

  1. 위원회는 **위원장을 경찰서장으로** 하고, 위원은 **여성청소년과장**(미직제시 생활안전과장), **형사과장**(미직제시 수사과장) 등 **과장 3인 이상**으로 구성한다.

  2. 위원회는 경찰서 여성청소년과장이 회부한 국가경찰 수사 범죄 의심 사건의 범죄관련성 여부 판단 및 담당부서를 결정한다.

② 위원회는 경찰서 여성청소년과장의 안건 회부 후 **24시간 내에 서면으로 결정하여야 한다.**

③ 경찰서장은 위원회 결정에 따라 실종아동등 및 가출인 발견을 위해 신속히 추적 또는 수사에 착수하여야 한다.

제21조(실종아동등 여부 사전확인) ① **경찰관서의 장**은 법 제11조제1항 각 호에 따른 대상자로부터 유전자검사대상물을 채취하려면 실종아동등 프로파일링시스템의 자료 검색 등을 통하여 **검사 대상자와 인적사항 등이 유사한 자료가 있는지 미리 확인하여야 한다.**

② 경찰관서의 장은 제1항에 따른 검색을 통하여 검사대상자가 실종아동등이라는 것이 확인된 경우에는 해당 자료 화면을 출력하여 유전자검사동의서 등 유전자 검사대상물 채취관련 서류와 함께 보관한다.

③ 유전자검사대상물을 채취하고자 하는 아동등이 제1항의 방법으로 확인되지 않을 때에는 해당 아동등에게 보호시설 입·퇴소 기록 및 신상카드 등을 확인한 후 유전자검사대상물을 채취한다. 이 때 해당 기록 및 신상카드 사본은 제출받아 유전자 검사대상물 채취관련 서류와 함께 보관하여야 한다.

제22조(유전자검사 동의서 사본 교부) ① **경찰관서의 장**은 법 제11조제1항에 의한 유전자검사 대상물 채취 시 작성한 「실종아동등의 발견 및 유전자검사 등에 관한 규칙」 제9조제1항의 **유전자검사 동의서 사본을 본인 또는 법정대리인에게 교부하여야 한다.**

제23조(실종·유괴경보 체계의 구축·운영 등) ① 경찰청장은 법 제9조의2제1항에 따라 실종·유괴경보 정책 수립 및 제도 개선 등에 관한 사항을 총괄하며 다음 각 호의 업무를 수행한다.

제24조(실종·유괴경보의 발령) ① **시·도경찰청장은** 실종아동등의 조속한 발견과 복귀를 위하여 실종·유괴경보의 발령이 필요하다고 판단되는 경우 별표1의 발령 요건·기준에 따라 **실종·유괴경보를 발령할 수 있다.**

② 제1항에 따라 **실종경보를 발령한 시·도경찰청장은** 타 시·도경찰청장의 관할 구역에도 실종경보의 발령이 필요하다고 인정하는 경우 **타 시·도경찰청장에게 같은 내용의 경보발령을 요청할 수 있고,** 경보발령을 요청받은 시·도경찰청장은 특별한 사유가 없는 한 지체 없이 실종경보의 발령에 협조하여야 한다.

③ 시·도경찰청장은 별표1에 규정된 경보해제 사유에 해당하는 경우 즉시 당해 실종·유괴경보를 해제하여야 한다.

제25조(실종·유괴경보 문자메시지 송출) ① **경찰청장**은 법 제9조의2제2항제1호에 따라 주요 전기통신사업자에게 **실종·유괴경보 문자메시지의 송출을 요청하기 위한 시스템을 직접 구축·운영하거나** 행정안전부장관과 사전 협의하여 「재난 및 안전관리 기본법」 제38조의2제1항과 「재난문자방송 기준 및 운영규정」 제4조제1항에 따라 구축된 **재난문자방송 송출시스템을 이용할 수 있다.**

② **시·도경찰청장**은 제24조제1항에 따른 실종·유괴경보를 발령함에 있어 실종·유괴경보 문자메시지의 송출이 필요하다고 판단되는 경우 별표2의 송출 기준에 따라 별표3의 송출 문안을 정하여 **실종아동찾기센터로 송출을 의뢰할 수 있다.** 다만, **유괴경보 문자메시지의 송출을 의뢰하는 경우에는 국가수사본부장의 사전 승인을 받아야 한다.**

③ 시·도경찰청장이 실종경보 문자메시지의 송출을 의뢰함에 있어 송출 지역이 타 시·도경찰청장의 관할 구역에 속하는 경우 제24조제2항의 규정에도 불구하고 타 시·도경찰청장이 관할 구역에 대한 실종경보 문자메시지의 송출에 협조한 것으로 간주한다.

④ 제2항에 따라 송출 의뢰를 받은 실종아동찾기센터는 제1항에 따른 송출시스템을 통하여 주요 전기통신사업자에게 실종·유괴경보 문자메시지의 송출을 요청하여야 한다. 다만, 시·도경찰청장이 의뢰한 내용에 대하여는 제2항 및 제3항에 따른 요건의 충족 여부를 확인하여야 하며, 위 요건에 대한 흠결이 있을 때에는 시·도경찰청장에게 보정을 요구할 수 있고, 그 흠결이 경미한 때에는 시·도경찰청장으로부터 그 내용을 확인하여 직권으로 보정할 수 있다.

CHAPTER 02 수사경찰

01 수사의 개념

공소의 제기와 유지 여부를 결정하기 위하여 범인을 발견·확보하고 증거를 수집·보전함으로써 범죄의 혐의 유무를 명백히 하는 수사기관의 활동을 말한다.

1. 수사실행의 5대 원칙 15 승진, 14·15·16 경간

수사자료 완전수집의 원칙	수사기관은 **사건해결의 관건이 되는 자료를 누락하거나 멸실시키는 일이 없도록 전력을 다하여 자료를 수집**하여야 한다는 원칙 (수사의 기본방법에서 **제1의 조건 또는 제1의 법칙**이다.)
수사자료 감식·검토의 원칙	수사는 단순한 수사관의 **상식적 검토나 판단에만 그칠 것이 아니라** 감식 과학이나 과학적 지식 또는 그 시설 장비를 유용하게 최대한 이용해 **면밀히 감식하고 분석·검토**하여야 한다는 원칙
적절한 추리의 원칙	추측 시에 **수집된 자료를 기초로 합리적인 판단**을 하고, **추측은 가상적인 판단**이므로 그 진실성이 확인될 때까지는 추측을 진실이라고 주장·확신해서는 안 된다는 원칙
검증적 수사의 원칙	① 여러 가지 추측 중에서 과연 어떤 추측이 정당한 것인가를 가리기 위하여 그들 추측 하나 하나를 모든 각도에서 검토해야 한다는 원칙 ② 수사사항의 결정 → 수사방법의 결정 → 수사실행 순서로 검토해야 함 ③ 추측을 확인하는 작업인 동시에 또 다른 측면에서 새로운 자료수집이라고 할 수 있음
사실판단 증명의 원칙	수사에 의해 획득한 확신 있는 판단은 모두에게 그 **판단이 진실이라는 것을 객관적으로 증명**할 수 있어야 한다는 원칙

2. 수사의 3대 원칙 16 승진

신속착수의 원칙	모든 범죄수사는 가급적 신속히 착수하여 범죄 증거가 인멸되기 전에 수사를 수행하여 종결하여야 한다.
현장보존의 원칙	'범죄의 현장은 증거의 보고'이므로, 범죄현장을 철저히 보존하고 관찰하여야 한다.
공중협력의 원칙	'사회는 증거의 바다'라고 할 수 있으므로, 범죄의 흔적은 목격자나 전문가의 기억에 오래 남는다. 따라서 공중의 협력을 얻어 수사하도록 노력해야 한다는 원칙이다.

3. 수사의 기본원칙

① 강제수사 법정주의 원칙 ② 영장주의 원칙 ③ 자기부죄 강요금지 원칙
④ 제출인 환부 원칙 ⑤ 수사비례의 원칙 ⑥ 임의수사 원칙 ⑦ 수사비공개 원칙
→ 헌법상의 원칙은 ① 강제수사 법정주의 원칙 ② 영장주의 원칙 ③ 자기부죄 강요금지 원칙

4. 범죄수사상 준수 원칙

선증후포의 원칙	증거를 먼저 확보한 후에 범인을 체포하는 원칙
법령준수의 원칙	범죄수사를 할 때 관계 법규정을 준수하여야 한다는 원칙
민사사건 불간섭의 원칙	범죄수사는 형사사건에 한하여 행해져야 하며, 민사사건에 대해서는 수사권을 발동해서는 안 된다는 원칙
종합수사의 원칙	모든 자료와 지식, 기술을 동원하여 상황을 파악하고, 체계적이고 조직적인 종합수사를 하여야 한다는 원칙

5. 범죄첩보의 특징 11·14 승진, 14 경간, 16 채용

시한성	범죄첩보는 **시간이 경과함에 따라** 가치가 감소한다.
결과지향성	범죄첩보는 수사 후 **현출되는 결과**가 있어야 한다.
가치변화성	범죄첩보는 수사기관의 필요성에 따라 **가치가 달라진다.**
결합성	범죄첩보는 **여러 첩보가 서로 결합**되어 이루어진다.
혼합성	범죄첩보는 그 속에 **하나의 원인과 결과를 내포**하고 있다. 15 경간

6. 수사의 조건

수사의 필요성	① 수사기관이 범죄 **수사를 개시**함에 있어서는 **주관적 혐의**만으로도 족하다.(구체적 사실에 근거를 두어야 함) 12 승진
	② 수사의 필요성은 **강제수사**뿐만 아니라 **임의수사**의 경우에도 그 조건이 되며 수사의 필요성이 없음에도 불구하고 행하는 수사처분은 위법한수사처분이다. 12 승진
	③ **체포·구속**에는 증거에 의해 뒷받침되는 **객관적인 혐의**가 요구됨
	④ **소송조건**(친고죄 등에 있어 고소·고발 전 수사 허용여부)
	  - **고소의 가능성이 있는** 경우에는 원칙적으로 **허용**
	  - **고소의 가능성이 없는** 경우에는 **불허**
	⑤ 형사소송법은 수사의 필요성을 수사의 조건으로 명시하고 있다. 15 경간

수사의 상당성	① 수사처분이 수사의 목적달성을 위해 필요최소한도에 그쳐야 한다는 것 ② 수사의 상당성은 **강제수사**의 경우에 특히 강조된다. 12 승진 ③ 수사의 결과에 의한 이익과 수사로 인한 법익침해가 부당하게 균형을 잃는 것은 **수사의 상당성**을 결한 것이다. 12 승진 ④ 수사의 "상당성"은 수사비례의 원칙과 관련되어 있다. 15 경간 ⑤ 수사는 국민의 일반적 신뢰를 침해하여 행해져서는 안 되며, 기회 제공형 함정수사는 적법하여 허용되나, 범의 유발형 함정수사는 신의칙에 반하여 위법하게 되고, 허용되지 않는다.

7. 경찰수사권 독립(조정) 찬반론 17·18 채용, 19 법학, 10·11·20 승진

찬성론의 논거	반대론의 논거
① 국민의 편익 저해 ② 명령통일원리 위배 ③ 현실과 법규범의 괴리 ④ 검찰로의 권력집중 ⑤ 권한과 책임의 불일치	① 수사는 공소제기를 위한 준비행위 또는 수사는 공소제기와 불가분의 관계 ② 적정절차와 인권존중 ③ 법률전문가인 검사가 수사의 전(全)과정을 지휘함으로써 법률지식 미흡으로 인한 법집행의 왜곡을 막을 수 있음 ④ 경찰로의 권력집중

02 수사기관

형사소송법 제195조(검사와 사법경찰관의 관계 등) ① 검사와 사법경찰관은 수사, 공소제기 및 공소유지에 관하여 서로 협력하여야 한다.
② 제1항에 따른 수사를 위하여 준수하여야 하는 일반적 수사준칙에 관한 사항은 대통령령으로 정한다.

형사소송법 제197조(사법경찰관리) ① 경무관, 총경, 경정, 경감, 경위는 사법경찰관으로서 범죄의 혐의가 있다고 사료하는 때에는 범인, 범죄사실과 증거를 수사한다.
② 경사, 경장, 순경은 사법경찰리로서 수사의 보조를 하여야 한다.

검찰청법 제4조(검사의 직무) ① 검사는 공익의 대표자로서 다음 각 호의 직무와 권한이 있다.
  1. 범죄수사, 공소의 제기 및 그 유지에 필요한 사항. 다만, 검사가 수사를 개시할 수 있는 범죄의 범위는 다음 각 목과 같다.
   가. 부패범죄, 경제범죄 등 대통령령으로 정하는 중요 범죄
   나. 경찰공무원(다른 법률에 따라 사법경찰관리의 직무를 행하는 자를 포함한다) 및 고위공직자범죄수사처 소속 공무원(「고위공직자범죄수사처 설치 및 운영에 관한 법률」에 따른 파견공무원을 포함한다)이 범한 범죄
   다. 가목·나목의 범죄 및 사법경찰관이 송치한 범죄와 관련하여 인지한 각 해당 범죄와 직접 관련성이 있는 범죄

제197조의2(보완수사요구) ① 검사는 다음 각 호의 어느 하나에 해당하는 경우에 사법경찰관에게 보완수사를 요구할 수 있다.
  1. 송치사건의 공소제기 여부 결정 또는 공소의 유지에 관하여 필요한 경우
  2. 사법경찰관이 신청한 영장의 청구 여부 결정에 관하여 필요한 경우
② 사법경찰관은 제1항의 요구가 있는 때에는 정당한 이유가 없는 한 지체 없이 이를 이행하고, 그 결과를 검사에게 통보하여야 한다.
③ 검찰총장 또는 각급 검찰청 검사장은 사법경찰관이 정당한 이유 없이 제1항의 요구에 따르지 아니하는 때에는 권한 있는 사람에게 해당 사법경찰관의 직무배제 또는 징계를 요구할 수 있고, 그 징계 절차는 「공무원 징계령」 또는 「경찰공무원 징계령」에 따른다.

제197조의4(수사의 경합) ① 검사는 사법경찰관과 동일한 범죄사실을 수사하게 된 때에는 사법경찰관에게 사건을 송치할 것을 요구할 수 있다.
② 제1항의 요구를 받은 사법경찰관은 지체 없이 검사에게 사건을 송치하여야 한다. 다만, 검사가 영장을 청구하기 전에 동일한 범죄사실에 관하여 사법경찰관이 영장을 신청한 경우에는 해당 영장에 기재된 범죄사실을 계속 수사할 수 있다.

● 검사와 사법경찰관의 상호협력과 일반적 수사준칙에 관한 규정

제6조(상호협력의 원칙) ① 검사와 사법경찰관은 상호 존중해야 하며, 수사, 공소제기 및 공소유지와 관련하여 협력해야 한다.
② 검사와 사법경찰관은 수사와 공소제기 및 공소유지를 위해 필요한 경우 수사·기소·재판 관련 자료를 서로 요청할 수 있다.
③ 검사와 사법경찰관의 협의는 신속히 이루어져야 하며, 협의의 지연 등으로 수사 또는 관련 절차가 지연되어서는 안 된다.

제7조(중요사건 협력절차) 검사와 사법경찰관은 공소시효가 임박한 사건이나 내란, 외환, 선거, 테러, 대형참사, 연쇄살인 관련 사건, 주한 미합중국 군대의 구성원·외국인군무원 및 그 가족이나 초청계약자의 범죄 관련 사건 등 많은 피해자가 발생하거나 국가적·사회적 피해가 큰 중요한 사건(이하 "중요사건"이라 한다)의 경우에는 송치 전에 수사 사항, 증거수집의 대상, 법령의 적용 등에 관하여 상호 의견을 제시·교환할 것을 요청할 수 있다.

제8조(검사와 사법경찰관의 협의) ① 검사와 사법경찰관은 수사와 사건의 송치, 송부 등에 관한 이견의 조정이나 협력 등이 필요한 경우 서로 협의를 요청할 수 있다. 다만, 다음 각 호의 어느 하나에 해당하는 경우에는 상대방의 협의 요청에 응해야 한다.
1. 중요사건에 관하여 상호 의견을 제시·교환하는 것에 대해 이견이 있거나, 제시·교환한 의견의 내용에 대해 이견이 있는 경우
2. 「형사소송법」(이하 "법"이라 한다) 제197조의2제2항 및 제3항에 따른 정당한 이유의 유무에 대해 이견이 있는 경우
3. 법 제197조의3제4항 및 제5항에 따른 정당한 이유의 유무에 대해 이견이 있는 경우
4. 법 제197조의4제2항 단서에 따라 사법경찰관이 계속 수사할 수 있는지 여부나 사법경찰관이 계속 수사할 수 있는 경우 수사를 계속할 주체 또는 사건의 이송 여부 등에 대해 이견이 있는 경우
5. 법 제222조에 따라 변사자 검시를 하는 경우에 수사의 착수 여부나 수사할 사항 등에 대해 이견의 조정이나 협의가 필요한 경우
6. 법 제245조의8제2항에 따른 재수사의 결과에 대해 이견이 있는 경우
7. 법 제316조제1항에 따라 사법경찰관이 조사자로서 공판준비 또는 공판기일에서 진술하게 된 경우
② 제1항제1호, 제2호, 제4호 또는 제6호의 경우 해당 검사와 사법경찰관의 협의에도 불구하고 이견이 해소되지 않는 경우에는 해당 검사가 소속된 검찰청의 장과 해당 사법경찰관이 소속된 경찰서(지방해양경찰관서를 포함한다. 이하 같다)의 장의 협의에 따른다.

제49조(수사경합에 따른 사건송치) ① 검사는 법 제197조의4제1항에 따라 사법경찰관에게 사건송치를 요구할 때에는 그 내용과 이유를 구체적으로 적은 서면으로 해야 한다.
② 사법경찰관은 제1항에 따른 **요구를 받은 날부터 7일 이내**에 사건을 검사에게 송치해야 한다. 이 경우 관계 서류와 증거물을 함께 송부해야 한다. 21 2차

제50조(중복수사의 방지) 검사는 법 제197조의4제2항 단서에 따라 사법경찰관이 범죄사실을 계속 수사할 수 있게 된 경우에는 정당한 사유가 있는 경우를 제외하고는 그와 동일한 범죄사실에 대한 사건을 이송하는 등 중복수사를 피하기 위해 노력해야 한다.

제51조(사법경찰관의 결정) ④ 사법경찰관은 수사중지(피의자중지, 참고인중지)에 따른 수사중지 결정을 한 경우 **7일 이내**에 사건기록을 검사에게 송부해야 한다. 이 경우 검사는 사건기록을 **송부받은 날부터 30일 이내에 반환**해야 하며, 그 기간 내에 법 제197조의3에 따라 시정조치요구를 할 수 있다. 21 2차

⑤ 사법경찰관은 제4항 전단에 따라 검사에게 사건기록을 송부한 후 피의자 등의 소재를 발견한 경우에는 소재 발견 및 수사 재개 사실을 검사에게 통보해야 한다. 이 경우 통보를 받은 검사는 지체 없이 사법경찰관에게 사건기록을 반환해야 한다.

제59조(보완수사요구의 대상과 범위) ① 검사는 법 제245조의5제1호에 따라 사법경찰관으로부터 송부받은 사건에 대해 보완수사가 필요하다고 인정하는 경우에는 특별히 직접 보완수사를 할 필요가 있다고 인정되는 경우를 제외하고는 **사법경찰관에게 보완수사를 요구하는 것을 원칙으로 한다.** 21 2차

제60조(보완수사요구의 방법과 절차) ① 검사는 법 제197조의2제1항에 따라 보완수사를 요구할 때에는 그 이유와 내용 등을 구체적으로 적은 서면과 관계 서류 및 증거물을 사법경찰관에게 함께 송부해야 한다. 다만, 보완수사 대상의 성질, 사안의 긴급성 등을 고려하여 관계 서류와 증거물을 송부할 필요가 없거나 송부하는 것이 적절하지 않다고 판단하는 경우에는 해당 관계 서류와 증거물을 송부하지 않을 수 있다.

② 보완수사를 요구받은 사법경찰관은 제1항 단서에 따라 송부받지 못한 관계 서류와 증거물이 보완수사를 위해 필요하다고 판단하면 **해당 서류와 증거물을 대출하거나 그 전부 또는 일부를 등사할 수 있다.**

③ 사법경찰관은 법 제197조의2제2항에 따라 보완수사를 이행한 경우에는 그 이행 결과를 검사에게 서면으로 통보해야 하며, 제1항 본문에 따라 관계 서류와 증거물을 송부받은 경우에는 그 서류와 증거물을 함께 반환해야 한다. 다만, 관계 서류와 증거물을 반환할 필요가 없는 경우에는 보완수사의 이행 결과만을 검사에게 통보할 수 있다.

④ 사법경찰관은 법 제197조의2제1항제1호에 따라 보완수사를 이행한 결과 법 제245조의5제1호에 해당하지 않는다고 판단한 경우에는 제51조제1항제3호에 따라 사건을 불송치하거나 같은 항 제4호에 따라 수사중지할 수 있다.

제63조(재수사요청의 절차 등) ① 검사는 법 제245조의8에 따라 사법경찰관에게 재수사를 요청하려는 경우에는 법 제245조의5제2호에 따라 **관계 서류와 증거물을 송부받은 날부터 90일 이내**에 해야 한다. 다만, 다음 각 호의 어느 하나에 해당하는 경우에는 관계 서류와 증거물을 송부받은 날부터 **90일이 지난 후에도 재수사를 요청할 수 있다.** 21 2차

1. **불송치 결정에 영향을 줄 수 있는 명백히 새로운 증거 또는 사실이 발견된 경우**
2. 증거 등의 허위, 위조 또는 변조를 인정할 만한 상당한 정황이 있는 경우

② 검사는 제1항에 따라 재수사를 요청할 때에는 그 내용과 이유를 구체적으로 적은 서면으로 해야 한다. 이 경우 법 제245조의5제2호에 따라 송부받은 관계 서류와 증거물을 사법경찰관에게 반환해야 한다.

③ 검사는 법 제245조의8에 따라 재수사를 요청한 경우 그 사실을 고소인등에게 통지해야 한다.

제64조(재수사 결과의 처리) ① 사법경찰관은 법 제245조의8제2항에 따라 재수사를 한 경우 다음 각 호의 구분에 따라 처리한다.

1. 범죄의 혐의가 있다고 인정되는 경우: 법 제245조의5제1호에 따라 검사에게 사건을 송치하고 관계 서류와 증거물을 송부
2. 기존의 불송치 결정을 유지하는 경우: 재수사 결과서에 그 내용과 이유를 구체적으로 적어 검사에게 통보

② 검사는 사법경찰관이 제1항제2호에 따라 재수사 결과를 통보한 사건에 대해서 다시 재수사를 요청을 하거나 송치 요구를 할 수 없다. 다만, 사법경찰관의 재수사에도 불구하고 관련 법리에 위반되거나 송부받은 관계 서류 및 증거물과 재수사결과만으로도 공소제기를 할 수 있을 정도로 명백히 채증법칙에 위반되거나 공소시효 또는 형사소추의 요건을 판단하는 데 오류가 있어 사건을 송치하지 않은 위법 또는 부당이 시정되지 않은 경우에는 재수사 결과를 통보받은 날부터 30일 이내에 법 제197조의3에 따라 사건송치를 요구할 수 있다.

제65조(재수사 중의 이의신청) 사법경찰관은 법 제245조의8제2항에 따라 **재수사 중인 사건에 대해** 법 제245조의7제1항에 따른 **이의신청이 있는 경우에는 재수사를 중단해야 하며**, 같은 조 제2항에 따라 해당 사건을 **지체 없이 검사에게 송치하고 관계 서류와 증거물을 송부해야 한다.**

03 수사행정

1. 피의자 유치 및 호송규칙(경찰청 훈령)

제4조(관리책임) ① **경찰서장**은 **피의자**의 유치 및 유치장의 관리에 전반적인 지휘·감독을 하여야 하며 그 책임을 져야 한다.
② 경찰서 주무과장(이하 "유치인보호 주무자"라 한다)은 경찰서장을 보좌하여 유치인 보호 및 유치장 관리를 담당하는 경찰관(이하 "유치인보호관"이라 한다)을 지휘·감독하고 피의자의 유치 및 유치장의 관리에 관한 책임을 진다.
③ 경찰서장이 지정하는 자는 유치인보호 주무자를 보조하여 피의자의 유치에 관한 사무를 수행하고 유치장을 적절히 관리하여야 한다.
④ **일과시간 후 또는 토요일·공휴일에는 상황관리관**(상황관리관의 임무를 수행하는 자를 포함한다) 또는 **경찰서장이 지정하는 자**가 유치인보호 주무자의 직무를 대리하여 그 책임을 진다.

제6조(유치장소) 피의자를 유치할 때에는 유치장을 사용하여야 한다. 다만 질병 또는 그 밖에 특별한 사유가 있어 경찰서장이 필요하다고 인정할 때에는 의료기관등 적절한 장소에 유치할 수 있다.

제7조(피의자의 유치 등) ① 피의자를 유치장에 입감시키거나 출감시킬 때에는 유치인보호 주무자가 발부하는 피의자입(출)감지휘서(별지 제2호 서식)에 의하여야 하며 **동시에 3명 이상의 피의자를 입감시킬 때에는 경위 이상 경찰관이 입회하여 순차적으로 입감시켜야 한다.** 10·14 승진
② **형사범과 구류 처분을 받은 자, 19세 이상의 사람과 19세 미만의 사람, 신체장애인 및 사건관련의 공범자** 등은 유치실이 허용하는 범위 내에서 **분리하여 유치**하여야 하며, 신체장애인에 대하여는 신체장애를 고려한 처우를 하여야 한다. 14 승진, 18 경간
③ 사건을 담당하는 등 피의자의 입감을 의뢰하는 자(이하 '입감의뢰자'라 한다)는 범죄사실의 요지, 구속사유, 성격적 특징, 사고우려와 질병유무 등 유치인보호에 필요하다고 인정되는 사항을 피의자입(출)감지휘서에 기재하여 유치인보호주무자에게 알려야 하며, 유치인보호주무자는 제1항의 입감지휘서 등을 통하여 이를 유치인보호관에게 알려야 한다.
④ 유치인보호관은 새로 입감한 유치인에 대하여는 유치장내에서의 일과표, 접견, 연락절차, 유치인에 대한 인권보장(별표3) 등에 대하여 설명하고, 인권침해를 당했을 때에는 「국가인권위원회법 시행령」 제6조에 따라 진정할 수 있음을 알리고, 그 방법을 안내하여야 한다.

⑤ 경찰서장과 유치인보호 주무자는 외국인이 제4항의 내용을 이해할 수 있게 다양한 방법을 마련해야 하고, 청각·언어장애인 등의 요청이 있을 때에는 수화 통역사를 연계하는 등 원활한 의사소통을 위한 조치를 취하여야 한다.

제8조(신체 등의 검사) ① 유치인보호관은 피의자를 유치하는 과정에서 유치인의 생명 신체에 대한 위해를 방지하고, 유치장내의 안전과 질서를 유지하기 위하여 필요하다고 인정될 때에는 **유치인의 신체, 의류, 휴대품 및 유치실을 검사할 수 있다.**

② 신체, 의류, 휴대품의 검사는 동성의 유치인보호관이 실시하여야 한다. 다만, **여성유치인보호관이 없을 경우**에는 미리 지정하여 신체 등의 검사방법을 교양 받은 **여성경찰관으로 하여금 대신하게 할 수 있다.** 14 승진

③ 유치인보호관은 신체 등의 검사를 하기 전에 유치인에게 신체 등의 검사 목적과 절차를 설명하고, 제9조의 위험물 등을 제출할 것을 고지하여야 한다.

④ 신체 등의 검사는 **유치인보호주무자가 제7조제1항의 피의자입(출)감지휘서에 지정하는 방법으로 유치장내 신체검사실에서 하여야 하며**, 그 종류와 기준 및 방법은 다음 각 호와 같다. 08 승진

  1. 외표검사 : **죄질이 경미하고 동작과 언행에 특이사항이 없으며 위험물 등을 은닉하고 있지 않다**고 판단되는 유치인에 대하여는 **신체 등의 외부를 눈으로 확인하고 손으로 가볍게 두드려 만져 검사**한다. 08·14 승진

  2. 간이검사 : **일반적으로 유치인**에 대하여는 탈의막 안에서 **속옷은 벗지 않고 신체검사의를 착용**(유치인의 의사에 따른다)하도록 한 상태에서 **위험물 등의 은닉여부를 검사**한다. 08 승진

  3. 정밀검사 : **살인, 강도, 절도, 강간, 방화, 마약류, 조직폭력 등 죄질이 중하거나 근무자 및 다른 유치인에 대한 위해 또는 자해할 우려가 있다고 판단되는 유치인**에 대하여는 탈의막 안에서 **속옷을 벗고 신체검사의로 갈아입도록 한 후 정밀하게 위험물 등의 은닉여부를 검사**하여야 한다. 08 승진

제9조(위험물 등의 취급) ① 유치인보호 주무자는 피의자를 유치하는 과정에 그 피의자가 수사상 또는 유치장의 보안상 지장이 있다고 인정되는 다음 각 호의 어느 하나에 해당하는 물건(이하"위험물 등"이라 한다)을 소지하고 있을 때에는 그 물건을 유치기간 중 보관하여야 한다. 다만 보관하는 것이 부적당한 물건은 유치인에게 알린 후 폐기하거나 유치인으로 하여금 자신이 지정하는 사람에게 보내게 할 수 있다.

제11조(가족에의 통지) ① **사법경찰관**은 피의자를 구속한 때에는 형사소송법 제87조의 규정에 의한 **구속통지를 피의자를 구속한 날로부터 지체 없이 서면으로 피의자의 가족이나 지정하는 자에게 하여야 한다.**

② 유치인보호 주무자는 유치인이 가족 또는 대리인에게 신상에 관한 통지를 반대하는지를 확인한 후 반대의 의사가 없는 경우에는 수사 및 유치장 운영 등에 지장이 없는 범위에서 유치인의 신상에 관한 통지를 하여야 한다.

제12조(피의자 유치 시 유의사항) ① 피의자 유치 시 **남성과 여성은 분리하여 유치**하여야 한다.

② **경찰서장은 유치인이 친권이 있는 18개월 이내의 유아의 대동(對同)을 신청**한 때에는 **다음 각 호의 어느 하나에 해당하는 사유가 없다고 인정되는 경우 이를 허가하여야 한다.** 이 경우 유아의 양육에 필요한 설비와 물품의 제공, 그 밖에 양육을 위하여 필요한 조치를 하여야 한다.

  1. 유아가 질병·부상, 그 밖의 사유로 유치장에서 생활하는 것이 적당하지 않은 경우
  2. 유치인이 질병·부상, 그 밖의 사유로 유아를 양육하는 것이 적당하지 않은 경우
  3. 유치장에 감염병이 유행하거나 그 밖의 사정으로 유아의 대동이 적당하지 않은 경우

③ 제2항에 따라 유아의 대동 허가를 받으려는 자는 경찰서장에게 별지 제3호서식의 유아대동신청서

를 제출하여야 하며, 경찰서장이 이를 허가할 때에는 해당 신청서를 입감지휘서에 첨부하여야 한다.

제30조(보건위생) ① 유치인보호 주무자는 유치인의 건강유지를 위하여 보건위생에 유의하고 다음과 같이 실시하여야 한다.
1. 유치인에게는 수사 및 유치인보호에 지장이 없는 범위 안에서 적당한 시간을 택하여 간단한 운동을 시켜야 한다.
2. 유치인이 목욕을 원할 때에는 유치장의 질서를 해하지 아니하는 범위에서 목욕을 하도록 조치한다. 이 경우 목욕시간은 경찰서장이 정한다.
3. 유치장 내외의 **청소를 매일 1회 이상** 실시하여 항상 청결을 유지하도록 하여야 한다.
4. 유치장 내외에 대한 **약품소독을 매주 1회 이상** 실시하여야 한다.

제46조(정의) 이 장에서 상용하는 용어의 정의는 다음과 같다.
1. "호송관"이라 함은 피호송자의 호송을 담당하는 경찰관을 말한다.
2. "호송관서"라 함은 피호송자를 호송하고자 하는 경찰관서를 말한다.
3. "인수관서"라 함은 호송된 피호송자를 인수하는 관서를 말한다.
4. "**이감호송**"이라 함은 피호송자의 수용장소를 **다른 곳으로 이동**하거나 **특정관서에 인계**하기 위한 호송을 말한다. 20 경간
5. "**왕복호송**"이라 함은 피호송자를 특정장소에 호송하여 필요한 용무를 마치고 **다시 발송관서 또는 호송관서로 호송**하는 것을 말한다.
6. "**집단호송**"이라 함은 한번에 **다수의 피호송자를 호송**하는 것을 말한다.
7. "**비상호송**"이라 함은 전시, 사변 또는 이에 준하는 **국가비상 사태나 천재, 지변**에 있어서 **피호송자를 다른 곳에 수용하기 위한 호송**을 말한다. 18 경간
8. "호송수단"이라 함은 호송에 필요한 수송수단을 말한다.

[호송의 분류] 07 승진
- 호송방법 - 직송, 채송
- 호송내용 - 이감호송, 왕복호송, 집단호송, 비상호송
- 호송수단 - 도보, 차량, 열차, 선박, 항공기 호송

제47조(호송관리 책임) ① 호송관서의 장(시·도경찰청에 있어서는 형사, 수사과장을 말한다. 이하 같다)은 피호송자의 호송업무에 관하여 전반적인 관리 및 지휘·감독을 하여야 한다.
② 시·도경찰청의 수사과장 또는 형사과장 및 경찰서의 수사(형사)과장은 피호송자의 호송업무에 관하여 호송주무관으로서 직접 지휘·감독하여야 하며 호송의 안전과 적정 여부를 확인하여야 한다.
③ 경찰서장은 호송주무관으로 하여금 호송 출발 직전에 호송경찰관에게 호송임무 수행에 필요한 전반적인 교양을 반드시 실시토록 하여야 한다.
④ 제3항의 규정에 의하여 교양을 실시함에 있어서는 심적대비, 포승 및 시정방법, 승차방법, 도로변 또는 교량 등 통행방법, 중간연락 및 보고방법, 사고발생시의 조치방법, 숙식, 물품구매 교부방법, 용변 및 식사시의 주의사항을 치밀하게 실시하여야 한다.
⑤ 호송관서의 장은 호송관의 지정 및 운영에 관한 호송계획을 수립하여 시행하여야 한다.

제48조(호송관의 결격사유 및 수) ① 호송관서의 장은 다음 각 호의 어느 하나에 해당하는 자를 **호송관으로 지명할 수 없다.**
1. 피호송자와 **친족 또는 가족** 등의 특수한 신분관계가 있거나 있었던 자

2. 신체 및 건강상태가 호송업무를 감당하기 곤란하다고 인정되는 자 07 승진
3. 기타 호송근무에 **부적합**하다고 인정되는 자

② 호송관서의 장은 호송수단과 피호송자의 죄질·형량·범죄경력·성격·체력·사회적 지위·인원, 호송거리, 도로사정, 기상 등을 고려하여 **2인 이상의 호송관을 지정하여야 한다.**

③ 호송관서의 장은 **호송관이 5인 이상**이 되는 호송일 때에는 **경위 이상 계급의 1인을 지휘감독관으로 지정해야 한다.**

제49조(피호송자의 신체검사) ① 호송관은 반드시 호송주무관의 지휘에 따라 **포박하기 전**에 피호송자에 대하여 안전호송에 필요한 **신체검색을 실시**하여야 한다. 18 승진, 20 경간

② **여자인 피호송자의 신체검색은 여자경찰관**이 행하거나 **성년의 여자**를 참여시켜야 한다. 18 승진

제50조(피호송자에 대한 수갑 등의 사용) ① 호송관은 제47조제2항의 호송주무관의 허가를 받아「경찰관 직무집행법」제10조의2제1항 및 「위해성 경찰장비의 사용기준 등에 관한 규정」제4조에 따라 **필요한 한도에서 호송대상자에 대하여 수갑 또는 수갑·포승을 사용할 수 있다.** 다만, 구류선고 및 감치명령을 받은 자와 미성년자, 고령자, 장애인, 임산부 및 환자 중 **주거와 신분이 확실하고 도주의 우려가 없는 자에 대하여는 수갑 또는 수갑·포승을 채우지 아니한다.**

② **미체포 피의자**가 **구속 전 피의자심문에 임의로 출석한 경우에는** 원칙적으로 **수갑 및 포승을 사용하지 아니한다.** 다만, **도주 우려 등** 사정변경이 생겨 수갑 및 포승 사용이 필요하다고 인정되는 **상당한 이유가 있는 경우는 예외로** 한다.

③ 미체포 피의자에 대하여 심문 구인용 구속영장을 강제집행하여 법원에 인치하는 경우에는 제2항 본문을 적용하지 않는다.

④ 호송관은 제1항에 따라 수갑 또는 수갑·포승을 사용하는 **피호송자가 2인 이상일 때에는 호송수단에 따라 2인내지 5인을 1조로 하여 상호 연결시켜 포승으로 포박한다.** 07·18 승진

제52조(인수관서 통지 및 인계) ① 호송관서는 미리 인수관서에 피호송자의 성명, 호송일시 및 호송방법을 통지하여야 한다. 다만, 다른 수사기관에서 인수관서에 통지하거나 비상호송 기타 특별한 사유가 있는 때에는 예외로 한다.

② 호송경찰관이 피호송자를 인수하여야 할 관서에 인계할 때에는 인수권자에게 관계기록등과 함께 정확히 인계하여 책임 한계를 명백히 하여야 하며, 귀서하여 **소속경찰관서장에게 호송완료 보고를 하여야 한다.**

제53조(영치금품의 처리) 피호송자의 영치금품은 다음 각 호의 구분에 따라 처리한다.
1. **금전, 유가증권은 호송관서에서 인수관서에 직접 송부**한다. 다만 소액의 금전, 유가증권 또는 당일로 호송을 마칠 수 있을 때에는 호송관에게 탁송할 수 있다. 20 경간
2. 피호송자가 호송도중에 필요한 식량, 의류, 침구의 구입비용을 자비로 부담할 수 있을 때에는 그 청구가 있으며 필요한 금액을 호송관에게 탁송하여야 한다.
3. **물품은 호송관에게 탁송한다.** 다만, **위험한 물품 또는 호송관이 휴대하기에 부적당한 발송관서에서 인수관서에 직접 송부할 수 있다.**
4. 송치하는 금품을 호송관에게 탁송할 때에는 호송관서에 보관책임이 있고, 그렇지 아니한 때에는 송부한 관서에 그 책임이 있다. 18 경간

제54조(호송시간) 호송은 **일출전 또는 일몰후에 할 수 없다.** 18 경간 다만, **기차, 선박 및 차량을 이용하는 때 또는 특별한 사유가 있는 때에는 그러하지 아니한다.** 20 경간

제55조(호송수단) ① 호송수단은 경찰호송차 기타 경찰이 보유하고 있는 차량(이하 "**경찰차량**"이라 한다)에 의함을 원칙으로 하여야 한다. 18 승진 다만, **경찰차량을 사용할 수 없거나 기타 특별한 사유**

가 있는 때에는 도보나 경비정, 경찰항공기 또는 일반 교통수단을 이용할 수 있다.
② 호송관서의 장은 호송사정을 참작하여 호송수단을 결정하여야 한다.
③ **집단호송은 가능한 경찰차량을 사용하여야 한다.**
④ 호송에 사용되는 경찰차량에는 커튼 등을 설치하여 피호송자의 신분이 외부에 노출되지 않도록 하여야 한다.

제65조(사고발생시의 조치) 호송관은 호송중 피호송자가 도주, 자살, 기타의 사고가 발생하였을 때에는 다음 각 호의 조치를 신속하게 취하여야 한다.

1. **피호송자가 도망하였을 때**
   가. 즉시 사고발생지 관할 경찰서에 신고하고 도주 피의자 수배 및 수사에 필요한 사항을 알려주어야 하며, 소속장에게 전화, 전보 기타 신속한 방법으로 보고하여 그 지휘를 받아야 한다. 이 경우에 즉시 보고할 수 없는 때에는 신고 관서에 보고를 의뢰할 수 있다.
   나. 호송관서의 장은 보고받은 즉시 상급경찰관서에 보고 및 인수관서에 통지하고 도주 피의자의 수사에 착수하여야 하며, 사고발생지 관할 경찰서장에게 수사를 의뢰하여야 한다.
   다. **도주한 자에 관한 호송관계서류 및 금품은 호송관서에 보관하여야 한다.** 11 승진

2. **피호송자가 사망하였을 때**
   가. 즉시 사망시 관할 경찰관서에 신고하고 시체와 서류 및 영치금품은 신고 관서에 인도하여야 한다. 다만, 부득이한 경우에는 다른 도착지의 관할 경찰관서에 인도할 수 있다.
   나. 인도를 받은 경찰관서는 즉시 호송관서와 인수관서에 사망일시, 원인 등을 통지하고, **서류와 금품은 호송관서에 송부한다.**
   다. 호송관서의 장은 통지받은 즉시 상급경찰관서에 보고하고 사망자의 유족 또는 연고자에게 이를 통지하여야 한다.
   라. 통지 받을 가족이 없거나, 통지를 받은 가족이 **통지를 받은 날부터 3일 내에 그 시신을 인수하지 않으면 구, 시, 읍, 면장에게 가매장을 하도록 의뢰하여야 한다.**

3. **피호송자가 발병하였을 때**
   가. **경증**으로서 호송에 큰 지장이 없고 당일로 호송을 마칠 수 있을 때에는 **호송관이 적절한 응급조치를 취하고 호송을 계속하여야 한다.** 18 경간
   나. **중증**으로써 호송을 계속하거나 곤란하다고 인정될 때에 피호송자 및 그 서류와 금품을 **발병지에서 가까운 경찰관서에 인도하여야 한다.** 11 승진
   다. 전 "나"호에 의하여 **인수한 경찰관서**는 즉시 질병을 치료하여야 하며, 질병의 상태를 호송관서 및 인수관서에 통지하고 **질병이 치유된 때에는 호송관서에 통지함과 동시에 치료한 경찰관서에서 지체 없이 호송하여야 한다.** 다만, 진찰한 결과 24시간 이내에 치유될 수 있다고 진단되었을 때에는 치료후 호송관서의 호송관이 호송을 계속하게 하여야 한다. 11 승진 18 경간

제66조(피호송자의 숙박) ① 호송관은 피호송자를 숙박시켜야 할 사유가 발생하였을 때에는 **체류지 관할 경찰서 유치장 또는 교도소를 이용하여야 한다.** 20 경간
② 제1항에 의하여 **숙박시킬 수 없는 지역**에서는 호송관은 **가장 가까운 경찰관서에 숙박에 관하여 협조를 의뢰하여야 한다.**

제67조(식량 등의 자비부담) ① 피호송자가 식량, 의류, 침구 등을 자신의 비용으로 구입할 수 있을 때에는 호송관은 **물품의 구매를 허가할 수 있다.**
② 제1항의 구입비용을 제53조 제2호의 금전 등에서 지급한 때에는 호송관은 본인의 확인서를 받아야 한다.

> 제68조(호송비용 부담) ① 호송관 및 피호송자의 여비, 식비, 기타 호송에 필요한 **비용은 호송관서에서 이를 부담**하여야 한다.
> ② 피호송자가 **사망**하였거나 **발병**하였을 때의 비용은 각각 그 **교부를 받은 관서가 부담**하여야 한다. 11 승진
>
> 제70조(분사기 등의 휴대) ① 호송관은 호송근무를 할 때에는 **분사기를 휴대**하여야 한다.
> ② 호송관서의 장은 특별한 사유가 있는 경우 호송관이 **총기를 휴대하도록 할 수 있다.** 20 경간
>
> 제73조(정기교육) 경찰서장은 유치인보호관에 대하여 피의자의 유치에 관한 관계법령 및 규정 등을 **매월 1회 이상 정기적으로 교육**하고 **유치인보호관은 이를 숙지**하여야 한다.

▶ **[참고] 지명통보와 지명수배(경찰수사규칙 – 행정안전부령)**

제45조(지명수배) ① 사법경찰관리는 다음 각 호의 어느 하나에 해당하는 사람의 소재를 알 수 없을 때에는 **지명수배를 할 수 있다.**
 1. 법정형이 **사형, 무기 또는 장기 3년 이상**의 징역이나 금고에 해당하는 죄를 범했다고 의심할 만한 상당한 이유가 있어 **체포영장 또는 구속영장이 발부된 사람**
 2. 제47조에 따른 **지명통보의 대상인 사람 중 지명수배를 할 필요가 있어 체포영장 또는 구속영장이 발부된 사람**
② 제1항에도 불구하고 법 제200조의3제1항에 따른 긴급체포를 하지 않으면 수사에 현저한 지장을 초래하는 경우에는 영장을 발부받지 않고 지명수배할 수 있다. 이 경우 지명수배 후 신속히 체포영장을 발부받아야 하며, 체포영장을 발부받지 못한 때에는 즉시 지명수배를 해제해야 한다.

제47조(지명통보) 사법경찰관리는 다음 각 호의 어느 하나에 해당하는 사람의 소재를 알 수 없을 때에는 **지명통보를 할 수 있다.**
 1. **법정형이 장기 3년 미만의 징역 또는 금고, 벌금**에 해당하는 죄를 범했다고 의심할 만한 상당한 이유가 있고, 출석요구에 응하지 않은 사람
 2. **법정형이 장기 3년 이상의 징역이나 금고**에 해당하는 죄를 범했다고 의심되더라도 **사안이 경미하고, 출석요구에 응하지 않은 사람**

▶ **[참고] 지명수배자의 인수·호송(범죄수사규칙)**

제99조(지명수배자의 인수·호송 등) ③ 경찰관은 검거한 지명수배자에 대하여 **지명수배가 여러 건인 경우**에는 다음 각호의 수배관서 순위에 따라 검거된 지명수배자를 인계받아 조사하여야 한다. 12·18 승진
 1. 공소시효 만료 3개월 이내이거나 공범에 대한 수사 또는 재판이 진행 중인 수배관서
 2. 법정형이 중한 죄명으로 지명수배한 수배관서
 3. 검거관서와 동일한 지방검찰청 또는 지청의 관할구역에 있는 수배관서
 4. 검거관서와 거리 또는 교통상 가장 인접한 수배관서

> **[참고] 경찰청 범죄수사규칙의 영상녹화** 18 1차
> ① 경찰관은 피의자 또는 피의자 아닌 자의 조서를 작성하는 때에는 그 조사 과정을 영상녹화할 수 있다.
> ② 경찰관은 조사과정을 영상녹화할 때에는 그 조사의 시작부터 조서에 기명날인 또는 서명을 마치는 시점까지의 모든 과정을 영상녹화하여야 한다. 다만, 조사 도중 영상녹화의 필요성이 발생하였을 때에는 그 시점에서 진행 중인 조사를 종료하고, 그 다음 조사의 시작부터 조서에 기명날인 또는 서명을 마치는 시점까지의 모든 과정을 영상녹화하여야 한다.
> ③ 경찰관은 피조사자의 기명날인 또는 서명을 받을 수 없는 경우에는 기명날인 또는 서명란에 그 취지를 기재하고 직접 기명날인 또는 서명한다.
> ④ 경찰관은 원본을 봉인하기 전에 진술자 또는 변호인이 녹화물의 시청을 요구하는 때에는 영상녹화물을 재생하여 시청하게 **하여야 한다.(할 수 있다X)** 이 경우 진술자 또는변호인이 녹화된 내용에 대하여 이의를 진술하는 때에는 그 취지를 기재한 서면을 사건기록에 편철하여야 한다.

04 수사절차

1. 입건 전 조사 사건 처리에 관한 규칙(경찰청 훈령)

> **제1조(목적)** 이 규칙은 「검사와 사법경찰관의 상호협력과 일반적 수사준칙에 관한 규정」 제16조제3항, 「경찰수사규칙」 제19조에 따른 입건 전 조사와 관련한 세부 절차를 규정함으로써 입건 전 조사 사무의 적정한 운영을 도모하는 것을 목적으로 한다.
>
> **제2조(입건 전 조사의 기본)** ① 경찰관은 피조사자와 그 밖의 피해자·참고인 등(이하 "관계인"이라 한다)에 대한 입건 전 조사(이하 "조사"라 한다)를 실시하는 경우 관계인의 인권보호에 유의하여야 한다.
> ② 경찰관은 신속·공정하게 조사를 진행하여야 하며, 관련 혐의 및 관계인의 정보가 정당한 사유 없이 외부로 유출되거나 공개되는 일이 없도록 하여야 한다.
> ③ 조사는 임의적인 방법으로 하는 것을 원칙으로 하고, 대물적 강제 조치를 실시하는 경우에는 법률에서 정한 바에 따라 필요 최소한의 범위에서 남용되지 않도록 유의하여야 한다.
>
> **제3조(조사의 분류)** 조사사건은 다음 각 호와 같이 분류한다.
> 1. **진정사건** : 범죄와 관련하여 진정·탄원 또는 투서 등 **서면으로 접수**된 사건
> 2. **신고사건** : 범죄와 관련하여 112신고·방문신고 등 **서면이 아닌 방법으로 접수**된 사건
> 3. **첩보사건**
>   가. **경찰관이** 대상자, 범죄혐의 및 증거 자료 등 조사 단서에 관한 사항을 **작성·제출**한 범죄첩보사건
>   나. 범죄에 관한 정보, 풍문 등 **진상을 확인**할 필요가 있는 사건
> 4. **기타조사사건** : 제1호부터 제3호까지를 **제외한** 범죄를 의심할 만한 정황이 있는 사건
>
> **제4조(조사사건의 수리)** ① 조사사건에 대해 수사의 단서로서 조사할 가치가 있다고 인정되는 경우에는 이를 수리하고, **소속 수사부서장에게 보고하여야 한다.**

② 제1항에 따라 사건을 수리하는 경우 형사사법정보시스템에 관련 사항을 입력하여야 하며 별지 제1호서식의 **입건 전 조사사건부에 기재하여 관리하여야 한다.**

제5조(첩보사건의 착수) ① 경찰관은 첩보사건의 조사를 착수하고자 할 때에는 별지 제2호서식의 입건 전 조사착수보고서를 작성하고, **소속 수사부서의 장에게 보고하고 지휘를 받아야 한다.**
② 수사부서의 장은 수사 단서로서 조사할 가치가 있다고 판단하는 사건·첩보등에 대하여 소속 경찰관에게 별지 제3호서식의 입건 전 조사착수지휘서에 의하여 조사의 착수를 지휘할 수 있다.
③ 경찰관은 소속 수사부서의 장으로부터 조사착수지휘를 받은 경우 형사사법정보시스템에 피조사자, 피해자, 혐의내용 등 관련 사항을 입력하여야 한다.

제6조(조사 사건의 이송·통보) 경찰관은 관할이 없거나 범죄 특성 등을 고려하여 소속 간서에서 조사하는 것이 적당하지 않은 사건을 **다른 경찰관서 또는 기관에 이송 또는 통보할 수 있다.**

제7조(조사의 보고·지휘·방식 등) ① 조사의 보고·지휘, 출석요구, 진정·신고사건의 진행상황의 통지, 각종 조서작성, 압수·수색·검증을 포함한 강제처분 등 구체적인 조사 방법 및 세부 절차에 대해서는 그 성질이 반하지 않는 한 「경찰수사규칙」, 「범죄수사규칙」을 준용한다. 이 경우 '수사'를 '조사'로 본다.
② 신고·진정·탄원에 대해 입건 전 조사를 개시한 경우, 경찰관은 다음 각 호의 어느 하나에 해당하는 **날부터 7일 이내에 진정인·탄원인·피해자 또는 그 법정대리인**(피해자가 사망한 경우에는 그 배우자·직계친족·형제자매를 포함한다. 이하 "진정인등"이라 한다)**에게 조사 진행상황을 통지해야 한다.** 다만, 진정인등의 연락처를 모르거나 소재가 확인되지 않으면 연락처나 소재를 알게된 날로부터 7일 이내에 조사 진행상황을 통지해야 한다.
1. 신고·진정·탄원에 따라 **조사에 착수한 날**
2. 제1호에 따라 조사에 착수한 날부터 **매 1개월이 지난 날**
③ 경찰관은 **조사 기간이 3개월을 초과**하는 경우 별지 제4호서식의 입건 전 조사진행상황보고서를 작성하여 **소속 수사부서의 장에게 보고하여야 한다.**

제4장 입건 전 조사의 종결 등

제8조(수사절차로의 전환) 경찰관은 조사 과정에서 범죄혐의가 있다고 판단될 때에는 **지체없이 범죄인지서를 작성하여 소속 수사부서장의 지휘를 받아 수사를 개시하여야 한다.**

제9조(불입건 결정 지휘) 수사부서의 장은 **조사에 착수한 후 6개월 이내에 수사절차로 전환하지 않은 사건**에 대하여 「경찰수사규칙」 제19조제2항제2호부터 제5호까지의 사유에 따라 **불입건 결정 지휘를 하여야 한다.** 다만, 다수의 관계인 조사, 관련자료 추가확보·분석, 외부 전문기관 감정 등 계속 조사가 필요한 사유가 소명된 경우에는 **6개월의 범위내에서 조사기간을 연장 할 수 있다.**

제10조(기록의 관리) ① 제8조에 따라 수사를 개시한 조사 사건의 기록은 해당 수사기록에 합쳐 편철한다. 다만, 조사 사건 중 일부에 대해서만 수사를 개시한 경우에는 그 일부 기록만을 수사기록에 합쳐 편철하고 나머지 기록은 제2항의 방법으로 조사 기록으로 분리하여 보존할 수 있으며 필요한 경우 사본으로 보존할 수 있다.
② 「경찰수사규칙」제19조에 따른 입건 전 조사종결, 입건전 조사중지, 공람종결 결정은 별지 제5호서식의 불입건 편철서, 별지 제6호서식의 기록목록, 별지 제7호서식의 불입건 결정서의 서식에 따른다. 제6조에 따라 이송하는 경우에는 사건이송서를 작성하여야 한다.

▶ **[참고] 입건 전 조사관련 규정(경찰수사규칙 – 행정안전부령)**

제19조(입건 전 조사) ① 사법경찰관은 수사준칙 제16조제3항에 따른 입건 전에 범죄를 의심할 만한 정황이 있어 수사 개시 여부를 결정하기 위한 사실관계의 확인 등 필요한 조사(이하 **"입건전조사"**라 한다)에 착수하기 위해서는 해당 사법경찰관이 **소속된 경찰관서의 수사 부서의 장**(이하 "소속수사부서장"이라 한다)**의 지휘를 받아야 한다.**

② 사법경찰관은 입건전조사한 사건을 다음 각 호의 구분에 따라 처리해야 한다.
  1. **입건**: 범죄의 혐의가 있어 수사를 개시하는 경우
  2. **입건전조사 종결**(혐의없음, 죄가안됨 또는 공소권없음): 제108조제1항제1호부터 제3호까지의 규정에 따른 사유가 있는 경우
  3. **입건전조사 중지**: 피혐의자 또는 참고인 등의 소재불명으로 입건전조사를 계속할 수 없는 경우
  4. **이송**: 관할이 없거나 범죄특성 및 병합처리 등을 고려하여 다른 경찰관서 또는 기관(해당 기관과 협의된 경우로 한정한다)에서 입건전조사할 필요가 있는 경우
  5. **공람 후 종결**: 진정·탄원·투서 등 서면으로 접수된 신고가 다음 각 목의 어느 하나에 해당하는 경우 09 경간
    가. 같은 내용으로 3회 이상 반복하여 접수되고 2회 이상 그 처리 결과를 통지한 신고와 같은 내용인 경우
    나. 무기명 또는 가명으로 접수된 경우
    다. 단순한 풍문이나 인신공격적인 내용인 경우
    라. 완결된 사건 또는 재판에 불복하는 내용인 경우
    마. 민사소송 또는 **행정소송(형사소송X)**에 관한 사항인 경우

2. 수사의 종결 14·15 경간

공소의 제기			범죄의 객관적 혐의가 충분하고 소송조건을 구비하여 유죄판결을 받을 수 있다고 인정되어 법원에 공소를 제기하는 것
불기소처분	협의의 불기소처분	혐의없음	피의사실이 인정되지 아니하거나 충분한 증거가 없는 경우 또는 범죄를 구성하지 아니하는 경우
		죄가안됨	피의사실에 법률상 범죄의 성립을 조각하는 사유가 있는 경우
		공소권 없음	피의사실에 대하여 소송조건이 구비되지 않은 경우나 형면제의 사유가 있는 경우
		각 하	고소·고발 사건에서 혐의없음·죄가안됨·공소권없음 사유가 있음이 명백한 경우 등
	기소유예		피의사실이 인정되나 형법 제51조 각호의 사항을 참작하여 공소를 제기하지 아니하는 처분
	기소중지		피의자의 소재불명 등의 사유로 수사를 종결할 수 없는 경우에 그 사유가 해소될 때까지 내리는 잠정적 수사종결처분
	참고인중지		참고인·고소인·고발인 또는 같은 사건 피의자의 소재불명으로 수사를 종결할 수 없는 경우에 그 사유가 해소될 때까지 내리는 처분
송 치			타관송치, 군검찰관 송치, 소년부송치, 가정보호사건송치, 성매매보호사건송치 등

▶ **[참고]** REID 테크닉을 활용한 신문기법 17·21 승진

1. 개념
   ① REID 테크닉은 미국의 John E. Reid(존 리드)가 개발한 수사기법으로 범죄혐의가 명백하고, 혐의자가 범인인지 여부에 대한 수사관의 **확신이 있을 때(확신이 없을 때X)** 자백을 이끌어내기 위한 효과적인 신문기법이다.
   ② 범죄자의 유형을 감정적·비감정적 범죄자로 나누고 피의자는 수사가 시작되면 5단계의 스트레스 반응이 나오는데 이에 상응하는 설득방법을 9단계로 분류하여 진행한다.

2. 피의자 유형
   ① **감정적 피의자**의 경우 범죄 후 상당한 죄책감, 정신적 고통을 경험하며 **동정적(사실적 분석X)** 전략과 기법이 가장 효과적이다.
   ② **비감정적 피의자**의 경우 범죄 후 양심의 가책을 느끼지 않는 유형으로, 범죄의 **사실적 분석**(factual-analysis) 전략과 기법이 가장 효과적임

3. 스트레스 반응 5단계
   ① 분노: 피의자가 조사과정에서 통제력을 얻거나 유지하려는 지배적인 기분
   ② 우울: 외부로 표출하던 공격방향이 자신을 향한다.
   ③ 부인: 현실을 거부하려는 피의자의 노력
   ④ 거래: 자신의 상황인식에 대하여 수사관의 동의를 구하려는 시도
   ⑤ 수용: 결과를 받아들임

4. 9단계 신문방법

1단계	① 직접적 대면 ② 수사관이 용의자가 범인이라는 심증을 갖고 있음 명확하게 알려준다.
2단계	① 신문 화제의 전개 ② 용의자에게 범행에 대한 합리화·정당화 사유를 제공하여 비난가능성을 줄여주는 화제를 언급한다.
3단계	① 부인 다루기 ② 용의자가 수사관의 신문화제 전개를 방해하는 혐의를 부인하는 진술을 하지 못하게 억지한다.
4단계	① 반대논리 격파 ② 수사관이 주도하는 신문의 화제를 흐리는 용의자의 진술을 압도한다.
5단계	① 관심 이끌어내기 ② 4단계가 효과적이라면 피의자가 수사관을 회피하기 쉬우므로 시선을 맞추고 화제를 계속 회복하는 동시에 피의자의 긍정적 측면을 부각한다.
6단계	① 우울한 기분 달래주기 ② 사실대로 말할 것을 촉구하며 동정과 이해를 표시한다.
7단계	① 양자택일적 질문하기 ② 어느 것을 선택해도 혐의가 인정되는 2가지 선택의 질문을 던진다.
8단계	① 세부사항 질문 ② 용의자가 수사관의 질문에 선택적으로 답하는 단계를 지나 적극적으로 범행에 대하여 진술하도록 한다.
9단계	① 구두 자백의 서면화 ② 피의자가 진술로 자백한 내용을 서면으로 확보한다.

3. 수사의 단서

> **[참고] 변사자 검시 관련 규정**
> 변사자란, 범죄에 기인한 사망이라는 의심이 있는 사체를 말하는 것으로 수사가 아니며, 수사전의 처분으로 수사의 단서에 불과하다.(영장필요X)

(1) 형사소송법

제222조(변사자의 검시) ① 변사자 또는 변사의 의심있는 사체가 있는 때에는 그 **소재지를 관할하는 지방검찰청 검사가 검시하여야 한다.**
② 전항의 검시로 범죄의 혐의를 인정하고 긴급을 요할 때에는 **영장 없이 검증할 수 있다.**
③ 검사는 사법경찰관에게 전2항의 처분을 **명할 수 있다.**

(2) 경찰수사규칙 - 행정안전부령

제27조(변사자의 검시·검증) ① 사법경찰관은 법 제222조제1항 및 제3항에 따라 검시를 하는 경우에는 의사를 참여시켜야 하며, 그 의사로 하여금 검안서를 작성하게 해야 한다. 이 경우 사법경찰관은 검시 조사관을 참여시킬 수 있다.
② 사법경찰관은 법 제222조에 따른 검시 또는 검증 결과 사망의 원인이 범죄로 인한 것으로 판단하는 경우에는 신속하게 수사를 개시해야 한다.

제30조(검시와 참여자) 사법경찰관리는 검시에 특별한 지장이 없다고 인정하면 변사자의 가족·친족, 이웃사람·친구, 시·군·구·읍·면·동의 공무원이나 그 밖에 필요하다고 인정하는 사람을 검시에 참여시켜야 한다.

제31조(사체의 인도) ① 사법경찰관은 **변사자에 대한 검시 또는 검증이 종료된 때에는 사체를 소지품 등과 함께 신속히 유족 등에게 인도한다.** 다만, 사체를 인수할 사람이 없거나 변사자의 신원이 판명되지 않은 경우에는 사체가 현존하는 지역의 특별자치시장·특별자치도지사·시장·군수 또는 자치구의 구청장에게 인도해야 한다.

(3) 범죄수사규칙 - 경찰청 훈령

제57조(변사자의 검시) ③ 경찰관은 검시를 한 경우에 범죄로 인한 사망이라 인식한 때에는 신속하게 수사를 개시하고 소속 경찰관서장에게 보고하여야 한다. 19 승진

제59조(시체의 인도) ② 변사체는 후일을 위하여 **매장함을 원칙**으로 한다. 19 승진

(4) 형법 및 의료법

형법
제163조(변사체 검시 방해) 변사자의 시체 또는 변사(變死)로 의심되는 시체를 은닉하거나 변경하거나 그 밖의 방법으로 검시(檢視)를 방해한 자는 700만원 이하의 벌금에 처한다.

의료법
제26조(변사체 신고) 의사·치과의사·한의사 및 조산사는 사체를 검안하여 변사한 것으로 의심되는 때에는 사체의 소재지를 관할하는 경찰서장에게 신고하여야 한다.

(5) 변사사건 처리규칙 – 경찰청 훈령

제7조(범죄 의심·실종 등을 이유로 신고된 변사 사건의 관할) ① 변사 사건 신고가 접수되기 전에 범죄 의심·실종 등을 이유로 신고가 접수되거나 수사가 진행된 사건은 기존 경찰관서에서 책임 수사하고(이하 "책임 수사 경찰관서"라고 한다), 변사 사건은 변사 사건 신고를 접수한 관할 경찰관서에서 처리한다.
② 변사 사건 신고 접수 이후에 다른 경찰관서에서 범죄 의심·실종 등을 이유로 신고를 접수하거나 수사를 진행한 경우에는 변사 사건을 관할하는 경찰관서가 해당 사건을 이송받아 병합하고, 책임 수사 경찰관서가 된다.
③ 제1항에 따라 변사 사건 처리 경찰관서와 책임 수사 경찰관서가 서로 다른 경우에는 해당 경찰관서 중 피의자를 검거한 경찰관서에서 병합수사한다.
④ 제1항과 제2항에 따른 관할이 없는 경찰관서에서 피의자를 검거한 때에는 책임 수사 경찰관서로 신병을 인계하여 병합수사한다.

(6) 검사와 사법경찰관의 상호협력과 일반적 수사준칙에 관한 규정(대통령령)

제17조(변사자의 검시 등) ① 사법경찰관은 변사자 또는 변사한 것으로 의심되는 사체가 있으면 변사 사건 발생사실을 검사에게 통보해야 한다.
② 검사는 법 제222조제1항에 따라 검시를 했을 경우에는 검시조서를, 검증영장이나 같은 조 제2항에 따라 검증을 했을 경우에는 검증조서를 각각 작성하여 사법경찰관에게 송부해야 한다.
③ 사법경찰관은 법 제222조제1항 및 제3항에 따라 검시를 했을 경우에는 검시조서를, 검증영장이나 같은 조 제2항 및 제3항에 따라 검증을 했을 경우에는 검증조서를 각각 작성하여 검사에게 송부해야 한다.
④ 검사와 사법경찰관은 법 제222조에 따라 변사자의 검시를 한 사건에 대해 사건 종결 전에 수사할 사항 등에 관하여 상호 의견을 제시·교환해야 한다.

05 수사 활동

1. 현장 수사 활동

초동 수사	① 사건 발생 직후에, 범인을 검거하고 증거를 확보하기 위한 긴급 수사 활동 ② 현장관찰의 일반적 순서는 발생지로부터 먼 곳부터 가까운 곳으로 관찰을 통해 범인, 범행 일시·장소·동기·방법 등을 추정한다. **현장 위치 파악 → 부근 상황 관찰 가옥 주변의 관찰 → 현장 외부 관찰 → 현장 내부 관찰** 순서로 행한다.	
유류품 수사 11 승진	범죄 현장이나 그 부근에 남겨져 있는 흉기, 옷, 휴지 등 유류품을 수집·검토하여 범인이나 범죄의 상황을 밝혀내는 수사	
	동일성	유류품과 범행과의 관계, 즉, 유류품이 직접 **범행에 사용된 것인가**를 검사 ① 물건의 존재의 경과가 명확할 것 ② 물건의 특징이 합치될 것 ③ 유류상황과 진술이 합치될 것 ④ 흉기 등의 경우 상해부위와 합치될 것
	관련성	유류품과 범인과의 관계, 즉 유류품이 **범인의 물건이 확실한가**를 검사 ① 범인이 유류품 및 그 일부라고 인정할 만한 것과 동종의 물건을 소유하거나 휴대하고 있었을 것 ② 유류품에 존재하는 사용버릇을 가지고 있는 인물일 것
	기회성	현장과 유류품과의 관계, 즉 **범인이 현장에 유류의 기회가 있었는가**를 검사 ① 범인이 현장에 갈 수 있었을 것 ② 유류의 기회가 있었을 것 ③ 범인이 범행시각에 근접하여 현장 및 그 부근에 있었을 것
	완전성	범행 때와 유류품의 관계, 즉 유류품이 **범행 시와 동일한 상태로 보전되어 있는가**를 검사 ① 유류품이 범행 때와 같은 성질을 가지고 있을 것 ② 현장검증 등에 의하여 채증의 상황을 명확히 할 것 ③ 인수인계의 경과에 대해서 명확히 할 것
알리바이 수사	범죄가 행하여진 시간에 범행현장 이외의 장소에 있었다는 사실을 입증함으로서 범죄현장에는 있지 않았음을 증명하는 범죄현장 부존재 증명을 말함	
	절대적 알리바이	범죄가 행하여진 시각에는 혐의자가 현실적으로 범죄현장 이외의 다른 장소에 있었다는 사실이 명확하게 증명되는 경우
	상대적 알리바이	혐의자가 범죄시각까지 도저히 범죄현장에 도착할 수 없었을 경우
	위장 알리바이	사전에 계획적으로 자기의 존재를 인상 깊게 해놓고, 그 사이에 극히 단시간 내에 범죄를 저지르는 것
	청탁 알리바이	범죄 실행 후 자기의 범행사실을 은폐하기 위하여 가족, 동료, 친지에게 시간과 장소를 약속 또는 청탁해 놓은 경우

수법 수사	① 동일한 수단·방법을 반복하여 범행하는 특성을 이용하여 발생한 범죄와 기존에 범죄수법 유형을 수집·분석하여 축적한 범죄수법자료를 비교함으로써 범인을 특정하거나 추적하고 여죄를 파악하는 수사활동 ② 수법범죄란, 강도, 절도, 사기, 위조·변조(통화, 유가증권, 우표, 인지, 문서,인장), 약취·유인, 공갈, 방화, 강간, 범죄 중 특별법에 위반하는 죄, 장물죄등을 의미한다. 13 경간
감식 수사	범죄가 행해진 장소에 임장하여 거기에 유류된 제반자료를 기존의 과학적 지식과 장비를 활용하여 합리적·체계적인 방법으로 관찰한 후, 범인을 결부시킬 수 있는 증거자료와 피해자의 신원을 확인할 수 있는 자료 등을 수집 이를 분석·검토한 결과를 가지고 수사에 적극 활용함으로써 범인과 범죄사실을 입증하는 데 기여하게 되는 수사 활동이다. 12 승진

2. 시체현상

(1) 시체의 초기현상 15 경간, 14·20·21 승진

체온의 냉각	① 사망 후 시체의 체온은 시간이 경과할수록 떨어져서 주위의 온도와 같게 되며, 수분이 증발하면서 주위의 온도보다 낮아지는 경우도 있다. ② **남자**가 여자보다, **마른사람**이 비만한 사람보다, 젊은 사람보다 **어린이나 노인**이 체온하강 속도가 빠름 ③ 체온하강은 습도가 낮을수록, 통풍이 좋을수록, 수분이 빨리 증발되므로 하강의 속도는 빠르다. 08 승진
시체건조	① 사망 후에는 수분의 공급이 정지되므로 몸의 표면은 습윤성을 잃고 건조하게 됨 ② 피부·입술·항문 등 외부에 노출된 부위가 피혁상화되므로 건조가 빠르다고 볼 수 있다.
각막의 혼탁	각막은 일반적으로 **사후 12시간 전후부터 흐려지기 시작**하고, **24시간 이상이 경과하면 현저하**게 흐려지게 되고, **48시간 이상 경과하면 완전히** 불투명하게 됨
시체얼룩 11 승진	① 사망으로 혈액순환이 정지되고 중력에 의하여 적혈구가 신체의 낮은 곳으로 모이게 되는 **혈액침전 현상** 때문에 시체의 피부 하부가 멍이 든 것처럼 **암적갈색**으로 변하는 현상 ② 시체얼룩은 주위 온도가 높을수록 빠르게 나타남 ③ 사후 **30분 ~ 1시간 후**부터 발생하며, 사후 2~3시간 후에는 현저해짐 ④ 사후 4~5시간 이내 체위를 바꾸면 시체얼룩도 이동함 ⑤ **사망 후 10시간 후면 침윤성 시반이 형성되어 체위를 바꾸어도 이미 형성된 시체얼룩은 사라지지 않는다.** 15 경간 ⑥ 시체얼룩을 통해 사망 당시의 시체 상황을 파악할 수 있다. | 사망 당시 시체 상황	시체얼룩
목맴 등 특이사항이 없는 시체	암적갈색
익사나 저체온사, 일산화탄소 중독, 청산가리(사이안화칼륨) 중독	선홍색
염소산칼륨 중독, 아질산소다 중독	암갈색(황갈색)
황화수소가스 중독	녹갈색	
시체굳음	① 사망 후 일정한 시간이 지나 근육이 경직되고 관절이 고정되어 시체가 뻣뻣해지는 현상 ② 사후 2~4 시간 턱관절에서 경직되기 시작하여 **사후 12시간 정도면 전신에 미침**

③ Nysten 법칙 - 시체굳음은 일반적으로 **턱관절 → 어깨관절 → 팔다리 → 손가락·발가락** 순으로(신체의 상부에서 하부로) 진행됨

(2) 시체의 후기현상 14·15·16·20·21 승진

자가용해 (자가분해)	사후에는 미생물의 관여 없이도 세포 가운데의 **자가효소에 의해 분해**가 일어나 세포구성 성분은 분해되어 변성되고 세포 간 결합의 붕괴로 조직이 연화됨. 부패균의 작용과는 관계가 없음
부패	① 부패는 부패균의 작용에 의하여 질소화합물의 분해 현상으로, 시체가 썩는 현상을 말함 ② **부패의 3대 조건** 　- **공기의 유통이 좋을수록** 부패가 잘 됨 　- **온도가 20~30℃ 사이**일 때 부패가 잘 됨(30℃ 이상의 고온에서는 건조가부패보다 빨리 진행됨) 　- **습도가 60~66% 사이**일 때 부패가 잘 됨
미라화	고온·건조한 지역에서 **시체의 건조가 부패·분해보다 빠를 때** 생기는 현상을 말함
시체밀랍	**화학적 분해에 의해 고체 형태의 지방산 혹은 그 화합물로 변화**한 상태, 비정형적 부패 형태로 **수중 또는 수분이 많은 지중에서 형성**되는 현상
백골화	부패가 진행되어 시체가 **뼈만 남은 상태**. 일반적으로 **소아는 사후 4~5년, 성인은 사후 7~10년**이 지나면 완전히 백골화가 됨

3. 지문 11·12 승진, 14 경간

종류			의의	채취방법
현장 지문	현재 지문	의의	가공을 하지 않고도 **육안으로 식별**되는 지문	① 먼지지문 　- 사진촬영 　- 전사법 　- 실리콘러버법 ② 혈액지문 　- 사진촬영 　- 전사법
		정상 지문	손끝에 묻은 혈액·잉크·먼지 등이 손가락에 묻은 후 피사체에 인상된 지문으로 무인했을 때의 지문과 동일하다.	
		역지문	먼지 쌓인 물체, 연한 점토, 마르지 않는 도장면에 인상된 지문으로 선의 고랑과 이랑이 반대로 현출된다.	
	잠재 지문		인상된 그대로의 상태로는 **육안으로 식별되지 않고**, 이화학적 가공을 하여야 비로소 가시상태로 되는 지문	고체법, 기체법, 액체법 등
준현장지문			피의자검거를 위해 **범죄현장 이외의 장소**에서 채취한 지문	
관계자지문			현장지문, 준현장지문 중에서 **범인 이외의 자**(피해자, 현장출입자)가 남긴 것으로 추정되는 지문	
유류지문			현장지문, 준현장지문 중에서 **관계자 지문을 제외하고 남은 지문**으로 범인지문으로 추정되는 지문	

4. 디엔에이신원확인정보의 이용 및 보호에 관한 법률

제4조(디엔에이신원확인정보의 사무관장) ① **검찰총장**은 제5조에 따라 채취한 디엔에이감식시료(**수형인등으로부터 채취한 디엔에이감식시료**)로부터 취득한 디엔에이신원확인정보에 관한 사무를 총괄한다. 19 승진

② **경찰청장**은 제6조 및 제7조에 따라 채취한 디엔에이감식시료(**구속피의자등으로부터 채취한 디엔에이감식시료**)로부터 취득한 디엔에이신원확인정보에 관한 사무를 총괄한다. 18 승진

③ 검찰총장 및 경찰청장은 데이터베이스를 서로 연계하여 운영할 수 있다. 18 승진

제5조(수형인등으로부터의 디엔에이감식시료 채취) ① **검사**(군검사를 포함한다. 이하 같다)는 다음 각 호의 어느 하나에 해당하는 죄 또는 이와 경합된 죄에 대하여 형의 선고, 「형법」 제59조의2에 따른 보호관찰명령, 「치료감호법」에 따른 치료감호선고, 「소년법」 제32조제1항제9호 또는 제10호에 해당하는 보호처분결정을 받아 확정된 사람(이하 "수형인등"이라 한다)으로부터 디엔에이감식시료를 채취할 수 있다. 다만, 제6조에 따라 디엔에이감식시료를 채취하여 디엔에이신원확인정보가 이미 수록되어 있는 경우는 제외한다.

② 검사는 필요한 경우 교도소·구치소 및 그 지소, 소년원, 치료감호시설 등(이하 "수용기관"이라 한다)의 장에게 디엔에이감식시료의 채취를 위탁할 수 있다.

제6조(구속피의자등으로부터의 디엔에이감식시료 채취) 검사 또는 **사법경찰관**(군사법경찰관을 포함한다. 이하 같다)은 제5조제1항 각 호의 어느 하나에 해당하는 죄 또는 이와 경합된 죄를 범하여 구속된 피의자 또는 「치료감호법」에 따라 보호구속된 치료감호대상자(이하 "구속피의자등"이라 한다)로부터 디엔에이감식시료를 채취할 수 있다. 다만, 제5조에 따라 디엔에이감식시료를 채취하여 디엔에이신원확인정보가 이미 수록되어 있는 경우는 제외한다.

제8조(디엔에이감식시료채취영장) ① 검사는 관할 지방법원 판사(군판사를 포함한다. 이하 같다)에게 청구하여 발부받은 영장에 의하여 제5조 또는 제6조에 따른 디엔에이감식시료의 채취대상자로부터 디엔에이감식시료를 채취할 수 있다.

② **사법경찰관은 검사에게 신청하여 검사의 청구로 관할 지방법원판사가 발부한 영장에 의하여** 제6조에 따른 디엔에이감식시료의 채취대상자로부터 디엔에이감식시료를 채취할 수 있다.

③ 제1항과 제2항의 **채취대상자가 동의하는 경우에는 영장 없이 디엔에이감식시료를 채취할 수 있다.** 이 경우 미리 채취대상자에게 채취를 거부할 수 있음을 고지하고 서면으로 동의를 받아야 한다. 18 승진

제12조(디엔에이감식시료의 폐기) ① 디엔에이신원확인정보담당자가 **디엔에이신원확인정보를 데이터베이스에 수록한 때에는** 제5조 및 제6조에 따라 채취된 디엔에이감식시료와 그로부터 추출한 디엔에이를 **지체 없이 폐기하여야 한다.** 18·19 승진

제13조(디엔에이신원확인정보의 삭제) ① 디엔에이신원확인정보담당자는 **수형인등이 재심에서 무죄, 면소, 공소기각 판결 또는 공소기각 결정이 확정**된 경우에는 직권 또는 본인의 신청에 의하여 제5조에 따라 채취되어 데이터베이스에 수록된 디엔에이신원확인정보를 **삭제하여야 한다.**

② 디엔에이신원확인정보담당자는 **구속피의자등**이 다음 각 호의 어느 하나에 해당하는 경우에는 직권 또는 본인의 신청에 의하여 제6조에 따라 **채취되어 데이터베이스에 수록된 디엔에이신원확인정보를 삭제하여야 한다.**

1. **검사의 혐의없음, 죄가안됨 또는 공소권없음의 처분**이 있거나, 제5조제1항 각 호의 범죄로 구속된 피의자의 죄명이 수사 또는 재판 중에 같은 항 각 호 외의 죄명으로 변경되는 경우. 다만, 죄가안됨 처분을 하면서 「치료감호법」 제7조제1호에 따라 **치료감호의 독립청구를 하는 경우는 제외**한다.

2. 법원의 **무죄, 면소, 공소기각 판결 또는 공소기각 결정**이 확정된 경우. 다만, 무죄 판결을 하면서 **치료감호를 선고하는 경우는 제외**한다. 19 승진
3. 법원의 「치료감호법」 제7조제1호에 따른 **치료감호의 독립청구에 대한 청구기각 판결이 확정된 경우**

③ 디엔에이신원확인정보담당자는 제8조의2에 따른 수형인등 또는 구속피의자등의 불복절차에서 검사 또는 사법경찰관의 **디엔에이감식시료의 채취에 관한 처분 취소결정이 확정된 경우**에는 직권 또는 본인의 신청에 의하여 제5조 또는 제6조에 따라 채취되어 데이터베이스에 수록된 디엔에이신원확인정보를 **삭제하여야 한다.**

④ 디엔에이신원확인정보담당자는 수형인등 또는 구속피의자등이 **사망한 경우**에는 제5조 또는 제6조에 따라 채취되어 데이터베이스에 수록된 디엔에이신원확인정보를 직권 또는 친족의 신청에 의하여 **삭제하여야 한다.**

⑤ 디엔에이신원확인정보담당자는 제7조에 따라 채취되어 데이터베이스에 수록된 디엔에이신원확인정보에 관하여 그 신원이 밝혀지는 등의 사유로 더 이상 **보존·관리가 필요하지 아니한 경우**에는 직권 또는 본인의 신청에 의하여 그 디엔에이신원확인정보를 **삭제하여야 한다.**

⑥ 디엔에이신원확인정보담당자는 제1항부터 제5항까지의 규정에 따라 디엔에이신원확인정보를 **삭제한 경우에는 30일 이내에** 본인 또는 신청인에게 **그 사실을 통지하여야 한다.**

⑦ 디엔에이신원확인정보의 삭제 방법, 절차 및 통지에 관하여 필요한 사항은 대통령령으로 정한다.

06 통신제한조치(통신비밀보호법)

(1) 의의

법원의 허가를 얻어 대상자의 우편물을 검열하거나 전기통신을 감청하는 것을 말한다.

(2) 통신제한조치 제외범죄 10 승진

외국국기·국장모독, **직무유기**, (특수)공무집행방해, **상해치사**, 폭행치사, 존속협박, **폭력행위 등 처벌에 관한 법률위반**(**폭행** 또는 **상해**), 사기, 장물취득, 자동차불법사용, **관세법위반**, 주거침입 등

(3) 내용 17·18 승진

제5조(범죄수사를 위한 통신제한조치의 허가요건) ① 통신제한조치는 다음 각호의 범죄를 계획 또는 실행하고 있거나 실행하였다고 의심할만한 충분한 이유가 있고 다른 방법으로는 그 범죄의 실행을 저지하거나 범인의 체포 또는 증거의 수집이 어려운 경우에 한하여 허가할 수 있다.

제6조(범죄수사를 위한 통신제한조치의 허가절차) ① **검사**(군검사를 포함한다. 이하 같다) 는 제5조 제1항의 요건이 구비된 경우에는 법원에 대하여 각 피의자별 또는 각 피내사자별로 통신제한조치를 허가하여 줄 것을 청구할 수 있다.

② 사법경찰관은 제5조제1항의 요건이 구비된 경우에는 검사에 대하여 각 피의자별 또는 각 피내사자별로 통신제한조치에 대한 허가를 신청하고, 검사는 법원에 대하여 그 허가를 청구할 수 있다. 19 승진

③ 제1항 및 제2항의 통신제한조치 청구사건의 관할법원은 그 통신제한조치를 받을 통신**당사자**의 쌍방 또는 일방의 주소지·소재지, **범죄지** 또는 통신당사자와 **공범관계**에 있는 자의 주소지·소재지를 관할하는 지방법원 또는 지원(군사법원을 포함한다)으로 한다.

⑦ 통신제한조치의 기간은 **2개월을 초과하지 못하고**, 그 기간 중 통신제한조치의 **목적이 달성되었을 경우에는 즉시 종료하여야 한다**. 다만, 제5조제1항의 허가요건이 존속하는 경우에는 소명자료를 첨부하여 제1항 또는 제2항에 따라 **2개월의 범위에서 통신제한조치기간의 연장을 청구할 수 있다.**

⑧ 검사 또는 사법경찰관이 제7항 단서에 따라 통신제한조치의 연장을 청구하는 경우에 통신제한조치의 **총 연장기간은 1년을 초과할 수 없다.** 다만, 다음 각 호의 어느 하나에 해당하는 범죄의 경우에는 통신제한조치의 **총 연장기간이 3년을 초과할 수 없다.**

1. 「형법」 제2편 중 제1장 내란의 죄, 제2장 외환의 죄 중 제92조부터 제101조까지의 죄, 제4장 국교에 관한 죄 중 제107조, 제108조, 제111조부터 제113조까지의 죄, 제5장 공안을 해하는 죄 중 제114조, 제115조의 죄 및 제6장 폭발물에 관한 죄
2. 「군형법」 제2편 중 제1장 반란의 죄, 제2장 이적의 죄, 제11장 군용물에 관한 죄 및 제12장 위령의 죄 중 제78조·제80조·제81조의 죄
3. 「국가보안법」에 규정된 죄
4. 「군사기밀보호법」에 규정된 죄
5. 「군사기지 및 군사시설보호법」에 규정된 죄

제7조(국가안보를 위한 통신제한조치) ① 대통령령이 정하는 **정보수사기관의 장**은 국가안전보장에 상당한 위험이 예상되는 경우 또는 「국민보호와 공공안전을 위한 테러방지법」 제2조제6호의 대테러활동에 필요한 경우에 한하여 그 위해를 방지하기 위하여 이에 관한 정보수집이 특히 필요한 때에는 다음 각호의 구분에 따라 **통신제한조치를 할 수 있다.**

1. 통신의 일방 또는 쌍방당사자가 **내국인**인 때에는 **고등법원 수석판사의 허가**를 받아야 한다. 다만, 군용전기통신법 제2조의 규정에 의한 군용전기통신(작전수행을 위한 전기통신에 한한다)에 대하여는 그러하지 아니하다.
2. 대한민국에 적대하는 국가, 반국가활동의 혐의가 있는 **외국**의 기관·단체와 외국인, 대한민국의 통치권이 사실상 미치지 아니하는 한반도내의 집단이나 외국에 소재하는 그 산하단체의 구성원의 통신인 때 및 제1항제1호 단서의 경우에는 서면으로 **대통령의 승인**을 얻어야 한다.

② 제1항의 규정에 의한 통신제한조치의 기간은 **4월을 초과하지 못하고**, 그 기간중 통신제한조치의 **목적이 달성되었을 경우에는 즉시 종료하여야** 하되, 제1항의 요건이 존속하는 경우에는 소명자료를 첨부하여 고등법원 수석판사의 허가 또는 대통령의 승인을 얻어 **4월의 범위 이내에서 통신제한조치의 기간을 연장할 수 있다.** 다만, 제1항제1호 단서의 규정에 의한 통신제한조치는 전시·사변 또는 이에 준하는 국가비상사태에 있어서 적과 교전상태에 있는 때에는 작전이 종료될 때까지 대통령의 승인을 얻지 아니하고 기간을 연장할 수 있다. → 연장 횟수에 제한이 없다.

제8조(긴급통신제한조치) ① 검사, 사법경찰관 또는 정보수사기관의 장은 국가안보를 위협하는 음모행위, 직접적인 사망이나 심각한 상해의 위험을 야기할 수 있는 범죄 또는 조직범죄등 중대한 범죄의 계획이나 실행 등 긴박한 상황에 있고 제5조제1항 또는 제7조제1항제1호의 규정에 의한 요건을 구비한 자에 대하여 제6조 또는 제7조제1항 및 제3항의 규정에 의한 절차를 거칠 수 없는 **긴급한 사유가 있는 때에는 법원의 허가없이 통신제한조치를 할 수 있다.**

② 검사, 사법경찰관 또는 정보수사기관의 장은 제1항에 따른 통신제한조치(이하 "긴급통신제한조치"라 한다)의 **집행에 착수한 후 지체 없이** 제6조(제7조제3항에서 준용하는 경우를 포함한다)에 따라 **법원에 허가청구를 하여야 한다.** 19 승진

③ **사법경찰관이 긴급통신제한조치를 할 경우에는 미리 검사의 지휘를 받아야 한다.** 다만, 특히 급속을 요하여 미리 지휘를 받을 수 없는 사유가 있는 경우에는 긴**급통신제한조치의 집행착수 후 지체 없이 검사의 승인을 얻어야 한다.** 19 승진

④ 검사, 사법경찰관 또는 정보수사기관의 장이 긴급통신제한조치를 하고자 하는 경우에는 반드시 긴급검열서 또는 긴급감청서(이하 "긴급감청서등"이라 한다)에 의하여야 하며 소속기관에 긴급통신제한조치대장을 비치하여야 한다.

⑤ 검사, 사법경찰관 또는 정보수사기관의 장은 **긴급통신제한조치의 집행에 착수한 때부터 36시간 이내에 법원의 허가를 받지 못한 경우에는 해당 조치를 즉시 중지하고 해당 조치로 취득한 자료를 폐기하여야 한다.**

⑥ 검사, 사법경찰관 또는 정보수사기관의 장은 제5항에 따라 긴급통신제한조치로 취득한 자료를 폐기한 경우 폐기이유·폐기범위·폐기일시 등을 기재한 자료폐기결과보고서를 작성하여 폐기일부터 7일 이내에 제2항에 따라 허가청구를 한 법원에 송부하고, 그 부본(副本)을 피의자의 수사기록 또는 피내사자의 내사사건기록에 첨부하여야 한다.

⑧ 정보수사기관의 장은 국가안보를 위협하는 음모행위, 직접적인 사망이나 심각한 상해의 위험을 야기할 수 있는 범죄 또는 조직범죄등 중대한 범죄의 계획이나 실행 등 긴박한 상황에 있고 제7조제1항제2호에 해당하는 자에 대하여 대통령의 승인을 얻을 시간적 여유가 없거나 통신제한조치를 긴급히 실시하지 아니하면 국가안전보장에 대한 위해를 초래할 수 있다고 판단되는 때에는 소속 장관(국가정보원장을 포함한다)의 승인을 얻어 통신제한조치를 할 수 있다.

⑨ 정보수사기관의 장은 제8항에 따른 통신제한조치의 집행에 착수한 후 지체 없이 제7조에 따라 대통령의 승인을 얻어야 한다.

⑩ 정보수사기관의 장은 제8항에 따른 통신제한조치의 집행에 착수한 때부터 36시간 이내에 대통령의 승인을 얻지 못한 경우에는 해당 조치를 즉시 중지하고 해당 조치로 취득한 자료를 폐기하여야 한다.

제9조(통신제한조치의 집행) ① 제6조 내지 제8조의 **통신제한조치는 이를 청구 또는 신청한 검사·사법경찰관 또는 정보수사기관의 장이 집행한다.** 이 경우 체신관서 기타 관련기관등(이하 "통신기관 등"이라 한다)에 그 집행을 위탁하거나 집행에 관한 협조를 요청할 수 있다.

제9조의2(통신제한조치의 집행에 관한 통지) ② **사법경찰관은** 제6조제1항 및 제8조제1항에 따라 **통신제한조치를 집행한 사건에 관하여 검사로부터 공소를 제기하거나 제기하지 아니하는 처분(기소중지 또는 참고인중지 결정은 제외한다)의 통보를 받거나 검찰송치를 하지 아니하는 처분(수사중지 결정은 제외한다) 또는 내사사건에 관하여 입건하지 아니하는 처분을 한 때에는 그 날부터 30일 이내**에 우편물 검열의 경우에는 그 대상자에게, 감청의 경우에는 그 대상이 된 전기통신의 가입자에게 통신제한조치를 집행한 사실과 집행기관 및 그 기간 등을 **서면으로 통지하여야 한다.**

→ 위반 시 3년 이하의 징역 또는 1천만원 이하의 벌금

제12조(통신제한조치로 취득한 자료의 사용제한) 제9조의 규정에 의한 통신제한조치의 집행으로 인하여 취득된 우편물 또는 그 내용과 전기통신의 내용은 **다음 각호의 경우 외에는 사용할 수 없다.**

1. 통신제한조치의 목적이 된 제5조제1항에 규정된 범죄나 이와 관련되는 **범죄를 수사·소추하거나 그 범죄를 예방하기 위하여 사용**하는 경우
2. 제1호의 범죄로 인한 **징계절차에 사용하는 경우**

3. 통신의 당사자가 제기하는 **손해배상소송에서 사용하는 경우**
4. 기타 다른 법률의 규정에 의하여 사용하는 경우

제13조(범죄수사를 위한 통신사실 확인자료제공의 절차) ① 검사 또는 **사법경찰관**은 수사 또는 형의 집행을 위하여 필요한 경우 전기통신사업법에 의한 전기통신사업자(이하 "전기통신사업자"라 한다)에게 **통신사실 확인자료의 열람이나 제출**(이하 "통신사실 확인자료제공"이라 한다)을 요청할 수 있다.

(2) 통신수사의 구분 15·18 승진

구분	통신제한조치	통신사실확인자료	통신자료
근거	통신비밀보호법	통신비밀보호법	전기통신사업법
대상범죄	제한 **(280여개 범죄)**	모든 범죄	모든 범죄
내용	**통화내용(통화내역X)** - 검열, 감청	① 가입자의 전기통신일시 ② 전기통신개시·종료시간 ③ 발·착신 통신번호 등 상대방의 가입자번호 ④ 사용도수 ⑤ 컴퓨터통신 또는 인터넷의 로그기록자료 ⑥ 발신기지국의 위치추적자료 ⑦ 접속지의 추적자료	① 이용자의 성명, 주민등록번호, 주소, 가입 및 해지일자(변경일자, 일시중지일자 포함)에 관한 자료 ② 전화번호, ID ③ 특정시간, 특정유동 IP를 통신사업자에게 제시하고 가입자정보만을 요구하는 경우
절차	- 법원허가 - 사후통지의무 - 긴급처분	- 법원허가 - 사후통지의무 - 긴급처분	- **경찰서장 명의 협조공문 (법원허가X)** - 사후통지의무X - 긴급처분 X

07 성폭력 사건 수사

1. 성폭력범죄의 처벌 등에 관한 특례법

제14조(카메라 등을 이용한 촬영) ① 카메라나 그 밖에 이와 유사한 기능을 갖춘 기계장치를 이용하여 성적 욕망 또는 수치심을 유발할 수 있는 사람의 신체를 **촬영대상자의 의사에 반하여 촬영**한 자는 7년 이하의 징역 또는 5천만원 이하의 벌금에 처한다.

② 제1항에 따른 촬영물 또는 복제물(복제물의 복제물을 포함한다. 이하 이 조에서 같다)을 반포·판매·임대·제공 또는 공공연하게 전시·상영(이하 "반포등"이라 한다)한 자 또는 제1항의 촬영이 **촬영 당시에는 촬영대상자의 의사에 반하지 아니한 경우**(자신의 신체를 직접 촬영한 경우를 포함한다)**에도 사후에 그 촬영물 또는 복제물을 촬영대상자의 의사에 반하여 반포등을 한 자**는 7년 이하의 징역 또는 5천만원 이하의 벌금에 처한다.

③ 영리를 목적으로 촬영대상자의 의사에 반하여 「정보통신망 이용촉진 및 정보보호 등에 관한 법률」 제2조제1항제1호의 정보통신망(이하 "정보통신망"이라 한다)을 이용하여 제2항의 죄를 범한 자는 3년 이상의 유기징역에 처한다.

④ 제1항 또는 제2항의 촬영물 또는 복제물을 소지·구입·저장 또는 시청한 자는 3년 이하의 징역 또는 3천만원 이하의 벌금에 처한다.

⑤ 상습으로 제1항부터 제3항까지의 죄를 범한 때에는 그 죄에 정한 형의 2분의 1까지 가중한다.

제16조(형벌과 수강명령 등의 병과) ① 법원이 성폭력범죄를 범한 사람에 대하여 **형의 선고를 유예하는 경우에는 1년 동안 보호관찰을 받을 것을 명할 수 있다.** 다만, 성폭력범죄를 범한 「소년법」 제2조에 따른 소년에 대하여 형의 선고를 유예하는 경우에는 반드시 보호관찰을 명하여야 한다.

② 법원이 성폭력범죄를 범한 사람에 대하여 **유죄판결**(선고유예는 제외한다)을 선고하거나 약식명령을 고지하는 경우에는 500시간의 범위에서 재범예방에 필요한 수강명령 또는 성폭력 치료프로그램의 이수명령(이하 "이수명령"이라 한다)을 병과하여야 한다. 다만, 수강명령 또는 이수명령을 부과할 수 없는 특별한 사정이 있는 경우에는 그러하지 아니하다.

제18조(고소 제한에 대한 예외) 성폭력범죄에 대하여는 「형사소송법」 제224조(고소의 제한) 및 「군사법원법」 제266조에도 불구하고 **자기 또는 배우자의 직계존속을 고소할 수 있다.**

제20조(「형법」상 감경규정에 관한 특례) 음주 또는 약물로 인한 심신장애 상태에서 성폭력범죄(제2조제1항제1호의 죄는 제외한다)를 범한 때에는 「형법」 제10조제1항·제2항(심신장애인 감면규정) 및 제11조(청각 및 언어장애인)를 적용하지 아니할 수 있다.

제21조(공소시효에 관한 특례) ① 미성년자에 대한 **성폭력범죄의 공소시효**는 「형사소송법」 제252조제1항 및 「군사법원법」 제294조제1항에도 불구하고 해당 성폭력범죄로 피해를 당한 **미성년자가 성년에 달한 날부터 진행한다.** 14 승진, 17 경간

② 제2조제3호 및 제4호의 죄와 제3조부터 제9조까지의 죄(**강간 등의 죄**)는 **디엔에이(DNA)증거 등 그 죄를 증명할 수 있는 과학적인 증거가 있는 때에는 공소시효가 10년 연장된다.** 14 승진

③ **13세 미만**의 사람 및 **신체적인 또는 정신적인 장애**가 있는 사람에 대하여 다음 각 호의 죄를 범한 경우에는 제1항과 제2항에도 불구하고 「형사소송법」 제249조부터 제253조까지 및 「군사법원법」 제291조부터 제295조까지에 규정된 **공소시효를 적용하지 아니한다.** 14·19 승진, 17·20 경간

　1. 「형법」 제297조(강간), 제298조(강제추행), 제299조(준강간, 준강제추행), 제301조(강간등 상해·치상), 제301조의2(강간등 살인·치사) 또는 제305조(미성년자에 대한 간음, 추행)의 죄

2. 제6조제2항, 제7조제2항 및 제5항, 제8조, 제9조의 죄
   3. 「아동·청소년의 성보호에 관한 법률」 제9조 또는 제10조의 죄
④ 다음 각 호의 죄를 범한 경우에는 제1항과 제2항에도 불구하고 「형사소송법」 제249조부터 제253조까지 및 「군사법원법」 제291조부터 제295조까지에 규정된 공소시효를 적용하지 아니한다.
   1. 「형법」 제301조의2(강간등 살인·치사)의 죄(강간등 살인에 한정한다)
   2. 제9조제1항의 죄
   3. 「아동·청소년의 성보호에 관한 법률」 제10조제1항의 죄
   4. 「군형법」 제92조의8의 죄(강간 등 살인에 한정한다)
   → 강간 등 살인은 공소시효를 적용하지 아니한다.

제25조(피의자의 얼굴 등 공개) ① 검사와 사법경찰관은 성폭력범죄의 피의자가 죄를 범하였다고 믿을 만한 **충분한 증거**가 있고, 국민의 알권리 보장, 피의자의 재범 방지 및 범죄예방 등 **오로지 공공의 이익을 위하여 필요할 때**에는 얼굴, 성명 및 나이 등 **피의자의 신상에 관한 정보를 공개할 수 있다.** 다만, 피의자가 「청소년 보호법」 제2조제1호의 **청소년에 해당하는 경우에는 공개하지 아니한다.** 17 경간

② 제1항에 따라 공개를 할 때에는 피의자의 인권을 고려하여 신중하게 결정하고 이를 남용하여서는 아니 된다.

제26조(성폭력범죄의 피해자에 대한 전담조사제) ① 검찰총장은 각 지방검찰청 검사장으로 하여금 성폭력범죄 전담 검사를 지정하도록 하여 특별한 사정이 없으면 이들로 하여금 피해자를 조사하게 하여야 한다.

② 경찰청장은 각 경찰서장으로 하여금 성폭력범죄 전담 사법경찰관을 지정하도록 하여 특별한 사정이 없으면 이들로 하여금 피해자(피의자X)를 조사하게 하여야 한다. 15·17·19 승진, 20 경간, 20 2차

③ 국가는 제1항의 검사 및 제2항의 사법경찰관에게 성폭력범죄의 수사에 필요한 전문지식과 피해자 보호를 위한 수사방법 및 수사절차, 아동 심리 및 아동·장애인 조사 면담기법 등에 관한 교육을 실시하여야 한다.

④ 성폭력범죄를 전담하여 조사하는 제1항의 검사 및 제2항의 사법경찰관은 19세 미만인 피해자나 신체적인 또는 정신적인 장애로 사물을 변별하거나 의사를 결정할 능력이 미약한 피해자(이하 "19세 미만피해자등"이라 한다)를 조사할 때에는 피해자의 나이, 인지적 발달 단계, 심리 상태, 장애 정도 등을 종합적으로 고려하여야 한다.

제27조(성폭력범죄 피해자에 대한 변호사 선임의 특례) ① 성폭력범죄의 피해자 및 그 법정대리인(이하 "피해자등"이라 한다)은 형사절차상 입을 수 있는 피해를 방어하고 법률적 조력을 보장하기 위하여 변호사를 선임할 수 있다.

② 제1항에 따른 변호사는 검사 또는 사법경찰관의 피해자등에 대한 조사에 참여하여 의견을 진술할 수 있다. 다만, 조사 도중에는 검사 또는 사법경찰관의 승인을 받아 의견을 진술할 수 있다.

③ 제1항에 따른 변호사는 피의자에 대한 구속 전 피의자심문, 증거보전절차, 공판준비기일 및 공판절차에 출석하여 의견을 진술할 수 있다. 이 경우 필요한 절차에 관한 구체적 사항은 대법원규칙으로 정한다.

④ 제1항에 따른 변호사는 증거보전 후 관계 서류나 증거물, 소송계속 중의 관계 서류나 증거물을 열람하거나 등사할 수 있다.

⑤ 제1항에 따른 변호사는 형사절차에서 피해자등의 대리가 허용될 수 있는 모든 소송행위에 대한 포괄적인 대리권을 가진다.

⑥ 검사는 피해자에게 변호사가 없는 경우 국선변호사를 선정하여 형사절차에서 피해자의 권익을 보

호할 수 있다. 다만, 19세미만피해자등에게 변호사가 없는 경우에는 국선변호사를 선정하여야 한다.

제29조(수사 및 재판절차에서의 배려) ① 수사기관과 법원 및 소송관계인은 성폭력범죄를 당한 피해자의 나이, 심리 상태 또는 후유장애의 유무 등을 신중하게 고려하여 조사 및 심리·재판 과정에서 피해자의 인격이나 명예가 손상되거나 사적인 비밀이 침해되지 아니하도록 주의하여야 한다.

② 수사기관과 법원은 성폭력범죄의 피해자를 조사하거나 심리·재판할 때 피해자가 편안한 상태에서 진술할 수 있는 환경을 조성하여야 하며, 조사 및 심리·재판 횟수는 필요한 범위에서 최소한으로 하여야 한다.(1회로 마쳐야 한다X) 20 2차

③ 수사기관과 법원은 조사 및 심리·재판 과정에서 19세미만피해자등의 최상의 이익을 고려하여 다음 각 호에 따른 보호조치를 하도록 노력하여야 한다.
  1. 19세미만피해자등의 진술을 듣는 절차가 타당한 이유 없이 지연되지 아니하도록 할 것
  2. 19세미만피해자등의 진술을 위하여 아동 등에게 친화적으로 설계된 장소에서 피해자 조사 및 증인신문을 할 것
  3. 19세미만피해자등이 피의자 또는 피고인과 접촉하거나 마주치지 아니하도록 할 것
  4. 19세미만피해자등에게 조사 및 심리·재판 과정에 대하여 명확하고 충분히 설명할 것
  5. 그 밖에 조사 및 심리·재판 과정에서 19세미만피해자등의 보호 및 지원 등을 위하여 필요한 조치를 할 것

제30조(19세미만피해자등 진술 내용 등의 영상녹화 및 보존 등) ① 검사 또는 사법경찰관은 19세미만피해자등의 진술 내용과 조사 과정을 영상녹화장치로 녹화(녹음이 포함된 것을 말하며, 이하 "영상녹화"라 한다)하고, 그 영상녹화물을 보존하여야 한다.

② 검사 또는 사법경찰관은 19세미만피해자등을 조사하기 전에 다음 각 호의 사실을 피해자의 나이, 인지적 발달 단계, 심리 상태, 장애 정도 등을 고려한 적절한 방식으로 피해자에게 설명하여야 한다.
  1. 조사 과정이 영상녹화된다는 사실
  2. 영상녹화된 영상녹화물이 증거로 사용될 수 있다는 사실

③ 제1항에도 불구하고 19세미만피해자등 또는 그 법정대리인(법정대리인이 가해자이거나 가해자의 배우자인 경우는 제외한다)이 이를 원하지 아니하는 의사를 표시하는 경우에는 영상녹화를 하여서는 아니 된다.

④ 검사 또는 사법경찰관은 제1항에 따른 영상녹화를 마쳤을 때에는 지체 없이 피해자 또는 변호사 앞에서 봉인하고 피해자로 하여금 기명날인 또는 서명하게 하여야 한다.

⑤ 검사 또는 사법경찰관은 제1항에 따른 영상녹화 과정의 진행 경과를 조서(별도의 서면을 포함한다. 이하 같다)에 기록한 후 수사기록에 편철하여야 한다.

⑥ 제5항에 따라 영상녹화 과정의 진행 경과를 기록할 때에는 다음 각 호의 사항을 구체적으로 적어야 한다.
  1. 피해자가 영상녹화 장소에 도착한 시각
  2. 영상녹화를 시작하고 마친 시각
  3. 그 밖에 영상녹화 과정의 진행경과를 확인하기 위하여 필요한 사항

⑦ 검사 또는 사법경찰관은 19세미만피해자등이나 그 법정대리인이 신청하는 경우에는 영상녹화 과정에서 작성한 조서의 사본 또는 영상녹화물에 녹음된 내용을 옮겨 적은 녹취서의 사본을 신청인에게 발급하거나 영상녹화물을 재생하여 시청하게 하여야 한다.

⑧ 누구든지 제1항에 따라 영상녹화한 영상녹화물을 수사 및 재판의 용도 외에 다른 목적으로 사용하여서는 아니 된다.

⑨ 제1항에 따른 영상녹화의 방법에 관하여는 「형사소송법」 제244조의2제1항 후단을 준용한다.

제30조의2(영상녹화물의 증거능력 특례) ① 제30조제1항에 따라 19세미만피해자등의 진술이 영상녹화된 영상녹화물은 같은 조 제4항부터 제6항까지에서 정한 절차와 방식에 따라 영상녹화된 것으로서 다음 각 호의 어느 하나의 경우에 증거로 할 수 있다.
  1. 증거보전기일, 공판준비기일 또는 공판기일에 그 내용에 대하여 피의자, 피고인 또는 변호인이 피해자를 신문할 수 있었던 경우. 다만, 증거보전기일에서의 신문의 경우 법원이 피의자나 피고인의 방어권이 보장된 상태에서 피해자에 대한 반대신문이 충분히 이루어졌다고 인정하는 경우로 한정한다.
  2. 19세미만피해자등이 다음 각 목의 어느 하나에 해당하는 사유로 공판준비기일 또는 공판기일에 출석하여 진술할 수 없는 경우. 다만, 영상녹화된 진술 및 영상녹화가 특별히 신빙(信憑)할 수 있는 상태에서 이루어졌음이 증명된 경우로 한정한다.
     가. 사망
     나. 외국 거주
     다. 신체적, 정신적 질병·장애
     라. 소재불명
     마. 그 밖에 이에 준하는 경우
② 법원은 제1항제2호에 따라 증거능력이 있는 영상녹화물을 유죄의 증거로 할지를 결정할 때에는 피고인과의 관계, 범행의 내용, 피해자의 나이, 심신의 상태, 피해자가 증언으로 인하여 겪을 수 있는 심리적 외상, 영상녹화물에 수록된 19세미만피해자등의 진술 내용 및 진술 태도 등을 고려하여야 한다. 이 경우 법원은 전문심리위원 또는 제33조에 따른 전문가의 의견을 들어야 한다.

제31조(심리의 비공개) ① 성폭력범죄에 대한 심리는 그 피해자의 사생활을 보호하기 위하여 결정으로써 공개하지 아니할 수 있다.
② 증인으로 소환받은 성폭력범죄의 피해자와 그 가족은 사생활보호 등의 사유로 증인신문의 비공개를 신청할 수 있다.

제33조(전문가의 의견 조회) ① 법원은 정신건강의학과의사, 심리학자, 사회복지학자, 그 밖의 관련 전문가로부터 행위자 또는 피해자의 정신·심리 상태에 대한 진단 소견 및 피해자의 진술 내용에 관한 **의견을 조회할 수 있다.**
② 법원은 성폭력범죄를 조사·심리할 때에는 제1항에 따른 의견 조회의 결과를 고려하여야 한다.
③ 법원은 법원행정처장이 정하는 관련 전문가 후보자 중에서 제1항에 따른 전문가를 지정하여야 한다.
④ 제1항부터 제3항까지의 규정은 수사기관이 성폭력범죄를 수사하는 경우에 준용한다. 다만, **피해자가 13세 미만이거나 신체적인 또는 정신적인 장애로 사물을 변별하거나 의사를 결정할 능력이 미약한 경우에는 관련 전문가에게 피해자의 정신·심리 상태에 대한 진단 소견 및 진술 내용에 관한 의견을 조회하여야 한다.**

제34조(신뢰관계에 있는 사람의 동석) ① 법원은 다음 각 호의 어느 하나에 해당하는 피해자를 증인으로 신문하는 경우에 검사, 피해자 또는 그 법정대리인이 신청할 때에는 재판에 지장을 줄 우려가 있는 등 부득이한 경우가 아니면 피해자와 신뢰관계에 있는 사람을 동석하게 하여야 한다. 20 2차
  1. 제3조부터 제8조까지, 제10조, 제14조, 제14조의2, 제14조의3, 제15조(제9조의 미수범은 제외한다) 및 제15조의2에 따른 범죄의 피해자
  2. 19세미만피해자등
② 제1항은 수사기관이 같은 항 각 호의 피해자를 조사하는 경우에 관하여 준용한다.
③ 제1항 및 제2항의 경우 법원과 수사기관은 피해자와 신뢰관계에 있는 사람이 피해자에게 불리하거나 피해자가 원하지 아니하는 경우에는 동석하게 하여서는 아니 된다.

제36조(진술조력인의 수사과정 참여) ① 검사 또는 사법경찰관은 성폭력범죄의 피해자가 19세미만피해자등인 경우 형사사법절차에서의 조력과 원활한 조사를 위하여 직권이나 피해자, 그 법정대리인 또는 변호사의 신청에 따라 진술조력인으로 하여금 조사과정에 참여하여 의사소통을 중개하거나 보조하게 할 수 있다. 다만, 피해자 또는 그 법정대리인이 이를 원하지 아니하는 의사를 표시한 경우에는 그러하지 아니하다.
② 검사 또는 사법경찰관은 제1항의 피해자를 조사하기 전에 피해자, 법정대리인 또는 변호사에게 진술조력인에 의한 의사소통 중개나 보조를 신청할 수 있음을 고지하여야 한다.
③ 진술조력인은 조사 전에 피해자를 면담하여 진술조력인 조력 필요성에 관하여 평가한 의견을 수사기관에 제출할 수 있다.
④ 제1항에 따라 조사과정에 참여한 진술조력인은 피해자의 의사소통이나 표현 능력, 특성 등에 관한 의견을 수사기관이나 법원에 제출할 수 있다.
⑤ 제1항부터 제4항까지의 규정은 검증에 관하여 준용한다.
⑥ 그 밖에 진술조력인의 수사절차 참여에 관한 절차와 방법 등 필요한 사항은 법무부령으로 정한다.

제37조(진술조력인의 재판과정 참여) ① 법원은 성폭력범죄의 피해자가 19세미만피해자등인 경우 재판과정에서의 조력과 원활한 증인 신문을 위하여 직권 또는 검사, 피해자, 그 법정대리인 및 변호사의 신청에 의한 결정으로 진술조력인으로 하여금 증인 신문에 참여하여 중개하거나 보조하게 할 수 있다.
② 법원은 증인이 제1항에 해당하는 경우에는 신문 전에 피해자, 법정대리인 및 변호사에게 진술조력인에 의한 의사소통 중개나 보조를 신청할 수 있음을 고지하여야 한다.
③ 진술조력인의 소송절차 참여에 관한 구체적 절차와 방법은 대법원규칙으로 정한다.

제41조(증거보전의 특례) ① 피해자나 그 법정대리인 또는 사법경찰관은 피해자가 공판기일에 출석하여 증언하는 것에 현저히 곤란한 사정이 있을 때에는 그 사유를 소명하여 제30조에 따라 영상녹화된 영상녹화물 또는 그 밖의 다른 증거에 대하여 해당 성폭력범죄를 수사하는 검사에게 「형사소송법」 제184조(증거보전의 청구와 그 절차)제1항에 따른 증거보전의 청구를 할 것을 요청할 수 있다. 이 경우 피해자가 19세미만피해자등인 경우에는 공판기일에 출석하여 증언하는 것에 현저히 곤란한 사정이 있는 것으로 본다.
② 제1항의 요청을 받은 검사는 그 요청이 타당하다고 인정할 때에는 증거보전의 청구를 할 수 있다. 다만, 19세미만피해자등이나 그 법정대리인이 제1항의 요청을 하는 경우에는 특별한 사정이 없는 한 「형사소송법」 제184조제1항에 따라 관할 지방법원판사에게 증거보전을 청구하여야 한다.

제42조(신상정보 등록대상자) ① 제2조제1항제3호·제4호, 같은 조 제2항(제1항제3호·제4호에 한정한다), 제3조부터 제15조까지의 범죄 및 「아동·청소년의 성보호에 관한 법률」 제2조제2호가목·라목의 범죄(이하 **"등록대상 성범죄"**라 한다)로 **유죄판결이나 약식명령이 확정된 자** 또는 같은 법 제49조제1항제4호에 따라 **공개명령이 확정된 자는 신상정보 등록대상자**(이하 "등록대상자"라 한다)가 된다. 다만, 제12조·제13조의 범죄 및 「아동·청소년의 성보호에 관한 법률」 제11조제3항 및 제5항의 범죄로 벌금형을 선고받은 자는 제외한다.
② 법원은 등록대상 성범죄로 유죄판결을 선고하거나 약식명령을 고지하는 경우에는 등록대상자라는 사실과 제43조에 따른 신상정보 제출 의무가 있음을 등록대상자에게 알려 주어야 한다.

제43조(신상정보의 제출 의무) ① 등록대상자는 제42조제1항의 **판결이 확정된 날부터 30일 이내**에 다음 각 호의 신상정보(이하 "기본신상정보"라 한다)를 자신의 주소지를 관할하는 경찰관서의 장(이하 "관할경찰관서의 장"이라 한다)에게 제출하여야 한다. 다만, 등록대상자가 교정시설 또는 치료감호시설에 수용된 경우에는 그 교정시설의 장 또는 치료감호시설의 장(이하 "교정시설등의

장"이라 한다)에게 기본신상정보를 제출함으로써 이를 갈음할 수 있다.
1. 성명
2. 주민등록번호
3. 주소 및 실제거주지
4. 직업 및 직장 등의 소재지
5. 연락처(전화번호, 전자우편주소를 말한다)
6. 신체정보(키와 몸무게)
7. 소유차량의 등록번호

② 관할경찰서의 장 또는 교정시설등의 장은 제1항에 따라 등록대상자가 기본신상정보를 제출할 때에 등록대상자의 정면·좌측·우측 상반신 및 전신 컬러사진을 촬영하여 전자기록으로 저장·보관하여야 한다.

③ 등록대상자는 제1항에 따라 제출한 **기본신상정보가 변경된 경우에는 그 사유와 변경내용**(이하 "변경정보"라 한다)을 변경사유가 발생한 날부터 **20일 이내**에 제1항에 따라 제출하여야 한다.

제43조의2(출입국 시 신고의무 등) ① 등록대상자가 **6개월 이상 국외에 체류하기 위하여 출국하는 경우에는 미리 관할경찰서의 장에게 체류국가 및 체류기간 등을 신고하여야 한다.** 18 1차, 20 경간

② 제1항에 따라 신고한 등록대상자가 입국하였을 때에는 특별한 사정이 없으면 14일 이내에 관할경찰관서의 장에게 입국 사실을 신고하여야 한다. 제1항에 따른 신고를 하지 아니하고 출국하여 6개월 이상 국외에 체류한 등록대상자가 입국하였을 때에도 또한 같다.

③ 관할경찰관서의 장은 제1항 및 제2항에 따른 신고를 받았을 때에는 지체 없이 법무부장관에게 해당 정보를 송달하여야 한다.

제44조(등록대상자의 신상정보 등록 등) ① **법무부장관**은 제43조제5항, 제6항 및 제43조의2제3항에 따라 송달받은 정보와 다음 각 호의 등록대상자 정보를 등록하여야 한다.

제45조(등록정보의 관리) ① **법무부장관**은 제44조제1항 또는 제4항에 따라 **기본신상정보를 최초로 등록한 날**(이하 "최초등록일"이라 한다)**부터 다음 각 호의 구분에 따른 기간**(이하 "등록기간"이라 한다) **동안 등록정보를 보존·관리하여야 한다.** 다만, 법원이 제4항에 따라 등록기간을 정한 경우에는 그 기간 동안 등록정보를 보존·관리하여야 한다.

1. 신상정보 등록의 원인이 된 성범죄로 사형, 무기징역·무기금고형 또는 10년 초과의 징역·금고형을 선고받은 사람: 30년
2. 신상정보 등록의 원인이 된 성범죄로 3년 초과 10년 이하의 징역·금고형을 선고받은 사람: 20년
3. 신상정보 등록의 원인이 된 성범죄로 3년 이하의 징역·금고형을 선고받은 사람 또는 「아동·청소년의 성보호에 관한 법률」 제49조제1항제4호에 따라 공개명령이 확정된 사람: 15년
4. 신상정보 등록의 원인이 된 성범죄로 벌금형을 선고받은 사람: 10년

제45조의2(신상정보 등록의 면제) ① 신상정보 등록의 원인이 된 성범죄로 형의 선고를 유예받은 사람이 **선고유예를 받은 날부터 2년이 경과하여** 「형법」 제60조에 따라 **면소된 것으로 간주되면 신상정보 등록을 면제한다.** 18 1차

제45조의3(신상정보 등록의 종료) ① 신상정보의 등록은 다음 각 호의 어느 하나에 해당하는 때에 종료된다.
1. 제45조제1항의 등록기간이 지난 때
2. 제45조의2에 따라 등록이 면제된 때

② 법무부장관은 제1항에 따라 등록이 종료된 신상정보를 즉시 폐기하여야 한다.

③ 법무부장관은 제2항에 따라 등록정보를 폐기하는 경우에는 등록대상자가 정보통신망을 이용하여 폐기된 사실을 열람할 수 있도록 하여야 한다. 다만, 등록대상자가 신청하는 경우에는 폐기된 사실을 통지하여야 한다.

제47조(등록정보의 공개) ② 등록정보의 **공개는 여성가족부장관이 집행한다.** 18 1차
③ **법무부장관**은 등록정보의 공개에 필요한 정보를 **여성가족부장관에게 송부하여야 한다.** 18 1차

제48조(비밀준수) 등록대상자의 신상정보의 등록·보존 및 관리 업무에 종사하거나 종사하였던 자는 직무상 알게 된 등록정보를 누설하여서는 아니 된다. 18 1차

2. 성폭력범죄의 수사 및 피해자 보호에 관한 규칙(경찰청 훈령)

제5조(전담수사부서의 운영) ① **경찰서장**은 성폭력범죄 전담수사부서에서 성폭력범죄의 수사를 전담하게 한다. 다만, 성폭력범죄 전담수사부서가 설치되지 않은 경우 다른 수사부서에서 성폭력범죄의 수사를 담당하게 한다.
② 지방경찰청장은 제1항의 규정에도 불구하고 피해자가 **13세 미만**이거나 **신체적인 또는 정신적인 장애로 사물을 변별하거나 의사를 결정할 능력이 미약**한 경우에는 특별한 사정이 없는 한 지방경찰청에 설치된 **성폭력범죄 전담수사부서**에서 성폭력범죄의 수사를 **담당**하게 한다.

제6조(전담조사관의 지정) ① 지방경찰청장 및 경찰서장은 소속 경찰공무원 중에서 성폭력범죄 전담조사관을 지정하여 성폭력범죄 피해자의 조사를 전담하게 한다.
② 지방경찰청장 및 경찰서장은 특별한 사정이 없는 한 수사경과자 중에서 제7조제1항의 성폭력수사 전문화 교육을 이수한 사람에 한해서 성폭력범죄 전담조사관을 지정하되, 1인 이상을 여성경찰관으로 지정하여야 한다.
③ 성폭력범죄 전담수사부서가 설치되지 않은 경찰서의 경찰서장은 수사를 담당하는 부서에 근무하는 경찰관 중에서 성폭력범죄 전담조사관을 지정한다.

제10조(현장출동 시 유의사항) ① 경찰관은 피해자의 성폭력 피해사실이 제3자에게 알려지지 않도록 출동 시 신속성을 저해하지 않는 범위에서 경광등을 소등하거나 인근에서 하차하여 도보로 이동하는 등 피해자 보호를 위하여 노력하여야 한다.
② 경찰관은 현장에서 성폭력범죄 피의자를 검거한 경우에는 즉시 피해자와 분리조치하고, 경찰관서로 동행할 때에도 분리하여 이동한다.
③ 경찰관은 친족에 의한 아동성폭력 사건의 피의자를 체포할 경우에는 특별한 사정이 없는 한 피해자와 분리조치 후 체포하여야 한다.
④ 경찰관은 용의자를 신속히 검거하기 위하여 제11조의 조치에 지장이 없는 범위에서 피해자로부터 간이진술을 청취하거나 피해자와 동행하여 현장 주변을 수색할 수 있다. 이 경우 경찰관은 반드시 피해자의 명시적 동의를 받아야 한다.

제11조(피해자 후송) ① 경찰관은 피해자의 치료가 필요한 경우에는 즉시 피해자를 가까운 통합지원센터 또는 성폭력 전담의료기관으로 후송한다. 다만, 피해자가 원하지 않는 경우에는 그러하지 아니하다.
② 경찰관은 성폭력범죄의 **피해자가 13세 미만이거나 신체적인 또는 정신적인 장애로 사물을 변별하거나 의사를 결정할 능력이 미약한 경우에는 통합지원센터나 성폭력 전담의료기관과 연계하여 치료, 상담 및 조사를 병행한다.** 다만, 피해자가 원하지 않는 경우에는 그러하지 아니하다. 22 2차

③ 제1항 및 제2항에도 불구하고 통합지원센터나 성폭력 전담의료기관의 거리가 멀어 신속한 치료가 어려운 경우에는 가까운 의료기관과 연계할 수 있다.

제18조(조사 시 유의사항) ① **시도경찰청장 및 경찰서장은 특별한 사정이 없는 한 성폭력 피해여성을 여성 성폭력범죄 전담조사관이 조사하도록 하여야 한다.** 다만, 피해자가 원하는 경우에는 신뢰관계자, 진술조력인 또는 다른 경찰관으로 하여금 입회하게 하고 별지 제1호 서식에 의해 서면으로 동의를 받아 남성 성폭력범죄 전담조사관으로 하여금 조사하게 할 수 있다. 22 2차
② 경찰관은 성폭력 피해자를 조사할 때에는 제17조의 준비를 거쳐 1회에 수사상 필요한 모든 내용을 조사하는 등 조사 횟수를 최소화하기 위하여 노력하여야 한다.
③ 경찰관은 피해자의 입장을 최대한 존중하여 가급적 피해자가 원하는 시간에 진술녹화실 등 평온하고 공개되지 않은 장소에서 조사하고, 공개된 장소에서의 조사로 인하여 신분이 노출되지 않도록 유의하여야 한다.
④ 경찰관은 성폭력 피해자에 대한 조사와 피의자에 대한 신문을 분리하여 실시하고, 대질신문은 반드시 필요한 경우에만 예외적으로 실시하되, 시기·장소 및 방법에 관하여 피해자의 의사를 최대한 존중하여야 한다.
⑤ 경찰관은 피해자로 하여금 가해자를 확인하게 할 때는 반드시 범인식별실 또는 진술녹화실을 활용하여 피해자와 가해자가 대면하지 않도록 하고, 동시에 다수의 사람 중에서 가해자를 확인하도록 하여야 한다.

제21조(신뢰관계자의 동석) ① 경찰관은 피해자를 조사할 때 신뢰관계자를 동석하게 할 수 있다. 이 경우 신뢰관계자로부터 신뢰관계자 동석 확인서 및 피해자와의 관계를 소명할 서류를 제출받아 이를 기록에 편철한다.
② 경찰관은 아동·청소년대상 성폭력범죄의 피해자나 법정대리인이 신청하는 경우와 「성폭력범죄의 처벌 등에 관한 특례법」 제3조부터 제8조, 같은 법 제10조 및 제15조(같은 법 제9조의 미수범은 제외한다)의 범죄의 피해자를 조사하는 경우에는 수사에 지장을 줄 우려가 있는 부득이한 경우가 아니면 신뢰관계자를 동석하게 하여야 한다.
③ 경찰관은 피해자가 19세 미만이거나 신체적인 또는 정신적인 장애가 있는 경우에 피해자의 동의를 받아 성폭력 상담을 지원하는 상담소의 상담원 등을 신뢰관계자로 동석하게 할 수 있다.
④ 제1항부터 제3항에 해당하는 경우 경찰관은 신뢰관계자라도 피해자에게 불리한 영향을 미칠 우려가 현저하거나 피해자가 원하지 아니하는 경우에는 동석하게 하여서는 아니 된다.

제22조(영상물의 촬영·보존) ① 경찰관은 성폭력범죄의 피해자를 조사할 때에는 진술내용과 조사과정을 영상물 녹화장치로 촬영·보존할 수 있다. 다만, 피해자가 19세 미만이거나 신체적인 또는 정신적인 장애로 사물을 변별하거나 의사를 결정할 능력이 미약한 경우에는 반드시 촬영·보존하여야 한다.
② **경찰관은 영상녹화를 할 때에는 피해자등에게 영상녹화의 취지 등을 설명하고 동의 여부를 확인하여야 하며, 피해자등이 녹화를 원하지 않는 의사를 표시한 때에는 촬영을 하여서는 아니 된다.** 다만, 가해자가 친권자 중 일방인 경우에는 그러하지 아니하다. 22 2차

제23조(영상녹화의 방법) 경찰관은 영상물을 녹화할 때에는 조사의 시작부터 조서에 기명날인 또는 서명을 마치는 시점까지의 모든 과정을 영상녹화하고, 녹화완료 시 그 원본을 피해자 또는 변호사 앞에서 봉인하고 피해자로 하여금 기명날인 또는 서명하게 하여야 한다.

제24조(영상녹화 시 유의사항) 경찰관은 피해자등의 진술을 녹화하는 경우에 다음 각 호의 사항에 유의하여야 한다.
1. 피해자의 신원에 관한 사항은 녹화 전에 서면으로 작성하고 녹화 시 진술하지 않게 하여 영상물

에 포함되지 않도록 한다.
2. 신뢰관계자 또는 진술조력인이 동석하여 녹화를 할 때에는, 신뢰관계자 또는 진술조력인이 조사실을 이탈할 경우 녹화를 일시적으로 중단하고 조사실로 돌아온 후 녹화를 재개한다.
3. 피해자등이 신청하는 경우 영상물 촬영과정에서 작성한 조서의 사본을 발급하거나 영상물을 재생하여 시청하게 하고, 그 내용에 대하여 이의를 진술하는 때에는 그 취지를 기재한 서면을 첨부한다.

제27조(전문가의 의견 조회) ① 경찰관은 정신건강의학과 의사, 심리학자, 사회복지학자 그 밖의 관련 전문가 중 경찰청장이 지정한 전문가로부터 행위자 또는 피해자의 정신·심리상태에 대한 진단소견 및 피해자의 진술내용에 관한 의견을 조회할 수 있다. 다만, 피해자가 13세 미만이거나 신체적인 또는 정신적인 장애로 사물을 변별하거나 의사를 결정할 능력이 미약한 경우에는 반드시 전문가로부터 의견을 조회하여야 한다.
② 경찰관은 피해자가 신체적인 또는 정신적인 장애로 사물을 변별하거나 의사를 결정할 능력이 미약한지 여부가 명확하지 않은 경우에는 전문가로부터 사물을 변별하거나 의사를 결정할 능력이 있는지 여부에 대한 의견을 조회하여야 한다.

제28조(진술조력인의 참여) ① 경찰관은 성폭력범죄의 피해자가 13세 미만이거나 신체적인 또는 정신적인 장애로 의사소통이나 의사표현에 어려움이 있는 경우 직권이나 피해자등 또는 변호사의 신청에 따라 진술조력인이 조사과정에 참여하게 할 수 있다. 22 2차다만, 피해자등이 이를 원하지 않을 때는 그러하지 아니하다.
② 경찰관은 제1항의 피해자를 조사하기 전에 피해자등 또는 변호사에게 진술조력인에 의한 의사소통 중개나 보조를 신청할 수 있음을 고지하여야 한다.
③ 경찰관은 피의자 또는 피해자의 친족이거나 친족이었던 사람, 법정대리인, 대리인 또는 변호사를 진술조력인으로 선정해서는 아니 된다.
④ 경찰관은 「성폭력범죄의 처벌 등에 관한 특례법 시행규칙」제13조제1항제1호·제2호에 해당할 때에는 해당 사건의 진술조력인 선정을 취소하여야 하고, 같은항 제3호부터 제6호에 해당할 때에는 취소할 수 있다.
⑤ 경찰관은 진술조력인이 조사에 참여한 경우에는 진술조서에 그 취지를 기재하고, 진술조력인으로 하여금 진술조서 및 영상녹화물에 기명날인 또는 서명을 하도록 하여야 한다.

▶ **[참고] 폭력행위 등 처벌에 관한 법률 제4조 소정의 '범죄단체'의 의미** 13 경간
① 일정한 범죄를 한다는 공동목적 아래 **특정(불특정X)** 다수인에 의해 이루어진 계속적인 결합체라는 성격을 지닌다.
② 단체 구성원이 선·후배 혹은 형·아우로 뭉쳐서 그들 특유의 규율에 따른 통솔이 이루어져 단체나 집단으로서의 위력을 발휘하는 경우가 많다.
③ 그 단체를 주도하거나 내부 질서를 유지하기 위한 최소한의 통솔체제가 갖추어져야 한다.
④ 구성 또는 가입에 있어 명칭이나 강령이 명확하게 존재하고 단체 결성식이나 가입식과 같은 특별한 절차가 있어야만 성립되는 것은 아니다.

> **[참고]** 성폭력범죄자의 성충동 약물치료에 관한 법률

제8조(치료명령의 판결 등) ① 법원은 치료명령 청구가 이유 있다고 인정하는 때에는 **15년의 범위에서 치료기간을 정하여 판결로 치료명령을 선고하여야 한다.** 17 승진
② 치료명령을 선고받은 사람(이하 "치료명령을 받은 사람"이라 한다)은 치료기간 동안 「보호관찰 등에 관한 법률」에 따른 보호관찰을 받는다.

> **[참고]** 특정강력범죄의 처벌에 관한 특례법 19 경간, 23 승진

제8조의2(피의자의 얼굴 등 공개) ① 검사와 사법경찰관은 다음 각 호의 요건을 모두 갖춘 특정강력범죄사건의 피의자의 얼굴, 성명 및 나이 등 신상에 관한 정보를 공개할 수 있다.
  1. 범행수단이 잔인하고 중대한 피해가 발생한 특정강력범죄사건일 것
  2. **피의자가 그 죄를 범하였다고 믿을 만한 충분한 증거가 있을 것(상당한 증거X)**
  3. 국민의 알권리 보장, 피의자의 재범방지 및 범죄예방 등 오로지 공공의 이익을 위하여 필요할 것
  4. **피의자가 「청소년 보호법」 제2조제1호의 청소년에 해당하지 아니할 것**
② 제1항에 따라 공개를 할 때에는 피의자의 인권을 고려하여 신중하게 결정하고 이를 남용하여서는 아니 된다.

---

08 가정폭력범죄 및 아동학대범죄 수사

가정폭력범죄를 수사함에 있어서는 범죄의 원인 및 동기와 행위자의 성격·행상·경력·교육정도·가정상황 기타 환경 등을 상세히 조사하여 환경조사서를 작성하여야 한다. 12 승진

1. 가정폭력범죄의 처벌 등에 관한 특례법

제1조(목적) 이 법은 가정폭력범죄의 형사처벌 절차에 관한 특례를 정하고 가정폭력범죄를 범한 사람에 대하여 환경의 조정과 성행(性行)의 교정을 위한 보호처분을 함으로써 가정폭력범죄로 파괴된 가정의 평화와 안정을 회복하고 건강한 가정을 가꾸며 피해자와 가족구성원의 인권을 보호함을 목적으로 한다. 23 승진

제2조(정의) 이 법에서 사용하는 용어의 뜻은 다음과 같다.
  1. **"가정폭력"**이란 가정구성원 사이의 **신체적, 정신적** 또는 **재산상** 피해를 수반하는 행위를 말한다. 13 경간, 14 2차, 13·14·17·23 승진, 16 지능범죄, 17 1차 경기북부여경, 21 경찰특공대
  2. **"가정구성원"**이란 다음 각 목의 어느 하나에 해당하는 사람을 말한다. 13 승진, 23 경간
      가. **배우자**(사실상 혼인관계에 있는 사람을 포함한다. 이하 같다) 또는 **배우자였던 사람** 12·23 승진, 14 2차
      나. 자기 또는 배우자와 **직계존비속관계**(사실상의 양친자관계를 포함한다. 이하 같다)에 있거나 있었던 사람 14·17·19 승진

다. 계부모와 자녀의 관계 또는 적모와 서자의 관계에 있거나 있었던 사람 14 승진
　　라. 동거하는 친족(동거하는 친족관계에 있었던 자X) 14 경간, 15 3차, 16 지능범죄
3. **"가정폭력범죄"**란 가정폭력으로서 다음 각 목의 어느 하나에 해당하는 죄를 말한다. 12·14·17·19 승진, 16 1차, 14·16 2차, 14 ·19 경간
　　가. 「형법」 제2편제25장 상해와 폭행의 죄 중 제257조(상해, 존속상해), 제258조(중상해, 존속중상해), 제258조의2(특수상해), 제260조(폭행, 존속폭행)제1항·제2항, 제261조(특수폭행) 및 제264조(상습범)의 죄
　　나. 「형법」 제2편제28장 유기와 학대의 죄 중 제271조(유기, 존속유기)제1항·제2항, 제272조(영아유기), 제273조(학대, 존속학대) 및 제274조(아동혹사)의 죄
　　다. 「형법」 제2편제29장 체포와 감금의 죄 중 제276조(체포, 감금, 존속체포, 존속감금), 제277조(중체포, 중감금, 존속중체포, 존속중감금), 제278조(특수체포, 특수감금), 제279조(상습범) 및 제280조(미수범)의 죄
　　라. 「형법」 제2편제30장 협박의 죄 중 제283조(협박, 존속협박)제1항·제2항, 제284조(특수협박), 제285조(상습범)(제283조의 죄에만 해당한다) 및 제286조(미수범)의 죄
　　마. 「형법」 제2편제32장 강간과 추행의 죄 중 제297조(강간), 제297조의2(유사강간), 제298조(강제추행), 제299조(준강간, 준강제추행), 제300조(미수범), 제301조(**강간등 상해·치상**), 제301조의2(강간등 살인·치사), 제302조(미성년자등에 대한 간음), 제305조(미성년자에 대한 간음, 추행), 제305조의2(상습범)(제297조, 제297조의2, 제298조부터 제300조까지의 죄에 한한다)의 죄
　　바. 「형법」 제2편제33장 명예에 관한 죄 중 제307조(명예훼손), 제308조(사자의 명예훼손), 제309조(출판물등에 의한 명예훼손) 및 제311조(모욕)의 죄
　　사. 「형법」 제2편제36장 주거침입의 죄
　　아. 「형법」 제2편제37장 권리행사를 방해하는 죄 중 제324조(강요) 및 제324조의5(미수범)(제324조의 죄에만 해당한다)의 죄
　　자. 「형법」 제2편제39장 사기와 공갈의 죄 중 제350조(공갈), 제350조의2(특수공갈) 및 제352조(미수범)(제350조, 제350조의2의 죄에만 해당한다)의 죄
　　차. 「형법」 제2편제42장 손괴의 죄 중 제366조(재물손괴등) 및 제369조(특수손괴)제1항의 죄
　　카. 「성폭력범죄의 처벌 등에 관한 특례법」 제14조(카메라 등을 이용한 촬영) 및 제15조(미수범)(제14조의 죄에만 해당한다)의 죄
　　타. 「정보통신망 이용촉진 및 정보보호 등에 관한 법률」 제74조제1항제3호의 죄
　　파. 가목부터 타목까지의 죄로서 다른 법률에 따라 가중처벌되는 죄

－ 가정폭력제외범죄 15 1차, 15 승진, 15·17·18·20 경간

> **살인, 강도, 절도, 사기, 횡령, 배임, 약취·유인, 업무방해(공무집행방해), 상해치사, 폭행치사상, 유기치사상, 체포감금치사상, 인질강요, 중손괴 등**

4. **"가정폭력행위자"**란 가정폭력범죄를 범한 사람 및 가정구성원인(아닌X) 공범을 말한다. 16 지능범죄, 19·23 승진
5. **"피해자"**란 가정폭력범죄로 인하여 **직접적(간접적X)**으로 피해를 입은 사람을 말한다. 16 지능범죄
6. "가정보호사건"이란 가정폭력범죄로 인하여 이 법에 따른 보호처분의 대상이 되는 사건을 말한다.
7. "보호처분"이란 법원이 가정보호사건에 대하여 심리를 거쳐 가정폭력행위자에게 하는 제40조에 따른 처분을 말한다.

7의2. "**피해자보호명령사건**"이란 가정폭력범죄로 인하여 제55조의2에 따른 피해자보호명령의 대상이 되는 사건을 말한다.

8. "**아동**"이란 「아동복지법」 제3조제1호에 따른 아동(18세 미만)을 말한다.

제3조(다른 법률과의 관계) 가정폭력범죄에 대하여는 이 법을 우선 적용한다. 다만, 아동학대범죄에 대하여는 「아동학대범죄의 처벌 등에 관한 특례법」을 우선 적용한다. 21 경찰특공대

제3조의2(형벌과 수강명령 등의 병과) ① 법원은 가정폭력행위자에 대하여 유죄판결(**선고유예는 제외**한다)을 선고하거나 약식명령을 고지하는 경우에는 **200시간의 범위**에서 재범예방에 필요한 수강명령(「보호관찰 등에 관한 법률」에 따른 수강명령을 말한다. 이하 같다) 또는 가정폭력 치료프로그램의 이수명령(이하 "이수명령"이라 한다)을 **병과할 수 있다**. 21 경찰특공대

제4조(신고의무 등) ① **누구든지**(고소권자만이X) 가정폭력범죄를 알게 된 경우에는 **수사기관에 신고할 수 있다**. 12 승진, 13 경간, 14 2차

② 다음 각 호의 어느 하나에 해당하는 사람이 직무를 수행하면서 가정폭력범죄를 알게 된 경우에는 정당한 사유가 없으면 **즉시 수사기관에 신고하여야 한다**.
  1. **아동의 교육과 보호를 담당하는 기관의 종사자와 그 기관장**
  2. **아동, 60세(70세X) 이상의 노인**, 그 밖에 정상적인 판단 능력이 결여된 사람의 치료 등을 담당하는 **의료인 및 의료기관의 장** 19 경간
  3. 「노인복지법」에 따른 노인복지시설, 「아동복지법」에 따른 아동복지시설, 「장애인복지법」에 따른 **장애인복지시설의 종사자와 그 기관장**
  4. 「다문화가족지원법」에 따른 **다문화가족지원센터의 전문인력과 그 장**
  5. 「결혼중개업의 관리에 관한 법률」에 따른 **국제결혼중개업자와 그 종사자** 16 지능범죄
  6. 「소방기본법」에 따른 **구조대·구급대의 대원**
  7. 「사회복지사업법」에 따른 **사회복지 전담공무원**
  8. 「건강가정기본법」에 따른 **건강가정지원센터의 종사자와 그 센터의 장**

③ 「아동복지법」에 따른 아동상담소, 「가정폭력방지 및 피해자보호 등에 관한 법률」에 따른 가정폭력관련 상담소 및 보호시설, 「성폭력방지 및 피해자보호 등에 관한 법률」에 따른 성폭력피해상담소 및 보호시설(이하 "**상담소등**"이라 한다)에 근무하는 상담원과 그 기관장은 피해자 또는 피해자의 법정대리인 등과의 상담을 통하여 가정폭력범죄를 알게 된 경우에는 가정폭력피해자의 명시적인 반대의견이 없으면 즉시 신고하여야 한다. → 신고의무 불이행 시 300만원 이하의 과태료 부과

④ 누구든지 제1항부터 제3항까지의 규정에 따라 가정폭력범죄를 신고한 사람(이하 "신고자"라 한다)에게 그 신고행위를 이유로 불이익을 주어서는 아니 된다.

제5조(가정폭력범죄에 대한 응급조치) 진행 중인 가정폭력범죄에 대하여 신고를 받은 **사법경찰관리**는 즉시 현장에 나가서 다음 각 호의 조치를 하여야 한다. 13 1차, 19 승진
  1. 폭력행위의 제지, 가정폭력행위자·피해자의 분리
  1의2. 「형사소송법」 제212조에 따른 현행범인의 체포 등 범죄수사
  2. 피해자를 가정폭력 관련 상담소 또는 보호시설로 인도(피해자가 동의한 경우만 해당한다) 14 승진, 15 1차
  3. 긴급치료가 필요한 피해자를 의료기관으로 인도 14 승진, 15 1차
  4. 폭력행위 재발 시 제8조에 따라 임시조치를 신청할 수 있음을 통보
  5. 제55조의2에 따른 피해자보호명령 또는 신변안전조치를 청구할 수 있음을 고지

제6조(고소에 관한 특례) ① **피해자 또는 그 법정대리인**은 가정폭력행위자를 고소할 수 있다. 피해자

의 법정대리인이 가정폭력행위자인 경우 또는 가정폭력행위자와 공동으로 가정폭력범죄를 범한 경우에는 **피해자의 친족이 고소할 수 있다.** 15 1차, 15 3차, 17 1차 경기북부여경

② 피해자는 「형사소송법」 제224조에도 불구하고 **가정폭력행위자가 자기 또는 배우자의 직계존속인 경우에도 고소할 수 있다.** 법정대리인이 고소하는 경우에도 또한 같다. 13·14 승진, 13·19 경간

③ 피해자에게 **고소할 법정대리인이나 친족이 없는 경우에 이해관계인이 신청하면 검사는 10일 이내에 고소할 수 있는 사람을 지정하여야 한다.** 13·17 승진, 15 3차, 17 1차 경기북부여경, 13·19 경간, 19 법학

제7조(사법경찰관의 사건 송치) 사법경찰관은 가정폭력범죄를 신속히 수사하여 사건을 **검사에게 송치하여야 한다.** 이 경우 **사법경찰관은 해당 사건을 가정보호사건으로 처리하는 것이 적절한지에 관한 의견을 제시할 수 있다.** 15 1차, 15 3차, 17 1차 경기북부여경, 19 법학

제8조(임시조치의 청구 등) ① 검사는 가정폭력범죄가 재발될 우려가 있다고 인정하는 경우에는 **직권으로 또는 사법경찰관의 신청**에 의하여 법원에 피해자 또는 가정구성원의 주거 또는 점유하는 방실로부터의 **퇴거 등 격리**, 피해자 도는 가정구성원의 주거, 직장 등에서 **100미터 이내의 접근금지**, 피해자 또는 가정구성원에 대한 **전기통신을 이용한 접근금지의 임시조치를 청구할 수 있다.** 15 1차, 16 2차

② 검사는 가정폭력행위자가 제1항의 청구에 의하여 결정된 임시조치를 위반하여 가정폭력범죄가 재발될 우려가 있다고 인정하는 경우에는 직권으로 또는 사법경찰관의 신청에 의하여 법원에 유치장 또는 구치소에의 유치의 임시조치를 청구할 수 있다.

③ 제1항 및 제2항의 경우 피해자 또는 그 법정대리인은 검사 또는 사법경찰관에게 제1항 및 제2항에 따른 임시조치의 청구 또는 그 신청을 요청하거나 이에 관하여 **의견을 진술할 수 있다.**

④ 제3항에 따른 요청을 받은 사법경찰관은 제1항 및 제2항에 따른 임시조치를 신청하지 아니하는 경우에는 검사에게 그 사유를 보고하여야 한다.

제8조의2(긴급임시조치) ① 사법경찰관은 제5조에 따른 **응급조치에도 불구하고 가정폭력범죄가 재발될 우려가 있고, 긴급을 요하여 법원의 임시조치 결정을 받을 수 없을 때에는 직권 또는 피해자나 그 법정대리인의 신청**에 의하여 피해자 또는 가정구성원의 주거 또는 점유하는 방실로부터의 **퇴거 등 격리**, 피해자 또는 가정구성원이나 그 주거·직장 등에서 **100미터 이내의 접근 금지**, 피해자 또는 가정구성원에 대한 **전기통신을 이용한 접근 금지의 긴급임시조치를 할 수 있다.** 14·16 2차, 15·17·19 승진, 14 경간, 21 경찰특공대, 23 1차

② 사법경찰관은 제1항에 따라 긴급임시조치를 한 경우에는 즉시 긴급임시조치결정서를 작성하여야 한다. 17 승진, 19 법학

③ 제2항에 따른 긴급임시조치결정서에는 **범죄사실의 요지, 긴급임시조치가 필요한 사유 등을 기재하여야 한다.** 14·17 승진

제8조의3(긴급임시조치와 임시조치의 청구) ① **사법경찰관**이 제8조의2제1항에 따라 긴급임시조치를 한 때에는 지체 없이 검사에게 제8조에 따른 **임시조치를 신청**하고, 신청받은 검사는 법원에 임시조치를 청구하여야 한다. 이 경우 임시조치의 청구는 긴급임시조치를 한 때부터 48시간 이내에 청구하여야 하며, 제8조의2제2항에 따른 **긴급임시조치결정서를 첨부하여야 한다.** 16 2차, 19 승진

② 제1항에 따라 임시조치를 청구하지 아니하거나 법원이 임시조치의 결정을 하지 아니한 때에는 즉시 긴급임시조치를 취소하여야 한다.

제9조(가정보호사건의 처리) ① 검사는 가정폭력범죄로서 사건의 성질·동기 및 결과, 가정폭력행위자의 성행 등을 고려하여 이 법에 따른 보호처분을 하는 것이 적절하다고 인정하는 경우에는 가정보호사건으로 처리할 수 있다. 이 경우 검사는 피해자의 의사를 존중하여야 한다.

② 다음 각 호의 경우에는 제1항을 적용할 수 있다.

1. 피해자의 고소가 있어야 공소를 제기할 수 있는 가정폭력범죄에서 고소가 없거나 취소된 경우
2. 피해자의 명시적인 의사에 반하여 공소를 제기할 수 없는 가정폭력범죄에서 피해자가 처벌을 희망하지 아니한다는 명시적 의사표시를 하였거나 처벌을 희망하는 의사표시를 철회한 경우

제9조의2(상담조건부 기소유예) 검사는 가정폭력사건을 수사한 결과 가정폭력행위자의 성행 교정을 위하여 필요하다고 인정하는 경우에는 상담조건부 기소유예를 할 수 있다.

제11조(검사의 송치) ① 검사는 제9조에 따라 가정보호사건으로 처리하는 경우에는 그 사건을 관할 가정법원 또는 지방법원(이하 "법원"이라 한다)에 송치하여야 한다.
② 검사는 가정폭력범죄와 그 외의 범죄가 경합(競合)하는 경우에는 가정폭력범죄에 대한 사건만을 분리하여 관할 법원에 송치할 수 있다.

제17조(공소시효의 정지와 효력) ① 가정폭력범죄에 대한 공소시효는 해당 가정보호사건이 법원에 송치된 때부터 시효 진행이 정지된다. 다만, 다음 각 호의 어느 하나에 해당하는 경우에는 그 때부터 진행된다.
1. 해당 가정보호사건에 대한 제37조제1항의 처분을 하지 아니한다는 결정(제1호의 사유에 따른 결정만 해당한다)이 확정된 때
2. 해당 가정보호사건이 제27조제2항, 제37조제2항 및 제46조에 따라 송치된 때
② 공범 중 1명에 대한 제1항의 시효정지는 다른 공범자에게도 효력을 미친다.

제29조(임시조치) ① **판사**는 가정보호사건의 원활한 조사·심리 또는 피해자 보호를 위하여 필요하다고 인정하는 경우에는 결정으로 가정폭력행위자에게 다음 각 호의 어느 하나에 해당하는 **임시조치를 할 수 있다.**
1. 피해자 또는 가정구성원의 주거 또는 점유하는 방실(房室)로부터의 퇴거 등 격리
2. 피해자 또는 가정구성원이나 그 주거·직장 등에서 100미터 이내의 접근 금지
3. 피해자 또는 가정구성원에 대한 「전기통신기본법」 제2조제1호의 전기통신을 이용한 접근 금지
4. 의료기관이나 그 밖의 요양소에의 위탁
5. 국가경찰관서의 유치장 또는 구치소에의 유치 19 법학
6. 상담소등에의 상담위탁
② 동행영장에 의하여 동행한 가정폭력행위자 또는 제13조에 따라 인도된 가정폭력행위자에 대하여는 가정폭력행위자가 **법원에 인치된 때부터 24시간 이내**에 제1항의 조치 여부를 결정하여야 한다.
⑤ 제1항제1호부터 제3호까지의 임시조치기간은 2개월, 같은 항 제4호부터 제6호까지의 임시조치기간은 1개월을 초과할 수 없다. 다만, 피해자의 보호를 위하여 그 기간을 연장할 필요가 있다고 인정하는 경우에는 결정으로 **제1항제1호부터 제3호까지의 임시조치는 두 차례만, 같은 항 제4호부터 제6호까지의 임시조치는 한 차례만** 각 기간의 범위에서 연장할 수 있다.

제37조(처분을 하지 아니한다는 결정) ① 판사는 가정보호사건을 심리한 결과 다음 각 호의 어느 하나에 해당하는 경우에는 처분을 하지 아니한다는 결정을 하여야 한다.
1. 보호처분을 할 수 없거나 할 필요가 없다고 인정하는 경우
2. 사건의 성질·동기 및 결과, 가정폭력행위자의 성행, 습벽(習癖) 등에 비추어 가정보호사건으로 처리하는 것이 적당하지 아니하다고 인정하는 경우

제40조(보호처분의 결정 등) ① 판사는 심리의 결과 보호처분이 필요하다고 인정하는 경우에는 결정으로 다음 각 호의 어느 하나에 해당하는 처분을 할 수 있다.
1. 가정폭력행위자가 피해자 또는 가정구성원에게 접근하는 행위의 제한
2. 가정폭력행위자가 피해자 또는 가정구성원에게 「전기통신기본법」 제2조제1호의 전기통신을 이

용하여 접근하는 행위의 제한
3. 가정폭력행위자가 친권자인 경우 피해자에 대한 친권 행사의 제한
4. 「보호관찰 등에 관한 법률」에 따른 사회봉사·수강명령
5. 「보호관찰 등에 관한 법률」에 따른 보호관찰
6. 법무부장관 소속으로 설치한 감호위탁시설 또는 법무부장관이 정하는 보호시설에의 감호위탁
7. 의료기관에의 치료위탁
8. 상담소등에의 상담위탁
② 제1항 각 호의 처분은 병과(倂科)할 수 있다.

제41조(보호처분의 기간) 제40조제1항제1호부터 제3호까지 및 제5호부터 제8호까지의 보호처분의 기간은 6개월을 초과할 수 없으며, 같은 항 제4호의 사회봉사·수강명령의 시간은 200시간을 각각 초과할 수 없다.

제55조의2(피해자보호명령 등) ① **판사**는 피해자의 보호를 위하여 필요하다고 인정하는 때에는 피해자, 그 법정대리인 또는 **검사의 청구에 따라** 결정으로 가정폭력행위자에게 다음 각 호의 어느 하나에 해당하는 **피해자보호명령을 할 수 있다.**
1. 피해자 또는 가정구성원의 주거 또는 점유하는 방실로부터의 퇴거 등 격리
2. 피해자 또는 가정구성원이나 그 주거·직장 등에서 100미터 이내의 접근금지
3. 피해자 또는 가정구성원에 대한 「전기통신사업법」 제2조제1호의 전기통신을 이용한 접근금지
4. 친권자인 가정폭력행위자의 피해자에 대한 친권행사의 제한
5. 가정폭력행위자의 피해자에 대한 면접교섭권행사의 제한
② 제1항 각 호의 피해자보호명령은 이를 병과할 수 있다.
③ 피해자, 그 법정대리인 또는 **검사**는 제1항에 따른 **피해자보호명령의 취소 또는 그 종류의 변경을 신청할 수 있다.**

제55조의3(피해자보호명령의 기간) ① 제55조의2제1항 각 호의 **피해자보호명령의 기간은 1년을 초과할 수 없다.** 다만, 피해자의 보호를 위하여 그 기간의 연장이 필요하다고 인정하는 경우에는 직권이나 피해자, 그 법정대리인 또는 검사의 청구에 따른 결정으로 **2개월 단위로 연장할 수 있다.**
② 제1항 및 제55조의2제3항에 따라 피해자보호명령의 기간을 연장하거나 그 종류를 변경하는 경우 **종전의 처분기간을 합산하여 3년을 초과할 수 없다.**

제55조의8(항고와 재항고) ① 제55조의2에 따른 피해자보호명령(제55조의3에 따른 연장의 결정을 포함한다) 및 그 취소 또는 종류의 변경, 제55조의4에 따른 임시보호명령 및 그 취소 또는 종류의 변경에 있어서 그 **결정에 영향을 미칠 법령위반이 있거나 중대한 사실오인이 있는 때 또는 그 결정이 현저히 부당한 때**에는 검사, 피해자, 가정폭력행위자, 법정대리인 또는 보조인은 가정법원본원합의부에 **항고할 수 있다.** 다만, 가정법원이 설치되지 아니한 지역에서는 지방법원본원합의부에 하여야 한다.
② 판사가 피해자보호명령을 기각한 경우 피해자, 그 법정대리인 또는 검사는 항고할 수 있다. 이 경우 항고법원에 관하여는 제1항을 준용한다.

제63조(보호처분 등의 불이행죄) ①다음 각 호의 어느 하나에 해당하는 가정폭력행위자는 2년 이하의 징역 또는 2천만원 이하의 벌금 또는 구류에 처한다.
1. 제40조제1항제1호부터 제3호까지의 어느 하나에 해당하는 보호처분이 확정된 후에 이를 이행하지 아니한 가정폭력행위자
2. 제55조의2에 따른 피해자보호명령 또는 제55조의4에 따른 임시보호명령을 받고 이를 이행하지

아니한 가정폭력행위자
② 정당한 사유 없이 제29조제1항제1호부터 제3호까지의 어느 하나에 해당하는 임시조치를 이행하지 아니한 가정폭력행위자는 1년 이하의 징역 또는 1천만원 이하의 벌금 또는 구류에 처한다.
③ 상습적으로 제1항 및 제2항의 죄를 범한 가정폭력행위자는 3년 이하의 징역이나 3천만원 이하의 벌금에 처한다.
④ 제3조의2제1항에 따라 이수명령을 부과받은 사람이 보호관찰소의 장 또는 교정시설의 장의 이수명령 이행에 관한 지시에 불응하여 「보호관찰 등에 관한 법률」 또는 「형의 집행 및 수용자의 처우에 관한 법률」에 따른 경고를 받은 후 재차 정당한 사유 없이 이수명령 이행에 관한 지시에 불응한 경우 다음 각 호에 따른다.
1. 벌금형과 병과된 경우에는 500만원 이하의 벌금에 처한다.
2. 징역형의 실형과 병과된 경우에는 1년 이하의 징역 또는 1천만원 이하의 벌금에 처한다.

2. 아동학대범죄의 처벌 등에 관한 특례법

제1조(목적) 이 법은 아동학대범죄의 처벌 및 그 절차에 관한 특례와 피해아동에 대한 보호절차 및 아동학대행위자에 대한 보호처분을 규정함으로써 아동을 보호하여 아동이 건강한 사회 구성원으로 성장하도록 함을 목적으로 한다. 15 3차

제2조(정의) 이 법에서 사용하는 용어의 뜻은 다음과 같다.
1. **"아동"** 이란 「아동복지법」 제3조제1호에 따른 아동(**18세 미만**)을 말한다. 15 3차
2. "보호자"란 「아동복지법」 제3조제3호에 따른 보호자를 말한다.
3. "아동학대"란 「아동복지법」 제3조제7호에 따른 아동학대를 말한다.
4. "아동학대범죄"란 보호자에 의한 아동학대로서 다음 각 목의 어느 하나에 해당하는 죄를 말한다.
   가. 「형법」 제2편제25장 상해와 폭행의 죄 중 제257조(상해)제1항·제3항, 제258조의2(특수상해)제1항(제257조제1항의 죄에만 해당한다)·제3항(제1항 중 제257조제1항의 죄에만 해당한다), 제260조(폭행)제1항, 제261조(특수폭행) 및 제262조(폭행치사상)(상해에 이르게 한 때에만 해당한다)의 죄
   나. 「형법」 제2편제28장 유기와 학대의 죄 중 제271조(유기)제1항, 제272조(영아유기), 제273조(학대)제1항, 제274조(아동혹사) 및 제275조(유기등 치사상)(상해에 이르게 한 때에만 해당한다)의 죄
   다. 「형법」 제2편제29장 체포와 감금의 죄 중 제276조(체포, 감금)제1항, 제277조(중체포, 중감금)제1항, 제278조(특수체포, 특수감금), 제280조(미수범) 및 제281조(체포·감금등의 치사상)(상해에 이르게 한 때에만 해당한다)의 죄
   라. 「형법」 제2편제30장 협박의 죄 중 제283조(협박)제1항, 제284조(특수협박) 및 제286조(미수범)의 죄
   마. 「형법」 제2편제31장 약취, 유인 및 인신매매의 죄 중 제287조(미성년자 약취, 유인), 제288조(추행 등 목적 약취, 유인 등), 제289조(인신매매) 및 제290조(약취, 유인, 매매, 이송 등 상해·치상)의 죄
   바. 「형법」 제2편제32장 강간과 추행의 죄 중 제297조(강간), 제297조의2(유사강간), 제298조(강제추행), 제299조(준강간, 준강제추행), 제300조(미수범), 제301조(강간등 상해·치상), 제301조의2(강간등 살인·치사), 제302조(미성년자등에 대한 간음), 제303조(업무상위력 등에 의

한 간음) 및 제305조(미성년자에 대한 간음, 추행)의 죄
사. 「형법」 제2편제33장 명예에 관한 죄 중 제307조(명예훼손), 제309조(출판물등에 의한 명예훼손) 및 제311조(모욕)의 죄
아. 「형법」 제2편제36장 주거침입의 죄 중 제321조(주거·신체 수색)의 죄
자. 「형법」 제2편제37장 권리행사를 방해하는 죄 중 제324조(강요) 및 제324조의5(미수범)(제324조의 죄에만 해당한다)의 죄
차. 「형법」 제2편제39장 사기와 공갈의 죄 중 제350조(공갈), 제350조의2(특수공갈) 및 제352조(미수범)(제350조, 제350조의2의 죄에만 해당한다)의 죄
카. 「형법」 제2편제42장 손괴의 죄 중 제366조(재물손괴등)의 죄
타. 「아동복지법」 제71조제1항 각 호의 죄(제3호의 죄는 제외한다)
파. 가목부터 타목까지의 죄로서 다른 법률에 따라 가중처벌되는 죄
하. 제4조(아동학대살해·치사), 제5조(아동학대중상해) 및 제6조(상습범)의 죄

4의2. "아동학대범죄신고등"이란 아동학대범죄에 관한 신고·진정·고소·고발 등 수사 단서의 제공, 진술 또는 증언이나 그 밖의 자료제출행위 및 범인검거를 위한 제보 또는 검거활동을 말한다.

4의3. "아동학대범죄신고자등"이란 아동학대범죄신고등을 한 자를 말한다.

5. **"아동학대행위자"**란 **아동학대범죄를 범한 사람 및 그 공범**을 말한다.

6. **"피해아동"**이란 아동학대범죄로 인하여 **직접적**으로 피해를 입은 아동을 말한다.

제3조(다른 법률과의 관계) 아동학대범죄에 대하여는 이 법을 우선 적용한다. 다만, 「성폭력범죄의 처벌 등에 관한 특례법」, 「아동·청소년의 성보호에 관한 법률」에서 가중처벌되는 경우에는 그 법에서 정한 바에 따른다. 15 3차

제4조(아동학대살해·치사) ① 제2조제4호가목부터 다목까지의 아동학대범죄를 범한 사람이 아동을 살해한 때에는 사형, 무기 또는 7년 이상의 징역에 처한다.
② 제2조제4호가목부터 다목까지의 아동학대범죄를 범한 사람이 아동을 사망에 이르게 한 때에는 무기 또는 5년 이상의 징역에 처한다.

제5조(아동학대중상해) 제2조제4호가목부터 다목까지의 아동학대범죄를 범한 사람이 아동의 생명에 대한 위험을 발생하게 하거나 불구 또는 난치의 질병에 이르게 한 때에는 3년 이상의 징역에 처한다.

제6조(상습범) 상습적으로 제2조제4호가목부터 파목까지의 아동학대범죄를 범한 자는 그 죄에 정한 형의 2분의 1까지 가중한다. 다만, 다른 법률에 따라 상습범으로 가중처벌되는 경우에는 그러하지 아니하다.

제7조(아동복지시설의 종사자 등에 대한 가중처벌) 제10조제2항 각 호에 따른 **아동학대 신고의무자가 보호하는 아동에 대하여 아동학대범죄를 범한 때에는 그 죄에 정한 형의 2분의 1까지 가중한다.** 21 2차

제8조(형벌과 수강명령 등의 병과) ① 법원은 아동학대행위자에 대하여 유죄판결(**선고유예는 제외**한다)을 선고하면서 **200시간의 범위**에서 재범예방에 필요한 수강명령(「보호관찰 등에 관한 법률」에 따른 수강명령을 말한다. 이하 같다) 또는 아동학대 치료프로그램의 이수명령(이하 "이수명령"이라 한다)을 **병과할 수 있다.** 24 경간

제9조(친권상실청구 등) ① 아동학대행위자가 제5조 또는 제6조의 범죄를 저지른 때에는 **검사는** 그 사건의 아동학대행위자가 피해아동의 친권자나 후견인인 경우에 **법원에** 「민법」 제924조의 **친권상실의 선고** 또는 같은 법 제940조의 **후견인의 변경 심판을 청구하여야 한다.** 다만, 친권상실의 선

고 또는 후견인의 변경 심판을 하여서는 아니 될 특별한 사정이 있는 경우에는 그러하지 아니하다.

② **검사가 제1항에 따른 청구를 하지 아니한 때**에는 특별시장·광역시장·특별자치시장·도지사·특별자치도지사(이하 "**시·도지사**"라 한다) 또는 **시장·군수·구청장**(자치구의 구청장을 말한다. 이하 같다)은 검사에게 제1항의 청구를 하도록 요청할 수 있다. 이 경우 **청구를 요청받은 검사는 요청받은 날부터 30일 내에 그 처리 결과를 시·도지사 또는 시장·군수·구청장에게 통보하여야 한다.**

③ 제2항 후단에 따라 **처리 결과를 통보받은 시·도지사 또는 시장·군수·구청장은** 그 처리 결과에 대하여 이의가 있을 경우 통보받은 날부터 30일 내에 직접 법원에 제1항의 청구를 할 수 있다.

제10조(아동학대범죄 신고의무와 절차) ① **누구든지** 아동학대범죄를 알게 된 경우나 그 의심이 있는 경우에는 특별시·광역시·특별자치시·도·특별자치도(이하 "**시·도**"라 한다), **시·군·구**(자치구를 말한다. 이하 같다) 또는 **수사기관에 신고할 수 있다.**

② 다음 각 호의 어느 하나에 해당하는 사람이 직무를 수행하면서 아동학대범죄를 알게 된 경우나 그 의심이 있는 경우에는 시·도, 시·군·구 또는 수사기관에 **즉시 신고하여야 한다.**

1. 「아동복지법」 제10조의2에 따른 아동권리보장원(이하 "아동권리보장원"이라 한다) 및 가정위탁지원센터의 장과 그 종사자
2. 아동복지시설의 장과 그 종사자(아동보호전문기관의 장과 그 종사자는 제외한다)
3. 「아동복지법」 제13조에 따른 아동복지전담공무원
4. 「가정폭력방지 및 피해자보호 등에 관한 법률」 제5조에 따른 가정폭력 관련 상담소 및 같은 법 제7조의2에 따른 가정폭력피해자 보호시설의 장과 그 종사자
5. 「건강가정기본법」 제35조에 따른 건강가정지원센터의 장과 그 종사자
6. 「다문화가족지원법」 제12조에 따른 다문화가족지원센터의 장과 그 종사자
7. 「사회보장급여의 이용·제공 및 수급권자 발굴에 관한 법률」 제43조에 따른 사회복지전담공무원 및 「사회복지사업법」 제34조에 따른 사회복지시설의 장과 그 종사자
8. 「성매매방지 및 피해자보호 등에 관한 법률」 제9조에 따른 지원시설 및 같은 법 제17조에 따른 성매매피해상담소의 장과 그 종사자
9. 「성폭력방지 및 피해자보호 등에 관한 법률」 제10조에 따른 성폭력피해상담소, 같은 법 제12조에 따른 성폭력피해자보호시설의 장과 그 종사자 및 같은 법 제18조에 따른 성폭력피해자통합지원센터의 장과 그 종사자
10. 「119구조·구급에 관한 법률」 제2조제4호에 따른 119구급대의 대원
11. 「응급의료에 관한 법률」 제2조제7호에 따른 응급의료기관등에 종사하는 응급구조사
12. 「영유아보육법」 제7조에 따른 육아종합지원센터의 장과 그 종사자 및 제10조에 따른 어린이집의 원장 등 보육교직원
13. 「유아교육법」 제2조제2호에 따른 유치원의 장과 그 종사자
14. 아동보호전문기관의 장과 그 종사자
15. 「의료법」 제3조제1항에 따른 의료기관의 장과 그 의료기관에 종사하는 의료인 및 의료기사
16. 「장애인복지법」 제58조에 따른 장애인복지시설의 장과 그 종사자로서 시설에서 장애아동에 대한 상담·치료·훈련 또는 요양 업무를 수행하는 사람
17. 「정신건강증진 및 정신질환자 복지서비스 지원에 관한 법률」 제3조제3호에 따른 정신건강복지센터, 같은 조 제5호에 따른 정신의료기관, 같은 조 제6호에 따른 정신요양시설 및 같은 조 제7호에 따른 정신재활시설의 장과 그 종사자
18. 「청소년기본법」 제3조제6호에 따른 청소년시설 및 같은 조 제8호에 따른 청소년단체의 장과 그 종사자

19. 「청소년 보호법」 제35조에 따른 청소년 보호·재활센터의 장과 그 종사자
20. 「초·중등교육법」 제2조에 따른 학교의 장과 그 종사자
21. 「한부모가족지원법」 제19조에 따른 한부모가족복지시설의 장과 그 종사자
22. 「학원의 설립·운영 및 과외교습에 관한 법률」 제6조에 따른 학원의 운영자·강사·직원 및 같은 법 제14조에 따른 교습소의 교습자·직원
23. 「아이돌봄 지원법」 제2조제4호에 따른 아이돌보미
24. 「아동복지법」 제37조에 따른 취약계층 아동에 대한 통합서비스지원 수행인력
25. 「입양특례법」 제20조에 따른 입양기관의 장과 그 종사자
26. 「영유아보육법」 제8조에 따른 한국보육진흥원의 장과 그 종사자로서 같은 법 제30조에 따른 어린이집 평가 업무를 수행하는 사람

> 피해아동이 보호자의 학대를 당연하게 받아들이고 이를 학대로 인식하지 못하는 **미인지성(은폐성 X)** 때문에 「아동학대범죄의 처벌 등에 관한 특례법」은 아동학대 신고의무자를 광범위하게 규정하고 있다. 19 경간, 19 승진

③ 누구든지 제1항 및 제2항에 따른 신고인의 인적 사항 또는 신고인임을 미루어 알 수 있는 사실을 다른 사람에게 알려주거나 공개 또는 보도하여서는 아니 된다.

④ 제2항에 따른 **신고가 있는 경우 시·도, 시·군·구 또는 수사기관은 정당한 사유가 없으면 즉시 조사 또는 수사에 착수하여야 한다.**

제10조의2(불이익조치의 금지) 누구든지 아동학대범죄신고자등에게 아동학대범죄신고등을 이유로 불이익조치를 하여서는 아니 된다.

제10조의4(고소에 대한 특례) ① 피해아동 또는 그 법정대리인은 아동학대행위자를 고소할 수 있다. 피해아동의 법정대리인이 아동학대행위자인 경우 또는 아동학대행위자와 공동으로 아동학대범죄를 범한 경우에는 피해아동의 **친족이 고소할 수 있다.**

② 피해아동은 「형사소송법」 제224조에도 불구하고 아동학대행위자가 자기 또는 배우자의 **직계존속인 경우에도 고소할 수 있다.** 법정대리인이 고소하는 경우에도 또한 같다.

③ 피해아동에게 고소할 법정대리인이나 친족이 없는 경우에 이해관계인이 신청하면 검사는 10일 이내에 고소할 수 있는 사람을 지정하여야 한다. 24 경간

제11조(현장출동) ① 아동학대범죄 신고를 접수한 **사법경찰관리**나 「아동복지법」 제22조제4항에 따른 **아동학대전담공무원**(이하 "아동학대전담공무원"이라 한다)은 **지체 없이 아동학대범죄의 현장에 출동하여야 한다.** 15 3차 이 경우 수사기관의 장이나 시·도지사 또는 시장·군수·구청장은 서로 동행하여 줄 것을 요청할 수 있으며, 그 요청을 받은 수사기관의 장이나 시·도지사 또는 시장·군수·구청장은 정당한 사유가 없으면 사법경찰관리나 아동학대전담공무원이 아동학대범죄 현장에 동행하도록 조치하여야 한다.

② 아동학대범죄 신고를 접수한 사법경찰관리나 아동학대전담공무원은 아동학대범죄가 행하여지고 있는 것으로 신고된 현장 또는 피해아동을 보호하기 위하여 필요한 장소에 출입하여 아동 또는 아동학대행위자 등 관계인에 대하여 **조사를 하거나 질문을 할 수 있다.** 다만, 아동학대전담공무원(사법경찰관리X)은 다음 각 호를 위한 범위에서만 아동학대행위자 등 관계인에 대하여 조사 또는 질문을 할 수 있다. 24 경간
  1. 피해아동의 보호
  2. 「아동복지법」 제22조의4의 사례관리계획에 따른 사례관리(이하 "사례관리"라 한다)

③ 시·도지사 또는 시장·군수·구청장은 제1항에 따른 현장출동 시 아동보호 및 사례관리를 위하여 필

요한 경우 아동보호전문기관의 장에게 아동보호전문기관의 직원이 동행할 것을 요청할 수 있다. 이 경우 아동보호전문기관의 직원은 피해아동의 보호 및 사례관리를 위한 범위에서 아동학대전담 공무원의 조사에 참여할 수 있다.

④ 제2항 및 제3항에 따라 출입이나 조사를 하는 사법경찰관리, 아동학대전담공무원 또는 아동보호전문기관의 직원은 그 권한을 표시하는 증표를 지니고 이를 관계인에게 내보여야 한다.

⑤ 제2항에 따라 조사 또는 질문을 하는 사법경찰관리 또는 아동학대전담공무원은 **피해아동, 아동학대범죄신고자등, 목격자 등이 자유롭게 진술할 수 있도록 아동학대행위자로부터 분리된 곳에서 조사**하는 등 필요한 조치를 하여야 한다.

⑥ 누구든지 제1항부터 제3항까지의 규정에 따라 현장에 출동한 사법경찰관리, 아동학대전담공무원 또는 아동보호전문기관의 직원이 제2항 및 제3항에 따른 업무를 수행할 때에 폭행·협박이나 현장조사를 거부하는 등 그 업무 수행을 방해하는 행위를 하여서는 아니 된다.

⑦ 제1항에 따른 **현장출동이 동행하여 이루어지지 아니한 경우** 수사기관의 장이나 시·도지사 또는 시장·군수·구청장은 **현장출동에 따른 조사 등의 결과를 서로에게 통지하여야 한다.**

제11조의2(조사) ① 아동학대전담공무원은 피해아동의 보호 및 사례관리를 위한 조사를 할 수 있다. 이 경우 아동학대전담공무원은 아동학대행위자 및 관계인에 대하여 출석·진술 및 자료제출을 요구할 수 있으며, 아동학대행위자 및 관계인은 정당한 사유가 없으면 이에 따라야 한다.

제12조(피해아동 등에 대한 응급조치) ① 제11조제1항에 따라 현장에 출동하거나 아동학대범죄 현장을 발견한 경우 또는 학대현장 이외의 장소에서 학대피해가 확인되고 재학대의 위험이 급박·현저한 경우, **사법경찰관리 또는 아동학대전담공무원**은 피해아동, 피해아동의 형제자매인 아동 및 피해아동과 동거하는 아동(이하 "피해아동등"이라 한다)의 보호를 위하여 즉시 다음 각 호의 조치(이하 "응급조치"라 한다)를 하여야 한다. 15 1차, 21 2차이 경우 제3호의 조치를 하는 때에는 **피해아동등의 이익을 최우선으로 고려**하여야 하며, 피해아동등을 보호하여야 할 필요가 있는 등 특별한 사정이 있는 경우를 제외하고는 **피해아동등의 의사를 존중하여야 한다.**

1. 아동학대범죄 행위의 제지
2. 아동학대행위자를 피해아동등으로부터 격리
3. 피해아동등을 아동학대 관련 보호시설로 인도
4. 긴급치료가 필요한 피해아동을 의료기관으로 인도

> 응급조치상의 격리란 아동학대행위자를 72시간(단, 검사가 법원에 임시조치를 청구한 경우에는 법원의 임시조치 결정 시까지 연장)을 기한으로 하여 피해아동으로부터 장소적으로 분리하는 조치를 의미한다. 18 승진

② 사법경찰관리나 아동학대전담공무원은 제1항제3호 및 제4호 규정에 따라 **피해아동등을 분리·인도하여 보호하는 경우 지체 없이 피해아동등을 인도받은 보호시설·의료시설을 관할하는 시·도지사 또는 시장·군수·구청장에게 그 사실을 통보하여야 한다.** 15 1차

③ 제1항제2호부터 제4호까지의 규정에 따른 응급조치는 **72시간을 넘을 수 없다.** 15 1차, 19 승진 다만, 본문의 기간에 **공휴일이나 토요일이 포함되는 경우**로서 피해아동등의 보호를 위하여 필요하다고 인정되는 경우에는 **48시간의 범위에서 그 기간을 연장할 수 있다.** 21 2차

④ 제3항에도 불구하고 검사가 제15조제2항에 따라 **임시조치를 법원에 청구한 경우에는 법원의 임시조치 결정 시까지 응급조치 기간이 연장된다.** 15 1차, 19·21 승진

⑤ 사법경찰관리 또는 아동학대전담공무원이 제1항에 따라 응급조치를 한 경우에는 즉시 응급조치결과보고서를 작성하여야 한다. 이 경우 **사법경찰관리가 응급조치를 한 경우에는 관할 경찰관서의**

장이 시·도지사 또는 시장·군수·구청장에게, 아동학대전담공무원이 응급조치를 한 경우에는 소속 시·도지사 또는 시장·군수·구청장이 관할 경찰관서의 장에게 작성된 응급조치결과보고서를 지체 없이 송부하여야 한다. 15 1차
⑥ 제5항에 따른 응급조치결과보고서에는 피해사실의 요지, 응급조치가 필요한 사유, 응급조치의 내용 등을 기재하여야 한다.
⑦ 누구든지 아동학대전담공무원이나 사법경찰관리가 제1항에 따른 업무를 수행할 때에 폭행·협박이나 응급조치를 저지하는 등 그 업무 수행을 방해하는 행위를 하여서는 아니 된다.
⑧ 사법경찰관리는 제1항제1호 또는 제2호의 조치를 위하여 다른 사람의 토지·건물·배 또는 차에 출입할 수 있다.

제13조(아동학대행위자에 대한 긴급임시조치) ① **사법경찰관**은 제12조제1항에 따른 응급조치에도 불구하고 아동학대범죄가 **재발될 우려**가 있고, **긴급을 요하여** 제19조제1항에 따른 **법원의 임시조치 결정을 받을 수 없을 때에는** 직권이나 피해아동등, 그 법정대리인(**아동학대행위자를 제외한다**. 이하 같다), 변호사(제16조에 따른 변호사를 말한다. 제48조 및 제49조를 제외하고는 이하 같다), 시·도지사, 시장·군수·구청장 또는 아동보호전문기관의 장의 신청에 따라 **제19조제1항제1호부터 제3호까지의 어느 하나에 해당하는 조치를 할 수 있다.** 18·19·21 승진, 19 경채, 23 2차
② 사법경찰관은 제1항에 따른 조치(이하 "**긴급임시조치**"라 한다)를 한 경우에는 즉시 긴급임시조치결정서를 작성하여야 하고, 그 내용을 시·도지사 또는 시장·군수·구청장에게 지체 없이 통지하여야 한다. 24 경간
③ 제2항에 따른 긴급임시조치결정서에는 범죄사실의 요지, 긴급임시조치가 필요한 사유, 긴급임시조치의 내용 등을 기재하여야 한다.

제14조(임시조치의 청구) ① **검사**는 아동학대범죄가 재발될 우려가 있다고 인정하는 경우에는 직권으로 또는 사법경찰관이나 보호관찰관의 신청에 따라 **법원에 제19조제1항 각 호의 임시조치를 청구할 수 있다.**
② 피해아동등, 그 법정대리인, 변호사, 시·도지사, 시장·군수·구청장 또는 아동보호전문기관의 장은 검사 또는 사법경찰관에게 제1항에 따른 임시조치의 청구 또는 그 신청을 요청하거나 이에 관하여 의견을 진술할 수 있다.
③ 제2항에 따른 요청을 받은 사법경찰관은 제1항에 따른 임시조치를 신청하지 아니하는 경우에는 검사 및 임시조치를 요청한 자에게 그 사유를 통지하여야 한다.

제15조(응급조치·긴급임시조치 후 임시조치의 청구) ① **사법경찰관**이 제12조제1항제2호부터 제4호까지의 규정에 따른 **응급조치** 또는 제13조제1항에 따른 **긴급임시조치를 하였거나** 시·도지사 또는 시장·군수·구청장으로부터 제12조제1항제2호부터 제4호까지의 규정에 따른 **응급조치가 행하여졌다는 통지를 받은 때에는 지체 없이 검사에게 제19조에 따른 임시조치의 청구를 신청하여야 한다.**
② 제1항의 신청을 받은 **검사는 임시조치를 청구하는 때에는 응급조치가 있었던 때부터 72시간**(제12조제3항 단서에 따라 응급조치 기간이 연장된 경우에는 그 기간을 말한다) **이내에, 긴급임시조치가 있었던 때부터 48시간 이내에 하여야 한다.** 이 경우 제12조제5항에 따라 작성된 응급조치결과보고서 및 제13조제2항에 따라 작성된 긴급임시조치결정서를 첨부하여야 한다.
③ 사법경찰관은 검사가 제2항에 따라 임시조치를 청구하지 아니하거나 법원이 임시조치의 결정을 하지 아니한 때에는 즉시 그 긴급임시조치를 취소하여야 한다.

제16조(피해아동에 대한 변호사 선임의 특례) ① 아동학대범죄의 피해아동 및 그 법정대리인은 형사 및 아동보호 절차상 입을 수 있는 피해를 방지하고 법률적 조력을 보장하기 위하여 변호사를 선임할 수 있다.

② 제1항에 따른 변호사는 검사 또는 사법경찰관의 피해아동 및 그 법정대리인에 대한 조사에 참여하여 의견을 진술할 수 있다. 다만, 조사 도중에는 검사 또는 사법경찰관의 승인을 받아 의견을 진술할 수 있다.
③ 제1항에 따른 변호사는 피의자에 대한 구속 전 피의자심문, 증거보전절차, 공판준비기일 및 공판절차에 출석하여 의견을 진술할 수 있다. 이 경우 필요한 절차에 관한 구체적 사항은 대법원규칙으로 정한다.
④ 제1항에 따른 변호사는 증거보전 후 관계 서류나 증거물, 소송계속 중의 관계 서류나 증거물을 열람하거나 등사할 수 있다.
⑤ 제1항에 따른 변호사는 형사 및 아동보호 절차에서 피해아동 및 그 법정대리인의 대리가 허용될 수 있는 모든 소송행위에 대한 포괄적인 대리권을 가진다.
⑥ 검사는 피해아동에게 변호사가 없는 경우 형사 및 아동보호 절차에서 피해아동의 권익을 보호하기 위하여 국선변호사를 선정하여야 한다.

제17조의2(증인에 대한 신변안전조치) ① **검사**는 아동학대범죄사건의 증인이 피고인 또는 그 밖의 사람으로부터 생명·신체에 해를 입거나 입을 염려가 있다고 인정될 때에는 **관할 경찰서장에게 증인의 신변안전을 위하여 필요한 조치를 할 것을 요청하여야 한다.**
② 증인은 검사에게 제1항의 조치를 하도록 청구할 수 있다.
③ 재판장은 검사에게 제1항의 조치를 하도록 요청할 수 있다.
④ 제1항의 요청을 받은 관할 경찰서장은 즉시 증인의 신변안전을 위하여 필요한 조치를 하고 그 사실을 검사에게 통보하여야 한다.

제19조(아동학대행위자에 대한 임시조치) ① **판사**는 아동학대범죄의 원활한 조사·심리 또는 피해아동등의 보호를 위하여 필요하다고 인정하는 경우에는 결정으로 아동학대행위자에게 다음 각 호의 어느 하나에 해당하는 조치(이하 **"임시조치"**라 한다)를 할 수 있다. 18·19·21 승진, 19 경간, 21 2차
 1. 피해아동등 또는 가정구성원(「가정폭력범죄의 처벌 등에 관한 특례법」 제2조제2호에 따른 가정구성원을 말한다. 이하 같다)의 주거로부터 퇴거 등 격리
 2. 피해아동등 또는 가정구성원의 주거, 학교 또는 보호시설 등에서 100미터 이내의 접근 금지
 3. 피해아동등 또는 가정구성원에 대한 「전기통신기본법」 제2조제1호의 전기통신을 이용한 접근 금지
 4. 친권 또는 후견인 권한 행사의 제한 또는 정지
 5. 아동보호전문기관 등에의 상담 및 교육 위탁
 6. 의료기관이나 그 밖의 요양시설에의 위탁
 7. 경찰관서의 유치장 또는 구치소에의 유치
② 제1항 각 호의 처분은 병과할 수 있다.
③ **판사**는 피해아동등에 대하여 제12조제1항제2호부터 제4호까지의 규정에 따른 응급조치가 행하여진 경우에는 **임시조치가 청구된 때로부터 24시간 이내에 임시조치 여부를 결정하여야 한다.**
④ 제1항 각 호의 규정에 따른 임시조치기간은 **2개월을 초과할 수 없다.** 다만, 피해아동등의 보호를 위하여 그 기간을 연장할 필요가 있다고 인정하는 경우에는 결정으로 **제1항제1호부터 제3호까지의 규정에 따른 임시조치는 두 차례만,** 같은 항 **제4호부터 제7호까지의 규정에 따른 임시조치는 한 차례만** 각 기간의 범위에서 연장할 수 있다.

제24조(사법경찰관의 사건송치) 사법경찰관은 아동학대범죄를 신속히 수사하여 사건을 검사에게 송치하여야 한다. 이 경우 **사법경찰관은 해당 사건을 아동보호사건으로 처리하는 것이 적절한 지에 관한 의견을 제시할 수 있다.**

제26조(조건부 기소유예) 검사는 아동학대범죄를 수사한 결과 다음 각 호의 사유를 고려하여 필요하다고 인정하는 경우에는 아동학대행위자에 대하여 상담, 치료 또는 교육 받는 것을 조건으로 기소유예를 할 수 있다.
   1. 사건의 성질·동기 및 결과
   2. 아동학대행위자와 피해아동과의 관계
   3. 아동학대행위자의 성행(性行) 및 개선 가능성
   4. 원가정보호의 필요성
   5. 피해아동 또는 그 법정대리인의 의사

제27조(아동보호사건의 처리) ① 검사는 아동학대범죄로서 제26조 각 호의 사유를 고려하여 제36조에 따른 보호처분을 하는 것이 적절하다고 인정하는 경우에는 아동보호사건으로 처리할 수 있다.

제28조(검사의 송치) ① 검사는 제27조에 따라 아동보호사건으로 처리하는 경우에는 그 사건을 제18조제1항에 따른 관할 법원(이하 "관할 법원"이라 한다)에 송치하여야 한다.
② 검사는 아동학대범죄와 그 외의 범죄가 경합(競合)하는 경우에는 아동학대범죄에 대한 사건만을 분리하여 관할 법원에 송치할 수 있다.

제34조(공소시효의 정지와 효력) ① 아동학대범죄의 공소시효는 「형사소송법」제252조에도 불구하고 해당 아동학대범죄의 **피해아동이 성년에 달한 날부터 진행한다.**
② 아동학대범죄에 대한 공소시효는 해당 아동보호사건이 법원에 송치된 때부터 시효 진행이 정지된다. 다만, 다음 각 호의 어느 하나에 해당하는 경우에는 그 때부터 진행된다.
   1. 해당 아동보호사건에 대하여 제44조에 따라 준용되는 「가정폭력범죄의 처벌 등에 관한 특례법」제37조제1항제1호에 따른 처분을 하지 아니한다는 결정이 확정된 때
   2. 해당 아동보호사건이 제41조 또는 제44조에 따라 준용되는 「가정폭력범죄의 처벌 등에 관한 특례법」제27조제2항 및 제37조제2항에 따라 송치된 때
③ 공범 중 1명에 대한 제2항의 시효정지는 다른 공범자에게도 효력을 미친다.

제47조(가정법원의 피해아동에 대한 보호명령) ① 판사는 직권 또는 피해아동, 그 법정대리인, 변호사, 시·도지사 또는 시장·군수·구청장의 청구에 따라 결정으로 피해아동의 보호를 위하여 다음 각 호의 **피해아동보호명령을 할 수 있다.**
   1. 아동학대행위자를 피해아동의 주거지 또는 점유하는 방실(房室)로부터의 퇴거 등 격리
   2. 아동학대행위자가 피해아동 또는 가정구성원에게 접근하는 행위의 제한
   3. 아동학대행위자가 피해아동 또는 가정구성원에게 「전기통신기본법」제2조제1호의 전기통신을 이용하여 접근하는 행위의 제한
   4. 피해아동을 아동복지시설 또는 장애인복지시설로의 보호위탁
   5. 피해아동을 의료기관으로의 치료위탁
   5의2. 피해아동을 아동보호전문기관, 상담소 등으로의 상담·치료위탁
   6. 피해아동을 연고자 등에게 가정위탁
   7. 친권자인 아동학대행위자의 피해아동에 대한 친권 행사의 제한 또는 정지
   8. 후견인인 아동학대행위자의 피해아동에 대한 후견인 권한의 제한 또는 정지
   9. 친권자 또는 후견인의 의사표시를 갈음하는 결정
② **아동보호전문기관의 장은 시·도지사 또는 시장·군수·구청장에게 제1항에 따른 피해아동보호명령의 청구를 요청할 수 있다.** 이 경우 시·도지사 또는 시장·군수·구청장은 요청을 신속히 처리해야 하며, 요청받은 날부터 15일 이내에 그 처리 결과를 아동보호전문기관의 장에게 통보하여야 한다.

③ 제1항 각 호의 처분은 병과할 수 있다.
④ 판사가 제1항 각 호의 피해아동보호명령을 하는 경우 피해아동, 그 법정대리인, 변호사, 시·도지사 또는 시장·군수·구청장 및 아동보호전문기관의 장은 관할 법원에 대하여 필요한 의견을 진술할 수 있다.
⑤ 판사가 제1항제7호 및 제8호의 피해아동보호명령을 하는 경우 피해아동보호명령의 기간 동안 임시로 후견인의 임무를 수행할 자의 선임 등에 대하여는 제23조를 준용한다.
⑥ 제1항제4호·제5호·제5호의2·제6호의 규정에 따른 위탁 대상이 되는 아동복지시설, 의료기관, 아동보호전문기관·상담소 등, 연고자 등의 기준과 위탁의 절차 및 집행 등에 필요한 사항은 대법원규칙으로 정한다.
⑦ 판사는 제1항제5호의2에 따른 피해아동보호명령을 하는 경우 필요하다고 인정하는 때에는 피해아동의 보호자를 그 과정에 참여시킬 수 있다.

제49조(국선보조인) ① 다음 각 호의 어느 하나에 해당하는 경우 법원은 직권에 의하거나 피해아동 또는 피해아동의 법정대리인·직계친족·형제자매, 아동학대전담공무원, 아동보호전문기관의 상담원과 그 기관장의 신청에 따라 변호사를 피해아동의 보조인으로 선정하여야 한다.
  1. 피해아동에게 신체적·정신적 장애가 의심되는 경우
  2. 빈곤이나 그 밖의 사유로 보조인을 선임할 수 없는 경우
  3. 그 밖에 판사가 보조인이 필요하다고 인정하는 경우
② 법원은 아동학대행위자가 「형사소송법」 제33조제1항 각 호의 어느 하나에 해당하는 경우에는 직권으로 변호사를 아동학대행위자의 보조인으로 선정할 수 있다.
③ 제1항과 제2항에 따라 선정된 보조인에게 지급하는 비용에 대하여는 「형사소송비용 등에 관한 법률」을 준용한다.

제50조(피해아동보호명령의 집행 및 취소와 변경) ① 관할 법원의 판사는 제47조제1항제1호부터 제5호까지, 제5호의2 및 제6호의 규정에 따른 피해아동보호명령을 하는 경우, 가정보호사건조사관, 법원공무원, 사법경찰관리 또는 구치소 소속 교정직공무원으로 하여금 이를 집행하게 하거나, 시·도지사 또는 시장·군수·구청장에게 그 집행을 위임할 수 있다.
② 판사는 제1항에 따른 집행담당자에게 피해아동보호명령의 집행상황보고서 또는 의견서를 요구할 수 있고, 그 집행에 필요한 지시를 할 수 있으며, 필요한 경우 가정보호사건조사관으로 하여금 피해아동보호명령의 집행과 관련한 사항에 대하여 조사하도록 할 수 있다.
③ 피해아동, 그 법정대리인, 변호사, 시·도지사 또는 시장·군수·구청장은 제47조제1항에 따른 보호명령의 취소 또는 그 종류의 변경을 신청할 수 있으며, 아동보호전문기관의 장은 시·도지사 또는 시장·군수·구청장에게 보호명령의 취소 또는 그 종류의 변경 신청을 요청할 수 있다.
④ 판사는 상당한 이유가 있다고 인정하는 때에는 직권 또는 제3항의 신청에 따라 결정으로 해당 피해아동보호명령을 취소하거나 그 종류를 변경할 수 있다.
⑤ **법원은** 제51조제1항에 따른 **피해아동보호명령의 기간이 종료된 경우 시·도지사 또는 시장·군수·구청장에게 그 사실을 통지하여야 한다.**

제51조(피해아동보호명령의 기간) ① 제47조제1항제1호부터 제5호까지, 제5호의2 및 제6호부터 제8호까지의 **피해아동보호명령의 기간은 1년을 초과할 수 없다.** 다만, 관할 법원의 판사는 피해아동의 보호를 위하여 그 기간의 연장이 필요하다고 인정하는 경우 직권 또는 피해아동, 그 법정대리인, 변호사, 시·도지사 또는 시장·군수·구청장의 청구에 따른 결정으로 **6개월 단위로 그 기간을 연장할 수 있다.**
② 보호관찰소의 장 및 아동보호전문기관의 장은 시·도지사 또는 시장·군수·구청장에게 제1항 단서에 따른 피해아동보호명령의 연장 청구를 요청할 수 있으며, 시·도지사 또는 시장·군수·구청장은 요청받은 날부터 15일 이내에 그 처리 결과를 요청자에게 통보하여야 한다.
③ 제1항에 따라 연장된 기간은 피해아동이 **성년에 도달하는 때를 초과할 수 없다.**

제55조(아동학대전담공무원 등에 대한 교육) 법무부장관 등 관계 행정기관의 장은 아동학대전담공무원, 사법경찰관리 및 아동보호전문기관의 종사자에게 아동학대사건의 조사와 사례관리에 필요한 전문지식, 이 법에서 정한 절차, 관련 법제도, 국제인권조약에 명시된 아동의 인권 및 피해아동 보호를 위한 조사방법 등에 관하여 **교육을 실시하여야 한다.**

제59조(보호처분 등의 불이행죄) ① 다음 각 호의 어느 하나에 해당하는 아동학대행위자는 2년 이하의 징역 또는 2천만원 이하의 벌금 또는 구류에 처한다.
  1. 제19조제1항제1호부터 제4호까지의 어느 하나에 해당하는 임시조치를 이행하지 아니한 아동학대행위자
  2. 제36조제1항제1호부터 제3호까지의 어느 하나에 해당하는 보호처분이 확정된 후에 이를 이행하지 아니한 아동학대행위자
  3. 제47조에 따른 피해아동보호명령, 제52조에 따른 임시보호명령이 결정된 후에 이를 이행하지 아니한 아동학대행위자
② 상습적으로 제1항의 죄를 범한 아동학대행위자는 5년 이하의 징역이나 5천만원 이하의 벌금에 처한다.
③ 제8조제1항에 따라 이수명령을 부과받은 사람이 보호관찰소의 장 또는 교정시설의 장의 이수명령 이행에 관한 지시에 불응하여 「보호관찰 등에 관한 법률」 또는 「형의 집행 및 수용자의 처우에 관한 법률」에 따른 경고를 받은 후 재차 정당한 사유 없이 이수명령 이행에 관한 지시에 불응한 경우 다음 각 호에 따른다.
  1. 벌금형과 병과된 경우에는 500만원 이하의 벌금에 처한다.
  2. 징역형의 실형과 병과된 경우에는 1년 이하의 징역 또는 1천만원 이하의 벌금에 처한다.

제61조(업무수행 등의 방해죄) ① 제11조제2항·제3항, 제12조제1항, 제19조제1항 각 호, 제36조제1항 각 호 또는 제47조제1항 각 호에 따른 업무를 수행 중인 사법경찰관리, 아동학대전담공무원이나 아동보호전문기관의 직원에 대하여 폭행 또는 협박하거나 위계 또는 위력으로써 그 업무수행을 방해한 사람은 5년 이하의 징역 또는 5천만원 이하의 벌금에 처한다.
② 단체 또는 다중의 위력을 보이거나 위험한 물건을 휴대하여 제1항의 죄를 범한 때에는 그 정한 형의 2분의 1까지 가중한다.
③ 제1항의 죄를 범하여 사법경찰관리, 아동학대전담공무원이나 아동보호전문기관의 직원을 상해에 이르게 한 때에는 3년 이상의 유기징역에 처한다. 사망에 이르게 한 때에는 무기 또는 5년 이상의 징역에 처한다.

제63조(과태료) ① 다음 각 호의 어느 하나에 해당하는 사람에게는 **1천만원 이하의 과태료**를 부과한다.
  1. 정당한 사유 없이 판사의 아동보호사건의 조사·심리를 위한 소환에 따르지 아니한 사람
  2. 정당한 사유 없이 제10조제2항에 따른 신고를 하지 아니한 사람
  3. 정당한 사유 없이 제11조제6항을 위반하여 사법경찰관리, 아동학대전담공무원 또는 아동보호전문기관의 직원이 수행하는 현장조사를 거부한 사람
  3의2. 정당한 사유 없이 제11조의2제1항 후단을 위반하여 아동학대전담공무원의 출석·진술 및 자료제출 요구에 따르지 아니하거나 거짓으로 진술 또는 자료를 제출한 사람
  4. 정당한 사유 없이 제13조제1항에 따른 긴급임시조치를 이행하지 아니한 사람
  5. 정당한 사유 없이 제36조제1항제4호부터 제8호까지의 보호처분이 확정된 후 이를 이행하지 아니하거나 집행에 따르지 아니한 사람
  6. 정당한 사유 없이 제39조에 따른 보고서 또는 의견서 제출 요구에 따르지 아니한 사람
② 제1항에 따른 과태료는 대통령령으로 정하는 바에 따라 관계 행정기관의 장이 부과·징수한다.

09 스토킹범죄

1. 스토킹범죄의 처벌 등에 관한 법률(약칭: 스토킹처벌법)

제1장 총칙

제1조(목적) 이 법은 스토킹범죄의 처벌 및 그 절차에 관한 특례와 스토킹범죄 피해자에 대한 보호절차를 규정함으로써 피해자를 보호하고 건강한 사회질서의 확립에 이바지함을 목적으로 한다.

제2조(정의) 이 법에서 사용하는 용어의 뜻은 다음과 같다.
1. "스토킹행위"란 **상대방의 의사에 반(反)하여 정당한 이유 없이** 다음 각 목의 어느 하나에 해당하는 행위를 하여 **상대방에게 불안감 또는 공포심을 일으키는 것을 말한다.**
   가. 상대방 또는 그의 동거인, 가족(이하 "상대방등"이라 한다)에게 **접근하거나 따라다니거나 진로를 막아서는 행위**
   나. 상대방등의 주거, 직장, 학교, 그 밖에 일상적으로 생활하는 장소(이하 "주거등"이라 한다) 또는 그 부근에서 **기다리거나 지켜보는 행위**
   다. **상대방등에게 우편·전화·팩스** 또는「정보통신망 이용촉진 및 정보보호 등에 관한 법률」제2조제1항제1호의 정보통신망(이하 "**정보통신망**"이라 한다)을 **이용하여** 물건이나 글·말·부호·음향·그림·영상·화상(이하 "**물건등**"이라 한다)을 **도달하게 하거나 정보통신망을 이용하는 프로그램 또는 전화의 기능에 의하여 글·말·부호·음향·그림·영상·화상이 상대방등에게 나타나게 하는 행위**
   라. 상대방등에게 직접 또는 제3자를 통하여 **물건등을 도달하게 하거나 주거등 또는 그 부근에 물건등을 두는 행위**
   마. 상대방등의 주거등 또는 그 부근에 놓여져 있는 **물건등을 훼손하는 행위**
   바. 다음의 어느 하나에 해당하는 상대방등의 정보를 **정보통신망을 이용하여 제3자에게 제공하거나 배포 또는 게시하는 행위**
      1) 「개인정보 보호법」 제2조제1호의 개인정보
      2) 「위치정보의 보호 및 이용 등에 관한 법률」 제2조제2호의 개인위치정보
      3) 1) 또는 2)의 정보를 편집·합성 또는 가공한 정보(해당 정보주체를 식별할 수 있는 경우로 한정한다)
   사. 정보통신망을 통하여 상대방등의 이름, 명칭, 사진, 영상 또는 신분에 관한 정보를 이용하여 **자신이 상대방등인 것처럼 가장하는 행위**
2. "스토킹범죄"란 **지속적 또는 반복적**으로 스토킹행위를 하는 것을 말한다. 22 1차
3. "피해자"란 스토킹범죄로 **직접적인 피해를 입은 사람**을 말한다.
4. "피해자등"이란 피해자 및 스토킹행위의 상대방을 말한다.

제2장 스토킹범죄 등의 처리절차

제3조(스토킹행위 신고 등에 대한 응급조치) **사법경찰관리**는 진행 중인 스토킹행위에 대하여 신고를 받은 경우 즉시 현장에 나가 다음 각 호의 조치를 하여야 한다. 22 1차
1. 스토킹행위의 **제지**, 향후 스토킹행위의 **중단 통보** 및 스토킹행위를 지속적 또는 반복적으로 할 경우 **처벌 서면경고**

2. 스토킹행위자와 피해자등의 **분리 및 범죄수사**
3. 피해자등에 대한 **긴급응급조치 및 잠정조치 요청의 절차 등 안내**
4. 스토킹 피해 관련 **상담소 또는 보호시설로의 피해자등 인도**(피해자등이 동의한 경우만 해당한다)

제4조(긴급응급조치) ① **사법경찰관**은 스토킹행위 신고와 관련하여 스토킹행위가 **지속적 또는 반복적으로 행하여질 우려**가 있고 스토킹범죄의 예방을 위하여 **긴급을 요하는 경우** 스토킹행위자에게 직권으로 또는 스토킹행위의 상대방이나 그 법정대리인 또는 스토킹행위를 신고한 사람의 요청에 의하여 다음 각 호에 따른 **조치를 할 수 있다.** 22 2차
  1. 스토킹행위의 상대방등이나 그 주거등으로부터 **100미터 이내의 접근 금지**
  2. 스토킹행위의 상대방등에 대한 「전기통신기본법」 제2조제1호의 **전기통신을 이용한 접근 금지**
② 사법경찰관은 제1항에 따른 조치(이하 "긴급응급조치"라 한다)를 하였을 때에는 즉시 스토킹행위의 요지, 긴급응급조치가 필요한 사유, 긴급응급조치의 내용 등이 포함된 **긴급응급조치결정서를 작성하여야 한다.**

제5조(긴급응급조치의 승인 신청) ① **사법경찰관**은 긴급응급조치를 하였을 때에는 **지체 없이 검사에게** 해당 긴급응급조치에 대한 **사후승인을 지방법원 판사에게 청구하여 줄 것을 신청하여야 한다.** 22 2차
② 제1항의 신청을 받은 검사는 긴급응급조치가 있었던 때부터 **48시간 이내**에 지방법원 판사에게 해당 긴급응급조치에 대한 사후승인을 청구한다. 이 경우 제4조제2항에 따라 작성된 긴급응급조치결정서를 첨부하여야 한다. 22 2차
③ 지방법원 판사는 스토킹행위가 지속적 또는 반복적으로 행하여지는 것을 예방하기 위하여 필요하다고 인정하는 경우에는 제2항에 따라 청구된 긴급응급조치를 승인할 수 있다.
④ 사법경찰관은 검사가 제2항에 따라 **긴급응급조치에 대한 사후승인을 청구하지 아니하거나 지방법원 판사가** 제2항의 청구에 대하여 **사후승인을 하지 아니한 때에는 즉시 그 긴급응급조치를 취소하여야 한다.**
⑤ 긴급응급조치기간은 1개월을 초과할 수 없다. 22 2차

제6조(긴급응급조치의 통지 등) ① 사법경찰관은 긴급응급조치를 하는 경우에는 스토킹행위의 **상대방등이나 그 법정대리인에게 통지하여야 한다.**
② 사법경찰관은 긴급응급조치를 하는 경우에는 해당 긴급응급조치의 대상자(이하 "긴급응급조치대상자"라 한다)에게 **조치의 내용 및 불복방법 등을 고지하여야 한다.**

제7조(긴급응급조치의 변경 등) ① 긴급응급조치대상자나 그 법정대리인은 긴급응급조치의 **취소 또는 그 종류의 변경을 사법경찰관에게 신청할 수 있다.**
② 스토킹행위의 상대방등이나 그 법정대리인은 제4조제1항제1호의 긴급응급조치가 있은 후 **스토킹행위의 상대방등이 주거등을 옮긴 경우에는 사법경찰관에게 긴급응급조치의 변경을 신청할 수 있다.**
③ 스토킹행위의 상대방이나 그 법정대리인은 **긴급응급조치가 필요하지 아니한 경우에는 사법경찰관에게 해당 긴급응급조치의 취소를 신청할 수 있다.**
④ **사법경찰관**은 정당한 이유가 있다고 인정하는 경우에는 **직권**으로 또는 제1항부터 제3항까지의 규정에 따른 **신청**에 의하여 **해당 긴급응급조치를 취소할 수 있고, 지방법원 판사의 승인을 받아 긴급응급조치의 종류를 변경할 수 있다.**
⑤ **사법경찰관**은 제4항에 따라 긴급응급조치를 취소하거나 그 종류를 변경하였을 때에는 **스토킹행위의 상대방등 및 긴급응급조치대상자 등에게** 다음 각 호의 구분에 따라 **통지 또는 고지하여야 한다.**
  1. 스토킹행위의 상대방등이나 그 법정대리인: 취소 또는 변경의 취지 통지
  2. 긴급응급조치대상자: 취소 또는 변경된 조치의 내용 및 불복방법 등 고지

⑥ **긴급응급조치**(제4항에 따라 그 종류를 변경한 경우를 포함한다. 이하 이 항에서 같다)는 다음 각 호의 어느 하나에 해당하는 때에 그 **효력을 상실한다.**
　1. 긴급응급조치에서 정한 기간이 지난 때
　2. 법원이 긴급응급조치대상자에게 다음 각 목의 결정을 한 때(스토킹행위의 상대방과 같은 사람을 피해자로 하는 경우로 한정한다)
　　가. 제4조제1항제1호의 긴급응급조치에 따른 스토킹행위의 상대방등과 같은 사람을 피해자 또는 그의 동거인, 가족으로 하는 제9조제1항제2호에 따른 조치의 결정
　　나. 제4조제1항제1호의 긴급응급조치에 따른 주거등과 같은 장소를 피해자 또는 그의 동거인, 가족의 주거등으로 하는 제9조제1항제2호에 따른 조치의 결정
　　다. 제4조제1항제2호의 긴급응급조치에 따른 스토킹행위의 상대방등과 같은 사람을 피해자 또는 그의 동거인, 가족으로 하는 제9조제1항제3호에 따른 조치의 결정

제8조(잠정조치의 청구) ① **검사**는 스토킹범죄가 재발될 우려가 있다고 인정하면 **직권** 또는 사법경찰관의 **신청**에 따라 법원에 제9조제1항 각 호의 **조치를 청구할 수 있다.**
② **피해자 또는 그 법정대리인**은 검사 또는 사법경찰관에게 제1항에 따른 조치의 청구 또는 그 신청을 요청하거나, 이에 관하여 **의견을 진술할 수 있다.**
③ 사법경찰관은 제2항에 따른 신청 요청을 받고도 제1항에 따른 신청을 하지 아니하는 경우에는 검사에게 그 사유를 보고하여야 하고, **피해자 또는 그 법정대리인에게 그 사실을 지체 없이 알려야 한다.**
④ **검사**는 제2항에 따른 청구 요청을 받고도 제1항에 따른 **청구를 하지 아니하는 경우에는 피해자 또는 그 법정대리인에게 그 사실을 지체 없이 알려야 한다.**

제9조(스토킹행위자에 대한 잠정조치) ① 법원은 스토킹범죄의 원활한 조사·심리 또는 피해자 보호를 위하여 필요하다고 인정하는 경우에는 결정으로 스토킹행위자에게 다음 각 호의 어느 하나에 해당하는 조치(이하 "**잠정조치**"라 한다)를 **할 수 있다.** 24 경간
　1. 피해자에 대한 스토킹범죄 중단에 관한 **서면 경고**
　2. 피해자 또는 그의 동거인, 가족이나 그 주거등으로부터 **100미터 이내의 접근 금지**
　3. 피해자 또는 그의 동거인, 가족에 대한 「전기통신기본법」 제2조제1호의 **전기통신을 이용한 접근 금지**
　3의2. 「전자장치 부착 등에 관한 법률」 제2조제4호의 **위치추적 전자장치**(이하 "**전자장치**"라 한다)의 부착
　4. 국가경찰관서의 **유치장 또는 구치소에의 유치**
② 제1항 각 호의 잠정조치는 **병과(併科)할 수 있다.**
③ 법원은 제1항제3호의2 또는 제4호의 조치에 관한 결정을 하기 전 잠정조치의 사유를 판단하기 위하여 필요하다고 인정하는 때에는 **검사, 스토킹행위자, 피해자, 기타 참고인으로부터 의견을 들을 수 있다.** 의견을 듣는 방법과 절차, 그 밖에 필요한 사항은 대법원규칙으로 정한다.
④ 제1항제3호의2에 따라 전자장치가 부착된 사람은 잠정조치기간 중 전자장치의 효용을 해치는 다음 각 호의 행위를 하여서는 아니된다.
　1. 전자장치를 신체에서 임의로 분리하거나 손상하는 행위
　2. 전자장치의 전파(電波)를 방해하거나 수신자료를 변조(變造)하는 행위
　3. 제1호 및 제2호에서 정한 행위 외에 전자장치의 효용을 해치는 행위
⑤ 법원은 잠정조치를 결정한 경우에는 검사와 피해자 또는 그의 동거인, 가족, 그 법정대리인에게 통지하여야 한다.

⑥ 법원은 제1항제4호에 따른 잠정조치를 한 경우에는 스토킹행위자에게 변호인을 선임할 수 있다는 것과 제12조에 따라 항고할 수 있다는 것을 고지하고, 다음 각 호의 구분에 따른 사람에게 해당 잠정조치를 한 사실을 통지하여야 한다.
　1. 스토킹행위자에게 변호인이 있는 경우: 변호인
　2. 스토킹행위자에게 변호인이 없는 경우: 법정대리인 또는 스토킹행위자가 지정하는 사람
⑦ 제1항제2호·제3호 및 제3호의2에 따른 잠정조치기간은 **3개월**, 같은 항 제4호에 따른 잠정조치기간은 **1개월**을 초과할 수 없다. 다만, 법원은 피해자의 보호를 위하여 그 기간을 연장할 필요가 있다고 인정하는 경우에는 결정으로 제1항제2호·제3호 및 제3호의2에 따른 잠정조치에 대하여 **두 차례**에 한정하여 **각 3개월의 범위에서 연장할 수 있다.** 22 2차

제10조(잠정조치의 집행 등) ① 법원은 잠정조치 결정을 한 경우에는 법원공무원, 사법경찰관리, 구치소 소속 교정직공무원 또는 보호관찰관으로 하여금 집행하게 할 수 있다.
② 제1항에 따라 잠정조치 결정을 집행하는 사람은 스토킹행위자에게 잠정조치의 내용, 불복방법 등을 고지하여야 한다.
③ 피해자 또는 그의 동거인, 가족, 그 법정대리인은 제9조제1항제2호의 잠정조치 결정이 있은 후 피해자 또는 그의 동거인, 가족이 주거등을 옮긴 경우에는 법원에 잠정조치 결정의 변경을 신청할 수 있다.
④ 제3항의 신청에 따른 변경 결정의 스토킹행위자에 대한 고지에 관하여는 제2항을 준용한다.
⑤ 제1항부터 제4항까지에서 규정한 사항 외에 제9조제1항제3호의2에 따른 잠정조치 결정의 집행 등에 관하여는 「전자장치 부착 등에 관한 법률」 제5장의2에 따른다.

제11조(잠정조치의 변경 등) ① 스토킹행위자나 그 법정대리인은 잠정조치 결정의 취소 또는 그 종류의 변경을 법원에 신청할 수 있다.
② **검사**는 수사 또는 공판과정에서 잠정조치가 계속 **필요하다고 인정**하는 경우에는 **직권**이나 **사법경찰관의 신청**에 따라 법원에 해당 잠정조치기간의 **연장 또는 그 종류의 변경을 청구할 수 있고**, 잠정조치가 **필요하지 아니하다고 인정**하는 경우에는 **직권**이나 **사법경찰관의 신청**에 따라 법원에 해당 **잠정조치의 취소를 청구할 수 있다.**
③ 법원은 정당한 이유가 있다고 인정하는 경우에는 직권 또는 제1항의 신청이나 제2항의 청구에 의하여 결정으로 해당 잠정조치의 취소, 기간의 연장 또는 그 종류의 변경을 할 수 있다.
④ 법원은 제3항에 따라 잠정조치의 취소, 기간의 연장 또는 그 종류의 변경을 하였을 때에는 검사와 피해자 및 스토킹행위자 등에게 다음 각 호의 구분에 따라 **통지 또는 고지하여야 한다.**
　1. 검사, 피해자 또는 그의 동거인, 가족, 그 법정대리인: 취소, 연장 또는 변경의 취지 통지
　2. 스토킹행위자: 취소, 연장 또는 변경된 조치의 내용 및 불복방법 등 고지
　3. 제9조제6항 각 호의 구분에 따른 사람: 제9조제1항제4호에 따른 잠정조치를 한 사실
⑤ 잠정조치 결정(제3항에 따라 잠정조치기간을 연장하거나 그 종류를 변경하는 결정을 포함한다. 이하 제12조 및 제14조에서 같다)은 스토킹행위자에 대해 검사가 불기소처분을 한 때 또는 사법경찰관이 불송치결정을 한 때에 그 효력을 상실한다.

제12조(항고) ① 검사, 스토킹행위자 또는 그 법정대리인은 긴급응급조치 또는 잠정조치에 대한 결정이 다음 각 호의 어느 하나에 해당하는 경우에는 항고할 수 있다.
　1. 해당 결정에 영향을 미친 법령의 위반이 있거나 중대한 사실의 오인이 있는 경우
　2. 해당 결정이 현저히 부당한 경우
② 제1항에 따른 항고는 그 결정을 고지받은 날부터 7일 이내에 하여야 한다.

제13조(항고장의 제출) ① 제12조에 따른 항고를 할 때에는 원심법원에 항고장을 제출하여야 한다.
② 항고장을 받은 법원은 3일 이내에 의견서를 첨부하여 기록을 항고법원에 보내야 한다.

제14조(항고의 재판) ① 항고법원은 항고의 절차가 법률에 위반되거나 항고가 이유 없다고 인정하는 경우에는 결정으로 항고를 기각(棄却)하여야 한다.
② 항고법원은 항고가 이유 있다고 인정하는 경우에는 원결정(原決定)을 취소하고 사건을 원심법원에 환송하거나 다른 관할법원에 이송하여야 한다. 다만, 환송 또는 이송하기에 급박하거나 그 밖에 필요하다고 인정할 때에는 원결정을 파기하고 스스로 적절한 잠정조치 결정을 할 수 있다.

제15조(재항고) ① 항고의 기각 결정에 대해서는 그 결정이 법령에 위반된 경우에만 대법원에 재항고를 할 수 있다.
② 제1항에 따른 재항고의 기간, 재항고장의 제출 및 재항고의 재판에 관하여는 제12조제2항, 제13조 및 제14조를 준용한다.

제16조(집행의 부정지) 항고와 재항고는 결정의 집행을 정지하는 효력이 없다.

제17조(스토킹범죄의 피해자에 대한 전담조사제) ① 검찰총장은 각 지방검찰청 검사장에게 **스토킹범죄 전담 검사를 지정**하도록 하여 특별한 사정이 없으면 **스토킹범죄 전담 검사가 피해자를 조사하게 하여야 한다.**
② **경찰관서의 장**(국가수사본부장, 시·도경찰청장 및 경찰서장을 의미한다. 이하 같다)은 **스토킹범죄 전담 사법경찰관을 지정**하여 특별한 사정이 없으면 **스토킹범죄 전담 사법경찰관이 피해자를 조사하게 하여야 한다.**
③ **검찰총장 및 경찰관서의 장**은 제1항의 스토킹범죄 전담 검사 및 제2항의 스토킹범죄 전담 사법경찰관에게 스토킹범죄의 수사에 필요한 전문지식과 피해자 보호를 위한 수사방법 및 수사절차 등에 관한 **교육을 실시하여야 한다.**

제17조의2(피해자 등에 대한 신변안전조치) 법원 또는 수사기관이 피해자등 또는 스토킹범죄를 신고(고소·고발을 포함한다. 이하 이 조에서 같다)한 사람을 증인으로 신문하거나 조사하는 경우의 신변안전조치에 관하여는 「특정범죄신고자 등 보호법」 제13조 및 제13조의2를 준용한다. 이 경우 "범죄신고자등"은 "피해자등 또는 스토킹범죄를 신고한 사람"으로 본다.

제17조의3(피해자등의 신원과 사생활 비밀 누설 금지) ① 다음 각 호의 어느 하나에 해당하는 업무를 담당하거나 그에 관여하는 공무원 또는 그 직에 있었던 사람은 피해자등의 주소, 성명, 나이, 직업, 학교, 용모, 인적사항, 사진 등 **피해자등을 특정하여 파악할 수 있게 하는 정보 또는 피해자등의 사생활에 관한 비밀을 공개하거나 다른 사람에게 누설하여서는 아니 된다.**
  1. 제3조에 따른 조치에 관한 업무
  2. 긴급응급조치의 신청, 청구, 승인, 집행 또는 취소·변경에 관한 업무
  3. 잠정조치의 신청, 청구, 결정, 집행 또는 취소·기간연장·변경에 관한 업무
  4. 스토킹범죄의 수사 또는 재판에 관한 업무
② 누구든지 피해자등의 동의를 받지 아니하고 피해자등의 주소, 성명, 나이, 직업, 학교, 용모, 인적사항, 사진 등 **피해자등을 특정하여 파악할 수 있게 하는 정보를 신문 등 인쇄물에 싣거나 「방송법」 제2조제1호에 따른 방송 또는 정보통신망을 통하여 공개하여서는 아니 된다.**

제17조의4(피해자에 대한 변호사 선임의 특례) ① 피해자 및 그 법정대리인은 형사절차상 입을 수 있는 피해를 방어하고 법률적 조력을 보장받기 위하여 변호사를 선임할 수 있다.
② 제1항에 따라 선임된 변호사(이하 이 조에서 "변호사"라 한다)는 검사 또는 사법경찰관의 피해자 및 그 법정대리인에 대한 조사에 참여하여 의견을 진술할 수 있다. 다만, 조사 도중에는 검사 또는

사법경찰관의 승인을 받아 의견을 진술할 수 있다.
③ 변호사는 피의자에 대한 구속 전 피의자심문, 증거보전절차, 공판준비기일 및 공판절차에 출석하여 의견을 진술할 수 있다. 이 경우 필요한 절차에 관한 구체적 사항은 대법원규칙으로 정한다.
④ 변호사는 증거보전 후 관계 서류나 증거물, 소송계속 중의 관계 서류나 증거물을 열람하거나 복사할 수 있다.
⑤ 변호사는 형사절차에서 피해자 및 법정대리인의 대리가 허용될 수 있는 모든 소송행위에 대한 포괄적인 대리권을 가진다.
⑥ 검사는 피해자에게 변호사가 없는 경우 국선변호사를 선정하여 형사절차에서 피해자의 권익을 보호할 수 있다.

제3장 벌칙

제18조(스토킹범죄) ① 스토킹범죄를 저지른 사람은 3년 이하의 징역 또는 3천만원 이하의 벌금에 처한다.
② 흉기 또는 그 밖의 위험한 물건을 휴대하거나 이용하여 스토킹범죄를 저지른 사람은 5년 이하의 징역 또는 5천만원 이하의 벌금에 처한다.

제19조(형벌과 수강명령 등의 병과) ① 법원은 스토킹범죄를 저지른 사람에 대하여 유죄판결(선고유예는 제외한다)을 선고하거나 약식명령을 고지하는 경우에는 200시간의 범위에서 다음 각 호의 구분에 따라 재범 예방에 필요한 수강명령(「보호관찰 등에 관한 법률」에 따른 수강명령을 말한다. 이하 같다) 또는 스토킹 치료프로그램의 이수명령(이하 "이수명령"이라 한다)을 병과할 수 있다.
  1. 수강명령: 형의 집행을 유예할 경우에 그 집행유예기간 내에서 병과
  2. 이수명령: 벌금형 또는 징역형의 실형을 선고하거나 약식명령을 고지할 경우에 병과
② 법원은 스토킹범죄를 저지른 사람에 대하여 형의 집행을 유예하는 경우에는 제1항에 따른 수강명령 외에 그 집행유예기간 내에서 보호관찰 또는 사회봉사 중 하나 이상의 처분을 병과할 수 있다.
③ 제1항에 따른 수강명령 또는 이수명령의 내용은 다음 각 호와 같다.
  1. 스토킹 행동의 진단·상담
  2. 건전한 사회질서와 인권에 관한 교육
  3. 그 밖에 스토킹범죄를 저지른 사람의 재범 예방을 위하여 필요한 사항
④ 제1항에 따른 수강명령 또는 이수명령은 다음 각 호의 구분에 따라 각각 집행한다.
  1. 형의 집행을 유예할 경우: 그 집행유예기간 내
  2. 벌금형을 선고하거나 약식명령을 고지할 경우: 형 확정일부터 6개월 이내
  3. 징역형의 실형을 선고할 경우: 형기 내
⑤ 제1항에 따른 수강명령 또는 이수명령이 벌금형 또는 형의 집행유예와 병과된 경우에는 보호관찰소의 장이 집행하고, 징역형의 실형과 병과된 경우에는 교정시설의 장이 집행한다. 다만, 징역형의 실형과 병과된 이수명령을 모두 이행하기 전에 석방 또는 가석방되거나 미결구금일수 산입 등의 사유로 형을 집행할 수 없게 된 경우에는 보호관찰소의 장이 남은 이수명령을 집행한다.
⑥ 형벌에 병과하는 보호관찰, 사회봉사, 수강명령 또는 이수명령에 관하여 이 법에서 규정한 사항 외에는 「보호관찰 등에 관한 법률」을 준용한다.

제20조(벌칙) ① 다음 각 호의 어느 하나에 해당하는 사람은 3년 이하의 징역 또는 3천만원 이하의 벌금에 처한다.
  1. 제9조제4항을 위반하여 전자장치의 효용을 해치는 행위를 한 사람

2. 제17조의3제1항을 위반하여 피해자등의 주소, 성명, 나이, 직업, 학교, 용모, 인적사항, 사진 등 피해자등을 특정하여 파악할 수 있게 하는 정보 또는 피해자등의 사생활에 관한 비밀을 공개하거나 다른 사람에게 누설한 사람
3. 제17조의3제2항을 위반하여 피해자등의 주소, 성명, 나이, 직업, 학교, 용모, 인적 사항, 사진 등 피해자등을 특정하여 파악할 수 있게 하는 정보를 신문 등 인쇄물에 싣거나 「방송법」 제2조제1호에 따른 방송 또는 정보통신망을 통하여 공개한 사람

② 제9조제1항제2호 또는 제3호의 잠정조치를 이행하지 아니한 사람은 2년 이하의 징역 또는 2천만원 이하의 벌금에 처한다.

③ 긴급응급조치(검사가 제5조제2항에 따른 긴급응급조치에 대한 사후승인을 청구하지 아니하거나 지방법원 판사가 같은 조 제3항에 따른 승인을 하지 아니한 경우는 제외한다)를 이행하지 아니한 사람은 1년 이하의 징역 또는 1천만원 이하의 벌금에 처한다.

④ 제19조제1항에 따라 이수명령을 부과받은 후 정당한 사유 없이 보호관찰소의 장 또는 교정시설의 장의 이수명령 이행에 관한 지시에 따르지 아니하여 「보호관찰 등에 관한 법률」 또는 「형의 집행 및 수용자의 처우에 관한 법률」에 따른 경고를 받은 후 다시 정당한 사유 없이 이수명령 이행에 관한 지시를 따르지 아니한 경우에는 다음 각 호에 따른다.
1. 벌금형과 병과된 경우에는 500만원 이하의 벌금에 처한다.
2. 징역형의 실형과 병과된 경우에는 1년 이하의 징역 또는 1천만원 이하의 벌금에 처한다

2. 스토킹방지 및 피해자보호 등에 관한 법률 (약칭: 스토킹방지법)

제1조(목적) 이 법은 스토킹을 예방하고 피해자를 보호·지원함으로써 인권증진에 이바지함을 목적으로 한다.

제2조(정의) 이 법에서 사용하는 용어의 뜻은 다음과 같다.
1. "스토킹"이란 「스토킹범죄의 처벌 등에 관한 법률」 제2조제1호에 따른 스토킹행위 및 같은 조 제2호에 따른 스토킹범죄를 말한다.
2. "스토킹행위자"란 스토킹을 한 사람을 말한다.
3. "피해자"란 스토킹으로 직접적인 피해를 입은 사람을 말한다.

제3조(국가 등의 책무) ① 국가와 지방자치단체는 스토킹의 예방·방지와 피해자의 보호·지원을 위하여 다음 각 호의 조치를 하여야 한다.
1. 스토킹 신고체계의 구축·운영
2. 스토킹 예방·방지를 위한 조사·연구·교육 및 홍보
3. 피해자를 보호·지원하기 위한 시설의 설치·운영
4. 피해자에 대한 법률구조와 주거 지원 및 취업 등 자립 지원 서비스의 제공
5. 피해자의 신체적·정신적 회복을 위하여 필요한 상담·치료회복프로그램 제공
6. 피해자에 대한 보호·지원을 원활히 하기 위한 관련 기관 간 협력체계의 구축·운영
7. 스토킹의 예방·방지와 피해자의 보호·지원을 위한 관계 법령의 정비와 각종 정책의 수립·시행 및 평가
8. 피해자의 안전확보를 위한 신변 노출 방지와 보호·지원 체계의 구축
9. 피해자 지원 기관 및 시설 종사자의 신변보호를 위한 안전대책 마련

② 국가와 지방자치단체는 제1항에 따른 책무를 다하기 위하여 이에 따른 예산상의 조치를 하여야 한다.

제4조(스토킹 실태조사) ① 여성가족부장관은 3년마다 스토킹에 대한 실태조사를 실시하여 그 결과를 발표하고, 이를 스토킹 방지를 위한 정책수립의 기초자료로 활용하여야 한다.
② 제1항에 따른 실태조사의 내용과 방법 등에 관하여 필요한 사항은 대통령령으로 정한다.

제5조(스토킹 예방교육 등) ① 국가기관, 지방자치단체, 「초·중등교육법」에 따른 각급 학교 및 대통령령으로 정하는 공공단체의 장은 스토킹의 예방과 방지를 위하여 필요한 교육을 실시할 수 있다. 다만, 수사기관의 장은 사건 담당자 등 업무 관련자를 대상으로 필요한 교육을 실시하여야 한다.
② 제1항에 따라 스토킹 예방교육을 실시하는 경우 「가정폭력방지 및 피해자보호 등에 관한 법률」 제4조의3에 따른 가정폭력 예방교육, 「성매매방지 및 피해자보호 등에 관한 법률」 제5조에 따른 성매매 예방교육, 「성폭력방지 및 피해자보호 등에 관한 법률」 제5조에 따른 성교육 및 성폭력 예방교육, 「양성평등기본법」 제31조에 따른 성희롱 예방교육 등을 성평등 관점에서 통합하여 실시할 수 있다.
③ 국가기관, 지방자치단체의 장 및 대통령령으로 정하는 공공단체의 장은 스토킹 방지를 위한 자체 예방지침 마련, 사건 발생 시 재발방지대책 수립·시행 등 필요한 대책을 마련하여야 한다.
④ 「양성평등기본법」 제3조제3호에 따른 사용자는 스토킹 예방교육을 실시하는 등 직장 내 스토킹 예방을 위한 노력을 하여야 한다.
⑤ 여성가족부장관은 제1항에 따른 교육의 확산을 위하여 교육에 필요한 자료 또는 프로그램을 개발·보급하여야 한다.
⑥ 제3항에 따른 재발방지대책에 포함되어야 할 사항은 대통령령으로 정한다.

제6조(피해자 등에 대한 불이익조치의 금지 등) ① 피해자 또는 스토킹 사실을 신고한 자를 고용하고 있는 자는 피해자 또는 스토킹 사실을 신고한 자에게 스토킹으로 피해를 입은 것 또는 신고를 한 것을 이유로 다음 각 호의 어느 하나에 해당하는 불이익조치를 하여서는 아니 된다.
  1. 파면, 해임, 해고, 그 밖에 신분상실에 해당하는 신분상의 불이익조치
  2. 징계, 정직, 감봉, 강등, 승진 제한, 그 밖에 부당한 인사조치
  3. 전보, 전근, 직무 미부여, 직무 재배치, 그 밖에 본인의 의사에 반하는 인사조치
  4. 성과평가 또는 동료평가 등에서 차별이나 그에 따른 임금 또는 상여금 등의 차별 지급
  5. 직업능력 개발 및 향상을 위한 교육훈련 기회의 제한, 예산 또는 인력 등 가용자원의 제한 또는 제거, 보안정보 또는 비밀정보 사용의 정지 또는 취급자격의 취소, 그 밖에 근무조건 등에 부정적 영향을 미치는 차별 또는 조치
  6. 주의 대상자 명단 작성 또는 그 명단의 공개, 집단 따돌림, 폭행 또는 폭언 등 정신적·신체적 손상을 가져오는 행위 또는 그 행위의 발생을 방치하는 행위
  7. 직무에 대한 부당한 감사 또는 조사나 그 결과의 공개
  8. 그 밖에 본인의 의사에 반하는 불이익조치
② 피해자를 고용하고 있는 자는 피해자의 요청이 있으면 업무 연락처 및 근무 장소의 변경, 배치 전환 등의 적절한 조치를 할 수 있다.

제7조(취학 지원) ① 국가나 지방자치단체는 피해자나 그 가족구성원(이하 "피해자등"이라 한다)이 「초·중등교육법」에 따른 각급 학교의 학생인 경우로서 주소지 외의 지역에서 취학(입학·재입학·전학 및 편입학을 포함한다. 이하 같다)할 필요가 있는 경우에는 그 취학이 원활히 이루어지도록 지원하여야 한다.
② 제1항에 따른 취학 지원에 필요한 사항은 대통령령으로 정한다.

제8조(지원시설의 설치) ① 국가나 지방자치단체는 피해자등의 보호·지원과 효과적인 피해 방지를 위하여 피해자 지원시설(이하 "지원시설"이라 한다)을 설치·운영할 수 있다.
② 여성가족부장관이나 지방자치단체의 장은 지원시설의 설치·운영 업무를 대통령령으로 정하는 기관 또는 단체에 위탁할 수 있다.
③ 여성가족부장관이나 지방자치단체의 장은 제2항에 따라 지원시설의 설치·운영 업무를 위탁하는 경우에는 그에 필요한 경비를 지원할 수 있다.
④ 제1항에 따른 지원시설의 설치·운영 기준 등에 필요한 사항은 대통령령으로 정한다.

제9조(지원시설의 업무) 지원시설은 다음 각 호의 업무를 수행한다.
1. 스토킹 신고 접수와 이에 관한 상담
2. 피해자등의 신체적·정신적 안정과 일상생활 복귀 지원
3. 피해자등의 보호와 임시거소의 제공 및 숙식 제공
4. 직업훈련 및 취업정보의 제공
5. 피해자등의 질병치료와 건강관리를 위하여 의료기관에 인도하는 등의 의료 지원
6. 스토킹행위자에 대한 고소와 피해배상청구 등 사법처리 절차에 관하여 「법률구조법」 제8조에 따른 대한법률구조공단 등 관계 기관에 대한 협조 및 지원 요청
7. 수사·재판 과정에 필요한 지원
8. 스토킹의 예방·방지를 위한 홍보 및 교육
9. 스토킹과 스토킹 피해에 관한 조사·연구
10. 다른 법률에 따라 지원시설에 위탁된 업무
11. 그 밖에 피해자등을 보호·지원하기 위하여 대통령령으로 정하는 업무

제10조(종사자 등의 자격기준) ① 다음 각 호의 어느 하나에 해당하는 사람은 지원시설의 장 또는 종사자가 될 수 없다.
1. 미성년자, 피성년후견인 또는 피한정후견인
2. 금고 이상의 실형을 선고받고 그 집행이 끝나지(집행이 끝난 것으로 보는 경우를 포함한다) 아니하거나 집행이 면제되지 아니한 사람
3. 금고 이상의 형의 집행유예를 선고받고 그 유예기간 중에 있는 사람
4. 「스토킹범죄의 처벌 등에 관한 법률」 제18조의 죄를 범하여 형을 선고받고 그 형의 전부 또는 일부의 집행이 종료되거나 집행이 유예·면제된 날부터 10년이 지나지 아니한 사람
② 지원시설에서 종사하려는 사람은 전문 지식이나 경력 등 대통령령으로 정하는 자격기준을 갖추어야 한다.

제11조(교육의 실시) ① 여성가족부장관이나 지방자치단체의 장은 지원시설 종사자의 자질을 향상시키기 위하여 필요한 교육을 실시하여야 한다.
② 여성가족부장관이나 지방자치단체의 장은 대통령령으로 정하는 전문기관으로 하여금 제1항에 따른 교육 업무를 수행하게 할 수 있다.
③ 제1항에 따른 교육의 시간·방법 및 내용 등에 관하여 필요한 사항은 대통령령으로 정한다.

제12조(피해자등의 의사 존중 의무) 지원시설의 장과 종사자는 피해자등이 분명히 밝힌 의사에 반하여 제9조에 따른 업무를 하여서는 아니 된다.

제13조(경찰관서의 협조) ① 지원시설의 장은 스토킹행위자로부터 피해자등을 긴급히 구조할 필요가 있을 때에는 경찰관서(지구대·파출소 및 출장소를 포함한다)의 장에게 그 소속 직원의 동행을 요청할 수 있다.

② 제1항에 따른 요청을 받은 경찰관서의 장은 특별한 사유가 없으면 그 요청에 따라야 한다.

제14조(사법경찰관리의 현장출동 등) ① 사법경찰관리는 스토킹의 신고가 접수된 때에는 지체 없이 신고된 현장에 출동하여야 한다.

② 제1항에 따라 출동한 사법경찰관리는 신고된 현장 또는 사건조사를 위한 관련 장소에 출입하여 관계인에 대하여 조사를 하거나 질문을 할 수 있다.

③ 제2항에 따라 출입, 조사 또는 질문을 하는 사법경찰관리는 그 권한을 표시하는 증표를 지니고 이를 관계인에게 내보여야 한다.

④ 제2항에 따라 조사 또는 질문을 하는 사법경찰관리는 피해자·신고자·목격자 등이 자유롭게 진술할 수 있도록 스토킹행위자로부터 분리된 곳에서 조사하는 등 필요한 조치를 하여야 한다.

⑤ 누구든지 정당한 사유 없이 제2항에 따른 사법경찰관리의 현장조사를 거부하는 등 그 업무 수행을 방해하는 행위를 하여서는 아니 된다.

제15조(비밀 유지의 의무) 지원시설의 장 또는 종사자이거나 지원시설의 장이었던 자 또는 종사자이었던 자는 그 직무상 알게 된 비밀을 누설하여서는 아니 된다.

제16조(벌칙) ① 제6조제1항을 위반하여 신고자 또는 피해자에게 해고나 그 밖의 불이익조치를 한 자는 3년 이하의 징역 또는 3천만원 이하의 벌금에 처한다.

② 제15조에 따른 비밀 유지의 의무를 위반한 자는 1년 이하의 징역 또는 1천만원 이하의 벌금에 처한다.

제17조(양벌규정) 법인의 대표자나 법인 또는 개인의 대리인, 사용인, 그 밖의 종사자가 그 법인 또는 개인의 업무에 관하여 제16조의 위반행위를 하면 그 행위자를 벌하는 외에 그 법인 또는 개인에게도 해당 조문의 벌금형을 과(科)한다. 다만, 법인 또는 개인이 그 위반행위를 방지하기 위하여 해당 업무에 관하여 상당한 주의와 감독을 게을리하지 아니한 경우에는 그러하지 아니하다.

제18조(과태료) ① 제14조제5항을 위반하여 정당한 사유 없이 사법경찰관리의 업무 수행을 방해한 자에게는 1천만원 이하의 과태료를 부과한다.

② 제1항에 따른 과태료는 대통령령으로 정하는 바에 따라 여성가족부장관이나 지방자치단체의 장이 부과·징수한다.

10 학교폭력예방 및 대책에 관한 법률

제2조(정의) 이 법에서 사용하는 용어의 정의는 다음 각 호와 같다.
1. **"학교폭력"**이란 **학교 내외에서 학생을 대상으로 발생한 상해, 폭행, 감금, 협박, 약취·유인, 명예훼손·모욕, 공갈, 강요·강제적인 심부름 및 성폭력, 따돌림, 사이버 따돌림, 정보통신망을 이용한 음란·폭력정보 등에 의하여 신체·정신 또는 재산상의 피해를 수반하는 행위를** 말한다. 14·17 승진
1의2. **"따돌림"**이란 학교 내외에서 2명 이상의 학생들이 특정인이나 특정집단의 학생들을 대상으로 지속적이거나 반복적으로 신체적 또는 심리적 공격을 가하여 상대방이 고통을 느끼도록 하는 모든 행위를 말한다.
1의3. **"사이버 따돌림"**이란 인터넷, 휴대전화 등 정보통신기기를 이용하여 학생들이 특정 학생들을 대상으로 지속적, 반복적으로 심리적 공격을 가하거나, 특정 학생과 관련된 개인정보 또는 허위사실을 유포하여 상대방이 고통을 느끼도록 하는 모든 행위를 말한다.

제5조(다른 법률과의 관계) ① 학교폭력의 규제, 피해학생의 보호 및 가해학생에 대한 조치에 관하여 다른 법률에 특별한 규정이 있는 경우를 제외하고는 이 법을 적용한다.
② 제2조제1호 중 성폭력은 다른 법률에 규정이 있는 경우에는 이 법을 적용하지 아니한다.

제6조(기본계획의 수립 등) ① **교육부장관**은 이 법의 목적을 효율적으로 달성하기 위하여 학교폭력의 예방 및 대책에 관한 정책 목표·방향을 설정하고, 이에 따른 학교폭력의 예방 및 대책에 관한 기본계획(이하 **"기본계획"**이라 한다)을 제7조에 따른 학교폭력대책위원회의 심의를 거쳐 수립·시행하여야 한다.
② 기본계획은 다음 각 호의 사항을 포함하여 **5년**마다 수립하여야 한다. 이 경우 교육부장관은 관계 중앙행정기관 등의 의견을 수렴하여야 한다.
1. 학교폭력의 근절을 위한 조사·연구·교육 및 계도
2. 피해학생에 대한 치료·재활 등의 지원
3. 학교폭력 관련 행정기관 및 교육기관 상호 간의 협조·지원
4. 제14조제1항에 따른 전문상담교사의 배치 및 이에 대한 행정적·재정적 지원
5. 학교폭력의 예방과 피해학생 및 가해학생의 치료·교육을 수행하는 청소년 관련 단체(이하 "전문단체"라 한다) 또는 전문가에 대한 행정적·재정적 지원
6. 그 밖에 학교폭력의 예방 및 대책을 위하여 필요한 사항
③ 교육부장관은 대통령령으로 정하는 바에 따라 특별시·광역시·특별자치시·도 및 특별자치도(이하 "시·도"라 한다) 교육청의 학교폭력 예방 및 대책과 그에 대한 성과를 평가하고, 이를 공표하여야 한다.

제7조(학교폭력대책위원회의 설치·기능) 학교폭력의 예방 및 대책에 관한 다음 각 호의 사항을 심의하기 위하여 **국무총리 소속**으로 학교폭력대책위원회(이하 "대책위원회"라 한다)를 둔다.
1. 학교폭력의 예방 및 대책에 관한 기본계획의 수립 및 시행에 대한 평가
2. 학교폭력과 관련하여 관계 중앙행정기관 및 지방자치단체의 장이 요청하는 사항
3. 학교폭력과 관련하여 교육청, 제9조에 따른 학교폭력대책지역위원회, 제10조의2에 따른 학교폭력대책지역협의회, 제12조에 따른 학교폭력대책심의위원회, 전문단체 및 전문가가 요청하는 사항

제8조(대책위원회의 구성) ① 대책위원회는 위원장 2명을 포함하여 **20명 이내의 위원**으로 구성한다.
② 위원장은 **국무총리**와 학교폭력 대책에 관한 전문지식과 경험이 풍부한 **전문가 중에서 대통령이 위촉하는 사람이 공동으로** 되고, 위원장 모두가 부득이한 사유로 직무를 수행할 수 없을 때에는 **국무총리가 지명한 위원이 그 직무를 대행한다.**

④ 위원장을 포함한 위원의 임기는 **2년**으로 하되, **한 차례에 한정하여 연임할 수 있다.**
⑤ 위원회의 효율적 운영 및 지원을 위하여 **간사 1명**을 두되, **간사는 교육부장관**이 된다.

제9조(학교폭력대책지역위원회의 설치) ① 지역의 학교폭력 문제를 해결하기 위하여 **시·도에 학교폭력대책지역위원회**(이하 "지역위원회"라 한다)**를 둔다.**
② 특별시장·광역시장·특별자치시장·도지사 및 특별자치도지사는 지역위원회의 운영 및 활동에 관하여 **시·도의 교육감**(이하 "교육감"이라 한다)**과 협의**하여야 하며, 그 효율적인 운영을 위하여 실무위원회를 둘 수 있다.
③ 지역위원회는 **위원장 1인을 포함한 11인 이내**의 위원으로 구성한다.
④ 지역위원회 및 제2항에 따른 실무위원회의 구성·운영에 필요한 사항은 대통령령으로 정한다.

제10조(학교폭력대책지역위원회의 기능 등) ① 지역위원회는 기본계획에 따라 지역의 **학교폭력 예방대책을 매년 수립한다.**
② 지역위원회는 해당 지역에서 발생한 학교폭력에 대하여 **교육감 및 시·도경찰청장**에게 관련 자료를 요청할 수 있다.

제10조의2(학교폭력대책지역협의회의 설치·운영) ① 학교폭력예방 대책을 수립하고 기관별 추진계획 및 상호 협력·지원 방안 등을 협의하기 위하여 **시·군·구에 학교폭력대책지역협의회**(이하 "지역협의회"라 한다)**를 둔다.**
② 지역협의회는 **위원장 1명을 포함한 20명 내외의 위원**으로 구성한다.
③ 그 밖에 지역협의회의 구성·운영에 필요한 사항은 대통령령으로 정한다.

제11조(교육감의 임무) ① 교육감은 시·도교육청에 학교폭력의 예방과 대책을 담당하는 전담부서를 설치·운영하여야 한다.

제11조의3(관계 기관과의 협조 등) ① 교육부장관, 교육감, 지역 교육장, 학교의 장은 학교폭력과 관련한 개인정보 등을 경찰청장, 시·도경찰청장, 관할 경찰서장 및 관계 기관의 장에게 요청할 수 있다.
② 제1항에 따라 정보제공을 요청받은 경찰청장, 시·도경찰청장, 관할 경찰서장 및 관계 기관의 장은 특별한 사정이 없으면 그 요청을 따라야 한다.

제12조(학교폭력대책심의위원회의 설치·기능) ① 학교폭력의 예방 및 대책에 관련된 사항을 심의하기 위하여 「지방교육자치에 관한 법률」 제34조 및 「제주특별자치도 설치 및 국제자유도시 조성을 위한 특별법」 제80조에 따른 **교육지원청**(교육지원청이 없는 경우 해당 시·도 조례로 정하는 기관으로 한다. 이하 같다)**에 학교폭력대책심의위원회**(이하 "심의위원회"라 한다)를 둔다. 다만, 심의위원회 구성에 있어 대통령령으로 정하는 사유가 있는 경우에는 교육감 보고를 거쳐 둘 이상의 교육지원청이 공동으로 심의위원회를 구성할 수 있다.
② 심의위원회는 학교폭력의 예방 및 대책 등을 위하여 다음 각 호의 사항을 심의한다.
  1. 학교폭력의 예방 및 대책
  2. 피해학생의 보호
  3. 가해학생에 대한 교육, 선도 및 징계
  4. 피해학생과 가해학생 간의 분쟁조정
  5. 그 밖에 대통령령으로 정하는 사항
③ 심의위원회는 해당 지역에서 발생한 학교폭력에 대하여 조사할 수 있고 학교장 및 **관할 경찰서장**에게 관련 자료를 요청할 수 있다.

제13조(심의위원회의 구성·운영) ① 심의위원회는 **10명 이상 50명 이내**의 위원으로 구성하되, 전체위원의 3분의 1 이상을 해당 교육지원청 관할 구역 내 학교(고등학교를 포함한다)에 소속된 학생의 **학부모로 위촉**

하여야 한다.
② 심의위원회의 위원장은 다음 각 호의 어느 하나에 해당하는 경우에 회의를 소집하여야 한다.
1. 심의위원회 **재적위원 4분의 1 이상이 요청하는 경우**
2. 학교의 장이 요청하는 경우
3. 피해학생 또는 그 보호자가 요청하는 경우
4. 학교폭력이 발생한 사실을 신고받거나 보고받은 경우
5. 가해학생이 협박 또는 보복한 사실을 신고받거나 보고받은 경우
6. 그 밖에 위원장이 필요하다고 인정하는 경우
③ 심의위원회는 회의의 일시, 장소, 출석위원, 토의내용 및 의결사항 등이 기록된 회의록을 작성·보존하여야 한다.
④ 심의위원회는 심의 과정에서 소아청소년과 의사, 정신건강의학과 의사, 심리학자, 그 밖의 아동심리와 관련된 **전문가를 출석하게 하거나 서면 등의 방법으로 의견을 청취할 수 있고**, 피해학생이 상담·치료 등을 받은 경우 해당 전문가 또는 전문의 등으로부터 의견을 청취할 수 있다. 다만, 심의위원회는 피해학생 또는 그 보호자의 의사를 확인하여 **피해학생 또는 그 보호자의 요청이 있는 경우에는 반드시 의견을 청취하여야 한다.**

제13조의2(학교의 장의 자체해결) ① 제13조제2항제4호 및 제5호에도 불구하고 피해학생 및 그 보호자가 심의위원회의 개최를 원하지 아니하는 다음 각 호에 모두 해당하는 경미한 학교폭력의 경우 학교의 장은 학교폭력사건을 자체적으로 해결할 수 있다. 이 경우 **학교의 장은 지체 없이 이를 심의위원회에 보고하여야 한다.**
1. **2주 이상의 신체적·정신적 치료가 필요한 진단서를 발급받지 않은 경우**
2. 재산상 피해가 없거나 즉각 복구된 경우
3. 학교폭력이 지속적이지 않은 경우
4. 학교폭력에 대한 신고, 진술, 자료제공 등에 대한 보복행위가 아닌 경우

제14조(전문상담교사 배치 및 전담기구 구성) ① 학교의 장은 학교에 대통령령으로 정하는 바에 따라 상담실을 설치하고, 「초·중등교육법」 제19조의2에 따라 **전문상담교사를 둔다.**
④ 학교의 장은 학교폭력 사태를 인지한 경우 지체 없이 전담기구 또는 소속 교원으로 하여금 가해 및 피해 사실 여부를 확인하도록 하고, 전담기구로 하여금 제13조의2에 따른 학교의 장의 자체해결 부의 여부를 심의하도록 한다.

제15조(학교폭력 예방교육 등) ① 학교의 장은 학생의 육체적·정신적 보호와 학교폭력의 예방을 위한 학생들에 대한 교육(학교폭력의 개념·실태 및 대처방안 등을 포함하여야 한다)을 **학기별로 1회 이상** 실시하여야 한다.
② 학교의 장은 학교폭력의 예방 및 대책 등을 위한 교직원 및 학부모에 대한 교육을 **학기별로 1회 이상** 실시하여야 한다.

제16조(피해학생의 보호) ① 심의위원회는 피해학생의 보호를 위하여 필요하다고 인정하는 때에는 피해학생에 대하여 다음 각 호의 어느 하나에 해당하는 조치(수 개의 조치를 동시에 부과하는 경우를 포함한다)를 할 것을 교육장(교육장이 없는 경우 제12조제1항에 따라 조례로 정한 기관의 장으로 한다. 이하 같다)에게 요청할 수 있다. 다만, 학교의 장은 학교폭력사건을 인지한 경우 피해학생의 반대의사 등 대통령령으로 정하는 특별한 사정이 없으면 **지체 없이 가해자(교사를 포함한다)와 피해학생을 분리하여야 하며**, 피해학생이 긴급보호를 요청하는 경우에는 제1호, 제2호 및 제6호의 조치를 할 수 있다. 이 경우 학교의 장은 심의위원회에 즉시 보고하여야 한다.
1. 학내외 전문가에 의한 심리상담 및 조언

2. 일시보호
3. 치료 및 치료를 위한 요양
4. 학급교체
6. 그 밖에 피해학생의 보호를 위하여 필요한 조치
② 심의위원회는 제1항에 따른 **조치를 요청하기 전에 피해학생 및 그 보호자에게 의견진술의 기회를 부여하는 등 적정한 절차를 거쳐야 한다.**
③ 제1항에 따른 요청이 있는 때에는 교육장은 **피해학생의 보호자의 동의를 받아 7일 이내에 해당 조치를 하여야 한다.**

제17조(가해학생에 대한 조치) ① 심의위원회는 피해학생의 보호와 가해학생의 선도·교육을 위하여 가해학생에 대하여 다음 각 호의 어느 하나에 해당하는 조치(수 개의 조치를 동시에 부과하는 경우를 포함한다)를 할 것을 교육장에게 요청하여야 하며, 각 조치별 적용 기준은 대통령령으로 정한다. 다만, 퇴학처분은 의무교육과정에 있는 가해학생에 대하여는 적용하지 아니한다. 17 승진
1. 피해학생에 대한 **서면사과(구두사과X)**
2. 피해학생 및 신고·고발 학생에 대한 **접촉, 협박 및 보복행위의 금지**
3. 학교에서의 봉사
4. **사회봉사**
5. 학내외 전문가에 의한 특별 교육이수 또는 심리치료
6. 출석정지
7. **학급교체**
8. 전학
9. 퇴학처분
④ 학교의 장은 **가해학생에 대한 선도가 긴급하다고 인정할 경우** 우선 제1항제1호부터 제3호까지, 제5호 및 제6호의 **조치를 할 수 있으며**, 제5호와 제6호의 조치는 동시에 부과할 수 있다. 이 경우 **심의위원회에 즉시 보고하여 추인을 받아야 한다.**
⑤ 심의위원회는 제1항 또는 제2항에 따른 조치를 요청하기 전에 **가해학생 및 보호자에게 의견진술의 기회를 부여**하는 등 적정한 절차를 거쳐야 한다.
⑥ 제1항에 따른 요청이 있는 때에는 교육장은 **14일 이내**에 해당 조치를 하여야 한다.
⑨ 심의위원회는 가해학생이 특별교육을 이수할 경우 해당 학생의 보호자도 함께 교육을 받게 하여야 한다.

제17조의2(행정심판) ① 교육장이 제16조제1항 및 제17조제1항에 따라 내린 조치에 대하여 이의가 있는 **피해학생 또는 그 보호자는** 「행정심판법」에 따른 **행정심판을 청구할 수 있다.**
② 교육장이 제17조제1항에 따라 내린 **조치에 대하여 이의가 있는 가해학생 또는 그 보호자는** 「행정심판법」에 따른 **행정심판을 청구할 수 있다.**
③ 제1항 및 제2항에 따른 행정심판청구에 필요한 사항은 「행정심판법」을 준용한다.

제18조(분쟁조정) ① 심의위원회는 학교폭력과 관련하여 분쟁이 있는 경우에는 그 분쟁을 조정할 수 있다.
② 제1항에 따른 분쟁의 **조정기간은 1개월을 넘지 못한다.**

제20조(학교폭력의 신고의무) ① 학교폭력 현장을 보거나 그 사실을 알게 된 자는 학교 등 관계 기관에 이를 **즉시 신고하여야 한다.**
② 제1항에 따라 신고를 받은 기관은 이를 가해학생 및 피해학생의 보호자와 소속 학교의 장에게 통보하여야 한다.
③ 제2항에 따라 통보받은 소속 학교의 장은 이를 심의위원회에 지체 없이 통보하여야 한다.

④ 누구라도 학교폭력의 예비·음모 등을 알게 된 자는 이를 학교의 장 또는 심의위원회에 고발할 수 있다. 다만, 교원이 이를 알게 되었을 경우에는 학교의 장에게 보고하고 해당 학부모에게 알려야 한다.

⑤ **누구든지** 제1항부터 제4항까지에 따라 학교폭력을 신고한 사람에게 **그 신고행위를 이유로 불이익을 주어서는 아니 된다.**

제20조의2(긴급전화의 설치 등) ① 국가 및 지방자치단체는 학교폭력을 수시로 신고받고 이에 대한 상담에 응할 수 있도록 긴급전화를 설치하여야 한다.

제20조의6(학교전담경찰관) ① 국가는 학교폭력 예방 및 근절을 위하여 **학교폭력 업무 등을 전담하는 경찰관을 둘 수 있다.**

제21조(비밀누설금지 등) ① 이 법에 따라 학교폭력의 예방 및 대책과 관련된 업무를 수행하거나 수행하였던 사람은 그 직무로 인하여 알게 된 비밀 또는 가해학생·피해학생 및 제20조에 따른 신고자·고발자와 관련된 자료를 누설하여서는 아니 된다.

제22조(벌칙) 제21조제1항을 위반한 자는 1년 이하의 징역 또는 1천만원 이하의 벌금에 처한다.

▶ **[참고] 학교폭력의 특징** 12 승진
① 폭력형태가 점점 조직화, 집단화되는 추세에 있다.
② 뚜렷한 목적보다는 부주의·호기심 등 가해 이유나 동기가 불분명하고 **우발적(계획적X)** 범행이 많다.
③ 불법행위를 은폐하는 학교 측의 태도, 피해자의 미온적 대처는 지속적인 학교폭력을 조장하고 피해자의 무력감을 증가시키는 요인이 된다.
④ 지속적으로 가해지는 학대적 폭력, 집단따돌림 등 새로운 형태의 심리적 폭력이 나타나고 있다.

▶ **[참고] 경찰청 현장매뉴얼에 규정된 학교폭력사건 처리절차** 15 승진
① 폭력이 진행 중인 경우에는 학교장과 협조하여 즉시 폭력을 중단토록 조치하고, 폭력이 종료된 경우에는 수업 종료 후 타인의 이목을 피하여 **비공개장소에서** 면접하여야 한다. 이 경우 **수업 중 또는 다수가 보는 앞에서의 연행은 금지된다.**
② 피해학생이 동행을 거부하는 경우 학생이 희망하는 장소에서 진술서를 작성한다.
③ 교내 학교폭력 관련 **신고 출동 시 학교장에게 사전 통지하고 학교장과 협조, 초동조치를 수행한다.**
④ 폭력이 진행 중인 경우 출동 경찰관이 동시에 진입하여 폭력상황을 제압하여야 하고, **가해학생 검거보다는 피해학생 보호를 우선해야 한다.**
⑤ 쌍방 폭행의 경우도 포함하여 **가해학생과 피해학생은 가급적 분리하여 동행하여야 한다.**

11 마약류 수사

1. 마약류 관리에 관한 법률

제2조(정의) 이 법에서 사용하는 용어의 뜻은 다음과 같다.
1. "**마약류**"란 **마약·향정신성의약품 및 대마**를 말한다.
2. "**마약**"이란 다음 각 목의 어느 하나에 해당하는 것을 말한다.
   가. **양귀비**: 양귀비과의파파베르 솜니페룸 엘, 파파베르 세티게룸 디시 또는 파파베르 브락테아툼
   나. **아편**: 양귀비의 액즙이 응결된 것과 이를 가공한 것. 다만, 의약품으로 가공한 것은 제외한다.
   다. **코카 잎[엽]**: 코카 관목: 에리드록시론속의 모든 식물을 말한다]의 잎. 다만, 엑고닌·코카인 및 엑고닌 알칼로이드 성분이 모두 제거된 잎은 제외한다.
   라. 양귀비, 아편 또는 코카 잎에서 추출되는 모든 알카로이드 및 그와 동일한 화학적 합성품으로서 대통령령으로 정하는 것
   마. 가목부터 라목까지에 규정된 것 외에 그와 동일하게 남용되거나 해독(害毒) 작용을 일으킬 우려가 있는 화학적 합성품으로서 대통령령으로 정하는 것
   바. 가목부터 마목까지에 열거된 것을 함유하는 혼합물질 또는 혼합제제. 다만, **다른 약물이나 물질과 혼합되어 가목부터 마목까지에 열거된 것으로 다시 제조하거나 제제할 수 없고, 그것에 의하여 신체적 또는 정신적 의존성을 일으키지 아니하는 것으로서 총리령으로 정하는 것[이하 "한외마약"이라 한다]은 제외한다.**
3. "**향정신성의약품**"이란 인간의 중추신경계에 작용하는 것으로서 이를 오용하거나 남용할 경우 인체에 심각한 위해가 있다고 인정되는 다음 각 목의 어느 하나에 해당하는 것으로서 대통령령으로 정하는 것을 말한다.
4. "**대마**"란 다음 각 목의 어느 하나에 해당하는 것을 말한다. 다만, 대마초[칸나비스 사티바 엘을 말한다. 이하 같다]의 **종자·뿌리 및 성숙한 대마초의 줄기와 그 제품은 제외한다.** 23 승진
   가. 대마초와 그 수지
   나. 대마초 또는 그 수지를 원료로 하여 제조된 모든 제품
   다. 가목 또는 나목에 규정된 것과 동일한 화학적 합성품으로서 대통령령으로 정하는 것
   라. 가목부터 다목까지에 규정된 것을 함유하는 혼합물질 또는 혼합제제

2. '마약류'란 마약·향정신성의약품 및 대마를 말한다. 19 1차

마약	천연마약	양귀비, 생아편, 모르핀, 코데인, 테바인, 코카인, 크랙 등
	한외마약 (처벌X)	① 일반약품에 마약성분을 미세하게 혼합한 약물로 **신체적·정신적의존성을 일으킬 염려가 없어 총리령으로 정하는 것**을 한외마약이라고 한다. 14 승진 ② 감기약 등으로 판매되는 **합법의약품**으로 코데날, 코데잘, 코데솔, 유코데, 세코날 등이 있다.(**코데인X**) 12 경간
	합성마약	페치딘계, 메사돈계, 프로폭시펜, 아미노부텐, 모리피난, 벤조모르핀 등
	반합성 마약	헤로인, 히드로모르핀, 옥시코돈, 하이드로폰 등
대마		대마초(마리화나), 대마수지(해쉬쉬), 대마수지기름(해쉬쉬 미네랄 오일) 21 경채 cf. **대마초의 종자·뿌리X**

향정신성 의약품	각성제	엑스터시, **메스암페타민(히로뽕)**, 암페타민류 10·14 승진
	환각제	LSD, 사일로사이빈, 페이요트(메스카린) 등 11 경간
	억제제	알프라졸람, 바르비탈염류제, 벤조다이아핀제제

3. 주요 향정신성의약품

메스암페타민 (필로폰, 히로뽕)	① **강한 각성작용**으로 의식이 뚜렷해지고 잠이 오지 않으며 피로감이 없어짐. 처음에는 **'술 깨는 약'**이나 **'피로회복제'**, **체중조절약** 등을 가장하여 유통되는 경우가 많음 ② 식욕감퇴, 환시, 환청, 편집증세, 과민반응, 피해망상증 등을 경험함 ③ 정맥혈관 주사, 커피, 우유 등 음료수에 섞어서 음용, 코로 흡입 등
L.S.D 09 경간, 10·14 승진, 23 1차	① L.S.D는 **곡물의 곰팡이, 보리 맥각에서 추출**되어 이를 분리·가공·합성한 것으로 **무색, 무취, 무미**함 16 경간, 21 경채 ② **환각제(각성제X) 중 가장 강력한 효과**를 나타내며, 미량을 유당·각설탕·과자·빵 등에 첨가시켜 먹거나 **우편·종이 등의 표면에 묻혔다가 뜯어서 입에 넣는 방법**으로 복용하기도 함 14 승진, 14 경간 ③ **동공확대, 심박동 및 혈압상승, 수전증, 오한 등의 증상** 11·12 경간 ④ L.S.D는 내성이나 **심리적 의존성이 있지만 금단현상은 일으키지 않는다**고 알려져 있으며, 일부 남용자들은 실제로 사용하지 않는데도 환각현상을 경험하는 **플래시백 현상**을 일으키기도 함 12 경간
엑스터시 18 승진	① 엑스터시(MDMA)는 **1914년 독일에서 식욕감퇴제로 개발**되었으나 1980년대 마약으로 변질되었음 ② 기분이 좋아지는 약, **포옹마약(Hug Drug)**, 클럽마약, 도리도리 등으로 지칭되며, 복용하면 **신체적 접촉 욕구가 강하게 발생함** 11·16 경간 ③ 복용자는 테크노, 라이브, 파티장 등에서 **막대사탕을 물고 있거나 물을 자주 마시는 등의 행위**를 함
야바 (YABA) 12 경간, 18 승진	① 태국어로 '미치게 하는 약'이라는 뜻을 가진 암페타민계 합성마약류 ② **동남아 지역**에서 주로 생산되어 **유흥업소 종사자, 육체노동자**등을 중심으로 급속히 확산됨 11 경간 ③ 카페인, 에페드린, 밀가루 등에 필로폰을 혼합한 것으로 순도가 20~30%정도로 낮음 14·16 경간, 21 경채 ④ 원재료가 화공약품인 관계로 양귀비의 작황에 좌우되는 헤로인과는 달리 **안정적인 밀조가 가능함**
메스카린	**선인장인 페이요트에서 추출**, 합성한 향정신성의약품 11·12·14 경간, 18 승진, 20 1차, 21 경채
GHB (물뽕) 18 승진	① GHB는 성범죄용으로 악용되어 **'데이트 강간 약물'**이라고도 불리는데, **무색무취로써 짠맛**이 나는 액체로 소다수 등의 음료에 타서 복용하며 '물같은 히로뽕'이라는 뜻에서, '**물뽕**' 10·14 승진, 14 경간, 20 1차 ② **근육강화 호르몬 분비효과**가 있으며, 사용 후 15분 후에 효과가 발현되고 3시간 정도 지속됨 12 경간
덱스트로 메트로판 (러미라)	① **진해거담제**로서 **의사의 처방전으로 약국에서 구입 가능** 16 경간 ② 강한 중추신경 억제성 진해작용이 있으나 의존성과 독성은 없어 **코데인 대용**으로 널리 시판 14 경간, 20 1차

11·12 경간 23 1차	③ 사용량의 수십 배에 해당하는 20~100정을 흔히 남용 ④ 청소년들이 소주에 타서 마시기도 하는데 이를 '정글쥬스'라고도 함
카리소프로돌 (일명 S정) 12·18 승진 23 1차	① 카리소프로돌은 중추신경에 작용하여 **골격근 이완의 효과**가 있으며, 과다사용 시 치명적으로 **인사불성, 혼수쇼크, 호흡저하**를 가져오며 **사망**에까지 이를 수 있음 14 경간, 20 1차 ② 금단증상으로는 **온몸이 뻣뻣해지고 뒤틀리며, 혀꼬부라지는 소리** 등을 하게 됨 14 승진, 16 경간
프로포폴 14 승진, 21 경채 23 1차	① 흔히 '**수면마취제**'라고 불리는 **정맥마취제**로서 **수면내시경** 등에 사용 ② 2011년 마약류 관리에 관한 법률에 따라 **마약류 향정신성의약품**으로 지정되었다. ③ 일시적 무호흡, 저혈압 등을 유발할 가능성이 있다.
케타민	'**동물마취제**'로 사용, 정맥주사나 근육주사를 통해 투여되며, 성범죄용으로 악용되기도 함

중국-일본-한국의 3국을 연결하는 "메스암페타민" 밀거래 유통체계를 "백색의 삼각지대"라고 한다. 12 경간

12 범죄피해자보호법

제1조(목적) 이 법은 범죄피해자 보호·지원의 기본 정책 등을 정하고 타인의 범죄행위로 인하여 **생명·신체**(재산X)에 피해를 받은 사람을 구조함으로써 범죄피해자의 복지 증진에 기여함을 목적으로 한다. 18 승진

제2조(기본이념) ① 범죄피해자는 범죄피해 상황에서 빨리 벗어나 인간의 존엄성을 보장받을 권리가 있다.
② 범죄피해자의 명예와 사생활의 평온은 보호되어야 한다. 23 경채
③ 범죄피해자는 해당 사건과 관련하여 각종 법적 절차에 참여할 권리가 있다.

제3조(정의) ① 이 법에서 사용하는 용어의 뜻은 다음과 같다.
1. "**범죄피해자**"란 타인의 범죄행위로 **피해를 당한 사람과 그 배우자**(사실상의 혼인관계를 포함한다), **직계친족 및 형제자매**를 말한다. 18 승진, 22 1차
2. "**범죄피해자 보호·지원**"이란 범죄피해자의 손실 복구, 정당한 권리 행사 및 복지 증진에 기여하는 행위를 말한다. 다만, 수사·변호 또는 재판에 부당한 영향을 미치는 행위는 포함되지 아니한다. 22 경채
3. "**범죄피해자 지원법인**"이란 범죄피해자 보호·지원을 주된 목적으로 설립된 비영리법인을 말한다.
4. "**구조대상 범죄피해**"란 대한민국의 영역 안에서 또는 대한민국의 영역 밖에 있는 대한민국의 선박이나 항공기 안에서 행하여진 사람의 생명 또는 신체를 해치는 죄에 해당하는 행위(「형법」 제9조(**형사미성년자**), 제10조제1항(**심신장애인**), 제12조(강요된 행위), 제22조제1항(긴급피난)에 따라 처벌되지 아니하는 행위를 포함하며, 같은 법 제20조(정당행위) 또는 제21조제1항(**정당방위**)에 따라 처벌되지 아니하는 행위 및 과실에 의한 행위는 제외한다)로 인하여 **사망하거나 장해 또는 중상해를 입은 것**을 말한다. 15 승진
5. "**장해**"란 범죄행위로 입은 부상이나 질병이 치료(그 증상이 고정된 때를 포함한다)된 후에 남은 신체의 장해로서 대통령령으로 정하는 경우를 말한다.
6. "**중상해**"란 범죄행위로 인하여 신체나 그 생리적 기능에 손상을 입은 것으로서 대통령령으로 정하는 경우를 말한다.

② 제1항제1호에 해당하는 사람 외에 범죄피해 방지 및 범죄피해자 **구조 활동으로 피해를 당한 사람도 범죄피해자로 본다.** 23 경채

제4조(국가의 책무) 국가는 범죄피해자 보호·지원을 위하여 다음 각 호의 조치를 취하고 이에 필요한 재원을 조달할 책무를 진다.
1. 범죄피해자 보호·지원 체제의 구축 및 운영
2. 범죄피해자 보호·지원을 위한 실태조사, 연구, 교육, 홍보
3. 범죄피해자 보호·지원을 위한 관계 법령의 정비 및 각종 정책의 수립·시행

제5조(지방자치단체의 책무) ① 지방자치단체는 범죄피해자 보호·지원을 위하여 적극적으로 노력하고, 국가의 범죄피해자 보호·지원 시책이 원활하게 시행되도록 협력하여야 한다.
② 지방자치단체는 제1항에 따른 책무를 다하기 위하여 필요한 재원을 조달하여야 한다.

제6조(국민의 책무) 국민은 범죄피해자의 명예와 사생활의 평온을 해치지 아니하도록 유의하여야 하고, 국가 및 지방자치단체가 실시하는 범죄피해자를 위한 정책의 수립과 추진에 최대한 협력하여야 한다. 23 경채

제7조(손실 복구 지원 등) ① 국가 및 지방자치단체는 범죄피해자의 피해정도 및 보호·지원의 필요성 등에 따라 상담, 의료제공(치료비 지원을 포함한다), 구조금 지급, 법률구조, 취업 관련 지원, 주거지원, 그 밖에 범죄피해자의 보호에 필요한 대책을 마련하여야 한다.
② 국가는 범죄피해자와 그 가족에게 신체적·정신적 안정을 제공하고 사회복귀를 돕기 위하여 일시적 보호시설(이하 "보호시설"이라 한다)을 설치·운영하여야 한다. 이 경우 국가는 보호시설의 운영을 범죄피해자 지원법인, 「의료법」에 따른 종합병원, 「고등교육법」에 따른 학교를 설립·운영하는 학교법인, 그 밖에 대통령령으로 정하는 기관 또는 단체에 위탁할 수 있다.
③ 국가는 범죄피해자와 그 가족의 정신적 회복을 위한 상담 및 치료 프로그램을 운영하여야 한다.
④ 보호시설의 설치·운영 기준, 입소·퇴소의 기준 및 절차, 위탁운영의 절차, 감독의 기준 및 절차와 제3항에 따른 상담 및 치료 프로그램의 운영 등에 관한 사항은 대통령령으로 정한다.

제8조(형사절차 참여 보장 등) ① 국가는 **범죄피해자가** 해당 사건과 관련하여 수사담당자와 상담하거나 재판절차에 **참여하여 진술하는** 등 형사절차상의 권리를 행사할 수 있도록 보장하여야 한다. 22 1차
② 국가는 **범죄피해자가 요청하면** 가해자에 대한 수사 결과, 공판기일, 재판 결과, 형 집행 및 보호관찰 집행 상황 등 형사절차 관련 정보를 대통령령으로 정하는 바에 따라 **제공할 수 있다.** 22 1차

제8조의2(범죄피해자에 대한 정보 제공 등) ① 국가는 수사 및 재판 과정에서 다음 각 호의 정보를 범죄피해자에게 제공하여야 한다.
1. 범죄피해자의 해당 재판절차 참여 진술권 등 형사절차상 범죄피해자의 권리에 관한 정보
2. 범죄피해 구조금 지급 및 범죄피해자 보호·지원 단체 현황 등 범죄피해자의 지원에 관한 정보
3. 그 밖에 범죄피해자의 권리보호 및 복지증진을 위하여 필요하다고 인정되는 정보
② 제1항에 따른 정보 제공의 구체적인 방법 및 절차 등에 필요한 사항은 대통령령으로 정한다.

제9조(사생활의 평온과 신변의 보호 등) ① **국가 및 지방자치단체**는 범죄피해자의 명예와 사생활의 평온을 보호하기 위하여 **필요한 조치를 하여야 한다.**
② **국가 및 지방자치단체**는 범죄피해자가 형사소송절차에서 한 진술이나 증언과 관련하여 보복을 당할 우려가 있는 등 **범죄피해자를 보호할 필요가 있을 경우에는 적절한 조치를 마련하여야 한다.** 22 1차

제12조(기본계획 수립) ① **법무부장관은** 제15조에 따른 범죄피해자 보호위원회의 심의를 거쳐 **범죄피해자 보호·지원에 관한 기본계획**(이하 "기본계획"이라 한다)을 **5년마다 수립하여야 한다.**
② 기본계획에는 다음 각 호의 사항이 포함되어야 한다.

1. 범죄피해자 보호·지원 정책의 기본방향과 추진목표
2. 범죄피해자 보호·지원을 위한 실태조사, 연구, 교육과 홍보
3. 범죄피해자 보호·지원 단체에 대한 지원과 감독
4. 범죄피해자 보호·지원과 관련된 재원의 조달과 운용
5. 그 밖에 범죄피해자를 보호·지원하기 위하여 법무부장관이 필요하다고 인정한 사항

제15조(범죄피해자보호위원회) ① 범죄피해자 보호·지원에 관한 기본계획 및 주요 사항 등을 심의하기 위하여 **법무부장관 소속으로 범죄피해자보호위원회**(이하 "보호위원회"라 한다)**를 둔다.**
② 보호위원회는 다음 각 호의 사항을 심의한다.
 1. 기본계획 및 시행계획에 관한 사항
 2. 범죄피해자 보호·지원을 위한 주요 정책의 수립·조정에 관한 사항
 3. 범죄피해자 보호·지원 단체에 대한 지원·감독에 관한 사항
 4. 그 밖에 위원장이 심의를 요청한 사항
③ 보호위원회는 **위원장을 포함하여 20명 이내의 위원**으로 구성한다.
④ 제1항부터 제3항까지의 규정에서 정한 사항 외에 보호위원회의 구성 및 운영 등에 관한 사항은 대통령령으로 정한다.

제16조(구조금의 지급요건) 국가는 **구조대상 범죄피해를 받은 사람**(이하 "구조피해자"라 한다)이 다음 각 호의 어느 하나에 해당하면 구조피해자 또는 그 유족에게 범죄피해 구조금(이하 "구조금"이라 한다)을 **지급한다.**
 1. 구조피해자가 피해의 전부 또는 일부를 배상받지 못하는 경우
 2. 자기 또는 타인의 형사사건의 수사 또는 재판에서 고소·고발 등 수사단서를 제공하거나 진술, 증언 또는 자료제출을 하다가 구조피해자가 된 경우

제17조(구조금의 종류 등) ① 구조금은 **유족구조금·장해구조금 및 중상해구조금**으로 구분하며, **일시금으로 지급한다.** 15·18 승진
② **유족구조금**은 구조피해자가 사망하였을 때 제18조에 따라 맨 앞의 순위인 **유족에게 지급한다.** 다만, 순위가 같은 유족이 2명 이상이면 똑같이 나누어 지급한다.
③ **장해구조금 및 중상해구조금은 해당 구조피해자에게 지급한다.**

제18조(유족의 범위 및 순위) ① 유족구조금을 지급받을 수 있는 유족은 다음 각 호의 어느 하나에 해당하는 사람으로 한다.
 1. **배우자**(사실상 혼인관계를 포함한다) 및 구조피해자의 사망 당시 구조피해자의 수입으로 생계를 유지하고 있는 구조피해자의 자녀
 2. 구조피해자의 사망 당시 구조피해자의 수입으로 생계를 유지하고 있는 구조피해자의 부모, 손자·손녀, 조부모 및 형제자매
 3. 제1호 및 제2호에 해당하지 아니하는 구조피해자의 자녀, 부모, 손자·손녀, 조부모 및 형제자매
② 제1항에 따른 유족의 범위에서 **태아는 구조피해자가 사망할 때 이미 출생한 것으로 본다.**
③ 유족구조금을 받을 유족의 순위는 제1항 각 호에 열거한 순서로 하고, 같은 항 제2호 및 제3호에 열거한 사람 사이에서는 해당 각 호에 열거한 순서로 하며, **부모의 경우에는 양부모를 선순위로 하고 친부모를 후순위로 한다.**
④ 유족이 다음 각 호의 어느 하나에 해당하면 유족구조금을 받을 수 있는 유족으로 보지 아니한다.
 1. 구조피해자를 고의로 사망하게 한 경우
 2. 구조피해자가 사망하기 전에 그가 사망하면 유족구조금을 받을 수 있는 선순위 또는 같은 순위의 유족

이 될 사람을 고의로 사망하게 한 경우
3. 구조피해자가 사망한 후 유족구조금을 받을 수 있는 선순위 또는 같은 순위의 유족을 고의로 사망하게 한 경우

제19조(구조금을 지급하지 아니할 수 있는 경우) ① 범죄행위 당시 **구조피해자와 가해자 사이에** 다음 각 호의 어느 하나에 해당하는 **친족관계가 있는 경우에는 구조금을 지급하지 아니한다.**
1. 부부(사실상의 혼인관계를 포함한다)
2. 직계혈족
3. 4촌 이내의 친족
4. 동거친족

② 범죄행위 당시 구조피해자와 가해자 사이에 **제1항 각 호의 어느 하나에 해당하지 아니하는 친족관계가 있는 경우에는 구조금의 일부를 지급하지 아니한다.**

③ **구조피해자**가 다음 각 호의 어느 하나에 해당하는 행위를 한 때에는 **구조금을 지급하지 아니한다.** 19 승진
1. 해당 범죄행위를 교사 또는 방조하는 행위
2. 과도한 폭행·협박 또는 중대한 모욕 등 해당 범죄행위를 유발하는 행위
3. 해당 범죄행위와 관련하여 현저하게 부정한 행위
4. 해당 범죄행위를 용인하는 행위
5. 집단적 또는 상습적으로 불법행위를 행할 우려가 있는 조직에 속하는 행위(다만, 그 조직에 속하고 있는 것이 해당 범죄피해를 당한 것과 관련이 없다고 인정되는 경우는 제외한다)
6. 범죄행위에 대한 보복으로 가해자 또는 그 친족이나 그 밖에 가해자와 밀접한 관계가 있는 사람의 생명을 해치거나 신체를 중대하게 침해하는 행위

④ **구조피해자**가 다음 각 호의 어느 하나에 해당하는 행위를 한 때에는 **구조금의 일부를 지급하지 아니한다.** 18·19 승진
1. 폭행·협박 또는 모욕 등 해당 범죄행위를 유발하는 행위
2. 해당 범죄피해의 발생 또는 증대에 가공한 부주의한 행위 또는 부적절한 행위

⑤ 유족구조금을 지급할 때에는 제1항부터 제4항까지의 규정을 적용할 때 "구조피해자"는 "구조피해자 또는 맨 앞의 순위인 유족"으로 본다.

⑥ 구조피해자 또는 그 유족과 가해자 사이의 관계, 그 밖의 사정을 고려하여 구조금의 전부 또는 일부를 지급하는 것이 사회통념에 위배된다고 인정될 때에는 구조금의 전부 또는 일부를 지급하지 아니할 수 있다.

⑦ 제1항부터 제6항까지의 규정에도 불구하고 구조금의 실질적인 수혜자가 가해자로 귀착될 우려가 없는 경우 등 구조금을 지급하지 아니하는 것이 사회통념에 위배된다고 인정할 만한 특별한 사정이 있는 경우에는 구조금의 전부 또는 일부를 지급할 수 있다.

제20조(다른 법령에 따른 급여 등과의 관계) 구조피해자나 유족이 해당 구조대상 범죄피해를 원인으로 하여 「국가배상법」이나 그 밖의 법령에 따른 급여 등을 받을 수 있는 경우에는 대통령령으로 정하는 바에 따라 구조금을 지급하지 아니한다.

제21조(손해배상과의 관계) ① **국가는 구조피해자나 유족이 해당 구조대상 범죄피해를 원인으로 하여 손해배상을 받았으면 그 범위에서 구조금을 지급하지 아니한다.** 22 경채
② 국가는 지급한 구조금의 범위에서 해당 구조금을 받은 사람이 구조대상 범죄피해를 원인으로 하여 가지고 있는 손해배상청구권을 대위한다.
③ 국가는 제2항에 따라 손해배상청구권을 대위할 때 대통령령으로 정하는 바에 따라 가해자인 수형자나 보호감호대상자의 작업장려금 또는 근로보상금에서 손해배상금을 받을 수 있다.

제23조(외국인에 대한 구조) 이 법은 외국인이 구조피해자이거나 유족인 경우에는 **해당 국가의 상호보증이 있는 경우에만 적용한다.** 22 경채

제24조(범죄피해구조심의회 등) ① 구조금 지급에 관한 사항을 심의·결정하기 위하여 각 **지방검찰청에 범죄피해구조심의회**(이하 "지구심의회"라 한다)를 두고 법무부에 범죄피해구조본부심의회(이하 "본부심의회"라 한다)를 둔다.

제25조(구조금의 지급신청) ① 구조금을 받으려는 사람은 법무부령으로 정하는 바에 따라 그 주소지, 거주지 또는 범죄 발생지를 관할하는 **지구심의회에 신청하여야 한다.** 22 경채
② 제1항에 따른 신청은 해당 구조대상 범죄피해의 발생을 안 날부터 3년이 지나거나 해당 구조대상 범죄피해가 발생한 날부터 10년이 지나면 할 수 없다.

제26조(구조결정) 지구심의회는 제25조제1항에 따른 신청을 받으면 신속하게 구조금을 지급하거나 지급하지 아니한다는 결정(지급한다는 결정을 하는 경우에는 그 금액을 정하는 것을 포함한다)을 하여야 한다.

제27조(재심신청) ① 지구심의회에서 구조금 지급신청을 기각(일부기각된 경우를 포함한다) 또는 각하하면 신청인은 결정의 정본이 송달된 날부터 2주일 이내에 그 지구심의회를 거쳐 본부심의회에 재심을 신청할 수 있다.
② 제1항의 재심신청이 있으면 지구심의회는 1주일 이내에 구조금 지급신청 기록 일체를 본부심의회에 송부하여야 한다.
③ 본부심의회는 제1항의 신청에 대하여 심의를 거쳐 4주일 이내에 다시 구조결정을 하여야 한다.
④ 본부심의회는 구조금 지급신청을 각하한 지구심의회의 결정이 법령에 위반되면 사건을 그 지구심의회에 환송할 수 있다.
⑤ 본부심의회는 구조금 지급신청이 각하된 신청인이 잘못된 부분을 보정하여 재심신청을 하면 사건을 해당 지구심의회에 환송할 수 있다.

제31조(소멸시효) 구조금을 받을 권리는 그 구조결정이 해당 신청인에게 송달된 날부터 2년간 행사하지 아니하면 시효로 인하여 소멸된다. 23 경채

제32조(구조금 수급권의 보호) 구조금을 받을 권리는 양도하거나 담보로 제공하거나 압류할 수 없다.

13 디지털 증거 처리 등에 관한 규칙(경찰청 훈령) 18 승진

제2조(정의) 이 규칙에서 사용하는 용어의 뜻은 다음과 같다.
1. "**전자정보**"란 전기적 또는 자기적 방법으로 **저장**되거나 네트워크 및 유·무선 통신 등을 통해 **전송되는 정보**를 말한다.
2. "**디지털포렌식**"이란 전자정보를 수집·보존·운반·분석·현출·관리하여 범죄사실 규명을 위한 증거로 활용할 수 있도록 하는 **과학적인 절차와 기술**을 말한다.
3. "**디지털 증거**"란 범죄와 관련하여 증거로서의 가치가 있는 **전자정보**를 말한다.
4. "**정보저장매체등**"이란 전자정보가 저장된 컴퓨터용 디스크, 그 밖에 이와 비슷한 정보저장매체를 말한다.
5. "**정보저장매체등 원본**"이란 전자정보 압수·수색·검증을 목적으로 **반출의 대상이 된 정보저장매체등**을 말한다.
6. "**복제본**"이란 정보저장매체등에 저장된 전자정보 **전부**를 하드카피 또는 이미징 등의 기술적 방법으로 별도의 다른 정보저장매체에 저장한 것을 말한다.
7. "**디지털 증거분석 의뢰물**(이하 "분석의뢰물"이라 한다)"이란 범죄사실을 규명하기 위해 디지털 증거분석관에게 **분석의뢰된 전자정보, 정보저장매체등 원본, 복제본**을 말한다.
8. "디지털 증거분석관(이하 "증거분석관"이라 한다)"이란 제6조의 규정에 따라 선발된 사람으로서 디지털 증거분석 의뢰를 받고 이를 수행하는 사람을 말한다.
9. "디지털포렌식 업무시스템(이하 "업무시스템"이라 한다)"이란 디지털 증거분석 의뢰와 분석결과 회신 등을 포함한 디지털포렌식 업무를 종합적으로 관리하기 위하여 구축된 전산시스템을 말한다.

제12조(압수·수색·검증영장의 신청) ① 경찰관은 압수·수색·검증영장을 신청하는 때에는 **전자정보와 정보저장매체등을 구분하여 판단하여야 한다.**
② 경찰관은 전자정보에 대한 압수·수색·검증영장을 신청하는 경우에는 혐의사실과의 관련성을 고려하여 압수·수색·검증할 전자정보의 범위 등을 명확히 하여야 한다. 이 경우 영장 집행의 실효성 확보를 위하여 다음 각 호의 사항을 고려하여야 한다.
　1. 압수·수색·검증 대상 전자정보가 원격지의 정보저장매체등에 저장되어 있는 경우 등 특수한 압수·수색·검증방식의 필요성
　2. 압수·수색·검증영장에 반영되어야 할 압수·수색·검증 장소 및 대상의 특수성
③ 경찰관은 다음 각 호의 어느 하나에 해당하여 필요하다고 판단하는 경우 전자정보와 별도로 정보저장매체등의 압수·수색·검증영장을 신청할 수 있다.
　1. 정보저장매체등이 그 안에 저장된 전자정보로 인하여 형법 제48조제1항의 몰수사유에 해당하는 경우
　2. 정보저장매체등이 범죄의 증명에 필요한 경우

제13조(압수·수색·검증 시 참여 보장) ① 전자정보를 압수·수색·검증할 경우에는 **피의자 또는 변호인, 소유자, 소지자, 보관자의 참여를 보장하여야 한다.** 이 경우, 압수·수색·검증 장소가 「형사소송법」 제123조제1항, 제2항에 정한 장소에 해당하는 경우에는 「형사소송법」 제123조에 정한 참여인의 참여를 함께 보장하여야 한다.
② 경찰관은 제1항에 따른 피의자 또는 변호인의 참여를 압수·수색·검증의 전 과정에서 보장하고, 미리 집행의 일시와 장소를 통지하여야 한다. 다만, 위 통지는 참여하지 아니한다는 의사를 명시한 때 또는 참여가 불가능하거나 급속을 요하는 때에는 예외로 한다.
③ 제1항에 따른 참여의 경우 경찰관은 참여인과 압수정보와의 관련성, 전자정보의 내용, 개인정보보호 필요

성의 정도에 따라 압수·수색·검증 시 참여인 및 참여 범위를 고려하여야 한다.
④ 피의자 또는 변호인, 소유자, 소지자, 보관자, 「형사소송법」 제123조에 정한 참여인(이하 "**피압수자 등**"이라 한다)**이 참여를 거부하는 경우 전자정보의 고유 식별값**(이하 "**해시값**"이라 한다)**의 동일성을 확인하거나** 압수·수색·검증과정에 대한 사진 또는 동영상 촬영 등 **신뢰성과 전문성을 담보할 수 있는 상당한 방법으로 압수하여야 한다.**
⑤ 경찰관은 피압수자 등이 전자정보의 압수·수색·검증절차 참여과정에서 알게 된 사건관계인의 개인정보와 수사비밀 등을 누설하지 않도록 피압수자 등에게 협조를 요청할 수 있다.

제14조(전자정보 압수·수색·검증의 집행) ① 경찰관은 압수·수색·검증 현장에서 전자정보를 압수하는 경우에는 범죄 혐의사실과 관련된 전자정보에 한하여 문서로 출력하거나 휴대한 정보저장매체에 **해당 전자정보만을 복제하는 방식**(이하 "**선별압수**"라 한다)**으로 하여야 한다.** 이 경우 해시값 확인 등 디지털 증거의 동일성, 무결성을 담보할 수 있는 적절한 방법과 조치를 취하여야 한다.
② 압수가 완료된 경우 경찰관은 별지 제1호서식의 전자정보 확인서를 작성하여 피압수자 등의 확인·서명을 받아야 한다. 이 경우 피압수자 등의 확인·서명을 받기 곤란한 경우에는 그 사유를 해당 확인서에 기재하고 기록에 편철한다.
③ 경찰관은 별지 제1호서식의 전자정보 확인서 및 상세목록을 피압수자에게 교부한 경우 경찰수사규칙 제64조제2항의 압수목록교부서 및 형사소송법 제129조 압수목록의 교부에 갈음할 수 있다.
④ 경찰관은 압수한 전자정보의 상세목록을 피압수자 등에게 교부하는 때에는 출력한 서면을 교부하거나 전자파일 형태로 복사해 주거나 이메일을 전송하는 등의 방식으로 할 수 있다.
⑤ 그 외 압수·수색·검증과 관련된 서류의 작성은 「범죄수사규칙(경찰청훈령)」의 규정을 준용한다.

제16조(정보저장매체등 원본 반출) ① 경찰관은 압수·수색·검증현장에서 다음 각 호의 사유로 인해 제15조제1항에 따라 **복제본을 획득·반출하는 방법이 불가능하거나 압수의 목적을 달성하기에 현저히 곤란한 경우에는 정보저장매체등 원본을 외부로 반출한 후 전자정보의 압수·수색·검증을 진행할 수 있다.**
 1. 영장 집행현장에서 하드카피·이미징 등 복제본 획득이 물리적·기술적으로 불가능하거나 극히 곤란한 경우
 2. 하드카피·이미징에 의한 집행이 피압수자 등의 영업활동이나 사생활의 평온을 침해한다는 이유로 피압수자 등이 요청하는 경우
 3. 그 밖에 위 각 호에 준하는 경우
② 경찰관은 제1항에 따라 정보저장매체등 원본을 반출하는 경우에는 피압수자 등의 참여를 보장한 상태에서 정보저장매체등 원본을 봉인하고 봉인해제 및 복제본의 획득과정 등에 참여할 수 있음을 고지한 후 별지 제4호서식의 정보저장매체 원본 반출 확인서 또는 별지 제5호서식의 정보저장매체 원본 반출 확인서(모바일기기)를 작성하여 피압수자 등의 확인·서명을 받아야 한다. 이 경우, 피압수자 등의 확인·서명을 받기 곤란한 경우에는 그 사유를 해당 확인서에 기재하고 기록에 편철한다.

제20조(별건 혐의와 관련된 전자정보의 압수) 경찰관은 제14조부터 제17조, 제19조까지의 규정에 따라 혐의사실과 관련된 전자정보를 탐색하는 과정에서 **별도의 범죄 혐의**(이하 "**별건 혐의**"라 한다)**를 발견한 경우 별건 혐의와 관련된 추가 탐색을 중단하여야 한다.** 다만, 별건 혐의에 대해 별도 수사가 필요한 경우에는 **압수·수색·검증영장을 별도로 신청·집행하여야 한다.**

제35조(전자정보의 삭제·폐기) ① 증거분석관은 분석을 의뢰한 경찰관에게 분석결과물을 회신한 때에는 해당 분석과정에서 생성된 전자정보를 **지체 없이 삭제·폐기하여야 한다.**
② 경찰관은 제1항의 분석결과물을 회신받아 디지털 증거를 압수한 경우 **압수하지 아니한 전자정보를 지체 없이 삭제·폐기하고 피압수자에게 그 취지를 통지하여야 한다.** 다만, 압수 상세목록에 삭제·폐기하였다는 취지를 명시하여 교부함으로써 통지에 갈음할 수 있다.

③ 경찰관은 **사건을 이송 또는 송치한 경우** 수사과정에서 생성한 디**지털 증거의 복사본을 지체 없이 삭제·폐기하여야 한다.**
④ 제1항부터 제3항까지에 따른 전자정보의 삭제·폐기는 복구 또는 재생이 불가능한 방식으로 하여야 한다.

14 사이버범죄 수사

1. 사이버범죄 유형 15 승진, 20 경간

사이버 테러형 범죄	① **정보통신망 자체를 공격대상으로 하는 불법행위** ② **해킹, 바이러스 유포, 메일폭탄, DOS 공격** 등 전자기적 침해장비를 이용한 컴퓨터시스템과 정보통신망 공격행위 등
일반적인 사이버범죄	① 사이버공간을 이용한 **일반적인 불법행위** ② 사이버 도박, 사이버 스토킹과 사이버 성폭력, 사이버 명예훼손이나 협박, 전자상거래 사기, 개인정보 유출, 인터넷 포르노 사이트의 운용, 소프트웨어 저작권 침해, PC방을 중심으로 나타나는 청소년 성매매나 미성년자에의 음란물 사이트 열람행위 등

2. 사이버범죄의 특징 08 채용, 10·12 승진, 14 경간

가. **죄의식이 희박**하고 범행이 되풀이 될 가능성이 높다.
나. 시간적·공간적 무제약성, 광역성을 띠고 있고, 비대면성, 익명성을 과신한다.
다. 일반적인 현실 세계의 범죄보다 발견과 증명은 물론 **고의 입증이 곤란하다.**
라. 개인적인 보복이나 경제적 이익의 취득을 목적으로 행하여지기도 한다.
마. 행위자의 연령이 낮고 초범인 경우가 많다.
바. 피해가 경미하다는 이유로 발생 건에 비하여 신고 되지 않는 경우가 많다.
사. 법적 근거나 적용할 죄명이 없어 피해가 방치되는 경우가 많고 동일 행위가 여러 법률에 중복되어 단속에 혼란을 빚을 수 있다.
아. 법적 근거는 있으나 단속기준이 시대상황이나 개인주관에 따라 달라 혼란과 혼동을 야기하는 경우가 많다.

3. 사이버범죄 수사단계(수-증-기-확인) 08 경간, 08 채용

수사첩보 수집	웹사이트를 드나들며 해킹 등 유행하는 범죄행위의 정보를 수집한다.
피해증거 확보	홈페이지, 이메일 등 피해발생의 증거를 취득한다.
접속기록 확보	정보통신산업체 등과 협력을 통해 피의자의 로그기록을 확인한다.
접속자 확인	접속자의 인적사항을 확인한 후 피의자의 신병과 증거물을 확보한다.

4. 컴퓨터 부정조작의 유형 08 승진, 20 경간

투입 조작	일부 은닉·변경된 자료나 허구의 자료 등을 컴퓨터에 입력시켜 잘못된 산출물을 초래케 하는 방법
프로그램 조작	기존의 프로그램을 변경하거나 기존의 프로그램과 전혀 다른 새로운 프로그램을 작성, 투입하는 방법
console 조작	console이란 컴퓨터 체계의 시동, 정지, 운영상태의 감시, 그리고 정보처리 내용의 방법의 변경 및 수정에 사용되는 것을 말하며, 이러한 console을 부당하게 조작하여 프로그램의 지시나 처리될 기억정보를 변경시키는 방법
산출물 조작	정당하게 처리, 산출된 산출물의 내용을 변경시키는 방법

5. 컴퓨터 수법 07 채용, 08 경간

부정명령은닉	프로그램에 어떤 조건을 넣어주고 그 조건이 충족될 때마다 자동으로 부정행위가 이루어지도록 하는 방법이다.
트랩도아	프로그램 개발과정에서 프로그램 검증을 위해 프로그램을 수정할 수 있는 명령을 끼워 넣게 되는데 이것을 삭제하지 않고 범행에 이용하는 것이다.
슈퍼잽핑	컴퓨터작동이 정지된 상태를 복구나 재작동 절차에 의하여 해결할 수 없을 때 사용하는 만능키와 같은 프로그램을 슈퍼잽이라 하는데, 이 프로그램의 강력한 힘을 이용하여 부정을 행하는 방법을 말한다.
쌀라미 기법	어떤 일을 정상적으로 수행하면서 관심 밖에 있는 조그마한 이익을 긁어모으는 수법으로서 금융기관의 컴퓨터 체계에 이자계산 시 단수 이하의 적은 금액을 특정계좌에 모이게 하는 방법 등을 말한다.
스카벤징	일명 쓰레기 주워 모으기로 불리우며, 컴퓨터의 작업수행이 완료된 후에 그 주변에서 정보를 획득하는 방법을 말한다.
트로이 목마	정상적인 프로그램 내부에 숨어서 부정한 결과가 나오도록 프로그램속에 범죄자만이 아는 명령문을 삽입시켜 이용하는 방법이다.

03 경비경찰

01 경비경찰 일반론

1. 경비경찰의 의의

① 경비경찰은 국민의 생명·신체·재산과 공공의 안녕·질서유지를 해하는 국가비상사태 또는 긴급중요사태 등이 발생하거나 발생할 우려가 있는 경우 이를 예방·경계·진압하는 경찰활동임
② 불법행위와 관련 없는 인위적인 혼란야기, 대규모 자연재해 등도 경비경찰의 대상임

2. 경비경찰의 대상 17 승진, 18 경간

대상	종류	내용
개인적·단체적 불법행위	치안경비	공안을 해하는 **다중범죄** 등 집단적인 범죄사태가 발생하거나 발생할 우려가 있는 경우 적절한 조치로 사태를 예방·경계·진압하는 경찰활동 21 승진
	특수경비 (대테러경비)	총포·도검·**폭발물** 등에 의한 인질·난동·살상 등 **사회이목을 집중시키는 중요사건**을 예방·경계·진압하는 경찰활동
	경호경비	**피경호자의 신변을 보호**하는 경찰활동
	중요 시설경비	국가적으로 중대한 영향을 미치는 **국가산업시설, 국가행정시설**을 방호하기 위한 경찰활동
자연적·인위적 재난	혼잡경비 (행사안전경비)	기념행사·경기대회·경축제례 등에 수반하는 **조직화되지 않은 군중**에 의하여 발생하는 자연적·인위적인 혼란상태를 예방·경계·진압하는 경찰활동 17·21 승진
	재난경비	천재지변·화재 등의 **자연적·인위적 돌발사태**로 인하여 인명 또는 재산상 피해가 야기될 경우 이를 예방·경계·진압하는 경찰활동

① 폭력행위 등 처벌에 관한 법률 제3조(집단적 폭행)는 "수사경찰"의 대상이다. 13 경간
② 금융기관의 도난방지를 위한 경비는 원칙적으로 "생활안전경찰"의 대상이다. 13 경간

3. 경비경찰의 특징 12 3차, 16·23 경간, 16·19·21 승진

복합 기능적 활동	경비사태가 발생한 후에 **진압**뿐만 아니라 특정한 사태가 발생하기 전에 **경계·예방**의 역할을 수행한다는 점에서 복합 기능적 활동이다.
현상유지적 활동	경비활동은 기본적으로 **현재의 질서상태를 보존**하는 것에 가치를 둔다고 할 수 있다. 따라서, "정태적·소극적" 질서유지가 아닌 새로운 변화와 발전을 보장하기 위한 **"동태적·적극적"** 의미의 유지 작용이다.
즉시적(즉응적) 활동	경비상황은 국가적으로나 사회적으로 중대한 영향을 미치므로 신속한 처리가 요구된다. 따라서 경비 사태에 대한 기한을 정하여 진압할 수 없으며 즉시 출동 하여 신속하게 조기에 제압한다.
조직적 부대활동	경비경찰은 경비사태 발생 시 조직적이고 집단적인 대응이 요구되므로 조직적 부대 활동(지휘관과 부하, 장비와 보급체계)에 중점을 둔다.
하향적 명령에 의한 활동	경비활동은 주로 계선조직의 지휘관이 내리는 하향적인 지시나 명령에 의하여 움직이므로 활동의 결과에 대해서도 **지휘관이 지휘책임**을 지는 것이 일반적이다. (**부대원의 재량은 상대적으로 적음**)
사회 전반적 안녕목적의 활동	경비경찰의 활동대상은 공공의 안녕과 질서를 유지하는 것을 목적으로 하므로 결과적으로 사회전체의 질서를 파괴하는 범죄를 대상으로 작용한다는 점에서 경비경찰의 임무는 국가 목적적 치안의 수행이라고 할 수 있음(직접적인 공공의 안녕과 질서를 파괴하는 범죄 그 자체를 대상으로 하기 때문에, 생활안전경찰·수사경찰과 구별된다.)

02 경비경찰의 근거와 한계

1. 경비경찰권의 근거 11 1차

① 「헌법」 제37조 제2항은 '국민의 모든 자유와 권리는 국가안전보장·질서유지 또는 공공복리를 위하여 필요한 경우에 한하여 **법률로써(법령X)** 제한할 수 있으며, 제한할 경우에도 **자유와 권리의 본질적인 내용을 침해할 수 없다**'고 규정하고 있음 → 「**헌법**」의 규정은 경비경찰의 활동을 제한하는 성격도 아울러 가짐 14 승진
② 경비경찰권 발동에 가장 주된 법률은 「**경찰관 직무집행법**」 2조이다. 09 채용
③ 「**국가경찰과 자치경찰의 조직 및 운영에 관한 법률**」 제3조에 근거가 있다.

2. 경비경찰권의 한계

경찰작용의 다양성으로 경찰법규는 재량조항이 필요하며, 이 경우의 재량은 자유 재량이 아니라 의무에 합당한 재량이다. 09 채용

(1) 법규상의 한계 17 승진

경비경찰권의 행사는 **반드시** 그 활동에 대한 **법적인 근거를 요하며**, 그렇지 않은 경우에는 위법한 경찰권의 행사가 되어 사법심사의 대상이 된다.

(2) 조리상의 한계

1) 경찰소극목적의 원칙 13·17 승진, 15 경간

경찰목적의 소극성이라고도 하며 이는 경찰목적에 따른 한계로서, 경찰행정의 목적은 공공의 안녕과 질서의 유지에 있는 것이므로 법령에 특별한 규정이 없는 한, 경비경찰권은 소극적인 사회질서유지를 위해서만 발동하는 데 그친다는 것이다.

2) 경찰공공의 원칙 13 승진, 22 경간

경찰권은 공공의 안녕 질서유지에 관계없는 사적관계에 대해서 발동되어서는 안 된다는 원칙을 의미한다.

3) 경찰책임의 원칙 13·17 승진, 15·22 경간

경찰책임은 민·형사상의 책임에 있어서와 같은 고의, 과실을 요건으로 하지 않고, 경찰권은 원칙적으로 경찰위반의 상태 즉, 사회공공의 안녕·질서에 대한 위험에 대해 직접적으로 책임을 질 지위에 있는 자(경찰책임자)에게만 발동될 수 있다.

4) 경찰비례의 원칙 22 경간

경찰권의 발동은 사회공공의 이익과 개인의 자유나 권리의 제한과의 사이에 사회통념상 적당하다고 인정되는 비례가 유지되는 범위 내에서 행하여져야 한다는 것이다. 공공의 안녕·질서에 대한 경미한 장애를 제거하기 위하여 중대한 개인의 권리를 제한하는 것은 허용되지 않는다는 것을 말하며, 경찰권 발동의 정도는 최소한의 정도에 그쳐야 한다.

5) 경찰평등의 원칙 17 승진, 22 경간

경찰권 발동에 있어서 상대방의 성별, 종교, 사회적 신분, 인종 등을 이유로 불합리한 차별을 해서는 안 된다는 것이다.

6) 보충성의 원칙 15 경간

경비경찰권의 발동은 사회의 다른 일반적인 방법으로 해결이 불가능할 경우에 최후의 수단으로 발동하여야 한다.

[판례, 사례] 경비경찰활동 - 국가배상관련

① 경찰관이 농민들의 시위를 진압하고 시위과정에 도로상에 방치된 트랙터 1대에 대하여 이를 도로 밖으로 옮기거나 후방에 안전표지판을 설치하는 것과 같은 위험발생방지조치를 취하지 아니한 채 그대로 방치하고 철수하여 버린 결과, 야간에 그 도로를 진행하던 운전자가 위 방치된 트랙터를 피하려다가 다른 트랙터에 부딪혀 상해를 입은 사안에서 **국가배상책임을 인정**(대판 98다16890)

② 위법한 집회·시위가 장차 특정지역에서 개최될 것이 예상된다고 하더라도, 이와 시간적·장소적으로 근접하지 않은 다른 지역에서 그 집회·시위에 참가하기 위하여 출발 또는 이동하는 행위를 함부로 제지하는 것은 경찰관 직무집행법 제6조 제1항의 행정상즉시강제인 경찰관의 제지의 범위를 명백히 넘어 허용될 수 없다. 따라서 이러한 제지행위는 공무집행방해죄의 보호대상이 되는 공무원의 적법한 직무집행이 아니라며 **국가배상책임을 인정**(대판 2007도9794)

③ 상설검문서 근무 경찰관이 통행금지 또는 비상경계령이 내려 있지 않는데도 검문소운영요강을 지키지 아니하고 도로상에 방치해둔 바리케이드에 오토바이 운행자가 충돌하여 사망한 경우 **국가의 손해배상책임을 인정**(부산지법 91가합31268)

④ 경찰관이 농민들의 시위를 진압하고 시위과정에 도로 상에 방치된 트랙터 1대에 대하여 이를 도로 밖으로 옮기거나 후방에 안전표지판을 설치하는 것과 같은 위험발생방지조치를 취하지 아니한 채 그대로 방치하고 철수하여 버린 결과, 야간에 그 도로를 진행하던 운전자가 위 방치된 트랙터를 피하려다가 다른 트랙터에 부딪혀 상해를 입은 사안에서 국가배상책임을 인정(대판 98다16890)

⑤ 경찰의 불법시위 진압에 대항하여 시위자들이 던진 화염병에 의하여 약국이 타버려 재산의 피해를 입은 경우, 불법시위를 진압하는 일련의 방법이나 조치 등에서 하자가 없는 경우에는 제3자의 손해가 발생하더라도 **국가배상책임을 부정**(대판 94다2480) 23 경간

⑥ 경찰이 시위대를 몰기 위해 최루탄을 던져 압사한 경우, 국가 소속 전투경찰들이 시위진압을 함에 있어서 합리적이고 상당하다고 인정되는 정도로 가능한 한 최루탄의 사용을 억제하고 또한 최대한 안전하고 평화로운 방법으로 시위진압을 하여 그 시위진압과정에서 타인의 생명과 신체에 위해를 가하는 사태가 발생하지 아니하도록 하여야 하는데도, 이를 게을리한 채 합리적이고 상당하다고 인정되는 정도를 넘어 지나치게 과도한 방법으로 시위진압을 한 잘못으로 시위 참가자로 하여금 사망에 이르게 하였다는이유로 **국가의 손해배상 책임을 인정**(대판 95다23897)

⑦ 무장공비와 격투 중에 있는 청년의 가족의 요청을 받고도 경찰관이 출동하지 않아 결과적으로 그 청년이 공비에게 사살된 경우 **국가배상책임을 인정**(대판 74다3) - 김신조 사건 13 경간

⑧ 상설검문소 근무 경찰관이 통행금지 또는 비상경계령이 내려있지 않는데도 검문소 운영요강을 지키지 아니하고 도로상에 방치해 둔 바리케이트에 오토바이 운행자가 충돌하여 사망한 경우 **국가배상책임을 인정**(부산지법 1992.8.25., 91가합31268) 13 경간

⑨ 전경들이 서총련의 불법시위 해산 과정에서 단순히 전경들의 도서관 진입에 항의한 학생등 시

위와 무관한 자들을 강제로 연행한 경우 **국가배상책임을 인정**(서울지법 95가합43551) 13 경간
⑩ 경찰관들의 시위진압에 대항하여 시위자들이 던진 화염병에 의하여 발생한 화재로 손해를 입은 주민이 국가를 상대로 국가배상을 청구한 경우 **국가배상책임을 부정**(대판 94다2480) 13 경간
⑪ 전경이 불법시위 해산과정에서 대학도서관을 진입한데 대하여 정신적 충격과 학습권 침해를 이유로 한 위자료 지급을 청구한 경우 **국가배상책임을 부정**(대판 1997.7.25. 94다2480) 11 승진
⑫ 대규모 시위대가 지하철로 이동하면서 하차하여 불법시위를 할 것이 명백한 경우 경찰이 지하철역에 요구하여 무정차 통과토록 조치하였다면 「경찰관 직무집행법」 제6조(범죄의 예방과 제지)에 근거한 조치로 볼 수 있다. 11 1차

03 경비경찰의 조직 및 수단

1. 조직운영의 원리 19·23 승진

부대단위활동의 원칙	① 경비경찰의 업무의 성격상 개인적 활동보다는 부대단위로 이루어지는 것으로 부대는 **지휘관과 직원 및 대원**이 있어야 하고, 그 부대를 관리하기 위한 지휘권과 장비가 편성되며 임무수행을 위한 **보급지원체계**를 갖추고 있어야 함 → 부대단위로 활동할 때에는 반드시 **지휘관이 있어야 함** 13 경간 ② 부대단위로 업무가 수행되므로 주로 **하명에 의하여 임무가 이루어지며**, 부대의 관리와 임무의 수행을 위한 최종결정은 지휘관만이 할 수 있고, **부대활동의 성패는 지휘관에 의하여 좌우됨** 09 채용
지휘관 단일성의 원칙	① 긴급하고 신속한 경비업무의 효율적인 처리를 위하여 지휘관을 한 사람만 두어야 한다는 의미로 폭동의 진압과 같은 긴급한 상황에서는 지휘관의 신속한 결단과 명확한 지침이 필요함 ② 지휘관 단일성 원칙은 하나의 기관에 하나의 지휘관이란 의미 외에도 **하급조직원은 하나의 상급조직에 대하여만 책임을 진다**는 의미도 내포하고 있음 ③ 위원회 또는 집단지휘체제를 구성해서는 효율적인 업무수행이 어렵다는 것을 의미함 → 그러나 **의사결정의 과정에서까지 단일해야 한다는 의미는 결코 아니며**, 13 경간 결정은 다수에 의하여 신중히 검토된 후에 가장 효과적, 합리적으로 결정하되 그 집행에 있어서 만일 지휘관이 여러 명 존재할 경우에 의견이 합치되기 어렵고 조직의 행동이 통일될 수 없다는 것임
체계통일성의 원칙	① 조직의 정점으로부터 말단에 이르는 계선을 통하여 **상하계급 간 일정한 관계가 형성되고 책임과 임무의 분담이 명확히 이루어지고 명령과 복종의 체계가 통일되어야 한다**는 것으로 경찰조직 간에 체계가 확립되어야만 각 부대 간 효율적인 협조와 타 기관과도 상호응원이 가능하게 된다. ② **지시는 한 사람에 의해서 행해져야 하고, 보고도 한 사람을 통해서 이루어져야 함** 13 경간 ③ '**임무를 중복 부여하여 최악의 경우를 대비한다.**'는 것은 체계통일성의원칙에 반함 09 채용 ④ 경비조직의 모든 단위나 체계는 당해 경비조직이 추구하는 목적을 위해 일관되게 작

	용하여야 한다. 09 채용
치안협력성의 원칙	① 업무수행과정에서 국민의 경찰에 대한 신뢰를 바탕으로 한 **국민과 협력**을 이루어야 하고 국민이 스스로 협조해 줄 때 효과적인 업무수행이 가능하며 **협력체계를 조성하는 것은 어디까지나 임의적으로 하여야 하고 강제적 협조는 안 됨** 13 경간 ② **업무수행의 신속성과는 관련이 적음** 13 경간 ③ 경비조직이 아무리 완벽하게 경비 활동을 수행하더라도 각종 위해요소들을 직접 인지할 수 없고, 모든 사태에 세밀히 대처할 수 없기 때문에 국민들과의 협력을 필수요소로 하여야 한다. 09 채용

2. 경비경찰의 수단

경비수단이란 신속한 진압, 질서유지를 목적으로 한 실력행사를 의미한다. 11 승진

(1) 경비수단의 원칙 10·11·13·14·21·23 승진, 10·11 채용, 15 경간

균형의 원칙	경비상황에 대비하여 경력을 운용할 경우에 상황에 따라 균형 있는 경력운용을 해야 하며, **주력부대와 예비대를 적절하게 활용하여 한정된 경력으로 최대의 성과**를 올려야 한다.(한정의 원칙X) 09 채용, 19 승진
위치의 원칙	경력을 동원하여 실력으로 상대방을 제압해야 하는 경우에는 부대 위치와 지형지물 등을 이용하여 **상대하는 군중보다 유리한 지점과 위치를 확보**해야 한다.
적시의 원칙	경력을 동원하여 물리력으로 상대방을 제압할 경우에는 상대 **허약한 시점을 포착**하여 적절한 실력행사를 해야 한다. 23 경간
안전의 원칙	경비사태 발생 시에 진압과정에서 경찰이나 시민의 사고가 없어야 하며, 경찰작전 시 새로운 변수의 발생을 방지해야 한다. 변수발생은 사회적으로 큰 파장을 미칠 수 있으므로 **사고 없는 안전한 작전을 수행**해야 한다. 21 승진

(2) 경비수단의 종류 06·07·08·10·11 채용, 10·11·14·19·21 승진, 08·14·23 경간

① 경비수단은 **간접적 실력행사**인 경고와 **직접적 실력행사**인 제지와 체포로 구분할 수 있다.
② 실력행사에는 **정해진 순서는 없으며** 주어진 경비상황이 경비수단의 행사요건에 해당하는지 여부에 따라서 적절히 행사하면 되는 것임(실력의 행사는 반드시 경고, 제지, 체포의 순서로 행사되어야 한다X)

간접적 실력행사	경고	① **경비부대를 전면에 배치 또는 진출시켜 위력을 과시하거나 경고하여 범죄 실행의 의사를 자발적으로 포기하도록 하는 간접적 실력행사**로 필요한 경우에 관계자에게 주의를 주고 일정한 행위를 촉구하는 **사실상의 통지행위이며 임의처분**에 해당하는 것으로 「**경찰관 직무집행법**」 제5조(위험발생의 방지)에 근거함 ② 경비 사태를 예방·경계·진압하기 위하여 발할 수 있는 조치임 ③ 경고는 임의처분이기는 하나, 경찰권의 행사는 필요성과 상당성을 조건으로 필요 최소한도에 그쳐야 한다는 경찰비례의 원칙은 적용된다.

직접적 실력행사	제지	① 경비사태를 예방·진압하기 위하여 발하는 강제처분으로 **세력분산·통제파괴·주동자 및 주모자의 격리** 등을 실시하는 **직접적 실력행사**로「**경찰관 직무집행법**」제6조(범죄의 예방과 제지)에 근거하고 있으며, **대인적 즉시강제**에 해당하는 **강제처분행위**(의무의 불이행을 전제로 하는 것이 아님) → 즉시강제에 해당하는 강제처분이라는 점에서 의무의 불이행을 전제로 하는 행정상 강제집행과는 **구별**되며 14·19 승진 강제처분이라는 점에서 제지행위는 법률에 근거를 두어야 하며, **경찰비례의 원칙의 엄격한 적용이 요구**됨 ② 제지의 방법은 위법행위의 태양, 피해법익의 경중, 위험의 긴박성, 상대방의 저항 등 구체적 상황을 고려하여 행사되어야 하며 **반드시 필요한 한도 내에서 그쳐야 함** ③ **제지행위를 할 때 무기를 사용하는 경우가 있음** → 다만 무기를 사용할 때에는 무기사용요건에 해당하여야 하며 합리성의 원칙, 필요성의 원칙, 상당성의 원칙, 보충성의 원칙 등이 엄격히 적용되어야 함
	체포	① 체포란 상대방의 **신체를 구속하는 강제처분**이며 **직접적 실력행사**임 ②「**형사소송법**」제212조에 근거를 두고 있음(경찰관 직무집행법X) ③ 체포는 명백한 위법일 때 실력을 행사하는 행위임

04 경비경찰의 주요대상

1. 행사안전경비(혼잡경비)

(1) 의의 및 근거

① 대규모의 공연, 기념행사, 경기대회, 제례의식 등 기타 각종 행사를 위해 모인 **미조직된 군중**에 의하여 발생하는 인위적·자연적인 혼란 상태를 사전에 예방·경계하고 위험한 사태가 발생한 경우 신속히 조치하여 확대되는 것을 방지하는 경비경찰활동이다. 14·17 경간, 14 2차

② 행사안전경비는 미조직된 군중에 의하여 발생되는 자연적인 혼란상태를 사전에 예방·경계·진압하는 경비경찰활동으로 **특별히 개인이나 단체의 불법행위를 전제로 하지 않음**

③ 「**국가경찰과 자치경찰의 조직 및 운영에 관한 법률**」제3조(경찰의 임무), 「**경찰관 직무집행법**」제5조(위험발생의 방지), 「**경비업법 시행령**」제30조(경비가 필요한 시설 등에 대한 경비의 요청), 「**공연법**」제11조(재해예방조치) 등이 행사안전경비의 근거가 된다. 14 경간, 18·19 승진

(2) 공연법 및 공연법 시행령

> **공연법**
>
> **제11조(재해예방조치)** ① **공연장운영자**는 화재나 그 밖의 재해를 예방하기 위하여 그 공연장 종업원의 임무·배치 등 **재해대처계획을 수립하여 매년 관할 특별자치시장·특별자치도지사·시장·군수·구청장에게 신고하여야 한다.** 이 경우 특별자치시장·특별자치도지사·시장·군수·구청장은 신고받은 재해대처계획을 **관할 소방서장에게 통보하여야 한다.** 18·19 승진, 18 경간
>
> **제43조(과태료)** ① 다음 각 호의 어느 하나에 해당하는 자에게는 **2천만원 이하의 과태료**를 부과한다. 18·19 승진
> 1. 제11조제1항 전단, 같은 조 제3항 또는 제4항을 위반하여 **재해대처계획을 수립, 신고 또는 보완하지 아니한 자**
>
> **공연법 시행령**
>
> **제9조(재해대처계획의 신고 등)** ① 법 제11조제1항에 따른 재해대처계획에는 다음 각 호의 사항이 모두 포함되어야 한다.
> 1. 공연장 시설 등을 관리하는 자의 임무 및 관리 조직에 관한 사항
> 2. **비상시에 하여야 할 조치 및 연락처에 관한 사항** 18 승진
> 3. 화재예방 및 인명피해 방지조치에 관한 사항
> 4. 법 제11조의2부터 제11조의4까지의 규정에 해당하는 안전관리비, 안전관리조직 및 안전교육에 관한 사항
> ② 법 제9조제1항에 따른 공연장운영자(이하 "공연장운영자"라 한다)는 법 제11조제1항에 따라 다음 연도의 재해대처계획을 수립하여 매년 12월 31일까지 관할 특별자치시장·특별자치도지사·시장·군수·구청장에게 신고하여야 하며, 신고한 재해대처계획을 변경하려는 경우에는 그 계획을 적용하기 전에 변경신고를 하여야 한다. 다만, 공연장운영자가 법 제9조제1항에 따라 공연장을 등록하는 경우에는 공연장 등록 신청과 함께 해당 연도의 재해대처계획을 신고하여야 한다.
> ③ 공연장 외의 시설이나 장소에서 **1천명 이상의 관람이 예상되는 공연을 하려는 자**는 법 제11조제3항에 따라 해당 시설이나 장소 운영자와 공동으로 **공연 개시 14일 전까지** 제1항 각 호의 사항과 안전관리인력의 확보·배치계획 및 공연계획서가 포함된 재해대처계획을 관할 **특별자치시장·특별자치도지사·시장·군수 또는 구청장에게 신고하여야 하며,** 신고한 사항을 변경하려는 경우에는 해당 공연 7일 전까지 변경신고를 하여야 한다. 18 승진

(3) 경비업법 시행령

> **제30조(경비가 필요한 시설 등에 대한 경비의 요청)** **시·도경찰청장**은 행사장 그밖에 많은 사람이 모이는 시설 또는 장소에서 혼잡 등으로 인한 위험의 발생을 방지하기 위하여 법 제2조제3호의 규정에 의한 경비원에 의한 경비가 필요하다고 인정되는 때에는 **행사개최일 전에 당해 행사의 주최자에게 경비원에 의한 경비를 실시하거나 부득이한 사유로 그것을 실시할 수 없는 경우에는 행사개최 24시간(36시간X) 전까지 시·도경찰청장에게 그 사실을 통지하여 줄 것을 요청할 수 있다.** 18 경간

(4) 부대의 편성과 배치

① 현지상황에 적합한 부대를 편성하여 부대는 **군중이 입장하기 전에 사전에 배치**하고 경력은 단계별로 **탄력적으로 운용**함 18 승진

② 관중석에 배치되는 예비대는 단시간 내에 혼란예상지역에 도달할 수 있도록 **통로 주변 등 (행사장 앞쪽X)에 배치**함 18·19 승진

③ **예비대의 운용여부 판단은 경찰판단 하(주최 측과 협조하여X)에 실시할 사항**이며, 주최 측과 협조할 사항은 행사진행 과정 파악, 경비원 활용 권고, 자율적 질서유지 등이 있음 18 승진

④ 출연진의 환경을 위하여 출연진과 관객의 통로는 **구분(일치X)**시킨다. 08 경간

▶ **[참고] 수익성 행사에 대한 경찰활동** 12 승진
① 원칙적으로 행사장의 안전은 수익자 부담 원칙에 따라 주최 측이 지도록 한다.
② 수익성 행사의 관리는 행사 주최 측에게 민간경비업체 등을 적극 활용하도록 유도한다.
③ 사인이라 할지라도 영리목적이 없는 공익적 행사의 경우에는 행사안전경비를 할 수 있다.
④ 주최 측의 경비 협조 요청 시에도 자체 안전 확보를 지도하고, 부득이한 경우에 경찰책임으로 행사안전을 확보한다.

---

(5) 군중정리의 원칙 14 경간, 15 2차, 15·19 승진, 20 경채, 22 2차

밀도의 희박화	① 제한된 면적에 사람이 많이 모이면 충돌과 혼잡이 야기되어 거리감과 방향감각을 잃고 혼란한 상태에 이르므로 가급적 많은 사람이 모이는 것을 회피하게 하는 것이다. ② 대규모 군중이 모이는 장소는 **사전에 블록화** 해야 함
이동의 일정화	군중들은 현재의 자기 위치와 갈 곳을 잘 알지 못함으로써 불안감과 초조감을 갖게 되므로 **일정(여러X) 방향**으로 이동시켜 주위의 상황을 파악할 수 있는 여건을 조성하여 안정감을 갖게 한다.
경쟁적 사태의 해소	① 경쟁적 사태는 남보다 먼저 가려고 하는 군중의 심리상태로 순서에의하여 움직일 때 순조롭게 모든 일이 잘될 수 있다는 것을 납득시켜야 한다. ② **차분한 목소리로 안내방송**을 하는 것도 한 방법임
지시의 철저	사태가 혼잡할 경우 **계속적이고도 자세한 안내방송으로 지시를 철저**히 해서 혼잡한 사태를 정리하고 사고를 미연에 방지할 수 있음

2. 선거경비

선거경비는 후보자의 자유로운 선거운동과 민주적 절차에 의한 선거를 보장하는 데 역점을 둔다. 19 승진

(1) 의의 및 경비대책

의의	선거경비는 행사안전경비, 대테러경비, 경호경비, 다중범죄의 진압 등 **종합적인 경비활동**이 요구되는 경비 활동임 12 1차, 12 경간
경비대책	① 통상 선거기간 개시 일부터 개표 종료 시까지 비상근무체제임 21 2차 ② 선거기간 개시일~ 선거 전일 : **경계강화기간** 12 승진, 12 경간, 21 2차 ③ **선거일(06:00) ~ 개표 종료 시 : 갑호 비상**이 원칙 12 승진, 12 경간

(2) 선거기간 및 선거일

선거기간
(공직선거법
제33조)
	① **선거별 선거기간**(동법 제1항)
	  ㉠ 대통령선거일 : **23일**
	  ㉡ 국회의원 및 지방자치단체 의원 및 장 : **14일**
	② **"선거기간"**(동법 제3항)
	  ㉠ 대통령선거 : **후보자등록마감일 다음날부터 선거일까지**
	  ㉡ 국회의원 및 지방자치단체의 의회의원 및 장의 선거 : **후보자 등록마감일 후 6일 ~ 선거일까지**

선거일 (제34조)	① 대통령선거는 그 임기만료일전 70일 이후 첫 번째 수요일 ② 국회의원선거는 그 임기 만료일전 50일 이후 첫 번째 수요일 ③ 지방의회의원 및 지방자치단체의 장의 선거는 그 임기 만료일전 30일 이후 첫 번째 수요일
선거운동	선거기간 개시 일부터 선거일 전일까지

(3) 후보자 신변보호 12 승진, 19·20 경간, 21 2차

대통령
후보자
12 경간
	① **후보자 : 을호** 경호대상자 → **당선 확정자 : 갑호** 경호대상자 12 1차
	② 신변보호기간 : **후보등록 시 부터 당선 확정시 까지**
	③ 신변보호방법
	  ㉠ **24시간 근접하여 실시**(후보자의 요청에 따라 전담경호대 편성, 운영)
	  ㉡ 예외 : 신변경호를 원치 않은 후보자는 경호경험이 있는 직원을 대기시켜 관내 유세기간 중 근접 배치한다.

국회의원 및 지방자치단체장	후보자가 원할 경우에는 각 선거구를 관할하는 **경찰서**에서 전담 경호 요원을(2 ~ 3명)배치한다. 12 경간

(4) 투표소 및 투표경비

경비 기본원칙	① 원칙 : 투표소 내부는 선거관리위원회가 자체경비 ② 외곽경비 : 경찰은 돌발 상황에 대비하여 순찰 및 즉응 출동태세를 갖추어야한다.(고정배치 X) ※ 단 투표한 운송경비는 선거관리위원회 직원과 합동으로 함 ※ 투표소가 취약지역에 설치되지 않도록 선거관리위원회와 경비대책 사전협의를 통해 조정하며, 유사시 신속한 연락체제를 운용함.

(5) 개표소경비 12·14·19 승진, 12 1차, 12·20 경간, 21 2차

3선경비	1선 (내부)	① 개표소 내부는 **선거관리위원장의 책임** 하에 질서를 유지한다. ② 선거관리위원회 **위원장이나 위원**은 개표소의 질서가 심히 문란하여 공정한 개표가 진행될 수 없다고 인정하는 때에는 개표소의 질서유지를 위하여 **정복을 한 경찰공무원 또는 경찰서의 장에게 원조를 요구할 수 있다.** 원조요구가 있을 시 경찰공무원 또는 경찰서장은 즉시 이에 따라야 한다. ③ 원조요구에 의해 개표소 안에 들어간 **경찰공무원 또는 경찰서의 장**은 선거관리위원회 위원장의 지시를 받아야 하며, 질서가 회복되거나 위원장의 요구가 있는 때에는 즉시 개표소에서 퇴거하여야 한다. ④ 요청에 의해 경찰관이 투입된 경우를 제외하고는 **누구든지 개표소 안에서 무기나 흉기 또는 폭발물을 지닐 수 없다.**
	2선 (울타리 내곽)	① **경찰 + 선거관리위원 합동**으로 출입자를 통제한다. ② **출입문은 되도록 정문만 사용**(기타 출입문은 시정한다.)
	3선 (울타리 외곽)	**검문조·순찰조를 운영**하여 기도자 접근을 차단한다.
안전유지		개표소의 사전 안전검측 및 유지는 **선거관리위원회와 협조**하여 경찰에서 보안안전팀을 운영하여 실시한다.
우발상황의 대비		개표소별로 예비대를 확보하고, 소방·한전 등 관계요원을 대기시켜 자가발전시설이나 예비 조명기구를 확보하여 화재, 정전사고에 대비한다.

> **[참고] 공직선거법 조문**
>
> 제163조(투표소 등의 출입제한) ① 투표하려는 선거인·투표참관인·투표관리관, 읍·면·동선거관리위원회 및 그 상급선거관리위원회의 위원과 직원 및 투표사무원을 제외하고는 **누구든지 투표소에 들어갈 수 없다.**
>
> 제164조(투표소 등의 질서유지) ① 투표관리관 또는 투표사무원은 투표소의 질서가 심히 문란하여 공정한 투표가 실시될 수 없다고 인정하는 때에는 **투표소의 질서를 유지하기 위하여 정복을 한 경찰공무원 또는 경찰관서장에게 원조를 요구할 수 있다.**
> ② 제1항의 규정에 의하여 **원조요구를 받은 경찰공무원 또는 경찰관서장**은 즉시 이에 따라야 한다.
> ③ 제1항의 요구에 의하여 **투표소안에 들어간 경찰공무원 또는 경찰관서장**은 투표관리관의 지시를 받아야 하며, 질서가 회복되거나 투표관리관의 요구가 있는 때에는 즉시 투표소안에서 퇴거하여야 한다.
>
> 제165조(무기나 흉기 등의 휴대금지) ①제164조(投票所 등의 秩序維持)제1항의 경우를 제외하고는 누구든지 투표소안에서 무기나 흉기 또는 폭발물을 지닐 수 없다.
> ② 사전투표소(제149조에 따라 기표소가 설치된 장소를 포함한다)에서의 무기나 흉기 등의 휴대금지에 관하여는 제1항을 준용한다.
>
> 제166조(투표소내외에서의 소란언동금지 등) ① **투표소안에서 또는 투표소로부터 100미터안에서 소란한 언동을 하거나 특정 정당이나 후보자를 지지 또는 반대하는 언동을 하는 자**가 있는 때에는 투표관리관 또는 투표사무원은 이를 제지하고, 그 명령에 불응하는 때에는 **투표소 또는 그 제한거리 밖으로 퇴거하게 할 수 있다.** 이 경우 투표관리관 또는 투표사무원은 필요하다고 인정하는 때에는 정복을 한 경찰공무원

또는 경찰관서장에게 원조를 요구할 수 있다.
④ 제164조(投票所 등의 秩序維持)제2항 및 제3항의 규정은 투표소내외에서의 소란언동금지 등에 이를 준용한다.

제170조(투표함 등의 송부) ① 투표관리관은 투표가 끝난 후 지체 없이 투표함 및 그 열쇠와 투표록 및 잔여 투표용지를 관할구·시·군선거관리위원회에 송부하여야 한다.
② 제1항의 규정에 의하여 투표함을 송부하는 때에는 후보자별로 **투표참관인 1인과 호송에 필요한 정복을 한 경찰공무원을 2인에 한하여 동반할 수 있다.**

제183조(개표소의 출입제한과 질서유지) ① 구·시·군선거관리위원회와 그 상급선거관리위원회의 위원·직원, 개표사무원·개표사무협조요원 및 개표참관인을 제외하고는 **누구든지 개표소에 들어갈 수 없다.** 다만, 관람증을 배부받은 자와 방송·신문·통신의 취재·보도요원이 일반관람인석에 들어가는 경우는 그러하지 아니하다.
③ 구·시·군선거관리위원회위원장이나 위원은 개표소의 질서가 심히 문란하여 공정한 개표가 진행될 수 없다고 인정하는 때에는 **개표소의 질서유지를 위하여 정복을 한 경찰공무원 또는 경찰관서장에게 원조를 요구할 수 있다.**
④ 제3항의 규정에 의하여 원조요구를 받은 **경찰공무원 또는 경찰관서장은 즉시 이에 따라야 한다.**
⑤ 제3항의 요구에 의하여 개표소안에 들어간 **경찰공무원 또는 경찰관서장은 구·시·군선거관리위원회위원장의 지시를 받아야 하며, 질서가 회복되거나 위원장의 요구가 있는 때에는 즉시 개표소에서 퇴거하여야 한다.**
⑥ 제3항의 경우를 제외하고는 **누구든지 개표소안에서 무기나 흉기 또는 폭발물을 지닐 수 없다.**

3. 다중범죄 진압경비(치안경비)

(1) 다중범죄의 특징 08 채용, 14 1차, 16 경간, 19 승진

확신적 행동성	① 다중범죄를 발생시키는 주동자나 참여하는 자들은 **자신의 주장이 옳다는 확신**을 가지고 행동하므로 과감하고 전투적인 경우가 많다. ② 점거 농성할 때 **투신이나 분신자살** 등이 그 대표적인 예이다.
조직적 연계성	① 현대사회의 문제는 전국적으로 공통성이 있으며 **조직도 전국적으로 연계된 경우가 많다.** ② 다중범죄는 **특정한 조직에 기반을 두고** 뚜렷한 목적의식을 가지고 있으므로 소속되어 있는 단체의 설치목적이나 활동방침을 분명하게 파악하는 것이 사태의 진상파악에 도움이 된다.
부화 뇌동적 파급성	① 다중범죄의 발생은 **군중심리의 영향을 받아** 일단 발생하면 부화뇌동으로 인하여 **갑자기 확대될 수도 있다.** ② 조직도 상호 연계되어 있으므로 어느 한 곳에서 시위사태가 발생하면 같은 상황이 **전국적으로 파급되기 쉽다.**
비이성적 단순성	시위군중은 행동에 대한 의혹이나 불안을 갖지 않고 과격·단순하게 행동하며 **비이성적인** 경우가 많아 **주장 내용이 편협하고 타협, 설득이 어려운 경우가 많다.**

(2) 다중범죄의 정책적 치료법 08 채용, 14·15·18 1차, 16 경간, 16 2차, 14·17·19 승진

선수승화법	특정사안의 불만집단에 대한 정보활동을 강화하여 **사전에 불만 및 분쟁요인을 찾아내어 해소해 주는 방법** ㉠ 강남지역의 재건축과 관련하여 일부 세입자들이 이주비 보상 및 영구임대아파트 보장을 요구하며 시위를 벌이려고 한다는 첩보가 입수되어 경남경찰서 정보과에서는 구청장 및 재건축조합장과의 면담을 주선하여 대화에 의한 타협을 보았다. 07 승진
전이법	다중범죄의 발생 징후나 이슈가 있을 때 집단이나 국민들의 관심을 집중시킬 수 있는 **경이적인 사건을 폭로하거나 규모가 큰 행사를 개최함으로써 원래의 이슈가 상대적으로 약화되도록 하는 방법**
지연정화법	불만집단의 고조된 주장을 **시간을 끌어** 이성적으로 사고할 기회를 부여하고 정서적으로 감정을 둔화시켜서 **흥분을 가라앉게 하는 방법**
경쟁행위법	불만집단과 이에 **반대하는 대중의견을 크게 부각**시켜 불만집단이 위압되어 자진해산 및 분산되도록 하는 방법 ㉠ 서울지하철노조가 객관적으로 명분없는 지하철 운행중단을 실시하자 언론에 일반시민의 불만과 비난의 목소리가 크게 부각되었다. 이에 당황한 지하철노조는 스스로 지하철 정상운행에 복귀하였다. 07 승진

(3) 진압

1) 진압의 기본 원칙 08 채용, 14 1차, 17 경간, 18 법학, 19 승진

봉쇄·방어	군중들이 중요시설이나 기관 등 보호대상물의 점거를 기도할 경우, **사전에 진압부대가 점령하거나 바리케이드 등으로 봉쇄**하여 방어조치를 취하는 방법
차단·배제	**군중이 목적지에 집결하기 전에 중간에서 차단하여 집합을 못하게 하는 방법**으로 차단·배제를 위해서는 중요 목지점에 경력을 배치하고 검문검색을 실시하여 불법시위 가담자를 사전에 색출, 검거하거나 귀가시켜 시위군중의 집합을 사전에 차단하는 것
세력분산	일단 시위대가 집단을 형성한 이후에 **진압부대가 대형으로 공격하거나 가스탄을 사용**하여 시위집단의 지휘통제력을 차단시키며 **수개의 소집단으로 분할시켜 시위의사를 약화시킴**으로써 그 세력을 분산시키는 방법
주동자 격리	다중범죄는 특정한 지도자나 주동자의 선동에 의하여 이루어지므로 그 주모자를 사전에 검거하거나 군중과 격리시킴으로써 군중의 집단적 결속력을 약화시켜 계속된 행동을 못하게 진압하는 방법임

2) 진압의 3대 원칙 08 채용, 10 승진, 14 1차

신속한 해산	시위군중은 군중심리의 영향으로 격화·확대되기 쉽고 파급성이 강하므로 초기단계에서 신속·철저히 이를 해산시켜야 함
주모자 체포	시위군중은 주모자를 잃으면 무기력해져 쉽게 해산되는 것이 보통이므로 그들 가운데서 주동적으로 행동하는 자부터 체포하여 분리해야 함
재집결 방지	시위군중은 일단 해산 후 다시 집결하기 쉬우므로 재집결할 만한 곳에 경력을 배치하고 순찰과 검문검색을 강화하여 재집결을 방지해야 함

4. 재난경비

(1) 재난 및 안전관리 기본법

제1조(목적) 이 법은 각종 재난으로부터 국토를 보존하고 국민의 생명·신체 및 재산을 보호하기 위하여 국가와 지방자치단체의 재난 및 안전관리체제를 확립하고, 재난의 예방·대비·대응·복구와 안전문화활동, 그 밖에 재난 및 안전관리에 필요한 사항을 규정함을 목적으로 한다.

제3조(정의) 이 법에서 사용하는 용어의 뜻은 다음과 같다.
1. **"재난"** 이란 국민의 생명·신체·재산과 국가에 피해를 주거나 줄 수 있는 것으로서 다음 각 목의 것을 말한다. (인적재난X) 19 승진, 19·20 2차, 20 경간, 21 경찰특공대, 23 1차
   - 가. **자연재난**: 태풍, 홍수, 호우, 강풍, 풍랑, 해일, 대설, 한파, 낙뢰, 가뭄, 폭염, 지진, 황사, 조류대발생, 조수, 화산활동, 소행성·유성체 등 자연우주물체의 추락·충돌, 그 밖에 이에 준하는 자연현상으로 인하여 발생하는 재해
   - 나. **사회재난**: 화재·붕괴·폭발·교통사고(항공사고 및 해상사고를 포함한다)·화생방사고·환경오염사고 등으로 인하여 발생하는 대통령령으로 정하는 규모 이상의 피해와 국가핵심기반의 마비, 「감염병의 예방 및 관리에 관한 법률」에 따른 감염병 또는 「가축전염병예방법」에 따른 가축전염병의 확산, 「미세먼지 저감 및 관리에 관한 특별법」에 따른 미세먼지 등으로 인한 피해
2. **"해외재난"** 이란 대한민국의 영역 밖에서 대한민국 국민의 생명·신체 및 재산에 피해를 주거나 줄 수 있는 재난으로서 정부차원에서 대처할 필요가 있는 재난을 말한다.
3. **"재난관리"** 란 재난의 **예방·대비·대응 및 복구**를 위하여 하는 모든 활동을 말한다. 19·20 2차, 21 경찰특공대, 23 1차
4. **"안전관리"** 란 재난이나 그 밖의 각종 사고로부터 사람의 생명·신체 및 재산의 **안전을 확보**하기 위하여 하는 모든 활동을 말한다. 19 승진, 24 경간
5. **"재난관리책임기관"** 이란 재난관리업무를 하는 다음 각 목의 기관을 말한다.
   - 가. 중앙행정기관 및 지방자치단체(「제주특별자치도 설치 및 국제자유도시 조성을 위한 특별법」 제10조제2항에 따른 행정시를 포함한다)
   - 나. 지방행정기관·공공기관·공공단체(공공기관 및 공공단체의 지부 등 지방조직을 포함한다) 및 재난관리의 대상이 되는 중요시설의 관리기관 등으로서 대통령령으로 정하는 기관
5의2. **"재난관리주관기관"** 이란 재난이나 그 밖의 각종 사고에 대하여 그 유형별로 예방·대비·대응 및 복구 등의 업무를 주관하여 수행하도록 대통령령으로 정하는 관계 중앙행정기관을 말한다.
6. **"긴급구조"** 란 재난이 발생할 우려가 현저하거나 재난이 발생하였을 때에 국민의 생명·신체 및 재산을 보호하기 위하여 긴급구조기관과 긴급구조지원기관이 하는 인명구조, 응급처치, 그 밖에 필요한 모든 긴급한 조치를 말한다.
7. **"긴급구조기관"** 이란 **소방청·소방본부 및 소방서**를 말한다. 다만, 해양에서 발생한 재난의 경우에는 **해양경찰청·지방해양경찰청 및 해양경찰서**를 말한다. 24 경간
8. **"긴급구조지원기관"** 이란 긴급구조에 필요한 인력·시설 및 장비, 운영체계 등 긴급구조능력을 보유한 기관이나 단체로서 대통령령으로 정하는 기관과 단체를 말한다. 13 경간

> **시행령 제4조(긴급구조지원기관)** 법 제3조제8호에서 "대통령령으로 정하는 기관과 단체"란 다음 각 호의 기관과 단체를 말한다.
> 1. 교육부, 과학기술정보통신부, 국방부, 산업통상자원부, 보건복지부, 환경부, 국토교통부, 해양수산부, 방송통신위원회, **경찰청**, 기상청 및 산림청

9. "국가재난관리기준"이란 모든 유형의 재난에 공통적으로 활용할 수 있도록 재난관리의 전 과정을 통일적으로 단순화·체계화한 것으로서 행정안전부장관이 고시한 것을 말한다.

9의2. "안전문화활동"이란 안전교육, 안전훈련, 홍보 등을 통하여 안전에 관한 가치와 인식을 높이고 안전을 생활화하도록 하는 등 재난이나 그 밖의 각종 사고로부터 안전한 사회를 만들어가기 위한 활동을 말한다.

9의3. "**안전취약계층**"이란 **어린이, 노인, 장애인, 저소득층** 등 신체적·사회적·경제적 요인으로 인하여 재난에 취약한 사람을 말한다.

10. "재난관리정보"란 재난관리를 위하여 필요한 재난상황정보, 동원가능 자원정보, 시설물정보, 지리정보를 말한다.

10의2. "재난안전의무보험"이란 재난이나 그 밖의 각종 사고로 사람의 생명·신체 또는 재산에 피해가 발생한 경우 그 피해를 보상하기 위한 보험 또는 공제(共濟)로서 이 법 또는 다른 법률에 따라 일정한 자에 대하여 가입을 강제하는 보험 또는 공제를 말한다.

11. "재난안전통신망"이란 재난관리책임기관·긴급구조기관 및 긴급구조지원기관이 재난 및 안전관리업무에 이용하거나 재난현장에서의 통합지휘에 활용하기 위하여 구축·운영하는 통신망을 말한다.

12. "국가핵심기반"이란 에너지, 정보통신, 교통수송, 보건의료 등 국가경제, 국민의 안전·건강 및 정부의 핵심기능에 중대한 영향을 미칠 수 있는 시설, 정보기술시스템 및 자산 등을 말한다.

제6조(재난 및 안전관리 업무의 총괄·조정) 행정안전부장관은 국가 및 지방자치단체가 행하는 재난 및 안전관리 **업무를 총괄·조정**한다. 19·20 2차, 23 1차

제9조(중앙안전관리위원회) ① 재난 및 안전관리에 관한 다음 각 호의 사항을 심의하기 위하여 **국무총리 소속으로 중앙안전관리위원회**(이하 "중앙위원회"라 한다)**를 둔다.**

1. **재난 및 안전관리에 관한 중요 정책에 관한 사항**
2. 제22조에 따른 **국가안전관리기본계획에 관한 사항**
2의2. 제10조의2에 따른 재난 및 안전관리 사업 관련 중기사업계획서, 투자우선순위 의견 및 예산요구서에 관한 사항
3. 중앙행정기관의 장이 수립·시행하는 계획, 점검·검사, 교육·훈련, 평가 등 재난 및 안전관리업무의 조정에 관한 사항
3의2. 안전기준관리에 관한 사항
4. 제36조에 따른 **재난사태의 선포에 관한 사항**
5. 제60조에 따른 **특별재난지역의 선포에 관한 사항**
6. 재난이나 그 밖의 각종 사고가 발생하거나 발생할 우려가 있는 경우 이를 수습하기 위한 관계 기관 간 협력에 관한 중요 사항
6의2. 재난안전의무보험의 관리·운용 등에 관한 사항

② 중앙위원회의 **위원장은 국무총리**가 되고, 위원은 대통령령으로 정하는 중앙행정기관 또는 관계 기관·단체의 장이 된다.

> **시행령 제6조(중앙안전관리위원회의 위원)** ①법 제9조제2항에서 "**대통령령으로 정하는 중앙행정기관 또는 관계 기관·단체의 장**"이란 다음 각 호의 사람을 말한다.
> 1. 기획재정부장관, 교육부장관, 과학기술정보통신부장관, 외교부장관, 통일부장관, 법무부장관, 국방부장관, 행정안전부장관, 문화체육관광부장관, 농림축산식품부장관, 산업통상자원부장관, 보건복지부장관, 환경부장관, 고용노동부장관, 여성가족부장관, 국토교

통부장관, 해양수산부장관 및 중소벤처기업부장관
2. **국가정보원장,** 방송통신위원회위원장, 국무조정실장, 식품의약품안전처장, 금융위원회위원장 및 원자력안전위원회위원장
3. **경찰청장,** 소방청장, 문화재청장, 산림청장, 질병관리청장, 기상청장 및 해양경찰청장
5. 그 밖에 법 제9조제1항에 따른 중앙안전관리위원회(이하 "중앙위원회"라 한다)의 위원장이 지정하는 기관 및 단체의 장

제14조(중앙재난안전대책본부 등) ① **대통령령으로 정하는 대규모 재난**(이하 "대규모재난"이라 한다)의 **대응·복구**(이하 "수습"이라 한다) 등에 관한 사항을 총괄·조정하고 필요한 조치를 하기 위하여 **행정안전부에 중앙재난안전대책본부**(이하 "중앙대책본부"라 한다)**를 둔다.** 18 법학, 19 승진, 20 경간, 21 경찰특공대, 23 1차

② 중앙대책본부에 본부장과 차장을 둔다.

③ **중앙대책본부의 본부장**(이하 "중앙대책본부장"이라 한다)**은 행정안전부장관**이 되며, 중앙대책본부장은 중앙대책본부의 업무를 총괄하고 필요하다고 인정하면 중앙재난안전대책본부회의를 소집할 수 있다. 18 법학 다만, **해외재난의 경우에는 외교부장관**이, 18 법학, 20 2차, 21 경찰특공대 「원자력시설 등의 방호 및 방사능 방재 대책법」 제2조제1항제8호에 따른 **방사능재난의 경우에는** 같은 법 제25조에 따른 **중앙방사능방재대책본부의 장**이 각각 중앙대책본부장의 권한을 행사한다.

④ 제3항에도 불구하고 재난의 효과적인 수습을 위하여 다음 각 호의 어느 하나에 해당하는 경우에는 **국무총리가 중앙대책본부장의 권한을 행사할 수 있다.** 18 법학 이 경우 행정안전부장관, 외교부장관(해외재난의 경우에 한정한다) 또는 원자력안전위원회 위원장(방사능 재난의 경우에 한정한다)이 차장이 된다.
1. 국무총리가 **범정부적 차원의 통합 대응이 필요**하다고 인정하는 경우 18 법학
2. 행정안전부장관이 국무총리에게 건의하거나 제15조의2제2항에 따른 수습본부장의 요청을 받아 **행정안전부장관이 국무총리에게 건의하는 경우**

제15조의2(중앙 및 지역사고수습본부) ① **재난관리주관기관의 장**은 재난이 발생하거나 발생할 우려가 있는 경우에는 **재난상황을 효율적으로 관리하고 재난을 수습하기 위한 중앙사고수습본부**(이하 "수습본부"라 한다)**를 신속하게 설치·운영하여야 한다.**

② 수습본부의 장(이하 "수습본부장"이라 한다)은 해당 재난관리주관기관의 장이 된다.

③ 수습본부장은 재난정보의 수집·전파, 상황관리, 재난발생 시 초동조치 및 지휘 등을 위한 수습본부 상황실을 설치·운영하여야 한다. 이 경우 제18조제3항에 따른 재난안전상황실과 인력, 장비, 시설 등을 통합·운영할 수 있다.

제16조(지역재난안전대책본부) ① 해당 관할 구역에서 재난의 수습 등에 관한 사항을 총괄·조정하고 필요한 조치를 하기 위하여 시·도지사는 시·도재난안전대책본부(이하 "시·도대책본부"라 한다)를 두고, 시장·군수·구청장은 시·군·구재난안전대책본부(이하 "시·군·구대책본부"라 한다)를 둔다.

② 시·도대책본부 또는 시·군·구대책본부(이하 "지역대책본부"라 한다)의 본부장(이하 "지역대책본부장"이라 한다)은 **시·도지사 또는 시장·군수·구청장**이 되며, 지역대책본부장은 지역대책본부의 업무를 총괄하고 필요하다고 인정하면 대통령령으로 정하는 바에 따라 지역재난안전대책본부회의를 소집할 수 있다.

제36조(재난사태 선포) ① 행정안전부장관(**국무총리X**)은 대통령령으로 정하는 재난이 발생하거나 발생할 우려가 있는 경우 사람의 생명·신체 및 재산에 미치는 중대한 영향이나 피해를 줄이기 위하여 긴급한 조치가 필요하다고 인정하면 중앙위원회의 심의를 거쳐 재난사태를 선포할 수 있다.

19 승진 다만, 행정안전부장관(**국무총리X**)은 재난상황이 긴급하여 중앙위원회의 심의를 거칠 시간적 여유가 없다고 인정하는 경우에는 중앙위원회의 심의를 거치지 아니하고 재난사태를 선포할 수 있다. 24 경간

② 행정안전부장관은 제1항 단서에 따라 재난사태를 선포한 경우에는 지체 없이 중앙위원회의 승인을 받아야 하고, 승인을 받지 못하면 선포된 재난사태를 즉시 해제하여야 한다.

③ 행정안전부장관 및 지방자치단체의 장은 제1항에 따라 재난사태가 선포된 지역에 대하여 다음 각 호의 조치를 할 수 있다.
  1. 재난경보의 발령, 재난관리자원의 동원, 위험구역 설정, 대피명령, 응급지원 등 이 법에 따른 응급조치
  2. 해당 지역에 소재하는 행정기관 소속 공무원의 비상소집
  3. 해당 지역에 대한 여행 등 이동 자제 권고
  4. 「유아교육법」 제31조, 「초·중등교육법」 제64조 및 「고등교육법」 제61조에 따른 휴업명령 및 휴원·휴교 처분의 요청
  5. 그 밖에 재난예방에 필요한 조치

④ 행정안전부장관은 재난으로 인한 위험이 해소되었다고 인정하는 경우 또는 재난이 추가적으로 발생할 우려가 없어진 경우에는 선포된 재난사태를 즉시 해제하여야 한다.

제38조(위기경보의 발령 등) ① 재난관리주관기관의 장은 대통령령으로 정하는 재난에 대한 징후를 식별하거나 재난발생이 예상되는 경우에는 그 위험 수준, 발생 가능성 등을 판단하여 그에 부합되는 조치를 할 수 있도록 위기경보를 발령할 수 있다. 다만, 제34조의5제1항제1호 단서의 상황인 경우에는 행정안전부장관이 위기경보를 발령할 수 있다.

② 제1항에 따른 위기경보는 재난 피해의 전개 속도, 확대 가능성 등 재난상황의 심각성을 종합적으로 고려하여 **관심·주의·경계·심각으로 구분할 수 있다.** 다만, 다른 법령에서 재난 위기경보의 발령 기준을 따로 정하고 있는 경우에는 그 기준을 따른다.

③ 재난관리주관기관의 장은 심각 경보를 발령 또는 해제할 경우에는 행정안전부장관과 사전에 협의하여야 한다. 다만, 긴급한 경우에 재난관리주관기관의 장은 우선 조치한 후 지체 없이 행정안전부장관과 협의하여야 한다.

④ 재난관리책임기관의 장은 제1항에 따른 위기경보가 신속하게 발령될 수 있도록 재난과 관련한 위험정보를 얻으면 즉시 행정안전부장관, 재난관리주관기관의 장, 시·도지사 및 시장·군수·구청장에게 통보하여야 한다.

제40조(대피명령) ① **시장·군수·구청장과 지역통제단장**(대통령령으로 정하는 권한을 행사하는 경우에만 해당한다. 이하 이 조에서 같다)은 재난이 발생하거나 발생할 우려가 있는 경우에 사람의 생명 또는 신체나 재산에 대한 위해를 방지하기 위하여 **필요하면 해당 지역 주민이나 그 지역 안에 있는 사람에게 대피하도록 명하거나 선박·자동차 등을 그 소유자·관리자 또는 점유자에게 대피시킬 것을 명할 수 있다. 이 경우 미리 대피장소를 지정할 수 있다.** 24 경간

② 제1항에 따른 대피명령을 받은 경우에는 즉시 명령에 따라야 한다.

제41조(위험구역의 설정) ① **시장·군수·구청장과 지역통제단장**(대통령령으로 정하는 권한을 행사하는 경우에만 해당한다. 이하 이 조에서 같다)은 재난이 발생하거나 발생할 우려가 있는 경우에 사람의 생명 또는 신체에 대한 위해 방지나 질서의 유지를 위하여 필요하면 위험구역을 설정하고, 응급조치에 종사하지 아니하는 사람에게 다음 각 호의 조치를 명할 수 있다.
  1. 위험구역에 출입하는 행위나 그 밖의 행위의 금지 또는 제한
  2. 위험구역에서의 퇴거 또는 대피

② **시장·군수·구청장과 지역통제단장**은 제1항에 따라 위험구역을 설정할 때에는 그 구역의 범위와 제1항제1호에 따라 금지되거나 제한되는 행위의 내용, 그 밖에 필요한 사항을 보기 쉬운 곳에 게시하여야 한다.

③ 관계 중앙행정기관의 장은 재난이 발생하거나 발생할 우려가 있는 경우로서 사람의 생명 또는 신체에 대한 위해 방지나 질서의 유지를 위하여 필요하다고 인정되는 경우에는 시장·군수·구청장과 지역통제단장에게 위험구역의 설정을 요청할 수 있다.

제42조(강제대피조치) ① **시장·군수·구청장과 지역통제단장**(대통령령으로 정하는 권한을 행사하는 경우에만 해당한다. 이하 이 조에서 같다)은 제40조제1항에 따른 대피명령을 받은 사람 또는 제41조제1항제2호에 따른 위험구역에서의 퇴거나 대피명령을 받은 사람이 그 명령을 이행하지 아니하여 위급하다고 판단되면 그 지역 또는 위험구역 안의 주민이나 그 안에 있는 사람을 강제로 대피 또는 퇴거시키거나 선박·자동차 등을 견인시킬 수 있다.

② 시장·군수·구청장 및 지역통제단장은 제1항에 따라 주민 등을 강제로 대피 또는 퇴거시키기 위하여 필요하다고 인정하면 관할 경찰관서의 장에게 필요한 인력 및 장비의 지원을 요청할 수 있다.

③ 제2항에 따른 요청을 받은 경찰관서의 장은 특별한 사유가 없는 한 이에 응하여야 한다.

제43조(통행제한 등) ① **시장·군수·구청장과 지역통제단장**(대통령령으로 정하는 권한을 행사하는 경우에만 해당한다)은 응급조치에 필요한 물자를 긴급히 수송하거나 진화·구조 등을 하기 위하여 필요하면 대통령령으로 정하는 바에 따라 경찰관서의 장에게 도로의 구간을 지정하여 해당 긴급수송 등을 하는 차량 외의 차량의 통행을 금지하거나 제한하도록 요청할 수 있다.

② 제1항에 따른 요청을 받은 경찰관서의 장은 특별한 사유가 없으면 요청에 따라야 한다.

제60조(특별재난지역의 선포) ① **중앙대책본부장**은 대통령령으로 정하는 규모의 재난이 발생하여 국가의 안녕 및 사회질서의 유지에 중대한 영향을 미치거나 피해를 효과적으로 수습하기 위하여 특별한 조치가 필요하다고 인정하거나 제3항에 따른 지역대책본부장의 요청이 타당하다고 인정하는 경우에는 중앙위원회의 심의를 거쳐 해당 지역을 **특별재난지역으로 선포할 것을 대통령에게 건의할 수 있다.** 12 3차

② 제1항에 따라 특별재난지역의 선포를 건의받은 **대통령은 해당 지역을 특별재난지역으로 선포할 수 있다.**

③ 지역대책본부장은 관할지역에서 발생한 재난으로 인하여 제1항에 따른 사유가 발생한 경우에는 중앙대책본부장에게 특별재난지역의 선포 건의를 요청할 수 있다.

(2) 재난관리 체계 – 예방(완화), 대비, 대응, 복구 4단계 과정으로 분류됨

예방단계	국가기반시설 지정 관리, 특정관리대상 지역 지정 관리 재난안전분야 종사자 교육 **정부합동 안전점검, 재난관리체계 등에 대한 평가,** 재난관리실태 공시 19 1차
대비단계	재난관리자원의 비축·관리, 재난현장 긴급통신 수단의 마련 국가재난관리기준의 제정·운용, 기능별 재난대응 활동계획의 작성 활용 **위기관리 매뉴얼 작성 운용** 19 1차 재난안전통신망의 구축 운영, 재난대비훈련 기본계획 수립

대응단계	재난사태 선포, 위기경보발령 응급조치, 긴급구조 동원명령, 대피명령, 위험구역 설정, 통행제한
복구단계	재난피해 신고·조사 19 1차 특별재난지역 선포·지원, 손실보상 19 1차, 19 2차

(3) 경찰재난관리규칙(경찰청 훈령)

제1조(목적) 이 규칙은 「재난 및 안전관리 기본법」에 따른 경찰의 재난관리체계를 확립하고, 경찰의 재난관리에 관한 사항을 규정함을 목적으로 한다.

제2조(재난 상황 시 국·관의 임무) ① **치안상황관리관**은 경찰의 재난관리 업무를 **총괄·조정**한다.

제4조(경찰청 재난상황실의 설치) 치안상황관리관은 재난이 발생하였거나 재난이 발생할 우려가 있는 경우에는 **위기관리센터 또는 치안종합상황실에 재난상황실을 설치·운영할 수 있다.** 다만, 제11조의 재난대책본부가 설치되었거나 「재난 및 안전관리 기본법」(이하 "법"이라 한다) 제38조에 따라 **'심각'** 단계의 위기경보가 발령된 경우에는 재난상황실을 설치·운영하여야 한다. 15·17·19 승진

제9조(시·도경찰청등 재난상황실 설치 및 운영) ① **시·도경찰청등의 장은** 관할 지역 내에서 재난이 발생하였거나 발생할 우려가 있는 경우 **재난상황실을 설치·운영할 수 있다.** 다만, 시·도경찰청등에 재난대책본부가 설치되었거나, 법 제38조에 따라 **'심각'** 단계의 위기경보가 발령된 경우에는 **재난상황실을 설치·운영하여야 한다.**

제11조(경찰청 재난대책본부의 설치) 경찰청장은 인명 또는 재산의 피해정도가 매우 큰 재난 또는 사회적, 경제적으로 광범위한 영향이 있는 재난이 발생하였거나 발생할 우려가 있어 이에 대한 전국적인 관리가 필요하다고 인정하는 경우 **경찰청에 재난대책본부를 설치할 수 있다.**

제12조(재난대책본부의 구성 등) ① 재난대책본부는 **치안상황관리관이 본부장**이 되고 위기관리센터장, 혁신기획조정담당관, 경무담당관, 범죄예방정책과장, 교통기획과장, 경비과장, 정보관리과장, 외사기획정보과장, 수사운영지원담당관, 경제범죄수사과장, 강력범죄수사과장, 사이버수사기획과장, 안보기획관리과장, 홍보담당관, 감사담당관, 정보화장비기획담당관, 과학수사담당관 및 그 밖에 본부장이 지정하는 사람으로 구성한다.

제15조(재난대책본부의 격상) ① 제12조에도 불구하고 재난에 대한 **범정부적 차원의 통합대응이 필요**하다고 인정되는 경우 본부장을 **경찰청장 또는 경찰청 차장으로 격상하여 운영할 수 있다.**

제16조(시·도경찰청등 재난대책본부의 설치 및 운영) ① **시·도경찰청등의 장**은 경찰청에 재난대책본부가 설치되었거나, 관할 지역 내 재난이 발생하였거나 발생할 우려가 있는 경우 **시·도경찰청등에 재난대책본부를 설치할 수 있고** 그 운영은 제12조부터 제14조의 규정을 준용한다. 이 경우, 시·도경찰청등의 장은 재난대책본부의 설치 사항을 바로 위 상급기관의 장에게 보고한다.
② 시·도경찰청의 본부장은 시·도경찰청장이 지정하는 차장 또는 부장으로 한다.
③ 경찰서의 본부장은 재난업무를 주관하는 부서의 장으로 한다.
④ 제2항 및 제3항에도 불구하고, 시·도경찰청등의 장은 재난의 규모가 광범위하여 효과적인 대응이 필요한 경우 본부장을 시·도경찰청등의 장으로 격상하여 운영할 수 있다.

제17조(재난 예방·대비) ① 시·도경찰청등의 장은 재난 요인을 사전에 제거하거나 감소시킴으로써 재난 발생 자체를 억제 또는 방지하기 위한 재난예방대책을 수립·시행하여야 한다.

제20조(현장지휘본부의 설치 및 운영) ① **시·도경찰청등의 장**은 관할 지역 내 재난이 발생한 경우 재난 현장의 대응 활동을 총괄하기 위하여 **현장지휘본부를 설치할 수 있다.**

▶ **[참고] 경찰통제선 설치** 07 채용, 08·13 경간, 15 승진
① 위험으로부터 **주민을 보호**하고, 구조 등 작업에 장애를 주는 요소를 제거하며, 차량·장비의 효과적 투입을 지원하기 위해 설치한다. **(구조작업의 효율성을 높이기 위해 설치)**
② 설치범위는 **초기단계에서부터 충분히 넓게(좁게X) 정하고**, 상황의 진전에 따라 축소·확대하도록 한다.
③ 경찰통제선은 보통 제1통제선과 제2통제선으로 구분하여 운영되는데 **제1통제선은 소방이, 제2통제선은 경찰**이 담당한다. 15 승진
④ **통제구역으로 들어가는 출입구는 되도록 단일화**(출입구는 통제구역 안으로 들어가는 입구 1개를 원칙으로 하되, 필요시 반대편에 1개를 추가할 수 있다.)
⑤ 통제구역 안으로는 구조 활동에 직접 참가하는 인원, 장비 이외는 출입을 통제한다. 다만, 출입이 필요하다고 인정되는 자는 적당한 표시를 하여 허용한다.

▶ **[참고] 현장지휘본부**

지원팀	임무
전담반	○ 현장지휘본부 운영 총괄·조정 ○ 재난안전상황실 업무협조 ○ 현장상황 등 보고·전파
112	○ 재난지역 및 중요시설 주변 순찰활동 ○ 피해지역 주민 소개 등 대피 및 접근 통제
경무	○ 현장지휘본부 사무실, 차량, 유·무선 통신시설 등 설치 ○ 그 밖에 예산, 장비 등 행정업무 지원
홍보	○ 경찰 지원활동 등 언론대응 및 홍보
경비	○ 재난지역 및 중요시설 등 경비 ○ 경찰통제선 설정·운용
교통	○ **비상출동로 지정·운용** 13 경간 ○ 현장주변에 대한 교통통제 및 우회로 확보 등 교통관리
생안	○ 재난지역 범죄예방활동 ○ 재난지역 총포, 화약류 안전관리 강화
수사	○ 실종자·사상자 현황 파악 및 수사 ○ 민생침해범죄의 예방 및 수사활동
정보	○ 재난지역 집단민원 파악 ○ 관계기관 협조체제 및 대외 협력관계 유지

[참고] 경찰청 국·관별 재난관리 임무

국·관	임무
치안상황관리관	○ 재난대책본부 및 재난상황실 운영 ○ 재난관리를 위한 관계기관과의 협력 ○ 재난피해우려지역 예방 순찰 및 재난취약요소 발견 시 초동조치 ○ 재난지역 주민대피 지원
대변인	○ 경찰의 재난관리 관련 홍보
감사관	○ 재난상황 시 재난관리태세 점검
기획조정관	○ 재난관리와 관련한 예산의 조정·지원
경무인사기획관	○ 경찰관·경찰관서의 피해 예방 및 피해 발생 시 대응·복구 ○ 재난상황 시 직원 복무 및 사기 관리
정보화장비 정책관	○ 재난관리 자원 비축·관리 및 보급 ○ 국가적 정보통신 피해 발생 시 긴급통신망 복구지원 ○ 재난지역 통신장비 설치 및 운영 ○ 그 밖에 재난관리를 위한 장비의 지원
생활안전국	○ 재난지역 범죄예방활동 ○ 재난지역 총포·화약류 안전관리
교통국	○ 재난대비 교통취약지 예방 순찰 및 취약요소 발견 시 초동조치 ○ **재난지역 교통통제 및 긴급차량 출동로 확보** 13 경간, 15 승진 ○ 재난지역 교통안전시설 관리 ○ 재난 관련 인적·물적자원의 이동 시 교통안전 확보
경비국	○ 재난관리를 위한 경찰부대 및 장비 동원 ○ 재난관리 필수시설의 안전관리
공공안녕정보국	○ 재난취약요소에 대한 정보활동 ○ 재난상황 시 국민 안전을 확보하기 위한 정보활동
외사국	○ 해외 재난안전정보 수집 ○ 재난지역 체류 외국인 관련 치안활동
형사국	○ 재난지역 강도·절도 등 민생침해범죄의 예방 및 검거 ○ 재난으로 인한 인명피해 발생 시 원인이 되는 불법행위에 대한 수사
수사국	○ 재난 관계 법령 위반 행위에 대한 수사 ○ 매점매석 등 사회혼란 야기 행위에 대한 수사 ○ 감염병·가축전염병의 확산으로 인한 재난 발생 시 역학조사 지원 ○ 기타 재난 발생의 원인이 되는 불법행위에 대한 수사
과학수사관리관	○ 재난상황으로 인한 사상자 신원확인
사이버수사국	○ 온라인상 허위정보의 생산·유포 행위 대응 및 수사 ○ 온라인상 매점매석 등 사회혼란 야기 행위에 대한 수사
안보수사국	○ 재난지역 국가안보 위해요소 점검

5. 경호경비

(1) 경호의 의의 11·17 승진, 15·21 경간

① 경호란 정부요인, 국내외 중요인사 등 피경호자의 신변에 대하여 직·간접의 위해를 사전에 제거하여 피경호자의 안전을 도모하는 활동이다.
② **경비와 호위를 종합한 개념**
③ **호위**는 신체에 대하여 직접적으로 가해지는 위해를 근접에서 방지 또는 제거하는 행위며, **경비**는 생명 또는 신체를 보호하기 위하여 **특정한 지역**을 경계·순찰·방비하는 행위

(2) 경호의 대상 08 승진, 08 채용, 21 경간

국내 요인	갑호	① 대통령과 그 가족 ② **대통령 당선인과 그 가족** ③ 대통령 권한대행과 그 배우자 ④ **전직 대통령과 그 배우자(퇴임 후 10년 이내)**	경호처
	을호	국회의장, 대법원장, 국무총리, 헌법재판소장, 대통령선거 후보자, **전직 대통령(퇴임 후 10년경과)**	경찰
	병호	갑호, 을호 외에 **경찰청장**이 필요하다고 인정한 사람	
국외 요인	국빈 A,B,C 등급	① 대통령, 국왕, 행정수반(수상포함) ② 경호처장이 등급 분류	경호처
	외빈 A,B 등급	행정수반이 아닌 수상, 부통령, 왕족, 국제기구대표, 기타 장관급 이상 외빈	경찰

※ 국외요인의 경호등급 결정은 A·B·C·D등급은 경호실장이, E·F등급은 경찰청장이 한다.

(3) 경호의 4대 원칙 09·21 경간, 11 2차, 19 승진, 20 경채, 21 경찰특공대

자기희생의 원칙	피경호자는 어떠한 희생을 치르더라도 신변의 안전이 보호·유지되어야 한다는 것으로서, 경호원은 피경호자가 위기에 처했을 때는 육탄방어의 정신으로 피경호자를 보호해야 함
자기담당구역 책임의 원칙	경호원은 각자 자기담당구역 내에서 일어나는 어떠한 사태에 대하여 자기가 책임을 지고 해결하여야 한다는 것으로, 비록 **인근지역에 특별한 상황이 발생하더라도 자기책임구역을 이탈해서는 안 됨**
하나의 통제된 지점을 통한 접근의 원칙	① 피경호자와 접근할 수 있는 **통로는 경호상 통제된 오직 하나의 통로여야 한다**는 원칙을 말함 ② 여러 개의 통로와 출입문은 오히려 적에게 접근할 수 있는 기회를 부여해 주어 취약성을 증가시키는 결과가 되고, 하나의 통제된 출입문이나 통로를 통한 접근도 반드시 경호원에 의하여 확인된 후 허가절차를 밟아 이루어져야 한다는 것
목표물 보존의 원칙	암살기도자 또는 위해를 가할 가능성 있는 불순분자로부터 **피경호자를 격리해야 한다**는 원칙으로 다음과 같은 사항이 고려되어야 함 ① **행차 코스, 행사할 예정인 장소** 등은 비공개되어야 함 ② 동일한 장소에 수차 행차하였던 곳은 가급적 변경하여야 함 ③ 대중에게 노출된 도보행차는 가급적 제한되어야 함

(4) **행사장경호** 10·11·17·19·21 승진, 12·15·21 경간, 17 1차 경기북부여경, 20 경채, 21 경찰특공대

		직접경호지역(경호활동지역)		
		의의	경호책임	주요활동
3선경비	1선 (안전구역 내부)	• 절대 안전 확보구역 옥내 건물자체, 옥외 본부석, 요인의 승하차장 동선 등 취약 개소로 피경호자에게 **직접적으로 위해를 가할 수 있는 거리 내의 지역**	경호처	• 출입자 통제관리 • MD설치운용 • 비표확인 및 출입자감시
	2선 (경비구역- 내곽)	• 주경비지역 1선을 **제외한** 행사장 중심으로 **소총 유효사거리 지역**	경찰 (군부대 -군)	• 바리케이트 등 장애물 설치 • 돌발 사태 대비예비대 운영 및 구급차, 소방차대기
	3선 (경계구역- 외곽)	• 조기경보지역 행사장 중심으로 적의 접근을 조기에 경보·차단하기 위해 설정한 선으로 주변 동향파악과 **직시고층건물 및 감제고지**에 대한 안전 확보, 우발사태에 대비한 대비책을 강구함	경찰	• 감시조 운영 • 도보등 원거리 기동순찰조 • 원거리불심자 검문·차단

※ 연도경호는 물적 위해요소가 방대하여 엄격하고 통제된 3중 경호 원리를 적용하기 어렵다. 15 경간

6. 국가중요시설경비

> **제2조(정의)** 이 법에서 사용하는 용어의 뜻은 다음과 같다.
> 13. **"국가중요시설"**이란 공공기관, 공항·항만, 주요 산업시설 등 적에 의하여 점령 또는 파괴되거나 기능이 마비될 경우 국가안보와 국민생활에 심각한 영향을 주게 되는 시설을 말한다. 19 승진

(1) **국가중요시설 분류** 12 승진

① 시설의 기능
② 역할의 중요성
③ 가치의 정도(중요도)에 따라 분류 08·09 채용

가 급	① 적에 의하여 점령 또는 파괴되거나 기능 마비 시 **광범위한 지역**의 통합방위작전 수행이 요구되고, **국민생활에 결정적인 영향**을 미칠 수 있는 시설 ② **청와대, 국회의사당, 대법원, 정부중앙청사, 한국은행본점** 등
나 급	① 적에 의하여 파괴되거나 기능 마비 시 **일부 지역**의 통합방위작전수행이 요구되고, **국민생활에 중대한 영향**을 미칠 수 있는 시설 ② **경찰청**, 대검찰청, 국책은행 등
다 급	적에 의하여 파괴되거나 기능 마비 시 **제한된 지역**에서 단기간 통합방어 작전수행이 요구되고, **국민 생활에 상당한 영향**을 미칠 수 있는 시설

(2) 국가중요시설의 경비·보안 및 방호

제21조(국가중요시설의 경비·보안 및 방호) ① 국가중요시설의 관리자(소유자를 포함한다. 이하 같다)는 경비·보안 및 방호책임을 지며, 통합방위사태에 대비하여 **자체방호계획을 수립하여야 한다.** 08 채용, 12·17·18 승진. 이 경우 국가중요시설의 관리자는 자체방호계획을 수립하기 위하여 필요하면 **시·도경찰청장 또는 지역군사령관에게 협조를 요청할 수 있다.** 16 1차, 17·18 승진, 22 경간
② **시·도경찰청장 또는 지역군사령관**은 통합방위사태에 대비하여 국가중요시설에 대한 **방호지원계획을 수립·시행하여야 한다.** 16 1차, 17·18·19 승진, 22 경간
③ 국가중요시설의 평시 경비·보안활동에 대한 지도·감독은 관계 행정기관의 장과 국가정보원장이 수행한다. 16 1차, 19 승진, 22 경간
④ **국가중요시설**은 **국방부장관**이 관계 행정기관의 장 및 국가정보원장과 협의하여 **지정한다.** 08 채용, 12·19·23 승진, 14 2차, 16 1차, 22 경간
⑤ 국가중요시설의 자체방호, 방호지원계획, 그 밖에 필요한 사항은 **대통령령**으로 정한다. 17·18 승진

(3) 중요시설방호 - 3지대 개념의 방호대책 06·08 채용

→ 밖에서부터 안으로 제1지대, 제2지대, 제3지대로 구분한다.

제1지대 (경계지대)	① 시설 울타리 전방 취약지점에서 시설에 접근하기 전에 저지할 수 있는 예상 접근로상의 목지점 및 감제고지 등을 장악하는 선으로 소총 유효사거리 개념인 **외곽경비지대를 연결하는 선** ② 불규칙적인 지역수색·매복활동으로 적 은거 및 탐지활동 시행
제2지대 (주방어지대)	① **시설 울타리를 연결하는 선**으로 시설 내부 및 핵심시설에 적의 침투를 방지하여 결정적으로 중요시설을 방호하는 선 ② 방호시설물을 집중적으로 설치하고, **고정초소근무 및 순찰근무**로서 출입자를 통제하고, 무단침입자를 감시
제3지대 (핵심방어지대)	① 시설의 주 기능에 결정적인 영향을 미치는 주요핵심시설에 대한 **최후방호선** ② 주·야간 경계요원에 대한 계속적인 감시·통제가 될 수 있도록 경비인력을 운용, 시설의 보강(**지하화, 방호벽, 방탄막, CCTV** 등)을 최우선 설치함

7. 대테러경비

(1) 국민보호와 공공안전을 위한 테러방지법

제1조(목적) 이 법은 테러의 예방 및 대응 활동 등에 관하여 필요한 사항과 테러로 인한 피해보전 등을 규정함으로써 테러로부터 국민의 생명과 재산을 보호하고 국가 및 공공의 안전을 확보하는 것을 목적으로 한다.

제2조(정의) 이 법에서 사용하는 용어의 뜻은 다음과 같다.
 1. "테러"란 국가·지방자치단체 또는 **외국 정부**(외국 지방자치단체와 조약 또는 그 밖의 국제적인 협약에 따라 설립된 국제기구를 포함한다)의 권한행사를 방해하거나 의무 없는 일을 하게 할 목적 또는 공중을 협박할 목적으로 하는 다음 각 목의 **행위**를 말한다.

2. "**테러단체**"란 **국제연합(UN)**이 지정한 테러단체를 말한다. 17·22 1차, 18·20 경간, 18 승진, 23 2차
3. "**테러위험인물**"이란 **테러단체의 조직원**이거나 테러단체 선전, 테러자금 모금·기부, 그 밖에 테러 예비·음모·선전·선동을 하였거나 하였다고 의심할 상당한 이유가 있는 사람을 말한다.
4. "**외국인테러전투원**"이란 테러를 실행·계획·준비하거나 테러에 참가할 목적으로 **국적국이 아닌 국가의 테러단체에 가입하거나 가입하기 위하여 이동 또는 이동을 시도하는 내국인·외국인**을 말한다. 17 1차, 19·23 승진, 22 1차
6. "**대테러활동**"이란 제1호의 테러 관련 정보의 수집, 테러위험인물의 관리, 테러에 이용될 수 있는 위험물질 등 테러수단의 안전관리, 인원·시설·장비의 보호, 국제행사의 안전확보, 테러위협에의 대응 및 무력진압 등 테러 예방과 대응에 관한 제반 활동을 말한다. 22 1차
7. "관계기관"이란 대테러활동을 수행하는 국가기관, 지방자치단체, 그 밖에 대통령령으로 정하는 기관을 말한다.
8. "**대테러조사**"란 대테러활동에 필요한 정보나 자료를 수집하기 위하여 현장조사·문서열람·시료채취 등을 하거나 조사대상자에게 자료제출 및 진술을 요구하는 활동을 말한다. 22 1차

제3조(국가 및 지방자치단체의 책무) ① 국가 및 지방자치단체는 테러로부터 국민의 생명·신체 및 재산을 보호하기 위하여 테러의 예방과 대응에 필요한 제도와 여건을 조성하고 대책을 수립하여 이를 시행하여야 한다.
② 국가 및 지방자치단체는 제1항의 대책을 강구할 때 국민의 기본적 인권이 침해당하지 아니하도록 최선의 노력을 하여야 한다.
③ 이 법을 집행하는 공무원은 헌법상 기본권을 존중하여 이 법을 집행하여야 하며 헌법과 법률에서 정한 적법절차를 준수할 의무가 있다.

제4조(다른 법률과의 관계) 이 법은 대테러활동에 관하여 다른 법률에 **우선하여 적용**한다.

제5조(국가테러대책위원회) ① 대테러활동에 관한 정책의 중요사항을 심의·의결하기 위하여 **국가테러대책위원회**(이하 "대책위원회"라 한다)**를 둔다.** 19·23 승진
② 대책위원회는 국무총리 및 관계기관의 장 중 대통령령으로 정하는 사람으로 구성하고 **위원장은 국무총리**로 한다. 17 1차, 19 승진

제6조(대테러센터) ① 대테러활동과 관련하여 다음 각 호의 사항을 수행하기 위하여 **국무총리 소속(대통령 직속X)**으로 관계기관 공무원으로 구성되는 **대테러센터를 둔다.** 21 경채
 1. 국가 대테러활동 관련 임무분담 및 협조사항 실무 조정
 2. 장단기 국가대테러활동 지침 작성·배포
 3. 테러경보 발령
 4. 국가 중요행사 대테러안전대책 수립
 5. 대책위원회의 회의 및 운영에 필요한 사무의 처리
 6. 그 밖에 대책위원회에서 심의·의결한 사항
② 대테러센터의 조직·정원 및 운영에 관한 사항은 대통령령으로 정한다.
③ 대테러센터 소속 직원의 **인적사항은 공개하지 아니할 수 있다.**

제7조(대테러 인권보호관) ① 관계기관의 대테러활동으로 인한 국민의 기본권 침해 방지를 위하여 **대책위원회 소속으로 대테러 인권보호관**(이하 "인권보호관"이라 한다) **1명을 둔다.**

제9조(테러위험인물에 대한 정보 수집 등) ① **국가정보원장**은 테러위험인물에 대하여 출입국·금융거래 및 통신이용 등 **관련 정보를 수집할 수 있다.** 17 1차 이 경우 출입국·금융거래 및 통신이용 등 관련 정보의 수집은 「출입국관리법」, 「관세법」, 「특정 금융거래정보의 보고 및 이용 등에 관한 법률」,

「통신비밀보호법」의 절차에 따른다.
② **국가정보원장**은 제1항에 따른 정보 수집 및 분석의 결과 테러에 이용되었거나 이용될 가능성이 있는 금융거래에 대하여 지급정지 등의 조치를 취하도록 **금융위원회 위원장에게 요청할 수 있다.**
③ **국가정보원장**은 테러위험인물에 대한 개인정보(「개인정보 보호법」상 민감정보를 포함한다)와 위치정보를 「개인정보 보호법」 제2조의 개인정보처리자와 「위치정보의 보호 및 이용 등에 관한 법률」 제5조제7항에 따른 개인위치정보사업자 및 같은 법 제5조의2제3항에 따른 **사물위치정보사업자에게 요구할 수 있다.**
④ **국가정보원장**은 대테러활동에 필요한 정보나 자료를 수집하기 위하여 **대테러조사 및 테러위험인물에 대한 추적**을 할 수 있다. 이 경우 **사전 또는 사후에 대책위원회 위원장에게 보고하여야 한다.**
18 경간, 18·23 승진

제12조(테러선동·선전물 긴급 삭제 등 요청) ① 관계기관의 장은 테러를 선동·선전하는 글 또는 그림, 상징적 표현물, 테러에 이용될 수 있는 폭발물 등 위험물 제조법 등이 인터넷이나 방송·신문, 게시판 등을 통해 유포될 경우 해당 기관의 장에게 긴급 삭제 또는 중단, 감독 등의 협조를 요청할 수 있다.
② 제1항의 협조를 요청받은 해당 기관의 장은 필요한 조치를 취하고 그 결과를 관계기관의 장에게 통보하여야 한다.

제13조(외국인테러전투원에 대한 규제) ① 관계기관의 장은 외국인테러전투원으로 출국하려 한다고 의심할 만한 상당한 이유가 있는 **내국인·외국인에 대하여 일시 출국금지를 법무부장관에게 요청할 수 있다.** 18·19 승진
② 제1항에 따른 **일시 출국금지 기간은 90일**로 한다. 다만, 출국금지를 계속할 필요가 있다고 판단할 상당한 이유가 있는 경우에 관계기관의 장은 그 사유를 명시하여 연장을 요청할 수 있다. 18 승진
③ 관계기관의 장은 외국인테러전투원으로 가담한 사람에 대하여 「여권법」 제13조에 따른 여권의 효력정지 및 같은 법 제12조제3항에 따른 재발급 거부를 외교부장관에게 요청할 수 있다.

제14조(신고자 보호 및 포상금) ① 국가는 「특정범죄신고자 등 보호법」에 따라 테러에 관한 신고자, 범인검거를 위하여 제보하거나 검거활동을 한 사람 또는 그 친족 등을 보호하여야 한다.
② 관계기관의 장은 테러의 계획 또는 실행에 관한 사실을 관계기관에 신고하여 테러를 사전에 예방할 수 있게 하였거나, 테러에 가담 또는 지원한 사람을 신고하거나 체포한 사람에 대하여 대통령령으로 정하는 바에 따라 **포상금을 지급할 수 있다.(지급하여야X)** 23 승진

제15조(테러피해의 지원) ① 테러로 인하여 **신체 또는 재산**(명예X)의 피해를 입은 국민은 관계기관에 즉시 신고하여야 한다. 다만, 인질 등 부득이한 사유로 신고할 수 없을 때에는 법률관계 또는 계약관계에 의하여 보호의무가 있는 사람이 이를 알게 된 때에 즉시 신고하여야 한다. 23 2차
② 국가 또는 지방자치단체는 제1항의 피해를 입은 사람에 대하여 대통령령으로 정하는 바에 따라 치료 및 복구에 필요한 비용의 전부 또는 일부를 지원할 수 있다. 다만, 「여권법」 제17조제1항 단서에 따른 외교부장관의 허가를 받지 아니하고 방문 및 체류가 금지된 국가 또는 지역을 방문·체류한 사람에 대해서는 그러하지 아니하다.
③ 제2항에 따른 비용의 지원 기준·절차·금액 및 방법 등에 관하여 필요한 사항은 대통령령으로 정한다.

제16조(특별위로금) ① 테러로 인하여 생명의 피해를 입은 사람의 유족 또는 신체상의 장애 및 장기치료가 필요한 피해를 입은 사람에 대해서는 그 피해의 정도에 따라 등급을 정하여 특별위로금을 지급할 수 있다. 다만, 「여권법」 제17조제1항 단서에 따른 외교부장관의 허가를 받지 아니하고 방문 및 체류가 금지된 국가 또는 지역을 방문·체류한 사람에 대해서는 그러하지 아니하다.
② 제1항에 따른 특별위로금의 지급 기준·절차·금액 및 방법 등에 관하여 필요한 사항은 대통령령으로 정한다.

제17조(테러단체 구성죄 등) ① 테러단체를 구성하거나 구성원으로 가입한 사람은 다음 각 호의 구분에 따라 **처벌한다.**
　1. 수괴(首魁)는 사형·무기 또는 10년 이상의 징역
　2. 테러를 기획 또는 지휘하는 등 중요한 역할을 맡은 사람은 무기 또는 7년 이상의 징역
　3. **타국의 외국인테러전투원으로 가입한 사람은 5년 이상의 징역** 18 경간
　4. 그 밖의 사람은 3년 이상의 징역
② 테러자금임을 알면서도 자금을 조달·알선·보관하거나 그 취득 및 발생원인에 관한 사실을 가장하는 등 테러단체를 지원한 사람은 10년 이하의 징역 또는 1억원 이하의 벌금에 처한다.
③ 테러단체 가입을 지원하거나 타인에게 가입을 권유 또는 선동한 사람은 5년 이하의 징역에 처한다.
④ 제1항 및 제2항의 **미수범은 처벌한다.**
⑤ 제1항 및 제2항에서 정한 죄를 저지를 목적으로 **예비 또는 음모한 사람은 3년 이하의 징역에 처한다.**
⑥ 「형법」 등 국내법에 죄로 규정된 행위가 제2조의 테러에 해당하는 경우 해당 법률에서 정한 형에 따라 처벌한다.

제18조(무고, 날조) ① 타인으로 하여금 형사처분을 받게 할 목적으로 제17조의 죄에 대하여 무고 또는 위증을 하거나 증거를 날조·인멸·은닉한 사람은 「형법」 제152조부터 제157조까지에서 정한 형에 2분의 1을 가중하여 처벌한다.
② 범죄수사 또는 정보의 직무에 종사하는 공무원이나 이를 보조하는 사람 또는 이를 지휘하는 사람이 직권을 남용하여 제1항의 행위를 한 때에도 제1항의 형과 같다. 다만, 그 법정형의 최저가 2년 미만일 때에는 이를 2년으로 한다.

제19조(세계주의) 제17조의 죄는 **대한민국 영역 밖에서 저지른 외국인에게도 국내법을 적용한다.** 18 경간

(2) 테러취약시설 안전활동에 관한 규칙(경찰청 훈령)

제2조(정의) 이 규칙에서 사용하는 용어의 뜻은 다음 각 호와 같다.
　1. "**테러취약시설**"이란 테러 예방 및 대응을 위해 경찰이 관리하는 다음 각 목의 시설·건축물 등 중 **경찰청장이 지정**하는 것을 말한다.
　　가. 국가중요시설
　　나. 다중이용건축물등
　　다. 공관지역
　　라. 미군 관련 시설
　　마. 그 밖에 특별한 관리가 필요하다고 제14조의 테러취약시설 심의위원회(이하 '심의위원회'라고 한다)에서 결정한 시설
　2. "국가중요시설"이란 「통합방위법」 제21조제4항에 따라 국방부장관이 지정한 시설을 말한다.
　3. "**다중이용건축물등**"이란 「재난 및 안전관리 기본법 시행령」 제43조의8제1호·제2호에 따른 건축물 또는 시설로서 **관계기관의 장이** 소관업무와 관련하여 **대테러센터장과 협의하여 지정**한 것을 말한다.

제5조(지정등 권한자) 테러취약시설의 지정등은 **경찰청장**이 행한다.

제9조(다중이용건축물등의 분류) ① 다중이용건축물등은 **기능·역할의 중요성과 가치의 정도에 따라 "A"등급, "B"등급, "C"등급**(이하 각 "A급", "B급", "C급"이라 한다)으로 구분하며, 그 기준은 다음 각

호와 같다. 17 승진
1. **A급** : 테러에 의하여 파괴되거나 기능 마비시 **광범위한 지역**의 대테러진압작전이 요구되고, **국민생활에 결정적인 영향**을 미칠 수 있는 건축물 또는 시설
2. **B급** : 테러에 의하여 파괴되거나 기능 마비시 **일부 지역**의 대테러진압작전이 요구되고, **국민생활에 중대한 영향**을 미칠 수 있는 건축물 또는 시설
3. **C급** : 테러에 의하여 파괴되거나 기능 마비시 **제한된 지역**에서 단기간 대테러진압작전이 요구되고, **국민생활에 상당한 영향**을 미칠 수 있는 건축물 또는 시설

제14조(심의위원회 구성 및 운영) ① 심의위원회는 위기관리센터에 비상설로 두며, 다음 각 호와 같이 구성한다. 17 승진
  1. 위원장 : 경찰청 경비국장 21 경찰특공대
  2. 부위원장 : 위기관리센터장

제21조(국가중요시설 지도·점검) ① 경찰서장은 관할 내에 있는 **국가중요시설 전체**에 대하여 **연 1회 이상** 지도·점검을 실시하여야 한다.
② 시·도경찰청장은 관할 내 국가중요시설 중 **선별하여 연 1회 이상** 지도·점검을 실시한다. 21 경찰특공대
③ 경찰청장은 경찰관서장이 국가중요시설에 대해 적절한 지도·점검을 실시하는지 감독하고, 선별적으로 지도·점검을 실시한다.

제22조(다중이용건축물등 지도·점검) ① 경찰서장은 관할 내에 있는 **다중이용건축물등 전체**에 대해 **해당 시설 관리자의 동의**를 받아 다음 각 호와 같이 지도·점검을 실시하여야 한다.
  1. **A급 : 분기 1회 이상** 17 승진, 21 경찰특공대
  2. **B급, C급 : 반기 1회 이상** 20 경간
② 시·도경찰청장은 관할 내 다중이용건축물등 중 **일부를 선별하여 해당 시설 관리자의 동의**를 받아 **반기 1회 이상** 지도·점검을 실시하여야 한다.
③ 경찰청장은 경찰관서장이 다중이용건축물등에 대해 적절한 지도·점검을 실시하는지 감독하고, 해당 시설 관리자의 동의를 받아 선별적으로 지도·점검을 실시하여야 한다.

제27조(대테러 훈련 방법) ① 경찰서장은 관할 테러취약시설 중 선정하여 **분기 1회 이상 대테러 훈련(FTX)**을 실시해야 한다. 이 경우 연 1회 이상은 관계기관 합동으로 실시한다.
② 시·도경찰청장은 반기 1회 이상 권역별로 대테러 훈련을 실시하여야 한다.

(3) 테러관련용어 09 경간, 10 2차, 10·12·14 승진

리마 증후군	1995. 12. 17. 페루 수도 소재 일본대사관에 투팍 아마르 소속의 게릴라가 난입하여 대사관 직원 등을 126일 동안 인질로 잡은 사건에서 유래된 것으로 시간이 경과됨에 따라 인질범이 인질에게 일체감을 느끼게 되고 인질의 입장을 이해하여 호의를 베푸는 등 **인질범이 인질에게 동화되는 현상**
스톡홀름 증후군	**인질이 인질범에게 동화되어 경찰에 적대감을 갖게 되는 현상**으로 시간이 경과할수록 인질이 인질범을 이해하는 일종의 감정이입이 이루어져 상호간에 친근감을 갖게 되는 현상을 말한다. 독재자들이 즐겨 사용하는 방법으로 공포의 독재를 통한 강렬한 카리스마를 형성시킨 다음에 아주 사소한 배려에도 국민들은 쉽게 감동을 받는 경우를 말하고 심리학에서는 **오귀인 효과**라고 하며 두려운 상황의 생리적 흥분이 사랑의 감정과 비슷하기 때문에 두려움에서 오는 근육의 긴장, 호흡의 가속화 등 생리적 현상을 사랑으로 착각하게 되는 현상이다.

(4) 각국의 대테러 부대 11·12 승진, 20 경간

구 분	내 용
SAS (영국)	영국 육군의 SAS(Special Air Services)부대는 1941년 롬멜의 아프리카 전차군단을 격퇴할 목적으로 창설되었다. 전후 미소 냉전 하 세계 각지에서 일어나는 공산 게릴라전에 대비하기 위하여 창설되어 1960년대 말부터 아일랜드공화국군(IRA) 소탕전에 중요한 역할을 수행하였으며, 1980년 이란대사관 점거사건 때 명성을 떨쳤다. 14 경찰특공대
SWAT SEAL (미국)	경찰특수부대인 SWAT(Special Weapons And Tactics)는 미국 각 주립 경찰서 내에 조직된 특공대이다. 해상(Sea), 항공(Air), 육상(Land)의 영문 머리글자를 따서 지어진 SEAL은 미해군의 특수부대이다.
GSG-9 (독일)	1972년 뮌헨올림픽에서「검은 9월단」에 의한 이스라엘 선수 테러사건 발생 후 독일의 연방국경경비대 안에 창설된 특수부대이다. 14 경찰특공대
GIGN (프랑스)	1973 사우디아라비아 대사관 점거사건과 뮌헨올림픽 테러사건등을 계기로 창설
이스라엘 Sayaret Matka	이스라엘은 정보국 산하에 샤레트 매트칼(Sayaret Matkal)이라는 대테러리스트 특공대를 두고 자국 비행기에 대한 납치예방, 아랍국의 대이스라엘 테러리즘 공격에 대한 보복작전에 투입 등의 임무를 수행한다.
KNP868	**1983년에 86아시안 게임과 88올림픽 게임을 대비**하여 창설된 경찰특공대인 KNP868 부대는 대테러 예방 및 대응을 위해 만들어진 특수부대이다. 현재는 서울지방경찰청 직할부대로 소속되어 있으며, 1997년 이후에 지방(부산광역시·인천광역시·대구광역시·충청남도·전라남도, 제주도)에도 지방경찰특공대를 창설하였다. 14 경찰특공대, 20 경간

> ▶ [참고] 테러리즘 10·15 승진
> ① 테러는 조직적이고 계획적인 활동의 경향을 보인다.
> ② 테러는 정치적, 종교적, 사회적 목적 등을 달성하기 위한 수단으로 이용된다.
> ③ 테러의 대상은 **사람(각국의 원수나 중요인사 등)이나 건물, 물건 등 제한이 없다.**
> ④ 테러는 목적달성에 필요한 행위를 하도록 정부 등을 위협 또는 강요한다.
> ⑤ 테러리즘이란 일반적으로 정치적 또는 사회적 영향력을 증대하기 위하여 조직적이고 계획적으로 비합법적 폭력을 사용하거나 위협하여 상징적인 인물이나 불특정 다수인에게 심리적인 공포를 부여하는 행위를 말한다.
> ⑥ 테러는 게릴라전과 비교할 때 비교적 **소규모(대규모X)**로 나타난다. 14 경찰특공대

> ▶ [참고] 인질협상과정 8단계(영국의 Scott Negotiation)
>
> | 1 | 협상준비 | 꼭 얻어야 할 것 등을 준비하는 단계 |
> |---|---|---|
> | 2 | 논쟁개시 | 상대가 떼를 쓰고 **흥정을 걸어오도록 유도하는 단계**, 우리 측이 줄 수 있는 **한계를 분명히 하는 것이 아님**(한계를 분명히 한다X) |
> | 3 | 신호 | 협상의지 신호(어린이등 석방) |

4	제안	구체적 제안(교신방법 등)
5	타결안제시	개개 내용 **일괄타결**을 하는 단계, **여러 내용 포괄취급X**
6	흥정	협상은 양보가 아님, 공짜는 없음, 변경 시 재협상하는 단계
7	정리	협의시마다 내용을 정리하는 단계
8	타결	쌍방이 서로의 제의와 그 내용에 대한 합의를 재확인한 후 약속한 절차에 따라 실제행동에 들어감

05 경찰작전

1. 통합방위작전 - 통합방위법

제1조(목적) 이 법은 적(敵)의 침투·도발이나 그 위협에 대응하기 위하여 국가 총력전의 개념을 바탕으로 국가방위요소를 통합·운용하기 위한 통합방위 대책을 수립·시행하기 위하여 필요한 사항을 규정함을 목적으로 한다.

제2조(정의) 이 법에서 사용하는 용어의 뜻은 다음과 같다.
1. "**통합방위**"란 적의 침투·도발이나 그 위협에 대응하기 위하여 각종 국가방위요소를 통합하고 지휘체계를 일원화하여 국가를 방위하는 것을 말한다.
3. "**통합방위사태**"란 적의 침투·도발이나 그 위협에 대응하여 제6호부터 제8호까지의 구분에 따라 선포하는 단계별 사태를 말한다.
4. "**통합방위작전**"이란 통합방위사태가 선포된 지역에서 제15조에 따라 통합방위본부장, 지역군사령관, 함대사령관 또는 시·도경찰청장(이하 "작전지휘관"이라 한다)이 국가방위요소를 통합하여 지휘·통제하는 방위작전을 말한다. 12 경간
5. "지역군사령관"이란 통합방위작전 관할구역에 있는 군부대의 여단장급 이상 지휘관 중에서 통합방위본부장이 정하는 사람을 말한다.
6. "**갑종사태**"란 일정한 조직체계를 갖춘 적의 **대규모 병력 침투** 또는 대량살상무기공격 등의 도발로 발생한 비상사태로서 **통합방위본부장 또는 지역군사령관의 지휘·통제** 하에 통합방위작전을 수행하여야 할 사태를 말한다. 13 1차, 14·17 2차, 19·23 승진
7. "**을종사태**"란 **일부 또는 여러 지역**에서 적이 침투·도발하여 **단기간 내에 치안이 회복되기 어려워 지역군사령관의 지휘·통제** 하에 통합방위작전을 수행하여야 할 사태를 말한다. 13·23 승진, 17 2차, 18·19 경간, 21 경찰특공대
8. "**병종사태**"란 적의 침투·도발 위협이 예상되거나 소규모의 적이 침투하였을 때에 **시·도경찰청장, 지역군사령관 또는 함대사령관의 지휘·통제** 하에 통합방위작전을 수행하여 **단기간 내에 치안이 회복될 수 있는** 사태를 말한다. 13 1차, 15 3차, 20 경간, 20 경채
13. "**국가중요시설**"이란 공공기관, 공항·항만, 주요 산업시설 등 적에 의하여 점령 또는 파괴되거나 기능이 마비될 경우 국가안보와 국민생활에 심각한 영향을 주게 되는 시설을 말한다. 14 2차

제4조(중앙 통합방위협의회) ① **국무총리**(대통령X) 소속으로 중앙 통합방위협의회(이하 "중앙협의회"라 한다)를 둔다. 17 2차, 19 경간, 23 승진

② 중앙협의회의 의장은 **국무총리**가 된다. 19 승진

제5조(지역 통합방위협의회) ① 특별시장·광역시장·특별자치시장·도지사·특별자치도지사(이하 "**시·도지사**"라 한다) 소속으로 특별시·광역시·특별자치시·도·특별자치도 **통합방위협의회**(이하 "**시·도 협의회**"라 한다)를 두고, 그 **의장은 시·도지사**가 된다. 19 경간

② **시장·군수·구청장**(자치구의 구청장을 말한다. 이하 같다) 소속으로 **시·군·구 통합방위협의회**를 두고, 그 **의장은 시장·군수·구청장**이 된다.

제6조(직장 통합방위협의회) ① 직장에는 직장 통합방위협의회(이하 "직장협의회"라 한다)를 두고, 그 의장은 직장의 장이 된다.

② 직장협의회를 두어야 하는 직장의 범위와 직장협의회의 운영 등에 필요한 사항은 대통령령으로 정한다.

제8조(통합방위본부) ① **합동참모본부에 통합방위본부를 둔다.**

② 통합방위본부에는 본부장과 부본부장 1명씩을 두되, **통합방위본부장은 합동참모의장이 되고 부본부장은 합동참모본부 합동작전본부장이 된다.** 19 승진

제11조(경계태세) ① 대통령령으로 정하는 **군부대의 장 및 경찰관서의 장**(이하 이 조에서 "발령권자"라 한다)은 적의 침투·도발이나 그 위협이 예상될 경우 **통합방위작전을 준비하기 위하여 경계태세를 발령할 수 있다.**

② 제1항에 따라 경계태세가 발령된 때에는 해당 지역의 국가방위요소는 적의 침투·도발이나 그 위협에 대응하기 위하여 필요한 지휘·협조체계를 구축하여야 한다.

③ 발령권자는 경계태세 상황이 종료되거나 상급 지휘관의 지시가 있는 경우 경계태세를 해제하여야 하고, 제12조에 따라 **통합방위사태가 선포된 때에는 경계태세는 해제된 것으로 본다.**

④ 경계태세의 종류, 발령·해제 절차 및 경계태세 발령 시 국가방위요소 간 지휘·협조체계 구축 등에 필요한 사항은 대통령령으로 정한다.

제12조(통합방위사태의 선포) ① 통합방위사태는 **갑종사태, 을종사태 또는 병종사태**로 구분하여 선포한다.

② 제1항의 사태에 해당하는 상황이 발생하면 다음 각 호의 구분에 따라 해당하는 사람은 **즉시 국무총리를 거쳐 대통령에게 통합방위사태의 선포를 건의하여야 한다.**

1. **갑종사태**에 해당하는 상황이 발생하였을 때 또는 **둘 이상의** 특별시·광역시·특별자치시·도·특별자치도(이하 "**시·도**"라 한다)에 걸쳐 **을종사태**에 해당하는 상황이 발생하였을 때: **국방부장관**

2. **둘 이상의 시·도에 걸쳐 병종사태**에 해당하는 상황이 발생하였을 때: **행정안전부장관 또는 국방부장관** 19 승진, 19 경간

③ **대통령은** 제2항에 따른 건의를 받았을 때에는 **중앙협의회와 국무회의의 심의를 거쳐 통합방위사태를 선포할 수 있다.** 18 경간, 19 승진

④ **시·도경찰청장, 지역군사령관 또는 함대사령관은 을종사태나 병종사태**에 해당하는 상황이 발생한 때에는 즉시 **시·도지사에게 통합방위사태의 선포를 건의하여야 한다.** 14 2차, 19 승진

⑤ **시·도지사**는 제4항에 따른 건의를 받은 때에는 **시·도 협의회의 심의를 거쳐 을종사태 또는 병종사태를 선포할 수 있다.**

⑥ **시·도지사**는 제5항에 따라 **을종사태 또는 병종사태**를 선포한 때에는 **지체 없이 행정안전부장관 및 국방부장관과 국무총리를 거쳐 대통령에게 그 사실을 보고하여야 한다.** 19 승진

⑦ 제3항이나 제5항에 따라 통합방위사태를 선포할 때에는 그 이유, 종류, 선포 일시, 구역 및 작전지휘관에 관한 사항을 공고하여야 한다.

⑧ 시·도지사가 통합방위사태를 선포한 지역에 대하여 대통령이 통합방위사태를 선포한 때에는 그 때부터 시·도지사가 선포한 통합방위사태는 효력을 상실한다.

⑨ 제1항부터 제8항까지에서 규정한 사항 외에 통합방위사태의 구체적인 선포 요건·절차 및 공고 방법 등에 관하여 필요한 사항은 대통령령으로 정한다.

제13조(국회 또는 시·도의회에 대한 통고 등) ① 대통령은 통합방위사태를 선포한 때에는 **지체 없이 그 사실을 국회에 통고하여야 한다.**

② **시·도지사는** 통합방위사태를 선포한 때에는 **지체 없이** 그 사실을 **시·도의회에 통고하여야 한다.**

③ 대통령 또는 시·도지사는 제1항이나 제2항에 따른 통고를 할 때에 국회 또는 시·도의회가 폐회 중이면 그 소집을 요구하여야 한다.

제15조(통합방위작전) ② **시·도경찰청장, 지역군사령관 또는 함대사령관은** 통합방위사태가 선포된 때에는 즉시 다음 각 호의 구분에 따라 통합방위작전(공군작전사령관의 경우에는 통합방위 지원작전)을 신속하게 수행하여야 한다. 다만, **을종사태가 선포된 경우에는 지역군사령관이 통합방위작전을 수행**하고, **갑종사태가 선포된 경우에는 통합방위본부장 또는 지역군사령관이 통합방위작전을 수행**한다. 22 경간

1. **경찰관할지역: 시·도경찰청장(경찰청장X)** 18·20 경간
2. **특정경비지역 및 군관할지역: 지역군사령관**
3. **특정경비해역 및 일반경비해역: 함대사령관**
4. **비행금지공역 및 일반공역: 공군작전사령관**

제16조(통제구역 등) ① **시·도지사 또는 시장·군수·구청장은** 다음 각 호의 어느 하나에 해당하면 대통령령으로 정하는 바에 따라 인명·신체에 대한 위해를 방지하기 위하여 필요한 **통제구역을 설정**하고, 통합방위작전 또는 경계태세 발령에 따른 군·경 합동작전에 관련되지 아니한 사람에 대하여는 출입을 금지·제한하거나 그 통제구역으로부터 **퇴거할 것을 명할 수 있다.** 18 경간

1. **통합방위사태가 선포된 경우**
2. 적의 침투·도발 징후가 확실하여 **경계태세 1급이 발령된 경우**

> **제24조(벌칙)** ① 제16조제1항의 출입 금지·제한 또는 퇴거명령을 위반한 사람은 **1년 이하의 징역 또는 1천만원 이하의 벌금**에 처한다.

제17조(대피명령) ① **시·도지사 또는 시장·군수·구청장은** 통합방위사태가 선포된 때에는 인명·신체에 대한 위해를 방지하기 위하여 즉시 작전지역에 있는 주민이나 체류 중인 사람에게 **대피할 것을 명할 수 있다.(명하여야 한다X)** 17 2차, 19 승진, 19 경간

> **제24조(벌칙)** ② 제17조제1항의 대피명령을 위반한 사람은 **300만원 이하의 벌금**에 처한다. 18 경간

제18조(검문소의 운용) ① **시·도경찰청장, 지방해양경찰청장**(대통령령으로 정하는 해양경찰서장을 포함한다. 이하 같다), **지역군사령관 및 함대사령관은** 관할구역 중에서 적의 침투가 예상되는 곳 등에 **검문소를 설치·운용할 수 있다.** 다만, 지방해양경찰청장이 검문소를 설치하는 경우에는 미리 관할 함대사령관과 협의하여야 한다.

※ 상황발생시 상황보고·통보 및 하달은 1순위로 직접 행동을 취할 기관 및 부대, 2순위로 협조 및 지원을 요하는 기관 및 부대, 3순위로 지휘계통에 보고, 4순위로 기타 필요한 기관및 부대 순이다. 13 승진, 20 경간

[정리] 통합방위사태 12 경간

	의의(제2조)	선포절차(제12조)	선포권자
갑종 사태	① 적의 대규모 병력침투 또는 대량 살상무기공격 등의 도발로 발생한 비상사태 ② 지휘 : 통합방위본부장 또는 지역군사령관	① 국방부장관의 건의 (국무총리를 거쳐) 〈중앙협의회와 국무회의 심의〉 ② 대통령이 선포	대통령
을종 사태	① 일부 또는 여러지역에서 적이 침투 도발, 단기간 내에 치안이 회복되기 어려운 사태 ② 지휘 통제 : 지역군사령관	① 둘 이상 시도에 걸친 을종사태 → 국방장관의 건의 (국무총리를 거쳐) 〈중앙협의회와 국무회의 심의〉 → 대통령이 선포	대통령
		② 시·도경찰청장, 지역군사령관, 함대사령관 건의 〈시도협의회 심의〉 → 시도지사 선포	시·도지사
병종 사태	① 적의 침투·도발위협이 예상되거나, 소규모 적이 침투한 사태로써 단시간 내에 치안회복될 수 있는 사태 ② 지휘 통제 : 시·도경찰청장, 지역군사령관 또는 함대사령관	② 시·도경찰청장, 지역군사령관, 함대사령관 건의 〈시도협의회 심의〉 → 시도지사 선포	시·도지사
		① 둘 이상 시도에 걸친 병종사태 → 국방부장관 또는 행안부장관 건의 (국무총리를 거쳐) 〈중앙협의회와 국무회의 심의〉 → 대통령이 선포	대통령

2. 경찰비상업무규칙(경찰청 훈령)

제2조(정의) 이 훈령에서 사용하는 용어의 정의는 다음과 같다.
1. "**비상상황**"이라 함은 대간첩·테러, 대규모 재난 등의 긴급 상황이 발생하거나 발생할 우려가 있는 경우 또는 다수의 경력을 동원해야 할 치안수요가 발생하여 치안활동을 강화할 필요가 있는 때를 말한다. 13 2차
2. "**지휘선상 위치 근무**"라 함은 비상연락체계를 유지하며 유사시 **1시간 이내에 현장지휘 및 현장근무가 가능한 장소에 위치**하는 것을 말한다. 13 2차, 15·16·21 승진, 18 3차
3. "**정위치 근무**"라 함은 감독순시·현장근무 및 사무실 대기 등 **관할구역 내에 위치**하는 것을 말한다. 13 2차, 15 승진, 18 2차
4. "**정착근무**"라 함은 사무실 또는 상황과 관련된 **현장에 위치**하는 것을 말한다. 16·21 승진, 18 2차
5. "**필수요원**"이라 함은 전 경찰공무원 및 일반직공무원(이하 "경찰관 등"이라 한다) 중 경찰기관의 장이 지정한 자로 비상소집 시 **1시간 이내에 응소**하여야 할 자를 말한다. 18 3차, 24 경간
6. "**일반요원**"이라 함은 필수요원을 제외한 경찰관 등으로 비상소집 시 **2시간 이내에 응소**하여야 할 자를 말한다. 19·21 승진, 21 경채
7. "**가용경력**"이라 함은 총원에서 휴가·출장·교육·파견 등을 **제외**하고 실제 동원될 수 있는 모든

인원을 말한다. 15·16·21 승진, 18 2차

8. "소집관"이라 함은 비상근무발령권자로부터 권한을 위임받아 비상근무발령에 따른 비상소집을 지휘·감독하는 주무 참모 또는 상황관리관(상황관리관의 임무를 수행하는 자를 포함한다. 이하 같다)을 말한다.

9. "작전준비태세"라 함은 '경계강화'단계를 발령하기 이전에 별도의 경력동원 없이 경찰작전부대의 출동태세 점검, 지휘관 및 참모의 **비상연락망 구축 및 신속한 응소체제를 유지**하며, 작전상황반을 운영하는 등 필요한 작전 사항을 미리 조치하는 것을 말한다. 18 2차

제3조(근무방침) ② 비상근무 대상은 **경비·작전·안보·수사·교통 또는 재난관리** 업무와 관련한 비상상황에 국한한다. 다만, **두 종류 이상의 비상상황이 동시에 발생**한 경우에는 긴급성 또는 중요도가 상대적으로 더 큰 비상상황(이하 "**주된 비상상황**"이라 한다)의 비상근무로 통합·실시한다. 15 승진

제4조(비상근무의 종류 및 등급) ① 비상근무는 **비상상황의 유형**에 따라 다음 각 호와 같이 구분하여 발령한다.(생활안전비상X) 11·16 승진, 21 경채, 24 경간

1. 경비 소관 : 경비, 작전비상
2. 안보 소관 : 안보비상
3. 수사 소관 : 수사비상
4. 교통 소관 : 교통비상
5. 치안상황 소관 : 재난비상

② 기능별 상황의 **긴급성 및 중요도**에 따라 비상등급을 다음과 같이 구분하여 실시한다. 11·16 승진, 21 경채

1. 갑호 비상
2. 을호 비상
3. 병호 비상
4. 경계 강화
5. 작전준비태세(작전비상시 적용)

제5조(발령) ① 비상근무의 발령권자는 다음과 같다.

1. 전국 또는 2개 이상 시·도경찰청 관할지역 : **경찰청장**
2. 시·도경찰청 또는 2개 이상 경찰서 관할지역 : **시·도경찰청장** 19 승진
3. 단일 경찰서 관할지역 : **경찰서장**

② 비상근무의 발령권자는 비상상황이 발생하여 비상근무를 실시하고자 할 경우에는 비상근무의 목적, 지역, 기간 및 동원대상 등을 특정하여 별지 제1호 서식의 비상근무발령서에 의하여 비상근무를 발령한다. 24 경간

③ 제1항제2호·제3호의 경우 비상근무 발령권자는 비상구분, 실시목적, 기간 및 범위, 경력 및 장비동원사항 등을 바로 위의 상급 기관의 장에게 보고하여 사전에 승인을 얻어야 한다. 다만, 긴급을 요하는 경우에는 비상근무를 발령하고, 사후에 승인을 얻을 수 있다.

④ 자치경찰사무와 관련이 있는 비상근무가 발령된 경우에는 해당 시·도경찰청장은 자치경찰위원회에 그 발령사실을 통보한다.

⑤ 제3항의 규정에도 불구하고 '경계강화, 작전준비태세'를 발령한 경우에는 승인을 요하지 아니한다.

⑥ 비상근무를 발령할 경우에는 정황의 특수성을 감안하여 비상근무의 목적이 원활히 달성될 수 있도록 적정한 인원, 계급, 부서를 동원하여 **불필요한 동원이 없도록 하여야 한다.**

제6조(해제) ① 비상근무의 발령권자는 비상상황이 종료되는 즉시 비상근무를 해제하고, 비상근무 해

제 시 제5조제1항제2호·제3호의 발령권자는 6시간 이내에 해제일시, 사유 및 비상근무결과 등을 바로 위의 상급 기관의 장에게 보고한다.

② 제5조제2항·제3항에 의해 비상근무를 발령한 경우 바로 위의 상급 기관의 장은 비상근무의 적정성을 판단하여 비상근무의 해제를 지시할 수 있으며 지시를 받은 비상근무발령권자는 즉시 비상근무를 해제하여야 한다.

제7조(근무요령) ① 비상근무 발령권자는 비상상황을 판단하여 다음의 기준에 따라 비상근무를 실시한다. 09 채용 **(비상근무를 발령할 경우에는 가용경력을 최대한 동원X)** 18 3차

1. 갑호 비상 13 2차
   가. 비상근무 갑호가 발령된 때에는 **연가를 중지**하고 **가용경력 100%**까지 동원할 수 있다.
   나. 지휘관(지구대장, 파출소장은 지휘관에 준한다. 이하 같다)과 참모는 **정착 근무**를 원칙으로 한다. 09 채용, 16 승진

2. 을호 비상 13 2차, 19 승진, 19 법학
   가. 비상근무 을호가 발령된 때에는 **연가를 중지**하고 **가용경력 50%**까지 동원할 수 있다. 16 승진
   나. 지휘관과 참모는 **정위치 근무**를 원칙으로 한다. 09 채용, 18 3차

3. 병호 비상 19 법학
   가. 비상근무 병호가 발령된 때에는 부득이한 경우를 제외하고는 **연가를 억제**하고 **가용경력 30%**까지 동원할 수 있다. 09 채용
   나. 지휘관과 참모는 **정위치 근무 또는 지휘선상 위치 근무**를 원칙으로 한다. 09 채용, 18 3차

4. 경계 강화
   가. **별도의 경력동원 없이** 특정분야의 근무를 강화한다.
   나. 경찰관 등은 비상연락체계를 유지하고 경찰작전부대는 **상황발생 시 즉각 출동이 가능하도록 출동대기태세를 유지한다.** 09 채용
   다. 지휘관과 참모는 **지휘선상 위치 근무**를 원칙으로 한다. 16 승진, 24 경간

5. 작전준비태세(작전비상시 적용)
   가. **별도의 경력동원 없이** 경찰관서 지휘관 및 참모의 **비상연락망**을 구축하고 신속한 응소체제를 유지한다. 19 법학
   나. 경찰작전부대는 상황발생 시 즉각 출동이 가능하도록 출동태세 점검을 실시한다.
   다. 유관기관과의 긴밀한 연락체계를 유지하고, 필요시 작전상황반을 유지한다.

제8조(연습상황의 부여금지) 비상근무기간 중에는 비상근무 발령자의 지시 또는 승인 없이 연습상황을 부여하여서는 아니 된다. 다만, 경계강화, 작전준비태세의 경우에는 그러하지 아니하다.

10조(비상소집) ① 정상근무시간이 아닌 때에 제5조의 규정에 의하여 비상근무를 발령하고자 할 경우 비상근무발령권자는 이를 상황관리관에게 지시하여 신속히 해당 기능 및 산하경찰기관 등에 연락하도록 한다.

② 제1항의 연락을 받은 해당 기관의 상황관리관 또는 당직 근무자는 즉시 지휘관에게 보고 후 경찰관 등의 전부 또는 일부를 지역별 또는 계급별, 기능별로 구분하여 소집되도록 연락하여야 한다.

③ 비상소집을 명할 때에는 비상근무발령서에 의하되, 비상소집 자동전파장치, 유·무선 전화, 팩스, 방송 기타 신속한 방법을 사용한다.

④ 비상근무발령권자가 아닌 경찰기관(경찰청과 그 소속기관 직제 제2조제1항 및 제2항의 소속기관을 말한다)의 장은 자체 비상상황의 발생으로 소속 경찰관 등을 비상소집하여야 할 필요가 있다고 판단되는 경우 해당 기관의 소속 경찰관 등을 비상소집할 수 있다.

제12조(응소) ① 경찰기관의 장은 별지 제3호 서식의 응소자 명부를 작성, 비치하여야 한다.
② 비상소집명령을 전달받은 자와 이를 알게 된 경찰관 등은 소집 장소로 응소하되, **필수요원은 1시간 이내에 일반요원은 2시간 이내에 응소함을 원칙으로 한다.** 다만, 교통수단이 두절되거나 없을 때에는 가까운 경찰서에 응소 후 지시에 따른다.
③ 소집관은 응소자의 복장 및 휴대품을 점검하고 시차제에 의거 출동, 기타 필요한 조치를 강구하여야 한다.
④ 비상소집을 실시한 경찰기관의 장은 당해 기관의 비상소집결과를 별지 제4호 서식의 비상소집결과보고서에 의하여 상급기관의 장에게 보고하여야 한다.

제17조(설치) ① 비상상황에서 **경찰청, 시·도경찰청, 경찰서 등에 경찰지휘본부를 둘 수 있다.**
② 경찰지휘본부는 당해 지휘본부장이 필요하다고 인정할 때에 설치하며 **경찰청 및 시·도경찰청은 치안상황실에 설치함을 원칙으로 한다.** 13 2차, 21 경채
③ 각종 상황 발생 시 상황의 효율적인 관리를 위해 필요한 경우 **현장 인근에 현장지휘본부를 설치할 수 있다.** 13 승진

제18조(구성) ① 지휘본부는 본부장과 참모 및 본부요원으로 구성한다.
② 경찰청 지휘본부의 본부장은 **경찰청장**이, 시·도경찰청장과 경찰서의 본부장은 당해 **시·도경찰청장 및 경찰서장**이 된다.
③ 참모는 지휘본부 소속 국장(부장)·과장이 된다.
④ 본부장은 소속 직원 중에서 본부요원 약간인을 배치하고 지휘본부의 서무에 종사하게 한다.

[별표1] 비상근무의 종류별 정황

	경비비상
갑호	1. **계엄이 선포되기 전**의 치안상태 2. **대규모 집단사태·테러** 등의 발생으로 **치안질서가 극도로 혼란**하게 되었거나 그 징후가 현저한 경우 3. 국제행사·기념일 등을 전후하여 치안수요의 급증으로 **가용경력을 100%** 동원할 필요가 있는 경우
을호	1. **대규모 집단사태·테러** 등의 발생으로 **치안질서가 혼란**하게 되었거나 그 징후가 예견되는 경우 2. 국제행사·기념일 등을 전후하여 치안수요가 증가하여 **가용경력의 50%**를 동원할 필요가 있는 경우
병호	1. **집단사태·테러** 등의 발생으로 치안질서의 혼란이 예견되는 경우 19 법학 2. 국제행사·기념일 등을 전후하여 치안수요가 증가하여 **가용경력의 30%**를 동원할 필요가 있는 경우

	작전비상
갑호	**대규모 적정이 발생**하였거나 발생 징후가 현저한 경우
을호	**적정이 발생**하였거나 일부 적의 침투가 예상되는 경우 19 승진
병호	정·첩보에 의해 적 침투에 대비한 고도의 경계강화가 필요한 경우

	안보비상
갑호	**간첩 또는 정보사범 색출**을 위한 경계지역 내 검문검색 필요시
을호	상기 상황하에서 특정지역·요지에 대한 검문검색 필요시

	수사비상
갑호	**사회이목을 집중**시킬만한 중대범죄 발생시
을호	중요범죄 사건발생시

	교통비상
갑호	농무, 풍수설해 및 화재로 **극도의 교통혼란** 및 사고발생시
을호	상기 징후가 예상될 시

	재난비상
갑호	**대규모 재난**의 발생으로 **치안질서가 극도로 혼란**하게 되었거나 그 징후가 현저한 경우
을호	**대규모 재난**의 발생으로 **치안질서가 혼란**하게 되었거나 그 징후가 예견되는 경우
병호	**재난**의 발생으로 치안질서의 혼란이 예견되는 경우

경계강화
"병호"비상보다는 낮은 단계로, 별도의 경력동원 없이 평상시보다 치안활동을 강화할 필요가 있을 때

작전준비태세
"경계강화"를 발령하기 이전에 별도의 경력동원 없이 필요한 작전사항을 미리 조치할 필요가 있을 때

> **[참고] 대공 상황 시 전파·조치요령** 15 승진, 20 경간
> ① 대공 상황의 보고와 전파 시에는 적시성, 정확성, 간결성, 보안성 등이 고려되어야 한다.
> ② 상황이 발생하면 우선 개요를 보고하고, 의문점에 대하여는 2보, 3보로 연속하여 보고한다.
> ③ 분석요원과 보안책임간부는 통신장비, 분석 장비를 휴대하고 현장에 신속히 출동하여 분석판단 및 사건처리에 임한다.
> ④ 대공 상황은 일반형사사건과 마찬가지로 현장조사가 매우 중요하다.
> ⑤ 출동조치와 병행하여(출동조치 전X) 군·보안부대 등 유관기관에 통보가 이루어져야 한다.

06 청원경찰

- **청원경찰의 배치절차** 10 승진

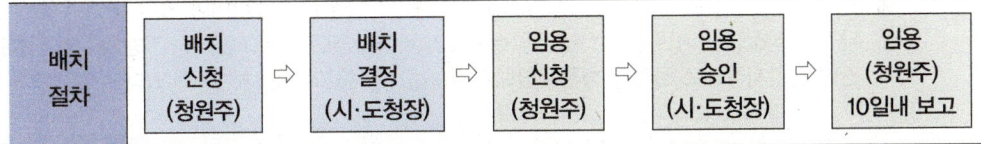

- **청원주는 경찰에서 임용승인을 받은 자에 대하여는 반드시 임용하여야 한다.(X)** 10 승진
  → 임용승인은 경찰이 청원경찰로서의 적격성여부를 판단하는 것으로 실제 임용은 청원주의 권한에 해당하므로 임용승인을 받은 자라도 임용하지 않을 수도 있다.

1. 청원경찰법

> **제2조(정의)** 이 법에서 "청원경찰"이란 다음 각 호의 어느 하나에 해당하는 기관의 장 또는 시설·사업장 등의 경영자가 경비(이하 "청원경찰경비"라 한다)를 부담할 것을 조건으로 경찰의 배치를 신청하는 경우 그 기관·시설 또는 사업장 등의 경비를 담당하게 하기 위하여 배치하는 경찰을 말한다.
> 1. 국가기관 또는 공공단체와 그 관리하에 있는 중요 시설 또는 사업장
> 2. 국내 주재 외국기관
> 3. 그 밖에 행정안전부령으로 정하는 중요 시설, 사업장 또는 장소
>
> **제3조(청원경찰의 직무)** 청원경찰은 제4조제2항에 따라 청원경찰의 배치 결정을 받은 자(이하 "**청원주**"라 한다)와 배치된 기관·시설 또는 사업장 등의 구역을 관할하는 **경찰서장의 감독을 받아 그 경비구역만의 경비를 목적**으로 필요한 범위에서 「**경찰관 직무집행법**」에 따른 경찰관의 직무를 수행한다.**(범죄수사업무 수행X)** 10·18·19 승진, 12·19·21 경간, 13·15·17 2차, 14 1차, 21 경채
>
> **제4조(청원경찰의 배치)** ① **청원경찰을 배치받으려는 자**는 대통령령으로 정하는 바에 따라 관할 **시·도경찰청장에게 청원경찰 배치를 신청하여야 한다.** 19 승진, 21 경채
> ② **시·도경찰청장**은 제1항의 청원경찰 배치 신청을 받으면 **지체 없이 그 배치 여부를 결정하여 신청인에게 알려야 한다.**

③ 시·도경찰청장은 청원경찰 배치가 필요하다고 인정하는 기관의 장 또는 시설·사업장의 **경영자에게 청원경찰을 배치할 것을 요청**(명령X)**할 수 있다.**(요청해야 한다X) 18 승진, 19·23 경간

제5조(청원경찰의 임용 등) ① 청원경찰은 **청원주가 임용**하되, 임용을 할 때에는 미리 **시·도경찰청장의 승인을 받아야 한다.** 08 채용, 11·16·23 경간, 13·15 2차, 14 1차, 19 승진

② 「국가공무원법」 제33조 각 호의 어느 하나의 결격사유에 해당하는 사람은 청원경찰로 임용될 수 없다. 15 승진

③ 청원경찰의 임용자격·임용방법·교육 및 보수에 관하여는 대통령령으로 정한다.

④ 청원경찰의 복무에 관하여는 「국가공무원법」 제57조, 제58조제1항, 제60조 및 「경찰공무원법」 제24조를 준용한다. 15 승진

제5조의2(청원경찰의 징계) ① **청원주**는 청원경찰이 다음 각 호의 어느 하나에 해당하는 때에는 대통령령으로 정하는 **징계절차를 거쳐 징계처분을 하여야 한다.** 17 2차, 19 승진
 1. 직무상의 의무를 위반하거나 직무를 태만히 한 때
 2. 품위를 손상하는 행위를 한 때

② 청원경찰에 대한 징계의 종류는 **파면, 해임, 정직, 감봉 및 견책**(강등X)**으로 구분한다.** 08 채용, 10·18·19 승진, 12·16 경간, 13·15 2차, 14 1차, 21 경채

제8조(제복 착용과 무기 휴대) ① 청원경찰은 근무 중 **제복을 착용하여야 한다.** 15·19 승진

② **시·도경찰청장**은 청원경찰이 직무를 수행하기 위하여 필요하다고 인정하면 **청원주의 신청을 받아 관할 경찰서장으로 하여금 청원경찰에게 무기를 대여하여 지니게 할 수 있다.** 11·16 경간, 12·19 승진, 14 1차, 15 2차, 20 1차, 21 경간

제9조의3(감독) ① **청원주**는 항상 소속 청원경찰의 **근무 상황을 감독하고, 근무 수행에 필요한 교육을 하여야 한다.** 10 승진

② **시·도경찰청장**은 청원경찰의 효율적인 운영을 위하여 **청원주를 지도하며 감독상 필요한 명령을 할 수 있다.** 13 2차

제9조의4(쟁의행위의 금지) 청원경찰은 파업, 태업 또는 그 밖에 업무의 정상적인 운영을 방해하는 일체의 쟁의행위를 하여서는 아니 된다.

제10조(직권남용 금지 등) ① 청원경찰이 직무를 수행할 때 직권을 남용하여 국민에게 해를 끼친 경우에는 **6개월 이하의 징역이나 금고**에 처한다. 11·12·16 경간, 14 1차, 18 승진

② 청원경찰 업무에 종사하는 사람은 「**형법**」이나 그 밖의 법령에 따른 벌칙을 적용할 때에는 공무원으로 본다.

제10조의2(청원경찰의 불법행위에 대한 배상책임) 청원경찰(**국가기관이나 지방자치단체에 근무하는 청원경찰은 제외한다**)의 직무상 불법행위에 대한 배상책임에 관하여는 「**민법**」의 규정을 따른다. 20 1차, 23 경간

> **관련 판례** 국가나 지방자치단체에 근무하는 **청원경찰**은 국가공무원법이나 지방공무원법상의 공무원은 아니지만, 다른 청원경찰과는 달리 그 임용권자가 행정기관의 장이고, 국가나 지방자치단체로부터 보수를 받으며, 산업재해보상보험법이나 근로기준법이 아닌 공무원연금법에 따른 재해보상과 퇴직급여를 지급 받고, 직무상의 불법행위에 대하여도 민법이 아닌 국가배상법이 적용되는 등의 특질이 있으며 그외 임용자격, 직무, 복무의무 내용 등을 종합하여 볼 때, 그 **근무관계를 사법상의 고용계약관계로 보기는 어렵다** 할 것이다. (대판 92다47564) 23 경간, 23 2차

제10조의4(의사에 반한 면직) ① 청원경찰은 형의 선고, 징계처분 또는 신체상·정신상의 이상으로 직

무를 감당하지 못할 때를 제외하고는 그 **의사에 반하여 면직되지 아니한다.**
② 청원주가 청원경찰을 면직시켰을 때에는 그 사실을 관할 경찰서장을 거쳐 시·도경찰청장에게 보고(승인X)하여야 한다. 11 경간

제10조의5(배치의 폐지 등) ① 청원주는 청원경찰이 배치된 시설이 폐쇄되거나 축소되어 청원경찰의 배치를 폐지하거나 배치인원을 감축할 필요가 있다고 인정하면 **청원경찰의 배치를 폐지하거나 배치인원을 감축할 수 있다.** 다만, 청원주는 다음 각 호의 어느 하나에 해당하는 경우에는 **청원경찰의 배치를 폐지하거나 배치인원을 감축할 수 없다.**
  1. **청원경찰을 대체할 목적으로 「경비업법」에 따른 특수경비원을 배치하는 경우**
  2. 청원경찰이 배치된 기관·시설 또는 사업장 등이 배치인원의 변동사유 없이 다른 곳으로 이전하는 경우
② 제1항에 따라 **청원주가 청원경찰을 폐지하거나 감축하였을 때에는 청원경찰 배치 결정을 한 경찰관서의 장에게 알려야 하며,** 12 승진 그 사업장이 제4조제3항에 따라 시·도경찰청장이 청원경찰의 배치를 요청한 사업장일 때에는 그 폐지 또는 감축 사유를 구체적으로 밝혀야 한다.
③ 제1항에 따라 청원경찰의 배치를 폐지하거나 배치인원을 감축하는 경우 해당 청원주는 배치폐지나 배치인원 감축으로 과원이 되는 청원경찰 인원을 그 기관·시설 또는 사업장 내의 유사 업무에 종사하게 하거나 다른 시설·사업장 등에 재배치하는 등 청원경찰의 고용이 보장될 수 있도록 노력하여야 한다.

2. 청원경찰법 시행령(대통령령)

제3조(임용자격) 법 제5조제3항에 따른 청원경찰의 임용자격은 다음 각 호와 같다.
  1. **18세 이상**인 사람 08 채용, 12 승진, 12·16·19 경간, 17 2차
  2. 행정안전부령으로 정하는 신체조건에 해당하는 사람

제4조(임용방법 등) ① 법 제4조제2항에 따라 청원경찰의 배치 결정을 받은 자(이하 **"청원주"**라 한다)는 법 제5조제1항에 따라 그 **배치 결정의 통지를 받은 날부터 30일 이내**에 배치 결정된 인원수의 임용예정자에 대하여 **청원경찰 임용승인을 시·도경찰청장에게 신청하여야 한다.**
② 청원주가 법 제5조제1항에 따라 **청원경찰을 임용하였을 때에는 임용한 날부터 10일 이내에 그 임용사항을 관할 경찰서장을 거쳐 시·도경찰청장에게 보고하여야 한다.** 10·19 승진 청원경찰이 퇴직하였을 때에도 또한 같다.

제5조(교육) ① 청원주는 청원경찰로 임용된 사람으로 하여금 경비구역에 배치하기 전에 경찰교육기관에서 직무 수행에 필요한 교육을 받게 하여야 한다. 다만, 경찰교육기관의 교육계획상 부득이하다고 인정할 때에는 우선 배치하고 임용 후 1년 이내에 교육을 받게 할 수 있다.
② 경찰공무원(의무경찰을 포함한다) 또는 청원경찰에서 퇴직한 사람이 퇴직한 날부터 3년 이내에 청원경찰로 임용되었을 때에는 제1항에 따른 교육을 면제할 수 있다.

제6조(배치 및 이동) ① **청원주는 청원경찰을 신규로 배치하거나 이동배치하였을 때에는 배치지**(이동배치의 경우에는 종전의 배치지)**를 관할하는 경찰서장에게 그 사실을 통보하여야 한다.** 20 1차
② 제1항의 통보를 받은 경찰서장은 이동배치지가 다른 관할구역에 속할 때에는 전입지를 관할하는 경찰서장에게 이동배치한 사실을 통보하여야 한다.

제8조(징계) ① **관할 경찰서장**은 청원경찰이 법 제5조의2제1항 각 호의 어느 하나에 해당한다고 인정

되면 **청원주에게** 해당 청원경찰에 대하여 **징계처분을 하도록 요청할 수 있다.**
② 법 제5조의2제2항의 정직은 1개월 이상 3개월 이하로 하고, 그 기간에 청원경찰의 신분은 보유하나 직무에 종사하지 못하며, **보수의 3분의 2를 줄인다.**
③ 법 제5조의2제2항의 감봉은 1개월 이상 3개월 이하로 하고, 그 기간에 보수의 3분의 1을 줄인다.
④ 법 제5조의2제2항의 견책은 전과에 대하여 훈계하고 회개하게 한다.
⑤ 청원주는 청원경찰 배치 결정의 통지를 받았을 때에는 통지를 받은 날부터 15일 이내에 청원경찰에 대한 징계규정을 제정하여 관할 시·도경찰청장에게 신고하여야 한다. 징계규정을 변경할 때에도 또한 같다.
⑥ 시·도경찰청장은 제5항에 따른 징계규정의 보완이 필요하다고 인정할 때에는 청원주에게 그 보완을 요구할 수 있다.

제14조(복제) ③ 청원경찰이 그 배치지의 특수성 등으로 특수복장을 착용할 필요가 있을 때에는 **청원주는 시·도경찰청장의 승인을 받아 특수복장을 착용하게 할 수 있다.** 20 1차

제15조(분사기 휴대) 청원주는 「총포·도검·화약류 등의 안전관리에 관한 법률」에 따른 분사기의 소지허가를 받아 청원경찰로 하여금 그 **분사기를 휴대하여 직무를 수행하게 할 수 있다.** 21 경채

제16조(무기 휴대) ① **청원주가** 법 제8조제2항에 따라 청원경찰이 휴대할 무기를 대여받으려는 경우에는 **관할 경찰서장을 거쳐 시·도경찰청장에게 무기대여를 신청하여야 한다.**
② 제1항의 신청을 받은 **시·도경찰청장이 무기를 대여하여 휴대하게 하려는 경우에는 청원주로부터 국가에 기부채납된 무기에 한정하여 관할 경찰서장으로 하여금 무기를 대여하여 휴대하게 할 수 있다.**
③ 제1항에 따라 무기를 대여하였을 때에는 관할 경찰서장은 청원경찰의 무기관리 상황을 수시로 점검하여야 한다.
④ 청원주 및 청원경찰은 행정안전부령으로 정하는 무기관리수칙을 준수하여야 한다.

제17조(감독) 관할 경찰서장은 **매달 1회 이상** 청원경찰을 배치한 경비구역에 대하여 다음 각 호의 사항을 **감독하여야 한다.(감독할 수 있다X)** 10·12·18 승진 17 2차
1. 복무규율과 근무 상황
2. 무기의 관리 및 취급 사항

3. 청원경찰법 시행규칙(행정안전부령)

제21조(주의사항) ① 청원경찰이 법 제3조에 따른 직무를 수행할 때에는 **경비 목적을 위하여 필요한 최소한의 범위에서 하여야 한다.**
② 청원경찰은 「경찰관 직무집행법」에 따른 **직무 외의 수사활동 등 사법경찰관리의 직무를 수행해서는 아니 된다.**

4. 경비업법

제16조(경비원의 복장 등) ① 경비업자는 경찰공무원 또는 군인의 제복과 색상 및 디자인 등이 명확히 구별되는 소속 경비원의 복장을 정하고 이를 확인할 수 있는 사진을 첨부하여 **주된 사무소를 관할하는 시·도경찰청장에게 행정안전부령으로 정하는 바에 따라 신고하여야 한다.** 21 경간
② 경비업자는 경비업무 수행 시 경비원에게 소속 경비업체를 표시한 이름표를 부착하도록 하고, 제1항에 따라 신고된 동일한 복장을 착용하게 하여야 하며, 복장에 소속 회사를 오인할 수 있는 표시를 하거나 다른 회사의 복장을 착용하게 하여서는 아니 된다. 다만, 집단민원현장이 아닌 곳에서 신변보호업무를 수행하는 경우 또는 경비업무의 성격상 부득이한 사유가 있어 관할 경찰관서장이 허용하는 경우에는 그러하지 아니하다.
③ 시·도경찰청장은 제1항에 따라 제출받은 사진을 검토한 후 경비업자에게 복장 변경 등에 대한 시정명령을 할 수 있다.
④ 제3항에 따른 시정명령을 받은 경비업자는 이를 이행하여야 하고, 시·도경찰청장에게 행정안전부령으로 정하는 바에 따라 이행보고를 하여야 한다.
⑤ 그 밖에 경비원의 복장 등에 필요한 사항은 **행정안전부령**으로 정한다.

제16조의2(경비원의 장비 등) ① **경비원이 휴대할 수 있는 장비의 종류는 경적·단봉·분사기 등 행정안전부령으로 정하되, 근무 중에만 이를 휴대할 수 있다.** 21 경간
② 경비업자가 경비원으로 하여금 분사기를 휴대하여 직무를 수행하게 하는 경우에는 「총포·도검·화약류 등 단속법」에 따라 **미리 분사기의 소지허가를 받아야 한다.**
③ 누구든지 제1항의 장비를 임의로 개조하여 통상의 용법과 달리 사용함으로써 다른 사람의 생명·신체에 위해를 가하여서는 아니 된다.
④ 경비원은 경비업무를 위하여 필요하다고 인정되는 **상당한 이유가 있을 때에는 필요한 최소한도에서 제1항의 장비를 사용할 수 있다.**
⑤ 그 밖에 경비원의 장비 등에 관하여 필요한 사항은 **행정안전부령**으로 정한다.

CHAPTER 04 교통경찰

01 교통경찰의 정의

① 교통경찰의 대상은 일반교통 중 **철도·항공·해상 교통을 제외한 도로교통에 한정**된다. 10 승진
② 일반법적인 근거로 국가경찰과 자치경찰의 조직 및 운영에 관한 법률 제3조와 경찰관직무집행법 제2조에서 "교통의 단속과 위해의 방지를 규정하고 있으며, 개별법적 근거로는 도로교통법 등이 있다.(도로법은 교통경찰의 직접적인 근거법령이 될 수 없다.)

02 도로교통법 상 용어정리

제2조(정의) 이 법에서 사용하는 용어의 뜻은 다음과 같다.
1. "**도로**"란 다음 각 목에 해당하는 곳을 말한다. 12 경간
   가. 「도로법」에 따른 도로
   나. 「유료도로법」에 따른 유료도로
   다. 「농어촌도로 정비법」에 따른 농어촌도로
   라. 그 밖에 **현실적으로 불특정 다수**의 사람 또는 차마가 **통행할 수 있도록 공개된 장소**로서 안전하고 원활한 교통을 확보할 필요가 있는 장소
   → 도로에 해당하면 무면허, 속도위반, 휴대전화사용 등에 대하여 단속이 가능하지만, 도로에 해당하지 않는 경우에는 단속할 수 없다.
   → **도로여부를 불문하고 음주운전, 과로·질병·약물운전, 교통사고 발생 후 구호조치불이행도주, 음주측정거부는 단속할 수 있다.**

도로 외의 장소에서의 단속 15 승진	① 유료주차장 내에서 음주운전을 하다가 적발 ② 대학교 구내에서 마약을 과다복용하고 운전을 하다가 적발 ③ 아파트 지하주차장에서 보행자를 충격하여 다치게 한 후 적절한 조치 없이 현장을 이탈하여 적발 ④ 학교운동장에서 운전면허를 취득하기 위해 운전연습을 하다가 신고를 통해 적발 → ①, ②, ③, ④의 장소는 「도로교통법」이 적용되는 도로라고 볼 수는 없지만, **음주·약물 운전 및 조치불이행 교통사고, 음주측정거부의 경우 도로 외의 장소에서 발생하더라도 처벌이 가능**하다. ①, ②, ③의 경우 단속이 가능한 반면, ④의 학교운동장은 도로가 아니므로, 무면허 운전으로 단속할 수 없다.

> **관련 판례** 운전면허 없이 자동차 등을 운전한 곳이 위와 같이 일반교통경찰권이 미치는 공공성이 있는 장소가 아니라 특정인이나 그와 관련된 용건이 있는 사람만 사용할 수 있고 자체적으로 관리되는 곳이라면 도로교통법에서 정한 '도로에서 운전'한 것이 아니므로 **무면허운전으로 처벌할 수 없다.** 즉, 도로 외의 곳에서의 음주운전·음주측정거부 등에 대해서는 **형사처벌도 가능하지만, 운전면허취소처분은 부과할 수 없다.**(대판 2017도17762) 24 경간

▶ [참고] 판례상 도로여부(공개여부에 따라)

도로 O	도로 X
1. 아파트단지 내 통행로'가 왕복 4차선의 외부도로와 직접 연결되어 있고, 외부차량의 통행에 제한이 없으며, 별도의 주차관리인이 없는 등 아파트의 관리 및 이용 상황에 비추어 보면 이는 구 도로교통법상의 '도로'에 해당한다.(대법원2010. 9. 9. 2010도6579) 15 승진 2. 특별히 관리인이 상주하여 관리하지 아니하고 출입차단장치가 설치되어 있지않으며, 무료로 운영되고 있어 불특정다수인이 수시로 이용할 수 있을 뿐만아니라 주차장 양쪽면이 일반도로와 접해 있는 도로(대법원 2005. 9.15. 2005도3781) 3. 춘천시청 내 광장주차장 4. 울산 현대조선소 구내, 휴게소 등	1. 승용차를 노상주차장으로부터 지하주차장 입구 부근까지 40m 내지 50m 가량운전한 경우(대법원 1999.12.10. 99도2127) 2. 경찰서 주차장 3. 여관 앞 공터 4. 경비원이 차단기 등으로 일반인의 출입을 통제하는 아파트 단지 내의 도로 5. 대학교 구내, 역 구내

2. **"자동차전용도로"**란 **자동차만(자동차등X)** 다닐 수 있도록 설치된 도로를 말한다. 11 경간, 14 2차, 15 3차
3. **"고속도로"**란 **자동차(자동차등X)**의 고속 운행에만 사용하기 위하여 지정된 도로를 말한다. 11·16 경간, 15 3차
4. **"차도"**란 **연석선**(차도와 보도를 구분하는 돌 등으로 이어진 선을 말한다. 이하 같다), 안전표지 또는 그와 비슷한 인공구조물을 이용하여 경계를 표시하여 모든 차가 통행할 수 있도록 설치된 도로의 부분을 말한다. 11·17 승진, 11 경간
5. **"중앙선"**이란 차마의 통행 방향을 명확하게 구분하기 위하여 도로에 **황색 실선**이나 **황색 점선** 등의 안전표지로 표시한 선 또는 **중앙분리대**나 **울타리** 등으로 설치한 시설물을 말한다. 다만, 제14조제1항 후단에 따라 **가변차로가 설치된 경우**에는 신호기가 지시하는 **진행방향의 가장 왼쪽에 있는 황색 점선**을 말한다. 12 경간
6. **"차로"**란 차마가 한 줄로 도로의 정하여진 부분을 통행하도록 **차선으로 구분한 차도의 부분**을 말한다.
7. **"차선"**이란 **차로와 차로를 구분**하기 위하여 그 경계지점을 안전표지로 표시한 선을 말한다. 11 경간, 14 2차

7의2. **"노면전차 전용로"**란 도로에서 궤도를 설치하고, 안전표지 또는 인공구조물로 경계를 표시하여 설치한 「도시철도법」 제18조의2제1항 각 호에 따른 도로 또는 차로를 말한다.

8. "**자전거도로**"란 안전표지, 위험방지용 울타리나 그와 비슷한 인공구조물로 경계를 표시하여 자전거 및 개인형 이동장치가 통행할 수 있도록 설치된 「자전거 이용 활성화에 관한 법률」 제3조 각 호의 도로를 말한다.
9. "**자전거횡단도**"란 자전거 및 개인형 이동장치가 일반도로를 횡단할 수 있도록 안전표지로 표시한 도로의 부분을 말한다. 17 2차
10. "**보도**"란 **연석선**, 안전표지나 그와 비슷한 인공구조물로 경계를 표시하여 **보행자**(유모차, 보행보조용 의자차, 노약자용 보행기 등 행정안전부령으로 정하는 기구·장치를 이용하여 통행하는 사람을 **포함**한다. 이하 같다)가 통행할 수 있도록 한 도로의 부분을 말한다. 13 2차, 13 승진, 16·23 경간
11. "**길가장자리구역**"이란 **보도와 차도가 구분되지 아니한 도로**에서 보행자의 안전을 확보하기 위하여 안전표지 등으로 경계를 표시한 도로의 가장자리 부분을 말한다. 11·16·23 경간, 13·17 승진, 14·17 2차, 15 3차
12. "**횡단보도**"란 보행자가 도로를 횡단할 수 있도록 안전표지로 표시한 도로의 부분을 말한다.
13. "**교차로**"란 '십'자로, 'T'자로나 그 밖에 둘 이상의 도로(**보도와 차도가 구분되어 있는 도로에서는 차도를 말한다**)가 교차하는 부분을 말한다. 13·17 2차
13의2. "**회전교차로**"란 교차로 중 차마가 원형의 교통섬(차마의 안전하고 원활한 교통처리나 보행자 도로횡단의 안전을 확보하기 위하여 교차로 또는 차도의 분기점 등에 설치하는 섬 모양의 시설을 말한다)을 중심으로 **반시계방향**으로 통행하도록 한 원형의 도로를 말한다.
14. "**안전지대**"란 도로를 횡단하는 **보행자나 통행하는 차마의 안전을 위하여** 안전표지나 이와 비슷한 인공구조물로 표시한 도로의 부분을 말한다. 11 경간, 15 3차, 17 2차
15. "**신호기**"란 도로교통에서 문자·기호 또는 등화를 사용하여 진행·정지·방향전환·주의 등의 신호를 표시하기 위하여 사람이나 전기의 힘으로 조작하는 장치를 말한다. 13 2차
16. "**안전표지**"란 교통안전에 필요한 주의·규제·지시 등을 표시하는 표지판이나 도로의 바닥에 표시하는 기호·문자 또는 선 등을 말한다. 14 1차, 14 승진

[**안전표지의 종류(도로교통법 시행규칙 제8조 제1항)**] 17·19 승진, 19 경간, 20 1차

주의표지	도로상태가 위험하거나 도로 또는 그 부근에 **위험물**이 있는 경우에 필요한 안전조치를 할 수 있도록 이를 도로사용자에게 **알리는** 표지
규제표지	도로교통의 안전을 위하여 각종 제한·금지 등의 **규제**를 하는 경우에 이를 도로사용자에게 알리는 표지
지시표지	도로의 통행방법·통행구분 등 도로교통의 안전을 위하여 필요한 **지시**를 하는 경우에 도로사용자가 이에 따르도록 알리는 표지
보조표지	주의표지·규제표지 또는 지시표지의 주기능을 **보충**하여 도로사용자에게 알리는 표지
노면표시	도로교통의 안전을 위하여 각종 주의·규제·지시 등의 내용을 **노면**에 기호·문자 또는 선으로 도로사용자에게 알리는 표지

17. "**차마**"란 다음 각 목의 차와 우마를 말한다.
    가. "**차**"란 다음의 어느 하나에 해당하는 것을 말한다.
        1) **자동차**
        2) 건설기계
        3) 원동기장치자전거
        4) 자전거

5) 사람 또는 가축의 힘이나 그 밖의 동력으로 도로에서 운전되는 것. 다만, 철길이나 가설된 선을 이용하여 운전되는 것, 유모차, 보행보조용 의자차, 노약자용 보행기 등 행정안전부령으로 정하는 기구·장치는 제외한다.

나. **"우마"**란 교통이나 운수에 사용되는 가축을 말한다.

17의2. **"노면전차"**란 「도시철도법」 제2조제2호에 따른 노면전차로서 도로에서 궤도를 이용하여 운행되는 차를 말한다.

18. **"자동차"**란 철길이나 가설된 선을 이용하지 아니하고 원동기를 사용하여 운전되는 차(견인되는 자동차도 자동차의 일부로 본다)로서 다음 각 목의 차를 말한다. 09 채용, 12·23 경간, 13 승진, 21 2차

　가. 「자동차관리법」 제3조에 따른 다음의 자동차. 다만, **원동기장치자전거는 제외**한다. 12·23 경간
　　1) 승용자동차
　　2) 승합자동차
　　3) 화물자동차
　　4) 특수자동차
　　5) 이륜자동차
　나. 「건설기계관리법」 제26조제1항 단서에 따른 건설기계
　　→ 자동차 운전면허로 도로에서 운전 가능한 건설기계를 말함

> 도로보수트럭, 덤프트럭, 아스팔트콘크리트재생기, 아스팔트살포기, 노상안정기, 콘크리트펌프, 콘크리트믹서트럭, 콘크리트믹서트레일러, 천공기(트럭적재식), 도로를 운행하는 3톤 미만의 지게차

18의2. **"자율주행시스템"**이란 「자율주행자동차 상용화 촉진 및 지원에 관한 법률」 제2조제1항제2호에 따른 자율주행시스템을 말한다. 이 경우 그 종류는 완전 자율주행시스템, 부분 자율주행시스템 등 행정안전부령으로 정하는 바에 따라 세분할 수 있다.

18의3. **"자율주행자동차"**란 「자동차관리법」 제2조제1호의3에 따른 자율주행자동차로서 자율주행시스템을 갖추고 있는 자동차를 말한다.

> **제50조의2(자율주행자동차 운전자의 준수사항 등)** ① 행정안전부령으로 정하는 완전 자율주행시스템에 해당하지 아니하는 자율주행시스템을 갖춘 자동차의 운전자는 자율주행시스템의 직접 운전 요구에 지체 없이 대응하여 조향장치, 제동장치 및 그 밖의 장치를 직접 조작하여 운전하여야 한다.
> ② 운전자가 자율주행시스템을 사용하여 운전하는 경우에는 제49조제1항제10호(휴대용전화사용금지의무), 제11호(영상표시장치 표시금지의무) 및 제11호의2(영상표시장치 조작금지의무)의 규정을 적용하지 아니한다.

19. **"원동기장치자전거"**란 다음 각 목의 어느 하나에 해당하는 차를 말한다. 10·11·17 승진
　가. 「자동차관리법」 제3조에 따른 이륜자동차 가운데 배기량 **125시시 이하**(전기를 동력으로 하는 경우에는 최고정격출력 11킬로와트 이하)의 이륜자동차
　나. 그 밖에 배기량 **125시시 이하**(전기를 동력으로 하는 경우에는 최고정격출력 11킬로와트 이하)의 원동기를 단 차(「자전거 이용 활성화에 관한 법률」 제2조제1호의2에 따른 전기자전거는 제외한다)

20. **"자전거"**란 「자전거 이용 활성화에 관한 법률」 제2조제1호 및 제1호의2에 따른 자전거 및 전기자전거를 말한다.

21. **"자동차등"**이란 **자동차와 원동기장치자전거**를 말한다. 10 승진

21의2. **"자전거등"**이란 **자전거와 개인형 이동장치**를 말한다.

22. **"긴급자동차"**란 다음 각 목의 자동차로서 그 본래의 긴급한 용도로 사용되고 있는 자동차를 말한다.

13 승진, 16 경간
가. 소방차
나. 구급차
다. 혈액 공급차량
라. 그 밖에 대통령령으로 정하는 자동차

23. "**어린이통학버스**"란 다음 각 목의 시설 가운데 **어린이**(13세 미만인 사람을 말한다. 이하 같다)를 교육대상으로 하는 시설에서 어린이의 통학 등에 이용되는 자동차와 「여객자동차 운수사업법」 제4조제3항에 따른 여객자동차운송사업의 한정면허를 받아 어린이를 여객대상으로 하여 운행되는 운송사업용 자동차를 말한다.
   가. 「유아교육법」에 따른 유치원 및 유아교육진흥원, 「초·중등교육법」에 따른 초등학교, 특수학교, 대안학교 및 외국인학교
   나. 「영유아보육법」에 따른 어린이집
   다. 「학원의 설립·운영 및 과외교습에 관한 법률」에 따라 설립된 학원 및 교습소
   라. 「체육시설의 설치·이용에 관한 법률」에 따라 설립된 체육시설
   마. 「아동복지법」에 따른 아동복지시설(아동보호전문기관은 제외한다)
   바. 「청소년활동 진흥법」에 따른 청소년수련시설
   사. 「장애인복지법」에 따른 장애인복지시설(장애인 직업재활시설은 제외한다)
   아. 「도서관법」에 따른 공공도서관
   자. 「평생교육법」에 따른 시·도평생교육진흥원 및 시·군·구평생학습관
   차. 「사회복지사업법」에 따른 사회복지시설 및 사회복지관

24. "**주차**"란 운전자가 승객을 기다리거나 화물을 싣거나 차가 고장 나거나 그 밖의 사유로 차를 **계속 정지 상태에 두는 것** 또는 운전자가 차에서 떠나서 **즉시 그 차를 운전할 수 없는 상태에 두는 것**을 말한다. 13 2차

25. "**정차**"란 운전자가 **5분을 초과하지 아니하고 차를 정지시키는 것**으로서 **주차 외의 정지 상태**를 말한다. 12 경간, 14·23 2차, 17 승진

26. "**운전**"이란 도로(제27조제6항제3호·제44조·제45조·제54조제1항·제148조·제148조의2 및 제156조 제10호의 경우에는 도로 외의 곳을 포함한다)에서 차마 또는 노면전차를 그 **본래의 사용방법에 따라 사용하는 것**(조종 또는 자율주행시스템을 사용하는 것을 **포함**한다)을 말한다.

27. "**초보운전자**"란 **처음 운전면허를 받은 날**(처음 운전면허를 받은 날부터 2년이 지나기 전에 운전면허의 취소처분을 받은 경우에는 그 후 다시 운전면허를 받은 날을 말한다)부터 **2년이 지나지 아니한 사람**을 말한다. 이 경우 원동기장치자전거면허만 받은 사람이 원동기장치자전거면허 외의 운전면허를 받은 경우에는 처음 운전면허를 받은 것으로 본다. 11 승진, 12 경간

28. "**서행**"이란 운전자가 차 또는 노면전차를 **즉시 정지시킬 수 있는 정도의 느린 속도로 진행**하는 것을 말한다. 11 승진

29. "**앞지르기**"란 차의 운전자가 앞서가는 **다른 차의 옆을 지나서 그 차의 앞으로 나가는 것**을 말한다.

30. "**일시정지**"란 차 또는 노면전차의 운전자가 그 차 또는 노면전차의 **바퀴를 일시적으로 완전히 정지**시키는 것을 말한다.

31. "**보행자전용도로**"란 보행자만 다닐 수 있도록 안전표지나 그와 비슷한 인공구조물로 표시한 도로를 말한다. 19 승진

31의2. "**보행자우선도로**"란 「보행안전 및 편의증진에 관한 법률」 제2조제3호에 따른 보행자우선도로를 말한다.

33. **"모범운전자"**란 제146조에 따라 무사고운전자 또는 유공운전자의 **표시장을 받거나 2년 이상 사업용 자동차 운전에 종사하면서 교통사고를 일으킨 전력이 없는 사람**으로서 경찰청장이 정하는 바에 따라 선발되어 교통안전 봉사활동에 종사하는 사람을 말한다. 23 경간

→ 「도로교통법」상 **"어린이"는 13세 미만, "영유아"는 6세 미만, "노인"은 65세 이상**의 사람을 말한다. 12 경간, 19 승진

03 교통규제

1. 교통안전시설

제3조(신호기 등의 설치 및 관리) ① 특별시장·광역시장·제주특별자치도지사 또는 시장·군수(광역시의 군수는 제외한다. 이하 "시장등"이라 한다)는 도로에서의 위험을 방지하고 교통의 안전과 원활한 소통을 확보하기 위하여 필요하다고 인정하는 경우에는 신호기 및 안전표지(이하 "교통안전시설"이라 한다)를 설치·관리하여야 한다. 다만, 「유료도로법」 제6조에 따른 유료도로에서는 시장등의 지시에 따라 그 도로관리자가 교통안전시설을 설치·관리하여야 한다.

제4조의2(무인 교통단속용 장비의 설치 및 관리) ① 시·도경찰청장, 경찰서장 또는 시장등은 이 법을 위반한 사실을 기록·증명하기 위하여 무인(無人) 교통단속용 장비를 설치·관리할 수 있다.
② 무인 교통단속용 장비의 설치·관리기준, 그 밖에 필요한 사항은 행정안전부령으로 정한다.
③ 무인 교통단속용 장비의 철거 또는 원상회복 등에 관하여는 제3조제4항부터 제6항까지의 규정을 준용한다. 이 경우 "교통안전시설"은 "무인 교통단속용 장비"로 본다.

제7조의2(고령운전자 표지) ① 국가 또는 지방자치단체는 고령운전자의 안전운전 및 교통사고 예방을 위하여 **행정안전부령**으로 정하는 바에 따라 고령운전자가 운전하는 차임을 나타내는 표지(이하 "고령운전자 표지"라 한다)를 제작하여 배부할 수 있다.
② 고령운전자는 다른 차의 운전자가 쉽게 식별할 수 있도록 차에 **고령운전자 표지를 부착하고 운전할 수 있다.**

제147조(위임 및 위탁 등) ① 시장등은 이 법에 따른 권한 또는 사무의 일부를 대통령령으로 정하는 바에 따라 시·도경찰청장이나 경찰서장에게 위임 또는 위탁할 수 있다.

제5조(신호 또는 지시에 따를 의무) ① 도로를 통행하는 보행자, 차마 또는 노면전차의 운전자는 교통안전시설이 표시하는 신호 또는 지시와 다음 각 호의 어느 하나에 해당하는 사람이 하는 신호 또는 지시를 따라야 한다.
  1. 교통정리를 하는 경찰공무원(의무경찰을 포함한다. 이하 같다) 및 제주특별자치도의 자치경찰공무원(이하 "자치경찰공무원"이라 한다)
  2. 경찰공무원(자치경찰공무원을 포함한다. 이하 같다)을 보조하는 사람으로서 대통령령으로 정하는 사람(이하 "경찰보조자"라 한다)
② 도로를 통행하는 보행자, 차마 또는 노면전차의 운전자는 제1항에 따른 교통안전시설이 표시하는 신호 또는 지시와 교통정리를 하는 경찰공무원 또는 경찰보조자(이하 "경찰공무원등"이라 한다)의 신호 또는 지시가 서로 다른 경우에는 경찰공무원등의 신호 또는 지시에 따라야 한다.

> **시행령**
>
> **제6조(경찰공무원을 보조하는 사람의 범위)** 법 제5조제1항제2호에서 "대통령령으로 정하는 사람"이란 다음 각 호의 어느 하나에 해당하는 사람을 말한다.
> 1. 모범운전자
> 2. 군사훈련 및 작전에 동원되는 부대의 이동을 유도하는 군사경찰
> 3. 본래의 긴급한 용도로 운행하는 소방차·구급차를 유도하는 소방공무원

▶ **[참고]** 신호의 종류 및 신호의 뜻(제6조제2항 관련) - 도로교통법 시행규칙 [별표 2] 23 승진

신호의 종류	신호의 뜻
녹색의 등화	1. 차마는 직진 또는 우회전할 수 있다. 2. 비보호좌회전표지 또는 비보호좌회전표시가 있는 곳에서는 좌회전할 수 있다.
황색의 등화	1. 차마는 정지선이 있거나 횡단보도가 있을 때에는 그 직전이나 교차로의 직전에 정지하여야 하며, 이미 교차로에 차마의 일부라도 진입한 경우에는 신속히 교차로 밖으로 진행하여야 한다. 2. 차마는 우회전할 수 있고 우회전하는 경우에는 보행자의 횡단을 방해하지 못한다.
적색의 등화	차마는 정지선, 횡단보도 및 교차로의 직전에서 정지하여야 한다. 다만, 신호에 따라 진행하는 다른 차마의 교통을 방해하지 아니하고 우회전할 수 있다.
황색등화의 점멸	차마는 다른 교통 또는 안전표지의 표시에 주의하면서 진행할 수 있다.
적색등화의 점멸	차마는 정지선이나 횡단보도가 있을 때에는 그 직전이나 교차로의 직전에 일시정지한 후 다른 교통에 주의하면서 진행할 수 있다.

2. 어린이 보호구역

(1) 어린이·노인 및 장애인 보호구역의 지정 및 관리에 관한 규칙

> **제3조(보호구역의 지정)** ⑥ **시장등은** 제4항에 따른 조사 결과 보호구역으로 지정·관리할 필요가 인정되는 경우에는 **관할 시·도경찰청장 또는 경찰서장과 협의**하여 해당 보호구역 지정대상 시설 또는 장소의 **주(主) 출입문**(출입문이 없는 장소의 경우에는 해당 장소를 말한다. 이하 같다)**을 기준으로 반경 300미터** 이내의 도로 중 일정구간을 보호구역으로 지정한다. 다만, 시장등은 해당 지역의 교통여건 및 효과성 등을 면밀히 검토하여 필요한 경우 보호구역 지정대상 시설 또는 장소의 주 출입문을 기준으로 **반경 500미터** 이내의 도로에 대해서도 보호구역으로 지정할 수 있다. 10·12 승진
>
> **제8조(노상주차장의 설치 금지)** ① 특별시장·광역시장·특별자치도지사 또는 시장·군수·구청장(구청장은 자치구의 구청장을 말한다. 이하 같다)은 보호구역으로 지정된 시설 또는 장소의 주 출입문과 직접 연결되어 있는 도로에는 **노상주차장을 설치해서는 안 된다.** 10 승진
>
> **제9조(보호구역에서의 필요한 조치)** ① **시·도경찰청장이나 경찰서장**은 「도로교통법」 제12조제1항 또는 제12조의2제1항에 따라 보호구역에서 구간별·시간대별로 다음 각 호의 **조치를 할 수 있다.** 10 승진

1. 차마의 통행을 금지하거나 제한하는 것 10·17 승진
2. 차마의 정차나 주차를 금지하는 것 10·17 승진
3. 운행속도를 시속 30킬로미터 이내로 제한하는 것 12·17 승진
4. 이면도로(도시지역에 있어서 간선도로가 아닌 도로로서 일반의 교통에 사용되는 도로를 말한다)를 일방통행로로 지정·운영하는 것 17 승진

② 시·도경찰청장이나 경찰서장이 제1항에 따른 조치를 하려는 경우에는 그 뜻을 표시하는 **안전표지**를 설치하여야 한다.

(2) 도로교통법

제12조(어린이 보호구역의 지정 및 관리) ① **시장등은** 교통사고의 위험으로부터 어린이를 보호하기 위하여 필요하다고 인정하는 경우에는 다음 각 호의 어느 하나에 해당하는 시설이나 장소의 주변도로 가운데 일정 구간을 어린이 보호구역으로 지정하여 자동차등과 노면전차의 통행속도를 **시속 30킬로미터 이내로 제한할 수 있다.**

제12조의3(보호구역 통합관리시스템 구축·운영 등) ① 경찰청장은 제12조에 따른 어린이 보호구역과 제12조의2에 따른 노인 및 장애인 보호구역에 대한 정보를 수집·관리 및 공개하기 위하여 보호구역 통합관리시스템을 구축·운영하여야 한다.
② 경찰청장은 제1항에 따라 구축된 보호구역 통합관리시스템의 운영에 필요한 정보를 시장등에게 요청할 수 있으며, 요청을 받은 시장등은 정당한 사유가 없으면 그 요청에 따라야 한다.
③ 제1항 및 제2항에 따른 보호구역 통합관리시스템의 구축·운영, 정보 요청 등에 필요한 사항은 교육부, 행정안전부, 보건복지부 및 국토교통부의 공동부령으로 정한다.

제12조의4(보호구역에 대한 실태조사 등) ① 시장등은 제12조에 따른 어린이 보호구역과 제12조의2에 따른 노인 및 장애인 보호구역에서 발생한 교통사고 현황 등 교통환경에 대한 실태조사를 연 1회 이상 실시하고, 그 결과를 보호구역의 지정·해제 및 관리에 반영하여야 한다.
② 제1항에 따른 실태조사의 대상 및 방법 등에 필요한 사항은 교육부, 행정안전부, 보건복지부 및 국토교통부의 공동부령으로 정한다.
③ 시장등은 제1항에 따른 실태조사 업무의 일부를 대통령령으로 정하는 바에 따라 도로교통공단 또는 교통 관련 전문기관에 위탁할 수 있다.

(3) 가중처벌

가중처벌	적용시간	오전 8시 ~ 오후 8시 12 승진, 12 경간, 12 2차
	적용대상	통행금지·제한 위반, 주·정차 위반, 보행자보호의무 위반, 신호·지시 위반, 속도위반 12 2차
	적용내용	① **일반도로 벌점의 2배에 해당**하는 경우 - 속도위반, 신호·지시위반, 보행자보호의무 불이행 (신속보행) 12 승진, 12 경간 ② 속도위반 20km/h 이내 - 일반도로에서는 벌점을 부과하지 않으나, 어린이보호구역에서는 벌점 15점을 부과함

> **[참고]** 특정범죄 가중처벌 등에 관한 법률 (민식이법)
>
> **제5조의13(어린이 보호구역에서 어린이 치사상의 가중처벌)** 자동차(원동기장치자전거를 포함한다)의 운전자가 「도로교통법」 제12조제3항에 따른 **어린이 보호구역에서** 같은 조 제1항에 따른 조치를 준수하고 어린이의 안전에 유의하면서 운전하여야 할 의무를 위반하여 **어린이**(13세 미만인 사람을 말한다. 이하 같다)에게 「교통사고처리 특례법」 제3조제1항의 죄를 범한 경우에는 다음 각 호의 구분에 따라 가중처벌한다.
> 1. 어린이를 **사망**에 이르게 한 경우에는 **무기 또는 3년 이상의 징역**에 처한다.
> 2. 어린이를 **상해**에 이르게 한 경우에는 **1년 이상 15년 이하의 징역 또는 500만원 이상 3천만원 이하의 벌금**에 처한다.

(4) 어린이 보호구역 내 주요 법규위반 벌칙 강화 – 운전면허 벌점 2배 가중처벌 12 경간, 12 2차

위반행위		일반도로	보호구역 내
신호·지시위반		15점	30점
속도위반	100km/h 초과	100점	200점
	80km/h 초과 ~ 100km/h 이하	80점	160점
	60km/h 초과 ~ 80km/h 이하	60점	120점
	40km/h 초과 ~ 60km/h 이하	30점	60점
	20km/h 초과 ~ 40km/h 이하	15점	30점
	20km/h 이하	없음	15점
보행자보호의무 불이행(횡단보도, 일반도로)		10점	20점

3. 주차·정차 및 서행·일시정지 장소(도로교통법 제31조, 32조, 33조) 08·10·15 승진, 16 2차, 17 1차

정차 및 주차의 금지 장소	주차 금지 장소	서행할 장소
① 교차로·횡단보도·건널목이나 보도와 차도가 구분된 도로의 보도(노상주차장은 제외) ② 교차로의 가장자리나 도로의 모퉁이로부터 **5미터** 이내인 곳 ③ 안전지대가 설치된 도로에서는 그 안전지대의 사방으로부터 각각 **10미터** 이내인 곳 ④ 버스 여객자동차의 정류장임을 표시하는 기둥이나 표지판 또는 선이 설치된 곳으로부터 **10미터** 이내인 곳 ⑤ 건널목의 가장자리 또는 횡단보도로부터 **10미터** 이내인 곳 ⑥ 다음 각 목의 곳으로부터 **5미터**	① **터널 안 및 다리 위** ② 다음 각 목의 곳으로부터 **5미터 이내인 곳** ㉠ **도로공사**를 하고 있는 경우에는 그 공사구역의 양쪽 가장자리 ㉡ 「다중이용업소의 안전관리에 관한 특별법」에 따른 **다중이용업소**의 영업장이 속한 건축물로 소방본부장의 요청에 의하여 시·도경찰청장이 지정한 곳 ③ 시·도경찰청장이 도로에서의 위험을 방지하고 교통의 안전과 원활한 소통을 확보하기위	① 교통정리가 행하여지고 있지 아니하는 교차로 ② 도로가 구부러진 부근 ③ 비탈길의 고갯마루 부근 ④ 가파른 비탈길의 내리막 ⑤ 시·도경찰청장이 도로에서의 위험을 방지하고 교통의 안전과 원활한 소통을 확보하기 위하여 필요하다고 인정하여 안전표지로 지정한 곳 cf. **일시정지사유** 11 승진 ① 교통정리가 행하여지고 있지 아니하고 **좌우를 확인할 수 없거나 교통이 빈번한 교차로**

이내인 곳 가. 「소방기본법」 제10조에 따른 소방용수시설 또는 비상소화장치가 설치된 곳 나. 「소방시설 설치 및 관리에 관한법률」 제2조제1항제1호에 따른 소방시설로서 대통령령으로 정하는 시설이 설치된 곳 ⑦ 시·도경찰청장이 도로에서의 위험을 방지하고 교통의 안전과 원활한 소통을 확보하기 위하여 필요하다고 인정하여 지정한 곳 ⑧ 시장등이 제12조제1항에 따라 지정한 어린이 보호구역	하여 필요하다고 인정하여 지정한 곳	② 시·도경찰청장이 도로에서의 위험을 방지하고 교통의 안전과 원활한 소통을 확보하기 위하여 필요하다고 인정하여 안전표지로 지정한 곳

→ 모든 차의 운전자는 (예외 없이X) 터널 안에 차를 주차해서는 아니 된다. 23 2차

> ▶ [참고] 조문
>
> **제37조(차와 노면전차의 등화)** ① 모든 차 또는 노면전차의 운전자는 다음 각 호의 어느 하나에 해당하는 경우에는 대통령령으로 정하는 바에 따라 전조등(前照燈), 차폭등(車幅燈), 미등(尾燈)과 그 밖의 등화를 켜야 한다.
> 1. 밤(해가 진 후부터 해가 뜨기 전까지를 말한다. 이하 같다)에 도로에서 차 또는 노면전차를 운행하거나 고장이나 그 밖의 부득이한 사유로 도로에서 차 또는 노면전차를 정차 또는 주차하는 경우
> 2. 안개가 끼거나 비 또는 눈이 올 때에 도로에서 차 또는 노면전차를 운행하거나 고장이나 그 밖의 부득이한 사유로 도로에서 차 또는 노면전차를 정차 또는 주차하는 경우
> 3. **터널 안을 운행하거나 고장 또는 그 밖의 부득이한 사유로 터널 안 도로에서 차 또는 노면전차를 정차 또는 주차하는 경우**

4. 횡단보도 설치기준(도로교통법 시행규칙 - 행정안전부령)

> **제11조(횡단보도의 설치기준)** 시·도경찰청장은 법 제10조제1항에 따라 횡단보도를 설치하려는 경우에는 다음 각 호의 기준에 적합하도록 해야 한다.
> 1. 횡단보도에는 별표 6에 따른 **횡단보도표시와 횡단보도표지판을 설치할 것**
> 2. 횡단보도를 설치하고자 하는 장소에 횡단보행자용 신호기가 설치되어 있는 경우에는 횡단보도표시를 설치할 것
> 3. 횡단보도를 설치하고자 하는 **도로의 표면이 포장이 되지 아니하여** 횡단보도표시를 할 수 없는 때에는 횡단보도표지판을 설치할 것. 이 경우 그 횡단보도표지판에 **횡단보도의 너비를 표시하는 보조표지를 설치하여야 한다.** 10 승진
> 4. **횡단보도는 육교·지하도 및 다른 횡단보도로부터 다음 각 목에 따른 거리 이내에는 설치하지 않**

을 것. 다만, 법 제12조 또는 제12조의2에 따라 **어린이 보호구역, 노인 보호구역 또는 장애인 보호구역으로 지정된 구간**인 경우 또는 보행자의 안전이나 통행을 위하여 특히 필요하다고 인정되는 경우에는 **그렇지 않다.**

가. 법 제2조제1호에 따른 도로로서 「도로의 구조·시설 기준에 관한 규칙」 제3조제1항에 따른 도로 중 집산도로 및 국지도로: 100미터

나. 법 제2조제1호에 따른 도로로서 가목에 따른 도로 외의 도로: **200미터**

5. 음주단속

(1) 술에 취한 상태에서의 운전 금지

제44조(술에 취한 상태에서의 운전 금지) ① 누구든지 술에 취한 상태에서 **자동차등**(「건설기계관리법」 제26조제1항 단서에 따른 건설기계 외의 건설기계를 포함한다. 이하 이 조, 제45조, 제47조, 제93조제1항제1호부터 제4호까지 및 제148조의2에서 같다), **노면전차 또는 자전거를 운전하여서는 아니 된다.**

② 경찰공무원은 교통의 안전과 위험방지를 위하여 필요하다고 인정하거나 제1항을 위반하여 술에 취한 상태에서 자동차등, 노면전차 또는 자전거를 운전하였다고 인정할 만한 상당한 이유가 있는 경우에는 **운전자가 술에 취하였는지를 호흡조사로 측정할 수 있다.** 21 승진 이 경우 운전자는 경찰공무원의 측정에 응하여야 한다.

③ 제2항에 따른 측정 결과에 불복하는 운전자에 대하여는 그 **운전자의 동의를 받아 혈액 채취 등의 방법으로 다시 측정할 수 있다.**

④ 제1항에 따라 운전이 금지되는 **술에 취한 상태의 기준**은 운전자의 혈중알코올농도가 **0.03퍼센트 이상**인 경우로 한다.

⑤ 제2항 및 제3항에 따른 측정의 방법, 절차 등 필요한 사항은 행정안전부령으로 정한다.

음주운전 의의	누구든지 술에 취한 상태에서 자동차등(자동차와 원동기장치자전거), 모든 건설기계, 노면전차 또는 자전거를 운전하여서는 아니 된다. ※ 주취운전으로 처벌할 수 없는 경우 → 경운기, 우마차, 트렉터 20 경간
술 취한 상태의 기준	① 술 취한 상태의 기준 혈중알코올농도 **0.03% 이상** – 면허정지 ② 만취한 상태의 기준 혈중알코올농도 **0.08% 이상** – 면허취소
주취운전 단속 (교통단속 처리지침)	① 음주측정기용 불대 **1회(1인)X 1개** 사용함을 원칙 20 경간 ② 주취운전 의심자를 호흡 측정하는 때에는 피측정자의 입안의 잔류 알코올을 헹궈낼 수 있도록 **음용수 200ml를 제공하여야 함** ③ 명시적인 의사표시를 하지 않으면서 경찰관이 음주측정 불응에 따른 불이익을 5분 간격으로 3회 이상 고지(최초 측정요구시로부터 15분 경과)했음에도 계속 음주측정에 응하지 않은 때에는 음주측정거부자로 처리 21 승진
위험운전 치사상죄 (특가법)	제5조의11(위험운전 등 치사상) ① 음주 또는 약물의 영향으로 정상적인 운전이 곤란한 상태에서 자동차(원동기장치자전거를 포함한다)를 운전하여 사람을 **상해**에 이르게 한 사람은 **1년 이상 15년 이하의 징역 또는 1천만원 이상 3천만원 이하의 벌금**에 처하고, **사망에 이르게 한 사람은 무기 또는 3년 이상의 징역**에 처한다.

[도로교통법 시행규칙 - 행정안전부령]

제27조의2(술에 취한 상태의 측정 방법 등) ① 법 제44조제2항 및 제3항에 따른 술에 취한 상태의 측정 방법은 다음 각 호와 같다.
  1. 호흡조사: 호흡을 채취하여 술에 취한 정도를 객관적으로 환산하는 측정 방법
  2. 혈액 채취: 혈액을 채취하여 술에 취한 정도를 객관적으로 환산하는 측정 방법
② 법 제44조제2항 및 제3항에 따른 술에 취한 상태의 측정 절차는 다음 각 호와 같다.
  1. 호흡조사로 측정하는 경우 다음 각 목의 절차를 따를 것
    가. 경찰공무원이 교통의 안전과 위험방지를 위하여 필요하다고 인정하는 경우나 운전자의 외관, 언행, 태도, 운전 행태 등 객관적 사정을 종합하여 운전자가 술에 취한 상태에서 운전한 것으로 의심되는 경우에 실시할 것
    나. 입 안의 잔류 알코올을 헹궈낼 수 있도록 운전자에게 음용수를 제공할 것
  2. 혈액 채취로 측정하는 경우 다음 각 목의 절차를 따를 것
    가. 운전자가 처음부터 혈액 채취로 측정을 요구하거나 호흡조사로 측정한 결과에 불복하면서 혈액 채취로의 측정에 동의하는 경우 또는 운전자가 의식이 없는 등 호흡조사로 측정이 불가능한 경우에 실시할 것
    나. 가까운 병원 또는 의원 등의 의료기관에서 비알콜성 소독약을 사용하여 채혈할 것
③ 제1항 및 제2항에서 규정한 사항 외에 술에 취한 상태의 측정 방법 및 절차 등에 관하여 필요한 사항은 경찰청장이 정한다.

(2) 음주운전 처벌기준(도로교통법 제148조의2) 13·14·21 승진, 13·18 경간, 15 1차

제148조의2(벌칙) ① 제44조제1항 또는 제2항을 위반(자동차등 또는 노면전차를 운전한 경우로 한정한다. 다만, 개인형 이동장치를 운전한 경우는 제외한다. 이하 이 조에서 같다)하여 **벌금 이상의 형을 선고받고 그 형이 확정된 날부터 10년 내에 다시 같은 조 제1항 또는 제2항을 위반한 사람**(형이 실효된 사람도 **포함**한다)은 다음 각 호의 구분에 따라 처벌한다.
  1. 제44조제2항을 위반한 사람은 **1년 이상 6년 이하의 징역이나 500만원 이상 3천만원 이하의 벌금**에 처한다.
  2. 제44조제1항을 위반한 사람 중 혈중알코올농도가 **0.2퍼센트 이상인 사람은 2년 이상 6년 이하의 징역이나 1천만원 이상 3천만원 이하의 벌금**에 처한다.
  3. 제44조제1항을 위반한 사람 중 혈중알코올농도가 **0.03퍼센트 이상 0.2퍼센트 미만인 사람은 1년 이상 5년 이하의 징역이나 500만원 이상 2천만원 이하**의 벌금에 처한다.
② 술에 취한 상태에 있다고 인정할 만한 상당한 이유가 있는 사람으로서 제44조제2항에 따른 경찰공무원의 측정에 응하지 아니하는 사람(자동차등 또는 노면전차를 운전한 경우로 한정한다)은 **1년 이상 5년 이하의 징역이나 500만원 이상 2천만원 이하의 벌금**에 처한다.
③ 제44조제1항을 위반하여 술에 취한 상태에서 자동차등 또는 노면전차를 운전한 사람은 다음 각 호의 구분에 따라 처벌한다.
  1. 혈중알코올농도가 **0.2퍼센트 이상인 사람은 2년 이상 5년 이하의 징역이나 1천만원 이상 2천만원 이하의 벌금**
  2. 혈중알코올농도가 **0.08퍼센트 이상 0.2퍼센트 미만인 사람은 1년 이상 2년 이하의 징역이나 500만원 이상 1천만원 이하의 벌금**

> 3. 혈중알코올농도가 0.03퍼센트 이상 0.08퍼센트 미만인 사람은 1년 이하의 징역이나 500만원 이하의 벌금
> ④ 제45조를 위반하여 **약물로 인하여 정상적으로 운전하지 못할 우려가 있는 상태**에서 자동차등 또는 노면전차를 운전한 사람은 **3년 이하의 징역이나 1천만원 이하의 벌금**에 처한다.
> [2023.1.3. 법률 제19158호에 의하여 2022.5.26. 헌법재판소에서 위헌 결정된 이 조 제1항을 개정함.]
> [2023.1.3. 법률 제19158호에 의하여 2022.8.31. 헌법재판소에서 위헌 결정된 이 조 제1항을 개정함.]
> [2023.1.3. 법률 제19158호에 의하여 2021.11.25. 헌법재판소에서 위헌 결정된 이 조 제1항을 개정함.]
> [시행일: 2023. 4. 4.] 제148조의2제1항, 제148조의2제2항

[정리]
→ 2차위반이란 제44조 제1항 또는 제2항을 위반(자동차등 또는 노면전차를 운전한 경우로 한정한다. 다만, 개인형 이동장치를 운전한 경우는 제외한다)하여 **벌금 이상의 형**을 선고받고 그 형이 확정된 날부터 **10년 내**에 다시 같은 조 제1항 또는 제2항을 위반한 사람(형이 실효된 사람도 **포함**한다)을 말한다.

처분	위반기준	1차 위반	2차 위반
면허취소	0.2% 이상	2년 이상 5년 이하 징역이나 1천만원 이상 2천만원 이하 벌금	2년 이상 6년 이하 징역이나 1천만원 이상 3천만원 이하 벌금
	측정불응	1년 이상 5년 이하 징역이나 500만원 이상 2천만원 이하 벌금	1년 이상 6년 이하 징역이나 500만원 이상 3천만원 이하 벌금
	0.08% 이상 ~ 0.2% 미만	1년 이상 2년 이하 징역이나 500만원 이상 1천만원 이하 벌금	1년 이상 5년 이하 징역이나 500만원 이상 2천만원 이하 벌금
면허정지	0.03% 이상 ~ 0.08% 미만	1년 이하 징역이나 500만원 이하 벌금	

* 자전거 주취운전 - 20만원 이하의 벌금이나 구류 또는 과료 23 경찰특공대

(3) 음주운전으로 운전면허 취소처분 또는 정지처분을 받은 경우 감경 18 3차

감경사유	① 운전이 가족의 생계를 유지할 중요한 수단이 되는 경우 ② 모범운전자로서 처분당시 **3년 이상** 교통봉사활동에 종사하고 있는 경우 ③ 교통사고를 일으키고 도주한 운전자를 검거하여 **경찰서장 이상**의 표창을 받은 사람
감경 제외사유	① 혈중알코올농도가 **0.10퍼센트를 초과**하여 운전한 경우 ② 음주운전 중 **인적피해 교통사고**를 일으킨 경우 ③ 경찰관의 음주측정요구에 불응하거나 **도주**한 때 또는 단속경찰관을 **폭행**한 경우 ④ 과거 5년 이내에 **3회 이상**의 인적피해 교통사고의 전력이 있는 경우 ⑤ 과거 5년 이내에 **음주운전의 전력**이 있는 경우

▶ **[참고]** 도로 외의 곳에서의 음주·약물운전 및 사고 후 미조치 처벌 21 승진, 23 경찰특공대
① 주차장, 학교 경내 등 「도로교통법」상 도로가 아닌 곳에서도 음주운전, 약물운전, 사고후 미조치 및 해당 처벌조항에 대해 「도로교통법」 적용 가능
② 단, 형사처벌만 가능하며 운전면허 행정처분은 불가하다.

6. 무면허 운전금지

제43조(무면허운전 등의 금지) 누구든지 제80조에 따라 시·도경찰청장으로부터 운전면허를 받지 아니하거나 운전면허의 효력이 정지된 경우에는 자동차등을 운전하여서는 아니 된다. → 1년 이하의 징역이나 300만원 이하의 벌금, 범칙금과 벌점은 없음

7. 과로한 때 등의 운전 금지

제45조(과로한 때 등의 운전 금지) 자동차등(개인형 이동장치는 제외한다) 또는 노면전차의 운전자는 제44조에 따른 술에 취한 상태 외에 과로, 질병 또는 약물(마약, 대마 및 향정신성의약품과 그 밖에 행정안전부령으로 정하는 것을 말한다. 이하 같다)의 영향과 그 밖의 사유로 정상적으로 운전하지 못할 우려가 있는 상태에서 자동차등 또는 노면전차를 운전하여서는 아니 된다. → 위반 시 **3년 이하의 징역이나 1천만원 이하의 벌금**

8. 공동 위험행위의 금지, 난폭운전 금지

제46조(공동 위험행위의 금지) ① 자동차등(개인형 이동장치는 제외한다. 이하 이 조에서 같다)의 운전자는 도로에서 2명 이상이 공동으로 2대 이상의 자동차등을 정당한 사유 없이 앞뒤로 또는 좌우로 줄지어 통행하면서 다른 사람에게 위해를 끼치거나 교통상의 위험을 발생하게 하여서는 아니 된다.
② 자동차등의 동승자는 제1항에 따른 공동 위험행위를 주도하여서는 아니 된다.
→ 위반 시 운전면허를 취소하거나 1년 이내의 범위에서 운전면허의 효력을 정지시킬 수 있음

제46조의3(난폭운전 금지) 자동차등(개인형 이동장치는 제외한다)의 운전자는 다음 각 호 중 둘 이상의 행위를 연달아 하거나, 하나의 행위를 지속 또는 반복하여 다른 사람에게 위협 또는 위해를 가하거나 교통상의 위험을 발생하게 하여서는 아니 된다. **22 2차**
1. 제5조에 따른 신호 또는 지시 위반
2. 제13조제3항에 따른 중앙선 침범
3. 제17조제3항에 따른 속도의 위반
4. 제18조제1항에 따른 횡단·유턴·후진 금지 위반
5. 제19조에 따른 안전거리 미확보, 진로변경 금지 위반, 급제동 금지 위반
6. 제21조제1항·제3항 및 제4항에 따른 앞지르기 방법 또는 앞지르기의 방해금지 위반
7. 제49조제1항제8호에 따른 정당한 사유 없는 소음 발생
8. 제60조제2항에 따른 고속도로에서의 앞지르기 방법 위반
9. 제62조에 따른 고속도로등에서의 횡단·유턴·후진 금지 위반

→ 위반 시 운전면허를 취소하거나 1년 이내의 범위에서 운전면허의 효력을 정지시킬 수 있으며, 1년 이하의 징역이나 500만원 이하의 벌금에 처함

04 통행방법

> **[참고] 주행차량과 보행자와의 안전거리** 08·10·15 승진, 09 경간

안전거리	안전거리는 **정지거리보다 약간 긴 정도의 거리**
공주거리	운전자가 위험을 감지하고 나서 **브레이크를 밟았을 때 자동차가 제동되기 시작하기까지의 거리** – 공주거리는 주취운전이나 졸음운전, 피로운전 시에 길어진다.
제동거리	브레이크가 듣기 시작하여 **제동이 시작되어 자동차가 정지할 때까지의 거리**
정지거리	**공주거리 + 제동거리**

1. 보행자

개념	① **도로 위를 걷는 사람**을 의미하며, **유모차나 보행보조용 의자차도 보행자에 포함**된다.
보행자X	① 손수레나 자전거를 끌고 가는 자는 보행자에 해당하지만, 이를 타고 도로를 횡단하는 자는 보행자에 포함되지 않는다. ② 횡단보도에 누워 있거나 엎드려 있는 사람 ③ 횡단보도 내에서 교통정리를 하고 있는 중인 사람 ④ 횡단보도 내에서 택시를 잡는 중인 사람 ⑤ 횡단보도 내에서 적재물 하역작업을 하는 중인 사람 ⑥ 보도에 서 있다가 횡단보도 내로 넘어진 사람

> **제8조(보행자의 통행)** ① 보행자는 **보도와 차도가 구분된 도로**에서는 **언제나 보도로 통행하여야 한다.** 다만, 차도를 횡단하는 경우, 도로공사 등으로 보도의 통행이 금지된 경우나 그 밖의 부득이한 경우에는 그러하지 아니하다. 14 승진
> ② 보행자는 **보도와 차도가 구분되지 아니한 도로 중 중앙선이 있는 도로**(일방통행인 경우에는 차선으로 구분된 도로를 포함한다)에서는 **길가장자리 또는 길가장자리구역으로 통행하여야 한다.**
> ③ 보행자는 다음 각 호의 어느 하나에 해당하는 곳에서는 **도로의 전 부분으로 통행할 수 있다.** 이 경우 보행자는 고의로 차마의 진행을 방해하여서는 아니 된다.
>   1. **보도와 차도가 구분되지 아니한 도로 중 중앙선이 없는 도로**(일방통행인 경우에는 차선으로 구분되지 아니한 도로에 한정한다. 이하 같다)
>   2. **보행자우선도로**
> ④ 보행자는 보도에서는 **우측통행**을 원칙으로 한다.
> **제9조(행렬등의 통행)** ① 학생의 대열과 그 밖에 보행자의 통행에 지장을 줄 우려가 있다고 인정하여 대통령령으로 정하는 사람이나 행렬(이하 "행렬등"이라 한다)은 제8조제1항 본문에도 불구하고 차도로 통행할 수 있다. 이 경우 행렬등은 차도의 우측으로 통행하여야 한다.
> ② 행렬등은 사회적으로 중요한 행사에 따라 시가를 행진하는 경우에는 도로의 중앙을 통행할 수 있다.

③ 경찰공무원은 도로에서의 위험을 방지하고 교통의 안전과 원활한 소통을 확보하기 위하여 필요하다고 인정할 때에는 행렬등에 대하여 구간을 정하고 그 구간에서 행렬등이 도로 또는 차도의 우측(자전거도로가 설치되어 있는 차도에서는 자전거도로를 제외한 부분의 우측을 말한다)으로 붙어서 통행할 것을 명하는 등 **필요한 조치를 할 수 있다.** 22 경간

제10조(도로의 횡단) ① 시·도경찰청장은 도로를 횡단하는 보행자의 안전을 위하여 행정안전부령으로 정하는 기준에 따라 횡단보도를 설치할 수 있다.

② 보행자는 제1항에 따른 횡단보도, 지하도, 육교나 그 밖의 도로 횡단시설이 설치되어 있는 도로에서는 그 곳으로 횡단하여야 한다. 다만, 지하도나 육교 등의 도로 횡단시설을 이용할 수 없는 지체장애인의 경우에는 다른 교통에 방해가 되지 아니하는 방법으로 도로 횡단시설을 이용하지 아니하고 도로를 횡단할 수 있다.

③ 보행자는 제1항에 따른 횡단보도가 설치되어 있지 아니한 도로에서는 가장 짧은 거리로 횡단하여야 한다.

④ 보행자는 차와 노면전차의 바로 앞이나 뒤로 횡단하여서는 아니 된다. 다만, 횡단보도를 횡단하거나 신호기 또는 경찰공무원등의 신호나 지시에 따라 도로를 횡단하는 경우에는 그러하지 아니하다. 14 승진

⑤ 보행자는 안전표지 등에 의하여 횡단이 금지되어 있는 도로의 부분에서는 그 도로를 횡단하여서는 아니 된다.

제11조(어린이 등에 대한 보호) ① 어린이의 보호자는 교통이 빈번한 도로에서 어린이를 놀게 하여서는 아니 되며, **영유아**(6세 미만인 사람을 말한다. 이하 같다)의 보호자는 교통이 빈번한 도로에서 영유아가 혼자 보행하게 하여서는 아니 된다.

② 앞을 보지 못하는 사람(이에 준하는 사람을 포함한다. 이하 같다)의 보호자는 그 사람이 도로를 보행할 때에는 **흰색 지팡이**를 갖고 다니도록 하거나 앞을 보지 못하는 사람에게 길을 안내하는 **개**로서 행정안전부령으로 정하는 개(이하 "장애인보조견"이라 한다)를 동반하도록 하는 등 **필요한 조치를 하여야 한다.** 22 경간

③ 어린이의 보호자는 도로에서 어린이가 자전거를 타거나 행정안전부령으로 정하는 위험성이 큰 움직이는 놀이기구를 타는 경우에는 어린이의 안전을 위하여 **행정안전부령으로 정하는 인명보호 장구를 착용하도록 하여야 한다.** 21 2차

④ 어린이의 보호자는 도로에서 **어린이가 개인형 이동장치를 운전하게 하여서는 아니 된다.** 21 2차, 23 경간

⑤ 경찰공무원은 신체에 장애가 있는 사람이 도로를 통행하거나 횡단하기 위하여 도움을 요청하거나 도움이 필요하다고 인정하는 경우에는 그 사람이 안전하게 통행하거나 횡단할 수 있도록 **필요한 조치를 하여야 한다.** 22 경간

⑥ 경찰공무원은 다음 각 호의 어느 하나에 해당하는 사람을 발견한 경우에는 그들의 안전을 위하여 **적절한 조치를 하여야 한다.** 22 경간

1. 교통이 빈번한 도로에서 놀고 있는 어린이
2. 보호자 없이 도로를 보행하는 영유아
3. 앞을 보지 못하는 사람으로서 흰색 지팡이를 가지지 아니하거나 장애인보조견을 동반하지 아니하는 등 필요한 조치를 하지 아니하고 다니는 사람
4. 횡단보도나 교통이 빈번한 도로에서 보행에 어려움을 겪고 있는 **노인**(65세 이상인 사람을 말한다. 이하 같다)

2. 자전거 등 통행방법

제13조의2(자전거등의 통행방법의 특례) ① 자전거등의 운전자는 자전거도로(제15조제1항에 따라 자전거만 통행할 수 있도록 설치된 전용차로를 포함한다. 이하 이 조에서 같다)가 따로 있는 곳에서는 그 **자전거도로로 통행하여야 한다.** 11 경간, 18 승진

② 자전거등의 운전자는 **자전거도로가 설치되지 아니한 곳에서는 도로 우측 가장자리에 붙어서 통행하여야 한다.** 11·18 경간, 18 승진, 20 경채

③ 자전거등의 운전자는 **길가장자리구역(안전표지로 자전거등의 통행을 금지한 구간은 제외한다)을 통행할 수 있다.** 이 경우 자전거등의 운전자는 보행자의 통행에 방해가 될 때에는 서행하거나 일시정지하여야 한다. 18 경간, 20 경채

④ 자전거등의 운전자는 제1항 및 제13조제1항에도 불구하고 다음 각 호의 어느 하나에 해당하는 경우에는 **보도를 통행할 수 있다.** 이 경우 자전거등의 운전자는 보도 중앙으로부터 차도 쪽 또는 안전표지로 지정된 곳으로 서행하여야 하며, 보행자의 통행에 방해가 될 때에는 일시정지하여야 한다.

1. 어린이, 노인, 그 밖에 행정안전부령으로 정하는 신체장애인이 자전거를 운전하는 경우. 다만, 「자전거 이용 활성화에 관한 법률」 제2조제1호의2에 따른 전기자전거의 원동기를 끄지 아니하고 운전하는 경우는 제외한다.
2. 안전표지로 자전거등의 통행이 허용된 경우
3. 도로의 파손, 도로공사나 그 밖의 장애 등으로 도로를 통행할 수 없는 경우

⑤ 자전거등의 운전자는 안전표지로 통행이 허용된 경우를 제외하고는 **2대 이상이 나란히 차도를 통행하여서는 아니 된다.** 11·18 경간, 132차, 14·18 승진

⑥ 자전거등의 운전자가 횡단보도를 이용하여 도로를 횡단할 때에는 **자전거등에서 내려서 자전거등을 끌거나 들고 보행하여야 한다.** 11·18 경간, 13 2차, 18 승진

제21조(앞지르기 방법 등) ② **자전거등의 운전자**는 서행하거나 정지한 다른 차를 앞지르려면 제1항에도 불구하고 **앞차의 우측으로 통행할 수 있다.** 이 경우 자전거등의 운전자는 정지한 차에서 승차하거나 하차하는 사람의 안전에 유의하여 서행하거나 필요한 경우 일시정지하여야 한다.

제50조(특정 운전자의 준수사항) ④ 자전거등의 운전자는 자전거도로 및 「도로법」에 따른 도로를 운전할 때에는 행정안전부령으로 정하는 **인명보호 장구를 착용하여야 하며, 동승자에게도 이를 착용하도록 하여야 한다.** 13 2차, 18 경간

⑦ 자전거등의 운전자는 행정안전부령으로 정하는 크기와 구조를 갖추지 아니하여 교통안전에 위험을 초래할 수 있는 자전거등을 운전하여서는 아니 된다.

⑧ 자전거등의 운전자는 약물의 영향과 그 밖의 사유로 정상적으로 운전하지 못할 우려가 있는 상태에서 자전거등을 운전하여서는 아니 된다. 13 2차

⑨ 자전거등의 운전자는 **밤에 도로를 통행하는 때에는 전조등과 미등을 켜거나 야광띠 등 발광장치를 착용하여야 한다.** 18 경간

⑩ 개인형 이동장치의 운전자는 행정안전부령으로 정하는 승차정원을 초과하여 동승자를 태우고 개인형 이동장치를 운전하여서는 아니 된다.

→ 자전거 운전자가 '운전 중 휴대전화를 사용한 경우' 운전 중 휴대전화 사용은 자동차등 운전에 한정되어 처벌할 수 없으나, '신호위반, 주차위반, 끼어들기 위반'은 모든 차를 대상으로 하고 있으므로 자전거 운전자도 처벌할 수 있음

제15조의2(자전거횡단도의 설치 등) ① **시·도경찰청장**은 도로를 횡단하는 자전거 운전자의 안전을 위하여 행정안전부령으로 정하는 기준에 따라 **자전거횡단도를 설치할 수 있다.**

② 자전거등의 운전자가 자전거등을 타고 자전거횡단도가 따로 있는 도로를 횡단할 때에는 자전거횡단도를 이용하여야 한다.
③ 차마의 운전자는 자전거등이 자전거횡단도를 통행하고 있을 때에는 자전거등의 횡단을 방해하거나 위험하게 하지 아니하도록 그 자전거횡단도 앞(정지선이 설치되어 있는 곳에서는 그 정지선을 말한다)에서 일시정지하여야 한다.

제156조(벌칙) 다음 각 호의 어느 하나에 해당하는 사람은 **20만원 이하의 벌금이나 구류 또는 과료**에 처한다.
11. 제44조제1항(누구든지 술에 취한 상태에서 자전거를 운전하여서는 아니 된다)을 위반하여 **술에 취한 상태에서 자전거등을 운전한 사람**

3. 개인형 이동장치

도로교통법

제2조(정의) 이 법에서 사용하는 용어의 뜻은 다음과 같다.
19의2. "**개인형 이동장치**"란 제19호나목의 원동기장치자전거 중 **시속 25킬로미터 이상**으로 운행할 경우 전동기가 작동하지 아니하고 **차체 중량이 30킬로그램 미만**인 것으로서 행정안전부령으로 정하는 것을 말한다.
21의2. "**자전거등**"이란 **자전거와 개인형 이동장치**를 말한다.

제11조(어린이 등에 대한 보호) ④ 어린이의 **보호자는 도로에서 어린이가 개인형 이동장치를 운전하게 하여서는 아니 된다.**

제13조의2(자전거등의 통행방법의 특례) ① 자전거등(개인형 이동장치)의 운전자는 **자전거도로**(제15조제1항에 따라 자전거만 통행할 수 있도록 설치된 전용차로를 포함한다. 이하 이 조에서 같다)**가 따로 있는 곳에서는 그 자전거도로로 통행하여야 한다.**

제50조(특정 운전자의 준수사항) ④ 자전거등(개인형 이동장치)의 운전자는 자전거도로 및 「도로법」에 따른 도로를 운전할 때에는 행정안전부령으로 정하는 **인명보호 장구를 착용하여야 하며, 동승자에게도 이를 착용하도록 하여야 한다.**
⑧ 자전거등(개인형 이동장치)의 운전자는 약물의 영향과 그 밖의 사유로 정상적으로 운전하지 못할 우려가 있는 상태에서 자전거등을 **운전하여서는 아니 된다.**
⑨ 자전거등(개인형 이동장치)의 운전자는 밤에 도로를 통행하는 때에는 **전조등과 미등을 켜거나 야광띠 등 발광장치를 착용하여야 한다.**
⑩ 개인형 이동장치의 운전자는 행정안전부령으로 정하는 **승차정원(1명)을 초과**하여 동승자를 태우고 개인형 이동장치를 **운전하여서는 아니 된다.**

제156조(벌칙) 다음 각 호의 어느 하나에 해당하는 사람은 **20만원 이하의 벌금이나 구류 또는 과료(科料)**에 처한다.
13. 제43조를 위반하여 제80조에 따른 **원동기장치자전거를 운전할 수 있는 운전면허를 받지 아니하거나**(원동기장치자전거를 운전할 수 있는 운전면허의 효력이 정지된 경우를 포함한다) 국제운전면허증 또는 상호인정외국면허증 중 원동기장치자전거를 운전할 수 있는 것으로 기재된 국제운전면허증 또는 상호인정외국면허증을 발급받지 아니하고(운전이 금지된 경우와 유효기간이 지난 경우를 포함한다) **개인형 이동장치를 운전한 사람**

> **시행규칙(행정안전부령)**
>
> **제2조의3(개인형 이동장치의 기준)** 법 제2조제19호의2에서 "행정안전부령으로 정하는 것"이란 다음 각 호의 어느 하나에 해당하는 것으로서 「전기용품 및 생활용품 안전관리법」 제15조제1항에 따라 안전확인의 신고가 된 것을 말한다.
> 1. 전동킥보드
> 2. 전동이륜평행차
> 3. 전동기의 동력만으로 움직일 수 있는 자전거
>
> **제33조의3(개인형 이동장치의 승차정원)** 법 제50조제10항에서 "행정안전부령으로 정하는 승차정원"이란 다음 각 호의 구분에 따른 인원을 말한다.
> 1. 전동킥보드 및 전동이륜평행차의 경우: 1명
> 2. 전동기의 동력만으로 움직일 수 있는 자전거의 경우: 2명

[처벌기준] 22 경채

20만원 이하의 벌금·구류·과료	① 무면허 ② 약물 ③ 발광장치 미착용 ④ 승차정원 초과 ⑤ 인명보호장구를 착용하지 아니한 운전자 ⑥ 음주운전(측정거부 포함)
20만원 이하의 과태료	① 동승자에게 인명보호 장구를 착용하도록 하지 아니한 운전자 ② 어린이가 운전하게 한 어린이의 보호자
범칙금	자전거 — 음주운전: 3만원 / 측정불응: 10만원 개인형 이동장치 — 음주운전: 10만원 / 측정불응: 13만원

4. 차마의 통행방법

(1) 차로의 설치

> **제13조(차마의 통행)** ① 차마의 운전자는 보도와 차도가 구분된 도로에서는 차도로 통행하여야 한다. 다만, 도로 외의 곳으로 출입할 때에는 보도를 횡단하여 통행할 수 있다.
> ② 제1항 단서의 경우 차마의 운전자는 보도를 횡단하기 직전에 일시정지하여 좌측과 우측 부분 등을 살핀 후 보행자의 통행을 방해하지 아니하도록 횡단하여야 한다.
> ③ 차마의 운전자는 도로(보도와 차도가 구분된 도로에서는 차도를 말한다)의 중앙(중앙선이 설치되어 있는 경우에는 그 중앙선을 말한다. 이하 같다) 우측 부분을 통행하여야 한다.
> ④ 차마의 운전자는 제3항에도 불구하고 다음 각 호의 어느 하나에 해당하는 경우에는 **도로의 중앙이나 좌측 부분을 통행할 수 있다.** 20 승진

1. 도로가 **일방통행**인 경우
2. 도로의 **파손**, 도로공사나 그 밖의 장애 등으로 **도로의 우측 부분을 통행할 수 없는 경우**
3. **도로 우측 부분의 폭이 6미터가 되지 아니하는 도로에서 다른 차를 앞지르려는 경우.** 다만, 다음 각 목의 어느 하나에 해당하는 경우에는 그러하지 아니하다.
   가. 도로의 좌측 부분을 확인할 수 없는 경우
   나. 반대 방향의 교통을 방해할 우려가 있는 경우
   다. 안전표지 등으로 앞지르기를 금지하거나 제한하고 있는 경우
4. **도로 우측 부분의 폭이 차마의 통행에 충분하지 아니한 경우**
5. 가파른 비탈길의 구부러진 곳에서 교통의 위험을 방지하기 위하여 **시·도경찰청장**이 필요하다고 인정하여 구간 및 통행방법을 지정하고 있는 경우에 그 지정에 따라 통행하는 경우

⑤ 차마의 운전자는 안전지대 등 안전표지에 의하여 진입이 금지된 장소에 들어가서는 아니 된다.
⑥ 차마(자전거등은 제외한다)의 운전자는 안전표지로 통행이 허용된 장소를 제외하고는 자전거도로 또는 길가장자리구역으로 통행하여서는 아니 된다. 다만, 「자전거 이용 활성화에 관한 법률」 제3조제4호에 따른 자전거 우선도로의 경우에는 그러하지 아니하다.

제14조(차로의 설치 등) ① **시·도경찰청장**은 차마의 교통을 원활하게 하기 위하여 필요한 경우에는 도로에 행정안전부령으로 정하는 차로를 설치할 수 있다. 이 경우 시·도경찰청장은 시간대에 따라 양방향의 통행량이 뚜렷하게 다른 도로에는 교통량이 많은 쪽으로 차로의 수가 확대될 수 있도록 신호기에 의하여 차로의 진행방향을 지시하는 가변차로를 설치할 수 있다.
② 차마의 운전자는 차로가 설치되어 있는 도로에서는 이 법이나 이 법에 따른 명령에 특별한 규정이 있는 경우를 제외하고는 그 차로를 따라 통행하여야 한다. 다만, 시·도경찰청장이 통행방법을 따로 지정한 경우에는 그 방법으로 통행하여야 한다.

제15조(전용차로의 설치) ① 시장등은 원활한 교통을 확보하기 위하여 특히 필요한 경우에는 시·도경찰청장이나 경찰서장과 협의하여 도로에 전용차로(차의 종류나 승차 인원에 따라 지정된 차만 통행할 수 있는 차로를 말한다. 이하 같다)를 설치할 수 있다.

(2) 횡단 등의 금지

제18조(횡단 등의 금지) ① **차마의 운전자는 보행자나 다른 차마의 정상적인 통행을 방해할 우려가 있는 경우에는 차마를 운전하여 도로를 횡단하거나 유턴 또는 후진하여서는 아니 된다.**
② 시·도경찰청장은 도로에서의 위험을 방지하고 교통의 안전과 원활한 소통을 확보하기 위하여 특히 필요하다고 인정하는 경우에는 도로의 구간을 지정하여 차마의 횡단이나 유턴 또는 후진을 금지할 수 있다.
③ **차마의 운전자는 길가의 건물이나 주차장 등에서 도로에 들어갈 때에는 일단 정지한 후에 안전한지 확인하면서 서행하여야 한다.** 14 승진

(3) 앞지르기

제21조(앞지르기 방법 등) ① **모든 차의 운전자**는 다른 차를 앞지르려면 **앞차의 좌측**으로 통행하여야 한다.

② **자전거등의 운전자**는 서행하거나 정지한 다른 차를 앞지르려면 제1항에도 불구하고 **앞차의 우측**으로 통행할 수 있다. 이 경우 자전거등의 운전자는 정지한 차에서 승차하거나 하차하는 사람의 안전에 유의하여 서행하거나 필요한 경우 일시정지하여야 한다.

③ 제1항과 제2항의 경우 앞지르려고 하는 모든 차의 운전자는 반대방향의 교통과 앞차 앞쪽의 교통에도 주의를 충분히 기울여야 하며, 앞차의 속도·진로와 그 밖의 도로상황에 따라 방향지시기·등화 또는 경음기를 사용하는 등 안전한 속도와 방법으로 앞지르기를 하여야 한다.

④ 모든 차의 운전자는 제1항부터 제3항까지 또는 제60조제2항에 따른 방법으로 앞지르기를 하는 차가 있을 때에는 속도를 높여 경쟁하거나 그 차의 앞을 가로막는 등의 방법으로 앞지르기를 방해하여서는 아니 된다.

제22조(앞지르기 금지의 시기 및 장소) ① 모든 차의 운전자는 다음 각 호의 어느 하나에 해당하는 경우에는 **앞차를 앞지르지 못한다.**
  1. 앞차의 좌측에 다른 차가 앞차와 나란히 가고 있는 경우
  2. 앞차가 다른 차를 앞지르고 있거나 앞지르려고 하는 경우

② 모든 차의 운전자는 다음 각 호의 어느 하나에 해당하는 **다른 차를 앞지르지 못한다.**
  1. 이 법이나 이 법에 따른 명령에 따라 정지하거나 서행하고 있는 차
  2. 경찰공무원의 지시에 따라 정지하거나 서행하고 있는 차
  3. 위험을 방지하기 위하여 정지하거나 서행하고 있는 차

③ 모든 차의 운전자는 다음 각 호의 어느 하나에 해당하는 곳에서는 **다른 차를 앞지르지 못한다.**
  1. 교차로
  2. 터널 안
  3. 다리 위
  4. 도로의 구부러진 곳, 비탈길의 고갯마루 부근 또는 가파른 비탈길의 내리막(오르막X) 등 시·도경찰청장이 도로에서의 위험을 방지하고 교통의 안전과 원활한 소통을 확보하기 위하여 필요하다고 인정하는 곳으로서 안전표지로 지정한 곳

(4) 교차로 통행방법

제25조(교차로 통행방법) ① **모든 차의 운전자**는 교차로에서 **우회전을 하려는 경우에는 미리 도로의 우측 가장자리를 서행하면서 우회전하여야 한다.** 이 경우 우회전하는 차의 운전자는 신호에 따라 정지하거나 진행하는 보행자 또는 자전거등에 주의하여야 한다.

② **모든 차의 운전자**는 교차로에서 **좌회전을 하려는 경우에는 미리 도로의 중앙선을 따라 서행하면서 교차로의 중심 안쪽을 이용하여 좌회전하여야 한다.** 다만, 시·도경찰청장이 교차로의 상황에 따라 특히 필요하다고 인정하여 지정한 곳에서는 교차로의 중심 바깥쪽을 통과할 수 있다.

③ 제2항에도 불구하고 **자전거등의 운전자**는 교차로에서 **좌회전하려는 경우에는 미리 도로의 우측 가장자리로 붙어 서행하면서 교차로의 가장자리 부분을 이용하여 좌회전하여야 한다.**

④ 제1항부터 제3항까지의 규정에 따라 우회전이나 좌회전을 하기 위하여 손이나 방향지시기 또는 등화로써 신호를 하는 차가 있는 경우에 그 뒤차의 운전자는 신호를 한 앞차의 진행을 방해하여서는 아니 된다.

⑤ 모든 차 또는 노면전차의 운전자는 신호기로 교통정리를 하고 있는 교차로에 들어가려는 경우에는 진행하려는 진로의 앞쪽에 있는 차 또는 노면전차의 상황에 따라 교차로(정지선이 설치되어 있는

경우에는 그 정지선을 넘은 부분을 말한다)에 정지하게 되어 다른 차 또는 노면전차의 통행에 방해가 될 우려가 있는 경우에는 그 교차로에 들어가서는 아니 된다.
⑥ 모든 차의 운전자는 교통정리를 하고 있지 아니하고 일시정지나 양보를 표시하는 안전표지가 설치되어 있는 교차로에 들어가려고 할 때에는 다른 차의 진행을 방해하지 아니하도록 일시정지하거나 양보하여야 한다.

제25조의2(회전교차로 통행방법) ① 모든 차의 운전자는 회전교차로에서는 **반시계방향**으로 통행하여야 한다.
② 모든 차의 운전자는 **회전교차로에 진입하려는 경우에는 서행하거나 일시정지하여야 하며, 이미 진행하고 있는 다른 차가 있는 때에는 그 차에 진로를 양보하여야 한다.**
③ 제1항 및 제2항에 따라 회전교차로 통행을 위하여 손이나 방향지시기 또는 등화로써 신호를 하는 차가 있는 경우 그 뒤차의 운전자는 신호를 한 앞차의 진행을 방해하여서는 아니 된다.

제26조(교통정리가 없는 교차로에서의 양보운전) ① 교통정리를 하고 있지 아니하는 교차로에 들어가려고 하는 차의 운전자는 이미 교차로에 들어가 있는 다른 차가 있을 때에는 그 차에 진로를 양보하여야 한다. 23 승진
② 교통정리를 하고 있지 아니하는 교차로에 들어가려고 하는 차의 운전자는 그 차가 통행하고 있는 도로의 폭보다 교차하는 도로의 폭이 넓은 경우에는 서행하여야 하며, 폭이 넓은 도로로부터 교차로에 들어가려고 하는 다른 차가 있을 때에는 그 차에 진로를 양보하여야 한다. 23 승진
③ 교통정리를 하고 있지 아니하는 교차로에 동시에 들어가려고 하는 차의 운전자는 **우측(좌측X)**도로의 차에 진로를 양보하여야 한다. 23 승진
④ 교통정리를 하고 있지 아니하는 교차로에서 좌회전하려고 하는 차의 운전자는 그 교차로에서 직진하거나 우회전하려는 다른 차가 있을 때에는 그 차에 진로를 양보하여야 한다. 23 승진

(5) 보행자의 보호

제27조(보행자의 보호) ① 모든 차 또는 노면전차의 **운전자는 보행자**(제13조의2제6항에 따라 자전거 등에서 내려서 자전거등을 끌거나 들고 통행하는 자전거등의 운전자를 포함한다)**가 횡단보도를 통행하고 있거나 통행하려고 하는 때에는 보행자의 횡단을 방해하거나 위험을 주지 아니하도록 그 횡단보도 앞**(정지선이 설치되어 있는 곳에서는 그 정지선을 말한다)**에서 일시정지하여야 한다.**
② 모든 차 또는 노면전차의 운전자는 교통정리를 하고 있는 교차로에서 좌회전이나 우회전을 하려는 경우에는 신호기 또는 경찰공무원등의 신호나 지시에 따라 도로를 횡단하는 보행자의 통행을 방해하여서는 아니 된다.
③ 모든 차의 운전자는 교통정리를 하고 있지 아니하는 교차로 또는 그 부근의 도로를 횡단하는 보행자의 통행을 방해하여서는 아니 된다.
④ 모든 차의 운전자는 도로에 설치된 안전지대에 보행자가 있는 경우와 차로가 설치되지 아니한 좁은 도로에서 보행자의 옆을 지나는 경우에는 안전한 거리를 두고 서행하여야 한다.
⑤ 모든 차 또는 노면전차의 운전자는 보행자가 제10조제3항에 따라 횡단보도가 설치되어 있지 아니한 도로를 횡단하고 있을 때에는 안전거리를 두고 일시정지하여 보행자가 안전하게 횡단할 수 있도록 하여야 한다.
⑥ **모든 차의 운전자는** 다음 각 호의 어느 하나에 해당하는 곳에서 보행자의 옆을 지나는 경우에는 안전한 거리를 두고 서행하여야 하며, 보행자의 통행에 방해가 될 때에는 서행하거나 일시정지하여

보행자가 안전하게 통행할 수 있도록 하여야 한다.
1. 보도와 차도가 구분되지 아니한 도로 중 중앙선이 없는 도로
2. 보행자우선도로
3. 도로 외의 곳

⑦ 모든 차 또는 노면전차의 운전자는 제12조제1항에 따른 **어린이 보호구역 내에 설치된 횡단보도 중 신호기가 설치되지 아니한 횡단보도 앞**(정지선이 설치된 경우에는 그 정지선을 말한다)에서는 보행자의 횡단 여부와 관계없이 일시정지하여야 한다.

제28조(보행자전용도로의 설치) ① 시·도경찰청장이나 경찰서장은 보행자의 통행을 보호하기 위하여 특히 필요한 경우에는 도로에 보행자전용도로를 설치할 수 있다.

② 차마 또는 노면전차의 운전자는 제1항에 따른 보행자전용도로를 통행하여서는 아니 된다. 다만, 시·도경찰청장이나 경찰서장은 특히 필요하다고 인정하는 경우에는 보행자전용도로에 차마의 통행을 허용할 수 있다.

③ 제2항 단서에 따라 보행자전용도로의 통행이 허용된 차마의 운전자는 보행자를 위험하게 하거나 보행자의 통행을 방해하지 아니하도록 차마를 보행자의 걸음 속도로 운행하거나 일시정지하여야 한다.

제28조의2(보행자우선도로) 시·도경찰청장이나 경찰서장은 보행자우선도로에서 보행자를 보호하기 위하여 필요하다고 인정하는 경우에는 차마의 통행속도를 **시속 20킬로미터 이내로 제한**할 수 있다.

(6) 긴급자동차

1) 정의

긴급자동차란 **소방차, 구급차, 혈액공급차량, 그 밖에 대통령령으로 정하는 자동차로서 그 본래의 긴급한 용도로 사용되고 있는 자동차**를 말한다. (도로교통법 제2조 22호)

2) 긴급자동차의 지정신청 및 취소(도로교통법 시행규칙 - 행정안전부령)

제3조(긴급자동차의 지정신청 등) ① 법 제2조제22호라목 및 「도로교통법 시행령」(이하 "영"이라 한다) 제2조제1항 단서에 따라 **긴급자동차의 지정을 받으려는 사람 또는 기관** 등은 별지 제1호서식의 긴급자동차 지정신청서에 다음 각 호의 서류를 첨부하여 **시·도경찰청장에게 제출하여야 한다.**

제4조(지정의 취소 등) ① **시·도경찰청장**은 제3조제2항에 따라 지정을 받은 긴급자동차가 다음 각 호의 어느 하나에 해당하는 경우에는 그 **지정을 취소할 수 있다.**
1. 자동차의 색칠·사이렌 또는 경광등이 영 제3조제1항제1호에 따른 자동차안전기준에 규정된 긴급자동차에 관한 구조에 적합하지 아니한 경우
2. 그 차를 영 제2조제1항 각 호의 목적에 벗어나 사용하거나 고장이나 그 밖의 사유로 인하여 긴급자동차로 사용할 수 없게 된 경우

3) 종류(도로교통법, 도로교통법 시행령 - 대통령령) 09·14·15·22 경간, 10·11·14·19 승진

도로교통법상	① 소방차 ② 구급차 ③ 혈액 공급차량

법정
긴급
자동차
(도로교통법
시행령)
	① 경찰용 자동차 중 **범죄수사·교통단속**, 그 밖에 **긴급한 경찰업무수행**에 사용되는 자동차
	② 국군 및 주한국제연합군용 자동차 중 **군 내부의 질서유지**나 부대의 질서 있는 **이동을 유도하는** 데 사용되는 자동차
	③ 수사기관의 자동차 중 **범죄수사**를 위하여 사용되는 자동차
	④ 다음에 해당하는 시설 또는 기관의 자동차 중 **도주자의 체포** 또는 수용자, 보호관찰 대상자의 **호송·경비**를 위하여 사용되는 자동차
	  1. 교도소·소년교도소 또는 구치소
	  2. 소년원 또는 소년분류심사원
	  3. 보호관찰소
	⑤ 국내외 요인에 대한 **경호업무 수행**에 공무로 사용되는 자동차

신청에 의하여 시·도경찰청장이 지정하는 경우 (도로교통법 시행령)	① 전기사업, 가스사업, 그 밖의 공익사업을 하는 기관에서 위험 방지를 위한 응급작업에 사용되는 자동차 ② 민방위업무를 수행하는 기관에서 긴급예방 또는 복구를 위한 출동에 사용되는 자동차 ③ 도로관리를 위하여 사용되는 자동차 중 도로상의 위험을 방지하기 위한 응급작업에 사용되거나 운행이 제한되는 자동차를 단속하기 위하여 사용되는 자동차 ④ 전신·전화의 수리공사 등 응급작업에 사용되는 자동차 ⑤ 긴급한 우편물의 운송에 사용되는 자동차 ⑥ 전파감시업무에 사용되는 자동차
긴급자동차로 간주하는 자동차	① 경찰용 긴급자동차에 의하여 **유도되고 있는 자동차** ② 국군 및 주한 국제연합군용의 긴급자동차에 의하여 **유도되고 있는** 국군 및 주한 국제연합군의 자동차 ③ 생명이 위급한 **환자 또는 부상자**나 수혈을 위한 **혈액을 운송 중인 자동차**
긴급자동차의 우선 통행 (법 제29조)	① 긴급자동차는 이 법의 규제에도 불구하고 긴급하고 부득이한 경우에는 **도로의 중앙이나 좌측부분을 통행할 수 있다.** 20 경채 ② 긴급자동차는 이 법이나 이 법에 따른 명령에 따라 정지하여야 하는 경우에도 불구하고 긴급하고 부득이한 경우에는 정지하지 아니할 수 있다. ③ 긴급자동차의 운전자는 제1항이나 제2항의 경우에 교통안전에 특히 주의하면서 통행하여야 한다. ④ **교차로나 그 부근에서 긴급자동차가 접근**하는 경우에는 차마와 노면전차의 운전자는 교차로를 피하여 **일시정지 하여야 한다.** 20 경채 ⑤ 모든 차와 노면전차의 운전자는 제4항에 따른 곳 외의 곳에서 긴급자동차가 접근한 경우에는 긴급자동차가 우선 통행할 수 있도록 진로를 양보하여야 한다.
긴급자동차의 특례 (법 제30조)	제30조(긴급자동차에 대한 특례) 긴급자동차에 대하여는 다음 각 호의 사항을 적용하지 아니한다. 다만, **제4호부터 제12호까지의 사항은 긴급자동차 중 제2조제22호가목부터 다목(소방차, 구급차, 혈액공급용 차량)까지의 자동차와 대통령령으로 정하는 경찰용 자동차에 대해서만 적용하지 아니한다.** 1. 제17조에 따른 자동차등의 **속도 제한**. 다만, 제17조에 따라 긴급자동차에 대하여 속도를 제한한 경우에는 같은 조의 규정을 적용한다.

	2. 제22조에 따른 **앞지르기의 금지** 3. 제23조에 따른 **끼어들기의 금지** 23 2차 4. 제5조에 따른 신호위반 5. 제13조제1항에 따른 보도침범 6. 제13조제3항에 따른 중앙선 침범 7. 제18조에 따른 횡단 등의 금지 8. 제19조에 따른 안전거리 확보 등 9. 제21조제1항에 따른 **앞지르기 방법** 등 10. 제32조에 따른 정차 및 주차의 금지 11. 제33조에 따른 주차금지 12. 제66조에 따른 고장 등의 조치
사고 시 형의 감면 (법 제158조의 2)	**제158조의2(형의 감면)** 긴급자동차(제2조제22호가목부터 다목(**소방차, 구급차, 혈액공급차량**)까지의 자동차와 **대통령령으로 정하는 경찰용 자동차만 해당**한다)의 운전자가 그 차를 본래의 긴급한 용도로 운행하는 중에 교통사고를 일으킨 경우에는 그 긴급활동의 시급성과 불가피성 등 정상을 참작하여 제151조, 「교통사고처리 특례법」 제3조제1항 또는 「특정범죄 가중처벌 등에 관한 법률」 제5조의13에 따른 **형을 감경하거나 면제할 수 있다.**
교통안전교육 (법 제73조), (시행령 제38조의 2)	**제73조(교통안전교육)** ④ **긴급자동차의 운전업무에 종사하는 사람**으로서 대통령령으로 정하는 사람은 대통령령으로 정하는 바에 따라 **정기적으로 긴급자동차의 안전운전 등에 관한 교육을 받아야 한다.** 20 승진 **제38조의2(긴급자동차 운전자에 대한 교통안전교육)** ① 법 제73조제4항에서 "대통령령으로 정하는 사람"이란 다음 각 호의 어느 하나에 해당하는 사람을 말한다. 1. 법 제2조제22호가목부터 다목까지의 규정에 해당하는 자동차의 운전자 2. 제2조제1항 각 호에 해당하는 자동차의 운전자 ② 법 제73조제4항에 따른 긴급자동차의 안전운전 등에 관한 교육(이하 "긴급자동차 교통안전교육"이라 한다)은 다음 각 호의 구분에 따라 실시한다. 1. **신규 교통안전교육: 최초로 긴급자동차를 운전하려는 사람**을 대상으로 실시하는 교육 2. **정기 교통안전교육**: 긴급자동차를 운전하는 사람을 대상으로 **3년마다 정기적으로 실시하는 교육**. 이 경우 직전에 긴급자동차 교통안전교육을 받은 날부터 기산하여 3년이 되는 날이 속하는 해의 1월 1일부터 12월 31일 사이에 교육을 받아야 한다. ③ 긴급자동차 교통안전교육은 도로교통공단에서 실시한다. 다만, 긴급자동차 교통안전교육 대상자가 국가기관 및 지방자치단체에 소속된 사람인 경우에는 소속 기관에서 실시하는 교육훈련의 방법으로 실시할 수 있다. ④ 긴급자동차 교통안전교육은 다음 각 호의 사항에 대하여 강의·시청각교육 등의 방법으로 제2항제1호에 따른 **신규 교통안전교육은 3시간 이상**, 같은 항 제2호에 따른 **정기 교통안전교육은 2시간 이상 실시한다.** 20 승진 ⑤ 긴급자동차의 안전운전 등에 관한 교육을 받지 아니한 사람에게는 **20만원 이하의 과태료를 부과한다.**(도로교통법 제160조 제2항) 20 승진

(7) 어린이 통학버스(도로교통법)

> 제51조(어린이통학버스의 특별보호) ① 어린이통학버스가 도로에 정차하여 어린이나 영유아가 타고 내리는 중임을 표시하는 점멸등 등의 장치를 작동 중일 때에는 어린이통학버스가 정차한 차로와 그 차로의 **바로 옆 차로로 통행하는 차의 운전자는 어린이통학버스에 이르기 전에 일시정지하여 안전을 확인한 후 서행하여야 한다.** 12·14·18 승진, 21 2차
> ② 제1항의 경우 **중앙선이 설치되지 아니한 도로와 편도 1차로인 도로에서는 반대방향에서 진행하는 차의 운전자도 어린이통학버스에 이르기 전에 일시정지하여 안전을 확인한 후 서행하여야 한다.** 12·14·18 승진
> ③ **모든 차의 운전자**는 어린이나 영유아를 태우고 있다는 표시를 한 상태로 도로를 통행하는 **어린이통학버스를 앞지르지 못한다.** 12·14·18 승진, 13 1차
> → 앞지를 때 과도하게 속도를 올리는 등 행위를 자제하여야 한다.(X)
>
> 제52조(어린이통학버스의 신고 등) ① 어린이통학버스(「여객자동차 운수사업법」 제4조제3항에 따른 한정면허를 받아 어린이를 여객대상으로 하여 운행되는 운송사업용 자동차는 제외한다)를 운영하려는 자는 행정안전부령으로 정하는 바에 따라 **미리 관할 경찰서장에게 신고하고 신고증명서를 발급받아야 한다.** 13 1차
> ② 어린이통학버스를 운영하는 자는 어린이통학버스 안에 제1항에 따라 발급받은 신고증명서를 항상 갖추어 두어야 한다.
> ③ 어린이통학버스로 사용할 수 있는 자동차는 행정안전부령으로 정하는 자동차로 한정한다. 이 경우 그 자동차는 도색·표지, 보험가입, 소유 관계 등 대통령령으로 정하는 요건을 갖추어야 한다.
> ④ 누구든지 제1항에 따른 신고를 하지 아니하거나 「여객자동차 운수사업법」 제4조제3항에 따라 어린이를 여객대상으로 하는 한정면허를 받지 아니하고 어린이통학버스와 비슷한 도색 및 표지를 하거나 이러한 도색 및 표지를 한 자동차를 운전하여서는 아니 된다.
>
> 제53조(어린이통학버스 운전자 및 운영자 등의 의무) ① 어린이통학버스를 운전하는 사람은 **어린이나 영유아가 타고 내리는 경우에만** 제51조제1항에 따른 점멸등 등의 장치를 작동하여야 하며, 어린이나 영유아를 태우고 운행 중인 경우에만 제51조제3항에 따른 표시를 하여야 한다.
> ② 어린이통학버스를 운전하는 사람은 어린이나 영유아가 어린이통학버스를 탈 때에는 승차한 모든 어린이나 영유아가 **좌석안전띠**(어린이나 영유아의 신체구조에 따라 적합하게 조절될 수 있는 안전띠를 말한다. 이하 이 조 및 제156조제1호, 제160조제2항제4호의2에서 같다)를 매도록 한 후에 **출발하여야 하며,** 내릴 때에는 보도나 길가장자리구역 등 자동차로부터 **안전한 장소에 도착한 것을 확인한 후에 출발하여야 한다.** 13 1차 다만, 좌석안전띠 착용과 관련하여 질병 등으로 인하여 좌석안전띠를 매는 것이 곤란하거나 행정안전부령으로 정하는 사유가 있는 경우에는 그러하지 아니하다.
> ③ 어린이통학버스를 운영하는 자는 어린이통학버스에 어린이나 영유아를 태울 때에는 성년인 사람 중 어린이통학버스를 운영하는 자가 지명한 **보호자를 함께 태우고 운행하여야 하며,** 동승한 보호자는 어린이나 영유아가 승차 또는 하차하는 때에는 자동차에서 내려서 어린이나 영유아가 안전하게 승하차하는 것을 확인하고 운행 중에는 어린이나 영유아가 좌석에 앉아 좌석안전띠를 매고 있도록 하는 등 어린이 보호에 필요한 조치를 하여야 한다.
> ④ **어린이통학버스를 운전하는 사람**은 어린이통학버스 운행을 마친 후 어린이나 영유아가 **모두 하차하였는지를 확인하여야 한다.**
> ⑤ 어린이통학버스를 운전하는 사람이 제4항에 따라 어린이나 영유아의 **하차 여부를 확인할 때에는** 행정안전부령으로 정하는 어린이나 영유아의 **하차를 확인할 수 있는 장치**(이하 "어린이 하차확인 장치"라 한다)를 작동하여야 한다.

⑥ 어린이통학버스를 운영하는 자는 제3항에 따라 보호자를 함께 태우고 운행하는 경우에는 행정안전부령으로 정하는 **보호자 동승을 표시하는 표지**(이하 "보호자 동승표지"라 한다)를 부착할 수 있으며, 누구든지 보호자를 함께 태우지 아니하고 운행하는 경우에는 보호자 동승표지를 부착하여서는 아니된다.

⑦ **어린이통학버스를 운영하는 자**는 좌석안전띠 착용 및 보호자 동승 확인 기록(이하 "**안전운행기록**"이라 한다)을 작성·보관하고 **매 분기** 어린이통학버스를 운영하는 시설을 감독하는 **주무기관의 장**에게 안전운행기록을 제출하여야 한다.

제53조의3(어린이통학버스 운영자 등에 대한 안전교육) ① 어린이통학버스를 운영하는 **사람과 운전하는 사람** 및 제53조제3항에 따른 **보호자**는 어린이통학버스의 안전운행 등에 관한 교육(이하 "**어린이통학버스 안전교육**"이라 한다)**을 받아야 한다.** 13 1차

② 어린이통학버스 안전교육은 다음 각 호의 구분에 따라 실시한다.
    1. **신규 안전교육**: 어린이통학버스를 운영하려는 사람과 운전하려는 사람 및 제53조제3항에 따라 동승하려는 보호자를 대상으로 그 운영, 운전 또는 동승을 하기 전에 실시하는 교육
    2. **정기 안전교육**: 어린이통학버스를 계속하여 운영하는 사람과 운전하는 사람 및 제53조제3항에 따라 동승한 보호자를 대상으로 **2년마다** 정기적으로 실시하는 교육

③ 어린이통학버스를 운영하는 사람은 어린이통학버스 안전교육을 받지 아니한 사람에게 어린이통학버스를 운전하게 하거나 어린이통학버스에 동승하게 하여서는 아니 된다.

제53조의4(어린이통학버스의 위반 정보 등 제공) ① **경찰서장**은 어린이통학버스를 운영하는 사람이나 운전하는 사람이 제53조 또는 제53조의5를 위반하거나 제53조 또는 제53조의5를 위반하여 어린이를 사상(死傷)하는 사고를 유발한 때에는 어린이 교육시설을 **감독하는 주무기관의 장**에게 그 **정보를 제공하여야 한다.**

② 경찰서장 및 어린이 교육시설을 감독하는 주무기관의 장은 제1항에 따른 **정보를 해당 기관에서 운영하는 홈페이지에 각각 게재하여야 한다.**

③ 제1항에 따른 정보 제공의 구체적 기준·방법 및 절차 등 필요한 사항은 행정안전부령으로 정한다.

제53조의5(보호자가 동승하지 아니한 어린이통학버스 운전자의 의무) 제2조제23호가목의 유아교육진흥원·대안학교·외국인학교, 같은 호 다목의 교습소 및 같은 호 마목부터 차목까지의 시설에서 어린이의 승차 또는 하차를 도와주는 **보호자를 태우지 아니한 어린이통학버스를 운전하는 사람은 어린이가 승차 또는 하차하는 때에 자동차에서 내려서 어린이나 영유아가 안전하게 승하차하는 것을 확인하여야 한다.**

05 운전면허 및 운전면허 행정처분

제80조(운전면허) ① 자동차등을 운전하려는 사람은 **시·도경찰청장**으로부터 운전면허를 받아야 한다. 다만, 제2조제19호나목(**배기량 125시시 이하**(전기를 동력으로 하는 경우에는 최고정격출력 11킬로와트 이하)의 원동기를 단 차 중 「교통약자의 이동편의 증진법」 제2조제1호에 따른 교통약자가 **최고속도 시속 20킬로미터 이하로만 운행될 수 있는 차**를 운전하는 경우에는 그러하지 아니하다. 21 2차

「도로교통법」상 운전면허의 효력은 운전면허 시험에 합격한 자가 운전면허증을 본인 또는 그 대리인이 **교부받은** 때부터 발생한다. 10 승진

1. 운전면허종류 10·14·17·18·19 승진, 12 경간, 11·14·16·17 1차, 11·18·19 2차, 18 3차

운전면허 종별	구분		운전할 수 있는 차의 종류	자격
제1종	대형면허		• 승용자동차　• 승합자동차　• 화물자동차 • 건설기계 　- 덤프트럭, 아스팔트살포기, 노상안정기 　- 콘크리트믹서트럭, 콘크리트펌프, 천공기(트럭 적재식) 　- 콘크리트믹서트레일러, 아스팔트콘크리트재생기 　- 도로보수트럭, 3톤 미만의 지게차 • 특수자동차[**대형견인차, 소형견인차 및 구난차**(이하 "구난차등"이라 한다)를 제외한다] • 원동기장치자전거	19세 이상 + 운전 경험 1년 이상
	특수면허	대형견인차	• 견인형 특수자동차 • **제2종 보통면허로 운전할 수 있는 차량**	
		소형견인차	• **총중량 3.5톤 이하**의 견인형 특수자동차 • **제2종 보통면허로 운전할 수 있는 차량**	
		구난차	• 구난형 특수자동차 • **제2종 보통면허로 운전할 수 있는 차량**	
	보통면허		• 승용자동차 • 승차정원 **15명 이하**의 승합자동차 • 적재중량 **12톤 미만**의 화물자동차 • 건설기계 (도로를 운행하는 3톤 미만의 지게차에 한함) • 총중량 **10톤 미만**의 특수자동차 (**구난차등은 제외**한다) • 원동기장치자전거	18세 이상
	소형면허		• 3륜화물자동차　• 3륜승용자동차　• 원동기장치자전거	
제2종	보통면허		• 승용자동차 • 승차정원 **10명 이하**의 승합자동차 • 적재중량 **4톤 이하**의 화물자동차	

		• 총중량 3.5톤 이하의 특수자동차(**구난차등은 제외**한다) • 원동기장치자전거	
	소형면허	• 이륜자동차(운반차를 포함한다) → 배기량 125cc 초과 이륜자동차 • 원동기장치자전거	
	원동기장치 자전거면허	• 원동기장치자전거	**16세 이상**
연습 면허	제1종 보통	• 승용자동차 • 승차정원 **15명 이하**의 승합자동차 • 적재중량 **12톤 미만**의 화물자동차	**18세 이상**
	제2종 보통	• 승용자동차 • 승차정원 **10명 이하**의 승합자동차 • 적재중량 **4톤 이하**의 화물자동차	

2. 운전면허 발급 제한 기간 10·18 승진, 08·12·13 1차, 08·13·14·17·20 경간, 12·14 2차, 15 지능특채

내용	제한기간
① **적성검사**를 받지 아니하거나 적성검사에 불합격하여 운전면허가 취소된 경우 ② 제1종 운전면허를 받은 사람이 적성검사에 불합격하여 다시 제2종 운전면허를 받으려 하는 경우	**즉시응시**
1년의 운전면허발급제한기간에 해당하는 사유로 면허가 취소된 자가 원동기장치자전거 면허를 취득(단, 공동위험행위로 면허 취소된 자는 제외)	**6월**
① 무면허운전 ((ㄱ) 정지기간 중 운전, (ㄴ) 운전면허 발급제한 기간 중 국제운전면허증으로 자동차 등 운전한 자 포함) → 위반한 날부터 ② 공동위험행위로 운전면허가 취소된 경우 원동기장치자전거면허 취득 결격 기간 → 취소된 날 ③ 2~5년의 제한사유 이외의 사유로 운전면허가 취소된 자 ④ **거짓이나 부정한 수단으로 운전면허를 받은 경우**	**1년**
① **무면허운전(면허정지기간 중 운전)** 또는 면허발급제한기간 중 국제운전면허증으로 운전금지규정을 **3회 이상 위반하여 운전** → 위반한 날 또는 취소된 날 ② **2회 이상의 음주운전**(측정거부 포함) → 취소된 날부터 ③ **2회 이상의 공동위험행위** → 취소된 날부터 ④ **다른 사람의 자동차를 훔치거나 빼앗은 자** ⑤ 다른 사람이 부정하게 운전면허를 받도록 하기 위하여 **운전면허시험에 대신응시한 경우** ⑥ 운전면허를 받을 자격이 없는 사람이 운전면허를 받았을 경우 ⑦ 운전면허효력의 정지 기간 중 운전면허증 또는 운전면허증에 갈음하는 증명서를 교부받은 사실이 드러날 때 ⑧ **음주운전을 하다가 교통사고를 일으킨 경우**	**2년**
① **음주운전**(측정거부, 무면허로음주운전 포함)하다가 **2회 이상 교통사고** → 취소된 날부터	**3년**

② 자동차 이용범죄를 범하거나, 자동차를 절도·강도한 자가 무면허로 운전한경우 → 위반한 날부터	
5년의 제한사유 이외의 사유로 교통사고로 사람을 사상한 후에 **구호조치 없이 도주한 경우**	4년
① **무면허** 운전(운전면허 발급제한 기간 중 국제운전면허증으로 자동차 등 운전), **음주**운전, **과로·질병·약물**운전, **공동위험행위**로 사람을 사상한 후 **구호조치 없이 도주한 경우** ② 음주운전을 하다가 사람을 사망에 이르게 한 경우	5년

> ▶ [참고] 면허시험 부정행위자에 대한 조치
>
> **제84조의2(부정행위자에 대한 조치)** ① 경찰청장은 제106조에 따른 전문학원의 강사자격시험 및 제107조에 따른 기능검정원 자격시험에서, 시·도경찰청장 또는 도로교통공단은 제83조에 따른 **운전면허시험에서 부정행위를 한 사람**에 대하여는 해당 시험을 각각 무효로 처리한다.
> ② 제1항에 따라 **시험이 무효로 처리된 사람**은 그 처분이 있은 날부터 2년간 해당 시험에 응시하지 못한다.
> 21 경간

3. 운전면허 결격사유 및 기간(도로교통법 제82조) 12 3차, 17 2차, 19 경간

> **제82조(운전면허의 결격사유)** ① 다음 각 호의 어느 하나에 해당하는 사람은 **운전면허를 받을 수 없다.**
> 1. **18세 미만**(원동기장치자전거의 경우에는 **16세 미만**)인 사람 12 2차, 21 경간
> 2. 교통상의 위험과 장해를 일으킬 수 있는 **정신질환자 또는 뇌전증 환자**로서 대통령령으로 정하는 사람
> 3. **듣지 못하는 사람**(제1종 운전면허 중 대형면허·특수면허만 해당한다), **앞을 보지 못하는 사람**(한쪽 눈만 보지 못하는 사람의 경우에는 제1종 운전면허 중 대형면허·특수면허만 해당한다)이나 그 밖에 대통령령으로 정하는 신체장애인
> 4. **양쪽 팔의 팔꿈치관절 이상을 잃은 사람이나 양쪽 팔을 전혀 쓸 수 없는 사람**. 다만, 본인의 신체장애 정도에 적합하게 제작된 자동차를 이용하여 정상적인 운전을 할 수 있는 경우에는 그러하지 아니하다.
> 5. 교통상의 위험과 장해를 일으킬 수 있는 **마약·대마·향정신성의약품 또는 알코올 중독자**로서 대통령령으로 정하는 사람
> 6. **제1종 대형면허 또는 제1종 특수면허를 받으려는 경우로서 19세 미만이거나 자동차**(이륜자동차는 제외한다)의 운전경험이 1년 미만인 사람
> 7. 대한민국의 국적을 가지지 아니한 사람 중 「출입국관리법」 제31조에 따라 **외국인등록을 하지 아니한 사람**(외국인등록이 면제된 사람은 제외한다)이나 「재외동포의 출입국과 법적 지위에 관한 법률」 제6조제1항에 따라 **국내거소신고를 하지 아니한 사람**

4. 연습 운전면허증(도로교통법 제80조, 제81조, 제93조) 08·10·12 2차, 18 법학, 19·21 경간

종 류	제1종 보통연습면허, 제2종 보통연습면허
효력	연습운전면허는 그 **면허를 받은 날부터 1년 동안 효력**을 가진다. 다만, 연습운전면허를 받은 날부터 1년 이전이라도 연습운전면허를 받은 사람이 **제1종 보통면허 또는 제2종 보통면허를 받은 경우 연습운전면허는 그 효력을 잃는다.**
행정 처분	① 연습운전면허에 대해서는 법규위반이 있더라도 **벌점을 부여하지 않는다.** ② 법규위반이 있더라도 취소처분은 일반운전면허 취소 기준과 다른 별도의 기준이 마련되어 면허취소가 된다.
준수 사항	① 운전면허를 받은 날부터 **2년이 경과한 사람**(운전면허 정지 기간 중인 사람을 제외한다. 연습하고자 하는 자동차를 운전할 수 있는 운전면허에 한함)과 함께 타서 그의 지도를 받아야 한다. ② 「여객·화물자동차운수사업법」에서 규정한 **사업용자동차를 운전하거나 주행연습외의 목적으로 운전하여서는 안 된다.** 19 승진 ③ 주행연습 중이라는 사실을 다른 차의 운전자가 알 수 있도록 연습 중인 자동차에 '주행연습' 표지를 붙여야 한다.
취 소	**시도경찰청장**은 연습운전면허를 발급받은 사람이 운전 중 고의 또는 과실로 교통사고를 일으키거나 도로교통법이나 도로교통법에 따른 명령 또는 처분을 위반한 경우에는 **연습운전면허를 취소하여야 한다.** 다만, 본인에게 귀책사유가 없는 다음의 경우에는 그러하지 아니하다. ① 도로교통공단의 도로주행시험을 담당하는 사람, 자동차운전학원의 강사, 전문학원의 강사 또는 기능검정원의 **지시에 따라 운전하던 중 교통사고를 일으킨 경우** ② **도로가 아닌 곳**에서 교통사고를 일으킨 경우 ③ 교통사고를 일으켰으나 **물적 피해만 발생한 경우**

5. 임시운전증명서

제91조(임시운전증명서) ① **시·도경찰청장**은 다음 각 호의 어느 하나의 경우에 해당하는 사람이 임시운전증명서 발급을 신청하면 행정안전부령으로 정하는 바에 따라 임시운전증명서를 발급할 수 있다. 다만, 제2호의 경우에는 소지하고 있는 운전면허증에 행정안전부령으로 정하는 사항을 기재하여 발급함으로써 임시운전증명서 발급을 갈음할 수 있다.
 1. 운전면허증을 받은 사람이 제86조에 따른 재발급 신청을 한 경우
 2. 제87조에 따른 정기 적성검사 또는 운전면허증 갱신 발급 신청을 하거나 제88조에 따른 수시 적성검사를 신청한 경우
 3. 제93조에 따른 운전면허의 취소처분 또는 정지처분 대상자가 운전면허증을 제출한 경우
② 제1항의 임시운전증명서는 그 **유효기간 중에는 운전면허증과 같은 효력**이 있다. 19 승진

도로교통법 시행규칙(행정안전부령)

제88조(임시운전증명서) ② 제1항에 따른 임시운전증명서의 **유효기간은 20일 이내로 하되, 법 제93조에 따른 운전면허의 취소 또는 정지처분 대상자의 경우에는 40일 이내로 할 수 있다.** 다만, **경찰서장**이 필요하다고 인정하는 경우에는 그 **유효기간을 1회에 한하여 20일의 범위에서 연장할 수 있다.** 10·11·12 승진

6. 국제운전면허증

(1) 외국에서 발급한 국제운전면허증

제96조(국제운전면허증 또는 상호인정외국면허증에 의한 자동차등의 운전) ① 외국의 권한 있는 기관에서 제1호부터 제3호까지의 어느 하나에 해당하는 협약·협정 또는 약정에 따른 운전면허증(이하 "국제운전면허증"이라 한다) 또는 제4호에 따라 인정되는 외국면허증(이하 "상호인정외국면허증"이라 한다)을 발급받은 사람은 제80조제1항에도 불구하고 국내에 **입국한 날부터 1년 동안** 그 국제운전면허증 또는 상호인정외국면허증으로 자동차등을 운전할 수 있다. 이 경우 운전할 수 있는 자동차의 종류는 그 국제운전면허증 또는 상호인정외국면허증에 기재된 것으로 한정한다. 10·19 승진, 18 경간

1. 1949년 제네바에서 체결된「도로교통에 관한 협약」
2. 1968년 비엔나에서 체결된「도로교통에 관한 협약」
3. 우리나라와 외국 간에 국제운전면허증을 상호 인정하는 협약, 협정 또는 약정
4. 우리나라와 외국 간에 상대방 국가에서 발급한 운전면허증을 상호 인정하는 협약·협정 또는 약정
→ 국제운전면허는 모든 국가에서 통용된다.(X)

② 국제운전면허증을 외국에서 발급받은 사람 또는 상호인정외국면허증으로 운전하는 사람은「여객자동차 운수사업법」 또는「화물자동차 운수사업법」에 따른 **사업용 자동차를 운전할 수 없다.** 다만,「여객자동차 운수사업법」에 따른 **대여사업용 자동차를 임차하여 운전하는 경우에는 그러하지 아니하다.** 10·19 승진, 18 경간

제97조(자동차등의 운전 금지) ① 제96조에 따라 국제운전면허증 또는 상호인정외국면허증을 가지고 국내에서 자동차등을 운전하는 사람이 다음 각 호의 어느 하나에 해당하는 경우에는 그 사람의 주소지를 관할하는 시·도경찰청장은 행정안전부령으로 정한 기준에 따라 **1년을 넘지 아니하는 범위에서 국제운전면허증 또는 상호인정외국면허증에 의한 자동차등의 운전을 금지할 수 있다.** 10 승진

1. 제88조제1항에 따른 적성검사를 받지 아니하였거나 적성검사에 불합격한 경우
2. **운전 중 고의 또는 과실로 교통사고를 일으킨 경우**
3. 대한민국 국적을 가진 사람이 제93조제1항 또는 제2항에 따라 운전면허가 취소되거나 효력이 정지된 후 제82조제2항 각 호에 규정된 기간이 지나지 아니한 경우
4. 자동차등의 운전에 관하여 이 법이나 이 법에 따른 명령 또는 처분을 위반한 경우

② 제1항에 따라 자동차등의 운전이 금지된 사람은 지체 없이 국제운전면허증 또는 상호인정외국면허증에 의한 운전을 금지한 시·도경찰청장에게 그 국제운전면허증 또는 상호인정외국면허증을 제출하여야 한다.

③ 시·도경찰청장은 제1항에 따른 금지기간이 끝난 경우 또는 금지처분을 받은 사람이 그 금지기간 중에 출국하는 경우에는 그 사람의 반환청구가 있으면 지체 없이 보관 중인 국제운전면허증 또는 상호인정외국면허증을 돌려주어야 한다.

1. 취소·정지
국제운전면허는 외국에서 발행한 것으로, **취소·정지처분이 인정이 안 되고 운전금지처분(1년의 범위 내)이 인정될 뿐이다.**
2. 통고처분
국제운전면허소지자도 범칙자에 해당하므로 **통고처분이 가능하며**, 범칙금을 납부하지 않으면 즉

결심판을 청구한다.
3. 국제운전면허증을 소지하지 않고 운전하면 미소지 운전으로 처벌된다. 10 승진

(2) 국내에서 발급한 국제운전면허증

제98조(국제운전면허증의 발급 등) ① 제80조에 따라 운전면허를 받은 사람이 국외에서 운전을 하기 위하여 제96조제1항제1호의 「도로교통에 관한 협약」에 따른 국제운전면허증을 발급받으려면 **시·도경찰청장에게 신청하여야 한다.** 13 경간
② 제1항에 따른 국제운전면허증의 유효기간은 **발급받은 날부터 1년**으로 한다. 13 경간
③ 제1항에 따른 국제운전면허증은 이를 발급받은 사람의 **국내운전면허의 효력이 없어지거나 취소된 때**에는 그 효력을 잃는다. 13 경간
④ 제1항에 따른 국제운전면허증을 발급받은 사람의 **국내운전면허의 효력이 정지된 때**에는 그 정지기간 동안 그 효력이 정지된다. 13·18 경간

제98조의2(국제운전면허증 발급의 제한) 시·도경찰청장은 제98조에 따라 국제운전면허증을 발급받으려는 사람이 납부하지 아니한 범칙금 또는 과태료(이 법을 위반하여 부과된 범칙금 또는 과태료를 말한다. 이하 이 조에서 같다)가 있는 경우 국제운전면허증의 발급을 거부할 수 있다. 다만, 제164조제1항·제2항에 따른 범칙금 납부기간 또는 제160조에 따른 과태료로서 대통령령으로 정하는 납부기간 중에 있는 경우에는 그러하지 아니하다.

7. 운전면허 행정처분

(1) 사고에 따른 벌점기준 12 경간, 18 승진

구분	벌점	내용
사망 1명마다	90	사고발생 시부터 **72시간 이내**에 사망한 때
중상 1명마다	15	**3주 이상**의 치료를 요하는 의사의 진단이 있는 사고
경상 1명마다	5	**3주 미만 5일 이상**의 치료를 요하는 의사의 진단이 있는 사고
부상신고 1명마다	2	**5일 미만**의 치료를 요하는 의사의 진단이 있는 사고
비고		1. 교통사고 발생 원인이 불가항력이거나 피해자의 명백한 과실인 때에는 행정처분을 하지 아니한다. 2. 자동차 등 대 사람 교통사고의 경우 쌍방과실인 때에는 그 벌점을 2분의 1로 감경한다. 3. 자동차 등 대 자동차 등 교통사고의 경우에는 그 사고원인 중 중한 위반행위를한 운전자만 적용한다. 4. 교통사고로 인한 벌점산정에 있어서 처분받을 운전자 본인의 피해에 대하여는벌점을 산정하지 아니한다.

(2) 운전면허증 갱신 및 정기적성검사

갱신기간	① 운전면허 시험에 합격한 날부터 기산하여 10년이 되는 날이 속하는 해의 1월 1일부터 12월 31일까지 → 65세 이상 75세 미만인 사람 - 5년 / 75세 이상인 사람 - 3년 ② 한쪽 눈만 보지 못하는 사람으로서 제1종 운전면허 중 보통면허를 취득한 사람 - 3년
적성검사 기간	① **제1종 운전면허**를 받은 사람은 갱신기간에 정기적성검사를 받아야 한다. ② **제2종 운전면허**를 받은 사람 중 운전면허증 갱신기간에 **70세 이상**인 사람은 운전면허증 갱신기간에 정기적성검사를 받아야 한다.

▶ **[참고] 고령자 교통안전교육**

제73조(교통안전교육) ⑤ **75세 이상**인 사람으로서 운전면허를 받으려는 사람은 제83조제1항제2호와 제3호에 따른 시험에 응시하기 전에, 운전면허증 갱신일에 **75세 이상**인 사람은 운전면허증 갱신기간 이내에 각각 다음 각 호의 사항에 관한 교통안전교육을 받아야 한다. 21 경간
1. 노화와 안전운전에 관한 사항
2. 약물과 운전에 관한 사항
3. 기억력과 판단능력 등 인지능력별 대처에 관한 사항
4. 교통관련 법령 이해에 관한 사항

▶ **[참고] 운전면허증의 반납**

제95조(운전면허증의 반납) ① 운전면허증을 받은 사람이 다음 각 호의 어느 하나에 해당하면 그 사유가 발생한 날부터 **7일 이내**(제4호 및 제5호의 경우 새로운 운전면허증을 받기 위하여 운전면허증을 제출한 때)에 주소지를 관할하는 **시·도경찰청장에게 운전면허증을 반납하여야 한다.**
1. 운전면허 취소처분을 받은 경우
2. 운전면허효력 정지처분을 받은 경우
3. 운전면허증을 잃어버리고 다시 발급받은 후 그 잃어버린 운전면허증을 찾은 경우
4. 연습운전면허증을 받은 사람이 제1종 보통면허증 또는 제2종 보통면허증을 받은 경우
5. 운전면허증 갱신을 받은 경우
② **경찰공무원**은 제1항을 위반하여 운전면허증을 반납하지 아니한 사람이 소지한 **운전면허증을 직접 회수할 수 있다.**
③ 시·도경찰청장이 제1항제2호에 따라 운전면허증을 반납받았거나 제2항에 따라 제1항제2호에 해당하는 사람으로부터 운전면허증을 회수하였을 때에는 이를 보관하였다가 정지기간이 끝난 즉시 돌려주어야 한다.

(3) 자동차를 개조한 경우 운전면허 적용기준 08 승진

형식변경	① 차종변경 ② 승차정원 또는 적재중량 증가 예 승합자동차를 개조하여 특수자동차로 변경하는 경우 또는 승차인원 15인승 승합차를 20인승으로 개조한 경우	변경 후 기준
	차종변경 없이 승차정원 또는 적재중량 감소 예 승차인원 45인승 버스를 12인승으로 개조한 경우	변경 전 기준
구조 또는 장치변경	변경승인 전 기준으로 판단	

▶ [참고] 운전면허 취소·정지처분 기준(제91조제1항 관련) 도로교통법 시행규칙 [별표 28]

가. 용어의 정의
(1) "벌점"이라 함은, 행정처분의 기초자료로 활용하기 위하여 법규위반 또는 사고야기에 대하여 그 위반의 경중, 피해의 정도 등에 따라 배점되는 점수를 말한다.
(2) "누산점수"라 함은, 위반·사고시의 벌점을 누적하여 합산한 점수에서 상계치(무위반·무사고 기간 경과 시에 부여되는 점수 등)를 뺀 점수를 말한다. 19 승진 다만, 제3호가목의 7란에 의한 벌점은 누산점수에 이를 산입하지 아니하되, 범칙금 미납 벌점을 받은 날을 기준으로 과거 3년간 2회 이상 범칙금을 납부하지 아니하여 벌점을 받은 사실이 있는 경우에는 누산점수에 산입한다.
[누산점수=매 위반·사고 시 벌점의 누적 합산치-상계치]
(3) "처분벌점"이라 함은, 구체적인 법규위반·사고야기에 대하여 앞으로 정지처분기준을 적용하는데 필요한 벌점으로서, 누산점수에서 이미 정지처분이 집행된 벌점의 합계치를 뺀 점수를 말한다. 19 승진
처분벌점 = 누산점수 − 이미 처분이 집행된 벌점의 합계치
       = 매 위반·사고 시 벌점의 누적 합산치 − 상계치
       − 이미 처분이 집행된 벌점의 합계치

나. 벌점의 종합관리
(1) 누산점수의 관리
법규위반 또는 교통사고로 인한 벌점은 행정처분기준을 적용하고자 하는 당해 위반 또는 사고가 있었던 날을 기준으로 하여 과거 3년간의 모든 벌점을 누산하여 관리한다.
(2) 무위반·무사고기간 경과로 인한 벌점 소멸
처분벌점이 40점 미만인 경우에, 최종의 위반일 또는 사고일로부터 위반 및 사고 없이 1년이 경과한 때에는 그 처분벌점은 소멸한다.
(3) 벌점 공제
(가) 인적 피해 있는 교통사고를 야기하고 도주한 차량의 운전자를 검거하거나 신고하여 검거하게 한 운전자(교통사고의 피해자가 아닌 경우로 한정한다)에게는 검거 또는 신고할 때마다 40점의 특혜점수를 부여하여 기간에 관계없이 그 운전자가 정지 또는 취소처분을 받게 될 경우 누산점수에서 이를 공제한다. 이 경우 공제되는 점수는 40점 단위로 한다.
(나) 경찰청장이 정하여 고시하는 바에 따라 무위반·무사고 서약을 하고 1년간 이를 실천한 운전자에게는 실천할 때마다 10점의 특혜점수를 부여하여 기간에 관계없이 그 운전자가 정지처분을 받게 될 경우 누산점수에서 이를 공제하되, 공제되는 점수는 10점 단위로 한다. 다만, 교통사고로 사람을 사망에 이

르게 하거나 법 제93조제1항제1호·제5호의2·제10호의2·제11호 및 제12호 중 어느 하나에 해당하는 사유로 정지처분을 받게 될 경우에는 공제할 수 없다.

다. 벌점 등 초과로 인한 운전면허의 취소·정지

(1) 벌점·누산점수 초과로 인한 면허 취소

1회의 위반·사고로 인한 벌점 또는 연간 누산점수가 다음 표의 벌점 또는 누산점수에 도달한 때에는 그 운전면허를 취소한다. 19 승진

기간	벌점 또는 누산점수
1년간	121점 이상
2년간	201점 이상
3년간	271점 이상

(2) 벌점·처분벌점 초과로 인한 면허 정지

운전면허 정지처분은 1회의 위반·사고로 인한 벌점 또는 처분벌점이 40점 이상이 된 때부터 결정하여 집행하되, 원칙적으로 1점을 1일로 계산하여 집행한다.

(4) 범칙행위자의 통고처분 10 1차, 11·14 승진

의의	① 통고처분이란 경미한 교통법규 위반자에 대해 경찰관이 직접 위반 장소에서 범칙금을 납부할 것을 통고하여 범칙금을 납부하도록 하는 제도임 ② 행정권의 작용에 의해 재산적 제재를 가하는 조치임 ③ 범칙금납부통고는 즉결심판을 받은 것과 동일한 효과를 부여함
범칙행위	① 「도로교통법」 제156조 및 제157조 각 항목의 죄에 해당하는 위반행위를 의미함 ② 범칙행위란 **20만 원 이하의 벌금이나 구류 또는 과료**에 해당하는 위반행위
범칙자 제외사유	① 범칙행위 당시 운전면허증 등(운전면허증, 국제운전면허증, 건설기계조종사면허증) 또는 이를 갈음하는 **증명서를 제시하지 못하거나 운전자 신원 및 운전면허 확인을 위한 질문에 응하지 아니한 운전자** ② 범칙행위로 교통사고를 일으킨 사람
통고처분 제외자	1. 성명이나 주소가 확실하지 아니한 사람 2. 달아날 우려가 있는 사람 3. 범칙금 납부통고서를 받기를 거부한 사람
범칙금 납부	① 범칙금 납부통고서를 받은 사람은 **10일 이내에 납부하여야 한다.** 다만, 천재지변이나 그 밖의 부득이한 사유로 말미암아 그 기간에 범칙금을 낼 수 없는 경우에는 **부득이한 사유가 없어지게 된 날부터 5일 이내에 내야 한다.** ② 10일 이내의 납부기간에 범칙금을 내지 아니한 사람은 **납부기간이 끝나는 날의 다음날부터 20일 이내에 통고받은 범칙금에 100분의 20을 더한 금액을 내야 한다.** ③ 경찰서장은 '통고처분대상자가 아니거나' 또는 '통고처분을 받고 납부기간에 범칙금을 납부하지 아니한 사람'에 대하여는 지체 없이 즉결심판을 청구하여야 한다. 다만, '통고처분을 받고 납부기간에 범칙금을 납부하지 아니한 사람'으로서 즉결심판이 청구되기 전까지 통고받은 범칙금액에 100분의 50을 더한 금액을 납부한 사람에 대해서는 그러하지 아니하다.

④ '통고처분을 받고 납부기간에 범칙금을 납부하지 아니한 사람'으로서 즉결심판이 청구된 피고인이 즉결심판의 선고 전까지 통고받은 범칙금액에 100분의 50을 더한 금액을 내고 납부를 증명하는 서류를 제출하면 경찰서장 또는 제주특별자치도지사는 피고인에 대한 즉결심판 청구를 취소하여야 한다.
⑤ 범칙금은 분할 납부할 수 없다.
⑥ 범칙금을 낸 사람은 범칙행위에 대하여 다시 벌 받지 아니한다.

[비교] 경범죄 처벌법상 통고처분

범칙자 제외사유	통고처분 제외자
① 범칙행위를 **상습**적으로 행하는 사람 ② **구류** 처분함이 상당하다고 인정되는 사람 ③ 피해자가 **있는** 행위를 하는 사람 ④ 18세 미만인 사람	① **주거** 또는 **신원**이 확실하지 **아니한 사람** ② 통고처분 받기를 **거부하는 사람** ③ 그 밖에 통고처분하기 **어려운사람**

06 교통사고처리

1. 개념(교통사고의 구성요건)

① 「교통사고처리 특례법」에 의하면 교통사고란 **차의 교통**으로 인하여 사람을 사상하거나 물건을 손괴하는 것을 말한다. 09 채용
② 자전거, 손수레, 경운기 등에 의한 사고도 **교통사고에 해당**하며, **철길이나 가설된 선에 의하여 움직이는**(기차, 전동차, 케이블카, 항공기, 선박 등) 교통수단에 의한 사고는 **교통사고에 해당하지 않는다.**
③ 유모차, 보행보조용 의자차, 소아용자전거에 의한 사고도 교통사고에 해당하지 않는다.
④ 차체에 의하여 발생한 경우뿐만 아니라 차량에 적재된 화물 등 **차량과 밀접하게 연결된 부위에 의하여 발생된 경우를 포함한다.**
⑤ 교통의 개념은 차의 운전을 말하며, 사람의 왕래나 화물의 운반을 위한 운행을 하는 것을 말한다. 즉, **차를 본래의 사용방법에 따라 사용**하는 것을 말하며, **조종을 포함**한다. 09 채용
⑥ 교통의 범위는 직접적인 차의 운행뿐만 아니라 차의 운행과 밀접한 관련이 있는 부수적 행위를 포함하며, 운행과 밀접하게 관련된 주·정차 중 사고도 교통사고에 해당한다.
⑦ 피해결과의 발생
   - 피해결과가 발생해야 하며, 정신적 충격과 같은 무형적 피해는 제외된다.
   - 타인에게 피해가 발생해야 하며, 자신의 피해는 포함되지 않는다.
⑧ 업무상 과실

특정범죄가중처벌 등에 관한 법률 위반(뺑소니)의 경우처럼 고의와 과실이 결합된 경우를 제외하고, **교통사고는 과실범이고, 결과범이다.** 즉 차의 교통으로 인하여 사람이 다치더라도 운전자의 **고의가 인정될 경우에는 교통사고로 처리하지 아니한다.** 11 승진

⑨ 도로에서의 발생여부

교통사고처리특례법 상 교통사고는 도로에서의 사고에 한정되지 않고, **도로가 아닌 곳에서 발생한 사고도 포함된다.** 09 채용

⑩ 적용법령

도로교통법, 교통사고처리 특례법, 특정범죄 가중처벌 등에 관한 법률 등

[교통사고 발생 시의 조치]

제54조(사고발생 시의 조치) ① 차 또는 노면전차의 운전 등 교통으로 인하여 사람을 사상하거나 물건을 손괴(이하 "교통사고"라 한다)한 경우에는 그 차 또는 노면전차의 운전자나 그 밖의 승무원(이하 "운전자등"이라 한다)은 즉시 정차하여 다음 각 호의 조치를 하여야 한다.
1. 사상자를 구호하는 등 필요한 조치
2. 피해자에게 인적 사항(성명·전화번호·주소 등을 말한다. 이하 제148조 및 제156조제10호에서 같다) 제공

② 제1항의 경우 그 차 또는 노면전차의 운전자등은 경찰공무원이 현장에 있을 때에는 그 경찰공무원에게, 경찰공무원이 현장에 없을 때에는 가장 가까운 국가경찰관서(지구대, 파출소 및 출장소를 포함한다. 이하 같다)에 다음 각 호의 사항을 지체 없이 신고하여야 한다. 다만, 차 또는 노면전차만 손괴된 것이 분명하고 도로에서의 위험방지와 원활한 소통을 위하여 필요한 조치를 한 경우에는 그러하지 아니하다.
1. 사고가 일어난 곳
2. 사상자 수 및 부상 정도
3. 손괴한 물건 및 손괴 정도
4. 그 밖의 조치사항 등

③ 제2항에 따라 신고를 받은 국가경찰관서의 경찰공무원은 부상자의 구호와 그 밖의 교통위험 방지를 위하여 필요하다고 인정하면 경찰공무원(자치경찰공무원은 제외한다)이 현장에 도착할 때까지 신고한 운전자등에게 현장에서 대기할 것을 명할 수 있다.

④ 경찰공무원은 교통사고를 낸 차 또는 노면전차의 운전자등에 대하여 그 현장에서 부상자의 구호와 교통안전을 위하여 필요한 지시를 명할 수 있다.

⑤ 긴급자동차, 부상자를 운반 중인 차, 우편물자동차 및 노면전차 등의 운전자는 긴급한 경우에는 동승자 등으로 하여금 제1항에 따른 조치나 제2항에 따른 신고를 하게 하고 운전을 계속할 수 있다.

⑥ 경찰공무원(자치경찰공무원은 제외한다)은 교통사고가 발생한 경우에는 대통령령으로 정하는 바에 따라 필요한 조사를 하여야 한다.

제148조(벌칙) 제54조제1항에 따른 교통사고 발생 시의 조치를 하지 아니한 사람(주·정차된 차만 손괴한 것이 분명한 경우에 제54조제1항제2호에 따라 피해자에게 인적 사항을 제공하지 아니한 사람은 제외한다)은 5년 이하의 징역이나 1천500만원 이하의 벌금에 처한다.

제154조(벌칙) 다음 각 호의 어느 하나에 해당하는 사람은 **30만원 이하의 벌금이나 구류**에 처한다.

4. 제54조제2항에 따른 사고발생 시 조치상황 등의 신고를 하지 아니한 사람

제156조(벌칙) 다음 각 호의 어느 하나에 해당하는 사람은 **20만원 이하의 벌금이나 구류 또는 과료(科料)**에 처한다.

10. 주·정차된 차만 손괴한 것이 분명한 경우에 제54조제1항제2호에 따라 피해자에게 인적 사항을 제공하지 아니한 사람

제5조의3(도주차량 운전자의 가중처벌) ① 「도로교통법」 제2조의 자동차, 원동기장치자전거 또는 「건설기계관리법」 제26조제1항 단서에 따른 건설기계 외의 건설기계(이하 "자동차등"이라 한다)의 교통으로 인하여 「형법」 제268조의 죄(업무상 과실·중과실 치사상)를 범한 해당 자동차등의 운전자(이하 "사고운전자"라 한다)가 피해자를 구호(救護)하는 등 「도로교통법」 제54조제1항에 따른 조치를 하지 아니하고 도주한 경우에는 다음 각 호의 구분에 따라 가중처벌한다.

1. 피해자를 **사망**에 이르게 하고 도주하거나, **도주 후에 피해자가 사망**한 경우에는 **무기 또는 5년 이상의 징역**에 처한다.
2. 피해자를 **상해**에 이르게 한 경우에는 **1년 이상의 유기징역 또는 500만원 이상 3천만원 이하의 벌금**에 처한다.

2. 「교통사고조사규칙」상 용어 정의 11·13·15 승진, 16 경간

구분		내용
교통		**차를 운전**하여 사람 또는 화물을 이동시키거나 운반하는 등 차를 그 본래의 용법에 따라 사용하는 것
교통사고		**차의 교통**으로 인하여 사람을 사상하거나 물건을 손괴한 것
대형사고		3명 이상이 사망(교통사고 발생일부터 30일 이내에 사망한 것을 말한다.)하거나 20명 이상의 사상자가 발생한 사고를 말함
충돌		차가 **반대방향 또는 측방에서 진입**하여 그 차의 정면으로 다른 차의 정면 또는 측면을 충격한 것
추돌		2대 이상의 차가 **동일방향으로 주행 중** 뒤차가 앞차의 **후면을 충격한 것**
접촉		차가 추월, 교행 등을 하려다가 차의 좌우 측면을 서로 **스친 것**
전도		차가 주행 중 도로 또는 도로 이외의 장소에 **차체의 측면이 지면에 접하고 있는 상태**
전복		차가 주행 중 도로 또는 도로 이외의 장소에 **뒤집혀 넘어진 것**
추락		차가 도로변 절벽 또는 교량 등 높**은 곳에서 떨어진 것**
뺑소니		교통사고를 야기한 차의 운전자가 피해자를 구호하는 등 「도로교통법」 제54조 제1항의 규정에 따른 조치를 취하지 아니하고 도주한 것을 말함 (특가법 제5조의3).
차륜 흔적	스키드마크 (Skid mark)	① 차의 급제동으로 인하여 타이어의 회전이 정지된 상태에서 노면에 미끄러져 생긴 타이어 마모흔적 또는 활주흔적 ② 좌·우측 타이어의 흔적이 대체로 동등하게 나타나는 것이 특징 ③ **스킵 스키드 마크**란 스키드 마크가 진했다가 엷어지는 현상을 말함 ④ **갭 스키드 마크**란 브레이크가 중간에 풀렸다가 다시 제동될 때 한세트의 스키드 마크에서 중간부분이 끊어지는 현상을 말함

	요마크 (Yaw mark)	① 급핸들로 인하여 차의 바퀴가 돌면서 차축과 평행하게 옆으로 미끄러진 타이어의 마모흔적을 말함 ② 주로 **빗살무늬 흔적**의 형태를 보임
	가속스커프	① 정지된 차량에서 기어가 들어가 있는 채로 엔진이 고속으로 회전하다가 클러치 페달을 갑자기 놓아 급가속이 될 때 순간적으로 발생 ② 오직 구동바퀴에서만 발생하는 것이 특징임
	임프린트	눈, 모래, 자갈, 진흙, 및 잔디와 같이 느슨한 노면 위를 타이어가 미끄러짐 없이 굴러가면서 노면 상에 타이어 접지면의 무늬모양을 그대로 새겨놓은 흔적
노면 흔적	스크래치	큰 압력 없이 미끄러진 **금속물체에 의해 가볍게 불규칙적으로 좁게 나타나는 긁힌 자국**
	스크레이프	**넓은 구역**에 걸쳐 나타난 **줄무늬**가 있는 여러 스크래치 자국
	칩	**호미**로 노면을 판 것 같이 짧고 깊게 패인 가우지 마크
	찹	**도끼**로 노면을 깎아낸 것 같이 넓고 얕은 가우지 마크
	그루브	길고 좁은 홈 자국, 직선일 수도 있고, 곡선일 수도 있음

3. 교통사고 처리기준[교통사고조사규칙] 11·12 승진

제20조(사고처리 기준) ① 사람을 사망하게 하거나 다치게 한 교통사고(이하 "인피사고"라 한다)는 다음 각 호의 기준에 따라 처리한다.
1. 사람을 **사망**하게 한 교통사고의 가해자는 「**교통사고처리특례법**」(이하 "교특법"이라 한다) **제3조 제1항**을 적용하여 송치 결정
2. 사람을 **다치게** 한 교통사고(이하 "부상사고"라 한다)의 피해자가 가해자에 대하여 **처벌을 희망하지 아니하는 의사표시**를 한 때에는 교특법 제3조제2항을 적용하여 **입건 전 조사종결 또는 불송치 결정**. 다만, **사고의 원인행위에 대하여는 「도로교통법」 적용하여 통고처분 또는 즉결심판 청구**
3. **부상사고**로써 피해자가 가해자에 대하여 **처벌을 희망하지 아니하는 의사표시**가 없거나 교특법 제3조제2항 단서에 해당하는 경우에는 같은 법 제3조제1항을 적용하여 송치 결정
4. **부상사고**로써 피해자가 가해자에 대하여 처벌을 희망하지 아니하는 의사표시가 없는 경우라도 **교특법 제4조제1항**의 규정에 따른 **보험 또는 공제**(이하 "보험등"이라 한다)에 가입된 경우에는 다음 각 목에 해당하는 경우를 제외하고 같은 조항을 적용하여 **입건 전 조사종결 또는 불송치 결정**. 다만, 사고의 원인행위에 대하여는 「도로교통법」을 적용하여 통고처분 또는 즉결심판 청구
   가. 교특법 제3조제2항 단서에 해당하는 경우
   나. 피해자가 생명의 위험이 발생하거나 불구·불치·난치의 질병(이하 "중상해"라 한다)에 이르게 된 경우
   다. 보험등의 계약이 해지되거나 보험사 등의 보험금 등 지급의무가 없어진 경우
5. 제4호 각 목의 어느 하나에 해당하는 경우에는 제2호·제3호의 기준에 따라 처리
② 교통조사관은 중상해에 해당될 가능성이 있는 때에는 진단서, 치료기간, 노동력상실률, 의료전문가 의견, 사회통념 등을 종합적으로 고려하여 중상해 여부를 판단하여야 한다.
③ 다른 사람의 건조물이나 그 밖의 재물을 손괴한 교통사고(이하 "**물피사고**"라 한다)는 다음 각 호의 기준에 따라 처리한다.
1. 피해자가 가해자에 대하여 **처벌을 희망하지 아니하는 의사표시**를 하거나 가해 차량이 보험 또는

공제에 가입되어 있는 경우
　　가. 현장출동경찰관등은 근무일지에 교통사고 발생 일시·장소 등을 기재 후 종결. 다만, 사고 당사자가 사고 접수를 원하는 경우에는 현장조사시스템에 입력
　　나. 교통조사관은 교통경찰업무관리시스템(TCS)의 교통사고접수처리대장(이하 "대장"이라 한다)에 입력한 후 「도로교통법 시행규칙」 별지 제21호의2서식의 **"단순 물적피해 교통사고 조사보고서"**를 작성하고 종결
　2. 피해자가 가해자에 대하여 **처벌을 희망하지 아니하는 의사표시가 없거나 보험등에 가입되지 아니한 경우**에는 「도로교통법」 제151조를 적용하여 **송치 결정**. 다만, **피해액이 20만원 미만인 경우**에는 즉결심판을 청구하고 대장에 입력한 후 종결
④ **뺑소니 사고**에 대하여는 다음 각 호의 기준에 따라 처리한다.
　1. 인피 뺑소니 사고
　　「**특정범죄가중처벌 등에 관한 법률**」(이하 "특가법"이라 한다) 제5조의3을 적용하여 송치 결정
　2. 물피 뺑소니 사고
　　가. 도로에서 교통상의 위험과 장해를 발생시키거나 발생시킬 우려가 있는 물피 뺑소니 사고에 대해서는 「**도로교통법**」 제148조를 적용하여 **송치 결정**
　　나. 주·정차된 차만 손괴한 것이 분명하고 피해자에게 인적사항을 제공하지 않은 물피 뺑소니 사고에 대해서는 「도로교통법」 제156조제10호를 적용하여 통고처분 또는 즉심청구를 하고 교통경찰업무관리시스템(TCS)에서 결과보고서 작성한 후 종결
⑤ 교통사고를 야기한 후 사상자 구호 등 사후조치는 하였으나 경찰공무원이나 경찰관서에 신고하지 아니한 때에는 제1항, 제2항 및 「도로교통법」 제154조제4호의 규정을 적용하여 처리한다. 다만, 도로에서의 위험방지와 원활한 소통을 위하여 필요한 조치를 한 경우에는 「도로교통법」 제154조제4호의 규정은 적용하지 아니한다.
⑥ 「도로교통법」 제44조제1항의 규정을 위반하여 **주취운전 중 인피사고를 일으킨 운전자**에 대하여는 다음 각 호의 사항을 종합적으로 고려하여 **특가법 제5조의11의 규정의 위험운전치사상죄를 적용**한다.
　1. 가해자가 마신 술의 양
　2. 사고발생 경위, 사고위치 및 피해정도
　3. 비정상적 주행 여부, 똑바로 걸을 수 있는지 여부, 말할 때 혀가 꼬였는지 여부, 횡설수설하는지 여부, 사고 상황을 기억하는지 여부 등 사고 전·후의 운전자 행태
⑦ 교통조사관은 부상사고로써 교특법 제3조제2항 단서에 해당하지 아니하는 사고를 일으킨 운전자가 보험등에 가입되지 아니한 경우 또는 중상해 사고를 야기한 운전자에게는 특별한 사유가 없는 한 사고를 접수한 날부터 2주간 피해자와 손해배상에 합의할 수 있는 기간을 주어야 한다.
⑧ 교통조사관은 제6항의 규정에 따른 합의기간 안에 가해자와 피해자가 손해배상에 합의한 경우에는 가해자와 피해자로부터 별지 제1호의2 서식의 자동차교통사고합의서를 제출받아 교통사고조사 기록에 첨부하여야 한다.

(1) 대인사고

치사사고		교통사고처리 특례법 제3조 제1항 적용 → **형사입건O** (공소권 있음, 기소의견으로 송치)
치상사고	합의 성립시	교통사고처리 특례법 제3조 제2항 적용 → **형사입건X, 공소권 없음**, 불기소 의견으로 송치 → 다만 **사고 원인행위만** 도로교통법을 적용하여 통고처분 또는 즉결심판을 청구
	합의 불성립시	① 교통사고처리 특례법 제3조 제1항 적용 → **형사입건O, 공소권 있음** ② **보험 또는 공제에 가입된 경우** 교통사고처리 특례법 제4조 제1항적용 → **공소권 없음** ③ 제3조 제2항 단서에 해당하는 경우(도주사고, 음주측정요구 거부, 특례 12개항 위반), 피해자가 신체의 상해로 인하여 생명에 대한위험이 발생하거나 불구 또는 불치나 난치의 질병이 생긴 경우(**중상해**) → **공소권 있음**
	합의 여부와 관계없이 처벌	① **교통사고 야기 후 도주한 경우** → 특정범죄가중처벌등에관한법률제5조의3 적용 → **형사입건, 공소권 있음** ② 같은 죄를 범하고 **음주측정 요구에 따르지 아니한 경우**와 교통사고처리 특례법상 **특례 12개항에 해당하는 행위**로 인하여 같은 죄를 범한 경우, 교통사고처리 특례법 제3조제1항 적용 → **형사입건, 공소권 있음**
	위험운전치사상	특정범죄 가중처벌 등에 관한 법률 제5조의11 제1항 적용 → **형사입건, 공소권 있음** → **음주·약물을 복용하고 교통사고를 일으킨 경우**

(2) 대물사고 및 조치 등의 불이행

대물사고	합의 성립시		**형사입건X, 공소권 없음, 원인행위만 도로교통법을 적용하여 처리**
	합의 불성립시		**형사입건O, 공소권 있음**, 피해액 20만원 미만의 경우 즉심에 회부
조치등의 불이행	도주한 경우	대인사고	특정범죄 가중처벌 등에 관한 법률 제5조의3이 적용되어 **형사입건, 공소권 있음**으로 처리
		대물사고	도로교통법 제148조를 적용하여 **형사입건, 공소권 있음**으로 처리
	신고 안한 경우		도로교통법 제154조 제4호를 적용하여 **형사입건, 공소권 있음**으로 처리

▶ **[참고] 교통사고 법률적용** 09 승진
① 고속도로휴게소 주차장에 주차해 두었던 차의 브레이크가 풀리면서 행인에게 2주의 부상을 입혔다. -「교통사고처리 특례법」
② 공장 안에서 지게차를 운전하여 물건을 나르던 중 피해자를 들이받아 상해를 입혔다. -「교통사고처리 특례법」
③ 경비원이 있는 아파트단지 내 지하주차장에서 후진 중 부주의로 지나가던 여자에게 부상을 입히고 도주하였다. -「특정범죄 가중처벌 등에 관한 법률」
④ 인적 피해 없이 물적 피해만 있는 접촉사고를 야기하고 도주하였다. - 인명피해 사고 후 도주의 경우는 특정범죄 가중처벌 등에 관한 법률 제5조의3을, 단순 물적 피해사고 후 도주의 경우는 도로교통법 제148조를

적용하여 형사입건한다.

⑤ 학교 구내(담장 및 차단기가 있고, 경비원이 통제하는 곳)인 경우 도로교통법상의 도로에 해당하지 않으므로 도로교통법 적용은 할 수 없으나, 도로 이외의 장소에서 발생한 사고도 교통사고처리 특례법상의 교통사고에 포함되므로 사안의 경우에는 교통사고처리 특례법이 적용된다.(대판 1996.10.25. 96도1848) 11 승진

(3) 교통사고처리특례법 3조 2항 처벌특례 12개 항목 16·20 경간, 17·18 승진, 18 2차, 21 경찰특공대

(인피사고 시에만 적용, 합의여부와 관계없이 처벌) - 예외사유를 둔 것은 피해결과가 극심한 사고원인에 대한 처벌강화 목적

1. 신호·지시위반 사고
2. 중앙선침범, 고속도로·자동차전용도로에서의 횡단, 유턴 후진 위반
3. 과속사고(20km/h 초과)
4. 앞지르기 방법·금지시기·금지장소 또는 끼어들기 금지 위반하거나 고속도로에서 앞지르기 방법 위반
5. 철길건널목 통과방법 위반사고
6. 횡단보도 보행자 보호의무 위반사고
7. 무면허운전 중 사고
8. 음주·약물 운전 및 음주측정 거부
9. 보도침범·통행방법 위반사고
10. 승객추락방지 의무 위반사고
11. 어린이보호구역 주의의무 위반사고 → 어린이에 대한 사고만 해당
12. 적재화물추락사고 - 자동차의 화물이 떨어지지 아니하도록 필요한 조치를 하지 아니하고 운전한 경우

07 교통경찰 판례

1. 무면허운전 관련 판례

1. 연습운전면허를 받은 사람이 도로에서 주행연습을 하는 때에 운전면허를 받은 날부터 2년이 경과한 사람과 함께 타서 그의 지도를 받아야 한다고 규정하고 있는바, 연습운전면허를 받은 사람이 도로에서 주행연습을 함에 있어서 위와 같은 준수사항을 지키지 않았다면 준수사항을 지키지 않은 데에 따른 제재를 가할 수 있음은 별론으로 하고 그 운전을 **무면허운전이라고 할 수는 없다**(대판 2000도5540).

2. 무면허 운전으로 인한 도로교통법위반죄에 있어서는 어느 날에 운전을 시작하여 다음날까지 동일한 기회에 일련의 과정에서 계속 운전을 한 경우 등 특별한 경우를 제외하고는 사회통념상 운전한 날을 기준으로 **운전한 날마다 1개의 운전행위가 있다고 보는 것이 상당하므로 운전한 날마다 무면허운전으로 인한 도로교통법위반의 1죄가 성립한다**고 보아야 할 것이고, 비록 계속적으로 무면허운전을 할 의사를 가지고 여러 날에 걸쳐 무면허운전행위를 반복하였다 하더라도 이를 포괄하여 1죄로 볼 수는 없다.(대판 2001도6281) 15 3차

3. 특정범죄가중처벌 등에 관한 법률 위반(도주차량)으로 운전면허취소처분을 받은 자가 자동차를 운전하였다고 하더라도 그 후 피의사실에 대하여 무혐의 처분을 받고 이를 근거로 행정청이 운전면허취소처분을 철회하였다면, 위 운전행위는 무면허운전에 해당하지 않는다. (대판 2007도9220)

4. 무면허인데다가 술이 취한 상태에서 오토바이를 운전하였다면 **음주운전과 무면허운전은 상상적 경합관계**에 있다.(대판 86도2731) 19 법학, 21 승진, 21·23 경찰특공대

5. 면허증에 그 유효기간과 적성검사를 받지 아니하면 면허가 취소된다는 사실이 기재되어 있고, **이미 적성검사 미필로 면허가 취소된 전력이 있는데도 면허증에 기재된 유효기간이 5년 이상 지나도록 적성검사를 받지 아니한 채 자동차를 운전**하였다면 비록 적성검사미필로 인한 운전면허 취소사실이 통지되지 아니하고 공고되었다 하더라도 면허취소사실을 알고 있었다고 보아야 하므로 **무면허운전죄가 성립한다.**(대판 2002도4203)

6. 운전면허증 소지자가 운전면허증만 꺼내 보아도 쉽게 알 수 있는 정도의 노력조차 기울이지 않고, 적성검사 기간 도래 여부에 관한 확인을 게을리하여 기간이 도래하였음을 알지 못하였더라도 적성검사 기간 내에 적성검사를 받지 않는 것에 대한 미필적 고의는 있다 볼 수 있다(대판 2012도8374).

2. 음주·약물운전 관련판례

1. 물로 입안을 헹굴 기회를 달라는 요구를 무시한 채 호흡측정기로 혈중알코올농도 수치가 0.03%로 나타난 사안에서, 피고인이 당시 혈중알코올농도 0.03% 이상의 술에 취한상태에서 운전하였다고 단정할 수 없다.(대판 2005도7034) 12 3차, 22 경간, 23 2차

2. 음주측정거부 사안에서 '경찰공무원의 측정에 응하지 아니한 경우'란 전체적인 사건의경과에 비추어 술에 취한 상태에 있다고 인정할 만한 상당한 이유가 있는 운전자가 음주측정에

응할 의사가 없음이 객관적으로 명백하다고 인정되는 때를 의미하며 이는 음주측정을 요구받을 당시의 운전자의 언행이나 태도, 경찰공무원이 음주측정을 요구하게 된 경위, 측정요구의 방법과 정도, 측정불응에 따른 관련서류의 적성여부, 거부한 사유와 태양 및 거부시간 등 전체적 경과를 고려하여 신중하게 판단하여야 한다. 또한 음주측정기에 의한 측정의 전 단계에 실시되는 음주감지기에 의한 시험을 요구하는 경우 그 시험결과에 따라 음주측정기에 의한 측정이 예정되어 있고, 운전자가 그러한 사정을 인식하였음에도 음주감지기에 의한 시험에 불응함으로써 음주측정을 거부하겠다는 의사를 표명한 것으로 볼 수 있다면, **음주감지기에 의한 시험을 거부한 행위도 음주측정기에 의한 측정에 응할 의사가 없음을 객관적으로 명백하게 나타낸 것으로 볼 수 있다.**(대판 2016도16121) 20 2차

3. 운전자의 **신체 이상 등의 사유로 호흡측정기에 의한 측정이 불가능 내지 심히 곤란한 경우**에 운전자가 음주측정수치가 나타날 정도로 숨을 불어넣지 못한 결과 **호흡측정기에 의한 음주측정이 제대로 되지 아니하였다고 하더라도 음주측정에 불응한 것으로 볼 수는 없다.**(대판 2010도2935) 21 경간

4. 호흡측정기에 의한 음주측정치와 혈액검사에 의한 음주측정치가 불일치할 경우 **혈액검사에 의한 음주측정치가 우선**한다.(대판 2003도6905)

5. 도로교통법에서 말하는 '측정'이란 경찰공무원이 운전자가 술에 취하였는지의 여부를 알아보기 위하여 실시하는 **호흡측정기에 의한 측정**으로 이해하여야 한다.(대판 2001도7121)

6. 피고인의 음주와 음주운전을 **목격한 참고인이 있는 상태**에서 음주운전 종료로부터 5시간 경과 후 음주측정을 요구한 데 대하여 불응한 경우 **음주측정불응죄가 성립한다.**(대판 2000도6026) 16 2차, 19 승진, 20 경간

7. 교통사고 상해를 입은 피고인의 골절(흉골골절)부위와 정도에 비추어 음주측정당시 **통증으로 깊은 호흡을 하기 어려웠고**, 그 결과 음주측정이 제대로 되지 아니한 것이 음주측정에 불응한 것이라고 볼 수는 없다.(대판 2005도7125) 21 승진, 21 경간

8. 운전자의 **신체 이상 등의 사유로 호흡측정기에 의한 측정이 불가능 내지 심히 곤란**하거나 운전자가 처음부터 호흡측정기에 의한 측정의 방법을 불신하면서 혈액채취에 의한 측정을 요구하는 경우 등에는 호흡측정기에 의한 측정의 절차를 생략하고 바로 혈액채취에 의한 측정으로 나아가야 할 것이고, 이와 같은 경우라면 호흡측정기에 의한 측정에 불응한 행위를 음주측정불응으로 볼 수 없다.(대판 2002도4220) 15 3차

9. 특별한 이유 없이 호흡측정기에 의한 측정에 불응하는 운전자에게 경찰공무원이 혈액채취에 의한 측정방법이 있음을 고지하고 그 **선택여부를 물어야 할 의무가 있다고는 할 수 없다.**(대판 2002도4220) 12·22·23 1차, 23 경찰특공대

10. 음주감지기에서 음주반응이 나온 경우, 그것만으로 술에 취한 상태에 있다고 인정할만한 상당한 이유가 있다고 볼 수 없다.(대판 2002도6632) 12 3차, 19·21 승진

11. 사후 음주측정기에 의한 측정결과를 토대로 위드마크 공식에 의하여 역추산한 혈중알코올농도가 **처벌기준치를 근소하게 상회하더라도** 운전 당시 처벌기준치를 초과한 음주운전이 있었던 것으로 단정할 수 없다.(대판 2002도6762)

12. 경찰관이 음주운전 단속 시 운전자의 요구에 따라 곧바로 채혈을 실시하지 않은 채 호흡측정기에 의한 음주측정을 하고 1시간 12분이 경과한 후에야 채혈을 하였다는 사정만으로는 위 행위가 법령에 위배된다거나 객관적 정당성을 상실하여 운전자가 음주운전 단속과정에서 받을 수 있는 **권익이 현저하게 침해되었다고 단정하기 어렵다.**(대판 2006다32132) 16 2차, 22 경간

13. 경찰공무원에게 위드마크 공식의 존재 및 호흡측정에 의한 혈중알코올농도가 음주운전처벌기준 수치에 미달하더라도 위드마크 공식에 의한 역추산 방식에 의하여 운전당시의 혈중알코올농도를 산출할 경우 그 결과가 음주운전 처벌기준 수치 이상이 될 가능성이 있다는 취지를 **운전자에게 미리 고지할 의무는 없다.**(대판 2017도661) 18차, 22 경간

14. 운전의 개념은 그 규정의 내용에 비추어 목적적 요소를 포함하는 것이므로 **고의의 운전행위만을 의미하고, 자동차 안에 있는 사람의 의지나 관여 없이 자동차가 움직인 경우에는 운전에 해당하지 않는다.** 술에 취한 사람이 자동차 안에서 잠을 자다가 추위를 느껴 히터를 가동하기 위하여 시동을 걸었고, **실수로** 제동장치를 건드려 자동차가 움직였더라도 **음주운전에 해당하지 않는다.**(대판 2004도1109) 12·15 3차, 16 2차, 11 승진, 12·22·23 1차

15. 「형사소송법」규정에 위반하여 수사기관이 법원으로부터 **영장 또는 감정처분허가장을 발부받지 아니한 채 피의자의 동의 없이 피의자의 신체로부터 혈액을 채취하고 더구나 사후적으로도 지체 없이 이에 대한 영장을 발부받지도 아니하고서** 그 강제채혈한 피의자의 혈액 중 알코올농도에 관한 감정결과보고서 등은 **피고인이나 변호인의 증거동의가 있다고 하더라도 유죄의 증거로 사용할 수 없다.**(대판 2009도2109) 18 1차

16. 피고인이 음주운전 중에 교통사고를 당하여 의식불명 상태에서 병원 응급실로 호송되었는데, 출동한 경찰관이 영장 없이 간호사로 하여금 채혈을 하도록 한 사안에서 형사소송법 규정에 위반하여 수사기관이 법원으로부터 영장 또는 감정처분허가장을 발부받지 아니한 채 피의자의 동의 없이 피의자의 신체로부터 혈액을 채취하고 더구나 사후적으로도 지체 없이 이에 대한 영장을 발부받지 아니하고서 위와 같이 강제 채혈한 피의자의 혈액 중 알코올농도에 관한 감정이 이루어졌다면, 이러한 감정결과보고서 등은 형사소송법상 영장주의 원칙을 위반하여 수집하거나 그에 기초한 증거로서 그 절차 위반행위가 적법절차의 실질적인 내용을 침해하는 정도에 해당한다고 할 것이므로, 피고인이나 변호인의 증거동의 여부를 불문하고 이 사건 범죄사실을 유죄로 인정하는 증거로 사용할 수 없다고 보아야 한다. (대판 2009도10871)

17. 여러 차례에 걸쳐 호흡 측정기의 빨대를 입에 물고 형식적으로 숨을 부는 시늉만 하였을 뿐 숨을 제대로 불지 아니하여 호흡 측정기에 음주 측정수치가 나타나지 아니하도록 한 행위는 음주측정불응죄에 해당한다.(대판 2001도7121) 21 승진, 22 차

18. 음주운전 시점과 혈중알코올농도의 **측정 시점 사이에 시간 간격이 있고 그때가 혈중알코올농도의 상승기로 보이는 경우라 하더라도,** 그러한 사정만으로 무조건 실제 운전시점의 혈중알코올농도가 처벌기준치를 초과한다는 점에 대한 증명이 불가능하다고 볼 수는 없다.(대판 2013도 6285) 19 승진

19. 운전자가 음주측정을 요구하는 경찰공무원의 **1차 측정에만 불응하였을 뿐 곧이어 이어진 2**

차 측정에는 응한 경우와 같이 측정거부가 일시적인 것에 불과한 경우라면 음주측정불응죄가 성립한다고 볼 것은 아니다.(대판 2013도8481) 19 승진

20. 음주로 인한 특정범죄가중처벌 등에 관한 법률 위반(위험운전치사상)죄와 도로교통법위반(음주운전)죄가 모두 성립하는 경우 두 죄는 **실체적 경합관계**에 있다.(대판 2008도7143) 18·19 승진

21. 경찰관이 술에 취한 상태에서 자동차를 운전한 것으로 보이는 피고인을 경찰관직무집행법 제4조 제1항에 따른 보호조치 대상자로 보아 경찰관서로 데려온 직후 음주측정을 요구하였는데 피고인이 불응하여 구 도로교통법상 음주측정불응죄로 기소된 사안에서, **위법한 보호조치 상태를 이용하여 음주측정요구가 이루어졌다는 등의 특별한 사정이 없는 한 피고인의 행위는 음주측정불응죄에 해당한다고 보아야 한다.**(대판 2011도4328) 16 2차, 20 경채, 22 경간, 23 1차

22. 음주운전을 하다가 교통사고를 야기한 후 그 형사처벌을 면하기 위하여 **타인의 혈액을 자신의 혈액인 것처럼** 교통사고 조사 경찰관에게 제출하여 감정하도록 한 경우, **위계에 의한 공무집행방해죄가 성립한다.**(대판 2003도1609)

23. 피고인에게 가장 유리한 감소치를 적용하여 위드마크 공식에 따라 계산한 혈중알코올농도가 도로교통법상 처벌기준인 **0.03%를 넘는 0.031%**이었으나, 사건발생시간을 특정하는 과정에서 발생하는 오차가능성 등의 여러 사정을 고려할 때 피고인의 운전 당시 혈중알코올농도가 처벌기준치를 초과하였으리라고 단정할 수는 없다.(대판 2005도3904)

24. 음주운전과 관련한 도로교통법위반죄의 범죄수사를 위하여 미성년자인 피의자의 혈액채취가 필요한 경우에도 피의자에게 의사능력이 있다면 피의자 본인만이 혈액채취에 관한 유효한 동의를 할 수 있고, 피의자에게 의사능력이 없는 경우에도 명문의 규정이 없는 이상 **법정대리인이 피의자를 대리하여 동의할 수는 없다.**(대판 2013도1228) 18 1차, 20 2차, 22 1차

25. 구 도로교통법 제150조 제1호에 "제45조의 규정을 위반하여 약물로 인하여 정상적으로 운전하지 못할 우려가 있는 상태에서 자동차 등을 운전한 사람"을 처벌하도록 규정하고 있고, 같은 법 제45조에 "자동차 등의 운전자는 제44조의 규정에 의한 술에 취한상태 외에 과로·질병 또는 약물(마약·대마 및 향정신성의약품과 그 밖에 행정자치부령이 정하는 것을 말한다)의 영향과 그 밖의 사유로 인하여 정상적으로 운전하지 못할 우려가 있는 상태에서 자동차 등을 운전하여서는 아니 된다."고 규정하고 있다. 위 규정의법문상 필로폰을 투약한 상태에서 운전하였다고 하여 바로 처벌할 수 있는 것은 아니고 그로 인하여 정상적으로 운전하지 못할 우려가 있는 상태에서 자동차 등을 운전한 경우에만 처벌할 수 있다고 보아야 하나, 위 법 위반죄는 이른바 **위태범으로서 약물 등의 영향으로 인하여 '정상적으로 운전하지 못할 우려가 있는 상태'에서 운전을 하면 바로 성립하고, 현실적으로 '정상적으로 운전하지 못할 상태'에 이르러야만 하는 것은 아니다.**(대판 2010도11272) 12 3차, 12 1차

26. 경찰공무원이 운전자의 음주 여부나 주취 정도를 확인하기 위하여 음주측정기에 의한 측정의 사전절차로서 음주감지기에 의한 시험을 요구할 때, 그 시험결과에 따라 음주측정기에 의한 측정이 예정되어 있고 운전자가 그러한 사정을 인식하였음에도 음주감지기에 의한 시험에 명시적으로 불응한 경우 음주측정거부에 해당한다.(대판 2017도12949) 21 경간

27. 교통안전과 위험방지를 위한 필요가 없음에도 주취운전을 하였다고 인정할 만한 상당한 이유가 있다는 이유만으로 이루어지는 음주측정은 이미 행하여진 주취운전이라는 범죄행위에 대한 증거 수집을 위한 수사절차로서의 의미를 가지는 것인데, 구 도로교통법(2005. 5. 31. 법률 제7545호로 전문 개정되기 전의 것)상의 규정들이 음주측정을 위한 강제처분의 근거가 될 수 없으므로 위와 같은 음주측정을 위하여 당해 운전자를 강제로 연행하기 위해서는 수사상의 강제처분에 관한 형사소송법상의 절차에 따라야 하고, 이러한 절차를 무시한 채 이루어진 강제연행은 위법한 체포에 해당한다. 이와 같은 위법한 체포 상태에서 음주측정요구가 이루어진 경우, 음주측정요구를 위한 위법한 체포와 그에 이은 음주측정요구는 주취운전이라는 범죄행위에 대한 증거 수집을 위하여 연속하여 이루어진 것으로서 개별적으로 그 적법 여부를 평가하는 것은 적절하지 않으므로 그 일련의 과정을 전체적으로 보아 위법한 음주측정요구가 있었던 것으로 볼 수밖에 없고, 운전자가 주취운전을 하였다고 인정할 만한 상당한 이유가 있다 하더라도 그 운전자에게 경찰공무원의 이와 같은 위법한 음주측정요구에 대해서까지 그에 응할 의무가 있다고 보아 이를 강제하는 것은 부당하므로 그에 불응하였다고 하여 음주측정거부에 관한 도로교통법 위반죄로 처벌할 수 없다. 위와 같은 법리를 전제로 하여 피고인이 이 사건 **오토바이를 운전하여 자신의 집에 도착한 상태에서 단속경찰관으로부터 주취운전에 관한 증거 수집을 위한 음주측정을 위하여 인근 파출소까지 동행하여 줄것을 요구받고 이를 명백하게 거절하였음에도 위법하게 체포·감금된 상태에서 이 사건 음주측정요구를 받게 되었으므로, 그와 같은 음주측정요구에 응하지 않았다고 하여 피고인을 음주측정거부에 관한 도로교통법 위반죄로 처벌할 수 없다고 판단한 것은 정당하다.** (대판 2004도8404) 21 경간

28. 음주측정 요구 당시 운전자가 술에 취한 상태에서 자동차를 운전하였다고 인정할 만한 상당한 사유가 있었으며, 음주운전 종료 후 별도의 음주사실이 없었음이 증명된 경우, 경찰관이 음주 및 음주운전 종료로부터 약 5시간 후 집에서 자고 있는 피고인을 연행하여 음주측정을 요구한 데에 대하여 피고인이 불응하였다면 도로교통법 상의 음주측정불응죄가 성립한다. 23 1차

3. 도주 관련판례

1. 교통사고 야기자가 피해자를 병원에 후송하기는 하였으나 조사 경찰관에게 사고사실을 부인하고 자신을 목격자라고 하면서 참고인 조사를 받고 귀가한 경우, 「특정 범죄 가중처벌 등에 관한 법률」 제5조의3 제1항 소정의 '도주'에 해당한다 (대판 2002도5748) 15 경간

2. 피고인 甲이 교통사고 현장에서 동승자이던 乙로 하여금 차량의 운전자인 것처럼 허위로 신고하도록 하였다 하더라도, **甲이 사고 직후 사고 장소를 이탈한 바 없이 피해자의 피해사실을 확인한 후 곧바로 보험회사에 사고접수를 하고, 출동한 경찰관에게 차량이 가해차량임을 명백히 밝혔으며, 경찰관의 요구에 따라 乙과 함께 영등포경찰서로 동행하여 조사를 받은 후 귀가하였다가 이틀 후 자진하여 경찰에 출두, 자수하기까지 하였다면,** 甲이 피해자를 구호하는 등의 의무를 이행하기 전에 도주의 범의를 가지고 사고현장을 이탈하였다고까지 인정하기에는 부족하다. (대판 2008도8627)

3. 만취 운전자가 교통사고 직후 취중상태에서 **사고 현장으로부터 수십 m까지 혼자 걸어가다 수색자에 의해 현장으로 붙잡힌 경우 도주의사가 있다고 인정**된다. (대판 2005도4459)

4. 동승자가 교통사고 후 운전자와 공모하여 **도주행위에 단순하게 가담하였다는 이유만으로는**, 특정범죄 가중처벌 등에 관한 법률 위반(도주차량)죄의 **공동정범으로 처벌할 수 없다.** (대판 2007도2919) 19 법학, 21 경찰특공대

5. 교통사고 피해자가 **2주간의 치료를 요하는** 경추부 염좌 등의 경미한 상해를 입었다는 사정만으로 사고 당시 피해자를 구호할 필요가 없었다고 단정하기는 곤란하다고 보아, 특정범죄 가중처벌 등에 관한 법률 제5조의 3에 따라 치상 후 **도주죄 성립을 인정**하였다. (대판 2008도1339)

6. 피고인이 좌회전 금지구역에서 앞차가 좌회전한 것은 잘못이나, 50여 미터 후방에서 따라오던 후행 차량이 중앙선을 넘으며 피고인 운전차량의 좌측으로 돌진하는 등 극히 **비정상적인 방법으로 진행할 것까지를 예상하여 사고발생방지조치를 취하여야 할 업무상주의의무가 있다고 할 수는 없고**, 따라서 좌회전 금지구역에서 좌회전한 행위와 사고발생 사이에 상당인과관계가 인정되지 아니하여 피고인의 행위가 **도주차량에 해당하지 않는다고 보았다.** (대판 95도1200)

7. **교회 주차장**에서 사고차량 운전자가 사고차량의 운행 중 피해자에게 상해를 입히고도 **구호조치 없이 도주한 행위**에 대하여 특정범죄가중처벌등에관한법률 제5조의3 제1항을 적용한 조치를 정당하다. (대판 2004도3600)

8. 사고 후 자신의 명함을 주고 택시에게 피해자 이송의뢰를 하였으나 **경찰이 도착하기 전에는** 병원에 가지 않겠다고 하여 이송을 못하고 있는 사이 **현장을 이탈**하였다면 **도주에 해당한다.** (대판 2004도250) 15 경간

9. 교통사고를 야기한 운전자가 피해자를 병원으로 후송한 후 **신원을 밝히지 아니한 채 도주한 경우**, 특정범죄가중처벌등에관한법률 제5조의3 제1항 소정의 '**도주한 때'에 해당한다.** (대판 97도2475)

10. 도로교통법 제54조 제1항, 제2항이 규정한 교통사고 발생 시의 구호조치의무 및 신고의무는 교통사고의 결과가 피해자의 구호 및 교통질서의 회복을 위한 조치가 필요한상황인 이상 그 의무는 교통사고를 발생시킨 당해 차량의 운전자에게 그 사고 발생에 있어서 **고의·과실 혹은 유책·위법의 유무에 관계없이 부과된 의무라고 해석함이 타당하고, 당해 사고의 발생에 귀책사유가 없는 경우에도 위 의무가 없다 할 수 없다.** (대판2015도12451) 19 승진

11. 농로에서 중앙분리대가 설치된 왕복 4차로의 도로로 진입하던 차량의 운전자가 속도를 줄이거나 일시 정지하여 진행 차량의 유무를 확인하지 않은 채 그대로 진입하다가 도로를 진행하던 차량을 들이받아 파손한 사안에서, **비록 사고로 인한 피해차량의 물적피해가 경미하고, 파편이 도로상에 비산되지도 않았다고 하더라도, 차량에서 내리지 않은 채 미안하다는 손짓만 하고 도로를 역주행하여 피해차량의 진행방향과 반대편으로 도주한 것은 교통사고 발생시의 필요한 조치를 다하였다고 볼 수 없다.** (대판 2009도787)

12. 사고 운전자가 교통사고 현장에서 경찰관에게 동승자가 사고차량의 운전자라고 진술하거

나 그에게 같은 내용의 허위신고를 하도록 하였더라도, 사고 직후 피해자가 병원으로 후송될 때까지 사고장소를 이탈하지 아니한 채 경찰관에게 위 차량이 가해차량임을 밝히고 경찰관의 요구에 따라 동승자와 함께 조사를 받기 위해 경찰 지구대로 동행한 경우, 구 특정범죄 가중처벌 등에 관한 법률 제5조의3의 '도주'에 해당하지 않는다.(대판2007도1738)

13. 교통사고발생시의 **구호조치의무 및 신고의무는** 차의 교통으로 인하여 사람을 사상하거나 물건을 손괴한 때에 운전자 등으로 하여금 교통사고로 인한 사상자를 구호하는 등 필요한 조치를 신속히 취하게 하고, 또 속히 경찰관에게 교통사고의 발생을 알려서 피해자의 구호, 교통질서의 회복 등에 관하여 적절한 조치를 취하게 하기 위한 방법으로 부과된 것이므로 교통사고의 결과가 피해자의 구호 및 교통질서의 회복을 위한 조치가 필요한 상황인 이상 그 의무는 교통사고를 발생시킨 당해 차량의 운전자에게 그 **사고발생에 있어서 고의·과실 혹은 유책·위법의 유무에 관계없이 부과된 의무**라고 해석함이 상당할 것이므로, 당해 사고에 있어 귀책사유가 없는 경우에도 위 의무가 없다 할 수 없고, 또 위 의무는 신고의무에만 한정되는 것이 아니므로 **타인에게 신고를 부탁하고 현장을 이탈하였다고 하여 위 의무를 다한 것이라고 말할 수는 없다.**(대판 2000도1731) 11·12 승진

14. 사고 운전자가 피해자를 병원에 후송하여 치료를 받게 하는 등의 구호조치는 취하였다고 하더라도, 피해자 등이 사고 운전자의 신원을 쉽게 확인할 수 없는 상태에서 피해자 등에게 자신의 신원을 밝히지 아니한 채 병원을 이탈하였다면 '도로교통법 제50조 제1항의 규정에 의한 조치'를 모두 취하였다고 볼 수 없다(대판 2005도8264) 15 경간

4. 신뢰의 원칙

1) 정의 11 채용

   ㉠ 신뢰의 원칙이라고 하며 과실범과 관련이 있다.
   ㉡ 현대사회에서 도로교통의 사회적 중요성에 기인하여 과실범처벌을 완화하자는 원칙이다.
   ㉢ 이 원칙은 독일의 판례가 채택한 이래 스위스, 오스트리아, 일본, 우리나라의 판례에 영향을 주었다.
   ㉣ 고속도로에서 상대방 차량이 중앙선을 침범하지 않을 것이라는 것을 믿어도 된다는 원칙이다.
   ㉤ 다른 차량이 무모하게 앞지르지 않을 것을 믿어도 된다는 원칙이다.
   ㉥ 교차로에 들어서서 통행후순위 차량이 앞질러 진입하지 않을 것을 믿어도 된다는 원칙이다.
   ㉦ 도로교통에서 상대방의 규칙위반을 이미 인식한 경우에는 적용되지 않는다.

2) 판례

   1. 고속도로를 운행하는 자동차 운전자는 **고속도로를 무단횡단하는 보행자가 있을 것을 예견하여 운전할 주의의무가 없다.**(대판 2000도2671) 14 경간, 15 승진
   2. 서울시 소재 잠수교 노상은 자전거의 출입이 금지된 곳이므로 자동차의 운전수로서는 거기에 **자전거를 탄 피해자가 갑자기 차도 상에 나타나리라고는 예견할 수 없다**고 할 것이다.(대판 80도1446)

3. 고속도로를 운전하는 자동차 운전자에게 도로상에 장애물이 나타날 것을 예견하여 제한속도 이하로 **감속 서행할 주의의무가 없다.**(대판 81도1808) 11 승진, 15 3차, 12 1차, 15 경간

4. 고속도로를 횡단하려는 **피해자를 그 차의 제동거리 밖에서 발견하였다면** 피해자가 반대차선의 교행차량 때문에 도로를 완전히 횡단하지 못하고 그 진행차선 쪽에서 멈추거나 다시 되돌아 나가는 경우를 **예견해야 하는 것이다.**(대판 80도3305) 12 승진

5. 자동차전용도로를 운행하는 자동차의 운전자로서는 특별한 사정이 없는 한 무단횡단하는 보행자가 나타날 경우를 미리 예상하여 **감속 서행할 주의의무는 없다.**(대판 88도1689)

6. 제한시속 70킬로미터의 사고지점을 80킬로미터의 과속으로 차량을 운전타가 50미터 전방 우측도로변에 앉아 있는 **피해자를 발견하였다면** 비록 그 지점이 사람의 횡단보행을 금지한 자동차 전용도로였다 하더라도 그 피해자의 옆으로 동 차량을 운전하고 지나가야만 할 운전자로서는 피해자를 발견하는 즉시 그의 동태를 주시하면서 감속 서행하는 등 피해자가 도로에 들어올 경우에 대비하는 **조치를 취할 업무상의 주의의무가 있다.**(대판 86도1676)

7. 사고일시가 한 가을의 심야이고 그 장소가 도로교통이 빈번한 대도시 **육교 밑의 편도 4차선**의 넓은 길 가운데 2차선 지점인 경우라면 이러한 교통상황 아래에서의 자동차 운전자는 무단횡단자가 없을 것으로 믿고 운전해가면 되는 것이고 도로교통법규에 위반하여 그 자동차의 앞을 횡단하려고 하는 사람이 있을 것까지 예상하여 그 **안전까지를 확인해가면서 운전하여야 할 의무는 없다.**(대판 88도1320)

8. 반대차선을 운행하는 차가 중앙선을 넘어 오리라고 예상할 만한 사정이 없는 경우에 있어서 중앙선표시가 있는 왕복 4차선 도로에서 차를 운행하는 운전자에게 반대차선을 운행하는 **차가 중앙선을 넘어 동인의 차 진행차선 전방으로 갑자기 진입해 들어올 것까지를 예견하여 감속하는 등 미리 충돌을 방지할 태세를 갖추어 차를 운전하여야 할 업무상 주의의무가 있다고는 할 수 없다.**(대판 87도995)

9. 교차로를 거의 통과할 무렵 **직진신호가 주의신호로 바뀐 경우** 자동차운전자로서는 계속 진행하여 신속히 교차로를 빠져나가면 되는 것이고 반대편에서 좌회전을 하기 위해 대기하던 차량이 주의신호임에도 **미리 좌회전해 올지 모른다는 것을 예상하고 이에 대한대비조치를 강구하면서까지 운전할 업무상 주의의무는 없다.**(대판 86도589)

10. 운전자가 교차로를 사고 없이 통과할 수 있는 상황에서 그렇게 인식하고 교차로에 일단 먼저 진입하였다면 특별한 사정이 없는 한 그에게 과실이 있다고 할 수 없고, 교차로에 먼저 진입한 운전자로서는 이와 교차하는 좁은 도로를 통행하는 피해자가 교통법규에 따라 적절한 행동을 취하리라고 신뢰하고 운전한다고 할 것이므로 특별한 사정이 없는 한 **피해자가 자신의 진행속도보다 빠른 속도로 무모하게 교차로에 진입하여 자신이 운전하는 차량과 충격할지 모른다는 것까지 예상하고 대비하여 운전하여야 할 주의의무는 없다고 할 것이다.**(대판 92도934)

11. 피고인이 자동차를 운전하다 **횡단보도를 걷던 보행자 갑을 들이받아 그 충격으로 횡단보도 밖에서 갑과 동행하던 피해자 을이 밀려 넘어져 상해를 입은 사안에서**, 위 사고는, 피고인이 횡단보도 보행자 갑에 대하여 구 도로교통법(2009. 12. 29. 법률 제9845호로 개정되기 전의 것) 제27조 제1항에 따른 주의의무를 위반하여 운전한 업무상 과실로 야기되었고, 을

의 상해는 이를 직접적인 원인으로 하여 발생하였다는 이유로, 피고인의 행위가 구 교통사고처리 특례법(2010. 1. 25. 법률 제9941호로 개정되기 전의것) 제3조 제2항 단서 제6호에서 정한 **횡단보도 보행자 보호의무의 위반행위에 해당한다.**(대판 2009도12671) 15 경간

12. 도로를 통행하는 보행자나 차마는 신호기 또는 안전표지가 표시하는 신호 또는 지시등을 따라야 하는 것이고(도로교통법 제5조), '보행등의 녹색등화의 점멸신호'의 뜻은, 보행자는 횡단을 시작하여서는 아니되고 횡단하고 있는 보행자는 신속하게 횡단을 완료하거나 그 횡단을 중지하고 보도로 되돌아와야 한다는 것인바, 피해자가 보행신호등의 **녹색등화가 점멸되고 있는** 상태에서 **횡단보도를 횡단하기 시작하여 횡단을 완료하기 전에 보행신호등이 적색등화로 변경된 후** 차량신호등의 녹색등화에 따라서 직진하던 피고인 운전차량에 충격된 경우에, 피해자는 신호기가 설치된 횡단보도에서 녹색등화의 점멸신호에 위반하여 횡단보도를 통행하고 있었던 것이어서 **횡단보도를 통행중인보행자라고 보기는 어렵다**고 할 것이므로, 피고인에게 운전자로서 사고발생방지에 관한 **업무상 주의의무위반의 과실이 있음은 별론으로 하고 도로교통법 제24조 제1항 소정의 보행자보호의무를 위반한 잘못이 있다고는 할 수 없다.**(대판 2001도2939) 19 법학, 21 경찰특공대

13. 보행신호등의 녹색등화의 점멸신호 전에 횡단을 시작하였는지 여부를 가리지 아니하고 보행신호등의 **녹색등화가 점멸하고 있는 동안에 횡단보도를 통행하는 모든 보행자는** 도로교통법 제27조 제1항에서 정한 **횡단보도에서의 보행자보호의무의 대상이 된다.**(대판 2007도9598)

14. 직진 및 좌회전신호에 의하여 좌회전하는 2대의 차량 뒤를 따라 직진하는 차량의 운전사로서는 **횡단보도의 신호가 적색인 상태에서 반대차선상에 정지하여 있는 차량의 뒤로 보행자가 횡단보도를 건너오지 않을 것이라고 신뢰하는 것이 당연하고 그렇지 아니할 사태까지 예상하여 그에 대한 주의의무를 다하여야 한다고는 할 수 없으며,** 또 운전사가 무면허인 상태에서 제한속도를 초과하여 진행한 잘못이 있다 하더라도 그러한 잘못이 사고의 원인이 되었다고는 볼 수 없다.(대판 87도1332) 20 경간

15. 내리막길이고 우측으로 비스듬히 구부러진 도로상에서 피해자의 오토바이가 도로 2차선상을 진행하는 피고인의 운전트럭과 그 우측인도 사이로 무리하게 빠져 나가려고 선행하여 가던 피고인의 운전트럭을 바짝 붙어 따라가다가 위 트럭과 충돌하여 사고가 난 경우, 피고인으로서는 **후방주시까지 하여 뒤에서 오는 피해자의 오토바이를 발견하고 충돌을 방지할 조치를 취하여야 한다든가 나아가 선행차량이 일시 정차하거나 속도를 낮추어 앞지르려는 오토바이를 선행하도록 하여 줄 업무상 주의의무가 있다고 할 수 없다.**(대판 85도1959)

16. 피고인이 좌회전 금지구역에서 좌회전한 것은 잘못이나 이러한 경우에도 피고인으로서는 50여 미터 후방에서 따라오던 후행차량이 중앙선을 넘어 피고인 운전차량의 좌측으로 돌진하는 등 극히 비정상적인 방법으로 진행할 것까지를 예상하여 사고발생 방지조치를 취하여야 할 업무상 주의의무가 있다고 할 수는 없다.(대판 95도1200)

17. 편도 5차선 도로의 1차로를 신호에 따라 진행하던 자동차 운전자에게 도로의 오른쪽에 연결된 소방도로에서 오토바이가 나와 맞은편 쪽으로 가기 위해서 **편도 5차선 도로를 대각선 방향으로 가로 질러 진행하는 경우까지 예상하여 진행할 주의의무는 없다.**(대판 2006도

9216) 14 경간, 19 승진

18. 횡단보도의 신호가 적색인 상태에서 반대차선에 정지 중인 차량 뒤에서 보행자가 건너올 것까지 예상하여 주의의무를 다하여야 한다고 할 수 없다.(대판 92도2077) 14 승진, 15 경간

19. 횡단보도의 보행자 신호가 녹색신호에서 적색신호로 바뀌는 예비신호 점멸 중에도 그 횡단보도를 건너가는 보행자가 흔히 있고 또 횡단 도중에 녹색신호가 적색신호로 바뀐 경우에도 그 교통신호에 따라 정지함이 없이 나머지 횡단보도를 그대로 횡단하는 보행자도 있으므로 보행자 신호가 녹색신호에서 정지신호로 바뀔 무렵 전후에 횡단보도를 통과하는 자동차 운전자는 보행자가 교통신호를 철저히 준수할 것이라는 신뢰만으로 자동차를 운전할 것이 아니라 좌우에서 이미 횡단보도에 진입한 보행자가 있는지 여부를 살펴보고 또한 그의 동태를 두루 살피면서 서행하는 등하여 그와 같은 상황에 있는 보행자의 안전을 위해 어느 때라도 정지할 수 있는 태세를 갖추고 자동차를 운전하여야 할 업무상의 주의의무가 있다.(대판 86도549) 12 1차, 14·15 경간

20. 전날 밤에 주차해 둔 차량을 그 다음날 아침에 출발하기에 앞서 차체 밑에 장애물이 있는지 여부를 확인하여야 할 주의의무가 있다.(대판 88도333)

5. 기타 교통 관련판례

1. 앞차를 뒤따라 진행하는 차량의 운전자는 앞차에 의하여 전방의 시야가 가리는 관계 상 앞차의 어떠한 돌발적인 운전 또는 사고에 의해 자기 차량에 연쇄적인 사고가 일어나지 않도록 **앞차와 충분한 안전거리를 유지하는 등 주의의무**가 있으므로, 선행 차량에 이어 후행 피고인 운전차량이 피해자를 연속하여 **역과**하는 과정에서 피해자가 사망한 경우 피고인 운전차량의 역과와 피해자의 사망 사이에는 인과관계가 있다.(대판2001도5005)

2. 피고인이 야간에 오토바이를 운전하다가 도로를 무단횡단하던 피해자를 충격하여 도로상에 전도케 하고, 그로부터 약 40초 내지 60초 후에 다른 사람이 운전하던 타이탄트럭이 도로위에 전도되어 있던 피해자를 **역과**하여 사망케 한 경우, 피고인이 전방좌우의 주시를 게을리 한 과실로 피해자를 충격하였고 나아가 야간에 피해자를 충격하여 도로에 넘어지게 한 후 40초 내지 60초 동안 그대로 있게 한다면 후속차량의 운전사들이 조금만 전방주시를 태만히 하여도 피해자를 역과할 수 있음이 당연히 예상되었던 경우라면 피고인의 과실행위는 피해자의 사망에 대한 직접적 원인을 이루는 것이어서 양자 간에는 **상당인과관계가 있다.**(대판 90도580)

3. 선행 교통사고와 후행 교통사고 중 어느 쪽이 원인이 되어 피해자가 사망에 이르게 되었는지 밝혀지지 않는 경우 후행 교통사고를 일으킨 사람의 과실과 피해자의 사망 사이에 인과관계가 인정되기 위해서는 후행 교통사고를 일으킨 사람이 주의의무를 게을리하지 않았다면 피해자가 사망에 이르지 않았을 것이라는 사실이 증명되어야 하고, 그 **증명책임은 검사**에게 있다.(대판 2005도8822) 15 승진

4. 차량 운행 도중 브레이크 고장시에 사이드브레이크를 조작하지 않거나, 제한속도를 넘어서 운전하였다는 것이 사고의 직접 원인이 되지 아니한 때에는 사고에 대한 책임이 없다.(대판 89도1174)

5. **신호위반으로 교통사고를 야기한 자가 신호위반의 범칙금을 납부하였더라도**, 통고처분을 받게 된 범칙행위와 「교통사고처리 특례법」 제3조 제1항 위반죄는 그 행위의 성격 및 내용이나 죄질, 피해법익 등에 현저한 차이가 있어 동일성이 인정되지 않는 별개의 범죄행위라고 보아야 할 것이므로, **업무상과실치상죄로 처벌하는 것이 이중처벌에 해당한다고 볼 수 없다.**(대판 2006도4322) 11·14·19 승진

6. 공사관계로 3m 정도 협소한 도로를 진행하는 차는 후방차량이 추월하리라 예견하여 후방 주시할 의무는 없다.(대판 82도1853)

7. 앞지르기가 금지된 비탈길의 고갯마루 부근에서 앞차가 진로를 양보하였더라도 앞지르기할 수 없다.(대판 2004도8062) 19 승진, 19 법학, 21 경찰특공대

8. 편도 1차로 도로에서 정차한 버스를 앞서가기 위하여 황색실선의 중앙선을 넘어가는 행위는 허용되지 않는 것이므로 중앙선침범이 적용된다.(대판 97도927)

9. '도로의 구부러진 곳'이라는 규정은 입법목적과 다른 조항과의 관련 하에서의 합리적인 해석의 가능성, 입법기술상의 한계 등을 고려할 때, 어떠한 행위가 이에 해당하는지 의심을 가질 정도로 불명확한 개념이라고 볼 수 없으므로 **죄형법정주의의 한 내용인 형벌법규의 명확성의 원칙에 반한다고 할 수는 없다.**(헌법재판소 99헌가4)

10. 내리막길에 주차된 자동차의 핸드 브레이크를 풀어 **타력주행**을 하는 행위는 운전에 해당되지 않는다.(대판 98다30834) 15 승진

11. 운전자는 한강 유람선 선착장에 차를 주차하면서 주차 브레이크만 당겨 놓고 하차하였으나, 차가 비탈진 주차장에서 서서히 굴러 한강에 빠짐으로써 동승자가 사망한 경우, 주차하는 것은 장치의 용법에 따라 사용하는 것으로서 운행에 해당하므로 보험회사는 보험금을 지급하여야 한다.(대판 97다5183)

12. 야간에 편도 2차로의 굽은 도로상에 미등과 차폭등을 켜지 않은 채 화물차를 주차해 놓아 정상 주행하던 오토바이가 추돌하여 그 운전자가 사망한 경우, 주차해 놓은 화물차 운전자는 주차가 금지된 장소가 아니라고 하더라도 무죄라고는 할 수 없다.(대판 96도2030)

13. 손수레가 사람의 힘에 의하여 도로에서 운전되는 것으로서 '차'에 해당하고 이를 끌고 가는 행위를 차의 운전행위로 볼 수 있다 하더라도 손수레를 끌고 가는 사람이 횡단보도를 통행할 때에는 걸어서 횡단보도를 통행하는 일반인과 마찬가지로 보행자로서의 보호조치를 받아야 할 것이므로 **손수레를 끌고 횡단보도를 건너는 사람은 교통사고처리특례법 제3조 제2항 제6호 및 도로교통법 제48조 제3호에서 규정한 '보행자'에 해당한다.**(대판 90도761)

14. 약물 등의 영향으로 정상적으로 운전하지 못할 우려가 있는 상태에서 자동차 등을 운전하였다고 인정하려면, 약물 등의 영향으로 인하여 **'정상적으로 운전하지 못할 우려가 있는 상태'에서 운전을 하면 바로 성립하고, 현실적으로 '정상적으로 운전하지 못할 상태'에 이르러야만 하는 것은 아니다.**(대판 2010도11272) 19 승진

15. 보행신호등의 녹색등화의 점멸신호 전에 횡단을 시작하였는지 여부를 가리지 아니하고 **보행신호등의 녹색등화가 점멸하고 있는 동안에 횡단보도를 통행하는 모든 보행자는 횡단보도에서의 보행자 보호의무의 대상이 된다.**(대판 2007도9598) 18 승진

16. 아파트단지 내 통행로가 왕복 4차선의 외부도로와 직접 연결되어 있고, 외부차량의 통행에 제한이 없으며, 별도의 주차관리인이 없다면 「도로교통법」상 도로에 해당된다. (대판 2010도6579) 19 승진

17. 화물차를 **주차한 상태**에서 적재된 상자 일부가 떨어지면서 지나가던 피해자에게 상해를 입힌 경우, **교통사고로 볼 수 없다.** (대판 2009도2390) 15·19 승진, 15 2차

18. 교통사고로 인한 물적 피해가 경미하고, 파편이 도로상에 비산되지도 않았다고 하더라도, 가해차량이 즉시 정차하는 등 필요한 조치를 취하지 아니한 채 그대로 도주한 경우에는 「도로교통법」 제54조 제1항 위반죄가 성립한다(대판 2009도787) 15 2차

19. 교통사고 피해자가 2주간의 치료를 요하는 경추부 염좌 등의 경미한 상해를 입었다는 사정만으로 사고 당시 피해자를 구호할 필요가 없었다고 단정하기는 곤란하다고 보아, 특정범죄가중처벌 등에 관한 법률 제5조의3 '**치상 후 도주죄**'의 성립을 인정하였다. (대판 2008도1339) 19 승진

20. 특가법 제5조의3 소정의 차의 교통으로 인한 업무상과실치사상의 사고를 도로교통법이 정하는 도로에서의 교통사고의 경우로 제한하여 새겨야 할 아무런 근거가 없다. (대판 2004도3600) 15 경간, 15·18·19 승진

21. 교차로에 **교통섬**이 설치되고 그 오른쪽으로 직진 차로에서 분리된 우회전차로가 설치된 경우, 우회전 차로가 아닌 직진 차로를 따라 우회전하는 행위는 **교차로 통행방법을 위반한 것이다.** (대판 2011도9821) 15 2차, 20 경간

22. 음주측정을 위하여 운전자를 강제로 연행할 때 준수하여야 하는 절차를 위반한 경우 위법한 체포에 해당하므로, 적법절차를 위반한 음주측정거부죄와 이에 대한 공무집행방해행위는 처벌받지 않는다. (대판 2012도11162)

23. 자동차 운전자가 고속도로 또는 자동차전용도로가 아닌 일반도로의 중앙선 우측 차로 내에서 후진하는 행위는 「교통사고처리 특례법」 제3조 제2항 단서 제2호의 규정을 위반한 것으로 볼 수 없다. (대판 2010도3436)

24. '운전면허를 받지 아니하고'라는 법률문언의 통상적 의미에 '운전면허를 받았으나 그 후 운전면허의 효력이 정지된 경우'가 당연히 포함된다 할 수 없다. (대판 2011도7725) 20 경간

25. 무단횡단하던 보행자가 중앙선 부근에 서 있다가 마주 오던 차에 충격당하여 자신이 운전하던 택시 앞으로 쓰러지는 것을 피하지 못하고 역과시킨 경우, 업무상 과실이 인정된다. (대판 95도715)

26. 앞차가 빗길에 미끄러져 비정상적으로 움직일 때는 진로를 예상할 수 없으므로 뒤따라가는 차량의 운전자는 이러한 사태에 대비하여 속도를 줄이고 안전거리를 확보해야 할 주의의무가 있다. (대판 89도777) 20 경간

27. 차에 열쇠를 끼워놓은 채 11세 남짓한 어린이를 조수석에 남겨놓고 차에서 내려온 동안 어린이가 시동을 걸어 차량이 진행하여 사고가 발생한 경우 운전자로서는 열쇠를 빼는 등 사고 예방조치를 취할 주의의무가 있다. (대판 86도1048) 15 승진

28. 교차로 직전의 횡단보도에 따로 차량보조등이 설치되어 있지 아니한 경우, 교차로 차량신

호등이 적색이고 횡단보도 보행등이 녹색인 상태에서 횡단보도를 지나 우회전하다가 사람을 다치게 한 경우 「교통사고처리 특례법」상 특례조항인 **신호위반에 해당한다.**(대판 2009도8222) 14 승진, 15 2차

29. 제1종 보통면허로 운전할 수 있는 차량을 운전면허 정지 기간 중에 운전한 경우에는 이와 관련된 원동기장치자전거면허까지 취소할 수 있다.(대판 97누2313)

30. 「도로교통법」 제50조 제2항(교통사고 신고의무)은 교통상황에 비추어 교통질서의 혼란과 마비를 사전에 방지하기 위하여 피해자의 구호 및 교통질서의 회복을 위한 조치가 필요한 상황에서만 적용되고 형사책임과 관련되는 사항의 신고에는 적용되지 않는 것으로 해석하는 한 「헌법」에 위반되지 않는다.(대판 91도1013)

31. (1) 적색등화에 신호에 따라 진행하는 다른 차마의 교통을 방해하지 아니하고 우회전할 수 있다는 구 도로교통법 시행규칙 [별표 2]의 취지는 차마는 적색등화에도 원활한 교통소통을 위하여 우회전을 할 수 있되, 신호에 따라 진행하는 다른 차마의 신뢰 및 안전을 보호하기 위하여 다른 차마의 교통을 잘 살펴 방해하지 아니하여야 할 **안전운전의무를 부과한 것**이고, 다른 차마의 교통을 방해하게 된 경우에 신호위반의 책임까지 지우려는 것은 아니다. (2) **택시 운전자인 피고인이 교차로에서 적색등화에 우회전하다가 신호에 따라 진행하던 피해자 운전의 승용차를 충격하여 그에게 상해를 입힌 경우, 이는 교통사고처리 특례법 제3조 제2항 단서 제1호에서 정한 '신호위반'으로 인한 사고에 해당하지 아니한다.**(대판 2011도3970) 18 승진

32. 고속도로 2차로를 따라 자동차를 운전하다가 1차로를 진행하던 A의 차량 앞에 급하게 끼어든 후 곧바로 정차하여, A의 차량 및 이를 뒤따르던 차량 두 대는 급정차하였으나, 그 뒤를 따라오던 B의 차량이 앞의 차량들을 연쇄적으로 추돌케 하여 B를 사망에 이르게 하고 나머지 차량 운전자 등 피해자들에게 상해를 입혔다면 일반교통방해치사상죄로 처벌된다.(대판 2014도6206)

33. 「도로교통법」 제54조 제2항에서 규정한 '신고의무'는 교통사고가 발생한 때에 이를 지체 없이 경찰공무원 또는 경찰관서에 알려서 피해자의 구호, 교통질서의 회복 등에 관한 적절한 조치를 취하게 함으로써 도로상의 소통장해를 제거하고 피해의 확대를 방지하여 교통질서의 유지 및 안전을 도모하는 데 그 입법취지가 있으므로 「도로교통법」 제54조 제2항 단서에서 '운행 중인 차만 손괴된 것이 분명하고 도로에서의 위험방지와 원활한 소통을 위하여 필요한 조치를 한 경우에는 그러하지 아니하다'는 규정에 해당되는 **"단순물피교통사고"의 경우에는 '신고의무'가 없다.**(대판 2013도15500)

34. 「도로교통법」 제44조 제3항에 규정된 '측정결과에 불복하는 운전자에 대하여는 그 운전자의 동의를 받아 혈액채취 등의 방법으로 다시 측정할 수 있다.'의 해석은 음주운전 혐의가 있는 운전자에게 수사를 위한 호흡측정에도 응할 것을 간접적으로 강제하는 한편 혈액채취 등의 방법에 의한 재측정을 통하여 호흡측정의 오류로 인한 불이익을 구제받을 수 있는 기회를 보장하는 데 취지가 있으므로, 음주운전에 대한 수사방법으로서의 **혈액** 채취에 의한 측정의 방법을 운전자가 호흡측정 결과에 불복하는 경우에만 한정하여 허용한 것으로 볼 수 없다.(대판 2014도16051)

35. **연습운전면허를 받은 사람이 '주행연습 외의 목적으로 운전하여서는 아니된다'는 준수사항을 위반하여 운전한 경우**, 운전할 수 있는 차의 종류를 기준으로 운전면허의 범위가 정해지게 되고, 해당 차종을 운전할 수 있는 운전면허를 받지 아니하고 운전한 경우가 무면허운전에 해당하므로 실제 운전의 목적을 기준으로 운전면허의 유효범위나 무면허운전 여부가 결정된다 볼 수는 없다. 그러므로 연습운전면허에 대한 준수사항위반으로 인한 연습운전면허취소는 변론으로 하고 「도로교통법」 제43조에 규정된 **무면허운전에 해당하지 않는다.**(대판 2013도15031) 21 경간

36. 도로 정비작업이 마무리 되지 않아 정지선과 횡단보도가 없는 사거리 교차로의 신호등이 황색 등화로 바뀐 상태에서 교차로에 진입하였다가 상대 차량을 충격하여 상해를 입게 함과 동시에 상대차량을 손괴한 경우, 교차로 진입 전 정지선과 횡단보도가 설치되어 있지 않았더라도 황색 등화를 보고서도 교차로 직전에 정지하지 않았다면 신호를 위반한 것이다.(대판 2018도14262)

37. 교통사고처리특례법 제4조 제1항 본문은 차의 운전자에 대한 공소제기 조건을 정한 것이고, 교통사고처리특례법 제2조 제2호는 '교통사고'란 차의 교통으로 인하여 사람을 사상하거나 물건을 손괴하는 것을 말한다고 규정하고 있는데, 여기서 **'차의 교통'은 차량을 운전하는 행위 및 그와 동일하게 평가할 수 있을 정도로 밀접하게 관련된 행위를 모두 포함하고 있다.**(대법원 2016도 1034)

38. 모든 차의 운전자는 신호기의 지시에 따라 횡단보도를 횡단하는 보행자가 있을 때에는 횡단보도 진입 선후를 불문하고 일시정지하는 등의 조치를 취함으로써 보행자의 통행이 방해되지 아니하도록 하여야 한다. 다만 자동차가 횡단보도에 먼저 진입한 경우로서 그대로 진행하더라도 보행자의 횡단을 방해하거나 통행에 아무런 위험을 초래하지 아니할 상황이라면 그대로 진행할 수 있다.(대판 2016도17442)

39. 법무부장관이 발급한 사증없이 입국심사를 받지 않고 국내에 입국한 후 1년 이내에 자동차를 운전하였고, 운전을 하기 전에 외국에서 국제운전면허증을 발급받았더라도, 출입국관리법에 따른 정상적인 입국심사절차를 거치지 아니하고 **불법으로 입국**하였다면 이는 도로교통법 제96조 제1항(국제운전면허증에 의한 자동차등의 운전)이 허용하는 국제운전면허증에 의한 운전에 해당하지 아니한다.(대법원 2017도9230)

40. 음주운전과 달리 무면허운전은 '도로에서 운전'한 경우에만 적용되므로 아파트 주차장의 경우 이곳이 도로인지 여부는 아파트 주민이나 그와 관련된 용건이 있는 사람만 이용할 수 있는지, 경비원 등이 자체적으로 관리하는 지, 아파트 단지와 주차장의 규모와 형태, 차단시설이 설치되어 있는지, 아파트 단지 주민이 아닌 외부인이 주차장을 이용할 수 있는지, 아파트 단지와 주차장의 진출입에 관한 구체적인 관리·이용 상황 등을 근거로 종합적으로 판단하여야 한다.(대판 2017도17762)

41. '도로교통법 제44조 제1항을 2회 이상 위반한 사람'에 대하여 처벌하는 경우 위반한 사람에 대한 해석은 법원이 관련 증거를 토대로 자유심증에 따라 심리·판단하는 것으로 음주운전 금지규정 위반자의 위반전력 유무와 그 횟수는 공소가 제기된 범죄의 구성요건을 이루는 사실이므로 그 증명책임은 검사에 있고, 음주운전 금지규정을 위반하여 음주운전을 하

였던 사실이 인정되는 사람으로 해석해야 하므로 그에 대한 형의 선고나 유죄의 확정판결 등이 있어야만 하는 것은 아니다.(대판 2018도11378) 20 2차

42. 회전교차로에 설치된 회전교차로표지 및 유도표시가 화살표 방향과 반대로 진행하지 말 것을 지시하는 내용의 안전표지에 해당하며, 회전교차로에 설치된 회전교차로 표지 및 유도표시에 표시된 화살표 방향과 반대로 진행하는 것이 교통사고처리특례법 제3조 제2항 단서 제1호에서 정한 '도로교통법 제5조에 따른 통행금지를 내용으로 하는 안전표지가 표시하는 지시를 위반하여 운전한 경우'에 해당한다.(대판 2017도9392)

43. 황색실선이나 황색점선으로 된 중앙선이 설치된 도로의 어느 구역에서 좌회전이나 유턴이 허용되어 중앙선이 **백색 점선으로 표시되어 있는 경우**, 그 지점에서 안전표지에 따라 좌회전이나 **유턴을 하기 위하여** 중앙선을 넘어 운행하다가 반대편 차로를 운행하는 차량과 충돌하는 교통사고를 낸 것이 교통사고처리 특례법에서 규정한 **중앙선침범에 해당하지 않는다.**(대판 2016도18941) 21 경간

44. **교차로 진입 직전에 백색실선이 설치되어 있으나 교차로에서의 진로변경을 금지하는 내용의 안전표지가 개별적으로 설치되어 있지 않은 경우**, 자동차 운전자가 교차로에서 진로변경을 시도하다가 야기한 교통사고가 교통사고처리 특례법 제3조 제2항 단서 제1호에서 정한 '도로교통법 제5조에 따른 통행금지를 내용으로 하는 **안전표지가 표시하는 지시를 위반하여 운전한 경우'에 해당하지 않는다.**(대판 2015도3107) 21 경간

45. 모든 차의 운전자는 보행자보다 먼저 횡단보행자용 신호기가 설치되지 않은 횡단보도에 진입한 경우에도, 보행자의 횡단을 방해하지 않거나 통행에 위험을 초래하지 않을 상황이 아니고서는, 차를 일시정지하는 등으로 보행자의 통행이 방해되지 않도록 할 의무가 있다.(대판 2020도8675)

46. 도로교통법 제148조의2 제1항에 관한 위반행위의 횟수를 산정하는 기산점을 두지 않았다고 하더라도 그 위반행위에 개정 도로교통법 시행 이후의 음주운전 또는 음주측정 불응 전과만이 포함되는 것이라고 해석할 수 없다. 즉 **신법 시행 전 위반행위에 대하여 산입하더라도 형벌불소급의 원칙이나 일사부재리의 원칙에 위배되지 않는다.**(대판 2020도7154)

47. 횡단보도상의 신호기는 횡단보도를 통행하고자 하는 보행자에 대한 횡단보행자용 신호기이지 차량의 운행용 신호기라고는 풀이되지 아니하므로 **횡단보행자용 신호기의 신호가 보행자통행신호인 녹색으로 되었을 때 차량운전자가 그 신호를 따라 횡단보도 위를 보행하는 자를 충격하였을 경우**에는 교통사고처리특례법 제3조 제2항 단서 제6호의 보행자 보호의무를 위반한 때에 해당함은 별문제로 하고 이를 같은 조항 단서 제1호의 신호기의 **신호에 위반하여 운전한 때에 해당한다고는 할 수 없다.**(대판 88도632) 11 승진

48. **부득이한 사정으로 중앙선을 침범하여 교통사고를 야기한 경우 중앙선침범에 해당하지 아니한다.**(대판 90도1918) 11·14 승진

49. **화물차 적재함에서 작업하던 피해자가 차에서 내린 것을 확인하지 않은 채 출발함으로써 피해자가 추락하여 상해를 입게 된 경우, 승객의 추락방지 의무를 위반하여 운전한 경우에 해당하지 않는다.**(대판 99도3716) 12 승진, 21 경간

50. 경찰관의 주취운전자에 대한 권한 행사가 관계 법률의 규정 형식상 경찰관의 재량에 맡겨져 있다고 하더라도, 그러한 권한을 행사하지 아니한 것이 구체적인 상황 하에서 현저하게 합리성을 잃어 사회적 타당성이 없는 경우에는 경찰관의 직무상 의무를 위배한 것으로서 위법하게 된다. **음주운전으로 적발된 주취운전자가 도로 밖으로 차량을 이동하겠다며 단속경찰관으로부터 보관 중이던 차량열쇠를 반환받아 몰래 차량을 운전하여 가던 중 사고를 일으킨 경우, 국가배상책임을 인정하였다.** (대판 97다54482) 20 2차

51. 중앙선이 표시되지 않은 비포장도로에서 서로 마주 보고 진행할 수 있는 여건이라면 마주 오는 차가 도로의 중앙 또는 좌측으로 진행해 올 것까지 예상할 주의의무는 없다. (대판 92도1137) 12 승진

52. 운전자가 음주운전으로 교통사고를 야기한 후, 차에서 내려 피해자(진단 3주)에게 '왜 와서 들이 받냐'라는 말을 하고, 교통사고 조사를 위해 경찰서에 가자는 경찰관의 지시에 순순히 응하여 순찰차에 스스로 탑승하여 경찰서까지 갔을 뿐 아니라 경찰서에서 조사받으면서 사고 당시 상황에 대한 자신의 주장을 정확하게 진술하였다면, 비록 경찰관이 작성한 주취운전자 정황진술보고서에는 '언행상태'란에 '발음 약간 부정확', '보행상태'란에 '비틀거림이 없음', '운전자 혈색'란에 '안면 홍조 및 눈 충혈'이라고 기재되어 있다고 하더라도 음주로 인한 특정범죄 가중처벌 등에 관한 법률 위반(위험운전치사상)이 아니라 도로교통법 위반(음주운전)으로 처벌해야 한다. (대판 2017도15519) 22 2차

53. 「도로교통법」 및 관련 법령에는 연습운전면허를 발급받은 사람이 본인에게 귀책사유(歸責事由)가 없는 경우 등 대통령령으로 정하는 경우를 제외하고, 운전 중 고의 또는 과실로 교통사고를 일으키거나 「도로교통법」이나 동법에 따른 명령 또는 처분을 위반한 경우에 시·도경찰청장은 연습운전면허를 취소하여야 한다고 규정하고 있으므로, 연습운전면허를 받은 사람이 운전을 함에 있어 주행연습 외의 목적으로 운전하여서는 아니된다는 준수사항을 지키지 않았다고 하더라도 무면허운전으로 처벌할 수는 없다. (대판 2013도15031) 22 2차

54. 「도로교통법」상 도로가 아닌 곳에서 술에 취한 상태에서의 운전은 음주운전으로는 처벌할 수 있지만 운전면허의 정지 또는 취소처분을 부과할 수는 없다. (대판 2018두42771) 22 2차

55. 교통사고를 일으킨 운전자에게 신고의무를 부담시키고 있는 도로교통법 제50조 제2항, 제111조 제3호는, 피해자의 구호 및 교통질서의 회복을 위한 조치가 필요한 범위 내에서 교통사고의 객관적 내용만을 신고하도록 한 것으로 해석하고, 형사책임과 관련되는 사항에는 적용되지 아니하는 것으로 해석하는 한 헌법에 위반되지 아니한다. (89헌가118)

56. 횡단보도의 표지판이나 신호대가 설치되어 있지는 않으나 도로의 바닥에 페인트로 횡단보도표시를 하여 놓은 곳으로서 피고인이 진행하는 반대 차선 쪽은 오래되어 거의 지워진 상태이긴 하나 피고인이 운행하는 차선 쪽은 횡단보도인 점을 식별할 수 있을 만큼 그 표시가 되어 있는 곳에서 교통사고가 난 경우에는 교통사고가 도로교통법상 횡단보도상에서 일어난 것으로 인정된다. (대판 90도1116 판결)

CHAPTER 05 정보경찰

01 정보의 개관

1. 정보의 개념

정보기관이 조직 활동을 통하여 수집된 첩보를 평가·분석·종합·해석하여 얻어진 지식으로, 우리가 사용하는 정보라는 용어는 **프랑스 군**이 사용하던 군사용어를 번역한 것이다. 10 승진

(1) 첩보와 정보의 구분 21 경간

구별	첩보(information) 1차 정보	정보(intelligence) 2차 정보
정확성	**부정확한 전문지식을 포함**	객관적으로 평가된 정확한 지식
완전성	기초적·단편적·불규칙적·미확인상태	특정한 사용한 목적에 맞도록 평가·분석·종합·해석하여 만든 정확하고 완전한 지식
적시성	① 시간에 구애받지 않고, ② 과거·현재의 것을 불문	정보사용자가 필요로 하는 때에 제공되어야(적시성이 특히 요구)
생산 과정의 특수성	① 협동 작업 X, ② 단편적, 개인 식견에 의한 지식	① 협동 작업을 통한 생산 ② 생산과정의 특수성 有
사용자의 목적성	① 사물에 대해 보고 들은 상태 그 자체의 묘사(목적성X)	사용자의 목적에 맞도록 작성된 지식
공통점	모두 지식으로서의 자료적 가치 ○	

→ **첩보 〉 정보**. 첩보는 정보를 포함하는 개념으로, "모든 첩보가 정보는 아니지만, 모든 정보는 첩보"라고 할 수 있다. 10 승진

▶ [참고] 정보의 개념에 대한 주요 학자들의 정의 12 승진

제프리 리첼슨 (Jeffery T. Richelson)	정보는 외국이나 국외지역과 관련된 제반 첩보자료들을 수집·평가·분석·종합·판단의 과정을 거쳐서 생산된 **산출물**이다.
마이클 워너 (Michael Warner)	정보는 **아측**에 해악을 끼칠 수 있는 다른 국가나 다양한 적대세력의 영향을 완화시키거나, 그에 영향을 미치거나 또는 단지 그들을 이해하기 위한 노력을 지원하는 비밀스러운 그 무엇이다.
마크 로웬탈 (Mark M. Lowenthal)	**정책결정자의 요구에 부응하는 지식**이며, 이를 위해 수집되고 가공된 것으로 정의함

에이브럼 슐스키 (Abram N. Shulsky)	정책 수립 및 정책 구현과 관련된 자료로서, 국가안보의 이익을 극대화하며 실재·잠재적 적대세력의 위험을 취급한다.
마이클 허만 (Michael Herman)	정부 내에서 조직된 지식으로 정의함
클라우제비츠 (karl Von Clausewitz)	'**적과 적국에 관한 지식의 총체**이다.'라고 정의함
데이비스 (G. B. Davis)	정보란 받아들이는 사람에게 필요한 형태로 처리된 **데이터**이며, 현재 또는 정책의 의사결정에 있어서 실현되든가 또는 가치를 인정받는 것이다.
위너 (A. N. Wiener)	정보란 인간이 **외계**에 적응하려고 행동하고 또 그 조절행동의 결과를 외계로부터 감지할 때에 외계와 교환하는 내용으로 정의함
셔먼 켄트 (Sherman Kent)	"정보란 지식이며 조직이고 활동이다."라고 정의함

2. 정보의 질적 요건(정보의 특성과 가치에 대한 평가기준) 10·11 승진, 15 2차

적실성	정보사용자의 **사용목적(당면문제)**과 관련된 것으로, 정보로서의 가치를 갖기 위해서는 사용권자의 의사결정에 반드시 필요한 내용을 제공해야 한다.(적합성 or 관련성)
정확성	**수집한 정보가 사실과 일치하는 성질**과 관련된 것으로, 객관적으로 평가(정보수집경로의 다양화)된 정확한 지식이어야 한다는 것이다.
완전성	주제와 관련된 **모든 사항을 모두 망라하여 작성**되어야 하고, 부분적 단편적인 정보는 사용자가 의사결정을 하는데 도움을 주지 못한다. 추가적인 정보가 필요하지 않은 상태를 말하며, 시간이 허용 하는 한 최대한 완전한 지식이 되어야 함을 의미한다.(완전성과 적시성은 충돌가능성이 있음)
적시성	정보가 정책결정이 이루어지는 시점에 비추어 **가장 적절한 시기**에 존재하는 성질이며, **정보는 사용자가 필요한 때에 사용할 수 있도록 제공되어야 한다.**
객관성	정보가 국가정책의 결정과정에서 사용될 때 **국익증대와 안보추구**라는 차원에서 **객관적 입장**을 유지해야 한다는 것을 의미한다. 정보가 생산자나 사용자의 의도에 따라 **주관적으로 왜곡되면 선호정책의 합리화 도구로 전락될 수 있다.**
무한가치성	정보는 필요한 사람에게는 누구나 가치가 있다. 사용하는 사람에 따라 가치가 달라진다.
신용가치성	정보원의 신용이 중요한 가치판단의 기준이 되며, 같은 정보라도 출처의 신뢰도가 높을수록 그 가치가 높다.
비이전성	정보는 타인에게 전달해도 본인에게 그대로 남아 있다.
누적 효과성	정보는 생산·축적되면 될수록 그 가치가 커진다.

3. 정보의 효용(차단효용은 없다.) 09 채용, 10·11·12·13 승진

정보의 효용이란 질적 요건을 갖춘 정보를 어떻게 사용하면 정책결정과정에 기여할 수 있는가에 대한 기준을 말한다.

기준	내용
형식효용	① 정보사용자 **요구에 맞는 형식(형태)에 부합**할 때 형식효용이 높아진다. ② 정보사용자의 수준에 따라 정보형태가 결정된다. ③ 형식효용은 **보고서 1면 주의**와 관련이 있으며, **전략정보와 전술정보는 형식효용에 차이**가 있다.(전략정보는 고위정책결정자가 보는 만큼 중요한 요소만을 축약해 놓은 형태가 바람직하며, 전술정보는 낮은 수준의 정책결정자나 실무자에게 제공되므로 비교적 상세하고 구체적일 필요가 있다.)
소유효용	① 상대적으로 많이 소유 할수록, 정보 집적 효과를 발휘할 수 있다. ② 「**정보는 국력이다.**」라는 말은 정보의 소유효용과 관련성이 높다.
접근효용	① 정보사용자가 쉽게 접근할 수 있어야 한다. ② 접근효용은 통제효용과 충돌할 가능성이 있으므로 양자의 조화가 필요하다. ③ 접근 효용을 높이기 위해서는 정보의 사용 절차가 간소화되어야 한다.
시간효용	① 정보는 정보를 필요로 하는 **시점**에 제공되어야 가장 효용성이 크다. ② **정보의 적시성**과 가장 밀접하게 관련된 것은 시간효용이다.
통제효용	① 정보를 필요로 하는 사람에게 필요한 만큼 제공되도록 **통제**되어야 한다. ② 알사람만 알아야 하는 원칙, 차단의 원칙, **방첩활동과 밀접한 관련이 있다.**

4. 정보의 분류

(1) 정리 08·09·11·13·14 승진, 14·15 1차, 08·14·15·19 경간

사용수준(성질)에 따라	**전략정보**(국가정보), **전술정보**(부문정보) ※ 성질에 따라 - 전략, 전술, 방첩정보로 나눠지기도 함
분석형태(기능)에 따라	**기본정보, 현용정보, 판단정보**
사용목적(대상)에 따라	**적극정보, 소극정보(보안정보)**
수집활동에 따라	인간정보, 기술정보
(정보)요소에 따라	정치정보, 경제정보, 사회정보, 군사정보, 과학정보, 산업정보
입수형태에 따라	직접정보, 간접정보
정보출처에 따라	공개여부(공개/비밀), 입수단계(근본/부차), 주기성(정기/우연)
내용에 따라	국내정보, 국외정보
경찰업무에 따라	보안·범죄·외사·일반·교통정보

(2) 구체적 분류

1) 분석형태(기능)에 따른 분류 18 법학

기본정보	**과거**의 사실이나 사건들에 대한 **모든 정적인 상태**를 기술하여 놓은 정보로서 기본적·서술적 또는 일반 자료적 유형의 정보
현용정보	국내외의 주요 정세 가운데 국가안보나 정책결정에 영향을 미치는 내용을 선별하여 보고하는 형태의 정보로 모든 사물이나 상태의 **현재의 동적인 상태**를 보고하는 정보
판단정보	① **기본(과거)**정보와 **현용(현재)**정보를 기초로 미래에 있을 어떤 상태에 대해서 **추측·판단**한 정보로 **정보생산자의 능력과 재능을 가장 많이 필요로 한다. 따라서** 종합적인 분석과 과학적인 추론이 필요한 가장 정선된 형태의 정보이다. 14 승진, 17 경간, 20 승진 ② 정보사용자는 현안문제 해결에 집중하므로 **현용정보에 비해 판단정보를 소홀히 하는 경향**이 있다.

2) 사용목적(대상)에 따른 분류 12 승진, 19 법학, 21 경간

적극정보	국가의 **경찰기능에 필요한 정보 외의 모든 정보**
소극정보 (보안정보)	① 국가의 **경찰기능을 위한 정보** ② **국가안전보장을 위태롭게 하는 간첩활동·태업 및 전복에 대비할 국가적 취약점의 분석과 판단에 관한 정보** 17 경간

3) 사용수준에 따른 분류 07 채용, 11 승진, 19 법학

전략정보 (국가정보)	국가정책지도자가 종합적인 국가정책의 국가안전보장문제에 관하여 필요로 하는 국내의 상황과 타국의 능력, 취약성, 가능한 행동방책에 관한 지식이 전략정보이다. **국가정책과 안전보장에 막대한 영향을 주는 국가수준의 정보**
전술정보 (부문정보)	각 부처가 사용주체이며, **전략정보의 기본적인 방침 하에서 이를 구체적으로 수행하기 위한 세부적이고 부분적인 정보**를 말한다.

4) 출처에 따른 분류 12 승진

입수단계	근본 출처	① 중간기관이나 전달자에 의한 변조 없이 원형 그대로 입수할 수 있으며 정보가 획득되는 실질적인 원천이다. ② 정보관이 직접 체험한 정보로 중간매체가 개입되지 않아 정보로 부차적 출처에 비해 신빙성과 내용의 신뢰성 면에서 우위를 점한다고 볼 수 있음
	부차적 출처	TV, 라디오, 신문 등 중간매체가 있는 경우의 정보로 정보관은 이들 매체를 통해 정보를 감지하게 되지만 사실은 그 내용에 해당 매체의 주관이나 편견이 개입될 소지가 있다는 면에서 근본출처정보에 비해 출처의 신빙성과 내용의 신뢰성이 낮게 평가될 여지가 있음
주기성 여부	정기 출처	① 정기적으로 정보를 획득할 수 있는 출처로부터 얻은 정보 ② 일반적으로 정기출처정보가 우연출처정보에 비해 출처의 신빙성과 내용의 신뢰성 면에서 우위를 점한다고 볼 수 있음

공개 여부	우연 출처	정보관이 의도한 정보입수의 시점과는 무관하게 부정기적으로 얻어지는 정보를 일컫는 개념으로 원칙적으로 정보관에 의해 획득되는 비밀출처정보라고 볼 수 있음
	비밀 출처	출처가 외부에 노출될 경우 출처로서의 기능을 상실하게 되며, 출처의 입장이 난처해질 우려가 있기 때문에 외부로부터 강력히 보호를 받아야 하는 출처를 말하며, 비밀출처라고 해서 반드시 공개출처에 비해 신뢰성이 높은 것은 아님
	공개 출처	정보출처에 대한 별다른 보호조치가 없더라도 상시적으로 정보를 획득할 것으로 기대되는 출처로부터 얻어진 정보 11 승진, 19 법학

5) 입수형태에 따른 분류 11 승진

직접정보	직접적으로 경험하거나 직접 보고 듣고 느껴서 얻은 정보
간접정보	**중간매체를 통해서** 입수한 정보로, **직접정보에 비해 출처의 신빙성과 내용의 신뢰성이 낮게 평가될 수 있다.**

6) 수집활동에 의한 분류

인간정보	인간에 의해 수집된 정보
기술정보 09·12 승진	① 기술적 수단에 의해 수집된 정보로, **영상정보, 신호정보** 등이 있다. ② 첩보의 수집방법 중 레이더, 적외선센서 등의 기술적 수단을 이용하여 사진이나 영상을 수집하고 그것을 분석하여 얻어지는 정보를 영상정보라 한다. - 걸프전 당시 미국은 레이다 정찰위성을 통하여 이라크 군의 장비와 지하벙커의 위치를 탐지하였고, 이를 토대로 전략목표를 무력화시켰다. ③ 신호정보란 상대방으로부터 전파 및 전자적 신호를 탐지하고 수집하여 얻은 정보를 말한다.

02 정보의 순환

1. 정보순환과정의 개관 07 채용, 08·11·12·14 승진, 19·22 경간

정보의 순환과정	순환	정보요구 ⇒	첩보수집 ⇒	정보생산 ⇒	정보배포
	소순환	• **기본** 요소결정 • 첩보수집 계획서 작성 • **명령**하달 • **사후**검토 (수집활동에 대한 조정·감독)	• **수집** 계획서 • **출처**의 개척 • 첩보의 **획득** (첩보 수집) • 첩보의 **전달**	• 선택 : 분류 과정 • 기록 : 관리과정 • 평가 : 판정과정 • 분석 : 재분류 • 종합 : 통일 • 해석 : 결론	• **필요**성의 원칙 • **적당**성의 원칙 • **적시**성의 원칙 • **보안**성의 원칙 • **계속**성의 원칙
특징	① 정보순환의 과정은 **일방적·계속적·반복적·연속적 성격** 및 **동시진행**가능 ② 정보는 새로운 정보요구를 발생시켜 정보순환체계 내로 다시 환류됨 ③ 첩보가 정보화 되려면 정보의 순환과정을 거쳐야함 ④ 정보의 순환은 정보요구 → 첩보수집 → 정보생산 → 정보배포의 큰 4단계순환 정보는 각 단계별 소순환과정을 거쳐서 전체 순환과정에 연결된다.				

2. 정보 요구(1단계)

정보사용자가 필요로 하는 정보내용이 무엇인지를 파악하고 각급 사용자가 필요로 하는 시기에 정확한 정보가 제공될 수 있도록 적절한 운용계획을 수립하여 수집기관에 첩보의 수집을 명령, 지시하는 단계를 말한다. 12 승진

(1) 정보의 요구방법 09·18 경간, 14·15·17·19 승진

구분	PNIO (국가정보목표 우선순위)	EEI (첩보기본요소)	SRI (특별첩보요구)	OIR (기타정보요구)
의의	• 국가의 1년간 기본정보운영지침 • 정보기관의 세부활동 계획 수립 시 기본방침	• 정부 **각 부서**에서 맡고 있는 정책계획을 수행함에 있어 **우선적으로 필요**로 하는 첩보요소	• **특정지역의 특정 돌발상황**에 대한 사항 • 단기적 해결 위해 • 필요한 범위 내에 • **임시적, 단편적** 첩보 요구하는 것 • 통상 경찰업무에 활용	• **급변하는 정세의 변화에 따라** • 불가피하게 **정책상 수정요구**
특징	① 전 정보기관활동의 기본방침 ② 국정원작성	① 첩보계획서의 핵심으로 PNIO에 따라 작성	① **사전에 첩보수집 계획서 작성 불요** ② 요구: **서면 OR 구두**	급변하는 정세에 따라 불가피하게 정책수정이 요구될 때 PNIO보다 우선작성됨

		③ 경찰 EEI 작성의 근거지침	② 요구형식: **서면** (사전에 반드시 첩보수집계획서 작성필요) ③ **계속적·반복적** 요구되는 첩보 ④ **장기적** 문제해결	③ 특정 돌발사항의 해결에 필요한 **임시적·돌발적·단편적인 첩보요구형태** ④ 통상 정보기관 (경찰)의 활동은 주로 SRI에 의해 이루어짐

3. 첩보의 수집(2단계)

의의	정보의 순환과정중 **가장 어려운 단계**
과정	수집기관이 **출처의 개척 → 첩보의 수집 → 첩보의 전달**하는 과정

▶ [참고] 첩보 수집 시 우선 고려사항

고이용정보 우선의 원칙	이용가치가 높은 정보부터 수집
참신성의 원칙	알려져 있지 않은 정보를 우선적으로 수집
긴급성의 원칙	긴급한 정보일수록 우선순위를 두어 수집
수집가능성의 원칙	수집가능성이 있는 정보부터 수집
경제성의 원칙	경제성이 있는 정보부터 수집

4. 정보의 생산(3단계)

의의	① 수집된 첩보가 정보생산기관에 전달되어 사용자의 요구에 맞도록 평가·분석·종합·해석의 과정을 거쳐 정보보고서를 작성하는 단계 ② **정보의 생산 = 정보작성** ③ **학문적 성격 가장 많이 필요한 단계** 11 승진		
과정 08 채용 11 경간	**첩보의 선택 → 첩보의 기록 → 평가 → 첩보의 분석 → 첩보의 종합 → 해석** ※ 항상 순차적으로 이루어지는 것이 아니라 거의 동시적으로 이루어 짐		
	선택	① 각종 수집된 첩보 중 **긴급성, 유용성, 신뢰성, 적합성**의 기준으로 필요한 것을 **걸러내는 과정** ② 1차적 평가 과정	
	기록	즉각 사용하지 않거나 이미 사용된 첩보를 **기록, 관리하는 과정**	
	평가	① 첩보의 출처 및 내용에 관련해서 **신뢰성, 사실성,** → 즉, 타당성을 판정 과정 ② 첩보의 **적절성**, 출처기관의 **신뢰성**, 내용의 **가망성**을 확인	
	분석	① 상호관련성을 발견하여 → 재평가하는 과정 ② 평가단계에서 정선된 첩보를 가지고 **가설들을 논리적으로 검증**	

종합	① 부여된 주제에 대해 **하나의 통일체로 결합**하는 과정 ② 분석과 종합은 정보처리의 핵심 ③ 양자는 동시에 이루어지는 것이 일반적임
해석	① 평가·분석·종합된 새로운 정보의 의미와 중요성을 결정 ② **건전한 결론을 도출**하는 정보생산과정 ③ 분석관의 주관개입가능성↑, 객관적 관찰, 예리한 판단력필요

▶ **[참고] 첩보의 분류원칙** 11 승진

병치의 원칙	유사한 것이나 관계되는 자료는 가깝게 위치할 수 있도록 분류
상호배제의 원칙	분류의 세부항목을 확실하게 하여 중복 없이 분류
점진의 원칙	간단한 것에서 복잡한 것으로, 일반적인 것에서 특수한 것으로 분류
통합의 원칙	첩보를 분류함에 있어 다른 사항과의 관계를 고려하여 분류
일관성의 원칙	동일한 분류기준에 따라 끝까지 동일하게 분류

5. 정보의 배포(4단계) 10 승진, 11·19 2차, 19 경간, 20 경채

정보의 배포란 정보를 필요로 하는 개인이나 기관에게 적합한 내용을 적당한 시기에 제공하는 과정을 말하는 것으로, 적합한 형태를 갖추어야 한다.(갖출 필요는 없다X)

정보 배포의 원칙	필요성	① 반드시 알 필요가 있는 사람에게만 정보전달(=차단의 원칙) 11 승진 ② 배포기관은 '누가', '어떤 정보를', '언제', '어떻게' 사용할 '것인가를 파악하고 있어야 함
	적시성	① 정보의 사용자가 **필요로 하는 적당한 시기에 배포**되어야 한다. ② 배포순위 : **중요성, 긴급성**에 따라 결정 (먼저 생산한 것을 배포X)
	적당성	사용자의 능력에 맞추어 상황에 맞게 **적당한 양을 조절하여 필요한 만큼 전달**해야 한다.
	계속성	배포된 정보와 관련된 새로운 정보는 **계속 정보수령자에게 배포해 주어야 한다.**
	보안성	누설됨으로써 정보가치 상실될 수 있으므로, **적절한 보안대책을 강구해야한다**는 원칙

6. 정보배포의 수단 13·19 승진, 17 1차

정보배포수단	비공식적 방법	① 통상 **개인적인 대화의 형태**로 이루어짐 → **구두**에 의한 방법이 **보안성**이 가장 **높다.** ② 분석관과 정책결정자 사이, 정보기관의 대표사이, 분석관사이에 사용
	브리핑	① 일반적으로 다수에게 **정보내용을 요약·설명**(문답식) ② **현용정보의 배포수단**으로 활용 ③ 치밀한 사전 준비와 구술능력 요구
	메모	① 정보분석관이 가장 많이 활용 ② **현용정보를 전달**하는데 주로 사용 ③ 정기간행물에 포함되는 것이 적절하지 못한 긴급한 정보전달용
	문자메세지	① **물리적인 접촉이 용이하지 않은 경우** 사실 확인 차원의 단순 보고에 활용하는 방식 ② 동시에 다수를 대상으로 전파하고자 하는 때 사용 ③ 최근 활용도가 점차 높아지고 있음
	일일정보 보고서	① **매일 24시간에 걸친** ② 정치·경제·사회·문화·등 제반 정세의 변화를 망라한 보고서 ③ 제한된 범위 내에서 배포 ④ 대부분 **현용정보의 성격** → **신속성** 요구
	정기간행물	① **광범위한 배포**를 위하여 **주·월간 등으로 발행**되며, ② 방대한 정보를 수록 ③ 공인된 사용자가 가장 최근의 중요한 진행상황을 알 수 있도록 하는 배포수단
	특별보고서	① **축적(누적)된 정보가 다수의 사람이나 기관에 이해관계 또는 사용가치**가 있을 때 사용 ② **부정기적 생산** → 일일정보보고서, 정기간행물의 차이 ③ **형식면에서 통일성이 낮고**, 정보의 내용, 긴급성, 정보사용의 필요에 따라 다양
	지정된 연구과제 보고서	① 특정 **사용자가 요청한 문제**에 대하여 비교적 심층적인 연구·분석을 통해 작성 19 경간 ② 사안의 진행상황은 물론 향후 정책 대안까지 제시
	도표·사진	① 통상 다른 배포수단의 설명을 보충하거나 요약하기 위해서 이용 ② 시각적으로 증명하거나 체계적으로 이해할 수 있도록 하는 효과가 있음
	전화(전신)	① **돌발적**이고 **긴급한 정보의 배포**를 위해서 사용하는 수단 ② 흔히 **해외에서 주재하는 기관이나 요원**에게 최근의 상황을 신속하게 **전달**하는 데 효과적

7. 정보보고 및 정보보고서

1) 정보보고의 종류 12 승진

상황정보	① 현재 상태에 관한 정보를 보고하는 것 ② **현용정보(신속성/속보)**, 6하 원칙에 따라 간단히 보고 ③ **중요상황정보** 　- 매일 전국 사회갈등·집회상황을 정리경찰내부에 전파하는 보고서 13 경간
치안정보	① **치안정책의 수립·집행, 문제점과 개선사항에 관한 정보** ② 경찰청장 → 정보사용자(일명 '내부시책보고')
범죄정보	각종 범죄와 관련 수사의 단서로 사용될 수 있는 정보 **예** 공직비리, 마약·조직폭력범죄 등
정책정보 (시책정보)	**주요 정부시책의 효과 및 현실적 타당성 등을 판단**하고 시행과정에서 발생하는 문제점을 파악, 개선방안을 제시하는 정보
민심정보	① 주요 **정책이나 현안사항에 대한국민여론을 파악·보고**하여 ② 정책조정이나 후속 조치 등에 반영하는 것

2) 정보보고서의 종류 19 승진

견문보고서	경찰관이 근무 또는 일상생활 중 **오관의 작용을 통하여 보고 들은 내용을 바탕으로** 국내외 정치·경제·사회·문화 등 제 분야에 관한 각종 자료를 기술한 보고서 14 경간
정책정보 보고서	① 정부**정책**의 시행과정에서 나타나는 **문제점과 개선책**을 수집·분석한 보고서 ② 예방적 상황정보(경찰은 사회갈등이나 집회시위에 관한 분야에 특화되어 있으므로 일반 정부부처에서 생산하는 보고서와 구별됨) 13 경간
정보판단서	① 타 견문과 자료를 종합·분석하여 작성한 보고서 ② **지휘관으로 하여금 경력동원 등 상황에 대한 조치를 하게 하는 보고서**
정보 상황 보고서	① 사회갈등이나 집단시위 상황 등을 전파하는 보고서 ② **속보(신속성, 6하 원칙)**

정보보고서의 작성은 일반적인 보고서의 작성과 큰 차이는 없으나, 어떠한 판단이나 경찰 조치를 나타내는 특수한 용어를 사용할 수도 있다.(사용해서는 안 된다X) 13 경간

8. 정보보고서 작성 시 사용되는 용어 09 경간, 15·19 승진

판단됨	어떤 징후가 나타나거나 상황이 전개될 것이 **거의 확실시** 되는 근거가 있는 경우	**거의 확실**
예상됨	첩보 등 분석한 결과 **단기적**으로 어떤 상황이 전개될 것이 **비교적 확실**한 경우	**비교적 확실**
전망됨	과거의 움직임이나 현재동향, 미래의 계획 등으로 미루어 **장기적**으로 활동의 윤곽이 어떠하리라는 예측을 할 경우	**장기적 예측**
추정됨	구체적인 근거는 없이 현재 나타난 동향의 원인·배경 등을 다소 **막연히 추측**할 때	**막연히 추측**
우려됨	구체적인 징후는 없으나, 전혀 그 가능성을 배제하기 곤란하여 최소한의 **대비가 필요**한 때	**대비 필요**

9. 정보의 기능(정보와 정책의 관계)

(1) 전통주의와 행동주의 09·10·11·12 승진, 09·12 경간

전통주의	로웬탈 (Mark M. Lowenthal) 의 견해	정보와 정책에 대한 일정수준의 분리의 필요성을 강조
		① 정보는 정책에 의존하여 존재하지만, 정책은 정보의 지지 없이도 존재할 수 있음 ② 정보생산자는 정보의 제공과 정보의 조작을 구분해야 함 ③ 고위정책결정자들은 고위정보관에게 자문을 구할 수 있어야 함 ④ 정보가 정책결정에 조언을 주는 방향으로만 분리적으로 기능해야 함 ⑤ 현용정보에 정보역량을 집중하는 결과를 낳음
행동주의	힐스만 (Roger Hilsman) 의 견해	정보와 정책이 공생관계에 있기 때문에 상호간에 밀접히 연결되어야 한다는 입장
		① 정보생산자는 정책과정에 대해 연구하고 이해해야 함 ② 정보생산자는 정보사용자에게 의미가 있는 사안들에 정보역량을 동원해야 함 ③ 정보와 정책 간에 환류체제가 필요함 ④ 판단정보를 가치 있는 정보로 중시함 ⑤ CIA는 1982년부터 '행동주의'를 채택하게 되었다.

(2) 정보생산자와 사용자의 장애요인 14·15 승진

정보사용자 로부터의 장애요인	① 정책결정자의 시간적 제약성　② 정책결정자의 선호정보 ③ 정책결정자의 자존심　　　　④ 정보에 대한 과도한 기대 ⑤ 판단정보의 소외
정보생산자 로부터의 장애요인	① 다른 정보와의 경쟁　　　　② 편향적 분석의 문제 ③ 시간의 제약성　　　　　　④ 적합성의 문제 ⑤ **판단의 불명확성** 10·11 승진

> [참고] 손자(孫子)가 분류한 간첩의 종류 07 채용·09·14 승진

향간	**적국의 시민을 활용**하여 정보활동을 하는 것
내간	**적의 관리를 매수**하여 정보활동을 하는 것
반간	적의 간첩을 **역으로 이용**하여 아군을 위하여 활동시키는 것
사간	고의로 허위를 조작하여 배반할 염려가 있는 아군의 간첩으로 하여금 그것을 사실로 알고 적에게 전언 또는 누설하게 하는 것. 간첩은 보통 피살되기 때문에 사간이라고 함
생간	적국 내에 잠입하여 정보활동을 하고 **돌아와** 보고하는 간첩

03 신원조사

제36조(신원조사) ① **국가정보원장**은 제3조제2호에 해당하는 사람의 **충성심·신뢰성** 등을 확인하기 위하여 **신원조사를 한다.** 10·12·18 승진, 13 2차, 20 경간

③ 관계 기관의 장은 다음 각 호에 해당하는 사람에 대하여 **국가정보원장에게 신원조사를 요청해야 한다.** 17 승진, 17·18 2차

1. 공무원 임용 예정자(국가안전보장에 한정된 국가 기밀을 취급하는 직위에 임용될 예정인 사람으로 한정한다) 17·18 2차
2. 비밀취급 인가 예정자 17 2차
4. 국가보안시설·보호장비를 관리하는 기관 등의 장(해당 국가보안시설 등의 관리 업무를 수행하는 소속 직원을 포함한다) 17 승진
6. 그 밖에 다른 법령에서 정하는 사람이나 각급기관의 장이 국가안전보장을 위하여 필요하다고 인정하는 사람

제37조(신원조사 결과의 처리) ① **국가정보원장**은 신원조사 결과 국가안전보장에 해를 끼칠 정보가 있음이 확인된 사람에 대해서는 **관계 기관의 장에게 그 사실을 통보하여야 한다.** 13·18 2차

② 제1항에 따라 통보를 받은 관계 기관의 장은 신원조사 결과에 따라 필요한 보안대책을 마련하여야 한다. 17·18 승진, 17 2차

제45조(권한의 위탁) ① **국가정보원장**은 제36조에 따른 신원조사와 관련한 **권한의 일부를 국방부장관과 경찰청장에게 위탁할 수 있다.** 14 경간

② **국가정보원장**은 필요하다고 인정할 때에는 **각급기관의 장에게** 제35조에 따른 보안측정 및 제38조에 따른 **보안사고 조사와 관련한 권한의 일부를 위탁할 수 있다.** 다만, 국방부장관에 대한 위탁은 국방부 본부를 제외한 합동참모본부, 국방부 직할부대 및 직할기관, 각군, 「방위사업법」에 따른 방위산업체, 연구기관 및 그 밖의 군사보안대상의 보안측정 및 보안사고 조사로 한정한다.

③ **국가정보원장**은 필요하다고 인정할 때에는 제2항에 따라 권한을 위탁받은 각급기관의 장에게 보안측정 및 보안사고 **조사 결과의 통보를 요구할 수 있다.**

④ 국가정보원장은 제21조제3항에 따른 통합 비밀관리시스템의 구축·운영을 관계 중앙행정기관등의 장에게 위탁할 수 있다.

보안업무규정 시행규칙

제56조(조사기관 및 조사대상) ① 국가정보원장은 다음 각 호의 사람 중 영 제36조제3항에 해당하는 사람에 대해 신원조사를 한다.

1. 중앙행정기관등(군기관을 포함한다) 및 그 소속기관의 3급 이상의 공무원(정무직공무원과 고위공무원단 및 고위감사공무원단에 속하는 공무원을 포함한다. 이하 이 호 및 제57조제1항제1호·제2호에서 같다) 임용예정자와 「공무원보수규정」에 따라 인사혁신처장이 정하는 공무원경력의 상당계급 기준에 따라 3급에 상당하는 계급(군인의 경우에는 중장으로 한다) 이상의 공무원 임용예정자
2. 특별시·광역시·특별자치시의 행정부시장 및 도·특별자치도의 행정부지사 임용예정자
3. 판사 신규 임용예정자
4. 검사 신규 임용예정자
5. 국·공립대학교 총장 및 학장 임용예정자

6. 공무원 임용예정자인 외국인
7. 그 밖에 제1호부터 제6호까지 외의 사람으로서 각급기관의 장이 국가안전보장에 필요하다고 인정하여 요청하는 사람
② 국가정보원장은 제1항에 따른 신원조사의 대상인 사람을 제외한 군인, 군무원, 「방위사업법」에 따른 방위산업체 및 연구기관의 종사자와 그 밖의 군사보안에 관련된 사람에 대한 신원조사를 국방부장관에게 위탁한다.
③ 국가정보원장은 제1항 및 제2항에 따른 신원조사의 대상인 사람을 제외한 사람에 대한 신원조사를 경찰청장에게 위탁한다.
④ 국방부장관 및 경찰청장은 신원조사를 실시한 경우 그 신원조사의 **월별통계를 국가정보원장에게 통보해야 한다.**
⑤ 국가정보원장은 국방부장관 및 경찰청장이 위탁받은 신원조사에 관한 업무처리와 관련하여 그 기준·방법 및 절차 등의 조정이 필요하다고 인정하는 경우에는 관련 협의 또는 조치를 할 수 있다.
⑥ 관계 기관의 장은 소속 공무원 또는 임직원 등이 영 제36조제3항에 따른 신원조사 대상에 해당하는지 여부를 판단하기 위해 필요한 경우 **국가정보원장에게 관련 협의를 요청할 수 있다.**

제59조(신원조사결과의 처리) ① 국가정보원장(영 제45조제1항에 따라 국가정보원장의 권한을 위탁받은 자를 포함한다. 이하 이 장에서 같다)은 특별한 사유가 없는 한 신원조사의 요청을 받은 날부터 **30일** 내에 별지 제23호서식 또는 별지 제24호서식의 신원조사회보서의 양식에 따라 조사결과를 작성하여 요청기관에 통보해야 한다.
② 제1항에 따라 통보를 받은 요청기관의 장은 신원조사 결과 국가안보상 유해한 사항이 발견된 사람을 중요 보직에 임용하려는 경우에는 필요한 보안대책을 미리 마련해야 한다.

제60조(조회 및 협조) ① 국가정보원장은 신원조사를 위하여 필요한 범위에서 관계기관의 장에게 특정한 사실의 확인 및 자료의 제출을 요청할 수 있다.
② 제1항의 요청을 받은 관계기관의 장은 정당한 사유 없이 이를 거부할 수 없다.

제69조(보안교육) ① 다음 각 호에 해당하는 사람에 대해서는 **관계기관의 장이** 사전에 충분한 **보안교육 등 보안조치를 하여야 한다.**
1. 신규 채용직원
2. 비밀취급인가 예정자
3. 공무, 학술, 체육, 문화, 시찰, 유학 또는 국제기구·민간기업 파견 또는 취업 등을 목적으로 하는 해외여행자
② **중앙행정기관등의 장**은 소속 직원을 대상으로 **반기별 1회 이상 보안교육을 실시해야 한다.**
③ 관계 각급 교육기관의 장은 비밀교재 및 비밀교육 내용을 기록한 피교육자의 필기장 등에 대한 보안대책을 마련·이행하여야 한다.

04 집회 및 시위에 관한 업무 - 집회 및 시위에 관한 법률

1. 목적 및 용어정의

제1조(목적) 이 법은 적법한 집회 및 시위를 최대한 보장하고 위법한 시위로부터 국민을 보호함으로써 집회 및 시위의 권리 보장과 공공의 안녕질서가 적절히 조화를 이루도록 하는 것을 목적으로 한다.

제2조(정의) 이 법에서 사용하는 용어의 뜻은 다음과 같다.
1. "옥외집회"란 천장이 없거나 사방이 폐쇄되지 아니한 장소에서 여는 집회를 말한다. 13·16 1차
2. "시위"란 여러 사람이 공동의 목적을 가지고 도로, 광장, 공원 등 일반인이 자유로이 통행할 수 있는 장소를 행진하거나 위력 또는 기세를 보여, 불특정한 여러 사람의 의견에 영향을 주거나 제압을 가하는 행위를 말한다. 13 경간, 12 3차, 13·14·16 1차, 19 승진
3. "주최자"란 자기 이름으로 자기 책임 아래 집회나 시위를 여는 사람이나 단체를 말한다. 주최자는 주관자를 따로 두어 집회 또는 시위의 실행을 맡아 관리하도록 위임할 수 있다. 이 경우 주관자는 그 위임의 범위 안에서 주최자로 본다. 11 승진, 09·13 경간, 13·14·15·16·20 1차, 17·18 2차, 18 3차, 21 경찰특공대
4. "질서유지인"이란 주최자(관할경찰서장X)가 자신을 보좌하여 집회 또는 시위의 질서를 유지하게 할 목적으로 임명한 자를 말한다. 13·23 2차
5. "질서유지선"이란 관할 경찰서장이나 시·도경찰청장이 적법한 집회 및 시위를 보호하고 질서 유지나 원활한 교통 소통을 위하여 집회 또는 시위의 장소나 행진 구간을 일정하게 구획하여 설정한 띠, 방책, 차선 등의 경계 표지를 말한다. 15·17 승진, 16 1차, 16 2차
6. "경찰관서"란 국가경찰관서를 말한다.

[정리]

		옥외	집회
집회	옥외 집회	① 천장이 없거나 ② 사방이 폐쇄되지 아니한 장소 cf. 옥내집회는 신고대상X 09 경간 - 대학교 내 대강당에서의 집회는 옥내집회로서 신고대상이 아님	① 특정 또는 불특정 다수인이 공동목적을 가지고 일정한 장소에 모이는 것 ※ 2인 이상 모인 집회도 동법의 규제대상 - 순수한 1인 시위는 동법 적용 X 21 2차, 21 승진 ② 동법 제3조 상 집회 : 그 모이는 장소나 **사람의 다과에 제한이 있을 수 없다.** (대판1983.11.22., 83도2528) 14 승진 ③ 옥외집회는 신고대상(허가대상X) ㉠ 군 관할구역에서의 옥외집회 ㉡ 집회 없는 행진 ㉢ 도로, 역광장 등 공공장소에서의 가두서명·유인물 배포 ㉣ 플래시몹 (대판2011도2393) 📝 **관련 판례** 2003. 6월 미국 뉴욕에서 시작된 시위형태로 '불특정 다수가 휴대 전화나 전자우편을 이용해 이미 정해진 시간과 장소에 모여 현장에서 주어진 행동을 짧은 시간에 하고 곧바로 흩어지는 새로운 시위형태'를 말한다. 12·15 승진

	① 학문·예술·체육·의식·친목·오락·관혼상제 및 국경행사에 관한 집회 → 신고대상(X), 단 소음제한규정은 적용됨 10 승진, 20 경간
	② 대학구내·종교시설 구내·회사구내 등 소위 '성역'에서의 집회도 옥외집회에 해당되어 신고대상이다. 다만, 현실적으로 시설당국의 자치권을 인정하여 시설주에게 일임하고 있음 (시설이용권이 없는 외부인이 동 시설에서 집회를 개최하는 경우에도 신고대상이다.)
	③ 군 작전 관할구역 내에서 옥외집회도 신고대상이나, 사실상 경찰행정권이 미치지 않으므로 작전 관할권이 있는 군부대장의 허가를 받아 개최하여야 한다.
	④ 옥내집회 후 행진하는 경우 또는 행진만을 개최하는 경우에는 신고해야 한다. 09 경간
	⑤ 해상이나 공중에서 선박 또는 비행기 등으로 시위하는 경우, 자동차·건설기계·농기계 등을 동원하여 도로 등 공공장소에서 행진 또는 시위하는 차량시위는 신고를 접수하지 아니할 법적근거가 집회 및 시위에 관한 법률에는 없다. 위험성이 높은 시위의 형태이므로 반려하거나 철회하도록 행정지도한다.
	📝 관련 판례
	   ① 우연한 만남 : 집회 X (대판 82도 1861)
	   ② 인근교회에 잠시 머뭄 : 집회 X (대판 2008도 3014)
	   ③ 외형상 기자회견이라는 형식을 띠었지만, 용산철거를 둘러싸고 철거민의 입장을 옹호하면서 검찰에 수사기록을 공개하라는 내용의 공동의견을 형성하여 이를 대외적으로 표명할 목적 아래 일시적으로 일정한 장소에 모인 것은 집회 및 시위에 관한 법률 상 집회에 해당한다.(대판 2011도6301) 21 승진
	   ④ 플래시몹도 내용에 따라 옥외집회 : 대판 2011도 2393
	   ⑤ 모든 방해·강요조치의 금지 : 헌재 2000 헌바 67
	   ⑥ 천정이 없거나 사방이 폐쇄되지 않은 kbs 본관현관 앞 : 집회 O (대판 1991. 6. 28, 91도 944)	

시위	장소제한 O	① 여러 사람이 공동의 목적을 가지고 ② 도로, 광장, 공원 등 일반인이 자유로이 통행할 수 있는 장소 ③ 행진
	장소제한 X	① 위력 또는 기세를 보여 ② 불특정한 여러 사람의 의견에 영향을 주거나 제압을 가하는 행위

주최자	① 주최자(주관자 X)란 자기이름으로 자기 책임아래 집회나 시위를 여는 사람이나 단체 20 경간
	② 주최자는 주관자를 두어 집회 또는 시위의 실행을 맡이 관리하도록 위임 할 수 있다.
	   → 이 경우 주관자는 그 위임의 범위 안에서 주최자
	③ 주최자의 자격 = 제한 없음
	   – 범죄수배자, 외국인 및 법인격 유무를 불문하고 모두 주최자 가능
	   – 연합단체가 가장 많은 인원이 참가한 단체의 부위원장이 집회의 사회를 보았다면 주최자로 인정할 수 있다(대판 2007도 6188).	

질서유지인	① 주최자가 자신을 보좌하여 집회 또는 시위를 질서를 유지하게 할 목적으로 임명한 자 ② 18세 이상인 사람(질서유지인의 능력, 전문성 규정 X) (동법 제16조 제2항) ③ 질서유지인은 참가자 등이 질서유지인임을 쉽게 알아볼 수 있도록 완장, 모자, 어깨띠, 상의 등을 착용하여야 한다.(동법 제17조 제3항)	

질서유지선	관할 경찰서장이나 시·도경찰청장이 적법한 집회 및 시위를 보호하고 질서유지나 원활한 교통소통을 위하여 집회 또는 시위장소나 행진구간을 일정하게 구획하여 설정한 **띠·방책·차선**등의 경계표지
경찰관서	**국가경찰관서**(자치경찰관서는 이 법의 경찰관서 X)

2. 집회 및 시위의 신고 및 처리절차

제6조(옥외집회 및 시위의 신고 등) ① 옥외집회나 시위를 주최하려는 자는 그에 관한 다음 각 호의 사항 모두를 적은 신고서를 옥외집회나 시위를 시작하기 **720시간 전부터 48시간 전**에 관할 경찰서장에게 제출하여야 한다. 09 채용, 11·16 2차, 09·15·16·23 경간, 18 승진, 23 경찰특공대, 23 경채 다만, 옥외집회 또는 시위 장소가 **두 곳 이상의 경찰서의 관할**에 속하는 경우에는 관할 시·도경찰청장에게 제출하여야 하고, **두 곳 이상의 시·도경찰청 관할**에 속하는 경우에는 주최지를 관할하는 시·도경찰청장에게 제출하여야 한다. 11 경간, 12 3차, 13·14·20 1차, 18 3차, 19 승진, 21 경채, 21·23 경찰특공대

1. 목적
2. 일시(필요한 시간을 포함한다)
3. 장소
4. 주최자(단체인 경우에는 그 대표자를 포함한다), 연락책임자, 질서유지인에 관한 다음 각 목의 사항
   가. 주소
   나. 성명
   다. 직업
   라. 연락처
5. **참가 예정인 단체와 인원** 11 경간
6. 시위의 경우 그 방법(진로와 약도를 포함한다)

시행령(시위방법의 기재내용)
제2조(시위방법) 「집회 및 시위에 관한 법률」(이하 "법"이라 한다) 제6조제1항제6호에 따른 시위방법은 다음 각 호의 사항을 말한다.
  1. **시위의 대형**
  2. 차량, 확성기, 입간판, 그 밖에 주장을 표시한 **시설물의 이용 여부와 그 수**
  3. 구호 제창의 여부
  4. 진로(출발지, 경유지, 중간 행사지, 도착지 등)
  5. 약도(시위행진의 진행방향을 도면으로 표시한 것)
  6. **차도·보도·교차로의 통행방법**
  7. 그 밖에 시위방법과 관련되는 사항

② 관할 경찰서장 또는 시·도경찰청장(이하 "**관할경찰관서장**"이라 한다)은 제1항에 따른 **신고서를 접수하면 신고자에게 접수 일시를 적은 접수증을 즉시 내주어야** 한다. 11 경간, 13·17 2차, 19 승진

③ **주최자**는 제1항에 따라 **신고한 옥외집회 또는 시위를 하지 아니하게 된 경우**에는 신고서에 적힌 집회 일시 **24시간 전**에 그 철회사유 등을 적은 철회신고서를 관할경찰관서장에게 제출하여야 한다. 10·18 승진, 17 2차, 19 경간

④ 제3항에 따라 **철회신고서를 받은 관할경찰관서장**은 제8조제3항에 따라 금지 통고를 한 집회나 시위가 있는 경우에는 그 금지 통고를 받은 **주최자에게 제3항에 따른 사실을 즉시 알려야 한다.**

⑤ 제4항에 따라 **통지를 받은 주최자**는 그 금지 통고된 집회 또는 시위를 최초에 신고한 대로 개최할 수 있다. 다만, 금지 통고 등으로 시기를 놓친 경우에는 일시를 새로 정하여 집회 또는 시위를 시작하기 24시간 전에 관할경찰관서장에게 신고서를 제출하고 집회 또는 시위를 개최할 수 있다.

제7조(신고서의 보완 등) ① 관할경찰관서장은 제6조제1항에 따른 **신고서의 기재 사항에 미비한 점을 발견하면 접수증을 교부한 때부터 12시간 이내에 주최자에게 24시간을 기한으로 그 기재 사항을 보완할 것을 통고할 수 있다.** 09 채용, 10·11·14·18·19·21 승진, 11·13·14·15·19·20 1차, 14·15·23 2차, 13·15·16 경간, 16 지능특채, 21 경찰특공대

② 제1항에 따른 보완 통고는 보완할 사항을 분명히 밝혀 **서면(문자X)으로 주최자 또는 연락책임자에게 송달하여야 한다.** 21 승진

> **시행령**
> **제3조(보완 통고서의 송달)** 법 제6조제1항의 규정에 따른 신고서를 접수한 관할경찰서장 또는 시·도경찰청장(이하 "관할 경찰관서장"이라 한다)은 법 제7조제2항에 따른 보완 통고서를 주최자나 연락책임자의 책임 있는 사유로 주최자나 연락책임자에게 직접 송달할 수 없는 때에는 다음 각 호의 방법으로 송달할 수 있다.
> 1. 주최자가 단체인 경우
>   주최자 또는 연락책임자의 대리인이나 단체의 사무소에서 근무하는 직원에게 전달하되, 대리인 또는 사무소에서 근무하는 직원에게 전달할 수 없는 때에는 단체의 사무소가 있는 **건물의 관리인이나 건물 소재지의 통장 또는 반장에게 전달할 수 있다.**
> 2. 주최자가 개인인 경우
>   주최자 또는 연락책임자의 세대주나 가족 중 성년자에게 전달하되, 주최자 또는 연락책임자의 세대주나 가족 중 성년자에게 전달할 수 없는 때에는 주최자 또는 연락책임자가 거주하는 건물의 관리인이나 건물 소재지의 통장 또는 반장에게 전달할 수 있다.

제8조(집회 및 시위의 금지 또는 제한 통고) ① 제6조제1항에 따른 **신고서를 접수한 관할경찰관서장**은 신고된 옥외집회 또는 시위가 다음 각 호의 어느 하나에 해당하는 때에는 신고서를 접수한 때부터 **48시간 이내에 집회 또는 시위를 금지할 것을 주최자에게 통고할 수 있다.** 11·21 승진, 14·15 경간 다만, 집회 또는 시위가 집단적인 폭행, 협박, 손괴, 방화 등으로 공공의 안녕 질서에 직접적인 위험을 초래한 경우에는 남은 기간의 해당 집회 또는 시위에 대하여 **신고서를 접수한 때부터 48시간이 지난 경우에도 금지 통고를 할 수 있다.**(48시간이 경과한 이후에는 어떠한 경우에도 금지통고 할 수 없다X) 14 승진, 19 1차
  1. 제5조제1항(**절대적 금지사유**), 제10조 본문(**헌법불합치결정, 야간옥외집회**) 또는 제11조(**위헌결정, 밤 12시 이전 야간시위**)에 위반된다고 인정될 때
  2. 제7조제1항에 따른 **신고서 기재 사항을 보완하지 아니한 때** 09 경간
  3. 제12조(**교통소통을 위한 제한**)에 따라 금지할 집회 또는 시위라고 인정될 때

② 관할경찰관서장은 집회 또는 시위의 시간과 장소가 중복되는 2개 이상의 신고가 있는 경우 그 목적으로 보아 서로 상반되거나 방해가 된다고 인정되면 각 옥외집회 또는 시위 간에 **시간을 나누거나 장소를 분할하여 개최하도록 권유**하는 등 각 옥외집회 또는 시위가 서로 방해되지 아니하고 **평화적으로 개최·진행될 수 있도록 노력하여야 한다.**

③ 관할경찰관서장은 제2항에 따른 **권유가 받아들여지지 아니하면 뒤에 접수된 옥외집회 또는 시위**

에 대하여 제1항에 준하여 그 집회 또는 시위의 금지를 통고할 수 있다.(통고하여야 한다X) 12 승진, 15 1차, 14 2차, 16 경간

④ 제3항에 따라 뒤에 접수된 옥외집회 또는 시위가 금지 통고된 경우 먼저 신고를 접수하여 옥외집회 또는 시위를 개최할 수 있는 자는 집회 시작 1시간 전에 관할경찰관서장에게 집회 개최 사실을 통지하여야 한다.

⑤ 다음 각 호의 어느 하나에 해당하는 경우로서 그 거주자나 관리자가 시설이나 장소의 보호를 요청하는 경우에는 집회나 시위의 금지 또는 제한을 통고할 수 있다. 11 경간, 14 승진 이 경우 집회나 시위의 금지 통고에 대하여는 제1항을 준용한다.

1. 제6조제1항의 신고서에 적힌 장소(이하 이 항에서 "신고장소"라 한다)가 다른 사람의 **주거지역**이나 이와 유사한 장소로서 집회나 시위로 재산 또는 시설에 심각한 피해가 발생하거나 사생활의 평온을 뚜렷하게 해칠 우려가 있는 경우
2. 신고장소가 「초·중등교육법」 제2조에 따른 **학교의 주변 지역**으로서 집회 또는 시위로 학습권을 뚜렷이 침해할 우려가 있는 경우 11 2차
3. 신고장소가 「군사기지 및 군사시설 보호법」 제2조제2호에 따른 **군사시설**의 주변 지역으로서 집회 또는 시위로 시설이나 군 작전의 수행에 심각한 피해가 발생할 우려가 있는 경우 11 2차, 19 승진

⑥ 집회 또는 시위의 금지 또는 제한 통고는 그 이유를 분명하게 밝혀 서면으로 주최자 또는 연락책임자에게 송달하여야 한다.

제9조(집회 및 시위의 금지 통고에 대한 이의 신청 등) ① 집회 또는 시위의 주최자는 제8조에 따른 금지 통고를 받은 날부터 **10일 이내**에 해당 경찰관서의 바로 위의 상급경찰관서의 장에게 이의를 신청할 수 있다. 09 채용, 10·11·18 승진, 12 3차, 12·13·14 1차, 14·15·16 2차, 11·14·15·16·20 경간, 16 지능특채

> **시행령**
>
> 제8조(이의 신청의 통지 및 답변서 제출) ① 법 제9조제1항에 따른 **이의 신청을 받은 경찰관서장**은 즉시 집회 또는 시위의 금지를 통고한 경찰관서장에게 이의 신청의 취지와 이유(이의 신청시 증거서류나 증거물을 제출한 경우에는 그 요지를 포함한다)를 알리고, 답변서의 제출을 명하여야 한다.
> ② 제1항에 따른 답변서에는 금지 통고의 근거와 이유를 구체적으로 밝히고 이의 신청에 대한 답변을 적되 필요한 증거서류나 증거물이 있으면 함께 제출하여야 한다.
>
> 제9조(재결의 통지) 이의 신청을 받은 **경찰관서장**은 법 제9조제2항에 따라 재결을 한 때에는 집회 또는 시위의 금지를 통고한 경찰관서장에게 재결 내용을 즉시 알려야 한다.

② 제1항에 따른 **이의 신청을 받은 경찰관서의 장**은 접수 일시를 적은 접수증을 이의 신청인에게 즉시 내주고 접수한 때부터 24시간 이내에 재결을 하여야 한다. 11 1차, 11·18 승진 이 경우 접수한 때부터 24시간 이내에 재결서를 발송하지 아니하면 관할경찰관서장의 금지 통고는 소급하여 그 효력을 잃는다. 12 3차, 13·14 1차, 18 승진

③ 이의 신청인은 제2항에 따라 금지 통고가 위법하거나 부당한 것으로 재결되거나 그 효력을 잃게 된 경우 처음 신고한 대로 집회 또는 시위를 개최할 수 있다. 08 경간, 18 승진 다만, 금지 통고 등으로 시기를 놓친 경우에는 일시를 새로 정하여 집회 또는 시위를 시작하기 24시간 전에 관할경찰관서장에게 신고함으로써 집회 또는 시위를 개최할 수 있다. 08 경간, 11 1차, 18 승진

[정리] 신고 및 처리절차

신고(제6조)	
기간	① 720시간 전부터 48시간 전 ② 옥외집회나 시위를 시작하기 (720~48시간)전에 관할경찰서장에게 신고서를 제출하여야 한다(최대 29일)
제출 기관	① 하나의 경찰서 관할 : **경찰서장** ② 2곳 이상 경찰서 관할 : **시·도경찰청장** ③ 2곳 이상 시·도경찰청 관할 : **주최지를 관할하는 시·도경찰청장**

경찰의 조치			
접수증 (제6조 2항~5항)	교부	① 관할 경찰서장 또는 시·도경찰청장은 신고서를 접수하면서 ② 신고자에게 **접수증을 즉시**(24시간 X)**내주어야 한다.**	
	철회	① **주최자**는 신고한 옥외집회 또는 시위를 하지 아니하게 된 경우 **신고서에 적힌 일시 24시간 전**에 철회신고서를 관할 경찰서장에게 **제출하여야 한다.** ② 철회신고서 받은 후 관할 경찰서장은 먼저 받은 신고 때문에 금지 통보한 집회나 시위가 있는 경우→ **철회사실**을 **즉시 알려야** 한다. ③ **통지를 받은 주최자**는 그 금지 통고된 집회 또는 시위를 **최초에 신고한대로 개최할 수 있다.** ※ 뒤에 접수 된 것을 금지 통고했는데, 먼저 신고한 옥외집회·시위 주최자가 이를 개최하지 않으면서 24시간 전에 철회신고서 제출의무를 위반한 경우 → 100만원 이하의 과태료(제26조 제1항) 18 승진, 19 경간 ※ 시기를 놓친 경우 새로이 일시를 정하여 시위를 시작하기 24시간 전에 관할경찰관서장에게 신고서를 제출하고 집회 또는 시위를 개최할 수 있다.	

A — B	협의	처리
목적이 상반 (보수vs진보) 서로 방해우려 ⇒	먼저 신고한 단체 우선 ⇒ 나중 신고 단체 금지통고 가능 ⇒	① A단체개최O → 1시간 전에 경찰에 통보 ② 개최X → 철회신고서 24시간 전에 제출 → 경찰 지체 없이 통보(B단체), → 위반 시 100만 이하 과태료(벌금X)

[정리] 보완통고, 금지통고, 제한통고

보완통고	① **관할 경찰관서장**은 신고서의 기재사항에 미비한 점을 발견하면 ② 접수증을 교부한 때부터 12시간 이내에 주최자에게 24시간을 기한으로 통고할 수 있다. (형식적 미비 심사O, 내용 미비 심사X), 18 승진 서면으로 주최자 또는 연락책임자에게 송달
금지통고	① **주최자**가 보완통고서 수령 시부터 **24시간 이내에 보완하지 않을 경우** 신고를 접수한 때부터 **48시간 이내에 금지 통고**를 할 수 있다. ② 예외 : 집회 또는 시위가 집단적인 폭행, 협박, 손괴, 방화 등으로 **공공의 안녕질서에 직접적인 위협을 초래한 경우**에는 → 남은 기간의 해당 집회 또는 시위에 대하여 신고서를 접수한 때부터 48시간이 지난경우에도 금지 통고할 수 있다.
제한통고	**제한 통고의 기한 없음**(집회직전까지 통고서를 전달하면 됨), 도달주의 21 승진

[정리] 불복절차

이의신청	주최자는 금지통고를 받은 날부터 **10일 이내**에 해당 경찰관서의 직근 상급경찰관서의 장에게 (해당경찰관서장X)이의를 신청할 수 있다. → 이의신청이 각하 또는 기각된 경우에는 금지통고는 유효하다.
재결	① 이의신청을 받은 경찰관서장은 **접수증을 즉시 내주고 접수시부터 24시간 이내 재결해야 한다**(할 수 있다 X), 접수한 때로부터 24시간 이내 재결서 발송하지 아니하면 금지통고는 **소급하여 효력 상실함** ② 이의 신청인은 금지통고가 위법·부당한 것으로 재결되거나 효력을 잃게 된 경우 **처음 신고한 대로 집회·시위를 개최할 수 있다.**(별도의 신고는 필요X), 다만, 금지통고등으로 시기를 놓친 경우에는 일시 새로 정하여 집회·시위 시작하기 24시간 전에 관할 경찰관서장에게 신고함으로써 집회·시위 개최가능
행정소송	① 집회 및 시위의 금지통고에 불복하는 경우 **이의신청절차를** 거치지 아니하고 행정소송을 제기할 수 있다. 08 경간 ② 피고 - 금지통고를 한 해당 경찰관서장(처분청)

3. 집회 및 시위의 금지와 제한

제3조(집회 및 시위에 대한 방해 금지) ① 누구든지 폭행, 협박, 그 밖의 방법으로 평화적인 집회 또는 시위를 방해하거나 질서를 문란하게 하여서는 아니 된다.
② 누구든지 폭행, 협박, 그 밖의 방법으로 집회 또는 시위의 주최자나 질서유지인의 이 법의 규정에 따른 임무 수행을 방해하여서는 아니 된다.
③ 집회 또는 시위의 주최자는 **평화적인 집회 또는 시위가 방해받을 염려가 있다고 인정되면 관할 경찰관서에 그 사실을 알려 보호를 요청할 수 있다.** 이 경우 관할 경찰관서의 장은 정당한 사유 없이 보호 요청을 거절하여서는 아니 된다. → 정당한 이유 없이 거절한 경우 집시법상 처벌규정은 없다. 13 2차

> **제22조(벌칙)** ① 제3조제1항 또는 제2항을 위반한 자는 **3년 이하의 징역 또는 300만원 이하의 벌금**에 처한다. 다만, 군인·검사 또는 경찰관이 제3조제1항 또는 제2항을 위반한 경우에는 **5년 이하의 징역에 처한다.** 16·19 경간, 16 지능특채, 19 1차

제4조(특정인 참가의 배제) 집회 또는 시위의 **주최자 및 질서유지인은 특정한 사람이나 단체가 집회나 시위에 참가하는 것을 막을 수 있다. 다만, 언론사의 기자는 출입이 보장되어야 하며**, 이 경우 기자는 신분증을 제시하고 기자임을 표시한 완장을 착용하여야 한다. 13·14 1차, 18 2차

제5조(집회 및 시위의 금지) ① 누구든지 다음 각 호의 어느 하나에 해당하는 **집회나 시위를 주최하여서는 아니 된다.(절대적 금지)**
 1. 헌법재판소의 결정에 따라 해산된 정당의 목적을 달성하기 위한 집회 또는 시위 14 경간, 11 2차, 15·19 1차
 2. 집단적인 폭행, 협박, 손괴, 방화 등으로 공공의 안녕 질서에 직접적인 위협을 끼칠 것이 명백한 집회 또는 시위
② 누구든지 제1항에 따라 금지된 집회 또는 시위를 할 것을 선전하거나 선동하여서는 아니 된다.

제10조(옥외집회와 시위의 금지 시간) 누구든지 해가 뜨기 전이나 해가 진 후에는 옥외집회 또는 시위를 하여서는 아니 된다. 다만, 집회의 성격상 부득이하여 주최자가 질서유지인을 두고 미리 신고한 경우에는 관할경찰관서장은 질서 유지를 위한 조건을 붙여 해가 뜨기 전이나 해가 진 후에도 옥외집회를 허용할 수 있다.

🔹 **판례**
[헌법 불합치, 2008헌가25, 2009. 9. 24., 집회 및 시위에 관한 법률(2007. 5. 11. 법률 제8424호로 전부개정된 것) 제10조 중 '옥외집회' 부분 및 제23조 제1호 중 '제10조 본문'의 **옥외집회' 부분은 헌법에 합치되지 아니한다.** 위 조항들은 2010. 6. 30.을 시한으로 입법자가 개정할 때까지 계속 적용된다.] 23 경간

[한정위헌, 2010헌가2, 2014. 3. 27. 집회 및 시위에 관한 법률(2007. 5. 11. 법률 제8424호로 개정된 것) 제10조 본문 중 '시위'에 관한 부분 및 제23조 제3호 중 '제10조 본문' 가운데 **'시위'에 관한 부분은 각 '해가 진 후부터 같은 날 24시까지의 시위'에 적용하는 한 헌법에 위반된다.**]

→ 현재 **야간 옥외집회는 허용, 야간시위는 자정부터 일출 전까지는 금지, 일몰 후부터 자정까지는 가능**

제11조(옥외집회와 시위의 금지 장소) 누구든지 다음 각 호의 어느 하나에 해당하는 청사 또는 저택의 **경계 지점으로부터 100 미터 이내의 장소에서는 옥외집회 또는 시위를 하여서는 아니 된다.** 14 경간,

21 경채
1. **국회의사당.** 다만, 다음 각 목의 어느 하나에 해당하는 경우로서 국회의 기능이나 안녕을 침해할 우려가 없다고 인정되는 때에는 그러하지 아니하다.
   가. 국회의 활동을 방해할 우려가 없는 경우
   나. 대규모 집회 또는 시위로 확산될 우려가 없는 경우
2. **각급 법원, 헌법재판소.** 다만, 다음 각 목의 어느 하나에 해당하는 경우로서 각급 법원, 헌법재판소의 기능이나 안녕을 침해할 우려가 없다고 인정되는 때에는 그러하지 아니하다.
   가. 법관이나 재판관의 직무상 독립이나 구체적 사건의 재판에 영향을 미칠 우려가 없는 경우
   나. 대규모 집회 또는 시위로 확산될 우려가 없는 경우
3. **대통령 관저(사저X), 국회의장 공관, 대법원장 공관, 헌법재판소장 공관** 23 경간
4. **국무총리 공관.** 다만, 다음 각 목의 어느 하나에 해당하는 경우로서 국무총리 공관의 기능이나 안녕을 침해할 우려가 없다고 인정되는 때에는 그러하지 아니하다.
   가. 국무총리를 대상으로 하지 아니하는 경우
   나. 대규모 집회 또는 시위로 확산될 우려가 없는 경우
5. **국내 주재 외국의 외교기관이나 외교사절의 숙소.** 다만, 다음 각 목의 어느 하나에 해당하는 경우로서 외교기관 또는 외교사절 숙소의 기능이나 안녕을 침해할 우려가 없다고 인정되는 때에는 그러하지 아니하다. 23 경간
   가. 해당 외교기관 또는 외교사절의 숙소를 대상으로 하지 아니하는 경우
   나. 대규모 집회 또는 시위로 확산될 우려가 없는 경우
   다. 외교기관의 업무가 없는 휴일에 개최하는 경우

📋 판례

[2020. 6. 9. 법률 제17393호에 의하여 헌법재판소에서 헌법불합치 결정된 이 조 제1호 및 제3호를 개정함.]

[헌법불합치, 2018헌바48 2018헌바48,2019헌가1(병합), 2022.12.22.집회 및 시위에 관한 법률(2020. 6. 9. 법률 제17393호로 개정된 것) 제11조 제3호 중 **'대통령 관저(官邸)' 부분** 및 제23조 제1호 중 제11조 제3호 가운데 '대통령 관저(官邸)'에 관한 부분은 **헌법에 합치되지 아니한다. 위 법률조항은 2024. 5. 31.을 시한으로 개정될 때까지 계속 적용된다.**]

[헌법불합치, 2021헌가1, 2023.3.23. 1. 구 집회 및 시위에 관한 법률(2007. 5. 11. 법률 제8424호로 전부개정되고, 2020. 6. 9. 법률 제17393호로 개정되기 전의 것) 제11조 제2호 중 '국회의장 공관'에 관한 부분 및 제23조 제3호 중 제11조 제2호 가운데 **'국회의장 공관'에 관한 부분은 헌법에 합치되지 아니한다.** 법원 기타 국가기관 및 지방자치단체는 위 법률조항의 적용을 중지하여야 한다. 2. 집회 및 시위에 관한 법률(2020. 6. 9. 법률 제17393호로 개정된 것) 제11조 제3호 중 '국회의장 공관'에 관한 부분 및 제23조 제3호 중 제11조 제3호 가운데 **'국회의장 공관'에 관한 부분은 헌법에 합치되지 아니한다. 위 법률조항은 2024. 5. 31.을 시한으로 개정될 때까지 계속 적용된다.**]

제12조(교통 소통을 위한 제한) ① 관할경찰관서장은 **대통령령으로 정하는 주요 도시의 주요 도로에서의 집회 또는 시위**에 대하여 교통 소통을 위하여 필요하다고 인정하면 이를 **금지하거나 교통질서 유지를 위한 조건을 붙여 제한할 수 있다.**

② 집회 또는 시위의 **주최자가 질서유지인을 두고 도로를 행진하는 경우에는 제1항에 따른 금지를 할 수 없다.** 다만, 해당 도로와 주변 도로의 교통 소통에 장애를 발생시켜 심각한 교통 불편을 줄 우려

가 있으면 제1항에 따른 **금지를 할 수 있다.** 11 2차, 14 2차

제13조(질서유지선의 설정) ① 제6조제1항에 따른 신고를 받은 **관할경찰관서장**은 집회 및 시위의 보호와 공공의 질서 유지를 위하여 필요하다고 인정하면 **최소한(최대한X)**의 범위를 정하여 **질서유지선을 설정할 수 있다.** 15·18·19·23 승진, 17·23 경간

② 제1항에 따라 경찰관서장이 질서유지선을 설정할 때에는 **주최자 또는 연락책임자에게 이를 알려야 한다.** 15·18·23 승진, 23 경찰특공대

제24조(벌칙) 다음 각 호의 어느 하나에 해당하는 자는 **6개월 이하의 징역 또는 50만원 이하의 벌금·구류 또는 과료**에 처한다. 11·16·17·19 경간, 18 승진, 20 1차, 21 경찰특공대
3. 제13조에 따라 설정한 **질서유지선**을 경찰관의 경고에도 불구하고 정당한 사유 없이 상당 시간 침범하거나 손괴·은닉·이동 또는 제거하거나 그 밖의 방법으로 그 **효용을 해친 자** 15·23 승진

시행령
제13조(질서유지선의 설정·고지 등) ① 관할 경찰관서장은 집회 및 시위의 보호와 공공의 질서 유지를 위하여 다음 각 호의 어느 하나에 해당하는 경우에는 법 제13조제1항에 따라 **질서유지선을 설정할 수 있다.(모든 집회에 반드시 설치X)** 15 승진
1. 집회·시위의 장소를 한정하거나 집회·시위의 **참가자와 일반인을 구분할 필요가 있을 경우**
2. 집회·시위의 **참가자를 일반인이나 차량으로부터 보호할 필요가 있을 경우** 17 경간
3. **일반인의 통행 또는 교통 소통 등을 위하여 필요할 경우**
4. 다음 각 목의 어느 하나의 시설 등에 **접근하거나 행진하는 것을 금지하거나 제한할 필요가 있을 경우**
   가. 법 제11조에 따른 집회 또는 시위가 금지되는 장소
   나. 통신시설 등 중요시설
   다. 위험물시설
   라. 그 밖에 안전 유지 또는 보호가 필요한 재산·시설 등
5. 집회·시위의 **행진로를 확보하거나** 이를 위한 **임시횡단보도를 설치할 필요가 있을 경우**
6. 그 밖에 집회·시위의 보호와 공공의 질서 유지를 위하여 필요할 경우

② 법 제13조제2항에 따른 질서유지선의 설정 고지는 **서면**으로 하여야 한다. 17 경간 다만, 집회 또는 시위 장소의 상황에 따라 **질서유지선을 새로 설정하거나 변경하는 경우에는 집회 또는 시위의 장소에 있는 경찰공무원이 구두로 알릴 수 있다.** 15·18·23 승진

제14조(확성기등 사용의 제한) ① 집회 또는 시위의 주최자는 확성기, 북, 징, 꽹과리 등의 기계·기구(이하 이 조에서 "확성기 등"이라 한다)를 **사용하여** 타인에게 심각한 피해를 주는 소음으로서 대통령령으로 정하는 기준을 위반하는 **소음을 발생시켜서는 아니 된다.**

② 관할경찰관서장은 집회 또는 시위의 주최자가 제1항에 따른 기준을 초과하는 소음을 발생시켜 타인에게 피해를 주는 경우에는 그 기준 이하의 소음 유지 또는 확성기등의 사용 중지를 명하거나 확성기 등의 **일시보관 등 필요한 조치를 할 수 있다.** 15 승진, 21 2차

→ 확성기 사용중지명령에 불응하거나 확성기 일시보관 등 필요한 조치를 거부·방해하는 경우에는 6개월 이하의 징역 또는 50만 원 이하의 벌금·구류 또는 과료에 처한다. 15 승진

집회 및 시위에 관한 법률 시행령[별표2] – 확성기등의 소음기준(제14조 관련)
14·15 승진, 15·19 경간, 16 2차, 16 지능특채, 18 1차, 21 경채

소음도 구분		대상 지역	시간대		
			주간 (07:00~해지기 전)	야간 (해진 후~24:00)	심야 (00:00~07:00)
대상소음도	등가소음도 (Leq)	주거지역, 학교, 종합병원	65 이하	60 이하	55 이하
		공공도서관	65 이하	60 이하	
		그 밖의 지역	75 이하	65 이하	
	최고소음도 (Lmax)	주거지역, 학교, 종합병원	85 이하	80 이하	75 이하
		공공도서관	85 이하	80 이하	
		그 밖의 지역	95 이하		

1. 확성기등의 소음은 **관할 경찰서장**(현장 경찰공무원)이 **측정**한다.
2. 소음 측정 장소는 **피해자가 위치한 건물의 외벽에서 소음원 방향으로 1 ~ 3.5m 떨어진 지점**으로 하되, 소음도가 높을 것으로 예상되는 지점의 **지면 위 1.2 ~ 1.5m 높이**에서 측정한다. 다만, 주된 건물의 경비 등을 위하여 사용되는 부속 건물, 광장·공원이나 도로상의 영업시설물, 공원의 관리사무소 등은 소음 측정 장소에서 제외한다. → 집회장소가 아닌 피해지역을 기준으로 소음기준치를 적용 12 승진, 21 2차
3. 제2호의 장소에서 확성기등의 대상소음이 있을 때 측정한 소음도를 측정소음도로 하고, 같은 장소에서 확성기등의 대상소음이 없을 때 5분간 측정한 소음도를 배경소음도로 한다.
4. 측정소음도가 배경소음도보다 10dB 이상 크면 배경소음의 보정 없이 측정소음도를 대상소음도로 하고, 측정소음도가 배경소음도보다 3.0 ~ 9.9dB 차이로 크면 아래 표의 보정치에 따라 측정소음도에서 배경소음을 보정한 소음도를 대상소음도로 하며, 측정소음도가 배경소음도보다 3dB 미만으로 크면 다시 한 번 측정소음도를 측정하고, 다시 측정하여도 3dB 미만으로 크면 확성기등의 소음으로 보지 아니한다.
5. **등가소음도는 10분간**(소음 발생 시간이 10분 이내인 경우에는 그 발생 시간 동안을 말한다) 측정한다.
6. **최고소음도**는 확성기등의 대상소음에 대해 매 측정 시 발생된 소음도 중 가장 높은 소음도를 측정하며, 동일한 집회·시위에서 측정된 최고소음도가 **1시간 내에 3회 이상** 위 표의 **최고소음도 기준을 초과한 경우 소음기준을 위반한 것으로 본다.**
7. 다음 각 목에 해당하는 행사(중앙행정기관이 개최하는 행사만 해당한다)의 진행에 영향을 미치는 소음에 대해서는 그 **행사의 개최시간에 한정하여 위 표의 주거지역의 소음기준을 적용한다.**
   가. 「국경일에 관한 법률」 제2조에 따른 **국경일의 행사**
   나. 「각종 기념일 등에 관한 규정」 별표에 따른 각종 기념일 중 주관 부처가 **국가보훈처인 기념일의 행사**
8. 그 밖에 소음의 측정방법 등에 관한 사항은 「환경분야 시험·검사 등에 관한 법률」 제6조제1항제2호에 따른 소음 및 진동 분야 환경오염공정시험기준 중 생활소음 기준에 따른다.

제15조(적용의 배제) 학문, 예술, 체육, 종교, 의식, 친목, 오락, 관혼상제 및 국경행사에 관한 집회에는 제6조부터 제12조까지의 규정을 적용하지 아니한다.(신고대상이 아니다.) 09 경간, 12 1차, 18 2차

제16조(주최자의 준수 사항) ① 집회 또는 시위의 **주최자**는 집회 또는 시위에 있어서의 **질서를 유지하여야 한다.**

② 집회 또는 시위의 **주최자**는 집회 또는 시위의 질서 유지에 관하여 자신을 보좌하도록 **18세 이상의 사람을 질서유지인으로 임명할 수 있다.**(하여야 X) 12 1차, 13·16·22 경간, 17·18 2차, 18 3차, 21 경채, 23 경찰특공대

③ 집회 또는 시위의 **주최자**는 제1항에 따른 **질서를 유지할 수 없으면 그 집회 또는 시위의 종결을 선언하여야 한다.** 18 3차, 22 경간
④ 집회 또는 시위의 주최자는 다음 각 호의 어느 하나에 해당하는 행위를 하여서는 아니 된다.
   1. 총포, 폭발물, 도검, 철봉, 곤봉, 돌덩이 등 다른 사람의 생명을 위협하거나 신체에 해를 끼칠 수 있는 기구를 휴대하거나 사용하는 행위 또는 다른 사람에게 이를 휴대하게 하거나 사용하게 하는 행위
   2. 폭행, 협박, 손괴, 방화 등으로 질서를 문란하게 하는 행위
   3. 신고한 목적, 일시, 장소, 방법 등의 범위를 뚜렷이 벗어나는 행위
⑤ **옥내집회의 주최자**는 확성기를 설치하는 등 주변에서의 **옥외 참가를 유발하는 행위를 하여서는 아니 된다.**

제17조(질서유지인의 준수 사항 등) ① 질서유지인은 주최자의 지시에 따라 집회 또는 시위 질서가 유지되도록 하여야 한다.
② 질서유지인은 제16조제4항 각호의 어느 하나에 해당하는 행위를 하여서는 아니 된다.
③ 질서유지인은 참가자 등이 질서유지인임을 쉽게 알아볼 수 있도록 **완장, 모자, 어깨띠, 상의 등을 착용하여야 한다.** 16 지능특채, 22 경간
④ **관할경찰관서장**은 집회 또는 시위의 **주최자와 협의하여 질서유지인의 수를 적절하게 조정할 수 있다.** 22 경간
⑤ 집회나 시위의 주최자는 제4항에 따라 질서유지인의 수를 조정한 경우 집회 또는 시위를 개최하기 전에 조정된 질서유지인의 명단을 관할경찰관서장에게 알려야 한다.

제18조(참가자의 준수 사항) ① 집회나 시위에 참가하는 자는 주최자 및 질서유지인의 질서 유지를 위한 지시에 따라야 한다.
② 집회나 시위에 참가하는 자는 제16조제4항제1호 및 제2호에 해당하는 행위를 하여서는 아니 된다.

제19조(경찰관의 출입) ① **경찰관**은 집회 또는 시위의 **주최자에게 알리고** 그 집회 또는 시위의 장소에 **정복을 입고 출입할 수 있다.** 다만, 옥내집회 장소에 출입하는 것은 직무 집행을 위하여 긴급한 경우에만 할 수 있다. 08 승진, 13 2차
② 집회나 시위의 주최자, 질서유지인 또는 장소관리자는 질서를 유지하기 위한 경찰관의 직무집행에 협조하여야 한다.

4. 집회 또는 시위해산

제20조(집회 또는 시위의 해산) ① 관할경찰관서장은 다음 각 호의 어느 하나에 해당하는 집회 또는 시위에 대하여는 상당한 시간 이내에 **자진 해산할 것을 요청하고 이에 따르지 아니하면 해산을 명할 수 있다.** 12·15 승진

1. 절대적 금지사유에 해당하는 집회·시위
   – 헌법재판소의 결정에 따라 해산된 정당의 목적을 달성하기 위한 집회 또는 시위(제5조제1항 제1호)
   – 집단적인 폭행, 협박, 손괴, 방화 등으로 **공공의 안녕질서에의 직접적 위험을 끼칠 것이 명백한 집회 또는 시위**
2. 자정이후부터 해가 뜨기 전의 시위

3. 옥외집회·시위 금지장소에서의 집회·시위
4. 미신고 옥외집회·시위, 경찰관서장으로부터 금지된 집회·시위
5. 관할경찰관서장의 시설보호요청에 다른 제한이나 교통질서유지 조건을 위반하여 질서유지에 직접적인 위험을 명백하게 초래한 집회·시위
6. 주최자가 질서를 유지할 수 없어 종결 선언된 집회·시위
7. "총포, 폭발물, 도검, 철봉, 곤봉, 돌덩이 등 휴대·사용", "폭행, 협박, 손괴, 방화 등으로 질서문란하게 하는 행위", "신고범위를 뚜렷이 벗어나는 행위", 중 어느 하나의행위로 질서를 유지할 수 없는 집회·시위

시행령

제17조(집회 또는 시위의 자진 해산의 요청 등) 법 제20조에 따라 집회 또는 시위를 해산시키려는 때에는 **관할 경찰관서장 또는 관할 경찰관서장으로부터 권한을 부여받은 경찰공무원**은 다음 각 호의 순서에 따라야 한다. 12·15·16·17 승진 다만, 법 제20조제1항제1호·제2호 또는 제4호에 해당하는 집회·시위의 경우와 주최자·주관자·연락책임자 및 질서유지인이 집회 또는 시위 장소에 없는 경우에는 **종결 선언의 요청을 생략할 수 있다.** 17 2차

순서: 종결 선언의 요청 → 자진 해산의 요청 → 해산명령 → 직접 해산 23 승진

1. 종결 선언의 요청
   주최자에게 집회 또는 시위의 종결 선언을 요청하되, **주최자의 소재를 알 수 없는 경우에는 주관자·연락책임자 또는 질서유지인을 통하여 종결 선언을 요청할 수 있다.** 17 승진
2. 자진 해산의 요청
   제1호의 종결 선언 요청에 따르지 아니하거나 종결 선언에도 불구하고 집회 또는 시위의 참가자들이 집회 또는 시위를 계속하는 경우에는 **직접 참가자들**에 대하여 자진 해산할 것을 요청한다. 17 2차
3. 해산명령 및 직접 해산
   제2호에 따른 자진 해산 요청에 따르지 아니하는 경우에는 세 **번 이상 자진 해산할 것을 명령하고, 참가자들이 해산명령에도 불구하고 해산하지 아니하면 직접 해산시킬 수 있다.** 12·15 승진 17 2차
   → 해산명령을 받았을 때에는 **모든 참가자는 지체 없이 퇴거하여야 하며, 퇴거의무를위반한 경우에는 6개월 이하의 징역 또는 50만원 이하의 벌금·구류·과료에 처한다.**

제21조(집회·시위자문위원회) ① 집회 및 시위의 자유와 공공의 안녕 질서가 조화를 이루도록 하기 위하여 각급 경찰관서에 다음 각 호의 사항에 관하여 각급 경찰관서장의 자문 등에 응하는 집회·시위자문위원회(이하 이 조에서 "위원회"라 한다)를 둘 수 있다.
  1. 제8조에 따른 집회 또는 시위의 금지 또는 제한 통고
  2. 제9조제2항에 따른 이의 신청에 관한 재결
  3. 집회 또는 시위에 대한 사례 검토
  4. 집회 또는 시위 업무의 처리와 관련하여 필요한 사항
② 위원회에는 위원장 1명을 두되, 위원장을 포함한 5명 이상 7명 이하의 위원으로 구성된다.
③ 위원장과 위원은 각급 경찰관서장이 전문성과 공정성 등을 고려하여 다음 각 호의 사람 중에서 위촉한다.
  1. 변호사
  2. 교수

3. 시민단체에서 추천하는 사람
  4. 관할 지역의 주민대표
④ 위원회의 구성·운영 등에 필요한 사항은 대통령령으로 정한다.

[정리] 집회 및 시위의 해산

구분	내용
자진해산과 해산명령 (제20조)	① 관할 경찰관서장은 해산사유에 해당하는 집회 또는 시위에 대하여 상당한 시간 이내에 **자진해산 할 것을 요청**하고, 이에 따르지 않으면 해산을 명할 수 있음.
해산 사유 (제20조 각 호)	① 절대적 금지사유에 해당하는 집회·시위 　– **헌법재판소의 결정에 따라 해산된 정당**의 목적을 달성하기 위한 집회 또는 시위(제5조 제1항 제1호) 　– 집단적인 폭행, 협박, 손괴, 방화 등으로 **공공의 안녕질서에의 직접적 위협을 끼칠 것이 명백한 집회 또는 시위** ② 자정이후부터 해가 뜨기 전의 시위 ③ 옥외집회·시위 금지장소에서의 집회·시위 ④ 미신고 옥외집회·시위·경찰관서장으로부터 금지된 집회·시위 ⑤ 관할경찰관서장의 시설보호요청에 다른 제한이나 교통질서유지 조건을 위반하여 질서유지에 직접적인 위험을 명백하게 초래한 집회·시위 ⑥ 주최자가 질서를 유지할 수 없어 종결 선언된 집회·시위 ⑦ "총포, 폭발물, 도검, 철봉, 곤봉, 돌덩이 등 휴대·사용", "폭행, 협박, 손괴, 방화 등으로 질서문란하게 하는 행위", "신고범위를 뚜렷이 벗어나는 행위", 중 어느 하나의행위로 질서를 유지할 수 없는 집회·시위
해산 절차 (시행령 17조) 23 승진	**종결 선언의 요청** ① **주최자**에게 집회 또는 시위의 종결선언을 요청 ② 주최자의 소재 불명의 경우 　– 주관자, 연락책임자, 질서유지인을 통하여 종결선언 요청 ⇩ **자진 해산의 요청** ① 종결선언 요청에 따르지 아니하거나 종결선언에도 불구하고 집회 또는 시위의 참가자들이 집회 또는 시위를 계속하는 경우에는 **직접참가자(주최자 X)**들에 대하여 자진해산 할 것을 요청(횟수규정 X). ② 반드시 '**자진해산**' 이라는 용어를 사용하여 요청할 필요는 없다. 17·19 승진, 21 경간 ⇩ **해산명령 (3회이상) 및 직접해산** ① 자진 해산 요청에 따르지 아니하는 경우에는 　– **세 번이상 자진 해산 할 것을 명령**하고, 　– 참가자들이 해산 명령에도 불구하고 해산 하지 아니하면 직접 해산시킬 수 있다. ② 옥내집회 – 집시법상 사전 신고 없이 개최 可 　– But, 공공의 안녕질서에 대하여 직접적이고, 명백한 위험을 초래하는 때에는 해산명령에 대상이 된다고 보아야한다.(대판 2010도 6388) ③ 해산명령 불응 → **6개월이하의 징역 또는 50만원이항의 벌금·구류·과료**

5. 집시법 관련 판례

1. 옥외집회 또는 시위 당시의 구체적인 상황에 비추어 볼 때 옥외집회 또는 시위의 신고사항 미비점이나 신고범위 일탈로 인하여 타인의 법익 그 밖의 **공공의 안녕질서에 대하여 직접적인 위험이 초래된 경우**에 비로소 그 위험의 방지·제거에 적합한 제한조치를 취할 수 있되, 그 조치는 법령에 의하여 허용되는 범위 내에서 필요한 최소한도에 그쳐야 할 것이다.(대판 98다20929)

2. 피고인도 그 속에 끼인 단체 또는 다중인 데모대원이 던진 돌에 의하여 **공무집행중이던 경찰관이 상해를 입은 경우** 피고인이 던진 돌이 동 피해자에게 맞고 안 맞고를 가리지 않고 **특수공무방해치상죄가 성립**한다.(대판 79도451)

3. KBS 본관현관 앞 계단과 도로는 **천정이 없거나 사방이 폐쇄되지 않은 장소로서** 이곳에서의 집회나 시위는 바로 집회 및 시위에 관한 법률 제2조 제1호에 규정된 **옥외집회 또는 시위에 해당**한다.(대판 91도944)

4. 대학생들인 피고인들이 전경 5명을 불법으로 납치, 감금하고 있으면서 경찰의 수회에 걸친 즉시 석방요구에도 불구하고 불가능한 조건을 내세워 이에 불응하고, 경찰이 납치된 전경들을 구출하기 위하여 농성장소인 대학교 도서관 건물에 진입하기 직전 동 대학교 총장에게 이를 통고하고 이에 동총장이 설득하였음에도 불구하고 이에 응하지 아니한 상황 아래에서는 현행의 불법감금상태를 제거하고 범인을 체포할 긴급한 필요가 있다고 보여지므로, 경찰이 압수·수색영장 없이 도서관 건물에 진입한 것은 적법한 공무원의 직무집행이라 할 것이다(대판 90도767)

5. 행진시위의 참가자들이 일부 구간에서 감행한 **전차선 점거행진, 도로점거 연좌시위** 등의 행위는 **당초 신고된 범위를 현저히 일탈**하거나 구 「집회 및 시위에 관한 법률」 제12조의 규정에 의한 조건을 중대하게 위반한 것으로서 그로 인하여 도로의 통행이 불가능하게 되거나 현저하게 곤란하게 된 이상 「형법」 제185조 소정의 **일반교통방해죄에 해당**한다고 할 것이다.(대판 2006도755)

6. 「집회 및 시위에 관한 법률」 제20조 제1항과 「집회 및 시위에 관한 법률 시행령」이 해산명령을 할 때 그 사유를 구체적으로 고지하도록 명시적으로 규정하고 있지 아니하므로, **해산명령을 할 때에는 해산 사유가** 「집회 및 시위에 관한 법률」 제20조 제1항 각 호 중 **어느 사유에 해당하는지에 관하여 구체적으로 고지하여야 한다.**(대판 2011도7193) **21 경간**

7. 구 「집회 및 시위에 관한 법률」에 의하여 금지되어 그 주최 또는 참가행위가 형사처벌의 대상이 되는 위법한 집회·시위가 장차 특정지역에서 개최될 것이 예상된다고 하더라도, 이와 **시간적·장소적으로 근접하지 않은 다른 지역에서 그 집회·시위에 참가하기 위하여 출발 또는 이동하는 행위를 함부로 제지하는 것은** 「경찰관직무집행법」 제6조 제1항의 행정상 즉시강제인 경찰관의 제지의 범위를 명백히 넘어 **허용될 수 없다.**(대판 2007도9794)

8. 「집회 및 시위에 관한 법률」 제20조 제1항 제2호가 미신고 옥외집회 또는 시위를 해산명령 대상으로 하면서 별도의 해산 요건을 정하고 있지 않더라도, 그 옥외집회 또는 시위로 인하여 타인의 법익이나 **공공의 안녕질서에 대한 직접적인 위험이 명백하게 초래된 경우에 한하**

여 위 조항에 기하여 해산을 명할 수 있고, 이러한 요건을 갖춘 해산명령에 불응하는 경우에만 「집회 및 시위에 관한 법률」 제24조 제5호에 의하여 처벌할 수 있다.(대판 2010도6388)

9. 집회의 자유를 제한하는 대표적인 공권력의 행위는 집시법에서 규정하는 집회의 금지, 해산과 조건부 허용이다. 집회의 자유에 대한 제한은 다른 중요한 법익의 보호를 위하여 반드시 필요한 경우에 한하여 정당화되는 것이며, 특히 집회의 금지와 해산은 원칙적으로 **공공의 안녕질서에 대한 직접적인 위협이 명백하게 존재하는 경우에 한하여 허용**될 수 있다. 집회의 금지와 해산은 집회의 자유를 보다 적게 제한하는 다른 수단, 즉 조건을 붙여 집회를 허용하는 가능성을 모두 소진한 후에 비로소 고려될 수 있는 최종적인 수단이다.(헌재 2003. 10. 30. 2000헌바67 등)

10. 집회의 자유는 집회를 통하여 형성된 의사를 집단적으로 표현하고 이를 통하여 불특정 다수인의 의사에 영향을 줄 자유를 포함하므로 이를 내용으로 하는 시위의 자유 또한 집회의 자유를 규정한 헌법 제21조 제1항에 의하여 보호되는 기본권이다.(헌법재판소 2014. 3. 27. 2010헌가2)

11. 집회의 자유에 의하여 보호되는 것은 단지 **'평화적' 또는 '비폭력적' 집회**이다. 집회의 자유는 민주국가에서 정신적 대립과 논의의 수단으로서, 평화적 수단을 이용한 의견의 표명은 헌법적으로 보호되지만, 폭력을 사용한 의견의 강요는 헌법적으로 보호되지 않는다(헌법재판소 2003.10.30. 2000헌바67 등)

12. 집회란 특정 또는 불특정 다수인이 공동의 의견을 형성하여 이를 대외적으로 표명할 목적 아래 일시적으로 일정한 장소에 모이는 것을 말하고, **모이는 장소나 사람의 다과에 제한이 있을 수 없으므로, 2인이 모인 집회도 집시법의 규제 대상**이 된다.(대판 2010도11381) 21 승진

13. 집회 예정 장소가 사전 봉쇄되어 **일시적 회합을 위해 대기하는 모임**은 집회 참가를 위한 준비 단계에 불과할 뿐 「집회 및 시위에 관한 법률」상의 **집회라고 할 수 없다.**(대판 2008도3014)

14. 집회 및 시위에관한법률 제2조 제2호의 "시위"는 그 문리와 개정연혁에 비추어 다수인이 공동목적을 가지고 (1) **도로·광장·공원 등 공중이 자유로이 통행할 수 있는 장소를 진행함으로써 불특정다수인의의견에 영향을 주거나 제압을 가하는 행위**와 (2) **위력 또는 기세를 보여 불특정다수인의 의견에 영향을 주거나 제압을 가하는 행위**를 말한다고 풀이되므로, 위 (2)의 경우에는 "공중이 자유로이 통행할 수 있는 장소"라는 장소적 제한개념은 시위라는 개념의 요소라고 볼 수 없다.(헌재 1994. 4. 28. 91헌바14) 21 승진

15. 여러 사람이 일정한 장소에 모여 행한 특정 행위가 공동의 목적을 가진 집단적 의사표현의 일환으로 이루어진 것으로서 시위에 해당하는지는, 행위의 태양 및 참가 인원 등 객관적 측면과 아울러 그들 사이의 내적인 유대 관계 등 주관적 측면을 종합하여 전체적으로 그 행위를 여러 사람이 위력 또는 기세를 보여 불특정한 여러 사람의 의견에 영향을 주거나 제압을 가하는 행위로 볼 수 있는지에 따라 평가하여야 한다(대판 2011도2871).

16. 장례에 관한 옥외집회 도중 노제를 하면서 망인에 대한 **추모 수준을 넘어서는 내용**의 현수막과 피켓을 들고 행진을 한 것은 「집회 및 시위에 관한 법률」상 **'시위'에 해당**한다.(대판 2011도6294) 19 승진

17. 건설업체 노조원들이 '임·단협 성실교섭 촉구 결의대회'를 개최하면서 차도의 통행방법으로 신고하지 아니한 **삼보일배** 행진을 하여 차량의 통행을 방해한 사안에서, 그 시위방법이 장소, 태양, 내용, 방법과 결과 등에 비추어 사회통념상 용인될 수 있는 다소의 피해를 발생시킨 경우에 불과하고, 구 집회 및 시위에 관한 법률(2006. 2. 21. 법률 제7849호로 개정되기 전의 것)에 정한 신고제도의 목적 달성을 심히 곤란하게 하는 정도에 이른다고 볼 수 없어, 사회상규에 위배되지 않는 **정당행위에 해당**한다. (대판 2009도840) 20 승진 23 경채

18. 해산명령은 자진 해산 요청에 따르지 않는 시위 참가자들에게 자진 해산할 의무를 부과하는 것이므로, 자진 해산을 요구하는 취지가 분명히 포함되어 있어야 한다. 이러한 해산명령이 있었는지는 시위의 진행 경과에 따라 종결 선언이나 자진 해산 요청이 이미 있었는지 여부, 경찰 방송의 문언과 내용, 방송 당시 전광판 등 시각적 매체를 함께 사용한 경우에는 그 표시 내용과 위치, 방송의 간격과 횟수 등에 비추어 사회 평균인의 입장에서 해산명령이 있었음을 알 수 있으면 충분하고, 반드시 **'자진 해산을 명령한다'는 용어가 사용되거나 말로 해산명령임을 표시해야 하는 것은 아니다.** (대판 2015도17738)

19. 피고인이 특정 인터넷카페 회원 10여 명과 함께 불특정 다수의 시민들이 지나는 명동 한복판에서 퍼포먼스(Performance) 형태의 **플래시 몹**(flash mob) 방식으로 노조설립신고를 노동부가 반려한 데 대한 규탄 모임을 진행함으로써 집회 및 시위에 관한 법률(이하 '집시법'이라고 한다)상 미신고 옥외집회를 개최하였다는 내용으로 기소된 사안에서, 위 모임의 주된 목적, 일시, 장소, 방법, 참여인원, 참여자의 행위 태양, 진행 내용 및 소요시간 등 제반 사정에 비추어 볼 때 집시법 제15조에 의하여 **신고의무의 적용이 배제되는 오락 또는 예술 등에 관한 집회라고 볼 수 없고, 그 실질에 있어서 정부의 청년실업 문제 정책을 규탄하는 등 주장하고자 하는 정치·사회적 구호를 대외적으로 널리 알리려는 의도하에 개최된 집시법 제2조 제1호의 옥외집회에 해당**하여 집시법 제6조 제1항에서 정한 **사전신고의 대상이 된다**는 이유로, 같은 취지에서 피고인에게 유죄를 인정한 원심판단을 정당하다 (대판 2011도2393)

20. 당초 옥외집회를 개최하겠다고 신고하였지만 신고 내용과 달리 아예 옥외집회는 개최하지 아니한 채 신고한 장소와 인접한 건물 등에서 **옥내집회만을 개최한 경우**에는, 그것이 건조물침입죄 등 다른 범죄를 구성함은 별론으로 하고, 신고한 옥외집회를 개최하는 과정에서 그 신고범위를 일탈한 행위를 한 데 대한 집시법 위반죄로 처벌할 수는 없다. (대판 2010도14545) 19 승진 23 경채

21. 옥외집회 또는 시위가 개최될 것이라는 것을 **관할 경찰서가 알고 있었다거나 그 집회 또는 시위가 평화롭게 이루어진다 하여 신구 집회 및 시위에 관한 법률 소정의 신고의무가 면제되는 것이라고는 할 수 없으므로** 소정의 신고서 제출 없이 이루어진 옥외집회 또는 시위를 사회상규에 반하지 아니하는 정당한 행위라고 할 수는 없다. 집회장소 사용 승낙을 하지 않은 ○○대학교측의 집회 저지 협조요청에 따라 경찰관들이 ○○대학교 출입문에서 신고된 ○○대학교에서의 집회에 참가하려는 자의 출입을 저지한 것은 경찰관직무집행법 제6조의 주거침입행위에 대한 사전 제지조치로 볼 수 있고, 비록 그 때문에 **소정의 신고없이 △△대학교로 장소를 옮겨서 집회를 하였다 하여 그 신고없이 한 집회가 긴급피난에 해당한다고도 할 수 없다.** (대판 90도870) 11 승진

22. 피고인들을 포함한 근로자 30여 명이 관할 경찰서장에게 신고하지 아니하고 회사 구내 옥외 주차장에서 5회에 걸쳐 집회를 개최하였다고 하여 집회 및 시위에 관한 법률(이하 '집시법'이라 한다) 위반으로 기소된 사안에서, 위 집회는 회사 구내에서 업무시간을 피하여 매번 약 40분씩 한정된 시간 동안 개최된 것이고, **집회의 목적도 오로지 노조활동과 관련하여 회사에 대한 요구사항을 주장하기 위한 것이며**, 집회 장소가 회사 안마당 주차장 공간으로서 옥외이기는 하지만 외부인의 출입이 통제·차단되어 그곳에서 위와 같은 목적과 규모 및 방법으로 집회를 개최하더라도 인근 거주자나 일반인의 법익과 충돌하거나 공공의 안녕질서에 해를 끼칠 것으로는 예견되지 아니할 뿐 아니라 일반적인 사회생활질서의 범위 안에 있는 행위로 평가되므로, 피고인들의 행위를 집시법상 **미신고 옥외집회 개최행위로 처벌할 수 없다.** 집시법이 옥외집회나 시위를 주최하려는 이로 하여금 일정한 사항을 사전에 신고하도록 규정한 취지는, 관할 경찰서장 등이 그 신고에 의하여 옥외집회나 시위의 성격과 규모 등을 미리 파악하여 적법한 옥외집회나 시위를 보호할 수 있도록 하는 한편, 옥외집회나 시위에 의하여 타인이나 공동체의 법익과 충돌하거나 침해되는 것을 방지하여 공공의 안녕질서를 유지하기 위한 사전조치를 마련하도록 하는 데 있는 것이다. (대판 2012도11518)

23. 집회 및 시위에 관한 법률은 그 제13조의 집회를 제외한 옥외집회에 대하여 관할경찰서장에게 신고할 것을 요구하고 있고, 관할경찰서장의 부당한 금지통고에 대하여는 이의신청과 행정소송 등을 통하여 집회의 권리를 행사할 수 있도록 규정하고 있는 점에 비추어 보면, 단지 당국이 피고인이 간부로 있는 전국교직원노동조합이나 기타 단체에 대하여 **모든 옥내외 집회를 부당하게 금지하고 있다고 하여 그 집회신고의 기대가능성이 없다 할 수 없으므로**, 위와 같은 이유만으로 **관할경찰서장에게 신고하지 않고 옥외집회를 주최한 것이 죄가 되지 않는다고 할 수 없다.** (대판 92도1246) 11 승진

24. 타인이 관리하는 건조물에서 옥내집회를 개최하는 경우에도 타인의 법익 침해나 기타 공공의 안녕질서에 대하여 직접적이고 명백한 위험을 초래하는 때에는 해산명령의 대상이 된다. (대판 2011도2327) 19 승진

25. 서울광장을 경찰버스로 둘러싸면서 일반시민들이 통행할 수 있는 통로를 내지 않았다 하더라도 서울광장 인근에서 일부 시민들이 폭력행위를 저질렀다면 대규모의 불법·폭력 집회나 시위를 막아 시민들의 생명·신체와 재산을 보호한다는 공익 목적에 따른 것으로 불가피한 조치로 보기 어렵다. 이 사건의 통행제지행위는 과잉금지원칙을 위반하여 청구인들의 일반적 행동자유권을 침해한 것이다. (2009헌마406) 19 승진

26. 시위자들이 죄수복 형태의 옷을 집단적으로 착용하고 포승으로 신체를 결박한 채 행진하려는 것은 사전 신고의 대상이 된다. (대판 98다20929) 19 승진

27. 사전 금지 또는 제한된 집회라 하더라도 실제 이루어진 집회가 당초 신고 내용과 달리 타인의 법익이나 공공의 안녕질서에 **직접적이고 명백한 위험을 초래하지 않은 경우**, 사전에 금지 통고 된 집회라는 이유만으로 해산을 명하고 이에 불응하였다고 처벌할 수는 없다. (대판 2009도13846) 21 경간

28. 해산명령의 대상은 '집회 또는 시위' 자체이므로 해산명령의 방법은 그 대상인 집회나 시

위의 참가자들 전체 무리나 집단에 고지, 전달하는 방법으로 행하여야 한다.(대판2017도19737)

29. 집회의 신고가 경합할 경우 특별한 사정이 없는 한 관할경찰관서장은 집회 및 시위에관한 법률(이하 '집시법'이라 한다) 제8조 제2항의 규정에 의하여 신고 순서에 따라 뒤에 신고된 집회에 대하여 금지통고를 할 수 있지만, 먼저 신고된 집회의 참여예정인원, 집회의 목적, 집회개최장소 및 시간, 집회 신고인이 기존에 신고한 집회 건수와 실제로집회를 개최한 비율 등 먼저 신고된 집회의 실제 개최 가능성 여부와 양 집회의 상반또는 방해가능성 등 제반 사정을 확인하여 **먼저 신고된 집회가 다른 집회의 개최를 봉쇄하기 위한 허위 또는 가장 집회신고에 해당함이 객관적으로 분명해 보이는 경우에는**, 뒤에 신고된 집회에 다른 집회금지 사유가 있는 경우가 아닌 한, **관할경찰관서장이 단지 먼저 신고가 있었다는 이유만으로 뒤에 신고된 집회에 대하여 집회 자체를 금지하는 통고를 하여서는 아니 되고,** 설령 **이러한 금지통고에 위반하여 집회를 개최하였다고 하더라도 그러한 행위를 집시법상 금지통고에 위반한 집회개최행위에 해당한다고 보아서는 아니 된다.**(대판 2011도13299) 22 2차

30. 질서유지선이 집회 및 시위의 보호와 공공의 질서유지를 위하여 필요하다고 인정되는 최소한의 범위를 정하여 설정되고 「집회 및 시위에 관한 법률 시행령」 관련 조항에서정한 사유에 해당한다면, **집회 또는 시위가 이루어지는 장소 외곽의 경계지역뿐 아니라 집회 또는 시위의 장소 안에도 설정할 수 있다.**(대판 2016도21311) 22 2차

31. 경찰관들이 옥외집회 또는 시위 장소에서 **줄지어 서는 등의 방법으로 소위 '사실상 질서유지선'의 역할을 수행한다고 하더라도 이를 가리켜 「집회 및 시위에 관한 법률」에서정한 질서유지선이라고 할 수는 없다.** (대판 2016도21311) 22 2차

32. 집회·시위 참가자들이 관할 경찰관서에 신고하지 않고 집회를 개최한 경우, 그 옥외집회 또는 시위로 인하여 타인의 법익이나 공공의 안녕질서에 대한 **직접적인 위험이 명백하게 초래되지 않은 상황**에서 경찰이 '미신고집회'라는 사유로 자진 해산 요청을 한 후, '불법적인 행진시도', '불법 도로 점거로 인한 도로교통법 제68조 제3항 제2호 위반'이라는 사유로 3회에 걸쳐 해산명령을 하였더라도 **정당한 해산명령에 해당하지 않는다.**(대판 2016도1869) 22 2차

33. 집회 및 시위에 관한 법률 제6조 제1항에 의하여 사전 신고의무가 있는 옥외집회 또는 시위의 "주최자"라 함은 자기 명의로 자기 책임 아래 집회 또는 시위를 개최하는 사람 또는 단체를 말하는 것인바, 피고인들이 범국민대토론회에 참석하려고 2시간 가까이 노력하였으나 학교당국과 경찰의 정문출입 봉쇄로 뜻을 이루지 못하게 되자, 심한 모멸감으로 격분하여 학교당국과 경찰에 항의하는 의미로, 위 집회에 참석하려던 다른 사람들과 함께 즉석에서 즉흥적으로 약 20분간의 단시간 내에 그 당시 일반적으로 성행하던 구호와 노래를 제창하였을 뿐이라면, 위 시위가 사전에 피고인들에 의하여 계획되고 조직된 것이 아니고, 다만 피고인들이 위와 같은 경위로 우연히 위 대학교 정문 앞에 모이게 된 다른 사람들과 함께 즉석에서 즉흥적으로 학교당국과 경찰의 제지에 대한 항의의 의미로 위와 같이 시위를 하게 된 것인 만큼, **비록 그 시위에서의 구호나 노래가 피고인들의 선창에 의하여 제창**

되었다고 하더라도, 그와 같은 사실만으로는 피고인들이 위 시위의 주최자라고는 볼 수 없다.(대판 90도2435) 20 승진

34. 피고인들이 이미 신고한 행진 경로를 따라 행진로인 하위 1개 차로에서 2회에 걸쳐 약 15분 동안 연좌하였다는 사실 외에 이미 신고한 집회방법의 범위를 벗어난 사항은 없고, 약 3시간 30분 동안 이루어진 집회시간 동안 연좌시간도 약 15분에 불과한 사안에서, 위 옥외집회 등 주최행위가 **신고한 범위를 뚜렷이 벗어나는 경우에 해당하지 아니한다고 한 사례이다.**(대판 2009도10425) 20 승진

35. 집회의 자유가 가지는 헌법적 가치와 기능, 집회에 대한 허가금지를 선언한 헌법정신, 신고제도의 취지 등을 종합하여 보면, 신고는 행정관청에 집회에 관한 구체적인 정보를 제공함으로써 공공질서의 유지에 협력하도록 하는 데 의의가 있는 것으로 집회의 허가를 구하는 신청으로 변질되어서는 아니 되므로, **신고를 하지 아니하였다는 이유만으로 옥외집회 또는 시위를 헌법의 보호 범위를 벗어나 개최가 허용되지 않는 집회 내지 시위라고 단정할 수 없다.**(대판 2018다288631) 23 2차

36. 「집회 및 시위에 관한 법률」에 따른 신고 없이 이루어진 집회에 참석한 참가자들이 차로 위를 행진하는 등 도로교통을 방해함으로써 통행을 불가능하게 하거나 현저하게 곤란하게 하는 경우라도 참가자 모두에게 **당연히 일반교통방해죄가 성립하는 것은 아니다.**(대판 2017도1056) 23 2차

37. 집회의 자유는 집회를 통하여 형성된 의사를 집단적으로 표현하고 이를 통하여 불특정 다수인의 의사에 영향을 줄 자유를 포함하므로 이를 내용으로 하는 **시위의 자유 또한 집회의 자유를 규정한 헌법 제21조 제1항에 의하여 보호되는 기본권이다.**(2004헌가17)

38. 집회의 자유는 집회의 시간, 장소, 방법과 목적을 스스로 결정할 권리를 보장한다. 집회의 자유에 의하여 구체적으로 보호되는 주요행위는 집회의 준비 및 조직, 지휘, 참가, 집회장소·시간의 선택이다. 따라서 집회의 자유는 개인이 집회에 참가하는 것을 방해하거나 또는 집회에 참가할 것을 강요하는 국가행위를 금지할 뿐만 아니라, 예컨대 **집회장소로의 여행을 방해하거나, 집회장소로부터 귀가하는 것을 방해하거나, 집회참가자에 대한 검문의 방법으로 시간을 지연시킴으로써 집회장소에 접근하는 것을 방해하는 등 집회의 자유행사에 영향을 미치는 모든 조치를 금지한다.**(2000헌바67)

39. 집회시위법의 사전신고는 **경찰관청 등 행정관청으로 하여금 집회의 순조로운 개최와 공공의 안전보호를 위하여 필요한 준비를 할 수 있는 시간적 여유를 주기 위한 것으로서,** 협력의무로서의 신고이다. 집회시위법 전체의 규정 체제에서 보면 집회시위법은 일정한 신고절차만 밟으면 일반적·원칙적으로 옥외집회 및 시위를 할 수 있도록 보장하고 있으므로, **집회에 대한 사전신고제도는 헌법 제21조 제2항의 사전허가금지에 위배되지 않는다.**(2011헌바174)

40. 옥내집회는 집시법상 사전신고 없이 개최할 수 있는 것이지만, 이 역시 다른 중요한 법익의 보호를 위하여 필요한 경우에는 그 자유가 제한될 수 있다. 따라서 타인이 관리하는 건조물에서 옥내집회를 개최하는 경우에도, 그것이 "**폭행, 협박, 손괴, 방화 등으로 질서를 문란하게 하는 행위로 질서를 유지할 수 없는 집회**"(집시법 제20조 제1항 제5호, 제16조

제4항 제2호)에 해당하는 등 집회의 목적, 참가인원, 집회 방식, 행태 등으로 볼 때 타인의 법익 침해나 기타 공공의 안녕질서에 대하여 **직접적이고 명백한 위험을 초래하는 때에는 해산명령의 대상이 된다**고 보아야 한다.(대판 2010도14545)

41. 해산명령 이전에 자진해산할 것을 요청하도록 한 입법 취지에 비추어 볼 때, **반드시 '자진해산'이라는 용어를 사용하여 요청할 필요는 없고, 그 때 해산을 요청하는 언행 중에 스스로 해산하도록 청하는 취지가 포함되어 있으면 된다.**(대판 2000도2172)

42. **해산명령은 자진 해산 요청에 따르지 않는 시위 참가자들에게 자진 해산할 의무를 부과하는 것이므로, 자진 해산을 요구하는 취지가 분명히 포함되어 있어야 한다.** 이러한 해산명령이 있었는지는 시위의 진행 경과에 따라 종결 선언이나 자진 해산 요청이 이미 있었는지 여부, 경찰 방송의 문언과 내용, 방송 당시 전광판 등 시각적 매체를 함께 사용한 경우에는 그 표시 내용과 위치, 방송의 간격과 횟수 등에 비추어 **사회 평균인의 입장에서 해산명령이 있었음을 알 수 있으면 충분하다**(대법원 2017. 12. 22. 선고 2015도8055 판결 참조).

43. 사전 신고를 하지 아니한 옥외집회나 시위 참가자들에게 위와 같은 **해산명령 불응의 죄책을 묻기 위하여는** 관할 경찰관서장 등이 직접 참가자들에 대하여 자진 해산할 것을 요청하고, 이에 따르지 아니하는 경우 세 번 이상 자진 해산할 것을 명령하는 등 집회 및 시위에 관한 법률 시행령 제17조에서 정한 **적법한 해산명령의 절차와 방식을 준수하였음이 증명되어야 한다**(대법원 2005. 9. 28. 선고 2005도3491 판결, 대법원 2011. 12. 22. 선고 2010도15797 판결 등 참조).

44. 피고인이 특정 단체의 회원 약 10명과 함께 정당 대표의 자택 앞에서 과거청산에 관한 입법을 촉구하는 구호를 외치고 기자회견문을 배포한 뒤 정당 대표의 차량의 진행을 방해하는 등의 방법으로 약 25분에 걸쳐 옥외집회를 개최한 사안에서, 그 집회는 구 집회 및 시위에 관한 법률(2007. 5. 11. 법률 제8424호로 전문 개정되기 전의 것)상 신고의무의 대상인 '집회'에 해당한다.(대판 2007도1649)

45. 갑 주식회사의 협력업체 소속 근로자인 피고인들을 비롯한 10인이 갑 회사 정문 앞 등에서 1인은 고용보장 등의 주장 내용이 담긴 피켓을 들고 **다른 2~4인은 그 옆에 서 있는 방법으로** 6일간 총 17회에 걸쳐 미신고 옥외시위를 공모, 공동주최하였다는 취지로 기소된 사안에서, 위 각 행위는 다수인이 공동목적을 가지고 한 곳에 모여 사전 계획한 역할 분담에 따라 다수의 위력 또는 기세를 보여 피켓에 기재된 주장 내용을 갑 회사 및 협력업체 임직원을 비롯한 불특정 다수인에게 전달함으로써 그들의 의견에 영향을 미치는 행위로서 구 집회 및 시위에 관한 법률(2007. 5. 11. 법률 제8424호로 전부 개정되기 전의 것, 이하 '집시법'이라 한다)의 신고대상인 옥외시위에 해당한다고 보기에 충분하고, 피켓을 직접 든 1인 외에 그 주변에 있는 사람들이 별도로 구호를 외치거나 전단을 배포하는 등의 행위를 하지 않았다는 형식적 이유만으로 신고대상이 되지 아니하는 이른바 **'1인 시위'에 해당한다고 볼 수 없다.**(대판 2009도2821)

46. 옥외집회 또는 시위를 신고한 주최자가 그 주도 아래 행사를 진행하는 과정에서 **신고한 목적·일시·장소·방법 등의 범위를 현저히 일탈하는 행위에 이르렀다고 하더라도, 이를 신고 없이 옥외집회 또는 시위를 주최한 행위로 볼 수는 없고,** 처음부터 옥외집회 또는 시위가

신고된 것과 다른 주최자나 참가단체 등의 주도 아래 신고된 것과는 다른 내용으로 진행되거나, 또는 처음에는 신고한 주최자가 주도하여 옥외집회 또는 시위를 진행하였지만 중간에 주최자나 참가단체 등이 교체되고 이들의 주도 아래 신고된 것과는 다른 내용의 옥외집회 또는 시위로 변경되었음에도 불구하고, 이미 이루어진 옥외집회 또는 시위의 신고를 명목상의 구실로 내세워 옥외집회 또는 시위를 계속하는 등의 경우에는 그 주최 행위를 '신고 없이 옥외집회 또는 시위를 주최한 행위'로 보아 처벌할 수 있다.(대판 2006도9471)

47. 납골당 설치 반대를 목적으로 한 옥외집회와 시위를 주최하면서 **신고하지 아니한 상여·만장 등을 사용한 사안**에서, 구 집회 및 시위에 관한 법률(2007. 5. 11. 법률 제8424호로 전문 개정되기 전의 것) 제14조 제4항 제3호에서 정한 **"신고한 범위를 현저히 일탈한 행위"에 해당하지 않는다고 하였다.**(대판 2008도3974)

48. 헌법이 보장하는 집회의 자유도 스스로 한계가 있어 무제한의 자유가 아닌 것이므로 공공의 안녕과 질서를 유지하기 위하여 집회 및 시위의 주최자로 하여금 미리 일정한 사항을 신고하게 하고 신고를 받은 관할 경찰서장이 제반 사항을 검토하여 일정한 경우 위 집회 및 시위의 금지를 통고할 수 있도록 한 집회 및 시위에 관한 법률 제6조, 제8조 및 그 금지통고에 대한 이의신청절차를 규정하고 있는 같은 법 제9조가 헌법에 위반된다고 할 수 없다.(대판 91도1870)

49. 피고인이 100여명의 학생들과 함께 화염병, 쇠파이프 등을 들고 구호를 외치면서 시위를 하고 전경들을 체포하려고 했다면 이는 집단적인 협박등의 행위로 인하여 공공의 안녕질서에 직접적인 위협을 가한 것이 명백한 시위에 해당한다 할 것이다.(대판 90도470)

50. 대학생들이 학교 강당에서 개최중이던 범국민대토론회에 참석하려던 국회의원인 피고인이 학교당국과 경찰의 출입금지조치로 토론회에 참석할 수 없게 되자 학생대표들을 통하여 토론회의 참석자들에게 자기가 토론회에 참석할 수 없게 된 사유와 당시 이른바 시국사건으로 구속되어 자신이 변호를 맡고 있던 학생의 옥중근황 등을 전달하였는데 위 집회를 마친 학생들이 **집단적인 폭행. 협박. 손괴. 방화 등으로 공공의 안녕질서에 직접적인 위협을 가할 것이 명백한 시위를 하였지만, 피고인의 위 행위 당시에는 위 집회가 후에 시위로 나아가기로 예정된 바 없이 평온한 분위기 속에서 진행되었던 것이므로,** 위 피고인으로서도 그 토론회가 장차 위와 같은 집회. 시위로 발전하리라고 예측할 수 없었고, 자신의 언동으로 인하여 그 토론회가 그와 같은 집회. 시위로 발전. 전환되도록 의욕하였다거나 미필적으로라도 이를 인식하면서 위 행위를 하였음을 인정할 만한 자료가 없다고 하여, 피고인에게 시위 선동의 범의가 있었다고는 단정하기 어렵고, 피고인의 위와 같은 행위를 가리켜 위와 같은 **집회·시위를 할 것을 선동한 행위라고는 인정할 수 없다.**(대판 90도2435)

51. 갑 노동조합이 소속 조합원들의 회사 매각 및 정리해고 등에 대하여 집회를 개최하기 위하여 시청 후문 앞 인도 부분에 관하여 옥외집회신고를 하였으나, 관할 경찰서장이 화단으로 조성된 시청 청사부지에서는 집회를 개최할 수 없으니 장소를 변경하여 재신고하도록 보완통고를 한 후 보완되지 않았다는 이유로 옥외집회 금지통고를 한 사안에서, 집회의 자유는 '허가'의 방식에 의한 제한이 허용되지 아니하는 점을 고려하면, **관할 경찰관서장은 신고서의 기재가 누락되었다거나 명백한 흠결이 있는 경우에만 형식적인 내용에 관하여 보**

완통고를 할 수 있고, 그 이외의 사항에 관하여는 보완요구를 할 수 없는데, 신고서의 기재에 누락이 있거나 명백한 흠결이 있지 아니하므로 보완통고는 근거가 없고, 집회장소가 집회의 금지 또는 제한 통고에 관하여 정한 구 집회 및 시위에 관한 법률(2016. 1. 27. 법률 제13834호로 개정되기 전의 것, 이하 '구 집시법'이라 한다) 제8조 제1항, 제3항에도 해당하지 아니하므로, 통고처분이 구 집시법상 근거 없이 이루어져 위법하다고 한 사례이다. (부산지방법원 2016. 4. 1. 선고 2015구합24643)

52. 특히 **집회의 금지와 해산은 원칙적으로 공공의 안녕질서에 대한 직접적인 위협이 명백하게 존재하는 경우에 한하여 허용될 수 있고**, 집회의 자유를 보다 적게 제한하는 다른 수단, 예컨대 시위 참가자수의 제한, 시위 대상과의 거리 제한, 시위 방법, 시기, 소요시간의 제한 등 **조건을 붙여 집회를 허용하는 가능성을 모두 소진한 후에 비로소 고려될 수 있는 최종적인 수단이다.**(대판 2009도13846)

53. 시위가, 참가인원이 40여 명에 불과하고, 그 장소가 하천부지로서 교통소통이나 일반인의 생활에 아무런 지장을 주지 않는 곳이며, 또한 시위 당시의 구호나 노래의 내용 등에 **과격한 면이 보이지 않고 달리 다중의 위력을 통한 폭행이나 협박이 없었던 점**에 비추어, 집회및시위에관한법률 제5조 제1항 제2호 소정의 공공의 안녕질서에 직접적인 위협을 가할 것이 명백한 시위에 해당하지 아니한다.(대판 91도2440)

54. 집회 및 시위에 관한 법률(이하 '집시법'이라고 한다) 제6조 제1항 단서는 옥외집회나 시위의 장소가 두 곳 이상의 지방경찰청 관할지에 속하는 경우 신고서를 '주최지 관할 지방경찰청장'에게 제출하도록 하면서 '주최지'에 관한 정의를 규정하지 않고 있는데, 위 규정이 집회나 시위 장소의 관할 지방경찰청장 모두에게 신고서를 제출하도록 하고 있지는 않을 뿐 아니라 두 곳 이상의 관할 지방경찰청장 중 어느 쪽이 '주최지 관할' 지방경찰청장에 해당한다고 규정하지도 않고 있으므로, 헌법상 집회의 자유에 대한 보장과 신고제도의 취지 및 신고사항과 그에 대한 관할 경찰관서장의 보완, 금지의 통고 및 제한 조치 등에 관한 절차규정에 비추어 볼 때, 주최지 중 어느 한 곳의 관할 지방경찰청장에게 두 곳 이상의 지방경찰청 관할지에 속하는 옥외집회나 시위의 신고서를 제출하고 집시법 제6조 제1항 각 호에서 정한 신고사항이 실제 개최한 내용과 실질적인 점에서 부합하는 경우에는 위 규정에 따른 적법한 신고가 있다고 볼 수 있다.(대판 2009도591)

55. 관혼상제에 해당하는 장례에 관한 집회가 옥외의 장소에서 개최된다고 하더라도 그 집회에 관해서는 사전신고를 요하지 아니하나, 예컨대 그 집회참가자들이 망인에 대한 추모의 목적과 그 범위 내에서 이루어지는 노제 등을 위한 이동·행진의 수준을 넘어서서 그 기회를 이용하여 다른 공동의 목적을 가지고 일반인이 자유로이 통행할 수 있는 장소를 행진하거나 위력 또는 기세를 보여, 불특정한 여러 사람의 의견에 영향을 주거나 제압을 하는 행위에까지 나아가는 경우에는, 이미 집시법이 정한 시위에 해당하므로 집시법 제6조에 따라 사전에 신고서를 관할 경찰서장에게 제출할 것이 요구된다고 보아야 한다.(대판 2011도6294) 23 경채

56. 우리 헌법은 모든 국민에게 집회의 자유를 보장하고 있고, 집회에 대한 사전허가제를 금지하고 있는바, 옥외집회를 주최하고자 하는 자는 집시법이 정한 시간 전에 관할경찰관서장

에게 집회신고서를 제출하여 접수시키기만 하면 원칙적으로 옥외집회를 할 수 있다. 그리고 이러한 집회의 자유에 대한 제한은 법률에 의해서만 가능하므로 법률에 정하여지지 않은 방법으로 이를 제한할 경우에는 그것이 과잉금지 원칙에 위배되었는지 여부를 판단할 필요 없이 헌법에 위반된다. 그런데 이 사건 피청구인은 청구인 ○○합섬HK지회와 ○○생명인사지원실이 제출한 옥외집회신고서를 폭력사태 발생이 우려된다는 이유로 동시에 접수하였고, 이후 **상호 충돌을 피한다는** 이유로 두 개의 집회신고를 모두 **반려하였는바**, 법의 집행을 책임지고 있는 국가기관인 피청구인으로서는 집회의 자유를 제한함에 있어 실무상 아무리 어렵더라도 법에 규정된 방식에 따라야 할 책무가 있고, 이 사건 집회신고에 관한 사무를 처리하는데 있어서도 **적법한 절차에 따라 접수순위를 확정하려는 최선의 노력을 한 후**, 집시법 제8조 제2항에 따라 **후순위로 접수된 집회의 금지 또는 제한을 통고하였어야 한다**. 만일 접수순위를 정하기 어렵다는 현실적인 이유로 중복신고된 모든 옥외집회의 개최가 법률적 근거 없이 불허되는 것이 용인된다면, 집회의 자유를 보장하고 집회의 사전허가를 금지한 헌법 제21조 제1항 및 제2항은 무의미한 규정으로 전락할 위험성이 있다. 결국 이 사건 반려행위는 법률의 근거 없이 청구인들의 집회의 자유를 침해한 것으로서 헌법상 법률유보원칙에 위반된다고 할 것이다.(헌재 2007헌마712)

CHAPTER 06 | 안보경찰

01 안보경찰의 일반

(1) 의의

국가안전보장을 위태롭게 하는 간첩활동 및 국가적 대공취약점에 대한 첩보수집과 분석, 정보사범 수사를 전담하는 경찰을 말한다. 08 경간, 11 승진

(2) 법적근거 11 승진

안보경찰의 직접적인 활동근거가 되는 법률로는 「국가보안법」, 「보안관찰법」, 「국가경찰과 자치경찰의 조직 및 운영에 관한 법률」 제3조(경찰의 임무), 「경찰관 직무집행법」 제2조(직무의 범위), 「형법」 제98조(간첩) 등이 있다.

(3) 직무범위

> **경찰청과 그 소속기관 직제**
>
> **제22조(안보수사국)** ① 안보수사국에 국장 1명을 둔다.
> ② 국장은 치안감 또는 경무관으로 보한다.
> ③ 국장은 다음 사항을 분장한다.
>   1. 안보수사경찰업무에 관한 기획 및 교육
>   2. 보안관찰 및 경호안전대책 업무에 관한 사항
>   3. 북한이탈주민 신변보호
>   4. 국가안보와 국익에 반하는 범죄에 대한 수사의 지휘·감독
>   5. 안보범죄정보 및 보안정보의 수집·분석 및 관리
>   6. 국내외 유관기관과의 안보범죄정보 협력에 관한 사항
>   7. 남북교류와 관련되는 안보수사경찰업무
>   8. 국가안보와 국익에 반하는 중요 범죄에 대한 수사

02 방첩활동

1. 방첩의 의의

① 기밀유지·보안유지라고도 하며, 상대방으로 하여금 우리 측의 의도를 간파하지 못하게 하고, 우리 측의 어떤 상황도 상대에게 전파되어서는 안 된다는 것이다.

② 방첩활동은 보안사범의 재범우려 등에 대비하여 지속적으로 관찰하기 위한 것이다.

2. 방첩의 기본원칙 10 승진, 14 경간

완전협조의 원칙	방첩기관과 전담기관, 보조기관 및 일반대중과 완전협조가 이루어져야 방첩목표를 달성할 수 있다는 원칙이다.
치밀의 원칙	치밀한 계획과 준비로서 방첩활동을 수행해야 한다는 원칙이다.
계속접촉의 원칙	① 혐의자가 발견되더라도 즉시 검거하지 말고, 조직망 전체가 완전히 파악될 때까지 계속해서 유·무형의 접촉을 해야 한다는 방첩의 기본원칙을 말한다. ② 계속접촉의 유지는 **탐지 → 판명 → 주시 → 이용 → 검거(타진)**의 단계로 이루어진다. ③ 경찰서 보안과장이 조선족을 가장한 우회침투 간첩을 색출하기 위하여 내사를 진행하면서 불법입국자가 발견되더라도 즉시 검거하지 말고 배후조직을 파악한 후 검거하라고 지시한 것은 방첩의 기본원칙 중 계속접촉의 원칙에 해당한다. 07 채용

3. 방첩의 수단 07 채용, 10·12 승진

적극적 방첩수단	첩보수집, 적의 첩보공작분석, 대상 인물감시, 침투공작, 역용공작, 간첩신문 등
소극적 방첩수단	정보 및 자재보안의 확립, 인원보안의 확립, 시설보안의 확립, 보안업무 규정화 확립, 입법사항 건의 등
기만적 방첩수단	허위정보의 유포, 유언비어의 유포, 양동간계시위 등

4. 방첩의 대상

방첩의 대상에는 **간첩, 태업, 전복**이 있다. (국가X)

(1) 간첩 10 승진, 14 경간

간첩은 대상국의 기밀을 수집하거나 태업, 전복활동을 하는 모든 조직적 구성분자를 말하며, 국가기밀 수집·내부 혼란의 목적으로 잠입한 자 또는 이에 지원·동조·협조하는 모든 조직적 구성분자를 말하며 방첩의 대상이 된다.

1) 간첩의 분류

분류			
분류	활동 방법	고정간첩	일정한 공작기간이 없고, 합법적인 신분을 유지하며, **일정지역에서 장기적·고정적으로 활동**하는 간첩
		배회간첩	**일정한 주거 없이 전국을 배회**하면서 임무를 수행하는 간첩, 일정한 공작기간이 있으며, 합법적 신분을 취득하면 고정간첩으로 변할 수 있음
		공행간첩	타국에 공용의 명목 하에 입국하여 **합법적인 신분을 갖고** 이를 기화로 상대국에 대한 각종 정보를 수집하는 것을 목적으로 하는 간첩(상사주재원, 외교관, 대학교수 등) 10 승진
	임무	일반간첩	일반적 정보를 수집 또는 태업·전복공작 등 가장 전형적인 형태의 간첩
		증원간첩	이미 구성된 간첩망의 보강을 위해 파견 또는 간첩으로 이용할 **양민의 납치·월북** 등을 주된 임무로 하는 간첩 10 승진
		보급간첩	간첩을 침투시키거나 이미 침투한 간첩에게 필요한 **활동자재를 보급·지원**하는 간첩 10 승진
		무장간첩	요인암살, 남파간첩의 호송, 월북안내, 연락, 안내를 위해 무장한 간첩
	인원 수	대량형 간첩	간첩으로 교육 받은 다수의 인원이 대상국가에 밀파되어 특수한 대상의 지목 없이 광범위한 분야에서 정보를 입수하는 간첩으로 주로 **전시에 파견되며, 상대국에서 색출이 용이**하다.
		지명형 간첩	특정한 목표와 임무를 부여받아 특수한 정보를 수집하는 간첩으로 주로 **평시에 파견되며, 상대국에서 색출이 곤란**하다.

2) 간첩망의 형태 10·12 승진, 14·18 경간, 15 2차, 16·17 1차

삼각형	특징	**지하당 구축**에 흔히 사용하는 형태로, **간첩이 3명 이내의 행동공작원을 포섭**하여 직접 지휘하고 **공작원 간 횡적 연락을 차단**시키는 활동조직
	장점	보안유지가 잘 되고 일망타진 가능성은 적음
	단점	활동범위가 좁고, 공작원 검거 시 간첩 정체가 쉽게 노출
단일형	특징	**대남간첩이 가장 많이 사용**하며, 특수한 목적 수행을 위해 대상국가에 머무르고 있는 동안 간첩 상호 간에 **종적·횡적으로 개별적인 연락을 일체 회피**하며, 단독으로 활동하는 점조직 형태
	장점	보안유지 및 신속한 활동이 가능
	단점	활동범위가 좁고, 공작성과가 비교적 낮음
서클형	특징	**합법적 신분을 이용**하여 침투, 대상국의 정치·사회문제를 이용하여 적국의 이념이나 사상에 동조토록 유도하는 형태
	장점	간첩활동이 **자유롭고 대중적 조직과 동원이 가능**
	단점	간첩의 정체가 폭로되었을 때 외교적 문제가 야기될 수 있음
피라미드형	특징	간첩이 **주공작원 2~3명**을 두고 그 밑에 각각 **2~3명 행동공작원**을 두는 형태
	장점	일시에 많은 공작을 입체적으로 수행할 수 있으며, **활동범위가 넓음**

	단점	인원수가 많아 행동의 노출이 쉬워 **일망타진 가능성이 높으며, 조직구성에 많은 시간이 소요됨**
레포형	특징	피라미드형 조직에 있어서 간첩과 주공작원 간, 행동공작원 **상호 간에 연락원을 두고 종횡으로 연결**하는 방식의 간첩망 형태로 **현재는 사용되지 않음**

(2) 태업

1) 의의

태업은 대상국가의 방위력 또는 전쟁수행능력을 직·간접적으로 손상하기 위하여 행하여지는 일체의 행위를 말한다. 08 채용, 14 경간

2) 태업의 대상 08 채용

① 전략·전술적 가치가 있을 것
② 태업에 필요한 기구를 용이하게 입수할 수 있고, 접근이 가능할 것
③ 일단 파괴되면 수리하거나 대체하기 어렵고, 많은 시간이 소요될 것

3) 태업의 종류(경제적 태업은 없음) 08 채용

물리적 태업	방화태업	물리적인 태업 중 **가장 파괴력이 강하며**, 사고로 위장이 용이함
	폭파태업	파괴가 **전체적이고 즉각적**일 때 주로 사용함
	기계태업	**범행이 용이하며 사전에 결함을 발견하기 곤란함**
심리적 태업	선전태업	유언비어 유포 등 국민의 사기저하를 유도하는 것
	경제태업	화폐위조 등 경제 질서의 혼란을 초래하는 것
	정치태업	정치적 갈등을 조장하여 국민의 일체감을 약화시키는 것

(3) 전복

헌법에 의하여 설치된 국가기관을 강압에 의해 변혁시키거나 기능을 저하시키는 실력행위를 말한다.

1) 형태

국가전복	피지배자가 지배자를 무력으로 타도하여 정권을 탈취하는 형태
정부전복	동일 지배계급의 일부세력이 집권세력을 폭력으로써 타도하여 정권을 탈취하는 전복의 형태 14 경간

2) 수단

전위당(공산당)조직, 통일전선구축, 선전과 선동, 파업과 폭동, 게릴라전술, 테러전술 등

03 공작활동

1. 의의

공작이란 정보기관이 어떠한 목적 하에 주어진 목표에 대하여 계획적으로 수행하는 비밀활동을 말한다.

2. 공작의 4대 요소 16 경감, 16 지능특채

주관자	**상부로부터 하달된 지령**을 계획하고 수행하는 하나의 집단을 말하며, 집단을 대표하는 사람을 공작관이라고 함(공작관은 상부의 지령 없이 임의로 비밀공작을 수행해야 한다 X)
공작목표	공작의 **진행 상황**에 따라 구체화·세분화되는 것이 특징
공작원	① 비밀조직의 최일선에서 철저한 가장과 통제 하에 공작목표에 대하여 공작관을 대행하여 비밀을 탐지하거나 기타 부여받은 임무를 수행하는 사람 ② 공작원에는 **주공작원**(공작관 밑에 위치하는 공작망의 책임자), **행동공작원**(주공작원의 지휘·조종을 받아 실제 공작 업무를 수행함), **지원공작원**(주공작원의 지휘·조종을 받아 공작활동에 필요한 기술이나 물자 등을 지원함)이 있음
공작금	공작활동은 비공개활동이며, 공작목표 달성을 위해서는 막대한 자금이 필요함

3. 공작의 순환과정 21 승진

지령	상부로부터 받은 지령에 따라 공작을 시작함
계획	지령을 수행하기 위한 수단과 방법을 조직화 하는 것
모집	공작계획에 따라 공작을 진행할 사람을 채용
훈련	임무수행에 필요한 능력을 배양시키고, 지식과 기술을 습득하게 하는 것
브리핑	공작에 영향을 주는 새로운 상황과 임무에 대한 상세한 지시를 하는 단계로, 공작원에게 공작수행에 대한 최종적인 설명이 이루어짐
파견 및 귀환	공작원을 공작대상 지역에 파견하고, 공작임무를 수행한 후 귀환
디브리핑	공작원이 귀환하면 공작관에게 보고하는 과정으로 즉시 디브리핑이 시작되며, 공작원이 체험한 것을 허심탄회하게 발표하게 하는 단계 16 경감
보고서 작성	보고서를 작성, 제출
해고	공작순의 최종 단계로 공작임무가 종결되거나 더 이상 공작을 계속할 필요성이 느껴지지 않을 경우 해당 공작원을 해산시키는 과정

4. 공작활동 20 승진

가장	정보활동에 관계되는 모든 요소의 정체가 외부에 노출되지 않도록 꾸며지는 외적·내적 형태를 말함
연락	비밀공작을 수행함에 있어서 상·하급 인원이나 기관 간에 비밀을 은폐하려고 기도하는 방법으로, 첩보·문서·관념·물자 등을 전달하기 위하여 강구된 수단·방법의 유지 및 운용을 말함
신호	비밀공작활동에 있어서 조직원 상호 간에 어떤 의사를 전달하기 위하여 **사전에 약정해 놓은 표시**를 말함
관찰묘사	관찰이란 일정한 목적 하에 사물의 현상 및 사건의 전말을 감지하는 과정이며, 묘사란 관찰한 경험을 재생하여 표현·기술하는 것
사전정찰	장차 공작활동을 위하여 공작 목표나 공작 지역에 대하여 예비지식을 수집하기 위한 사전 조사활동
감시	시각·청각을 통하여 공작대상이 되는 인물, 시설, 물자에 관한 정보를 획득하는 기술로 직·간접적인 근거규정으로는 대통령 등의 경호에 관한 법률, 국가정보원법, 정보 및 보안 업무기획·조정규정 등이 있다. 12 승진 ① **완만감시** 12 승진 　대상자가 이미 알려져 있는 자로서 계속적인 감시를 필요로 하지 않고, 감시할 인적·물적·시간적 사정이 여의치 않아 적은 인원으로 많은 감시효과를 올리고자 할 때 적합한 감시의 형태 ② **신중감시** 　대상자가 감시하는 것을 감지하지 못하도록 하는 감시를 말하며, 신중감시 도중 접선 등 용의사실 발견 시 근접감시형태로 전환됨 ③ **근접(직접)감시** 　대상자가 감시당하고 있음을 감지하여도 계속 감시하는 것을 말함

> [참고] 신호 11·12 승진
>
> 비밀공작에 있어서 조직원 상호간에 어떤 의사를 전달하기 위해 사전에 약정해 놓은 표시를 '신호'라고 하며 이러한 신호는 인식신호, 확인신호, 안전·위험신호, 행동신호로 구분할 수 있다.
> ① **안전·위험신호**
> 　공작활동에 있어서 인원, 시설, 지역 또는 단체의 현재상태가 안전 또는 위험하다는 것을 알리기 위한 신호
> ② **확인신호**
> 　대상자임을 인식하고 접근한 후, 다시 확인하기 위해 약속된 신호
> ③ **인식신호**
> 　처음 만나는 양자가 상호식별하기 위하여 사용하는 신호
> ④ **행동신호**
> 　계획상의 행동수행이나 변경, 공작활동 가능 여부를 연락하기 위한 신호

5. 심리전

심리전이란 비무력적인 수단에 의해 직접 상대국의 국민 또는 군대에 정신적 자극을 주어 사상의 혼란과 국론의 분열을 가져오게 하는 전술이다. 09 승진

(1) 분류 09 승진, 09 경간

주체에 따른 분류	공연성 심리전	**사실출처를 명시하면서** 실시하는 심리전으로 공식방송·출처를 명시한 전단·출판물 등
	비공연성 심리전	**출처를 밝히지 않거나 위장·도용**하여 상대국의 시책 등을 모략·비방함으로써 내부혼란을 조장하는 방법으로 전개하는 심리전
운용에 따른 분류	전략 심리전	**광범위하고 장기적인 목표** 하에 대상국의 전 국민을 대상으로 실시하는 심리전. 자유진영국가들이 공산진영국가의 국민을 대상으로 전개하는 **대공산권방송**이 그 예임
	전술 심리전	**단기적인 목표** 하에 즉각적인 효과를 기대하고 실시되는 것으로 **간첩을 체포했을 때 널리 공개**하는 것이 그 예임
목적에 따른 분류	선무 심리전	**아측의 후방지역에서 사기를 앙양**시킨다든가 수복지역주민들의 협조를 얻고 질서를 유지하는 선전활동 등을 말하며, 타협심리전이라고도 함
	공격적 심리전	적측에 대해 특정의 목적을 달성하기 위해 공격적으로 행하는 심리전
	방어적 심리전	적측이 가해오는 공격목적을 와해·축소시키기 위해 방어적으로 실시하는 심리전

(2) 선전의 유형 – 출처의 공개여부에 따라 08 채용, 10·14 승진

백색선전	**출처를 공개**하고 행하는 선전으로, 국가 또는 공인된 기관이 공식적인 보도기관을 통하여 행하게 되므로 **주제의 선정이나 용어사용에 제한을 받지만 신뢰도가 높다. 적국 내에서 실시가 불가능**하다는 단점도 있다.
회색선전	**출처를 밝히지 않고** 행하는 선전으로, 선전이라는 **선입견을 주지 않고도 효과를 얻을 수 있다**는 장점이 있지만, 적이 회색선전이라는 것을 감지하여 **역선전을 해올 경우 대항이 어려우며, 출처를 은폐하면서 선전의 효과를 거두기가 곤란하다.**
흑색선전	**출처를 위장**하면서 행하는 선전으로, **적국 내에서도 수행이 가능**하며, 특정한 목표에 대해 **즉각적이고 집중적인 선전을 할 수 있다**는 장점이 있다. 하지만 **노출의 위험이 크기 때문에** 주의가 요구되며, 정상적인 통신망을 이용할 수 없다.

04 국가보안법

1. 목적 및 법적성격

이 법은 국가의 안전을 위태롭게 하는 반국가활동을 규제함으로써 국가의 안전과 국민의 생존 및 자유를 확보함을 목적으로 하며, 형법과 형사소송법의 특별법에 해당한다. 12 3차
→ 7·4 남북공동성명이 있었고 남북 사이의 화해와 불가침 및 교류협력에 관한 합의서가 체결 및 발효되었다고 하여도 그로 인해 「국가보안법」이 규범력을 상실한 것으로 볼 수는 없다.

[개관]

구속기간		조문	죄명	내용
※ **구속기간연장** → 제3조~제10조 • 형사소송법 상 - 경찰: 10일 - 검찰: 10+10일 ∴ 총 30일 • 국가보안법 상 - 경찰: 10+**10** - 검찰: 10+10+**10** ∴ 총 50일	제3조 ~ 제8조 편의 제공죄 대상 ○	3조	반국가단체구성, 가입, 권유죄	정부를 참칭, 국가변란(형법상 국헌문란이 더 넓은 개념)을 목적, 국내·외의 결사(계속적) 또는 집단(일시적)
		4조	목적수행죄	반국가단체 구성원 또는 지령을 받은자(주체 제한 ○)
		5조	제1항 자진지원죄	반국가단체 구성원 또는 지령을 받은자(주체 제한 ○), 목적수행을 지원
			제2항 금품수수죄	정을 알면서 수수 ○, 의도X, 목적X, 수수가액X
		6조	잠입, 탈출죄	단순잠입탈출 ○, 의도X 목적X, (특수)잠입, 탈출 (의도 ○ 목적○)
		7조	찬양고무죄	죄질이 약함, 재범자 특수가중 X(위헌)
		8조	회합통신죄	간첩과 직접만나거나 업무연락(불온목적), 단순한 신년인사X, 안부편지X
	↳	9조	편의제공죄	별도의 정범으로 처벌
		10조	불고지죄	대상범죄: 반, 목, 자, 유일한 벌금형 규정(5년 이하 징역 또는 200만원 이하 벌금)
		11조	특수 직무유기죄	공무원만 ○(주체제한 ○)
		12조	제1항 무고날조죄	형사처벌 받게 할 목적
			제2항 직권남용 무고날조죄	수사·정보·공무원 ○(주체제한 ○)

※ 구속기간연장제외
- 국가보안법 제 7조(찬), 제10조(불) = 위헌 ∴ 총 30일
- 처음부터 연장불가 범죄 국가보안법 제11조 (특), 제12조 제1항(무), 위헌판결 x

2. 국가보안법의 특성 08 경간, 09 채용, 18 경간, 19 승진

고의범	고의범만을 처벌하고, 과실범은 처벌하지 않는다.
미수·예비·음모의 확장 08·09 승진, 11 1차	미수·예비·음모를 원칙적으로 **처벌**하는 것이 원칙이다. 13 경간 ① 미수·예비·음모 모두 처벌 O 　반국가단체구성·가입죄(가입·권유죄는 예비·음모처벌X) 24 경간, 목적수행죄, 자진지원죄, 잠입탈출죄, 이적단체구성·가입죄, 무기류 편의제공죄(단순편의제공죄X) ② 미수·예비·음모 모두 처벌 X 15 지능특채 　불고지죄, 특수직무유기죄, 무고·날조죄 ③ 미수처벌 O, 예비·음모처벌 X 　그 외 나머지 범죄
편의제공죄	국가보안법에서는 형법과는 달리 범인에게 편의를 제공한 것(잠복·회합 등 장소제공)에 대해 종범이 아니라 **별개의 독립된 편의제공죄로** 처벌한다. 10·12 승진
범죄의 선동·선전 및 권유	형법에서는 범죄의 선전·선동은 교사나 방조가 되나, 국가보안법에서는 별도의 정범으로로 규정하여 처벌한다. 10·12 승진
불고지에 대한 형사책임	모든 국민에게 범죄고지의무를 부과하고 있다. 적용대상은 **제3조 반국가단체구성등의 죄, 제4조 목적수행, 제5조 자진지원죄**이며, 알고도 수사기관에 신고하지 않으면 불고지죄로 처벌한다.(모든 범죄X) 10·12·19 승진, 11 1차, 13 경간, 15 지능특채
자격정지의 병과	유기징역형을 선고 시 그 형의 장기 이하의 자격정지를 병과할 수 있다. 13 2차, 12 3차, 12 경간, 17 승진
재범자의 특수가중 (제13조)	형법의 경우 금고 이상의 형을 받아 그 집행을 종료하거나 면제받은 후 3년 이내에 금고 이상에 해당하는 죄를 범한 누범자는 그 죄에 정한 형의 장기 2배까지 가중한다. 10 승진 국가보안법, 군형법, 기타 형법에 규정된 반국가적 범죄로서 **금고 이상의 형을 선고받고 그 형의 집행을 종료하지 아니한 자 또는 그 집행을 종료하거나 집행을 받지 않기로 확정한 후 5년이 경과하지 아니한 자가 다시 국가보안법상의 일정한 범죄를 범한 때에는 그 죄에 대한 법정 최고형을 일률적으로 사형으로 규정하고 있다.** 09·13 승진 📝 **판례** [단순위헌, 2002헌가5, 2002. 11. 28. 국가보안법(1980. 12. 31. 법률 제3318호로 전문개정된 것) 제13조 중 "이 법, 군형법 제13조·제15조 또는 형법 제2편 제1장 내란의 죄·제2장 외환의 죄를 범하여 금고 이상의 형의 선고를 받고 그 형의 집행을 종료하지 아니한 자 또는 그 집행을 종료하거나 집행을 받지 아니하기로 확정된 후 5년이 경과하지 아니한 자가 …… 제7조 제5항, 제항의 죄를 범한 때에는 그 죄에 대한 법정형의 최고를 사형으로 한다."부분은 헌법에 위반된다.]
몰수·추징 및 압수물의 처분 (제15조)	① 이 법의 죄를 범하고 그 보**수**를 받은 때에는 이를 몰수한다. 다만, 이를 몰수할 수 없을 때에는 그 가액을 추징한다. 18 승진 ② 검사는 이 법의 죄를 범한 자에 대하여 **소추를 하지 아니할 때에는 압수물의 폐기 또는 국고귀속을 명할 수 있다.** 09·10·12 승진, 13 2차, 13 특공대
형의 특별감면 (제16조)	이 법의 죄를 범한 후 **자수한 때**, 이 법의 죄를 범한 자가 이 법의 죄를 범한 타인을 **고발거나** 타인이 이 법의 죄를 범하는 것을 **방해한 때**는 그 **형을 감경 또는 면제한다.** (필요적 감면) 11·15·17 승진, 12 경간, 13 2차, 14 1차, 15 지능특채

	필요적 감면	임의적 감면
감면사유 11 경간, 14·18·19 승진	불고지죄(본범과 친족관계) 자수·고발한 때 방해한 때	단순(기타)편의제공죄(본범과 친족관계) 특수직무유기죄(본범과 친족관계)
참고인의 구인과 유치 (제18조)	검사 또는 **사법경찰관**으로부터 이 법에 정한 죄의 참고인으로 출석을 요구받은 자가 정당한 이유 없이 2회 이상 출석요구에 불응한 때에는 관할법원판사의 구속영장을 발부받아 구인할 수 있다. 09 채용, 12·14 1차, 12 3차, 09·10·13·15 승진, 12·13·15·22 경간, 15 지능특채	
피의자 구속기간의 연장 (제19조) 09 승진, 12 1차	① 지방법원판사는 제3조 내지 제10조의 죄로서 **사법경찰관**이 검사에게 신청하여 검사의 청구가 있는 경우에 수사를 계속함에 상당한 이유가 있다고 인정한 때에는 형사소송법 제202조의 **구속기간의 연장**을 1차에 한하여 허가할 수 있다. 09 채용 ② 지방법원판사는 제1항의 죄로서 **검사**의 청구에 의하여 수사를 계속함에 상당한 이유가 있다고 인정한 때에는 형사소송법 제203조의 **구속기간의연장을 2차에 한하여 허가할 수 있다.** ③ 제1항 및 제2항의 기간의 연장은 **각 10일 이내로** 한다. 📑 판례 [단순위헌, 90헌마82, 1992. 4. 14. 국가보안법(1980. 12. 31. 법률제3318호, 개정 1991. 5. 31. 법률제4373호) 제19조중 **제7조 및 제10조의 죄**에 관한 구속기간 연장부분은 헌법에 위반된다.] → **제7조(찬양·고무 등), 제10조(불고지죄)는 위헌판결로 구속기간 연장 불가** 09 채용	
공소보류 (제20조) (공소유예X) 14 승진, 15 경간	① 검사는 이 법의 죄를 범한 자에 대하여 형법 제51조의 사항을 참작하여**공소제기를 보류할 수 있다.** 09 채용, 11·18 승진 ② 제1항에 의하여 공소보류를 받은 자가 **공소의 제기 없이 2년을 경과한**때에는 소추할 수 없다. 09 채용, 12·14 1차, 12 3차, 13 승진 ③ 공소보류를 받은 자가 법무부장관이 정한 감시·보도에 관한 규칙에 위반한 때에는 **공소보류를 취소할 수 있다.** ④ 제3항에 의하여 공소보류가 취소된 경우에는 형사소송법 제208조의 규정에 불구하고 동일한 범죄사실로 **재구속할 수 있다.**	
주체에 제한이 있는 범죄 11 승진, 14 2차, 19 경간	① **목적수행죄** – 반국가단체의 구성원 또는 그 지령을 받은 자(제4조) ② **자진지원죄** – 반국가단체의 구성원 또는 그 지령을 받은 자 이외의 자(제5조 제1항) ③ **허위사실날조·유포죄** – 이적단체의 구성원(제7조 제4항) ④ **특수직무유기죄** – 범죄수사 또는 정보의 직무에 종사하는 공무원(제11조) ⑤ **직권남용 무고·날조죄** – 범죄수사 또는 정보의 직무에 종사하는 공무원이나 이를 보조하는 자 또는 이를 지휘하는 자(제12조 2항)	
이적지정 18 승진	① **금품수수죄**(제5조 제2항) ② **잠입·탈출죄**(제6조) ③ **찬양·고무죄**(제7조) ④ **회합·통신죄**(제8조)	

3. 국가보안법 범죄

(1) 반국가단체 구성·가입·권유죄

제1조(목적등) ① 이 법은 국가의 안전을 위태롭게 하는 반국가활동을 규제함으로써 국가의 안전과 국민의 생존 및 자유를 확보함을 목적으로 한다. 22 경간
② 이 법을 해석적용함에 있어서는 제1항의 목적달성을 위하여 필요한 최소한도에 그쳐야 하며, 이를 확대해석하거나 헌법상 보장된 국민의 기본적 인권을 부당하게 제한하는 일이 있어서는 아니된다.

제2조(정의) ① 이 법에서 **"반국가단체"**라 함은 **정부를 참칭하거나 국가를 변란할 것을 목적**으로 하는 **국내외의 결사 또는 집단으로서 지휘통솔체제를 갖춘 단체**를 말한다. 08·18 승진, 10 1차, 12·13·22·24 경간, 13 2차, 13 특공대

> 1. 정부참칭
>   ① 합법적인 절차에 의하지 아니하고 임의로 정부를 조직하여 진정한 정부인 양 사칭하는것을 말함
>   ② 정부와 동일한 명칭을 사용할 필요까지는 없고, 일반인이 정부로 오인할 정도이면 충분함 10 1차
> 2. 국가변란
>   ① 정부를 전복하여 새로운 정부를 조직하는 것
>   ② 정부전복이란, 정부를 구성하고 있는 자연인의 사임이나 교체만으로는 충분하지 않고, **정부조직이나 제도 그 자체를 파괴하는 것을 의미함** 10 1차
>   ③ 형법상의 국헌문란이 국가변란보다 넓은 개념이다. 08 승진, 10 1차
> 3. 국내·외의 결사 또는 집단
>   ① **결사**는 공동목적을 수행하기 위하여 조직된 것으로 **다수인(2인 이상)의 계속적인 집합체**를 의미하고, **집단은 일시적인 집합체**이다. 08 승진
>   ② 반국가단체의 장소적 성립범위는 국내·외를 막론한다. 08 승진

제3조(반국가단체의 구성등) ① 반국가단체를 구성하거나 이에 가입한 자는 다음의 구별에 따라 처벌한다. → 지위와 관여의 정도에 따라 법정형에 차등이 있다.
  1. 수괴의 임무에 종사한 자는 사형 또는 무기징역에 처한다.
  2. 간부 기타 지도적 임무에 종사한 자는 사형·무기 또는 5년 이상의 징역에 처한다.
  3. 그 이외의 자는 2년 이상의 유기징역에 처한다.
② 타인에게 반국가단체에 가입할 것을 권유한 자는 2년 이상의 유기징역에 처한다.
③ 제1항 및 제2항의 미수범은 처벌한다.
④ 제1항제1호 및 제2호의 죄를 범할 목적으로 예비 또는 음모한 자는 2년 이상의 유기징역에 처한다.
⑤ 제1항제3호의 죄를 범할 목적으로 예비 또는 음모한 자는 10년 이하의 징역에 처한다.

→ 구성죄와 가입죄는 행위가 완료되면 바로 범죄가 성립하는 **즉시범**이다.(일정한 시간적 계속을 필요로 한다 X) 14 승진
→ **수괴**는 반국가단체의 구성이나 구성 후의 목적수행을 위한 일체의 행위에 대하여 이를 총지휘·통솔하는 **최고책임자의 지위에 있는 자, 지도적 임무에 종사한 자**는 실제로 단체를 위하여 **중요한 역할이나 활동을 한 자**를 의미함 14 승진

📑 **관련 판례**
① 국가보안법 제2조에 의하면 반국가단체는 정부를 참칭하거나 국가를 변란할 목적으로 하는 국내외의 결사 또

는 집단으로서 지휘통솔체제를 갖춘 단체를 말하는 것으로, 여기서 지휘통솔체계를 갖춘 단체라 함은 **2인 이상의 특정 다수인 사이에 단체의 내부질서를 유지하고, 그 단체를 주도하기 위하여 일정한 위계 및 분담 등의 체계를 갖춘 결합체를 의미한다** 할 것이다.(대판 95도1121) 12 승진

② 국가보안법상 반국가단체와 이적단체를 구별하기 위하여는 그 단체가 그 활동을 통하여 직접 달성하려고 하는 목적을 기준으로 하여, 그 단체가 **정부 참칭이나 국가의변란 그 자체를 직접적이고 1차적인 목적으로 삼고 있는 때에는 반국가단체에 해당하고**, 별개의 반국가단체의 존재를 전제로 하여 그 반국가단체의 활동에 동조하는것을 직접적, 1차적 목적으로 하는 경우에는 이적단체에 해당한다.(대판 99도2317)

(2) 목적수행죄

> **제4조(목적수행)** ① 반국가단체의 구성원 또는 그 지령을 받은 자가 그 목적수행을 위한 행위(간첩, 인명살상, 시설파괴 등)를 한 때에는 다음의 구별에 따라 처벌한다. 11·17 승진
> ② 제1항의 미수범은 처벌한다.
> ③ 제1항제1호 내지 제4호의 죄를 범할 목적으로 예비 또는 음모한 자는 2년 이상의 유기징역에 처한다.
> ④ 제1항제5호 및 제6호의 죄를 범할 목적으로 예비 또는 음모한 자는 10년 이하의 징역에 처한다.

[목적수행죄의 행위태양] – 사기X, 공갈X 11 1차

제1호	외환의 죄, 존속살해, 강도살인, 강도치사 등의 범죄
제2호	간첩죄, 간첩방조죄, 국가기밀 탐지·수집·누설 등의 범죄
제3호	소요, 폭발물사용, 방화, 살인 등의 범죄
제4호	중요시설파괴, 약취·유인, 항공기·무기 등의 이동·취거 등의 범죄
제5호	유가증권위조, 상해, 국가기밀서류·물품의 손괴·은닉 등의 범죄
제6호	선전·선동, 허위사실 날조·유포 등의 범죄

(3) 자진지원·금품수수죄

> **제5조(자진지원·금품수수)** ① 반국가단체나 그 구성원 또는 그 지령을 받은 자를 지원할 목적으로 **자진하여** 제4조제1항 각호에 규정된 행위를 한 자는 제4조제1항의 예에 의하여 처벌한다.
>
> → 주체는 반국가단체의 구성원 또는 그 지령을 받은 자 이외의 자이다. 09·18 승진, 13 특공대
> → '자진하여'란 반국가단체나 그 구성원 또는 그 지령을 받은 자의 요구나 권유에 의하지 아니하고 아무런 의사의 연락 없이 자기 스스로의 의사에 의하여 범행함을 의미한다. 09 승진
> → 반국가단체나 그 구성원 또는 그 지령을 받은 자를 지원한다는 목적이 있어야 하므로 본죄는 목적범이다. 09·18 승진
> → 목적의 달성여부는 본죄의 성립과 아무런 관련이 없다. 09 승진
>
> ② 국가의 존립·안전이나 자유민주적 기본질서를 위태롭게 한다는 정을 알면서 반국가단체의 구성원 또는 그 지령을 받은 자로부터 금품을 수수한 자는 7년 이하의 징역에 처한다. 19 승진
> ③ 제1항 및 제2항의 미수범은 처벌한다.
> ④ 제1항의 죄를 범할 목적으로 예비 또는 음모한 자는 10년 이하의 징역에 처한다.

📝 **금품수수 관련 판례**

① 국가보안법 제5조 제2항의 금품수수죄는 반국가단체의 구성원이나 그 지령을 받은자라는 정을 알면서 또는 **국가의 존립, 안전이나 자유민주적 기본질서를 위태롭게 한다는 정을 알면서** 반국가단체의 구성원이나 그 지령을 받은 자로부터 금품을 수수함에 의하여 성립하는 것으로서, 그 **수수가액이나 가치는 물론 그 목적도 가리지 아니하고, 그 금품수수가 대한민국을 해할 의도가 있는 경우에 한하는 것도 아니다.**(대판 95도1624) 11·12 승진, 15 지능특채, 13 특공대

② 국가보안법 제5조 제2항의 금품수수죄는 **국가의 존립·안전이나 자유민주적 기본질서를 위태롭게 한다는 정을 알면서** 반국가단체의 구성원 또는 그 지령을 받은 자로부터 금품을 수수하는 경우 성립하고, **금품의 가액이나 가치 또는 금품수수의 목적을 가리지 아니한다.**(대판 2012도7455)

(4) 잠입·탈출죄

제6조(잠입·탈출) ① 국가의 존립·안전이나 자유민주적 기본질서를 위태롭게 한다는 정을 알면서 반국가단체의 지배하에 있는 지역으로부터 잠입(북한→한국)하거나 그 지역으로 탈출(한국→북한)한 자(일반잠입·탈출)는 10년 이하의 징역에 처한다. 12·19 승진, 24 경간

② 반국가단체나 그 구성원의 **지령을 받거나 받기 위하여 또는 그 목적수행을 협의하거나 협의하기 위하여 잠입하거나 탈출한 자**(특수잠입·탈출)는 사형·무기 또는 5년 이상의 징역에 처한다. 24 경간 → 가중처벌

④ 제1항 및 제2항의 미수범은 처벌한다.

⑤ 제1항의 죄를 범할 목적으로 예비 또는 음모한 자는 7년 이하의 징역에 처한다.

⑥ 제2항의 죄를 범할 목적으로 예비 또는 음모한 자는 2년 이상의 유기징역에 처한다.

(5) 각종 이적행위(찬양·고무등)

제7조(찬양·고무등) ① 국가의 존립·안전이나 자유민주적 기본질서를 위태롭게 한다는 정을 알면서 반국가단체나 그 구성원 또는 그 지령을 받은 자의 활동을 찬양·고무·선전 또는 이에 동조하거나 국가변란을 선전·선동한 자는 7년 이하의 징역에 처한다.

③ 제1항의 행위를 목적으로 하는 **단체를 구성하거나 이에 가입**한 자는 1년 이상의 유기징역에 처한다.(이적단체구성·가입죄)

④ 제3항에 규정된 단체의 구성원으로서 사회질서의 혼란을 조성할 우려가 있는 사항에 관하여 **허위사실을 날조하거나 유포한 자**는 2년 이상의 유기징역에 처한다.(이적단체구성원의 허위사실날조·유포죄) → 주체 제한이 있음

⑤ 제1항·제3항 또는 제4항의 행위를 할 목적으로 **문서·도화 기타의 표현물을 제작·수입·복사·소지·운반·반포·판매 또는 취득**한 자는 그 각항에 정한 형에 처한다.(안보위해문건제작 등 죄)

⑥ 제1항 또는 제3항 내지 제5항의 미수범은 처벌한다.

⑦ 제3항의 죄를 범할 목적으로 예비 또는 음모한 자는 5년 이하의 징역에 처한다.

(6) 회합·통신죄

> **제8조(회합·통신등)** ① 국가의 존립·안전이나 자유민주적 기본질서를 위태롭게 한다는 정을 알면서 반국가단체의 구성원 또는 그 지령을 받은 자와 회합·통신 기타의 방법으로 연락을 한 자는 10년 이하의 징역에 처한다.
> ③ 제1항의 미수범은 처벌한다.
> → '회합, 통신 기타의 방법으로 연락'이라고 함은 반국가단체의 구성원 또는 그 지령을 받은 자를 직접 상대방으로 하는 경우는 물론이고 제3자를 이용하여 통신 기타의 방법으로 연락하는 것을 말한다. 10·19 승진
> → 단순한 신년인사나 안부편지는 본죄를 구성하지 아니한다.

(7) 편의제공죄

> **제9조(편의제공)** ① 이 법 제3조 내지 제8조의 죄(반국가단체구성 등, 목적수행, 자진지원, 금품수수, 잠입·탈출, 찬양·고무 등, 회합·통신)를 범하거나 범하려는 자라는 정을 알면서 총포·탄약·화약 기타 무기를 제공한 자는 5년 이상의 유기징역에 처한다. → **무기류 편의제공(감면규정이 없다.)**
> ② 이 법 제3조 내지 제8조의 죄를 범하거나 범하려는 자라는 정을 알면서 금품 기타 재산상의 이익을 제공하거나 잠복·회합·통신·연락을 위한 장소를 제공하거나 기타의 방법으로 편의를 제공한 자는 10년 이하의 징역에 처한다. 다만, 본범과 친족관계가 있는 때에는 그 **형을 감경 또는 면제할 수 있다.** → **기타(단순)편의제공**
> ③ 제1항 및 제2항의 미수범은 처벌한다.
> ④ 제1항의 죄를 범할 목적으로 예비 또는 음모한 자는 1년 이상의 유기징역에 처한다.

(8) 불고지죄

> **제10조(불고지)** 제3조(반국가단체구성 등), 제4조(목적수행), 제5조제1항(자진지원)·제3항·제4항의 죄를 범한 자라는 정을 알면서 수사기관 또는 정보기관에 고지하지 아니한 자는 **5년 이하의 징역 또는 200만원 이하의 벌금(유일하게 법정형에 벌금형을 규정함)**에 처한다. 09 채용, 12·14 1차, 12 경간 다만, 본범과 친족관계가 있는 때에는 그 형을 감경 또는 면제한다.(필요적 감면)

(9) 특수직무유기죄

> **제11조(특수직무유기)** 범죄수사 또는 정보의 직무에 종사하는 공무원(주체 제한이 있음)이 이 법의 죄를 범한 자라는 정을 알면서 그 직무를 유기한 때에는 10년 이하의 징역에 처한다. 다만, 본범과 친족관계가 있는 때에는 그 형을 감경 또는 면제할 수 있다.(임의적 감면) 24 경간

(10) 무고·날조죄

제12조(무고, 날조) ① 타인으로 하여금 형사처분을 받게 할 목적(목적범)으로 이 법의 죄에 대하여 무고 또는 위증을 하거나 증거를 날조·인멸·은닉한 자는 그 각조에 정한 형에 처한다.
② 범죄수사 또는 정보의 직무에 종사하는 공무원이나 이를 보조하는 자 또는 이를 지휘하는 자가 직권을 남용(**직권남용무고·날조 - 주체에 제한이 있음**)하여 제1항의 행위를 한 때에도 제1항의 형과 같다. 다만, 그 법정형의 최저가 2년미만일 때에는 이를 2년으로 한다.

(11) 보상과 원호

제21조(상금) ① 이 법의 죄를 범한 자를 수사기관 또는 정보기관에 통보하거나 체포한 자에게는 대통령령이 정하는 바에 따라 **상금을 지급한다.** 18 1차, 22 경간
② 이 법의 죄를 범한 자를 인지하여 **체포한 수사기관 또는 정보기관에 종사하는 자에 대하여도 제1항과 같다.**
③ 이 법의 죄를 범한 자를 체포할 때 반항 또는 교전상태 하에서 부득이한 사유로 **살해하거나 자살하게 한 경우에는** 제1항에 준하여 **상금을 지급할 수 있다.**

제22조(보로금) ① 제21조의 경우에 압수물이 있는 때에는 상금을 지급하는 경우에 한하여 그 압수물 가액의 **2분의 1에 상당하는 범위안에서 보로금을 지급할 수 있다.**
② **반국가단체나 그 구성원 또는 그 지령을 받은 자로부터 금품을 취득하여** 수사기관 또는 정보기관에 제공한 자에게는 그 **가액의 2분의 1에 상당하는 범위안에서 보로금을 지급할 수 있다.** 반국가단체의 구성원 또는 그 지령을 받은 자가 제공한 때에도 또한 같다. 13 승진, 18 1차
③ 보로금의 청구 및 지급에 관하여 필요한 사항은 **대통령령**으로 정한다. 18 1차

제23조(보상) 이 법의 죄를 범한 자를 신고 또는 체포하거나 이에 관련하여 상이를 입은 자와 사망한 자의 유족은 대통령령이 정하는 바에 따라 「국가유공자 등 예우 및 지원에 관한 법률」에 따른 공상군경 또는 순직군경의 유족이나 「보훈보상대상자 지원에 관한 법률」에 따른 재해부상군경 또는 재해사망군경의 유족으로 보아 보상할 수 있다.

제24조(국가보안유공자 심사위원회) ① 이 법에 의한 상금과 보로금의 지급 및 제23조에 의한 보상대상자를 심의·결정하기 위하여 **법무부장관 소속 하에 국가보안유공자 심사위원회를 둔다.** 18 1차
② 위원회는 심의상 필요한 때에는 관계자의 출석을 요구하거나 조사할 수 있으며, 국가기관 기타 공·사단체에 조회하여 필요한 사항의 보고를 요구할 수 있다.
③ 위원회의 조직과 운영에 관하여 필요한 사항은 대통령령으로 정한다.

05 보안관찰법

1. 보안관찰의 개념

① 반국가사범에 대해 재범의 위험성을 예방하고 건전한 사회복귀를 촉진하기 위한 것이다.
② 반국가사범에 대한 관찰, 지도, 경고등의 조치를 내용으로 한다.
③ 보안관찰은 대상자의 자유를 제한하는 **"대인적" 보안처분**의 일종이다.
④ 대상 범죄를 규정하고 있는 법률은 「형법」, 「군형법」, 「국가보안법」 등이 있다.
⑤ 보안관찰처분은 보안처분의 일종으로 본질, 추구하는 목적 및 기능에 있어 형벌과는 다른 독자적 의의를 가진 **사회보호적 처분**이므로 **형벌과 병과하여 선고한다고 해서 일사부재리 원칙에 위반하였다고 할 수 없다.** 21 경간

> **제1조(목적)** 이 법은 특정범죄를 범한 자에 대하여 **재범의 위험성을 예방**하고 건전한 사회복귀를 촉진하기 위하여 보안관찰처분을 함으로써 국가의 안전과 사회의 안녕을 유지함을 목적으로 한다. 11 2차, 13 경간 → 보안관찰이 필요한 자에 대하여 보안관찰처분심의위원회의 심의·의결을 거쳐 **법무부장관이 행하는 행정처분**을 말한다.
>
> **제2조(보안관찰해당범죄)** 이 법에서 "보안관찰해당범죄"라 함은 다음 각 호의 1에 해당하는 죄를 말한다. 09·14 경간, 10·14 2차, 10·11·19 승진
>
> | | |
> |---|---|
> | 형법 | **내란목적살인죄**, 외환유치죄, 여적죄, 모병이적죄, 시설제공이적죄, 시설파괴이적죄, 물건제공이적죄, 간첩죄 |
> | 군형법 | 반란죄, 반란목적군용물탈취죄, 군대 및 군용시설제공죄, 군용시설등 파괴죄, 간첩죄, **일반이적죄, 이적목적 반란불보고죄** |
> | 국가보안법 | 목적수행죄, 자진지원죄, 금품수수죄, 잠입·탈출죄, 총포·탄약·무기 등 편의제공죄 |
>
> **제3조(보안관찰처분대상자)** 이 법에서 "보안관찰처분대상자"라 함은 **보안관찰해당범죄 또는 이와 경합된 범죄로 금고 이상의 형의 선고를 받고 그 형기합계가 3년 이상인 자로서 형의 전부 또는 일부의 집행을 받은 사실이 있는 자**를 말한다. 10 2차, 11·13 경간, 11·13·14·19 승진, 11·12·14·16 2차, 13·14·15·23 1차, 15 3차, 18 법학

2. 보안관찰해당범죄 - 보안관찰법 제2조(해당하지 않는 것을 암기하세요!) 14·18 승진, 17 1차

법률	해당 O	해당 X
형법	㈐란목적살인죄	㈐란죄 ㈜반이적죄 ㈜시군수계약불이행죄
군형법	㈜반이적죄 ㈖목적 반란불고지죄	㈑순반란불보고죄
국가보안법		㈘국가단체 구성·가입권유죄 ㈜양고무죄 ㈜합·통신죄 ㈔고지죄 ㈜수직무유기죄 ㈜고날조죄 ㈑순(기타)편의제공죄

3. 보안관찰처분의 절차 13·18 승진

대상자의 신고 → 사안의 인지·조사 → 사안의 송치 → 보안관찰처분의 청구(검사) → 심의·의결 → 보안관찰결정(법무부장관) → 기간 갱신

> **제4조(보안관찰처분)** ① 제3조에 해당하는 자중 보안관찰해당범죄를 다시 범할 위험성이 있다고 인정할 충분한 이유가 있어 재범의 방지를 위한 관찰이 필요한 자에 대하여는 보안관찰처분을 한다.
> ② 보안관찰처분을 받은 자는 이 법이 정하는 바에 따라 소정의 사항을 **주거지 관할경찰서장에게 신고**하고, 재범방지에 필요한 범위안에서 그 지시에 따라 보안관찰을 받아야 한다. 13 경간, 15 3차, 23 1차

> **보안관찰법 시행령(대통령령)**
>
> **제4조(보안관찰)** ① 피보안관찰자의 주거지를 관할하는 경찰서장(이하 "관할경찰서장"이라 한다)은 피보안관찰자의 동태를 관찰하고 사회에 복귀하도록 선도하여 보안관찰해당범죄를 다시 범하지 아니하도록 예방하여야 한다.
> ② 관할경찰서장은 보안관찰부를 작성·비치하고 매월 1회이상 피보안관찰자의 동태를 관찰하여 그 결과를 보안관찰부에 기재하여야 한다.

제5조(보안관찰처분의 기간) ① 보안관찰처분의 기간은 **2년**으로 한다. 10·11 2차, 11·19 승진, 11·13·16·21 경간, 13·14·23 1차, 18·19 법학
② **법무부장관**은 검사의 청구가 있는 때에는 **보안관찰처분심의위원회의 의결을 거쳐 그 기간을 갱신할 수 있다.** → 갱신 횟수는 제한이 없다. 10·11 2차, 11·19 승진, 11·13·16·21 경간, 13·14 1차, 14 2차, 15 3차, 18·19 법학

> 보안관찰법 시행규칙(법무부령)
> 제33조(보안관찰처분의 기간갱신) ② **검사**는 제1항의 규정에 의한 기간갱신사안을 처리함에 있어서는 **관할경찰서장으로 하여금 1개월 이내의 기간을 정하여 조사하게 할 수 있다.** 11 승진
> ③ 검사는 기간갱신사안의 조사를 종결한 때에는 보안관찰처분의 **기간만료 2월 전까지 법무부장관에게 보안관찰처분 기간갱신을 청구하여야 한다.** 다만, 기간갱신 청구의 필요가 없다고 인정하는 경우에는 그 청구를 하지 아니하는 조치를 할 수 있다. 11·17 승진

제6조(보안관찰처분대상자의 신고) ① **보안관찰처분대상자**는 대통령령이 정하는 바에 따라 그 형의 집행을 받고 있는 교도소, 소년교도소, 구치소, 유치장 또는 군교도소에서 **출소 전에** 거주예정지 기타 대통령령으로 정하는 사항을 **교도소등의 장을 경유하여 거주예정지 관할경찰서장에게 신고**하고, **출소 후 7일 이내에 그 거주예정지 관할경찰서장에게 출소사실을 신고하여야 한다.** 13·14 승진, 13·14 1차, 12·16 2차 제20조제3항에 해당하는 경우에는 법무부장관이 제공하는 거주할 장소를 거주예정지로 신고하여야 한다.

> 보안관찰법 시행령(대통령령) 제6조(보안관찰처분대상자의 신고) ① **보안관찰처분대상자**가 법 제6조제1항의 규정에 의하여 **출소전에 신고할 때에는** 다음 각호의 사항을 기재한 신고서 5부를 작성하여 교도소, 소년교도소, 구치소, 유치장 또는 군교도소(이하 "**교도소등**"이라 한다)의 **장에게 제출하여야 한다.**
> ② **교도소등의 장**은 제1항의 규정에 의하여 접수한 신고서 1부씩을 법 제12조의 규정에 의한 **보안관찰처분심의위원회**(이하 "위원회"라 한다)**와 거주예정지관할 검사 및 경찰서장에게 각각 송부하여야 한다.**
>
> 보안관찰법 시행규칙(법무부령) 제5조(보안관찰처분대상자신고) ③ 교도소등의 장은 제2항 및 영 제6조제2항의 규정에 의하여 신고서를 송부하는 때에는 특별한 사유가 있는 경우를 제외하고는 보안관찰처분대상자의 **출소예정일 2월전까지 이를 송부하여야 한다.** 13·14 승진
> ④ 영 제6조제2항의 규정에 의하여 신고서를 송부받은 **거주예정지 관할경찰서장**은 보안관찰처분대상자가 출소 후 거주예정지에 거주하지 아니할 것이 명백한 때에는 지체없이 그 사유를 교도소등의 장에게 통보하여야 한다.
> ⑤ 제4항의 규정에 의한 통보를 받은 교도소등의 장은 지체없이 이를 교도소등의 소재지 관할검사에게 보고하여야 한다.

② 보안관찰처분대상자는 교도소등에서 출소한 후 제1항의 신고사항에 변동이 있을 때에는 변동이 있는 날부터 **7일 이내에 그 변동된 사항을 관할경찰서장에게 신고하여야 한다.** 14 승진, 16 2차, 17 1차 경기북부여경, 18 법학 다만, 제20조제3항에 의하여 거소제공을 받은 자가 주거지를 이전하고자 할 때에는 미리 관할경찰서장에게 제18조제4항 단서에 의한 신고를 하여야 한다.

📑 **판례** [헌법불합치, 2017헌바479, 2021.6.24. 보안관찰법(1989. 6. 16. 법률 제4132호로 전부개정된 것) 제6조 제2항 전문 및 제27조 제2항 중 제6조 제2항 전문에 관한 부분은 각 헌법에 합치되지 아니한다. 위 법률조항들은 2023. 6. 30.을 시한으로 개정될 때까지 계속 적용한다.]

③ **교도소등의 장**은 제3조에 해당하는 자가 생길 때에는 **지체 없이 보안관찰처분심의위원회와 거주예정지를 관할하는 검사 및 경찰서장에게 통고하여야 한다.** 16 2차, 20 경채

보안관찰법 시행령(대통령령)

제5조(동태보고등) ① 관할경찰서장은 **매 3월마다** 법 제18조제2항의 규정에 의하여 신고된 사항을 포함한 피보안관찰자의 주요동태를 주거지 관할검사에게 보고하여야 한다.
② 관할경찰서장은 피보안관찰자에게 다음 각호의 1에 해당하는 사유가 발생한 때에는 지체없이 이를 주거지 관할검사에게 보고하여야 한다.
  1. 죄를 범한 때
  2. 보안관찰처분과 관련한 각종 지시에 위반한 때
  3. 일정한 주거가 없게 된 때
  4. 10일 이상 주거지를 무단 이탈하거나 소재불명이 된 때
  5. 사망한 때
  6. 법 제17조제3항의 규정에 의한 보안관찰처분집행중지 사유가 발생한 때
  7. 법 제22조의 규정에 의한 경고를 한 때
  8. 법 제25조제3항 후단의 규정에 의한 보안관찰처분기간의 진행정지 사유가 발생한 때
  9. 기타 신원에 중대한 사유가 발생한 때

제8조(출소통보 등) ② 거주예정지 관할경찰서장은 출소한 보안관찰처분대상자가 법 제6조제1항의 규정에 의한 **신고기간(7일 이내)** 내에 신고를 하지 아니한 때에는 지체 없이 이를 거주예정지 관할검사에게 보고하여야 한다.

제9조(출소사실 신고등) ① 출소한 보안관찰처분대상자는 법 제6조제1항에 따라 출소사실을 신고할 때에는 출소일·출소교도소·출소사유와 그 밖에 필요한 사항을 기재한 신고서를 작성·제출해야 하며, 신고서에는 2명 이상의 신원보증인이 서명·날인해야 한다. 이 경우 신원보증인이 없는 경우에는 그 사유를 명확히 기재해야 한다. 17 승진

제7조(보안관찰처분의 청구) 보안관찰처분 청구는 **검사**가 행한다. 15 3차, 17 1차 경기북부여경, 23 1차

보안관찰법 시행규칙(법무부령)

제31조(보안관찰처분 청구등) ① 검사는 사안의 조사를 종결한 때에는 법무부장관에게 보안관찰처분 청구를 하여야 한다. 다만, 보안관찰처분 청구의 필요가 없다고 인정하는 경우에는 그 청구를 하지 아니하는 조치를 할 수 있다.

제8조(청구의 방법) ① 제7조의 규정에 의한 보안관찰처분청구는 **검사가 보안관찰처분청구서를 법무부장관에게 제출**함으로써 행한다.
③ 검사가 처분청구서를 제출할 때에는 청구의 원인이 되는 사실을 증명할 수 있는 **자료와 의견서를 첨부하여야 한다.** 13 1차
④ 검사는 보안관찰처분청구를 한 때에는 **지체 없이 처분청구서등본을 피청구자에게 송달하여야 한다.** 12 3차 이 경우 송달에 관하여는 **민사소송법중 송달에 관한 규정을 준용한다.** 13 1차

제9조(조사) ① 검사는 제7조의 규정에 의한 보안관찰처분청구를 위하여 필요한 때에는 보안관찰처분대상자, 청구의 원인이 되는 사실과 보안관찰처분을 필요로 하는 자료를 조사할 수 있다.
② 사법경찰관리와 특별사법경찰관리는 **검사의 지휘를 받아** 제1항의 규정에 의한 조사를 할 수 있다.

보안관찰법 시행규칙(법무부령) 제14조(조사의 회피) 검사 또는 사법경찰관리는 용의자 또는 그 관계인과 친족 기타 특별한 관계로 인하여 **조사의 공정성을 잃거나 의심을 받을 염려가 있다고 인정되는 사안에 대하여는 소속관서의 장의 허가를 받아 그 조사를 회피하여야 한다.** 12 승진

제17조(사안인지) ① 검사는 보안관찰처분대상자가 보안관찰해당범죄를 다시 범할 위험성이 있다고 의심하여 조사에 착수하는 때에는 사안인지서를 작성하여야 한다.
② 사법경찰관이 제1항의 조사에 착수하고자 하는 때에는 사안인지승인신청서를 작성하여 검사의 승인을 얻어야 한다.

제27조(사안송치) ① **사법경찰관리는 조사를 종결한 때에는 지체 없이 사안을 관할검사장에게 송치하여야 한다.**
② 사법경찰관리는 사안을 송치하는 때에는 **소속관서의 장의 명의**로 하여야 한다.

제28조(송치서류) ① 제27조제1항의 규정에 의하여 사안을 송치하는 때에는 사안송치서·보관물 총목록·기록목록·의견서·용의자 환경조사서·용의자의 본적조회 회답서 및 전과관계를 증명할 수 있는 서류 기타 필요한 서류를 첨부하여야 한다.
② 송치서류는 다음의 순서에 따라 편철하여야 한다.
 1. 사안송치서
 2. 보관물 총목록
 3. 기록목록
 4. 의견서
 5. 기타 서류
③ 제2항제4호의 **의견서는 사법경찰관이 작성하여야 한다.**
④ 제2항제5호의 기타 서류는 접수 또는 작성한 순서에 따라 편철하고, 제4호·제5호의 서류에는 매 면에 면수를 기입하며, 제2호 내지 제4호의 서류에는 송치인이 직접 간인하여야 한다.
⑤ 사법경찰관리는 사안송치 후 용의자에 대하여 다른 보안관찰해당범죄경력을 발견한 때에는 즉시 그 사안을 담당하는 검사(이하 "주임검사"라 한다)에게 보고하여야 한다.

제30조(송치 후의 조사 등) ① **사법경찰관리는 사안송치 후 조사를 계속하고자 하는 때에는 미리 주임검사의 지휘를 받아야 한다.** 12 승진
② 사법경찰관리는 사안송치 후 당해사안에 속하는 용의자의 다른 재범의 위험성을 발견한 때에는 즉시 주임검사에게 보고하고 그 지휘를 받아야 한다.

제10조(심사) ① 법무부장관은 처분청구서와 자료에 의하여 청구된 사안을 심사한다.
② 법무부장관은 제1항의 규정에 의한 심사를 위하여 필요한 때에는 법무부소속공무원으로 하여금 조사하게 할 수 있다.

제11조(보안관찰처분의 면제) ① **법무부장관**은 보안관찰처분대상자중 다음 각 호의 요건을 갖춘 자에 대하여는 **보안관찰처분을 하지 아니하는 결정을 할 수 있다.** 12 2차
 1. 준법정신이 확립되어 있을 것
 2. 일정한 주거와 생업이 있을 것
 3. 대통령령이 정하는 신원보증이 있을 것
② **법무부장관**은 제1항의 요건을 갖춘 보안관찰처분대상자의 신청이 있을 때에는 부득이한 사유가 있는 경우를 제외하고는 **3월 내에 보안관찰처분면제여부를 결정하여야 한다.**

③ **검사**는 제1항제1호 및 제2호의 요건을 갖춘 보안관찰처분대상자의 정상을 참작하여 위험성이 없다고 인정되는 때에는 **법무부장관에게 면제결정을 청구할 수 있다.**
④ 면제결정을 받은 자가 그 면제결정요건에 해당하지 아니하게 된 때에는 검사의 청구에 의하여 법무부장관은 면제결정을 취소할 수 있다.
⑤ 면제결정과 면제결정청구, 면제결정취소청구 및 그 결정에 대하여는 보안관찰처분청구 및 심사결정에 관한 규정을 준용한다.
⑥ 보안관찰처분의 **면제결정을 받은 자**는 그때부터 이 법에 의한 보안관찰처분대상자 또는 **피보안관찰자로서의 의무를 면한다.**

> 보안관찰법 시행령(대통령령) 제14조(보안관찰처분 면제결정 신청등) ① 법 제11조제2항에 따른 보안관찰처분면제결정 신청을 하려는 **보안관찰처분대상자는 관할경찰서장에게** 다음 각 호의 서류를 첨부한 보안관찰처분면제결정신청서(전자문서로 된 신청서를 포함한다)를 제출해야 한다. 10 승진

제12조(보안관찰처분심의위원회) ① 보안관찰처분에 관한 사안을 심의·의결하기 위하여 **법무부에 보안관찰처분심의위원회를 둔다.** 11 2차, 12 승진, 12 2차, 19 경간, 20 경채
② **위원회는 위원장 1인과 6인의 위원**으로 구성한다. 11 경간, 12 2차, 19 법학, 20 경채
③ **위원장은 법무부차관**이 되고, 12 2차·3차, 19 경간 위원은 학식과 덕망이 있는 자로 하되, 그 **과반수는 변호사의 자격이 있는 자**이어야 한다.
④ 위원은 법무부장관의 제청으로 대통령이 임명 또는 위촉한다. 19 경간
⑤ **위촉된 위원의 임기는 2년**으로 한다. 다만, 공무원인 위원은 그 직을 면한 때에는 위원의 자격을 상실한다.
⑥ 위원중 공무원이 아닌 위원도 이 법 기타 다른 법률의 규정에 의한 벌칙의 적용에 있어서는 공무원으로 본다.
⑦ 위원장은 위원회의 회무를 총괄하고 위원회를 대표하며, 위원회의 회의를 소집하고 그 의장이 된다.
⑧ 위원장이 사고가 있을 때에는 미리 그가 지정한 위원이 그 직무를 대행한다.
⑨ 위원회는 다음 각 호의 사안을 심의·의결한다. 12 3차, 19 경간
　1. 보안관찰처분 또는 그 기각의 결정
　2. 면제 또는 그 취소결정
　3. 보안관찰처분의 취소 또는 기간의 갱신결정
⑩ **위원회의 회의는 위원장을 포함한 재적위원 과반수의 출석으로 개의하고 출석위원 과반수의 찬성으로 의결한다.** 19 경간, 19 법학
⑪ 위원회의 운영·서무 기타 필요한 사항은 대통령령으로 정한다.

제13조(피청구자의 자료제출등) ① 피청구자는 처분청구서등본을 송달받은 날부터 **7일 이내에 법무부장관 또는 위원회에 서면으로** 자기에게 이익된 사실을 진술하고 자료를 제출할 수 있다.
② 위원회는 필요하다고 인정하는 경우에는 피청구자 및 기타 관계자를 출석시켜 심문·조사하거나 공무소 기타 공·사단체에 대하여 조회할 수 있으며, 관계자료의 제출을 요구할 수 있다.

제14조(결정) ① 보안관찰처분에 관한 **결정은 위원회의 의결을 거쳐 법무부장관이 행한다.** 13·16 경간, 17 1차 경기북부여경, 18 법학, 19 승진
② **법무부장관은 위원회의 의결과 다른 결정을 할 수 없다. 다만, 보안관찰처분대상자에 대하여 위원회의 의결보다 유리한 결정을 하는 때에는 그러하지 아니하다.** 21 경간

제15조(의결서등) ① 위원회의 의결은 이유를 붙이고 위원장과 출석위원이 기명날인하는 문서로써 행한다.
② 법무부장관의 결정은 이유를 붙이고 법무부장관이 기명·날인하는 문서로써 행한다.

제16조(결정의 취소등) ① 검사는 법무부장관에게 보안관찰처분의 취소 또는 기간의 갱신을 청구할 수 있다.
② **법무부장관**은 제1항의 규정에 의한 청구를 받은 때에는 **위원회의 의결을 거쳐** 이를 심사·결정하여야 한다.
③ 제1항 및 제2항의 규정에 의한 청구와 그 청구의 심사·결정에 대하여는 보안관찰처분청구 및 심사결정에 관한 규정을 준용한다.

제17조(보안관찰처분의 집행) ① 보안관찰처분의 집행은 검사가 지휘한다.
② 제1항의 지휘는 결정서등본을 첨부한 서면으로 하여야 한다.
③ 검사는 피보안관찰자가 **도주하거나 1월 이상 그 소재가 불명한 때에는** 보안관찰처분의 집행중지 결정을 할 수 있다. 11 경간, 14 2차, 19 법학 그 사유가 소멸된 때에는 지체 없이 그 결정을 취소하여야 한다. 12 승진, 14 1차, 12 3차, 16 경간, 17 1차 경기북부여경
→ 집행중지의 요건이 발생하면 관할경찰서장의 신청을 받아 검사가 보안관찰처분의 집행중지를 청구하고 보안관찰처분심의위원회의 의결을 거쳐 법무부장관이 결정한다 X 19 법학

> 보안관찰법 시행령(대통령령) 제23조(보안관찰처분 집행중지결정의 신청등) ① 관할경찰서장은 법 제17조제3항의 규정에 의한 사유가 발생한 때에는 주거지 관할검사에게 주거지 리·통·반의 장의 확인서 기타 피보안관찰자가 도주 또는 소재불명임을 인정할 수 있는 자료를 첨부하여 **보안관찰처분집행중지결정을 신청하여야 한다.** 이 경우 주거지 관할검사는 「전자정부법」 제36조제1항에 따른 행정정보의 공동이용을 통하여 피보안관찰자의 주민등록표 등본을 확인하여야 한다.
> ③ 검사는 보안관찰처분의 집행중지결정을 한 때에는 관할경찰서장에게 보안관찰처분 집행중지결정의 집행지휘를 하고 **지체 없이 이를 법무부장관에게 보고하여야 한다.** 11 경간, 12 승진

제18조(신고사항) ① **보안관찰처분을 받은 자**는 보안관찰처분결정고지를 받은 날부터 **7일 이내**에 다음 각호의 사항을 주거지를 관할하는 **지구대 또는 파출소의 장**(이하 "지구대·파출소장"이라 한다)**을 거쳐 관할경찰서장에게 신고하여야 한다.** 17 2차, 17 경간제20조제3항에 해당하는 경우에는 법무부장관이 제공하는 거소를 주거지로 신고하여야 한다.
② **피보안관찰자**는 보안관찰처분결정고지를 받은 날이 속한 달부터 **매3월이 되는 달의 말일까지** 다음 각 호의 사항을 **지구대·파출소장을 거쳐 관할경찰서장에게 신고하여야 한다.** 17 2차, 17 경간, 17 승진
  1. 3월간의 주요활동사항
  2. 통신·회합한 다른 보안관찰처분대상자의 인적사항과 그 일시, 장소 및 내용
  3. 3월간에 행한 여행에 관한 사항(申告를 마치고 중지한 旅行에 관한 사항을 포함한다)
  4. 관할경찰서장이 보안관찰과 관련하여 신고하도록 지시한 사항
③ **피보안관찰자**는 제1항의 **신고사항에 변동이 있을 때에는 7일 이내에 지구대·파출소장을 거쳐 관할경찰서장에게 신고하여야 한다.** 17 2차, 17 경간 피보안관찰자가 제1항의 신고를 한 후 제20조제3항에 의하여 거소제공을 받거나 제20조제5항에 의하여 거소가 변경된 때에는 제공 또는 변경된 거소로 이전한 후 7일 이내에 지구대·파출소장을 거쳐 관할경찰서장에게 신고하여야 한다.
④ **피보안관찰자가 주거지를 이전하거나 국외여행 또는 10일 이상 주거를 이탈하여 여행하고자 할 때에는 미리** 거주예정지, 여행예정지 기타 대통령령이 정하는 사항을 **지구대·파출소장을 거쳐 관할**

경찰서장에게 신고하여야 한다. 17 2차, 17 경간, 19 승진, 20 경채 다만, 제20조제3항에 의하여 거소제공을 받은 자가 주거지를 이전하고자 할 때에는 제20조제5항에 의하여 거소변경을 신청하여 변경결정된 거소를 거주예정지로 신고하여야 한다.

> 보안관찰법 시행령(대통령령) 제24조(피보안관찰자의 신고사항등) ③ 관할경찰서장은 신고서를 접수한 때에는 지체없이 그 사실을 이전예정지 또는 여행목적지 관할경찰서장에게 통보하여야 한다.

⑤ 관할경찰서장은 제1항 내지 제4항의 규정에 의한 신고를 받은 때에는 신고필증을 교부하여야 한다.

제19조(지도) ① 검사 및 사법경찰관리는 피보안관찰자의 재범을 방지하고 건전한 사회복귀를 촉진하기 위하여 다음 각 호의 지도를 할 수 있다.
  1. 피보안관찰자와 긴밀한 접촉을 가지고 항상 그 행동 및 환경등을 관찰하는 것
  2. 피보안관찰자에 대하여 신고사항을 이행함에 적절한 지시를 하는 것
  3. 기타 피보안관찰자가 사회의 선량한 일원이 되는데 필요한 조치를 취하는 것
② 검사 및 사법경찰관은 피보안관찰자의 재범방지를 위하여 특히 필요한 경우에는 다음 각 호의 조치를 할 수 있다.
  1. 보안관찰해당범죄를 범한 자와의 회합·통신을 금지하는 것
  2. 집단적인 폭행, 협박, 손괴, 방화등으로 공공의 안녕질서에 직접적인 위협을 가할 것이 명백한 집회 또는 시위장소에의 출입을 금지하는 것
  3. 피보안관찰자의 보호 또는 조사를 위하여 특정장소에의 출석을 요구하는 것

제20조(보호) ① 검사 및 사법경찰관리는 피보안관찰자가 자조의 노력을 함에 있어, 그의 개선과 자위를 위하여 필요하다고 인정되는 적절한 보호를 할 수 있다.
② 제1항의 보호의 방법은 다음과 같다.
  1. 주거 또는 취업을 알선하는 것
  2. 직업훈련의 기회를 제공하는 것
  3. 환경을 개선하는 것
  4. 기타 본인의 건전한 사회복귀를 위하여 필요한 원조를 하는 것
③ **법무부장관은 보안관찰처분대상자 또는 피보안관찰자중 국내에 가족이 없거나 가족이 있어도 인수를 거절하는 자에 대하여는 대통령령이 정하는 바에 의하여 거소를 제공할 수 있다.**
④ 사회복지사업법에 의한 사회복지시설로서 대통령령이 정하는 시설의 장은 법무부장관으로부터 보안관찰처분대상자 또는 피보안관찰자에 대한 거소제공의 요청을 받은 때에는 정당한 이유없이 이를 거부하여서는 아니된다.
⑤ 법무부장관은 제3항에 의하여 거소제공을 받은 자에게 국내에 인수를 희망하는 가족이 생기거나 기타 거소변경의 필요가 있는 때에는 본인의 신청 또는 검사의 청구에 의하여 이미 제공한 거소를 변경할 수 있다. 이 경우 법무부장관은 3월 이내에 거소의 변경여부를 결정하여야 한다.

제21조(응급구호) 검사 및 사법경찰관리는 피보안관찰자에게 부상·질병 기타 긴급한 사유가 발생하였을 때에는 대통령령이 정하는 바에 따라 필요한 구호를 할 수 있다.

제22조(경고) 검사 및 사법경찰관리는 피보안관찰자가 의무를 위반하였거나 위반할 위험성이 있다고 의심할 상당한 이유가 있는 때에는 그 이행을 촉구하고 형사처벌등 불이익한 처분을 받을 수 있음을 경고할 수 있다.

제23조(행정소송) 이 법에 의한 **법무부장관의 결정을 받은 자가 그 결정에 이의가 있을 때에는** 행정소

송법이 정하는 바에 따라 그 결정이 집행된 날부터 60일 이내에 서울고등법원에 소를 제기할 수 있다. 10·12 2차, 11·16·21 경간, 19 승진 다만, 제11조의 규정에 의한 **면제결정신청에 대한 기각결정을 받은 자가 그 결정에 이의가 있을 때에는 그 결정이 있는 날부터 60일 이내에 서울고등법원에 소를 제기할 수 있다.**

제25조(기간의 계산) ① 보안관찰처분의 기간은 **보안관찰처분 결정을 집행하는 날부터 계산한다. 이 경우 초일은 산입한다.** 20 경채

② 제18조제1항 내지 제4항의 규정에 의한 신고를 하지 아니한 기간은 보안관찰처분 기간에 산입하지 아니한다.

③ 보안관찰처분의 집행중지결정이 있거나 징역·금고·구류·노역장유치 중에 있는 때, 「사회보호법」에 의한 감호의 집행 중에 있는 때 또는 「치료감호법」에 의한 치료감호의 집행 중에 있는 때에는 보안관찰처분의 기간은 그 진행이 정지된다.

제27조(벌칙) ① 보안관찰처분대상자 또는 피보안관찰자가 보안관찰처분 또는 보안관찰을 면탈할 목적으로 **은신 또는 도주한 때에는 3년 이하의 징역**에 처한다.

② 정당한 이유없이 **신고를 하지 아니하거나 허위의 신고를 한 자 또는 그 신고를 함에 있어서 거주예정지나 주거지를 명시하지 아니한 자는 2년 이하의 징역 또는 100만원 이하의 벌금**에 처한다.

⑥ 보안관찰처분대상자 또는 피보안관찰자를 은닉하거나 도주하게 한 자는 2년 이하의 징역에 처한다. 다만, **친족이 본인을 위하여 본문의 죄를 범한 때에는 벌하지 아니한다.**

06 남북교류협력에 관한 법률

「국가보안법」의 금품수수, 잠입·탈출, 회합·통신 부분과 서로 상충될 소지가 있다. 11 승진

제1조(목적) 이 법은 군사분계선 이남지역과 그 이북지역 간의 **상호 교류와 협력을 촉진**하기 위하여 필요한 사항을 규정함으로써 한반도의 평화와 통일에 이바지하는 것을 목적으로 한다. 11 승진

제2조(정의) 이 법에서 사용하는 용어의 뜻은 다음과 같다.
1. "출입장소"란 군사분계선 이북지역(이하 "북한"이라 한다)으로 가거나 북한으로부터 들어올 수 있는 군사분계선 이남지역(이하 "남한"이라 한다)의 항구, 비행장, 그 밖의 장소로서 대통령령으로 정하는 곳을 말한다.
2. "교역"이란 남한과 북한 간의 물품, 대통령령으로 정하는 용역 및 전자적 형태의 무체물(이하 "물품 등"이라 한다)의 반출·반입을 말한다.
3. "반출·반입"이란 매매, 교환, 임대차, 사용대차, 증여, 사용 등을 목적으로 하는 남한과 북한 간의 물품 등의 이동(단순히 제3국을 거치는 물품등의 이동을 포함한다. 이하 같다)을 말한다. 19 2차
4. "협력사업"이란 남한과 북한의 주민(법인·단체를 포함한다)이 공동으로 하는 환경, 경제, 학술, 과학기술, 정보통신, 문화, 체육, 관광, 보건의료, 방역, 교통, 농림축산, 해양수산 등에 관한 모든 활동을 말한다.

제3조(다른 법률과의 관계) 남한과 북한의 왕래·접촉·교역·협력사업 및 통신 역무의 제공 등 **남한과 북한 간의 상호 교류와 협력**(이하 "남북교류·협력"이라 한다)**을 목적으로 하는 행위에 관하여는 이 법률의 목적 범위에서 다른 법률에 우선하여 이 법을 적용한다.**

제4조(남북교류협력 추진협의회의 설치) 남북교류·협력에 관한 정책을 협의·조정하고, 중요 사항을 심의·의결하기 위하여 **통일부에 남북교류협력 추진협의회**(이하 "협의회"라 한다)**를 둔다.**

제5조(협의회의 구성) ① 협의회는 **위원장 1명을 포함한 25명 이내의 위원**으로 구성한다.
② 위원장은 **통일부장관**이 되며, 협의회의 업무를 총괄한다.

제7조(협의회의 회의와 운영) ① 협의회의 회의는 위원장이 소집한다.
② 협의회의 회의는 **재적위원 과반수의 출석과 출석위원 과반수의 찬성**으로 의결한다.

제9조(남북한 방문) ① **남한의 주민이 북한을 방문하거나 북한의 주민이 남한을 방문**하려면 **대통령령**으로 정하는 바에 따라 통일부장관의 방문승인을 받아야 하며, 통일부장관이 발급한 증명서(이하 "방문증명서"라 한다)를 소지하여야 한다. 17 승진, 19 2차

> 시행령(대통령령) 제12조(방문승인 신청) ① 법 제9조제1항·제6항 단서 및 제8항 단서에 따라 북한을 방문하기 위하여 통일부장관의 방문승인을 받으려는 남한의 주민과 재외국민(법 제9조제8항 각 호의 어느 하나에 해당하는 사람을 말한다. 이하 같다)은 방문 **7일 전**까지 방문승인 신청서에 다음 각 호의 서류를 첨부하여 통일부장관에게 제출하여야 한다.

② 방문증명서는 유효기간을 정하여 북한방문증명서와 남한방문증명서로 나누어 발급하며, 다음 각 호와 같이 구분한다.
  1. 한 차례만 사용할 수 있는 방문증명서
  2. 유효기간이 끝날 때까지 여러 차례 사용할 수 있는 방문증명서(이하 "복수방문증명서"라 한다)
③ **복수방문증명서의 유효기간은 5년 이내로 하며, 5년의 범위에서 연장할 수 있다.** 17 승진
④ 통일부장관은 방문승인을 하는 경우 대통령령으로 정하는 범위에서 북한 또는 남한에 머무를 수 있는 방문기간(이하 "방문기간"이라 한다)을 부여하여야 하고, 남북교류·협력의 원활한 추진을 위하여 대통령령으로 정하는 바에 따라 북한방문결과보고서 제출 등 조건을 붙일 수 있다.
⑤ 방문승인을 받은 사람은 방문기간 내에 한 차례에 한하여 북한 또는 남한을 방문할 수 있다.
⑥ 복수방문증명서를 발급받은 사람 중 외국을 거치지 아니하고 북한 또는 남한을 직접 방문하는 사람 등 대통령령으로 정하는 사람은 제5항에도 불구하고 방문기간 내에 횟수에 제한없이 북한 또는 남한을 방문할 수 있다. 다만, 방문기간 내에라도 방문 목적이나 경로를 달리하여 방문할 경우에는 통일부장관의 방문승인을 별도로 받아야 한다.
⑦ **통일부장관**은 제1항 및 제6항 단서에 따라 방문승인을 받은 사람이 다음 각 호의 어느 하나에 해당하는 경우에는 그 승인을 취소할 수 있다. 다만 **제1호의 경우에는 그 승인을 취소하여야 한다.**
  1. **거짓이나 그 밖의 부정한 방법으로 방문승인을 받은 경우**
  2. 제4항에 따른 조건을 위반한 경우
  3. 남북교류·협력을 해칠 명백한 우려가 있는 경우
  4. 국가안전보장, 질서유지 또는 공공복리를 해칠 명백한 우려가 있는 경우
⑧ 다음 각 호의 어느 하나에 해당하는 사람(이하 "**재외국민**"이라 한다)이 외국에서 북한을 왕래할 때에는 **통일부장관이나 재외공관의 장에게 신고하여야 한다.** 17·19 승진 다만, 외국을 거치지 아니하고 남한과 북한을 **직접 왕래**할 때에는 제1항에 따라 발급된 방문증명서를 소지하여야 한다.
  1. 외국정부로부터 영주권을 취득하였거나 이에 준하는 장기체류허가를 받은 사람
  2. 외국에 소재하는 외국법인 등에 취업하여 업무수행의 목적으로 북한을 방문하는 사람

제9조의2(남북한 주민 접촉) ① **남한의 주민이 북한의 주민과** 회합·통신, 그 밖의 방법으로 **접촉하려면 통일부장관에게 미리 신고하여야 한다.** 14 승진 다만, 대통령령으로 정하는 부득이한 사유에 해당하는 경우에

는 **접촉한 후에 신고할 수 있다.** 17 승진, 19 2차

> **시행령(대통령령) 제16조(접촉신고)** ① 법 제9조의2제1항 본문에 따라 미리 신고하려는 남한의 주민은 접촉 **7일 전**까지 북한주민접촉 신고서에 다음 각 호의 서류를 첨부하여 통일부장관에게 제출하여야 한다.

② 방문증명서를 발급받은 사람이 그 방문 목적의 범위에서 당연히 인정되는 접촉을 하는 경우 등 대통령령으로 정하는 경우에 해당하면 제1항의 접촉신고를 한 것으로 본다.

③ **통일부장관**은 제1항 본문에 따라 접촉에 관한 신고를 받은 때에는 남북교류·협력을 해칠 명백한 우려가 있거나 국가안전보장, 질서유지 또는 공공복리를 해칠 **명백한 우려가 있는 경우에만 신고의 수리를 거부할 수 있다.**

④ 제1항 본문에 따른 접촉신고를 받은 통일부장관은 남북교류·협력의 원활한 추진을 위하여 대통령령으로 정하는 바에 따라 북한주민접촉결과보고서 제출 등 조건을 붙이거나, 3년 이내의 유효기간을 정하여 수리할 수 있다. 다만, 대통령령으로 정하는 가족인 북한주민과의 접촉을 목적으로 하는 경우에는 5년 이내의 유효기간을 정할 수 있다.

⑤ 통일부장관은 필요하다고 인정할 경우 제4항에 따른 유효기간을 3년의 범위에서 연장할 수 있다.

⑥ 제1항에 따른 신고의 절차 등에 관하여 필요한 사항은 대통령령으로 정한다.

제10조(외국 거주 동포의 출입 보장) 외국 국적을 보유하지 아니하고 대한민국의 여권을 소지하지 아니한 외국 거주 동포가 남한을 왕래하려면 「여권법」 제14조제1항에 따른 **여행증명서를 소지하여야 한다.**

제11조(남북한 방문에 대한 심사) 북한을 직접 방문하는 남한주민과 남한을 직접 방문하는 북한주민은 출입장소에서 대통령령으로 정하는 바에 따라 심사를 받아야 한다.

제12조(남북한 거래의 원칙) 남한과 북한 간의 거래는 국가 간의 거래가 아닌 **민족내부의 거래로 본다.** 19 2차

제13조(반출·반입의 승인) ① **물품등을 반출하거나 반입하려는 자**는 대통령령으로 정하는 바에 따라 그 물품등의 품목, 거래형태 및 대금결제 방법 등에 관하여 **통일부장관의 승인을 받아야 한다.** 승인을 받은 사항 중 대통령령으로 정하는 주요 내용을 변경할 때에도 또한 같다.

② 통일부장관은 제1항의 승인 또는 변경승인을 할 때에는 중요하다고 인정되는 사항은 미리 관계 행정기관의 장과 협의하여야 한다.

③ 통일부장관은 제1항에 따라 반출이나 반입을 승인하는 경우 남북교류·협력의 원활한 추진을 위하여 대통령령으로 정하는 바에 따라 반출·반입의 목적 등 조건을 붙이거나, 승인의 유효기간을 정할 수 있다.

④ 통일부장관은 제1항에 따라 반출이나 반입을 승인할 때에는 물품등의 품목, 거래형태 및 대금결제 방법 등에 관하여 일정한 범위를 정하여 포괄적으로 승인할 수 있다.

⑤ 통일부장관은 제1항에 따라 물품등의 반출이나 반입을 승인받은 자(이하 "교역당사자"라 한다)가 다음 각 호의 어느 하나에 해당하는 경우에는 그 **승인을 취소할 수 있다.** 다만, **제1호의 경우에는 그 승인을 취소하여야 한다.**

1. **거짓이나 그 밖의 부정한 방법으로 반출이나 반입을 승인받은 경우**
2. 제3항에 따른 조건을 위반한 경우
3. 제14조에 따라 공고된 사항을 위반한 경우
4. 제15조제1항에 따른 **조정명령을 따르지 아니한 경우**
5. 제15조제3항에 따른 보고를 하지 아니하거나 거짓으로 보고한 경우
6. 남북교류·협력을 해칠 명백한 우려가 있는 경우
7. 국가안전보장, 질서유지 또는 공공복리를 해칠 명백한 우려가 있는 경우

제17조(협력사업의 승인 등) ① 협력사업을 하려는 자는 협력사업마다 다음 각 호의 요건을 모두 갖추어 **통일부장관의 승인을 받아야 한다.(사전신고X)** 14 승진 승인을 받은 협력사업의 내용을 변경할 때에도 또한 같다.

1. 협력사업의 내용이 실현 가능하고 구체적일 것 14 승진
2. 협력사업으로 인하여 남한과 북한 간에 분쟁을 일으킬 사유가 없을 것
3. 이미 시행되고 있는 협력사업과 심각한 경쟁을 하게 될 가능성이 없을 것
4. 협력사업을 하려는 분야의 **사업실적이 있거나 협력사업을 추진할 만한 자본·기술·경험 등을 갖추고 있을 것** 14 승진
5. 국가안전보장, 질서유지 또는 공공복리를 해칠 명백한 우려가 없을 것 14 승진

제27조(벌칙) ① 다음 각 호의 어느 하나에 해당하는 자는 **3년 이하의 징역 또는 3천만원 이하의 벌금**에 처한다. 19 승진

1. 제9조제1항 및 제6항 단서에 따른 승인을 받지 아니하고 북한을 방문한 자
2. 거짓이나 그 밖의 부정한 방법으로 제9조제1항 및 제6항 단서에 따른 승인을 받은 자
3. 제13조제1항에 따른 승인을 받지 아니하고 물품등을 반출하거나 반입한 자
4. 제17조제1항에 따른 승인을 받지 아니하고 협력사업을 시행한 자
5. 제20조제1항에 따른 승인을 받지 아니하고 남한과 북한 간에 수송장비를 운행한 자
6. 거짓이나 그 밖의 부정한 방법으로 제13조제1항, 제17조제1항 또는 제20조제1항에 따른 승인을 받은 자

제29조(형의 감경 등) 제27조제1항 또는 제27조제2항제2호 및 제3호의 죄(남북교류협력에 관한 법률상 죄)를 범한 자가 **자수하면 그 형을 감경하거나 면제할 수 있다.** 11 승진

07 북한이탈주민의 보호 및 정착지원에 관한 법률

제1조(목적) 이 법은 군사분계선 이북지역에서 벗어나 대한민국의 보호를 받으려는 군사분계선 이북지역의 주민이 정치, 경제, 사회, 문화 등 모든 생활 영역에서 신속히 적응·정착하는 데 필요한 보호 및 지원에 관한 사항을 규정함을 목적으로 한다.

제2조(정의) 이 법에서 사용하는 용어의 뜻은 다음과 같다.

1. "**북한이탈주민**"이란 군사분계선 이북지역(이하 "북한"이라 한다)에 주소, 직계가족, 배우자, 직장 등을 두고 있는 사람으로서 **북한을 벗어난 후 외국 국적을 취득하지 아니한 사람**을 말한다. 15·18·19·21 승진, 19 1차, 20·21 경간, 20 2차
   → 북한 정부의 해외공민증과 중국정부의 외국인 거류증을 소지한 채 중국에서 거주하는 북한 국적자를 '북한국적 중국동포(조교)'라고 부른다. 18 승진
2. "**보호대상자**"란(관리대상자X) 이 법에 따라 **보호** 및 지원을 받는 북한이탈주민을 말한다. 18 경간
3. "**정착지원시설**"이란 보호대상자의 보호 및 **정착지원**을 위하여 제10조제1항에 따라 설치·운영하는 시설을 말한다.
4. "**보호금품**"(구호물품X)이란 이 법에 따라 보호대상자에게 **지급하거나 빌려주는** 금전 또는 물품을 말

한다. 18 경간, 19·21 승진

제3조(적용범위) 이 법은 대한민국의 보호를 받으려는 의사를 표시한 북한이탈주민에 대하여 적용한다.

제4조(기본원칙) ① 대한민국은 보호대상자를 **인도주의(상호주의X)**에 입각하여 특별히 보호한다. 15 1차, 21 경간

② 대한민국은 외국에 체류하고 있는 북한이탈주민의 보호 및 지원 등을 위하여 외교적 노력을 다하여야 한다. 15 1차

③ 보호대상자는 대한민국의 자유 민주적 법질서에 적응하여 건강하고 문화적인 생활을 할 수 있도록 노력하여야 한다. 15 1차

④ **통일부장관**은 북한이탈주민에 대한 보호 및 지원 등을 위하여 북한이탈주민의 실태를 파악하고, 그 **결과를 정책에 반영하여야 한다.** 15 1차, 18 경간

제4조의2(국가 및 지방자치단체의 책무) ① 국가 및 지방자치단체는 보호대상자의 성공적인 정착을 위하여 보호대상자의 보호·교육·취업·주거·의료 및 생활보호 등의 지원을 지속적으로 추진하고 이에 필요한 재원을 안정적으로 확보하기 위하여 노력하여야 한다. 21 경간

② 국가 및 지방자치단체는 제1항에 따라 보호대상자에 대한 지원시책을 마련하는 경우 아동·청소년·청년·여성·노인·장애인 등에 대하여 특별히 배려·지원하도록 노력하여야 한다.

제4조의3(기본계획 및 시행계획) ① **통일부장관**은 제6조에 따른 북한이탈주민 보호 및 정착지원협의회의 심의를 거쳐 보호대상자의 **보호 및 정착지원에 관한 기본계획**(이하 "기본계획"이라 한다)을 **3년마다 수립·시행하여야 한다.** 18 2차

③ 통일부장관은 관계 중앙행정기관의 장과 협의하여 기본계획에 따른 연도별 시행계획(이하 "시행계획"이라 한다)을 수립·시행하여야 한다.

④ 통일부장관은 기본계획 및 시행계획을 수립하고자 할 경우에 제22조제3항에 따른 실태조사의 결과를 반영하여야 한다.

⑤ 통일부장관은 시행계획의 추진성과를 매년 정기적으로 분석하고 그 결과를 기본계획과 시행계획에 반영하여야 한다.

⑥ 통일부장관은 제5항에 따른 추진성과를 분석하기 위하여 관계 중앙행정기관의 장 또는 지방자치단체의 장에게 관련 자료의 제출을 요청할 수 있다. 이 경우 관계 중앙행정기관의 장 또는 지방자치단체의 장은 특별한 사유가 없으면 이에 협조하여야 한다.

제5조(보호기준 등) ① 보호대상자에 대한 보호 및 지원 기준은 나이, 성별, 세대 구성, 학력, 경력, 자활 능력, 건강 상태 및 재산 등을 고려하여 합리적으로 정하여야 한다.

② 이 법에 따른 보호 및 정착지원은 원칙적으로 **개인을 단위**로 하되, 필요하다고 인정하는 경우에는 대통령령으로 정하는 바에 따라 **세대를 단위로 할 수 있다.** 20 2차

③ 보호대상자를 **정착지원시설에서 보호하는 기간은 1년 이내로 하고, 거주지에서 보호하는 기간은 5년으로 한다.** 20 2차 다만, 특별한 사유가 있는 경우에는 제6조에 따른 북한이탈주민 보호 및 정착지원협의회의 심의를 거쳐 그 기간을 단축하거나 연장할 수 있다.

제6조(북한이탈주민 보호 및 정착지원협의회) ① 북한이탈주민에 관한 정책을 협의·조정하고 보호대상자의 보호 및 정착지원에 관한 다음 각 호의 사항을 심의하기 위하여 **통일부에 북한이탈주민 보호 및 정착지원협의회**(이하 "협의회"라 한다)**를 둔다.**

② 협의회는 **위원장 1명을 포함한 25명 이내의 위원**으로 구성한다.

③ **위원장은 통일부차관**이 되며, 협의회의 업무를 총괄한다.

제7조(보호신청 등) ① 북한이탈주민으로서 이 법에 따른 보호를 받으려는 사람은 **재외공관이나 그 밖의 행**

정기관의 장(각급 군부대의 장을 포함한다. 이하 "재외공관장등"이라 한다)에게 보호를 직접 신청하여야 한다. 12 승진, 19 1차, 21 2차 다만, 보호를 직접 신청하지 아니할 수 있는 대통령령으로 정하는 사유가 있는 경우에는 그러하지 아니하다. 09 채용, 18 2차

② 제1항 본문에 따른 보호신청을 받은 **재외공관장등은** 지체 없이 그 사실을 소속 중앙행정기관의 장을 거쳐 **통일부장관과 국가정보원장에게 통보하여야 한다.** 12 승진, 21 2차

③ 제2항에 따라 통보를 받은 **국가정보원장은** 보호신청자에 대하여 보호결정 등을 위하여 **필요한 조사 및 일시적인 신변안전조치 등 임시보호조치를 한 후** 지체 없이 그 결과를 통일부장관에게 통보하여야 한다. 21 2차

④ **국가정보원장은** 제3항에 따른 조사 및 임시보호조치를 하기 위한 시설(이하 **"임시보호시설"**이라 한다)을 **설치·운영하여야 한다.**

⑤ 제3항에 따른 조사 및 임시보호조치의 내용 및 방법과 제4항에 따른 임시보호시설의 설치·운영에 필요한 사항은 대통령령으로 정한다.

제8조(보호 결정 등) ① **통일부장관은** 제7조제3항에 따른 통보를 받으면 협의회의 심의를 거쳐 **보호 여부를 결정한다.** 09 채용 다만, **국가안전보장에 현저한 영향을 줄 우려가 있는 사람에 대하여는 국가정보원장이 그 보호 여부를 결정하고,** 그 결과를 지체 없이 통일부장관과 보호신청자에게 통보하거나 알려야 한다. 12 승진, 15·20 경간, 19 1차

② 제1항 본문에 따라 보호 여부를 결정한 통일부장관은 그 결과를 지체 없이 관련 중앙행정기관의 장을 거쳐 재외공관장등에게 통보하여야 하고, 통보를 받은 재외공관장등은 이를 보호신청자에게 즉시 알려야 한다.

> **시행령(대통령령)**
>
> **제15조(보호 결정 등)** ① 통일부장관은 제13조제1항에 따른 통보를 받은 날부터 30일 이내에 보호 여부를 결정하여야 한다. 다만, 부득이한 사유가 있는 경우에는 그러하지 아니하다.
>
> **제19조(국내 입국교섭 등)** ① 해외에 있는 보호대상자의 국내 입국을 위한 해당 주재국과의 교섭 및 그의 이송 등에 필요한 사항은 외교부장관이 국가정보원장과 협의하여 정하며, 법 제8조제1항 단서에 따른 보호대상자에 대해서는 국가정보원장이 이를 정한다.

제9조(보호 결정의 기준) ① 제8조제1항 본문에 따라 보호 여부를 결정할 때 다음 각 호의 어느 하나에 해당하는 사람은 **보호대상자로 결정하지 아니할 수 있다.** 12·14·18·19·21 승진, 15·18·19·20 경간, 18·20·21 2차

1. 항공기 납치, 마약거래, 테러, 집단살해 등 국제형사범죄자
2. 살인 등 중대한 비정치적 범죄자
3. 위장탈출 혐의자
5. 국내 입국 후 3년이 지나서 보호신청한 사람
6. 그 밖에 국가안전보장·질서유지·공공복리에 대한 중대한 위해 발생 우려, 보호신청자의 경제적 능력 및 해외체류 여건 등을 고려하여 보호대상자로 정하는 것이 부적당하거나 보호 필요성이 현저히 부족하다고 대통령령으로 정하는 사람

제10조(정착지원시설의 설치) ① **통일부장관은** 보호대상자에 대한 보호 및 정착지원을 위하여 **정착지원시설을 설치·운영한다.** 다만, 제8조제1항 단서에 따라 국가정보원장이 보호하기로 결정한 사람을 위하여는 국가정보원장이 별도의 정착지원시설을 설치·운영할 수 있다.

② 통일부장관 또는 국가정보원장은 제1항에 따라 정착지원시설을 설치하는 경우 보호대상자의 건강하고 쾌적한 생활과 적응활동이 이루어질 수 있도록 숙박시설과 그 밖의 필요한 시설을 갖추어야 한다.

제11조(정착지원시설에서의 보호 등) ① 제10조제1항에 따라 정착지원시설을 설치·운영하는 기관의 장은 보호대상자가 거주지로 전출할 때까지 정착지원시설에서 보호하여야 한다.

제11조의2(무연고청소년 보호) ① 통일부장관은 **무연고청소년**(보호대상자로서 직계존속을 동반하지 아니한 **만 24세 이하의 무연고 아동·청소년**을 말한다. 이하 이 조에서 같다)의 보호를 위하여 무연고청소년의 보호자(법인이 보호하는 경우 법인의 대표자를 말한다. 이하 이 조에서 "보호자"라 한다)를 선정할 수 있다.
② 통일부장관은 보호자를 선정할 때에는 **무연고청소년의 의사를 존중하여야 하며**, 다음 각 호의 사항을 고려하여야 한다.
  1. 무연고청소년의 건강, 생활관계 및 재산상황
  2. 보호자의 직업과 경험
  3. 보호자와 무연고청소년 간 이해관계의 유무(법인의 대표자가 보호자인 때에는 법인의 종류와 목적, 법인이나 그 대표자와 무연고청소년 사이의 이해관계 유무를 말한다)
  4. 그 밖에 보호자의 선정 등에 관하여 대통령령으로 정하는 사항
③ 통일부장관은 무연고청소년의 보호를 위하여 보호자, 제30조에 따른 북한이탈주민지원재단, 통일부령으로 정하는 민간단체 등과 상호 협조 체계를 구축하여야 한다.
④ 통일부장관은 무연고청소년에게 제4조의2에 따른 보호·교육·취업·주거·의료 및 생활보호 등을 긴급하게 지원하기 위하여 소재 파악이 필요한 경우 「전기통신사업법」 제2조제8호에 따른 전기통신사업자에게 무연고청소년 또는 보호자의 전화번호(휴대전화번호를 포함한다. 이하 이 조에서 같다) 제공을 요청할 수 있다. 다만, 미성년인 무연고청소년의 전화번호는 보호자를 통하여 소재 파악이 어려운 경우에 요청할 수 있다.
⑤ 제4항에 따른 요청을 받은 전기통신사업자는 정당한 사유가 없으면 이에 따라야 한다.
⑥ 통일부장관은 무연고청소년의 보호를 위하여 「민법」에 따른 후견인 선임이 필요한 경우 관할 지방자치단체의 장에게 후견인 선임을 법원에 청구하도록 요청할 수 있다.
⑦ 관할 지방자치단체의 장은 제6항에 따른 후견인 선임 청구의 현황 및 결과를 매년 통일부장관에게 보고하여야 한다.
⑧ 보호자의 선정 기준 및 요건, 후견인의 선임 청구 요청 등 그 밖에 필요한 사항은 대통령령으로 정한다.

제13조(학력 인정) 보호대상자는 대통령령으로 정하는 바에 따라 북한이나 외국에서 이수한 학교 교육의 과정에 상응하는 **학력을 인정받을 수 있다.** 15 경간

제14조(자격 인정) ① 보호대상자는 관계 법령에서 정하는 바에 따라 북한이나 외국에서 취득한 자격에 상응하는 **자격 또는 그 자격의 일부를 인정받을 수 있다.** 11·15 승진
② 통일부장관은 자격 인정 신청자에게 대통령령으로 정하는 바에 따라 자격 인정을 위하여 필요한 보수교육 또는 재교육을 실시할 수 있다.

제16조(직업훈련) ① 통일부장관은 직업훈련을 희망하는 보호대상자 또는 보호대상자이었던 사람(이하 "보호대상자등"이라 한다)에 대하여 **직업훈련을 실시할 수 있다.** 15 승진
⑤ 제1항에 따른 직업훈련의 실시기간은 대상자의 직무능력 등을 고려하여 **3개월 이상**이 되도록 노력하여야 한다.

제17조(취업보호 등) ① 통일부장관은 보호대상자가 정착지원시설로부터 그의 거주지로 전입한 후 대통령령으로 정하는 바에 따라 **최초로 취업한 날부터 3년간 취업보호를 실시한다.** 다만, 사회적 취약계층, 장기근속자 등 취업보호 기간을 연장할 필요가 있는 경우로서 대통령령으로 정하는 사유에 해당하는 경우에는 **1년의 범위에서 취업보호 기간을 연장할 수 있다.**
② 제1항에 따른 취업보호 기간은 실제 취업일수를 기준으로 하여 정한다.

③ 통일부장관은 제1항에 따른 보호대상자(이하 "취업보호대상자"라 한다)를 고용한 사업주에 대하여는 대통령령으로 정하는 바에 따라 그 취업보호대상자 임금의 **2분의 1의 범위에서 고용지원금을 지급할 수 있다.**
④ 사업주가 취업보호대상자를 고용할 때에는 그 취업보호대상자가 북한을 벗어나기 전의 직위, 담당 직무 및 경력 등을 **고려하여야 한다.**
⑥ 통일부장관은 대통령령으로 정하는 바에 따라 보호대상자의 취업을 알선할 수 있다. 이 경우 통일부장관은 고용노동부장관등과 협의하여 보호대상자의 직업훈련 분야와 북한에서의 경력 등을 **고려하여야 한다.**

제18조(특별임용) ① 북한에서의 자격이나 경력이 있는 사람 등 북한이탈주민으로서 공무원으로 채용하는 것이 필요하다고 인정되는 사람에 대하여는 「국가공무원법」 제28조제2항 및 「지방공무원법」 제27조제2항에도 불구하고 북한을 벗어나기 전의 자격·경력 등을 고려하여 **국가공무원 또는 지방공무원으로 특별임용할 수 있다.**
② 북한의 군인이었던 보호대상자가 국군에 편입되기를 희망하면 북한을 벗어나기 전의 계급, 직책 및 경력 등을 고려하여 **국군으로 특별임용할 수 있다.** 11·15·19 승진, 18 2차

제20조(주거지원 등) ① **통일부장관은 보호대상자에게 대통령령으로 정하는 바에 따라 주거지원을 할 수 있다.** 09 채용

> **제38조(주거지원)** ① 통일부장관은 법 제20조제1항에 따라 보호대상자의 연령·세대구성 등을 고려하여 예산의 범위에서 전용면적 85제곱미터 이하의 주택을 무상으로 제공하거나 임대에 필요한 지원[알선 및 임대보증금의 지급에 필요한 지원(이하 "주거지원금"이라 한다)을 말한다]을 할 수 있다. 다만, 보호대상자 및 그 직계가족의 재산·사회적응 상태, 정착의지, 정착지원시설과 임시보호시설에서의 위반행위 및 제3국에서의 체류 기간 등을 고려하여 통일부장관이 정하는 바에 따라 주거지원금 중 일부를 지원하지 아니할 수 있다. 19 승진

제21조(정착금 등의 지급) ① **통일부장관은 보호대상자의 정착 여건 및 생계유지 능력 등을 고려하여 정착금이나 그에 상응하는 가액의 물품(이하 "정착금품"이라 한다)을 지급할 수 있다.** 이 경우 정착금품의 2분의 1을 초과하지 아니하는 범위에서 감액할 수 있다. 09 채용

제22조(거주지 보호) ① 통일부장관은 보호대상자가 정착지원시설로부터 그의 거주지로 전입한 후 정착하여 스스로 생활하는 데 장애가 되는 사항을 해결하거나 그 밖에 자립·정착에 필요한 보호를 할 수 있다.

제22조의2(거주지에서의 신변보호) ① 통일부장관은 제22조에 따라 보호대상자가 거주지로 전입한 후 그의 신변안전을 위하여 **국방부장관이나 경찰청장에게 협조를 요청할 수 있으며, 협조요청을 받은 국방부장관이나 경찰청장은 이에 협조한다.** 19 승진, 19 1차, 20·21 경간
② 제1항에 따른 **신변보호에 필요한 사항은 통일부장관이 국방부장관, 국가정보원장 및 경찰청장과 협의하여 정한다.** 이 경우 해외여행에 따른 신변보호에 관한 사항은 외교부장관과 법무부장관의 의견을 들을 수 있다.
③ 제1항에 따른 **신변보호기간은 5년**으로 한다. 다만, 통일부장관은 보호대상자의 의사, 신변보호의 지속 필요성 등을 고려하여 협의회 심의를 거쳐 그 기간을 연장할 수 있다.

제27조(보호의 변경) ① 통일부장관은 보호대상자가 다음 각 호의 어느 하나에 해당하는 경우에는 협의회의 심의를 거쳐 **보호 및 정착지원을 중지하거나 종료할 수 있다.**
1. 1년 이상의 징역 또는 금고의 형을 선고받고 그 형이 확정된 경우
2. 고의로 국가이익에 반하는 거짓 정보를 제공한 경우
3. 사망선고나 실종선고를 받은 경우
4. 북한으로 되돌아가려고 기도(企圖)한 경우

5. 이 법 또는 이 법에 따른 명령을 위반한 경우
6. 그 밖에 대통령령으로 정하는 사유에 해당한 경우

제29조(비용 부담) ① 이 법에 따른 보호 및 정착지원에 드는 비용은 국가가 부담한다.
② 국가는 제22조제2항에 따른 보호 업무의 비용을 매년 해당 지방자치단체에 지급하며, 그 부족액을 추가로 지급하거나 초과액을 환수하여야 한다.

제32조(이의신청) ① 이 법에 따른 보호 및 지원에 관한 처분에 이의가 있는 **보호대상자는 그 처분의 통지를 받은 날부터 90일 이내에 통일부장관에게 서면으로 이의신청을 할 수 있다.**
② 통일부장관은 제1항에 따른 이의신청을 받은 때에는 지체 없이 이를 검토하여 처분이 위법 또는 부당하다고 인정되는 경우에는 그 시정이나 그 밖의 필요한 조치를 할 수 있다. 이 경우 미리 협의회의 심의를 거쳐야 한다.

→ 북한이탈주민 문제는 발생·입국 단계, 보호·관리 단계, 배출·정착 단계로 구분된다. 15 경간

▶ **[참고] 북한이탈주민의 신변보호 등급**

가급	재북 시 **고위직**, 북한의 테러기도 예상자 등 **신변위해를 당할 상당한 우려가 있는 자**
나급	거주지 보호대상자 가운데 북에서 **중요 직책**에 종사하여 **신변위해를 당할 잠재적 우려가 있는 자**와 사회정착이 심히 불안정하여 특별한 관찰과 지원이 필요한 자 18 승진
다급	거주지에 편입된 보호대상자 가운데 재북 경력 등을 감안할 때 **신변위해를 당할 우려는 희박**하나, 초기 사회정착제도차원에서 일정기간 보호가 필요한 자
신변보호 종료자	거주지 편입 시 **연소자**(15세 이하), 연장자(65세 이상), 중증질환자 등 신변위해를 당할 우려가 극히 희박한 자

CHAPTER 07 외사경찰

01 외사경찰 일반

① 「외사요원 관리규칙」상 외사요원이라 함은 외사기획, 외사정보, 외사수사, 해외주재, 그리고 국제협력업무를 취급하는 경찰공무원을 말한다. 21 경간
② 「범죄수사규칙」상 경찰관은 외국인 관련범죄의 수사를 함에 있어서는 국제법과 국제조약에 위배되는 일이 없도록 유의해야 하며 중요한 범죄에 관하여는 미리 경찰청장에게 보고하여 그 지시를 받아 수사에 착수하여야 한다. 21 경간

1. 국제적 치안환경의 변화 15 승진

① 체류외국인과 해외여행객의 증가로 국제테러리즘과 인종혐오범죄로 인한 피해가 증가하고 있다.
② 테러리즘은 정치적·종교적·사회적 목적달성을 위한 수단으로, 사람이나 건물·물건 등 그 대상에는 제한이 없다.
③ 체류외국인에 의한 강력범죄 증가와 함께 외국인 이주노동자 증가에 따른 한국인 근로자와의 일자리 경쟁으로 인해 외국인 혐오감정이 나타날 조짐이 있다.
④ 국제조직범죄는 구성원의 자격요건이 제한적이거나 배타적인 경우가 많으며, 통상 영속성(일시적X)을 가진 집단의 형태를 지닌다.

2. 국제질서에 대한 사상의 변천 06·07·12·14·15 승진

[순서] 이상주의 → 자유방임주의 → 제국주의 → 이데올로기적 패권주의 → 경제패권주의

사상	이상주의	자유방임주의	제국주의	이데올로기적 패권주의	경제패권주의
시대	18세기	19세기	19세기 말	2차 대전 후	1980년 이후

▶ [참고] 국제화와 국가 간 협상 10 승진

Green Round (환경라운드)	엄격한 환경기준을 가진 선진국들이 자국의 통상관련 입법을 통하여 생태적 덤핑을 규제하는 것을 우루과이 라운드에 비견하여 일컫는 말로, 때로 일방적 무역 제한조치로 통상 분쟁을 초래하기도 함

Blue Round (노동라운드)	열악한 노동환경과 저임금에 의한 사회적 덤핑을 규제하는 것
Technology Round (기술라운드)	개도국의 기술경쟁력의 확보를 저지하기 위한 선진국의 연대 움직임으로 주로 지적재산권의 보호에 중점을 둠
Competition Round (경쟁라운드)	각국의 국내규제나 정책의 차이가 무역장애로 등장함에 따라 개방과 내국인 대우를 통한 경제조건의 평균화를 추진함

3. 조약의 유형 09·10·12 승진

조약 (Treaty)	가장 격식을 따지는 정식문서로서 주로 당사국간의 정치적·외교적 기본관계나 지위에 관한 포괄적인 합의를 기록하는 데 사용되며, 체결주체는 주로 국가이다.
헌장 (Constitution)	국제기구를 구성하거나 특정제도를 규율하는 국제적인 합의에 사용된다.
협정 (Agreement)	정치적인 요소가 포함되지 않은 전문적·기술적인 주제를 다룸으로써 조정하기 어렵지 아니한 사안에 대한 합의에 사용된다.
협약 (Convention)	양자조약의 경우 특정분야 또는 기술적인 사항에 관한 입법적 성격의 합의에 사용된다.
의정서 (Protocol)	주로 기본적인 문서에 대한 개정이나 보충적인 성격을 띠는 조약에 주로 사용되나 최근에는 전문적 성격의 다자조약에도 사용된다.
양해각서 (Memorandum of Understanding)	이미 합의된 내용 또는 조약 용어의 개념들을 명확히 하기 위하여 당사자 간 외교교섭의 결과 상호 양해된 사항을 확인·기록하는 데 사용된다.

4. 다문화사회의 접근유형 12·14·19 승진, 16 경간, 19 법학, 20 1차

자유주의적 다문화주의	- **동화주의**(assimilationism) - **차별을 금지**하고 사회참여를 위해 **기회평등**을 보장 - 소수 인종과 문화적 소수자에 대한 기회평등이라는 측면에서 접근 - 사회통합차원 : 국민국가 내부의 문화적 다양성을 허용 (소수 인종 집단 고유의 문화와 가치 인정)
급진적 다문화 주의	- 다문화주의는 '**차이에 대한 권리**'로 해석, 소수자의 문화적 권리와 결부시켜 이해 - **주류 사회의 양식을 부정(독자적인 방식추구)**, 소수민족에 의한 문화주의를 의미 - 대표사례 : 미국 - 흑인과 원주민에 의한 '격리주의 운동'
조합주의적 다문화주의	- **다원주의** : 자유주의적 다문화주의와 급진적 다문화주의의 **절충적 형태** - **결과에 있어서의 평등 보장**이라는 측면에서 접근 - 소수집단의 사회참가를 촉진하기 위해 **적극적인 재정적·법적 원조** - 다언어방송, 다언어의사소통, 다언어문서, 다언어 및 다문화 교육 등 추진 - 사적 영역에서 소수민족 학교나 공공단체에 대해 지원하기도 함

▶ **[참고] 다문화가족지원법**

제2조(정의) 이 법에서 사용하는 용어의 뜻은 다음과 같다.
1. "다문화가족"이란 다음 각 목의 어느 하나에 해당하는 가족을 말한다.
    가. 「재한외국인 처우 기본법」 제2조제3호의 결혼이민자와 「국적법」 제2조부터 제4조까지의 규정에 따라 대한민국 국적을 취득한 자로 이루어진 가족
    나. 「국적법」 제3조 및 제4조에 따라 대한민국 국적을 취득한 자와 같은 법 제2조부터 제4조까지의 규정에 따라 대한민국 국적을 취득한 자로 이루어진 가족
2. "결혼이민자등"이란 다문화가족의 구성원으로서 다음 각 목의 어느 하나에 해당하는 자를 말한다.
    가. 「재한외국인 처우 기본법」 제2조제3호의 결혼이민자
    나. 「국적법」 제4조에 따라 귀화허가를 받은 자
3. **"아동·청소년"이란 24세 이하**인 사람을 말한다. 20 승진

제3조(국가와 지방자치단체의 책무) ① **국가와 지방자치단체**는 다문화가족 구성원이 안정적인 가족생활을 영위하고 경제·사회·문화 등 각 분야에서 사회구성원으로서의 역할과 책임을 다할 수 있도록 필요한 제도와 여건을 조성하고 이를 위한 **시책을 수립·시행하여야 한다.** 20 승진
② 특별시·광역시·특별자치시·도·특별자치도 및 시·군·구(자치구를 말한다. 이하 같다)에는 다문화가족 지원을 담당할 기구와 공무원을 두어야 한다.

제3조의2(다문화가족 지원을 위한 기본계획의 수립) ① **여성가족부장관**은 다문화가족 지원을 위하여 **5년마다** 다문화가족정책에 관한 기본계획(이하 "기본계획"이라 한다)을 수립하여야 한다. 20 승진

제3조의3(연도별 시행계획의 수립·시행) ① 여성가족부장관, 관계 중앙행정기관의 장과 시·도지사는 매년 기본계획에 따라 다문화가족정책에 관한 시행계획(이하 "시행계획"이라 한다)을 수립·시행하여야 한다.

제3조의4(다문화가족정책위원회의 설치) ① 다문화가족의 삶의 질 향상과 사회통합에 관한 중요 사항을 심의·조정하기 위하여 **국무총리 소속으로 다문화가족정책위원회**(이하 "정책위원회"라 한다)**를 둔다.**

제4조(실태조사 등) ① 여성가족부장관은 다문화가족의 현황 및 실태를 파악하고 다문화가족 지원을 위한 정책수립에 활용하기 위하여 3년마다 다문화가족에 대한 실태조사를 실시하고 그 결과를 공표하여야 한다.

제14조(사실혼 배우자 및 자녀의 처우) 제5조부터 제12조까지의 규정은 대한민국 국민과 사실혼 관계에서 출생한 자녀를 양육하고 있는 다문화가족 구성원에 대하여 준용한다.

제14조의2(다문화가족 자녀에 대한 적용 특례) 다문화가족이 이혼 등의 사유로 해체된 경우에도 그 구성원이었던 자녀에 대하여는 이 법을 적용한다.

5. 외사범죄의 특성 10 승진

㉠ 직접적 또는 개인적인 피해가 없는 경우가 많아 국민의 피해의식이 희박함
㉡ 조직적·계획적임
㉢ 일반범죄에 비하여 잠재적이며 잘 노출 되지 않음
㉣ 광역적이며 사실파악이 곤란한 경우가 많음
㉤ 외교특권이 범죄에 이용되기도 함
㉥ 수사상 「국제범죄에 관한 특칙」이 적용됨

> ▶ [참고] 범죄수사규칙 - 외국인 관련 범죄에 관한 특칙 23 승진
>
> **제217조(통역인의 참여)** ① 경찰관은 외국인인 피의자 및 그 밖의 관계자가 한국어에 능통하지 않는 경우에는 통역인으로 하여금 통역하게 하여 한국어로 피의자신문조서나 진술조서를 작성하여야 하며 특히 필요한 때에는 **외국어(한국어X)**의 진술서를 작성하게 하거나 **외국어(한국어X)**의 진술서를 제출하게 하여야 한다.
>
> **제218조(번역문의 첨부)** 경찰관은 다음 각 호의 경우 **번역문을 첨부하여야 한다.**
> 1. 외국인에 대하여 **구속영장 그 밖의 영장을 집행하는 경우**
> 2. 외국인으로부터 **압수한 물건에 관하여 압수목록교부서를 교부하는 경우**
>
> **제209조(대·공사 등에 관한 특칙)** ① 경찰관은 외국인 등 관련범죄를 수사함에 있어서는 다음 각 호의 어느 하나에 해당하는 사람의 외교 특권을 침해하는 일이 없도록 주의하여야 한다.
> 1. 외교관 또는 외교관의 가족
> 2. 그 밖의 외교의 특권을 가진 사람
>
> ② 경찰관은 제1항에 규정된 사람의 사용인을 체포하거나 조사할 필요가 있다고 인정될 때에는 현행범인의 체포 그 밖의 긴급 부득이한 경우를 제외하고는 미리 국가수사본부장에게 보고하여 그 지시를 받아야 한다.
>
> ③ 경찰관은 피의자가 **외교 특권을 가진 사람인지 여부가 의심스러운 경우에는 신속히 국가수사본부장에게 보고하여 그 지시를 받아야 한다.**

> ▶ [참고] 범죄수사규칙(경찰청 훈령)
>
> **제212조(외국군함의 승무원에 대한 특칙)** 경찰관은 외국군함에 속하는 군인이나 군속이 그 군함을 떠나 대한민국의 영해 또는 영토 내에서 죄를 범한 경우에는 신속히 국가수사본부장에게 보고하여 그 지시를 받아야 한다. 다만, 현행범 그 밖의 급속을 요하는 때에는 체포 그 밖의 수사상 필요한 조치를 한 후 신속히 국가수사본부장에게 보고하여 그 지시를 받아야 한다. 23 2차
>
> **제214조(외국 선박 내의 범죄)** 경찰관은 대한민국의 영해에 있는 외국 선박내에서 발생한 범죄로서 다음 각 호의 어느 하나에 해당하는 경우에는 수사를 하여야 한다. 23 2차
> 1. 대한민국 육상이나 항내의 안전을 해할 때
> 2. 승무원 이외의 사람이나 대한민국의 국민에 관계가 있을 때
> 3. 중대한 범죄가 행하여졌을 때

> **[참고] 경찰수사규칙(행정안전부령)**
>
> **제91조(외국인에 대한 조사)** ① 사법경찰관리는 외국인을 조사하는 경우에는 조사를 받는 외국인이 이해할 수 있는 언어로 통역해 주어야 한다. 23 2차
> ② 사법경찰관리는 외국인을 체포·구속하는 경우 국내 법령을 위반하지 않는 범위에서 영사관원과 자유롭게 접견·교통할 수 있고, 체포·구속된 사실을 영사기관에 통보해 줄 것을 요청할 수 있다는 사실을 알려야 한다.
> ③ 사법경찰관리는 체포·구속된 외국인이 제2항에 따른 통보를 요청하는 경우에는 별지 제93호서식의 영사기관 체포·구속 통보서를 작성하여 지체 없이 해당 영사기관에 체포·구속 사실을 통보해야 한다.
> ④ 사법경찰관리는 외국인 변사사건이 발생한 경우에는 제94호서식의 영사기관 사망 통보서를 작성하여 지체 없이 해당 영사기관에 통보해야 한다.
>
> **제92조(한미행정협정사건의 통보)** ① 사법경찰관은 주한 미합중국 군대의 구성원·외국인군무원 및 그 가족이나 초청계약자의 범죄 관련 사건을 인지하거나 고소·고발 등을 수리한 때에는 7일 이내에 별지 제95호서식의 한미행정협정사건 통보서를 **검사(미군당국X)에게 통보해야 한다.**
> ② 사법경찰관은 주한 미합중국 군당국으로부터 공무증명서를 제출받은 경우 지체 없이 공무증명서의 사본을 검사에게 송부해야 한다.
> ③ 사법경찰관은 검사로부터 주한 미합중국 군당국의 재판권포기 요청 사실을 통보받은 날부터 14일 이내에 검사에게 사건을 송치 또는 송부해야 한다. 다만, 검사의 동의를 받아 그 기간을 연장할 수 있다.

02 외사경찰의 대상

1. 국적의 취득 - 국적법

> **제2조(출생에 의한 국적 취득)** ① 다음 각 호의 어느 하나에 해당하는 자는 출생과 동시에 대한민국 국적을 취득한다.
> 1. 출생 당시에 부 또는 모(母)가 대한민국의 국민인 자
> 2. 출생하기 전에 부가 사망한 경우에는 그 사망 당시에 부가 대한민국의 국민이었던 자
> 3. 부모가 모두 분명하지 아니한 경우나 국적이 없는 경우에는 대한민국에서 출생한 자
> ② 대한민국에서 발견된 기아는 대한민국에서 출생한 것으로 추정한다.
>
> **제3조(인지에 의한 국적 취득)** ① 대한민국의 국민이 아닌 자(이하 "외국인"이라 한다)로서 대한민국의 국민인 부 또는 모에 의하여 인지된 자가 다음 각 호의 요건을 모두 갖추면 법무부장관에게 신고함으로써 대한민국 국적을 취득할 수 있다.
> 1. 대한민국의 「민법」상 미성년일 것
> 2. 출생 당시에 부 또는 모가 대한민국의 국민이었을 것
> ② 제1항에 따라 신고한 자는 그 신고를 한 때에 대한민국 국적을 취득한다.
> ③ 제1항에 따른 신고 절차와 그 밖에 필요한 사항은 대통령령으로 정한다.

제4조(귀화에 의한 국적 취득) ① 대한민국 국적을 취득한 사실이 없는 외국인은 법무부장관의 귀화허가를 받아 대한민국 국적을 취득할 수 있다.
② 법무부장관은 귀화허가 신청을 받으면 제5조부터 제7조까지의 귀화 요건을 갖추었는지를 심사한 후 그 요건을 갖춘 사람에게만 귀화를 허가한다.
③ 제1항에 따라 귀화허가를 받은 사람은 법무부장관 앞에서 국민선서를 하고 귀화증서를 수여받은 때에 대한민국 국적을 취득한다. 다만, 법무부장관은 연령, 신체적·정신적 장애 등으로 국민선서의 의미를 이해할 수 없거나 이해한 것을 표현할 수 없다고 인정되는 사람에게는 국민선서를 면제할 수 있다.
④ 법무부장관은 제3항 본문에 따른 국민선서를 받고 귀화증서를 수여하는 업무와 같은 항 단서에 따른 국민선서의 면제 업무를 대통령령으로 정하는 바에 따라 지방출입국·외국인관서의 장에게 대행하게 할 수 있다.
⑤ 제1항부터 제4항까지에 따른 신청절차, 심사, 국민선서 및 귀화증서 수여와 그 대행 등에 관하여 필요한 사항은 대통령령으로 정한다.

제5조(일반귀화 요건) 외국인이 귀화허가를 받기 위해서는 제6조나 제7조에 해당하는 경우 외에는 다음 각 호의 요건을 갖추어야 한다. 14·17 승진. 15·19 2차
1. **5년 이상** 계속하여 대한민국에 **주소**가 있을 것
1의2. 대한민국에서 영주할 수 있는 체류자격을 가지고 있을 것
2. 대한민국의 「**민법**」상 **성년일 것**
3. 법령을 준수하는 등 **법무부령**으로 정하는 **품행 단정의 요건을 갖출 것**
4. 자신의 자산이나 기능에 의하거나 생계를 같이하는 가족에 의존하여 생계를 유지할 능력이 있을 것
5. 국어능력과 대한민국의 풍습에 대한 이해 등 대한민국 국민으로서의 **기본 소양을 갖추고 있을 것**
6. 귀화를 허가하는 것이 국가안전보장·질서유지 또는 공공복리를 해치지 아니한다고 **법무부장관이 인정할 것**

제6조(간이귀화 요건) ① 다음 각 호의 어느 하나에 해당하는 외국인으로서 대한민국에 **3년 이상** 계속하여 **주소**가 있는 사람은 제5조제1호 및 제1호의2의 요건을 갖추지 아니하여도 귀화허가를 받을 수 있다.
1. 부 또는 모가 대한민국의 국민이었던 사람
2. 대한민국에서 출생한 사람으로서 부 또는 모가 대한민국에서 출생한 사람
3. 대한민국 국민의 양자로서 입양 당시 대한민국의 「민법」상 성년이었던 사람
② 배우자가 대한민국의 국민인 외국인으로서 다음 각 호의 어느 하나에 해당하는 사람은 제5조제1호 및 제1호의2의 요건을 갖추지 아니하여도 귀화허가를 받을 수 있다.
1. 그 배우자와 **혼인한** 상태로 대한민국에 **2년 이상 계속하여 주소가 있는 사람**
2. 그 배우자와 **혼인한 후 3년이 지나고 혼인한 상태로 대한민국에 1년 이상 계속하여 주소가 있는 사람** 17·19 승진
3. 제1호나 제2호의 기간을 채우지 못하였으나, 그 배우자와 혼인한 상태로 대한민국에 주소를 두고 있던 중 그 배우자의 사망이나 실종 또는 그 밖에 자신에게 책임이 없는 사유로 정상적인 혼인 생활을 할 수 없었던 사람으로서 제1호나 제2호의 잔여기간을 채웠고 법무부장관이 상당하다고 인정하는 사람
4. 제1호나 제2호의 요건을 충족하지 못하였으나, 그 배우자와의 혼인에 따라 출생한 미성년의 자(子)를 양육하고 있거나 양육하여야 할 사람으로서 제1호나 제2호의 기간을 채웠고 법무부장관이 상당하다고 인정하는 사람

제7조(특별귀화 요건) ① 다음 각 호의 어느 하나에 해당하는 외국인으로서 대한민국에 **주소**가 있는 사람은 제5조제1호·제1호의2·제2호 또는 제4호의 요건을 갖추지 아니하여도 귀화허가를 받을 수 있다.
  1. 부 또는 모가 대한민국의 국민인 사람. 다만, 양자로서 대한민국의 「민법」상 성년이 된 후에 입양된 사람은 제외한다.
  2. 대한민국에 특별한 공로가 있는 사람
  3. 과학·경제·문화·체육 등 특정 분야에서 매우 우수한 능력을 보유한 사람으로서 대한민국의 국익에 기여할 것으로 인정되는 사람
② 제1항제2호 및 제3호에 해당하는 사람을 정하는 기준 및 절차는 대통령령으로 정한다.

제9조(국적회복에 의한 국적 취득) ① 대한민국의 국민이었던 외국인은 법무부장관의 국적회복허가를 받아 대한민국 국적을 취득할 수 있다.
② 법무부장관은 국적회복허가 신청을 받으면 심사한 후 다음 각 호의 어느 하나에 해당하는 사람에게는 국적회복을 허가하지 아니한다.
  1. 국가나 사회에 위해를 끼친 사실이 있는 사람
  2. 품행이 단정하지 못한 사람
  3. 병역을 기피할 목적으로 대한민국 국적을 상실하였거나 이탈하였던 사람
  4. 국가안전보장·질서유지 또는 공공복리를 위하여 법무부장관이 국적회복을 허가하는 것이 적당하지 아니하다고 인정하는 사람

제10조(국적 취득자의 외국 국적 포기 의무) ① 대한민국 국적을 취득한 외국인으로서 외국 국적을 가지고 있는 자는 대한민국 국적을 취득한 날부터 **1년 내에 그 외국 국적을 포기하여야 한다.** 17·19 승진
② 제1항에도 불구하고 다음 각 호의 어느 하나에 해당하는 자는 대한민국 국적을 취득한 날부터 1년 내에 외국 국적을 포기하거나 법무부장관이 정하는 바에 따라 대한민국에서 외국 국적을 행사하지 아니하겠다는 뜻을 법무부장관에게 서약하여야 한다.

제11조(국적의 재취득) ① 제10조제3항에 따라 대한민국 국적을 상실한 자가 그 후 1년 내에 그 외국 국적을 포기하면 법무부장관에게 신고함으로써 대한민국 국적을 재취득할 수 있다.
② 제1항에 따라 신고한 자는 그 신고를 한 때에 대한민국 국적을 취득한다.
③ 제1항에 따른 신고 절차와 그 밖에 필요한 사항은 대통령령으로 정한다.

제11조의2(복수국적자의 법적 지위 등) ① 출생이나 그 밖에 이 법에 따라 대한민국 국적과 외국 국적을 함께 가지게 된 사람으로서 대통령령으로 정하는 사람[이하 "복수국적자"라 한다]은 대한민국의 법령 적용에서 대한민국 국민으로만 처우한다.
② 복수국적자가 관계 법령에 따라 외국 국적을 보유한 상태에서 직무를 수행할 수 없는 분야에 종사하려는 경우에는 외국 국적을 포기하여야 한다.
③ 중앙행정기관의 장이 복수국적자를 외국인과 동일하게 처우하는 내용으로 법령을 제정 또는 개정하려는 경우에는 미리 법무부장관과 협의하여야 한다.

제12조(복수국적자의 국적선택의무) ① **만 20세가 되기 전에 복수국적자가 된 자는 만 22세가 되기 전까지, 만 20세가 된 후에 복수국적자가 된 자는 그 때부터 2년 내**에 제13조와 제14조에 따라 하나의 국적을 선택하여야 한다. 17·19 승진 다만, 제10조제2항에 따라 법무부장관에게 대한민국에서 외국 국적을 행사하지 아니하겠다는 뜻을 서약한 복수국적자는 제외한다.

제13조(대한민국 국적의 선택 절차) ① 복수국적자로서 제12조제1항 본문에 규정된 **기간 내**에 대한민국 국적을 선택하려는 자는 외국 국적을 포기하거나 법무부장관이 정하는 바에 따라 대한민국에

서 **외국 국적을 행사하지 아니하겠다는 뜻을 서약**하고 법무부장관에게 대한민국 국적을 선택한다는 뜻을 신고할 수 있다.

② 복수국적자로서 제12조제1항 본문에 규정된 **기간 후**에 대한민국 국적을 선택하려는 자는 **외국 국적을 포기한 경우에만** 법무부장관에게 대한민국 국적을 선택한다는 뜻을 신고할 수 있다. 다만, 제12조제3항제1호의 경우에 해당하는 자는 그 경우에 해당하는 때부터 2년 이내에는 제1항에서 정한 방식으로 대한민국 국적을 선택한다는 뜻을 신고할 수 있다.

③ 제1항 및 제2항 단서에도 불구하고 출생 당시에 모가 자녀에게 외국 국적을 취득하게 할 목적으로 외국에서 체류 중이었던 사실이 인정되는 자는 외국 국적을 포기한 경우에만 대한민국 국적을 선택한다는 뜻을 신고할 수 있다. 19 승진

제14조의3(복수국적자에 대한 국적선택명령) ① **법무부장관**은 복수국적자로서 제12조제1항 또는 제2항에서 정한 기간 내에 국적을 선택하지 아니한 자에게 **1년 내에 하나의 국적을 선택할 것을 명하여야 한다.**

② 법무부장관은 복수국적자로서 제10조제2항, 제13조제1항 또는 같은 조 제2항 단서에 따라 대한민국에서 외국 국적을 행사하지 아니하겠다는 뜻을 서약한 자가 그 뜻에 **현저히 반하는 행위를 한 경우에는 6개월 내에 하나의 국적을 선택할 것을 명할 수 있다.**

③ 제1항 또는 제2항에 따라 국적선택의 명령을 받은 자가 대한민국 국적을 선택하려면 외국 국적을 포기하여야 한다.

④ 제1항 또는 제2항에 따라 국적선택의 명령을 받고도 이를 따르지 아니한 자는 그 기간이 지난 때에 대한민국 국적을 상실한다.

제15조(외국 국적 취득에 따른 국적 상실) ① 대한민국의 국민으로서 자진하여 외국 국적을 취득한 자는 그 외국 국적을 취득한 때에 대한민국 국적을 상실한다.

② 대한민국의 국민으로서 다음 각 호의 어느 하나에 해당하는 자는 그 외국 국적을 취득한 때부터 6개월 내에 법무부장관에게 대한민국 국적을 보유할 의사가 있다는 뜻을 신고하지 아니하면 그 외국 국적을 취득한 때로 소급하여 대한민국 국적을 상실한 것으로 본다.
  1. 외국인과의 혼인으로 그 배우자의 국적을 취득하게 된 자
  2. 외국인에게 입양되어 그 양부 또는 양모의 국적을 취득하게 된 자
  3. 외국인인 부 또는 모에게 인지되어 그 부 또는 모의 국적을 취득하게 된 자
  4. 외국 국적을 취득하여 대한민국 국적을 상실하게 된 자의 배우자나 미성년의 자(子)로서 그 외국의 법률에 따라 함께 그 외국 국적을 취득하게 된 자

2. 외국인의 법적지위

출입국관리법

제2조(정의) 이 법에서 사용하는 용어의 뜻은 다음과 같다. 07·09 승진
  1. "국민"이란 대한민국의 국민을 말한다.
  2. **"외국인"이란 대한민국의 국적을 가지지 아니한 사람**을 말한다.
  3. **"난민"**이란 「난민법」 제2조제1호에 따른 난민을 말한다.
  4. **"여권"**이란 대한민국정부·외국정부 또는 권한 있는 국제기구에서 발급한 여권 또는 난민여행증명서나 그 밖에 여권을 갈음하는 증명서로서 대한민국정부가 유효하다고 인정하는 것을 말한다.
  5. **"선원신분증명서"**란 대한민국정부나 외국정부가 발급한 문서로서 선원임을 증명하는 것을 말한다.

(1) 외국인의 권리와 의무

권리	공법상	① **인정**: 자유권(신체의 자유, 종교의 자유 등)과 청구권(재판청구권 등) ② **불인정**: 참정권(피선거권, 공무담임권), 생활권(근로의 권리, 교육 등을 받을 권리)등 11 경간 ③ 영주의 체류자격 취득일 후 **3년이 경과한 18세 이상**의 외국인으로서「출입국관리법」에 따라 해당 지방자치단체의 외국인등록대장에 올라있는 사람은 **지방자치단체의 의회 의원 및 장의 선거권이 있음**(공직선거법 제15조 제2항). 다만, 외국인에게 **대통령 및 국회의원 선거권은 인정되지 않음** ④ **18세 이상**의 외국인으로 대한민국에 계속 거주할 수 있는 자격을 갖춘 자로서 지방자치단체의 조례가 정하는 자는 **주민투표권을 가진다.** 11 경간
	사법상	인정: 인격권(생명권, 성명권, 정조권), 재산권(물권·채권, 무체재산권), 신분권(상속권 등)
의무	공법상	① 원칙: 내국인과 동일하게 **체류국의 통치권에 복종할 의무**(경찰권, 과세권, 재판권) 11 경간 ② 예외: 내국인이 부담하는 **병역의 의무, 교육의 의무, 사회보장가입의무** 등 부담하지 않음
	사법상	사법상의 권리에 대응하는 사법상의 의무를 진다.

2) 등록의무 : 체류지를 관할하는 지방출입국·외국인 관서의 장에게 등록

등록 대상	① 외국인이 입국한 날부터 **90일을 초과하여 대한민국에 체류하려면** 대통령령으로 정하는 바에 따라 **입국한 날부터 90일 이내에** 그의 체류지를 관할하는 지방출입국·외국인관서의 장에게 외국인등록을 하여야 한다. 11 경간, 11 1차
	② 제23조에 따라 체류자격을 받는 사람으로서 **그 날부터 90일을 초과하여 체류하게 되는 사람**은 제1항 각 호 외의 부분 본문에도 불구하고 **체류자격을 받는 때에 외국인등록을 하여야 한다.**
	
	제23조(체류자격 부여) ① 다음 각 호의 어느 하나에 해당하는 외국인이 제10조에 따른 체류자격을 가지지 못하고 대한민국에 체류하게 되는 경우에는 다음 각 호의 구분에 따른 기간 이내에 대통령령으로 정하는 바에 따라 체류자격을 받아야 한다.
	  1. 대한민국에서 출생한 외국인: **출생한 날부터 90일**
	  2. 대한민국에서 체류 중 대한민국의 국적을 상실하거나 이탈하는 등 그 밖의 사유가 발생한 외국인: **그 사유가 발생한 날부터 60일**
	② 제1항에 따른 체류자격 부여의 심사기준은 법무부령으로 정한다.
	
	③ 제24조에 따라 체류자격 변경허가를 받는 사람으로서 입국한 날부터 **90일을 초과하여 체류하게 되는 사람**은 제1항 각 호 외의 부분 본문에도 불구하고 **체류자격 변경허가를 받는 때에 외국인등록을 하여야 한다.** 11 1차
	
	제24조(체류자격 변경허가) ① 대한민국에 체류하는 외국인이 그 체류자격과 다른 체류자격에 해당하는 활동을 하려면 대통령령으로 정하는 바에 따라 **미리 법무부장관의 체류자격 변경허가를 받아야 한다.** 12 1차
	② 제31조제1항 각 호의 어느 하나에 해당하는 사람으로서 그 신분이 변경되어 체류자격을 변경하려는 사람은 신분이 변경된 날부터 **30일 이내에 법무부장관의 체류자격 변경허가를 받아야 한다.**
	③ 제1항에 따른 체류자격 변경허가의 심사기준은 법무부령으로 정한다

제외 대상	① 주한외국공관(대사관·영사관 포함)과 국제기구의 직원 및 그의 가족 ② 외교관 또는 영사와 유사한 특권 및 면제를 누리는 사람과 그의 가족 ③ 대한민국정부가 **초청한 사람** 등으로서 **법무부령**(외교부장관×)으로 정하는 사람 11 1차
등록증 발급	① 제31조에 따라 외국인등록을 받은 지방출입국·외국인관서의 장은 대통령령으로 정하는 바에 따라 그 외국인에게 외국인등록증을 발급하여야 한다. 다만, 그 외국인이 **17세 미만인 경우**에는 발급하지 아니할 수 있다. 18 법학특채 ② 제1항 단서에 따라 외국인등록증을 발급받지 아니한 외국인이 **17세가 된 때**에는 90일 이내에 체류지 관할 지방출입국·외국인관서의 장에게 외국인등록증 발급신청을 하여야 한다. 18 법학특채

(2) 외국인의 입국

대륙법계는 외국인의 입국을 국가의 교통권으로 인정하므로 원칙적으로 금지할 수 없음
영·미법계는 외국인의 입국을 국내문제로 보는 입장, 원칙적으로 외국인의 입국금지 가능

입국	외국인이 입국할 때에는 유효한 여권과 법무부장관이 발급한 사증을 가지고 있어야 한다.
입국 금지	**입국금지사유** 08 채용, 09·23 경간, 10 승진, 10·17 2차, 21 경채 1. **감염병환자·마약중독자** 그 밖에 **공중위생상 위해**를 끼칠 염려가 있다고 인정되는 사람 2. **총포·도검·화약류** 등을 위법하게 가지고 입국하려는 사람 3. 대한민국의 이익이나 공공의 안전을 해하는 행동을 할 염려가 있다고 인정할만한 상당한 이유가 있는 사람 4. 경제질서 또는 사회질서를 해치거나 선량한 풍속을 해치는 행동을 할 염려가 있다고 인정할 만한 상당한 이유가 있는 사람 5. 사리분별 능력이 없고 국내에서 체류활동을 보조할 사람이 없는 **정신장애인, 국내체류비용**을 부담할 능력이 없는 사람, 그 밖에 구호가 필요한 사람 6. 강제퇴거명령을 받고 출국한 후 5년이 경과되지 아니한 사람 7. 1910년 8월29일부터 1945년 8월13일까지 일본정부, 일본정부와 동맹관계에 있던 정부, 일본정부의 우월한 힘이 미치던 정부의 지시 또는 연계 하에 인종, 민족, 종교, 국적, 정치적 견해 등을 이유로 사람을 학살·학대하는 일에 관여한 사람 8. 이상의 규정에 준하는 자로서 법무부장관이 그 입국이 적당하지 아니하다고 인정하는 사람
특징	입국금지자는 **즉시퇴거**가 원칙이다. 입국금지처분은 **행정처분**이다. 12 경간 입국금지처분에 대한 **이의신청절차는 없다.** 12 경간 입국금지로 인한 손해발생에 대한 비용은 **본인이** 부담한다. 12 경간

[입국 시 생체정보의 제공]

> **출입국관리법**
>
> **제12조의2(입국 시 생체정보의 제공 등)** ① 입국하려는 외국인은 제12조에 따라 입국심사를 받을 때 법무부령으로 정하는 방법으로 **생체정보를 제공하고 본인임을 확인하는 절차에 응하여야 한다.** 다만, 다음 각 호의 어느 하나에 해당하는 사람은 그러하지 아니하다.
> 1. **17세 미만인 사람**

2. 외국정부 또는 국제기구의 업무를 수행하기 위하여 입국하는 사람과 그 동반 가족
   3. 외국과의 우호 및 문화교류 증진, 경제활동 촉진 또는 대한민국의 이익 등을 고려하여 생체정보의 제공을 면제하는 것이 필요하다고 대통령령으로 정하는 사람
② 출입국관리공무원은 외국인이 제1항 본문에 따라 **생체정보를 제공하지 아니하는 경우에는 그의 입국을 허가하지 아니할 수 있다.**
③ 법무부장관은 입국심사에 필요한 경우에는 관계 행정기관이 보유하고 있는 **외국인의 생체정보의 제출을 요청할 수 있다.**
④ 제3항에 따라 협조를 요청받은 관계 행정기관은 정당한 이유 없이 그 요청을 거부하여서는 아니 된다.

▶ **[참고]** C.I.Q 과정 (외국에 여행할 시 출입국 항에서 출입국에 필요한 통관절차·출입국심사·검역조사를 받게 되는 절차) 10·11 승진

통관절차(Customs)	세관공무원의 세관검열
출입국심사(Immigrations)	출입국관리공무원의 출입국심사
검역조사(Quarantine)	검역관리공무원의 검역조사

(3) 외국인의 출국

– 강제출국은 형벌이 아닌 **행정행위**에 해당한다. 11 승진, 14 2차

원칙	자발적 출국의 자유(**체류국은 외국인의 출국을 금지할 수 없음**) 11·12 승진

출국정지 사유 및 기간 06 채용	**법무부장관**은 다음 각 호의 어느 하나에 해당하는 외국인에 대하여는 **출국을 정지할 수 있다.**
	① 형사재판에 계속 중인 사람 → 3개월 14 2차
	② 징역형이나 금고형의 집행이 끝나지 아니한 사람 → 3개월
	③ 대통령령으로 정하는 금액 이상의 **벌금(1천만원)이나 추징금(2천만원)**을 내지 아니한 사람 → 3개월
	④ 대통령령으로 정하는 금액 이상의 **국세·관세(5천만원) 또는 지방세(3천만원)**를 정당한 사유 없이 그 납부기한까지 내지 아니한 사람 → 3개월
	⑤ 대한민국의 이익이나 공공의 안전 또는 경제 질서를 해칠 우려가 있어 그 출국이 적당하지 아니하다고 법무부령으로 정하는 사람 → 3개월
	⑥ 범죄수사를 위하여 출국이 적당하지 아니하다고 인정되는 사람
	  ㉠ 출국정지사유 ⑥에 해당하는 외국인 : **1개월 이내**. 다만, 다음에 해당하는 외국인은 다음에 정한 기간으로 한다.
	    1. **도주** 등 특별한 사유가 있어 수사진행이 어려운 외국인 : **3개월 이내**
	    2. 소재를 알 수 없어 **기소중지 또는 수사중지**(피의자 중지로 한정한다) **결정**이 된 외국인 : **3개월 이내**
	    3. 기소중지 또는 수사중지(피의자 중지로 한정한다) 결정이 된 경우로서 **체포영장 또는 구속영장**이 발부된 외국인 : **영장 유효기간 이내**
	  ㉡ 기소중지 또는 수사중지(피의자중지로 한정한다)된 사람의 소재가 발견된 경우에는 출국정지 예정기간을 발견된 날부터 10일 이내로 한다.

내국인의
출국금지
10·13·17·19
승진
	1. 출국금지사유 : **법무부장관**은 국민에 대하여 **출국을 금지할 수 있음**(외국인의 출국정지 사유와 동일)
	2. 출국금지기간
	① 위 출국정지사유 ① ~ ⑤에 해당하는 사람 : **6개월 이내**
	② 위 출국정지사유 ⑥에 해당하는 사람 : **1개월 이내**, 다만 다음에 해당하는 사람은 다음에 정한 기간으로
	  ㉠ 소재를 알 수 없어 기소중지 또는 수사중지(피의자 중지로 한정한다) 결정이 된 사람 또는 도주 등 특별한 사유가 있어 수사진행이 어려운 사람 : **3개월 이내**
	  ㉡ 기소중지 또는 수사중지(피의자 중지로 한정한다) 결정이 된 경우로서 체포영장 또는 구속영장이 발부된 사람 : **영장 유효기간 이내**
	③ 「양육비 이행확보 및 지원에 관한 법률」 제21조의4제1항에 따른 양육비 채무자 중 양육비 이행심의위원회의 심의·의결을 거친 사람

긴급
출국금지
	① 수사기관은 범죄 피의자로서 **사형·무기 또는 장기 3년 이상의 징역이나 금고**에 해당하는 죄를 범하였다고 의심할 만한 상당한 이유가 있고, 다음의 어느 하나에 해당하는 사유가 있으며, 긴급한 필요가 있는 때에는 출국심사를 하는 **출입국관리공무원에게 출국금지를 요청할 수 있다.**
	  1. 피의자가 증거를 인멸할 염려가 있는 때
	  2. 피의자가 도망하거나 도망할 우려가 있는 때
	② 요청을 받은 출입국관리공무원은 출국심사를 할 때에 출국금지가 요청된 사람을 출국시켜서는 아니 된다.
	③ 수사기관은 긴급출국금지를 요청한 때로부터 **6시간 이내에 법무부장관에게 긴급출국금지 승인**을 요청하여야 한다. 18 승진, 21 경간
	④ **법무부장관은 수사기관이 긴급출국금지 승인 요청을 하지 아니한 때에는 출국금지를 해제하여야 한다.** 수사기관이 긴급출국금지 승인을 요청한 때로부터 **12시간 이내에 법무부장관으로부터 긴급출국금지 승인을 받지 못한 경우에도 또한 같다.** 18 승진, 23 경간
	⑤ ④에 따라 **출국금지가 해제된 경우**에 수사기관은 동일한 범죄사실에 관하여 **다시 긴급출국금지 요청을 할 수 없다.**

출국금지 기간의 연장	① 법무부장관은 출국금지기간을 초과하여 계속 출국을 금지할 필요가 있다고 인정하는 경우에는 그 기간을 연장할 수 있다. ② 제4조제3항에 따라 출국금지를 요청한 기관의 장은 출국금지기간을 초과하여 계속 출국을 금지할 필요가 있을 때에는 **출국금지기간이 끝나기 3일 전까지** 법무부장관에게 출국금지기간을 연장하여 줄 것을 요청하여야 한다.
출국금지 결정 등에 대한 이의신청	① 출국이 금지되거나 출국금지기간이 연장된 사람은 출국금지결정이나 출국금지기간 연장의 통지를 받은 날 또는 그 사실을 안 날부터 **10일 이내에 법무부장관에게 출국금지결정이나 출국금지기간 연장결정에 대한 이의를 신청할 수 있다.** ② **법무부장관은 제1항에 따른 이의신청을 받으면 그 날부터 15일 이내에 이의신청의 타당성 여부를 결정하여야 한다.** 다만, 부득이한 사유가 있으면 15일의 범위에서 한 차례만 그 기간을 연장할 수 있다.

(4) 여권과 사증

1) 여권 - 여권법

의의	여권은 외교부장관이 발급하는 것으로 국외여행을 인정하는 본국의 일방적 증명서에 그친다. 12 승진
발급권자 (제3조)	① **외교부장관** (영사 지방자치단체의 장에게 대행하게 할 수 있음) 12 승진 ② 외교부장관은 여권 등의 발급, 재발급과 기재사항변경에 관한 사무의 일부를 대통령령으로 정하는 바에 따라 지방자치단체의 장에게 대행하게 할 수 있다.
종류 (제4조) 17·19 승진	<table><tr><td rowspan="3">신분에 의한 분류</td><td>일반여권</td><td>**10년** 이내(18세 미만인 사람: 5년)</td></tr><tr><td>관용여권</td><td>5년 이내</td></tr><tr><td>외교관여권</td><td>5년 이내</td></tr><tr><td rowspan="2">사용횟수에 의한 분류</td><td>단수여권</td><td>1회에 한하여 외국여행을 할 수 있는 여권</td></tr><tr><td>복수여권</td><td>유효기간 만료일까지 횟수에 제한 없이 외국여행을 할 수 있는 여권</td></tr></table>**긴급여권**(일반여권, 관용여권, 외교관여권을 발급받거나 재발급받을 시간적 여유가 없는 **경우**로서 여권의 긴급한 발급이 필요하다고 인정되어 발급하는 여권을 말한다)

발급거부
(거부 가능)
(제12조)
	제12조(여권의 발급 등의 거부·제한) ① 외교부장관은 다음 각 호의 어느 하나에 해당하는 사람에 대하여는 여권의 발급 또는 재발급을 거부할 수 있다.
	1. **장기 2년 이상**의 형에 해당하는 죄로 인하여 **기소되어 있는 사람** 또는 장기 3년 이상의 형에 해당하는 죄로 인하여 **기소중지 또는 수사중지(피의자중지로 한정한다)**되거나 **체포영장·구속영장이 발부된 사람 중 국외에 있는 사람**
	2. 제24조부터 제26조까지의 죄를 범하여 **실형을 선고받고 그 집행이 끝나거나**(집행이 끝난 것으로 보는 경우를 포함한다) **집행이 면제되지 아니한 사람**
	2의2. 제2호의 죄를 범하여 **형의 집행유예를 선고받고 그 유예기간 중에 있는 사람**
	3. 제2호의 죄 외의 죄를 범하여 **금고 이상의 실형을 선고받고 그 집행이 끝나거나**(집행이 끝난 것으로 보는 경우를 포함한다) **집행이 면제되지 아니한 사람**
	3의2. 제2호의 죄 외의 죄를 범하여 **금고 이상의 형의 집행유예를 선고받고 그 유예기간 중에 있는 사람**
	4. 국외에서 대한민국의 안전보장·질서유지나 통일·외교정책에 중대한 침해를 일으킬 우려가 있는 경우로서 다음 각 목의 어느 하나에 해당하는 사람
	  가. 출국할 경우 테러 등으로 생명이나 신체의 안전이 침해될 위험이 큰 사람
	  나. 「보안관찰법」 제4조에 따라 보안관찰처분을 받고 그 기간 중에 있으면서 같은 법 제22조에 따라 경고를 받은 사람
	② 외교부장관은 제1항제4호에 해당하는 사람인지의 여부를 판단하려고 할 때에는 미리 법무부장관과 협의하고 제18조에 따른 여권정책협의회의 심의를 거쳐야 한다.
	③ 외교부장관은 다음 각 호의 어느 하나에 해당하는 사람에 대해서는 대통령령으로 정하는 바에 따라 그 사실이 있는 날부터 1년 이상 3년 이하의 기간 동안 여권의 발급 또는 재발급을 제한할 수 있다.
	1. 제1항제2호의 죄를 범하여 실형을 선고받고 그 집행이 끝나거나(집행이 끝난 것으로 보는 경우를 포함한다) 집행이 면제된 사람

	1의2. 제1항제2호의 죄를 범하여 형의 집행유예를 선고받고 그 유예기간이 경과한 사람 2. 외국에서 위법한 행위 등으로 국위(國威)를 크게 손상시키는 행위로서 대통령령으로 정하는 행위를 하여 그 사실이 재외공관 또는 관계 행정기관으로부터 통보된 사람 ④ 외교부장관은 제1항이나 제3항에 따라 여권의 발급 또는 재발급이 거부되거나 제한된 사람에 대하여 긴급한 인도적 사유 등 대통령령으로 정하는 사유가 있는 경우에는 해당 사유에 따른 여행목적에만 사용할 수 있는 여권을 발급할 수 있다.
휴대 및 제시의무 (출입국 관리법 제27조) 17 승진, 23 경간	① 대한민국에 체류하는 **외국인은 항상 여권·선원신분증명서·외국인입국허가서·외국인등록증 또는 상륙허가서**(이하 "여권등"이라 한다)**를 지니고 있어야 한다.** 다만, **17세 미만인 외국인의 경우에는 그러하지 아니하다.** ② 제1항 본문의 외국인은 출입국관리공무원이나 권한 있는 공무원이 그 직무수행과 관련하여 **여권등의 제시를 요구하면 여권등을 제시하여야 한다.** ③ 휴대제시요구 위반 : **100만 원 이하의 벌금에 처함**(출입국관리법 제98조)
여권의 효력상실 (제13조)	① 여권은 다음 각 호의 어느 하나에 해당하는 때에는 그 **효력을 잃는다.** 1. 여권의 명의인이 사망하거나 「국적법」에 따라 대한민국 국적을 상실한 때 1의2. 여권의 유효기간이 끝난 때 2. 여권이 발급된 날부터 **6개월이 지날 때까지 신청인이 그 여권을 받아가지 아니한 때** 　19 승진 3. 여권을 잃어버려 그 명의인이 대통령령으로 정하는 바에 따라 분실을 신고한 때 4. 여권의 발급 또는 재발급을 신청하기 위하여 반납된 여권의 경우에는 신청한 여권이 발급되거나 재발급된 때 5. 발급된 여권이 변조된 때 6. 여권이 다른 사람에게 양도되거나 대여되어 행사된 때 8. 제19조에 따라 여권의 반납명령을 받고도 지정한 반납기간 내에 정당한 사유 없이 여권을 반납하지 아니한 때 9. 단수여권의 경우에는 여권의 명의인이 해당 단수여권을 발급한 국가(재외공관의 장이 단수여권을 발급한 경우에는 그 재외공관이 설치된 국가)로 복귀한 때
반납명령	① **관계 행정기관의 장**은 그 소관 업무와 관련하여 법 **제12조제1항 각 호**(법 제14조제3항에 따라 준용되는 경우를 포함한다), 같은 조 제3항 각 호(법 제14조제3항에 따라 준용되는 경우를 포함한다) 또는 법 제19조제1항 각 호의 어느 하나에 해당하는 사람이 있다고 인정할 때에는 **외교부장관에게** 여권 등의 발급·재발급(이하 "여권발급 등"이라 한다)의 거부·제한이나 유효한 여권의 **반납명령**(이하 "거부·제한 등"이라 한다)을 요청할 수 있다.
관용여권의 발급대상자 (여권법 시행령 제7조)	외교부장관은 다음 각 호의 어느 하나에 해당하는 사람에게 **관용여권을 발급할 수 있다.** 1. 다음 각 목의 구분에 따른 사람으로서 공무(公務)로 국외에 여행하는 사람과 해당 기관이 추천하는 그 배우자, 27세 미만의 미혼인 자녀(27세 이상의 미혼인 동반자녀로서 정신적·육체적 장애가 있거나 생활능력이 없는 경우를 포함한다. 이하 같다) 및 생활능력이 없는 부모 　가. 공무원 　나. 한국은행 및 「공공기관의 운영에 관한 법률」에 따른 공공기관의 임·직원 중에서 관용여권을 소지할 필요성이 있다고 외교부장관이 인정하는 사람 2. 한국은행 및 「공공기관의 운영에 관한 법률」에 따른 공공기관의 국외 주재원 중에서 관용여권을 소지할 필요성이 있다고 외교부장관이 인정하는 사람과 그 배우자 및 27세 미만의 미혼인 자녀 3. **정부에서 파견하는 의료요원, 태권도사범, 재외동포 교육을 위한 교사와 그 배우자 및 27**

	세 미만의 미혼인 자녀 4. 「외무공무원법」 제32조에 따라 재외공관에 두는 행정직원과 그 배우자, 27세 미만의 미혼인 자녀 및 생활능력이 없는 부모 5. 외교부 소속 공무원 및 「외무공무원법」 제31조에 따라 재외공관에 근무하는 다른 국가 공무원 및 지방공무원이 가사 보조를 받기 위하여 동반하는 사람 6. 그 밖에 원활한 공무수행을 위하여 특별히 관용여권을 소지할 필요가 있다고 외교부장관이 인정하는 사람
여행증명서 여권법 (제4조)	① 외교부장관은 국외에 체류하거나 거주하고 있는 사람으로서 여권의 발급·재발급이 거부 또는 제한되었거나 외국에서 강제 퇴거된 사람 등 대통령령으로 정하는 사람에게 여행목적지가 기재된 서류로서 여권을 갈음하는 증명서(이하 "여행증명서"라 한다)를 발급할 수 있다. ② 여행증명서의 **유효기간은 1년 이내**로 하되, 그 여행증명서의 발급 목적을 이루면 그 효력을 잃는다. 17·19 승진
여행증명서 발급대상자 여권법시행령 제16조	외교부장관은 법 제14조에 따라 다음 각 호의 어느 하나에 해당하는 사람에게 여행증명서를 발급할 수 있다. 12 승진 1. **출국하는 무국적자** 4. **해외 입양자** 5. 「남북교류협력에 관한 법률」 제10조에 따라 여행증명서를 소지하여야 하는 사람으로서 여행증명서를 발급할 필요가 있다고 외교부장관이 인정하는 사람 5의2. 국외에 체류하거나 거주하고 있는 사람으로서 여권의 발급·재발급이 거부 또는 제한되었거나 외국에서 강제 퇴거된 경우에 귀국을 위하여 여행증명서의 발급이 필요한 사람 6. 「출입국관리법」 제46조에 따라 대한민국 밖으로 강제퇴거되는 외국인으로서 그가 국적을 가지는 국가의 여권 또는 여권을 갈음하는 증명서를 발급받을 수 없는 사람 7. 그 밖에 제1호, 제4호, 제5호, 제5호의2 및 제6호에 준하는 사람으로서 긴급하게 여행증명서를 발급할 필요가 있다고 외교부장관이 인정하는 사람
난민여행 증명서 (출입국 관리법)	제76조의5(난민여행증명서) ① 법무부장관은 「난민법」에 따른 난민인정자가 출국하려고 할 때에는 그의 신청에 의하여 대통령령으로 정하는 바에 따라 난민여행증명서를 발급하여야 한다. 21 경채 다만, 그의 출국이 대한민국의 안전을 해칠 우려가 있다고 인정될 때에는 그러하지 아니하다. ② 제1항에 따른 난민여행증명서의 **유효기간은 3년**으로 한다. 21 경채
제16조 (특별위로금)	① 테러로 인하여 생명의 피해를 입은 사람의 유족 또는 신체상의 장애 및 장기치료가 필요한 피해를 입은 사람에 대해서는 그 피해의 정도에 따라 등급을 정하여 특별위로금을 지급할 수 있다. 다만, 「여권법」 제17조제1항 단서에 따른 **외교부장관의 허가를 받지 아니하고 방문 및 체류가 금지된 국가 또는 지역을 방문·체류한 사람에 대해서는 그러하지 아니하다.** 23 2차

→ 여권에 갈음하는 증명서로는 여행증명서, 국제연합통행증, 난민여행증명서가 있으며, 선원신분증명서, 선원수첩, 인터폴신분증, 사증, 난민인증서 등은 여권을 대신할 수 있는 증명서가 아니다. 19 승진

▶ **[참고] 여행경보제도**(여행경보제도 운영지침, 외교부 훈령) 12 경간, 21 승진

제3조 (구분) 여행경보는 다음 각 호로 구분한다.
1. 단계별 여행경보: 위험 수준에 따라 다음 각 목의 단계로 구분하여 발령
   가. 1단계(남색경보): 주의가 요구되는 위험 또는 그 징후가 나타난 경우로서, 국내 대도시보다 **상당히 높은 수준**의 위험
   나. 2단계(황색경보): 주의가 요구되는 위험 또는 그 징후가 나타난 경우로서, 국내 대도시보다 **매우 높은 수준**의 위험
   다. 3단계(적색경보): 특별한 주의가 요구되는 위험 또는 그 징후가 현저한 경우로서, 국민의 생명과 안전을 위협하는 **심각한 수준의 위험**
   라. 4단계(흑색경보): 특별한 주의가 요구되는 위험 또는 그 징후가 현저한 경우로서, 국민의 생명과 안전을 위협하는 **매우 심각한 수준의 위험**
2. 특별여행주의보: 특별한 주의가 요구되는 위험 또는 그 징후가 나타난 경우로서, **단기적으로 긴급한 위험**에 대하여 발령

제5조 (행동요령) ① 단계별 여행경보가 발령된 국가 또는 지역에 거주·체류 또는 방문 예정인 국민(이하 "여행예정자"라 한다)과 거주·체류 또는 방문 중인 국민(이하 "체류자"라 한다)의 행동요령은 다음 각 호와 같다.
1. 1단계(남색경보): 여행예정자와 체류자는 **주의가 요구되는 신변안전 위험 요인을 숙지**하여 이에 대비한다("**여행유의**"로 약칭한다).
2. 2단계(황색경보): 여행예정자는 **불필요한 여행을 자제**하고, 체류자는 **신변안전에 특별히 유의**한다("**여행자제**"로 약칭한다).
3. 3단계(적색경보): 여행예정자는 **여행을 취소·연기**하고, 체류자는 **긴요한 용무가 아닌 한 출국**한다("**출국권고**"로 약칭한다).
4. 4단계(흑색경보): 여행예정자는 **여행금지를 준수**하고, 체류자는 **즉시 대피·철수**한다("**여행금지**"로 약칭한다). 다만, 「여권법」 제17조에 따라 외교부장관이 여권의 사용과 방문·체류를 허가하는 경우에는 그러하지 아니하다.
② 특별여행주의보 발령에 따른 여행예정자 또는 체류자의 행동요령은 **여행경보 2단계 이상 3단계 이하에 준하며**, 그 구체 내용은 특별여행주의보 발령의 사유가 된 위험과 관련한 제반 사항을 고려하여 결정한다.
③ 「여권법」에 의해 규율되는 여행경보 4단계(흑색경보)를 제외한 여타 여행경보의 발령에 따른 행동요령은 권고적 효력을 가진다.

2) 사증

의의	외국에 여행하고자하는 자에게 목적지 국가에서 발급하는 **입국추천(허가)서** – 사증(VISA)은 입국과 체류가 적당하다고 인정하는 행위로서, 미수교국 국민은 외국인 입국허가서를 받아 입국할 수 있다. 12 승진
발급권자	**법무부장관**(재외공관의 장에게 위임가능) 11·17 승진, 14 2차
발급형식	사증은 통상 사증인을 찍거나 사증을 붙이는 등의 방법으로 **여권에 표시함** (별도의 수첩형태로 발급X)
종류	**단수사증** : 1회에 한하여 입국가능, 3개월 11 승진 **복수사증** : 2회 이상 입국가능

무사증 입국사유 (출입국관리법 제7조 제2항) 14 승진, 15 경간	① **재입국허가를 받은 사람** 또는 **재입국허가가 면제된 사람**으로서 그 허가또는 면제받은 **기간이 끝나기 전에 입국하는 사람** 12 승진 ② 대한민국과 **사증면제협정을 체결한 국가의 국민**으로서 그 협정에 따라 면제대상이 되는 사람 ③ **국제친선, 관광 또는 대한민국의 이익** 등을 위하여 입국하는 사람으로서 대통령령으로 정하는 바에 따라 따로 입국허가를 받은 사람(시행령 제8조제1항) 　1. 외국정부 또는 국제기구의 업무를 수행하는 사람으로서 부득이한 사유로 사증을 가지지 아니하고 입국하려는 사람 　2. **30일의 범위 내에 대한민국을 관광하거나 통과할 목적**으로 입국하려는사람(시행규칙 제15조 제2항) 　3. 그 밖에 **법무부장관**이 대한민국의 이익 등을 위하여 그 입국이 필요하다고 인정하는 사람 ④ 난민여행증명서를 발급받고 출국한 후 그 **유효기간이 끝나기 전에 입국하는 사람**

▶ **[참고] 출입국관리법 시행령 [별표 1의2] – 체류자격(제12조 관련)** 16 1차, 18 경간, 18 승진, 19 2차

체류자격 (기호)	체류자격에 해당하는 사람 또는 활동범위
외교 (A-1)	대한민국정부가 접수한 외국정부의 **외교사절단**이나 영사기관의 구성원, 조약 또는 국제관행에 따라 외교사절과 동등한 특권과 면제를 받는 사람과 그 가족
공무 (A-2)	대한민국정부가 승인한 외국정부 또는 국제기구의 **공무**를 수행하는 사람과 그 가족
협정 (A-3)	대한민국정부와의 **협정**에 따라 외국인등록이 면제되거나 면제할 필요가 있다고 인정되는 사람과 그 가족
관광·통과 (B-2)	관광·통과 등의 목적으로 대한민국에 사증 없이 입국하려는 사람 – 관광통과(B-2) 체류자격을 가진 자는 "**30**"일의 범위 내에서 체류기간을 부여받아 사증 없이 입국할 수 있다. 11 승진
문화예술 (D-1)	**수익을 목적으로 하지 않는** 문화 또는 예술 관련 활동을 하려는 사람(대한민국의 전통문화 또는 예술에 대하여 전문적인 연구를 하거나 전문가의 지도를 받으려는 사람을 포함한다)
유학 (D-2)	**전문대학 이상**의 교육기관 또는 학술연구기관에서 정규과정의 교육을 받거나 특정 연구를 하려는 사람
교수 (E-1)	「고등교육법」 제14조제1항·제2항 또는 제17조에 따른 자격요건을 갖춘 외국인으로서 전문대학 이상의 교육기관이나 이에 준하는 기관에서 전문 분야의 **교육 또는 연구·지도 활동**에 종사하려는 사람
회화지도 (E-2)	법무부장관이 정하는 자격요건을 갖춘 외국인으로서 외국어전문학원, 초등학교 이상의 교육기관 및 부설어학연구소, 방송사 및 기업체 부설 어학연수원, 그 밖에 이에 준하는 기관 또는 단체에서 **외국어 회화지도**에 종사하려는 사람
전문직업 (E-5)	대한민국 법률에 따라 자격이 인정된 외국의 변호사, 공인회계사, 의사, 그 밖에 국가공인 자격이 있는 사람으로서 대한민국 법률에 따라 할 수 있도록 되어 있는 법률, 회계, 의료 등의 전문업무에 종사하려는 사람[**교수(E-1) 체류자격에 해당하는 사람은 제외**한다]

예술흥행 (E-6)	**수익이 따르는** 음악, 미술, 문학 등의 예술활동과 수익을 목적으로 하는 연예, 연주, 연극, 운동경기, 광고·패션 모델, 그 밖에 이에 준하는 활동을 하려는 사람 12 경간	
계절근로 (E-8)	법무부장관이 관계 중앙행정기관의 장과 협의하여 정하는 농작물 재배·수확(재배·수확과 연계된 원시가공 분야를 포함한다) 및 수산물 원시가공 분야에서 취업 활동을 하려는 사람으로서 법무부장관이 인정하는 사람	
비전문취업 (E-9)	「외국인근로자의 고용 등에 관한 법률」에 따른 국내 취업요건을 갖춘 사람(일정 자격이나 경력 등이 필요한 **전문직종**에 종사하려는 사람은 **제외**한다)	
재외동포 (F-4)	「재외동포의 출입국과 법적 지위에 관한 법률」 제2조제2호(**대한민국의 국적을 보유하였던 자**(대한민국정부 수립 전에 국외로 이주한 동포를 포함한다) 또는 그 **직계비속으로서 외국국적을 취득한 자** 중 대통령령으로 정하는 자(이하 "외국국적동포"라 한다)에 해당하는 사람(단순 노무행위 등 이 영 제23조제3항 각 호에서 규정한 취업활동에 종사하려는 사람은 제외한다)	
결혼이민 (F-6)	가. 국민의 배우자 나. 국민과 혼인관계(**사실상의 혼인관계를 포함**한다)에서 출생한 자녀를 양육하고 있는 부 또는 모로서 법무부장관이 인정하는 사람 다. 국민인 배우자와 혼인한 상태로 국내에 체류하던 중 그 배우자의 사망이나 실종, 그 밖에 자신에게 책임이 없는 사유로 정상적인 혼인관계를 유지할 수 없는 사람으로서 법무부장관이 인정하는 사람	

[상륙의 종류와 상륙기간] 08 채용, 10·17·19 승진, 11·14·19 경간, 16 2차, 21 경채

종류	내용	상륙기간
승무원상륙	외국인승무원이 승선 중인 선박 등이 대한민국의 출입국항에 정박하고 있는 **선박 등으로 옮겨 타고자 하거나 휴양 등의 목적**으로 상륙하고자 하는 때(제14조)	15일
관광상륙	외국인 승객이 **관광을 목적**으로 상륙(제14조의2)	3일
긴급상륙	선박 등에 타고 있는 외국인(승무원 포함)이 **질병**이나 그 밖의 사고로 긴급히 상륙할 필요가 있다고 인정될 때(제15조)	30일
재난상륙	**조난**을 당한 선박 등에 타고 있는 외국인(승무원 포함)을 긴급히 구조할 필요가 있다고 인정할 때(제16조) 14 2차	30일
난민임시 상륙	① 선박등에 타고 있는 외국인이 「난민법」 제2조 제1호에 규정된 이유(제16조의2) ② 그 밖에 이에 준하는 이유로 생명·신체 또는 신체의 자유를 침해받을 공포가 있는 영역에서 도피하여 곧바로 대한민국에 비호를 신청하는경우 ※ 허가 시 **법무부장관의 승인**을 요함(법무부장관은 **외교부장관과 협의하여야 함**) 12 1차	90일
기간연장	각각 그 **허가 기간만큼 연장 가능** (동법 시행령 제21조)	

(5) 외국인의 강제퇴거 10·11·14·19·23 승진, 14 1차, 15 지능특채, 18·20 경간, 21 2차

의의	① 강제퇴거란 체류국 정부가 합법적으로 체류 중인 외국인을 체류국 영역 밖으로 퇴거를 명하는 행정행위이다. ② **강제퇴거 사유가 동시에 형사처분 사유가 되는 경우에는 병행 처벌할 수 있음**

절차	① 출입국관리공무원은 강제퇴거에 해당된다고 의심되는 외국인에 대하여 사실 조사할 수 있음
	② 출입국관리공무원은 외국인이 강제퇴거사유에 해당된다고 의심할 만한 상당한 이유가 있고 도주하거나 도주할 염려가 있으면 **지방출입국·외국인관서의 장으로부터 보호명령서를 발급받아 그 외국인을 보호할 수 있음**
	③ 강제퇴거 대상자 여부 심사·결정하기 위한 보호기간: **10일 이내(10일을 초과하지 아니하는 범위에서 1회 연장 가능 – 최장 20일)**
	④ 심사결과 강제퇴거 대상자에 해당한다고 인정되면 강제퇴거명령을 할 수 있음
	⑤ 강제퇴거명령을 하는 때 : 강제퇴거명령서를 발급하여야 함
	⑥ 강제퇴거명령서 집행 23 승진
	  – 원칙 : 출입국관리공무원이 집행
	  – 예외 : 사법경찰관리에게 강제퇴거명령서의 집행을 의뢰할 수 있음(제62조)
	⑦ 제63조(강제퇴거명령을 받은 사람의 보호 및 보호해제)
	
	① 지방출입국·외국인관서의 장은 강제퇴거명령을 받은 사람을 여권 미소지 또는 교통편 미확보 등의 사유로 즉시 대한민국 밖으로 송환할 수 없으면 송환할 수 있을 때까지 그를 보호시설에 보호할 수 있다.
	② 지방출입국·외국인관서의 장은 제1항에 따라 보호할 때 **그 기간이 3개월을 넘는 경우에는 3개월마다 미리 법무부장관의 승인을 받아야 한다.** 23 승진
	③ 지방출입국·외국인관서의 장은 제2항의 승인을 받지 못하면 지체 없이 보호를 해제하여야 한다.
	④ 지방출입국·외국인관서의 장은 강제퇴거명령을 받은 사람이 다른 국가로부터 입국이 거부되는 등의 사유로 송환될 수 없음이 명백하게 된 경우에는 그의 보호를 해제할 수 있다.
	⑤ 지방출입국·외국인관서의 장은 제3항 또는 제4항에 따라 보호를 해제하는 경우에는 주거의 제한이나 그 밖에 필요한 조건을 붙일 수 있다.

대상	**[출입국관리법 제46조 제1항]** 1. 유효한 여권과 사증 없이 입국하는 사람 11 승진 2. 허위초청 등의 금지 규정을 **위반한** 외국인 또는 허위초청 등의 행위로 입국한외국인 3. **입국금지 해당사유가 입국 후에 발견되거나 발생한 사람** 4. 입국심사 또는 선박 등의 제공 금지 규정을 **위반한** 사람 5. 지방출입국·외국인관서의 장이 붙인 조건부 입국 허가조건을 **위반한** 사람 6. **상륙허가를 받지 아니하고 상륙한 사람** 7. 지방출입국·외국인관서의 장 또는 출입국관리공무원이 붙인 상륙 허가조건을 **위반한** 사람 8. 체류 및 활동범위, 외국인 고용제한, 체류자격 외 활동, 체류자격 부여, 체류자격 변경허가, 체류기간 연장허가 규정을 **위반한** 사람 9. 허가를 받지 아니하고 근무처를 변경·추가하거나 허가를 받지 아니한 외국인을고용·알선한 사람 10. 거소 또는 활동범위의 제한이나 그 밖의 준수사항을 **위반한** 사람 10의2. 허위서류 제출 등의 금지규정을 **위반한** 외국인 11. 출국심사 규정을 **위반하여** 출국하려고 한 사람

12. 외국인등록 의무를 **위반한** 사람
12의2. 외국인등록증 등의 채무이행 확보수단 제공 등의 금지규정을 **위반한** 외국인
13. **금고 이상의 형을 선고받고 석방된 사람** 14 2차, 23 승진
14. 그 밖에 법무부령으로 정하는 사람
15. 영주자격을 가진 사람은 제1항에도 불구하고 대한민국 밖으로 강제퇴거 되지 아니한다. 다만, 다음 각 호의 어느 하나에 해당하는 사람은 그러하지 아니하다.
   1. 「형법」 제2편제1장 내란의 죄 또는 제2장 외환의 죄를 범한 사람
   2. 5년 이상의 징역 또는 금고의 형을 선고받고 석방된 사람 중 법무부령으로 정하는 사람
   3. 제12조의3제1항 또는 제2항을 위반하거나 이를 교사(敎唆) 또는 방조(幇助)한 사람

▶ **[참고] 출입국관리사범에 대한 일반적인 조치사항(출입국관리법)** 12·19 승진

대 상	조치사항
내국인	출국금지
외국인	① 입국금지 ② 출국정지 ③ 강제퇴거 ④ 보호 및 일시보호 ⑤ 출국권고 ⑥ 출국명령
내·외국인	① 고발조치 ② 통고처분

▶ **[참고] 출입국관리법 위반** 11 승진

제101조(고발) ① 출입국사범에 관한 사건은 **지방출입국·외국인관서의 장의 고발이 없으면 공소를 제기할 수 없다.**
② 출입국관리공무원 외의 **수사기관**이 제1항에 해당하는 **사건을 입건하였을 때에는 지체 없이 관할 지방출입국·외국인관서의 장에게 인계하여야 한다.** 23 경간

(6) 외국인근로자의 고용 등에 관한 법률

외국인력정책 위원회	소속 : 국무총리 외국인근로자의 고용관리 및 보호에 관한 주요 사항을 심의·의결기구
취업활동 기간의 제한	외국인근로자는 입국한 날부터 3년의 범위에서 취업활동을 할 수 있음(제18조)
취업활동 기간 제한에 관한 특례	취업활동 기간 3년이 만료되어 출국하기 전에 사용자가 재고용 허가를 요청한 외국인근로자는 1회에 한하여 2년 미만의 범위에서 취업활동 기간을 연장받을 수 있음(제18조의2)
재입국 취업의 제한	국내에서 취업한 후 출국한 외국인근로자(특례고용 제외)는 출국한 날부터 **6개월이 지나지 아니하면 다시 취업할 수 없음**(제18조의3)
불법체류자 고용	3년 이하의 징역 또는 2천만 원 이하의 벌금

03 외교사절

1. 외교사절 10·11 승진

- 외교관 (공관장 + 공관의 외교직원)

공관원			내용	
공관직원	공관장		• 대사, 대사대리 • 비엔나 협약의 모든 특권과 면제를 향유	외교관
		외교직원	• 공사, 참사관, 각급 서기관, 각종 주재관(무관, 상무관, 공보관, 노무관 등) • 비엔나 협약의 모든 특권과 면제를 향유	
		행정·기술직원	• 부기사, 개인비서, 속기사, 타자수, 기록보관사, 교정사 등 • 외교직원과 같은 특권과 면제를 향유 (단, 민사 및 행정재판 관할권은 직무 중 행위에 한해 특권 향유)	
		업무(노무)직원	• 요리사, 운전사, 사환, 하인 등 • 직무 중 행위에 한해 면제를 향유 • 보수에 대한 부과금이나 조세로부터 면제되고, 사회보장규정으로부터 면제	
개인사용인			• 사용 노무종사자로 공관직원의 가사에 종사 • 보수에 대한 부과금이나 조세로부터 면제	

2. 외교사절의 특권

(1) 불가침권

신체불가침	• 어떠한 형태의 체포 또는 구금도 당하지 아니한다. • 접수국은 외교관의 신체의 자유 및 존엄성에 대한 침해를 방지하기 위하여 적절한 조치를 취하여야 한다. • 파견된 외국사절에 대한 폭행이나 협박 등의 죄에 대하여 일반범죄보다 가중하여 처벌
관사 불가침	• 공관뿐만 아니라 외교관의 개인 주택도 불가침, 소유·임차를 불문, 관사(본건물, 부속건물, 정원, 차고 등을 포함한 개념) • 외교사절의 요구나 동의가 없는 한 직무수행을 위해서도 공관에 들어갈 수 없다. • 화재나 감염병의 발생 등과 같이 긴급을 요하는 경우는 외교사절의 동의 없이 공관에 들어갈 수 있다.(국제적 관습) • 범죄인의 비호권은 원칙적으로 인정되지 않는다. (관사의 불가침은 원래 외교사절의 정당한 업무수행을 위하여 인정되는 것)
문서 불가침	• 외교공관의 문서와 서류는 언제, 어디서나 불가침(수색·검열·압수되거나 그제시가 요구되지 아니함) • 외교단절의 경우에도 접수국은 문서의 불가침권을 존중하고 보호해야 한다.

(2) 치외법권

형사재판권	• 외교사절은 접수국의 형사재판관할권으로부터 면제되므로 체포·구금·소추 또는 처벌되지 않음. • 이는 공무수행 중에 행하여진 행위에 대해서 뿐만 아니라 개인자격으로 행한 행위에 대해서도 동일함
민사·행정재판권	• 외교사절에 대한 민사소송을 접수국의 재판소에 제기할 수 없으며, 또 접수국의 재판소는 이를 수리할 수 없음
증언의무	• 외교사절은 접수국내에서 형사·민사 또는 행정재판과 관련하여 재판정에 출석하여 증언할 의무가 없음
경찰권의 면제	• 외교사절은 접수국의 경찰권으로부터 면제됨. 경찰의 명령이나 규칙은 외교사절을 구속하지 않음
과세권의 면제	• 외교사절은 원칙적으로 접수국의 과세권으로부터 면제 (인적, 물적 또는 국세, 지방세를 불문하고 조세로부터 면제됨)

04 주한미군지위협정(SOFA)

1. 협정의 적용대상자 06 승진, 07·09 채용, 21 경간

대상자	미군의 구성원	미국의 육·해·공군에 속하는 인원으로서 현역에 복무하고 있는 자
	군속	• 미국의 국적을 가진 민간인 • 대한민국에 있는 미군에 고용되거나 동 군대에 근무하거나 또는 동반하는 자
	가족	미군의 구성원 또는 군속의 가족 중 ① 배우자 및 21세 미만의 자녀 ② 부모 및 21세 이상의 자녀 또는 기타 친척으로서 그 생계비의반액 이상을 미군의 구성원 또는 군속에 의존하는 자
	초청계약자	미군 등과의 계약이행만을 위하여 대한민국에 체류하고 미국정부가 지정한 자
제외자	① 주한미대사관에 근무하는 무관 ② 주한미군사고문단원 ③ NATO에 근무 중 공무상 한국에 여행 중인 미군 ④ 경제적으로 독립한 주한미군의 21세의 아들 ⑤ 주한미군에 근무하는 한국인 근로자 ⑥ 미8군에 근무하는 한국인 근로자	

2. 형사재판권 분장 13 경간

재판관할권	외국군대의 구성원은 국가면제를 누리지 못하며 원칙적으로 영토국인 접수국의 관할권에 속함 → 재판권분장의 원칙(대한민국과 미국당국이 재판권행사의 주체)
전속적재판권	대한민국과 미군당국 중 다른 일방 국가의 법령에 의해서는 처벌할 수 없는 경우에 처벌이 가능한 국가만이 배타적으로 형사재판권을 행사하는 것
재판권 경합	원칙: 대한민국 당국이 제1차적 재판권을 보유 예외: 오로지 미국의 재산·안전에 관한 범죄 → 미국 군대의 타 구성원이나 군속·그들 가족 신체나 재산에 관한범죄 미군 당국의 1차 재판권 → 공무집행 중의 작위 또는 부작위에 의한 범죄의 경우
재판권의 포기	대한민국 당국은 미군 당국의 요청이 있으면 대한민국 당국이 재판권을 행사함이 특히 중요하다고 결정하는 경우를 제외하고는 재판권을 행사할 제1차적 권리를 포기함

▶ **[참고] 주한미군지위협정에 따른 손해배상 분담비율** 08·11 승진

SOFA 대상자가 우리나라 국민에게 손해를 가한 경우 그 손해배상 비율은
① **공무집행 중**이었고, 대상자의 **전적인 과실이 인정되면 미국정부가 75%, 우리정부가 25% 부담**한다.
② **공무집행 중**이었고, 대상자의 **전적인 과실이 아닌 경우는 미국정부가 50%, 우리정부가 50% 부담**한다.
③ SOFA대상자의 **공무집행 외** 야기한 손해에 대한 배상은 **미국정부가 100% 부담**한다.
④ 공무집행 중 입힌 손해에 대하여는 **우리나라가 1차 소송당사자로서 배상을 한 뒤 미군에 청구한다.** 이처럼 간접적으로 보상하는 것은 일본, 독일도 마찬가지이다.
⑤ 공무집행 중에 행하여진 것이 아닌 작위 또는 부작위로부터 발생한 손해에 대하여는 우리나라가 그 배상금을 사정하여 미군에 통보하면, 미군당국이 보상액을 최종 결정토록 되어 있다. 피해자가 이러한 보상금 지급에 동의할 경우 이를 지급하며 보상금은 전액미군이 부담한다.

05 국제형사경찰기구(인터폴)

1. 의의

① 국제형사경찰기구는 회원국 상호간 필요한 각종 정보와 자료를 교환하고, 또한 범인 체포 및 인도에 있어서 상호 신속·원활한 협조관계를 유지하는 형사경찰의 정부 간 **국제공조수사기구**이다. 11 2차

② 따라서 **체포나 구속 등에 관한 권한이 없다.** 09 경간

③ 인터폴 헌장은 국제조약이나 협약이 아니므로 **외교적 서명이나 정부의 비준을 필요로 하지 않는다.**

④ 인터폴 운영경비는 회원국의 단위별 분담금에 의존한다.

⑤ 국제형사경찰기구는 **정치적, 종교적, 군사적, 인종적** 성격을 띤 사항에 간섭하는 것은 엄격히 금지된다. (**경제적X**) 09 경간, 14 승진, 18 법학

⑥ 국제형사경찰기구는 범죄의 예방과 진압을 위해 각 회원국간의 현행법 범위 내에서 세계인권선언의 정신에 입각하여 회원국 간 가능한 다방면에 걸쳐 상호 협력을 증진시키는 것을 목적으로 한다. 11 2차

⑦ 국제형사경찰기구의 협력은 **범죄예방을 위한 협력과 범죄수사를 위한 협력**으로 이루어진다. 11 2차, 18 승진

2. 협력사항

① 범죄의 예방과 진압에 관한 자료 교환
② 국제범죄에 관한 사실 확인 및 그에 관한 조사
③ 국제범죄인의 소재수사
④ 국제수배서 및 간행물 발간

3. 연혁 18 3차, 19 승진, 22 경간

① 1914년 **모나코**에서 국제형사경찰회의(International Criminal Police Congress)가 개최되어 국제범죄 기록보관소 설립, 범죄인 인도절차의 표준화 등에 대하여 논의하였는데 이것이 국제경찰협력의 기초가 되었다. 11 경간

② 1923년 **비엔나(제네바X)**에서 제2차 국제형사경찰회의가 개최되어 국제형사경찰위원회(International Criminal Police Commission)가 창설되었으며 이는 국제형사경찰기구의 전신이라 할 수 있다. → 국제형사경찰위원회(ICPC)는 근본적으로 유럽대륙 위주의 기구였다는 지역적 한계성을 가지고 있었다. 09 경간

③ 1956년 **비엔나**에서 제25차 국제형사경찰위원회가 개최되어 국제형사경찰기구가 발족하였고, 당시 사무총국을 **프랑스 파리(리옹X)**에 두었다.

4. 조직 09·11 경간, 12 1차

조직		
	총회	• 인터폴의 전반적인 시책과 원칙을 결정하는 **최고 의결기관**으로 **매년 1회** 개최하여 일주일간 진행된다. 18 법학 • 총재: 1인, 임기 4년, 총회에서 참석회원국 2/3이상의 찬성을 얻어야 가입 가능
	사무총국	• **상설행정기관**으로 **총회와 집행위원회에서 결정된 사항을 집행**하며, 국제범죄 예방과 진압을 위해 회원국 등과 긴밀한 협조관계를 유지하는 중추적 역할 수행(**국제수배서 발행**) • 본부는 **프랑스 리옹**에 소재 18 법학
	국가중앙 사무국	• **모든 회원국에 설치된 상설기구**로서 타국으로부터 수신되는 각종 공조요구에 응할 수 있도록 설치, 회원국 정부가 자국 내에 국제경찰협력 상설 경찰부서를 지정 17 승진 • 사무총국 및 회원국들과의 공조, 자국 내 법집행기관들과의 협력 업무를 수행함 17 승진 • 우리나라는 **경찰청 외사국 국제공조인터폴과 인터폴계**에서 업무수행 18 3차 • 우리나라는 1964년에 가입하였으며, 인터폴 대한민국 국가중앙사무국장은 **경찰청 외사국장** 19 승진
	집행위원회	• **제한적 심의기관**이며, 총회에서 선출되는 **13명의 위원**으로 구성되며, 총재는 4년 임기로 선출되고, 부총재와 집행위원은 3년 임기로 선출 17·18 승진

[국제형사사법 공조법 제38조 제1항] 12 승진

"**행정안전부장관**"은(법무부장관X) 국제형사경찰기구로부터 외국의 형사사건 수사에 대하여 협력을 요청받거나 국제형사경찰기구에 협력을 요청하는 경우에는 다음의 조치를 취할 수 있다.
1. 국제범죄의 정보 및 자료 교환
2. 국제범죄의 동일증명 및 전과 조회
3. 국제범죄에 관한 사실 확인 및 그 조사

5. 회원국 간 협조의 기본원칙

주권의 존중	경찰협력은 각 회원국 경찰기관들이 자국의 영토 내에서 국내법에 따라 행하는 통상적인 업무수행의 범위 내에서만 협조함을 원칙으로 한다.
일반형법의 집행	인터폴의 활동범위는 일반범죄와 관련된 범죄의 예방과 진압에 국한하고 정치·군사·종교·인종적 사항에 관해서는 어떠한 관여나 활동도 배제한다.
보편성	모든 회원국은 타 회원국과 협력할 수 있으며, 그러한 협력은 지리적 또는 언어적 요소에 의해 방해받아서는 안된다.
평등성	모든 회원국은 재정 분담금의 규모와 관계없이 동일한 혜택과 지원을 받을 수 있다. 11 경간, 18 승진
타 기관과의 협력	각 회원국은 국가중앙사무국을 통해 일반범죄의 예방과 진압에 관여하고 있는 타 국가기관과도 협조할 수 있다.
협력방법의 융통성	협조방식은 규칙성·계속성이 있어야 하나 회원국의 국내실정을 충분히 고려하여 협조의 방식을 변경할 수 있다.

6. 인터폴 공조절차 06 채용

→ 외국에 대한 공조 요청

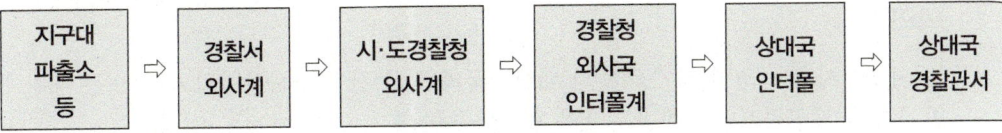

지구대 파출소 등 ⇨ 경찰서 외사계 ⇨ 시·도경찰청 외사계 ⇨ 경찰청 외사국 인터폴계 ⇨ 상대국 인터폴 ⇨ 상대국 경찰관서

7. 인터폴 공용어 12·14·18 승진, 18 법학

영어, 불어, 스페인어, 아랍어(독일어X, 스위스어X, 중국어X, 일본어X)

8. 국제수배서 07·08·09 채용, 12 3차, 13·14·18 승진, 11·13·14 경간, 13·15 1차, 21 경찰특공대

적색수배서 (국제체포수배서)	• 일반형법을 위반하여 구속영장 또는 체포영장이 발부된 범죄인에 대하여 **범죄인 인도를 목적**으로 하는 경우에 한하여 발행 [인터폴 적색수배서의 요청기준] 장기 2년 이상 징역이나 금고에 해당하는 죄를 범하여 체포영장·구속영장이 발부된 자 중 ① 살인, 강도, 강간 등 강력범죄 관련사범 ② 조직폭력, 전화금융사기 등 조직범죄 관련 사범 ③ 다액(**5억 원 이상**) 경제사범 ④ 사회적 파장 및 사안의 중대성을 고려하여 수사관서에서 특별히 적색수배를 요청한 중요사범
청색수배서 (국제정보조회수배서)	• **국제정보조회수배서** • 수배자의 **신원·전과 및 소재확인을 목적**으로 발행
녹색수배서 (상습국제범죄자 수배서)	• **상습 국제범죄자의 동향 파악** 및 범죄예방을 위해 발행
황색수배서 (가출인수배서)	• **가출인의 소재확인** 또는 기억상실자 등의 **신원파악** 위해 발행
흑색수배서 (변사자수배서)	• **신원불상 사망자** 또는 **가명사용 사망자의 신원확인**을 위해 발행
자주색(보라색)수배서 (범죄수법수배서)	• **새로운 특이 범죄수법을 분석**하여 각 회원국에 배포할 목적으로 발행
오렌지수배서 (Orange Notice)	• **폭발물** 등 위험물에 대한 경고 목적으로 발행
장물수배서	• 도난 또는 불법취득 물건·문화재 등에 대한 수배
INTERPOL- UN특별수배서	• UN과 인터폴이 협력하여 국제 테러범 및 테러단체에 대한 제재를 목적으로 발행

06 국제형사사법공조법

1. 의의

「국제형사사법 공조법」상 "공조"란 대한민국과 외국 간에 형사사건의 수사 또는 재판에 필요한 협조를 제공하거나 제공받는 것을 말한다. 09 채용

2. 공조의 기본원칙 07 채용, 10·14 승진, 13·19 1차, 20 경간

상호주의	공조조약이 체결되어 있지 아니한 경우에도 외국이 사법 공조를 해주는 만큼 자국도 동일하거나 유사한 범위 내에서 공조요청에 응한다는 원칙
쌍방가벌성의 원칙	형사사법공조의 대상범죄는 피요청국과 요청국 모두에서 처벌 가능한 범죄이어야 한다는 원칙
특정성의 원칙	요청국이 공조에 따라 취득한 증거를 공조요청의 대상이 된 범죄 이외의 수사나 재판에 사용하여서는 안된다는 원칙

3. 공조조약과의 관계(제3조) 및 상호주의(제4조) 19 1차, 21 경간

① 공조조약과 「국제형사사법 공조법」의 규정이 상충 시 - 공조조약이 우선 적용
② 공조조약은 공조법의 공조범위에 포함되지 않은 사항을 공조대상으로 규정하고 있어 조약을 체결하면 일반적으로 **공조범위를 확대한다.**
③ 조약미체결국가 간의 사법공조는 원칙적으로 피요청국의 재량적 판단에 따라 이루어지는 우호적 협조에 불과함
④ **조약이 체결된 경우**는 공조를 제공하여야 할 국제법상 의무를 부담하게 됨(우호강화효과)
⑤ 1992년 **호주와 최초로** 형사사법공조조약을 체결하여 1993년부터 발효 중임
⑥ 공조조약이 체결되어 있지 아니한 경우에도 동일하거나 유사한 사항에 관하여 대한민국의 공조요청에 따른다는 요청국의 보증이 있는 경우에는 이 법을 적용한다.

4. 공조의 범위(제5조) 15 승진

1. 사람 또는 물건의 소재에 대한 수사
2. 서류·기록의 제공
3. 서류 등의 송달
4. 증거수집, 압수·수색 또는 검증
5. 증거물 등 물건의 인도
6. 진술 청취, 그 밖에 요청국에서 증언하게 하거나 수사에 협조하게 하는 조치

5. 공조의 제한(제6조) 06·10·12·14·19 승진, 10 2차, 13·19·20 경간, 19 1차

다음에 해당하는 경우에는 공조를 하지 **아니할 수 있다(임의적 공조거절 사유)**.

① 대한민국의 주권, 국가안전보장, 안녕질서 또는 미풍양속을 해칠 우려가 있는 경우
② 인종, 국적, 성별, 종교, 사회적 신분 또는 특정 사회단체에 속한다는 사실이나 정치적 견해를 달리한다는 이유로 **처벌**되거나 형사상 불리한 처분을 받을 우려가 있다고 인정되는 경우
③ 공조범죄가 **정치적 성격을 지닌 범죄**이거나, 공조요청이 정치적 성격을 지닌 다른 범죄에 대한 수사 또는 재판을 할 목적으로 한 것이라고 인정되는 경우
④ 공조범죄가 **대한민국(요청국X)의 법률**에 의하여는 범죄를 구성하지 아니하거나 공소를 제기할 수 없는 범죄인 경우
⑤ 이 법에 **요청국이 보증하도록** 규정되어 있음에도 불구하고 요청국의 보증이 없는 경우

6. 공조의 연기 (제7조) 14 승진, 19 1차, 20·21 경간

대한민국에서 **수사가 진행 중이거나 재판에 계속된 범죄**에 대하여 외국의 공조요청이 있는 경우에는 그 수사 또는 재판 절차가 끝날 때까지 **공조를 연기할 수 있다**.

7. 국제 형사사법 공조의 절차

(1) 외국의 요청에 따른 수사에 관한 공조 07 승진

> 공조 요청국 → 외교부장관 → 법무부장관 → 지방검찰청검사장 → 검사 → 경찰

> **제11조(공조요청의 접수 및 공조 자료의 송부)** 공조요청 접수 및 요청국에 대한 공조 자료의 송부는 **외교부장관**이 한다. 다만, **긴급한 조치가 필요한 경우나 특별한 사정이 있는 경우에는 법무부장관이 외교부장관의 동의를 받아 이를 할 수 있다.** 21 경간
>
> **제13조(공조의 방식)** 요청국에 대한 공조는 **대한민국의 법률에서 정하는 방식**으로 한다. 다만, 요청국이 요청한 공조 방식이 대한민국의 법률에 저촉되지 아니하는 경우에는 그 방식으로 할 수 있다.
>
> **제14조(외교부장관의 조치)** 외교부장관은 요청국으로부터 형사사건의 수사에 관한 공조요청을 받았을 때에는 공조요청서에 관계 자료 및 의견을 첨부하여 **법무부장관에게 송부하여야 한다.**
>
> **제15조(법무부장관의 조치)** ① 공조요청서를 받은 **법무부장관**은 공조요청에 응하는 것이 타당하다고 인정하는 경우에는 제2항의 경우를 제외하고는 다음 각 호의 어느 하나의 조치를 하여야 한다.
> 1. 공조를 위하여 적절하다고 인정되는 지방검찰청 검사장(이하 "검사장"이라 한다) 또는 고위공직자범죄수사처장에게 관계 자료를 송부하고 공조에 필요한 조치를 하도록 명하거나 요구하는 것
> 2. 제9조제3항의 경우에는 수형자가 수용되어 있는 교정시설의 장에게 수형자의 이송에 필요한 조치를 명하는 것
>
> ② 법무부장관은 공조요청이 법원이나 검사 또는 고위공직자범죄수사처장이 보관하는 소송서류의 제공에 관한 것일 경우에는 그 서류를 보관하고 있는 법원이나 검사 또는 고위공직자범죄수사처장

에게 공조요청서를 송부하여야 한다.

③ 법무부장관은 이 법 또는 공조조약에 따라 공조할 수 없거나 공조하지 아니하는 것이 타당하다고 인정하는 경우 또는 공조를 연기하려는 경우에는 외교부장관과 협의하여야 한다.

제16조(검사장 등의 조치) 제15조제1항제1호에 따른 명령 또는 요구를 받은 검사장 또는 고위공직자범죄수사처장은 소속 검사에게 공조에 필요한 자료를 수집하거나 그 밖에 필요한 조치를 하도록 명하여야 한다.

제17조(검사 등의 처분) ① **검사**는 공조에 필요한 자료를 수집하기 위하여 관계인의 출석을 요구하여 진술을 들을 수 있고, 감정·통역 또는 번역을 촉탁할 수 있으며, 서류나 그 밖의 물건의 소유자·소지자 또는 보관자에게 그 제출을 요구하거나, 행정기관이나 그 밖의 공사단체에 **공조에 필요한 사실을 조회하거나 필요한 사항의 보고를 요구할 수 있다.** 17 승진

② **검사**는 공조에 필요한 경우에는 판사에게 청구하여 발급받은 영장에 의하여 **압수·수색 또는 검증**을 할 수 있다. 17 승진

③ **검사**는 요청국에 인도하여야 할 증거물 등이 **법원에 제출되어 있는 경우에는 법원(법무부장관X)의 인도허가 결정을 받아야 한다.** 17 승진 20 경간

④ **검사는 사법경찰관리를 지휘하여** 제1항의 수사를 하게 할 수 있고, **사법경찰관은 검사에게 신청하여 검사의 청구로 판사가 발부한 영장에 의하여 제2항에 따른 압수·수색 또는 검증을 할 수 있다.** 17 승진

(2) 외국에 대한 수사에 관한 공조요청

경찰서 → 검사 → 대검찰청 → 법무부장관 → 외교부장관 → 상대국주재 한국대사관 → 상대국 외무부장관 → 상대국 경찰기관

제29조(검사 등의 공조요청) 검사 또는 고위공직자범죄수사처장은 외국에 수사에 관한 공조요청을 하려면 **법무부장관에게 공조요청서를 송부**하여야 하고, **사법경찰관은 검사에게 신청하여 법무부장관에게 공조요청서를 송부**하여야 한다. 09 채용

제30조(법무부장관의 조치) 제29조에 따른 공조요청서를 받은 **법무부장관**은 외국에 공조요청하는 것이 타당하다고 인정하는 경우에는 그 **공조요청서를 외교부장관에게 송부**하여야 한다. 09 채용 다만, **긴급한 조치가 필요한 경우나 특별한 사정이 있는 경우에는 외교부장관의 동의를 받아 공조요청서를 직접 외국에 송부할 수 있다.**

제31조(외교부장관의 조치) 외교부장관은 법무부장관으로부터 제30조에 따른 공조요청서를 받았을 때에는 이를 **외국에 송부**하여야 한다. 다만, 외교 관계상 공조요청하는 것이 타당하지 아니하다고 인정하는 경우에는 이에 관하여 법무부장관과 협의하여야 한다.

07 범죄인 인도법

1. 의의

한 국가의 형법, 기타 형사관계법에 위반한 범죄인이 다른 나라에 있는 경우 범죄인의 현재지 국가가 범죄지 국가의 요청에 따라 그 범죄인을 인도하는 것이다.

> **제2조(정의)** 이 법에서 사용하는 용어의 뜻은 다음과 같다.
> 1. **"인도조약"**이란 대한민국과 외국 간에 체결된 범죄인의 인도에 관한 조약·협정 등의 합의를 말한다.
> 2. **"청구국"**이란 범죄인의 인도를 청구한 국가를 말한다.
> 3. **"인도범죄"**란 범죄인의 인도를 청구할 때 그 대상이 되는 범죄를 말한다.
> 4. **"범죄인"**이란 인도범죄에 관하여 청구국에서 수사나 재판을 받고 있는 사람 또는 유죄의 재판을 받은 사람을 말한다.
> 5. **"긴급인도구속"**이란 도망할 염려가 있는 경우 등 긴급하게 범죄인을 체포·구금(拘禁)하여야 할 필요가 있는 경우에 범죄인 인도청구가 뒤따를 것을 전제로 하여 범죄인을 체포·구금하는 것을 말한다.
>
> **제3조(범죄인 인도사건의 전속관할)** 이 법에 규정된 범죄인의 인도심사 및 그 청구와 관련된 사건은 **서울고등법원**과 **서울고등검찰청(경찰청 외사국X)**의 전속관할로 한다. 12·22 경간, 12 1차, 15 3차, 16 지능특채, 23 경찰특공대
>
> **제3조의2(인도조약과의 관계)** 범죄인 인도에 관하여 인도조약에 '이 법과 다른 규정이 있는 경우에는 그 규정에 따른다.'라고 규정하여 조약의 우선적 효력을 인정하고 있다. 12 1차·2차, 16 지능특채, 20 경채, 23 경찰특공대

2. 범죄인 인도의 원칙 11·12·16·17·18·19·21 승진, 12 1차·2차, 12·15·17·19·21 경간, 18 1차, 18 3차, 20 2차

상호주의 (제4조)	인도조약이 체결되어 있지 아니한 경우에도 범죄인의 인도를 청구하는 국가가 같은 종류 또는 유사한 인도범죄에 대한 **범죄인 인도청구에 응한다는 보증을 하는 경우에 인도한다**는 원칙이다.
인도에 관한 원칙(제5조)	대한민국 영역에 있는 범죄인은 이 법에서 정하는 바에 따라 청구국의 인도청구에 의하여 소추(訴追), 재판 또는 형의 집행을 위하여 청구국에 인도할 수 있다.
쌍방가벌성의 원칙(제6조)	청구국과 피청구국 **쌍방의 법률에 따라 범죄를 구성하지 않는 경우에는 범죄인을 인도하지 않는다**는 원칙이다. 14 1차
특정성의 원칙 (제10조)	인도된 범죄인이 **인도가 허용된 범죄 외의 범죄로 처벌받지 아니하고** 제3국에 인도되지 아니한다는 청구국의 보증이 없는 경우에는 범죄인을 인도하여서는 안 된다는 원칙이다.
자국민불인도의 원칙 (제9조)	① **자국민은 인도하지 않는다**는 원칙이다.(**임의적 인도거절사유**로 규정) ② 일반적으로 **대륙법계 국가들은 속인주의를 채택**하여 내국인의 국외범을 처벌하고 있으므로 **자국민불인도원칙을 채택**하고 있다. 그러나 **영미법계 국가들은 속지주의를 채택**하여 자국민의 국외범을 처벌하기 위해서는 범죄지 국가에 이를 인도하는 방법 외에 다른 방도가 없으므로 **자국민불인도원칙을 규정하지 않고 있다**.

정치범 불인도의 원칙 (제8조)	① **정치적 성격을 지닌 범죄는 인도하지 않는다**는 원칙으로 우리나라에서도 명문규정을 두고 있다. 정치범죄는 국제법상 불확정한 개념이기 때문에 정치범죄의 해당 여부는 전적으로 피청구국의 판단에 의존한다. → 절대적 인도거절사유, 우리나라는 정치범에 대하여 개념정의를 하지 않고 있음 ② **예외: 아래의 경우에는 정치범이라도 인도할 수 있다.** ㉠ 국가원수·정부수반 또는 그 가족의 생명·신체를 침해하거나 위협하는 범죄 ㉡ 다자간 조약에 따라 대한민국이 범죄인에 대하여 재판권을 행사하거나 범죄인을 인도할 의무를 부담하고 있는 범죄 ㉢ 여러 사람의 생명·신체를 침해·위협하거나 이에 대한 위험을 발생시키는 범죄 ㉣ 국가원수 암살범, 항공기 불법납치, 집단학살, 전쟁범죄, 야만·약탈행위, 위조, 마약 거래, 고문, 인종차별 등
군사범 불인도의 원칙	군사범죄(탈영, 항명 등)자는 인도하지 않는다는 원칙이다. (**우리나라는 범죄인 인도법에 명문규정을 두고 있지 않다.**) 08·09·10 채용
최소한 중요성의 원칙 (제6조)	① 어느 정도 중요성 있는 범죄만 인도한다는 원칙이다. ② 대한민국과 청구국의 법률에 따라 인도범죄가 **사형, 무기징역, 무기금고, 장기 1년 이상의 징역 또는 금고에 해당하는 경우에만 범죄인을 인도할 수 있다.** 12 1차, 22 경간, 23 경찰특공대
유용성의 원칙 (제7조 제1호)	① **실제로 처벌하기 위해 필요한 범죄자만 인도한다**는 원칙이다. ② 시효가 완성되었거나 사면 등의 사유가 있는 경우에는 인도대상에서제외

3. 「범죄인 인도법」상 인도거절사유 13·14·15·16 2차, 15·17 경간, 15·18 3차, 18 승진, 20 경채, 22 1차

절대적 인도거절사유 (7조)	다음에 해당하는 경우에는 범죄인을 **인도하여서는 아니 된다.** ① **대한민국 또는 청구국의 법률**에 따라 인도범죄에 관한 **공소시효 또는 형의 시효가 완성**된 경우 ② **인도범죄에 관하여** 대한민국 법원에서 **재판이 계속 중이거나 재판이 확정된 경우** ③ 범죄인이 인도범죄를 범하였다고 **의심할 만한 상당한 이유가 없는 경우**(단, 인도범죄에 관하여 청구국에서 유죄의 재판이 있는 경우는 제외) ④ 범죄인이 인종, 종교, 국적, 성별, 정치적 신념 또는 특정 사회단체에 속한 것 등을 이유로 처벌되거나 그 밖의 **불리한 처분을 받을 염려가 있다고 인정되는 경우**
임의적 인도거절사유 (9조)	다음 각 호의 어느 하나에 해당하는 경우에는 범죄인을 **인도하지 아니할 수 있다.** ① 범죄인이 **대한민국 국민인 경우** 23 경찰특공대 ② 인도범죄의 전부 또는 일부가 **대한민국 영역에서 범한 것인 경우** ③ 범죄인의 **인도범죄 외의 범죄에 관하여** 대한민국 **법원에 재판이 계속 중인 경우** 또는 범죄인이 형을 선고받고 그 **집행이 끝나지 아니하거나 면제되지 아니한 경우** ④ 범죄인이 인도범죄에 관하여 **제3국**(청구국이 아닌 외국을 말함)에서 재판을 받고 **처벌되었거나 처벌받지 아니하기로 확정된 경우** ⑤ 인도범죄의 성격과 범죄인이 처한 환경 등에 비추어 범죄인을 인도하는것이 **비인도적이라고 인정되는 경우**

4. 범죄인 인도의 절차

인도청구서의 경우 조약체결국가는 외교경로를 통하여 청구하고, 조약미체결국가는 상호보증서를 첨부하여 청구한다. 10 승진

> **제11조(인도청구를 받은 외교부장관의 조치)** 외교부장관은 청구국으로부터 범죄인의 인도청구를 받았을 때에는 인도청구서와 관련 자료를 **법무부장관에게 송부하여야 한다.** 10·19 승진, 20 경채, 22 경간
>
> **제12조(법무부장관의 인도심사청구명령)** ① **법무부장관**은 외교부장관으로부터 제11조에 따른 인도청구서 등을 받았을 때에는 이를 **서울고등검찰청 검사장에게 송부**하고 **그 소속 검사로 하여금 서울고등법원**(이하 "법원"이라 한다)**에 범죄인의 인도허가 여부에 관한 심사**(이하 "**인도심사**"라 한다)**를 청구하도록 명하여야 한다.** 10·11 승진, 18 2차, 20 경채 다만, 인도조약 또는 이 법에 따라 범죄인을 인도할 수 없거나 인도하지 아니하는 것이 타당하다고 인정되는 경우에는 그러하지 아니하다. 18 승진
> ② 법무부장관은 제1항 단서에 따라 **인도심사청구명령을 하지 아니하는 경우**에는 그 사실을 **외교부장관에게 통지하여야 한다.** 19 승진
>
> **제13조(인도심사청구)** ① **검사**는 제12조제1항에 따른 법무부장관의 인도심사청구명령이 있을 때에는 **지체 없이 법원에 인도심사를 청구하여야 한다.** 다만, 범죄인의 소재를 알 수 없는 경우에는 그러하지 아니하다.
> ② 범죄인이 제20조에 따른 인도구속영장에 의하여 구속되었을 때에는 **구속된 날부터 3일 이내에 인도심사를 청구하여야 한다.** 18 3차
>
> **제14조(법원의 인도심사)** ① **법원**은 제13조에 따른 인도심사의 청구를 받았을 때에는 **지체 없이 인도심사를 시작하여야 한다.**
> ② 법원은 범죄인이 인도구속영장에 의하여 구속 중인 경우에는 **구속된 날부터 2개월 이내에 인도심사에 관한 결정을 하여야 한다.** 18 3차
> ③ 범죄인은 인도심사에 관하여 변호인의 도움을 받을 수 있다.
>
> **제15조(법원의 결정)** ① 법원은 인도심사의 청구에 대하여 다음 각 호의 구분에 따라 결정을 하여야 한다.
> 　1. 인도심사의 청구가 적법하지 아니하거나 취소된 경우: 인도심사청구 각하결정
> 　2. 범죄인을 인도할 수 없다고 인정되는 경우: 인도거절 결정
> 　3. 범죄인을 인도할 수 있다고 인정되는 경우: 인도허가 결정
> ② 제1항에 따른 결정에는 그 이유를 구체적으로 밝혀야 한다.
> ③ 제1항에 따른 결정은 그 주문을 검사에게 통지함으로써 효력이 발생한다.
> ④ 법원은 제1항에 따른 결정을 하였을 때에는 지체 없이 검사와 범죄인에게 결정서의 등본을 송달하고, 검사에게 관계 서류를 반환하여야 한다.
>
> **제16조(인도청구의 경합)** ① **법무부장관은 둘 이상의 국가로부터** 동일 또는 상이한 범죄에 관하여 동일한 범죄인에 대한 **인도청구를 받은 경우**에는 범죄인을 인도할 **국가를 결정하여야 하며, 필요한 경우 외교부장관과 협의할 수 있다.**
>
> **제32조(범죄인의 석방)** ① 검사는 다음 각 호의 어느 하나에 해당하는 경우에는 지체 없이 구속 중인 범죄인을 석방하고, 법무부장관에게 그 내용을 보고하여야 한다.
> 　1. 제18조제2항에 따라 법무부장관의 인도심사청구명령의 취소가 있는 경우

2. 법원의 인도심사청구 각하결정이 있는 경우
3. 법원의 인도거절 결정이 있는 경우
② 법무부장관은 제1항에 따라 범죄인이 석방되었을 때에는 외교부장관에게 그 사실을 통지하여야 한다.

제34조(인도에 관한 법무부장관의 명령 등) ① **법무부장관은** 제15조제1항제3호에 따른 **인도허가 결정이 있는 경우에는 서울고등검찰청 검사장에게 그 소속 검사로 하여금 범죄인을 인도하도록 명하여야 한다.** 다만, 청구국이 인도청구를 철회하였거나 대한민국의 이익 보호를 위하여 범죄인의 인도가 특히 부적당하다고 인정되는 경우에는 그러하지 아니하다.
② **법무부장관은** 제1항 단서에 따라 **범죄인을 인도하지 아니하는 경우에는 서울고등검찰청 검사장에게 그 소속 검사로 하여금 구속 중인 범죄인을 석방하도록 명함과 동시에 외교부장관에게 그 사실을 통지하여야 한다.**
③ 검사는 제2항에 따른 법무부장관의 석방명령이 있을 때에는 지체 없이 범죄인에게 그 내용을 통지하고 그를 석방하여야 한다.
④ 법무부장관은 제3항에 따른 통지가 있은 후에는 해당 인도청구에 대한 범죄인의 인도를 명할 수 없다. 다만, 제9조제3호의 경우에 관하여 인도조약에 특별한 규정이 있는 경우에 대한민국에서 인도범죄 외의 사건에 관한 재판 또는 형의 집행이 끝나지 아니하였음을 이유로 범죄인 불인도 통지를 한 후 그에 해당하지 아니하게 되었을 때에는 그러하지 아니하다.

제35조(인도장소와 인도기한) ① 법무부장관의 인도명령에 따른 범죄인의 인도는 범죄인이 구속되어 있는 교도소, 구치소 또는 그 밖에 법무부장관이 지정하는 장소에서 한다.
② 인도기한은 인도명령을 한 날부터 **30일**로 한다.

제36조(인도장과 인수허가장의 송부) ① 법무부장관은 제34조제1항에 따른 인도명령을 할 때에는 인도장을 발부하여 서울고등검찰청 검사장에게 송부하고, 인수허가장을 발부하여 외교부장관에게 송부하여야 한다.

제37조(인도를 위한 구속) ① 검사는 법무부장관으로부터 제36조에 따른 인도장을 받았을 때에는 범죄인이 구속되어 있거나 구속의 집행이 정지될 때까지 구속되어 있던 교도소·구치소 또는 그 밖에 인도구속영장에 기재된 구금장소의 장에게 인도장을 교부하고 범죄인을 인도할 것을 지휘하여야 한다.
② 제1항의 경우 범죄인이 구속되어 있지 아니하면 검사는 인도집행장을 발부하여 범죄인을 구속하여야 한다.

제47조(검찰총장 경유) 이 법에 따라 법무부장관이 검사장 등에게 하는 명령과 검사장·지청장 또는 검사가 법무부장관에게 하는 건의·보고 또는 서류 송부는 **검찰총장을 거쳐야 한다.** 다만, 고위공직자범죄수사처장 또는 그 소속 검사의 경우에는 그러하지 아니하다. **22 경간**

편저자 조인성

[약력]
- 경찰채용 2013년 2차 ~ 2015년 3차 6회 필기합격
- 2017년 국가직 9급(교정직) 필기합격
- 2019년 육군 군무원 수사직 7급 필기합격
- 한양사이버대학원 경찰법무전공 석사과정

[현]
- 이패스경찰사관 경찰학 대표 교수
- 수원공무원경찰학원 경찰학 전임 교수
- 전주행정고시학원 경찰학 전임 교수
- 주경야독 경찰학 전임 교수
- 미란다경찰학원 강남.송파점 경찰학 전임 교수

[전]
- 미란다경찰학원 강북.노원점 경찰학 전임
- 미란다 경찰학원 경기.수원점 경찰학 전임

[저서]
- 조인성 경찰학 (이패스)
- 조인성 경찰학 기출문제집 (이패스)

2024 조인성 경찰학 Ver 1.0

초판 1쇄 인쇄	2023년 10월 16일
초판 1쇄 발행	2023년 10월 30일
지 은 이	조인성
발 행 인	이재남
발 행 처	㈜이패스코리아
	[본사] 서울시 영등포구 경인로 775 에이스하이테크시티 2동 1004호
	[학원] 경기도 수원시 팔달구 덕영대로 923-1 새수원빌딩 3층
전 화	02-511-4212
팩 스	02-6345-6701
홈페이지	www.kfs119.co.kr
이 메 일	kfs-119@daum.net
등록번호	제318-2003-000119호(2003년 10월 15일)

* 파본은 구입처에서 교환해 드립니다.
* 이 책은 저작권법에 의해 보호를 받는 저작물이므로 무단전재와 복제를 금합니다.
  본 교재의 저작권은 이패스코리아에 있습니다.